中国县城建设统计年鉴

中华人民共和国住房和城乡建设部　编
Ministry of Housing and Urban-Rural Development, P.R.CHINA

2021

China Urban Construction Statistical Yearbook

中国统计出版社
China Statistics Press

图书在版编目（CIP）数据

中国县城建设统计年鉴. 2021 = China County Seat Construction Statistical Yearbook 2021 : 汉、英 / 中华人民共和国住房和城乡建设部编. -- 北京 : 中国统计出版社, 2022.9
ISBN 978-7-5037-9838-2

Ⅰ. ①中… Ⅱ. ①中… Ⅲ. ①县一城市建设一统计资料一中国一2021一年鉴一汉、英 Ⅳ. ①F299.21-66

中国版本图书馆 CIP 数据核字(2021)第 100397 号

中国县城建设统计年鉴—2021

作　　者/中华人民共和国住房和城乡建设部
责任编辑/钟　钰
执行编辑/且淑芬
封面设计/张　冰
出版发行/中国统计出版社有限公司
通信地址/北京市丰台区西三环南路甲 6 号　邮政编码/100073
电　　话/邮购（010）63376909　书店（010）68783171
网　　址/http://www.zgtjcbs.com/
印　　刷/河北鑫兆源印刷有限公司
经　　销/新华书店
开　　本/880mm×1230mm　1/16
字　　数/2044 千字
印　　张/64.25
版　　别/2022 年 9 月第 1 版
版　　次/2022 年 9 月第 1 次印刷
定　　价/968.00 元

如有印装差错，由本社发行部调换。

《中国县城建设统计年鉴—2021》

编委会和编辑工作人员

China County Seat Construction Statistical Yearbook—2021

Editorial Board and Editorial Staff

编辑说明

一、为贯彻落实科学发展观和城乡统筹精神，全面反映我国城乡市政公用设施建设与发展状况，方便国内外各界了解中国城乡建设全貌，我们编辑了《中国城乡建设统计年鉴》《中国城市建设统计年鉴》和《中国县城建设统计年鉴》中英文对照本，每年公布一次，供社会广大读者作为资料性书籍使用。

二、《中国县城建设统计年鉴 2021》，根据各省、自治区和直辖市建设行政主管部门上报的 2021 年及历年县城建设统计数据编辑。全书共分 12 个部分，包括县城市政公用设施水平、县城人口和建设用地、县城维护建设财政性资金收支、县城市政公用设施固定资产投资、县城供水、县城节约用水、县城燃气、县城集中供热、县城道路和桥梁、县城排水和污水处理、县城市容环境卫生、县城园林绿化。每部分均包含分年度、分地区、分县城数据。

三、本年鉴统计范围为县城：(1)县政府驻地的镇、乡或街道办事处地域（城关镇）；(2)县城公共设施、居住设施和市政公用设施等连接到的其他镇（乡）地域；（3）常住人口在 3000 人以上独立的工矿区、开发区、科研单位、大专院校等特殊区域。

四、本年鉴统计了 1467 个县和 15 个特殊区域。

8 个县没有数据，河北省邢台县、沧县，山西省泽州县，辽宁省抚顺县、铁岭县，新疆维吾尔自治区乌鲁木齐县、和田县等 7 个县，因与所在城市市县同城，县城部分不含上述县城数据，数据含在其所在城市中；福建省金门县暂无数据资料。

15 个特殊区域包括河北省曹妃甸区、白沟新城，山西省云州区、太谷区，黑龙江省加格达奇区，湖北省神农架林区，湖南省望城区、南岳区、大通湖区，海南省洋浦开发区，贵州省六枝特区，云南省昆明阳宗海风景名胜区，青海省西海镇、大柴旦行委，宁夏回族自治区红寺堡区。

五、本年鉴数据不包括香港特别行政区、澳门特别行政区以及台湾省。

六、本年鉴中“空格”表示该项统计指标数据不足本表最小单位数、数据不详或无该项数据。

七、本年鉴中部分数据合计数或相对数由于单位取舍不同而产生的计算误差，均没有进行机械调整。

八、由于县城建设统计工作基础比较薄弱，年鉴数据难免存在问题，欢迎读者提出改进意见，共同促进县城建设统计发展。

EDITOR'S NOTES

1. Under the guideline of the Scientific Outlook on Development and in line with the efforts to promote the coordinated urban and rural development, *China Urban-Rural Construction Statistical Yearbook, China Urban Construction Statistical Yearbook and China County Seat Construction Statistical Yearbook* are published annually in both Chinese and English languages to provide comprehensive information on urban and rural service facilities development in China. Being the source of facts, the yearbooks help to facilitate the understanding of people from all walks of life at home and abroad on China's urban and rural development.

2. *2021 China County Seat Construction Statistical Yearbook* is published for the first time. The book is compiled based on statistical data on County Seat construction in year 2021 and past years that were reported by construction authorities of provinces, autonomous regions and municipalities directly under the central government. This yearbook is composed of 12 parts, including 1.Level of County Seat Service Facilities, 2.County Seat Population and Construction Land, 3.Revenue and Expenditure of County Seat Maintenance and Construction Fund, 4. Fixed Assets Investment in County Seat Service Facilities, 5.County Seat Water Supply, 6.County Seat Water Conservation, 7.County Seat Gas, 8.County Seat Central Heating, 9. County Seat Roads and Bridges, 10.County Seat drainage and Waste Water Treatment,11.County Seat Environmental Sanitation, and 12.County Seat landscaping. In each part, the data is classified by year, by region and by county.

3. Scope of the data collected from the survey covers county seat areas: (1) towns and townships where county governments are situated and areas under the jurisdiction of neighborhood administration; (2) other towns (townships) connected to county seat public facilities, residential facilities and municipal utilities; (3) special areas like independent industrial and mining districts, development zones, research institutes, and universities and colleges with permanent residents of 3000 and above.

4.In the Yearbook, data are from 1467 counties, 15special zones. Data of 8 counties are not included, for example, data from 7 counties including Xingtai and Cangxian County in Hebei Province, Zezhou County in Shanxi Province, Fushun and Tieling County in Liaoning Province, and Urumqi and Hetian County in Xinjiang Uygur Autonomous Region are included in the statistics of the respective cities administering the above counties due to the identity of the location between the county seats and the cities; data on Jinmen County in Fujian Province has not been available at the moment.

15 special zones and districts include Caofeidian and Baigouxincheng in Hebei Province, Yunzhou District and Taigu District in Shanxi Province, Jiagedaqi in Heilongjiang Province, Shennongjia Forestry District in Hubei Province, Wangcheng District, Nanyue District and Datong Lake District in Hunan Province, Yangpu Development Zone in Hainan Province, Liuzhite District in Guizhou Province, Kunming Yangzonghai Scenic Spot in Yunnan Province, Xihai Town and Dachaidan Administrative Commission in Qinghai Province, and Hongsibao Development Zone in Ningxia Autonomous Region.

5.This Yearbook does not include data of Hong Kong Special Administrative Region, Macao Special Administrative Region as well as Taiwan Province.

6.In this yearbook, “blank space” indicates that the figure is not large enough to be measured with the smallest unit in the table, or data are unknown or are not available.

7.The calculation errors of the total or relative value of some data in this Yearbook arising from the use of different measurement units have not been mechanically aligned.

8.Faults inevitably exist in the data of the Yearbook due to the weak foundation of the data-collection work on county construction. Readers’ comments on how to make improvement are welcomed in order to jointly promote the work related to county construction statistics.

目　录

Contents

综合数据

General Data

居民生活数据
Data by Residents Living

居民出行数据

Data by Residents Travel

环境卫生数据

Data by Environmental Health

绿色生态数据

Data by Green Ecology

综 合 数 据

General Data

一、县城市政公用设施水平

1. Level of County Seat Service Facilities

简要说明

本部分反映县城市政公用设施水平，均为相对指标。主要包括人口密度、供水普及率、燃气普及率、人均拥有道路面积、污水处理率、人均公园绿地、建成区绿地率、建成区绿化覆盖率、每万人拥有公厕等内容。

从 2006 年起，人均水平（除人均日生活用水量）和普及率水平均以县城人口和县城暂住人口合计数为分母计算。

Brief Introduction

This section demonstrates the level of county seat service facilities in a comparative way. Main indicators include population density, water coverage rate, gas coverage rate, surface area of roads per capita, wastewater treatment rate, public green space per capita, green space rate of built-up areas, green coverage rate of built up area, number of latrines owned by every 10,000 people etc.

Since 2006, figure in terms of per capita and coverage rate, excluding domestic water use per capita have been calculated based on denominator which combines both permanent and temporary residents in county seat areas.

1 全国历年县城市政公用设施水平(2000–2021)
Level of National County Seat Service Facilities in Past Years(2000-2021)

年份 Year	供水普及率 (%) Water Coverage Rate (%)	燃气普及率 (%) Gas Coverage Rate (%)	每万人拥有公共交通车辆 (标台) Motor Vehicle for Public Transport Per 10,000 Persons (standard unit)	人均道路面积 (平方米) Road Surface Area Per Capita (m^2)	污水处理率 (%) Wastewater Treatment Rate (%)	园林绿化 Landscaping 人均公园绿地面积 (平方米) Public Recreational Green Space Per Capita (m^2)	建成区绿化覆盖率 (%) Green Coverage Rate of Built District (%)	建成区绿地率 (%) Green Space Rate of Built District (%)	每万人拥有公厕 (座) Number of Public Lavatories Per 10,000 Persons (unit)
2000	84.83	54.41	2.64	11.20	7.55	5.71	10.86	6.51	2.21
2001	76.45	44.55	1.89	8.51	8.24	3.88	13.24	9.08	3.54
2002	80.53	49.69	2.51	9.37	11.02	4.32	14.12	9.78	3.53
2003	81.57	53.28	2.52	9.82	9.88	4.83	15.27	10.79	3.59
2004	82.26	56.87	2.77	10.30	11.23	5.29	16.42	11.65	3.54
2005	83.18	57.80	2.86	10.80	14.23	5.67	16.99	12.26	3.46
2006	76.43	52.45	2.59	10.30	13.63	4.98	18.70	14.01	2.91
2007	81.15	57.33	3.07	10.70	23.38	5.63	20.20	15.41	2.90
2008	81.59	59.11	3.04	11.21	31.58	6.12	21.52	16.90	2.90
2009	83.72	61.66		11.95	41.64	6.89	23.48	18.37	2.96
2010	85.14	64.89		12.68	60.12	7.70	24.89	19.92	2.94
2011	86.09	66.52		13.42	70.41	8.46	26.81	22.19	2.80
2012	86.94	68.50		14.09	75.24	8.99	27.74	23.32	2.09
2013	88.14	70.91		14.86	78.47	9.47	29.06	24.76	2.77
2014	88.89	73.24		15.39	82.12	9.91	29.80	25.88	2.76
2015	89.96	75.90		15.98	85.22	10.47	30.78	27.05	2.78
2016	90.50	78.19		16.41	87.38	11.05	32.53	28.74	2.82
2017	92.87	81.35		17.18	90.21	11.86	34.60	30.74	2.93
2018	93.80	83.85		17.73	91.16	12.21	35.17	31.21	3.13
2019	95.06	86.47		18.29	93.55	13.10	36.64	32.54	3.28
2020	96.66	89.07		18.92	95.05	13.44	37.58	33.55	3.51
2021	97.42	90.32		19.68	96.11	14.01	38.30	34.38	3.75

注：1.自2006年起，人均和普及率指标按县城人口和县城暂住人口合计为分母计算，以公安部门的户籍统计和暂住人口统计为准。
2."人均公园绿地面积"指标2005年及以前年份为"人均公共绿地面积"。
3.自2009年起，县城公共交通内容不再统计。

Note:1.Since 2006,figure in terms of per capita and coverage rate have been calculated based on denominator which combines both permanent and temporary residents in county seat areas. And the population should come from statistics of police.
2.Since 2005, Public Green Space Per Capita is changed to be Public Recreational Green Space Per Capita.
3.Since 2009,statistics on county seat public transport have been removed.

1-1 2021年全国县城市政公用设施水平(按省分列)

地区名称 Name of Regions	人口密度(人/平方公里) Population Density (person/square kilometer)	人均日生活用水量(升) Daily Water Consumption Per Capita (liter)	供水普及率(%) Water Coverage Rate (%)	公共供水普及率 Public Water Coverage Rate	燃气普及率(%) Gas Coverage Rate (%)	建成区供水管道密度(公里/平方公里) Density of Water Supply Pipelines in Built District (kilometer/square kilometer)	人均道路面积(平方米) Road Surface Area Per Capita (m^2)	建成区路网密度(公里/平方公里) Density of Road Network in Built District (kilometer/square kilometer)
全国	**2160**	**131.95**	**97.42**	**95.77**	**90.32**	**11.87**	**19.68**	**7.01**
河北	2768	110.82	100.00	99.43	99.08	11.67	25.20	8.93
山西	3525	95.49	95.79	90.32	83.13	11.97	16.47	7.43
内蒙古	878	101.75	98.60	97.41	90.67	11.78	31.54	6.87
辽宁	1416	132.80	97.25	95.49	87.83	12.86	16.13	4.68
吉林	2615	102.67	94.10	92.42	87.90	12.71	16.89	6.25
黑龙江	2889	96.88	92.38	92.24	56.68	10.19	13.93	6.70
江苏	2001	163.04	100.00	99.85	99.99	14.62	22.43	6.65
浙江	899	220.34	100.00	100.00	100.00	22.59	24.91	9.20
安徽	1812	139.51	97.82	94.67	96.82	12.71	24.32	6.34
福建	2583	178.68	99.56	99.38	98.21	16.89	19.08	8.85
江西	4654	144.06	97.97	97.78	97.21	16.39	22.93	7.86
山东	1384	111.87	99.06	94.33	97.62	7.55	22.53	6.24
河南	2587	113.95	95.44	91.05	89.11	7.47	18.71	5.76
湖北	3223	150.20	96.56	95.95	95.01	12.08	18.94	6.73
湖南	3746	160.71	96.97	96.50	92.35	14.87	15.15	6.63
广东	1482	164.20	100.00	99.88	97.14	14.87	13.94	6.38
广西	2658	171.61	99.53	97.76	98.90	13.50	21.38	8.99
海南	2768	231.09	99.04	99.01	96.83	4.71	30.45	5.60
重庆	2686	125.32	98.29	98.29	97.81	14.21	10.76	6.90
四川	1432	131.31	95.31	94.85	89.96	11.32	14.17	6.26
贵州	2406	109.56	96.81	96.42	81.26	8.87	19.57	7.91
云南	3496	123.33	97.97	96.85	58.64	13.52	18.49	8.09
西藏	2666	155.62	85.99	78.05	62.65	8.88	18.39	5.19
陕西	3737	99.78	95.87	92.69	88.21	7.73	15.82	7.14
甘肃	4782	87.66	95.67	95.43	78.74	9.37	15.03	6.03
青海	2000	87.94	96.13	96.13	64.53	9.63	21.92	7.45
宁夏	3633	122.70	99.02	99.02	77.63	9.52	25.65	7.03
新疆	3185	139.77	98.42	98.19	95.94	10.49	22.54	6.71

Level of National County Seat Service Facilities by Province(2021)

建成区道路面积率 (%) Surface Area of Roads Rate of Built District (%)	建成区排水管道密度 (公里/平方公里) Density of Sewers in Built District (kilometer/square kilometer)	污水处理率 (%) Wastewater Treatment Rate (%)	污水处理厂集中处理率 Centralized Treatment Rate of Wastewater Treatment Plants	人均公园绿地面积 (平方米) Public Recreational Green Space Per Capita (m^2)	建成区绿化覆盖率 (%) Green Coverage Rate of Built District (%)	建成区绿地率 (%) Green Space Rate of Built District (%)	生活垃圾处理率 (%) Domestic Garbage Treatment Rate (%)	生活垃圾无害化处理率 Domestic Garbage Harmless Treatment Rate	地区名称 Name of Regions
13.45	**10.11**	**96.11**	**95.63**	**14.01**	**38.30**	**34.38**	**99.68**	**98.47**	**全　国**
17.99	9.85	98.44	98.44	13.76	41.38	37.34	100.00	100.00	河　北
14.17	10.65	98.56	98.56	11.56	40.36	35.78	99.90	96.39	山　西
14.37	8.54	96.49	96.49	22.21	36.67	33.90	99.65	98.73	内蒙古
7.91	6.38	98.50	98.45	13.59	22.94	18.92	100.00	93.13	辽　宁
11.90	10.00	96.82	96.81	14.98	36.66	32.74	100.00	100.00	吉　林
8.03	6.42	96.66	96.65	13.40	28.39	24.73	100.00	100.00	黑龙江
13.61	12.60	92.72	92.61	15.16	42.72	39.89	100.00	100.00	江　苏
16.09	16.27	97.68	97.55	15.76	43.62	39.54	100.00	100.00	浙　江
14.57	11.66	96.00	95.61	15.04	38.42	34.30	100.00	100.00	安　徽
14.59	14.01	96.58	96.58	15.82	43.43	40.16	100.00	100.00	福　建
15.11	13.23	93.37	92.50	16.77	42.54	38.55	100.00	100.00	江　西
13.49	10.07	98.04	98.04	16.50	40.80	36.56	100.00	100.00	山　东
13.41	9.38	97.66	97.64	12.15	37.89	33.33	99.23	91.13	河　南
13.83	9.10	95.82	95.82	12.98	39.62	35.13	100.00	100.00	湖　北
12.11	9.56	97.02	96.79	11.63	37.72	33.63	99.67	99.67	湖　南
9.75	6.77	91.45	91.45	14.23	35.62	32.29	100.00	95.58	广　东
16.10	12.45	97.35	91.20	12.98	38.95	34.35	100.00	100.00	广　西
10.80	5.60	97.56	95.02	6.78	40.51	31.02	100.00	100.00	海　南
12.58	15.83	99.54	99.54	13.82	42.23	38.50	100.00	100.00	重　庆
12.23	9.78	93.58	91.40	14.34	38.64	34.90	99.77	99.77	四　川
13.24	6.21	93.98	93.94	14.31	37.76	35.34	97.40	97.40	贵　州
15.08	14.26	96.85	96.73	12.21	40.53	36.23	99.94	99.94	云　南
6.34	7.06	41.61	41.44	1.40	6.65	4.08	98.62	94.09	西　藏
12.25	8.66	94.41	94.41	10.81	36.49	32.31	98.94	98.94	陕　西
10.66	9.52	96.17	96.17	12.73	30.08	26.67	99.97	99.97	甘　肃
12.64	9.44	91.12	91.12	7.79	27.76	24.05	95.43	95.43	青　海
14.85	9.05	98.83	98.83	17.99	40.67	37.34	99.77	99.77	宁　夏
11.58	6.92	97.34	97.32	16.47	40.40	36.51	99.67	99.67	新　疆

1-2 2021年全国县城市政公用设施水平(按县分列)

县名称 Name of Counties	人口密度(人/平方公里) Population Density (person/square kilometer)	人均日生活用水量(升) Daily Water Consumption Per Capita (liter)	供水普及率(%) Water Coverage Rate (%)	公共供水普及率 Public Water Coverage Rate	燃气普及率(%) Gas Coverage Rate (%)	建成区供水管道密度(公里/平方公里) Density of Water Supply Pipelines in Built District (kilometer/square kilometer)	人均道路面积(平方米) Road Surface Area Per Capita (m^2)	建成区路网密度(公里/平方公里) Density of Road Network in Built District (kilometer/square kilometer)	建成区道路面积率(%) Surface Area of Roads Rate of Built District (%)
全　国	**2160**	**131.95**	**97.42**	**95.77**	**90.32**	**11.87**	**19.68**	**7.01**	**13.45**
河　北	**2768**	**110.82**	**100.00**	**99.43**	**99.08**	**11.67**	**25.20**	**8.93**	**17.99**
井陉县	1544	73.24	100.00	100.00	100.00	6.19	18.08	11.33	17.39
正定县	2494	124.59	100.00	100.00	96.66	4.30	24.81	7.67	17.61
行唐县	2425	129.64	100.00	100.00	98.80	15.12	29.78	7.30	21.26
灵寿县	3502	127.85	100.00	100.00	100.00	22.41	23.67	10.57	19.60
高邑县	1477	120.35	100.00	100.00	100.00	15.82	34.93	11.58	23.51
深泽县	3979	136.39	100.00	100.00	100.00	21.48	20.37	7.36	17.48
赞皇县	1093	139.98	100.00	100.00	96.55	11.00	20.66	10.06	17.48
无极县	2928	139.83	100.00	100.00	100.00	8.89	31.46	8.99	16.29
平山县	1161	116.09	100.00	100.00	100.00	14.57	16.42	10.18	19.23
元氏县	3107	98.65	100.00	100.00	100.00	8.92	24.82	10.38	18.88
赵　县	8032	79.61	100.00	100.00	99.20	3.94	24.01	8.37	19.28
滦南县	1464	121.90	100.00	100.00	100.00	9.21	21.75	8.78	15.32
乐亭县	1450	122.04	100.00	98.09	100.00	13.48	20.22	8.12	16.58
迁西县	1306	73.12	100.00	95.93	100.00	14.55	17.05	8.03	14.13
玉田县	1880	139.85	100.00	91.61	100.00	7.92	22.33	8.19	15.02
曹妃甸区	1794	138.55	100.00	100.00	100.00	9.26	43.14	8.30	21.85
青龙满族自治县	2639	88.96	100.00	100.00	99.88	5.54	19.34	11.06	13.41
昌黎县	3367	153.39	100.00	96.44	99.92	12.39	23.54	8.62	17.59
卢龙县	1460	76.55	100.00	100.00	100.00	5.10	29.34	9.15	18.36
临漳县	1476	114.83	100.00	100.00	100.00	7.11	35.93	9.03	18.57
成安县	6441	82.57	100.00	100.00	96.99	14.12	32.69	9.88	21.01
大名县	4035	59.99	100.00	100.00	100.00	8.46	19.98	10.59	17.92
涉　县	2437	80.57	100.00	100.00	100.00	8.52	24.00	10.39	14.69
磁　县	2729	89.69	100.00	100.00	99.51	8.65	26.47	9.06	23.61
邱　县	3643	80.02	100.00	100.00	100.00	5.93	29.28	10.44	21.76
鸡泽县	5919	109.34	100.00	100.00	100.00	14.68	25.73	9.18	21.27
广平县	4197	118.51	100.00	100.00	99.89	4.39	42.83	14.48	28.30
馆陶县	2057	121.91	100.00	100.00	100.00	13.96	25.68	8.00	20.11
魏　县	3935	54.05	100.00	100.00	100.00	6.30	15.03	9.96	20.37
曲周县	4515	100.37	100.00	100.00	100.00	13.25	25.57	10.43	20.19
临城县	1306	77.65	100.00	100.00	99.29	10.06	26.64	10.33	21.97
内丘县	2183	118.87	100.00	100.00	98.68	11.89	19.69	11.70	20.45
柏乡县	696	115.80	100.00	100.00	96.27	8.16	36.77	10.49	17.38
隆尧县	3225	84.25	100.00	100.00	97.81	6.01	26.13	8.48	16.82

Level of National County Seat Service Facilities by County (2021)

建成区排水管道密度（公里/平方公里） Density of Sewers in Built District (kilometer/square kilometer)	污水处理率(%) Wastewater Treatment Rate (%)	污水处理厂集中处理率 Centralized Treatment Rate of Wastewater Treatment Plants	人均公园绿地面积（平方米） Public Recreational Green Space Per Capita (m^2)	建成区绿化覆盖率(%) Green Coverage Rate of Built District (%)	建成区绿地率(%) Green Space Rate of Built District (%)	生活垃圾处理率(%) Domestic Garbage Treatment Rate (%)	生活垃圾无害化处理率 Domestic Garbage Harmless Treatment Rate	县名称 Name of Counties
10.11	**96.11**	**95.63**	**14.01**	**38.30**	**34.38**	**99.68**	**98.47**	**全　国**
9.85	**98.44**	**98.44**	**13.76**	**41.38**	**37.34**	**100.00**	**100.00**	**河　北**
12.18	99.77	99.77	15.35	43.75	40.70	100.00	100.00	井陉县
13.14	98.80	98.80	20.96	35.98	33.17	100.00	100.00	正定县
10.93	96.75	96.75	15.72	45.37	40.47	100.00	100.00	行唐县
8.19	99.70	99.70	15.77	40.77	37.43	100.00	100.00	灵寿县
12.27	99.98	99.98	13.76	45.38	42.16	100.00	100.00	高邑县
5.11	99.20	99.20	13.24	41.00	33.78	100.00	100.00	深泽县
7.19	98.05	98.05	15.95	45.11	40.64	100.00	100.00	赞皇县
9.66	97.76	97.76	15.01	41.93	38.55	100.00	100.00	无极县
13.71	97.85	97.85	13.12	40.19	36.74	100.00	100.00	平山县
8.33	98.56	98.56	9.10	39.96	35.80	100.00	100.00	元氏县
8.43	98.76	98.76	12.79	42.17	37.19	100.00	100.00	赵　县
6.19	99.93	99.93	12.56	42.81	38.00	100.00	100.00	滦南县
8.01	99.83	99.83	15.24	45.84	41.48	100.00	100.00	乐亭县
6.93	99.82	99.82	15.69	42.87	38.56	100.00	100.00	迁西县
4.13	99.08	99.08	9.08	39.21	35.86	100.00	100.00	玉田县
10.82	99.88	99.88	25.99	44.95	41.59	100.00	100.00	曹妃甸区
7.92	98.50	98.50	14.17	35.42	32.40	100.00	100.00	青龙满族自治县
9.31	99.99	99.99	8.62	38.35	34.07	100.00	100.00	昌黎县
8.19	99.99	99.99	12.87	42.63	38.46	100.00	100.00	卢龙县
8.80	99.76	99.76	15.15	40.52	36.27	100.00	100.00	临漳县
0.66	99.87	99.87	15.01	45.51	41.73	100.00	100.00	成安县
6.10	99.95	99.95	16.59	46.41	42.79	100.00	100.00	大名县
18.79	99.81	99.81	22.55	45.20	41.15	100.00	100.00	涉　县
8.33	99.96	99.96	14.49	45.89	41.29	100.00	100.00	磁　县
14.16	92.57	92.57	14.07	47.72	44.45	100.00	100.00	邱　县
11.10	99.98	99.98	15.41	42.66	38.33	100.00	100.00	鸡泽县
12.74	99.99	99.99	19.20	42.26	37.38	100.00	100.00	广平县
12.74	99.87	99.87	13.19	45.33	41.02	100.00	100.00	馆陶县
7.80	98.99	98.99	13.02	44.47	39.98	100.00	100.00	魏　县
11.73	99.92	99.92	15.05	44.31	40.01	100.00	100.00	曲周县
10.78	93.19	93.19	9.80	38.00	33.50	100.00	100.00	临城县
10.26	99.25	99.25	11.27	41.88	37.97	100.00	100.00	内丘县
7.51	96.45	96.45	14.63	38.36	34.75	100.00	100.00	柏乡县
11.22	98.72	98.72	9.90	35.20	31.55	100.00	100.00	隆尧县

1-2 续表 1

县名称 Name of Counties	人口密度(人/平方公里) Population Density (person/square kilometer)	人均日生活用水量(升) Daily Water Consumption Per Capita (liter)	供水普及率(%) Water Coverage Rate (%)	公共供水普及率 Public Water Coverage Rate	燃气普及率(%) Gas Coverage Rate (%)	建成区供水管道密度(公里/平方公里) Density of Water Supply Pipelines in Built District (kilometer/square kilometer)	人均道路面积(平方米) Road Surface Area Per Capita (m^2)	建成区路网密度(公里/平方公里) Density of Road Network in Built District (kilometer/square kilometer)	建成区道路面积率(%) Surface Area of Roads Rate of Built District (%)
宁晋县	8370	82.68	100.00	100.00	96.86	13.12	27.12	9.06	28.51
巨鹿县	2770	93.98	100.00	100.00	100.00	35.87	26.15	8.57	21.18
新河县	4071	100.04	100.00	100.00	95.26	8.50	32.28	10.50	23.00
广宗县	1588	79.04	100.00	100.00	99.88	11.09	23.76	8.55	20.94
平乡县	1239	175.06	100.00	100.00	99.12	11.33	29.15	8.41	16.61
威　县	9706	86.45	100.00	100.00	99.10	19.79	19.70	8.04	19.97
清河县	6725	65.46	100.00	100.00	99.02	3.74	17.47	8.09	17.21
临西县	5823	152.20	100.00	100.00	99.78	6.31	25.88	8.50	17.51
博野县	3382	148.36	100.00	100.00	100.00	3.94	28.41	8.72	18.29
涞水县	4957	104.95	100.00	100.00	100.00	13.95	26.26	8.68	16.01
阜平县	1751	137.63	100.00	100.00	91.13	9.64	26.15	9.92	15.01
白沟新城	1536	137.77	100.00	99.28	99.28	11.70	33.77	8.87	13.03
定兴县	8092	98.86	100.00	100.00	100.00	7.58	27.53	10.34	22.28
唐　县	2906	108.17	100.00	100.00	100.00	11.47	22.97	8.01	16.54
高阳县	4575	139.80	100.00	100.00	100.00	9.49	26.98	8.06	15.83
涞源县	5184	116.56	100.00	100.00	97.80	4.69	27.51	7.72	14.26
望都县	6285	139.72	100.00	100.00	100.00	6.17	30.14	8.96	18.94
易　县	7064	139.51	100.00	100.00	99.68	16.76	21.13	4.73	14.93
曲阳县	2809	106.74	100.00	91.00	98.24	5.18	25.64	8.63	15.26
蠡　县	6083	120.12	100.00	99.32	100.00	10.41	25.53	8.98	15.59
顺平县	2908	118.60	100.00	92.43	98.76	7.16	18.21	8.84	14.34
张北县	2825	84.76	100.00	100.00	95.19	15.43	25.67	8.51	15.38
康保县	1976	57.29	100.00	100.00	93.23	7.79	33.38	8.36	20.37
沽源县	3028	87.93	100.00	100.00	98.59	17.84	27.46	8.85	23.40
尚义县	5178	73.94	100.00	100.00	91.72	10.30	30.12	8.65	15.59
蔚　县	2277	129.48	100.00	100.00	97.62	11.38	27.18	8.07	13.03
阳原县	1070	102.85	100.00	100.00	95.79	13.61	24.00	9.40	15.89
怀安县	2733	91.77	100.00	100.00	97.89	10.95	28.77	8.31	19.23
怀来县	3582	159.50	100.00	100.00	100.00	8.12	24.72	8.17	15.03
涿鹿县	3030	83.66	100.00	100.00	100.00	14.47	22.99	7.09	22.90
赤城县	9686	69.88	100.00	100.00	98.53	12.15	16.06	10.98	16.50
承德县	3000	135.02	100.00	100.00	98.67	8.80	20.65	7.99	12.34
兴隆县	2880	117.58	100.00	100.00	99.72	12.72	24.39	9.22	15.39
滦平县	4240	105.49	100.00	100.00	98.77	18.25	17.33	8.98	14.90
隆化县	2143	113.18	100.00	98.81	100.00	47.46	19.33	8.32	16.16
丰宁满族自治县	5415	137.80	100.00	100.00	99.07	13.77	20.34	8.19	15.40
宽城满族自治县	2171	129.10	100.00	100.00	97.27	12.13	21.71	9.84	16.64

continued

建成区排水管道密度（公里/平方公里）Density of Sewers in Built District (kilometer/square kilometer)	污水处理率(%) Wastewater Treatment Rate (%)	污水处理厂集中处理率 Centralized Treatment Rate of Wastewater Treatment Plants	人均公园绿地面积（平方米）Public Recreational Green Space Per Capita (m^2)	建成区绿化覆盖率(%) Green Coverage Rate of Built District (%)	建成区绿地率(%) Green Space Rate of Built District (%)	生活垃圾处理率(%) Domestic Garbage Treatment Rate (%)	生活垃圾无害化处理率 Domestic Garbage Harmless Treatment Rate	县名称 Name of Counties
12.22	97.68	97.68	13.36	45.30	40.70	100.00	100.00	宁晋县
16.27	99.60	99.60	12.20	39.36	35.57	100.00	100.00	巨鹿县
13.46	96.62	96.62	14.45	41.31	35.85	100.00	100.00	新河县
12.09	96.00	96.00	8.83	37.49	33.38	100.00	100.00	广宗县
17.05	99.60	99.60	13.25	44.77	39.18	100.00	100.00	平乡县
16.03	94.46	94.46	11.52	40.80	37.60	100.00	100.00	威　县
11.87	98.04	98.04	13.68	43.70	40.60	100.00	100.00	清河县
17.58	96.61	96.61	9.47	35.06	31.87	100.00	100.00	临西县
11.07	98.68	98.68	12.42	39.01	35.60	100.00	100.00	博野县
9.48	99.35	99.35	11.54	41.15	37.75	100.00	100.00	涞水县
14.08	99.89	99.89	28.22	40.57	35.53	100.00	100.00	阜平县
5.68	99.16	99.16	12.67	37.04	33.20	100.00	100.00	白沟新城
12.82	99.40	99.40	13.31	41.94	37.30	100.00	100.00	定兴县
7.11	98.00	98.00	11.44	41.05	37.36	100.00	100.00	唐　县
9.75	99.94	99.94	12.10	42.16	37.62	100.00	100.00	高阳县
7.09	99.29	99.29	17.38	40.96	36.63	100.00	100.00	涞源县
8.18	98.00	98.00	12.52	41.36	37.55	100.00	100.00	望都县
2.27	99.96	99.96	13.10	38.50	34.27	100.00	100.00	易　县
4.79	99.00	99.00	12.71	40.31	37.26	100.00	100.00	曲阳县
7.56	99.88	99.88	14.72	40.89	37.35	100.00	100.00	蠡　县
12.41	99.80	99.80	14.43	40.00	35.11	100.00	100.00	顺平县
6.25	92.47	92.47	11.71	39.73	35.99	100.00	100.00	张北县
3.49	93.72	93.72	11.46	44.38	39.40	100.00	100.00	康保县
6.62	94.51	94.51	12.01	42.25	37.66	100.00	100.00	沽源县
6.24	98.87	98.87	16.12	42.12	38.98	100.00	100.00	尚义县
7.69	92.15	92.15	11.46	39.92	35.10	100.00	100.00	蔚　县
10.35	96.19	96.19	11.52	39.68	36.19	100.00	100.00	阳原县
13.47	96.20	96.20	11.50	38.13	34.51	100.00	100.00	怀安县
10.94	99.33	99.33	11.93	42.24	37.81	100.00	100.00	怀来县
6.66	99.10	99.10	12.17	38.23	33.94	100.00	100.00	涿鹿县
10.51	97.85	97.85	11.73	39.08	34.08	100.00	100.00	赤城县
9.11	96.50	96.50	12.06	39.89	36.28	100.00	100.00	承德县
6.30	99.63	99.63	9.35	39.34	36.06	100.00	100.00	兴隆县
12.90	98.56	98.56	12.12	42.33	38.97	100.00	100.00	滦平县
11.31	95.00	95.00	11.40	39.60	35.50	100.00	100.00	隆化县
7.91	93.00	93.00	14.63	42.09	37.11	100.00	100.00	丰宁满族自治县
9.21	98.90	98.90	11.94	43.51	39.32	100.00	100.00	宽城满族自治县

1-2 续表 2

县名称 Name of Counties	人口密度（人/平方公里）Population Density (person/square kilometer)	人均日生活用水量（升）Daily Water Consumption Per Capita (liter)	供水普及率（%）Water Coverage Rate (%)	公共供水普及率 Public Water Coverage Rate	燃气普及率（%）Gas Coverage Rate (%)	建成区供水管道密度（公里/平方公里）Density of Water Supply Pipelines in Built District (kilometer/square kilometer)	人均道路面积（平方米）Road Surface Area Per Capita (m^2)	建成区路网密度（公里/平方公里）Density of Road Network in Built District (kilometer/square kilometer)	建成区道路面积率（%）Surface Area of Roads Rate of Built District (%)
围场满族蒙古族自治县	4925	133.68	100.00	100.00	100.00	7.41	12.99	8.20	15.79
青　县	6080	89.03	100.00	100.00	100.00	14.09	27.48	9.52	16.71
东光县	4768	65.28	100.00	100.00	100.00	6.10	14.64	7.26	11.58
海兴县	3400	61.47	100.00	100.00	94.88	16.93	37.38	8.72	23.39
盐山县	2604	139.83	100.00	100.00	100.00	6.29	32.74	7.90	16.78
肃宁县	3268	162.09	100.00	100.00	100.00	7.53	34.64	8.72	19.81
南皮县	3182	72.93	100.00	100.00	100.00	5.12	32.06	8.51	15.86
吴桥县	2253	114.07	100.00	100.00	100.00	7.87	50.53	7.24	18.56
献　县	3536	138.11	100.00	100.00	100.00	17.52	22.59	8.01	17.01
孟村回族自治县	2152	106.55	100.00	100.00	100.00	16.07	32.96	8.51	16.11
固安县	3890	139.00	100.00	100.00	100.00	12.35	16.52	6.81	12.26
永清县	1974	244.57	100.00	100.00	100.00	29.76	33.53	9.98	16.08
香河县	1636	209.28	100.00	100.00	98.01	12.02	27.70	8.30	12.96
大城县	2520	97.46	100.00	100.00	100.00	37.95	25.78	10.14	21.50
文安县	2773	179.52	100.00	100.00	100.00	16.29	29.97	8.33	19.48
大厂回族自治县	1470	87.54	100.00	100.00	100.00	6.99	35.84	8.03	15.65
枣强县	4613	89.70	100.00	100.00	99.02	25.54	18.38	12.39	16.46
武邑县	3531	111.21	100.00	100.00	95.39	8.67	23.29	8.51	16.90
武强县	3642	133.80	100.00	99.36	97.06	16.80	26.73	3.40	8.33
饶阳县	1159	83.42	100.00	100.00	100.00	9.63	41.88	16.86	19.64
安平县	5217	123.70	100.00	100.00	100.00	21.37	26.01	8.31	23.00
故城县	5309	124.79	100.00	95.43	96.58	15.85	37.01	10.98	33.32
景　县	6912	139.43	100.00	100.00	100.00	7.98	40.21	9.51	27.79
阜城县	1848	129.69	100.00	98.00	99.00	11.86	29.95	8.62	22.83
容城县	9048	201.42	100.00	100.00	100.00	8.74	13.02	7.78	13.28
雄　县	3730	241.22	100.00	92.39	98.19	32.89	33.79	8.76	17.68
安新县	1984	280.05	100.00	100.00	99.47	16.08	17.77	5.85	5.64
山　西	**3525**	**95.49**	**95.79**	**90.32**	**83.13**	**11.97**	**16.47**	**7.43**	**14.17**
清徐县	2708	83.40	99.90	99.90	97.44	11.99	17.16	6.10	18.48
阳曲县	3903	105.31	99.81	99.81	100.00	15.27	14.61	6.24	14.66
娄烦县	6005	104.50	97.83	97.83	36.96	7.29	12.25	9.24	11.74
阳高县	5841	94.93	93.76	90.58	56.08	13.16	17.90	9.31	17.12
天镇县	5431	46.81	83.89	83.08	24.17	7.90	11.76	13.70	10.51
广灵县	1153	110.66	97.97	95.94	72.26	2.02	25.25	9.81	19.46
灵丘县	8167	69.53	85.93	85.93	74.22	14.77	17.73	5.93	1.76
浑源县	4829	111.86	95.94	90.94	30.20	9.62	17.78	8.32	15.04

continued

建成区排水管道密度(公里/平方公里) Density of Sewers in Built District (kilometer/square kilometer)	污水处理率(%) Wastewater Treatment Rate (%)	污水处理厂集中处理率 Centralized Treatment Rate of Wastewater Treatment Plants	人均公园绿地面积(平方米) Public Recreational Green Space Per Capita (m^2)	建成区绿化覆盖率(%) Green Coverage Rate of Built District (%)	建成区绿地率(%) Green Space Rate of Built District (%)	生活垃圾处理率(%) Domestic Garbage Treatment Rate (%)	生活垃圾无害化处理率 Domestic Garbage Harmless Treatment Rate	县名称 Name of Counties
18.21	91.00	91.00	8.75	37.43	34.34	100.00	100.00	围场满族蒙古族自治县
10.07	99.44	99.44	16.76	41.14	37.23	100.00	100.00	青　县
7.65	99.25	99.25	11.64	45.61	39.68	100.00	100.00	东光县
11.81	99.65	99.65	14.40	40.05	37.05	100.00	100.00	海兴县
9.86	99.17	99.17	15.20	42.11	37.98	100.00	100.00	盐山县
12.72	97.54	97.54	12.02	41.06	36.24	100.00	100.00	肃宁县
9.58	97.14	97.14	12.28	39.71	35.26	100.00	100.00	南皮县
16.68	96.00	96.00	16.96	36.34	32.17	100.00	100.00	吴桥县
12.92	99.87	99.87	13.55	41.05	37.36	100.00	100.00	献　县
9.86	98.05	98.05	9.97	40.48	37.18	100.00	100.00	孟村回族自治县
4.10	99.60	99.60	12.94	39.68	36.54	100.00	100.00	固安县
7.70	98.70	98.70	13.32	39.66	36.09	100.00	100.00	永清县
4.06	99.00	99.00	10.72	36.99	32.98	100.00	100.00	香河县
10.88	99.36	99.36	12.55	39.47	34.58	100.00	100.00	大城县
8.59	97.92	97.92	10.23	34.34	31.32	100.00	100.00	文安县
10.07	97.91	97.91	13.28	42.66	38.30	100.00	100.00	大厂回族自治县
14.12	99.20	99.20	13.36	42.36	37.65	100.00	100.00	枣强县
9.98	98.04	98.04	13.92	39.33	35.20	100.00	100.00	武邑县
6.23	99.36	99.36	14.73	40.59	37.58	100.00	100.00	武强县
7.06	99.69	99.69	14.33	41.94	37.10	100.00	100.00	饶阳县
19.70	99.98	99.98	12.20	42.35	37.36	100.00	100.00	安平县
11.75	99.90	99.90	14.76	39.45	35.16	100.00	100.00	故城县
12.90	99.61	99.61	12.74	41.07	37.04	100.00	100.00	景　县
8.43	97.09	97.09	12.23	41.24	37.13	100.00	100.00	阜城县
9.14	95.33	95.33	15.95	43.89	40.21	100.00	100.00	容城县
4.68	97.87	97.87	15.97	42.71	39.00	100.00	100.00	雄　县
5.62	99.56	99.56	20.71	40.72	36.49	100.00	100.00	安新县
10.65	**98.56**	**98.56**	**11.56**	**40.36**	**35.78**	**99.90**	**96.39**	**山　西**
15.55	99.32	99.32	10.74	40.80	36.27	100.00		清徐县
13.81	100.00	100.00	12.70	44.91	31.34	100.00	100.00	阳曲县
38.70	99.87	99.87	12.19	43.41	41.54	100.00	100.00	娄烦县
11.12	97.95	97.95	8.17	32.15	29.23	100.00	100.00	阳高县
8.65	100.00	100.00	9.02	32.43	32.93	98.61	98.61	天镇县
3.68	61.03	61.03	10.60	39.66	36.37	100.00	100.00	广灵县
7.72	97.13	97.13	7.93	42.35	37.60	99.26	99.26	灵丘县
11.13	98.28	98.28	24.46	38.85	33.45	100.00	100.00	浑源县

1-2 续表 3

县名称 Name of Counties	人口密度(人/平方公里) Population Density (person/square kilometer)	人均日生活用水量(升) Daily Water Consumption Per Capita (liter)	供水普及率(%) Water Coverage Rate (%)	公共供水普及率 Public Water Coverage Rate	燃气普及率(%) Gas Coverage Rate (%)	建成区供水管道密度(公里/平方公里) Density of Water Supply Pipelines in Built District (kilometer/square kilometer)	人均道路面积(平方米) Road Surface Area Per Capita (m^2)	建成区路网密度(公里/平方公里) Density of Road Network in Built District (kilometer/square kilometer)	建成区道路面积率(%) Surface Area of Roads Rate of Built District (%)
左云县	6559	73.94	94.75	83.28	50.82	18.99	16.95	6.54	12.52
云州区	5580	119.69	94.98	94.98	91.40	22.10	20.26	14.68	16.62
平定县	10520	135.52	97.81	96.96	97.91	16.50	6.61	3.53	6.96
盂　县	3897	221.16	94.01	94.01	85.78	10.80	8.61	2.16	4.63
襄垣县	3551	159.51	100.00	100.00	96.32	19.53	40.65	5.99	16.08
平顺县	3733	40.89	100.00	100.00	99.23	10.93	25.70	12.03	28.78
黎城县	8294	107.06	99.82	90.96	96.99	10.96	19.49	8.37	16.16
壶关县	2987	69.66	100.00	100.00	98.08	3.98	20.93	8.05	15.10
长子县	8831	77.24	99.88	98.68	98.68	17.47	26.29	9.54	23.22
武乡县	1761	96.80	100.00	91.96	98.26	6.22	12.13	4.05	7.03
沁　县	1636	92.02	99.78	79.91	98.25	16.09	19.87	8.19	15.09
沁源县	8213	175.55	100.00	99.56	99.12	45.67	18.47	8.19	15.00
沁水县	8107	99.99	100.00	100.00	100.00	12.73	18.38	14.40	16.12
阳城县	7879	95.89	100.00	100.00	100.00	22.61	14.81	4.90	11.28
陵川县	5823	70.17	98.41	98.41	100.00	22.77	14.02	6.78	12.54
山阴县	4150	108.84	96.39	96.39	76.99	17.03	17.08	5.99	7.19
应　县	9293	94.64	98.62	92.24	91.16	17.11	13.92	12.19	14.76
右玉县	4669	83.71	99.86	91.17	73.81	7.69	21.14	5.66	16.16
榆社县	5333	99.24	100.00	99.58	71.25	22.67	22.56	12.98	16.53
左权县	10313	102.73	100.00	100.00	88.41	11.57	23.06	11.51	24.67
和顺县	4575	80.63	100.00	100.00	100.00	8.66	26.62	3.79	21.18
昔阳县	7778	50.10	100.00	100.00	91.19	11.44	12.01	8.93	15.64
寿阳县	2699	119.42	100.00	77.72	81.61	10.60	28.29	8.97	20.35
太谷区	8404	124.55	100.00	100.00	97.18	6.01	20.47	7.84	17.58
祁　县	6381	92.79	100.00	75.63	96.01	8.25	12.42	5.31	8.59
平遥县	8447	116.36	100.00	100.00	87.86	13.38	26.99	9.44	15.18
灵石县	6380	72.25	100.00	100.00	96.07	10.29	9.45	3.87	9.53
临猗县	1853	67.79	100.00	91.34	95.00	4.63	19.40	6.47	19.22
万荣县	2182	62.60	95.00	75.00	94.17	6.67	20.09	4.39	16.82
闻喜县	3274	135.99	94.78	26.62	94.78	5.35	21.79	6.77	11.50
稷山县	6509	88.68	88.31	24.19	98.23	32.20	12.92	7.93	18.07
新绛县	7147	84.33	100.00	100.00	89.71	20.90	16.71	10.90	19.92
绛　县	1245	98.06	98.18	94.85	99.24	9.81	18.23	4.78	18.51
垣曲县	1229	103.20	93.56	90.54	80.48	8.16	20.58	7.88	19.62
夏　县	1072	42.58	100.00	96.74	100.00	11.78	24.29	4.63	16.07
平陆县	2027	65.57	98.65	98.65	96.89	7.84	13.38	11.51	16.87
芮城县	1100	65.68	100.00	97.73	94.32	6.48	19.64	6.69	16.46

continued

建成区排水管道密度(公里/平方公里) Density of Sewers in Built District (kilometer/square kilometer)	污水处理率(%) Wastewater Treatment Rate (%)	污水处理厂集中处理率 Centralized Treatment Rate of Wastewater Treatment Plants	人均公园绿地面积(平方米) Public Recreational Green Space Per Capita (m²)	建成区绿化覆盖率(%) Green Coverage Rate of Built District (%)	建成区绿地率(%) Green Space Rate of Built District (%)	生活垃圾处理率(%) Domestic Garbage Treatment Rate (%)	生活垃圾无害化处理率 Domestic Garbage Harmless Treatment Rate	县名称 Name of Counties
13.10	90.70	90.70	16.18	39.90	35.27	100.00	100.00	左云县
9.65	72.49	72.49	14.57	35.51	31.67	100.00		云州区
10.86	100.00	100.00	6.37	38.25	33.26	100.00	100.00	平定县
4.96	100.00	100.00	18.10	49.05	38.20	100.00	100.00	盂　县
2.94	95.47	95.47	14.21	40.09	36.69	100.00	100.00	襄垣县
17.71	93.18	93.18	16.16	46.30	41.61	100.00	100.00	平顺县
14.90	92.58	92.58	17.20	41.11	36.13	100.00	100.00	黎城县
5.51	93.87	93.87	19.03	51.65	41.72	100.00	100.00	壶关县
7.60	96.18	96.18	12.44	40.21	36.28	100.00	100.00	长子县
4.74	96.26	96.26	17.11	45.20	40.32	100.00	100.00	武乡县
6.60	97.83	97.83	17.53	45.95	41.04	100.00	100.00	沁　县
0.82	95.85	95.85	13.02	45.99	44.20	100.00	100.00	沁源县
4.45	100.00	100.00	16.68	40.05	37.00	100.00	100.00	沁水县
6.75	100.00	100.00	12.60	45.50	40.50	100.00	100.00	阳城县
21.89	100.00	100.00	10.71	41.53	36.66	100.00	100.00	陵川县
10.38	98.65	98.65	11.57	40.73	35.83	100.00	100.00	山阴县
11.46	100.00	100.00	8.65	40.37	36.23	100.00	100.00	应　县
9.50	96.99	96.99	8.87	40.35	37.37	100.00	100.00	右玉县
19.35	97.65	97.65	9.15	39.58	31.73	100.00	100.00	榆社县
20.07	96.79	96.79	12.01	42.70	40.04	100.00	100.00	左权县
14.04	100.00	100.00	12.05	44.60	39.57	100.00	100.00	和顺县
17.18	96.55	96.55	11.30	43.57	39.84	100.00	100.00	昔阳县
16.94	96.70	96.70	12.31	41.55	39.96	100.00		寿阳县
16.34	95.66	95.66	9.74	42.16	37.64	100.00	100.00	太谷区
10.06	100.00	100.00	9.36	38.01	33.39	100.00	100.00	祁　县
	94.34	94.34	9.48	38.19	33.02	100.00	100.00	平遥县
7.36	96.00	96.00	12.40	42.82	39.29	99.63	99.63	灵石县
7.67	95.00	95.00	12.41	44.06	39.07	100.00	100.00	临猗县
10.17	98.41	98.41	7.98	34.89	30.42	100.00	100.00	万荣县
5.43	99.57	99.57	10.97	37.58	27.62	100.00	100.00	闻喜县
9.91	100.00	100.00	5.16	39.83	33.68	100.00	100.00	稷山县
10.15	96.85	96.85	4.75	37.10	33.65	100.00	100.00	新绛县
16.37	92.00	92.00	6.80	35.64	30.32	100.00	100.00	绛　县
15.87	94.00	94.00	13.39	41.33	35.26	100.00	100.00	垣曲县
13.57	100.00	100.00	7.45	38.01	31.85	100.00	100.00	夏　县
22.69	100.00	100.00	6.45	37.58	34.80	100.00	100.00	平陆县
13.29	100.00	100.00	11.44	44.30	40.12	100.00	100.00	芮城县

1-2 续表 4

县名称 Name of Counties	人口密度(人/平方公里) Population Density (person/square kilometer)	人均日生活用水量(升) Daily Water Consumption Per Capita (liter)	供水普及率(%) Water Coverage Rate (%)	公共供水普及率 Public Water Coverage Rate	燃气普及率(%) Gas Coverage Rate (%)	建成区供水管道密度(公里/平方公里) Density of Water Supply Pipelines in Built District (kilometer/square kilometer)	人均道路面积(平方米) Road Surface Area Per Capita (m^2)	建成区路网密度(公里/平方公里) Density of Road Network in Built District (kilometer/square kilometer)	建成区道路面积率(%) Surface Area of Roads Rate of Built District (%)
定襄县	3242	100.68	97.73	90.39	86.11	12.83	14.91	9.73	17.94
五台县	2380	96.01	99.37	96.85	94.12	11.31	28.38	9.62	26.65
代　县	3622	100.66	99.15	96.58	85.30	13.13	18.78	10.93	18.01
繁峙县	4807	181.34	100.00	90.76	72.16	7.17	14.18	10.15	11.56
宁武县	1997	99.73	100.00	100.00	7.44	12.35	7.99	7.56	7.44
静乐县	1700	57.03	100.00	98.99	84.37	6.55	17.49	14.75	17.20
神池县	2168	72.04	98.53	96.44	80.92	13.30	25.07	12.67	27.94
五寨县	1848	78.46	92.82	92.82	90.23	6.58	16.25	11.44	11.97
岢岚县	1211	60.95	100.00	100.00	84.63	9.78	19.04	12.13	14.21
河曲县	4074	72.11	100.00	100.00	61.11	11.04	22.52	9.75	19.25
保德县	2298	76.54	92.59	92.59	76.39	7.37	11.66	7.46	12.61
偏关县	1836	78.64	93.75	93.75		12.84	12.69	13.13	14.93
曲沃县	4333	127.29	100.00	100.00	99.38	10.13	20.96	4.77	13.63
翼城县	5245	99.03	97.66	97.66	98.13	8.01	19.16	3.53	11.07
襄汾县	1785	53.88	100.00	100.00	99.26	4.62	12.92	5.45	12.50
洪洞县	6087	119.98	100.00	100.00	93.14	10.50	14.58	4.71	13.98
古　县	11686	76.06	100.00	95.35	98.53	46.93	9.74	5.51	11.58
安泽县	6682	80.33	94.56	94.56	98.64	11.67	16.44	5.67	11.51
浮山县	6400	92.23	93.06	86.81	79.86	16.32	12.66	10.70	17.65
吉　县	12464	58.78	78.80	78.80	60.17	34.29	4.89	4.59	6.09
乡宁县	5714	83.90	100.00	100.00	100.00	11.06	16.63	9.56	18.81
大宁县	6150	70.42	97.84	93.53	88.49	5.54	14.23	6.95	11.31
隰　县	5071	93.19	100.00	100.00	79.81	7.01	19.45	6.03	10.90
永和县	5640	81.72	82.27	82.27	90.43	12.30	10.36	0.40	5.84
蒲　县	2577	205.52	90.75	87.76	95.52	19.00	19.71	9.18	16.51
汾西县	6529	71.71	92.31	83.76	30.77	12.15	10.02	9.24	13.92
文水县	3485	65.38	71.57	71.57	81.33	12.71	14.05	7.11	17.57
交城县	12021	106.33	88.50	88.50	90.00	18.82	13.57	13.34	18.79
兴　县	4835	83.82	73.03	73.03	82.11	4.23	11.66	6.36	14.64
临　县	7963	65.57	99.09	98.76	99.92	6.71	8.42	8.00	13.88
柳林县	5325	175.19	100.00	100.00	86.95	9.36	10.19	4.98	11.30
石楼县	12181	93.99	90.91	45.45	58.74	6.47	4.00	3.21	4.87
岚　县	5067	153.19	100.00	96.05	59.61	8.72	11.54	4.46	13.90
方山县	6080	85.54	79.44	79.44	5.10	5.06	10.35	5.26	9.99
中阳县	2449	44.15	96.07	96.07	72.05	5.13	9.05	1.97	0.92
交口县	1750	122.45	90.00	85.71	76.29	12.34	22.77	11.43	17.40

continued

建成区排水管道密度(公里/平方公里) Density of Sewers in Built District (kilometer/square kilometer)	污水处理率(%) Wastewater Treatment Rate (%)	污水处理厂集中处理率 Centralized Treatment Rate of Wastewater Treatment Plants	人均公园绿地面积(平方米) Public Recreational Green Space Per Capita (m^2)	建成区绿化覆盖率(%) Green Coverage Rate of Built District (%)	建成区绿地率(%) Green Space Rate of Built District (%)	生活垃圾处理率(%) Domestic Garbage Treatment Rate (%)	生活垃圾无害化处理率 Domestic Garbage Harmless Treatment Rate	县名称 Name of Counties
16.69	92.62	92.62	11.38	41.93	38.16	100.00	100.00	定襄县
21.57	98.48	98.48	18.41	41.25	39.04	100.00	100.00	五台县
13.19	98.02	98.02	14.97	37.92	35.01	100.00	100.00	代　县
10.63	97.67	97.67	30.64	38.96	33.84	100.00	100.00	繁峙县
12.77	95.33	95.33	9.69	45.65	43.09	100.00	100.00	宁武县
9.32	94.44	94.44	15.03	42.16	40.35	100.00	100.00	静乐县
23.32	99.53	99.53	8.01	41.02	35.00	100.00	100.00	神池县
13.76	98.08	98.08	21.35	41.12	40.01	100.00	100.00	五寨县
22.18	98.50	98.50	15.80	42.50	40.20	100.00	100.00	岢岚县
17.64	92.00	92.00	13.60	46.44	43.44	100.00	100.00	河曲县
	98.56	98.56	8.39	38.11	33.12	100.00	100.00	保德县
14.77	96.20	96.20	25.76	32.89	30.26	100.00	100.00	偏关县
10.82	100.00	100.00	10.51	42.42	37.19	100.00	100.00	曲沃县
10.18	96.34	96.34	4.15	40.10	36.15	100.00	100.00	翼城县
9.68	100.00	100.00	19.14	43.34	37.40	100.00	100.00	襄汾县
7.52	100.00	100.00	15.55	41.50	40.00	100.00	100.00	洪洞县
14.84	100.00	100.00	13.39	42.80	38.06	100.00	100.00	古　县
9.81	100.00	100.00	15.44	40.55	33.48	100.00	100.00	安泽县
11.70	100.00	100.00	5.26	39.62	34.78	100.00	100.00	浮山县
9.29	100.00	100.00	8.77	32.50	28.13	100.00	100.00	吉　县
16.46	100.00	100.00	7.17	44.07	39.91	100.00	100.00	乡宁县
16.43	88.58	88.58	4.39	30.13	28.28	100.00	100.00	大宁县
15.98	100.00	100.00	16.41	40.09	36.76	100.00	100.00	隰　县
8.56	100.00	100.00	12.78	40.84	39.22	100.00	100.00	永和县
26.50	92.51	92.51	20.30	42.75	27.81	100.00	100.00	蒲　县
20.87	100.00	100.00	5.25	16.67	14.27	100.00	100.00	汾西县
8.67	100.00	100.00	4.02	32.53	30.86	100.00	100.00	文水县
12.48	97.73	97.73	3.60	38.48	34.54	100.00	100.00	交城县
10.60	99.76	99.76	9.01	38.20	36.88	99.77	99.77	兴　县
11.80	97.41	97.41	8.17	39.31	35.01	100.00	100.00	临　县
11.83	97.53	97.53	11.75	41.49	37.12	100.00	100.00	柳林县
7.86	100.00	100.00	3.51	35.35	29.41	100.00	100.00	石楼县
	100.00	100.00	10.96	42.62	37.98	95.89	95.89	岚　县
8.90	100.00	100.00	11.65	38.14	34.70	100.00	100.00	方山县
	200.00	200.00	14.77	31.71	24.24	100.00	100.00	中阳县
16.28	95.08	95.08	15.41	40.18	35.16	100.00	100.00	交口县

1-2 续表 5

县名称 Name of Counties	人口密度(人/平方公里) Population Density (person/square kilometer)	人均日生活用水量(升) Daily Water Consumption Per Capita (liter)	供水普及率(%) Water Coverage Rate (%)	公共供水普及率 Public Water Coverage Rate	燃气普及率(%) Gas Coverage Rate (%)	建成区供水管道密度(公里/平方公里) Density of Water Supply Pipelines in Built District (kilometer/square kilometer)	人均道路面积(平方米) Road Surface Area Per Capita (m^2)	建成区路网密度(公里/平方公里) Density of Road Network in Built District (kilometer/square kilometer)	建成区道路面积率(%) Surface Area of Roads Rate of Built District (%)
内蒙古	**878**	**101.75**	**98.60**	**97.41**	**90.67**	**11.78**	**31.54**	**6.87**	**14.37**
土左旗	1939	70.77	94.20	94.20	84.38	9.78	23.35	3.15	8.84
托　县	1778	48.14	95.63	95.63	13.66	16.47	20.49	3.84	9.33
和林县	1600	82.64	97.43	97.43	92.10	9.05	7.26	2.02	1.88
清水河县	2721	99.10	98.69	91.86	68.24	12.70	20.85	12.17	12.57
武川县	3359	106.81	98.60	98.60	44.13	7.95	24.69	3.26	8.92
土右旗	3421	56.48	100.00	100.00	81.00	16.75	22.59	6.10	15.13
固阳县	2707	77.86	97.84	97.30	97.30	13.29	51.45	8.74	21.10
达尔罕茂明安联合旗	4400	73.71	95.45	95.45	85.23	13.37	19.50	6.23	16.19
阿鲁科尔沁旗	1047	159.01	98.89	95.06	99.60	21.02	26.70	6.92	20.64
巴林左旗	760	130.48	93.96	93.85	98.68	20.29	37.06	4.55	15.00
巴林右旗	350	81.35	99.36	99.36	99.36	6.57	32.03	5.16	15.49
林西县	345	72.27	99.81	99.81	99.81	15.38	24.87	9.12	15.71
克什克腾旗	838	105.63	99.39	99.39	95.13	6.67	12.05	3.43	8.26
翁牛特旗	900	96.77	97.37	89.61	97.97	7.86	33.56	10.02	29.60
喀喇沁旗	274	257.34	99.11	94.66	97.46	6.10	17.89	8.56	17.15
宁城县	1052	65.85	98.68	98.68	99.54	4.02	15.95	3.61	11.96
敖汉旗	2241	93.49	98.27	97.37	97.37	15.16	38.61	6.77	27.23
科左中旗	4425	60.17	95.96	93.93	95.80	5.84	27.12	4.79	10.35
科左后旗	1879	124.40	96.35	94.62	96.01	3.72	42.81	6.97	6.81
开鲁县	7042	204.16	98.46	98.46	95.86	14.00	30.55	9.10	21.55
库伦旗	823	68.49	93.88	93.88	93.72	12.70	20.50	10.70	12.50
奈曼旗	6285	55.97	98.65	84.19	98.65	6.06	22.16	6.13	14.01
扎鲁特旗	5420	102.99	99.63	97.05	98.89	38.64	10.65	6.22	8.25
达拉特旗	1859	103.69	100.00	99.34	88.75	7.49	25.97	5.89	15.86
准格尔旗	2171	58.09	98.37	98.37	82.37	7.89	23.67	6.11	17.85
鄂托克前旗	1422	78.69	99.56	99.56	99.56	34.65	55.51	11.45	30.28
鄂托克旗	1796	83.58	100.00	100.00	98.06	12.49	43.37	5.89	17.34
杭锦旗	1132	99.11	100.00	100.00	98.77	27.15	47.08	6.51	23.28
乌审旗	1427	85.15	99.53	97.51	99.53	11.50	63.78	7.62	20.47
伊金霍洛旗	3294	53.96	100.00	100.00	100.00	12.24	63.19	4.56	20.82
阿荣旗	1946	196.38	99.44	96.53	99.72	22.77	36.77	13.01	17.89
莫　旗	842	93.59	98.05	98.05	96.22	5.44	24.96	8.66	16.40
鄂伦春旗	1628	166.49	99.79	96.17	95.74	2.03	20.21	5.70	6.42
鄂温克旗	499	102.14	99.29	99.29	91.84	2.39	37.68	8.67	11.36
陈巴尔虎旗	485	163.03	97.97	95.94	90.36	9.37	40.37	9.61	12.85
新左旗	149	87.33	98.16	98.16	96.32	1.19	34.36	5.15	8.05

continued

建成区排水管道密度(公里/平方公里) Density of Sewers in Built District (kilometer/square kilometer)	污水处理率(%) Wastewater Treatment Rate (%)	污水处理厂集中处理率 Centralized Treatment Rate of Wastewater Treatment Plants	人均公园绿地面积(平方米) Public Recreational Green Space Per Capita (m^2)	建成区绿化覆盖率(%) Green Coverage Rate of Built District (%)	建成区绿地率(%) Green Space Rate of Built District (%)	生活垃圾处理率(%) Domestic Garbage Treatment Rate (%)	生活垃圾无害化处理率 Domestic Garbage Harmless Treatment Rate	县名称 Name of Counties
8.54	**96.49**	**96.49**	**22.21**	**36.67**	**33.90**	**99.65**	**98.73**	**内蒙古**
9.02	90.91	90.91	6.35	26.37	24.11	100.00	100.00	土左旗
	100.00	100.00	11.48	31.48	28.24	98.45	98.45	托　县
	97.73	97.73	24.63	40.90	34.91	99.70	99.70	和林县
10.68	94.09	94.09	18.28	40.59	40.55	100.00	100.00	清水河县
9.98	73.97	73.97	20.52	40.29	37.69	100.00	100.00	武川县
9.04	93.39	93.39	16.54	36.93	38.69	100.00	100.00	土右旗
10.05	92.00	92.00	14.99	34.98	32.50	100.00	100.00	固阳县
12.64	95.06	95.06	13.64	39.01	34.22	100.00	100.00	达尔罕茂明安联合旗
12.09	94.27	94.27	19.01	38.24	36.78	100.00	100.00	阿鲁科尔沁旗
4.71	96.26	96.26	16.74	36.61	34.36	100.00	100.00	巴林左旗
5.27	94.70	94.70	11.59	32.66	31.39	100.00	100.00	巴林右旗
4.05	98.00	98.00	11.71	31.26	30.02	100.00	100.00	林西县
5.34	97.15	97.15	13.63	43.88	39.95	100.00	100.00	克什克腾旗
	84.31	84.31	21.68	34.32	27.52	100.00	100.00	翁牛特旗
8.49	92.00	92.00	11.94	39.45	36.00	100.00	100.00	喀喇沁旗
4.02	99.46	99.46	11.27	34.73	30.73	100.00	100.00	宁城县
7.58	93.45	93.45	14.54	36.07	32.08	100.00	100.00	敖汉旗
9.59	96.50	96.50	25.70	36.59	34.23	100.00	100.00	科左中旗
10.33	98.53	98.53	25.25	41.52	36.10	100.00	100.00	科左后旗
16.91	97.20	97.20	12.66	38.53	37.66	100.00	100.00	开鲁县
9.54	95.00	95.00	20.12	36.02	34.38	100.00	100.00	库伦旗
6.90	99.10	99.10	20.83	41.32	36.65	100.00	100.00	奈曼旗
9.41	98.88	98.88	20.92	42.83	40.67	100.00	100.00	扎鲁特旗
5.88	95.30	95.30	17.16	46.70	40.63	100.00	100.00	达拉特旗
6.44	100.00	100.00	19.60	43.96	42.27	100.00	100.00	准格尔旗
15.43	100.00	100.00	22.64	42.57	38.01	100.00	100.00	鄂托克前旗
14.16	93.85	93.85	50.46	44.63	40.03	100.00	100.00	鄂托克旗
11.96	100.00	100.00	36.56	46.81	42.35	100.00	100.00	杭锦旗
12.54	95.63	95.63	26.04	45.44	43.09	99.95	99.95	乌审旗
10.73	99.26	99.26	52.61	48.33	46.92	100.00	100.00	伊金霍洛旗
8.78	97.02	97.02	17.16	41.22	37.84	100.00	100.00	阿荣旗
10.77	97.02	97.02	17.58	37.26	34.85	100.00	100.00	莫　旗
3.11	97.46	97.46	12.17	35.10	32.50	100.00	100.00	鄂伦春旗
10.59	96.00	96.00	13.48	35.58	32.75	98.97	98.97	鄂温克旗
10.12	98.50	98.50	14.82	35.06	31.34	100.00	100.00	陈巴尔虎旗
5.80	100.00	100.00	20.86	29.95	26.73	100.00	100.00	新左旗

1-2 续表 6

县名称 Name of Counties	人口密度(人/平方公里) Population Density (person/square kilometer)	人均日生活用水量(升) Daily Water Consumption Per Capita (liter)	供水普及率(%) Water Coverage Rate (%)	公共供水普及率 Public Water Coverage Rate	燃气普及率(%) Gas Coverage Rate (%)	建成区供水管道密度(公里/平方公里) Density of Water Supply Pipelines in Built District (kilometer/square kilometer)	人均道路面积(平方米) Road Surface Area Per Capita (m^2)	建成区路网密度(公里/平方公里) Density of Road Network in Built District (kilometer/square kilometer)	建成区道路面积率(%) Surface Area of Roads Rate of Built District (%)
新右旗	2226	187.40	99.45	94.48	99.45	13.17	46.86	6.93	14.75
五原县	299	82.52	98.84	98.84	89.08	15.73	26.62	15.26	14.63
磴口县	357	103.50	98.88	98.88	96.07	7.23	27.10	6.62	10.52
乌拉特前旗	318	104.74	100.00	100.00	96.25	13.03	27.24	5.68	14.67
乌拉特中旗	771	125.36	100.00	100.00	90.00	11.24	54.99	8.55	17.09
乌拉特后旗	2607	103.70	100.00	100.00	95.91	11.80	37.78	5.10	14.52
杭锦后旗	549	76.88	99.03	99.03	92.04	15.82	26.85	10.75	18.71
卓资县	989	190.41	98.27	98.27	98.27	9.40	67.29	9.48	28.05
化德县	3051	89.98	100.00	100.00	93.64	14.72	26.57	9.06	11.05
商都县	1875	154.07	98.40	98.40	94.80	8.97	42.44	9.16	18.37
兴和县	1182	122.64	96.92	96.92	96.92	5.49	31.35	8.54	10.25
凉城县	2182	76.10	98.33	98.33	94.84	5.64	36.54	19.66	22.93
察右前旗	1718	159.77	99.07	94.44	90.28	4.54	109.00	8.95	17.66
察右中旗	642	127.48	94.04	94.04	95.09	4.81	45.59	5.55	9.63
察右后旗	4251	90.85	99.83	99.83	86.24	4.36	25.91	4.73	11.14
四子王旗	1854	102.45	98.81	98.81	78.19	19.94	36.17	10.53	11.39
科尔沁右翼前旗	1567	222.70	100.00	100.00	77.66	18.39	62.53	5.10	17.33
科右中旗	4759	40.58	97.85	97.85	81.01	8.75	25.50	8.94	16.13
扎赉特旗	4251	96.07	100.00	97.76	87.20	9.33	21.61	5.44	11.48
突泉县	1007	65.24	100.00	98.26	77.68	7.78	21.47	5.63	9.07
阿巴嘎旗	960	103.59	98.15	98.15	81.48	12.78	29.30	6.41	11.27
苏尼特左旗	1913	128.79	92.16	92.16	91.50	6.20	41.44	6.46	11.87
苏尼特右旗	1696	164.29	100.00	100.00	63.68	7.47	32.37	5.85	9.94
东乌珠穆沁旗	1522	219.42	100.00	100.00	83.21	11.39	34.17	4.60	7.87
西乌珠穆沁旗	1224	95.05	99.70	99.70	95.24	10.75	56.51	8.52	14.17
太仆寺旗	666	50.67	99.85	99.85	72.97	5.79	20.53	5.41	8.76
镶黄旗	1097	70.88	94.87	94.87	87.18	16.74	27.12	10.13	13.06
正镶白旗	2625	57.01	100.00	100.00	80.95	9.70	17.19	3.07	3.82
正蓝旗	1632	132.12	97.21	97.21	98.89	3.92	32.16	4.65	8.43
多伦县	2680	147.06	98.51	98.51	98.51	14.33	24.36	8.56	12.55
阿拉善左旗	116	157.78	99.58	99.58	97.61	14.67	44.48	4.96	10.07
阿拉善右旗	908	151.04	100.00	100.00	71.56	91.56	62.87	7.35	13.99
额济纳旗	406	112.18	100.00	100.00	82.91	20.59	65.15	7.42	12.35
辽 宁	**1416**	**132.80**	**97.25**	**95.49**	**87.83**	**12.86**	**16.13**	**4.68**	**7.91**
康平县	935	121.81	100.00	100.00	94.77	7.71	28.89	5.87	10.35
法库县	1991	152.37	100.00	73.06	92.60	8.09	24.75	6.24	10.87
长海县	1223	84.35	98.44	98.44	98.18	75.68	5.43	3.62	3.79

continued

建成区排水管道密度(公里/平方公里) Density of Sewers in Built District (kilometer/square kilometer)	污水处理率(%) Wastewater Treatment Rate (%)	污水处理厂集中处理率 Centralized Treatment Rate of Wastewater Treatment Plants	人均公园绿地面积(平方米) Public Recreational Green Space Per Capita (m^2)	建成区绿化覆盖率(%) Green Coverage Rate of Built District (%)	建成区绿地率(%) Green Space Rate of Built District (%)	生活垃圾处理率(%) Domestic Garbage Treatment Rate (%)	生活垃圾无害化处理率 Domestic Garbage Harmless Treatment Rate	县名称 Name of Counties
10.89	97.58	97.58	29.54	32.87	28.54	99.68	99.68	新右旗
11.59	100.00	100.00	24.97	42.02	38.20	100.00	100.00	五原县
4.46	100.00	100.00	17.69	34.35	31.30	100.00	100.00	磴口县
9.65	99.99	99.99	20.79	38.70	35.03	97.92	97.92	乌拉特前旗
9.01	100.00	100.00	19.81	37.85	35.31	100.00		乌拉特中旗
9.68	100.00	100.00	20.01	39.90	37.79	100.00	100.00	乌拉特后旗
17.31	99.03	99.03	21.27	39.49	36.89	98.91	98.91	杭锦后旗
6.49	99.38	99.38	42.66	30.67	26.94	100.00	100.00	卓资县
6.01	100.00	100.00	56.02	36.65	33.38	100.00	100.00	化德县
8.26	96.74	96.74	23.42	42.33	39.06	97.80	97.80	商都县
7.64	97.20	97.20	28.46	35.45	31.42	97.05	97.05	兴和县
11.94	97.54	97.54	18.84	37.19	34.43	98.63	98.63	凉城县
3.56	96.16	96.16	26.58	18.78	18.41	100.00	100.00	察右前旗
6.03	100.00	100.00	45.02	36.22	32.43	100.00	100.00	察右中旗
4.25	97.32	97.32	19.86	33.60	32.40	97.65	97.65	察右后旗
10.98	98.99	98.99	11.64	35.52	32.59	94.00	94.00	四子王旗
21.62	100.00	100.00	37.73	41.70	39.72	100.00	100.00	科尔沁右翼前旗
7.18	95.00	95.00	35.44	38.43	40.17	100.00	100.00	科右中旗
13.47	98.68	98.68	19.87	35.25	31.70	100.00	100.00	扎赉特旗
6.29	96.68	96.68	9.57	15.79	13.73	100.00	100.00	突泉县
9.31	98.84	98.84	10.74	16.67	5.71	100.00	100.00	阿巴嘎旗
8.55	92.30	92.30	13.07	15.94	15.73	100.00	100.00	苏尼特左旗
4.28	99.75	99.75	12.03	21.16	18.95	100.00	100.00	苏尼特右旗
11.04	96.71	96.71	28.48	24.90	24.90	100.00	100.00	东乌珠穆沁旗
10.92	97.63	97.63	39.88	38.28	36.78	100.00	100.00	西乌珠穆沁旗
7.11	98.60	98.60	11.92	19.96	19.90	100.00	100.00	太仆寺旗
9.35	98.44	98.44	14.94	24.92	23.55	100.00	100.00	镶黄旗
6.25	95.03	95.03	7.94	10.92	10.44	100.00	100.00	正镶白旗
10.50	97.55	97.55	95.48	38.06	37.76	100.00	100.00	正蓝旗
15.93	96.04	96.04	16.65	18.52	18.13	100.00	100.00	多伦县
7.71	93.40	93.40	45.29	39.20	35.22	98.13	98.13	阿拉善左旗
9.88	96.00	96.00	68.72	42.29	35.78	100.00	100.00	阿拉善右旗
17.62	100.00	100.00	50.35	42.56	40.56	100.00	100.00	额济纳旗
6.38	**98.50**	**98.45**	**13.59**	**22.94**	**18.92**	**100.00**	**93.13**	**辽 宁**
6.25	100.00	100.00	9.85	16.24	16.24	100.00	100.00	康平县
5.37	100.00	100.00	27.09	22.97	19.09	100.00	100.00	法库县
4.26	100.00	100.00	7.75	3.30	3.30	100.00	100.00	长海县

1-2 续表 7

县名称 Name of Counties	人口密度(人/平方公里) Population Density (person/square kilometer)	人均日生活用水量(升) Daily Water Consumption Per Capita (liter)	供水普及率(%) Water Coverage Rate (%)	公共供水普及率 Public Water Coverage Rate	燃气普及率(%) Gas Coverage Rate (%)	建成区供水管道密度(公里/平方公里) Density of Water Supply Pipelines in Built District (kilometer/square kilometer)	人均道路面积(平方米) Road Surface Area Per Capita (m^2)	建成区路网密度(公里/平方公里) Density of Road Network in Built District (kilometer/square kilometer)	建成区道路面积率(%) Surface Area of Roads Rate of Built District (%)
台安县	652	120.42	100.00	100.00	97.68	11.57	19.43	3.03	6.36
岫岩满族自治县	5215	81.62	97.97	97.97	89.57	16.49	7.70	5.99	10.82
抚顺县									
新宾满族自治县	1442	104.07	95.53	95.53	97.23	12.64	8.88	3.52	6.52
清原满族自治县	3027	242.36	97.60	97.60	81.08	13.90	13.91	2.76	5.25
本溪满族自治县	1195	133.27	98.48	98.48	95.04	10.32	15.69	7.01	9.17
桓仁满族自治县	1886	200.25	95.76	95.76	63.63	15.99	19.43	4.37	10.21
宽甸满族自治县	2389	222.85	100.00	95.69	76.08	39.06	12.13	5.81	7.20
黑山县	5391	88.94	94.20	94.20	96.38	14.73	13.96	5.41	6.23
义　县	4767	210.84	97.56	96.61	99.79	11.91	12.37	3.88	7.51
阜新蒙古族自治县	1268	181.22	100.00	100.00	86.92	16.98	19.22	4.50	5.47
彰武县	1524	161.46	100.00	100.00	99.45	11.38	11.98	2.28	2.91
辽阳县	1981	121.10	97.85	97.85	81.54	6.04	10.08	4.47	8.12
盘山县	1908	72.27	100.00	100.00	100.00	7.69	36.26	6.13	11.47
铁岭县									
西丰县	3202	156.16	94.64	94.64	77.44	18.66	7.33	3.92	4.74
昌图县	645	150.26	96.31	96.31	94.22	6.40	21.42	5.13	9.13
朝阳县	960	49.49	99.11	99.11		2.17	38.71	2.87	6.01
建平县	524	66.08	90.81	89.05	73.03	11.10	8.08	2.49	4.42
喀喇沁左翼蒙古族自治县	2406	69.43	93.35	93.35	98.47	10.27	26.29	6.16	12.13
绥中县	5090	152.06	100.00	100.00	98.82	11.79	11.46	4.50	8.34
建昌县	3556	178.92	99.08	99.08	96.69	14.63	24.74	8.61	11.73
吉　林	**2615**	**102.67**	**94.10**	**92.42**	**87.90**	**12.71**	**16.89**	**6.25**	**11.90**
农安县	8455	94.32	79.10	78.06	85.36	17.43	10.60	3.34	8.96
永吉县	7000	79.61	95.24	95.24	95.24	9.94	13.90	6.28	10.67
梨树县	2098	73.42	100.00	94.88	97.62	4.58	17.75	6.52	14.40
伊通满族自治县	3758	76.11	94.03	94.03	92.12	13.48	23.01	4.41	11.78
东丰县	3604	109.56	92.86	92.86	59.47	9.14	18.57	4.08	12.77
东辽县	5323	89.15	93.94	93.94	30.30	7.61	30.33	8.51	16.52
通化县	4250	82.15	99.16	99.16	95.46	21.01	16.35	13.74	17.69
辉南县	3854	103.72	100.00	100.00	100.00	12.39	13.11	5.12	11.44
柳河县	1694	134.26	95.24	95.24	95.24	18.93	18.85	5.52	12.51
抚松县	1997	108.17	92.99	92.99	90.65	7.47	19.83	9.32	18.42
靖宇县	1743	97.62	97.60	97.60	90.87	15.30	17.48	6.12	10.56
长白朝鲜族自治县	1143	318.14	100.00	98.25	22.45	8.78	13.01	10.78	11.19

continued

建成区排水管道密度(公里/平方公里) Density of Sewers in Built District (kilometer/square kilometer)	污水处理率(%) Wastewater Treatment Rate (%)	污水处理厂集中处理率 Centralized Treatment Rate of Wastewater Treatment Plants	人均公园绿地面积(平方米) Public Recreational Green Space Per Capita (m^2)	建成区绿化覆盖率(%) Green Coverage Rate of Built District (%)	建成区绿地率(%) Green Space Rate of Built District (%)	生活垃圾处理率(%) Domestic Garbage Treatment Rate (%)	生活垃圾无害化处理率 Domestic Garbage Harmless Treatment Rate	县名称 Name of Counties
5.51	97.09	97.09	9.54	8.19	7.10	100.00	100.00	台安县
7.31	100.00	100.00	3.50	17.80	17.90	100.00	100.00	岫岩满族自治县
								抚顺县
5.87	100.00	100.00	3.54	10.63	5.85	100.00		新宾满族自治县
2.16	100.00	100.00	18.56	14.02	13.01	100.00	100.00	清原满族自治县
5.81	100.00	100.00	18.11	37.78	34.43	100.00	100.00	本溪满族自治县
8.61	100.00	100.00	18.72	32.92	28.33	100.00	100.00	桓仁满族自治县
6.30	91.24	91.24	12.68	35.14	35.14	100.00		宽甸满族自治县
8.73	100.00	100.00	9.52	14.40	12.67	100.00	100.00	黑山县
7.27	100.00	100.00	8.93	12.85	12.85	100.00	100.00	义　县
6.34	100.00	100.00	9.32	11.08	9.96	100.00	100.00	阜新蒙古族自治县
3.97	100.00	100.00	9.13	7.47	6.13	100.00	100.00	彰武县
11.47	85.35	85.35	4.37	11.67	11.50	100.00	100.00	辽阳县
7.48	87.12	86.15	20.54	24.99	23.66	100.00	100.00	盘山县
								铁岭县
5.71	158.07	158.07	38.58	36.02	31.04	100.00	100.00	西丰县
6.67	100.00	100.00	14.91	33.86	33.86	100.00	100.00	昌图县
5.01	100.00	84.21	45.19	40.81	34.97	100.00	100.00	朝阳县
3.52	100.00	100.00	14.60	41.69	12.38	100.00	100.00	建平县
6.25	100.00	100.00	11.64	38.54	34.22	100.00	100.00	喀喇沁左翼蒙古族自治县
6.36	84.98	84.98	8.31	14.39	9.27	100.00	100.00	绥中县
12.71	90.32	90.32	25.77	24.09	18.78	100.00	100.00	建昌县
10.00	**96.82**	**96.81**	**14.98**	**36.66**	**32.74**	**100.00**	**100.00**	**吉　林**
3.82	99.08	99.08	15.04	38.95	35.29	100.00	100.00	农安县
12.54	91.14	91.14	13.43	33.63	29.99	100.00	100.00	永吉县
22.31	100.00	100.00	7.13	38.28	32.79	100.00	100.00	梨树县
6.51	100.00	100.00	9.86	40.55	38.80	100.00	100.00	伊通满族自治县
9.13	93.75	93.75	19.16	44.63	41.39	100.00	100.00	东丰县
14.59	100.19	100.00	39.91	42.97	36.28	100.00	100.00	东辽县
11.79	97.50	97.50	23.71	41.02	40.06	100.00	100.00	通化县
9.47	93.00	93.00	19.04	42.00	37.02	100.00	100.00	辉南县
11.20	100.00	100.00	20.00	35.35	32.72	100.00	100.00	柳河县
11.12	93.73	93.73	13.04	39.03	34.11	100.00	100.00	抚松县
11.39	95.00	95.00	17.36	42.57	38.74	100.00	100.00	靖宇县
15.73	95.13	95.13	19.73	39.20	34.94	100.00	100.00	长白朝鲜族自治县

1-2 续表 8

县名称 Name of Counties	人口密度(人/平方公里) Population Density (person/square kilometer)	人均日生活用水量(升) Daily Water Consumption Per Capita (liter)	供水普及率(%) Water Coverage Rate (%)	公共供水普及率 Public Water Coverage Rate	燃气普及率(%) Gas Coverage Rate (%)	建成区供水管道密度(公里/平方公里) Density of Water Supply Pipelines in Built District (kilometer/square kilometer)	人均道路面积(平方米) Road Surface Area Per Capita (m^2)	建成区路网密度(公里/平方公里) Density of Road Network in Built District (kilometer/square kilometer)	建成区道路面积率(%) Surface Area of Roads Rate of Built District (%)
前郭县	2539	182.75	96.25	96.25	96.44	18.38	24.11	8.72	37.14
长岭县	1640	41.77	99.47	94.21	99.21	12.18	15.36	9.42	11.73
乾安县	6651	49.60	95.69	77.75	77.63	6.90	17.90	7.51	10.56
镇赉县	1314	123.88	98.53	98.53	89.96	17.05	28.28	8.79	10.43
通榆县	2005	105.66	99.54	99.54	95.13	8.87	14.19	3.85	6.31
汪清县	1755	108.53	100.00	100.00	97.85	15.54	14.95	6.26	10.97
安图县	1278	110.96	94.09	94.09	94.09	6.79	13.69	5.99	9.90
黑龙江	**2889**	**96.88**	**92.38**	**92.24**	**56.68**	**10.19**	**13.93**	**6.70**	**8.03**
依兰县	5037	111.40	96.64	96.64	75.00	13.29	16.72	11.76	14.33
方正县	993	126.88	97.17	97.17	75.62	3.47	17.64	5.54	6.25
宾　县	8266	103.68	96.66	96.66	78.00	6.58	11.59	10.89	10.83
巴彦县	4632	82.71	99.90	99.90	92.98	7.39	16.26	9.04	7.20
木兰县	8192	93.46	84.51	84.51	80.44	10.90	16.23	16.41	9.38
通河县	7960	70.21	90.00	90.00	46.88	10.95	11.83	9.27	9.41
延寿县	966	106.94	94.29	92.44	56.63	19.50	25.83	13.25	16.24
龙江县	700	72.83	93.86	93.86	61.21	8.95	15.11	5.28	10.02
依安县	1513	86.12	99.85	99.85	26.43	9.91	20.52	8.99	12.52
泰来县	1707	84.92	100.00	100.00	28.07	3.90	14.48	3.40	5.46
甘南县	2521	75.33	96.03	96.03	26.44	15.27	11.65	5.82	9.55
富裕县	3825	89.50	80.11	80.11	19.09	16.94	11.80	5.00	6.90
克山县	2202	52.04	95.96	95.96	20.22	23.33	7.53	5.21	6.63
克东县	2756	83.41	90.73	90.73	48.99	29.21	11.17	4.68	7.01
拜泉县	1994	135.53	95.49	93.02	15.12	10.12	9.53	4.67	5.61
鸡东县	6962	172.02	73.14	73.14	40.17	6.34	5.83	4.96	6.05
萝北县	2919	82.11	89.36	89.36	70.21	8.75	25.86	9.75	14.25
绥滨县	3931	84.38	97.85	97.85	93.54	9.75	16.33	6.62	10.85
集贤县	2590	82.28	100.00	98.99	59.24	7.37	16.83	6.14	7.53
友谊县	3839	215.32	97.48	97.48	95.52	17.63	24.27	4.68	9.32
宝清县	4862	163.36	90.93	90.93	90.78	17.47	13.75	9.67	9.70
饶河县	6286	199.22	82.95	82.95	90.23	22.94	15.83	9.08	9.75
肇州县	4751	102.35	99.20	99.20	94.75	5.70	8.51	3.00	5.14
肇源县	6501	104.43	90.04	90.04	91.10	6.38	12.70	4.00	8.77
林甸县	4799	81.09	97.34	97.34	88.81	11.68	19.86	11.41	12.76
杜尔伯特蒙古族自治县	1167	89.32	88.31	88.31	90.26	2.81	9.38	1.71	3.14
嘉荫县	658	112.16	100.00	100.00	77.08	24.32	17.86	10.75	11.97
汤旺县	3469	157.07	80.24	80.24	75.60	10.15	15.07	6.70	5.23

continued

建成区排水管道密度(公里/平方公里) Density of Sewers in Built District (kilometer/square kilometer)	污水处理率(%) Wastewater Treatment Rate (%)	污水处理厂集中处理率 Centralized Treatment Rate of Wastewater Treatment Plants	人均公园绿地面积(平方米) Public Recreational Green Space Per Capita (m^2)	建成区绿化覆盖率(%) Green Coverage Rate of Built District (%)	建成区绿地率(%) Green Space Rate of Built District (%)	生活垃圾处理率(%) Domestic Garbage Treatment Rate (%)	生活垃圾无害化处理率 Domestic Garbage Harmless Treatment Rate	县名称 Name of Counties
14.02	100.00	100.00	6.00	38.04	33.04	100.00	100.00	前郭县
14.92	100.00	100.00	16.44	42.74	38.02	100.00	100.00	长岭县
13.23	100.00	100.00	9.57	19.85	16.80	100.00	100.00	乾安县
7.12	97.15	97.15	21.16	39.53	35.54	100.00	100.00	镇赉县
8.23	93.38	93.38	4.29	14.93	9.95	100.00	100.00	通榆县
9.64	93.04	93.04	10.14	37.25	32.35	100.00	100.00	汪清县
6.36	100.00	100.00	25.26	41.38	38.72	100.00	100.00	安图县
6.42	**96.66**	**96.65**	**13.40**	**28.39**	**24.73**	**100.00**	**100.00**	**黑龙江**
10.70	100.00	100.00	8.64	21.07	19.71	100.00	100.00	依兰县
5.67	96.00	96.00	28.23	19.39	18.43	100.00	100.00	方正县
5.76	96.42	96.42	5.04	33.51	30.21	100.00	100.00	宾　县
2.99	100.00	100.00	10.11	13.17	11.75	100.00	100.00	巴彦县
3.39	95.42	95.42	4.06	11.03	11.00	100.00	100.00	木兰县
7.45	100.00	100.00	9.88	36.43	36.07	100.00	100.00	通河县
6.79	90.00	90.00	13.28	31.81	29.27	100.00	100.00	延寿县
7.10	75.20	75.20	11.27	34.51	27.06	100.00	100.00	龙江县
5.65	91.00	91.00	23.24	32.40	27.47	100.00	100.00	依安县
3.24	95.60	95.60	15.00	34.24	29.12	100.00	100.00	泰来县
7.50	90.51	90.51	11.66	34.07	29.39	100.00	100.00	甘南县
10.30	76.60	76.60	14.49	40.69	37.90	100.00	100.00	富裕县
7.15	100.00	100.00	13.14	39.06	29.49	100.00	100.00	克山县
6.88	97.04	97.04	8.87	19.34	16.30	100.00	100.00	克东县
6.61	90.13	90.13	7.78	17.11	9.72	100.00	100.00	拜泉县
7.17	100.00	100.00	6.51	22.53	18.51	100.00	100.00	鸡东县
8.74	100.00	100.00	8.51	19.46	14.95	100.00	100.00	萝北县
6.11	95.02	95.02	14.15	32.40	28.54	100.00	100.00	绥滨县
5.30	95.96	95.96	1.65	13.53	11.48	100.00	100.00	集贤县
4.73	94.97	94.97	12.61	33.33	28.17	100.00	100.00	友谊县
11.08	98.58	98.58	10.93	22.24	18.74	100.00	100.00	宝清县
7.70	100.00	100.00	16.53	28.24	23.70	100.00	100.00	饶河县
3.48	99.89	99.89	15.84	12.00	8.60	100.00	100.00	肇州县
5.94	95.00	95.00	26.93	29.19	27.50	100.00	100.00	肇源县
6.03	96.61	96.61	11.89	16.35	15.03	100.00	100.00	林甸县
4.52	97.89	97.89	16.38	13.09	8.71	100.00	100.00	杜尔伯特蒙古族自治县
13.21	95.50	95.50	31.63	58.31	55.21	100.00	100.00	嘉荫县
4.38	98.48	98.43	15.53	41.72	41.43	100.00	100.00	汤旺县

1-2 续表 9

县名称 Name of Counties	人口密度(人/平方公里) Population Density (person/square kilometer)	人均日生活用水量(升) Daily Water Consumption Per Capita (liter)	供水普及率(%) Water Coverage Rate (%)	公共供水普及率 Public Water Coverage Rate	燃气普及率(%) Gas Coverage Rate (%)	建成区供水管道密度(公里/平方公里) Density of Water Supply Pipelines in Built District (kilometer/square kilometer)	人均道路面积(平方米) Road Surface Area Per Capita (m^2)	建成区路网密度(公里/平方公里) Density of Road Network in Built District (kilometer/square kilometer)	建成区道路面积率(%) Surface Area of Roads Rate of Built District (%)
丰林县	4698	69.04	96.26	96.26	16.36	12.77	15.04	8.00	7.07
大箐山县	6457	84.23	99.66	99.66	40.40	22.52	13.49	10.27	8.71
南岔县	3572	53.66	97.98	97.98	4.76	5.26	24.12	9.39	8.62
桦南县	6489	98.60	95.08	95.08	89.34	8.23	9.96	5.33	6.94
桦川县	1813	136.94	82.76	82.76	81.52	12.73	16.15	7.85	11.10
汤原县	6563	95.14	87.04	87.04	38.33	14.93	19.45	0.61	1.14
勃利县	3303	69.22	98.02	98.02	61.51	11.09	11.17	5.80	5.80
林口县	3471	69.99	95.42	95.42	87.84	9.79	27.15	7.80	12.24
逊克县	4255	87.54	99.08	99.08	32.72	10.63	13.32	4.99	6.10
孙吴县	1524	78.76	91.31	91.31	20.08	23.76	9.92	4.89	4.07
望奎县	5572	54.94	86.10	86.10	17.76	5.85	12.69	7.01	10.20
兰西县	6262	134.79	95.06	95.06	48.04	6.04	16.93	5.77	10.44
青冈县	10259	56.12	89.45	89.45	44.42	9.74	7.98	7.65	8.40
庆安县	9800	116.37	99.18	99.18	44.38	13.73	12.44	5.46	12.19
明水县	7264	60.39	95.21	93.15	23.01	7.71	9.54	6.33	7.31
绥棱县	7258	111.39	98.14	98.14	7.07	5.07	9.09	6.03	6.70
呼玛县	3885	121.99	82.61	82.61	60.43	9.45	17.48	10.74	6.93
塔河县	1652	63.45	100.00	100.00	92.11	5.00	17.72	4.53	1.15
加格达奇区	3560	136.99	71.11	71.11	75.15	5.18	9.67	4.50	5.70
江　苏	**2001**	**163.04**	**100.00**	**99.85**	**99.99**	**14.62**	**22.43**	**6.65**	**13.61**
丰　县	2923	146.77	100.00	100.00	99.93	14.41	22.04	5.18	12.34
沛　县	3397	197.47	100.00	98.60	100.00	16.77	22.10	5.40	10.48
睢宁县	2341	202.61	100.00	100.00	100.00	18.35	19.37	5.71	13.97
如东县	2480	189.15	100.00	100.00	100.00	24.43	31.64	8.53	20.19
东海县	1630	79.05	100.00	100.00	100.00	14.79	26.77	5.88	11.95
灌云县	3933	129.33	100.00	100.00	100.00	30.76	21.65	5.69	11.84
灌南县	1559	109.19	100.00	100.00	100.00	7.37	25.03	8.32	18.70
涟水县	1509	160.82	100.00	100.00	100.00	20.96	24.33	8.15	10.21
盱眙县	2638	158.12	100.00	99.96	100.00	11.84	21.39	6.38	12.74
金湖县	2683	156.11	100.00	100.00	100.00	10.25	18.69	8.42	10.13
响水县	2284	196.90	100.00	100.00	100.00	25.68	21.49	5.50	10.80
滨海县	2405	163.17	100.00	100.00	100.00	14.56	23.42	5.64	17.52
阜宁县	1542	139.62	100.00	100.00	100.00	8.04	17.53	2.49	7.77
射阳县	4048	147.46	100.00	99.22	100.00	12.55	19.12	7.57	12.02
建湖县	2418	176.24	100.00	100.00	100.00	32.25	19.19	4.74	13.87
宝应县	1984	181.86	100.00	100.00	99.96	12.53	23.18	7.22	14.07
沭阳县	1533	184.45	100.00	100.00	100.00	9.15	23.30	7.44	15.73
泗阳县	1793	184.94	100.00	100.00	100.00	5.32	20.29	8.42	16.06
泗洪县	1001	170.38	100.00	100.00	100.00	8.01	25.86	9.48	18.05

continued

建成区排水管道密度(公里/平方公里) Density of Sewers in Built District (kilometer/square kilometer)	污水处理率(%) Wastewater Treatment Rate (%)	污水处理厂集中处理率 Centralized Treatment Rate of Wastewater Treatment Plants	人均公园绿地面积(平方米) Public Recreational Green Space Per Capita (m^2)	建成区绿化覆盖率(%) Green Coverage Rate of Built District (%)	建成区绿地率(%) Green Space Rate of Built District (%)	生活垃圾处理率(%) Domestic Garbage Treatment Rate (%)	生活垃圾无害化处理率 Domestic Garbage Harmless Treatment Rate	县名称 Name of Counties
5.19	100.00	100.00	31.97	39.74	38.91	100.00	100.00	丰林县
5.09	99.00	99.00	7.05	27.61	22.81	100.00	100.00	大箐山县
1.55	98.92	98.92	3.24	41.75	38.69	100.00	100.00	南岔县
6.57	97.26	97.26	11.22	34.82	34.14	100.00	100.00	桦南县
8.85	99.92	99.92	16.50	31.05	26.54	100.00	100.00	桦川县
8.28	89.98	89.98	10.93	28.80	24.64	100.00	100.00	汤原县
6.26	95.04	95.04	16.71	43.06	38.37	100.00	100.00	勃利县
9.15	100.00	100.00	28.00	31.16	20.06	100.00	100.00	林口县
5.07	95.19	95.19	11.75	32.75	27.77	100.00	100.00	逊克县
6.63	92.70	92.70	15.40	26.56	20.29	100.00	100.00	孙吴县
6.14	100.00	100.00	8.16	31.15	27.48	100.00	100.00	望奎县
6.59	99.89	99.89	16.87	23.22	19.79	100.00	100.00	兰西县
8.64	100.00	100.00	8.08	21.84	16.42	100.00	100.00	青冈县
18.63	99.86	99.86	9.98	29.46	24.60	100.00	100.00	庆安县
9.80	100.00	100.00	10.63	21.35	18.29	100.00	100.00	明水县
6.71	97.82	97.82	9.79	39.39	36.36	100.00	100.00	绥棱县
9.57	100.00	100.00	43.65	35.34	31.79	100.00	100.00	呼玛县
2.93	91.21	91.21	27.89	37.80	34.47	100.00	100.00	塔河县
3.89	100.00	100.00	17.10	21.63	18.64	100.00	100.00	加格达奇区
12.60	**92.72**	**92.61**	**15.16**	**42.72**	**39.89**	**100.00**	**100.00**	**江　苏**
7.86	93.80	93.80	14.20	43.39	40.01	100.00	100.00	丰　县
11.78	91.42	91.42	14.08	42.15	40.68	100.00	100.00	沛　县
7.04	92.03	92.03	16.82	43.81	40.88	100.00	100.00	睢宁县
24.07	90.58	90.58	14.71	41.95	38.89	100.00	100.00	如东县
9.21	94.70	94.70	13.84	40.34	38.01	100.00	100.00	东海县
9.38	97.91	97.91	16.89	41.81	38.38	100.00	100.00	灌云县
11.76	85.07	85.07	15.06	43.34	39.60	100.00	100.00	灌南县
11.70	88.01	88.01	15.07	42.13	39.81	100.00	100.00	涟水县
9.21	88.76	88.76	14.01	41.69	39.90	100.00	100.00	盱眙县
13.00	91.99	91.99	14.51	42.87	39.79	100.00	100.00	金湖县
12.33	90.48	86.31	15.84	41.65	37.64	100.00	100.00	响水县
18.38	90.33	90.33	14.28	43.76	40.00	100.00	100.00	滨海县
12.06	90.29	90.29	17.50	42.84	40.73	100.00	100.00	阜宁县
11.81	88.03	88.03	18.63	40.86	38.90	100.00	100.00	射阳县
24.04	92.05	92.05	16.00	41.97	38.94	100.00	100.00	建湖县
10.32	93.88	93.88	14.33	42.20	39.02	100.00	100.00	宝应县
12.36	96.02	96.02	12.23	43.73	40.86	100.00	100.00	沭阳县
8.96	97.09	97.09	15.90	43.91	40.05	100.00	100.00	泗阳县
17.96	96.46	96.46	17.16	45.19	42.43	100.00	100.00	泗洪县

1-2 续表 10

县名称 Name of Counties	人口密度（人/平方公里）Population Density (person/square kilometer)	人均日生活用水量（升）Daily Water Consumption Per Capita (liter)	供水普及率（%）Water Coverage Rate (%)	公共供水普及率 Public Water Coverage Rate	燃气普及率（%）Gas Coverage Rate (%)	建成区供水管道密度（公里/平方公里）Density of Water Supply Pipelines in Built District (kilometer/square kilometer)	人均道路面积（平方米）Road Surface Area Per Capita (m^2)	建成区路网密度（公里/平方公里）Density of Road Network in Built District (kilometer/square kilometer)	建成区道路面积率（%）Surface Area of Roads Rate of Built District (%)
浙　江	**899**	**220.34**	**100.00**	**100.00**	**100.00**	**22.59**	**24.91**	**9.20**	**16.09**
桐庐县	1055	174.20	100.00	100.00	100.00	29.31	15.64	9.49	14.82
淳安县	209	205.22	100.00	100.00	100.00	20.14	32.27	5.67	12.09
象山县	1890	230.58	100.00	100.00	100.00	34.70	41.78	12.71	21.22
宁海县	2793	246.32	100.00	100.00	100.00	19.88	31.30	10.58	18.13
永嘉县	1548	143.86	100.00	100.00	100.00	16.57	13.65	6.94	10.15
平阳县	1783	217.32	100.00	100.00	100.00	10.23	8.01	7.63	9.06
苍南县	2099	285.44	100.00	100.00	100.00	20.69	17.93	8.11	15.17
文成县	487	199.42	100.00	100.00	100.00	15.69	9.36	5.16	10.55
泰顺县	2312	186.75	100.00	100.00	100.00	8.02	11.39	4.09	7.16
嘉善县	1336	204.47	100.00	100.00	100.00	7.10	26.23	7.07	12.05
海盐县	1952	185.69	100.00	100.00	100.00	23.06	33.21	8.29	17.85
德清县	527	362.14	100.00	100.00	100.00	19.81	44.29	8.00	18.60
长兴县	1549	219.76	100.00	100.00	100.00	16.49	33.68	8.11	21.08
安吉县	1062	214.19	100.00	100.00	100.00	21.79	35.45	8.03	13.71
新昌县	1261	179.00	100.00	100.00	100.00	25.00	22.75	11.26	13.80
武义县	826	175.84	100.00	100.00	100.00	19.01	22.90	10.87	19.23
浦江县	1238	309.95	100.00	100.00	100.00	34.12	22.54	8.08	17.87
磐安县	296	202.17	100.00	100.00	100.00	32.77	21.98	10.97	15.00
常山县	442	244.98	100.00	100.00	100.00	14.79	31.01	10.44	13.75
开化县	878	178.55	100.00	100.00	100.00	13.65	15.33	9.77	11.33
龙游县	624	152.97	100.00	100.00	100.00	36.72	13.94	8.84	10.69
岱山县	1553	100.46	100.00	100.00	100.00	27.78	22.45	10.14	16.63
嵊泗县	2490	148.88	100.00	100.00	100.00	54.39	7.05	12.22	12.90
三门县	859	205.12	100.00	100.00	100.00	29.37	17.30	9.11	15.58
天台县	632	328.79	100.00	100.00	100.00	16.19	25.81	7.49	17.35
仙居县	763	268.62	100.00	100.00	100.00	53.83	17.18	9.20	16.18
青田县	764	211.39	100.00	100.00	100.00	19.49	13.21	13.71	16.97
缙云县	567	222.79	100.00	100.00	100.00	15.65	23.35	8.59	14.59
遂昌县	649	225.88	100.00	100.00	100.00	38.32	46.69	16.34	32.12
松阳县	704	203.45	100.00	100.00	100.00	43.00	21.23	12.51	16.12
云和县	456	233.41	100.00	100.00	100.00	28.47	32.43	17.60	29.48
庆元县	728	115.19	100.00	100.00	100.00	18.88	18.13	9.28	12.63
景宁县	296	253.43	100.00	100.00	100.00	26.94	16.64	15.75	18.88

continued

建成区排水管道密度(公里/平方公里) Density of Sewers in Built District (kilometer/square kilometer)	污水处理率(%) Wastewater Treatment Rate (%)	污水处理厂集中处理率 Centralized Treatment Rate of Wastewater Treatment Plants	人均公园绿地面积(平方米) Public Recreational Green Space Per Capita (m^2)	建成区绿化覆盖率(%) Green Coverage Rate of Built District (%)	建成区绿地率(%) Green Space Rate of Built District (%)	生活垃圾处理率(%) Domestic Garbage Treatment Rate (%)	生活垃圾无害化处理率 Domestic Garbage Harmless Treatment Rate	县名称 Name of Counties
16.27	**97.68**	**97.55**	**15.76**	**43.62**	**39.54**	**100.00**	**100.00**	**浙　江**
18.58	95.04	95.04	14.98	43.25	41.15	100.00	100.00	桐庐县
15.63	97.22	97.22	18.00	44.53	41.43	100.00	100.00	淳安县
14.43	98.27	98.27	15.52	39.05	35.98	100.00	100.00	象山县
23.60	99.01	99.01	14.30	42.53	39.51	100.00	100.00	宁海县
8.08	96.15	92.00	16.31	41.67	38.62	100.00	100.00	永嘉县
3.62	97.11	97.11	12.06	39.48	34.98	100.00	100.00	平阳县
4.60	96.88	96.88	14.40	39.29	37.46	100.00	100.00	苍南县
15.78	96.05	96.05	14.97	43.90	39.76	100.00	100.00	文成县
8.69	96.14	96.14	15.90	48.53	43.33	100.00	100.00	泰顺县
10.15	97.79	97.79	16.72	42.44	37.42	100.00	100.00	嘉善县
10.57	97.72	97.72	17.50	42.70	37.74	100.00	100.00	海盐县
13.05	98.59	98.59	16.84	46.03	42.10	100.00	100.00	德清县
16.23	98.75	98.75	15.32	47.74	43.67	100.00	100.00	长兴县
12.09	98.15	98.15	18.47	46.05	42.08	100.00	100.00	安吉县
16.83	96.67	96.67	15.13	44.11	41.20	100.00	100.00	新昌县
21.42	97.10	97.10	13.08	46.19	40.24	100.00	100.00	武义县
18.50	97.45	97.45	18.42	41.13	36.16	100.00	100.00	浦江县
24.63	98.25	98.25	25.47	44.99	38.22	100.00	100.00	磐安县
19.23	98.10	98.10	17.90	44.00	40.00	100.00	100.00	常山县
17.32	96.63	96.63	15.57	43.80	41.91	100.00	100.00	开化县
24.43	97.70	97.70	14.87	45.34	40.58	100.00	100.00	龙游县
14.63	92.90	85.94	16.24	43.17	39.76	100.00	100.00	岱山县
23.88	92.80	92.80	16.77	42.24	39.04	100.00	100.00	嵊泗县
20.18	98.30	98.30	13.34	41.34	37.03	100.00	100.00	三门县
15.99	98.88	98.88	18.20	45.10	40.09	100.00	100.00	天台县
28.44	96.61	96.61	14.69	40.59	35.86	100.00	100.00	仙居县
25.80	98.14	98.14	14.84	41.60	37.17	100.00	100.00	青田县
15.96	97.94	97.94	15.57	46.30	40.06	100.00	100.00	缙云县
22.86	98.06	94.10	15.81	43.80	38.98	100.00	100.00	遂昌县
19.71	97.97	97.97	15.19	42.50	36.65	100.00	100.00	松阳县
18.57	98.25	98.25	15.10	42.47	38.18	100.00	100.00	云和县
19.09	97.90	97.90	14.41	43.42	37.19	100.00	100.00	庆元县
34.18	98.50	98.50	17.85	41.10	35.74	100.00	100.00	景宁县

1-2 续表 11

县名称 Name of Counties	人口密度（人/平方公里） Population Density (person/square kilometer)	人均日生活用水量（升） Daily Water Consumption Per Capita (liter)	供水普及率（%） Water Coverage Rate (%)	公共供水普及率 Public Water Coverage Rate	燃气普及率（%） Gas Coverage Rate (%)	建成区供水管道密度（公里/平方公里） Density of Water Supply Pipelines in Built District (kilometer/square kilometer)	人均道路面积（平方米） Road Surface Area Per Capita (m^2)	建成区路网密度（公里/平方公里） Density of Road Network in Built District (kilometer/square kilometer)	建成区道路面积率（%） Surface Area of Roads Rate of Built District (%)
安　徽	**1812**	**139.51**	**97.82**	**94.67**	**96.82**	**12.71**	**24.32**	**6.34**	**14.57**
长丰县	4594	64.40	95.65	95.65	93.13	9.94	12.67	2.47	5.73
肥西县	7115	109.76	98.74	98.74	98.17	16.27	19.89	4.64	11.15
肥东县	5215	176.76	99.53	99.53	96.47	23.39	18.20	4.64	13.95
庐江县	1839	119.95	97.51	97.51	97.45	11.56	22.13	5.01	12.48
南陵县	2873	190.34	100.00	100.00	100.00	9.35	30.34	7.07	13.70
怀远县	2468	205.64	100.00	71.83	97.63	9.66	13.08	8.61	12.90
五河县	2921	164.06	97.13	96.81	100.00	9.85	22.15	8.00	19.20
固镇县	1275	117.28	96.06	85.09	98.45	12.68	25.88	8.27	18.93
凤台县	4774	148.21	93.97	91.46	93.34	4.91	13.07	4.25	7.09
寿　县	2675	158.42	92.07	91.75	99.84	27.12	25.06	5.89	15.06
当涂县	4095	143.72	100.00	100.00	99.93	6.91	22.54	4.19	10.22
含山县	4446	267.97	98.55	98.55	99.84	6.91	21.43	6.33	11.84
和　县	5103	134.70	98.29	98.29	99.88	20.48	14.47	4.87	10.94
濉溪县	4858	122.25	99.46	98.38	98.76	12.36	23.20	5.42	12.33
枞阳县	1469	102.49	99.31	99.31	83.95	11.41	16.38	5.67	10.81
怀宁县	3100	181.08	99.46	99.46	98.71	21.85	53.63	2.05	7.04
太湖县	2381	92.80	99.36	99.36	97.90	25.00	17.23	4.93	16.41
宿松县	633	229.36	100.00	100.00	99.50	27.66	31.37	9.80	14.08
望江县	2455	137.57	100.00	100.00	87.30	20.97	24.13	4.86	10.46
岳西县	1237	70.21	100.00	100.00	85.12	28.18	6.05	2.34	4.06
歙　县	3088	141.42	100.00	100.00	98.00	18.05	21.29	8.58	15.00
休宁县	440	205.55	100.00	100.00	100.00	12.62	22.34	7.34	12.98
黟　县	1276	216.43	98.80	98.80	94.40	14.93	75.46	8.14	26.81
祁门县	212	135.43	99.80	99.80	99.80	28.09	18.50	7.68	12.16
来安县	914	153.28	96.64	96.64	98.22	13.21	42.81	8.42	17.81
全椒县	927	140.84	94.33	94.33	98.34	12.92	24.14	6.43	14.55
定远县	2758	228.44	96.57	96.57	97.82	13.96	45.04	7.94	17.03
凤阳县	4449	113.91	100.00	100.00	98.09	11.06	33.07	9.60	23.15
临泉县	3953	87.03	100.00	89.37	94.14	7.54	20.25	7.18	14.66
太和县	2008	151.76	99.88	95.97	97.22	12.87	33.88	5.08	18.14
阜南县	1767	176.89	100.00	95.30	94.93	6.67	25.63	5.54	12.63
颍上县	4081	119.36	97.57	89.31	93.83	9.33	24.95	9.97	18.40
砀山县	1938	123.14	100.00	95.47	99.15	9.52	29.81	6.29	14.08
萧　县	790	100.23	92.57	85.46	99.42	8.91	35.90	7.07	19.69
灵璧县	1675	132.20	100.00	91.79	99.70	8.06	22.52	5.38	13.97
泗　县	1045	123.18	100.00	100.00	100.00	6.22	35.67	7.71	13.67
霍邱县	3861	157.85	94.70	81.11	95.39	9.81	20.46	4.32	10.25

continued

建成区排水管道密度(公里/平方公里) Density of Sewers in Built District (kilometer/square kilometer)	污水处理率(%) Wastewater Treatment Rate (%)	污水处理厂集中处理率 Centralized Treatment Rate of Wastewater Treatment Plants	人均公园绿地面积(平方米) Public Recreational Green Space Per Capita (m^2)	建成区绿化覆盖率(%) Green Coverage Rate of Built District (%)	建成区绿地率(%) Green Space Rate of Built District (%)	生活垃圾处理率(%) Domestic Garbage Treatment Rate (%)	生活垃圾无害化处理率 Domestic Garbage Harmless Treatment Rate	县名称 Name of Counties
11.66	**96.00**	**95.61**	**15.04**	**38.42**	**34.30**	**100.00**	**100.00**	**安　徽**
5.73	98.31	98.31	12.26	33.89	29.88	100.00	100.00	长丰县
10.17	96.91	96.91	10.97	45.26	41.92	100.00	100.00	肥西县
10.79	97.03	97.03	12.70	44.38	41.18	100.00	100.00	肥东县
10.74	95.91	95.91	9.13	36.70	29.21	100.00	100.00	庐江县
9.78	95.00	95.00	14.44	43.12	37.85	100.00	100.00	南陵县
9.29	95.09	95.09	11.84	44.33	38.54	100.00	100.00	怀远县
12.28	98.19	97.28	13.86	41.35	36.49	100.00	100.00	五河县
17.74	96.50	96.50	15.40	41.06	38.06	100.00	100.00	固镇县
2.16	98.37	98.37	10.79	42.78	39.23	100.00	100.00	凤台县
5.04	97.18	97.18	15.75	38.35	33.38	100.00	100.00	寿　县
10.71	97.50	97.50	17.41	38.67	34.66	100.00	100.00	当涂县
8.48	94.38	94.38	12.45	41.83	37.12	100.00	100.00	含山县
11.35	97.00	97.00	14.34	41.48	35.95	100.00	100.00	和　县
7.09	93.21	89.84	11.15	41.80	35.95	100.00	100.00	濉溪县
5.81	96.74	96.74	17.26	42.92	40.10	100.00	100.00	枞阳县
9.62	98.31	98.31	13.24	25.93	24.00	100.00	100.00	怀宁县
11.05	96.21	96.21	11.95	26.27	22.71	100.00	100.00	太湖县
10.50	95.08	95.08	12.86	35.93	31.19	100.00	100.00	宿松县
11.06	96.20	96.20	5.33	35.26	30.57	100.00	100.00	望江县
6.47	78.54	78.54	9.00	26.85	21.92	100.00	100.00	岳西县
11.23	95.06	95.06	14.00	41.07	40.27	100.00	100.00	歙　县
11.49	95.50	95.50	14.89	37.79	33.45	100.00	100.00	休宁县
12.68	95.00	95.00	29.80	38.41	36.07	100.00	100.00	黟　县
12.81	95.99	95.03	16.93	27.98	24.71	100.00	100.00	祁门县
17.76	95.58	89.93	14.56	34.08	30.33	100.00	100.00	来安县
12.99	98.46	98.46	14.47	31.22	29.93	100.00	100.00	全椒县
19.33	95.16	95.00	14.74	39.96	35.19	100.00	100.00	定远县
21.71	97.58	97.58	21.91	44.86	44.80	100.00	100.00	凤阳县
11.40	94.03	94.03	17.01	39.08	35.28	100.00	100.00	临泉县
17.32	96.08	96.08	17.41	35.68	32.70	100.00	100.00	太和县
11.93	95.31	95.31	13.25	28.22	23.46	100.00	100.00	阜南县
16.40	96.74	96.74	23.13	45.70	41.40	100.00	100.00	颍上县
11.92	95.71	95.71	13.54	39.68	34.77	100.00	100.00	砀山县
3.63	95.26	95.26	15.87	39.42	35.66	100.00	100.00	萧　县
7.12	98.73	98.73	11.90	35.99	29.00	100.00	100.00	灵璧县
12.19	98.00	98.00	17.26	40.11	35.70	100.00	100.00	泗　县
7.89	95.31	95.31	16.45	20.58	16.07	100.00	100.00	霍邱县

1-2 续表 12

县名称 Name of Counties	人口密度（人/平方公里） Population Density (person/square kilometer)	人均日生活用水量（升） Daily Water Consumption Per Capita (liter)	供水普及率（%） Water Coverage Rate (%)	公共供水普及率 Public Water Coverage Rate	燃气普及率（%） Gas Coverage Rate (%)	建成区供水管道密度（公里/平方公里） Density of Water Supply Pipelines in Built District (kilometer/square kilometer)	人均道路面积（平方米） Road Surface Area Per Capita (m^2)	建成区路网密度（公里/平方公里） Density of Road Network in Built District (kilometer/square kilometer)	建成区道路面积率（%） Surface Area of Roads Rate of Built District (%)
舒城县	2095	126.77	100.00	100.00	100.00	7.71	22.95	5.31	14.60
金寨县	1843	110.29	98.16	98.16	95.06	9.88	33.90	8.18	20.99
霍山县	1825	158.62	95.58	95.58	92.01	16.27	25.71	8.80	20.81
涡阳县	5988	106.53	99.87	99.87	99.87	8.60	25.75	6.96	18.52
蒙城县	6212	165.98	94.61	94.15	90.49	5.68	22.26	6.24	19.01
利辛县	4740	109.33	90.30	81.43	98.61	10.80	21.64	5.25	11.64
东至县	264	150.23	95.90	95.90	99.22	20.16	20.78	10.81	21.43
石台县	137	162.40	96.12	96.12	88.37	15.44	20.69	13.21	16.22
青阳县	851	164.11	100.00	100.00	98.61	17.16	25.33	9.37	20.47
郎溪县	6833	146.69	97.21	97.21	99.72	15.05	23.90	7.83	19.60
泾　县	412	195.17	99.90	99.90	100.00	17.19	23.88	8.01	16.13
绩溪县	3902	175.36	98.16	98.16	99.83	26.58	36.18	8.90	15.08
旌德县	1799	144.02	99.60	99.60	95.60	22.48	19.61	7.09	11.76
福　建	**2583**	**178.68**	**99.56**	**99.38**	**98.21**	**16.89**	**19.08**	**8.85**	**14.59**
闽侯县	3563	149.56	99.96	99.96	96.44	27.21	13.80	8.45	16.12
连江县	6282	262.25	100.00	100.00	99.49	10.73	12.81	8.79	13.38
罗源县	2272	442.55	99.04	99.04	99.31	16.72	23.40	8.10	12.98
闽清县	5931	161.52	99.09	99.09	81.06	14.86	13.02	8.59	10.92
永泰县	2900	122.52	99.90	99.90	99.90	17.74	11.55	10.40	14.34
仙游县	6313	132.62	99.27	96.80	98.15	12.93	15.43	8.04	13.82
明溪县	3397	221.87	99.07	99.07	98.13	17.75	26.16	10.29	14.90
清流县	1370	183.07	100.00	100.00	96.11	18.26	31.50	10.53	22.21
宁化县	2444	175.64	99.74	99.74	98.89	25.07	21.53	9.38	16.47
大田县	2888	205.04	97.96	97.96	96.23	15.29	10.40	8.51	12.01
尤溪县	3726	277.47	100.00	99.85	97.65	19.12	17.24	8.17	9.61
将乐县	1619	126.30	100.00	100.00	95.26	11.30	22.65	12.35	22.43
泰宁县	1637	231.12	100.00	99.80	99.59	29.73	27.03	8.56	16.46
建宁县	5286	155.26	100.00	99.10	97.60	34.23	15.47	10.42	15.76
惠安县	3648	175.01	99.01	99.01	99.70	9.96	27.48	6.52	11.36
安溪县	5695	239.72	99.96	99.96	99.92	15.89	33.79	8.34	12.88
永春县	1305	149.14	99.03	99.03	99.82	10.11	11.52	11.78	10.67
德化县	1694	169.36	98.31	98.31	98.99	13.55	19.22	8.92	14.94
云霄县	2628	207.36	100.00	100.00	100.00	16.80	25.66	8.86	17.69
漳浦县	6305	179.75	100.00	100.00	99.95	18.45	15.90	8.15	16.59
诏安县	7698	184.17	100.00	100.00	89.61	12.00	24.32	8.24	21.02
东山县	10457	124.71	100.00	100.00	91.53	19.82	15.12	8.16	19.41
南靖县	7694	225.38	100.00	100.00	100.00	14.54	21.92	13.22	16.83

continued

建成区排水管道密度(公里/平方公里) Density of Sewers in Built District (kilometer/square kilometer)	污水处理率(%) Wastewater Treatment Rate (%)	污水处理厂集中处理率 Centralized Treatment Rate of Wastewater Treatment Plants	人均公园绿地面积(平方米) Public Recreational Green Space Per Capita (m^2)	建成区绿化覆盖率(%) Green Coverage Rate of Built District (%)	建成区绿地率(%) Green Space Rate of Built District (%)	生活垃圾处理率(%) Domestic Garbage Treatment Rate (%)	生活垃圾无害化处理率 Domestic Garbage Harmless Treatment Rate	县名称 Name of Counties
12.09	95.76	95.76	17.17	40.54	34.63	100.00	100.00	舒城县
14.17	96.00	96.00	19.96	39.66	35.62	100.00	100.00	金寨县
16.83	95.41	95.41	15.06	41.75	36.40	100.00	100.00	霍山县
10.26	95.15	95.15	18.90	30.47	27.26	100.00	100.00	涡阳县
12.60	95.20	95.20	19.66	47.18	43.93	100.00	100.00	蒙城县
12.74	95.04	95.04	14.89	37.74	34.58	100.00	100.00	利辛县
19.90	96.00	96.00	17.37	45.11	39.66	100.00	100.00	东至县
23.76	90.28	90.28	20.55	41.61	38.31	100.00	100.00	石台县
19.14	98.11	98.11	12.65	39.66	34.93	100.00	100.00	青阳县
19.88	98.76	98.76	17.13	45.69	41.65	100.00	100.00	郎溪县
13.88	96.62	96.62	16.62	44.56	40.01	100.00	100.00	泾　县
15.17	95.50	95.50	15.85	40.29	36.18	100.00	100.00	绩溪县
11.80	95.07	95.07	14.34	40.00	36.72	100.00	100.00	旌德县
14.01	**96.58**	**96.58**	**15.82**	**43.43**	**40.16**	**100.00**	**100.00**	**福　建**
12.84	97.60	97.60	18.57	46.19	42.97	100.00	100.00	闽侯县
20.59	95.96	95.96	20.83	46.77	42.91	100.00	100.00	连江县
9.41	97.86	97.86	14.55	43.55	39.64	100.00	100.00	罗源县
8.81	91.04	91.04	14.05	47.81	44.27	100.00	100.00	闽清县
16.58	96.02	96.02	19.94	46.88	43.97	100.00	100.00	永泰县
12.83	95.80	95.80	14.80	44.50	39.83	100.00	100.00	仙游县
20.19	95.27	95.27	14.69	44.15	40.77	100.00	100.00	明溪县
18.89	96.13	96.13	16.36	44.86	40.40	100.00	100.00	清流县
14.39	95.00	95.00	16.74	41.49	40.12	100.00	100.00	宁化县
11.41	95.34	95.34	14.73	42.74	38.28	100.00	100.00	大田县
10.00	95.10	95.10	14.52	39.87	40.10	100.00	100.00	尤溪县
25.45	98.19	98.19	15.04	44.46	40.80	100.00	100.00	将乐县
16.63	97.10	97.10	19.35	40.05	40.01	100.00	100.00	泰宁县
24.65	97.17	97.17	13.96	46.28	40.66	100.00	100.00	建宁县
6.61	97.09	97.09	16.83	43.52	40.61	100.00	100.00	惠安县
6.61	97.00	97.00	14.57	44.33	40.55	100.00	100.00	安溪县
14.49	97.00	97.00	15.32	44.48	40.10	100.00	100.00	永春县
15.51	93.04	93.04	14.15	44.63	40.27	100.00	100.00	德化县
13.83	94.60	94.60	17.13	37.01	34.41	100.00	100.00	云霄县
18.04	96.06	96.06	15.02	44.72	40.17	100.00	100.00	漳浦县
15.73	95.90	95.90	13.47	53.37	51.77	100.00	100.00	诏安县
23.46	93.50	93.50	15.03	44.56	41.28	100.00	100.00	东山县
18.44	97.16	97.16	18.70	45.21	42.40	100.00	100.00	南靖县

1-2 续表 13

县名称 Name of Counties	人口密度（人/平方公里） Population Density (person/square kilometer)	人均日生活用水量（升） Daily Water Consumption Per Capita (liter)	供水普及率（%） Water Coverage Rate (%)	公共供水普及率 Public Water Coverage Rate	燃气普及率（%） Gas Coverage Rate (%)	建成区供水管道密度（公里/平方公里） Density of Water Supply Pipelines in Built District (kilometer/square kilometer)	人均道路面积（平方米） Road Surface Area Per Capita (m^2)	建成区路网密度（公里/平方公里） Density of Road Network in Built District (kilometer/square kilometer)	建成区道路面积率（%） Surface Area of Roads Rate of Built District (%)
平和县	5945	102.20	100.00	100.00	100.00	19.04	22.94	13.20	16.53
华安县	3030	146.35	100.00	100.00	100.00	13.12	53.40	10.75	15.33
顺昌县	3609	189.43	100.00	100.00	98.17	18.33	13.85	7.93	12.21
浦城县	3807	117.83	98.31	98.31	96.48	17.76	9.17	7.09	9.03
光泽县	1389	104.60	100.00	100.00	97.78	17.85	11.77	9.06	12.54
松溪县	2811	163.08	100.00	100.00	100.00	13.41	25.38	8.03	14.34
政和县	4098	140.39	100.00	100.00	98.88	27.18	9.82	6.79	11.85
长汀县	1037	165.73	100.00	100.00	99.50	6.17	22.98	9.01	14.44
上杭县	1272	213.65	100.00	100.00	98.61	47.55	23.32	8.60	18.04
武平县	1286	188.02	99.56	99.56	99.22	15.38	20.14	9.18	19.49
连城县	2145	157.30	100.00	100.00	95.51	10.23	22.04	8.69	13.05
霞浦县	1004	144.59	98.33	98.33	99.39	11.85	13.34	6.10	14.15
古田县	5581	219.71	100.00	100.00	100.00	20.27	14.96	8.52	12.60
屏南县	4800	197.84	100.00	100.00	100.00	11.00	14.86	13.91	12.07
寿宁县	2550	142.18	98.62	98.62	98.03	21.87	9.50	7.88	11.63
周宁县	2348	220.98	100.00	100.00	100.00	16.87	21.61	10.06	12.53
柘荣县	4596	208.89	100.00	100.00	100.00	13.50	16.41	9.16	12.54
平潭县	5889	159.56	100.00	100.00	99.81	23.63	28.35	8.21	17.02
江　西	**4654**	**144.06**	**97.97**	**97.78**	**97.21**	**16.39**	**22.93**	**7.86**	**15.11**
南昌县	3604	386.66	99.63	99.63	91.01	25.08	26.67	4.31	11.00
安义县	7444	143.49	98.77	98.77	96.87	8.46	22.81	8.68	16.41
进贤县	6603	144.32	98.02	98.02	92.01	25.15	11.35	4.57	8.77
浮梁县	4725	120.65	97.62	97.62	92.46	36.44	18.31	6.35	10.49
莲花县	3342	125.21	100.00	100.00	83.46	12.66	22.94	9.37	19.68
上栗县	1775	102.77	96.65	96.65	86.12	11.52	30.61	6.19	9.61
芦溪县	5170	197.81	99.40	99.40	97.02	36.38	31.01	6.40	16.45
武宁县	1860	226.63	100.00	100.00	98.22	8.49	28.11	5.16	14.22
修水县	1867	119.28	99.00	98.92	99.79	15.73	14.49	6.76	12.83
永修县	4524	177.17	88.09	88.09	91.26	7.74	21.11	5.84	11.93
德安县	4347	169.89	100.00	100.00	100.00	16.55	33.96	8.58	14.43
都昌县	2363	168.26	99.59	99.59	100.00	1.48	28.22	2.50	3.64
湖口县	3392	251.28	100.00	100.00	100.00	24.14	18.45	4.07	10.02
彭泽县	6096	219.65	98.69	98.69	96.46	7.69	23.10	8.02	17.22
分宜县	3337	173.40	100.00	100.00	98.46	17.84	19.78	5.13	13.51
信丰县	9318	104.87	99.81	99.81	99.28	26.40	18.13	9.09	13.34
大余县	3297	150.73	99.80	99.80	98.80	18.84	23.38	9.27	15.25
上犹县	7619	126.06	98.04	98.04	99.40	17.52	19.12	11.14	8.89

continued

建成区排水管道密度(公里/平方公里) Density of Sewers in Built District (kilometer/square kilometer)	污水处理率(%) Wastewater Treatment Rate (%)	污水处理厂集中处理率 Centralized Treatment Rate of Wastewater Treatment Plants	人均公园绿地面积(平方米) Public Recreational Green Space Per Capita (m^2)	建成区绿化覆盖率(%) Green Coverage Rate of Built District (%)	建成区绿地率(%) Green Space Rate of Built District (%)	生活垃圾处理率(%) Domestic Garbage Treatment Rate (%)	生活垃圾无害化处理率 Domestic Garbage Harmless Treatment Rate	县名称 Name of Counties
18.47	99.17	99.17	16.29	44.47	41.08	100.00	100.00	平和县
16.23	93.44	93.44	27.94	44.42	42.19	100.00	100.00	华安县
5.87	98.60	98.60	15.20	43.54	40.97	100.00	100.00	顺昌县
10.49	97.00	97.00	13.87	51.16	48.43	100.00	100.00	浦城县
14.39	98.10	98.10	11.66	40.90	37.79	100.00	100.00	光泽县
19.63	98.00	98.00	14.62	44.13	38.94	100.00	100.00	松溪县
13.65	97.12	97.12	15.29	38.98	35.13	100.00	100.00	政和县
5.10	97.00	97.00	14.02	41.46	40.20	100.00	100.00	长汀县
14.90	97.16	97.16	17.76	43.97	39.62	100.00	100.00	上杭县
20.44	97.11	97.11	17.76	44.52	41.61	100.00	100.00	武平县
16.31	97.15	97.15	15.24	41.01	40.01	100.00	100.00	连城县
10.31	97.11	97.11	15.08	40.11	36.71	100.00	100.00	霞浦县
15.14	97.13	97.13	15.66	35.10	30.19	100.00	100.00	古田县
13.92	97.27	97.27	17.68	42.52	38.71	100.00	100.00	屏南县
20.84	97.10	97.10	22.83	40.57	38.46	100.00	100.00	寿宁县
18.80	97.76	97.76	17.24	37.32	32.96	100.00	100.00	周宁县
18.81	98.09	98.09	14.61	46.04	39.97	100.00	100.00	柘荣县
17.27	99.33	99.33	13.79	41.35	39.45	100.00	100.00	平潭县
13.23	**93.37**	**92.50**	**16.77**	**42.54**	**38.55**	**100.00**	**100.00**	**江　西**
17.09	95.00	95.00	18.04	44.68	40.62	100.00	100.00	南昌县
10.90	93.63	93.63	16.42	43.01	40.11	100.00	100.00	安义县
12.87	90.91	90.91	12.30	41.00	36.00	100.00	100.00	进贤县
11.03	94.41	94.41	8.40	30.15	26.31	100.00	100.00	浮梁县
13.40	95.10	95.10	16.75	45.04	43.25	100.00	100.00	莲花县
11.58	96.00	96.00	17.04	23.69	20.22	100.00	100.00	上栗县
14.06	95.25	95.25	24.19	40.10	35.01	100.00	100.00	芦溪县
7.79	86.70	86.70	23.45	45.01	38.78	100.00	100.00	武宁县
10.93	90.80	90.80	14.22	48.65	45.32	100.00	100.00	修水县
13.51	92.10	92.10	27.95	40.98	36.12	100.00	100.00	永修县
16.51	92.27	56.94	16.02	47.91	41.91	100.00	100.00	德安县
3.12	88.29	88.29	18.88	36.08	30.29	100.00	100.00	都昌县
11.76	95.88	95.88	22.01	39.00	35.25	100.00	100.00	湖口县
12.03	90.30	90.30	17.98	42.22	40.92	100.00	100.00	彭泽县
7.89	94.20	94.20	15.54	38.12	35.56	100.00	100.00	分宜县
13.32	94.27	94.27	13.91	39.29	34.03	100.00	100.00	信丰县
11.94	92.60	92.60	14.35	42.78	40.34	100.00	100.00	大余县
15.75	93.20	93.20	23.08	41.34	38.62	100.00	100.00	上犹县

1-2 续表 14

县名称 Name of Counties	人口密度（人/平方公里）Population Density (person/square kilometer)	人均日生活用水量（升）Daily Water Consumption Per Capita (liter)	供水普及率（%）Water Coverage Rate (%)	公共供水普及率 Public Water Coverage Rate	燃气普及率（%）Gas Coverage Rate (%)	建成区供水管道密度（公里/平方公里）Density of Water Supply Pipelines in Built District (kilometer/square kilometer)	人均道路面积（平方米）Road Surface Area Per Capita (m^2)	建成区路网密度（公里/平方公里）Density of Road Network in Built District (kilometer/square kilometer)	建成区道路面积率（%）Surface Area of Roads Rate of Built District (%)
崇义县	5637	161.45	98.43	98.43	97.91	16.34	17.73	8.21	13.67
安远县	6300	105.25	99.91	99.91	99.91	17.36	20.95	8.99	17.60
定南县	3640	150.43	96.03	96.03	96.12	21.44	16.90	7.67	12.56
全南县	5375	123.43	99.87	99.87	98.84	16.73	21.52	10.20	16.66
宁都县	6150	96.90	98.37	98.37	98.37	13.15	16.43	10.46	13.73
于都县	6200	120.72	99.28	99.28	98.78	28.67	18.19	8.21	16.41
兴国县	5940	104.60	97.52	97.52	99.51	16.58	19.74	10.34	20.75
会昌县	4374	138.89	99.70	99.70	98.65	13.72	18.89	10.65	15.26
寻乌县	8313	179.72	99.92	99.92	99.28	18.84	18.75	10.81	19.12
石城县	6288	140.21	99.72	99.72	99.44	14.34	19.20	11.12	16.16
吉安县	7959	148.62	94.96	94.96	95.98	9.55	30.78	9.22	23.60
吉水县	12150	74.62	93.91	91.89	98.15	21.73	25.32	17.01	28.52
峡江县	1805	189.85	98.66	98.66	99.20	7.26	51.09	7.37	22.62
新干县	5090	138.74	100.00	100.00	99.62	17.22	22.81	6.13	17.34
永丰县	7751	93.86	98.96	97.86	97.80	12.23	20.13	7.12	11.81
泰和县	3661	74.87	91.56	91.56	96.76	18.20	21.90	9.27	19.94
遂川县	6378	87.12	98.40	98.40	97.91	18.46	17.71	8.86	13.70
万安县	1675	93.04	100.00	100.00	95.94	12.94	30.19	9.22	18.11
安福县	6054	118.43	93.53	93.53	93.53	7.34	22.88	5.24	10.04
永新县	8027	79.06	96.51	96.51	96.03	25.27	34.09	7.47	23.76
奉新县	6240	133.82	100.00	98.21	95.28	5.11	22.78	7.23	14.05
万载县	7158	151.82	97.54	97.54	99.93	15.73	18.38	8.01	14.35
上高县	9408	112.37	97.32	94.35	96.56	10.07	19.37	7.04	18.32
宜丰县	3396	359.00	96.12	96.12	100.00	41.50	34.66	4.68	12.10
靖安县	6628	170.31	96.02	96.02	97.75	14.60	36.00	10.43	17.60
铜鼓县	2000	176.87	100.00	100.00	100.00	10.25	30.09	8.59	16.65
南城县	9680	252.60	99.48	99.48	98.97	10.67	20.14	9.39	13.22
黎川县	4692	109.08	99.18	99.18	98.93	13.79	20.57	11.10	16.71
南丰县	5145	175.45	99.29	99.29	99.65	11.18	22.79	6.17	16.67
崇仁县	4672	197.82	99.29	99.29	98.68	10.50	62.50	11.09	37.36
乐安县	8173	167.42	98.78	98.78	99.10	8.85	17.00	8.21	15.61
宜黄县	4096	169.56	99.37	99.37	99.37	13.01	16.27	8.77	13.03
金溪县	4496	107.83	99.22	99.22	99.66	11.81	24.17	10.15	16.77
资溪县	1123	224.17	98.52	98.52	98.22	13.07	41.34	6.86	22.77
广昌县	5293	236.37	99.12	99.12	98.99	25.73	24.85	8.99	18.22
玉山县	1584	175.99	98.63	98.63	99.32	21.44	53.50	10.39	18.37
铅山县	4474	87.20	97.05	97.05	98.14	23.41	23.51	7.10	11.57

continued

建成区排水管道密度(公里/平方公里) Density of Sewers in Built District (kilometer/square kilometer)	污 水处理率(%) Wastewater Treatment Rate (%)	污水处理厂集中处理率 Centralized Treatment Rate of Wastewater Treatment Plants	人均公园绿地面积(平方米) Public Recreational Green Space Per Capita (m^2)	建成区绿 化覆盖率(%) Green Coverage Rate of Built District (%)	建成区绿地率(%) Green Space Rate of Built District (%)	生活垃圾处 理 率(%) Domestic Garbage Treatment Rate (%)	生活垃圾无 害 化处 理 率 Domestic Garbage Harmless Treatment Rate	县名称 Name of Counties
18.07	93.30	93.30	14.52	44.28	39.47	100.00	100.00	崇义县
21.94	92.65	92.65	15.26	43.14	38.99	100.00	100.00	安远县
17.38	97.03	97.03	15.10	39.91	37.58	100.00	100.00	定南县
17.92	93.11	91.82	17.82	48.00	42.45	100.00	100.00	全南县
14.19	90.92	90.92	15.24	42.30	39.46	100.00	100.00	宁都县
13.73	92.53	92.53	12.54	42.90	39.10	100.00	100.00	于都县
13.29	93.96	93.96	11.42	40.85	35.08	100.00	100.00	兴国县
13.43	92.87	92.87	17.72	42.16	37.19	100.00	100.00	会昌县
16.57	94.46	94.46	14.63	45.84	42.41	100.00	100.00	寻乌县
17.54	97.69	94.72	19.01	43.22	39.10	100.00	100.00	石城县
21.12	92.63	92.63	17.78	38.12	35.29	100.00	100.00	吉安县
17.60	90.85	89.35	23.15	45.94	41.46	100.00	100.00	吉水县
15.10	88.77	88.77	20.94	45.80	40.74	100.00	100.00	峡江县
16.89	96.00	96.00	14.05	42.36	37.83	100.00	100.00	新干县
13.94	93.30	93.30	14.81	39.79	40.94	100.00	100.00	永丰县
10.84	94.60	94.60	16.91	46.06	39.88	100.00	100.00	泰和县
12.97	96.11	82.99	16.03	47.03	42.38	100.00	100.00	遂川县
7.84	98.01	91.59	25.63	42.00	35.04	100.00	100.00	万安县
9.38	94.00	94.00	14.74	33.32	30.77	100.00	100.00	安福县
11.56	97.33	97.33	13.25	51.65	42.11	100.00	100.00	永新县
15.76	89.51	89.51	17.88	43.88	41.14	100.00	100.00	奉新县
15.10	86.76	86.76	15.16	40.90	36.69	100.00	100.00	万载县
16.28	100.00	100.00	15.59	40.61	37.65	100.00	100.00	上高县
10.57	96.94	96.94	31.48	41.83	38.90	100.00	100.00	宜丰县
21.57	95.36	91.52	23.33	49.60	45.09	100.00	100.00	靖安县
24.44	98.95	98.95	13.22	46.78	42.11	100.00	100.00	铜鼓县
11.19	95.63	95.63	15.62	46.16	42.41	100.00	100.00	南城县
14.88	92.70	92.70	15.84	49.57	42.22	100.00	100.00	黎川县
6.84	96.00	96.00	15.99	47.25	43.75	100.00	100.00	南丰县
14.15	90.02	90.02	17.79	44.48	42.72	100.00	100.00	崇仁县
13.12	95.19	95.19	17.11	44.70	40.85	100.00	100.00	乐安县
21.71	93.87	93.87	14.70	42.76	39.24	100.00	100.00	宜黄县
10.08	92.59	92.59	15.17	42.87	40.21	100.00	100.00	金溪县
10.12	96.10	96.10	15.80	44.58	40.72	100.00	100.00	资溪县
14.41	95.78	95.78	17.61	47.29	43.72	100.00	100.00	广昌县
12.68	96.04	96.04	22.73	47.63	43.84	100.00	100.00	玉山县
12.25	87.79	87.79	18.77	40.12	35.02	100.00	100.00	铅山县

1-2 续表 15

县名称 Name of Counties	人口密度(人/平方公里) Population Density (person/square kilometer)	人均日生活用水量(升) Daily Water Consumption Per Capita (liter)	供水普及率(%) Water Coverage Rate (%)	公共供水普及率 Public Water Coverage Rate	燃气普及率(%) Gas Coverage Rate (%)	建成区供水管道密度(公里/平方公里) Density of Water Supply Pipelines in Built District (kilometer/square kilometer)	人均道路面积(平方米) Road Surface Area Per Capita (m^2)	建成区路网密度(公里/平方公里) Density of Road Network in Built District (kilometer/square kilometer)	建成区道路面积率(%) Surface Area of Roads Rate of Built District (%)
横峰县	5631	93.46	99.89	99.89	97.78	10.35	13.97	4.56	10.29
弋阳县	4898	137.05	97.84	97.84	93.22	12.89	31.83	14.09	21.17
余干县	5984	109.48	99.48	99.48	99.08	9.29	27.11	5.03	16.58
鄱阳县	7289	128.38	93.37	93.37	90.63	8.00	17.67	7.66	12.92
万年县	8145	126.86	95.17	95.17	94.98	18.11	22.09	9.96	15.99
婺源县	7019	166.70	100.00	100.00	99.29	29.78	20.39	6.89	14.10
山 东	**1384**	**111.87**	**99.06**	**94.33**	**97.62**	**7.55**	**22.53**	**6.24**	**13.49**
平阴县	1299	126.59	100.00	100.00	100.00	7.86	17.78	4.16	9.21
商河县	735	100.71	100.00	100.00	100.00	12.48	30.81	5.23	12.10
桓台县	1764	238.08	100.00	100.00	100.00	9.19	26.85	7.74	17.29
高青县	966	125.43	100.00	100.00	100.00	10.08	29.45	7.53	15.11
沂源县	977	106.00	100.00	100.00	100.00	7.57	34.75	7.50	15.97
利津县	644	111.53	100.00	100.00	100.00	4.11	38.17	5.23	12.81
广饶县	1278	115.08	100.00	100.00	99.88	8.72	23.83	5.17	13.03
临朐县	1191	80.75	100.00	99.09	100.00	7.44	25.47	6.14	16.56
昌乐县	930	105.76	100.00	99.00	100.00	6.35	26.85	7.65	19.06
微山县	1074	112.40	100.00	98.03	96.84	5.42	25.54	5.95	15.72
鱼台县	2016	151.22	100.00	100.00	98.14	9.43	27.61	6.80	16.62
金乡县	2906	111.16	100.00	100.00	98.98	17.29	22.82	6.84	16.41
嘉祥县	1827	118.34	100.00	99.58	98.03	4.47	20.24	7.04	12.44
汶上县	2252	129.19	100.00	100.00	97.44	11.03	15.94	5.86	9.03
泗水县	1383	93.07	100.00	99.18	99.18	9.10	16.96	6.96	12.05
梁山县	1720	92.26	100.00	97.27	97.52	8.48	20.45	6.49	13.13
宁阳县	2676	131.26	100.00	97.07	97.47	14.01	25.41	6.22	16.19
东平县	1333	101.13	100.00	94.78	100.00	10.45	25.70	7.98	13.75
五莲县	769	110.23	100.00	100.00	99.67	8.98	26.00	4.73	11.38
莒 县	2961	136.63	98.09	98.09	98.48	6.24	22.16	5.83	11.90
沂南县	1619	140.18	100.00	95.86	99.83	6.06	24.78	5.78	11.84
郯城县	1228	149.95	100.00	85.18	99.15	6.89	21.51	7.68	16.11
沂水县	1078	107.29	100.00	98.04	100.00	7.14	17.07	11.11	13.55
兰陵县	1599	126.35	100.00	95.03	97.97	6.75	15.50	8.57	10.53
费 县	976	90.09	100.00	90.58	99.25	9.99	12.36	6.13	8.75
平邑县	1323	102.34	100.00	84.74	94.33	8.95	17.37	9.22	13.83
莒南县	1004	132.28	100.00	97.12	95.71	10.47	23.50	5.06	8.74
蒙阴县	630	125.37	100.00	90.22	99.13	5.34	15.11	5.72	10.10
临沭县	1141	126.18	100.00	95.07	98.71	7.16	12.55	4.06	8.49
宁津县	2892	78.17	96.42	96.42	99.06	9.12	20.12	5.39	15.75

continued

建成区排水管道密度（公里/平方公里） Density of Sewers in Built District (kilometer/square kilometer)	污水处理率（%） Wastewater Treatment Rate (%)	污水处理厂集中处理率 Centralized Treatment Rate of Wastewater Treatment Plants	人均公园绿地面积（平方米） Public Recreational Green Space Per Capita (m^2)	建成区绿化覆盖率（%） Green Coverage Rate of Built District (%)	建成区绿地率（%） Green Space Rate of Built District (%)	生活垃圾处理率（%） Domestic Garbage Treatment Rate (%)	生活垃圾无害化处理率 Domestic Garbage Harmless Treatment Rate	县名称 Name of Counties
17.96	90.21	90.21	21.05	45.30	43.41	100.00	100.00	横峰县
19.87	88.64	88.64	14.82	39.62	35.54	100.00	100.00	弋阳县
10.20	96.00	96.00	20.83	36.71	33.70	100.00	100.00	余干县
6.27	90.35	90.35	14.48	42.84	38.33	100.00	100.00	鄱阳县
15.03	95.02	95.02	23.08	47.81	51.12	100.00	100.00	万年县
13.72	85.00	85.00	15.05	54.22	49.74	100.00	100.00	婺源县
10.07	**98.04**	**98.04**	**16.50**	**40.80**	**36.56**	**100.00**	**100.00**	**山　东**
6.38	98.00	98.00	14.60	41.07	38.53	100.00	100.00	平阴县
9.18	98.50	98.50	23.80	41.80	38.03	100.00	100.00	商河县
9.86	98.31	98.31	26.07	40.71	36.62	100.00	100.00	桓台县
14.12	98.39	98.39	22.82	44.82	40.18	100.00	100.00	高青县
9.30	98.31	98.31	20.52	39.29	34.53	100.00	100.00	沂源县
15.64	97.86	97.86	24.90	43.67	40.19	100.00	100.00	利津县
13.07	98.00	98.00	17.22	44.85	40.53	100.00	100.00	广饶县
9.31	98.48	98.48	20.83	43.87	40.01	100.00	100.00	临朐县
10.38	98.49	98.49	16.57	41.50	38.26	100.00	100.00	昌乐县
9.66	97.99	97.99	15.98	41.17	35.54	100.00	100.00	微山县
6.63	98.17	98.17	13.45	38.08	33.64	100.00	100.00	鱼台县
12.27	98.00	98.00	17.01	39.16	36.15	100.00	100.00	金乡县
11.38	98.03	98.03	16.74	39.82	36.02	100.00	100.00	嘉祥县
8.61	98.01	98.01	21.19	36.89	32.64	100.00	100.00	汶上县
14.78	97.96	97.96	19.90	41.02	36.03	100.00	100.00	泗水县
14.67	97.74	97.74	28.27	36.81	33.49	100.00	100.00	梁山县
12.26	97.57	97.57	14.34	40.14	36.09	100.00	100.00	宁阳县
7.96	97.79	97.79	20.21	40.54	39.14	100.00	100.00	东平县
19.53	98.49	98.49	17.41	41.44	36.96	100.00	100.00	五莲县
11.34	97.78	97.78	19.63	42.81	39.19	100.00	100.00	莒　县
12.28	97.90	97.90	18.40	44.98	40.49	100.00	100.00	沂南县
9.50	97.60	97.60	16.30	41.86	35.15	100.00	100.00	郯城县
9.62	98.51	98.51	14.58	43.30	39.01	100.00	100.00	沂水县
5.51	98.40	98.40	13.79	41.95	39.31	100.00	100.00	兰陵县
6.67	97.89	97.89	15.87	42.74	36.75	100.00	100.00	费　县
12.00	98.31	98.31	14.72	43.47	38.34	100.00	100.00	平邑县
7.73	98.01	98.01	19.28	37.06	34.09	100.00	100.00	莒南县
8.85	97.68	97.68	17.50	40.67	37.61	100.00	100.00	蒙阴县
12.36	98.34	98.34	12.98	44.32	40.37	100.00	100.00	临沭县
12.32	98.02	98.02	14.02	44.09	40.05	100.00	100.00	宁津县

1-2 续表 16

县名称 Name of Counties	人口密度(人/平方公里) Population Density (person/square kilometer)	人均日生活用水量(升) Daily Water Consumption Per Capita (liter)	供水普及率(%) Water Coverage Rate (%)	公共供水普及率 Public Water Coverage Rate	燃气普及率(%) Gas Coverage Rate (%)	建成区供水管道密度(公里/平方公里) Density of Water Supply Pipelines in Built District (kilometer/square kilometer)	人均道路面积(平方米) Road Surface Area Per Capita (m^2)	建成区路网密度(公里/平方公里) Density of Road Network in Built District (kilometer/square kilometer)	建成区道路面积率(%) Surface Area of Roads Rate of Built District (%)
庆云县	3448	80.21	100.00	100.00	100.00	4.06	18.75	6.00	8.35
临邑县	2763	61.82	92.97	92.97	99.57	6.46	25.24	7.60	21.36
齐河县	676	64.13	100.00	99.15	92.55	5.92	30.39	7.46	14.60
平原县	2538	116.41	98.09	97.05	95.38	4.34	24.72	4.89	12.02
夏津县	1787	110.30	94.83	94.83	97.91	7.42	29.68	6.60	23.10
武城县	1421	108.20	98.52	80.10	97.62	12.03	27.38	7.34	15.56
阳谷县	1044	248.23	100.00	100.00	100.00	11.47	23.76	4.27	11.96
莘　县	1236	89.55	100.00	97.04	95.26	7.12	24.75	9.79	19.23
东阿县	1029	79.28	100.00	100.00	96.87	5.90	19.96	5.38	10.71
冠　县	1232	69.83	100.00	100.00	100.00	4.91	28.49	3.31	9.49
高唐县	1192	101.95	100.00	100.00	97.20	5.42	24.39	3.51	11.59
惠民县	3453	99.31	100.00	100.00	100.00	3.63	11.59	3.12	7.09
阳信县	1119	132.90	100.00	100.00	100.00	5.60	48.31	6.79	18.64
无棣县	926	138.68	100.00	100.00	100.00	6.81	42.29	4.87	13.46
博兴县	1718	107.75	100.00	100.00	100.00	2.77	22.53	4.75	10.89
曹　县	2472	124.76	98.58	86.32	94.59	7.50	15.95	5.67	12.20
单　县	1944	180.73	97.14	79.59	94.69	10.97	28.53	7.52	22.92
成武县	1451	74.50	94.12	94.12	94.12	5.30	30.23	10.11	21.05
巨野县	2512	93.82	99.09	98.98	99.05	4.70	18.26	3.80	11.52
郓城县	2467	72.46	93.37	78.62	92.95	8.64	20.34	5.72	16.44
鄄城县	2380	100.96	99.20	54.34	80.50	4.58	18.13	3.27	8.49
东明县	1491	120.59	98.95	92.51	98.90	6.61	23.54	6.06	14.86
河　南	**2587**	**113.95**	**95.44**	**91.05**	**89.11**	**7.47**	**18.71**	**5.76**	**13.41**
中牟县	4753	185.72	100.00	86.76	100.00	7.22	27.60	6.74	15.69
杞　县	2755	141.22	99.56	73.37	99.74	5.47	27.02	7.26	18.35
通许县	2141	167.09	99.49	91.37	99.49	6.13	21.99	4.85	10.96
尉氏县	5678	124.42	99.77	56.32	98.73	7.86	23.89	5.12	14.36
兰考县	2496	72.09	100.00	92.54	96.27	10.21	23.81	7.19	12.27
新安县	2452	130.44	90.55	81.15	100.00	4.72	11.73	4.07	7.41
栾川县	691	110.70	91.14	90.04		16.68	11.64	6.92	12.67
嵩　县	1118	101.62	93.88	93.88	98.94	3.19	16.41	5.49	15.40
汝阳县	1044	175.00	91.74	91.74	97.71	13.95	19.40	7.20	15.95
宜阳县	1517	136.24	98.54	94.63	89.27	11.62	19.95	5.73	14.04
洛宁县	1892	79.39	99.11	97.63	73.22	3.42	15.67	4.80	9.54
伊川县	2538	99.35	95.61	95.39	95.03	5.80	9.80	2.83	8.29
宝丰县	7140	122.56	90.14	90.14	77.23	3.52	9.96	2.25	6.14
叶　县	1800	97.51	100.00	90.58	91.30	2.66	27.40	3.84	11.44

continued

建成区排水管道密度(公里/平方公里) Density of Sewers in Built District (kilometer/square kilometer)	污水处理率(%) Wastewater Treatment Rate (%)	污水处理厂集中处理率 Centralized Treatment Rate of Wastewater Treatment Plants	人均公园绿地面积(平方米) Public Recreational Green Space Per Capita (m^2)	建成区绿化覆盖率(%) Green Coverage Rate of Built District (%)	建成区绿地率(%) Green Space Rate of Built District (%)	生活垃圾处理率(%) Domestic Garbage Treatment Rate (%)	生活垃圾无害化处理率 Domestic Garbage Harmless Treatment Rate	县名称 Name of Counties
7.96	98.50	98.50	15.68	36.70	31.82	100.00	100.00	庆云县
6.33	98.26	98.26	12.15	37.17	32.15	100.00	100.00	临邑县
6.29	98.11	98.11	11.55	42.41	37.59	100.00	100.00	齐河县
9.66	98.50	98.50	15.31	36.91	31.90	100.00	100.00	平原县
6.52	98.30	98.30	12.01	41.17	36.11	100.00	100.00	夏津县
11.01	98.12	98.12	14.16	38.15	33.25	100.00	100.00	武城县
9.54	98.22	98.22	18.36	37.52	33.30	100.00	100.00	阳谷县
10.09	98.20	98.20	14.91	40.85	36.52	100.00	100.00	莘　县
11.55	98.20	98.20	13.89	41.07	35.38	100.00	100.00	东阿县
9.62	98.20	98.20	12.81	38.00	32.90	100.00	100.00	冠　县
8.71	98.12	98.12	11.72	41.93	34.80	100.00	100.00	高唐县
8.55	98.25	98.25	14.04	39.96	38.34	100.00	100.00	惠民县
10.22	98.21	98.21	15.05	37.14	32.76	100.00	100.00	阳信县
9.96	98.18	98.18	16.96	37.38	33.00	100.00	100.00	无棣县
5.66	98.22	98.22	14.24	42.02	39.04	100.00	100.00	博兴县
10.64	97.50	97.50	16.02	39.86	35.34	100.00	100.00	曹　县
19.21	97.47	97.47	17.97	41.55	40.24	100.00	100.00	单　县
15.02	96.59	96.59	20.61	39.31	33.97	100.00	100.00	成武县
10.76	97.40	97.40	14.73	43.00	38.02	100.00	100.00	巨野县
11.51	96.85	96.85	15.50	42.41	37.53	100.00	100.00	郓城县
10.36	98.06	98.06	15.42	39.39	34.11	100.00	100.00	鄄城县
8.60	97.52	97.52	22.22	40.16	36.00	100.00	100.00	东明县
9.38	**97.66**	**97.64**	**12.15**	**37.89**	**33.33**	**99.23**	**91.13**	**河　南**
12.49	99.14	99.14	16.02	41.78	38.32	100.00	100.00	中牟县
10.79	90.57	90.57	6.14	25.35	22.61	100.00	100.00	杞　县
10.27	92.30	92.30	22.62	41.84	35.90	100.00	100.00	通许县
12.61	95.50	95.50	9.79	40.65	33.33	100.00	100.00	尉氏县
9.80	95.80	95.80	15.85	38.82	35.88	100.00	100.00	兰考县
3.28	99.75	99.75	11.78	42.96	34.86	97.39	97.39	新安县
6.93	98.36	98.36	11.88	44.30	37.48	78.60	78.60	栾川县
9.24	100.00	100.00	12.52	39.99	33.92	100.00	100.00	嵩　县
7.70	99.73	99.73	12.51	45.00	37.35	100.00	100.00	汝阳县
3.45	96.04	96.04	15.08	45.30	39.51	100.00	100.00	宜阳县
4.28	97.59	97.59	16.77	44.09	39.34	99.80	99.80	洛宁县
10.42	99.97	99.97	15.37	37.55	34.22	100.00	100.00	伊川县
6.02	100.00	100.00	13.91	42.00	40.46	100.00	100.00	宝丰县
8.79	96.00	96.00	9.53	36.24	31.98	100.00	100.00	叶　县

1-2 续表 17

县名称 Name of Counties	人口密度(人/平方公里) Population Density (person/square kilometer)	人均日生活用水量(升) Daily Water Consumption Per Capita (liter)	供水普及率(%) Water Coverage Rate (%)	公共供水普及率 Public Water Coverage Rate	燃气普及率(%) Gas Coverage Rate (%)	建成区供水管道密度(公里/平方公里) Density of Water Supply Pipelines in Built District (kilometer/square kilometer)	人均道路面积(平方米) Road Surface Area Per Capita (m^2)	建成区路网密度(公里/平方公里) Density of Road Network in Built District (kilometer/square kilometer)	建成区道路面积率(%) Surface Area of Roads Rate of Built District (%)
鲁山县	7683	98.83	96.80	92.14	92.84	3.83	9.87	3.91	7.72
郏　县	4167	124.48	99.27	94.55	76.58	9.96	21.18	5.24	12.02
安阳县	1000	83.90	90.09	17.67	57.80	1.33	28.14	3.80	13.14
汤阴县	6945	223.33	97.42	97.42	97.42	7.60	30.66	8.54	23.15
滑　县	1814	115.33	100.00	100.00	99.57	11.82	24.06	7.08	16.31
内黄县	1028	155.27	98.42	88.20	94.76	4.95	26.48	7.79	17.34
浚　县	1315	93.42	99.01	99.01	97.50	8.40	13.77	5.91	13.97
淇　县	1721	112.86	95.67	95.67	97.88	4.60	18.03	5.22	12.87
新乡县	2898	74.12	99.06	82.33	96.67	7.61	14.64	2.78	7.38
获嘉县	4714	154.27	95.06	91.81	95.34	13.33	20.18	8.27	16.62
原阳县	5404	248.45	88.54	77.86	96.30	25.21	16.18	3.97	8.05
延津县	4213	89.64	98.91	98.91	91.20	5.77	25.69	5.38	14.50
封丘县	5354	96.10	99.61	99.61	93.93	9.57	21.09	4.79	12.81
修武县	4813	150.20	98.61	94.18	93.91	13.11	34.57	11.15	24.60
博爱县	3792	126.98	99.50	99.50	83.39	5.65	17.64	3.79	9.05
武陟县	2891	72.27	98.96	98.96	94.56	5.60	13.88	7.42	13.87
温　县	2375	109.75	100.00	94.73	99.00	8.32	21.49	7.06	16.55
清丰县	5450	143.07	95.61	95.61	93.84	8.30	21.81	6.43	15.78
南乐县	3324	111.15	95.26	95.26	96.27	9.33	25.04	6.09	17.78
范　县	6454	181.96	99.72	95.41	99.86	10.06	21.71	7.98	19.27
台前县	4342	142.39	97.32	93.67	90.01	6.38	22.80	9.02	21.45
濮阳县	5533	130.34	99.40	96.39	99.58	11.55	26.66	8.64	16.01
鄢陵县	1574	102.39	99.49	99.49	98.10	4.69	25.29	4.22	10.70
襄城县	1687	79.92	100.00	75.00	86.88	6.30	29.07	4.77	13.51
舞阳县	3542	194.81	99.61	92.95	99.23	5.91	17.79	5.77	10.17
临颍县	4058	89.08	98.46	98.41	99.37	5.50	22.99	7.43	14.31
渑池县	3648	83.56	99.67	94.02	86.54	4.93	14.66	4.93	10.87
卢氏县	5683	93.61	99.88	95.15	87.86	8.03	23.96	4.94	13.70
南召县	3800	128.79	98.25	97.37	94.74	13.11	26.55	6.78	13.78
方城县	4285	101.84	98.00	96.50	93.57	18.21	17.63	10.47	20.40
西峡县	1609	93.96	99.76	97.09	94.13	13.46	20.72	7.99	22.43
镇平县	1616	126.47	96.33	94.21	90.37	9.17	28.57	6.16	17.97
内乡县	5917	90.64	97.58	81.86	99.83	10.48	20.05	4.78	12.63
淅川县	719	104.83	100.00	96.02	72.29	10.22	8.12	4.90	10.69
社旗县	4177	89.62	98.33	97.00	96.10	7.50	19.15	9.78	17.35
唐河县	4203	145.46	98.24	98.20	91.84	7.89	24.43	7.04	20.19
新野县	6700	126.32	96.37	94.48	93.53	5.92	19.10	6.34	15.32

continued

建成区排水管道密度(公里/平方公里) Density of Sewers in Built District (kilometer/square kilometer)	污水处理率(%) Wastewater Treatment Rate (%)	污水处理厂集中处理率 Centralized Treatment Rate of Wastewater Treatment Plants	人均公园绿地面积(平方米) Public Recreational Green Space Per Capita (m^2)	建成区绿化覆盖率(%) Green Coverage Rate of Built District (%)	建成区绿地率(%) Green Space Rate of Built District (%)	生活垃圾处理率(%) Domestic Garbage Treatment Rate (%)	生活垃圾无害化处理率 Domestic Garbage Harmless Treatment Rate	县名称 Name of Counties
4.84	99.85	99.85	12.46	38.44	34.35	100.00	100.00	鲁山县
14.16	98.91	98.91	10.59	39.72	32.64	100.00	100.00	郏　县
7.64	67.23	64.66	2.10	16.11	13.11	100.00	18.57	安阳县
22.00	95.35	95.35	11.21	29.28	27.09	100.00	100.00	汤阴县
11.83	97.30	97.30	14.32	41.72	40.44	100.00	100.00	滑　县
12.36	100.00	100.00	10.55	37.13	31.89	100.00	100.00	内黄县
9.50	100.00	100.00	11.05	39.52	35.55	100.00	100.00	浚　县
9.10	100.00	100.00	12.59	39.44	33.42	100.00	100.00	淇　县
4.90	97.10	97.10	7.14	20.63	16.45	100.00	100.00	新乡县
8.48	98.36	98.36	8.59	36.84	31.78	100.00	100.00	获嘉县
9.66	99.56	99.56	9.94	43.40	36.19	100.00	100.00	原阳县
13.52	98.71	98.71	6.28	34.50	24.44	100.00	100.00	延津县
8.54	97.31	97.31	8.64	38.84	35.36	100.00	100.00	封丘县
25.04	95.00	95.00	18.14	44.20	39.70	100.00	100.00	修武县
6.85	96.88	96.88	12.22	43.71	37.43	100.00	100.00	博爱县
8.86	97.64	97.64	9.30	39.52	34.64	100.00	100.00	武陟县
13.40	99.97	99.97	17.00	41.65	36.98	99.83	99.83	温　县
9.06	97.98	97.98	10.59	40.29	35.64	100.00	100.00	清丰县
11.19	98.44	98.44	10.45	41.30	36.38	96.86	96.86	南乐县
19.52	98.07	98.07	11.09	41.38	36.96	97.10	97.10	范　县
19.56	100.00	100.00	11.73	40.76	36.95	100.00	100.00	台前县
17.05	98.88	98.88	12.07	40.53	34.20	100.00	100.00	濮阳县
7.91	99.31	99.31	14.43	39.31	34.44	100.00	100.00	鄢陵县
7.64	98.10	98.10	11.63	39.91	33.12	100.00	100.00	襄城县
8.79	100.00	100.00	10.69	40.95	34.69	100.00	100.00	舞阳县
7.40	99.93	99.93	9.34	30.69	31.03	100.00	100.00	临颍县
3.92	97.15	97.15	13.46	39.39	34.11	99.99	99.99	渑池县
7.92	100.00	100.00	11.37	37.06	33.12	100.00	100.00	卢氏县
20.60	98.92	98.92	17.20	43.70	40.55	100.00	100.00	南召县
21.44	98.03	98.03	11.58	42.38	37.50	100.00	100.00	方城县
16.46	99.12	99.12	15.46	45.31	40.39	100.00	100.00	西峡县
14.94	98.37	98.37	12.83	39.39	35.04	100.00	100.00	镇平县
9.02	94.39	94.39	12.89	39.90	35.06	99.91	99.91	内乡县
9.03	98.31	98.31	19.84	41.42	36.45	98.50	98.50	淅川县
12.77	93.15	93.15	12.23	40.76	36.20	96.20	96.20	社旗县
11.94	96.70	96.70	12.30	40.34	36.48	98.10	98.10	唐河县
10.84	98.20	98.20	12.29	42.67	37.67	100.00	100.00	新野县

1-2 续表 18

县名称 Name of Counties	人口密度(人/平方公里) Population Density (person/square kilometer)	人均日生活用水量(升) Daily Water Consumption Per Capita (liter)	供水普及率(%) Water Coverage Rate (%)	公共供水普及率 Public Water Coverage Rate	燃气普及率(%) Gas Coverage Rate (%)	建成区供水管道密度(公里/平方公里) Density of Water Supply Pipelines in Built District (kilometer/square kilometer)	人均道路面积(平方米) Road Surface Area Per Capita (m^2)	建成区路网密度(公里/平方公里) Density of Road Network in Built District (kilometer/square kilometer)	建成区道路面积率(%) Surface Area of Roads Rate of Built District (%)
桐柏县	967	104.14	99.62	96.59	69.70	11.01	20.02	7.70	16.53
民权县	4500	164.19	91.43	89.71	89.71	5.07	25.57	5.17	11.86
睢　县	7424	136.25	98.76	90.14	69.18	9.49	17.42	3.60	11.29
宁陵县	7952	152.19	86.73	67.65	62.53	6.09	20.25	1.98	12.95
柘城县	3609	89.32	96.48	92.51	67.27	3.93	10.82	3.62	7.36
虞城县	5488	156.67	95.10	85.42	97.95	4.22	15.96	3.59	9.50
夏邑县	2807	87.99	92.03	91.21	93.61	3.35	18.36	4.52	11.18
罗山县	1538	119.59	97.38	97.38	98.86	2.23	10.49	3.01	7.41
光山县	9042	140.46	99.96	99.96	98.89	11.03	5.74	2.49	4.72
新　县	3745	149.14	99.86	99.86	98.20	5.73	11.82	4.53	8.69
商城县	6574	123.76	99.87	98.54	97.09	7.81	12.17	3.66	5.79
固始县	3011	131.82	97.10	95.01	99.73	6.83	14.60	7.44	13.63
潢川县	3168	79.42	99.95	99.73	99.97	6.89	11.24	2.59	11.50
淮滨县	2149	102.88	99.80	99.07	98.93	5.45	29.98	7.88	19.14
息　县	1701	105.94	100.00	99.67	99.29	8.65	13.14	3.82	9.68
扶沟县	1595	120.11	99.58	98.09	95.02	6.35	32.75	6.99	16.39
西华县	4619	126.47	82.72	76.10	97.49	6.30	19.98	6.03	13.13
商水县	10773	50.75	80.45	80.45	47.99	9.72	7.38	4.70	6.36
沈丘县	7917	75.73	98.51	98.51	59.66	22.82	11.16	7.47	13.10
郸城县	8104	147.13	17.20	16.67	15.65	3.56	18.53	6.04	14.40
太康县	2524	88.96	98.46	91.29	98.22	10.61	14.88	5.51	12.80
鹿邑县	3413	93.60	97.04	93.31	91.08	3.85	23.35	7.78	18.94
西平县	3577	93.90	100.00	98.08	98.90	4.92	17.82	4.07	9.26
上蔡县	1935	122.53	93.47	89.24	79.52	1.93	20.88	4.23	13.96
平舆县	2216	76.67	100.00	94.09	99.85	4.49	18.37	7.91	15.92
正阳县	2241	108.92	100.00	99.01	99.36	4.80	17.09	4.29	11.82
确山县	974	167.70	99.54	99.54	99.74	6.39	35.44	8.59	20.80
泌阳县	2585	201.01	98.03	98.03	99.01	7.93	23.56	6.56	19.17
汝南县	4418	111.32	100.00	99.66	99.62	5.91	15.42	8.05	9.21
遂平县	2219	80.91	99.95	99.95	99.03	4.68	21.14	7.39	13.98
新蔡县	3975	64.71	100.00	100.00	100.00	8.33	22.58	7.20	21.04
湖　北	**3223**	**150.20**	**96.56**	**95.95**	**95.01**	**12.08**	**18.94**	**6.73**	**13.83**
阳新县	1736	133.62	100.00	100.00	99.75	6.16	20.00	8.69	10.20
郧西县	3954	171.16	99.00	99.00	99.00	10.15	13.55	10.04	20.77
竹山县	1040	126.20	100.00	100.00	70.00	15.14	9.56	4.79	7.57
竹溪县	2881	159.25	100.00	97.25	91.74	26.79	10.72	6.90	9.50
房　县	3303	126.04	98.94	98.94	100.00	5.89	12.52	5.90	9.81

continued

建成区排水管道密度(公里/平方公里) Density of Sewers in Built District (kilometer/square kilometer)	污水处理率(%) Wastewater Treatment Rate (%)	污水处理厂集中处理率 Centralized Treatment Rate of Wastewater Treatment Plants	人均公园绿地面积(平方米) Public Recreational Green Space Per Capita (m^2)	建成区绿化覆盖率(%) Green Coverage Rate of Built District (%)	建成区绿地率(%) Green Space Rate of Built District (%)	生活垃圾处理率(%) Domestic Garbage Treatment Rate (%)	生活垃圾无害化处理率 Domestic Garbage Harmless Treatment Rate	县名称 Name of Counties
11.67	100.00	100.00	13.08	43.92	40.07	100.00	100.00	桐柏县
7.47	98.94	98.94	15.22	38.58	34.29	100.00	100.00	民权县
3.30	96.82	96.82	15.74	44.54	41.82	91.08	91.08	睢 县
7.69	98.61	98.61	7.89	12.30	8.43	88.52	88.52	宁陵县
8.57	92.87	92.87	11.42	40.62	36.35	100.00	100.00	柘城县
9.03	98.78	98.78	16.11	39.22	33.84	100.00	100.00	虞城县
2.34	99.96	99.96	14.22	45.90	39.38	99.58	99.58	夏邑县
3.25	96.33	96.33	4.57	31.67	27.99	100.00	100.00	罗山县
7.46	99.02	99.02	10.25	4.66	2.64	100.00	100.00	光山县
8.13	99.87	99.87	9.85	39.03	34.31	100.00	100.00	新 县
5.04	98.37	98.37	2.62	7.53	4.32	100.00	100.00	商城县
9.31	97.90	97.90	13.20	44.99	39.88	100.00	100.00	固始县
4.11	99.83	99.83	1.53	32.57	29.16	100.00	100.00	潢川县
11.67	99.16	99.16	10.48	39.97	34.85	100.00	100.00	淮滨县
8.77	99.80	99.80	11.66	38.13	33.03	100.00	100.00	息 县
4.52	99.31	99.31	9.56	39.79	34.51	94.60		扶沟县
13.11	98.02	98.02	2.20	6.52	4.53	100.00	62.89	西华县
2.84	99.73	99.73	3.05	6.06	5.24	99.99		商水县
11.83	93.60	93.60	10.13	32.54	25.67	100.00	100.00	沈丘县
0.86	70.05	70.05	10.89	40.73	35.92	100.00		郸城县
8.20	100.00	100.00	17.62	37.81	35.74	100.00	100.00	太康县
12.25	98.38	98.38	11.13	41.75	36.09	93.00	93.00	鹿邑县
12.44	99.02	99.02	16.72	45.00	40.20	100.00	100.00	西平县
4.24	99.96	99.96	14.06	41.65	38.26	100.00	100.00	上蔡县
14.32	99.01	99.01	15.63	46.28	40.04	100.00	100.00	平舆县
5.32	88.23	88.23	10.68	39.66	33.29	100.00	100.00	正阳县
8.66	99.06	99.06	14.41	43.05	35.40	100.00	100.00	确山县
8.28	100.00	100.00	17.70	44.81	39.20	100.00	100.00	泌阳县
12.90	99.81	99.81	20.13	42.60	39.97	99.90	99.90	汝南县
6.01	99.80	99.80	17.40	46.19	40.24	97.60	97.60	遂平县
16.43	99.99	99.99	16.98	41.90	36.90	100.00	100.00	新蔡县
9.10	**95.82**	**95.82**	**12.98**	**39.62**	**35.13**	**100.00**	**100.00**	**湖 北**
5.25	96.53	96.53	14.50	37.88	34.24	100.00	100.00	阳新县
17.85	94.56	94.56	12.25	44.31	40.17	100.00	100.00	郧西县
10.16	94.70	94.70	12.99	40.05	36.04	100.00	100.00	竹山县
6.33	95.38	95.38	14.10	38.62	37.31	100.00	100.00	竹溪县
4.92	95.03	95.03	12.20	47.60	40.20	100.00	100.00	房 县

1-2 续表 19

县名称 Name of Counties	人口密度(人/平方公里) Population Density (person/square kilometer)	人均日生活用水量(升) Daily Water Consumption Per Capita (liter)	供水普及率(%) Water Coverage Rate (%)	公共供水普及率 Public Water Coverage Rate	燃气普及率(%) Gas Coverage Rate (%)	建成区供水管道密度(公里/平方公里) Density of Water Supply Pipelines in Built District (kilometer/square kilometer)	人均道路面积(平方米) Road Surface Area Per Capita (m^2)	建成区路网密度(公里/平方公里) Density of Road Network in Built District (kilometer/square kilometer)	建成区道路面积率(%) Surface Area of Roads Rate of Built District (%)
远安县	663	186.42	99.21	99.21	99.60	24.15	26.99	9.66	13.52
兴山县	10933	143.47	96.14	88.41	98.98	19.78	13.45	9.17	8.24
秭归县	10833	153.86	99.31	99.31	98.62	17.72	13.41	8.94	14.53
长阳土家族自治县	4805	141.37	90.43	90.43	100.00	14.07	8.95	5.03	8.80
五峰土家族自治县	6183	122.44	99.56	99.56	97.57	11.79	15.07	8.80	9.98
南漳县	5665	154.11	99.93	99.93	98.98	15.78	13.24	4.41	10.76
谷城县	2547	111.42	100.00	98.94	100.00	8.11	25.18	8.55	17.19
保康县	3808	173.80	96.79	88.70	88.55	8.44	6.16	6.58	5.05
沙洋县	2165	160.69	100.00	100.00	100.00	13.85	32.82	6.94	16.11
孝昌县	5875	137.14	95.74	95.74	96.28	12.09	13.92	6.22	12.38
大悟县	4394	200.74	92.46	92.46	98.44	8.66	24.37	5.92	12.89
云梦县	11848	178.54	100.00	100.00	99.39	12.91	13.36	6.79	14.42
公安县	8008	164.99	99.11	99.11	70.37	10.54	12.35	5.20	9.97
江陵县	5178	226.52	90.08	90.08	89.62	19.05	19.67	7.25	12.69
团风县	2083	223.91	98.30	98.30	92.35	9.36	27.12	9.02	20.31
红安县	6300	198.13	86.77	82.01	90.00	15.16	17.07	4.81	14.80
罗田县	4509	156.44	76.75	76.75	83.80	10.87	41.65	12.37	30.02
英山县	2381	102.40	83.26	83.26	92.84	12.80	37.92	9.01	22.70
浠水县	4208	159.03	100.00	100.00	99.79	6.05	17.98	5.01	12.64
蕲春县	2871	103.57	92.87	92.87	98.77	9.02	24.83	6.79	18.43
黄梅县	1963	151.39	97.52	97.52	97.18	11.71	40.97	6.58	24.31
嘉鱼县	4171	175.00	100.00	100.00	99.25	12.64	18.07	5.35	12.27
通城县	6496	129.26	99.43	96.60	99.59	7.33	13.92	5.67	6.43
崇阳县	3459	174.67	99.62	99.62	95.85	7.04	17.00	4.32	12.03
通山县	5253	129.68	99.87	99.87	98.16	26.66	15.95	6.00	12.01
随　县	3732	160.45	87.15	87.15	86.93	20.03	33.06	6.27	16.67
建始县	1637	122.82	100.00	100.00	91.82	15.98	14.80	5.29	11.18
巴东县	4625	118.41	98.65	98.65	98.65	17.61	14.19	11.34	12.46
咸丰县	1328	108.35	98.70	98.70	99.02	8.00	14.93	5.77	12.85
来凤县	4467	171.74	100.00	100.00	98.88	11.00	17.72	5.75	9.50
鹤峰县	5398	98.40	97.11	97.11	92.04	9.41	8.58	5.84	8.42
宣恩县	8231	159.86	100.00	100.00	100.00	17.13	8.59	6.16	7.91
神农架林区	863	138.47	97.77	97.77	97.77	6.58	14.53	8.10	11.90
湖　南	**3746**	**160.71**	**96.97**	**96.50**	**92.35**	**14.87**	**15.15**	**6.63**	**12.11**
长沙县	4600	293.83	100.00	100.00	99.47	9.95	21.81	6.74	14.89

continued

建成区排水管道密度(公里/平方公里) Density of Sewers in Built District (kilometer/square kilometer)	污水处理率(%) Wastewater Treatment Rate (%)	污水处理厂集中处理率 Centralized Treatment Rate of Wastewater Treatment Plants	人均公园绿地面积(平方米) Public Recreational Green Space Per Capita (m^2)	建成区绿化覆盖率(%) Green Coverage Rate of Built District (%)	建成区绿地率(%) Green Space Rate of Built District (%)	生活垃圾处理率(%) Domestic Garbage Treatment Rate (%)	生活垃圾无害化处理率 Domestic Garbage Harmless Treatment Rate	县名称 Name of Counties
15.39	100.00	100.00	14.41	45.60	40.12	100.00	100.00	远安县
17.85	98.00	98.00	12.78	45.82	41.20	100.00	100.00	兴山县
17.71	98.51	98.51	13.09	44.43	40.23	100.00	100.00	秭归县
5.72	86.26	86.26	11.16	40.70	36.55	100.00	100.00	长阳土家族自治县
9.53	94.96	94.96	10.65	41.34	40.45	100.00	100.00	五峰土家族自治县
9.17	90.73	90.73	16.67	44.04	38.34	100.00	100.00	南漳县
12.98	91.00	91.00	12.05	44.70	40.12	100.00	100.00	谷城县
12.82	100.00	100.00	15.67	40.52	35.56	100.00	100.00	保康县
12.79	94.99	94.99	14.76	43.09	40.00	100.00	100.00	沙洋县
13.01	93.85	93.85	7.87	35.30	30.79	100.00	100.00	孝昌县
6.43	100.00	100.00	11.73	37.44	28.90	100.00	100.00	大悟县
6.06	100.00	100.00	8.82	40.00	39.55	100.00	100.00	云梦县
5.81	100.00	100.00	13.84	42.18	40.13	100.00	100.00	公安县
15.40	99.16	99.16	17.20	38.09	33.28	100.00	100.00	江陵县
11.00	100.00	100.00	9.59	36.21	32.36	100.00	100.00	团风县
11.57	93.50	93.50	9.08	39.28	25.88	100.00	100.00	红安县
9.52	87.12	87.12	12.49	28.36	23.84	100.00	100.00	罗田县
9.56	94.38	94.38	15.77	30.15	25.65	100.00	100.00	英山县
8.08	100.00	100.00	12.65	36.49	31.28	100.00	100.00	浠水县
4.09	92.01	92.01	12.21	41.01	40.02	100.00	100.00	蕲春县
6.48	98.46	98.46	7.98	36.32	31.34	100.00	100.00	黄梅县
11.73	96.97	96.97	16.29	42.14	35.78	100.00	100.00	嘉鱼县
8.18	97.33	97.33	17.02	38.75	37.77	100.00	100.00	通城县
5.65	90.40	90.40	9.79	39.60	34.85	100.00	100.00	崇阳县
5.15	95.60	95.60	10.60	35.88	31.69	100.00	100.00	通山县
15.46	98.93	98.93	17.25	37.73	32.10	100.00	100.00	随　县
10.63	97.57	97.57	14.51	40.22	37.28	100.00	100.00	建始县
10.00	95.20	95.20	20.01	45.93	40.70	100.00	100.00	巴东县
16.67	95.58	95.58	19.60	43.82	38.90	100.00	100.00	咸丰县
7.68	96.26	96.26	17.37	44.95	38.93	100.00	100.00	来凤县
7.60	95.40	95.40	18.95	42.29	39.29	100.00	100.00	鹤峰县
7.86	95.90	95.90	17.14	42.22	38.97	100.00	100.00	宣恩县
15.70	98.46	98.46	3.63	37.72	34.51	100.00	100.00	神农架林区
9.56	**97.02**	**96.79**	**11.63**	**37.72**	**33.63**	**99.67**	**99.67**	**湖　南**
5.99	100.00	100.00	13.05	33.17	32.23	100.00	100.00	长沙县

1-2 续表 20

县名称 Name of Counties	人口密度(人/平方公里) Population Density (person/square kilometer)	人均日生活用水量(升) Daily Water Consumption Per Capita (liter)	供水普及率(%) Water Coverage Rate (%)	公共供水普及率 Public Water Coverage Rate	燃气普及率(%) Gas Coverage Rate (%)	建成区供水管道密度(公里/平方公里) Density of Water Supply Pipelines in Built District (kilometer/square kilometer)	人均道路面积(平方米) Road Surface Area Per Capita (m^2)	建成区路网密度(公里/平方公里) Density of Road Network in Built District (kilometer/square kilometer)	建成区道路面积率(%) Surface Area of Roads Rate of Built District (%)
望城区	2859	181.20	100.00	100.00	86.41	3.26	17.58	5.98	11.21
攸　县	2483	125.32	100.00	100.00	100.00	24.11	22.12	8.45	15.16
茶陵县	2406	141.63	98.09	98.09	86.78	18.75	9.80	4.81	13.42
炎陵县	1195	170.81	97.03	97.03	76.24	28.91	12.54	7.74	7.33
湘潭县	2896	191.05	100.00	100.00	99.47	20.71	30.06	8.16	17.79
衡阳县	9256	142.35	94.64	94.64	94.05	67.20	17.18	9.14	16.02
衡南县	4345	99.55	92.89	91.84	94.04	12.43	18.20	7.17	13.96
衡山县	4494	91.81	99.91	91.18	80.25	9.28	17.52	5.28	14.88
衡东县	6891	160.06	92.11	92.11	99.68	7.19	18.03	8.95	16.79
祁东县	9216	162.39	100.00	100.00	99.91	47.91	16.85	5.04	13.98
南岳区	12595	153.18	100.00	100.00	84.85	20.03	23.36	11.16	20.07
新邵县	7500	215.35	100.00	100.00	100.00	23.16	29.76	4.40	10.95
邵阳县	5537	157.46	93.56	93.56	92.90	16.78	7.58	4.98	7.39
隆回县	7180	94.42	91.86	91.86	97.52	3.23	9.24	3.99	7.71
洞口县	6125	142.27	99.69	99.69	97.33	10.77	11.85	4.25	6.49
绥宁县	5717	140.42	98.23	90.92	79.07	28.96	12.57	8.69	13.91
新宁县	8254	113.24	96.87	91.38	96.14	33.59	8.74	3.53	10.86
城步苗族自治县	10022	67.39	99.78	99.78	92.64	13.85	9.19	10.53	6.39
岳阳县	7145	205.48	97.97	97.97	86.56	10.04	26.46	11.87	27.28
华容县	6914	262.27	90.39	90.39	90.39	16.81	20.58	4.12	13.96
湘阴县	4557	225.30	100.00	100.00	99.12	25.84	23.41	8.53	15.29
平江县	10000	268.46	93.89	91.67	93.11	11.02	13.00	14.00	10.79
安乡县	1600	133.36	95.18	95.18	95.30	9.52	14.20	6.87	11.79
汉寿县	6173	266.29	98.66	98.66	96.94	21.35	12.76	5.53	11.79
澧　县	3813	128.17	100.00	100.00	94.71	10.06	20.58	5.90	14.28
临澧县	758	175.40	99.22	99.22	94.65	16.92	25.25	5.31	12.59
桃源县	2850	223.54	94.61	94.61	97.99	15.07	14.93	7.92	10.40
石门县	844	137.90	96.61	96.61	80.31	11.02	19.38	6.70	16.36
慈利县	5704	130.33	95.37	95.37	96.14	18.99	12.26	6.95	10.92
桑植县	1041	90.82	98.08	98.08	95.00	27.54	5.65	4.46	3.64
南　县	6501	150.39	91.85	91.85	90.62	14.19	25.08	4.02	9.79
桃江县	5832	133.37	94.92	94.92	97.81	17.18	23.54	8.90	22.11
安化县	2514	122.68	95.53	95.53	97.86	8.86	4.85	6.43	7.30
大通湖区	9138	78.64	100.00	100.00	85.09	16.27	10.34	9.35	8.20
桂阳县	6270	128.04	90.40	90.40	90.79	12.62	13.59	11.17	13.96
宜章县	5140	161.51	96.37	96.37	96.69	14.90	8.59	3.66	8.83
永兴县	3658	149.91	100.00	100.00	88.21	20.55	10.00	5.70	10.64

continued

建成区排水管道密度(公里/平方公里) Density of Sewers in Built District (kilometer/ square kilometer)	污水处理率(%) Wastewater Treatment Rate (%)	污水处理厂集中处理率 Centralized Treatment Rate of Wastewater Treatment Plants	人均公园绿地面积(平方米) Public Recreational Green Space Per Capita (m^2)	建成区绿化覆盖率(%) Green Coverage Rate of Built District (%)	建成区绿地率(%) Green Space Rate of Built District (%)	生活垃圾处理率(%) Domestic Garbage Treatment Rate (%)	生活垃圾无害化处理率 Domestic Garbage Harmless Treatment Rate	县名称 Name of Counties
5.42	100.00	100.00	12.19	35.39	29.58	100.00	100.00	望城区
12.64	98.16	98.16	9.36	40.75	36.89	100.00	100.00	攸　县
11.38	93.24	93.24	12.33	38.19	33.83	100.00	100.00	茶陵县
12.09	93.53	79.72	18.81	38.94	38.23	100.00	100.00	炎陵县
14.45	96.20	96.20	15.22	39.50	36.02	100.00	100.00	湘潭县
12.76	97.15	97.15	9.66	42.68	37.91	100.00	100.00	衡阳县
18.74	95.66	92.60	9.11	34.58	31.55	100.00	100.00	衡南县
7.57	96.55	96.55	14.45	31.02	28.62	100.00	100.00	衡山县
11.54	95.60	95.60	9.65	43.49	36.89	100.00	100.00	衡东县
11.48	96.68	91.76	10.18	43.38	28.64	100.00	100.00	祁东县
22.33	97.00	97.00	8.18	49.62	41.41	100.00	100.00	南岳区
3.31	92.04	92.04	14.47	38.93	32.52	100.00	100.00	新邵县
6.16	96.00	93.25	8.01	34.93	26.98	100.00	100.00	邵阳县
4.82	94.84	94.84	11.44	30.65	34.18	94.91	94.91	隆回县
8.61	95.21	95.21	15.44	42.78	42.13	100.00	100.00	洞口县
9.65	89.68	89.68	16.02	44.50	34.00	98.44	98.44	绥宁县
18.28	96.36	96.36	13.86	47.43	29.46	100.00	100.00	新宁县
8.33	97.77	97.51	8.45	45.57	38.21	97.38	97.38	城步苗族自治县
14.39	100.00	100.00	8.11	40.05	35.57	100.00	100.00	岳阳县
15.88	99.65	99.65	11.37	44.77	41.46	100.00	100.00	华容县
14.12	95.04	95.04	10.73	39.62	36.06	100.00	100.00	湘阴县
12.79	94.44	94.44	12.22	40.92	38.47	100.00	100.00	平江县
9.63	98.66	98.66	11.35	38.34	31.35	100.00	100.00	安乡县
10.92	99.80	97.72	8.35	37.96	28.20	100.00	100.00	汉寿县
13.96	95.08	95.08	10.25	38.87	33.23	100.00	100.00	澧　县
10.73	98.54	98.54	12.57	39.91	34.89	100.00	100.00	临澧县
6.57	99.61	99.61	10.66	43.76	42.02	100.00	100.00	桃源县
10.48	95.51	95.51	9.23	29.90	29.26	100.00	100.00	石门县
11.56	95.37	95.37	12.67	35.45	28.95	100.00	100.00	慈利县
6.44	95.20	95.20	7.11	37.90	34.93	100.00	100.00	桑植县
7.67	95.03	95.03	12.22	34.31	33.85	100.00	100.00	南　县
13.10	97.10	97.10	12.09	38.26	34.64	100.00	100.00	桃江县
17.51	97.04	97.04	10.16	39.48	35.87	100.00	100.00	安化县
12.71	99.81	99.81	11.60	38.66	35.68	100.00	100.00	大通湖区
4.91	98.69	98.69	14.88	41.99	39.01	100.00	100.00	桂阳县
9.41	95.17	95.17	9.05	41.31	35.97	100.00	100.00	宜章县
14.16	93.83	93.83	9.00	38.16	37.90	100.00	100.00	永兴县

1-2 续表 21

县名称 Name of Counties	人口密度(人/平方公里) Population Density (person/square kilometer)	人均日生活用水量(升) Daily Water Consumption Per Capita (liter)	供水普及率(%) Water Coverage Rate (%)	公共供水普及率 Public Water Coverage Rate	燃气普及率(%) Gas Coverage Rate (%)	建成区供水管道密度(公里/平方公里) Density of Water Supply Pipelines in Built District (kilometer/square kilometer)	人均道路面积(平方米) Road Surface Area Per Capita (m^2)	建成区路网密度(公里/平方公里) Density of Road Network in Built District (kilometer/square kilometer)	建成区道路面积率(%) Surface Area of Roads Rate of Built District (%)
嘉禾县	7615	108.89	96.87	96.87	90.11	15.09	16.84	5.18	12.80
临武县	8286	208.55	100.00	100.00	97.41	29.50	10.00	7.40	10.20
汝城县	4370	137.67	100.00	100.00	95.02	14.23	16.15	5.15	10.34
桂东县	3530	129.61	92.07	92.07	90.93	19.28	8.68	4.47	5.07
安仁县	8279	83.89	93.50	90.01	91.52	13.35	7.74	3.26	5.93
东安县	8940	114.55	97.94	97.94	90.52	15.37	11.69	5.37	10.52
双牌县	8138	98.94	99.10	99.10	94.93	9.15	19.21	7.30	15.56
道　县	7532	150.73	99.57	99.57	96.11	15.95	22.14	7.57	16.73
江永县	5603	229.52	99.25	99.25	95.51	12.61	21.54	5.00	11.74
宁远县	10107	180.76	100.00	100.00	92.95	20.85	18.13	11.93	13.61
蓝山县	9321	97.30	98.01	98.01	95.02	27.06	10.35	6.94	9.78
新田县	4620	168.98	98.40	98.40	95.48	11.15	10.72	7.86	9.44
江华瑶族自治县	5898	225.24	99.66	99.66	97.23	33.49	15.35	6.64	12.12
中方县	10088	256.53	100.00	100.00	87.36	12.95	19.47	5.88	12.00
沅陵县	12950	114.87	92.18	92.18	91.60	19.72	5.92	5.33	8.49
辰溪县	11585	157.74	92.74	92.74	82.69	11.70	7.17	4.29	8.50
溆浦县	8946	129.40	98.14	98.14	95.00	15.18	13.87	7.61	13.54
会同县	8451	136.87	99.89	99.89	96.53	17.86	8.48	7.78	9.50
麻阳苗族自治县	10107	144.41	99.59	99.59	97.63	13.06	15.42	7.28	14.46
新晃侗族自治县	6655	115.94	90.93	90.93	82.90	26.12	7.83	8.03	9.90
芷江侗族自治县	11755	113.84	90.25	90.25	90.79	6.82	11.41	7.65	12.11
通道县	5648	171.96	99.49	99.49	83.31	17.74	16.10	6.63	9.31
靖州县	8542	140.17	95.63	95.63	99.75	13.19	15.24	7.18	11.32
双峰县	6889	196.57	97.74	97.74	98.45	22.92	17.09	10.08	16.68
新化县	1617	99.83	91.26	91.26	80.44	15.24	16.59	5.60	10.97
泸溪县	6728	141.70	100.00	100.00	93.39	21.41	3.49	7.63	5.94
凤凰县	6293	119.70	100.00	100.00	91.54	13.50	6.13	4.89	3.88
花垣县	1133	199.72	96.97	96.97	79.52	11.55	16.29	8.55	10.76
保靖县	8883	141.66	98.04	98.04	76.24	7.61	9.47	7.45	8.20
古丈县	979	104.67	90.14	90.14	80.11	47.79	4.05	4.45	6.05
永顺县	1334	178.46	97.40	91.52	76.78	12.24	4.53	4.01	5.37
龙山县	1982	183.97	95.95	95.95	86.60	10.32	6.29	3.60	5.93
广　东	**1482**	**164.20**	**100.00**	**99.88**	**97.14**	**14.87**	**13.94**	**6.38**	**9.75**
始兴县	1142	109.78	100.00	100.00	91.03	9.58	5.37	2.67	3.71
仁化县	1093	195.60	100.00	100.00	98.37	25.53	18.81	8.30	15.86
翁源县	4785	130.09	100.00	100.00	99.21	6.08	9.74	5.74	9.32
乳源瑶族自治县	5959	220.62	100.00	100.00	97.93	37.96	15.00	3.96	10.02

continued

建成区排水管道密度(公里/平方公里) Density of Sewers in Built District (kilometer/square kilometer)	污水处理率(%) Wastewater Treatment Rate (%)	污水处理厂集中处理率 Centralized Treatment Rate of Wastewater Treatment Plants	人均公园绿地面积(平方米) Public Recreational Green Space Per Capita (m^2)	建成区绿化覆盖率(%) Green Coverage Rate of Built District (%)	建成区绿地率(%) Green Space Rate of Built District (%)	生活垃圾处理率(%) Domestic Garbage Treatment Rate (%)	生活垃圾无害化处理率 Domestic Garbage Harmless Treatment Rate	县名称 Name of Counties
15.89	96.34	96.34	14.13	26.67	23.62	100.00	100.00	嘉禾县
13.98	95.17	95.17	22.93	40.20	38.31	100.00	100.00	临武县
15.66	97.89	97.89	13.03	46.82	41.91	100.00	100.00	汝城县
17.88	96.54	96.54	10.34	42.55	41.90	100.00	100.00	桂东县
3.82	90.02	90.02	8.48	36.03	31.26	100.00	100.00	安仁县
11.40	96.60	96.60	12.79	39.54	35.15	100.00	100.00	东安县
8.30	98.33	98.33	13.55	38.94	34.08	100.00	100.00	双牌县
12.08	99.88	99.88	11.83	39.53	38.00	100.00	100.00	道　县
8.15	98.09	98.09	11.67	34.27	30.75	100.00	100.00	江永县
16.75	99.87	99.87	14.35	38.12	37.15	100.00	100.00	宁远县
9.82	95.56	95.56	11.89	43.00	39.29	100.00	100.00	蓝山县
8.06	96.36	96.36	14.26	37.30	32.80	100.00	100.00	新田县
7.72	96.78	96.78	11.28	44.46	39.53	100.00	100.00	江华瑶族自治县
11.11	95.25	95.25	14.37	40.04	36.56	100.00	100.00	中方县
7.79	90.22	88.81	7.36	40.14	32.63	100.00	100.00	沅陵县
9.88	90.10	90.10	14.38	38.68	33.54	100.00	100.00	辰溪县
8.93	93.00	93.00	11.88	43.66	35.88	100.00	100.00	溆浦县
11.30	95.76	95.76	18.09	42.32	41.10	97.08	97.08	会同县
12.85	98.52	98.52	14.98	39.84	34.91	100.00	100.00	麻阳苗族自治县
9.79	92.22	92.22	10.17	39.74	36.30	100.00	100.00	新晃侗族自治县
7.21	91.14	91.14	7.26	40.86	40.48	98.48	98.48	芷江侗族自治县
7.79	93.63	93.63	11.05	39.60	34.57	100.00	100.00	通道县
7.69	95.06	95.06	9.85	36.13	31.54	100.00	100.00	靖州县
13.16	95.52	95.52	9.16	40.12	34.93	100.00	100.00	双峰县
7.69	97.80	97.80	10.78	31.74	31.21	100.00	100.00	新化县
15.70	96.35	96.00	8.25	41.08	37.61	100.00	100.00	泸溪县
5.90	93.50	93.50	6.15	24.52	23.49	100.00	100.00	凤凰县
7.84	95.64	95.64	10.40	39.08	33.25	96.93	96.93	花垣县
8.11	96.41	96.41	10.74	39.64	34.97	100.00	100.00	保靖县
22.94	96.50	96.50	19.79	37.05	30.96	98.21	98.21	古丈县
10.03	96.07	96.07	9.95	32.03	26.28	100.00	100.00	永顺县
16.35	95.80	95.80	11.17	38.16	33.40	97.58	97.58	龙山县
6.77	**91.45**	**91.45**	**14.23**	**35.62**	**32.29**	**100.00**	**95.58**	**广　东**
4.17	97.81	97.81	16.77	41.71	39.49	100.00	100.00	始兴县
13.75	128.91	128.91	14.48	44.68	39.06	100.00	100.00	仁化县
7.64	100.00	100.00	26.51	41.56	39.00	100.00	100.00	翁源县
6.33	95.14	95.14	9.70	32.80	30.48	100.00	100.00	乳源瑶族自治县

1-2 续表 22

县名称 Name of Counties	人口密度(人/平方公里) Population Density (person/square kilometer)	人均日生活用水量(升) Daily Water Consumption Per Capita (liter)	供水普及率(%) Water Coverage Rate (%)	公共供水普及率 Public Water Coverage Rate	燃气普及率(%) Gas Coverage Rate (%)	建成区供水管道密度(公里/平方公里) Density of Water Supply Pipelines in Built District (kilometer/square kilometer)	人均道路面积(平方米) Road Surface Area Per Capita (m^2)	建成区路网密度(公里/平方公里) Density of Road Network in Built District (kilometer/square kilometer)	建成区道路面积率(%) Surface Area of Roads Rate of Built District (%)
新丰县	5725	216.36	100.00	100.00	96.72	17.30	11.59	6.14	8.39
南澳县	1593	170.68	100.00	100.00	99.77	26.37	20.15	7.24	18.51
遂溪县	2740	102.02	100.00	100.00	91.38	21.48	8.32	10.59	18.68
徐闻县	3075	45.86	100.00	100.00	97.57	28.33	10.09	5.27	11.64
广宁县	7612	105.19	100.00	100.00	100.00	15.13	23.08	7.67	19.10
怀集县	7424	107.33	100.00	100.00	85.45	17.50	12.11	5.16	6.89
封开县	3950	180.97	100.00	100.00	98.59	17.59	13.95	6.79	9.73
德庆县	454	293.05	100.00	100.00	93.07	11.04	20.09	5.05	8.86
博罗县	839	156.11	100.00	100.00	99.60	21.99	19.53	14.37	9.80
惠东县	812	239.63	100.00	100.00	97.99	8.14	29.97	11.61	16.96
龙门县	1018	297.15	100.00	100.00	98.59	12.04	14.84	4.68	9.85
大埔县	2834	154.10	100.00	100.00	96.26	20.00	12.93	14.42	12.61
丰顺县	1095	135.31	100.00	100.00	99.25	14.36	9.08	7.05	8.38
五华县	803	144.76	100.00	100.00	98.75	6.17	10.89	3.98	9.99
平远县	550	153.45	100.00	100.00	99.65	12.33	10.42	2.83	5.66
蕉岭县	2858	216.65	100.00	100.00	98.42	31.15	12.27	4.88	10.23
海丰县	7408	219.42	100.00	100.00	100.00	31.16	16.77	6.59	18.59
陆河县	6083	171.16	100.00	100.00	100.00	12.78	15.94	4.96	10.95
紫金县	2231	120.96	100.00	97.54	85.74	9.68	21.92	8.47	4.15
龙川县	5304	111.35	100.00	100.00	97.25	12.24	4.44	2.12	5.91
连平县	796	119.31	100.00	97.66	98.96	9.69	21.03	6.23	16.29
和平县	6937	145.67	100.00	100.00	100.00	8.08	12.75	4.46	8.78
东源县	560	114.83	100.00	100.00	100.00	1.72	17.12	2.88	8.66
阳西县	2130	463.15	100.00	100.00	97.32	12.66	36.30	10.69	13.42
阳山县	4151	165.15	100.00	100.00	99.84	23.53	10.32	3.89	8.98
连山壮族瑶族自治县	1330	438.98	100.00	100.00	63.64	18.29	29.73	8.49	15.76
连南瑶族自治县	1548	291.83	100.00	100.00	100.00	30.21	14.33	7.53	10.26
佛冈县	556	377.05	100.00	100.00	97.82	5.99	9.36	2.90	5.28
饶平县	2134	207.00	100.00	100.00	99.90	19.56	3.85	1.58	2.50
揭西县	1396	111.78	100.00	100.00	99.31	5.84	11.13	5.77	5.42
惠来县	927	79.22	100.00	100.00	99.25	2.11	2.73	2.25	2.25
新兴县	1098	282.49	100.00	100.00	100.00	17.58	21.73	6.94	8.13
郁南县	2384	108.26	100.00	100.00	91.69	12.17	14.80	5.25	9.86
广 西	**2658**	**171.61**	**99.53**	**97.76**	**98.90**	**13.50**	**21.38**	**8.99**	**16.10**
隆安县	5151	276.16	100.00	100.00	96.37	22.68	21.01	7.38	15.17
马山县	2076	214.46	100.00	100.00	98.98	10.19	28.67	9.55	18.51

continued

建成区排水管道密度(公里/平方公里) Density of Sewers in Built District (kilometer/square kilometer)	污水处理率(%) Wastewater Treatment Rate (%)	污水处理厂集中处理率 Centralized Treatment Rate of Wastewater Treatment Plants	人均公园绿地面积(平方米) Public Recreational Green Space Per Capita (m^2)	建成区绿化覆盖率(%) Green Coverage Rate of Built District (%)	建成区绿地率(%) Green Space Rate of Built District (%)	生活垃圾处理率(%) Domestic Garbage Treatment Rate (%)	生活垃圾无害化处理率 Domestic Garbage Harmless Treatment Rate	县名称 Name of Counties
3.74	100.00	100.00	11.53	35.60	35.64	100.00	100.00	新丰县
7.92	100.00	100.00	9.63	42.42	48.37	100.00	100.00	南澳县
12.52	91.93	91.93	10.48	56.96	51.97	100.00	100.00	遂溪县
4.44	97.14	97.14	6.50	38.55	31.19	100.00	100.00	徐闻县
16.55	94.52	94.52	15.93	33.09	28.27	100.00	100.00	广宁县
4.72	90.01	90.01	14.66	31.92	28.67	100.00	100.00	怀集县
11.21	91.07	91.07	16.77	34.52	30.19	100.00	100.00	封开县
3.13	93.43	93.43	14.22	42.82	37.64	100.00	100.00	德庆县
13.04	94.24	94.24	13.40	43.26	42.81	100.00	100.00	博罗县
6.25	93.00	93.00	14.04	40.17	37.75	100.00	100.00	惠东县
11.46	91.02	91.02	13.48	37.58	37.30	100.00	100.00	龙门县
17.58	82.54	82.54	19.04	34.78	29.78	100.00	100.00	大埔县
3.30	100.00	100.00	21.17	29.75	29.70	100.00	100.00	丰顺县
5.54	43.41	43.41	19.45	30.48	28.40	100.00	100.00	五华县
3.56	98.32	98.32	23.32	39.67	36.91	100.00	100.00	平远县
5.95	98.82	98.82	21.37	43.03	21.79	100.00	100.00	蕉岭县
8.57	95.63	95.63	8.95	38.40	34.75	100.00	100.00	海丰县
4.94	97.07	97.07	12.04	38.49	34.44	100.00	100.00	陆河县
	87.36	87.36	27.56	38.96	28.61	100.00		紫金县
3.88	100.00	100.00	7.45	30.18	24.38	100.00	100.00	龙川县
1.82	100.00	100.00	14.26	36.59	23.06	100.00		连平县
0.93	92.02	92.02	16.97	40.31	24.59	100.00	100.00	和平县
4.65	100.00	100.00	2.45	7.56	7.45	100.00	100.00	东源县
14.43	100.00	100.00	18.93	38.76	35.28	100.00	100.00	阳西县
8.95	80.14	80.14	15.26	39.52	38.84	100.00	100.00	阳山县
15.11	88.17	88.17	13.87	45.11	43.86	100.00	100.00	连山壮族瑶族自治县
12.65	98.39	98.39	14.05	38.89	35.04	100.00	100.00	连南瑶族自治县
7.28	86.04	86.04	14.17	43.57	40.52	100.00	100.00	佛冈县
1.63	86.95	86.95	12.85	25.94	24.92	100.00	100.00	饶平县
1.51	94.67	94.67	7.52	30.51	24.44	100.00	100.00	揭西县
4.14	87.30	87.30	13.48	40.69	45.33	100.00	100.00	惠来县
6.76	88.69	88.69	14.58	23.59	20.15	100.00	100.00	新兴县
10.66	100.00	100.00	16.22	19.89	17.05	100.00	100.00	郁南县
12.45	**97.35**	**91.20**	**12.98**	**38.95**	**34.35**	**100.00**	**100.00**	**广　西**
14.22	90.70	90.70	11.05	39.46	35.32	100.00	100.00	隆安县
5.16	90.01	90.01	14.12	33.33	28.39	100.00	100.00	马山县

1-2 续表 23

县名称 Name of Counties	人口密度(人/平方公里) Population Density (person/square kilometer)	人均日生活用水量(升) Daily Water Consumption Per Capita (liter)	供水普及率(%) Water Coverage Rate (%)	公共供水普及率 Public Water Coverage Rate	燃气普及率(%) Gas Coverage Rate (%)	建成区供水管道密度(公里/平方公里) Density of Water Supply Pipelines in Built District (kilometer/square kilometer)	人均道路面积(平方米) Road Surface Area Per Capita (m^2)	建成区路网密度(公里/平方公里) Density of Road Network in Built District (kilometer/square kilometer)	建成区道路面积率(%) Surface Area of Roads Rate of Built District (%)
上林县	4118	219.76	100.00	100.00	100.00	5.14	34.57	9.57	14.36
宾阳县	1573	137.42	100.00	100.00	100.00	7.66	29.77	11.89	21.84
柳城县	5114	226.48	100.00	100.00	100.00	15.44	23.01	7.75	15.28
鹿寨县	3115	245.84	100.00	100.00	100.00	9.45	25.10	6.28	12.84
融安县	5986	163.11	100.00	100.00	100.00	9.15	18.61	7.64	17.26
融水苗族自治县	6955	216.26	96.61	95.79	95.70	19.27	18.77	10.99	20.08
三江侗族自治县	10517	209.80	97.63	97.63	93.73	27.01	11.77	12.70	12.37
阳朔县	4251	218.55	99.78	99.78	99.56	14.27	43.72	10.61	24.07
灵川县	10761	80.50	100.00	100.00	100.00	36.21	19.53	9.06	21.08
全州县	1208	144.61	100.00	93.52	99.66	11.62	35.23	17.23	16.17
兴安县	2781	175.43	100.00	99.87	100.00	12.35	36.70	8.46	17.54
永福县	4364	116.35	100.00	100.00	100.00	25.24	12.20	7.94	17.75
灌阳县	6151	131.17	100.00	100.00	100.00	7.51	22.46	9.89	18.45
龙胜各族自治县	4383	147.85	100.00	100.00	100.00	8.33	12.66	10.99	12.99
资源县	5450	126.77	79.97	79.97	79.97	5.19	15.63	7.58	13.03
平乐县	8460	164.22	100.00	100.00	100.00	21.59	18.74	8.10	16.27
恭城瑶族自治县	4044	138.02	100.00	100.00	99.53	9.57	17.19	8.03	14.61
苍梧县	3070	75.66	99.02	99.02	94.46	7.53	20.66	10.08	20.68
藤　县	2668	301.48	100.00	100.00	100.00	12.48	23.83	7.50	13.45
蒙山县	7741	143.15	100.00	100.00	99.84	17.48	15.03	10.46	14.51
合浦县	3142	194.54	99.90	82.46	99.90	12.10	18.31	8.85	10.14
上思县	3221	214.86	100.00	100.00	99.26	52.30	13.87	9.01	15.10
灵山县	5853	159.27	99.96	95.90	99.96	13.09	24.00	8.49	20.23
浦北县	4076	144.14	100.00	100.00	100.00	14.61	25.11	6.48	15.20
平南县	2994	187.14	100.00	100.00	100.00	8.78	11.85	8.10	10.78
容　县	1079	99.09	100.00	96.98	100.00	9.32	17.58	8.37	15.99
陆川县	1278	171.89	100.00	100.00	99.21	9.22	22.55	10.54	22.25
博白县	1848	107.82	99.13	91.28	99.01	11.18	21.61	7.58	19.91
兴业县	816	174.83	100.00	96.39	100.00	9.72	19.21	11.68	17.37
田东县	2311	204.44	100.00	100.00	100.00	13.47	32.64	9.56	20.74
德保县	4599	252.89	100.00	100.00	100.00	22.08	13.61	10.15	12.60
那坡县	3017	145.28	100.00	100.00	100.00	20.28	13.65	13.73	14.15
凌云县	4205	164.36	99.59	99.59	98.55	14.13	15.90	14.28	19.24
乐业县	5262	152.53	100.00	100.00	99.46	25.71	17.38	14.35	18.42
田林县	5509	200.19	100.00	100.00	98.51	13.58	13.45	8.30	12.35
西林县	3926	285.95	100.00	100.00	100.00	18.87	26.39	11.96	13.13
隆林各族自治县	6328	145.52	100.00	100.00	99.77	7.63	20.35	7.35	14.53

continued

建成区排水管道密度（公里/平方公里）Density of Sewers in Built District (kilometer/square kilometer)	污　水处理率（%）Wastewater Treatment Rate (%)	污水处理厂集中处理率 Centralized Treatment Rate of Wastewater Treatment Plants	人均公园绿地面积（平方米）Public Recreational Green Space Per Capita (m^2)	建成区绿　化覆盖率（%）Green Coverage Rate of Built District (%)	建成区绿地率（%）Green Space Rate of Built District (%)	生活垃圾处　理　率（%）Domestic Garbage Treatment Rate (%)	生活垃圾无　害　化处　理　率 Domestic Garbage Harmless Treatment Rate	县名称 Name of Counties
13.13	95.11	95.11	13.25	26.52	20.62	100.00	100.00	上林县
9.86	96.06	96.06	14.63	38.92	33.95	100.00	100.00	宾阳县
5.50	98.05	98.05	15.15	40.31	35.41	100.00	100.00	柳城县
6.21	99.95	62.11	15.82	42.20	34.78	100.00	100.00	鹿寨县
7.62	99.90	99.90	13.76	41.75	37.14	100.00	100.00	融安县
11.28	94.12	90.26	7.08	39.86	36.52	100.00	100.00	融水苗族自治县
8.98	98.33	98.33	9.54	42.98	37.13	100.00	100.00	三江侗族自治县
17.56	99.05	99.05	16.29	43.20	39.67	100.00	100.00	阳朔县
5.73	99.82	99.82	19.54	39.49	36.01	100.00	100.00	灵川县
18.50	98.85	98.85	17.18	35.82	29.51	100.00	100.00	全州县
15.36	99.70	99.70	26.96	43.51	36.77	100.00	100.00	兴安县
32.41	94.88	94.88	8.39	39.46	34.58	100.00	100.00	永福县
19.97	99.60	99.60	13.34	39.75	36.20	100.00	100.00	灌阳县
12.97	97.92	97.92	11.61	37.35	34.29	100.00	100.00	龙胜各族自治县
10.69	95.31	95.31	13.91	41.43	37.64	100.00	100.00	资源县
15.28	91.00	26.76	17.93	38.59	35.05	100.00	100.00	平乐县
13.70	91.46	91.46	6.62	37.46	34.09	100.00	100.00	恭城瑶族自治县
19.81	95.38	95.38	4.56	37.70	17.59	100.00	100.00	苍梧县
9.94	97.08	47.24	13.07	39.10	35.00	100.00	100.00	藤　县
25.03	98.53	98.53	16.26	42.58	37.50	100.00	100.00	蒙山县
11.15	99.78	95.14	11.93	43.05	37.32	100.00	100.00	合浦县
18.40	96.13	96.13	8.73	26.25	22.25	100.00	100.00	上思县
21.27	99.02	99.02	12.60	39.24	37.59	100.00	100.00	灵山县
8.34	99.00	99.00	12.46	38.40	34.53	100.00	100.00	浦北县
4.42	99.26	99.26	8.04	38.42	34.54	100.00	100.00	平南县
11.89	99.64	99.64	12.59	39.52	34.68	100.00	100.00	容　县
15.44	97.37	97.37	11.53	39.91	34.45	100.00	100.00	陆川县
7.30	97.10	97.10	13.26	37.30	33.10	100.00	100.00	博白县
9.90	99.59	99.59	12.00	39.02	35.40	100.00	100.00	兴业县
18.43	99.29	99.29	16.96	41.57	36.80	100.00	100.00	田东县
17.10	99.87	99.87	10.83	46.76	40.09	100.00	100.00	德保县
28.38	99.17	99.17	15.94	41.39	39.18	100.00	100.00	那坡县
34.07	98.49	98.49	11.93	41.13	36.05	100.00	100.00	凌云县
32.80	97.31	97.31	13.64	40.17	35.09	100.00	100.00	乐业县
17.35	97.99	97.99	14.93	39.57	34.50	100.00	100.00	田林县
11.49	97.24	97.24	14.95	43.28	39.16	100.00	100.00	西林县
12.27	99.65	99.65	9.07	39.65	34.91	100.00	100.00	隆林各族自治县

1-2 续表 24

县名称 Name of Counties	人口密度（人/平方公里）Population Density (person/square kilometer)	人均日生活用水量（升）Daily Water Consumption Per Capita (liter)	供水普及率（%）Water Coverage Rate (%)	公共供水普及率 Public Water Coverage Rate	燃气普及率（%）Gas Coverage Rate (%)	建成区供水管道密度（公里/平方公里）Density of Water Supply Pipelines in Built District (kilometer/square kilometer)	人均道路面积（平方米）Road Surface Area Per Capita (m^2)	建成区路网密度（公里/平方公里）Density of Road Network in Built District (kilometer/square kilometer)	建成区道路面积率（%）Surface Area of Roads Rate of Built District (%)
昭平县	5967	132.08	98.00	98.00	97.45	13.97	13.26	9.31	16.14
钟山县	4056	111.97	100.00	100.00	100.00	9.73	30.86	8.74	18.64
富川瑶族自治县	1828	191.84	100.00	100.00	100.00	7.62	35.58	8.70	12.32
南丹县	5146	123.42	100.00	96.33	90.42	12.41	15.74	8.04	17.28
天峨县	1036	242.88	100.00	100.00	95.76	10.53	19.87	10.47	18.28
凤山县	4640	148.60	100.00	100.00	98.31	12.85	21.36	10.82	16.04
东兰县	3245	199.95	100.00	100.00	92.77	17.32	11.76	14.90	15.37
罗城仫佬族自治县	8502	173.73	100.00	98.24	100.00	23.08	15.00	7.98	14.21
环江毛南族自治县	1732	149.70	100.00	100.00	97.56	8.80	20.45	5.52	11.40
巴马瑶族自治县	4257	142.61	100.00	100.00	97.34	18.39	17.07	8.97	14.14
都安瑶族自治县	4632	193.43	100.00	100.00	97.94	33.75	13.13	11.12	14.75
大化瑶族自治县	4793	116.85	100.00	100.00	100.00	7.33	14.79	8.51	10.87
忻城县	4100	195.09	99.70	99.09	98.48	38.97	10.96	8.25	9.85
象州县	4133	216.69	100.00	100.00	99.81	6.70	14.26	4.49	8.84
武宣县	3241	168.40	100.00	100.00	100.00	9.85	28.67	8.30	17.55
金秀瑶族自治县	2234	186.12	95.80	95.80	95.80	23.51	11.17	13.38	10.79
扶绥县	2178	259.71	100.00	100.00	100.00	26.96	42.13	9.01	25.59
宁明县	3272	166.08	100.00	100.00	100.00	9.41	23.34	4.66	16.89
龙州县	3538	278.18	100.00	100.00	100.00	9.40	28.85	7.00	17.18
大新县	2890	282.22	100.00	100.00	100.00	15.33	26.76	4.82	13.54
天等县	657	173.94	100.00	100.00	100.00	10.47	34.11	8.52	16.68
海　南	**2768**	**231.09**	**99.04**	**99.01**	**96.83**	**4.71**	**30.45**	**5.60**	**10.80**
定安县	2494	215.12	98.13	98.13	98.60		33.02	6.38	13.95
屯昌县	2654	171.77	97.89	97.89	97.66		27.93	8.83	18.24
澄迈县	9128	110.68	100.00	100.00	91.86	21.26	14.17	9.02	11.81
临高县	5047	253.10	100.00	99.73	95.98	14.38	21.07	5.64	11.79
白沙黎族自治县	3171	307.59	95.79	95.79	95.02	7.29	31.03	6.38	6.41
昌江县	2758	343.58	98.80	98.80	93.87	16.21	37.58	8.94	17.83
乐东县	1658	387.57	98.24	98.24	97.24		28.14	8.07	19.41
陵水县	4643	166.92	100.00	100.00	99.63		35.72	8.82	22.06
保亭县	1327	340.99	100.00	100.00	99.31	9.97	33.44	4.41	8.30
琼中县	6399	246.73	97.60	97.60	98.67	7.24	21.77	8.87	7.34
洋浦经济开发区	1237	262.63	100.00	100.00	100.00		54.48	2.29	4.64
重　庆	**2686**	**125.32**	**98.29**	**98.29**	**97.81**	**14.21**	**10.76**	**6.90**	**12.58**
城口县	638	127.64	96.00	96.00	88.48	40.95	10.13	11.74	16.80

continued

建成区排水管道密度(公里/平方公里) Density of Sewers in Built District (kilometer/square kilometer)	污水处理率(%) Wastewater Treatment Rate (%)	污水处理厂集中处理率 Centralized Treatment Rate of Wastewater Treatment Plants	人均公园绿地面积(平方米) Public Recreational Green Space Per Capita (m^2)	建成区绿化覆盖率(%) Green Coverage Rate of Built District (%)	建成区绿地率(%) Green Space Rate of Built District (%)	生活垃圾处理率(%) Domestic Garbage Treatment Rate (%)	生活垃圾无害化处理率 Domestic Garbage Harmless Treatment Rate	县名称 Name of Counties
8.70	92.26	92.26	14.90	41.03	34.58	100.00	100.00	昭平县
12.89	99.21	99.21	15.24	40.25	35.64	100.00	100.00	钟山县
10.39	97.11	97.11	17.07	41.65	38.57	100.00	100.00	富川瑶族自治县
9.68	98.50	98.50	12.19	45.33	40.25	100.00	100.00	南丹县
16.99	98.11	98.11	12.79	40.53	34.59	100.00	100.00	天峨县
21.40	96.08	96.08	10.14	40.06	35.49	100.00	100.00	凤山县
21.21	98.21	98.21	12.05	36.38	33.18	100.00	100.00	东兰县
19.34	93.96	93.96	14.39	33.58	26.66	100.00	100.00	罗城仫佬族自治县
6.71	99.61	99.61	11.70	40.14	35.17	100.00	100.00	环江毛南族自治县
12.11	98.82	98.82	10.30	38.23	34.55	100.00	100.00	巴马瑶族自治县
11.42	85.90	85.90	14.96	38.58	34.83	100.00	100.00	都安瑶族自治县
7.87	96.45	96.45	9.72	36.47	33.16	100.00	100.00	大化瑶族自治县
7.63	97.63	97.63	12.56	37.82	34.08	100.00	100.00	忻城县
10.34	99.79	99.79	12.19	33.99	28.65	100.00	100.00	象州县
14.52	97.79	65.42	10.33	37.00	31.64	100.00	100.00	武宣县
12.61	93.14	93.14	7.81	39.10	35.96	100.00	100.00	金秀瑶族自治县
20.53	99.50	93.26	12.84	38.37	36.58	100.00	100.00	扶绥县
7.49	93.21	75.43	4.66	30.34	25.91	100.00	100.00	宁明县
13.57	95.94	95.94	19.58	38.05	32.26	100.00	100.00	龙州县
6.10	92.92	78.84	13.53	34.17	31.67	100.00	100.00	大新县
12.38	91.29	88.65	31.60	43.05	39.61	100.00	100.00	天等县
5.60	**97.56**	**95.02**	**6.78**	**40.51**	**31.02**	**100.00**	**100.00**	**海　南**
	88.17	88.17	12.32	42.94	38.76	100.00	100.00	定安县
	93.23	93.23	1.91	32.08	31.59	100.00	100.00	屯昌县
27.27	100.00	100.00	2.26	38.61	32.14	100.00	100.00	澄迈县
12.16	99.99	69.38	7.95	42.43	37.81	100.00	100.00	临高县
	100.00	100.00	8.67	38.18	36.75	100.00	100.00	白沙黎族自治县
11.14	86.02	86.02	8.91	43.78	39.37	100.00	100.00	昌江县
	99.82	99.82	4.34	36.60	32.69	100.00	100.00	乐东县
	100.00	100.00	7.12	33.42	31.83	100.00	100.00	陵水县
7.78	91.92	91.92	14.71	47.28	38.10	99.96	99.96	保亭县
2.33	91.15	91.15	9.73	41.43	33.54	100.00	100.00	琼中县
5.44	100.00	100.00	6.25	41.77	22.84	100.00	100.00	洋浦经济开发区
15.83	**99.54**	**99.54**	**13.82**	**42.23**	**38.50**	**100.00**	**100.00**	**重　庆**
28.75	144.35	144.35	10.57	41.26	38.29	100.00	100.00	城口县

1-2 续表 25

县名称 Name of Counties	人口密度(人/平方公里) Population Density (person/square kilometer)	人均日生活用水量(升) Daily Water Consumption Per Capita (liter)	供水普及率(%) Water Coverage Rate (%)	公共供水普及率 Public Water Coverage Rate	燃气普及率(%) Gas Coverage Rate (%)	建成区供水管道密度(公里/平方公里) Density of Water Supply Pipelines in Built District (kilometer/square kilometer)	人均道路面积(平方米) Road Surface Area Per Capita (m^2)	建成区路网密度(公里/平方公里) Density of Road Network in Built District (kilometer/square kilometer)	建成区道路面积率(%) Surface Area of Roads Rate of Built District (%)
丰都县	1753	142.30	95.89	95.89	96.17	9.19	8.22	4.73	9.89
垫江县	2279	136.71	99.86	99.86	99.28	7.45	18.12	5.19	15.20
忠　县	4239	116.18	99.12	99.12	99.51	12.65	8.71	6.30	10.40
云阳县	1236	101.41	100.00	100.00	99.08	22.83	10.07	7.12	14.17
奉节县	7967	131.58	100.00	100.00	100.00	19.44	10.08	9.27	14.63
巫山县	4699	107.03	98.66	98.66	99.69	11.38	7.05	7.38	11.83
巫溪县	10926	163.30	100.00	100.00	98.98	8.45	9.56	12.20	10.82
石柱土家族自治县	6321	183.86	98.82	98.82	95.94	44.02	10.86	8.01	14.83
秀山土家族苗族自治县	7754	121.52	96.78	96.78	97.97	9.57	16.44	7.90	15.65
酉阳土家族苗族自治县	10315	113.48	91.57	91.57	90.24	15.11	8.91	6.06	9.52
彭水苗族土家族自治县	7783	108.60	100.00	100.00	99.73	4.90	8.59	5.40	8.42
四　川	**1432**	**131.31**	**95.31**	**94.85**	**89.96**	**11.32**	**14.17**	**6.26**	**12.23**
金堂县	4255	114.58	93.95	93.95	97.34	15.17	21.92	7.72	16.10
大邑县	1318	305.56	96.08	96.08	96.17	5.86	32.65	8.07	16.15
蒲江县	663	172.80	100.00	100.00	100.00	17.50	14.72	7.66	14.70
荣　县	1401	135.25	99.59	99.59	99.69	15.17	17.15	8.01	16.43
富顺县	2376	222.78	87.27	87.27	100.00	5.76	20.62	14.45	15.36
米易县	967	181.10	100.00	100.00	80.33	18.13	9.94	8.13	11.14
盐边县	441	164.88	100.00	100.00	66.36	18.92	15.58	5.31	7.17
泸　县	1318	109.36	95.45	95.45	93.34	8.93	14.71	5.59	15.03
合江县	1597	115.28	92.66	92.66	95.91	10.03	8.54	5.05	8.54
叙永县	744	180.38	90.78	90.78	92.85	9.78	5.71	5.01	6.22
古蔺县	610	121.77	93.03	93.03	91.54	16.66	7.69	5.41	12.32
中江县	3233	124.76	98.32	89.97	98.01	5.09	12.32	4.18	11.87
三台县	8300	102.70	96.45	96.39	92.22	13.79	13.81	5.74	18.25
盐亭县	5535	106.16	93.98	93.98	98.27	21.46	14.60	4.50	8.08
梓潼县	1578	169.55	95.04	95.04	99.72	16.66	17.40	10.85	14.69
北川羌族自治县	8876	152.76	98.73	82.28	97.72	18.91	19.62	9.06	19.87
平武县	7720	109.70	93.52	93.52	90.93	26.71	13.68	10.27	16.40
旺苍县	1970	149.97	97.38	97.38	95.52	8.70	12.94	4.93	8.43
青川县	1533	172.44	98.94	98.94	99.65	18.35	15.00	7.26	14.15
剑阁县	2970	82.45	98.19	98.19	98.39	12.37	18.26	4.49	10.77
苍溪县	2006	143.38	100.00	100.00	99.62	9.33	16.56	5.20	10.88

continued

建成区排水管道密度(公里/平方公里) Density of Sewers in Built District (kilometer/square kilometer)	污水处理率(%) Wastewater Treatment Rate (%)	污水处理厂集中处理率 Centralized Treatment Rate of Wastewater Treatment Plants	人均公园绿地面积(平方米) Public Recreational Green Space Per Capita (m^2)	建成区绿化覆盖率(%) Green Coverage Rate of Built District (%)	建成区绿地率(%) Green Space Rate of Built District (%)	生活垃圾处理率(%) Domestic Garbage Treatment Rate (%)	生活垃圾无害化处理率 Domestic Garbage Harmless Treatment Rate	县名称 Name of Counties
14.47	94.27	94.27	9.04	37.14	29.03	100.00	100.00	丰都县
17.69	100.00	100.00	14.84	50.89	46.87	100.00	100.00	垫江县
12.66	96.00	96.00	13.07	43.50	39.34	100.00	100.00	忠　县
14.10	97.11	97.11	18.33	50.47	47.55	100.00	100.00	云阳县
18.28	100.00	100.00	13.29	41.08	40.75	100.00	100.00	奉节县
17.00	96.10	96.10	13.25	42.55	39.82	100.00	100.00	巫山县
19.44	96.01	96.01	12.07	42.20	38.11	100.00	100.00	巫溪县
24.87	107.27	107.27	15.24	45.96	42.42	100.00	100.00	石柱土家族自治县
19.59	97.36	97.36	15.20	40.14	37.22	100.00	100.00	秀山土家族苗族自治县
13.82	100.00	100.00	13.58	40.13	37.13	100.00	100.00	酉阳土家族苗族自治县
6.82	100.00	100.00	11.91	27.03	23.17	100.00	100.00	彭水苗族土家族自治县
9.78	**93.58**	**91.40**	**14.34**	**38.64**	**34.90**	**99.77**	**99.77**	**四　川**
9.35	94.82	73.04	14.66	47.05	41.58	100.00	100.00	金堂县
11.25	93.59	93.59	16.06	46.04	40.36	100.00	100.00	大邑县
13.48	100.00	100.00	15.01	43.95	41.01	100.00	100.00	蒲江县
13.68	91.10	91.10	13.08	33.36	31.54	100.00	100.00	荣　县
6.57	93.20	93.20	13.45	38.07	38.12	100.00	100.00	富顺县
10.58	87.16	82.64	15.76	43.05	40.01	100.00	100.00	米易县
7.33	87.20	87.20	26.58	37.57	29.26	100.00	100.00	盐边县
13.43	90.28	90.28	12.93	38.17	34.25	100.00	100.00	泸　县
7.72	90.00	74.85	12.01	35.57	32.68	100.00	100.00	合江县
7.04	95.05	95.05	12.35	40.28	35.51	100.00	100.00	叙永县
7.42	95.55	95.55	10.54	36.39	31.78	100.00	100.00	古蔺县
11.11	96.52	87.72	12.76	37.14	32.54	100.00	100.00	中江县
12.06	95.13	95.13	14.09	45.95	42.60	100.00	100.00	三台县
10.00	91.54	91.54	15.24	43.21	42.03	100.00	100.00	盐亭县
16.77	88.98	88.98	12.25	39.46	36.34	100.00	100.00	梓潼县
30.04	89.55	89.55	12.97	49.00	44.00	100.00	100.00	北川羌族自治县
19.83	89.38	89.38	11.14	43.79	39.13	100.00	100.00	平武县
7.93	98.18	98.18	15.01	39.13	38.09	100.00	100.00	旺苍县
19.41	94.65	94.65	19.04	39.60	37.83	100.00	100.00	青川县
12.79	96.72	96.72	16.21	39.30	36.50	100.00	100.00	剑阁县
12.72	98.91	98.91	24.38	42.34	40.10	100.00	100.00	苍溪县

1-2 续表 26

县名称 Name of Counties	人口密度(人/平方公里) Population Density (person/square kilometer)	人均日生活用水量(升) Daily Water Consumption Per Capita (liter)	供水普及率(%) Water Coverage Rate (%)	公共供水普及率 Public Water Coverage Rate	燃气普及率(%) Gas Coverage Rate (%)	建成区供水管道密度(公里/平方公里) Density of Water Supply Pipelines in Built District (kilometer/square kilometer)	人均道路面积(平方米) Road Surface Area Per Capita (m^2)	建成区路网密度(公里/平方公里) Density of Road Network in Built District (kilometer/square kilometer)	建成区道路面积率(%) Surface Area of Roads Rate of Built District (%)
蓬溪县	6086	124.19	100.00	100.00	97.18	17.13	21.11	7.04	14.43
大英县	4870	157.86	100.00	100.00	97.43	14.03	19.65	7.17	14.22
威远县	3007	141.68	98.92	98.92	98.92	10.88	18.24	5.23	14.98
资中县	2482	108.10	99.45	98.74	96.64	6.86	15.97	7.40	14.55
犍为县	4163	155.33	100.00	100.00	99.92	5.07	21.63	9.19	22.06
井研县	5667	184.25	94.12	94.12	100.00	22.85	11.04	7.47	9.68
夹江县	2947	204.91	100.00	100.00	97.18	9.91	18.21	7.11	15.01
沐川县	5110	211.35	95.70	95.70	96.77	8.91	17.48	6.83	12.70
峨边县	9884	94.41	93.88	93.88	7.06	5.62	3.76	5.95	3.75
马边县	2359	149.86	99.31	99.31	85.75	6.41	11.22	5.05	7.63
南部县	3320	114.38	98.19	98.19	98.80	7.21	15.81	8.36	16.09
营山县	3154	131.45	100.00	100.00	100.00	9.32	12.74	4.93	14.36
蓬安县	2959	116.59	99.03	99.03	96.73	8.01	11.65	4.04	11.67
仪陇县	2615	137.15	99.76	99.76	99.41	10.47	16.76	5.52	16.57
西充县	2394	159.67	99.41	99.41	100.00	7.68	17.65	5.47	14.78
仁寿县	9841	122.00	100.00	100.00	99.36	12.20	15.45	5.26	16.39
洪雅县	1703	144.44	92.67	92.67	91.96	16.53	16.93	6.81	14.89
丹棱县	2483	112.10	99.24	99.24	98.79	12.67	13.35	5.38	9.95
青神县	9506	142.09	100.00	97.79	100.00	11.13	16.58	6.76	10.95
江安县	9851	105.01	96.98	96.98	98.92	4.58	13.04	6.39	13.06
长宁县	5594	121.56	95.79	95.79	97.46	11.81	14.25	7.13	14.59
高　县	6558	92.89	95.05	95.05	94.11	9.34	14.87	6.29	13.02
珙　县	7193	114.93	95.24	95.24	98.69	7.84	13.53	6.42	11.80
筠连县	2783	87.39	95.25	95.25	96.44	5.52	13.67	3.32	7.47
兴文县	1481	95.23	95.82	95.82	97.33	17.24	10.39	5.71	11.46
屏山县	779	117.92	95.62	95.62	99.40	20.30	20.09	6.45	15.47
岳池县	7133	164.22	99.07	99.07	97.85	14.77	16.83	6.62	13.41
武胜县	2324	137.45	100.00	100.00	100.00	11.88	14.81	8.29	15.05
邻水县	5820	122.98	93.96	93.96	93.96	12.80	7.20	5.08	5.99
宣汉县	3964	168.74	99.65	99.65	99.95	6.61	15.98	6.62	12.44
开江县	5666	100.07	99.12	99.12	100.00	9.86	9.45	4.07	9.04
大竹县	4151	98.36	98.04	98.04	98.04	10.14	9.36	3.94	9.84
渠　县	5173	82.98	97.94	97.94	98.45	7.33	8.90	4.06	8.85
荥经县	4678	87.81	100.00	100.00	97.97	25.30	16.45	8.94	15.26
汉源县	3308	251.67	100.00	100.00	57.44	17.53	14.82	8.82	13.66
石棉县	4250	264.50	100.00	100.00	5.68	14.79	15.48	9.99	13.72
天全县	3682	216.22	100.00	100.00	99.13	31.09	23.61	7.36	10.05

continued

建成区排水管道密度(公里/平方公里) Density of Sewers in Built District (kilometer/square kilometer)	污水处理率(%) Wastewater Treatment Rate (%)	污水处理厂集中处理率 Centralized Treatment Rate of Wastewater Treatment Plants	人均公园绿地面积(平方米) Public Recreational Green Space Per Capita (m^2)	建成区绿化覆盖率(%) Green Coverage Rate of Built District (%)	建成区绿地率(%) Green Space Rate of Built District (%)	生活垃圾处理率(%) Domestic Garbage Treatment Rate (%)	生活垃圾无害化处理率 Domestic Garbage Harmless Treatment Rate	县名称 Name of Counties
9.92	95.31	95.31	13.65	38.90	34.11	100.00	100.00	蓬溪县
12.36	96.50	96.50	13.10	38.35	37.27	100.00	100.00	大英县
8.83	96.15	80.20	13.04	35.89	32.31	100.00	100.00	威远县
6.07	95.00	95.00	12.09	38.11	36.63	100.00	100.00	资中县
12.50	89.27	89.27	15.12	39.70	36.94	100.00	100.00	犍为县
6.45	95.81	95.81	11.56	32.74	33.02	100.00	100.00	井研县
13.27	90.94	90.94	13.97	34.41	31.51	100.00	100.00	夹江县
7.66	96.39	96.39	14.08	41.41	34.44	100.00	100.00	沐川县
5.36	90.25	90.25	14.59	33.49	33.26	100.00	100.00	峨边县
8.05	94.61	94.61	11.22	35.94	31.92	100.00	100.00	马边县
10.67	97.50	97.50	13.89	44.18	38.67	100.00	100.00	南部县
15.41	97.99	97.99	11.04	39.25	34.92	100.00	100.00	营山县
8.27	96.04	96.04	16.09	43.39	38.17	100.00	100.00	蓬安县
10.35	100.00	100.00	13.71	44.13	41.57	100.00	100.00	仪陇县
14.66	97.69	97.69	13.12	42.61	35.96	100.00	100.00	西充县
10.07	95.00	95.00	17.36	40.81	33.91	100.00	100.00	仁寿县
19.71	91.46	91.46	12.17	38.90	34.28	100.00	100.00	洪雅县
10.68	95.24	95.00	15.41	44.67	37.10	100.00	100.00	丹棱县
9.30	97.95	97.95	13.56	36.88	33.58	100.00	100.00	青神县
4.55	92.94	92.94	15.53	44.00	36.40	100.00	100.00	江安县
6.58	95.80	95.80	13.90	45.15	41.47	100.00	100.00	长宁县
12.84	92.00	92.00	14.45	41.00	36.08	100.00	100.00	高　县
6.97	92.50	92.50	14.99	45.40	41.34	100.00	100.00	珙　县
5.29	93.00	93.00	13.70	40.19	36.10	100.00	100.00	筠连县
10.51	94.21	94.21	12.80	44.50	40.04	100.00	100.00	兴文县
8.64	97.19	97.19	12.95	38.42	32.10	100.00	100.00	屏山县
11.36	97.60	97.60	19.54	48.08	42.64	100.00	100.00	岳池县
6.60	97.73	97.73	13.63	44.13	40.59	100.00	100.00	武胜县
7.69	99.54	99.54	12.58	41.45	37.28	100.00	100.00	邻水县
11.13	99.50	99.50	24.64	42.28	42.09	100.00	100.00	宣汉县
12.82	90.91	90.91	9.70	35.10	31.45	100.00	100.00	开江县
7.38	93.30	91.47	12.05	37.92	36.01	100.00	100.00	大竹县
10.41	99.65	99.65	11.04	37.26	31.05	100.00	100.00	渠　县
8.54	100.00	100.00	17.36	40.07	35.14	100.00	100.00	荥经县
15.89	93.02	93.02	19.07	36.85	36.41	100.00	100.00	汉源县
17.49	98.90	98.90	14.22	40.52	35.29	100.00	100.00	石棉县
17.85	98.29	98.29	13.90	35.87	35.52	100.00	100.00	天全县

1-2 续表 27

县名称 Name of Counties	人口密度(人/平方公里) Population Density (person/square kilometer)	人均日生活用水量(升) Daily Water Consumption Per Capita (liter)	供水普及率(%) Water Coverage Rate (%)	公共供水普及率 Public Water Coverage Rate	燃气普及率(%) Gas Coverage Rate (%)	建成区供水管道密度(公里/平方公里) Density of Water Supply Pipelines in Built District (kilometer/square kilometer)	人均道路面积(平方米) Road Surface Area Per Capita (m^2)	建成区路网密度(公里/平方公里) Density of Road Network in Built District (kilometer/square kilometer)	建成区道路面积率(%) Surface Area of Roads Rate of Built District (%)
芦山县	2251	112.05	99.43	99.43	94.59	9.23	14.87	8.35	9.77
宝兴县	3323	279.03	100.00	95.24	100.00	10.55	17.19	8.90	8.03
通江县	6194	127.47	100.00	100.00	95.60	17.26	15.35	6.85	13.50
南江县	3928	109.72	100.00	100.00	99.12	10.24	23.21	6.80	11.46
平昌县	6993	82.31	100.00	100.00	96.29	18.92	17.57	6.05	15.03
安岳县	883	105.04	96.52	96.52	98.10	8.75	7.73	4.92	6.36
乐至县	1110	100.60	65.25	65.25	96.25	8.19	16.39	5.87	17.04
汶川县	290	155.17	83.56	83.56	66.04	17.71	5.25	1.05	0.50
理　县	106	313.94	90.91	90.91	53.03	14.69	7.58	8.47	8.47
茂　县	136	251.62	94.53	94.53	99.00	13.64	14.90	6.25	9.82
松潘县	105	175.04	86.96	86.96	64.25	14.48	40.10	15.69	18.49
九寨沟县	757	377.94	98.94	88.65	99.65	5.35	27.60	13.28	17.49
金川县	267	108.22	92.17	92.17	96.77	4.86	8.85	3.71	2.23
小金县	339	341.66	92.39	92.39	77.17	12.75	7.81	3.65	4.07
黑水县	14	79.45	92.02	92.02	36.81	5.67	7.53	3.08	2.91
壤塘县	1269	442.32	90.22	90.22	65.22	18.42	5.11	3.95	3.95
阿坝县	529	152.21	92.78	92.78	34.02	18.35	8.15	0.52	2.05
若尔盖县	31	164.02	89.94	89.94	53.25	4.17	10.52	3.04	3.45
红原县	16	411.46	93.46	90.20	75.82	15.53	28.12	5.83	8.40
泸定县	3634	204.32	89.39	89.39	55.45	9.24	10.49	10.73	15.70
丹巴县	1662	112.91	93.97	93.47	65.33	14.76	7.49	2.92	4.76
九龙县	1418	201.45	87.18	87.18	57.69	10.00	7.12	3.53	2.87
雅江县	2865	91.87	97.98	97.98	60.61	11.54	15.72	2.69	2.75
道孚县	1847	92.47	88.40	88.40	69.61	11.30	20.43	7.76	4.80
炉霍县	1165	153.42	99.21	99.21	47.62	12.00	17.94	2.33	6.00
甘孜县	2933	93.40	100.00	100.00	83.84	7.45	6.06	2.09	2.21
新龙县	1364	221.31	98.85	98.85	45.98	12.37	17.36	9.48	8.45
德格县	1287	154.42	87.30	87.30	63.49	13.33	12.91	13.33	4.67
白玉县	3524	126.89	90.91	90.91	66.99	10.33	14.50	2.80	10.10
石渠县	588	175.61	93.26	70.79	70.79	14.69	28.88	6.49	4.41
色达县	1329	180.88	94.50	94.50	71.56	12.88	23.68	4.41	4.58
理塘县	2611	138.98	86.71	86.71	46.51	7.61	6.51	4.86	2.54
巴塘县	1421	65.43	99.26	99.26	52.59	12.14	26.67	11.40	10.59
乡城县	1794	129.52	95.08	95.08	44.26	4.57	7.20	2.04	1.99
稻城县	6867	259.73	97.09	97.09	67.96	24.39	23.15	11.71	29.07
得荣县	1189	253.30	98.15	98.15	74.07	11.08	15.61	7.69	12.31
普格县	5971	87.24	88.34	88.34	52.15	5.49	3.21	2.70	3.49

continued

建成区排水管道密度(公里/平方公里) Density of Sewers in Built District (kilometer/square kilometer)	污水处理率(%) Wastewater Treatment Rate (%)	污水处理厂集中处理率 Centralized Treatment Rate of Wastewater Treatment Plants	人均公园绿地面积(平方米) Public Recreational Green Space Per Capita (m^2)	建成区绿化覆盖率(%) Green Coverage Rate of Built District (%)	建成区绿地率(%) Green Space Rate of Built District (%)	生活垃圾处理率(%) Domestic Garbage Treatment Rate (%)	生活垃圾无害化处理率 Domestic Garbage Harmless Treatment Rate	县名称 Name of Counties
11.92	94.97	94.97	17.72	36.53	34.99	99.36	99.36	芦山县
7.11	100.00	100.00	21.20	39.45	33.90	100.00	100.00	宝兴县
6.25	98.84	98.84	26.45	38.11	37.23	97.89	97.89	通江县
6.10	98.72	98.72	21.54	43.46	40.03	97.19	97.19	南江县
6.08	87.52	87.52	20.22	35.95	34.65	99.00	99.00	平昌县
8.09	95.01	95.01	14.58	34.95	30.95	100.00	100.00	安岳县
8.07	98.70	98.70	10.42	37.72	33.67	100.00	100.00	乐至县
7.70	90.99	90.99	14.82	37.01	36.92	98.60	98.60	汶川县
18.02	85.39	85.39	9.85	22.60	22.19	100.00	100.00	理　县
8.52	76.17	76.17	13.68	31.15	24.62	100.00	100.00	茂　县
11.80	70.13	70.13	9.66	20.27	18.93	100.00	100.00	松潘县
10.09	97.10	97.10	20.57	39.33	36.54	100.00	100.00	九寨沟县
0.71	62.51	62.51	3.13	4.74	4.14	93.99	93.99	金川县
8.65	86.16	86.16	6.19	4.67	4.88	100.00	100.00	小金县
6.51	71.42	71.42	12.88	34.59	34.42	100.00	100.00	黑水县
13.16	61.33	61.33	4.89	6.32	6.18	100.00	100.00	壤塘县
3.53	80.66	80.66	6.87	4.96	4.85	92.03	92.03	阿坝县
8.04	82.08	82.08	54.97	26.28	15.48	92.86	92.86	若尔盖县
9.11	86.00	86.00	8.63	29.34	32.99	95.00	95.00	红原县
11.82	89.35	89.35	13.88	33.18	29.63	100.00	100.00	泸定县
13.81	85.13	85.13	17.59	21.71	17.43	100.00	100.00	丹巴县
5.33	89.64	89.64	22.44	21.67	13.33	100.00	100.00	九龙县
29.00	92.15	82.98	12.37	22.23	20.30	96.99	96.99	雅江县
6.20	84.75	84.75	16.84	31.59	31.09	98.87	98.87	道孚县
10.07	90.34	90.34	23.02	21.67	19.52	99.04	99.04	炉霍县
3.93	88.79	26.19	20.20	21.16	14.93	95.97	95.97	甘孜县
17.25	82.41	82.41	13.79	37.93	32.99	100.00	100.00	新龙县
13.33	85.32	85.32	15.87	34.97	32.80	100.00	100.00	德格县
4.00	80.58	80.58	12.00	22.33	22.00	100.00	100.00	白玉县
15.47	96.43	96.43	16.85	34.69	28.98	95.09	95.09	石渠县
6.78	85.43	85.43	18.53	16.47	10.92	100.00	100.00	色达县
6.32	92.58	92.58	15.25	26.76	25.72	100.00	100.00	理塘县
4.00	87.89	87.89	20.74	10.80	9.94	93.43	93.43	巴塘县
4.67	86.77	86.77	16.39	15.19	14.97	96.09	96.09	乡城县
17.99	90.68	90.68	18.83	35.12	33.54	100.00	100.00	稻城县
13.22	85.82	85.82	19.44	30.92	21.62	98.94	98.94	得荣县
8.55	79.51	79.51	7.67	16.67	8.67	100.00	100.00	普格县

1-2 续表 28

县名称 Name of Counties	人口密度（人/平方公里）Population Density (person/square kilometer)	人均日生活用水量（升）Daily Water Consumption Per Capita (liter)	供水普及率(%) Water Coverage Rate (%)	公共供水普及率 Public Water Coverage Rate	燃气普及率(%) Gas Coverage Rate (%)	建成区供水管道密度（公里/平方公里）Density of Water Supply Pipelines in Built District (kilometer/square kilometer)	人均道路面积（平方米）Road Surface Area Per Capita (m^2)	建成区路网密度（公里/平方公里）Density of Road Network in Built District (kilometer/square kilometer)	建成区道路面积率(%) Surface Area of Roads Rate of Built District (%)
木里县	10333	114.35	74.19	74.19	70.97	14.38	7.61	2.50	3.75
盐源县	12809	129.94	82.71	82.71	19.17	11.24	11.34	7.16	10.74
德昌县	5338	180.47	79.20	79.20	48.19	22.48	15.25	10.97	17.56
会东县	6367	136.28	100.00	100.00	43.59	7.30	6.15	4.60	5.79
宁南县	10217	134.25	46.82	46.82	16.31	10.63	8.29	4.90	8.47
布拖县	3338	129.75	86.78	86.78	35.24	7.28	24.93	4.35	17.66
金阳县	19134	54.38	99.55	99.55	26.70	3.18	2.55	5.16	4.96
昭觉县	21800	46.21	89.91	89.91	18.44	13.80	5.96	4.80	10.60
喜德县	3454	98.63	71.43	71.43	17.38	10.60	10.24	4.97	8.28
冕宁县	7883	136.77	75.67	71.51	18.69	11.48	7.60	4.49	5.72
越西县	9289	40.55	100.00	100.00	9.07	4.90	4.44	5.73	6.15
甘洛县	20767	143.69	80.90	75.76	20.06	4.78	4.37	5.49	5.99
美姑县	13025	57.08	85.31	85.31	29.15	7.77	1.23	2.12	1.82
雷波县	9979	188.52	92.98	92.98	68.39	7.67	7.98	5.48	6.67
贵　州	**2406**	**109.56**	**96.81**	**96.42**	**81.26**	**8.87**	**19.57**	**7.91**	**13.24**
开阳县	4769	87.25	99.86	83.44	96.67	10.70	12.46	6.23	9.37
息烽县	3541	162.03	99.87	99.87	28.93		20.62	8.06	15.60
修文县	6911	68.28	98.95	98.95	67.52		31.58	7.59	14.37
六枝特区	2237	138.38	96.52	94.67	98.02	25.27	25.55	16.79	20.12
桐梓县	2066	119.97	97.39	97.39	92.17		16.05	9.21	14.38
绥阳县	1248	193.30	99.43	99.43	96.98	8.47	28.29	6.64	10.01
正安县	1747	80.84	90.30	90.30	99.33		15.56	5.77	10.11
道真县	1646	115.39	95.49	95.49	91.23	7.37	20.08	7.82	14.66
务川县	1641	139.54	94.09	94.09	97.67	20.52	17.22	16.33	26.09
凤冈县	933	133.46	96.76	96.76	92.89	4.33	30.33	8.27	16.22
湄潭县	1853	121.59	97.14	97.14	89.02	5.41	21.52	8.00	18.82
余庆县	1913	109.08	94.08	94.08	81.71	8.72	21.11	7.14	14.12
习水县	2129	124.72	97.53	97.53	96.73	6.76	21.51	7.67	15.64
普定县	2656	97.77	100.00	100.00	56.07	9.04	29.44	10.51	17.00
镇宁县	2471	127.04	100.00	100.00	16.67	35.97	18.69	7.54	17.68
关岭县	5140	83.48	99.07	99.07	28.06	6.94	7.70	6.16	3.07
紫云县	6358	59.66	99.78	99.78	43.29	22.17	27.34	8.59	28.58
大方县	5238	157.98	93.21	93.21	71.44	6.22	9.94	6.42	6.53
金沙县	1557	93.65	98.36	98.36	77.65	2.72	13.65	4.73	9.73
织金县	4249	129.01	100.00	100.00	93.98	4.91	35.00	7.51	11.72
纳雍县	1434	97.78	100.00	100.00	87.95		10.26	6.40	8.71
威宁自治县	1473	80.00	98.66	98.66	90.81		16.72	6.20	12.26

continued

建成区排水管道密度(公里/平方公里) Density of Sewers in Built District (kilometer/square kilometer)	污水处理率(%) Wastewater Treatment Rate (%)	污水处理厂集中处理率 Centralized Treatment Rate of Wastewater Treatment Plants	人均公园绿地面积(平方米) Public Recreational Green Space Per Capita (m^2)	建成区绿化覆盖率(%) Green Coverage Rate of Built District (%)	建成区绿地率(%) Green Space Rate of Built District (%)	生活垃圾处理率(%) Domestic Garbage Treatment Rate (%)	生活垃圾无害化处理率 Domestic Garbage Harmless Treatment Rate	县名称 Name of Counties
4.06	77.43	77.43	1.77	17.56	15.63	100.00	100.00	木里县
10.87	85.00	85.00	10.65	25.68	22.47	100.00	100.00	盐源县
18.07	85.00	85.00	11.07	44.47	35.44	100.00	100.00	德昌县
3.81	86.20	86.20	6.60	13.00	9.06	97.33	97.33	会东县
5.69	72.66	72.66	2.13	3.89	3.16	100.00	100.00	宁南县
8.55	83.68	83.68	9.38	22.77	13.32	100.00	100.00	布拖县
4.45	80.42	80.42	10.02	27.87	18.60	100.00	100.00	金阳县
3.00	79.83	79.83	5.50	29.00	26.20	100.00	100.00	昭觉县
8.68	40.00	40.00	5.95	24.83	17.95	100.00	100.00	喜德县
8.75	81.42	81.42	53.12	63.41	56.06	96.20	96.20	冕宁县
5.35	61.84	61.84	29.46	41.57	57.25	100.00	100.00	越西县
14.34	73.66	73.66	4.51	26.84	23.65	100.00	100.00	甘洛县
8.37	77.62	77.62	1.42	12.95	9.33	100.00	100.00	美姑县
2.43	24.59	24.59	7.44	15.00	12.86	100.00	100.00	雷波县
6.21	**93.98**	**93.94**	**14.31**	**37.76**	**35.34**	**97.40**	**97.40**	**贵　州**
2.22	98.50	98.50	15.56	39.31	38.12	97.27	97.27	开阳县
4.10	99.90	99.90	30.86	39.03	23.67	97.82	97.82	息烽县
7.86	99.41	96.98	14.17	30.57	26.01	97.33	97.33	修文县
14.39	95.77	95.77	12.61	40.15	36.46	97.20	97.20	六枝特区
	93.18	93.18	13.06	37.72	35.29	97.40	97.40	桐梓县
1.32	97.62	97.62	21.10	40.84	38.62	97.57	97.57	绥阳县
1.43	91.98	91.98	15.10	38.90	38.21	97.43	97.43	正安县
	98.81	98.81	18.29	38.37	37.00	97.27	97.27	道真县
	91.52	91.52	11.96	67.15	65.67	97.38	97.38	务川县
5.20	90.48	90.48	19.52	37.24	35.03	97.47	97.47	凤冈县
15.50	95.71	95.71	16.48	40.53	38.02	97.20	97.20	湄潭县
1.65	92.98	92.98	10.84	38.14	37.43	97.20	97.20	余庆县
7.88	89.80	89.80	14.63	41.64	38.89	97.60	97.60	习水县
17.54	94.53	94.53	16.34	37.80	35.77	98.52	98.52	普定县
20.48	95.09	95.09	9.45	39.00	34.74	96.49	96.49	镇宁县
10.74	92.86	92.86	12.84	41.45	37.47	96.22	96.22	关岭县
27.07	81.25	81.25	9.30	37.65	33.09	96.00	96.00	紫云县
3.86	62.46	62.46	16.07	44.12	41.08	97.50	97.50	大方县
3.61	98.02	98.02	11.67	34.16	31.00	97.90	97.90	金沙县
1.23	93.22	93.22	12.97	31.45	31.10	98.53	98.53	织金县
	90.06	90.06	10.20	38.10	30.85	97.58	97.58	纳雍县
5.73	95.17	95.17	10.06	21.72	18.84	97.60	97.60	威宁自治县

1-2 续表 29

县名称 Name of Counties	人口密度(人/平方公里) Population Density (person/square kilometer)	人均日生活用水量(升) Daily Water Consumption Per Capita (liter)	供水普及率(%) Water Coverage Rate (%)	公共供水普及率 Public Water Coverage Rate	燃气普及率(%) Gas Coverage Rate (%)	建成区供水管道密度(公里/平方公里) Density of Water Supply Pipelines in Built District (kilometer/square kilometer)	人均道路面积(平方米) Road Surface Area Per Capita (m^2)	建成区路网密度(公里/平方公里) Density of Road Network in Built District (kilometer/square kilometer)	建成区道路面积率(%) Surface Area of Roads Rate of Built District (%)
赫章县	1128	108.30	83.73	83.73	82.31	3.18	13.73	6.93	10.96
江口县	3464	111.81	100.00	100.00	76.19	17.06	19.02	8.34	17.01
玉屏县	1505	219.42	98.67	98.67	74.00	11.35	31.37	6.72	12.09
石阡县	4782	59.36	99.02	99.02	65.15	10.40	16.65	6.46	10.38
思南县	2520	94.96	97.62	97.62	95.24	8.65	21.74	7.90	11.84
印江县	9540	61.14	99.84	99.84	72.82	10.24	11.92	8.36	11.53
德江县	3187	121.48	100.00	100.00	74.00	6.71	18.27	8.85	17.57
沿河县	6861	140.08	97.35	97.35	80.97	6.94	14.69	8.00	10.08
松桃县	2916	88.24	96.72	96.72	82.06	10.13	14.35	8.00	12.40
普安县	2322	98.97	100.00	100.00	83.01	18.33	20.81	12.59	14.50
晴隆县	5583	58.07	83.58	83.58	78.06	6.99	18.41	8.54	10.79
贞丰县	4468	117.47	99.86	99.86	82.99	4.93	25.95	6.91	12.70
望谟县	5411	67.98	100.00	100.00	86.20		18.02	8.79	11.25
册亨县	5663	60.92	96.59	96.59	65.34	6.01	14.17	10.68	14.98
安龙县	3360	97.61	96.90	96.90	94.68	11.25	27.69	12.18	29.21
黄平县	3230	70.37	86.55	86.55	65.76	5.89	18.80	8.71	20.04
施秉县	7271	70.69	94.83	94.83	70.82	40.71	15.63	7.88	13.13
三穗县	1513	87.25	89.53	89.53	72.18	2.09	18.37	6.62	10.98
镇远县	6827	59.25	83.20	83.20	67.58	6.53	11.72	7.61	7.14
岑巩县	5875	156.03	98.72	98.72	73.31	8.95	23.65	8.91	16.43
天柱县	7071	65.69	88.89	88.89	91.30	14.24	15.56	6.92	12.65
锦屏县	3269	114.70	99.16	99.16	93.45	15.40	13.13	5.38	5.88
剑河县	7758	78.07	100.00	100.00	58.92	18.81	7.24	6.14	7.24
台江县	8052	62.75	99.59	99.59	84.35	17.82	10.81	8.99	0.87
黎平县	9093	143.78	96.04	96.04	94.65	17.92	11.19	4.46	9.24
榕江县	2101	108.90	91.98	91.98	94.51	6.99	18.11	6.76	12.54
从江县	5072	73.45	99.43	99.43	94.19	12.40	16.49	8.64	8.36
雷山县	8729	97.35	91.65	91.65	93.08	16.36	14.89	12.40	15.11
麻江县	5352	70.61	91.55	91.55	89.20	17.35	17.70	7.02	6.82
丹寨县	4341	150.26	84.10	84.10	92.87	5.98	20.23	3.55	10.51
荔波县	6881	177.39	100.00	100.00	76.91	10.70	17.17	9.51	12.79
贵定县	2655	149.65	100.00	100.00	73.68		12.65	8.44	10.02
瓮安县	8005	82.37	100.00	100.00	84.73	12.05	22.95	12.55	18.37
独山县	1569	136.69	100.00	100.00	88.02	7.57	39.73	6.92	17.80
平塘县	1749	144.80	100.00	100.00	92.34	12.91	22.32	6.26	9.95
罗甸县	6885	162.98	100.00	100.00	82.14	12.47	15.28	6.11	13.23
长顺县	6460	112.51	100.00	100.00	87.62	18.49	13.40	6.12	6.53

continued

建成区排水管道密度(公里/平方公里) Density of Sewers in Built District (kilometer/square kilometer)	污水处理率(%) Wastewater Treatment Rate (%)	污水处理厂集中处理率 Centralized Treatment Rate of Wastewater Treatment Plants	人均公园绿地面积(平方米) Public Recreational Green Space Per Capita (m²)	建成区绿化覆盖率(%) Green Coverage Rate of Built District (%)	建成区绿地率(%) Green Space Rate of Built District (%)	生活垃圾处理率(%) Domestic Garbage Treatment Rate (%)	生活垃圾无害化处理率 Domestic Garbage Harmless Treatment Rate	县名称 Name of Counties
4.69	92.65	92.65	7.02	29.81	29.03	98.20	98.20	赫章县
	93.80	93.80	18.30	36.16	34.37	99.16	99.16	江口县
	96.19	96.19	37.95	38.34	35.75	98.00	98.00	玉屏县
	98.00	98.00	13.68	36.07	35.86	97.80	97.80	石阡县
	95.00	95.00	12.21	38.10	37.89	97.08	97.08	思南县
6.88	98.20	98.20	10.78	36.53	33.85	97.50	97.50	印江县
5.75	98.48	98.48	17.75	36.19	35.22	98.39	98.39	德江县
6.47	90.00	90.00	14.82	35.60	33.20	97.45	97.45	沿河县
3.32	94.05	94.05	18.17	35.97	36.74	97.20	97.20	松桃县
7.75	80.00	80.00	14.83	41.23	38.87	95.42	95.42	普安县
	77.25	77.25	14.85	39.50	37.82	97.12	97.12	晴隆县
5.53	96.94	96.94	15.10	40.17	37.95	95.00	95.00	贞丰县
	96.03	96.03	14.39	41.62	39.99	94.95	94.95	望谟县
16.75	61.37	61.37	14.80	37.26	36.62	94.45	94.45	册亨县
7.88	97.03	97.03	14.46	40.10	37.88	96.00	96.00	安龙县
4.26	97.24	97.24	11.61	37.45	37.09	97.17	97.17	黄平县
8.69	95.53	95.53	13.99	36.00	34.26	97.65	97.65	施秉县
9.49	95.01	95.01	11.25	39.22	35.39	97.20	97.20	三穗县
7.09	93.00	93.00	10.58	35.50	31.40	98.50	98.50	镇远县
6.01	95.60	95.60	11.39	37.78	36.53	99.00	99.00	岑巩县
7.53	95.20	95.20	15.64	38.20	34.12	98.98	98.98	天柱县
12.97	94.84	94.84	9.43	37.58	33.11	98.20	98.20	锦屏县
11.31	94.68	94.68	12.21	39.15	36.59	97.00	97.00	剑河县
8.91	94.73	94.73	8.48	36.13	31.08	98.79	98.79	台江县
4.17	93.90	93.90	9.94	35.00	31.94	97.14	97.14	黎平县
9.54	93.26	93.26	15.08	35.93	34.24	98.50	98.50	榕江县
3.38	95.88	95.88	12.92	39.40	37.30	98.10	98.10	从江县
9.45	92.82	92.82	11.42	35.91	33.08	98.00	98.00	雷山县
20.53	93.30	93.30	17.80	36.00	33.88	97.64	97.64	麻江县
8.33	95.64	95.64	15.05	37.61	33.33	97.37	97.37	丹寨县
8.63	96.88	96.88	13.63	38.40	36.51	97.03	97.03	荔波县
8.33	96.15	96.15	12.39	36.42	35.70	98.59	98.59	贵定县
10.74	98.11	98.11	12.12	46.14	43.69	97.59	97.59	瓮安县
6.90	96.34	96.34	15.05	38.71	37.40	95.35	95.35	独山县
10.08	96.56	96.56	24.63	41.09	38.58	96.00	96.00	平塘县
9.38	97.88	97.88	17.31	42.58	37.53	94.44	94.44	罗甸县
12.38	96.79	96.79	15.02	44.20	40.11	98.00	98.00	长顺县

1-2 续表 30

县名称 Name of Counties	人口密度(人/平方公里) Population Density (person/square kilometer)	人均日生活用水量(升) Daily Water Consumption Per Capita (liter)	供水普及率(%) Water Coverage Rate (%)	公共供水普及率 Public Water Coverage Rate	燃气普及率(%) Gas Coverage Rate (%)	建成区供水管道密度(公里/平方公里) Density of Water Supply Pipelines in Built District (kilometer/square kilometer)	人均道路面积(平方米) Road Surface Area Per Capita (m^2)	建成区路网密度(公里/平方公里) Density of Road Network in Built District (kilometer/square kilometer)	建成区道路面积率(%) Surface Area of Roads Rate of Built District (%)
龙里县	637	172.00	100.00	100.00	84.24	10.34	35.99	7.17	13.20
惠水县	663	148.68	100.00	100.00	73.40	17.70	39.21	7.97	16.84
三都水族自治县	2323	115.14	100.00	100.00	70.54	10.00	22.88	7.33	15.66
云　南	**3496**	**123.33**	**97.97**	**96.85**	**58.64**	**13.52**	**18.49**	**8.09**	**15.08**
嵩明县	3500	105.87	99.71	99.71	90.14	9.77	19.64	8.03	15.03
富民县	1918	77.53	97.39	97.39	33.89	8.66	19.04	6.93	15.82
宜良县	503	167.25	100.00	78.27	35.71	2.81	14.31	4.91	14.24
石林彝族自治县	1495	175.35	100.00	100.00	56.85	2.52	17.83	5.04	16.33
禄劝彝族苗族自治县	7938	204.32	99.69	95.91	97.32	11.31	13.25	10.96	12.02
寻甸县	5191	133.04	94.36	94.36	93.21	32.74	11.36	5.78	13.94
昆明阳宗海风景名胜区	6084	139.84	100.00	84.99	23.83	6.14	10.92	2.90	6.05
陆良县	8721	132.05	100.00	100.00	26.09	17.18	20.53	8.51	17.95
师宗县	5821	115.92	98.16	98.16	43.56	11.18	28.02	8.57	15.22
罗平县	5733	108.42	97.46	97.46	16.64	11.79	24.27	8.88	13.18
富源县	7822	148.15	96.04	96.04	60.36	9.67	21.70	8.71	17.12
会泽县	6083	137.88	97.99	97.99	95.89	13.38	21.10	8.61	20.81
通海县	2081	76.45	100.00	96.03	45.71	7.64	13.83	7.43	13.17
华宁县	1275	110.40	100.00	99.77	79.21	31.31	23.62	8.50	16.72
易门县	4450	216.97	97.86	97.86	92.64	16.50	22.09	8.06	13.03
峨山县	3641	198.88	89.51	89.51	58.31	10.77	21.91	9.40	20.04
新平县	2725	170.28	93.23	91.58	22.71	16.98	15.17	7.83	15.45
元江县	4400	197.14	97.73	97.73	8.41	19.30	22.52	8.91	21.91
施甸县	3747	132.96	97.42	97.42	45.13	15.86	22.87	8.53	18.89
龙陵县	3194	88.83	95.76	84.71	18.78	30.44	12.85	9.02	11.07
昌宁县	3071	123.40	100.00	100.00	41.80	16.35	27.81	6.85	8.95
鲁甸县	13329	105.49	100.00	100.00	15.10	12.32	12.52	8.73	16.90
巧家县	7667	123.32	100.00	100.00	28.41	10.38	15.17	7.78	12.06
盐津县	6030	70.71	100.00	100.00	51.01	7.02	10.05	7.44	10.83
大关县	4388	99.59	100.00	100.00	67.24	3.72	8.93	6.28	5.03
永善县	6731	70.14	100.00	100.00	82.29	11.55	8.39	8.92	12.38
绥江县	5780	217.79	100.00	100.00	57.17	23.95	19.37	11.60	15.18
镇雄县	9637	95.62	100.00	100.00	69.01	5.92	17.81	8.73	22.28
彝良县	5185	93.81	100.00	99.90	69.82	9.55	11.55	8.33	15.85
威信县	13000	151.22	100.00	100.00	60.96	16.76	8.20	7.88	10.97
玉龙纳西族自治县	3587	148.47	100.00	100.00	97.21	5.89	62.54	8.70	26.25

continued

建成区排水管道密度（公里/平方公里） Density of Sewers in Built District (kilometer/square kilometer)	污水处理率（%） Wastewater Treatment Rate (%)	污水处理厂集中处理率 Centralized Treatment Rate of Wastewater Treatment Plants	人均公园绿地面积（平方米） Public Recreational Green Space Per Capita (m^2)	建成区绿化覆盖率（%） Green Coverage Rate of Built District (%)	建成区绿地率（%） Green Space Rate of Built District (%)	生活垃圾处理率（%） Domestic Garbage Treatment Rate (%)	生活垃圾无害化处理率 Domestic Garbage Harmless Treatment Rate	县名称 Name of Counties
5.74	98.50	98.50	17.55	42.65	40.59	99.30	99.30	龙里县
6.76	97.58	97.58	15.85	34.96	35.35	97.68	97.68	惠水县
5.22	97.63	97.63	18.78	38.04	34.35	95.22	95.22	三都水族自治县
14.26	**96.85**	**96.73**	**12.21**	**40.53**	**36.23**	**99.94**	**99.94**	**云　南**
20.05	90.36	90.36	11.57	41.46	36.10	100.00	100.00	嵩明县
16.32	96.00	96.00	12.79	41.25	36.92	100.00	100.00	富民县
10.00	95.98	95.98	13.18	43.03	40.15	100.00	100.00	宜良县
16.36	94.59	94.59	11.04	38.52	35.26	100.00	100.00	石林彝族自治县
9.18	89.86	89.86	13.33	41.85	38.00	100.00	100.00	禄劝彝族苗族自治县
27.68	95.32	95.32	9.56	41.47	36.45	100.00	100.00	寻甸县
9.74	93.16	93.16	6.89	29.02	22.86	100.00	100.00	昆明阳宗海风景名胜区
13.06	99.98	99.98	12.01	40.03	35.24	100.00	100.00	陆良县
12.68	100.00	100.00	17.57	43.34	40.23	100.00	100.00	师宗县
9.13	95.86	95.86	13.96	43.72	40.18	100.00	100.00	罗平县
11.66	95.60	95.60	10.62	38.63	33.69	100.00	100.00	富源县
15.86	100.00	100.00	14.17	40.00	35.14	100.00	100.00	会泽县
17.22	95.26	95.26	9.28	38.54	33.36	100.00	100.00	通海县
15.43	96.00	96.00	13.29	40.91	37.34	100.00	100.00	华宁县
9.69	96.49	96.49	14.01	42.26	40.08	100.00	100.00	易门县
16.87	92.27	92.02	12.81	41.44	36.80	100.00	100.00	峨山县
11.35	93.00	93.00	12.03	39.66	35.04	100.00	100.00	新平县
24.67	93.29	93.29	10.49	45.02	37.16	100.00	100.00	元江县
16.11	100.00	100.00	12.20	42.05	37.94	100.00	100.00	施甸县
12.60	100.00	100.00	12.03	39.42	35.57	100.00	100.00	龙陵县
8.90	100.00	100.00	16.70	45.30	40.20	100.00	100.00	昌宁县
26.06	98.60	98.60	12.07	42.34	37.60	100.00	100.00	鲁甸县
16.46	92.98	92.98	8.02	36.90	32.32	100.00	100.00	巧家县
11.69	95.50	95.50	9.21	38.98	30.80	100.00	100.00	盐津县
15.15	99.89	99.89	14.22	39.18	33.84	100.00	100.00	大关县
15.52	98.70	98.70	15.18	41.70	35.36	100.00	100.00	永善县
35.07	98.30	98.30	16.71	48.72	45.20	100.00	100.00	绥江县
8.77	98.86	98.86	12.56	43.95	40.61	100.00	100.00	镇雄县
8.07	99.42	99.42	9.06	39.85	37.17	100.00	100.00	彝良县
18.04	98.35	98.35	9.18	38.04	33.40	100.00	100.00	威信县
28.83	98.02	98.02	18.58	41.02	38.81	100.00	100.00	玉龙纳西族自治县

1-2 续表 31

县名称 Name of Counties	人口密度（人/平方公里） Population Density (person/square kilometer)	人均日生活用水量（升） Daily Water Consumption Per Capita (liter)	供水普及率（%） Water Coverage Rate (%)	公共供水普及率 Public Water Coverage Rate	燃气普及率（%） Gas Coverage Rate (%)	建成区供水管道密度（公里/平方公里） Density of Water Supply Pipelines in Built District (kilometer/square kilometer)	人均道路面积（平方米） Road Surface Area Per Capita (m^2)	建成区路网密度（公里/平方公里） Density of Road Network in Built District (kilometer/square kilometer)	建成区道路面积率（%） Surface Area of Roads Rate of Built District (%)
永胜县	5813	240.35	100.00	100.00	98.85	19.03	28.90	8.77	19.65
华坪县	7833	150.98	100.00	100.00	97.45	34.88	26.23	9.64	23.06
宁蒗县	6044	223.88	100.00	100.00	82.62	16.47	24.79	11.10	16.15
宁洱哈尼族彝族自治县	4054	101.00	96.83	96.67	90.33	19.39	20.26	8.03	16.01
墨江哈尼族自治县	6753	78.90	99.79	99.79	83.40	9.64	22.57	8.83	15.94
景东彝族自治县	6764	165.59	96.10	96.10	93.43	15.01	19.28	12.73	15.57
景谷傣族彝族自治县	5731	154.92	100.00	100.00	89.30	8.97	18.17	7.91	13.04
镇沅彝族哈尼族拉祜族自治县	6180	154.52	93.53	93.53	87.06	15.19	20.91	12.41	20.16
江城哈尼族彝族自治县	5015	93.08	98.19	96.68	84.59	12.05	20.51	10.29	16.16
孟连傣族拉祜族佤族自治县	6758	141.18	95.29	95.29	73.99	7.95	15.00	4.56	10.65
澜沧拉祜族自治县	1791	160.89	99.80	92.08	95.64	27.07	19.28	8.04	15.24
西盟佤族自治县	1470	122.32	96.60	96.60	85.71	15.55	15.30	8.53	8.53
凤庆县	4886	135.03	100.00	98.54	87.13	6.78	20.09	5.04	10.18
云　县	1573	86.17	98.52	98.52	82.10	16.03	15.93	5.92	12.25
永德县	10194	86.61	95.87	95.87	66.67	10.11	8.57	5.23	9.25
镇康县	2388	185.37	96.20	96.20	10.89	28.88	24.94	8.30	23.24
双江县	8620	218.20	75.91	66.56	48.34	14.50	14.45	7.86	13.78
耿马县	4268	121.66	100.00	100.00	76.73	12.01	17.12	6.98	16.53
沧源县	4973	86.20	98.68	98.68	40.57	21.64	20.93	6.13	15.22
双柏县	6881	117.88	100.00	93.96	86.71	22.54	23.58	9.82	16.05
牟定县	4128	80.39	100.00	100.00	81.59	15.39	23.25	9.60	21.96
南华县	7383	108.51	100.00	100.00	85.59	17.78	18.63	8.70	14.21
姚安县	2453	101.10	100.00	100.00	59.51	14.77	19.82	8.60	17.98
大姚县	5775	129.55	99.53	99.06	94.54	10.13	23.16	8.07	17.75
永仁县	2700	157.25	100.00	100.00	55.56	21.96	25.79	9.45	15.97
元谋县	7067	136.07	97.14	97.14	63.61	14.14	23.65	8.73	17.11
武定县	1791	159.17	96.94	96.94	78.78	16.21	25.27	8.91	21.51
屏边县	4312	118.35	97.99	97.99	43.97	12.33	13.40	8.69	10.85
建水县	6512	126.10	97.03	97.03	59.98	8.30	17.93	8.29	15.33

continued

建成区排水管道密度(公里/平方公里) Density of Sewers in Built District (kilometer/square kilometer)	污水处理率(%) Wastewater Treatment Rate (%)	污水处理厂集中处理率 Centralized Treatment Rate of Wastewater Treatment Plants	人均公园绿地面积(平方米) Public Recreational Green Space Per Capita (m^2)	建成区绿化覆盖率(%) Green Coverage Rate of Built District (%)	建成区绿地率(%) Green Space Rate of Built District (%)	生活垃圾处理率(%) Domestic Garbage Treatment Rate (%)	生活垃圾无害化处理率 Domestic Garbage Harmless Treatment Rate	县名称 Name of Counties
20.29	97.20	97.20	13.76	44.74	40.61	100.00	100.00	永胜县
13.14	97.50	97.50	10.53	43.80	36.80	100.00	100.00	华坪县
12.50	100.00	100.00	12.17	41.60	38.33	100.00	100.00	宁蒗县
18.55	99.87	99.87	13.75	46.82	45.04	100.00	100.00	宁洱哈尼族彝族自治县
7.95	98.50	98.50	15.32	42.36	39.10	100.00	100.00	墨江哈尼族自治县
15.07	98.94	98.94	9.29	39.02	36.02	100.00	100.00	景东彝族自治县
13.69	99.86	99.86	12.17	41.25	38.77	100.00	100.00	景谷傣族彝族自治县
19.44	98.49	98.49	12.52	41.00	35.70	100.00	100.00	镇沅彝族哈尼族拉祜族自治县
15.48	98.60	98.60	12.70	46.44	42.42	100.00	100.00	江城哈尼族彝族自治县
13.11	98.64	98.64	3.36	30.93	26.51	100.00	100.00	孟连傣族拉祜族佤族自治县
14.47	98.05	98.05	11.06	39.36	38.54	100.00	100.00	澜沧拉祜族自治县
14.36	98.29	98.29	10.34	43.25	39.72	100.00	100.00	西盟佤族自治县
9.00	100.00	100.00	18.98	41.13	35.20	100.00	100.00	凤庆县
5.93	100.00	100.00	11.32	41.49	35.82	100.00	100.00	云　县
7.88	100.00	100.00	10.76	35.17	33.04	100.00	100.00	永德县
19.62	100.00	100.00	12.43	44.10	37.98	100.00	100.00	镇康县
7.02	99.79	99.79	9.89	43.82	35.97	100.00	100.00	双江县
12.26	100.00	100.00	12.88	41.00	38.60	100.00	100.00	耿马县
17.92	100.00	100.00	9.34	42.47	36.00	100.00	100.00	沧源县
16.38	100.00	100.00	16.34	43.36	40.35	100.00	100.00	双柏县
25.30	97.90	97.90	12.34	40.74	36.28	100.00	100.00	牟定县
20.27	95.79	95.79	11.47	39.12	34.70	100.00	100.00	南华县
17.89	99.38	99.38	10.22	39.67	34.76	100.00	100.00	姚安县
15.95	97.48	97.48	13.95	41.45	36.01	100.00	100.00	大姚县
18.18	90.97	90.97	12.06	39.89	34.73	100.00	100.00	永仁县
11.54	95.44	95.44	12.65	44.39	40.31	100.00	100.00	元谋县
16.90	94.41	94.41	10.69	39.97	33.92	100.00	100.00	武定县
15.12	96.55	96.55	14.54	44.00	40.52	100.00	100.00	屏边县
19.25	96.95	96.95	12.70	41.21	37.57	100.00	100.00	建水县

1-2 续表 32

县名称 Name of Counties	人口密度(人/平方公里) Population Density (person/square kilometer)	人均日生活用水量(升) Daily Water Consumption Per Capita (liter)	供水普及率(%) Water Coverage Rate (%)	公共供水普及率 Public Water Coverage Rate	燃气普及率(%) Gas Coverage Rate (%)	建成区供水管道密度(公里/平方公里) Density of Water Supply Pipelines in Built District (kilometer/square kilometer)	人均道路面积(平方米) Road Surface Area Per Capita (m^2)	建成区路网密度(公里/平方公里) Density of Road Network in Built District (kilometer/square kilometer)	建成区道路面积率(%) Surface Area of Roads Rate of Built District (%)
石屏县	7286	135.67	97.74	97.74	40.16	13.59	19.24	7.98	15.28
泸西县	8988	102.53	97.87	97.87	36.79	25.24	21.87	11.20	21.73
元阳县	10625	126.35	91.88	91.88	44.82	5.88	17.50	10.86	18.60
红河县	8277	83.89	96.14	96.14	2.31	17.77	13.53	8.37	5.33
金平县	9291	115.93	95.50	95.50	48.92	15.20	9.80	8.18	11.70
绿春县	8448	90.58	86.30	86.30	7.29	6.47	6.12	10.56	9.37
河口县	7011	132.57	96.05	96.05	89.47	9.59	22.08	8.54	17.09
砚山县	4426	74.61	99.33	99.33	52.41	9.84	19.59	4.77	14.06
西畴县	6378	116.25	95.34	95.34	25.42	20.65	19.67	7.24	12.99
麻栗坡县	10242	39.11	96.15	96.15	33.88	13.06	7.61	5.20	4.04
马关县	2471	182.31	100.00	100.00	54.70	9.59	27.89	9.05	17.33
丘北县	2145	68.44	98.20	98.20	82.58	7.66	15.08	8.23	10.59
广南县	6096	73.44	98.96	98.96	65.80	8.53	17.41	8.68	14.05
富宁县	6642	125.68	95.36	95.36	92.10	26.09	19.96	6.89	13.86
勐海县	1560	88.70	100.00	100.00	72.12	25.57	13.92	8.88	17.49
勐腊县	521	164.97	100.00	100.00	96.09	14.10	13.99	8.04	13.09
漾濞彝族自治县	6712	78.05	96.56	96.56	17.77	13.52	7.69	3.15	6.28
祥云县	4388	101.87	100.00	100.00	36.95	11.92	22.93	8.18	15.03
宾川县	2783	175.72	100.00	98.10	79.28	24.74	22.42	8.88	18.28
弥渡县	6624	126.45	100.00	100.00	38.70	16.80	20.37	9.33	16.03
南涧彝族自治县	4148	146.33	100.00	100.00	27.14	10.78	25.37	9.60	23.36
巍山彝族回族自治县	5568	80.04	98.57	98.57	12.45	11.05	17.50	8.57	14.81
永平县	6610	92.22	97.13	97.13	14.07	16.18	17.40	8.90	16.32
云龙县	3943	157.31	89.00	89.00	86.12	5.07	14.19	9.62	10.16
洱源县	2629	127.41	100.00	100.00	83.33	20.50	16.85	5.75	9.73
剑川县	4027	175.66	100.00	100.00	84.58	41.28	31.15	8.62	16.64
鹤庆县	2450	159.80	100.00	100.00	56.28	19.82	20.10	8.08	15.06
梁河县	5780	67.54	98.86	98.86	7.98	5.49	16.37	6.02	8.84
盈江县	7021	92.92	95.94	95.94	27.99	9.84	16.82	8.73	13.06
陇川县	4231	113.00	97.85	97.85	26.37	7.58	28.35	8.14	17.73
福贡县	9920	155.76	94.76	94.76	64.52	23.44	8.87	8.11	6.49
贡山独龙族怒族自治县	3476	318.65	89.04	89.04	41.10	13.68	26.07	4.96	4.07
兰坪白族普米族自治县	3550	100.89	99.08	91.68	38.52	7.31	10.63	10.49	9.58
德钦县	2557	179.79	61.15	61.15	54.78	16.55	19.54	17.20	17.20
维西傈僳族自治县	5309	116.42	93.93	93.93	83.98	7.81	18.01	9.96	10.93

continued

建成区排水管道密度(公里/平方公里) Density of Sewers in Built District (kilometer/square kilometer)	污水处理率(%) Wastewater Treatment Rate (%)	污水处理厂集中处理率 Centralized Treatment Rate of Wastewater Treatment Plants	人均公园绿地面积(平方米) Public Recreational Green Space Per Capita (m^2)	建成区绿化覆盖率(%) Green Coverage Rate of Built District (%)	建成区绿地率(%) Green Space Rate of Built District (%)	生活垃圾处理率(%) Domestic Garbage Treatment Rate (%)	生活垃圾无害化处理率 Domestic Garbage Harmless Treatment Rate	县名称 Name of Counties
23.85	96.71	96.71	12.44	39.71	35.31	100.00	100.00	石屏县
13.20	98.59	98.59	12.50	41.26	35.50	100.00	100.00	泸西县
17.79	97.09	97.09	14.34	42.32	40.16	100.00	100.00	元阳县
22.35	97.30	97.30	15.09	38.29	35.01	100.00	100.00	红河县
18.94	96.00	96.00	12.33	41.00	35.15	100.00	100.00	金平县
22.79	96.52	96.52	14.21	37.97	35.00	100.00	100.00	绿春县
9.21	99.50	99.50	19.31	44.60	41.53	100.00	100.00	河口县
6.76	97.96	97.96	11.81	38.09	33.12	100.00	100.00	砚山县
22.16	96.06	96.06	11.55	40.60	37.11	100.00	100.00	西畴县
6.54	90.60	90.60	12.06	37.04	33.13	100.00	100.00	麻栗坡县
14.85	97.78	97.78	9.11	38.46	33.26	100.00	100.00	马关县
6.96	97.03	97.03	12.48	39.05	33.63	100.00	100.00	丘北县
17.19	90.09	90.09	9.60	38.12	33.12	100.00	100.00	广南县
12.12	98.07	98.07	9.11	37.36	34.18	100.00	100.00	富宁县
8.72	93.92	93.92	14.99	46.74	45.67	100.00	100.00	勐海县
5.83	95.36	95.36	12.12	41.45	36.61	100.00	100.00	勐腊县
7.23	90.00	90.00	9.74	38.48	33.07	100.00	100.00	漾濞彝族自治县
10.07	95.07	95.07	9.06	38.56	33.90	100.00	100.00	祥云县
25.12	90.22	90.22	12.09	40.62	37.26	100.00	100.00	宾川县
22.79	99.76	99.76	13.06	44.98	40.89	100.00	100.00	弥渡县
12.43	97.21	97.21	13.64	41.83	40.52	100.00	100.00	南涧彝族自治县
8.80	93.48	93.48	9.12	38.12	33.14	100.00	100.00	巍山彝族回族自治县
14.68	93.54	93.54	13.89	38.21	33.07	100.00	100.00	永平县
19.54	94.41	90.33	7.45	34.25	31.77	100.00	100.00	云龙县
11.49	99.00	99.00	12.74	32.76	28.48	100.00	100.00	洱源县
35.65	97.70	97.70	13.92	40.23	36.12	100.00	100.00	剑川县
16.38	96.20	96.20	13.11	39.06	34.09	100.00	100.00	鹤庆县
12.42	95.17	95.17	8.81	35.03	32.02	98.33	98.33	梁河县
9.15	94.00	94.00	12.18	38.76	34.03	98.00	98.00	盈江县
9.65	90.07	90.07	12.25	37.38	33.01	100.00	100.00	陇川县
16.31	95.29	70.71	5.75	38.17	35.14	100.00	100.00	福贡县
13.22	97.48	97.48	20.55	39.18	29.38	100.00	100.00	贡山独龙族怒族自治县
17.22	96.15	96.15	12.33	40.97	35.18	100.00	100.00	兰坪白族普米族自治县
14.73	98.80	98.80	6.20	31.61	28.18	100.00	100.00	德钦县
14.05	94.06	94.06	16.12	35.39	32.41	100.00	100.00	维西傈僳族自治县

1-2 续表 33

县名称 Name of Counties	人口密度(人/平方公里) Population Density (person/square kilometer)	人均日生活用水量(升) Daily Water Consumption Per Capita (liter)	供水普及率(%) Water Coverage Rate (%)	公共供水普及率 Public Water Coverage Rate	燃气普及率(%) Gas Coverage Rate (%)	建成区供水管道密度(公里/平方公里) Density of Water Supply Pipelines in Built District (kilometer/square kilometer)	人均道路面积(平方米) Road Surface Area Per Capita (m^2)	建成区路网密度(公里/平方公里) Density of Road Network in Built District (kilometer/square kilometer)	建成区道路面积率(%) Surface Area of Roads Rate of Built District (%)
西　藏	**2666**	**155.62**	**85.99**	**78.05**	**62.65**	**8.88**	**18.39**	**5.19**	**6.34**
曲水县	2667	123.29	100.00	50.00	50.00	9.52	16.25	3.10	4.64
当雄县	2133	147.32	94.64	94.64	44.64	5.66	14.59	2.41	4.01
林周县	1338	152.51	99.17	99.17	78.51	0.93	7.50	0.92	1.09
墨竹工卡县	3464	220.56	100.00	100.00	54.05	8.84	18.59	5.15	5.72
尼木县	486	325.02	93.14	93.14	93.14	3.47	14.20	1.74	2.80
亚东县	464	983.49	60.00	60.00	46.15	2.37	28.00	5.78	4.83
聂拉木县	23061	69.59	88.50	88.50	42.48	5.10	8.50	3.06	3.67
仲巴县	1810	119.12	80.70	80.70	78.95	5.90	25.61	2.50	5.82
定结县	5060	170.31	88.10	88.10	47.62	13.13	17.18	10.00	10.00
康马县	2204	66.02	66.67	66.67	26.88	8.37	37.38	11.67	14.75
吉隆县	2764	97.05	90.45	90.45	90.45	2.25	2.01	1.33	1.32
萨嘎县	1863	152.91	90.79	90.79	44.74	21.66	10.39	2.93	5.20
谢通门县	7571	110.70	91.98	91.98	48.13	1.13	5.88	2.02	2.43
萨迦县	3667	88.19	81.82	81.82	78.18	15.48	14.87	5.09	6.65
岗巴县	1389	270.79	95.56	95.56	88.89	4.20	29.33	4.42	5.84
拉孜县	3423	101.97	92.53	92.53	60.17	1.67	11.95	9.60	11.04
江孜县	3027	238.25	93.75	84.82	66.52	5.75	16.04	3.98	5.30
定日县	4286	136.99	79.37	79.37	63.49	21.97	93.33	23.12	0.98
南木林县	3629	198.74	90.91	90.91	90.91	8.98	48.11	17.40	19.99
昂仁县	5750	167.43	97.83	97.83	81.52	15.33	11.46	7.13	7.03
白朗县	1465	250.53	86.54	86.54	28.85	6.79	65.38	10.94	12.45
仁布县	2923	446.79	85.53	85.53	52.63	1.25	13.79	6.25	6.55
左贡县	1823	105.68	100.00	48.57	64.29	15.98	19.26	4.96	7.21
丁青县	2785	112.49	90.96	90.96	38.83	2.89	3.19	1.17	1.33
八宿县	2436	93.93	91.50	91.50	32.68	8.05	14.94	12.94	14.75
江达县	14000	117.96	93.51	93.51	83.12	25.45	14.25	4.66	5.12
洛隆县	4348	113.60	91.11	91.11	60.00	4.80	1.17	1.12	0.84
察雅县	1856	121.33	87.50	87.50	62.50	6.27	33.75	12.00	10.00
贡觉县	10928	165.09	73.58	73.58	41.51	31.79	14.48	9.64	9.64
边坝县	7750	153.32	80.65	80.65	47.31	17.37	5.30	5.89	5.42
类乌齐县	1400	198.05	98.81	95.24	53.57	8.79	20.69	6.95	4.65
芒康县	12857	88.77	69.44	69.44	55.56	2.86	7.34	4.64	9.44
朗　县	2585	227.74	90.57	90.57	43.40	22.83	11.51	4.76	5.92
墨脱县	630	223.69	82.76	82.76		8.67	28.66	9.64	9.23

continued

建成区排水管道密度（公里/平方公里） Density of Sewers in Built District (kilometer/square kilometer)	污水处理率(%) Wastewater Treatment Rate (%)	污水处理厂集中处理率 Centralized Treatment Rate of Wastewater Treatment Plants	人均公园绿地面积（平方米） Public Recreational Green Space Per Capita (m²)	建成区绿化覆盖率(%) Green Coverage Rate of Built District (%)	建成区绿地率(%) Green Space Rate of Built District (%)	生活垃圾处理率(%) Domestic Garbage Treatment Rate (%)	生活垃圾无害化处理率 Domestic Garbage Harmless Treatment Rate	县名称 Name of Counties
7.06	**41.61**	**41.44**	**1.40**	**6.65**	**4.08**	**98.62**	**94.09**	**西　藏**
	100.00	100.00	4.67	8.33	5.14	100.00	100.00	曲水县
3.74			0.89	6.95	3.21	100.00	100.00	当雄县
1.32	66.76	66.76	0.54	8.43	5.14	100.00	100.00	林周县
	94.27	94.27	0.86	12.17	7.17	98.75	98.75	墨竹工卡县
1.64	100.00	100.00	1.08	13.13	2.36	98.41	98.41	尼木县
	26.45	26.45		4.50	4.27	100.00	100.00	亚东县
			0.54	5.10	4.57	99.99	99.99	聂拉木县
7.00				0.41	0.41	100.00	100.00	仲巴县
25.00				1.14	1.01	90.97	90.97	定结县
24.78	99.76	99.76		5.93	3.53	100.00	100.00	康马县
2.56	49.53	49.53		2.17	2.04	99.91	99.91	吉隆县
15.25				2.17	0.91	98.40	98.40	萨嘎县
3.04	55.47	55.47		8.34	4.98	92.86	92.86	谢通门县
4.07	94.59	94.59	14.55	10.16	15.85	100.00	100.00	萨迦县
4.56	4.83	4.83	2.22	4.07	3.98	100.00	100.00	岗巴县
11.80	70.58	70.58	1.24	4.48	2.80	100.00	100.00	拉孜县
5.61	0.11	0.11	1.79	3.85	3.85	100.00	100.00	江孜县
20.23			2.94	2.20	5.72	100.00	100.00	定日县
31.59	100.00	100.00		6.78	6.78	100.00	100.00	南木林县
	71.86	71.86	1.16	1.47	1.45	100.00	100.00	昂仁县
	2.00	2.00		2.57	2.53	99.60	99.60	白朗县
13.20			3.95	5.50	6.25	100.00	100.00	仁布县
12.43	68.63	68.63		9.70	5.65	94.55	94.55	左贡县
0.67	100.00	100.00	1.06	2.29	0.89	100.00	100.00	丁青县
33.71			7.59	20.13	7.59	100.00	100.00	八宿县
29.33	87.06	87.06		13.36	8.18	100.00	100.00	江达县
4.98	48.39	48.39		6.76	3.60	99.00	99.00	洛隆县
3.33				6.67	2.72	94.38	94.38	察雅县
6.80	49.50	49.50	2.80	15.33	11.31	100.00	100.00	贡觉县
19.08	46.51	46.51		7.26	3.16	100.00	100.00	边坝县
12.16			3.57	10.34	6.03	100.00	100.00	类乌齐县
6.55			0.21	7.50	3.57	93.01	93.01	芒康县
17.83	92.91	92.91	4.43	9.90	6.02	98.21	98.21	朗　县
4.33			3.16	10.39	5.46	99.98	99.98	墨脱县

1-2 续表 34

县名称 Name of Counties	人口密度(人/平方公里) Population Density (person/square kilometer)	人均日生活用水量(升) Daily Water Consumption Per Capita (liter)	供水普及率(%) Water Coverage Rate (%)	公共供水普及率 Public Water Coverage Rate	燃气普及率(%) Gas Coverage Rate (%)	建成区供水管道密度(公里/平方公里) Density of Water Supply Pipelines in Built District (kilometer/square kilometer)	人均道路面积(平方米) Road Surface Area Per Capita (m^2)	建成区路网密度(公里/平方公里) Density of Road Network in Built District (kilometer/square kilometer)	建成区道路面积率(%) Surface Area of Roads Rate of Built District (%)
工布江达县	411	263.49	90.91	90.91	100.00	4.73	20.45	2.49	2.60
察隅县	2899	182.29	100.00	100.00	100.00	15.76	30.20	15.64	17.66
波密县	1544	119.18	94.79	94.79	80.57	1.27	6.37	2.47	1.24
米林县	2367	168.98	91.55	91.55	63.38	3.22	25.42	9.51	9.76
错那县	3432	347.03	25.86	25.86	65.52	9.06	56.03	15.94	27.26
浪卡子县	3525	334.56	81.40	81.40	56.98	17.07	33.35	10.73	10.73
贡嘎县	8065	117.81	88.89	88.89	76.89	15.93	12.65	9.51	15.16
加查县	3156	171.65	100.00	100.00	63.86	1.11	22.01	9.22	10.14
桑日县	5780	255.71	90.00	90.00	97.00	25.25	23.20	14.65	20.40
洛扎县	5000	547.95	92.59	92.59	87.04	17.13	31.11	12.96	15.56
琼结县	3954	150.16	100.00	100.00	61.54	9.62	24.10	7.52	12.05
措美县	3400	128.65	96.64	96.64	50.42	15.06	14.45	13.48	13.48
扎囊县	6000	146.40	88.89	88.89	77.78	10.86	91.44	23.91	54.87
曲松县	1429	662.18	85.19	85.19	85.19	32.46	97.04	36.84	49.12
隆子县	1386	115.68	92.78	92.78	61.86	10.77	11.97	3.35	4.83
聂荣县	4429	3762.56	3.87	1.94	60.65	6.08	5.16	4.00	8.92
双湖县	3600	146.12	55.56	11.11	25.93	10.00	29.26	13.29	11.29
嘉黎县	1698	149.67	98.18	58.18	69.09	4.76	35.40	7.01	8.00
比如县	20614	85.49	79.57	43.40	36.17	20.81	8.79	6.58	17.42
尼玛县	1500	98.92	97.44	97.44	64.10	10.40	33.85	3.15	6.60
巴青县	6000	171.70	97.85	70.97	64.52	57.41	53.81	5.68	11.83
申扎县	3852	239.08	66.06	36.70	52.29	76.41	14.29	14.23	19.97
安多县	669	121.62	77.78	66.67	11.11	33.19	7.78	3.07	2.39
索　县	6708	272.98	68.32	49.69	76.40	15.16	5.45	4.82	4.67
班戈县	2780	149.98	88.24	25.21	84.03	5.46	8.98	3.11	3.86
革吉县	1358	93.86	97.22	75.00	51.39	5.22	10.07	0.91	1.05
札达县	2500	112.42	77.33	77.33	61.33		8.81	4.22	6.36
日土县	1515	288.05	98.63	49.32	57.53	4.90	32.86	3.80	3.40
改则县	1383	139.63	85.51	76.81	92.75	0.36	22.61	2.01	2.41
葛尔县	5358	84.49	90.00	90.00	91.89	11.86	18.92		
普兰县	3697	70.85	100.00	75.41	64.75	11.34	9.84	7.07	12.12
措勤县	3615	90.51	84.04	7.45	87.23	1.77	15.96	5.38	5.38
陕　西	**3737**	**99.78**	**95.87**	**92.69**	**88.21**	**7.73**	**15.82**	**7.14**	**12.25**
蓝田县	3198	103.30	98.83	88.58	100.00	4.42	20.70	5.20	8.48
周至县	7700	165.51	100.00	96.10	96.10	10.57	12.87	4.84	8.80
宜君县	2000	55.01	94.50	94.50	93.50	7.56	16.60	6.30	8.04
岐山县	5154	191.14	99.23	93.27	99.62	8.10	19.84	4.36	17.85

continued

建成区排水管道密度(公里/平方公里) Density of Sewers in Built District (kilometer/square kilometer)	污水处理率(%) Wastewater Treatment Rate (%)	污水处理厂集中处理率 Centralized Treatment Rate of Wastewater Treatment Plants	人均公园绿地面积(平方米) Public Recreational Green Space Per Capita (m^2)	建成区绿化覆盖率(%) Green Coverage Rate of Built District (%)	建成区绿地率(%) Green Space Rate of Built District (%)	生活垃圾处理率(%) Domestic Garbage Treatment Rate (%)	生活垃圾无害化处理率 Domestic Garbage Harmless Treatment Rate	县名称 Name of Counties
4.11	86.77	86.77	3.89	4.07	2.34	96.59	96.59	工布江达县
22.76	82.02	82.02	1.45	17.52	9.64	100.00	100.00	察隅县
2.34	82.19	82.19	0.24	5.49	3.66	96.89	96.89	波密县
13.01	87.50	87.50	6.85	14.37	8.30	97.82	97.82	米林县
14.15			6.03	7.08	5.47	93.18	93.18	错那县
17.07			2.92	5.98	3.37	96.26	96.26	浪卡子县
1.65	82.74	82.74	1.33	10.38	5.16	99.73	99.73	贡嘎县
4.44	74.49	74.49	1.69	6.67	3.89	94.81	94.81	加查县
10.91	53.01	53.01	3.60	13.13	10.91	100.00	100.00	桑日县
18.98			5.37	10.00	6.02	100.00	100.00	洛扎县
8.13	80.77	80.77	1.92	0.10	2.40	97.02	97.02	琼结县
26.97			1.45	10.56	8.67	97.98	97.98	措美县
	88.30	88.30	2.22	5.67	3.33	90.36	90.36	扎囊县
26.81	100.00	100.00	3.70	18.42	7.02	100.00	100.00	曲松县
25.00	84.88	84.88	1.03	7.00	3.74	100.00	100.00	隆子县
4.48	21.71	10.86		2.60	1.28	100.00	100.00	聂荣县
10.43						95.31	95.31	双湖县
6.31	0.47	0.24		2.73	1.16	100.00	100.00	嘉黎县
19.10			0.64	10.97	5.73	100.00		比如县
14.15	40.56	40.56	5.13	5.00	1.00	100.00	100.00	尼玛县
17.28			0.11	2.83	0.13	85.71	85.71	巴青县
28.67				0.01	0.01	95.11	95.11	申扎县
1.37				1.37	1.91	100.00	100.00	安多县
4.67	37.22	37.04		7.45	2.93	98.08	98.08	索　县
2.20	99.46	99.46	1.60	0.79	2.95	98.47	98.47	班戈县
0.75	30.32	30.32	1.08	3.40	5.43	98.04	98.04	革吉县
4.09	44.65	44.65		6.25	3.19	100.00	100.00	札达县
3.80	4.58	4.58	0.27	4.02	3.02	97.45	97.45	日土县
4.40	9.62	9.62		2.67	1.34	99.45	99.45	改则县
5.27	95.80	95.80	0.88	7.82	4.39	100.00	100.00	葛尔县
3.03	17.75	17.75	2.46	36.48	3.03	99.69	99.69	普兰县
15.35	8.53	8.53		3.46	1.92	100.00	100.00	措勤县
8.66	**94.41**	**94.41**	**10.81**	**36.49**	**32.31**	**98.94**	**98.94**	**陕　西**
4.12	90.00	90.00	8.59	38.19	33.29	98.07	98.07	蓝田县
5.07	88.30	88.30	10.69	25.24	17.04	99.98	99.98	周至县
4.84	91.01	91.01	10.93	41.81	36.04	100.00	100.00	宜君县
4.81	93.08	93.08	11.30	42.45	37.23	100.00	100.00	岐山县

1-2 续表 35

县名称 Name of Counties	人口密度(人/平方公里) Population Density (person/square kilometer)	人均日生活用水量(升) Daily Water Consumption Per Capita (liter)	供水普及率(%) Water Coverage Rate (%)	公共供水普及率 Public Water Coverage Rate	燃气普及率(%) Gas Coverage Rate (%)	建成区供水管道密度(公里/平方公里) Density of Water Supply Pipelines in Built District (kilometer/square kilometer)	人均道路面积(平方米) Road Surface Area Per Capita (m^2)	建成区路网密度(公里/平方公里) Density of Road Network in Built District (kilometer/square kilometer)	建成区道路面积率(%) Surface Area of Roads Rate of Built District (%)
扶风县	2710	155.05	95.97	89.99	92.63	10.29	20.72	10.03	21.49
眉　县	9404	93.29	97.29	95.59	92.76	10.69	23.24	10.25	20.67
陇　县	5418	87.77	95.69	95.69	78.77	10.50	12.97	4.43	10.84
千阳县	7852	83.59	89.15	89.15	80.19	6.70	7.39	4.38	6.61
麟游县	3693	145.18	84.48	72.20	58.48	9.27	21.52	6.75	14.73
凤　县	5960	109.18	90.60	90.60	99.33	7.20	12.99	7.71	10.78
太白县	1505	182.29	95.03	95.03	98.14	17.04	24.09	8.86	5.49
三原县	8899	93.65	95.74	95.74	98.78	7.55	19.70	7.86	17.33
泾阳县	2119	107.91	99.70	90.77	98.79	7.38	15.88	2.41	7.03
乾　县	6994	85.81	99.92	99.92	91.57	5.79	17.93	4.71	11.96
礼泉县	4409	89.46	95.77	94.25	99.90	4.18	19.46	5.07	11.88
永寿县	5116	101.72	84.28	84.28	89.20	7.51	19.35	9.03	16.07
长武县	4617	102.64	97.29	97.29	75.99	9.21	20.48	7.69	14.03
旬邑县	4475	89.16	95.53	95.53	92.74	4.13	16.11	4.75	8.93
淳化县	4163	83.51	100.00	99.70	89.79	5.67	16.20	7.81	9.18
武功县	6360	95.19	98.95	95.49	86.90	4.00	17.36	6.01	15.86
潼关县	5308	110.02	100.00	100.00	93.41	8.68	26.54	8.00	24.09
大荔县	2402	128.98	100.00	88.93	88.46	7.91	22.17	6.44	12.72
合阳县	2185	134.70	100.00	95.17	96.17	12.39	20.22	7.83	13.27
澄城县	6458	73.22	100.00	87.37	96.98	3.42	14.21	4.82	11.37
蒲城县	2808	108.45	100.00	99.93	89.46	11.78	37.01	14.29	29.86
白水县	5233	71.85	91.08	91.08	98.57	5.05	20.34	4.69	12.21
富平县	2125	90.95	100.00	76.16	99.82	7.77	13.56	6.02	10.40
延长县	5510	98.66	96.19	96.19	87.66	7.60	5.57	3.90	4.29
延川县	7470	53.60	92.22	92.22	82.66	4.63	3.60	2.50	2.50
志丹县	3752	132.35	94.34	94.34	98.80	8.24	14.86	9.50	12.36
吴起县	3037	74.47	95.05	95.05	94.51	7.51	12.73	9.13	13.78
甘泉县	2247	79.95	90.80	90.80	95.85	7.39	12.58	5.78	1.00
富　县	4041	110.93	90.00	90.00	96.44	5.10	7.77	5.20	5.16
洛川县	3158	59.58	98.28	98.28	98.55	11.70	9.08	2.77	8.37
宜川县	2714	70.04	91.63	91.63	96.22	13.76	6.88	6.45	10.47
黄龙县	1580	111.16	99.37	99.37	99.37	13.33	27.85	7.18	11.69
黄陵县	4798	114.86	99.26	99.26	99.50	14.49	26.82	9.50	22.04
城固县	6016	192.01	94.33	89.05	72.55	4.33	15.46	5.36	11.14
洋　县	5438	106.14	93.99	93.61	91.42	5.62	12.59	7.23	10.44
西乡县	2004	112.47	98.02	92.00	92.00	6.10	18.78	11.17	15.06
勉　县	4046	135.50	99.76	95.35	99.23	6.72	16.26	8.30	15.51

continued

建成区排水管道密度(公里/平方公里) Density of Sewers in Built District (kilometer/square kilometer)	污水处理率(%) Wastewater Treatment Rate (%)	污水处理厂集中处理率 Centralized Treatment Rate of Wastewater Treatment Plants	人均公园绿地面积(平方米) Public Recreational Green Space Per Capita (m^2)	建成区绿化覆盖率(%) Green Coverage Rate of Built District (%)	建成区绿地率(%) Green Space Rate of Built District (%)	生活垃圾处理率(%) Domestic Garbage Treatment Rate (%)	生活垃圾无害化处理率 Domestic Garbage Harmless Treatment Rate	县名称 Name of Counties
10.53	98.10	98.10	14.16	41.81	37.74	99.87	99.87	扶风县
13.03	92.80	92.80	9.83	38.23	34.04	99.56	99.56	眉　县
10.52	95.36	95.36	14.92	38.25	33.25	99.70	99.70	陇　县
13.63	92.36	92.36	9.56	42.80	39.61	100.00	100.00	千阳县
13.72	92.68	92.68	20.22	39.54	36.41	99.85	99.85	麟游县
10.36	93.01	93.01	24.50	44.60	40.88	100.00	100.00	凤　县
25.06	88.60	88.60	19.82	43.84	40.79	100.00	100.00	太白县
8.37	97.05	97.05	9.91	38.62	33.99	99.90	99.90	三原县
4.81	100.00	100.00	0.89	27.99	24.63	100.00	100.00	泾阳县
7.13	96.72	96.72	12.12	39.54	34.62	99.40	99.40	乾　县
7.45	98.09	98.09	14.69	23.14	18.59	99.89	99.89	礼泉县
8.84	89.60	89.60	8.45	31.83	26.98	99.83	99.83	永寿县
10.66	97.28	97.28	12.96	32.77	29.34	95.26	95.26	长武县
6.54	89.10	89.10	13.27	39.92	36.76	97.94	97.94	旬邑县
10.69	93.82	93.82	14.20	39.14	34.31	98.66	98.66	淳化县
7.91	93.62	93.62	6.71	36.34	31.65	98.96	98.96	武功县
8.52	96.20	96.20	11.09	38.51	35.28	99.99	99.99	潼关县
5.53	93.58	93.58	14.38	38.00	33.31	100.00	100.00	大荔县
9.08	96.64	96.64	14.93	42.15	36.74	100.00	100.00	合阳县
9.06	93.20	93.20	11.78	39.09	33.15	100.00	100.00	澄城县
5.73	94.24	94.24	9.23	38.50	34.98	100.00	100.00	蒲城县
5.40	91.01	91.01	11.46	37.88	34.06	99.95	99.95	白水县
7.45	90.70	90.70	10.03	34.60	31.60	99.99	99.99	富平县
6.10	88.94	88.94	13.72	37.32	33.57	97.50	97.50	延长县
0.63	89.79	89.79	8.52	37.13	33.78	97.47	97.47	延川县
11.38	94.88	94.88	19.47	39.38	36.35	97.50	97.50	志丹县
9.96	97.50	97.50	15.55	40.27	36.24	99.80	99.80	吴起县
7.20	88.94	88.94	10.59	38.69	32.87	97.03	97.03	甘泉县
6.62	89.16	89.16	12.79	41.73	37.08	97.64	97.64	富　县
5.81	92.00	92.00	9.03	38.09	33.24	98.12	98.12	洛川县
6.97	89.51	89.51	12.23	39.07	34.17	98.50	98.50	宜川县
16.72	91.93	91.93	18.62	40.84	36.60	98.53	98.53	黄龙县
16.33	88.43	88.43	12.75	40.08	36.35	97.81	97.81	黄陵县
6.72	95.00	95.00	10.38	38.99	33.01	100.00	100.00	城固县
8.49	98.03	98.03	4.39	30.15	25.25	100.00	100.00	洋　县
12.77	89.32	89.32	11.75	38.26	35.09	99.91	99.91	西乡县
6.29	98.10	98.10	11.21	39.25	33.26	100.00	100.00	勉　县

1-2 续表 36

县名称 Name of Counties	人口密度 (人/平方公里) Population Density (person/square kilometer)	人均日生活用水量 (升) Daily Water Consumption Per Capita (liter)	供水普及率 (%) Water Coverage Rate (%)	公共供水普及率 Public Water Coverage Rate	燃气普及率 (%) Gas Coverage Rate (%)	建成区供水管道密度 (公里/平方公里) Density of Water Supply Pipelines in Built District (kilometer/square kilometer)	人均道路面积 (平方米) Road Surface Area Per Capita (m^2)	建成区路网密度 (公里/平方公里) Density of Road Network in Built District (kilometer/square kilometer)	建成区道路面积率 (%) Surface Area of Roads Rate of Built District (%)
宁强县	7527	75.15	100.00	100.00	85.71	10.29	15.18	9.64	12.55
略阳县	5958	79.45	97.90	97.90	18.04	7.89	10.63	7.28	10.62
镇巴县	9737	99.17	100.00	100.00	80.72	15.06	13.19	9.09	13.45
留坝县	1245	90.13	99.27	99.27	65.69	6.98	14.16	11.49	14.57
佛坪县	3148	174.05	100.00	100.00	91.76	34.09	23.84	12.99	16.46
府谷县	8600	89.65	100.00	100.00	88.31	8.54	5.56	5.73	6.23
靖边县	2510	42.91	97.76	97.76	94.23	5.21	19.15	7.76	15.43
定边县	4284	133.90	100.00	100.00	94.30	5.04	23.34	7.65	12.87
绥德县	6629	79.51	100.00	93.91	98.30	9.56	14.87	10.40	8.66
米脂县	1423	80.92	90.51	86.12	97.01	3.71	11.62	2.64	3.47
佳　县	935	76.44	39.37	39.37	88.19	4.67	9.80	5.37	5.37
吴堡县	8125	77.07	96.31	92.62	50.77	15.33	23.23	8.00	20.86
清涧县	14597	70.65	77.16	70.35	89.87	12.16	7.00	7.58	10.02
子洲县	7348	74.12	93.81	82.47	98.97	10.07	11.96	4.40	9.49
汉阴县	5471	103.06	94.96	92.68	96.34	14.77	15.87	11.22	17.78
石泉县	5976	92.87	99.87	98.67	99.87	7.73	10.68	5.74	9.99
宁陕县	2926	77.29	93.69	93.69	99.51	8.48	10.14	6.63	5.57
紫阳县	8163	116.27	99.68	94.69	85.53	3.12	12.36	14.11	11.83
岚皋县	2333	107.19	99.59	99.59	56.33	18.33	8.48	10.80	9.24
平利县	2093	68.84	95.06	95.06	92.52	6.49	8.75	5.29	7.14
镇坪县	1056	110.33	96.71	96.71	89.47	25.24	11.11	11.24	9.24
旬阳县	1480	91.39	100.00	100.00	100.00	11.60	18.34	9.41	16.21
白河县	4310	82.76	99.30	99.30	97.68	13.28	15.65	11.38	16.24
洛南县	2624	115.08	95.36	95.36	90.16	4.78	8.57	5.54	6.87
丹凤县	10846	59.88	77.87	72.34	46.10	7.17	10.78	8.79	8.79
商南县	3590	100.20	97.91	97.91	78.41	6.77	18.80	5.26	13.78
山阳县	6278	105.53	96.46	90.27	56.19	7.46	10.22	8.22	12.80
镇安县	7500	82.19	81.33	81.33	59.20	10.90	12.47	9.67	13.37
柞水县	2771	124.06	91.07	91.07	91.07	10.77	41.24	15.23	18.31
甘　肃	**4782**	**87.66**	**95.67**	**95.43**	**78.74**	**9.37**	**15.03**	**6.03**	**10.66**
永登县	4955	71.29	93.84	93.84	58.02	4.82	12.43	4.09	11.20
皋兰县	6554	61.97	93.06	93.06	92.47	18.80	8.65	4.21	8.57
榆中县	5327	113.54	95.02	95.02	99.67	8.49	39.00	5.85	18.98
永昌县	2973	107.93	100.00	100.00	34.63	5.21	18.29	7.22	8.68
靖远县	6865	81.25	100.00	100.00	48.89	10.30	9.64	4.51	6.62
会宁县	7875	64.49	100.00	100.00	75.12	4.09	13.79	4.45	11.94

continued

建成区排水管道密度（公里/平方公里） Density of Sewers in Built District (kilometer/ square kilometer)	污水处理率（%） Wastewater Treatment Rate (%)	污水处理厂集中处理率 Centralized Treatment Rate of Wastewater Treatment Plants	人均公园绿地面积（平方米） Public Recreational Green Space Per Capita (m^2)	建成区绿化覆盖率（%） Green Coverage Rate of Built District (%)	建成区绿地率（%） Green Space Rate of Built District (%)	生活垃圾处理率（%） Domestic Garbage Treatment Rate (%)	生活垃圾无害化处理率 Domestic Garbage Harmless Treatment Rate	县名称 Name of Counties
12.16	92.00	92.00	14.72	36.81	31.41	100.00	100.00	宁强县
4.70	92.15	91.75	11.33	34.00	30.39	100.00	100.00	略阳县
9.08	98.89	98.89	10.70	40.32	36.12	100.00	100.00	镇巴县
22.44	98.78	98.78	17.37	41.30	37.09	100.00	100.00	留坝县
25.29	97.91	97.91	24.31	42.26	38.46	100.00	100.00	佛坪县
5.64	94.44	94.44	10.38	35.77	31.23	87.61	87.61	府谷县
12.54	94.89	94.89	7.25	36.04	33.03	98.99	98.99	靖边县
11.88	93.22	93.22	6.02	23.50	20.42	100.00	100.00	定边县
7.78	90.65	90.65	8.11	31.63	27.71	99.65	99.65	绥德县
10.37	90.03	90.03	11.51	36.59	31.35	95.00	95.00	米脂县
6.78	89.97	89.97	10.45	35.30	30.78	97.30	97.30	佳　县
11.57	90.08	90.08	10.15	35.93	32.81	100.00	100.00	吴堡县
8.57	96.99	96.99	7.09	36.16	29.65	99.89	99.89	清涧县
6.43	91.22	91.22	15.42	31.22	27.88	100.00	100.00	子洲县
13.81	94.43	94.43	12.88	40.83	36.46	100.00	100.00	汉阴县
10.12	90.00	90.00	9.80	43.90	39.89	100.00	100.00	石泉县
11.51	97.00	97.00	12.84	41.49	36.70	99.00	99.00	宁陕县
6.75	95.60	95.60	9.32	37.00	31.78	100.00	100.00	紫阳县
16.74	100.00	100.00	9.51	41.64	38.64	100.00	100.00	岚皋县
5.58	100.00	100.00	11.42	40.30	36.95	99.36	99.36	平利县
25.72	95.21	95.21	13.47	41.45	40.01	99.82	99.82	镇坪县
8.42	96.93	96.93	11.50	41.91	38.95	100.00	100.00	旬阳县
17.50	92.00	92.00	7.66	43.50	38.44	99.96	99.96	白河县
4.99	94.35	94.35	9.70	32.78	33.33	97.50	97.50	洛南县
12.84	95.45	95.45	6.67	22.65	16.22	100.00	100.00	丹凤县
9.76	96.36	96.36	12.34	43.75	40.05	100.00	100.00	商南县
10.89	95.94	95.94	10.90	40.00	33.84	95.26	95.26	山阳县
8.75	89.01	89.01	11.47	37.21	36.34	100.00	100.00	镇安县
3.23	95.40	95.40	13.75	33.62	31.69	100.00	100.00	柞水县
9.52	**96.17**	**96.17**	**12.73**	**30.08**	**26.67**	**99.97**	**99.97**	**甘　肃**
4.46	100.00	100.00	12.09	34.11	32.53	100.00	100.00	永登县
4.54	99.85	99.85	12.01	39.61	36.62	100.00	100.00	皋兰县
12.97	98.12	98.12	7.81	20.13	9.89	100.00	100.00	榆中县
4.98	99.80	99.80	12.88	37.33	31.52	100.00	100.00	永昌县
6.38	95.10	95.10	15.95	23.99	21.06	100.00	100.00	靖远县
9.62	91.47	91.47	9.16	38.13	32.70	100.00	100.00	会宁县

1-2 续表 37

县名称 Name of Counties	人口密度(人/平方公里) Population Density (person/square kilometer)	人均日生活用水量(升) Daily Water Consumption Per Capita (liter)	供水普及率(%) Water Coverage Rate (%)	公共供水普及率 Public Water Coverage Rate	燃气普及率(%) Gas Coverage Rate (%)	建成区供水管道密度(公里/平方公里) Density of Water Supply Pipelines in Built District (kilometer/square kilometer)	人均道路面积(平方米) Road Surface Area Per Capita (m^2)	建成区路网密度(公里/平方公里) Density of Road Network in Built District (kilometer/square kilometer)	建成区道路面积率(%) Surface Area of Roads Rate of Built District (%)
景泰县	7606	57.25	100.00	100.00	66.89	7.58	8.14	3.89	6.81
清水县	3822	116.06	98.62	98.62	33.52	7.71	13.69	4.10	7.53
秦安县	8589	58.67	94.33	94.33	90.27	5.70	12.60	5.64	4.93
甘谷县	2938	75.76	95.17	95.17	56.57	3.87	10.94	3.41	8.56
武山县	7765	86.60	96.45	96.45	42.84	4.89	10.32	3.59	8.14
张家川回族自治县	3711	76.54	94.31	94.31	44.91	2.96	19.07	5.39	6.82
民勤县	7927	136.98	100.00	100.00	96.92	35.55	15.57	9.41	12.43
古浪县	9504	98.24	98.02	98.02	97.12	26.08	13.88	5.51	13.69
天祝藏族自治县	3368	42.57	100.00	100.00	97.19	10.34	9.18	7.10	12.68
肃南县	1444	300.34	100.00	100.00	100.00	16.30	17.52	9.66	8.76
民乐县	7468	71.15	100.00	100.00	100.00	15.52	11.13	5.29	9.46
临泽县	4333	121.38	100.00	100.00	100.00	23.16	21.73	8.75	19.33
高台县	8902	96.94	100.00	100.00	100.00	10.90	15.96	5.84	8.04
山丹县	6764	157.99	95.20	85.96	93.57	10.28	12.04	5.75	7.83
泾川县	3749	65.91	97.69	97.69	70.01	7.36	14.24	7.96	13.46
灵台县	4652	194.25	98.64	98.64	86.05	12.20	28.85	6.74	14.23
崇信县	1810	87.70	99.45	99.45	89.23	10.42	19.35	5.40	9.73
庄浪县	3984	76.27	96.18	96.18	71.89	5.20	28.12	4.82	10.87
静宁县	2980	120.78	100.00	100.00	96.02	6.32	22.23	6.03	15.14
金塔县	4373	91.99	100.00	100.00	88.72	10.70	20.73	9.84	19.42
瓜州县	5390	135.86	100.00	100.00	100.00	8.98	23.21	6.00	13.41
肃北蒙古族自治县	3929	146.95	100.00	100.00	89.09	16.48	28.94	3.00	8.06
阿克塞哈萨克族自治县	3244	83.04	100.00	100.00	100.00	12.44	36.99	8.40	12.00
庆城县	6223	63.45	98.28	98.28	93.26	12.59	10.67	4.48	8.31
环　县	6275	102.94	100.00	100.00	74.37	14.91	14.50	4.95	11.97
华池县	5103	72.24	89.83	89.83	58.63	14.38	15.72	7.66	12.13
合水县	5506	65.26	96.79	96.79	73.72	6.63	26.02	7.81	20.74
正宁县	4134	52.05	97.49	97.49	88.83	8.64	23.59	7.93	13.07
宁　县	4100	54.46	100.00	96.34	76.59	8.60	24.47	5.33	14.93
镇原县	4367	72.84	98.98	98.98	93.13	3.95	27.23	6.99	12.61
通渭县	4428	42.08	93.46	93.46	84.89	12.55	13.29	5.23	7.76
陇西县	3986	57.93	99.83	99.83	90.83	8.96	10.24	4.38	9.67
渭源县	2202	83.90	98.93	98.93	98.12	10.05	21.59	7.75	12.48

continued

建成区排水管道密度(公里/平方公里) Density of Sewers in Built District (kilometer/square kilometer)	污水处理率(%) Wastewater Treatment Rate (%)	污水处理厂集中处理率 Centralized Treatment Rate of Wastewater Treatment Plants	人均公园绿地面积(平方米) Public Recreational Green Space Per Capita (m^2)	建成区绿化覆盖率(%) Green Coverage Rate of Built District (%)	建成区绿地率(%) Green Space Rate of Built District (%)	生活垃圾处理率(%) Domestic Garbage Treatment Rate (%)	生活垃圾无害化处理率 Domestic Garbage Harmless Treatment Rate	县名称 Name of Counties
4.45	89.65	89.65	10.97	20.68	19.25	100.00	100.00	景泰县
7.27	94.58	94.58	19.62	38.82	34.46	100.00	100.00	清水县
6.63	100.00	100.00	4.86	11.76	7.95	100.00	100.00	秦安县
5.55	100.00	100.00	3.30	11.50	9.13	100.00	100.00	甘谷县
4.12	100.00	100.00	2.34	24.46	24.05	100.00	100.00	武山县
4.58	100.00	100.00	8.98	12.00	6.08	100.00	100.00	张家川回族自治县
14.73	96.95	96.95	12.00	38.89	31.64	100.00	100.00	民勤县
7.23	94.74	94.74	7.38	27.50	24.19	100.00	100.00	古浪县
13.03	99.42	99.42	7.22	33.58	30.65	100.00	100.00	天祝藏族自治县
10.63	99.96	99.96	24.90	45.10	40.46	100.00	100.00	肃南县
6.66	97.86	97.86	28.61	38.16	35.71	100.00	100.00	民乐县
16.08	99.08	99.08	14.63	43.55	38.46	100.00	100.00	临泽县
7.38	96.29	96.29	23.78	43.44	38.42	100.00	100.00	高台县
8.17	90.97	90.97	10.35	36.51	31.53	100.00	100.00	山丹县
19.56	98.20	98.20	13.98	38.42	34.08	100.00	100.00	泾川县
18.64	97.14	97.14	19.78	38.51	33.15	100.00	100.00	灵台县
9.50	97.12	97.12	14.18	49.83	45.92	100.00	100.00	崇信县
7.98	97.43	97.43	13.86	37.67	34.12	100.00	100.00	庄浪县
15.19	97.20	97.20	16.81	42.74	38.62	100.00	100.00	静宁县
11.09	91.00	91.00	21.78	44.58	41.11	100.00	100.00	金塔县
6.98	97.68	97.68	12.97	30.22	25.75	100.00	100.00	瓜州县
13.37	100.00	100.00	38.42	48.21	44.79	100.00	100.00	肃北蒙古族自治县
6.62	100.00	100.00	14.86	33.22	29.32	100.00	100.00	阿克塞哈萨克族自治县
8.93	95.10	95.10	11.72	22.72	21.64	100.00	100.00	庆城县
9.87	97.38	97.38	16.83	25.27	24.24	100.00	100.00	环　县
20.31	96.58	96.58	13.77	43.82	39.94	100.00	100.00	华池县
14.92	90.82	90.82	12.52	20.59	16.06	100.00	100.00	合水县
10.63	97.68	97.68	6.84	19.18	14.15	100.00	100.00	正宁县
8.26	100.00	100.00	19.19	48.16	43.17	100.00	100.00	宁　县
9.92	96.58	96.58	10.43	17.21	13.87	100.00	100.00	镇原县
10.83	100.00	100.00	8.74	13.73	11.78	100.00	100.00	通渭县
8.60	96.64	96.64	18.05	39.08	35.55	100.00	100.00	陇西县
10.43	97.90	97.90	12.46	35.33	30.85	100.00	100.00	渭源县

1-2 续表 38

县名称 Name of Counties	人口密度(人/平方公里) Population Density (person/square kilometer)	人均日生活用水量(升) Daily Water Consumption Per Capita (liter)	供水普及率(%) Water Coverage Rate (%)	公共供水普及率 Public Water Coverage Rate	燃气普及率(%) Gas Coverage Rate (%)	建成区供水管道密度(公里/平方公里) Density of Water Supply Pipelines in Built District (kilometer/square kilometer)	人均道路面积(平方米) Road Surface Area Per Capita (m^2)	建成区路网密度(公里/平方公里) Density of Road Network in Built District (kilometer/square kilometer)	建成区道路面积率(%) Surface Area of Roads Rate of Built District (%)
临洮县	8979	78.82	96.33	96.33	96.95	5.59	10.75	9.08	11.76
漳　县	4025	53.66	100.00	100.00	86.60	11.60	12.48	6.46	12.91
岷　县	2874	70.56	98.81	98.81	86.88	5.87	11.20	3.49	9.02
成　县	3203	102.37	96.25	96.05	87.41	9.26	14.11	7.60	10.80
文　县	11886	85.62	100.00	100.00	100.00	9.14	4.84	8.23	5.53
宕昌县	3900	78.18	84.10	84.10	81.03	12.54	18.97	10.49	12.27
康　县	4430	92.45	91.64	91.64	53.18	16.64	16.99	13.03	20.08
西和县	6097	78.75	54.89	54.89	77.24	5.20	9.00	5.93	8.91
礼　县	4714	90.47	72.73	72.73	67.42	9.38	17.68	5.96	9.88
徽　县	3659	89.09	91.96	91.96	72.35	10.29	13.85	4.16	10.12
两当县	1813	105.85	99.26	99.26	77.21	17.05	29.18	15.76	15.18
临夏县	6235	84.83	100.00	100.00	91.41	4.54	26.48	10.64	20.95
康乐县	5012	99.31	100.00	100.00	51.31	5.91	15.12	5.91	14.02
永靖县	4189	190.38	100.00	100.00	95.51	5.47	19.61	8.77	14.61
广河县	7635	123.11	100.00	100.00	81.29	5.67	17.98	5.61	8.73
和政县	6250	89.67	100.00	100.00	33.22	11.67	17.54	7.40	1.03
东乡县	7175	122.80	100.00	100.00	100.00	10.20	27.30	2.15	2.62
积石山县	7164	87.48	100.00	100.00	51.63	3.27	14.15	7.71	8.25
临潭县	4466	98.82	90.18	90.18	50.92	16.26	20.36	2.66	15.04
卓尼县	5518	89.47	66.28	66.28	68.91	11.91	17.21	6.78	9.50
舟曲县	14000	132.36	99.27	99.27	61.99	16.20	3.73	2.71	3.25
迭部县	9872	105.69	100.00	100.00	71.55	19.75	12.41	16.22	13.72
玛曲县	4780	116.92	82.85	82.85	69.46	5.96	24.49	8.11	11.99
碌曲县	3613	101.76	92.25	92.25	52.71	11.07	22.47	9.62	11.88
夏河县	3021	104.49	100.00	100.00	78.50	10.00	6.53	4.11	4.73
青　海	**2000**	**87.94**	**96.13**	**96.13**	**64.53**	**9.63**	**21.92**	**7.45**	**12.64**
大通县	5398	50.91	98.80	98.80	95.20	6.52	4.31	2.37	3.76
湟源县	4613	74.38	94.85	94.85	85.91	9.55	13.82	9.68	10.18
民和县	3876	82.84	99.38	99.38	96.30	21.26	13.42	6.45	10.55
互助县	914	114.30	99.89	99.89	92.02	8.74	19.16	6.24	14.82
化隆县	2771	75.64	98.57	98.57	55.00	14.29	15.24	5.75	9.64
循化县	3915	65.26	99.80	99.80	87.43	5.93	10.53	3.87	9.76
门源县	945	115.20	97.50	97.50	28.88	11.71	13.25	5.23	6.69
祁连县	2178	105.85	97.78	97.78	4.00	6.28	41.41	8.39	12.65
海晏县	2457	94.51	100.00	100.00	7.75	8.78	18.38	4.44	9.17
刚察县	3000	152.67	99.44	99.44	3.89	8.01	32.07	7.22	12.02

continued

建成区排水管道密度(公里/平方公里) Density of Sewers in Built District (kilometer/square kilometer)	污水处理率(%) Wastewater Treatment Rate (%)	污水处理厂集中处理率 Centralized Treatment Rate of Wastewater Treatment Plants	人均公园绿地面积(平方米) Public Recreational Green Space Per Capita (m^2)	建成区绿化覆盖率(%) Green Coverage Rate of Built District (%)	建成区绿地率(%) Green Space Rate of Built District (%)	生活垃圾处理率(%) Domestic Garbage Treatment Rate (%)	生活垃圾无害化处理率 Domestic Garbage Harmless Treatment Rate	县名称 Name of Counties
5.92	100.00	100.00	15.47	38.40	31.05	100.00	100.00	临洮县
6.36	94.94	94.94	17.24	30.70	26.63	100.00	100.00	漳　县
5.33	100.00	100.00	6.22	18.03	14.32	100.00	100.00	岷　县
9.89	95.24	95.24	38.50	36.92	36.10	100.00	100.00	成　县
20.88	49.66	49.66	5.38	20.00	16.11	100.00	100.00	文　县
13.92	97.17	97.17	12.54	20.17	16.37	100.00	100.00	宕昌县
19.76	95.87	95.87	19.82	38.81	38.02	100.00	100.00	康　县
8.59	96.37	96.37	4.35	13.67	10.50	100.00	100.00	西和县
6.13	96.67	96.67	12.42	19.87	20.01	100.00	100.00	礼　县
8.74	92.63	92.63	9.81	19.29	18.71	100.00	100.00	徽　县
13.17	97.94	97.94	25.74	32.95	27.81	100.00	100.00	两当县
26.77	97.05	97.05	4.71	34.71	31.42	100.00	100.00	临夏县
12.66	96.00	96.00	12.50	40.42	40.42	100.00	100.00	康乐县
17.06	94.74	94.74	17.59	42.88	43.50	100.00	100.00	永靖县
9.01	94.11	94.11	3.04	35.36	30.57	100.00	100.00	广河县
8.13	99.61	99.61	8.87	31.65	36.43	100.00	100.00	和政县
9.14	95.60	95.60	10.04	28.98	27.36	100.00	100.00	东乡县
8.70	97.39	97.39	14.34	45.16	42.78	99.90	99.90	积石山县
10.81	95.35	95.35	8.59	32.20	31.26	100.00	100.00	临潭县
7.76	95.95	95.95	4.40	14.30	12.30	100.00	100.00	卓尼县
17.53	85.55	85.55	4.36	19.66	17.29	99.98	99.98	舟曲县
16.28	94.14	94.14	7.91	29.00	25.61	100.00	100.00	迭部县
15.02	90.64	90.64	1.87	12.33	7.89	98.13	98.13	玛曲县
17.95	85.24	85.24	15.89	15.35	10.72	100.00	100.00	碌曲县
12.49	97.62	97.62	0.89	10.00	5.48	98.68	98.68	夏河县
9.44	**91.12**	**91.12**	**7.79**	**27.76**	**24.05**	**95.43**	**95.43**	**青　海**
2.62	92.64	92.64	5.88	37.21	32.63	94.69	94.69	大通县
11.87	92.28	92.28	11.12	38.92	34.10	94.00	94.00	湟源县
7.86	95.17	95.17	16.59	31.09	23.12	96.05	96.05	民和县
8.69	94.70	94.70	9.45	39.14	35.45	96.18	96.18	互助县
11.48	91.40	91.40	3.36	7.12	5.93	94.56	94.56	化隆县
11.09	95.15	95.15	6.78	35.21	30.65	97.34	97.34	循化县
5.21	90.09	90.09	3.64	25.50	22.54			门源县
6.17	92.36	92.36	26.28	27.45	23.57	96.18	96.18	祁连县
6.05	85.11	85.11	2.80	22.00	17.00	96.11	96.11	海晏县
3.61	96.88	96.88	37.78	35.57	30.35	97.56	97.56	刚察县

1-2 续表 39

县名称 Name of Counties	人口密度(人/平方公里) Population Density (person/square kilometer)	人均日生活用水量(升) Daily Water Consumption Per Capita (liter)	供水普及率(%) Water Coverage Rate (%)	公共供水普及率 Public Water Coverage Rate	燃气普及率(%) Gas Coverage Rate (%)	建成区供水管道密度(公里/平方公里) Density of Water Supply Pipelines in Built District (kilometer/square kilometer)	人均道路面积(平方米) Road Surface Area Per Capita (m^2)	建成区路网密度(公里/平方公里) Density of Road Network in Built District (kilometer/square kilometer)	建成区道路面积率(%) Surface Area of Roads Rate of Built District (%)
西海镇	763	43.96	100.00	100.00	1.75	12.75	18.70	11.74	10.71
尖扎县	3306	87.73	99.02	99.02	57.56	3.56	19.51	4.34	8.89
泽库县	1380	87.67	93.17	93.17	67.70	8.03	27.95	11.68	16.42
河南县	2646	121.10	98.26	98.26	63.95	4.09	17.52	7.48	11.00
共和县	1182	108.07	98.45	98.45	70.29	7.66	37.82	9.60	17.73
同德县	2724	110.18	98.57	98.57	12.86	6.13	37.62	13.92	17.56
贵德县	848	97.41	98.70	98.70	90.67	14.12	30.61	10.13	21.61
兴海县	2847	91.82	96.06	96.06	10.04	7.81	26.06	7.61	16.16
贵南县	674	120.66	93.75	93.75	23.44	6.35	88.28	16.07	36.57
班玛县	1587	63.93	87.00	87.00	30.00	6.69	35.00	6.27	9.15
久治县	1077	135.24	83.93	83.93	26.79	12.38	71.55	9.94	19.84
甘德县	1713	244.72	86.76	86.76	19.12	14.32	71.99	11.61	13.23
玛沁县	4008	82.41	78.79	78.79	21.83	7.74	42.49	6.57	19.65
达日县	3958	68.17	75.00	75.00	16.96	20.33	22.88	8.63	3.96
玛多县	1176	146.77	93.33	93.33	50.00	13.13	42.47	9.22	14.38
杂多县	6022	72.69	91.51	91.51	62.73	4.46	10.39	6.19	13.41
称多县	2297	119.00	87.76	87.76	93.20	9.37	18.56	7.30	7.34
治多县	3086	73.94	98.32	98.32	71.51	3.85	25.99	16.13	17.89
囊谦县	7692	60.88	90.00	90.00	73.33	9.74	19.71	12.74	20.18
曲麻莱县	5457	86.51	66.49	66.49	76.96	7.81	23.70	55.77	37.58
乌兰县	923	138.54	100.00	100.00	74.83	4.45	19.38	5.77	6.30
都兰县	1960	89.92	100.00	100.00	8.16	9.38	72.45	5.52	16.76
天峻县	1217	360.63	100.00	100.00	1.37	17.41	130.86	7.62	16.47
大柴旦行委	1692	130.63	100.00	100.00	10.62	6.63	53.20	5.08	10.85
宁　夏	**3633**	**122.70**	**99.02**	**99.02**	**77.63**	**9.52**	**25.65**	**7.03**	**14.85**
永宁县	2335	209.83	100.00	100.00	99.54	13.38	53.38	10.28	18.69
贺兰县	3276	211.87	99.01	99.01	99.01	5.38	26.80	4.56	14.45
平罗县	5497	108.48	96.18	96.18	91.88	14.72	21.72	5.32	17.65
盐池县	5069	138.36	100.00	100.00	89.18	18.00	35.28	8.76	13.68
同心县	3337	58.61	100.00	100.00	51.55	12.88	21.86	8.29	15.80
红寺堡区	2525	123.25	100.00	100.00	97.31	11.14	46.44	6.71	14.98
西吉县	1980	79.92	100.00	100.00	48.04	6.66	14.47	8.60	11.16
隆德县	6009	84.55	100.00	100.00	62.03	11.04	10.48	4.53	8.09
泾源县	4274	102.47	100.00	100.00	88.00	6.73	22.70	6.18	11.31
彭阳县	2609	107.39	100.00	100.00	73.17	9.05	34.68	7.47	22.81
中宁县	6210	131.83	100.00	100.00	97.70	6.28	21.39	11.53	20.34
海原县	3591	84.17	96.81	96.81	35.62	6.51	29.02	5.45	10.12

continued

建成区排水管道密度(公里/平方公里) Density of Sewers in Built District (kilometer/square kilometer)	污水处理率(%) Wastewater Treatment Rate (%)	污水处理厂集中处理率 Centralized Treatment Rate of Wastewater Treatment Plants	人均公园绿地面积(平方米) Public Recreational Green Space Per Capita (m^2)	建成区绿化覆盖率(%) Green Coverage Rate of Built District (%)	建成区绿地率(%) Green Space Rate of Built District (%)	生活垃圾处理率(%) Domestic Garbage Treatment Rate (%)	生活垃圾无害化处理率 Domestic Garbage Harmless Treatment Rate	县名称 Name of Counties
11.20	80.89	80.89	13.00	37.58	33.00	97.27	97.27	西海镇
8.98	86.87	86.87	3.90	5.11	4.62	98.85	98.85	尖扎县
11.08	87.27	87.27	1.86	2.55	1.82	96.00	96.00	泽库县
7.70	86.50	86.50	1.41	1.09	0.88	98.74	98.74	河南县
16.39	95.09	95.09	10.54	35.22	29.08	96.44	96.44	共和县
21.11	96.74	96.74	3.15	10.48	8.17	97.42	97.42	同德县
17.02	97.75	97.75	5.52	36.66	33.32	95.45	95.45	贵德县
12.17	93.00	93.00	1.13	28.05	27.48	91.07	91.07	兴海县
22.00	92.89	92.89	11.22	19.47	17.18	95.11	95.11	贵南县
9.72	87.53	87.53	5.20	7.39	1.83	87.50	87.50	班玛县
8.36	87.24	87.24		2.75	2.59	87.50	87.50	久治县
18.46	88.03	88.03	3.85	14.01	10.79	87.52	87.52	甘德县
5.67	87.05	87.05	14.92	39.30	33.48	89.92	89.92	玛沁县
12.16	90.86	90.86				93.33	93.33	达日县
14.75	90.68	90.68				85.71	85.71	玛多县
1.86	44.09	44.09	2.70	7.14	4.97	97.50	97.50	杂多县
20.20	89.19	89.19	0.01	6.18	3.17	98.73	98.73	称多县
23.25	39.08	39.08		3.65	0.63	95.45	95.45	治多县
12.29	39.66	39.66	0.78	4.57	1.51	98.83	98.83	囊谦县
37.68	46.26	46.26	0.37	3.71	0.55	98.86	98.86	曲麻莱县
5.67	95.46	95.46	7.92	38.69	33.91			乌兰县
4.93	93.80	93.80	7.87	39.00	37.50	98.00	98.00	都兰县
3.45	92.08	92.08		31.47	30.16	91.03	91.03	天峻县
3.16	96.35	96.35	11.50	54.65	51.15	100.00	100.00	大柴旦行委
9.05	**98.83**	**98.83**	**17.99**	**40.67**	**37.34**	**99.77**	**99.77**	**宁　夏**
7.63	99.89	99.89	31.53	39.74	34.90	100.00	100.00	永宁县
9.11	100.00	100.00	13.88	39.63	36.96	100.00	100.00	贺兰县
4.85	100.00	100.00	9.93	42.95	40.70	100.00	100.00	平罗县
8.76	90.45	90.45	17.41	44.40	40.93	100.00	100.00	盐池县
9.04	91.57	91.57	12.27	38.90	35.23	100.00	100.00	同心县
18.63	100.00	100.00	18.27	43.19	39.43	100.00	100.00	红寺堡区
10.51	100.00	100.00	17.21	38.08	35.08	100.00	100.00	西吉县
18.88	100.00	100.00	40.17	40.78	36.59	99.99	99.99	隆德县
3.99	100.00	100.00	34.18	43.50	39.50	100.00	100.00	泾源县
24.03	100.00	100.00	38.69	44.22	41.64	100.00	100.00	彭阳县
5.99	100.00	100.00	11.55	42.49	39.81	100.00	100.00	中宁县
4.03	97.12	97.12	19.13	37.50	33.46	97.79	97.79	海原县

1-2 续表 40

县名称 Name of Counties	人口密度(人/平方公里) Population Density (person/square kilometer)	人均日生活用水量(升) Daily Water Consumption Per Capita (liter)	供水普及率(%) Water Coverage Rate (%)	公共供水普及率 Public Water Coverage Rate	燃气普及率(%) Gas Coverage Rate (%)	建成区供水管道密度(公里/平方公里) Density of Water Supply Pipelines in Built District (kilometer/square kilometer)	人均道路面积(平方米) Road Surface Area Per Capita (m^2)	建成区路网密度(公里/平方公里) Density of Road Network in Built District (kilometer/square kilometer)	建成区道路面积率(%) Surface Area of Roads Rate of Built District (%)
新　疆	**3185**	**139.77**	**98.42**	**98.19**	**95.94**	**10.49**	**22.54**	**6.71**	**11.58**
鄯善县	1417	134.42	100.00	92.97	96.79	11.88	58.78	11.26	15.72
托克逊县	3880	154.37	100.00	100.00	98.96	13.41	17.51	3.41	7.33
巴里坤哈萨克自治县	1298	150.14	100.00	100.00	100.00	13.25	36.63	6.26	10.71
伊吾县	985	311.30	100.00	100.00	96.88	8.44	76.70	4.92	7.95
呼图壁县	3571	205.56	100.00	100.00	99.00	13.14	36.19	4.84	12.58
玛纳斯县	3585	144.30	100.00	100.00	100.00	7.03	32.58	5.92	13.91
奇台县	1523	150.12	100.00	100.00	99.48	8.21	28.36	9.85	15.51
吉木萨尔县	3259	246.51	100.00	100.00	100.00	10.84	21.12	6.91	6.88
木垒哈萨克自治县	1531	251.25	100.00	100.00	100.00	13.44	62.97	4.43	12.67
精河县	4815	319.48	100.00	100.00	100.00	14.30	29.16	8.11	14.88
温泉县	2309	141.34	100.00	100.00	97.64	15.55	20.16	5.71	5.24
轮台县	3600	102.26	98.61	98.61	98.33	10.48	16.67	8.57	11.06
尉犁县	4275	134.09	99.71	99.71	99.71	6.71	27.33	9.52	16.80
若羌县	4062	93.66	99.67	99.67	99.01	18.78	49.45	11.54	19.23
且末县	3966	139.46	99.64	99.64	99.64	11.43	22.93	7.32	13.98
焉耆回族自治县	1653	148.33	99.80	98.79	98.79	7.04	30.94	8.04	15.42
和静县	2941	116.18	99.54	99.54	98.61	8.33	29.39	8.57	13.07
和硕县	1906	138.90	99.23	99.23	99.23	8.03	26.50	8.13	7.11
博湖县	5103	159.32	99.43	99.43	99.43	6.42	18.57	7.31	9.48
温宿县	9537	124.36	85.24	85.24	88.16	11.11	18.49	8.52	17.63
沙雅县	3519	64.46	100.00	100.00	99.63	6.65	28.01	5.91	11.82
新和县	6925	104.47	91.46	91.46	99.88	12.00	24.31	10.85	16.83
拜城县	7043	72.32	100.00	100.00	93.37	9.12	15.70	7.56	18.00
乌什县	2963	100.33	86.32	86.32	99.10	1.53	17.94	3.65	6.43
阿瓦提县	6014	94.51	100.00	100.00	100.00	6.42	30.34	6.08	18.24
柯坪县	3716	124.51	100.00	100.00	95.12	7.75	13.83	5.55	6.93
阿克陶县	4063	148.32	100.00	100.00	99.14	12.03	10.18	6.55	10.90
阿合奇县	2684	193.39	100.00	100.00	99.35	8.81	33.85	6.95	6.75
乌恰县	3149	173.52	99.53	99.53	99.05	20.71	23.72	4.85	8.68
疏附县	2786	128.48	100.00	100.00	100.00	9.06	13.55	4.10	6.22
疏勒县	1673	119.28	100.00	100.00	100.00	8.48	17.00	1.71	8.53
英吉沙县	4104	278.33	100.00	100.00	95.24	10.28	19.08	4.40	8.31

continued

建成区排水管道密度(公里/平方公里) Density of Sewers in Built District (kilometer/square kilometer)	污水处理率(%) Wastewater Treatment Rate (%)	污水处理厂集中处理率 Centralized Treatment Rate of Wastewater Treatment Plants	人均公园绿地面积(平方米) Public Rccrcational Green Space Per Capita (m^2)	建成区绿化覆盖率(%) Green Coverage Rate of Built District (%)	建成区绿地率(%) Green Space Rate of Built District (%)	生活垃圾处理率(%) Domestic Garbage Treatment Rate (%)	生活垃圾无害化处理率 Domestic Garbage Harmless Treatment Rate	县名称 Name of Counties
6.92	**97.34**	**97.32**	**16.47**	**40.40**	**36.51**	**99.67**	**99.67**	**新 疆**
5.22	96.24	96.24	13.43	41.77	39.42	100.00	100.00	鄯善县
6.23	100.00	100.00	21.81	45.02	39.87	100.00	100.00	托克逊县
8.42	98.20	98.20	19.26	35.32	30.38	100.00	100.00	巴里坤哈萨克自治县
4.86	93.85	93.85	21.33	43.21	40.36	98.29	98.29	伊吾县
8.99	100.00	100.00	14.60	43.93	39.67	100.00	100.00	呼图壁县
4.45	100.00	100.00	21.04	42.58	38.84	100.00	100.00	玛纳斯县
12.48	100.00	100.00	18.42	44.53	39.85	100.00	100.00	奇台县
5.91	100.00	100.00	16.05	41.11	38.12	100.00	100.00	吉木萨尔县
9.32	100.00	100.00	46.06	44.50	40.44	100.00	100.00	木垒哈萨克自治县
8.48	100.00	100.00	14.06	45.19	40.75	100.00	100.00	精河县
15.38	100.00	100.00	14.96	39.81	35.63	100.00	100.00	温泉县
8.32	98.79	98.79	24.03	39.50	36.15	98.00	98.00	轮台县
7.14	99.74	99.74	12.87	41.14	37.33	99.97	99.97	尉犁县
7.03	98.94	98.94	13.10	39.91	36.46	98.50	98.50	若羌县
11.84	99.94	99.94	13.00	41.78	37.70	99.98	99.98	且末县
6.88	99.97	98.77	24.05	40.30	37.53	99.99	99.99	焉耆回族自治县
6.62	99.05	99.05	15.07	41.75	36.91	99.00	99.00	和静县
9.86	99.72	99.72	40.19	40.61	37.25	99.40	99.40	和硕县
6.68	98.48	98.48	33.04	44.04	40.29	99.35	99.35	博湖县
7.33	100.00	100.00	10.74	46.09	41.71	84.97	84.97	温宿县
2.69	100.00	100.00	13.69	44.38	38.59	100.00	100.00	沙雅县
5.63	100.00	100.00	22.26	32.38	28.17	100.00	100.00	新和县
9.12	99.84	99.84	21.62	45.00	36.13	100.00	100.00	拜城县
2.08	91.67	91.67	51.48	41.15	37.03	100.00	100.00	乌什县
3.51	92.09	92.09	20.45	43.31	41.89	100.00	100.00	阿瓦提县
7.00	100.00	100.00	14.23	42.00	40.00	100.00	100.00	柯坪县
12.03	95.31	95.31	12.93	43.54	37.69	100.00	100.00	阿克陶县
3.69	94.77	94.77	9.80	34.73	30.18	100.00	100.00	阿合奇县
20.07	100.00	100.00	9.55	39.75	36.97	100.00	100.00	乌恰县
8.02	90.00	90.00	20.38	41.99	35.49	100.00	100.00	疏附县
5.39	100.00	100.00	14.48	38.49	33.08	100.00	100.00	疏勒县
10.14	93.01	93.01	14.95	39.39	36.70	100.00	100.00	英吉沙县

1-2 续表 41

县名称 Name of Counties	人口密度(人/平方公里) Population Density (person/square kilometer)	人均日生活用水量(升) Daily Water Consumption Per Capita (liter)	供水普及率(%) Water Coverage Rate (%)	公共供水普及率 Public Water Coverage Rate	燃气普及率(%) Gas Coverage Rate (%)	建成区供水管道密度(公里/平方公里) Density of Water Supply Pipelines in Built District (kilometer/square kilometer)	人均道路面积(平方米) Road Surface Area Per Capita (m^2)	建成区路网密度(公里/平方公里) Density of Road Network in Built District (kilometer/square kilometer)	建成区道路面积率(%) Surface Area of Roads Rate of Built District (%)
泽普县	6436	230.98	100.00	100.00	99.69	16.25	23.18	7.15	14.84
莎车县	4773	67.21	100.00	100.00	100.00	5.82	21.14	9.01	20.17
叶城县	4345	138.76	100.00	99.76	96.97	9.84	25.56	9.06	14.57
麦盖提县	5340	156.63	100.00	100.00	99.00	8.49	17.09	5.52	9.54
岳普湖县	1980	122.31	100.00	100.00	99.59	11.60	29.04	5.36	15.11
伽师县	3300	132.17	100.00	100.00	94.11	9.32	8.88	5.57	5.27
巴楚县	4156	106.60	100.00	100.00	94.79	5.49	10.77	4.48	4.64
塔什库尔干塔吉克自治县	1621	94.86	100.00	100.00	96.48	16.51	27.67	6.89	7.52
和田县									
墨玉县	2954	186.27	99.91	99.91	99.06	8.72	26.36	5.22	11.16
皮山县	2699	164.09	94.70	94.70	95.96	16.05	21.30	16.79	15.14
洛浦县	6219	200.95	100.00	100.00	100.00	12.02	15.08	3.74	11.81
策勒县	2802	219.46	98.65	98.65	94.61	19.00	16.90	5.39	9.30
于田县	5523	114.72	98.05	98.05	98.95	12.00	10.83	7.26	14.11
民丰县	4220	111.22	100.00	100.00	99.54	10.68	18.47	4.54	13.00
伊宁县	4400	267.67	98.54	98.54	86.36	14.69	15.88	6.02	7.09
察布查尔县	2408	154.74	96.17	96.17	85.62	12.31	24.14	5.03	13.95
霍城县	5967	109.06	95.70	95.70	89.43	6.44	7.14	5.17	5.13
巩留县	2067	198.88	96.77	96.77	98.57	26.18	26.13	7.53	10.17
新源县	2783	111.72	98.27	98.27	81.17	5.64	23.32	9.77	15.81
昭苏县	2751	65.32	95.74	95.74	99.29	19.83	20.50	7.75	10.35
特克斯县	2298	187.42	95.96	95.96	83.33	30.17	18.59	8.37	10.38
尼勒克县	2692	141.81	95.51	95.51	89.18	9.45	27.80	2.95	10.78
额敏县	2190	206.27	98.91	94.72	95.26	18.56	14.68	4.61	4.70
托里县	1896	193.31	99.61	99.61	90.23	17.57	29.70	5.28	8.01
裕民县	3135	182.65	100.00	100.00	53.33	7.68	20.00	4.60	10.34
和布克赛尔蒙古自治县	1217	261.52	94.29	94.29	94.29	5.82	27.41	4.29	6.98
布尔津县	3553	210.29	97.06	97.06	91.18	5.11	24.23	6.28	11.86
富蕴县	4378	117.51	100.00	100.00	83.45	4.49	17.59	7.05	11.29
福海县	2027	137.61	98.65	98.65	99.10	13.07	34.73	8.52	10.56
哈巴河县	3967	278.61	93.87	93.87	81.23	8.55	31.11	6.64	11.81
青河县	2011	202.27	96.69	96.69	95.58	4.36	16.97	3.81	5.98
吉木乃县	1348	320.48	100.00	100.00	98.03	10.68	45.39	6.92	11.17

continued

建成区排水管道密度(公里/平方公里) Density of Sewers in Built District (kilometer/square kilometer)	污水处理率(%) Wastewater Treatment Rate (%)	污水处理厂集中处理率 Centralized Treatment Rate of Wastewater Treatment Plants	人均公园绿地面积(平方米) Public Recreational Green Space Per Capita (m^2)	建成区绿化覆盖率(%) Green Covcragc Rate of Built District (%)	建成区绿地率(%) Green Space Rate of Built District (%)	生活垃圾处理率(%) Domestic Garbage Treatment Rate (%)	生活垃圾无害化处理率 Domestic Garbage Harmless Treatment Rate	县名称 Name of Counties
9.34	97.99	97.99	16.77	46.73	39.51	100.00	100.00	泽普县
4.00	100.00	100.00	10.34	36.22	33.12	100.00	100.00	莎车县
4.67	97.27	97.27	12.31	40.08	38.35	100.00	100.00	叶城县
6.87	100.00	100.00	14.34	43.59	41.82	100.00	100.00	麦盖提县
12.84	94.00	94.00	10.33	39.13	34.54	100.00	100.00	岳普湖县
2.84	100.00	100.00	13.02	35.34	32.14	100.00	100.00	伽师县
2.21	96.30	96.30	15.08	35.99	32.56	100.00	100.00	巴楚县
6.49	90.20	90.20	24.23	37.48	35.29	100.00	100.00	塔什库尔干塔吉克自治县
								和田县
5.58	100.00	100.00	1.13	20.73	14.50	100.00	100.00	墨玉县
20.06	90.13	90.13	5.99	18.46	15.77	100.00	100.00	皮山县
7.88	95.80	95.80	4.02	30.87	29.57	100.00	100.00	洛浦县
15.16	93.97	93.97	3.52	43.97	30.27	100.00	100.00	策勒县
12.81	91.83	91.83	1.59	25.05	21.84	100.00	100.00	于田县
12.72	94.97	94.97	3.57	16.74	11.76	100.00	100.00	民丰县
8.50	100.00	100.00	24.22	48.95	44.67	100.00	100.00	伊宁县
9.51	100.00	100.00	24.42	46.35	42.29	100.00	100.00	察布查尔县
9.17	85.00	85.00	12.40	38.50	37.45	100.00	100.00	霍城县
11.11	95.02	95.02	48.57	53.96	52.46	100.00	100.00	巩留县
4.92	88.80	88.80	14.65	37.80	35.33	100.00	100.00	新源县
13.64	99.33	99.33	13.81	44.24	39.80	100.00	100.00	昭苏县
6.37	98.86	98.86	17.29	44.08	39.00	100.00	100.00	特克斯县
9.55	95.13	95.13	15.57	44.48	41.00	100.00	100.00	尼勒克县
6.34	100.00	100.00	12.48	47.79	42.27	100.00	100.00	额敏县
10.64	92.74	92.74	17.19	38.34	33.05	100.00	100.00	托里县
5.43	92.34	92.34	36.67	32.07	27.24	100.00	100.00	裕民县
5.65	82.79	82.56	47.14	35.09	37.64	100.00	100.00	和布克赛尔蒙古自治县
5.49	100.00	100.00	18.13	53.69	49.90	100.00	100.00	布尔津县
7.78	100.00	100.00	23.88	42.20	40.70	100.00	100.00	富蕴县
3.76	100.00	100.00	12.03	34.08	30.31	100.00	100.00	福海县
7.97	100.00	100.00	12.69	41.25	38.24	100.00	100.00	哈巴河县
4.39	100.00	100.00	18.59	36.13	31.52	100.00	100.00	青河县
4.05	100.00	100.00	22.37	34.14	27.68	100.00	100.00	吉木乃县

二、县城人口和建设用地

2. County Seat Population and Construction Land

简要说明

本部分主要反映县城规模，包括人口规模和用地规模。人口规模主要包括县人口、县城人口、县城暂住人口，用地规模主要包括县面积、县城面积、建成区面积以及各类建设用地面积、本年征用土地面积等内容。

Brief Introduction

This section is mainly about size of county seat, including size of population and usable land. The size of population mainly covers county permanent population in county seats and county areas as well as county seat temporary population. The size of usable land mainly covers county areas, county seat areas, areas of built-up districts, areas of various types of land for construction purposes, and areas of land acquired during the year.

2 全国历年县数量及人口、面积情况（2000–2021）
National Changes in Number of Counties, County Seat Population and County Seat Area in Past Years (2000-2021)

面积计量单位：平方公里 Area Measurement Unit: Square Kilometer
人口计量单位：万人 Population Measurement Unit:10,000 persons

年份 Year	县个数 Number of Counties	县城人口 County Seat Population	县城暂住人口 County Seat Temporary Population	县城面积 County Seat Area	建成区面积 Area of Built District	城市建设用地面积 Area of Urban Construction Land
2000	1674	14157		53197	13135	8788
2001	1660	9012		57651	10427	9157
2002	1649	8874		56138	10496	9455
2003	1642	9235		53197	11115	10180
2004	1636	9641		53649	11774	11106
2005	1636	10030		63382	12383	12383
2006	1635	10963	934	76508	13229	13456
2007	1635	11581	1011	93887	14260	14680
2008	1635	11947	1079	130813	14776	15534
2009	1636	12259	1120	154603	15558	15671
2010	1633	12637	1236	175926	16585	16405
2011	1627	12946	1393	93567	17376	16151
2012	1624	13406	1514	94834	18740	17437
2013	1613	13701	1566	86225	19503	17935
2014	1596	14038	1615	79946	20111	18694
2015	1568	14017	1598	75204	20043	18718
2016	1537	13858	1583	72591	19467	18242
2017	1526	13923	1701	71583	19854	18864
2018	1519	13973	1722	70357	20238	19071
2019	1516	14111	1755	76044	20672	19427
2020	1495	14055	1791	75197	20867	19632
2021	1482	13941	1714	72468	21026	19752

2-1 2021年全国县城人口和建设用地(按省分列)

面积计量单位：平方公里
人口计量单位：万人

地区名称 Name of Regions	县面积 County District Area	县人口 County District Population	县暂住人口 County District Temporary Population	县城面积 County Seat Area	县城人口 County Seat Population	县城暂住人口 County Seat Temporary Population	建成区面积 Area of Built District	小计 Subtotal	居住用地 Residential
全　国	**7274986**	**62324**	**3055**	**72467.84**	**13941.09**	**1714.36**	**21026.49**	**19752.08**	**6563.62**
河　北	136229	3975	157	3773.45	943.92	100.52	1415.40	1372.22	438.03
山　西	125034	1894	81	1839.98	602.37	46.30	716.09	689.18	250.64
内蒙古	1049160	1423	112	5478.83	409.25	71.70	1005.85	921.91	285.47
辽　宁	74797	1009	25	1442.66	193.54	10.76	379.57	355.86	149.06
吉　林	85748	719	19	655.42	158.07	13.31	236.34	237.38	88.26
黑龙江	217768	1313	38	1260.68	336.62	27.62	593.96	542.97	235.68
江　苏	33537	1964	59	2592.68	486.20	32.49	716.80	699.96	225.60
浙　江	49750	1424	314	5055.42	346.19	108.47	629.09	645.53	202.00
安　徽	92416	4274	172	5092.45	816.83	106.08	1340.43	1320.21	379.45
福　建	75592	1719	160	1819.78	404.26	65.83	548.29	520.13	188.16
江　西	121499	2783	76	1757.51	763.79	54.07	1099.98	1070.67	315.25
山　东	65131	3342		7568.30	995.91	51.18	1570.95	1455.62	491.76
河　南	116681	6947	222	5766.23	1369.90	121.85	1883.16	1767.11	554.53
湖　北	92366	1954	79	1434.96	421.16	41.30	593.50	542.54	175.97
湖　南	155732	4281	321	3051.91	952.11	191.12	1355.67	1249.68	430.84
广　东	79500	2244	94	3432.70	472.42	36.32	647.27	584.47	217.97
广　西	158193	3073	78	1959.50	474.14	46.76	670.11	630.56	197.63
海　南	17400	324	26	245.25	58.08	9.81	149.38	136.13	36.90
重　庆	39137	928	96	823.39	188.83	32.36	188.82	167.78	62.66
四　川	399099	4683	275	8169.99	994.88	175.13	1284.76	1189.45	395.56
贵　州	135186	2876	109	2784.28	602.06	67.88	877.95	757.53	279.17
云　南	296390	3096	159	1779.50	541.49	80.63	720.83	693.06	221.17
西　藏	1195536	275	43	315.66	58.55	25.61	164.57	136.85	44.67
陕　西	148994	2012	80	1406.67	471.03	54.64	631.39	591.68	185.43
甘　肃	368959	1808	88	842.29	360.09	42.69	506.70	473.56	175.92
青　海	481537	351	27	586.40	100.07	17.19	197.07	166.70	53.30
宁　夏	38402	321	26	315.47	99.36	15.25	188.66	185.48	61.04
新　疆	1425212	1311	118	1216.48	319.97	67.49	713.90	647.86	221.50

National County Seat Population and Construction Land by Province (2021)

Area Measurement Unit: Square Kilometer
Population Measurement Unit:10,000 persons

城市建设用地面积 Area of Urban Construction Land							本年征用土地面积 Area of Land Requisition This Year		地区名称 Name of Regions
公共管理与公共服务用地 Administration and Public Services	商业服务业设施用地 Commercial and Business Facilities	工业用地 Industrial	物流仓储用地 Logistics and Warehouse	道路交通设施用地 Road, Street and Transportation	公用设施用地 Municipal Utilities	绿地与广场用地 Green Space and Square		耕地 Arable Land	
1724.63	**1268.80**	**2531.41**	**493.71**	**3141.13**	**754.52**	**3274.26**	**844.44**	**420.30**	**全　国**
92.55	80.74	95.42	20.32	272.71	27.50	344.95	45.38	29.06	河　北
59.54	36.07	45.41	11.59	111.66	45.66	128.61	5.99	2.95	山　西
91.66	64.46	79.93	18.52	166.16	33.63	182.08	8.85	1.57	内蒙古
22.23	19.55	73.92	9.20	41.19	15.16	25.55	10.73	4.88	辽　宁
15.41	14.61	31.69	10.70	32.28	8.54	35.89	5.62	3.75	吉　林
44.60	25.97	79.20	22.68	64.41	16.06	54.37	9.08	4.49	黑龙江
51.26	41.67	126.65	8.49	114.66	21.17	110.46	30.67	19.50	江　苏
55.57	43.71	136.72	8.98	94.90	23.24	80.41	35.06	18.09	浙　江
97.44	85.00	227.03	41.89	238.82	46.01	204.57	71.85	33.48	安　徽
42.98	31.46	76.99	6.49	88.17	16.15	69.73	25.59	5.58	福　建
95.83	67.46	172.24	25.07	184.70	34.90	175.22	63.59	23.81	江　西
121.85	101.66	281.60	33.97	195.91	39.88	188.99	56.87	31.59	山　东
145.08	104.25	197.33	44.67	311.44	70.82	338.99	38.65	21.52	河　南
53.70	35.54	82.01	12.13	83.67	21.43	78.09	39.36	16.31	湖　北
125.26	95.21	168.28	61.49	159.27	60.89	148.44	49.19	13.12	湖　南
51.88	41.86	87.91	10.26	75.96	24.57	74.06	28.95	8.48	广　东
53.24	31.96	69.70	14.88	115.95	19.12	128.08	37.42	15.41	广　西
10.97	8.64	27.88	4.40	26.51	2.39	18.44	3.37	0.93	海　南
15.98	8.94	17.80	2.90	27.98	6.28	25.24	13.28	7.37	重　庆
112.39	70.31	174.29	33.76	166.58	53.91	182.65	47.00	23.80	四　川
75.35	57.78	77.83	22.25	101.33	38.06	105.76	29.64	9.50	贵　州
70.61	47.86	45.94	16.22	124.09	28.67	138.50	134.64	102.11	云　南
19.91	12.91	7.37	5.85	23.51	11.25	11.38	6.27	1.58	西　藏
48.57	38.35	40.22	13.32	94.41	28.40	142.98	15.57	5.27	陕　西
50.20	32.66	29.90	12.13	68.92	24.03	79.80	17.54	9.97	甘　肃
18.64	11.21	16.55	3.73	28.67	8.96	25.64	2.11	1.36	青　海
16.82	16.24	14.63	4.96	31.39	6.22	34.18	3.92	2.69	宁　夏
65.11	42.72	46.97	12.86	95.88	21.62	141.20	8.25	2.13	新　疆

2-2 2021年全国县城人口和建设用地(按县城分列)

面积计量单位：平方公里

人口计量单位：万人

县名称 Name of Counties	县面积 County District Area	县人口 County District Population	县暂住人口 County District Temporary Population	县城面积 County Seat Area	县城人口 County Seat Population	县城暂住人口 County Seat Temporary Population	建成区面积 Area of Built District		
								小计 Subtotal	居住用地 Residential
全　国	**7274985.9**	**62324.3**	**3054.7**	**72467.84**	**13941.09**	**1714.36**	**21026.49**	**19752.08**	**6563.62**
河　北	**136228.7**	**3974.6**	**156.6**	**3773.45**	**943.92**	**100.52**	**1415.40**	**1372.22**	**438.03**
井陉县	1381.0	33.0	2.0	65.40	9.20	0.90	10.50	10.50	3.27
正定县	498.0	58.5	2.6	87.70	20.96	0.91	30.82	32.82	4.10
行唐县	1025.0	43.2	0.4	31.05	7.33	0.20	8.70	8.04	1.80
灵寿县	1066.2	35.0	3.3	25.30	7.76	1.10	10.70	10.70	4.10
高邑县	220.0	19.0	0.2	37.91	5.50	0.10	8.32	8.32	2.00
深泽县	296.0	26.7	3.6	23.12	8.30	0.90	10.72	10.67	3.21
赞皇县	1210.0	23.1	0.7	50.30	4.90	0.60	6.50	6.49	1.89
无极县	524.0	53.5	0.4	32.92	9.50	0.14	11.20	10.66	3.23
平山县	2648.0	49.9	0.8	109.00	12.17	0.48	10.80	10.72	1.19
元氏县	681.0	39.3	0.5	31.28	9.28	0.44	12.78	12.71	4.39
赵　县	675.0	61.8	0.2	15.55	12.38	0.11	15.55	15.55	7.36
滦南县	1270.0	59.5	1.6	108.30	14.82	1.03	22.30	21.89	7.15
乐亭县	1308.0	43.7	1.7	101.25	14.01	0.67	17.90	17.89	5.71
迁西县	1439.0	41.7	1.0	111.00	13.50	1.00	17.50	17.45	8.15
玉田县	1165.0	70.2	1.5	90.00	16.30	0.62	21.95	21.91	7.14
曹妃甸区	1176.7	21.6	3.9	76.77	12.41	1.36	27.19	25.13	7.46
青龙满族自治县	3510.0	55.8	0.2	31.00	8.01	0.17	11.80	11.57	4.77
昌黎县	1210.0	55.3	0.9	36.71	11.68	0.68	16.54	16.53	5.93
卢龙县	961.0	42.2	0.7	45.20	6.60		10.55	10.30	2.51
临漳县	744.0	76.4	0.2	83.14	12.13	0.14	23.74	20.62	7.23
成安县	481.5	46.8	0.6	17.00	10.60	0.35	17.00	15.89	7.37
大名县	1053.0	92.8	0.3	60.10	22.75	1.50	27.04	25.54	5.48
涉　县	1509.0	43.4	4.3	91.81	18.75	3.62	36.56	34.95	9.58
磁　县	714.2	49.5	1.2	81.70	21.51	0.79	25.00	24.34	6.35
邱　县	448.6	26.8	1.5	34.23	11.02	1.45	16.20	16.03	3.24
鸡泽县	337.0	34.3	2.2	20.46	10.45	1.66	14.65	12.89	3.71
广平县	320.0	32.0		22.23	9.33		14.12	14.12	1.95
馆陶县	456.0	45.3	0.6	60.10	11.96	0.40	15.76	15.66	5.22
魏　县	863.6	106.0	7.0	96.10	32.80	5.02	27.90	27.10	0.64
曲周县	676.7	53.7	0.3	26.20	11.60	0.23	14.98	14.98	5.46
临城县	797.0	22.5	1.0	54.00	6.40	0.65	8.55	8.29	2.14
内丘县	788.0	26.9	1.2	38.06	7.21	1.10	8.00	8.00	2.94
柏乡县	268.0	20.6	0.1	73.30	5.03	0.07	10.79	10.06	3.50
隆尧县	749.0	52.8	1.4	31.10	9.22	0.81	15.58	15.00	6.94
宁晋县	1110.5	79.0	8.6	27.00	18.60	4.00	21.50	21.50	7.00
巨鹿县	631.0	43.4	0.9	50.00	13.04	0.81	17.10	17.10	6.02
新河县	367.0	13.4	0.9	14.00	4.80	0.90	8.00	8.00	3.15
广宗县	500.1	33.4	0.2	50.50	7.93	0.09	9.10	8.92	2.80
平乡县	406.1	37.2	0.3	64.50	7.85	0.14	14.02	14.02	5.25

National County Seat Population and Construction Land by County (2021)

Area Measurement Unit: Square Kilometer

Population Measurement Unit:10,000 persons

城市建设用地面积 Area of Urban Construction Land							本年征用土地面积		县名称
公共管理与公共服务用地 Administration and Public Services	商业服务业设施用地 Commercial and Business Facilities	工业用地 Industrial	物流仓储用地 Logistics and Warehouse	道路交通设施用地 Road, Street and Transportation	公用设施用地 Municipal Utilities	绿地与广场用地 Green Space and Square	Area of Land Requisition This Year	耕地 Arable Land	Name of Counties
1724.63	**1268.80**	**2531.41**	**493.71**	**3141.13**	**754.52**	**3274.26**	**844.44**	**420.30**	**全　国**
92.55	**80.74**	**95.42**	**20.32**	**272.71**	**27.50**	**344.95**	**45.38**	**29.06**	**河　北**
0.65	0.40	0.69	0.50	1.84	0.14	3.01			井陉县
5.73	3.27	2.00	1.55	7.13	1.26	7.78	3.27	2.92	正定县
0.78	0.35	0.02	0.15	2.28	0.23	2.43			行唐县
0.37	0.20	1.20	0.17	2.10	0.17	2.39			灵寿县
0.23	0.25	0.25	0.05	1.96	0.08	3.50			高邑县
0.31	0.42	1.59	0.16	1.88	0.17	2.93			深泽县
0.35	0.25	0.10	0.50	1.35	0.28	1.77	0.51	0.39	赞皇县
0.80	0.30	0.20	0.03	3.03	0.07	3.00			无极县
0.43	0.04	0.68	0.13	2.08	2.56	3.61	0.03		平山县
0.77	0.55	0.96	0.45	2.43	0.18	2.98	0.07		元氏县
0.11	0.26	0.42	0.18	3.00	0.01	4.21	0.59	0.56	赵　县
1.29	1.20	3.19	0.03	3.51	0.07	5.45	1.56	0.89	滦南县
1.31	0.83	0.63	0.27	2.98	0.28	5.88			乐亭县
0.87	0.70	2.17	0.52	2.47	0.29	2.28	0.10	0.01	迁西县
1.24	0.54	1.01	0.60	4.06	0.30	7.02	1.71	1.26	玉田县
2.71	2.90	0.73	0.10	5.94	0.26	5.03			曹妃甸区
0.75	0.91	0.76	0.14	1.89	0.15	2.20	0.08	0.04	青龙满族自治县
1.61	1.48	0.98	0.16	3.08	0.15	3.14			昌黎县
0.63	0.85	0.33	0.16	1.95	0.61	3.26			卢龙县
1.85	0.92	2.00	0.25	4.50	0.17	3.70	0.53	0.49	临漳县
0.20	0.45	0.06		3.57	0.10	4.14			成安县
2.05	0.63	2.35	1.03	4.89	1.62	7.49			大名县
2.64	2.01	3.10	0.58	5.61	0.71	10.72	0.74	0.40	涉　县
3.07	0.89	0.30	0.30	6.13	0.20	7.10			磁　县
0.90	0.30	2.30	0.09	3.65	0.20	5.35	0.74	0.53	邱　县
0.24	0.20	0.91	0.20	3.22	0.20	4.21	0.24	0.24	鸡泽县
0.18	0.20	1.61	0.30	4.00	0.60	5.28			广平县
0.82	0.40	0.67	0.22	3.46	0.40	4.47	0.92	0.75	馆陶县
5.81	1.80	2.00	0.35	5.70	0.60	10.20			魏　县
1.45	0.83	0.18	0.05	3.02	0.08	3.91			曲周县
0.97	0.80	0.37	0.09	2.00	0.02	1.90			临城县
0.50	0.09	0.01		1.65	0.50	2.31			内丘县
0.40	0.02	0.87	0.01	1.88	0.18	3.20	0.61	0.58	柏乡县
0.62	0.50	1.04	0.10	2.63	0.07	3.10	0.61	0.45	隆尧县
0.04	1.29	1.35	0.10	6.14	0.10	5.48			宁晋县
1.06	2.50	0.29	0.09	3.75	0.29	3.10	0.71	0.28	巨鹿县
0.65	0.40	0.36		1.84	0.10	1.50			新河县
0.65	0.21	0.15		1.95	0.11	3.05	1.13	0.82	广宗县
0.95	0.43	2.11	0.06	2.34	0.10	2.78	0.33	0.31	平乡县

2-2 续表 1

面积计量单位：平方公里

人口计量单位：万人

县名称 Name of Counties	县面积 County District Area	县人口 County District Population	县暂住人口 County District Temporary Population	县城面积 County Seat Area	县城人口 County Seat Population	县城暂住人口 County Seat Temporary Population	建成区面积 Area of Built District		
								小计 Subtotal	居住用地 Residential
威　县	1012.0	64.2	5.7	22.80	16.48	5.65	18.70	18.70	4.20
清河县	500.4	44.7	4.8	37.80	22.11	3.31	25.80	25.80	8.15
临西县	542.0	35.7	1.6	15.80	8.70	0.50	13.60	13.60	3.54
博野县	330.9	26.8	0.1	17.80	5.99	0.03	9.35	9.35	2.71
涞水县	1661.6	36.0	0.4	16.12	7.83	0.16	13.11	12.58	7.22
阜平县	2494.0	22.8	0.2	25.76	4.42	0.09	7.60	6.67	2.56
白沟新城	54.4	6.2	2.5	54.35	5.81	2.54	21.65	20.86	8.31
定兴县	713.9	60.6	0.2	12.58	9.98	0.20	12.58	12.33	6.08
唐　县	1414.2	59.0	0.3	32.00	9.11	0.19	10.78	10.52	5.32
高阳县	441.4	32.2	1.3	20.00	8.50	0.65	15.60	12.52	4.40
涞源县	2431.2	28.0	0.2	15.78	8.00	0.18	15.78	15.78	7.05
望都县	357.8	27.0	0.6	12.92	7.57	0.55	12.92	12.01	4.76
易　县	2534.9	57.9	0.6	13.25	9.24	0.12	13.25	13.17	7.57
曲阳县	1075.8	65.5	0.2	36.38	10.12	0.10	17.17	17.02	8.24
蠡　县	652.8	46.8	0.8	12.00	6.50	0.80	10.85	10.79	3.10
顺平县	711.8	26.9	0.0	25.00	7.26	0.01	9.14	9.14	4.85
张北县	3863.0	35.6	5.1	45.60	8.78	4.10	21.50	21.50	7.44
康保县	3365.4	26.2	0.8	32.90	5.70	0.80	10.65	9.10	1.02
沽源县	3654.0	16.1	0.2	21.10	6.21	0.18	7.50	7.50	1.62
尚义县	2601.5	10.4	0.2	9.56	4.79	0.16	9.56	8.18	1.84
蔚　县	3220.0	49.1	0.2	36.89	8.31	0.09	14.85	14.80	4.15
阳原县	1849.0	20.6	1.1	60.00	5.34	1.08	9.70	9.60	2.91
怀安县	1709.0	18.0	0.2	22.50	5.60	0.55	9.20	9.20	3.81
怀来县	1801.0	36.8	0.5	28.20	9.75	0.35	16.62	16.62	6.93
涿鹿县	2802.0	29.4	0.2	34.78	10.40	0.14	10.58	10.47	3.60
赤城县	5287.0	19.6	0.6	7.00	6.20	0.58	6.60	6.60	1.89
承德县	3648.1	42.5	0.4	25.00	7.29	0.21	9.50	8.60	3.00
兴隆县	3116.5	32.3	0.1	25.00	7.18	0.02	9.12	9.12	1.39
滦平县	2993.0	32.8	0.6	21.11	8.35	0.60	9.00	8.52	3.03
隆化县	5475.3	44.4	0.3	39.20	8.20	0.20	10.00	10.00	4.32
丰宁满族自治县	8765.0	40.4	0.1	15.90	8.60	0.01	9.60	9.28	3.69
宽城满族自治县	1936.0	26.0	0.1	38.83	8.34	0.09	11.00	9.70	2.83
围场满族蒙古族自治县	9037.4	53.1	1.0	20.00	8.85	1.00	8.10	7.29	3.39
青　县	968.0	43.3	2.0	19.77	10.87	1.15	19.77	18.58	5.31
东光县	710.0	38.0	1.8	25.00	10.09	1.83	15.07	15.01	4.00
海兴县	960.0	24.2	0.2	15.50	5.20	0.07	8.42	7.66	2.57
盐山县	795.0	49.3	0.2	31.68	8.05	0.20	16.10	15.79	5.03
肃宁县	516.0	36.8	0.6	28.00	8.83	0.32	16.00	14.70	5.01
南皮县	794.0	39.0	0.2	22.00	6.95	0.05	14.15	10.57	3.49
吴桥县	582.2	21.8	0.2	23.84	5.19	0.18	14.62	14.51	3.66
献　县	1173.0	65.8	3.1	34.22	9.70	2.40	14.50	13.88	5.19

continued

Area Measurement Unit: Square Kilometer

Population Measurement Unit:10,000 persons

城市建设用地面积 Area of Urban Construction Land							本年征用土地面积 Area of Land Requisition This Year	耕地 Arable Land	县名称 Name of Counties
公共管理与公共服务用地 Administration and Public Services	商业服务业设施用地 Commercial and Business Facilities	工业用地 Industrial	物流仓储用地 Logistics and Warehouse	道路交通设施用地 Road, Street and Transportation	公用设施用地 Municipal Utilities	绿地与广场用地 Green Space and Square			
1.20	1.81	2.20	0.55	4.37	0.24	4.13	2.41	2.14	威　县
1.50	0.73	2.87	0.28	5.35	0.36	6.56	0.76	0.29	清河县
0.50	0.71	2.90	0.24	2.40	0.26	3.05	0.05	0.03	临西县
0.49	0.62	1.68	0.01	1.71	0.11	2.02	0.24	0.21	博野县
0.18	0.20	0.22	0.02	2.11	0.15	2.48			涞水县
0.43	0.32	0.04		1.19	0.01	2.12	0.60	0.06	阜平县
0.60	2.93	1.87	0.53	2.85	0.27	3.50	0.25	0.23	白沟新城
0.10	1.00	0.20	0.05	2.80	0.10	2.00	0.03	0.02	定兴县
0.57	0.46	0.13	0.03	1.78	0.11	2.12	0.76	0.31	唐　县
0.84	1.42	0.39	0.09	2.54	0.07	2.77	0.22	0.09	高阳县
1.10	1.29	0.21	0.02	2.30	0.12	3.69	0.44	0.31	涞源县
0.70	0.80	1.23	0.28	2.45	0.15	1.64	0.38	0.07	望都县
0.56	0.38	0.30	0.07	1.98	0.08	2.23	1.00	0.39	易　县
1.20	0.34	0.65		2.62	0.48	3.49	0.18	0.04	曲阳县
0.87	0.71	1.61	0.02	1.93	0.13	2.42			蠡　县
0.79	0.86	0.10		1.33	0.09	1.12			顺平县
1.57	1.58	1.87	0.25	3.33	0.34	5.12	0.09	0.05	张北县
0.88	0.52	0.78		2.26	0.13	3.51	0.19	0.03	康保县
0.65	0.68	0.71		1.76	0.29	1.79			沽源县
0.40	0.90	0.32	0.20	1.66	0.30	2.56			尚义县
1.07	1.70	1.04	0.90	2.39	0.20	3.35	1.09	0.62	蔚　县
0.36	0.41	0.21	0.20	2.00	0.24	3.27			阳原县
0.58	0.62	0.12	0.34	1.78	0.10	1.85			怀安县
0.14	0.14	0.10	0.20	2.50	0.10	6.51			怀来县
0.92	0.85	0.19	0.15	2.64	0.12	2.00	0.25	0.05	涿鹿县
0.34	0.35	0.47	0.05	1.10	0.15	2.25	6.29	5.76	赤城县
0.40	0.55	1.00	0.10	1.60	0.20	1.75			承德县
0.52	0.45	1.33	0.12	1.85	0.06	3.40	5.02	0.79	兴隆县
0.22	0.42	0.20	0.10	1.90	0.20	2.45	0.30	0.04	滦平县
0.52	0.41	0.49	0.12	1.62	0.16	2.36			隆化县
0.71	0.36	0.03	0.02	1.75	0.12	2.60			丰宁满族自治县
0.53	0.30	0.90	0.07	1.90	0.11	3.06			宽城满族自治县
0.15	0.10	0.18	0.08	1.30	0.02	2.07			围场满族蒙古族自治县
1.26	2.00	0.95	0.17	3.31	0.43	5.15			青　县
1.73	0.05	2.16	0.52	2.56	0.20	3.79			东光县
0.48	0.40	0.77	0.02	1.97	0.02	1.43			海兴县
0.41	0.71	2.79	0.06	2.71	0.10	3.98			盐山县
1.50	1.70	0.10	0.20	3.17	0.25	2.77	0.09	0.08	肃宁县
0.21	0.30	1.09	0.24	2.25	0.14	2.85			南皮县
0.69	0.74	1.56	0.18	2.74	0.24	4.70			吴桥县
0.66	1.14	0.60	0.02	2.74	0.02	3.51	0.58	0.23	献　县

2-2 续表 2

面积计量单位：平方公里
人口计量单位：万人

县名称 Name of Counties	县面积 County District Area	县人口 County District Population	县暂住人口 County District Temporary Population	县城面积 County Seat Area	县城人口 County Seat Population	县城暂住人口 County Seat Temporary Population	建成区面积 Area of Built District		
								小计 Subtotal	居住用地 Residential
孟村回族自治县	393.0	20.6	0.3	21.00	3.86	0.66	9.25	9.25	3.15
固安县	697.0	55.6	15.1	56.06	13.95	7.86	29.40	28.51	10.94
永清县	760.9	41.5	1.5	22.70	4.26	0.22	9.34	9.34	2.44
香河县	448.0	39.4	4.4	76.90	10.85	1.73	26.90	26.89	8.32
大城县	910.0	53.8	0.2	27.90	6.94	0.09	8.43	8.43	3.99
文安县	980.0	55.5	0.5	22.50	5.74	0.50	9.60	8.78	3.52
大厂回族自治县	176.0	19.2	4.0	52.64	6.52	1.22	17.73	17.73	8.76
枣强县	902.9	42.3	1.8	31.00	13.39	0.91	15.88	15.78	3.79
武邑县	830.0	34.5	4.1	30.70	7.48	3.36	14.31	13.88	4.20
武强县	445.0	21.4	1.0	21.50	6.88	0.95	9.54	9.54	3.81
饶阳县	573.0	28.6	1.0	63.00	6.39	0.91	11.07	9.69	3.10
安平县	495.4	30.0	3.3	29.00	12.00	3.13	17.11	17.11	2.59
故城县	937.0	49.1	3.7	33.00	13.92	3.60	17.12	17.12	3.97
景　县	1183.0	54.9	5.5	17.00	6.99	4.76	17.00	17.00	4.79
阜城县	697.0	37.0	0.9	65.04	11.23	0.79	15.77	14.15	2.73
容城县	311.0	28.8	9.7	10.50	7.17	2.33	9.32	9.32	3.50
雄　县	677.6	50.3	1.3	14.80	4.85	0.67	10.55	10.54	1.38
安新县	777.4	51.9	0.3	19.00	3.52	0.25	9.58	8.68	2.54
山　西	**125034.3**	**1894.3**	**80.9**	**1839.98**	**602.37**	**46.30**	**716.09**	**689.18**	**250.64**
清徐县	609.0	35.1	1.0	36.00	8.90	0.85	9.05	8.26	3.20
阳曲县	2078.0	12.9	0.6	13.81	4.79	0.60	5.37	5.37	1.74
娄烦县	1289.0	9.1	0.1	7.66	4.50	0.10	4.80	4.41	1.20
阳高县	1598.5	26.4	0.6	16.18	9.01	0.44	9.88	9.88	3.95
天镇县	1704.5	23.6	1.9	16.00	7.34	1.35	9.48	8.73	3.05
广灵县	1285.1	18.1	1.6	64.12	6.10	1.29	8.70	8.51	3.11
灵丘县	2730.0	24.6	0.2	11.40	9.20	0.11	11.40	6.92	1.40
浑源县	1968.0	34.1	0.5	24.00	11.34	0.25	13.70	11.84	4.51
左云县	1314.2	16.0	0.4	9.30	5.68	0.42	7.55	7.55	3.08
云州区	1498.0	20.0	1.6	10.00	5.51	0.07	6.80	6.72	3.01
平定县	1394.0	31.7	0.2	10.00	10.30	0.22	10.00	10.00	4.12
盂　县	2514.4	30.8	0.3	21.84	8.24	0.27	15.84	6.74	3.22
襄垣县	1179.0	26.4	0.3	22.95	7.87	0.28	20.60	17.90	6.06
平顺县	1550.0	11.6	0.2	10.50	3.82	0.10	3.50	3.50	0.52
黎城县	1166.0	16.6	0.6	6.80	5.60	0.04	6.80	6.34	2.06
壶关县	990.0	29.9	0.2	31.40	9.30	0.08	13.00	12.51	1.99
长子县	1060.0	36.6	0.1	9.41	8.26	0.05	9.41	9.40	4.40
武乡县	1571.0	20.9	0.1	36.00	6.28	0.06	10.00	9.74	2.61
沁　县	1297.0	17.1	0.0	28.00	4.56	0.02	6.03	5.47	2.66
沁源县	2594.0	15.9	4.4	5.54	4.48	0.07	5.54	4.51	1.86
沁水县	2691.1	20.0	1.2	7.50	5.60	0.48	6.93	6.12	2.58
阳城县	1917.5	35.1	1.5	16.50	11.50	1.50	16.50	16.04	6.50
陵川县	1751.0	25.0	2.0	10.82	5.50	0.80	5.74	5.74	2.80

continued

Area Measurement Unit: Square Kilometer

Population Measurement Unit:10,000 persons

城市建设用地面积 Area of Urban Construction Land							本年征用土地面积		县名称
公共管理与公共服务用地 Administr-ation and Public Services	商业服务业设施用地 Commercial and Business Facilities	工业用地 Industrial	物流仓储用地 Logistics and Warehouse	道路交通设施用地 Road, Street and Trans-portation	公用设施用地 Munici-pal Utilities	绿地与广场用地 Green Space and Square	Area of Land Requisition This Year	耕地 Arable Land	Name of Counties
0.70	0.60	0.10	0.02	1.95	0.40	2.33			孟村回族自治县
3.16	1.55	2.10	0.70	3.60	1.25	5.21	2.55	1.75	固安县
0.69	1.90	0.23	0.09	1.55	0.22	2.22	0.61	0.37	永清县
1.27	2.99	3.95	0.92	3.83	0.71	4.90	0.88	0.81	香河县
0.50	0.31	0.02	0.05	1.81	0.10	1.65			大城县
0.87	0.35	0.38	0.01	1.88	0.08	1.69			文安县
0.84	0.99	1.41		2.77	0.21	2.75			大厂回族自治县
1.95	0.90	2.10	0.10	2.63	0.40	3.91			枣强县
0.98	0.82	1.58	0.30	2.60	0.30	3.10	1.10		武邑县
0.97	0.30	0.05	0.03	2.09	0.30	1.99			武强县
0.59	0.44	0.86	0.10	3.06	0.12	1.42			饶阳县
0.69	1.10	1.50	0.50	3.94	0.40	6.39			安平县
0.05	0.35	0.03	0.02	6.49	0.20	6.01			故城县
0.61	0.79	0.99	0.12	4.76	0.18	4.76			景　县
1.44	0.88	0.76	0.26	3.80	0.38	3.90			阜城县
0.55	0.50	0.60	0.10	1.24	0.20	2.63			容城县
1.43	1.10	1.58	0.83	1.92	1.35	0.95	4.54	3.37	雄　县
0.74	2.34	0.68		1.40	0.12	0.86			安新县
59.54	**36.07**	**45.41**	**11.59**	**111.66**	**45.66**	**128.61**	**5.99**	**2.95**	**山　西**
0.51	0.49	0.99		1.68	0.48	0.91			清徐县
1.19	0.72	0.25		0.80	0.15	0.52	0.60	0.20	阳曲县
0.60	0.20	0.10		0.51	0.10	1.70			娄烦县
0.61	0.23	0.41	0.03	1.69	0.07	2.89	0.50	0.29	阳高县
0.69	0.44	0.75	0.27	1.02	0.09	2.42	0.11	0.05	天镇县
0.43	1.00	0.50	0.51	1.52	0.21	1.23			广灵县
0.76	0.58	0.85	0.56	1.37	0.24	1.16			灵丘县
0.72	0.30	0.47	0.05	2.10	0.06	3.63	0.55	0.16	浑源县
0.90	0.23	0.27	0.02	0.95	0.20	1.90			左云县
0.45	0.39	0.10	0.01	1.13	0.13	1.50			云州区
1.05	0.25	0.80	0.52	0.92	0.86	1.48			平定县
1.13	0.83	0.02	0.03	1.18	0.24	0.09			盂　县
1.88	2.24	0.24	0.32	3.95	0.19	3.02			襄垣县
0.06	0.06	0.07	0.01	0.95	0.03	1.80			平顺县
0.82	0.22	0.16	0.04	1.02	0.42	1.60			黎城县
0.91	0.33	3.93	0.06	1.08	0.16	4.05			壶关县
0.49	0.41	0.06	0.03	2.20	0.10	1.71			长子县
0.45	0.50	0.95	0.13	1.85	0.74	2.51			武乡县
0.40	0.22	0.03	0.04	2.01	0.10	0.01			沁　县
0.83	0.25	0.28		0.47	0.01	0.81			沁源县
0.63	0.37	0.09	0.07	2.17	0.10	0.11	0.46	0.26	沁水县
1.70	1.20	2.10	0.40	1.89	0.25	2.00			阳城县
0.30	0.25	0.12	0.02	0.88	0.07	1.30	0.01		陵川县

2-2 续表 3

面积计量单位：平方公里
人口计量单位：万人

县名称 Name of Counties	县面积 County District Area	县人口 County District Population	县暂住人口 County District Temporary Population	县城面积 County Seat Area	县城人口 County Seat Population	县城暂住人口 County Seat Temporary Population	建成区面积 Area of Built District		
								小计 Subtotal	居住用地 Residential
山阴县	1651.0	24.4	0.3	20.00	8.00	0.30	15.00	13.62	5.31
应　县	1673.0	24.3	2.2	14.00	10.98	2.03	12.27	11.23	6.70
右玉县	1969.0	8.8	0.2	14.80	6.86	0.05	8.68	8.68	3.03
榆社县	1681.0	14.5	0.1	9.00	4.72	0.08	6.55	6.53	1.48
左权县	2028.1	16.4	1.8	7.36	5.00	2.59	6.08	6.08	2.83
和顺县	2250.0	12.2	0.2	12.00	5.42	0.07	6.90	6.89	3.18
昔阳县	1952.0	23.2	0.6	10.80	7.80	0.60	6.45	5.64	3.14
寿阳县	2108.1	21.0	0.1	28.60	7.60	0.12	10.73	10.10	4.33
太谷区	1049.9	29.5	1.2	15.60	12.80	0.31	15.27	14.57	6.43
祁　县	854.0	25.5	0.1	16.91	10.72	0.07	15.60	15.04	6.73
平遥县	1260.0	54.4	0.3	17.06	14.37	0.04	18.99	44.73	8.72
灵石县	1206.0	27.3	1.0	21.16	13.00	0.50	13.39	13.39	6.28
临猗县	1339.3	48.3	0.2	81.00	14.81	0.20	15.15	15.10	4.28
万荣县	1080.5	48.5	2.3	55.00	10.00	2.00	14.33	13.33	5.18
闻喜县	1167.1	40.6	0.5	28.68	8.95	0.44	17.80	13.86	3.54
稷山县	686.3	36.4	0.9	19.05	11.00	1.40	8.87	7.35	3.19
新绛县	593.0	33.7	1.3	17.00	11.00	1.15	10.19	10.06	5.85
绛　县	993.5	22.7	1.0	53.00	6.47	0.13	6.50	5.87	2.01
垣曲县	1620.0	19.8	0.3	80.90	9.74	0.20	10.43	10.34	1.64
夏　县	1352.0	36.5	0.8	42.90	3.80	0.80	6.95	6.01	2.44
平陆县	1117.4	26.7	1.5	36.50	6.37	1.03	5.87	5.67	1.71
芮城县	1178.6	40.0	0.8	80.00	8.30	0.50	10.50	10.49	1.90
定襄县	865.0	19.4	2.1	23.10	5.93	1.56	5.86	5.85	1.72
五台县	2868.0	30.7	0.7	20.00	4.42	0.34	5.07	4.46	1.52
代　县	1729.0	22.1	0.5	16.15	5.35	0.50	6.10	6.10	2.08
繁峙县	2368.0	25.1	2.4	18.68	6.90	2.08	11.02	10.63	4.74
宁武县	1967.8	13.7		37.00	7.39		7.80	5.20	2.30
静乐县	2056.0	15.8	2.1	35.00	4.94	1.01	5.80	5.73	2.81
神池县	1472.0	10.9	2.1	22.00	3.57	1.20	4.28	4.28	1.64
五寨县	1391.0	10.0	1.1	37.66	6.04	0.92	8.13	8.13	2.21
岢岚县	1984.0	8.8	0.2	36.00	4.23	0.13	5.01	4.95	1.48
河曲县	1317.0	14.3	0.2	16.79	6.84		8.00	7.35	1.84
保德县	980.0	14.3	4.2	47.00	7.50	3.30	9.50	5.70	2.68
偏关县	1685.4	11.2	1.2	24.40	4.19	0.29	3.81	5.23	2.10
曲沃县	437.0	23.4	0.6	15.00	6.21	0.29	10.00	10.00	4.39
翼城县	1168.0	26.4	0.1	16.30	8.45	0.10	14.79	12.06	4.14
襄汾县	1031.0	42.6	2.5	60.50	9.40	1.40	11.16	10.63	5.50
洪洞县	1495.0	63.7	3.0	23.00	12.90	1.10	14.60	14.23	3.90
古　县	1196.0	7.8	0.2	3.50	4.03	0.06	3.44	3.25	1.04
安泽县	1960.0	8.0	0.4	4.40	2.78	0.16	4.20	4.14	1.53
浮山县	940.0	9.9	1.5	9.00	4.22	1.54	4.13	3.83	2.00
吉　县	1780.0	12.0	1.2	5.60	6.50	0.48	5.60	5.53	1.52

continued

Area Measurement Unit: Square Kilometer

Population Measurement Unit:10,000 persons

城市建设用地面积 Area of Urban Construction Land							本年征用土地面积 Area of Land Requisition This Year		县名称 Name of Counties
公共管理与公共服务用地 Administr-ation and Public Services	商业服务业设施用地 Commercial and Business Facilities	工业用地 Industrial	物流仓储用地 Logistics and Warehouse	道路交通设施用地 Road, Street and Trans-portation	公用设施用地 Munici-pal Utilities	绿地与广场用地 Green Space and Square		耕地 Arable Land	
0.80	0.14	0.94	0.10	1.85	0.22	4.26			山阴县
1.34	1.01	0.71	0.01	1.13	0.08	0.25			应　县
1.06	0.96	0.83	0.30	0.85	0.30	1.35	0.20	0.02	右玉县
0.34	0.14	0.95	0.01	1.15	0.14	2.32	1.01	0.43	榆社县
0.39	0.27	0.07	0.03	1.50	0.08	0.91			左权县
0.47	0.60	0.59	0.13	1.47	0.11	0.34			和顺县
0.59	0.35	0.01	0.01	0.77	0.04	0.73	0.17	0.13	昔阳县
0.74	0.73	2.04	0.77	1.20	0.04	0.25			寿阳县
2.76	2.05	0.71	0.31	1.94	0.10	0.27			太谷区
3.17	0.03	1.78		1.40	0.43	1.50			祁　县
1.28	1.07	0.69	0.10	3.68	26.00	3.19			平遥县
0.92	1.31	1.19	0.05	1.93	0.15	1.56			灵石县
1.62	0.38	2.23	0.12	2.92	0.12	3.43			临猗县
1.36	1.12	2.02	0.22	2.41	0.04	0.98			万荣县
0.80	0.60	0.77	0.95	2.20	0.24	4.76			闻喜县
0.58	0.59	0.84	0.13	1.57	0.03	0.42			稷山县
0.52	0.62	0.27	0.15	2.05	0.28	0.32			新绛县
0.15	0.37	0.07	0.01	1.16	0.13	1.97			绛　县
0.70	0.62	0.23	0.45	1.95	1.20	3.55			垣曲县
1.12	0.01	0.65	0.01	1.10	0.01	0.67			夏　县
0.26	0.05	0.10	0.09	1.78	0.81	0.87			平陆县
0.55	0.75	1.20	0.13	1.73	0.09	4.14			芮城县
0.45	0.26	0.02	0.13	1.72	0.02	1.53	0.08	0.02	定襄县
0.17	0.06	0.11	0.13	1.37	0.09	1.01			五台县
0.18	0.39	0.30	0.07	0.81	0.42	1.85			代　县
0.96	0.50	0.49	0.11	1.27	0.18	2.38	0.53	0.28	繁峙县
0.07	0.34	1.00	0.01	0.59	0.03	0.86			宁武县
0.43	0.25	0.32	0.08	0.74	0.08	1.02			静乐县
0.35	0.01	0.03	0.02	1.20	0.05	0.98			神池县
0.91	1.20	0.46	0.11	1.10	0.14	2.00			五寨县
0.68	0.24	0.47	0.21	0.57	0.27	1.03			岢岚县
0.07	0.09	0.80	0.01	1.68	0.01	2.85	0.51	0.34	河曲县
0.54	0.07	0.06	0.05	1.18	0.16	0.96			保德县
0.30	0.25	0.11	0.15	0.58	0.07	1.67			偏关县
0.58	0.46	0.50	0.03	1.41	1.00	1.63			曲沃县
1.46	0.31	0.21	0.84	1.64	1.30	2.16			翼城县
1.15	0.64	0.16	0.12	1.63	0.10	1.33	0.28	0.25	襄汾县
2.00	0.82	0.20		2.96	0.50	3.85			洪洞县
0.58	0.23	0.03	0.01	0.44	0.12	0.80			古　县
0.32	0.66	0.11	0.31	0.45	0.12	0.64			安泽县
0.20	0.19	0.14	0.02	0.68	0.10	0.50			浮山县
0.20	0.18	0.01		0.40	0.28	2.94			吉　县

2-2 续表 4

面积计量单位：平方公里
人口计量单位：万人

县名称 Name of Counties	县面积 County District Area	县人口 County District Population	县暂住人口 County District Temporary Population	县城面积 County Seat Area	县城人口 County Seat Population	县城暂住人口 County Seat Temporary Population	建成区面积 Area of Built District		
								小计 Subtotal	居住用地 Residential
乡宁县	2029.0	20.7	1.5	14.00	7.80	0.20	7.00	6.97	1.22
大宁县	962.0	6.2	0.5	4.52	2.41	0.37	3.50	3.19	1.35
隰　县	1415.3	12.4	1.0	8.40	4.02	0.24	7.60	6.77	2.12
永和县	1212.0	4.9	0.8	5.00	2.30	0.52	5.00	4.77	1.20
蒲　县	1513.0	10.0	0.8	13.00	3.20	0.15	4.00	4.00	1.58
汾西县	875.0	10.5	0.8	8.96	5.35	0.50	5.43	5.43	3.77
文水县	1068.6	45.0	8.0	44.10	15.25	0.12	12.24	12.14	6.04
交城县	1822.1	23.4	0.6	9.40	10.70	0.60	8.16	8.11	3.86
兴　县	3165.0	29.1	0.2	30.98	14.77	0.21	8.48	8.48	3.97
临　县	2979.0	65.9	0.4	15.22	11.86	0.26	7.00	6.62	2.25
柳林县	1287.4	34.4	0.3	20.00	10.40	0.25	9.60	9.55	4.00
石楼县	1808.0	11.8	0.2	5.87	5.85	1.30	5.87	4.35	1.40
岚　县	1514.0	18.1	0.3	15.00	7.30	0.30	6.31	6.30	0.53
方山县	1433.2	15.8	0.2	10.00	5.88	0.20	6.30	5.37	2.41
中阳县	1441.4	15.0	1.3	37.40	8.90	0.26	7.60	8.53	2.65
交口县	1260.0	9.5	0.8	20.00	3.20	0.30	4.58	4.54	1.62
内蒙古	**1049160.1**	**1423.4**	**112.3**	**5478.83**	**409.25**	**71.70**	**1005.85**	**921.91**	**285.47**
土左旗	2779.8	33.9	0.7	32.03	5.56	0.65	16.18	9.59	5.07
托　县	1439.1	20.6	1.8	41.17	7.30	0.02	15.12	15.03	4.60
和林县	3436.0	20.5	1.9	34.00	5.04	0.40	21.00	17.44	5.15
清水河县	2859.0	7.7	0.4	14.00	3.68	0.13	5.34	4.39	2.09
武川县	4885.0	16.5	2.4	17.00	3.39	2.32	12.45	8.48	3.26
土右旗	2368.0	36.0	3.9	38.00	9.60	3.40	19.40	19.40	5.68
固阳县	5025.0	11.9	0.8	20.50	5.40	0.15	10.82	10.82	2.28
达尔罕茂明安联合旗	17410.0	12.0	0.8	10.00	3.60	0.80	5.30	4.72	2.18
阿鲁科尔沁旗	14277.0	26.7	1.3	120.00	11.44	1.12	16.25	15.14	2.30
巴林左旗	6458.0	33.5	0.5	119.69	8.58	0.52	22.42	19.86	6.48
巴林右旗	10256.0	18.5		222.80	7.80		16.13	17.14	6.46
林西县	3933.0	20.5	2.1	310.00	9.05	1.66	16.95	16.85	4.09
克什克腾旗	20456.0	24.9	1.5	98.10	8.22		12.00	11.84	4.67
翁牛特旗	11882.0	42.7	1.8	186.00	15.32	1.42	18.85	18.75	2.65
喀喇沁旗	3050.0	34.3	1.2	287.00	7.29	0.57	8.20	8.18	1.49
宁城县	4317.0	48.4	2.0	143.60	14.10	1.00	20.14	18.14	4.15
敖汉旗	8316.2	46.0	2.0	59.35	11.55	1.75	18.00	16.10	3.40
科左中旗	9811.0	52.0	0.5	14.53	6.28	0.15	13.90	10.91	4.43
科左后旗	11570.0	39.5	1.2	30.65	5.09	0.67	18.82	18.82	6.55
开鲁县	4488.0	39.1	0.4	12.00	8.20	0.25	11.98	11.88	4.98
库伦旗	4650.0	15.1	0.5	73.53	5.90	0.15	9.92	9.89	3.61
奈曼旗	8120.0	44.6	2.0	16.50	9.40	0.97	16.40	16.40	3.40
扎鲁特旗	17193.0	31.6	1.4	20.00	9.98	0.86	14.00	14.00	2.75
达拉特旗	8188.0	37.8	5.0	98.00	13.92	4.30	29.83	29.83	11.48

continued

Area Measurement Unit: Square Kilometer

Population Measurement Unit:10,000 persons

城市建设用地面积 Area of Urban Construction Land							本年征用土地面积 Area of Land Requisition This Year		县名称 Name of Counties
公共管理与公共服务用地 Administr-ation and Public Services	商业服务业设施用地 Commercial and Business Facilities	工业用地 Industrial	物流仓储用地 Logistics and Warehouse	道路交通设施用地 Road, Street and Trans-portation	公用设施用地 Munici-pal Utilities	绿地与广场用地 Green Space and Square		耕地 Arable Land	
1.10	0.13	0.10	0.20	1.32	0.62	2.28			乡宁县
0.45	0.02	0.02	0.03	0.41	0.31	0.60	0.07	0.07	大宁县
0.56	0.42	0.67	0.18	0.85	0.37	1.60			隰　县
0.90	0.20	0.20	0.18	0.35	0.89	0.85	0.10	0.07	永和县
0.20	0.30	0.08		0.80	0.04	1.00			蒲　县
0.48	0.17	0.18	0.01	0.68	0.07	0.07			汾西县
0.42	0.24	2.05	0.05	2.95	0.06	0.33			文水县
0.51	0.11	0.47	0.05	1.60	0.14	1.37			交城县
0.58	0.25	0.07	0.11	1.70	0.08	1.72			兴　县
0.13	0.35	0.09	0.09	1.20	0.07	2.44			临　县
1.21	0.10	0.10		1.63	0.46	2.05	0.48	0.21	柳林县
0.70	0.20	0.05		0.80	0.60	0.60	0.23	0.17	石楼县
0.31	0.29	0.24	0.92	1.20	0.63	2.18			岚　县
0.28	0.18	0.08	0.09	0.82	0.47	1.04			方山县
0.45	0.21	3.04	0.05	1.00	0.13	1.00	0.10		中阳县
0.63	0.27	0.01	0.02	0.85	0.04	1.10			交口县
91.66	**64.46**	**79.93**	**18.52**	**166.16**	**33.63**	**182.08**	**8.85**	**1.57**	**内蒙古**
1.14	0.41	0.32	0.06	2.34	0.05	0.20	0.01		土左旗
2.00	2.00	2.73	0.51	1.58	0.70	0.91			托　县
2.12	1.01	4.02	0.15	3.41	0.48	1.10			和林县
0.34	0.25	0.95	0.01	0.51	0.08	0.16			清水河县
0.88	0.66	0.82	0.08	1.15	0.17	1.46			武川县
0.60	1.30	2.00	0.87	3.00	1.25	4.70			土右旗
2.62	0.71	0.18	0.05	3.08	0.18	1.72			固阳县
0.28	0.10	0.01	0.12	1.08	0.13	0.82			达尔罕茂明安联合旗
2.16	1.44	0.88	0.38	3.84	0.41	3.73	1.23	0.15	阿鲁科尔沁旗
2.10	0.50	1.00	0.30	3.46	0.48	5.54			巴林左旗
1.31	1.37	1.25		2.70	0.65	3.40			巴林右旗
1.15	0.81	3.63	0.20	2.70	0.18	4.09			林西县
1.23	0.87	0.59	0.02	0.99	0.37	3.10	1.85	0.21	克什克腾旗
1.00	1.00	1.30	0.80	5.60	1.80	4.60			翁牛特旗
1.11	0.42	1.43	0.11	1.41	0.25	1.96			喀喇沁旗
2.00	1.50	1.50	1.50	2.41	1.00	4.08			宁城县
0.50	1.00	2.20	0.40	4.90	1.00	2.70			敖汉旗
1.22	0.21	0.28	0.19	1.60	0.22	2.76	1.01	0.15	科左中旗
1.69	0.58	2.84	0.68	2.14	0.45	3.89			科左后旗
0.55	1.05	0.70	0.25	2.58	0.20	1.57			开鲁县
1.23	0.67	1.11		1.25	0.15	1.87			库伦旗
1.33	0.60	3.15	1.30	2.30	0.38	3.94			奈曼旗
0.56	0.04	1.58	0.40	3.34	0.30	5.03			扎鲁特旗
1.67	4.36	4.05	0.39	4.50	0.41	2.97			达拉特旗

2-2 续表 5

面积计量单位：平方公里
人口计量单位：万人

县名称 Name of Counties	县面积 County District Area	县人口 County District Population	县暂住人口 County District Temporary Population	县城面积 County Seat Area	县城人口 County Seat Population	县城暂住人口 County Seat Temporary Population	建成区面积 Area of Built District		
								小计 Subtotal	居住用地 Residential
准格尔旗	7539.0	24.0	3.2	93.00	17.83	2.36	26.77	26.77	8.39
鄂托克前旗	12180.0	8.2	4.0	32.00	3.52	1.03	8.34	8.34	2.50
鄂托克旗	20064.0	9.8	5.3	23.00	2.98	1.15	10.33	10.33	3.20
杭锦旗	18900.0	14.9	1.8	43.12	4.20	0.68	9.87	9.64	3.74
乌审旗	11645.0	11.5	4.5	45.00	4.16	2.26	20.00	17.81	2.60
伊金霍洛旗	5600.0	17.8	4.3	54.00	3.15	14.64	54.00	54.00	9.32
阿荣旗	12063.0	33.9	0.7	37.00	6.39	0.81	14.80	14.80	4.17
莫　旗	10500.0	31.0	0.4	97.56	8.13	0.08	12.50	12.40	3.74
鄂伦春旗	59880.0	26.8	0.0	28.87	4.68	0.02	14.79	7.03	2.36
鄂温克旗	19111.0	13.6	2.6	113.00	3.34	2.30	18.70	18.70	5.89
陈巴尔虎旗	18600.0	5.3	0.4	40.60	1.85	0.12	6.19	6.19	4.20
新左旗	22000.0	4.2	0.2	109.20	1.40	0.23	6.21	6.08	1.70
新右旗	25116.0	3.5	0.7	8.13	1.42	0.39	5.75	5.61	2.70
五原县	2492.8	23.0	1.4	373.40	10.10	1.07	14.80	14.80	3.66
磴口县	4166.0	11.1	1.1	150.00	4.55	0.80	13.00	11.51	5.10
乌拉特前旗	7476.0	32.7	2.0	327.00	8.43	1.98	19.33	17.98	6.63
乌拉特中旗	23096.0	11.2	4.9	48.00	2.89	0.81	10.12	10.12	5.01
乌拉特后旗	24925.0	5.8	1.3	15.00	3.10	0.81	8.14	7.99	2.84
杭锦后旗	1767.0	28.7	1.2	206.00	10.31	1.00	15.80	15.50	6.30
卓资县	3119.0	19.2	1.1	35.00	3.16	0.30	8.30	6.62	1.62
化德县	2534.0	15.8		18.55	5.66		13.61	13.61	5.04
商都县	4304.0	17.4	0.6	40.00	7.50		17.33	17.23	5.26
兴和县	3512.4	16.8	1.0	55.00	5.46	1.04	19.87	19.87	3.10
凉城县	3451.0	22.8	4.0	30.20	4.58	2.01	10.50	9.54	2.46
察右前旗	2430.0	12.5	1.8	12.57	2.13	0.03	12.57	9.05	2.38
察右中旗	4200.0	18.8	0.5	44.40	2.61	0.24	13.50	13.45	3.18
察右后旗	3803.0	21.7	10.2	14.02	5.54	0.42	13.87	13.87	4.92
四子王旗	24036.3	20.6	0.6	45.26	8.07	0.32	15.60	18.21	6.73
科尔沁右翼前旗	19375.0	34.0	1.7	30.00	3.05	1.65	11.23	15.01	5.31
科右中旗	15613.0	24.9	1.9	16.60	7.56	0.34	12.49	12.49	7.04
扎赉特旗	11155.0	38.1	2.7	17.83	5.93	1.65	14.26	14.26	8.01
突泉县	4800.0	31.9	0.6	68.50	6.29	0.61	16.33	13.16	0.88
阿巴嘎旗	27494.0	4.9	0.5	28.13	2.20	0.50	7.02	6.42	2.22
苏尼特左旗	34251.0	3.4	0.2	8.00	1.36	0.17	5.34	5.11	1.58
苏尼特右旗	22461.0	6.2	1.0	25.00	3.22	1.02	13.80	6.36	0.11
东乌珠穆沁旗	47259.0	6.2	0.5	18.00	2.24	0.50	11.89	11.89	4.25
西乌珠穆沁旗	22435.0	8.1	1.3	27.44	2.48	0.88	13.40	10.55	4.80
太仆寺旗	3479.0	21.2	0.4	100.00	6.29	0.37	15.60	12.33	4.40
镶黄旗	5144.0	3.7	0.6	32.00	3.18	0.33	7.29	6.72	2.50
正镶白旗	6229.0	7.2	0.6	12.00	2.95	0.20	8.65	4.90	1.66
正蓝旗	10278.0	7.0	0.6	22.00	3.31	0.28	13.70	11.50	2.90
多伦县	3863.0	10.9	1.8	25.00	4.80	1.90	13.00	10.78	2.15

continued

Area Measurement Unit: Square Kilometer
Population Measurement Unit:10,000 persons

城市建设用地面积 Area of Urban Construction Land							本年征用土地面积 Area of Land Requisition This Year		县名称 Name of Counties
公共管理与公共服务用地 Administration and Public Services	商业服务业设施用地 Commercial and Business Facilities	工业用地 Industrial	物流仓储用地 Logistics and Warehouse	道路交通设施用地 Road, Street and Transportation	公用设施用地 Municipal Utilities	绿地与广场用地 Green Space and Square		耕地 Arable Land	
2.78	2.11	3.48		7.49	0.52	2.00			准格尔旗
0.78	0.57	0.19		2.57	0.07	1.66			鄂托克前旗
0.87	1.02	0.70	0.33	1.89	0.25	2.07			鄂托克旗
2.70	0.50	0.13	0.17	1.68	0.32	0.40			杭锦旗
0.30	1.54	0.20	0.06	4.02	3.20	5.89			乌审旗
8.07	0.74	3.93		12.01	1.13	18.80	0.56		伊金霍洛旗
0.71	0.73	3.18	0.18	2.70	0.49	2.64			阿荣旗
1.20	0.43	2.32	0.32	1.95	0.26	2.18			莫　旗
0.80	0.30	1.00	0.72	1.00	0.31	0.54			鄂伦春旗
1.96	1.95	1.45		3.95	0.23	3.27			鄂温克旗
0.10	0.50	0.08	0.09	0.72	0.25	0.25			陈巴尔虎旗
0.10	0.48	0.10	0.01	1.51	0.20	1.98			新左旗
0.49	0.25	0.05	0.03	0.88	0.25	0.96			新右旗
1.00	1.10	1.00	0.10	3.01	0.63	4.30			五原县
0.81	0.90	0.75	0.12	1.44	0.17	2.22	0.06		磴口县
0.97	0.65	0.97	1.47	2.89	1.05	3.35	0.43		乌拉特前旗
1.08	0.73	0.43	0.05	1.35	0.54	0.93			乌拉特中旗
1.14	0.31	0.10	0.01	1.41	0.10	2.08			乌拉特后旗
1.10	1.00	0.16	0.22	2.99	0.43	3.30	0.55	0.36	杭锦后旗
0.39	0.72	0.86	0.18	2.20	0.23	0.42			卓资县
0.71	0.50	1.00	0.20	1.51	0.50	4.15			化德县
3.12	1.00	0.80	0.10	2.32	0.20	4.43			商都县
1.19	2.00	2.93	0.10	4.15	1.06	5.34			兴和县
1.06	0.62	0.52	0.03	2.47	0.23	2.15	2.05	0.55	凉城县
0.80	0.46	0.86	0.02	2.29	0.09	2.15			察右前旗
3.50	0.30	0.20		1.32	0.60	4.35			察右中旗
1.00	1.35	0.47	0.43	1.80	0.26	3.64			察右后旗
1.54	2.04	1.03	0.45	1.88	0.40	4.14			四子王旗
2.13	1.05	1.19		2.65	0.36	2.32			科尔沁右翼前旗
1.23	1.24	0.45	0.62	1.65	0.10	0.16			科右中旗
1.36	0.92	0.60	0.02	2.03	0.28	1.04			扎赉特旗
3.50	3.69	0.18	0.18	2.20	0.40	2.13	0.15		突泉县
1.00	0.42	0.31	0.50	1.50	0.30	0.17			阿巴嘎旗
0.48	0.95	0.20	0.42	0.77	0.47	0.24			苏尼特左旗
0.09	0.06	0.59		1.38	1.53	2.60			苏尼特右旗
1.15	1.27	1.80	0.11	1.86	0.43	1.02			东乌珠穆沁旗
1.27	0.55	0.23	0.05	1.98	0.25	1.42			西乌珠穆沁旗
0.94	0.98	2.94	0.32	1.83	0.38	0.54			太仆寺旗
0.15	0.04	0.40	0.35	1.42	0.70	1.16			镶黄旗
0.52	0.46	0.38	0.42	0.54	0.58	0.34	0.28		正镶白旗
0.57	0.90	0.38	0.32	1.27	0.82	4.34	0.52		正蓝旗
1.20	0.30	0.54	0.51	2.43	0.90	2.75	0.15	0.15	多伦县

2-2 续表 6

面积计量单位：平方公里

人口计量单位：万人

县名称 Name of Counties	县面积 County District Area	县人口 County District Population	县暂住人口 County District Temporary Population	县城面积 County Seat Area	县城人口 County Seat Population	县城暂住人口 County Seat Temporary Population	建成区面积 Area of Built District		
								小计 Subtotal	居住用地 Residential
阿拉善左旗	79814.5	14.8	0.9	830.00	9.20	0.42	42.50	24.72	11.89
阿拉善右旗	75226.0	2.3	0.4	12.00	1.05	0.04	4.86	4.63	1.73
额济纳旗	114606.0	2.0	0.9	49.00	1.31	0.68	10.50	10.43	2.10
辽 宁	**74797.3**	**1009.0**	**25.0**	**1442.66**	**193.54**	**10.76**	**379.57**	**355.86**	**149.06**
康平县	2175.0	26.0	5.0	92.00	8.20	0.40	24.00	21.49	6.91
法库县	2280.6	42.5	0.8	52.93	9.77	0.77	23.99	23.38	6.32
长海县	142.0	6.8	3.5	31.40	2.73	1.11	5.50	5.23	1.05
台安县	1394.8	36.9	1.4	152.21	9.18	0.75	21.21	19.93	6.61
岫岩满族自治县	4502.0	51.1	0.2	27.40	14.10	0.19	10.17	8.81	6.64
抚顺县									
新宾满族自治县	4287.0	28.2	0.7	45.00	6.34	0.15	8.84	8.83	2.76
清原满族自治县	3921.0	30.7	1.0	22.00	6.33	0.33	17.26	15.73	7.48
本溪满族自治县	3344.0	27.3	1.4	65.85	7.18	0.69	13.46	13.46	4.76
桓仁满族自治县	3553.0	28.3	0.8	50.00	9.03	0.40	17.07	10.61	5.51
宽甸满族自治县	6193.7	40.9	0.2	35.00	8.26	0.10	14.08	13.66	6.52
黑山县	2496.9	59.0	1.2	25.60	12.80	1.00	17.79	17.50	6.23
义 县	2481.0	41.3		19.78	8.83	0.60	15.53	15.65	8.83
阜新蒙古族自治县	6246.2	69.4	1.9	44.00	4.98	0.60	12.60	6.81	3.67
彰武县	3623.3	38.8	0.4	35.62	5.07	0.36	21.08	20.40	8.60
辽阳县	2511.0	46.0	0.7	77.37	15.12	0.21	18.71	18.71	6.26
盘山县	1975.9	27.2	1.2	34.90	5.02	1.64	19.23	25.98	8.41
铁岭县									
西丰县	2686.0	32.0	0.2	19.80	6.23	0.11	9.70	9.34	3.22
昌图县	4323.9	96.3	2.5	185.00	11.64	0.30	28.00	20.88	12.45
朝阳县	3575.0	55.0	0.1	35.00	3.33	0.03	11.50	12.10	7.05
建平县	4864.7	60.0	0.8	324.00	16.48	0.50	27.47	26.31	12.49
喀喇沁左翼蒙古族自治县	2238.1	41.3	0.1	32.50	7.71	0.11	16.90	15.80	5.78
绥中县	2787.2	62.8	0.9	20.00	9.82	0.36	14.00	13.78	7.00
建昌县	3195.0	61.2	0.3	15.30	5.39	0.05	11.48	11.47	4.51
吉 林	**85748.1**	**719.2**	**19.4**	**655.42**	**158.07**	**13.31**	**236.34**	**237.38**	**88.26**
农安县	5400.0	120.2	2.8	32.88	25.30	2.50	32.88	32.88	9.98
永吉县	2625.0	38.0	0.8	15.00	10.00	0.50	13.68	13.68	6.36
梨树县	3511.0	62.1	1.7	40.03	7.76	0.64	10.35	15.19	9.77
伊通满族自治县	2525.6	44.7	1.2	23.63	8.38	0.50	14.37	13.55	6.03
东丰县	2522.0	41.1	0.8	30.33	10.15	0.78	15.89	15.89	4.23
东辽县	2184.4	33.5	0.9	6.20	3.10	0.20	6.06	6.05	2.31
通化县	3726.3	23.8	0.6	14.00	5.51	0.44	5.50	5.38	1.34
辉南县	2272.3	31.6	0.4	26.83	10.10	0.24	11.85	12.02	5.31
柳河县	3348.3	35.4	1.1	43.40	7.00	0.35	10.62	10.59	4.25
抚松县	6148.0	27.9	1.3	30.00	5.69	0.30	6.45	6.43	2.13

continued

Area Measurement Unit: Square Kilometer
Population Measurement Unit:10,000 persons

城市建设用地面积 Area of Urban Construction Land							本年征用土地面积 Area of Land Requisition This Year		县名称 Name of Counties
公共管理与公共服务用地 Administr-ation and Public Services	商业服务业设施用地 Commercial and Business Facilities	工业用地 Industrial	物流仓储用地 Logistics and Warehouse	道路交通设施用地 Road, Street and Trans-portation	公用设施用地 Munici-pal Utilities	绿地与广场用地 Green Space and Square		耕地 Arable Land	
2.68	2.03	2.05	0.37	2.99	0.44	2.27			阿拉善左旗
0.80	0.44	0.24	0.02	0.41	0.25	0.74			阿拉善右旗
1.53	1.50	0.04	0.15	1.98	0.18	2.95			额济纳旗
22.23	**19.55**	**73.92**	**9.20**	**41.19**	**15.16**	**25.55**	**10.73**	**4.88**	**辽　宁**
1.18	1.14	7.89	0.22	2.02	0.78	1.35			康平县
2.02	1.76	7.94	0.91	3.85	0.26	0.32			法库县
0.26	1.08	0.65	0.02	1.64	0.12	0.41	0.05		长海县
0.84	0.87	8.50	0.83	1.62	0.23	0.43	0.59	0.43	台安县
0.04	0.79	0.09	0.42	0.53	0.14	0.16			岫岩满族自治县
									抚顺县
0.98	0.54	1.48	0.29	0.77	0.51	1.50	0.07	0.07	新宾满族自治县
0.88	1.30	2.12	0.37	3.06	0.38	0.14	0.22	0.11	清原满族自治县
1.15	0.63	2.01	0.20	1.73	0.22	2.76	0.04		本溪满族自治县
0.82	0.29	0.88	0.16	0.20	0.72	2.03			桓仁满族自治县
0.39	0.62	2.30	0.28	1.32	1.70	0.53	0.21	0.10	宽甸满族自治县
1.71	1.46	2.79	0.34	4.10	0.27	0.60			黑山县
0.76	0.65	2.19	0.09	1.75	0.54	0.84	0.01		义　县
0.71	0.48	0.94	0.20	0.57	0.18	0.06			阜新蒙古族自治县
1.12	1.38	5.03	0.31	3.60	0.20	0.16			彰武县
0.43	0.32	5.14	0.17	3.32	1.06	2.01	0.02		辽阳县
1.81	0.94	5.97	0.68	2.79	0.69	4.69			盘山县
									铁岭县
0.50	0.62	3.05	0.49	0.50	0.76	0.20	8.36	3.76	西丰县
0.79	0.93	3.10	0.75	0.25	2.29	0.32	0.33	0.27	昌图县
1.49	1.22	1.56	0.14	0.42	0.09	0.13			朝阳县
1.63	0.72	4.75	0.77	2.61	2.19	1.15			建平县
1.32	0.61	3.13	0.39	2.02	0.38	2.17	0.55		喀喇沁左翼蒙古族自治县
0.50	0.40	1.71	0.65	1.17	0.50	1.85	0.28	0.14	绥中县
0.90	0.80	0.70	0.52	1.35	0.95	1.74			建昌县
15.41	**14.61**	**31.69**	**10.70**	**32.28**	**8.54**	**35.89**	**5.62**	**3.75**	**吉　林**
2.20	0.35	7.20	1.45	5.00	1.20	5.50	2.14	1.93	农安县
0.67	1.37	0.36	0.13	1.33	1.05	2.41			永吉县
0.82	0.62	1.67	0.36	1.50	0.09	0.36	0.78	0.59	梨树县
0.94	0.83	1.42	0.46	2.36	0.25	1.26			伊通满族自治县
0.65	0.90	2.89	0.44	2.43	0.68	3.67			东丰县
0.44	0.13	2.07	0.20	0.72	0.09	0.09	0.29	0.22	东辽县
0.11	0.19	0.31	0.08	0.98	0.66	1.71			通化县
0.98	0.44	2.35	0.60	1.60	0.20	0.54	0.48	0.39	辉南县
1.36	1.90	0.22	0.20	0.95	0.11	1.60			柳河县
0.43	0.06	0.12	0.17	1.28	0.04	2.20			抚松县

2-2 续表 7

面积计量单位：平方公里
人口计量单位：万人

县名称 Name of Counties	县面积 County District Area	县人口 County District Population	县暂住人口 County District Temporary Population	县城面积 County Seat Area	县城人口 County Seat Population	县城暂住人口 County Seat Temporary Population	建成区面积 Area of Built District	小计 Subtotal	居住用地 Residential
靖宇县	3094.4	13.1	0.6	35.80	5.77	0.47	10.33	10.31	3.63
长白朝鲜族自治县	2496.0	7.4	0.1	30.00	3.33	0.10	3.99	3.99	1.48
前郭县	6979.0	56.6	3.0	42.02	7.64	3.03	6.91	5.94	1.80
长岭县	5728.4	62.4	0.8	69.53	10.78	0.62	14.93	14.10	5.15
乾安县	3616.6	26.7	0.7	12.57	7.50	0.86	12.56	12.53	4.83
镇赉县	4718.7	25.6	0.7	62.20	7.60	0.57	19.94	19.94	5.73
通榆县	8496.0	34.8	0.6	43.00	8.20	0.42	19.40	18.77	7.98
汪清县	8918.1	21.7	0.7	53.00	8.85	0.45	12.68	12.67	3.30
安图县	7438.0	12.4	0.6	45.00	5.41	0.34	7.95	7.47	2.65
黑龙江	**217767.9**	**1312.5**	**38.5**	**1260.68**	**336.62**	**27.62**	**593.96**	**542.97**	**235.68**
依兰县	4616.0	37.1	0.1	18.90	9.44	0.08	11.02	9.79	5.79
方正县	2969.0	21.6	0.3	57.00	5.57	0.09	15.98	9.39	5.84
宾　县	3861.5	56.4	0.4	14.13	11.59	0.09	12.50	12.50	5.85
巴彦县	3137.7	63.2	1.3	20.90	9.17	0.51	20.73	13.53	5.12
木兰县	3600.0	25.1	0.3	7.80	6.32	0.07	7.80	6.74	4.53
通河县	5675.0	23.4	0.2	10.05	7.40	0.60	10.05	10.05	5.39
延寿县	3149.6	23.0	0.1	72.60	7.00	0.01	11.15	11.15	5.50
龙江县	6175.0	57.0	1.1	186.00	11.90	1.12	19.53	19.53	5.78
依安县	3685.0	45.5	0.6	45.00	6.20	0.61	11.16	11.16	3.41
泰来县	3996.0	29.7	0.8	43.00	6.84	0.50	16.00	15.29	5.46
甘南县	4790.8	36.4	0.3	33.00	8.15	0.17	10.15	10.15	3.80
富裕县	4026.0	22.4	0.2	19.58	7.30	0.19	12.81	12.30	5.35
克山县	3186.0	44.7	1.0	44.92	8.15	1.74	11.23	11.11	5.20
克东县	2080.0	27.2	0.3	18.00	4.80	0.16	7.90	6.83	3.71
拜泉县	3597.0	59.6	0.7	34.50	6.41	0.47	11.68	9.38	4.68
鸡东县	3233.0	25.9	1.3	11.98	7.57	0.77	8.04	7.75	4.94
萝北县	6767.0	21.7	2.3	16.10	3.70	1.00	8.53	8.05	3.70
绥滨县	3344.0	17.1	0.2	13.00	5.01	0.10	7.69	7.68	4.03
集贤县	2283.4	29.1	1.1	30.50	7.40	0.50	17.66	17.63	7.86
友谊县	1872.0	11.4	0.9	9.30	3.16	0.41	9.30	9.30	3.15
宝清县	10001.3	30.3	0.3	26.76	11.86	1.15	16.77	16.41	5.44
饶河县	6765.0	13.9	1.0	7.00	3.84	0.56	6.93	6.93	3.67
肇州县	2455.0	43.2	0.8	18.46	8.37	0.40	14.50	14.32	9.00
肇源县	4110.4	43.9	1.8	14.52	9.39	0.05	13.67	13.67	7.27
林甸县	3493.0	26.6	0.2	14.90	6.94	0.21	11.13	8.32	3.65
杜尔伯特蒙古族自治县	6594.3	23.1	1.2	66.00	6.60	1.10	23.00	11.24	4.27
嘉荫县	6739.0	6.8	0.7	36.50	2.04	0.36	3.58	3.57	1.65
汤旺县	2145.7	4.9	0.6	14.30	4.86	0.10	14.30	14.13	6.50
丰林县	5561.1	9.2	0.1	19.90	9.22	0.13	19.90	19.90	10.31
大箐山县	3624.0	8.0	0.1	4.60	2.94	0.03	4.60	3.50	1.44

continued

Area Measurement Unit: Square Kilometer
Population Measurement Unit:10,000 persons

城市建设用地面积 Area of Urban Construction Land							本年征用土地面积 Area of Land Requisition This Year		县名称 Name of Counties
公共管理与公共服务用地 Administration and Public Services	商业服务业设施用地 Commercial and Business Facilities	工业用地 Industrial	物流仓储用地 Logistics and Warehouse	道路交通设施用地 Road, Street and Transportation	公用设施用地 Municipal Utilities	绿地与广场用地 Green Space and Square		耕地 Arable Land	
1.01	0.44	0.11	0.22	1.10	1.36	2.44	0.44	0.22	靖宇县
0.08	0.08	0.19	0.09	0.45	0.01	1.61			长白朝鲜族自治县
0.10	0.06	0.03	0.05	1.62	0.80	1.48	0.01	0.01	前郭县
0.91	0.49	1.84	0.45	1.76	0.18	3.32	1.22	0.23	长岭县
0.26	1.29	1.58	0.46	1.87	0.58	1.66			乾安县
1.39	1.16	2.88	3.70	2.82	0.60	1.66			镇赉县
1.60	3.26	2.55	1.09	1.35	0.35	0.59			通榆县
0.78	0.76	3.00	0.33	1.93	0.17	2.40	0.26	0.16	汪清县
0.68	0.28	0.90	0.22	1.23	0.12	1.39			安图县
44.60	**25.97**	**79.20**	**22.68**	**64.41**	**16.06**	**54.37**	**9.08**	**4.49**	**黑龙江**
0.54	0.26	1.04	0.28	0.91	0.45	0.52	0.22	0.19	依兰县
0.65	0.30	1.21	0.19	0.86	0.13	0.21	0.12	0.11	方正县
0.74	0.62	0.52	0.35	1.59	0.58	2.25			宾　县
2.08	0.40	1.87	0.25	1.82	0.51	1.48			巴彦县
0.42	0.15	0.53	0.42	0.53	0.07	0.09			木兰县
0.58	0.42	1.06	0.34	0.95	0.11	1.20			通河县
0.56	0.19	1.87	0.18	1.90	0.15	0.80			延寿县
1.87	2.32	2.43	1.46	2.80	0.43	2.44	0.03	0.02	龙江县
0.77	0.41	3.29	1.04	1.54	0.17	0.53			依安县
0.97	0.60	2.47	0.30	0.78	0.10	4.61	0.12		泰来县
0.97	0.86	1.40	0.14	1.35	0.25	1.38			甘南县
1.10	0.55	1.87	0.28	1.13	0.27	1.75	2.44	1.80	富裕县
0.87	0.62	1.30	0.99	1.58	0.12	0.43	0.46	0.41	克山县
0.20	0.10	0.58	0.57	0.55	0.27	0.85			克东县
0.48	0.49	1.68	0.29	1.02	0.09	0.65			拜泉县
0.45	0.32	0.36	0.17	0.82	0.08	0.61	0.36	0.33	鸡东县
0.56	0.80	0.37	0.29	1.22	0.16	0.95			萝北县
0.64	0.03	0.60	0.12	0.84	0.49	0.93			绥滨县
1.27	1.12	3.46	1.42	1.80	0.15	0.55			集贤县
0.64	0.31	1.83	0.24	1.48	0.65	1.00			友谊县
1.30	1.30	1.50	1.50	2.52	0.35	2.50			宝清县
0.54	0.29	0.19	0.23	0.91	0.20	0.90	0.17	0.16	饶河县
1.34	0.43	2.31	0.18	0.58	0.32	0.16			肇州县
0.98	0.37	2.51	0.23	1.90	0.22	0.19	0.20	0.03	肇源县
0.95	0.40	1.17	0.13	1.72	0.20	0.10			林甸县
1.25	0.61	0.42	0.81	2.25	0.22	1.41	0.46		杜尔伯特蒙古族自治县
0.08	0.03	0.03	0.10	0.82	0.04	0.82			嘉荫县
0.36	0.18	1.00	0.23	0.78	1.53	3.55			汤旺县
1.47	0.26	2.22	0.46	1.65	0.54	2.99			丰林县
0.18	0.06	0.79	0.26	0.41	0.03	0.33			大箐山县

2-2 续表 8

面积计量单位：平方公里

人口计量单位：万人

县名称 Name of Counties	县面积 County District Area	县人口 County District Population	县暂住人口 County District Temporary Population	县城面积 County Seat Area	县城人口 County Seat Population	县城暂住人口 County Seat Temporary Population	建成区面积 Area of Built District	小计 Subtotal	居住用地 Residential
南岔县	3088.0	10.0	0.2	19.40	6.79	0.14	19.40	19.38	7.08
桦南县	4418.0	41.0	0.1	18.80	12.10	0.10	17.51	15.48	7.24
桦川县	2268.0	20.2	0.8	40.00	6.24	1.01	10.55	9.23	3.87
汤原县	3419.9	25.3	1.0	11.29	6.45	0.96	9.22	9.21	1.46
勃利县	2575.5	28.0	0.5	26.04	8.50	0.10	16.50	15.24	4.44
林口县	6638.3	32.4	0.3	22.04	7.36	0.29	16.24	16.24	5.40
逊克县	17344.0	9.4	0.3	10.20	4.14	0.20	9.48	7.50	2.38
孙吴县	4318.0	8.0	0.3	34.00	5.01	0.17	7.40	7.39	1.83
望奎县	2316.4	43.7	3.5	20.01	7.80	3.35	12.93	12.93	5.35
兰西县	2400.0	52.1	1.0	12.60	7.68	0.21	12.60	12.60	5.40
青冈县	2686.0	49.1	4.7	15.80	12.50	3.71	15.40	14.16	4.90
庆安县	2300.0	35.6	1.3	9.98	8.80	0.98	9.98	9.98	3.37
明水县	2313.0	19.8	0.5	10.05	6.80	0.50	9.69	9.33	5.16
绥棱县	4238.0	28.5	0.1	14.04	10.16	0.03	13.82	13.82	5.78
呼玛县	14335.0	4.0	0.1	5.92	2.21	0.09	5.80	5.80	2.72
塔河县	14218.5	5.5	0.4	23.00	3.70	0.10	15.00	14.97	8.58
加格达奇区	1358.6	12.7	3.0	38.31	11.24	2.40	23.15	18.41	8.43
江　苏	**33536.6**	**1963.7**	**58.7**	**2592.68**	**486.20**	**32.49**	**716.80**	**699.96**	**225.60**
丰　县	1446.0	119.6	5.2	98.00	25.15	3.50	33.30	33.29	13.47
沛　县	1806.0	127.7	2.9	124.40	40.40	1.86	52.63	52.61	23.66
睢宁县	1767.0	141.8	4.1	123.00	26.80	2.00	34.00	33.19	13.90
如东县	1872.7	101.2	4.1	85.00	20.50	0.58	31.92	31.91	8.17
东海县	2037.5	124.3	4.8	188.00	26.74	3.91	35.20	35.20	15.64
灌云县	1542.7	103.7	4.0	54.10	19.91	1.37	28.83	28.74	8.50
灌南县	1041.0	79.0	2.7	142.60	19.74	2.49	29.76	29.76	11.12
涟水县	1678.5	109.4	1.2	177.30	26.04	0.71	37.26	36.29	9.25
盱眙县	2483.0	81.5	0.6	93.00	24.03	0.50	41.20	39.98	9.59
金湖县	1327.4	33.9	2.3	66.00	15.77	1.94	32.69	31.14	8.71
响水县	1473.8	61.2	0.8	51.98	11.39	0.48	22.88	18.38	8.39
滨海县	1950.0	121.3	1.6	110.40	25.27	1.28	35.50	35.45	11.00
阜宁县	1439.4	108.5	3.1	194.70	28.87	1.16	46.90	45.01	14.52
射阳县	2606.0	75.9	2.8	63.00	23.94	1.56	29.34	29.34	8.70
建湖县	1157.0	76.5	1.8	98.00	22.85	0.85	28.80	28.24	9.20
宝应县	1461.6	85.9	2.4	116.70	21.59	1.56	38.15	37.65	12.32
沭阳县	2298.0	198.4	7.1	317.20	46.71	1.91	72.00	68.80	16.54
泗阳县	1418.0	105.4	3.4	206.30	35.11	1.88	46.74	45.28	12.12
泗洪县	2731.0	108.7	4.0	283.00	25.39	2.95	39.70	39.70	10.80
浙　江	**49750.5**	**1423.5**	**313.7**	**5055.42**	**346.19**	**108.47**	**629.09**	**645.53**	**202.00**
桐庐县	1829.3	45.5	12.1	192.65	12.91	7.42	21.42	21.42	5.44
淳安县	4417.5	43.5	2.3	413.17	6.47	2.16	19.37	17.67	5.22
象山县	1394.3	54.2	16.1	114.37	13.13	8.49	34.16	46.85	13.57
宁海县	1861.2	63.1	13.2	89.87	16.31	8.79	43.34	50.31	17.09

continued

Area Measurement Unit: Square Kilometer
Population Measurement Unit:10,000 persons

城市建设用地面积 Area of Urban Construction Land							本年征用土地面积 Area of Land Requisition This Year	耕地 Arable Land	县名称 Name of Counties
公共管理与公共服务用地 Administr-ation and Public Services	商业服务业设施用地 Commercial and Business Facilities	工业用地 Industrial	物流仓储用地 Logistics and Warehouse	道路交通设施用地 Road, Street and Trans-portation	公用设施用地 Munici-pal Utilities	绿地与广场用地 Green Space and Square			
5.93	0.05	2.58	0.84	1.68	0.40	0.82			南岔县
1.14	0.85	3.62	0.47	1.30	0.57	0.29			桦南县
0.54	0.30	2.28	0.22	1.35	0.26	0.41	0.21		桦川县
1.04	0.78	1.99	0.72	2.29	0.35	0.58			汤原县
0.84	0.66	5.61	0.62	0.98	0.25	1.84	0.04	0.04	勃利县
0.86	0.85	2.07	0.36	3.25	1.77	1.68			林口县
0.30	0.58	0.36	1.00	0.58	0.70	1.60			逊克县
0.59	0.41	1.66	0.50	1.19	0.18	1.03	0.56	0.54	孙吴县
0.55	0.96	2.36	0.28	1.65	0.28	1.50	2.06	0.11	望奎县
0.03	0.03	1.81	1.53	1.89	0.40	1.51	0.80	0.30	兰西县
1.40	0.35	3.80	0.37	1.60	0.13	1.61	0.78	0.44	青冈县
0.55	0.59	2.96	0.60	1.00	0.58	0.33			庆安县
1.38	1.35	0.13	0.04	0.70	0.07	0.50	0.04		明水县
0.91	0.56	2.87	0.71	1.61	0.36	1.02	0.01	0.01	绥棱县
0.53	0.46	0.35	0.01	0.63	0.01	1.09			呼玛县
1.00	0.50	0.90	0.50	1.73	0.30	1.46			塔河县
2.20	1.89	1.97	0.46	1.97	0.57	0.92			加格达奇区
51.26	**41.67**	**126.65**	**8.49**	**114.66**	**21.17**	**110.46**	**30.67**	**19.50**	**江　苏**
2.71	2.20	4.50	0.48	4.13	0.34	5.46	4.61	3.11	丰　县
3.55	2.22	9.56	0.53	5.45	0.72	6.92			沛　县
2.60	2.50	0.09	0.75	4.75	2.40	6.20			睢宁县
1.50	1.10	4.68	0.66	7.00	2.00	6.80			如东县
4.68	1.90	5.53	0.32	5.40	1.08	0.65	0.57	0.47	东海县
2.01	2.33	2.06	0.61	5.82	0.21	7.20	3.36	2.82	灌云县
2.81	1.81	8.05	0.17	3.70	0.38	1.72	2.74	2.07	灌南县
3.02	1.32	7.47	0.31	6.51	0.48	7.93	0.53	0.31	涟水县
1.83	3.79	8.35	0.51	5.49	0.49	9.93	0.48	0.25	盱眙县
1.85	1.38	5.26	0.17	4.41	4.05	5.31	1.88	0.85	金湖县
1.55	0.65	3.81	0.09	2.56	0.18	1.15	2.52	1.38	响水县
2.11	2.60	7.80	0.46	6.20	0.23	5.05	0.30	0.12	滨海县
3.45	2.65	12.49	0.26	9.69	0.50	1.45	2.15	1.70	阜宁县
2.98	3.27	2.43	0.33	4.88	2.22	4.53	0.80		射阳县
2.00	4.31	0.80	0.40	4.70	2.02	4.81	0.02	0.02	建湖县
2.10	1.13	6.79	0.65	8.15	0.32	6.19	1.90	1.38	宝应县
4.29	2.91	16.67	0.69	11.52	0.48	15.70	4.64	2.08	沭阳县
4.02	1.20	11.21	0.89	7.50	1.56	6.78	3.04	1.99	泗阳县
2.20	2.40	9.10	0.21	6.80	1.51	6.68	1.13	0.95	泗洪县
55.57	**43.71**	**136.72**	**8.98**	**94.90**	**23.24**	**80.41**	**35.06**	**18.09**	**浙　江**
1.99	1.77	5.45	0.36	3.19	1.30	1.92	0.96	0.73	桐庐县
1.91	2.59	1.39	0.29	3.01	0.30	2.96	0.73	0.10	淳安县
5.05	3.71	11.16	0.83	5.57	2.67	4.29	2.52	1.46	象山县
3.02	3.55	13.81	0.42	11.29	0.48	0.65	1.42	0.84	宁海县

2-2 续表 9

面积计量单位：平方公里
人口计量单位：万人

县名称 Name of Counties	县面积 County District Area	县人口 County District Population	县暂住人口 County District Temporary Population	县城面积 County Seat Area	县城人口 County Seat Population	县城暂住人口 County Seat Temporary Population	建成区面积 Area of Built District	小计 Subtotal	居住用地 Residential
永嘉县	2674.3	98.7	21.1	66.40	9.97	0.31	10.84	10.69	5.03
平阳县	1042.0	87.9	23.6	89.90	12.26	3.77	11.67	11.66	4.89
苍南县	1086.3	96.1	10.0	86.50	17.21	0.95	18.20	17.32	6.43
文成县	1296.5	40.7	1.0	125.30	5.52	0.58	5.10	5.06	2.45
泰顺县	1768.0	36.9	1.5	33.70	7.14	0.65	11.85	9.10	3.53
嘉善县	506.6	41.7	46.2	162.00	15.18	6.46	45.76	45.76	10.28
海盐县	585.0	38.3	18.7	86.00	13.02	3.77	25.76	24.04	9.10
德清县	937.9	44.3	14.2	326.41	13.30	3.90	40.68	38.87	11.01
长兴县	1431.0	63.8	19.7	194.00	20.43	9.62	48.00	48.00	14.40
安吉县	1886.0	49.3	16.2	240.17	18.04	7.46	39.00	39.00	11.53
新昌县	1213.0	43.0	6.1	189.00	18.40	5.43	33.30	31.19	9.60
武义县	1577.2	34.4	21.6	271.90	12.41	10.04	20.36	19.01	5.79
浦江县	915.3	39.9	18.3	168.56	15.57	5.29	26.00	25.51	5.49
磐安县	1194.8	20.4	2.7	128.20	3.58	0.22	5.42	5.21	1.86
常山县	1097.3	34.0	2.4	187.20	7.07	1.20	18.26	18.26	4.45
开化县	2227.8	35.9	0.6	128.00	10.71	0.53	15.21	22.26	5.17
龙游县	1143.5	39.7	6.0	190.77	9.39	2.52	15.40	15.40	5.22
岱山县	326.5	17.1	4.3	50.80	6.14	1.75	8.45	8.31	3.41
嵊泗县	86.0	7.3	1.8	16.75	3.06	1.11	2.28	2.09	0.85
三门县	1072.0	44.5	5.2	145.00	9.99	2.46	13.83	13.83	4.55
天台县	1426.0	60.3	4.2	215.30	12.32	1.28	20.20	22.11	9.83
仙居县	1992.0	51.0	4.4	217.60	13.64	2.96	17.60	17.60	7.08
青田县	2493.0	50.9	3.4	131.60	8.91	1.15	6.66	6.66	3.00
缙云县	1494.3	46.8	6.3	140.60	6.98	0.99	10.81	10.08	3.50
遂昌县	2539.0	22.8	2.0	100.50	5.75	0.77	7.70	7.70	2.73
松阳县	1406.0	23.9	2.5	115.00	6.56	1.54	10.33	10.33	2.47
云和县	984.0	11.4	3.2	141.00	3.40	3.03	6.85	6.85	1.23
庆元县	1898.0	20.6	1.4	104.00	7.21	0.36	10.25	12.36	3.64
景宁县	1949.0	15.9	1.6	193.20	4.21	1.51	5.03	5.02	2.16
安　徽	**92416.3**	**4273.7**	**172.2**	**5092.45**	**816.83**	**106.08**	**1340.43**	**1320.21**	**379.45**
长丰县	1841.0	82.3	23.3	63.99	20.35	9.05	52.60	52.56	12.76
肥西县	1695.4	85.6	17.1	53.66	28.32	9.86	49.76	49.76	17.58
肥东县	2179.2	108.5	16.5	57.60	24.11	5.93	39.20	39.20	9.50
庐江县	2352.0	120.0	2.9	172.76	30.93	0.84	46.57	38.16	14.53
南陵县	1263.7	54.2	2.3	52.00	13.45	1.49	28.90	28.36	9.17
怀远县	2211.6	134.7	2.8	117.96	26.80	2.31	29.50	29.40	5.90
五河县	1428.0	71.2	3.1	75.10	19.03	2.91	25.31	24.09	6.33
固镇县	1363.0	75.3	3.5	121.50	14.58	0.91	20.53	20.52	8.19
凤台县	894.0	68.6	0.9	36.80	16.50	1.07	25.01	25.01	10.97
寿　县	2986.0	139.3	1.1	71.63	18.38	0.78	24.47	24.47	4.30
当涂县	1002.0	48.0	3.3	35.65	11.92	2.68	32.20	31.87	7.94
含山县	1025.0	44.2	0.7	28.00	12.07	0.38	15.92	10.87	5.75

continued

Area Measurement Unit: Square Kilometer

Population Measurement Unit:10,000 persons

城市建设用地面积 Area of Urban Construction Land							本年征用土地面积 Area of Land Requisition This Year	耕地 Arable Land	县名称 Name of Counties
公共管理与公共服务用地 Administration and Public Services	商业服务业设施用地 Commercial and Business Facilities	工业用地 Industrial	物流仓储用地 Logistics and Warehouse	道路交通设施用地 Road, Street and Transportation	公用设施用地 Municipal Utilities	绿地与广场用地 Green Space and Square			
1.55	0.38	0.71	0.03	0.83	0.10	2.06	0.25	0.15	永嘉县
1.31	0.07	4.37	0.03	0.25	0.39	0.35	0.45	0.33	平阳县
2.00	1.12	2.41	0.11	3.99	0.67	0.59	1.79	1.19	苍南县
0.21	0.11	0.06	0.18	0.57	0.37	1.11			文成县
1.67	0.46	0.52	0.03	1.19	0.43	1.27	1.19	0.42	泰顺县
3.48	7.15	14.35	1.11	3.87	1.05	4.47	1.56	1.05	嘉善县
2.15	1.94	3.86	0.04	4.11	0.25	2.59	0.41	0.21	海盐县
1.99	3.01	8.93	0.10	4.49	2.71	6.63	3.75	2.01	德清县
2.26	2.65	10.20	0.48	6.45	0.66	10.90	0.77	0.45	长兴县
2.77	2.60	8.98	0.40	7.70	0.61	4.41			安吉县
2.41	1.45	4.52	1.20	5.43	1.22	5.36	1.23	0.52	新昌县
2.22	0.25	3.41	0.28	3.10	0.28	3.68			武义县
1.88	0.89	6.02	0.08	4.71	0.97	5.47	7.97	3.02	浦江县
0.26	0.15	0.32	0.12	0.85	0.22	1.43	0.26	0.21	磐安县
1.60	1.04	5.57	0.50	2.56	0.62	1.92	2.31	0.53	常山县
2.04	1.06	7.47	0.80	2.59	0.40	2.73	0.75	0.48	开化县
0.82	1.48	3.52	0.36	1.98	0.78	1.24	0.70	0.31	龙游县
0.71	0.51	0.95	0.11	1.47	0.12	1.03	0.33	0.03	岱山县
0.20	0.38	0.15	0.01	0.35	0.11	0.04			嵊泗县
1.00	0.74	3.10		3.08	0.07	1.29	0.18	0.17	三门县
2.21	0.69	3.63	0.27	2.22	1.07	2.19	0.60	0.44	天台县
2.05	0.21	2.83	0.05	0.59	2.71	2.08			仙居县
0.20	0.39	1.06	0.07	1.01	0.16	0.77	0.13	0.04	青田县
1.34	0.11	0.26	0.06	1.28	0.43	3.10	1.16	0.57	缙云县
0.73	1.75	0.15	0.20	1.20	0.22	0.72	0.83	0.48	遂昌县
1.82	0.41	2.23	0.21	1.71	0.24	1.24	0.69	0.40	松阳县
0.35	0.12	1.27	0.12	1.66	0.88	1.22	1.62	1.62	云和县
1.74	0.56	3.77	0.09	1.84	0.59	0.13	0.48	0.33	庆元县
0.63	0.41	0.29	0.04	0.76	0.16	0.57	0.02		景宁县
97.44	**85.00**	**227.03**	**41.89**	**238.82**	**46.01**	**204.57**	**71.85**	**33.48**	**安　徽**
3.49	3.08	16.51	1.56	5.05	1.29	8.82	7.83		长丰县
5.06	1.36	1.88	7.38	7.59	0.63	8.28	6.20	3.50	肥西县
3.03	3.98	7.37	0.67	6.07	1.38	7.20	5.13	3.25	肥东县
3.19	1.75	6.02	1.46	5.08	3.54	2.59			庐江县
2.93	2.65	5.46	0.57	3.86	0.42	3.30	0.87	0.67	南陵县
2.63	2.08	8.13	0.88	3.81	2.05	3.92	0.65	0.25	怀远县
0.95	1.54	3.59	0.91	4.65	1.30	4.82	1.35	1.33	五河县
1.15	1.30	0.95	0.45	4.02	0.82	3.64	0.89	0.51	固镇县
1.85	1.24	3.24	0.51	3.22	0.87	3.11	0.19	0.14	凤台县
1.94	0.54	2.24	0.13	4.80	0.14	10.38	0.69	0.58	寿　县
1.57	2.87	8.57	0.80	3.91	2.56	3.65	0.30	0.30	当涂县
1.32	0.65	0.07	0.01	2.14	0.08	0.85	0.38	0.25	含山县

2-2 续表 10

面积计量单位：平方公里

人口计量单位：万人

县名称 Name of Counties	县面积 County District Area	县人口 County District Population	县暂住人口 County District Temporary Population	县城面积 County Seat Area	县城人口 County Seat Population	县城暂住人口 County Seat Temporary Population	建成区面积 Area of Built District		
								小计 Subtotal	居住用地 Residential
和　县	1318.0	54.2	2.6	32.00	13.73	2.60	18.80	18.32	4.45
濉溪县	1987.0	114.5	1.4	38.08	18.06	0.44	34.80	34.80	11.02
枞阳县	1473.4	78.7	0.2	79.30	11.57	0.08	17.56	15.96	7.29
怀宁县	1276.0	70.6	3.6	30.00	7.80	1.50	22.79	22.79	6.50
太湖县	2040.0	57.5	0.4	72.00	16.70	0.44	18.00	17.50	5.45
宿松县	2393.5	86.6	0.5	158.00	9.80	0.20	20.00	17.84	5.10
望江县	1357.0	64.2	0.3	48.10	11.70	0.11	20.07	20.01	6.23
岳西县	2398.0	41.1	4.0	113.00	10.00	3.98	15.60	13.13	3.30
歙　县	2122.0	48.4	0.6	34.00	10.00	0.50	14.90	14.86	5.63
休宁县	2135.0	26.7	0.5	132.03	5.59	0.22	10.00	9.90	3.25
黟　县	857.0	9.2	0.3	19.60	2.33	0.17	5.90	5.90	2.81
祁门县	2257.0	18.6	1.5	230.12	4.26	0.63	7.44	7.44	2.72
来安县	1481.0	48.9	2.3	172.60	14.51	1.26	34.52	33.50	7.13
全椒县	1568.3	55.2	1.4	234.00	19.40	2.30	36.00	36.00	7.56
定远县	2998.0	97.5	1.2	58.20	15.61	0.44	33.66	33.57	12.18
凤阳县	1949.5	80.3	10.5	51.90	18.83	4.26	32.99	32.97	8.77
临泉县	1818.0	230.7	2.3	83.30	31.80	1.13	41.57	41.57	10.40
太和县	1867.0	178.3	0.8	123.50	24.36	0.44	46.32	46.30	15.55
阜南县	1688.3	173.3	0.6	108.30	18.94	0.20	37.26	37.26	10.25
颍上县	1859.0	179.4	4.3	87.80	33.41	2.42	37.00	36.63	7.62
砀山县	1193.0	100.9	0.4	120.80	23.10	0.31	34.99	34.99	5.55
萧　县	1885.0	139.1	11.6	283.00	11.27	11.08	40.75	40.75	18.50
灵璧县	2054.0	133.1	4.3	160.00	22.60	4.20	34.00	33.73	11.80
泗　县	1787.0	100.0	3.0	197.40	16.33	4.29	29.60	29.56	7.41
霍邱县	3242.0	163.4	4.0	56.20	18.73	2.97	32.73	32.48	11.59
舒城县	2092.0	98.3	1.1	106.00	21.56	0.65	30.50	30.30	8.90
金寨县	3814.0	67.8	2.7	100.00	16.44	1.99	26.68	26.49	5.28
霍山县	2043.0	35.9	3.7	96.70	14.12	3.53	21.80	20.90	4.99
涡阳县	2107.0	180.0	3.9	50.00	28.78	1.16	38.00	36.77	9.50
蒙城县	2091.0	139.0	8.5	66.00	36.00	5.00	48.00	48.00	10.50
利辛县	2005.0	172.5	1.4	50.00	22.20	1.50	29.90	29.90	8.60
东至县	3256.0	55.0	3.4	388.10	7.91	2.34	9.37	9.36	2.51
石台县	1403.0	10.5	0.2	189.00	2.48	0.10	3.29	3.28	1.45
青阳县	1180.6	29.2	2.1	118.62	8.68	1.42	12.50	12.50	3.53
郎溪县	1105.0	35.2	2.4	21.00	13.00	1.35	17.50	25.32	3.58
泾　县	2054.5	34.6	1.3	254.00	9.46	1.00	15.49	15.49	4.22
绩溪县	1116.0	19.0	1.1	15.35	4.89	1.10	12.68	12.67	2.88
旌德县	904.4	14.6	0.7	27.80	4.44	0.56	7.50	7.20	2.53
福　建	**75592.0**	**1719.3**	**159.7**	**1819.78**	**404.26**	**65.83**	**548.29**	**520.13**	**188.16**
闽侯县	2328.0	64.3	38.3	66.96	9.21	14.65	14.48	14.57	5.00
连江县	1168.0	67.6	14.6	28.00	13.58	4.01	16.83	16.70	8.58
罗源县	1187.0	27.0	3.7	32.00	6.77	0.50	9.20	4.70	2.80

continued

Area Measurement Unit: Square Kilometer
Population Measurement Unit:10,000 persons

城市建设用地面积 Area of Urban Construction Land							本年征用土地面积 Area of Land Requisition This Year	耕地 Arable Land	县名称 Name of Counties
公共管理与公共服务用地 Administration and Public Services	商业服务业设施用地 Commercial and Business Facilities	工业用地 Industrial	物流仓储用地 Logistics and Warehouse	道路交通设施用地 Road, Street and Transportation	公用设施用地 Municipal Utilities	绿地与广场用地 Green Space and Square			
2.16	3.36	0.90	1.12	2.36	0.69	3.28	0.10		和　县
1.74	1.68	11.83	0.35	4.36	1.39	2.43			濉溪县
2.00	0.71	1.93	0.06	3.62	0.20	0.15	0.93	0.28	枞阳县
1.65	0.61	6.39	0.27	5.86	0.16	1.35	1.32	0.65	怀宁县
1.58	1.53	3.35	0.89	2.48	0.25	1.97			太湖县
0.26	1.23	3.00	0.80	3.20	0.80	3.45	0.65	0.65	宿松县
1.31	1.28	5.29	0.20	2.85	0.64	2.21	0.56	0.12	望江县
1.17	1.29	2.82	0.70	1.01	0.74	2.10	0.90		岳西县
0.51	2.86	2.06	0.01	2.24	0.05	1.50	2.00		歙　县
0.23	1.53	0.94	0.06	2.15	0.27	1.47	0.10	0.08	休宁县
0.60	0.11	0.07		1.76	0.27	0.28	0.01	0.01	黟　县
0.68	0.51	1.20	0.02	1.18	0.08	1.05	0.44	0.11	祁门县
3.16	2.67	7.11	0.99	6.81	0.51	5.12	1.23	0.30	来安县
1.80	1.60	8.53	0.05	5.93	0.22	10.31			全椒县
3.76	1.71	3.02	0.51	7.71	0.95	3.73	0.56	0.02	定远县
2.65	1.94	7.04	1.39	7.70	1.45	2.03	7.13	5.70	凤阳县
2.10	2.60	3.13	2.60	6.67	2.07	12.00	2.22	1.79	临泉县
2.73	2.35	7.97	0.77	9.80	0.60	6.53	1.40	0.99	太和县
4.25	2.25	7.80	0.72	7.00	1.20	3.79	1.36	0.30	阜南县
1.70	1.32	4.70	1.73	9.01	1.57	8.98	1.83	1.56	颍上县
3.79	4.94	2.15	2.53	7.08	1.76	7.19	1.50	0.86	砀山县
3.29	2.15	5.45	0.29	7.42	0.99	2.66	4.48	2.68	萧　县
1.81	0.95	3.99	1.00	6.80	2.56	4.82	0.98	0.36	灵璧县
1.18	1.02	4.45	1.78	7.42	0.80	5.50	1.77		泗　县
2.12	3.26	4.59	1.74	4.45	0.89	3.84	5.18	4.23	霍邱县
4.29	3.72	2.00	0.63	5.10	1.20	4.46	0.38	0.22	舒城县
1.80	1.60	5.08	0.78	6.27	0.67	5.01	0.15		金寨县
1.25	1.52	3.87	0.84	4.55	0.96	2.92	2.12	1.08	霍山县
1.45	1.51	7.78	1.37	7.95	1.23	5.98	3.00		涡阳县
5.09	1.46	7.25	0.56	9.13	2.40	11.61	2.40		蒙城县
1.10	1.60	7.00	0.50	5.20	0.50	5.40	0.90		利辛县
0.75	0.59	0.81	0.25	2.13	0.41	1.91	0.42	0.10	东至县
0.37	0.35	0.28	0.01	0.67	0.03	0.12			石台县
0.64	1.05	2.51	0.30	2.73	0.14	1.60	0.36	0.28	青阳县
0.75	1.04	8.27	0.19	8.47	1.13	1.89			郎溪县
1.10	0.81	3.51	0.09	2.48	0.54	2.74	0.56	0.14	泾　县
0.90	0.65	3.28	0.40	1.92	0.26	2.38	0.32	0.09	绩溪县
0.61	0.60	1.65	0.06	1.15	0.35	0.25	0.11	0.10	旌德县
42.98	**31.46**	**76.99**	**6.49**	**88.17**	**16.15**	**69.73**	**25.59**	**5.58**	**福　建**
1.44	0.56	4.55	0.01	1.39	0.16	1.46	0.84	0.28	闽侯县
1.18	0.31	1.39	0.12	2.23	0.09	2.80	0.45		连江县
0.63	0.14	0.39	0.01	0.54	0.03	0.16			罗源县

2-2 续表 11

面积计量单位：平方公里

人口计量单位：万人

县名称 Name of Counties	县面积 County District Area	县人口 County District Population	县暂住人口 County District Temporary Population	县城面积 County Seat Area	县城人口 County Seat Population	县城暂住人口 County Seat Temporary Population	建成区面积 Area of Built District	小计 Subtotal	居住用地 Residential
闽清县	1494.4	32.2	2.9	13.00	6.72	0.99	9.10	9.68	4.68
永泰县	2241.0	38.2	4.6	33.00	7.64	1.93	9.95	9.57	3.85
仙游县	1835.3	118.0	6.9	48.00	27.83	2.47	32.00	31.97	10.34
明溪县	1729.9	11.6	1.0	12.60	3.74	0.54	6.12	6.12	2.31
清流县	1806.3	15.2	1.1	30.00	3.43	0.68	5.83	5.81	2.29
宁化县	2407.5	39.1	1.5	48.00	10.98	0.75	15.34	15.34	5.66
大田县	2294.0	41.5	2.9	34.00	7.01	2.81	8.50	8.50	2.47
尤溪县	3421.7	44.7	2.1	18.25	5.88	0.92	9.73	9.44	3.92
将乐县	2246.0	18.8	1.5	44.35	6.35	0.83	7.25	7.23	2.03
泰宁县	1537.0	13.7	0.8	30.00	4.14	0.77	7.81	7.81	2.19
建宁县	1718.0	18.1	0.5	12.60	6.31	0.35	6.54	6.54	1.62
惠安县	720.0	82.8	9.7	36.10	11.48	1.69	26.56	21.57	9.41
安溪县	3057.3	120.7	10.5	46.20	19.00	7.31	30.50	29.00	12.07
永春县	1455.4	59.2		173.00	22.58		24.10	23.28	9.14
德化县	2232.1	33.2		140.00	23.71		30.50	30.50	13.70
云霄县	1165.0	49.0	4.9	74.08	17.38	2.09	28.24	28.24	9.09
漳浦县	2146.3	94.9	7.5	32.15	17.34	2.93	19.43	18.66	6.15
诏安县	1293.6	65.0	1.6	15.38	10.89	0.95	13.70	13.67	3.83
东山县	197.0	22.3	2.9	7.00	6.16	1.16	5.70	5.69	0.90
南靖县	1961.8	38.9	2.6	8.63	6.19	0.45	8.63	7.84	2.17
平和县	2328.0	66.8	1.0	14.97	7.95	0.95	8.77	8.76	3.54
华安县	1315.0	11.1	2.4	5.05	1.23	0.30	4.30	4.22	0.95
顺昌县	1985.0	24.0	1.6	19.70	5.72	1.39	8.01	8.00	1.81
浦城县	3383.0	42.2	2.0	35.80	12.33	1.30	13.84	13.57	3.91
光泽县	2240.2	16.0	1.8	55.20	6.45	1.22	7.20	7.09	1.95
松溪县	1043.0	16.6	0.7	18.50	4.60	0.60	8.09	8.07	3.08
政和县	1749.0	25.8	1.8	19.52	7.01	0.99	6.63	6.41	2.45
长汀县	3104.2	54.7	2.8	153.07	14.77	1.11	25.26	23.67	8.29
上杭县	2854.5	51.5	3.3	96.00	10.96	1.25	15.78	15.60	4.23
武平县	2630.0	40.5	0.0	70.00	8.94	0.06	9.30	8.88	2.65
连城县	2595.5	34.5	2.1	35.29	6.95	0.62	11.24	11.24	4.01
霞浦县	1489.5	54.9	7.0	197.40	17.51	2.30	18.01	16.83	4.78
古田县	2378.0	42.0	3.3	16.00	7.70	1.23	10.60	10.60	3.80
屏南县	1470.0	19.2	0.9	11.00	5.00	0.28	6.50	6.25	2.45
寿宁县	1424.6	26.0	0.8	19.92	4.40	0.68	4.15	3.14	0.92
周宁县	1035.6	21.1		22.70	5.33		9.19	5.69	3.37
柘荣县	533.3	11.1	0.4	11.14	4.85	0.27	6.70	5.36	2.34
平潭县	391.0	45.3	6.0	35.22	18.24	2.50	28.68	24.32	9.43
江　西	**121499.0**	**2782.9**	**75.8**	**1757.51**	**763.79**	**54.07**	**1099.98**	**1070.67**	**315.25**
南昌县	1670.0	107.3	2.2	68.20	22.39	2.19	59.10	55.64	17.84
安义县	666.0	30.7	1.0	19.72	13.73	0.95	14.94	13.68	4.31
进贤县	1971.0	84.2	0.4	36.00	23.38	0.39	29.66	29.62	8.99

continued

Area Measurement Unit: Square Kilometer

Population Measurement Unit:10,000 persons

城市建设用地面积 Area of Urban Construction Land							本年征用土地面积 Area of Land Requisition This Year		县名称 Name of Counties
公共管理与公共服务用地 Administration and Public Services	商业服务业设施用地 Commercial and Business Facilities	工业用地 Industrial	物流仓储用地 Logistics and Warehouse	道路交通设施用地 Road, Street and Transportation	公用设施用地 Municipal Utilities	绿地与广场用地 Green Space and Square		耕地 Arable Land	
0.82	0.44	1.32	0.10	1.08	0.22	1.02			闽清县
0.63	0.65	0.70	0.09	1.57	0.40	1.68	0.22	0.04	永泰县
3.50	3.18	3.25	0.29	4.68	1.12	5.61	1.35		仙游县
0.61	0.35	0.17	0.02	1.22	0.15	1.29	0.68	0.18	明溪县
0.78	0.56	0.37	0.04	1.31	0.11	0.35	0.43	0.08	清流县
1.42	0.63	2.48	0.06	4.58	0.13	0.38	0.64	0.21	宁化县
0.32	0.61	2.07	0.09	0.91	0.62	1.41	0.32	0.10	大田县
0.71	0.19	2.91	0.15	0.92	0.28	0.36	0.19	0.08	尤溪县
0.82	1.41	0.38	0.19	1.25	0.32	0.83	1.20	0.19	将乐县
0.78	0.62	0.70	0.38	1.23	0.80	1.11	0.38	0.06	泰宁县
0.68	0.41	0.71	0.07	1.09	0.13	1.83	0.15	0.03	建宁县
0.63	2.24	0.85	0.40	4.29	1.89	1.86			惠安县
3.08	1.92	3.23	0.26	3.83	0.49	4.12	0.89	0.23	安溪县
1.73	0.80	5.59	0.06	2.80	0.27	2.89	0.26		永春县
1.32	0.65	7.35	0.05	5.85	1.32	0.26	0.36		德化县
1.98	2.37	4.82	0.58	5.28	0.46	3.66			云霄县
1.09	0.91	3.98	0.11	4.03	0.23	2.16	0.10	0.09	漳浦县
0.92	0.78	5.25	0.02	2.08	0.04	0.75			诏安县
0.50	0.33	0.41	0.45	1.14	0.45	1.51	1.64	0.18	东山县
0.52	0.82	0.56	0.13	1.55	0.08	2.01	0.38		南靖县
0.40	0.39	0.41	0.30	1.40	0.32	2.00	0.59	0.37	平和县
0.25	0.15	0.05	0.05	0.82	0.15	1.80			华安县
0.29	0.20	0.92	0.10	0.98	2.11	1.59			顺昌县
0.80	0.53	3.25	0.19	1.35	0.19	3.35	0.52	0.52	浦城县
0.60	0.27	1.82	0.22	0.95	0.24	1.04	0.05		光泽县
0.56	0.40	1.08	0.21	1.02	0.24	1.48			松溪县
0.30	0.26	0.56	0.20	0.73	0.17	1.74			政和县
1.64	0.80	5.76	0.23	3.97	0.40	2.58	2.53	0.19	长汀县
2.05	0.56	2.71	0.08	2.85	0.40	2.72	0.51	0.15	上杭县
1.20	0.47	0.31	0.15	1.90	0.15	2.05	2.35	0.10	武平县
0.29	1.40	0.45	0.19	1.93	0.35	2.62	0.10	0.10	连城县
2.42	1.32	1.94	0.16	2.78	0.53	2.90	1.03	0.58	霞浦县
1.07	1.17	0.80	0.34	1.70	0.29	1.43	4.05	1.13	古田县
0.50	0.46	0.93	0.01	0.80	0.20	0.90	1.38		屏南县
0.42	0.24	0.17	0.12	0.48	0.17	0.62	1.30	0.20	寿宁县
0.63	0.15	0.50		0.94	0.05	0.05	0.27	0.20	周宁县
0.65	0.13	0.90	0.02	0.81	0.27	0.24			柘荣县
2.82	1.68	1.00	0.24	7.91	0.13	1.11	0.43	0.29	平潭县
95.83	**67.46**	**172.24**	**25.07**	**184.70**	**34.90**	**175.22**	**63.59**	**23.81**	**江　西**
4.51	4.58	12.88	0.02	7.51	0.47	7.83	1.89	0.89	南昌县
1.27	0.43	4.53	0.09	2.53	0.10	0.42	0.27	0.18	安义县
3.02	3.57	7.84	1.35	2.82	0.56	1.47	1.60	0.67	进贤县

2-2 续表 12

面积计量单位：平方公里
人口计量单位：万人

县名称 Name of Counties	县面积 County District Area	县人口 County District Population	县暂住人口 County District Temporary Population	县城面积 County Seat Area	县城人口 County Seat Population	县城暂住人口 County Seat Temporary Population	建成区面积 Area of Built District		
								小计 Subtotal	居住用地 Residential
浮梁县	2847.0	32.3	2.6	16.00	5.05	2.51	10.33	10.33	4.27
莲花县	1062.1	28.8	1.2	19.00	5.71	0.64	7.33	7.26	0.37
上栗县	727.3	52.3	0.2	45.47	7.95	0.12	19.09	18.37	9.00
芦溪县	968.0	30.1	0.4	9.73	4.58	0.45	9.73	9.73	3.11
武宁县	3506.0	39.9	1.7	51.23	9.30	0.23	18.84	13.46	4.41
修水县	4504.0	99.5	4.7	128.40	22.65	1.32	26.35	26.33	7.67
永修县	2035.0	31.6	2.9	23.01	9.51	0.90	16.06	15.73	4.15
德安县	863.0	18.7	0.4	19.00	7.86	0.40	14.32	14.32	2.17
都昌县	2669.5	57.8	2.2	51.00	9.95	2.10	49.00	47.57	7.80
湖口县	669.3	28.9	0.2	19.90	6.55	0.20	12.43	12.42	1.87
彭泽县	1532.4	37.7	0.9	12.50	7.52	0.10	8.48	8.45	3.10
分宜县	1389.0	33.9	0.6	35.00	11.20	0.48	17.10	15.75	4.50
信丰县	2878.0	78.0	5.5	40.00	32.55	4.72	39.40	39.40	12.10
大余县	1368.0	30.3	0.8	30.27	9.45	0.53	15.30	15.30	5.15
上犹县	1543.9	32.2	0.8	15.37	11.67	0.04	15.36	14.52	3.97
崇义县	2207.7	21.5	0.4	10.20	5.45	0.30	7.46	7.46	2.20
安远县	2375.0	43.1	1.1	18.00	10.49	0.85	13.50	12.98	3.44
定南县	1318.7	23.5	1.0	30.44	10.11	0.97	13.57	13.56	3.89
全南县	1521.0	19.4	1.4	14.40	6.49	1.25	10.00	10.00	1.97
宁都县	4053.2	81.3	0.6	40.00	24.20	0.40	28.33	24.55	9.20
于都县	2893.0	111.8	0.6	45.00	27.33	0.57	30.55	30.55	8.21
兴国县	3215.0	86.9	1.7	51.60	29.35	1.30	29.50	29.11	10.52
会昌县	2722.0	53.4	0.7	30.50	12.74	0.60	16.51	16.51	5.21
寻乌县	2351.5	33.1	0.1	15.00	12.10	0.37	12.23	12.23	4.09
石城县	1581.5	33.3	0.9	17.00	10.31	0.38	12.70	12.56	3.11
吉安县	2117.0	54.0	4.0	17.20	11.58	2.11	17.10	16.83	2.93
吉水县	2509.0	58.7	1.7	20.00	20.80	3.50	19.90	19.90	6.81
峡江县	1287.4	19.0	0.2	20.67	3.68	0.05	7.74	7.68	1.96
新干县	1248.0	28.6	0.5	25.54	12.74	0.26	17.10	16.70	4.39
永丰县	2695.0	49.4	3.7	21.12	14.17	2.20	19.10	18.40	5.76
泰和县	2500.1	57.9	2.1	61.46	20.60	1.90	24.10	24.10	7.10
遂川县	3144.2	60.3	2.1	22.50	13.95	0.40	14.63	14.63	3.90
万安县	2036.7	31.4	2.5	57.30	7.93	1.67	16.00	16.00	2.68
安福县	2795.8	41.8	0.2	18.12	10.80	0.17	18.12	17.43	4.91
永新县	2195.0	51.9	0.9	18.20	13.71	0.90	16.50	16.48	5.70
奉新县	1644.9	26.9	2.2	19.71	11.02	1.28	19.71	19.71	4.26
万载县	1718.0	58.0	0.4	20.48	14.50	0.16	18.78	18.78	4.44
上高县	1350.3	38.4	1.3	25.00	22.48	1.04	24.53	24.53	7.44
宜丰县	1935.0	25.3	0.3	15.93	5.20	0.21	15.50	15.26	7.54
靖安县	1377.5	15.7	0.3	8.72	5.50	0.28	8.72	8.66	2.18
铜鼓县	1565.7	11.6	0.1	18.65	3.60	0.13	6.74	6.64	1.26
南城县	1698.0	36.3	2.4	19.97	17.24	2.09	19.92	19.75	4.80

continued

Area Measurement Unit: Square Kilometer

Population Measurement Unit:10,000 persons

城市建设用地面积 Area of Urban Construction Land							本年征用		
公共管理与公共服务用地 Administration and Public Services	商业服务业设施用地 Commercial and Business Facilities	工业用地 Industrial	物流仓储用地 Logistics and Warehouse	道路交通设施用地 Road, Street and Transportation	公用设施用地 Municipal Utilities	绿地与广场用地 Green Space and Square	土地面积 Area of Land Requisition This Year	耕地 Arable Land	县名称 Name of Counties
0.86	0.37	0.65		2.30	0.36	1.52	1.56		浮梁县
1.30	0.75	0.39	0.03	1.37	0.32	2.73	0.05		莲花县
1.29	0.28	4.25	0.06	3.04	0.13	0.32	0.93	0.36	上栗县
0.29	0.18	2.33	0.64	1.08	0.74	1.36	0.27	0.18	芦溪县
1.29	1.19	1.80	0.11	2.94	0.21	1.51	0.92	0.19	武宁县
1.99	2.45	3.79	0.33	3.64	0.48	5.98	5.11	1.65	修水县
2.26	1.32	1.42	0.23	2.80	0.36	3.19	0.04		永修县
0.53	0.60	1.35	0.34	2.85	1.20	5.28	0.86	0.27	德安县
5.50	1.62	6.10	0.20	10.90	0.61	14.84	1.60		都昌县
1.07	0.14	4.20	0.25	1.63	0.12	3.14	0.63	0.28	湖口县
0.88	0.49	2.10	0.15	1.33	0.19	0.21	1.13	0.29	彭泽县
2.40	0.65	1.30	0.40	2.60	0.90	3.00	0.11	0.06	分宜县
2.76	1.48	7.82	2.14	6.19	0.52	6.39	3.56	2.56	信丰县
0.88	0.56	2.99	0.39	2.29	0.36	2.68	0.25	0.15	大余县
0.69	1.78	1.03	0.12	2.34	0.35	4.24	0.71	0.10	上犹县
1.09	0.91	0.30	0.57	1.00	0.43	0.96	0.17		崇义县
2.01	0.42	1.35	0.14	2.98	0.37	2.27	0.15	0.13	安远县
1.77	0.77	2.91	0.47	1.88	0.29	1.58	0.50	0.02	定南县
0.26	0.14	1.99	0.08	1.67	0.47	3.42	0.71	0.27	全南县
2.00	0.44	3.74	0.13	4.63	0.56	3.85	0.86	0.75	宁都县
2.60	0.78	6.87	0.36	5.97	0.74	5.02	3.07	1.14	于都县
3.10	2.60	2.00	2.20	5.98	0.53	2.18	8.80	3.35	兴国县
1.71	1.61	1.03	0.24	2.83	0.44	3.44	1.63	0.55	会昌县
1.24	0.31	0.28	0.20	2.31	0.28	3.52	0.41	0.19	寻乌县
1.62	1.32	0.62	0.10	2.12	0.54	3.13	0.47		石城县
1.51	1.43	2.01	0.84	4.80	0.47	2.84	0.56	0.34	吉安县
3.22	1.80	1.60	0.55	4.20	0.52	1.20	1.59	0.60	吉水县
0.69	0.35	1.63	0.20	1.90	0.12	0.83			峡江县
1.47	1.29	3.00	0.93	3.01	0.40	2.21	0.21	0.08	新干县
1.68	0.63	3.28	0.15	3.21	0.18	3.51	0.87	0.41	永丰县
0.62	1.42	4.35	0.85	4.85	0.39	4.52	0.70	0.70	泰和县
1.12	1.02	0.70	0.54	2.50	1.80	3.05	0.73	0.71	遂川县
2.16	1.02	1.83	0.45	2.92	1.12	3.82	0.82	0.17	万安县
1.86	0.81	4.35	0.21	2.27	0.20	2.82	0.58	0.17	安福县
0.87	1.03	1.04	0.25	3.89	0.40	3.30	4.28	1.64	永新县
1.56	1.61	3.05	0.42	2.76	1.74	4.31	2.21	0.49	奉新县
0.91	1.47	3.80	0.20	2.54	1.21	4.21	0.47	0.34	万载县
0.78	0.76	6.41	0.52	4.67	1.07	2.88	0.66		上高县
1.29	0.59	1.73	0.02	2.76	0.45	0.88	0.35	0.03	宜丰县
0.70	0.03	1.86	0.05	1.84	0.30	1.70	1.43		靖安县
0.80	0.78	0.30	0.10	1.20	0.30	1.90	0.03		铜鼓县
2.13	1.21	5.10	1.15	2.61	1.41	1.34	0.14	0.03	南城县

2-2 续表 13

面积计量单位：平方公里
人口计量单位：万人

县名称 Name of Counties	县面积 County District Area	县人口 County District Population	县暂住人口 County District Temporary Population	县城面积 County Seat Area	县城人口 County Seat Population	县城暂住人口 County Seat Temporary Population	建成区面积 Area of Built District		
								小计 Subtotal	居住用地 Residential
黎川县	1728.6	25.0	0.6	26.00	11.59	0.61	15.00	15.00	5.03
南丰县	1909.0	31.5	1.7	22.00	9.60	1.72	15.00	14.92	4.83
崇仁县	1520.0	38.9	0.3	24.27	11.09	0.25	18.97	18.88	4.32
乐安县	2412.6	42.7	0.9	15.00	11.91	0.35	12.58	12.51	4.04
宜黄县	1994.0	23.3	0.1	15.60	6.35	0.04	7.98	7.98	3.98
金溪县	1358.0	31.6	0.7	25.80	11.05	0.55	15.62	15.49	5.42
资溪县	1251.0	12.2	0.2	30.00	3.25	0.12	6.01	5.95	1.78
广昌县	1612.0	25.0	0.0	15.00	7.92	0.02	10.80	10.78	3.10
玉山县	1731.0	62.0	1.5	92.20	13.10	1.50	20.29	19.59	3.75
铅山县	2177.0	50.1	0.4	28.81	12.51	0.38	19.02	18.50	5.73
横峰县	655.0	23.3	0.1	16.00	8.94	0.07	11.90	11.90	3.50
弋阳县	1592.0	43.0	1.2	26.50	11.95	1.03	19.52	18.73	6.13
余干县	2330.8	108.4	2.2	25.50	13.86	1.40	22.00	21.54	5.72
鄱阳县	4215.0	158.0	2.5	36.00	25.03	1.21	30.25	27.20	12.57
万年县	1140.0	44.1	0.4	20.32	16.31	0.24	17.82	17.02	4.91
婺源县	2947.4	37.1	1.6	16.00	10.26	0.97	15.86	15.81	5.76
山　东	**65130.6**	**3342.3**		**7568.30**	**995.91**	**51.18**	**1570.95**	**1455.62**	**491.76**
平阴县	715.0	32.9		100.48	11.85	1.20	23.71	21.89	6.94
商河县	1162.0	52.8		148.03	10.66	0.22	23.80	22.39	6.69
桓台县	509.0	49.0		77.00	12.95	0.63	21.00	20.69	8.75
高青县	831.0	31.3		98.09	9.19	0.29	18.47	18.47	4.29
沂源县	1636.0	51.5		152.55	14.76	0.14	32.42	32.40	12.70
利津县	1665.6	23.8		133.00	7.86	0.70	15.24	10.46	4.70
广饶县	1166.0	52.2		129.00	15.08	1.40	23.10	18.53	9.55
临朐县	1831.0	80.5		239.90	27.90	0.67	37.40	41.29	10.32
昌乐县	1101.0	58.3		280.20	25.21	0.84	32.44	32.44	8.27
微山县	1780.0	61.5		156.03	16.70	0.05	26.25	26.25	12.28
鱼台县	654.0	42.1		56.00	10.31	0.98	18.45	17.13	6.75
金乡县	872.0	63.1		71.00	19.53	1.10	28.57	25.74	11.39
嘉祥县	962.5	81.6		91.50	15.47	1.25	27.19	24.28	12.80
汶上县	876.0	68.3		72.90	14.72	1.70	29.00	27.60	9.16
泗水县	1118.0	53.9		123.90	16.97	0.16	22.63	21.70	7.24
梁山县	960.0	72.4		96.00	16.16	0.35	25.71	22.90	10.23
宁阳县	1125.0	65.8		56.10	15.01		23.55	21.30	6.58
东平县	1340.0	67.5		150.99	19.84	0.29	37.64	32.81	14.63
五莲县	1497.0	44.5		199.13	14.75	0.56	23.80	22.76	6.55
莒　县	1818.5	97.4		79.74	22.42	1.19	43.95	43.62	15.54
沂南县	1719.3	79.8		107.56	17.39	0.02	35.47	35.47	11.27
郯城县	1195.1	87.6		201.16	24.48	0.22	29.50	22.65	8.43
沂水县	2414.0	95.7		373.54	39.24	1.02	49.37	48.33	17.85
兰陵县	1724.0	109.3		314.45	41.84	8.44	46.50	46.16	19.46
费　县	1659.9	79.0		261.09	22.20	3.29	36.00	36.59	15.59

continued

Area Measurement Unit: Square Kilometer

Population Measurement Unit:10,000 persons

城市建设用地面积 Area of Urban Construction Land							本年征用土地面积 Area of Land Requisition This Year		县名称 Name of Counties
公共管理与公共服务用地 Administration and Public Services	商业服务业设施用地 Commercial and Business Facilities	工业用地 Industrial	物流仓储用地 Logistics and Warehouse	道路交通设施用地 Road, Street and Transportation	公用设施用地 Municipal Utilities	绿地与广场用地 Green Space and Square		耕地 Arable Land	
0.87	0.28	4.02	0.31	1.55	0.10	2.84	0.57	0.32	黎川县
0.71	2.30	1.75	0.58	2.15	0.81	1.79	0.93		南丰县
2.61	1.06	5.44	0.96	2.10	1.03	1.36	0.04	0.03	崇仁县
0.94	0.37	1.47	0.05	2.41	0.08	3.15	0.60		乐安县
0.58	0.08	1.27	0.01	1.10	0.08	0.88	1.67	0.84	宜黄县
1.49	1.52	1.25	0.36	2.28	0.48	2.69	0.38	0.38	金溪县
0.40	0.22	0.08	0.01	1.40	0.36	1.70	0.21	0.04	资溪县
0.81	0.80	1.93	0.36	1.81	0.22	1.75	0.55	0.17	广昌县
1.30	0.79	5.40	0.03	5.80	1.68	0.84	0.70	0.29	玉山县
1.12	0.97	2.87	0.52	3.11	0.67	3.51	0.10	0.03	铅山县
0.86	0.71	2.18	0.18	1.30	0.15	3.02	1.33	0.42	横峰县
1.21	0.48	3.42	0.13	4.20	0.21	2.95			弋阳县
2.50	2.58	1.66	1.61	2.50	2.55	2.42	0.07	0.07	余干县
2.12	1.22	2.76	0.92	4.87	0.85	1.89	1.89	0.98	鄱阳县
3.32	2.76	0.18	0.24	3.73	0.36	1.52	0.31	0.21	万年县
1.43	2.33	2.66	0.03	0.93	0.56	2.11	0.35	0.09	婺源县
121.85	**101.66**	**281.60**	**33.97**	**195.91**	**39.88**	**188.99**	**56.87**	**31.59**	**山　东**
1.99	2.29	4.24	0.11	2.11	0.31	3.90	2.03	0.80	平阴县
3.57	3.15	1.54	0.39	3.43	0.73	2.89	1.28	0.48	商河县
2.29	1.19	2.75	0.12	3.52	0.07	2.00	0.88	0.50	桓台县
2.09	1.26	5.21	0.47	1.18	0.97	3.00			高青县
2.01	2.10	7.80	0.20	5.91	0.12	1.56	0.53	0.15	沂源县
1.91	0.90	0.36		1.99	0.08	0.52	1.15	0.68	利津县
2.74	2.19	0.42	0.01	2.59	0.01	1.02	4.20	2.73	广饶县
4.07	3.20	9.16	0.93	6.70	2.05	4.86	6.38	2.49	临朐县
2.60	2.54	7.21	0.54	7.65	0.31	3.32	3.83	3.02	昌乐县
2.79	0.87	3.51	0.51	3.66	0.42	2.21			微山县
1.39	1.01	3.47	0.17	3.38	0.26	0.70	0.90		鱼台县
2.18	2.87	2.56	0.85	5.00	0.26	0.63	1.12	0.84	金乡县
1.87	1.50	2.28	0.40	4.71	0.22	0.50	1.25	0.90	嘉祥县
2.82	1.45	5.85	1.70	2.46	1.20	2.96			汶上县
1.38	0.58	2.69	0.48	0.80	1.17	7.36	0.87	0.63	泗水县
1.65	1.54	1.39	1.51	3.13	0.25	3.20	1.25	0.97	梁山县
1.42	2.18	2.61	0.65	3.87	0.04	3.95			宁阳县
2.79	2.37	7.89	0.30	3.48	0.24	1.11	0.92	0.73	东平县
1.63	1.58	5.18	0.13	4.27	0.31	3.11	1.02	0.66	五莲县
5.09	5.37	3.03	0.60	5.59	1.03	7.37	0.80	0.42	莒　县
2.93	2.69	9.22	1.47	4.28	0.66	2.95	1.66	0.70	沂南县
2.69	3.12	3.70	0.43	0.64	2.68	0.96	2.16	0.46	郯城县
3.02	2.27	16.49	0.49	5.47	0.65	2.09	1.44	0.71	沂水县
3.33	2.82	4.33	0.99	4.91	0.15	10.17			兰陵县
2.44	0.90	8.26	0.36	4.43	0.19	4.42	0.55	0.24	费　县

2-2 续表 14

面积计量单位：平方公里
人口计量单位：万人

县名称 Name of Counties	县面积 County District Area	县人口 County District Population	县暂住人口 County District Temporary Population	县城面积 County Seat Area	县城人口 County Seat Population	县城暂住人口 County Seat Temporary Population	建成区面积 Area of Built District		
								小计 Subtotal	居住用地 Residential
平邑县	1823.0	88.3		201.09	23.53	3.08	33.41	33.41	15.86
莒南县	1750.9	83.2		283.48	27.15	1.31	41.18	39.41	11.39
蒙阴县	1601.6	48.0		256.28	15.95	0.20	23.22	23.16	5.78
临沭县	1010.2	58.0		209.99	23.02	0.93	25.62	25.37	6.58
宁津县	833.0	47.1		59.00	14.41	2.65	21.80	20.85	7.51
庆云县	502.0	31.6		42.92	14.60	0.20	32.02	23.91	7.34
临邑县	1007.0	47.1		102.00	26.30	1.88	33.02	22.28	4.20
齐河县	1411.0	57.7		433.00	27.33	1.92	49.70	43.80	12.61
平原县	1045.0	42.0		68.20	17.31		34.65	22.18	6.95
夏津县	871.0	45.6		118.00	18.09	3.00	27.10	21.86	10.08
武城县	748.0	35.5		94.79	13.42	0.05	23.70	22.64	8.30
阳谷县	1066.0	69.6		131.95	13.62	0.15	27.35	27.01	5.88
莘　县	1416.0	92.5		145.10	17.65	0.28	23.00	23.00	9.17
东阿县	726.6	34.3		118.00	11.72	0.42	22.63	17.97	6.94
冠　县	1161.0	71.5		167.64	20.65		32.16	32.16	11.49
高唐县	947.4	45.2		170.89	20.03	0.34	38.00	36.58	12.20
惠民县	1363.0	56.8		57.63	19.55	0.35	32.55	25.92	9.10
阳信县	798.0	42.1		79.00	8.82	0.02	22.68	20.91	6.59
无棣县	1823.3	43.3		120.00	10.94	0.17	29.01	29.01	7.13
博兴县	900.0	50.9		99.00	15.81	1.20	35.20	35.20	9.60
曹　县	1974.0	137.0		142.00	32.80	2.30	41.64	40.03	10.07
单　县	1670.0	101.4		126.00	24.00	0.50	30.50	28.04	7.58
成武县	998.0	58.8		82.00	11.32	0.58	14.69	14.04	2.53
巨野县	1308.0	91.2		109.00	26.51	0.87	32.10	31.49	7.55
郓城县	1643.0	112.3		165.00	40.70		50.00	41.76	9.08
鄄城县	1032.0	74.2		89.00	19.21	1.97	33.66	31.65	14.04
东明县	1369.8	75.3		128.00	18.98	0.10	29.20	28.13	8.25
河　南	**116681.1**	**6947.5**	**222.2**	**5766.23**	**1369.90**	**121.85**	**1883.16**	**1767.11**	**554.53**
中牟县	1416.7	58.3	10.2	30.02	12.01	2.26	23.12	22.11	5.20
杞　县	1243.0	124.6	0.1	41.30	11.08	0.30	15.99	15.81	3.93
通许县	767.0	68.9	0.2	46.00	9.60	0.25	19.30	14.75	5.05
尉氏县	1307.7	103.9	0.1	30.40	17.20	0.06	22.76	22.51	8.54
兰考县	1116.2	96.0	1.0	108.50	16.29	10.79	47.30	39.01	10.43
新安县	1160.3	55.0		76.40	18.73		26.00	23.55	6.15
栾川县	2365.0	37.0	3.2	196.00	11.00	2.55	11.83	11.18	4.20
嵩　县	2866.0	60.6		100.80	10.83	0.44	11.47	11.30	3.50
汝阳县	1360.0	53.0	1.9	83.50	8.00	0.72	8.50	8.50	3.40
宜阳县	1616.8	70.7	0.4	135.10	20.20	0.30	29.40	29.39	14.15
洛宁县	2394.0	50.1	1.2	71.44	12.34	1.18	15.67	15.11	5.05
伊川县	1243.0	94.4	0.1	88.00	22.28	0.05	22.08	22.06	9.20
宝丰县	722.0	56.4	1.4	24.30	17.00	0.35	21.62	19.48	6.86
叶　县	1387.0	89.0	1.1	76.65	12.80	1.00	20.00	19.38	5.91

continued

Area Measurement Unit: Square Kilometer
Population Measurement Unit:10,000 persons

城市建设用地面积 Area of Urban Construction Land							本年征用土地面积		县名称
公共管理与公共服务用地 Administration and Public Services	商业服务业设施用地 Commercial and Business Facilities	工业用地 Industrial	物流仓储用地 Logistics and Warehouse	道路交通设施用地 Road, Street and Transportation	公用设施用地 Municipal Utilities	绿地与广场用地 Green Space and Square	Area of Land Requisition This Year	耕地 Arable Land	Name of Counties
2.36	1.55	5.99	0.30	3.75	0.65	2.95	1.09	0.39	平邑县
2.65	1.59	10.08	1.03	3.99	0.40	8.28	0.52	0.28	莒南县
1.45	3.00	2.28	0.40	2.34	0.50	7.41	0.58	0.25	蒙阴县
2.86	2.56	1.45	0.44	3.51	1.81	6.16	0.41	0.31	临沭县
1.66	1.48	6.72	0.14	2.58	0.21	0.55	0.40	0.29	宁津县
2.04	1.92	8.95	0.34	2.68	0.05	0.59			庆云县
2.10	0.38	10.70	0.80	1.00	1.60	1.50			临邑县
2.61	1.61	15.14	2.99	7.45	0.30	1.09	0.91	0.64	齐河县
1.55	1.23	6.90	0.56	3.96	0.41	0.62	0.57	0.34	平原县
1.57	1.83	3.81	0.09	3.79	0.08	0.61	0.88	0.45	夏津县
2.42	0.21	3.65	0.70	3.74	1.08	2.54	2.24	2.12	武城县
3.75	2.70	3.73	1.70	3.28	0.83	5.14	0.69	0.57	阳谷县
0.89	0.33	7.28	0.60	0.89	2.47	1.37	0.90	0.82	莘　县
1.36	1.09	4.46	0.22	2.66	0.36	0.88	0.40	0.26	东阿县
2.18	1.82	9.60	0.68	3.92	0.66	1.81	0.97	0.44	冠　县
1.95	2.75	12.23	0.35	4.85	0.10	2.15			高唐县
2.14	2.21	5.76	0.42	2.80	0.34	3.15	1.21	1.01	惠民县
1.79	1.33	5.62	0.10	2.31	0.29	2.88	0.97		阳信县
4.91	0.05	4.63	0.27	3.90	2.95	5.17	0.58		无棣县
4.10	6.00	4.50	0.70	4.40	1.00	4.90			博兴县
2.27	0.96	2.73	3.31	5.60	2.30	12.79	4.49	3.63	曹　县
0.62	3.50	0.50	1.00	1.75	1.20	11.89			单　县
1.75	1.75	0.35	0.44	2.59	1.25	3.38	0.67	0.50	成武县
1.10	4.83	3.90	0.97	5.97	0.65	6.52			巨野县
3.91	0.88	6.24	1.10	8.88	1.32	10.35	2.00		郓城县
2.51	1.81	9.02	0.06	3.05	0.21	0.95			鄄城县
0.66	0.35	4.23	0.45	5.11	2.48	6.60	2.17	1.18	东明县
145.08	**104.25**	**197.33**	**44.67**	**311.44**	**70.82**	**338.99**	**38.65**	**21.52**	**河　南**
3.96	1.01	1.90	1.20	4.71	0.97	3.16			中牟县
0.91	0.76	2.25	0.81	3.23	1.12	2.80			杞　县
0.30	0.69	2.74	0.39	2.62	1.36	1.60	0.38	0.36	通许县
1.55	2.35	2.65	0.58	4.13	0.68	2.03	1.94	1.79	尉氏县
2.42	1.40	4.98	0.40	9.77	1.72	7.89	1.48	0.82	兰考县
1.76	0.68	9.07	0.11	2.76	0.22	2.80			新安县
0.90	0.60	0.30	0.02	1.55	0.30	3.31			栾川县
0.35	0.72	0.42	0.02	2.10	0.25	3.94			嵩　县
0.21	0.15	0.02	0.01	1.36	0.17	3.18			汝阳县
1.72	1.80	1.00	0.30	4.45	0.55	5.42	4.19	2.68	宜阳县
1.42	2.09	1.05	0.24	2.20	1.00	2.06			洛宁县
1.65	1.37	1.03	0.60	3.00	1.41	3.80	1.44	0.83	伊川县
0.96	0.97	1.76	0.85	3.14	0.49	4.45			宝丰县
1.20	1.04	2.80	0.14	3.80	0.19	4.30			叶　县

2-2 续表 15

面积计量单位：平方公里
人口计量单位：万人

县名称 Name of Counties	县面积 County District Area	县人口 County District Population	县暂住人口 County District Temporary Population	县城面积 County Seat Area	县城人口 County Seat Population	县城暂住人口 County Seat Temporary Population	建成区面积 Area of Built District	小计 Subtotal	居住用地 Residential
鲁山县	2407.0	87.0	2.4	24.00	17.69	0.75	19.32	18.25	5.40
郏　县	737.0	66.3	0.4	33.00	13.00	0.75	19.38	17.96	6.10
安阳县	965.2	84.0	0.2	144.23	14.40	0.03	30.90	21.06	9.28
汤阴县	645.9	56.0	1.3	19.51	13.20	0.35	17.95	17.89	4.50
滑　县	1814.0	150.3		129.00	23.32	0.08	33.00	32.99	9.88
内黄县	1161.0	88.5	0.9	117.00	11.53	0.50	17.80	17.50	5.24
浚　县	922.0	75.3	0.7	146.16	18.50	0.72	18.55	18.17	5.87
淇　县	581.0	29.9	0.6	68.52	11.28	0.51	16.52	16.49	6.03
新乡县	365.0	41.3	2.3	33.20	8.59	1.03	16.56	15.97	5.40
获嘉县	473.2	45.3	1.0	30.04	13.59	0.57	15.00	14.59	7.63
原阳县	1340.0	106.6	1.3	26.00	12.72	1.33	21.45	21.07	8.15
延津县	947.0	52.6	2.0	24.00	8.80	1.31	15.97	14.87	5.00
封丘县	1220.0	84.2	1.9	24.00	11.08	1.77	18.90	18.80	6.50
修武县	632.9	28.9	0.3	15.00	7.12	0.10	10.00	8.89	1.43
博爱县	434.6	41.2	0.3	37.00	11.73	2.30	25.85	20.97	5.19
武陟县	832.9	73.8	0.4	92.91	26.75	0.11	25.86	21.73	7.30
温　县	462.0	46.0	2.0	50.32	11.02	0.93	15.20	14.43	3.84
清丰县	825.8	97.6	3.1	25.91	12.52	1.60	19.51	18.82	5.22
南乐县	620.0	60.5	0.4	29.81	9.80	0.11	13.96	13.70	4.10
范　县	590.0	56.2	0.2	11.14	7.08	0.11	8.10	7.31	2.07
台前县	393.0	37.8	0.3	25.82	10.93	0.28	11.50	11.30	4.27
濮阳县	1444.0	120.8	2.4	30.00	15.58	1.02	20.00	20.00	7.00
鄢陵县	872.0	73.5	0.2	87.00	13.56	0.13	30.06	20.43	8.20
襄城县	920.0	91.5	0.3	71.35	11.80	0.24	21.55	18.05	6.51
舞阳县	776.0	65.9	0.1	36.45	12.85	0.06	16.87	15.94	4.24
临颍县	821.0	78.1	5.1	51.09	16.12	4.61	32.00	29.20	10.50
渑池县	1368.0	35.9	0.8	33.00	11.90	0.14	14.59	14.01	3.38
卢氏县	4004.0	38.3	1.4	14.50	6.89	1.35	12.20	11.72	4.03
南召县	2810.6	62.4	5.4	30.00	10.10	1.30	19.35	16.70	3.62
方城县	2534.0	130.0	7.1	65.35	25.00	3.00	24.20	23.92	7.28
西峡县	3447.0	45.9	3.6	128.00	19.70	0.90	19.03	18.25	3.69
镇平县	1490.0	110.1	2.1	108.00	16.87	0.58	22.02	21.82	4.69
内乡县	2301.0	75.4	2.0	30.00	17.00	0.75	22.97	22.54	7.33
淅川县	2818.0	71.3	2.1	387.50	26.28	1.58	20.95	20.94	4.17
社旗县	1152.0	78.5	1.2	50.30	19.67	1.34	23.19	23.08	7.12
唐河县	2473.3	137.9	16.0	59.48	22.90	2.10	30.25	29.81	6.18
新野县	1054.5	77.0	9.8	30.00	16.30	3.80	25.06	25.04	4.45
桐柏县	1915.0	48.5	1.4	136.50	12.00	1.20	15.56	14.52	4.18
民权县	1222.0	102.9	1.3	35.00	14.94	0.81	33.68	29.91	10.20
睢　县	924.0	96.2	1.3	25.00	18.44	0.12	25.00	24.61	8.47
宁陵县	786.0	67.7	2.4	14.50	10.50	1.03	14.00	13.49	3.62
柘城县	1042.0	105.2	3.3	62.90	21.20	1.50	25.20	23.40	9.20

continued

Area Measurement Unit: Square Kilometer

Population Measurement Unit:10,000 persons

城市建设用地面积 Area of Urban Construction Land							本年征用土地面积 Area of Land Requisition This Year		县名称 Name of Counties
公共管理与公共服务用地 Administration and Public Services	商业服务业设施用地 Commercial and Business Facilities	工业用地 Industrial	物流仓储用地 Logistics and Warehouse	道路交通设施用地 Road, Street and Transportation	公用设施用地 Municipal Utilities	绿地与广场用地 Green Space and Square		耕地 Arable Land	
0.44	0.52	1.20	0.21	3.65	0.23	6.60			鲁山县
1.62	0.47	1.83	0.73	2.98	0.67	3.56	1.75		郏　县
1.10	1.62	1.79	0.36	4.70	0.15	2.06	1.41	1.18	安阳县
1.30	0.50	2.20	1.50	5.03	0.85	2.01			汤阴县
3.27	2.30	4.25	0.77	5.70	0.88	5.94			滑　县
1.95	0.70	2.35	0.61	3.21	0.52	2.92			内黄县
1.01	1.47	2.30	0.63	2.61	0.93	3.35			浚　县
1.31	1.73	0.25	0.46	2.22	0.09	4.40			淇　县
0.49	1.78	2.56	0.16	1.60	0.48	3.50			新乡县
1.20	0.34	0.82	0.13	2.82	0.10	1.55	0.71	0.64	获嘉县
1.61	1.27	2.88	0.95	2.05	1.18	2.98			原阳县
2.67	0.34	0.52	0.22	2.59	0.31	3.22			延津县
3.30	2.06	0.30	0.20	2.50	2.31	1.63			封丘县
0.51	0.10	0.15	0.20	2.50	1.00	3.00	0.01	0.01	修武县
2.40	0.78	4.20	0.33	3.76	0.74	3.57			博爱县
1.37	0.20	5.14	0.70	3.57	0.35	3.10	0.11	0.05	武陟县
2.30	0.11	0.10	0.05	3.10	1.10	3.83	0.60		温　县
1.64	0.60	3.77	0.42	3.10	1.35	2.72	3.99	3.06	清丰县
0.53	1.00	1.70	0.81	2.50	0.57	2.49			南乐县
0.31	0.42	0.60	0.10	1.78	0.67	1.36	0.11	0.11	范　县
1.00	0.15	0.70	0.50	2.50	0.26	1.92			台前县
1.80	1.83	0.50	0.07	4.20	0.75	3.85	2.46	2.00	濮阳县
1.63	1.68	2.78	0.10	3.23	0.28	2.53	1.31	1.08	鄢陵县
2.17	1.14	2.13	0.27	3.20	0.35	2.28			襄城县
0.96	2.40	0.79	0.65	3.94	1.13	1.83	0.06		舞阳县
3.70	1.44	6.33	0.47	4.92	0.23	1.61			临颍县
3.18	0.30	1.46	0.34	1.76	0.64	2.95			渑池县
1.52	1.19	0.60	0.32	1.92	0.51	1.63	1.50	0.80	卢氏县
0.66	0.19	4.60	0.25	3.04	0.58	3.76	0.01		南召县
1.00	1.00	4.20	0.20	5.01	0.70	4.53	0.76	0.69	方城县
2.96	1.95	0.39	1.00	4.27	0.30	3.69	0.04		西峡县
3.70	0.90	2.91	0.46	4.99	1.43	2.74			镇平县
1.34	1.79	3.12	0.43	3.58	1.53	3.42	0.40		内乡县
1.30	1.40	1.60	0.80	2.34	2.78	6.55			淅川县
1.06	0.85	2.28	0.82	4.16	0.86	5.93			社旗县
2.18	2.01	4.90	0.90	6.15	3.80	3.69			唐河县
2.21	0.90	3.82	0.98	4.17	0.86	7.65			新野县
2.00	0.22	1.13	0.20	2.64	1.08	3.07			桐柏县
3.89	1.00	1.75	0.75	5.10	1.20	6.02	2.03	1.02	民权县
0.63	0.56	1.20	0.70	3.75	3.33	5.97	0.38	0.31	睢　县
1.49	1.35	1.65	0.35	2.12	0.79	2.12			宁陵县
1.50	1.86	2.29	0.17	3.50	0.22	4.66			柘城县

2-2 续表 16

面积计量单位：平方公里
人口计量单位：万人

县名称 Name of Counties	县面积 County District Area	县人口 County District Population	县暂住人口 County District Temporary Population	县城面积 County Seat Area	县城人口 County Seat Population	县城暂住人口 County Seat Temporary Population	建成区面积 Area of Built District	小计 Subtotal	居住用地 Residential
虞城县	1558.0	138.2	0.4	32.00	17.21	0.35	26.70	25.40	8.30
夏邑县	1481.0	122.5	2.0	74.20	13.62	7.21	34.20	33.75	15.91
罗山县	2077.0	78.9	3.1	153.60	21.32	2.30	28.20	26.25	6.25
光山县	1835.0	93.8	2.8	28.90	23.50	2.63	23.50	23.39	9.80
新　县	1546.0	38.8	0.4	38.50	14.14	0.28	19.00	16.54	5.55
商城县	2117.0	77.3	3.3	23.00	12.59	2.53	18.71	17.12	5.46
固始县	2946.0	177.1	14.0	135.00	39.60	1.05	43.53	43.53	14.20
潢川县	1635.0	89.4	15.4	115.98	33.00	3.74	46.81	38.88	15.62
淮滨县	1208.0	82.4	0.8	69.85	14.82	0.19	20.35	18.86	4.28
息　县	1835.0	115.2	3.6	124.82	18.13	3.10	27.14	26.90	9.69
扶沟县	1173.0	78.3	0.2	75.50	11.87	0.17	22.00	17.26	7.12
西华县	1194.0	97.5	1.1	28.45	12.92	0.22	19.36	19.32	6.41
商水县	1314.0	122.0	11.9	30.00	29.10	3.22	29.88	29.82	9.45
沈丘县	1081.5	150.0	6.0	28.90	22.06	0.82	19.85	18.53	6.00
郸城县	1471.8	152.4	1.6	41.46	32.70	0.90	30.60	30.16	7.59
太康县	1755.0	163.0	1.1	100.05	24.20	1.05	27.79	27.76	9.28
鹿邑县	1245.0	126.0	7.3	110.00	33.92	3.62	46.40	44.47	7.30
西平县	1098.0	94.7	1.4	58.29	18.55	2.30	32.20	29.86	8.73
上蔡县	1517.0	160.5	0.4	110.00	20.86	0.43	25.64	24.14	6.80
平舆县	1285.0	117.4	3.0	122.08	24.55	2.50	22.72	20.76	4.15
正阳县	1903.0	87.5	1.5	90.00	17.10	3.07	27.78	27.75	8.17
确山县	1541.0	55.9	6.7	155.00	12.75	2.35	22.72	21.29	4.97
泌阳县	2350.0	97.1	4.3	78.50	18.50	1.79	24.76	24.16	6.21
汝南县	1502.3	89.9	6.8	59.55	20.62	5.69	26.86	26.71	6.86
遂平县	1062.0	57.9	3.7	92.70	18.70	1.87	24.91	23.37	8.17
新蔡县	1442.0	144.0	7.9	89.00	29.96	5.42	37.50	36.85	14.23
湖　北	**92366.2**	**1954.5**	**79.3**	**1434.96**	**421.16**	**41.30**	**593.50**	**542.54**	**175.97**
阳新县	2782.8	98.9		91.28	15.85		31.07	30.34	11.31
郧西县	3509.0	50.9	2.0	25.19	8.73	1.23	6.50	6.15	2.36
竹山县	3587.8	46.9	11.1	99.00	8.98	1.32	13.00	10.70	2.72
竹溪县	3306.3	38.8	1.1	35.30	9.07	1.10	11.05	11.01	3.05
房　县	5118.2	50.1	4.9	40.00	9.39	3.82	17.00	15.11	5.15
远安县	1739.6	18.8	0.9	76.00	4.46	0.58	10.06	10.06	3.09
兴山县	2317.2	16.4	2.0	4.50	4.21	0.71	4.08	4.08	0.38
秭归县	2273.9	36.4	1.5	12.00	10.10	2.90	12.00	11.45	4.35
长阳土家族自治县	3419.8	37.9	0.7	20.00	9.16	0.45	9.78	9.78	2.85
五峰土家族自治县	2372.0	19.5	1.5	7.31	3.10	1.42	5.74	5.70	2.25
南漳县	3859.0	56.2	0.5	26.00	14.71	0.02	17.80	9.17	5.16
谷城县	2553.0	58.9	0.1	66.90	16.94	0.10	20.80	19.47	5.54
保康县	3225.0	28.0	1.2	17.20	5.40	1.15	8.00	7.20	2.69

continued

Area Measurement Unit: Square Kilometer

Population Measurement Unit:10,000 persons

城市建设用地面积 Area of Urban Construction Land							本年征用土地面积 Area of Land Requisition This Year		县名称 Name of Counties
公共管理与公共服务用地 Administration and Public Services	商业服务业设施用地 Commercial and Business Facilities	工业用地 Industrial	物流仓储用地 Logistics and Warehouse	道路交通设施用地 Road, Street and Transportation	公用设施用地 Municipal Utilities	绿地与广场用地 Green Space and Square		耕地 Arable Land	
2.50	1.90	1.70	0.80	3.10	0.90	6.20	2.17	0.74	虞城县
2.14	1.80	4.04	0.15	4.28	0.06	5.37			夏邑县
1.50	2.02	4.83	1.20	4.31	1.12	5.02			罗山县
1.74	1.78	2.92	1.18	2.92	0.53	2.52			光山县
1.22	1.30	2.90	0.50	1.70	1.12	2.25	1.58		新　县
1.31	4.44	1.23	0.44	1.84	0.58	1.82	0.22		商城县
4.41	2.00	5.65	2.30	6.74	3.00	5.23			固始县
1.95	1.45	3.17	0.79	5.77	0.12	10.01	0.80	0.60	潢川县
0.35	0.39	2.01	0.31	5.29	0.98	5.25	1.40		淮滨县
3.85	2.43	1.40	1.92	3.01	0.94	3.66			息　县
1.12	0.65	1.09	0.14	4.07	0.79	2.28			扶沟县
1.70	0.96	2.20	0.38	4.23	1.05	2.39	0.63	0.59	西华县
4.00	3.50	4.75	0.92	3.00	2.00	2.20	1.54	0.76	商水县
1.62	1.01	1.90	0.80	3.50	0.90	2.80			沈丘县
3.30	0.51	0.28	0.13	6.14	0.35	11.86			郸城县
1.52	1.43	5.24	0.22	3.56	0.41	6.10	0.04	0.02	太康县
3.28	1.98	9.30	2.10	8.81	1.30	10.40			鹿邑县
1.01	0.75	3.10	0.47	3.72	0.64	11.44			西平县
2.60	2.10	0.75	0.40	6.20	1.40	3.89	1.58		上蔡县
2.10	2.00	1.30	0.33	4.44	1.00	5.44	0.03	0.03	平舆县
2.70	2.25	4.24	0.30	4.70	0.19	5.20			正阳县
1.02	1.43	0.54	0.91	6.37	0.72	5.33			确山县
2.20	1.37	1.86	0.55	5.50	0.50	5.97	0.21	0.17	泌阳县
1.51	1.33	6.02	0.61	4.06	0.62	5.70	0.18		汝南县
1.12	2.30	2.32	0.50	4.35	0.90	3.71			遂平县
1.79	1.12	0.58	0.38	8.55	0.18	10.02	1.20	1.18	新蔡县
53.70	**35.54**	**82.01**	**12.13**	**83.67**	**21.43**	**78.09**	**39.36**	**16.31**	**湖　北**
2.43	1.74	5.02	0.91	5.13	0.61	3.19	0.45	0.11	阳新县
0.26	0.12	0.15	0.12	1.21	0.08	1.85			郧西县
0.78	0.05	0.80	0.12	0.93	0.09	5.21	0.70		竹山县
1.85	1.30	0.35	0.11	0.99	0.11	3.25	0.04		竹溪县
1.40	1.20	0.90	0.08	1.42	0.95	4.01	0.48		房　县
1.02	0.55	1.48	0.04	1.37	0.74	1.77	0.58	0.20	远安县
0.81	0.20	0.53	0.17	0.70	0.48	0.81			兴山县
0.80	0.45	2.89	0.14	2.17	0.24	0.41	0.53	0.04	秭归县
0.70	0.75	2.59	0.05	1.30	0.47	1.07	0.05	0.05	长阳土家族自治县
0.61	0.28	0.90	0.06	0.74	0.16	0.70	0.28	0.11	五峰土家族自治县
1.33	0.64	1.26	0.17	0.40	0.08	0.13	1.64	0.80	南漳县
2.73	2.88	2.97	0.84	2.27	0.80	1.44	0.66	0.45	谷城县
0.88	0.64	0.04	0.01	1.30	0.21	1.43			保康县

2-2 续表 17

面积计量单位：平方公里
人口计量单位：万人

县名称 Name of Counties	县面积 County District Area	县人口 County District Population	县暂住人口 County District Temporary Population	县城面积 County Seat Area	县城人口 County Seat Population	县城暂住人口 County Seat Temporary Population	建成区面积 Area of Built District	小计 Subtotal	居住用地 Residential
沙洋县	2147.0	57.1	2.4	45.82	7.53	2.39	18.09	17.70	3.80
孝昌县	1191.5	70.7	1.5	32.00	17.27	1.53	21.10	20.53	5.56
大悟县	1982.0	65.9	0.1	32.00	13.96	0.10	25.00	19.16	2.15
云梦县	604.0	43.4	1.9	16.50	17.80	1.75	16.50	12.68	3.79
公安县	2257.5	98.0	0.4	25.20	19.90	0.28	25.00	24.93	7.00
江陵县	1047.8	35.0	0.5	12.65	6.20	0.35	9.92	9.82	2.76
团风县	831.7	36.0	0.3	39.55	8.17	0.07	11.00	11.44	4.15
红安县	1796.0	60.9	1.2	30.00	17.80	1.10	19.20	18.28	4.38
罗田县	2144.0	64.5	1.6	33.00	13.56	1.32	20.24	18.90	6.16
英山县	1438.8	39.8	0.9	50.45	11.15	0.86	18.40	17.00	6.06
浠水县	1951.1	98.1	0.1	55.97	23.50	0.05	33.52	24.09	13.80
蕲春县	2398.4	100.0	3.2	85.01	21.21	3.20	31.61	31.61	12.14
黄梅县	1707.8	101.0	0.4	76.00	14.65	0.27	25.03	24.81	6.47
嘉鱼县	1019.5	37.6	2.0	35.00	11.82	2.78	21.50	18.09	6.73
通城县	1131.2	52.4	2.9	29.85	16.73	2.66	18.89	18.69	7.20
崇阳县	1968.0	51.3	0.8	46.00	15.25	0.66	19.88	19.88	7.20
通山县	2420.6	48.8	1.0	30.00	15.07	0.69	20.78	19.70	7.00
随　县	5542.9	98.6	18.1	12.30	3.80	0.79	7.34	6.92	1.16
建始县	2664.9	50.5	3.8	62.00	8.10	2.05	12.52	12.50	4.32
巴东县	3351.6	48.2	0.4	16.00	7.30	0.10	7.89	7.85	1.28
咸丰县	2523.4	38.7	2.2	69.33	8.60	0.61	10.70	9.89	3.40
来凤县	1344.5	33.4	3.3	18.00	7.13	0.91	15.00	10.94	3.37
鹤峰县	2868.3	22.5	2.2	12.80	5.61	1.30	7.04	7.03	2.22
宣恩县	2737.2	36.5	0.7	7.35	5.45	0.60	6.52	6.13	2.07
神农架林区	3232.8	7.9	0.3	41.50	3.50	0.08	3.95	3.75	0.90
湖　南	**155732.4**	**4281.0**	**321.0**	**3051.91**	**952.11**	**191.12**	**1355.67**	**1249.68**	**430.84**
长沙县	1755.7	83.4	73.9	161.32	20.17	54.04	108.56	108.37	29.07
望城区	969.0	58.7	37.1	234.20	37.55	29.40	207.00	168.79	44.20
攸　县	2682.3	81.7	5.3	112.06	23.28	4.55	22.10	22.10	7.58
茶陵县	2496.0	63.0	0.7	95.58	22.52	0.48	16.48	16.46	6.78
炎陵县	2032.5	20.0	3.9	42.27	4.45	0.60	7.07	6.90	2.90
湘潭县	2140.8	95.4	4.0	51.90	12.73	2.30	25.40	22.02	8.15
衡阳县	2557.6	88.6	1.2	18.15	15.90	0.90	18.02	17.36	8.30
衡南县	2614.2	115.0	7.4	22.00	6.93	2.63	10.46	10.46	3.05
衡山县	940.0	48.3	4.2	49.69	19.32	3.01	23.01	22.80	7.92
衡东县	1926.0	75.3	4.0	23.00	13.32	2.53	13.22	13.22	3.61
祁东县	1872.0	102.5	1.3	25.00	22.71	0.33	25.00	24.36	8.37
南岳区	179.3	7.8	1.5	5.24	5.60	1.00	5.24	4.62	2.55
新邵县	1763.0	85.9	6.3	15.00	9.48	1.77	14.68	14.05	4.78
邵阳县	1996.1	105.2	1.7	27.20	14.09	0.97	14.30	11.48	5.90
隆回县	2866.0	129.6	9.3	42.76	22.55	8.15	29.52	25.50	8.16
洞口县	2179.5	89.9	3.1	20.80	10.60	2.14	20.61	20.61	6.53

continued

Area Measurement Unit: Square Kilometer
Population Measurement Unit:10,000 persons

城市建设用地面积 Area of Urban Construction Land							本年征用土地面积 Area of Land Requisition This Year	耕地 Arable Land	县名称 Name of Counties
公共管理与公共服务用地 Administr-ation and Public Services	商业服务业设施用地 Commercial and Business Facilities	工业用地 Industrial	物流仓储用地 Logistics and Warehouse	道路交通设施用地 Road, Street and Trans-portation	公用设施用地 Munici-pal Utilities	绿地与广场用地 Green Space and Square			
1.71	0.94	5.82	0.11	3.10	0.21	2.01	1.43	0.99	沙洋县
3.02	0.86	2.16	0.69	2.52	2.05	3.67			孝昌县
4.08	1.27	2.59	0.55	3.60	2.52	2.40			大悟县
1.01	2.69	0.55	0.34	2.29	0.32	1.69			云梦县
1.60	1.56	9.50	0.18	2.40	0.22	2.47	3.00	1.56	公安县
0.03	0.10	3.67	0.07	1.22	0.36	1.61	4.01	2.85	江陵县
0.73	0.29	4.46	0.01	1.58	0.04	0.18	2.13	1.00	团风县
1.80	1.80	1.90	0.60	3.60	1.80	2.40	1.23	0.55	红安县
2.36	1.84	1.25	0.93	4.23	1.16	0.97			罗田县
1.56	2.27	2.23	0.24	1.21	0.13	3.30	0.57		英山县
1.51	0.84	2.55	0.18	3.71	0.35	1.15	1.42	0.90	浠水县
2.15	1.11	5.02	1.34	6.57	0.47	2.81	1.94	0.84	蕲春县
2.08	1.33	2.11	0.98	5.92	2.00	3.92	6.63	1.07	黄梅县
1.61	0.10	2.50	0.30	3.20	0.14	3.51	2.34	0.78	嘉鱼县
1.73	1.25	3.95	0.39	2.51	0.31	1.35	0.35	0.11	通城县
1.02	0.68	4.50	0.20	3.40	0.20	2.68	0.70	0.20	崇阳县
2.50	1.00	3.00	0.50	3.10	1.10	1.50	1.45	0.40	通山县
0.32	0.63	0.59	0.31	1.31	0.24	2.36			随　县
1.23	0.68	0.87	0.23	1.61	0.49	3.07	1.53	0.44	建始县
1.01	0.31	0.34	0.30	1.61	0.90	2.10			巴东县
1.11	1.36	0.62	0.22	1.42	0.21	1.55	3.95	2.57	咸丰县
1.02	0.85	0.82	0.03	1.52	0.73	2.60	0.36		来凤县
1.22	0.26	0.31	0.32	0.70	0.22	1.78			鹤峰县
1.19	0.22	0.40	0.19	0.70	0.14	1.22	0.22	0.09	宣恩县
0.50	0.50	0.42	0.10	0.71	0.10	0.52	0.69	0.20	神农架林区
125.26	**95.21**	**168.28**	**61.49**	**159.27**	**60.89**	**148.44**	**49.19**	**13.12**	**湖　南**
9.61	4.39	28.66	4.65	26.68	1.38	3.93	11.92	5.26	长沙县
22.50	16.85	26.86	23.40	11.88	11.90	11.20			望城区
1.12	2.54	3.06	0.19	3.04	0.59	3.98	2.00		攸　县
1.26	2.25	1.65	0.33	2.52	0.66	1.01			茶陵县
0.60	0.50	0.90	0.10	1.70	0.10	0.10			炎陵县
1.88	0.39	6.69	0.17	3.97	0.12	0.65	0.85	0.17	湘潭县
1.60	1.38	1.12	0.46	0.41	0.98	3.11			衡阳县
1.01	1.40	0.65	0.70	1.74	0.30	1.61			衡南县
0.73	1.05	1.05	0.78	3.81	2.15	5.31	0.55		衡山县
1.85	0.82	1.86	0.48	1.86	0.43	2.31	0.95	0.17	衡东县
2.96	4.60	1.12	0.76	3.71	0.32	2.52	1.60	0.48	祁东县
0.87	0.36	0.02	0.01	0.64	0.04	0.13			南岳区
1.98	1.79	1.74	0.46	0.40	1.20	1.70	1.72		新邵县
1.17	0.30	1.11	0.05	1.45	0.14	1.36	1.24	0.87	邵阳县
1.94	1.61	2.92	1.96	2.96	3.51	2.44	1.03	0.16	隆回县
0.95	1.42	0.57	0.63	1.52	0.58	8.41	0.57		洞口县

2-2 续表 18

面积计量单位：平方公里
人口计量单位：万人

县名称 Name of Counties	县面积 County District Area	县人口 County District Population	县暂住人口 County District Temporary Population	县城面积 County Seat Area	县城人口 County Seat Population	县城暂住人口 County Seat Temporary Population	建成区面积 Area of Built District	小计 Subtotal	居住用地 Residential
绥宁县	2926.3	37.5	2.3	13.87	6.52	1.41	6.63	6.23	2.95
新宁县	2756.1	64.1	1.1	20.10	15.95	0.64	13.35	13.31	7.99
城步苗族自治县	2647.0	22.8	5.0	13.70	9.88	3.85	7.80	7.80	2.34
岳阳县	3144.0	72.4	4.1	20.00	12.27	2.02	13.86	13.85	3.95
华容县	1620.0	70.2	2.6	23.62	14.76	1.57	23.62	22.71	6.20
湘阴县	1581.5	77.9	1.7	30.00	12.32	1.35	17.00	16.80	3.88
平江县	4114.0	110.0	8.0	18.00	17.00	1.00	18.00	18.00	4.20
安乡县	1086.0	54.0	0.9	109.00	16.78	0.66	21.00	18.23	10.60
汉寿县	2091.0	81.4	0.2	25.45	15.50	0.21	17.00	15.47	6.24
澧　县	2075.6	92.0	6.4	61.50	23.20	0.25	33.80	33.21	8.14
临澧县	1203.3	43.7	3.0	135.59	9.73	0.55	17.00	16.05	5.73
桃源县	4442.3	95.3	1.9	56.00	15.19	0.77	22.93	22.93	11.29
石门县	3973.0	65.0	6.5	226.90	16.50	2.65	22.68	22.68	12.04
慈利县	3492.1	68.0	1.5	25.00	13.37	0.89	16.00	13.50	7.50
桑植县	3475.0	46.9	0.9	125.00	12.32	0.69	11.80	10.04	0.80
南　县	1080.0	48.9	2.2	23.78	14.26	1.20	22.56	21.35	6.17
桃江县	2045.0	90.5	2.3	25.00	12.87	1.71	18.01	17.97	3.01
安化县	4944.0	99.2	6.0	65.00	13.30	3.04	10.79	10.73	3.81
大通湖区	386.0	14.0	1.0	5.80	4.38	0.92	4.61	4.58	1.33
桂阳县	2953.8	90.6	3.8	52.66	30.86	2.16	32.16	25.83	13.15
宜章县	2117.8	66.1	4.0	30.00	13.01	2.41	15.00	15.00	4.72
永兴县	1979.9	69.1	4.1	45.22	14.82	1.72	14.50	13.14	6.07
嘉禾县	696.0	43.1	1.3	15.93	11.06	1.07	15.57	15.52	4.61
临武县	1383.1	39.8	2.7	14.00	10.00	1.60	10.00	10.00	3.40
汝城县	2401.0	42.7	2.4	23.00	9.03	1.02	9.42	8.88	3.82
桂东县	1452.0	20.1	4.2	20.00	6.32	0.74	7.83	7.32	2.60
安仁县	1478.0	39.1	1.3	20.80	16.37	0.85	19.10	15.14	7.38
东安县	2210.9	66.3	2.4	21.70	17.56	1.84	18.35	18.35	4.71
双牌县	1751.5	20.6	1.3	10.90	7.61	1.26	9.40	9.19	3.65
道　县	2447.8	80.2	0.6	28.00	20.69	0.40	26.20	26.00	7.51
江永县	1632.7	22.2	1.2	9.53	4.88	0.46	9.20	9.18	4.84
宁远县	2631.7	89.9	2.9	26.10	24.82	1.56	22.79	22.71	7.20
蓝山县	1807.1	41.8	0.6	17.23	15.44	0.62	17.00	16.82	4.59
新田县	1022.4	45.3	5.0	29.70	12.32	1.40	14.20	12.67	2.43
江华瑶族自治县	3216.0	45.4	1.8	20.21	10.74	1.18	15.10	15.10	4.87
中方县	1478.9	29.8	1.5	8.00	6.94	1.13	8.00	5.50	3.80
沅陵县	5825.0	65.2	2.3	16.00	19.57	1.15	10.65	9.87	3.65
辰溪县	1990.2	53.5	2.3	11.17	11.07	1.87	10.92	6.37	2.58
溆浦县	3440.1	94.8	5.2	17.45	11.71	3.90	15.42	15.42	5.81
会同县	2258.0	33.6	3.2	10.91	8.01	1.21	8.23	8.15	2.45
麻阳苗族自治县	1568.2	40.0	2.2	12.10	10.13	2.10	12.10	12.10	2.98
新晃侗族自治县	1510.8	25.5	2.4	14.41	7.60	1.99	7.58	7.58	2.24

continued

Area Measurement Unit: Square Kilometer
Population Measurement Unit:10,000 persons

城市建设用地面积 Area of Urban Construction Land							本年征用土地面积 Area of Land Requisition This Year		县名称 Name of Counties
公共管理与公共服务用地 Administration and Public Services	商业服务业设施用地 Commercial and Business Facilities	工业用地 Industrial	物流仓储用地 Logistics and Warehouse	道路交通设施用地 Road, Street and Transportation	公用设施用地 Municipal Utilities	绿地与广场用地 Green Space and Square		耕地 Arable Land	
0.36	0.47	0.61	0.11	0.26	0.36	1.11			绥宁县
1.24	0.54	0.78	0.06	2.41	0.08	0.21	0.49		新宁县
0.78	0.78	0.39	0.39	0.78	0.39	1.95			城步苗族自治县
1.30	1.50	1.07	1.00	1.80	1.23	2.00	2.00		岳阳县
3.84	1.23	5.32	0.64	3.00	0.78	1.70			华容县
1.22	1.29	4.05	1.27	1.71	1.11	2.27	2.10		湘阴县
1.00	1.00	2.80	1.00	1.00	3.00	4.00			平江县
0.75	1.17	3.01	0.09	1.31	0.22	1.08	0.21	0.14	安乡县
1.62	1.28	0.12	0.20	2.70	0.75	2.56	0.06	0.04	汉寿县
5.92	1.39	6.65	0.82	4.67	1.44	4.18	0.17		澧　县
1.62	0.61	2.58	0.24	2.62	0.10	2.55	0.10	0.10	临澧县
2.62	1.30	2.45	0.45	3.07	0.32	1.43	1.01	0.37	桃源县
1.38	0.53	2.32	0.20	2.21	0.30	3.70	1.10	0.46	石门县
1.51	0.89	1.20	0.22	1.84	0.14	0.20	0.15	0.06	慈利县
0.85	0.90	0.15	1.02	0.92	0.87	4.53	0.07	0.02	桑植县
1.72	2.10	4.12	0.39	3.92	0.52	2.41	1.23		南　县
1.42	1.19	0.72	2.31	2.61	2.20	4.51	0.95		桃江县
0.96	0.69	1.88	0.31	1.25	0.92	0.91	0.45	0.21	安化县
0.62	0.05	0.71	0.32	0.48	0.42	0.65	0.86	0.09	大通湖区
2.36	0.66	4.32	0.37	4.01	0.55	0.41	1.46	0.32	桂阳县
0.67	1.04	1.37	1.70	1.00	1.20	3.30			宜章县
1.64	0.47	1.49	0.01	2.75	0.23	0.48			永兴县
0.60	2.48	2.72	0.39	2.20	0.70	1.82	0.20	0.09	嘉禾县
0.60	0.60	0.50	0.01	1.20	0.01	3.68	1.27	0.50	临武县
0.89	0.46	0.10	0.28	1.27	0.77	1.29			汝城县
1.10	0.73	0.12		1.07	0.10	1.60			桂东县
1.30	0.32	1.08	0.15	1.89	0.82	2.20	0.60		安仁县
2.23	1.78	1.45	0.72	2.42	1.11	3.93	0.99	0.25	东安县
0.77	0.79	0.86	0.34	1.04	0.91	0.83	0.20	0.20	双牌县
2.40	1.89	4.41	1.26	2.50	2.21	3.82	0.62		道　县
0.46	0.41	0.42	0.08	1.15	0.42	1.40	0.13	0.06	江永县
2.20	1.27	3.65	1.20	2.64	0.64	3.91	0.35	0.16	宁远县
2.10	2.34	2.56	0.34	2.44	0.39	2.06	2.14	1.20	蓝山县
2.01	2.38	1.46	1.51	0.68	0.66	1.54	0.40		新田县
1.60	1.70	1.50	0.70	1.73	1.00	2.00	0.30	0.09	江华瑶族自治县
0.32	0.26	0.21	0.31	0.32	0.04	0.24			中方县
1.00	1.21	1.39	0.17	1.25	0.20	1.00	0.25	0.12	沅陵县
0.63	0.04	0.13	0.34	0.73	0.51	1.41			辰溪县
2.10	1.81	1.94	0.68	0.52	0.46	2.10	0.11		溆浦县
0.99	1.10	0.20	0.49	1.29	0.49	1.14	0.03		会同县
0.80	1.30	1.90	1.25	1.39	1.38	1.10	1.00	0.50	麻阳苗族自治县
1.01	0.53	1.29	0.14	1.08	0.34	0.95	1.20	0.09	新晃侗族自治县

2-2 续表 19

面积计量单位：平方公里
人口计量单位：万人

县名称 Name of Counties	县面积 County District Area	县人口 County District Population	县暂住人口 County District Temporary Population	县城面积 County Seat Area	县城人口 County Seat Population	县城暂住人口 County Seat Temporary Population	建成区面积 Area of Built District	小计 Subtotal	居住用地 Residential
芷江侗族自治县	2095.0	39.9	2.2	12.65	12.65	2.22	12.55	12.55	3.32
通道县	2239.0	23.9	0.6	10.50	5.40	0.53	6.50	5.60	2.41
靖州县	2208.0	27.5	1.3	14.20	11.02	1.11	10.92	10.56	6.24
双峰县	1596.0	92.0	5.4	22.50	11.75	3.75	15.88	15.42	8.41
新化县	3642.0	151.3	2.0	189.71	28.64	2.04	28.73	28.73	10.27
泸溪县	1565.5	32.4	1.2	13.05	8.10	0.68	4.83	4.77	2.30
凤凰县	1744.6	43.0	16.3	18.40	10.10	1.48	17.29	9.70	3.55
花垣县	1109.0	39.0	2.2	84.50	8.01	1.56	14.29	9.44	2.05
保靖县	1745.9	32.3	1.4	9.76	8.15	0.52	9.16	7.17	3.29
古丈县	1286.5	14.6	1.7	58.00	4.25	1.43	3.80	3.25	1.62
永顺县	4065.0	56.6	4.7	98.11	12.38	0.71	9.82	9.12	5.02
龙山县	3131.0	59.9	1.5	76.03	13.80	1.27	14.07	12.99	7.28
广　东	**79499.6**	**2244.3**	**94.5**	**3432.70**	**472.42**	**36.32**	**647.27**	**584.47**	**217.97**
始兴县	2174.1	26.3	0.7	81.01	8.76	0.49	10.91	10.89	3.28
仁化县	2223.0	21.9		56.00	6.12		7.26	6.49	2.86
翁源县	2245.0	42.2	0.2	26.50	12.58	0.10	13.26	13.26	3.80
乳源瑶族自治县	2299.0	18.7		17.00	10.13		15.17	13.78	3.79
新丰县	2015.2	26.8	0.3	16.00	8.86	0.30	12.65	5.67	1.71
南澳县	108.7	7.4	1.1	27.30	4.15	0.20	4.55	3.96	1.48
遂溪县	2129.4	112.5	0.9	83.88	22.58	0.40	10.24	10.24	6.11
徐闻县	1979.6	79.5	0.2	75.00	23.03	0.03	20.00	19.72	5.74
广宁县	2458.1	58.7	1.4	16.96	12.27	0.64	15.50	13.23	4.17
怀集县	3573.0	113.4	0.1	25.00	18.51	0.05	24.59	24.44	11.00
封开县	2723.0	52.7	0.1	16.15	6.29	0.09	7.85	6.68	2.03
德庆县	2002.8	42.0	0.5	139.80	6.05	0.30	14.40	14.24	3.37
博罗县	2858.0	95.1	26.0	444.80	27.82	9.50	41.70	41.70	15.90
惠东县	3527.8	90.8	12.3	324.12	22.28	4.04	46.52	32.23	17.19
龙门县	2267.2	35.8	0.9	76.60	7.48	0.32	11.74	10.62	4.77
大埔县	2462.0	55.2	22.1	43.36	11.28	1.01	10.80	9.45	3.70
丰顺县	2710.0	72.6	0.2	133.22	14.48	0.11	15.80	15.14	6.31
五华县	3237.8	152.4	0.7	309.45	24.54	0.31	27.08	26.91	10.02
平远县	1381.0	25.9	0.1	156.00	8.51	0.07	14.45	14.45	5.53
蕉岭县	960.0	23.0	0.6	28.80	7.63	0.60	8.41	8.41	3.14
海丰县	1309.3	78.0	2.5	40.40	28.84	1.09	27.00	27.00	9.49
陆河县	1013.2	37.6	2.4	14.50	7.46	1.36	12.83	8.73	2.63
紫金县	3228.2	75.5	0.6	74.81	16.33	0.36	13.02	8.09	4.71
龙川县	3081.4	98.2	3.2	50.00	23.89	2.63	19.59	17.65	12.50
连平县	2275.1	43.4	0.2	96.53	7.50	0.18	9.73	9.73	3.42
和平县	2310.0	56.1	2.2	18.35	10.83	1.90	16.20	15.65	4.86
东源县	4070.0	58.6	0.9	150.00	7.20	1.20	16.31	15.88	3.78
阳西县	1435.2	55.8	0.9	38.50	7.62	0.58	22.19	22.19	5.46
阳山县	3329.5	57.9	0.7	30.40	12.31	0.31	14.50	14.45	6.08

continued

Area Measurement Unit: Square Kilometer

Population Measurement Unit:10,000 persons

城市建设用地面积 Area of Urban Construction Land							本年征用土地面积 Area of Land Requisition This Year		县名称 Name of Counties
公共管理与公共服务用地 Administr-ation and Public Services	商业服务业设施用地 Commercial and Business Facilities	工业用地 Industrial	物流仓储用地 Logistics and Warehouse	道路交通设施用地 Road, Street and Trans-portation	公用设施用地 Munici-pal Utilities	绿地与广场用地 Green Space and Square		耕地 Arable Land	
1.92	1.10	0.40	0.50	2.76	1.00	1.55	0.76	0.30	芷江侗族自治县
0.17	0.34	0.01	0.02	0.62	0.01	2.02	0.13	0.01	通道县
1.15	0.57	1.24	0.12	0.99	0.16	0.09			靖州县
1.68	0.39	2.52	0.01	1.84	0.27	0.30	0.33	0.19	双峰县
2.05	3.22	3.42	1.32	3.70	1.23	3.52			新化县
0.18	0.03	0.03	0.03	0.07	1.01	1.12			泸溪县
1.12	1.35	0.43	0.13	2.29	0.06	0.77	0.24	0.19	凤凰县
1.04	0.75	2.13	0.29	1.48	0.28	1.42	0.01		花垣县
1.57	0.32	0.95	0.05	0.34	0.40	0.25	0.51	0.25	保靖县
0.41	0.37	0.10	0.05	0.11	0.35	0.24	0.01		古丈县
1.23	0.25	0.08	0.05	0.41	1.08	1.00	2.37		永顺县
0.20	0.39	0.99	0.31	1.24	0.35	2.23	0.20		龙山县
51.88	**41.86**	**87.91**	**10.26**	**75.96**	**24.57**	**74.06**	**28.95**	**8.48**	**广 东**
1.25	0.32	3.39	0.01	1.92	0.13	0.59	1.08	0.32	始兴县
0.36	0.21	0.18	0.05	1.15	0.22	1.46	0.03		仁化县
0.88	1.00	0.01		1.10	1.00	5.47	0.11	0.03	翁源县
1.31	0.83	2.86	0.08	1.52	0.10	3.29			乳源瑶族自治县
0.75	0.25	1.36	0.05	1.38	0.12	0.05	2.14	1.63	新丰县
0.64	0.04	0.38	0.06	0.41	0.47	0.48			南澳县
1.29	0.59	0.71	0.15	1.14	0.09	0.16			遂溪县
2.59	0.73	0.67	1.58	2.34	1.21	4.86	0.54	0.12	徐闻县
0.87	0.98	3.60	0.05	2.22	0.13	1.21			广宁县
1.54	0.64	5.57	0.82	2.20	1.37	1.30	3.21	1.16	怀集县
0.45	0.81	0.40	0.03	0.71	0.55	1.70			封开县
1.15	0.62	5.70	0.09	1.30	0.08	1.93			德庆县
2.75	3.60	13.50	0.45	4.90	0.35	0.25			博罗县
1.85	3.66	2.97	0.09	5.57	0.29	0.61	0.47	0.09	惠东县
1.07	0.60	2.86	0.02	1.14	0.12	0.04	1.49	0.32	龙门县
1.15	0.89	0.29	0.11	1.09	1.12	1.10			大埔县
1.43	1.43	2.14	0.24	3.24	0.16	0.19	0.33		丰顺县
3.51	1.29	1.05	0.72	3.29	2.44	4.59	4.45	1.95	五华县
1.12	0.62	2.14	0.10	1.49	0.33	3.12			平远县
0.91	0.40	1.18	0.22	1.52	0.20	0.84	0.04		蕉岭县
2.30	3.40	2.10	1.00	2.90	2.40	3.41	2.62	0.35	海丰县
0.60	0.50	0.50		2.20	1.30	1.00	1.00		陆河县
0.88	0.36	0.62	0.04	1.25	0.21	0.02	1.34	0.05	紫金县
1.14	1.00	0.88	0.06	1.59	0.17	0.31			龙川县
1.30	1.15	1.06	0.06	1.78	0.18	0.78			连平县
0.86	0.68	3.15	0.04	1.57	0.29	4.20	0.28		和平县
2.31	0.55	5.92	0.05	2.16	0.81	0.30	2.34	0.09	东源县
1.72	3.91	3.49	0.20	3.32	1.61	2.48	1.68	0.77	阳西县
0.92	0.49	0.64	0.39	1.32	1.11	3.50	3.24	1.33	阳山县

2-2 续表 20

面积计量单位：平方公里
人口计量单位：万人

县名称 Name of Counties	县面积 County District Area	县人口 County District Population	县暂住人口 County District Temporary Population	县城面积 County Seat Area	县城人口 County Seat Population	县城暂住人口 County Seat Temporary Population	建成区面积 Area of Built District		
								小计 Subtotal	居住用地 Residential
连山壮族瑶族自治县	1265.0	12.5	0.1	13.23	1.71	0.05	3.32	2.52	1.10
连南瑶族自治县	1241.0	17.7	0.0	23.90	3.68	0.02	5.17	5.17	1.15
佛冈县	1295.2	36.1	1.2	165.00	8.68	0.50	15.90	15.90	5.83
饶平县	2227.1	112.8		90.11	19.23		29.57	29.57	11.04
揭西县	1347.8	97.8	0.3	93.12	12.91	0.09	26.71	14.25	8.05
惠来县	1253.0	147.0	9.5	288.00	20.10	6.60	36.00	32.26	8.80
新兴县	1521.7	49.4	1.1	107.50	10.98	0.82	31.53	29.10	7.60
郁南县	1962.2	57.3	0.4	41.40	9.80	0.07	14.82	14.82	5.57
广　西	**158192.8**	**3073.4**	**78.3**	**1959.50**	**474.14**	**46.76**	**670.11**	**630.56**	**197.63**
隆安县	2264.0	42.1	0.2	11.24	5.02	0.77	6.41	6.39	2.23
马山县	2365.5	57.7	0.5	23.51	4.48	0.40	7.56	7.56	2.66
上林县	1890.0	50.0	0.3	11.68	4.61	0.20	11.58	9.69	2.51
宾阳县	2314.0	105.1	0.5	100.00	15.40	0.33	21.44	21.30	8.98
柳城县	2123.7	41.1	0.4	9.66	4.77	0.17	7.44	7.01	2.50
鹿寨县	3019.3	41.2	1.5	35.96	9.87	1.33	18.37	17.85	5.60
融安县	2490.2	34.2		20.70	12.04	0.35	13.36	13.36	6.32
融水苗族自治县	4624.0	52.4	0.5	15.70	10.46	0.46	9.77	9.77	3.42
三江侗族自治县	2429.5	40.5	1.6	5.61	4.30	1.60	5.61	5.19	2.17
阳朔县	1428.4	33.1	1.5	10.75	3.40	1.17	8.30	6.76	2.02
灵川县	2257.0	38.3	1.4	9.20	8.53	1.37	9.17	8.74	2.03
全州县	4021.2	84.3	1.7	98.43	11.12	0.77	25.90	21.08	7.56
兴安县	2348.0	39.3	1.0	27.80	7.26	0.47	15.30	14.55	4.08
永福县	2806.0	29.1	0.5	14.00	5.65	0.46	4.20	4.20	1.93
灌阳县	1863.0	30.0	0.9	9.64	5.53	0.40	7.22	7.06	2.60
龙胜各族自治县	2538.0	17.3	0.3	8.10	3.32	0.23	3.46	2.82	0.99
资源县	1995.0	19.6	2.3	12.00	5.80	0.74	7.70	7.65	2.07
平乐县	1919.3	47.6	2.1	9.35	6.81	1.10	9.11	8.96	4.15
恭城瑶族自治县	2149.0	30.5	0.4	15.80	6.17	0.22	7.52	6.72	1.59
苍梧县	2753.0	41.4	1.7	10.00	2.89	0.18	2.39	2.36	0.51
藤　县	3945.6	112.5	3.5	47.30	11.98	0.64	22.36	21.21	5.22
蒙山县	1279.0	22.5	1.3	8.10	5.45	0.82	5.82	5.34	2.01
合浦县	2380.0	110.9	0.3	60.98	18.88	0.28	34.58	30.69	10.23
上思县	2816.0	25.3	0.4	25.30	7.79	0.36	6.53	6.45	1.64
灵山县	3558.9	174.1	1.1	40.00	22.30	1.11	21.46	21.46	7.47
浦北县	2517.0	95.7	4.9	20.66	8.10	0.32	11.93	11.15	3.38
平南县	2988.0	155.3	0.2	89.00	26.56	0.09	29.30	28.00	8.35
容　县	2253.3	88.0	3.1	178.30	16.20	3.03	19.89	19.69	5.11
陆川县	1551.0	111.4	0.5	128.20	16.24	0.15	16.61	16.60	3.28
博白县	3835.9	192.6	13.8	180.00	23.32	9.95	36.12	34.62	10.53
兴业县	1486.7	76.1	0.8	129.00	9.80	0.72	11.63	11.52	3.37
田东县	2816.0	44.0	0.6	37.08	8.17	0.40	13.49	12.42	3.84

continued

Area Measurement Unit: Square Kilometer
Population Measurement Unit:10,000 persons

城市建设用地面积 Area of Urban Construction Land							本年征用土地面积 Area of Land Requisition This Year		县名称 Name of Counties
公共管理与公共服务用地 Administr-ation and Public Services	商业服务业设施用地 Commercial and Business Facilities	工业用地 Industrial	物流仓储用地 Logistics and Warehouse	道路交通设施用地 Road, Street and Trans-portation	公用设施用地 Munici-pal Utilities	绿地与广场用地 Green Space and Square		耕地 Arable Land	
0.15	0.15	0.05	0.05	0.40	0.10	0.52	0.18	0.06	连山壮族瑶族自治县
0.76	0.30	0.28		0.71	0.16	1.81			连南瑶族自治县
1.04	1.02	3.98	0.07	2.02	0.40	1.54	0.65	0.10	佛冈县
3.39	4.25	3.10	1.27	2.63	1.09	2.80	0.41	0.09	饶平县
1.14	0.75	1.30	0.06	2.48	0.28	0.19	0.04		揭西县
1.52	0.83	1.65	0.87	2.55	2.01	14.03	0.42		惠来县
3.33	2.46	6.56	1.18	2.57	1.87	3.53	0.75		新兴县
1.65	0.55	1.67		4.88	0.10	0.40	0.11	0.02	郁南县
53.24	**31.96**	**69.70**	**14.88**	**115.95**	**19.12**	**128.08**	**37.42**	**15.41**	**广　西**
0.44	0.12	1.02	0.16	1.36	0.11	0.95	1.91	1.86	隆安县
1.15	0.37	0.16	0.20	1.40	0.17	1.45			马山县
1.10	1.05	2.11	0.08	1.68	0.06	1.10	1.47	1.47	上林县
1.48	0.79	1.60	0.10	4.68	0.30	3.37	0.58	0.58	宾阳县
0.80	0.10	1.25	0.05	1.35	0.12	0.84			柳城县
1.57	0.21	2.93	0.35	2.91	0.44	3.84	3.74		鹿寨县
0.69	0.33	0.84	0.27	2.31	0.35	2.25	1.29	0.49	融安县
1.46	0.76	0.63	0.43	1.96	0.24	0.87	0.01		融水苗族自治县
0.91	0.22	0.30	0.08	0.70	0.20	0.61			三江侗族自治县
0.64	0.66	0.10		2.36	0.09	0.89			阳朔县
0.40	0.30	0.62	0.22	1.93	0.09	3.15			灵川县
1.00	2.00	1.81	0.88	4.19	0.62	3.02			全州县
1.09	0.10	2.50	0.59	2.68	0.88	2.63	0.34	0.10	兴安县
0.27	0.21	0.14	0.08	0.75	0.11	0.71			永福县
0.05	0.02	1.90		1.33	0.10	1.06			灌阳县
0.35	0.22	0.09	0.08	0.56	0.05	0.48			龙胜各族自治县
0.39	1.26	0.63	0.10	1.09	0.13	1.98	0.10	0.01	资源县
0.15	0.21	0.06	0.11	1.62	0.07	2.59	0.31	0.02	平乐县
0.87	0.56	0.79	0.21	1.10	0.05	1.55			恭城瑶族自治县
0.72	0.03	0.09		0.76	0.03	0.22			苍梧县
1.16	1.20	4.60	0.40	3.41	0.32	4.90			藤　县
0.11	0.20	0.21	0.10	1.09	0.20	1.42	1.37	0.65	蒙山县
2.12	0.36	4.78	0.86	3.51	0.28	8.55	0.67		合浦县
0.34	0.30	0.85	0.23	1.09	0.22	1.78	1.16	0.47	上思县
1.72	1.10	1.83	0.07	4.34	0.30	4.63	2.20	1.13	灵山县
1.02	0.93	0.92	0.10	1.87	0.42	2.51	1.54	0.18	浦北县
1.37	1.93	8.22	0.60	3.55	0.72	3.26	1.69	0.52	平南县
1.61	0.82	2.80	0.41	3.78	0.94	4.22	0.71	0.13	容　县
1.48	1.29	2.02	2.00	3.71	0.37	2.45	0.78		陆川县
1.60	2.20	3.00	1.00	7.66	1.50	7.13			博白县
1.00	1.58	0.10	0.05	2.05	0.12	3.25	1.57	0.93	兴业县
1.29	0.49	0.50	0.17	3.65	0.19	2.29			田东县

2-2 续表 21

面积计量单位：平方公里
人口计量单位：万人

县名称 Name of Counties	县面积 County District Area	县人口 County District Population	县暂住人口 County District Temporary Population	县城面积 County Seat Area	县城人口 County Seat Population	县城暂住人口 County Seat Temporary Population	建成区面积 Area of Built District		
								小计 Subtotal	居住用地 Residential
德保县	2575.0	36.9	0.8	12.83	5.35	0.55	6.03	6.03	1.62
那坡县	2231.1	22.1	0.2	13.16	3.87	0.10	3.19	3.16	1.02
凌云县	2053.0	23.0	0.5	11.51	4.73	0.11	4.00	4.00	1.27
乐业县	2617.0	18.3	0.2	7.05	3.49	0.22	3.50	3.48	1.11
田林县	5577.0	26.9	1.9	8.55	3.59	1.12	5.13	4.09	1.56
西林县	3020.0	16.5	0.5	5.40	1.60	0.52	4.26	3.86	1.02
隆林各族自治县	3551.0	44.3	2.3	13.59	8.52	0.08	12.04	10.89	2.62
昭平县	3273.0	45.1	1.2	15.10	8.53	0.48	7.40	7.21	2.34
钟山县	1519.4	45.9	2.9	27.76	10.14	1.12	18.64	17.99	3.80
富川瑶族自治县	1572.4	34.4	0.4	25.00	4.35	0.22	13.20	13.02	3.36
南丹县	3916.0	32.8	2.9	17.45	6.58	2.40	8.18	7.87	2.22
天峨县	3169.0	17.7	0.2	38.70	3.84	0.17	4.36	3.92	1.06
凤山县	1738.0	22.2	0.1	8.90	4.03	0.10	5.50	5.06	1.78
东兰县	2415.0	31.4	0.3	10.23	3.07	0.25	2.54	2.37	0.97
罗城仫佬族自治县	2658.0	38.7	0.3	8.68	7.10	0.28	7.79	7.60	2.20
环江毛南族自治县	4559.5	38.6	0.9	40.31	6.25	0.73	10.59	10.13	3.11
巴马瑶族自治县	1971.1	29.9	2.1	15.01	4.27	2.12	7.71	7.46	1.53
都安瑶族自治县	4095.2	73.5	0.7	23.10	9.98	0.72	9.53	9.46	3.69
大化瑶族自治县	2176.0	49.3	0.5	22.99	10.52	0.50	15.00	14.60	6.34
忻城县	2541.0	42.9	1.5	16.00	6.08	0.48	7.30	7.05	2.60
象州县	1898.5	36.8	3.4	12.80	4.82	0.47	8.53	8.51	2.83
武宣县	1739.0	45.8	0.4	25.70	7.93	0.40	13.61	13.17	3.82
金秀瑶族自治县	2518.0	15.6	0.3	6.40	1.37	0.06	1.48	1.42	0.48
扶绥县	2836.0	46.0	1.3	44.36	8.57	1.09	15.90	14.53	4.68
宁明县	3698.0	44.3	0.5	25.00	7.78	0.40	11.30	8.70	3.30
龙州县	2317.8	27.4	1.0	19.87	6.07	0.96	11.81	11.54	3.06
大新县	2757.0	38.5	0.7	21.00	5.64	0.43	12.00	8.71	2.06
天等县	2175.5	45.5	0.3	60.00	3.85	0.09	8.06	6.56	1.83
海　南	**17400.4**	**324.1**	**25.8**	**245.25**	**58.08**	**9.81**	**149.38**	**136.13**	**36.90**
定安县	1196.5	34.8	4.4	25.74	4.79	1.63	11.76	10.71	2.76
屯昌县	1231.5	30.9	2.4	32.14	7.04	1.49	11.07	12.85	4.75
澄迈县	2077.2	16.7	2.8	10.90	7.94	2.01	6.82	5.59	2.76
临高县	1331.0	51.0	0.8	14.80	7.17	0.30	9.75	8.99	3.56
白沙黎族自治县	2117.0	19.6	3.2	8.23	2.24	0.37	8.23	3.67	1.05
昌江县	1620.5	25.4	0.6	24.26	6.59	0.10	12.34	11.49	5.00
乐东县	2747.0	55.0	0.3	24.00	3.12	0.86	5.77	5.04	1.55
陵水县	1107.0	38.7	4.1	17.64	7.81	0.38	12.69	13.30	5.18
保亭县	1153.8	21.0	4.3	21.78	2.69	0.20	11.57	6.37	3.12
琼中县	2704.2	21.7	1.1	5.86	2.82	0.93	5.86	5.14	1.96
洋浦经济开发区	114.8	9.4	1.8	59.90	5.87	1.54	53.52	52.98	5.21

continued

Area Measurement Unit: Square Kilometer

Population Measurement Unit:10,000 persons

城市建设用地面积 Area of Urban Construction Land							本年征用土地面积 Area of Land Requisition This Year	耕地 Arable Land	县名称 Name of Counties
公共管理与公共服务用地 Administr-ation and Public Services	商业服务业设施用地 Commercial and Business Facilities	工业用地 Industrial	物流仓储用地 Logistics and Warehouse	道路交通设施用地 Road, Street and Trans-portation	公用设施用地 Munici-pal Utilities	绿地与广场用地 Green Space and Square			
0.62	0.08	0.76	0.05	0.80	0.05	2.05	2.10	1.00	德保县
0.14	0.10	0.16	0.01	0.54	0.08	1.11	0.02	0.02	那坡县
0.05	0.10	0.11	0.03	0.90	0.10	1.44	0.09	0.09	凌云县
0.32	0.06	0.02	0.08	0.65	0.01	1.23	0.10	0.05	乐业县
0.33	0.11	0.15	0.07	0.66	0.12	1.09			田林县
0.54	0.08	0.14	0.03	0.56	0.26	1.23			西林县
2.47	0.49	0.38	0.04	2.57	0.16	2.16	0.14		隆林各族自治县
0.45	0.35	0.69	0.12	1.19	0.17	1.90	2.13		昭平县
1.68	0.91	2.97	0.39	3.49	0.19	4.56	0.10	0.04	钟山县
0.25	0.01	1.06	0.48	1.63	1.95	4.28	0.45	0.29	富川瑶族自治县
0.64	0.57	0.21	0.17	1.51	0.15	2.40	0.11	0.11	南丹县
0.35	0.14	0.16	0.03	0.81	0.08	1.29			天峨县
0.62	0.15	0.34	0.03	0.88	0.24	1.02	0.32	0.09	凤山县
0.08	0.03	0.04	0.17	0.42	0.13	0.53	0.33	0.24	东兰县
0.94	0.41	1.15	0.12	1.29	0.08	1.41	0.07	0.05	罗城仫佬族自治县
0.82	0.33	1.21	0.06	1.28	0.20	3.12	0.71		环江毛南族自治县
0.93	0.76	0.25	0.35	1.17	0.43	2.04	0.15	0.03	巴马瑶族自治县
0.50	0.42	0.80	0.43	1.49	0.45	1.68	0.15	0.08	都安瑶族自治县
1.86	0.70	0.93	0.35	1.77	0.24	2.41			大化瑶族自治县
1.21	0.20	0.77	0.05	1.13	0.18	0.91	0.19	0.19	忻城县
1.51	0.35	1.20	0.20	0.75	0.71	0.96	0.65	0.02	象州县
0.32	1.11	1.68	0.24	2.39	1.38	2.23	1.69	1.02	武宣县
0.08	0.08	0.08	0.01	0.18	0.16	0.35			金秀瑶族自治县
1.63	0.32	1.63	0.08	4.32	0.24	1.63	1.82	0.32	扶绥县
0.68	0.55	0.90	0.65	1.92	0.10	0.60			宁明县
1.38	1.28	0.72	0.33	2.20	0.94	1.63	1.43		龙州县
1.36	0.12	1.58	0.18	1.65	0.26	1.50	3.22	3.22	大新县
1.13	0.23	0.21	0.15	1.37	0.27	1.37	0.01	0.01	天等县
10.97	**8.64**	**27.88**	**4.40**	**26.51**	**2.39**	**18.44**	**3.37**	**0.93**	**海　南**
0.91	0.49	1.28	0.25	1.97	0.24	2.81			定安县
1.12	1.96	0.90	0.06	2.50	0.14	1.42	0.07	0.01	屯昌县
1.11	0.43	0.12	0.04	0.81	0.03	0.29			澄迈县
0.62	1.00	0.30	0.30	1.46	0.30	1.45			临高县
1.14	0.42	0.07	0.03	0.50	0.11	0.35			白沙黎族自治县
1.25	0.70	0.60	0.14	3.36	0.10	0.34	0.49		昌江县
0.46	0.15	0.09		1.28	0.20	1.31			乐东县
1.53	1.00	0.22	0.02	2.86	0.18	2.31	1.29	0.33	陵水县
0.73	1.55	0.01		0.85	0.03	0.08			保亭县
0.69	0.19	0.11	0.02	0.78	0.09	1.30	0.19		琼中县
1.41	0.75	24.18	3.54	10.14	0.97	6.78	1.33	0.59	洋浦经济开发区

2-2 续表 22

面积计量单位：平方公里
人口计量单位：万人

县名称 Name of Counties	县面积 County District Area	县人口 County District Population	县暂住人口 County District Temporary Population	县城面积 County Seat Area	县城人口 County Seat Population	县城暂住人口 County Seat Temporary Population	建成区面积 Area of Built District		
								小计 Subtotal	居住用地 Residential
重 庆	**39137.0**	**928.3**	**95.7**	**823.39**	**188.83**	**32.36**	**188.82**	**167.78**	**62.66**
城口县	3289.9	25.0	4.4	98.00	6.25		3.26	3.26	1.66
丰都县	2899.2	80.2	8.0	141.60	18.53	6.29	20.63	20.63	7.24
垫江县	1516.3	95.5	9.4	92.00	15.24	5.73	25.00	17.44	3.64
忠 县	2187.6	96.2	13.1	53.50	15.78	6.90	19.01	18.75	7.13
云阳县	3636.5	132.3	4.0	290.95	31.99	3.97	25.55	24.73	10.70
奉节县	4100.0	105.7	15.2	26.51	21.12		14.50	12.30	4.74
巫山县	2957.0	62.5	2.9	27.07	12.72		8.00	8.00	3.88
巫溪县	4016.8	53.5		8.96	9.79		8.65	7.03	3.54
石柱土家族自治县	3014.0	54.6		18.70	11.82		8.65	8.44	3.95
秀山土家族苗族自治县	2453.3	67.3	7.3	28.00	17.14	4.57	22.80	19.51	7.65
酉阳土家族苗族自治县	5169.0	85.3	17.5	14.60	10.16	4.90	14.10	12.90	3.17
彭水苗族土家族自治县	3897.5	70.1	14.1	23.50	18.29		18.67	14.79	5.36
四 川	**399099.5**	**4683.5**	**274.7**	**8169.99**	**994.88**	**175.13**	**1284.76**	**1189.45**	**395.56**
金堂县	1156.0	90.4	14.3	120.00	38.31	12.75	69.50	60.20	21.53
大邑县	1283.6	50.7	0.3	91.07	11.78	0.22	24.27	21.87	6.91
蒲江县	583.0	26.7	2.0	132.98	8.62	0.20	8.83	8.83	2.51
荣 县	1599.0	65.5	2.6	139.73	17.96	1.62	19.49	18.71	6.30
富顺县	1336.3	105.6	3.5	115.73	25.03	2.47	29.70	29.70	10.17
米易县	2109.7	22.9	3.3	76.21	5.67	1.70	6.58	6.58	1.68
盐边县	3274.7	20.9	1.2	48.50	1.84	0.30	4.65	4.19	1.43
泸 县	1532.0	105.7	4.5	155.00	18.94	1.49	20.00	20.00	4.78
合江县	2414.0	89.5	5.3	162.20	18.85	7.05	25.91	25.91	8.16
叙永县	2977.0	71.9	2.5	240.60	16.39	1.50	15.94	15.94	5.49
古蔺县	3184.0	88.0	2.6	284.66	16.63	0.74	10.84	10.84	3.61
中江县	2199.0	136.3	2.6	90.00	28.45	0.65	30.21	28.57	8.92
三台县	2659.4	142.0	7.8	35.00	21.22	7.83	21.98	21.83	6.24
盐亭县	1645.0	56.2	4.8	19.80	6.14	4.82	19.80	11.10	4.55
梓潼县	1443.9	36.8	1.9	46.00	5.88	1.38	8.60	8.60	2.02
北川羌族自治县	3082.7	23.5	2.0	8.90	6.30	1.60	7.80	4.90	0.88
平武县	5945.9	17.4	1.0	5.00	3.65	0.21	3.22	2.50	0.68
旺苍县	2976.0	43.4	1.1	60.00	11.07	0.75	17.87	17.87	4.42
青川县	3269.0	22.6	0.6	18.40	2.30	0.52	2.99	2.97	1.24
剑阁县	3204.0	64.4	1.7	16.70	3.35	1.61	8.41	8.41	1.72
苍溪县	2330.0	73.6	2.3	65.00	11.54	1.50	19.83	19.29	4.72
蓬溪县	1251.0	66.8	5.1	22.15	12.30	1.18	19.72	19.34	5.18
大英县	701.0	51.9	1.9	29.51	12.52	1.85	19.85	19.35	4.89
威远县	1289.0	69.1	5.4	70.60	18.21	3.02	24.60	23.46	10.23

continued

Area Measurement Unit: Square Kilometer

Population Measurement Unit:10,000 persons

城市建设用地面积 Area of Urban Construction Land							本年征用土地面积 Area of Land Requisition This Year		县名称 Name of Counties
公共管理与公共服务用地 Administr-ation and Public Services	商业服务业设施用地 Commercial and Business Facilities	工业用地 Industrial	物流仓储用地 Logistics and Warehouse	道路交通设施用地 Road, Street and Trans-portation	公用设施用地 Munici-pal Utilities	绿地与广场用地 Green Space and Square		耕地 Arable Land	
15.98	**8.94**	**17.80**	**2.90**	**27.98**	**6.28**	**25.24**	**13.28**	**7.37**	**重　庆**
0.41	0.20	0.06	0.04	0.65	0.13	0.11	0.34	0.13	城口县
1.27	0.68	2.67	0.42	2.04	2.08	4.23	0.27	0.23	丰都县
1.26	0.76	2.76	0.23	3.86	0.34	4.59	0.65	0.50	垫江县
0.06	0.95	1.10	0.15	1.99	0.05	7.32	0.03	0.01	忠　县
2.75	0.84	3.28	0.16	4.74	0.15	2.11	0.47	0.23	云阳县
1.81	0.85	0.61	0.11	2.53	0.30	1.35	3.82	3.64	奉节县
0.92	0.35	0.41	0.04	1.43	0.39	0.58	1.06	0.47	巫山县
0.40	0.42	0.22	0.22	1.20	0.22	0.81	0.39	0.09	巫溪县
1.05	0.52	0.43	0.01	1.40	0.39	0.69	1.70	0.76	石柱土家族自治县
1.76	1.08	2.14	0.97	4.71	0.19	1.01	1.99	0.19	秀山土家族苗族自治县
1.73	1.55	0.72	0.23	1.52	1.64	2.34	2.56	1.12	酉阳土家族苗族自治县
2.56	0.74	3.40	0.32	1.91	0.40	0.10			彭水苗族土家族自治县
112.39	**70.31**	**174.29**	**33.76**	**166.58**	**53.91**	**182.65**	**47.00**	**23.80**	**四　川**
4.14	3.50	19.67	0.33	7.39	0.32	3.32	1.71	1.30	金堂县
1.99	0.86	5.97	0.36	4.50	0.22	1.06			大邑县
1.03	0.55	2.77	0.06	1.70	0.07	0.14	2.00	0.58	蒲江县
1.77	0.34	1.74	0.26	3.21	0.34	4.75	0.32	0.24	荣　县
2.73	2.53	4.74	0.31	4.58	0.74	3.90	0.38	0.20	富顺县
0.87	0.23	0.11	0.05	1.00	0.02	2.62	0.26	0.19	米易县
0.58	0.24	0.01	0.02	0.32	0.15	1.44	0.30	0.13	盐边县
1.58	0.81	5.80	0.77	2.79	0.89	2.58	0.49	0.34	泸　县
1.84	0.92	4.52	0.56	2.88	1.22	5.81	0.47	0.33	合江县
1.54	1.05	1.27	0.68	1.01	1.08	3.82	0.29	0.11	叙永县
1.20	0.26	0.13	0.26	2.54	0.66	2.18	7.25	2.69	古蔺县
1.44	2.30	3.16	1.00	3.82	4.05	3.88	0.27	0.13	中江县
3.05	0.36	3.85	0.60	3.18	0.73	3.82			三台县
3.50	0.30	1.40	0.08	1.00	0.16	0.11	0.02	0.02	盐亭县
1.19	0.73	0.76	0.04	1.84	0.81	1.21	1.65	0.55	梓潼县
0.30	0.20	0.60	0.10	1.10	0.62	1.10			北川羌族自治县
0.47	0.03	0.09	0.03	0.54	0.07	0.59			平武县
0.79	0.52	6.13	0.41	2.21	0.94	2.45			旺苍县
0.42	0.32	0.01	0.03	0.58	0.05	0.32			青川县
1.02	0.88	1.06	0.06	0.88	0.89	1.90	0.32	0.15	剑阁县
1.26	0.25	0.81	0.73	2.21	2.30	7.01	0.31	0.24	苍溪县
0.57	0.47	2.15	0.19	3.20	0.73	6.85	1.56	0.68	蓬溪县
1.63	0.98	2.52	0.56	2.25	0.53	5.99			大英县
1.14	0.61	4.68	0.21	3.39	0.50	2.70	0.80		威远县

2-2 续表 23

面积计量单位：平方公里
人口计量单位：万人

县名称 Name of Counties	县面积 County District Area	县人口 County District Population	县暂住人口 County District Temporary Population	县城面积 County Seat Area	县城人口 County Seat Population	县城暂住人口 County Seat Temporary Population	建成区面积 Area of Built District		
								小计 Subtotal	居住用地 Residential
资中县	1734.0	122.1	2.4	102.01	23.15	2.17	26.67	22.93	7.59
犍为县	1371.0	55.1	1.8	29.50	10.91	1.37	12.04	12.04	3.94
井研县	840.0	40.3	0.6	15.00	8.00	0.50	9.69	9.69	2.93
夹江县	745.0	34.1	11.5	32.44	8.40	1.16	11.60	11.60	4.48
沐川县	1405.0	24.6	1.0	9.10	3.85	0.80	6.40	6.40	1.35
峨边县	2382.0	14.3	0.9	4.30	3.80	0.45	4.27	4.27	1.36
马边县	2293.0	22.2	1.2	18.44	3.97	0.38	6.40	6.40	3.27
南部县	2229.0	122.6	6.2	100.00	29.20	4.00	33.00	33.00	10.62
营山县	1633.0	88.2	2.1	84.00	24.95	1.54	23.50	23.50	7.85
蓬安县	1334.0	67.1	3.3	63.00	15.68	2.96	18.60	18.60	6.15
仪陇县	1771.0	105.5	3.5	65.00	13.50	3.50	17.20	17.20	5.83
西充县	1108.0	58.1	3.7	71.00	14.50	2.50	20.30	20.30	6.95
仁寿县	2022.2	121.8	38.0	47.30	19.00	27.55	43.90	43.74	12.87
洪雅县	1896.5	34.3	1.0	57.65	9.10	0.72	11.16	10.70	3.93
丹棱县	449.0	18.1	0.8	26.58	5.80	0.80	8.85	8.85	1.72
青神县	387.0	16.9	0.9	8.10	6.90	0.80	8.00	7.99	2.17
江安县	948.5	58.4	3.5	18.80	15.42	3.10	18.50	18.23	4.60
长宁县	945.8	43.3	1.5	22.49	10.95	1.63	12.29	12.11	3.45
高　县	1323.0	52.2	1.8	24.32	15.08	0.87	18.21	17.27	6.35
珙　县	1149.5	42.9	3.2	18.10	10.80	2.22	10.20	9.51	3.10
筠连县	1256.0	44.2	0.8	39.35	10.69	0.26	14.68	9.28	4.54
兴文县	1380.0	49.5	3.1	98.64	12.51	2.10	13.02	12.90	5.60
屏山县	1504.0	31.1	1.7	85.00	5.69	0.93	8.60	8.60	3.00
岳池县	1457.0	112.7	1.6	30.00	19.92	1.48	26.80	26.80	8.10
武胜县	966.0	80.2	1.8	75.60	16.49	1.08	17.29	15.28	7.75
邻水县	1919.0	102.0	5.0	51.20	28.00	1.80	27.50	23.06	5.25
宣汉县	4271.0	135.6	3.2	50.00	17.05	2.77	23.00	20.97	5.81
开江县	1033.0	56.9	1.8	24.18	12.90	0.80	14.32	14.32	4.55
大竹县	2075.0	107.3	2.0	75.00	30.23	0.90	29.60	29.11	12.83
渠　县	2018.0	133.0	4.7	75.00	35.00	3.80	39.00	35.00	10.14
荥经县	1777.0	14.5	0.9	13.66	5.90	0.49	6.89	6.84	3.27
汉源县	2214.0	31.8	1.6	13.00	3.89	0.41	4.45	4.45	1.60
石棉县	2679.0	12.1	0.7	9.53	3.63	0.42	4.57	4.56	1.41
天全县	2390.0	14.8	1.2	12.52	4.31	0.30	8.46	7.83	3.87
芦山县	1191.0	12.0	0.3	15.59	3.24	0.27	5.20	5.16	1.44
宝兴县	3114.0	5.7	0.6	3.16	0.80	0.25	2.18	2.18	0.80
通江县	4125.0	82.2	3.0	25.33	14.00	1.69	16.80	16.66	5.20
南江县	3383.9	64.8	3.3	31.72	10.94	1.52	21.40	9.52	3.83
平昌县	2229.0	91.8	3.2	29.70	18.90	1.87	18.50	18.40	6.64
安岳县	2690.0	152.4	6.2	358.00	25.80	5.80	34.99	34.99	12.28
乐至县	1424.5	57.8	5.7	233.30	20.85	5.05	24.92	24.92	8.39
汶川县	4084.0	9.1	0.6	128.00	3.16	0.55	4.76	2.78	0.83

continued

Area Measurement Unit: Square Kilometer
Population Measurement Unit:10,000 persons

城市建设用地面积 Area of Urban Construction Land							本年征用土地面积 Area of Land Requisition This Year		县名称 Name of Counties
公共管理与公共服务用地 Administration and Public Services	商业服务业设施用地 Commercial and Business Facilities	工业用地 Industrial	物流仓储用地 Logistics and Warehouse	道路交通设施用地 Road, Street and Transportation	公用设施用地 Municipal Utilities	绿地与广场用地 Green Space and Square		耕地 Arable Land	
2.28	2.48	4.08	1.04	2.66	1.52	1.28	0.78	0.70	资中县
1.06	0.69	1.45	0.39	1.93	0.49	2.09			犍为县
1.44	0.28	1.68	0.26	1.68	0.94	0.48	0.42	0.25	井研县
1.04	0.71	1.80	0.45	2.60	0.07	0.45	0.23	0.19	夹江县
0.32	0.55	1.00	0.11	0.79	0.14	2.14			沐川县
0.29	0.54	0.01	0.11	1.05	0.06	0.85			峨边县
0.43	0.31	0.40	0.15	0.33	0.18	1.33			马边县
3.27	2.01	3.71	1.39	5.00	1.55	5.45			南部县
2.35	1.64	2.90	1.25	2.99	1.00	3.52	0.40		营山县
2.00	1.30	2.00	0.75	2.79	0.75	2.86			蓬安县
1.65	1.11	1.71	1.00	2.25	1.05	2.60	0.20		仪陇县
1.66	1.90	2.22	0.68	2.74	0.70	3.45	0.15	0.09	西充县
2.70	1.53	8.10	0.84	7.20	1.78	8.72			仁寿县
0.65	0.65	2.26	0.22	1.54	0.18	1.27	0.34	0.34	洪雅县
0.61	1.24	1.93	0.20	1.32	0.09	1.74	0.20		丹棱县
0.20	0.26	1.10	0.05	1.28	0.25	2.68			青神县
1.00	1.42	2.73	0.07	1.84	1.80	4.77	1.02	0.52	江安县
2.05	0.68	1.57	0.46	2.65	0.79	0.46	9.93	8.03	长宁县
1.21	1.50	1.65	0.21	1.85	0.27	4.23	0.56	0.35	高　县
1.00	0.75	1.02	0.50	0.49	0.82	1.83			珙　县
0.69	0.51	1.71	0.25	1.01	0.15	0.42	0.02		筠连县
0.62	1.41	1.31	0.55	1.70	1.17	0.54	3.02		兴文县
0.82	0.39	1.66	0.06	1.76	0.38	0.53	0.38	0.22	屏山县
1.88	2.39	2.53	0.59	3.27	0.36	7.68			岳池县
1.14	1.11	1.48	0.03	1.72	0.20	1.85	0.12	0.08	武胜县
0.96	0.97	5.40	0.51	4.28	1.71	3.98	1.40	1.00	邻水县
1.67	1.37	4.43	0.56	3.69	0.59	2.85	0.36	0.05	宣汉县
1.00	0.26	2.09	0.25	1.31	0.88	3.98			开江县
1.94	1.51	4.18	1.25	3.12	1.59	2.69	0.60		大竹县
4.62	1.94	5.45	2.58	4.68	0.07	5.52			渠　县
0.58	0.36	0.99	0.02	1.42	0.06	0.14	0.68	0.48	荥经县
0.80	0.05	0.10		0.62	0.08	1.20			汉源县
0.45	0.43	0.25	0.14	0.76	0.17	0.95			石棉县
0.80	0.35	1.35	0.27	0.81	0.05	0.33	0.12	0.04	天全县
0.54	0.30	0.65	0.03	0.49	0.06	1.65			芦山县
0.13	0.23	0.02	0.01	0.20	0.19	0.60			宝兴县
5.00	1.00	0.60	1.70	1.71	0.72	0.73	4.30	2.21	通江县
1.38	0.45	0.87	0.15	2.56	0.12	0.16			南江县
1.75	0.80	1.12	1.05	3.01	1.78	2.25			平昌县
2.37	2.71	8.20	1.35	4.88	0.37	2.83			安岳县
0.16	0.85	6.80	1.17	4.30	0.72	2.53			乐至县
0.37	0.20	0.06	0.15	0.63	0.09	0.45			汶川县

2-2 续表 24

面积计量单位：平方公里

人口计量单位：万人

县名称 Name of Counties	县面积 County District Area	县人口 County District Population	县暂住人口 County District Temporary Population	县城面积 County Seat Area	县城人口 County Seat Population	县城暂住人口 County Seat Temporary Population	建成区面积 Area of Built District		
								小计 Subtotal	居住用地 Residential
理　县	4318.0	4.3	0.6	186.82	1.58	0.40	1.77	1.69	0.36
茂　县	4075.0	10.9	0.7	296.61	3.72	0.30	6.10	6.10	2.20
松潘县	8486.0	7.3	0.5	198.00	1.67	0.40	4.49	4.16	2.00
九寨沟县	5289.0	6.7	1.6	37.27	2.43	0.39	4.45	3.45	1.70
金川县	5524.0	6.8	0.8	81.30	1.83	0.34	3.50	3.30	1.57
小金县	5571.0	7.6	0.5	54.35	1.72	0.12	3.53	2.23	0.76
黑水县	4360.0	5.8	0.5	1170.70	1.28	0.35	2.92	2.41	0.77
壤塘县	6863.0	4.7	0.5	7.25	0.78	0.14	0.76	0.47	0.13
阿坝县	10435.0	8.2	0.8	55.00	1.70	1.21	4.25	3.60	1.15
若尔盖县	10620.0	8.0	0.6	544.01	1.33	0.36	6.00	3.45	0.90
红原县	8398.0	4.9	0.7	937.00	1.38	0.15	3.04	2.10	0.57
泸定县	2165.4	8.6	0.9	9.08	2.95	0.35	2.20	1.54	0.56
丹巴县	4656.6	5.0	0.1	11.97	1.86	0.13	2.10	1.90	1.00
九龙县	6766.0	6.4	1.0	11.00	1.36	0.20	3.00	2.77	0.10
雅江县	7558.0	5.9	0.5	6.91	1.47	0.51	1.30	0.56	0.23
道孚县	7053.0	5.3	0.4	9.80	1.42	0.39	5.78	5.34	1.72
炉霍县	4601.0	5.1	0.3	10.82	0.86	0.40	3.00	2.56	1.76
甘孜县	7530.0	7.3	1.6	13.50	2.60	1.36	6.71	6.48	1.49
新龙县	8570.0	4.6	0.5	6.38	0.87		0.87	0.54	0.05
德格县	11025.0	8.9	0.5	9.79	0.98	0.28	0.60	0.58	0.26
白玉县	10386.0	6.0	0.6	5.93	1.25	0.84	3.00	1.05	0.60
石渠县	24949.0	12.1	0.2	15.13	0.83	0.06	2.45	1.53	0.55
色达县	9332.0	6.5	2.2	8.20	1.00	0.09	2.95	2.62	1.06
理塘县	13677.0	7.5	0.6	11.53	2.47	0.54	7.32	7.32	3.46
巴塘县	7852.0	5.4	1.2	9.50	0.80	0.55	3.50	3.27	1.41
乡城县	5016.0	3.1	0.2	6.80	0.99	0.23	4.41	4.41	0.95
稻城县	7323.0	3.3	0.2	1.50	0.82	0.21	0.82	0.77	0.16
得荣县	2916.0	2.7	0.1	4.54	0.45	0.09	0.65	0.52	0.26
普格县	1905.0	22.1	0.7	5.46	2.88	0.38	3.00	2.48	0.95
木里县	13252.0	13.9	1.0	3.00	2.30	0.80	1.60	1.58	0.55
盐源县	8408.0	39.0	4.1	6.23	5.02	2.96	6.23	6.23	2.69
德昌县	2284.0	22.0	1.9	14.50	6.13	1.61	6.60	6.53	2.08
会东县	3227.6	42.8	2.4	12.25	6.50	1.30	6.30	4.90	2.30
宁南县	1667.0	20.1	1.0	6.00	5.69	0.44	6.00	4.41	1.78
布拖县	1686.0	21.9	0.6	6.80	1.97	0.30	3.10	2.86	1.25
金阳县	1587.6	22.3	1.4	2.31	3.01	1.41	2.27	1.30	0.75
昭觉县	2556.0	38.1	1.8	5.00	9.70	1.20	5.00	3.00	1.60
喜德县	2119.8	21.9	7.6	12.16	4.00	0.20	3.02	2.98	2.00
冕宁县	4423.0	40.7	0.8	8.55	6.22	0.52	8.20	4.45	1.62
越西县	2257.0	37.8	0.9	7.60	6.31	0.75	5.10	4.55	2.10
甘洛县	2156.0	23.5	1.3	3.00	5.25	0.98	2.44	2.43	0.86
美姑县	2731.6	23.9	7.6	3.24	3.70	0.52	1.93	1.93	1.10
雷波县	2932.0	30.0	1.0	4.85	3.99	0.85	4.20	4.20	0.30

continued

Area Measurement Unit: Square Kilometer
Population Measurement Unit:10,000 persons

城市建设用地面积 Area of Urban Construction Land							本年征用土地面积 Area of Land Requisition This Year		县名称 Name of Counties
公共管理与公共服务用地 Administration and Public Services	商业服务业设施用地 Commercial and Business Facilities	工业用地 Industrial	物流仓储用地 Logistics and Warehouse	道路交通设施用地 Road, Street and Transportation	公用设施用地 Municipal Utilities	绿地与广场用地 Green Space and Square		耕地 Arable Land	
0.06	0.52	0.01	0.20	0.21	0.12	0.21			理　县
1.40	0.69	0.22	0.03	0.70	0.11	0.75			茂　县
0.80	0.01	0.15	0.12	0.40	0.20	0.48			松潘县
0.54	0.31	0.12	0.04	0.53	0.05	0.16			九寨沟县
0.73	0.03	0.42	0.04	0.08	0.32	0.11			金川县
0.28	0.14	0.28	0.03	0.30	0.16	0.28			小金县
0.08	0.24	0.23	0.03	0.53	0.13	0.40			黑水县
0.04	0.04	0.04		0.15	0.03	0.04			壤塘县
0.87	0.40	0.08	0.24	0.44	0.23	0.19			阿坝县
0.70	0.40	0.15	0.10	0.95	0.15	0.10			若尔盖县
0.52	0.24	0.18		0.25	0.10	0.24			红原县
0.31	0.07	0.07		0.40	0.06	0.07			泸定县
0.20	0.20	0.10	0.10	0.08	0.20	0.02	1.00		丹巴县
1.20	0.22	0.04		0.20	0.01	1.00			九龙县
0.05	0.05	0.04	0.03	0.10	0.02	0.04			雅江县
0.50	0.45	0.30	0.06	0.61	0.12	1.58	0.07		道孚县
0.30	0.04	0.04	0.02	0.15	0.05	0.20			炉霍县
1.06	0.36	0.21	0.08	1.10	2.12	0.06			甘孜县
0.12	0.11	0.05	0.01	0.16	0.03	0.01			新龙县
0.08	0.01	0.01		0.03	0.12	0.07			德格县
0.11	0.01	0.01		0.01	0.01	0.30			白玉县
0.26	0.04	0.04	0.02	0.32	0.22	0.08			石渠县
0.63	0.34	0.03	0.11	0.13	0.28	0.04	0.35		色达县
0.59	0.50	0.70	0.01	0.52	0.06	1.48			理塘县
0.35	0.10	0.06	0.02	0.03	0.80	0.50			巴塘县
0.41	0.40	0.10	0.06	0.46	0.93	1.10	0.31	0.03	乡城县
0.18	0.02	0.02	0.10	0.09	0.13	0.07	0.02	0.02	稻城县
0.01	0.02	0.01	0.09	0.05	0.03	0.05			得荣县
0.32	0.23	0.01	0.01	0.32	0.05	0.59			普格县
0.16	0.15	0.01	0.06	0.20	0.20	0.25			木里县
0.71	0.23	0.55	0.22	0.82	0.34	0.67			盐源县
1.30	1.10	0.22	0.05	0.89	0.22	0.67	0.12	0.01	德昌县
0.63	0.24	0.17	0.17	0.56	0.39	0.44			会东县
0.55	0.30	0.33	0.22	0.60	0.32	0.31			宁南县
0.40	0.10	0.14	0.15	0.48	0.04	0.30	0.07	0.07	布拖县
0.19	0.08	0.03	0.03	0.09	0.01	0.12			金阳县
0.20	0.10	0.03		0.08	0.34	0.65	0.38	0.38	昭觉县
0.20	0.15	0.15	0.10	0.30	0.02	0.06			喜德县
0.11	0.23	0.05	0.32	0.52	0.08	1.52	0.32	0.13	冕宁县
0.65	0.29	0.11	0.13	0.60	0.22	0.45	0.03	0.03	越西县
0.48	0.02	0.02	0.01	0.36	0.12	0.56			甘洛县
0.31	0.15	0.06	0.05	0.10	0.04	0.12			美姑县
0.87	0.60	0.18	0.20	0.65	0.70	0.70	0.70	0.70	雷波县

2-2 续表 25

面积计量单位：平方公里

人口计量单位：万人

县名称 Name of Counties	县面积 County District Area	县人口 County District Population	县暂住人口 County District Temporary Population	县城面积 County Seat Area	县城人口 County Seat Population	县城暂住人口 County Seat Temporary Population	建成区面积 Area of Built District	小计 Subtotal	居住用地 Residential
贵　州	**135186.0**	**2875.8**	**109.1**	**2784.28**	**602.06**	**67.88**	**877.95**	**757.53**	**279.17**
开阳县	2026.0	46.7	0.9	29.00	13.02	0.81	18.20	14.66	5.35
息烽县	1036.7	27.8	2.4	22.45	6.88	1.07	10.28	9.60	3.25
修文县	1071.0	33.7	4.1	18.00	8.92	3.52	16.14		
六枝特区	1810.7	76.0	1.0	74.60	16.01	0.68	21.20	20.90	7.45
桐梓县	3207.6	75.1	2.1	96.40	18.87	1.05	21.29	16.57	7.14
绥阳县	2566.0	56.3	2.0	85.00	9.20	1.41	20.96	10.00	3.85
正安县	2595.0	67.4		77.32	13.51		20.80	14.11	6.00
道真县	2156.0	36.8	2.9	70.00	8.80	2.72	12.91	12.80	5.50
务川县	2777.0	48.3	1.4	68.00	11.00	0.16	7.32	8.94	3.80
凤冈县	1885.0	45.6	0.7	86.00	7.22	0.80	15.00	14.80	3.30
湄潭县	1846.0	55.0	3.0	85.00	13.75	2.00	17.00	15.41	6.00
余庆县	1622.0	32.0	3.2	60.00	10.00	1.48	10.90	8.66	4.22
习水县	3128.0	78.9		81.86	17.43		20.00	20.00	10.54
普定县	1091.0	52.0	1.6	45.00	10.43	1.52	12.99	12.63	5.70
镇宁县	1717.3	41.8	0.7	34.00	7.70	0.70	8.88	8.74	2.60
关岭县	1468.0	41.3	1.8	14.63	6.72	0.80	8.28	7.58	2.81
紫云县	2284.0	41.9	0.5	14.06	8.64	0.30	8.55	8.32	2.70
大方县	3502.0	96.4	1.1	25.60	12.50	0.91	20.42	11.66	4.60
金沙县	2528.0	71.2	2.5	117.57	16.80	1.50	23.25	20.18	7.88
织金县	2868.0	126.0	0.6	33.21	13.49	0.62	28.53	27.00	9.00
纳雍县	2452.3	108.0	2.0	105.30	14.10	1.00	17.50	14.40	5.80
威宁自治县	6295.0	148.9	6.7	172.00	22.78	2.56	34.56	34.00	13.04
赫章县	3245.0	89.1	0.2	112.26	12.46	0.20	15.87	11.98	5.32
江口县	1869.0	25.2	2.0	24.25	6.45	1.95	9.39	9.39	3.10
玉屏县	523.8	17.6	1.9	35.02	4.83	0.44	12.56	12.06	7.48
石阡县	2173.2	41.7	1.4	19.26	8.36	0.85	14.03	13.83	4.87
思南县	2313.0	66.9	4.4	50.00	10.33	2.27	23.13	15.91	3.32
印江县	1969.0	44.5	0.4	12.84	11.95	0.30	12.50	12.47	3.91
德江县	2072.0	57.6	5.9	67.00	17.88	3.47	22.21	21.75	5.77
沿河县	2483.5	69.4	0.2	16.47	11.19	0.11	16.47	16.47	8.47
松桃县	3409.0	73.3	2.8	58.50	14.85	2.21	19.74	19.74	5.37
普安县	1454.0	36.0	2.4	18.00	3.68	0.50	6.00	5.86	2.30
晴隆县	1309.8	37.4	2.0	12.00	5.60	1.10	6.44	5.45	2.18
贞丰县	1509.3	43.3	2.3	16.18	4.98	2.25	12.76	12.69	3.68
望谟县	3005.5	32.8	1.2	15.80	7.35	1.20	9.67	8.21	1.91
册亨县	2598.0	24.9	0.6	15.54	8.50	0.30	8.32	5.95	2.16
安龙县	2237.6	49.7	1.4	37.50	12.27	0.33	16.00	16.00	3.10
黄平县	1668.0	39.9	2.9	32.91	9.39	1.24	8.15	7.59	2.89
施秉县	1543.8	19.2	0.2	9.05	6.38	0.20	4.95	4.85	2.41
三穗县	1029.6	23.3	0.4	48.00	7.06	0.20	11.48	10.32	4.05

continued

Area Measurement Unit: Square Kilometer

Population Measurement Unit:10,000 persons

城市建设用地面积 Area of Urban Construction Land							本年征用土地面积 Area of Land Requisition This Year		县名称 Name of Counties
公共管理与公共服务用地 Administration and Public Services	商业服务业设施用地 Commercial and Business Facilities	工业用地 Industrial	物流仓储用地 Logistics and Warehouse	道路交通设施用地 Road, Street and Transportation	公用设施用地 Municipal Utilities	绿地与广场用地 Green Space and Square		耕地 Arable Land	
75.35	**57.78**	**77.83**	**22.25**	**101.33**	**38.06**	**105.76**	**29.64**	**9.50**	**贵　州**
1.26	0.53	0.59	0.18	0.80	1.98	3.97	1.70	0.23	开阳县
1.41	1.39	1.19	0.24	0.45	0.30	1.37	0.22	0.22	息烽县
									修文县
2.44	2.02	3.25	0.35	3.65	0.36	1.38	0.31	0.31	六枝特区
1.57	1.48	3.49	0.18	1.54	0.35	0.82			桐梓县
0.45	1.32	1.64	0.05	1.99	0.08	0.62			绥阳县
2.00	0.89	1.00	0.20	1.58	1.44	1.00	3.80	2.10	正安县
1.50	0.40	0.90	0.30	1.10	1.40	1.70	0.30	0.10	道真县
1.21	0.71	0.42	0.25	1.25	0.30	1.00	0.60	0.10	务川县
1.36	1.16	1.76	0.21	2.50	2.08	2.43	0.27	0.15	凤冈县
2.43	0.83	0.61	0.76	1.25	1.48	2.05			湄潭县
2.00	0.39	0.32	0.18	1.07	0.07	0.41	0.05	0.05	余庆县
1.53	1.48	0.93	0.50	3.26	0.36	1.40	4.75	2.56	习水县
0.98	0.33	2.40	0.68	1.88	0.16	0.50	0.10		普定县
0.50	0.51	1.15	0.42	1.33	0.42	1.81			镇宁县
0.17	0.53	0.40	0.70	1.05	0.90	1.02			关岭县
0.90	0.71	0.93	0.21	1.14	0.23	1.50			紫云县
1.70	0.87	0.28	0.99	1.30	0.32	1.60	2.80		大方县
1.42	1.41	4.23	0.45	2.35	0.29	2.15			金沙县
2.00	2.00	3.00	2.00	3.00	3.00	3.00			织金县
1.34	1.59	1.72		2.30	0.06	1.59	1.00	0.10	纳雍县
2.46	3.73	2.78	1.68	3.76	2.62	3.93			威宁自治县
0.82	0.87	1.05	0.28	1.18	0.57	1.89	1.32		赫章县
1.15	1.70	0.02	0.01	1.66	0.15	1.60			江口县
0.43	0.33	1.66	0.33	1.66	0.08	0.09			玉屏县
2.21	0.82	1.26	0.39	1.89	0.54	1.85			石阡县
0.54	2.10	2.48	0.63	3.27	1.61	1.96	1.05		思南县
1.44	0.73	0.24	0.13	2.34	1.45	2.23			印江县
1.68	1.21	0.83	0.68	3.94	1.29	6.35			德江县
1.55	0.83	0.82	0.30	1.92	1.35	1.23			沿河县
2.80	2.79	2.68	0.71	2.46	1.81	1.12			松桃县
0.60	0.45	0.02	0.70	0.70	0.65	0.44	0.20		普安县
0.57	0.33	0.48	0.24	0.77	0.18	0.70	0.39		晴隆县
0.51	1.68	1.49	0.04	1.63	0.08	3.58			贞丰县
0.96	1.09	0.28	0.29	1.98	0.39	1.31	0.41	0.11	望谟县
0.83	0.56	0.05	0.05	1.25	0.12	0.93			册亨县
1.92	0.90	3.54	0.55	5.12	0.25	0.62	0.86	0.77	安龙县
0.52	0.14	0.86	0.20	0.51	0.02	2.45	0.35		黄平县
0.80	0.25	0.01	0.01	0.63	0.02	0.72			施秉县
0.58	0.50	0.60	0.30	1.35	1.00	1.94			三穗县

2-2 续表 26

面积计量单位：平方公里
人口计量单位：万人

县名称 Name of Counties	县面积 County District Area	县人口 County District Population	县暂住人口 County District Temporary Population	县城面积 County Seat Area	县城人口 County Seat Population	县城暂住人口 County Seat Temporary Population	建成区面积 Area of Built District	小计 Subtotal	居住用地 Residential
镇远县	1878.0	27.8	2.1	15.00	9.43	0.81	14.71	8.94	3.69
岑巩县	1486.5	24.5	1.5	9.31	4.34	1.13	7.52	6.87	2.52
天柱县	2201.0	43.2	2.8	18.20	11.44	1.43	14.60	12.47	4.14
锦屏县	1596.9	24.4	2.2	18.20	5.15	0.80	8.00	5.96	2.50
剑河县	2180.3	27.8	1.8	10.26	5.45	2.51	7.96	7.00	3.50
台江县	1108.0	16.9	0.6	6.11	4.51	0.41	5.95	5.95	1.80
黎平县	4441.0	58.0	0.9	15.00	13.10	0.54	14.50	12.50	5.00
榕江县	3315.0	38.5	0.8	56.40	11.22	0.63	11.73	11.11	5.49
从江县	3224.8	39.6	0.7	13.92	6.32	0.74	13.92	13.92	7.71
雷山县	1218.5	16.5	0.4	4.80	3.99	0.20	4.45	4.45	1.03
麻江县	957.2	13.1	0.5	7.96	3.90	0.36	5.57	5.43	1.84
丹寨县	942.0	17.9	0.4	12.60	5.04	0.43	10.53	7.17	2.96
荔波县	2441.0	18.6	1.3	10.26	6.15	0.91	8.00	7.59	4.31
贵定县	1627.4	30.3	2.0	35.78	8.42	1.08	12.00	11.03	4.55
瓮安县	1974.2	39.6	2.0	25.36	18.92	1.38	25.36	23.79	8.58
独山县	2477.0	35.8	2.0	70.24	10.02	1.00	21.00	11.50	3.00
平塘县	2842.0	34.0	0.9	29.11	4.71	0.38	9.15	8.87	2.80
罗甸县	3015.0	36.7	1.5	12.20	7.39	1.01	9.70	7.14	3.38
长顺县	1543.0	27.4	3.3	12.88	7.43	0.89	9.50	9.40	3.42
龙里县	1519.7	28.3	3.8	176.26	8.70	2.53	29.97	29.97	6.00
惠水县	2471.8	39.6	3.1	177.00	8.59	3.14	20.00	15.79	6.11
三都水族自治县	2380.0	38.4	1.1	31.85	6.56	0.84	9.20	9.20	2.02
云 南	**296389.6**	**3096.3**	**159.5**	**1779.50**	**541.49**	**80.63**	**720.83**	**693.06**	**221.17**
嵩明县	830.5	31.4	18.6	20.00	5.80	1.20	9.11	7.97	1.32
富民县	993.9	15.3	1.1	28.00	4.58	0.79	6.13	6.10	3.18
宜良县	1912.8	37.7	2.3	267.00	12.06	1.38	13.50	13.02	6.20
石林彝族自治县	1680.2	25.6	2.2	87.90	11.57	1.57	16.12	14.79	5.52
禄劝彝族苗族自治县	4233.9	48.6	0.6	8.00	6.09	0.26	7.00	6.16	1.70
寻甸县	3588.4	57.8	1.7	16.74	8.20	0.49	7.08	7.08	2.17
昆明阳宗海风景名胜区	546.0	10.0	6.5	8.76	3.98	1.35	8.76	8.76	1.28
陆良县	2010.1	70.0	4.2	18.37	11.81	4.21	17.86	17.85	4.52
师宗县	2741.8	37.7	0.4	14.00	7.80	0.35	11.09	11.09	2.86
罗平县	3025.0	66.2	0.6	24.00	13.44	0.32	21.63	20.48	6.48
富源县	3235.6	84.0	0.8	12.90	9.43	0.66	12.79	11.48	2.01
会泽县	5884.2	79.8	0.5	36.00	21.70	0.20	22.20	22.15	5.20
通海县	721.0	29.3	1.8	37.53	7.03	0.78	7.40	7.40	2.48
华宁县	1248.0	21.4	1.2	33.56	3.40	0.88	5.10	4.80	1.37
易门县	1571.0	16.5	1.7	9.46	3.85	0.36	5.04	5.04	0.72
峨山县	1972.0	15.7	0.7	10.74	3.50	0.41	4.27	4.23	1.05
新平县	4223.0	28.0	1.5	24.40	6.20	0.45	6.53	6.53	1.97

continued

Area Measurement Unit: Square Kilometer
Population Measurement Unit:10,000 persons

城市建设用地面积 Area of Urban Construction Land							本年征用土地面积		县名称
公共管理与公共服务用地 Administration and Public Services	商业服务业设施用地 Commercial and Business Facilities	工业用地 Industrial	物流仓储用地 Logistics and Warehouse	道路交通设施用地 Road, Street and Transportation	公用设施用地 Municipal Utilities	绿地与广场用地 Green Space and Square	Area of Land Requisition This Year	耕地 Arable Land	Name of Counties
2.02	1.04	0.18	0.12	0.73	0.11	1.05			镇远县
0.68	0.82	0.85	0.10	0.54	0.17	1.19			岑巩县
0.76	0.81	1.57	0.26	1.38	1.63	1.92	0.20	0.01	天柱县
0.30	0.10	0.23		0.55	0.73	1.55	0.03		锦屏县
0.56	0.39	0.18	0.05	0.96	0.66	0.70	0.08	0.03	剑河县
0.63	0.52	0.05	0.01	0.52	0.12	2.30			台江县
0.65	1.40	0.98	0.32	1.23	0.22	2.70			黎平县
0.85	0.19	1.24	0.08	2.57	0.14	0.55	0.06		榕江县
1.44	1.22	0.17	0.50	0.26	0.65	1.97			从江县
0.60	0.34	0.28	0.02	0.72	0.03	1.43			雷山县
0.25	0.55	1.15	0.30	0.26	0.35	0.73	0.25	0.25	麻江县
0.95	0.03	0.10	1.13	0.40	0.32	1.28			丹寨县
0.37	0.47	0.22	0.16	1.36	0.48	0.22	1.25	0.11	荔波县
1.74	0.53	1.20	0.06	2.72	0.18	0.05	1.00	0.50	贵定县
3.65	0.98	0.96	0.34	2.95	1.12	5.21	1.22	0.12	瓮安县
1.20	0.90	2.50	0.20	1.40	0.50	1.80			独山县
1.55	1.10	0.07	0.09	1.59	0.06	1.61	0.02		平塘县
0.86	0.45	0.46	0.27	1.12	0.19	0.41			罗甸县
0.94	0.66	1.32	0.05	2.72	0.16	0.13			长顺县
1.81	1.54	7.83	1.59	1.66	0.27	9.27	4.52	1.41	龙里县
1.78	0.68	4.78	0.10	1.88	0.13	0.33	0.43	0.23	惠水县
1.22	1.50	0.15	0.13	1.00	0.08	3.10	0.10	0.04	三都水族自治县
70.61	**47.86**	**45.94**	**16.22**	**124.09**	**28.67**	**138.50**	**134.64**	**102.11**	**云　南**
0.99	0.78	0.20	0.48	2.20	0.92	1.08	3.10	1.30	嵩明县
0.08	0.19	0.50	0.02	0.66	0.15	1.32	0.50		富民县
0.70	1.39	1.32	0.17	2.42	0.10	0.72	1.47	0.58	宜良县
1.13	0.63	0.43	0.18	2.81	0.49	3.60	1.68	0.67	石林彝族自治县
1.00	0.65	0.87	0.24	1.28	0.22	0.20			禄劝彝族苗族自治县
1.19	0.65	0.01	0.06	1.20	0.41	1.39	0.59	0.44	寻甸县
1.05	0.68	3.89	0.39	1.01	0.36	0.10	0.67	0.26	昆明阳宗海风景名胜区
1.35	1.15	3.65	0.38	3.35	0.37	3.08	0.65	0.52	陆良县
0.50	0.54	0.50	0.20	2.57	0.30	3.62	3.45	1.64	师宗县
0.88	1.11	1.91	0.60	3.69	0.98	4.83			罗平县
0.81	0.45	0.93	0.36	2.20	0.42	4.30	1.70		富源县
3.00	0.80	1.00	1.00	4.65	0.90	5.60	0.50		会泽县
0.25	0.15	0.12	0.17	1.05	0.14	3.04			通海县
0.20	0.50	0.06	0.04	0.87	0.03	1.73	0.48	0.20	华宁县
0.50	0.04	0.80	0.22	0.86	0.44	1.46			易门县
0.12	0.58	0.13		0.84	0.09	1.42			峨山县
1.11	0.16	0.04		1.02	0.27	1.96			新平县

2-2 续表 27

面积计量单位：平方公里

人口计量单位：万人

县名称 Name of Counties	县面积 County District Area	县人口 County District Population	县暂住人口 County District Temporary Population	县城面积 County Seat Area	县城人口 County Seat Population	县城暂住人口 County Seat Temporary Population	建成区面积 Area of Built District	小计 Subtotal	居住用地 Residential
元江县	2858.0	21.2	2.6	10.00	3.30	1.10	4.30	4.30	1.39
施甸县	2009.2	34.8	0.3	18.63	6.80	0.18	8.45	8.08	2.84
龙陵县	2884.0	27.3	0.7	17.00	5.20	0.23	6.30	6.29	2.33
昌宁县	3888.8	36.1	2.5	28.20	6.52	2.14	12.15	10.96	3.10
鲁甸县	1487.0	40.0	1.6	8.20	10.31	0.62	8.10	8.10	2.77
巧家县	3245.0	62.5	2.1	10.33	6.92	1.00	7.96	7.81	5.37
盐津县	2091.5	32.0	0.7	7.38	3.92	0.53	4.13	4.07	2.20
大关县	1692.0	29.1	0.8	8.00	3.00	0.51	6.24	5.70	2.85
永善县	2789.0	47.9	3.9	13.00	7.51	1.24	5.93	5.92	3.50
绥江县	761.0	17.1	0.2	8.08	4.56	0.11	5.96	5.96	1.48
镇雄县	3696.0	165.0	11.0	30.00	21.55	7.36	22.80	22.01	8.88
彝良县	2804.0	63.3	2.9	20.00	9.14	1.23	7.56	6.76	1.98
威信县	1400.0	45.7	3.9	5.30	5.46	1.43	5.10	5.09	1.70
玉龙纳西族自治县	6393.0	22.7	1.9	9.98	2.39	1.19	8.53	6.51	1.88
永胜县	5120.0	41.3	0.3	7.50	4.26	0.10	5.95	5.94	2.30
华坪县	2266.0	16.4	0.6	6.00	4.62	0.08	5.16	5.15	1.43
宁蒗县	6026.0	28.3	0.8	7.33	4.03	0.40	6.80	6.48	1.40
宁洱哈尼族彝族自治县	3669.8	16.3	0.6	14.80	5.34	0.66	7.60	7.15	2.08
墨江哈尼族自治县	5320.0	28.2	0.5	6.96	4.45	0.25	6.50	6.50	3.06
景东彝族自治县	4455.1	36.3	0.3	7.20	4.71	0.16	6.03	5.27	1.58
景谷傣族彝族自治县	7550.0	32.1	1.2	11.90	5.81	1.01	9.50	9.48	1.94
镇沅彝族哈尼族拉祜族自治县	4136.8	24.8	1.4	5.00	2.49	0.60	3.20	3.19	0.54
江城哈尼族彝族自治县	3544.4	12.9	1.1	6.60	2.38	0.93	4.20	3.06	0.98
孟连傣族拉祜族佤族自治县	1894.0	13.3	1.9	6.60	3.76	0.70	5.48	5.17	1.34
澜沧拉祜族自治县	8807.0	44.2	1.6	28.20	3.97	1.08	6.90	5.22	1.13
西盟佤族自治县	1353.6	9.6	0.4	10.00	1.26	0.21	1.95	1.87	0.35
凤庆县	3451.0	38.5	3.2	14.00	5.38	1.46	13.50	13.07	2.35
云　县	3760.0	46.7	4.9	60.00	7.42	2.02	11.60	11.58	3.01
永德县	3219.7	38.4	2.2	6.18	5.51	0.79	5.84	5.84	2.45
镇康县	2529.0	19.8	0.4	16.54	3.60	0.35	3.83	3.53	0.51
双江县	2109.5	16.5	0.6	7.32	5.67	0.64	6.62	6.11	0.89
耿马县	3728.0	28.6	1.5	13.19	5.26	0.37	5.83	5.80	1.65
沧源县	2446.5	16.0	1.1	9.17	4.30	0.26	5.48	5.18	1.68
双柏县	4045.0	13.3	0.6	4.81	2.81	0.50	4.30	4.28	1.41

continued

Area Measurement Unit: Square Kilometer
Population Measurement Unit:10,000 persons

城市建设用地面积 Area of Urban Construction Land							本年征用土地面积 Area of Land Requisition This Year		县名称 Name of Counties
公共管理与公共服务用地 Administr-ation and Public Services	商业服务业设施用地 Commercial and Business Facilities	工业用地 Industrial	物流仓储用地 Logistics and Warehouse	道路交通设施用地 Road, Street and Trans-portation	公用设施用地 Munici-pal Utilities	绿地与广场用地 Green Space and Square		耕地 Arable Land	
0.67	0.22	0.46	0.02	0.90	0.15	0.49	3.64	1.08	元江县
0.89	0.36	0.01		1.62	0.49	1.87	2.18	0.79	施甸县
0.85	0.67	0.17	0.01	0.79	0.18	1.29	0.05	0.02	龙陵县
0.81	0.62	0.84	0.08	1.62	0.31	3.58			昌宁县
0.41	0.51	0.18	0.12	1.37	0.24	2.50			鲁甸县
0.69	0.31	0.39	0.13	0.66	0.09	0.17	0.33	0.08	巧家县
1.29	0.01	0.06	0.03	0.23	0.03	0.22	0.03		盐津县
1.75	0.01	0.23	0.06	0.30	0.06	0.44	7.61	0.89	大关县
0.83	0.30	0.11	0.05	0.83	0.08	0.22	0.12	0.03	永善县
0.53	0.10	0.01	0.01	0.98	0.04	2.81	0.26		绥江县
2.76	1.15	0.84	0.96	5.00	0.54	1.88	1.15	0.98	镇雄县
0.68	0.25	0.60	0.25	1.85	0.09	1.06	1.20	0.80	彝良县
1.05	0.01	0.02	0.01	0.57	0.03	1.70	0.19	0.07	威信县
0.26	0.25	0.10	0.04	2.36	0.12	1.50	0.20		玉龙纳西族自治县
0.24	0.20	0.10	0.10	1.00	1.00	1.00	0.03		永胜县
0.33	0.61	0.62	0.18	1.20	0.12	0.66			华坪县
0.90	0.30	0.13	0.15	1.35	0.80	1.45	0.40		宁蒗县
0.48	0.72	0.11	0.56	1.37	0.22	1.61	0.04		宁洱哈尼族彝族自治县
0.32	0.85	0.25	0.01	1.12	0.32	0.57			墨江哈尼族自治县
0.77	0.05	0.37	0.05	0.89	0.23	1.33			景东彝族自治县
0.81	1.50	0.80	0.13	1.07	0.49	2.74	0.09	0.09	景谷傣族彝族自治县
0.20	0.64	0.28	0.01	0.64	0.01	0.87			镇沅彝族哈尼族拉祜族自治县
0.39	0.20	0.05	0.05	0.68	0.06	0.65			江城哈尼族彝族自治县
0.79	0.71	0.36	0.16	0.81	0.45	0.55	0.23		孟连傣族拉祜族佤族自治县
0.40	0.40	0.47	0.10	0.98	0.50	1.24	1.00	1.00	澜沧拉祜族自治县
0.27	0.16	0.01	0.01	0.25	0.02	0.80	0.11	0.11	西盟佤族自治县
1.41	1.22	1.15	1.02	1.37	0.95	3.60	0.21		凤庆县
0.71	1.53	1.04	0.82	2.53	0.10	1.84			云　县
0.71	0.29	0.24	0.11	0.62	0.25	1.17	0.11		永德县
0.50	0.51	0.36	0.02	0.99	0.14	0.50			镇康县
0.59	0.13	0.36	0.14	0.91	1.39	1.70			双江县
0.52	0.91	0.62	0.01	0.97	0.55	0.57			耿马县
0.61	1.20	0.13	0.18	0.95	0.05	0.38	0.31		沧源县
0.47	0.41	0.23	0.11	0.85	0.17	0.63	0.02	0.01	双柏县

2-2 续表 28

面积计量单位：平方公里
人口计量单位：万人

县名称 Name of Counties	县面积 County District Area	县人口 County District Population	县暂住人口 County District Temporary Population	县城面积 County Seat Area	县城人口 County Seat Population	县城暂住人口 County Seat Temporary Population	建成区面积 Area of Built District	小计 Subtotal	居住用地 Residential
牟定县	1464.0	20.4	0.9	12.50	4.26	0.90	5.04	5.01	2.18
南华县	2343.0	23.9	0.3	9.40	6.64	0.30	8.20	8.09	3.46
姚安县	1803.0	21.1	0.8	15.00	3.15	0.53	3.98	3.96	1.40
大姚县	4146.0	28.1	0.9	11.10	5.85	0.56	8.29	8.14	3.20
永仁县	2150.2	10.6	0.4	10.00	2.35	0.35	4.20	4.20	1.19
元谋县	2021.5	21.8	0.9	9.41	6.06	0.59	8.90	8.89	3.23
武定县	3322.0	28.0	0.9	29.20	4.46	0.77	5.80	5.75	0.44
屏边县	1906.2	16.4	2.1	8.07	3.31	0.17	4.30	3.74	0.80
建水县	3789.0	55.0	1.3	26.86	16.63	0.86	20.45	20.45	7.85
石屏县	3037.0	27.2	0.3	8.51	6.02	0.18	7.80	7.77	3.58
泸西县	1674.0	47.0	1.4	15.12	12.79	0.80	14.30	13.39	3.54
元阳县	2189.9	46.0	3.1	3.36	2.81	0.76	3.36	3.36	0.56
红河县	2057.0	35.9	0.2	4.70	3.74	0.15	4.70	3.05	1.03
金平县	3677.0	39.6	0.8	5.50	4.56	0.55	4.28	4.25	1.20
绿春县	3096.9	24.7	0.2	4.06	3.30	0.13	2.24	2.20	0.84
河口县	1332.0	9.3	1.3	5.42	3.49	0.31	4.91	4.89	1.37
砚山县	3826.7	54.0	1.0	20.13	8.34	0.57	12.32	11.70	4.59
西畴县	1506.0	26.8	0.2	3.70	2.25	0.11	3.09	3.07	1.08
麻栗坡县	2334.0	29.9	1.0	6.60	6.04	0.72	6.05	6.05	1.95
马关县	2676.0	38.9	0.5	21.53	4.97	0.35	8.56	7.73	3.05
丘北县	5038.0	46.8	7.2	57.02	7.16	5.07	12.80	12.51	3.89
广南县	7983.0	86.1	2.6	15.83	7.40	2.25	12.10	12.08	2.79
富宁县	5352.0	43.0	4.6	12.00	3.41	4.56	11.14	11.13	4.43
勐海县	5348.5	37.3	3.2	60.00	7.75	1.61	7.45	7.41	2.25
勐腊县	6860.8	24.5	3.4	108.00	4.36	1.27	5.70	5.70	1.94
漾濞彝族自治县	1957.0	9.9	0.1	5.20	3.37	0.12	3.55	3.35	1.45
祥云县	2425.0	48.9	1.0	27.69	11.45	0.70	18.20	18.20	3.06
宾川县	2562.8	36.9	0.8	18.90	4.81	0.45	6.45	6.45	2.57
弥渡县	1523.4	26.1	0.1	6.28	4.02	0.14	5.10	5.10	1.29
南涧彝族自治县	1731.6	22.7	0.4	6.75	2.50	0.30	3.06	3.06	1.49
巍山彝族回族自治县	2200.0	32.4	0.2	8.80	4.80	0.10	5.79	5.79	2.29
永平县	2884.0	18.6	0.1	10.00	6.54	0.07	6.15	6.14	2.63
云龙县	4400.0	21.0	0.3	5.30	1.81	0.28	2.92	2.01	0.85
洱源县	2533.0	30.0	0.3	14.15	3.62	0.10	6.44	6.44	2.38
剑川县	2250.0	16.1	0.6	5.96	2.19	0.21	3.68	3.68	1.23
鹤庆县	2365.6	28.1	2.3	18.86	2.66	1.96	6.12	6.12	1.35
梁河县	1136.7	13.6	0.2	4.55	2.47	0.16	4.55	4.50	2.05
盈江县	4429.0	29.3	1.0	14.40	9.16	0.95	10.06	10.06	2.95
陇川县	1872.4	20.8	1.1	12.10	4.46	0.66	8.03	7.67	3.08
福贡县	2805.0	12.4	0.8	2.50	2.08	0.40	1.80	1.79	0.87
贡山独龙族怒族自治县	4379.2	4.0	0.5	2.10	0.55	0.18	1.94	1.94	0.82

continued

Area Measurement Unit: Square Kilometer

Population Measurement Unit:10,000 persons

城市建设用地面积 Area of Urban Construction Land							本年征用土地面积 Area of Land Requisition This Year		县名称 Name of Counties
公共管理与公共服务用地 Administration and Public Services	商业服务业设施用地 Commercial and Business Facilities	工业用地 Industrial	物流仓储用地 Logistics and Warehouse	道路交通设施用地 Road, Street and Transportation	公用设施用地 Municipal Utilities	绿地与广场用地 Green Space and Square		耕地 Arable Land	
0.31	0.20	0.31	0.11	1.24	0.02	0.64	0.34	0.34	牟定县
0.74	0.42	0.33	0.42	1.34	0.14	1.24	0.07	0.07	南华县
0.32	0.12	0.38	0.05	0.80	0.37	0.52	0.03	0.03	姚安县
0.34	0.35	0.28	0.04	1.60	0.07	2.26	0.54	0.41	大姚县
0.49	0.60	0.04	0.10	0.76	0.10	0.92	0.01		永仁县
0.49	0.72	0.31	0.33	2.87	0.18	0.76	0.01	0.01	元谋县
0.20	0.01	2.33	0.01	1.38	0.23	1.15	0.10	0.05	武定县
0.80	0.20	0.16	0.02	0.47	0.30	0.99	0.90		屏边县
2.99	1.34	2.86	0.16	2.36	1.43	1.46	0.89	0.44	建水县
0.32	0.12	0.15	0.03	1.20	1.23	1.14	0.26		石屏县
1.95	0.70	0.65	0.19	3.15	0.55	2.66	50.65	50.65	泸西县
1.11	0.18	0.09	0.04	0.62	0.06	0.70	0.09		元阳县
0.21	0.07	0.24	0.05	0.55	0.10	0.80			红河县
0.43	0.21	0.02	0.08	0.50	0.31	1.50			金平县
0.25	0.10	0.01		0.31	0.06	0.63			绿春县
0.80	0.06	0.11	0.16	1.00	0.06	1.33	0.28		河口县
1.38	0.80	0.70	0.20	1.98	0.07	1.98	2.57	1.29	砚山县
0.61	0.24	0.22	0.01	0.46	0.05	0.40	0.01		西畴县
0.85	0.32	0.20	0.16	0.65	0.32	1.60	4.45	4.45	麻栗坡县
1.14	0.74	0.06	0.15	1.57	0.07	0.95	0.09	0.09	马关县
1.31	0.65	0.72	0.09	2.17	0.14	3.54	0.17		丘北县
1.52	0.91	0.80	0.25	1.68	0.12	4.01	0.03	0.03	广南县
0.64	0.45	0.46	0.21	1.59	0.12	3.23	1.49	0.21	富宁县
1.12	1.31	0.18	0.11	1.00	0.05	1.39			勐海县
0.87	0.81	0.15	0.12	0.96	0.10	0.75			勐腊县
0.18	0.08	0.03		0.28	0.15	1.18			漾濞彝族自治县
1.78	1.78	2.29	1.99	2.74	1.01	3.55	0.18	0.18	祥云县
0.08	0.34	0.09	0.03	1.18	1.49	0.67	0.04		宾川县
0.31	0.11	0.06	0.06	1.16	0.07	2.04			弥渡县
0.25	0.03	0.01	0.01	0.71	0.01	0.55	0.04	0.04	南涧彝族自治县
0.73	0.39	0.11	0.04	0.89	0.55	0.79	0.59	0.19	巍山彝族回族自治县
0.59	0.27	0.21	0.03	1.20	0.11	1.10	0.02	0.02	永平县
0.20	0.14	0.08	0.10	0.32	0.02	0.30	4.02	0.99	云龙县
0.71	0.25	0.19		2.12	0.22	0.57	26.00	26.00	洱源县
0.41	0.50	0.12	0.03	0.75	0.07	0.57			剑川县
0.85	0.50	0.30	0.09	0.87	0.11	2.05	0.11	0.02	鹤庆县
0.10	0.22	0.10	0.06	0.93	0.35	0.69	0.55	0.37	梁河县
0.68	1.20	1.92	0.30	2.11	0.26	0.64	0.15		盈江县
1.10	1.30	0.01	0.01	1.25	0.05	0.87	3.63	3.63	陇川县
0.23	0.05	0.06	0.08	0.28	0.16	0.06			福贡县
0.24	0.28	0.01	0.01	0.25	0.07	0.26			贡山独龙族怒族自治县

2-2 续表 29

面积计量单位：平方公里

人口计量单位：万人

县名称 Name of Counties	县面积 County District Area	县人口 County District Population	县暂住人口 County District Temporary Population	县城面积 County Seat Area	县城人口 County Seat Population	县城暂住人口 County Seat Temporary Population	建成区面积 Area of Built District	小计 Subtotal	居住用地 Residential
兰坪白族普米族自治县	4386.6	21.8	1.0	18.28	6.16	0.33	7.20	6.59	1.76
德钦县	7290.7	6.6	0.7	6.14	1.21	0.36	1.65	1.65	0.64
维西傈僳族自治县	4476.7	14.6	2.4	7.76	2.48	1.64	6.79	5.64	2.19
西　藏	**1195535.7**	**275.1**	**42.6**	**315.66**	**58.55**	**25.61**	**164.57**	**136.85**	**44.67**
曲水县	1624.0	3.5	0.5	4.50	0.60	0.60	4.20	3.22	0.70
当雄县	10234.0	5.5	0.2	5.25	1.02	0.10	3.74	1.58	0.35
林周县	4512.0	6.6	0.1	9.04	0.86	0.35	8.30	7.46	3.40
墨竹工卡县	5492.0	5.0	1.2	5.34	1.30	0.55	5.34	5.34	1.21
尼木县	3270.0	3.6	0.2	21.00	0.95	0.07	5.18	5.18	1.35
亚东县	4212.0	1.5	0.6	14.00	0.45	0.20	2.11	1.65	0.86
聂拉木县	7903.0	2.3	0.1	0.98	2.20	0.06	0.98	0.98	0.32
仲巴县	45949.0	2.7	0.2	3.15	0.51	0.06	2.32	2.31	0.58
定结县	5834.5	2.5	0.3	1.66	0.54	0.30	0.80	0.80	0.15
康马县	7453.0	2.3	0.3	4.22	0.62	0.31	1.70	1.40	0.69
吉隆县	9009.0	1.9	0.2	5.68	1.43	0.14	2.40	2.00	1.01
萨嘎县	12411.0	1.7	0.2	4.08	0.68	0.08	1.52	1.52	0.42
谢通门县	13960.0	5.1	0.9	2.47	1.36	0.51	2.47	1.97	0.30
萨迦县	5751.5	5.7	0.1	3.00	0.83	0.27	2.46	0.94	0.33
岗巴县	4204.0	1.2	0.3	3.24	0.37	0.08	2.26	2.25	0.60
拉孜县	4405.0	6.2	0.6	7.04	2.09	0.32	2.50	2.50	0.80
江孜县	3849.0	8.0	2.0	7.40	1.40	0.84	4.80	4.11	1.77
定日县	13907.8	6.3	0.3	2.94	0.96	0.30	1.73	1.66	0.98
南木林县	8848.0	9.3	0.3	3.94	1.30	0.13	1.67	1.22	0.39
昂仁县	39600.0	6.1	0.3	1.60	0.62	0.30	1.50	1.09	0.31
白朗县	2806.0	4.5	0.0	7.10	0.37	0.67	2.65	2.55	0.30
仁布县	2124.0	3.7	0.2	2.60	0.65	0.11	1.60	0.79	0.29
左贡县	11707.0	5.8	0.8	3.84	0.55	0.15	1.69	1.69	0.40
丁青县	11547.0	9.7	1.9	6.75	1.53	0.35	4.50	1.26	0.52
八宿县	12512.0	4.9	0.1	6.28	1.44	0.09	1.55	1.23	0.35
江达县	13164.0	9.5	0.6	1.10	0.94	0.60	1.10	0.88	0.31
洛隆县	8098.4	5.6	1.9	4.14	1.25	0.55	2.50	0.63	0.30
察雅县	8281.1	5.4	1.6	4.31	0.53	0.27	1.50	1.47	0.70
贡觉县	6244.0	4.6	1.7	0.97	0.62	0.44	0.97	0.96	0.31
边坝县	8882.0	4.4	0.8	1.20	0.49	0.44	0.95	0.95	0.32
类乌齐县	5876.0	5.7	2.0	6.00	0.59	0.25	3.48	3.44	0.88
芒康县	11635.5	10.4	1.8	2.80	2.80	0.80	2.80	2.74	0.96
朗　县	4186.0	2.0	0.2	2.05	0.43	0.10	1.03	0.94	0.29
墨脱县	34000.0	1.5	0.2	9.20	0.48	0.10	1.80	1.27	0.32
工布江达县	12900.0	3.6	0.1	10.71	0.33	0.11	2.58	2.56	0.64

continued

Area Measurement Unit: Square Kilometer
Population Measurement Unit:10,000 persons

城市建设用地面积 Area of Urban Construction Land							本年征用土地面积		县名称
公共管理与公共服务用地 Administr-ation and Public Services	商业服务业设施用地 Commercial and Business Facilities	工业用地 Industrial	物流仓储用地 Logistics and Warehouse	道路交通设施用地 Road, Street and Trans-portation	公用设施用地 Munici-pal Utilities	绿地与广场用地 Green Space and Square	Area of Land Requisition This Year	耕地 Arable Land	Name of Counties
0.46	0.47	0.41	0.04	1.50	0.78	1.17	1.18	0.41	兰坪白族普米族自治县
0.15	0.14	0.01		0.43	0.06	0.22			德钦县
0.62	0.42	0.11	0.05	0.60	0.02	1.63	0.85	0.63	维西傈僳族自治县
19.91	**12.91**	**7.37**	**5.85**	**23.51**	**11.25**	**11.38**	**6.27**	**1.58**	**西　藏**
0.35	0.15	0.10	0.90	0.60	0.20	0.22			曲水县
0.45	0.12	0.12	0.06	0.25	0.05	0.18			当雄县
0.80	1.10	0.60		0.36	0.75	0.45			林周县
0.20	0.30	0.01		2.80	0.10	0.72			墨竹工卡县
0.50	0.30	0.01		2.00	0.50	0.52			尼木县
0.11	0.06	0.08	0.20	0.21	0.05	0.08	0.20		亚东县
0.09	0.11	0.10	0.09	0.20	0.02	0.05			聂拉木县
0.62	0.09	0.01	0.29	0.34	0.24	0.14	0.18	0.18	仲巴县
0.13	0.21	0.05	0.01	0.10	0.09	0.06			定结县
0.15	0.03	0.15	0.01	0.21	0.10	0.06	0.02	0.01	康马县
0.20	0.10	0.10		0.13	0.13	0.33	0.01	0.01	吉隆县
0.27	0.05	0.09	0.03	0.28	0.34	0.04	0.03		萨嘎县
0.50	0.20	0.15	0.16	0.32	0.07	0.27			谢通门县
0.32	0.06	0.02		0.15	0.03	0.03	0.09	0.09	萨迦县
0.25	0.48	0.29	0.03	0.15	0.35	0.10			岗巴县
0.22	0.32	0.25	0.20	0.30	0.26	0.15			拉孜县
0.87	0.62	0.24	0.07	0.34	0.14	0.06	0.13	0.11	江孜县
0.20	0.03	0.01		0.35	0.01	0.08	0.70	0.70	定日县
0.25	0.08	0.01	0.02	0.33	0.05	0.09			南木林县
0.26	0.05	0.19	0.02	0.16	0.05	0.05	1.13		昂仁县
0.14	0.13	0.80	0.08	0.28	0.50	0.32			白朗县
0.20	0.03	0.01	0.01	0.09	0.04	0.12			仁布县
0.23	0.12	0.18	0.01	0.37	0.08	0.30	0.10		左贡县
0.11	0.11	0.10	0.11	0.11	0.10	0.10			丁青县
0.35	0.11	0.04	0.01	0.22	0.03	0.12			八宿县
0.21	0.04	0.02	0.02	0.22	0.02	0.04			江达县
0.05	0.01	0.01	0.10	0.03	0.03	0.10			洛隆县
0.05	0.20	0.02		0.28	0.08	0.14	1.00	0.30	察雅县
0.03	0.07	0.06	0.04	0.15	0.11	0.19			贡觉县
0.11	0.11	0.05		0.16	0.10	0.10			边坝县
0.33	0.33	0.49	0.36	0.62	0.06	0.37			类乌齐县
0.22	0.39	0.16	0.08	0.45	0.06	0.42	0.03		芒康县
0.16	0.11	0.01	0.05	0.25	0.01	0.06			朗　县
0.25	0.11	0.06	0.01	0.17	0.05	0.30	0.09	0.03	墨脱县
0.46	0.30	0.15	0.03	0.45	0.11	0.42			工布江达县

2-2 续表 30

面积计量单位：平方公里
人口计量单位：万人

县名称 Name of Counties	县面积 County District Area	县人口 County District Population	县暂住人口 County District Temporary Population	县城面积 County Seat Area	县城人口 County Seat Population	县城暂住人口 County Seat Temporary Population	建成区面积 Area of Built District		
								小计 Subtotal	居住用地 Residential
察隅县	31659.0	3.3	0.4	2.38	0.47	0.22	1.18	1.17	0.23
波密县	14972.0	4.4	0.7	13.67	1.41	0.70	6.85	3.10	0.87
米林县	9471.0	2.7	1.2	3.00	0.56	0.15	1.85	1.83	0.48
错那县	34937.0	1.6	0.7	1.69	0.28	0.30	1.06	0.84	0.18
浪卡子县	8109.0	3.9	0.4	2.44	0.43	0.43	1.64	1.61	0.35
贡嘎县	2283.0	5.3	1.1	2.79	1.13	1.12	1.82	1.81	0.49
加查县	4493.0	2.7	0.3	2.63	0.53	0.30	1.80	1.14	0.05
桑日县	2634.0	2.0	0.6	1.73	0.39	0.61	0.99	0.97	0.22
洛扎县	5570.0	2.0	0.1	1.08	0.47	0.07	1.08	1.01	0.30
琼结县	1030.0	1.8	0.4	2.63	0.64	0.40	2.08	1.27	0.26
措美县	4530.0	0.7	0.1	3.50	0.49	0.70	0.89	0.89	0.38
扎囊县	2157.0	3.9	0.2	1.50	0.70	0.20	1.50	1.50	0.30
曲松县	2070.0	1.6	0.1	1.89	0.23	0.04	0.57	0.57	0.12
隆子县	9809.0	3.6	0.2	7.00	0.37	0.60	2.20	2.16	0.96
聂荣县	10258.0	3.8	0.6	3.50	1.11	0.44	2.50	2.05	0.71
双湖县	116639.0	1.5	0.1	0.75	0.26	0.01	0.70	0.70	0.10
嘉黎县	13338.0	4.2	0.3	3.24	0.37	0.18	2.31	1.99	0.84
比如县	11429.0	8.2	1.5	2.28	3.00	1.70	1.85	1.70	0.70
尼玛县	72500.0	3.8	0.1	2.60	0.27	0.12	2.00	1.13	0.62
巴青县	10301.0	6.2	0.7	1.55	0.50	0.43	1.55	1.55	0.50
申扎县	62414.0	2.3	0.1	2.83	0.59	0.50	0.78	0.75	0.47
安多县	22000.0	4.3	0.3	26.90	0.90	0.90	2.93	1.81	0.38
索　县	5892.0	5.6	0.5	2.40	1.27	0.34	1.88	1.88	0.90
班戈县	29600.0	4.6	0.2	4.28	1.13	0.06	2.77	1.63	1.00
革吉县	55267.0	2.1	1.0	5.30	0.54	0.18	5.30	3.79	0.62
札达县	24580.0	0.9	0.5	3.00	0.30	0.45	1.04	1.03	0.16
日土县	71963.0	1.4	0.2	4.82	0.38	0.35	4.82	4.81	3.82
改则县	135600.0	2.6	0.1	4.99	0.60	0.09	4.98	4.76	0.86
葛尔县	18197.0	12.3	5.9	13.81	4.50	2.90	11.38	11.38	2.60
普兰县	12539.0	1.6	0.3	3.30	0.92	0.30	0.99	0.89	0.28
措勤县	22903.0	1.9	1.1	2.60	0.72	0.22	2.60	2.59	1.51
陕　西	**148993.9**	**2011.9**	**79.9**	**1406.67**	**471.03**	**54.64**	**631.39**	**591.68**	**185.43**
蓝田县	2005.9	65.7	0.5	29.30	9.10	0.27	12.05	11.98	4.38
周至县	2945.6	69.9	0.1	10.00	7.50	0.20	10.00	9.96	4.07
宜君县	1507.9	8.8	0.5	10.00	1.70	0.30	4.13	2.11	0.38
岐山县	855.1	45.7	1.9	10.09	4.89	0.31	5.43	5.43	1.53
扶风县	745.0	43.0	0.4	26.53	6.94	0.25	6.78	6.78	1.52
眉　县	857.9	32.6	2.2	9.40	6.67	2.17	9.24	9.23	3.11
陇　县	2278.6	27.1	1.7	16.26	7.14	1.67	9.05	9.05	1.53
千阳县	998.6	13.1	0.2	8.10	6.31	0.05	4.54	4.35	0.48
麟游县	1707.9	7.3	0.6	7.50	2.36	0.41	3.66	3.37	0.86
凤　县	3148.3	9.1	0.7	5.00	2.49	0.49	3.50	3.50	1.10

continued

Area Measurement Unit: Square Kilometer
Population Measurement Unit:10,000 persons

城市建设用地面积 Area of Urban Construction Land							本年征用土地面积 Area of Land Requisition This Year	耕地 Arable Land	县名称 Name of Counties
公共管理与公共服务用地 Administr-ation and Public Services	商业服务业设施用地 Commercial and Business Facilities	工业用地 Industrial	物流仓储用地 Logistics and Warehouse	道路交通设施用地 Road, Street and Trans-portation	公用设施用地 Munici-pal Utilities	绿地与广场用地 Green Space and Square			
0.29	0.17	0.01	0.01	0.25	0.03	0.18			察隅县
0.47	0.57	0.41	0.03	0.50	0.07	0.18	0.02		波密县
0.39	0.27	0.07	0.01	0.37	0.05	0.19			米林县
0.29	0.03	0.02		0.27	0.01	0.04	0.30	0.02	错那县
0.30	0.50	0.05	0.01	0.29	0.06	0.05	0.05	0.04	浪卡子县
0.45	0.20	0.05	0.04	0.37	0.09	0.12			贡嘎县
0.08	0.09	0.08	0.02	0.20	0.36	0.26			加查县
0.05	0.05	0.02	0.08	0.25	0.10	0.20	0.75	0.07	桑日县
0.20	0.10	0.03	0.01	0.20	0.10	0.07			洛扎县
0.36	0.03	0.25	0.01	0.26	0.02	0.08	0.01	0.01	琼结县
0.05	0.10	0.03	0.02	0.18	0.05	0.08	0.03		措美县
0.05	0.01	0.01		0.68	0.10	0.35	0.45		扎囊县
0.26	0.06	0.03	0.01	0.06	0.01	0.02	0.05	0.01	曲松县
0.60	0.11	0.04	0.01	0.22	0.10	0.12			隆子县
0.14	0.06	0.03	0.03	1.00	0.05	0.03			聂荣县
0.08	0.10	0.04	0.02	0.10	0.16	0.10			双湖县
0.40	0.21	0.01		0.43	0.08	0.02			嘉黎县
0.22	0.09	0.04	0.36	0.03	0.20	0.06			比如县
0.11	0.13	0.01	0.08	0.03	0.09	0.06			尼玛县
0.22	0.10	0.01	0.01	0.46	0.03	0.22			巴青县
0.07	0.08	0.01		0.09	0.02	0.01			申扎县
0.28	0.10	0.03	0.12	0.57	0.28	0.05			安多县
0.30	0.40	0.01	0.01	0.15	0.02	0.09			索　县
0.06	0.02	0.02	0.02	0.15	0.33	0.03			班戈县
0.87	0.78	0.11	0.32	0.12	0.55	0.42			革吉县
0.05	0.10	0.07	0.10	0.10	0.40	0.05			札达县
0.45	0.14	0.01	0.05	0.14	0.13	0.07	0.90		日土县
0.52	0.44	0.80	0.06	1.21	0.80	0.07			改则县
2.30	0.78	0.20	1.20	1.20	1.90	1.20			葛尔县
0.02	0.26	0.03	0.01	0.10	0.10	0.09			普兰县
0.34	0.20	0.10	0.20	0.10	0.05	0.09			措勤县
48.57	**38.35**	**40.22**	**13.32**	**94.41**	**28.40**	**142.98**	**15.57**	**5.27**	**陕　西**
0.94	0.99	1.41	0.13	1.62	0.27	2.24	3.36	2.42	蓝田县
0.93	1.00	0.70	0.25	1.05	0.26	1.70			周至县
0.05	0.01	0.01	0.03	0.33	0.02	1.28			宜君县
0.30	0.59	0.24	0.04	1.16	0.26	1.31			岐山县
0.46	0.69	0.35	0.10	1.49	0.35	1.82			扶风县
0.50	0.65	0.55	0.06	2.15	0.14	2.07	0.26		眉　县
0.90	1.04	0.65	0.65	1.15	0.56	2.57	0.45	0.45	陇　县
0.33	0.30	0.41	0.22	0.99	0.31	1.31			千阳县
0.38	0.21	0.06	0.01	0.60	0.14	1.11			麟游县
0.34	0.09	0.02	0.01	0.39	0.19	1.36			凤　县

2-2 续表 31

面积计量单位：平方公里

人口计量单位：万人

县名称 Name of Counties	县面积 County District Area	县人口 County District Population	县暂住人口 County District Temporary Population	县城面积 County Seat Area	县城人口 County Seat Population	县城暂住人口 County Seat Temporary Population	建成区面积 Area of Built District	小计 Subtotal	居住用地 Residential
太白县	2716.3	4.7	0.3	10.70	1.41	0.20	2.35	2.33	0.50
三原县	576.6	40.4	0.9	16.62	13.89	0.90	16.60	16.60	5.79
泾阳县	598.6	32.9	0.4	31.20	6.43	0.18	14.20	11.26	6.11
乾　县	999.6	59.2	1.0	17.30	11.65	0.45	16.91	16.34	5.52
礼泉县	1011.3	47.6	0.7	22.50	9.52	0.40	15.99	13.28	5.17
永寿县	887.9	20.3	0.7	10.32	4.61	0.67	6.30	6.30	2.15
长武县	570.3	18.6	1.9	12.00	4.52	1.02	8.00	8.00	4.08
旬邑县	1774.4	28.9	0.7	8.00	2.90	0.68	6.10	5.37	1.50
淳化县	982.5	19.0	0.2	8.00	3.24	0.09	5.80	4.97	1.80
武功县	392.1	43.7	3.2	15.00	7.35	2.19	8.36	8.36	2.35
潼关县	428.6	14.7	0.2	12.00	6.27	0.10	6.80	6.75	0.55
大荔县	1696.2	70.7	1.4	44.00	9.58	0.99	18.00	15.32	4.02
合阳县	1308.3	43.8	0.3	27.50	5.91	0.10	8.52	8.51	3.08
澄城县	1122.9	38.0	0.3	19.00	11.99	0.28	15.00	12.32	2.40
蒲城县	1582.0	76.5	1.0	49.00	13.05	0.71	16.80	16.58	2.20
白水县	987.9	27.2	0.4	12.00	5.72	0.56	10.00	8.64	2.60
富平县	1245.9	78.8	3.9	77.00	15.76	0.60	20.50	20.48	7.40
延长县	2368.0	15.4	0.2	10.00	5.36	0.15	5.00	4.69	1.66
延川县	1985.0	18.4	0.1	8.26	5.68	0.49	8.00	7.64	1.50
志丹县	3763.0	16.0	0.6	15.54	5.25	0.58	6.94	6.56	2.17
吴起县	3791.0	14.5	0.6	24.60	6.31	1.16	6.90	6.84	1.20
甘泉县	2285.0	8.7	0.4	15.00	3.20	0.17	4.60	4.26	1.44
富　县	4180.0	15.5	0.5	14.60	5.37	0.53	8.87	8.78	0.72
洛川县	1799.0	21.5	1.2	24.00	6.89	0.69	7.83	7.83	3.52
宜川县	2931.0	12.3	0.1	18.50	4.94	0.08	3.30	3.30	1.34
黄龙县	2759.0	4.7	0.2	10.00	1.42	0.16	4.50	4.14	1.16
黄陵县	2290.0	11.8	1.4	8.40	3.43	0.60	4.90	4.83	1.44
城固县	2217.3	54.2	5.2	25.80	13.82	1.70	20.80	20.80	12.20
洋　县	3194.2	44.4	1.7	19.29	9.49	1.00	11.88	11.88	2.98
西乡县	3229.0	41.5	0.5	53.00	10.10	0.52	12.50	12.50	3.47
勉　县	2389.5	34.2	1.0	41.47	15.84	0.94	16.60	16.59	4.39
宁强县	3256.0	32.2	0.4	9.30	6.67	0.33	8.31	8.31	2.30
略阳县	2826.1	14.4	0.4	12.00	6.98	0.17	6.59	5.59	1.36
镇巴县	3406.7	27.7	1.5	5.70	4.70	0.85	4.80	4.65	0.54
留坝县	1951.3	4.2	0.2	11.00	1.32	0.05	1.26	1.26	0.49
佛坪县	1268.7	3.2	0.1	2.70	0.81	0.04	1.10	1.10	0.31
府谷县	3201.8	24.9	7.6	18.00	9.91	5.57	13.00	11.49	2.87
靖边县	4974.6	36.2	3.1	96.00	21.30	2.80	29.90	29.87	12.25
定边县	6821.3	36.0	6.2	25.00	5.12	5.59	18.53	15.90	6.41
绥德县	1852.8	25.5	0.5	15.10	9.47	0.54	13.50	13.36	3.00
米脂县	1168.4	21.9	2.9	40.00	5.52	0.17	15.00	8.18	0.08
佳　县	2028.7	26.5	0.7	27.18	2.21	0.33	4.28	3.78	1.20

continued

Area Measurement Unit: Square Kilometer
Population Measurement Unit:10,000 persons

城市建设用地面积 Area of Urban Construction Land							本年征用土地面积 Area of Land Requisition This Year		县名称 Name of Counties
公共管理与公共服务用地 Administration and Public Services	商业服务业设施用地 Commercial and Business Facilities	工业用地 Industrial	物流仓储用地 Logistics and Warehouse	道路交通设施用地 Road, Street and Transportation	公用设施用地 Municipal Utilities	绿地与广场用地 Green Space and Square		耕地 Arable Land	
0.30	0.08	0.05	0.05	0.46	0.17	0.72	0.10	0.10	太白县
1.00	1.02	1.40	0.12	2.86	0.82	3.59			三原县
0.89	0.83	0.61	0.40	2.21	0.10	0.11	0.08	0.02	泾阳县
1.12	1.22	2.54	0.20	2.31	0.80	2.63	0.40		乾　县
0.45	0.25	1.04	0.40	1.95	1.65	2.37			礼泉县
0.56	0.20	0.48	0.11	1.37	0.25	1.18	0.20	0.18	永寿县
0.10	0.20	0.76	0.12	1.12	0.53	1.09	0.32		长武县
0.55	0.56	0.23	0.02	0.63	0.20	1.68			旬邑县
0.20	0.25	0.50	0.10	0.54	0.20	1.38			淳化县
0.35	0.79	0.81	0.41	2.04	0.58	1.03	0.97	0.90	武功县
1.00	0.20	0.20	0.10	1.90	1.00	1.80			潼关县
1.05	1.62	1.01	0.51	2.34	1.08	3.69			大荔县
0.59	0.49	1.25	0.04	1.29	0.18	1.59			合阳县
1.00	1.00	2.00	0.60	1.75	1.00	2.57			澄城县
2.10	1.00	0.20	0.37	5.30	0.66	4.75	0.11	0.11	蒲城县
1.20	0.50	0.40	0.28	1.28	1.03	1.35			白水县
1.41	1.80	1.20	0.50	4.00	0.17	4.00			富平县
0.41	0.03	0.43	0.11	0.40	0.58	1.07			延长县
0.80	1.00	0.30	0.20	0.80	0.50	2.54			延川县
0.68	0.78	0.26	0.24	1.28	0.19	0.96			志丹县
0.20	0.40	0.05	0.29	1.20	1.30	2.20			吴起县
0.60	0.10	0.21	0.04	0.59	0.15	1.13			甘泉县
0.70	0.85	0.24	0.02	0.47	2.85	2.93	2.30		富　县
0.16	0.31	0.29	0.20	0.69	0.13	2.53	0.75	0.52	洛川县
0.01	0.46	0.01	0.01	0.54	0.01	0.92			宜川县
0.45	0.32	0.05	0.02	0.44	0.10	1.60			黄龙县
0.57	0.21	0.05	0.04	1.20	0.11	1.21			黄陵县
1.00	0.83	0.05	0.10	2.44	0.05	4.13	0.53	0.16	城固县
1.67	0.47	0.13	0.18	2.56	0.38	3.51	0.15	0.15	洋　县
0.59	0.55	0.10	0.22	3.15	0.23	4.19			西乡县
2.14	1.42	1.74	0.48	2.74	0.86	2.82	0.20		勉　县
0.22	0.60	1.60	0.05	1.06	0.35	2.13			宁强县
0.39	0.70	0.43	0.02	0.78	0.05	1.86			略阳县
0.32	0.11	0.21	0.13	0.80	0.62	1.92			镇巴县
0.13	0.01	0.01	0.01	0.19	0.02	0.40			留坝县
0.06	0.03	0.01	0.01	0.21	0.08	0.39			佛坪县
1.45	1.12	0.61	0.30	1.00	0.38	3.76			府谷县
1.23	0.22	3.38	0.15	4.62	1.11	6.91	1.91	0.11	靖边县
1.20	1.08	0.87	0.27	2.52	0.13	3.42			定边县
0.62	1.82	0.16	0.02	2.05	0.09	5.60	0.12		绥德县
5.00	0.08	0.02	0.03	0.70	0.15	2.12			米脂县
0.38	0.38	0.06	0.21	0.26	0.03	1.26			佳　县

2-2 续表 32

面积计量单位：平方公里
人口计量单位：万人

县名称 Name of Counties	县面积 County District Area	县人口 County District Population	县暂住人口 County District Temporary Population	县城面积 County Seat Area	县城人口 County Seat Population	县城暂住人口 County Seat Temporary Population	建成区面积 Area of Built District		
								小计 Subtotal	居住用地 Residential
吴堡县	421.1	8.2	0.4	4.00	2.83	0.42	3.00	2.90	0.57
清涧县	1849.5	22.3	0.1	3.72	5.23	0.20	3.70	3.38	1.90
子洲县	2026.6	29.1	2.1	6.60	3.00	1.85	5.64	5.58	2.78
汉阴县	1365.0	32.4	1.3	18.48	8.86	1.25	9.02	8.74	2.89
石泉县	1516.4	18.1	1.0	12.55	6.70	0.80	7.65	6.62	2.30
宁陕县	3663.8	7.2	0.2	7.04	1.93	0.13	3.50	2.56	0.70
紫阳县	2244.2	33.7	0.2	7.62	6.00	0.22	6.50	5.98	2.55
岚皋县	1956.6	16.5	0.7	21.00	4.70	0.20	4.50	4.49	1.46
平利县	2648.3	23.2	0.7	30.00	6.15	0.13	7.20	7.19	1.85
镇坪县	1502.2	5.9	0.4	14.40	1.47	0.05	1.65	1.56	0.40
旬阳县	3540.8	45.0	0.2	70.00	10.28	0.08	11.55	11.55	2.94
白河县	1453.6	22.3	0.4	10.00	3.95	0.36	4.00	3.42	0.61
洛南县	2832.5	45.8	3.1	55.00	11.29	3.14	18.00	15.20	4.31
丹凤县	2407.4	31.1	1.8	13.00	12.50	1.60	9.80	9.80	4.39
商南县	2313.8	24.8	0.2	20.00	7.03	0.15	9.80	9.76	2.70
山阳县	3531.3	46.8	1.8	18.00	9.95	1.35	9.00	8.64	2.85
镇安县	3487.9	30.4	1.9	10.00	6.50	1.00	6.88	6.81	0.95
柞水县	2363.3	15.9	0.2	10.50	2.65	0.26	6.50	6.20	3.10
甘　肃	**368959.3**	**1807.9**	**87.9**	**842.29**	**360.09**	**42.69**	**506.70**	**473.56**	**175.92**
永登县	5652.2	31.8	2.3	20.00	9.40	0.51	11.00	7.42	3.12
皋兰县	2556.0	19.9	1.1	10.33	5.70	1.07	6.83	6.83	1.99
榆中县	3245.0	46.1	11.7	11.30	5.57	0.45	11.25	11.20	3.30
永昌县	7440.2	23.6	0.9	13.79	3.79	0.31	8.64	8.50	2.29
靖远县	5595.4	50.2	0.2	13.14	8.89	0.13	13.14	13.14	6.22
会宁县	6439.0	51.9	4.1	18.02	11.53	2.66	16.39	16.39	6.73
景泰县	5483.0	23.8	0.9	16.00	11.27	0.90	13.30	13.29	8.02
清水县	2012.0	33.1	0.9	18.97	7.11	0.14	8.49	7.80	1.60
秦安县	16.6	64.7	3.2	15.80	12.51	1.06	13.60	13.59	2.15
甘谷县	1572.8	64.0	5.6	50.00	10.42	4.27	18.78	17.20	7.74
武山县	2011.0	46.8	0.8	9.80	7.15	0.46	9.20	8.92	3.05
张家川回族自治县	1311.7	34.4	0.8	9.00	3.14	0.20	7.60	7.42	2.52
民勤县	15907.0	24.1	0.8	8.20	5.80	0.70	8.14	8.14	1.53
古浪县	5103.0	25.2	0.5	5.85	5.44	0.12	5.65	5.45	2.10
天祝藏族自治县	7149.0	20.1	0.5	23.25	7.08	0.75	5.67	5.67	1.73
肃南县	23887.0	3.9	0.0	6.65	0.95	0.01	1.92	1.91	0.91
民乐县	3687.2	24.6	0.4	12.52	8.99	0.36	10.52	10.37	4.68
临泽县	2729.8	14.9	0.7	12.00	4.65	0.55	5.83	5.83	1.29
高台县	4425.0	12.6	1.2	8.56	6.42	1.20	8.56	8.56	1.60
山丹县	5402.4	19.7	1.2	12.64	7.35	1.20	12.64	12.49	4.88
泾川县	1409.3	37.4	0.6	19.66	6.92	0.45	7.80	7.21	1.32

continued

Area Measurement Unit: Square Kilometer

Population Measurement Unit:10,000 persons

城市建设用地面积 Area of Urban Construction Land							本年征用土地面积 Area of Land Requisition This Year	耕地 Arable Land	县名称 Name of Counties
公共管理与公共服务用地 Administration and Public Services	商业服务业设施用地 Commercial and Business Facilities	工业用地 Industrial	物流仓储用地 Logistics and Warehouse	道路交通设施用地 Road, Street and Transportation	公用设施用地 Municipal Utilities	绿地与广场用地 Green Space and Square			
0.30	0.13	0.10	0.13	0.81	0.30	0.56			吴堡县
0.19	0.13	0.02	0.04	0.43	0.06	0.61	0.35		清涧县
0.20	0.20	0.10	0.10	0.60	0.10	1.50			子洲县
1.12	0.35	0.15	0.18	1.60	0.23	2.22	0.45		汉阴县
0.57	0.48	0.27	0.13	0.83	0.14	1.90			石泉县
0.37	0.16	0.02	0.01	0.42	0.04	0.84	0.01	0.01	宁陕县
0.42	0.50	0.11	0.02	0.86	0.15	1.37	0.03	0.01	紫阳县
0.76	0.01	0.10	0.01	0.42	0.01	1.72	0.17	0.13	岚皋县
0.90	0.50	0.40	0.06	0.53	0.50	2.45			平利县
0.16	0.10	0.16	0.10	0.18	0.05	0.41			镇坪县
0.46	0.90	1.62	0.21	1.90	0.29	3.23	0.01		旬阳县
0.02	0.30	0.10	0.04	0.89	0.50	0.96			白河县
0.64	0.59	3.58	1.51	1.92	0.23	2.42	0.04		洛南县
0.18	0.83	0.86	0.22	1.55	0.23	1.54	0.98		丹凤县
0.95	0.21	0.23	0.60	1.67	1.00	2.40	0.92		商南县
0.35	0.50	0.92	0.23	1.35	0.70	1.74	0.40		山阳县
0.50	0.60	0.63	0.35	0.98	0.30	2.50			镇安县
0.50	0.40	0.50	0.20	0.50	0.20	0.80			柞水县
50.20	**32.66**	**29.90**	**12.13**	**68.92**	**24.03**	**79.80**	**17.54**	**9.97**	**甘　肃**
0.70	0.84	0.28	0.22	1.96	0.20	0.10	0.19	0.19	永登县
0.53	0.32	1.04	0.24	0.90	0.16	1.65			皋兰县
1.75	0.30	0.68	0.25	2.35	0.15	2.42	4.99	3.75	榆中县
0.78	0.48	1.47	0.15	1.42	0.88	1.03			永昌县
1.35	1.16	0.28	0.12	1.65	0.36	2.00	0.24		靖远县
1.23	2.32	0.93	0.26	3.75	0.54	0.63	0.99	0.50	会宁县
1.17	1.20	1.10	0.41	0.99	0.25	0.15	0.70	0.60	景泰县
1.68	0.55	0.44	0.32	1.10	0.42	1.69	0.29		清水县
3.02	2.01	0.90	1.52	1.53	1.82	0.64			秦安县
1.20	1.41	1.56	0.56	1.92	0.90	1.91			甘谷县
1.80	2.00	0.40	0.05	0.80	0.20	0.62			武山县
1.65	0.33	0.31		0.70	1.35	0.56			张家川回族自治县
0.61	0.36	0.47	0.20	1.31	1.08	2.58			民勤县
0.62	0.06	0.15	0.01	1.06	0.21	1.24	0.82	0.14	古浪县
0.84	0.20	0.19	0.05	0.85	0.20	1.61	0.65	0.39	天祝藏族自治县
0.01	0.01	0.22	0.07	0.17	0.01	0.51			肃南县
0.30	0.72	0.27	0.04	1.38	0.30	2.68	0.44		民乐县
0.71	0.45	1.18	0.09	1.42	0.05	0.64	0.14		临泽县
0.89	0.74	1.60	0.20	1.20	0.15	2.18	0.01		高台县
1.20	0.78	2.28	0.20	1.11	0.15	1.89			山丹县
0.62	0.68	0.24	0.61	1.03	0.28	2.43	0.07		泾川县

2-2 续表 33

面积计量单位：平方公里
人口计量单位：万人

县名称 Name of Counties	县面积 County District Area	县人口 County District Population	县暂住人口 County District Temporary Population	县城面积 County Seat Area	县城人口 County Seat Population	县城暂住人口 County Seat Temporary Population	建成区面积 Area of Built District	小计 Subtotal	居住用地 Residential
灵台县	2038.0	22.6	0.4	6.32	2.26	0.68	5.96	4.67	1.31
崇信县	849.9	10.1	0.5	20.00	3.52	0.10	7.20	6.71	1.83
庄浪县	1553.1	45.0	0.8	12.50	4.22	0.76	12.50	10.77	4.00
静宁县	2193.0	47.5	1.5	25.30	6.30	1.24	11.08	11.04	3.71
金塔县	17433.6	14.2	1.1	15.00	6.30	0.26	7.00	6.59	2.37
瓜州县	23572.3	12.9	1.2	10.00	5.30	0.09	9.33	7.76	2.14
肃北蒙古族自治县	66748.0	1.5	0.2	2.80	1.00	0.10	2.73	2.56	0.75
阿克塞哈萨克族自治县	31375.1	1.5	0.5	4.50	0.94	0.52	4.50	2.63	0.53
庆城县	2692.6	28.9	2.6	11.20	6.49	0.48	8.58	8.51	3.12
环　县	9249.5	36.4	4.2	12.00	6.63	0.90	8.20	8.20	2.88
华池县	3790.3	14.0	0.8	8.29	3.80	0.43	4.50	4.40	1.61
合水县	2941.8	18.1	0.5	8.50	4.45	0.23	4.92	4.46	1.47
正宁县	1319.5	24.5	3.0	8.66	3.14	0.44	5.84	5.20	1.35
宁　县	2653.7	55.4	0.4	10.00	3.30	0.80	6.52	6.08	1.09
镇原县	3508.0	57.0	7.4	9.00	3.18	0.75	8.10	5.25	1.42
通渭县	2899.0	43.2	1.2	14.50	5.80	0.62	11.00	9.37	2.81
陇西县	2657.0	52.4	1.6	58.00	21.60	1.52	24.50	24.45	9.32
渭源县	2034.0	34.4	0.9	16.94	3.56	0.17	5.80	4.82	2.40
临洮县	2851.0	55.5	0.2	17.92	16.02	0.07	14.83	14.76	4.98
漳　县	2164.4	16.7	0.9	12.05	4.00	0.85	4.69	4.13	2.40
岷　县	3500.0	42.6	1.8	35.00	8.74	1.32	12.49	12.49	8.00
成　县	1700.0	24.5	2.6	30.00	7.27	2.34	12.00	11.99	5.51
文　县	4994.0	25.0	1.1	3.50	3.74	0.42	3.50	2.30	0.84
宕昌县	3331.0	28.6	1.3	10.00	3.39	0.51	6.00	5.15	1.82
康　县	2958.5	19.7	0.3	6.75	2.86	0.13	2.53	2.52	0.58
西和县	1861.0	44.0	1.6	19.96	11.15	1.02	12.30	11.80	8.30
礼　县	4263.6	54.1	2.8	14.00	5.20	1.40	9.06	7.11	3.25
徽　县	2722.0	22.8	1.2	17.00	5.07	1.15	7.00	5.10	3.10
两当县	1374.0	4.2	0.2	7.50	1.16	0.20	2.60	2.60	0.75
临夏县	1212.4	42.7	1.1	5.79	2.86	0.75	3.95	3.95	1.57
康乐县	1083.0	30.9	0.3	12.21	5.88	0.24	6.60	7.69	2.64
永靖县	1894.0	20.3	1.2	18.62	6.60	1.20	8.50	8.48	3.80
广河县	538.0	29.3	0.2	6.30	4.64	0.17	5.26	5.19	1.91
和政县	960.0	24.4	0.1	9.20	5.60	0.15	7.90	5.93	1.70
东乡县	1476.0	39.0	0.2	3.15	2.18	0.08	2.56	2.38	0.18
积石山县	991.0	27.8	2.4	7.30	3.38	1.85	7.13	7.13	4.13
临潭县	1557.7	17.1	0.1	7.30	3.20	0.06	3.80	3.08	1.55
卓尼县	5419.7	11.6	0.4	6.18	3.23	0.18	5.00	4.09	0.80
舟曲县	2884.9	14.4	0.0	2.95	4.10	0.03	2.95	2.95	1.10

continued

Area Measurement Unit: Square Kilometer

Population Measurement Unit:10,000 persons

城市建设用地面积 Area of Urban Construction Land							本年征用土地面积 Area of Land Requisition This Year		县名称 Name of Counties
公共管理与公共服务用地 Administration and Public Services	商业服务业设施用地 Commercial and Business Facilities	工业用地 Industrial	物流仓储用地 Logistics and Warehouse	道路交通设施用地 Road, Street and Transportation	公用设施用地 Municipal Utilities	绿地与广场用地 Green Space and Square		耕地 Arable Land	
0.32	0.36	0.29	0.31	0.90	0.18	1.00	0.12	0.07	灵台县
0.75	0.35	0.36	0.03	0.70	0.33	2.36	0.09	0.03	崇信县
0.93	0.74	0.70	0.28	1.88	0.18	2.06	0.55	0.44	庄浪县
0.78	0.40	0.62	0.45	1.74	0.36	2.98	0.17	0.08	静宁县
0.44	0.30	0.15	0.25	1.36	0.19	1.53			金塔县
1.11	1.13	0.61	0.14	1.38	0.09	1.16			瓜州县
0.12	0.09	0.15	0.04	0.24	0.07	1.10	0.01		肃北蒙古族自治县
0.11	0.15	0.11	0.12	0.55	0.15	0.91			阿克塞哈萨克族自治县
1.58	0.01	0.73	0.20	0.75	0.74	1.38			庆城县
2.51	0.35	0.03	0.03	1.01	0.20	1.19			环　县
0.68	0.29	0.21		0.72	0.11	0.78			华池县
0.61	0.22	0.13	0.02	1.03	0.12	0.86	0.54		合水县
1.00	0.15	0.24	0.10	0.85	0.89	0.62	0.22	0.20	正宁县
0.01	0.40	0.40	0.01	0.97	1.58	1.62			宁　县
0.82	0.53	0.25	0.07	1.13	0.09	0.94	0.35	0.05	镇原县
0.57	1.05	0.44	0.34	0.89	0.38	2.89	0.82	0.68	通渭县
1.41	1.17	3.21	1.16	2.63	0.99	4.56	0.26	0.01	陇西县
0.61	0.02	0.11	0.04	0.73	0.23	0.68	1.62	0.57	渭源县
1.56	2.39	0.66	0.43	1.69	0.34	2.71			临洮县
0.31	0.35	0.08	0.05	0.61	0.09	0.24			漳　县
0.86	0.40	0.62	0.24	0.94	0.82	0.61			岷　县
0.12	0.23	0.10	0.19	1.36	0.15	4.33	0.50		成　县
0.20	0.17	0.09	0.10	0.33	0.11	0.46			文　县
0.31	0.30	0.01	0.40	0.81	1.00	0.50			宕昌县
0.51	0.06	0.15	0.12	0.46	0.05	0.59			康　县
0.65	0.33	0.26	0.11	1.11	0.08	0.96			西和县
0.65	0.50	0.43	0.25	1.11	0.50	0.42	0.13	0.10	礼　县
0.27	0.02	0.25	0.03	0.90	0.03	0.50			徽　县
0.46	0.18	0.12	0.11	0.42	0.15	0.41			两当县
0.40	0.27	0.07	0.21	0.95	0.20	0.28			临夏县
0.47	0.23	0.56	0.07	0.89	0.53	2.30			康乐县
0.09	0.10	0.02	0.10	1.76	0.10	2.51	1.44	1.44	永靖县
0.94	0.28	0.21	0.07	0.76	0.16	0.86	0.75	0.73	广河县
1.61	0.09	0.52	0.05	1.11	0.04	0.81	0.43		和政县
0.40	0.05	0.02	0.03	0.50	1.04	0.16			东乡县
0.93	0.30	0.40		0.50	0.22	0.65			积石山县
0.32	0.10	0.02	0.03	0.66	0.09	0.31			临潭县
0.43	0.29	0.07	0.01	1.50	0.70	0.29			卓尼县
0.38	0.23	0.01	0.02	0.61	0.01	0.59			舟曲县

2-2 续表 34

面积计量单位：平方公里
人口计量单位：万人

县名称 Name of Counties	县面积 County District Area	县人口 County District Population	县暂住人口 County District Temporary Population	县城面积 County Seat Area	县城人口 County Seat Population	县城暂住人口 County Seat Temporary Population	建成区面积 Area of Built District	小计 Subtotal	居住用地 Residential
迭部县	5108.3	2.2	0.1	2.35	2.23	0.09	2.02	2.02	0.54
玛曲县	10000.0	5.7	0.6	5.00	1.90	0.49	4.88	4.68	2.04
碌曲县	5298.0	3.9	0.3	3.57	1.19	0.10	2.44	1.77	0.50
夏河县	6274.0	8.6	0.3	9.70	2.63	0.30	3.50	3.47	1.05
青　海	**481537.3**	**351.3**	**27.3**	**586.40**	**100.07**	**17.19**	**197.07**	**166.70**	**53.30**
大通县	3090.0	46.8	1.9	37.03	19.14	0.85	21.79	18.59	5.09
湟源县	1509.0	12.8	0.3	16.00	7.08	0.30	10.02	9.09	2.60
民和县	1780.0	43.9	0.6	20.90	7.80	0.30	10.30	9.37	4.80
互助县	3321.0	40.1	5.7	98.65	6.87	2.15	11.66	11.19	3.12
化隆县	2740.0	31.1	0.1	25.26	6.90	0.10	11.07	6.66	2.01
循化县	1749.0	14.1	0.3	13.00	4.84	0.25	5.40	3.33	0.62
门源县	6902.3	16.1	1.4	59.38	4.23	1.38	10.00	8.34	2.17
祁连县	13886.0	5.3	1.2	10.33	1.65	0.60	6.85	6.55	0.93
海晏县	4853.1	3.0	1.6	10.50	1.43	1.15	5.00	3.35	0.76
刚察县	8138.1	5.3	0.8	6.00	1.33	0.47	4.02	4.02	1.95
西海镇	30.0	1.5	0.9	30.00	1.44	0.85	4.00	3.73	1.38
尖扎县	7100.0	6.3	0.8	6.20	1.53	0.52	4.50	4.40	1.80
泽库县	6658.1	7.3	0.7	11.67	1.23	0.38	2.74	2.59	0.65
河南县	6997.5	4.5	0.7	6.50	1.12	0.60	2.74	2.59	0.67
共和县	17252.9	13.4	0.8	49.00	4.00	1.79	12.35	9.83	3.68
同德县	4652.9	6.4	0.3	5.14	1.10	0.30	3.00	2.61	1.28
贵德县	3510.4	10.6	0.1	54.36	4.54	0.07	6.53	6.24	2.12
兴海县	12182.0	7.6	0.0	9.80	2.76	0.03	4.50	3.75	0.55
贵南县	6650.0	7.2	0.1	19.00	1.20	0.08	3.09	3.09	1.46
班玛县	6432.0	3.1	0.1	6.30	0.84	0.16	2.84	2.83	1.29
久治县	8708.2	3.0	0.3	5.20	0.47	0.09	2.02	2.02	0.60
甘德县	7143.0	4.4	0.1	3.97	0.59	0.09	3.70	2.93	1.05
玛沁县	13460.0	5.8	2.5	12.00	3.37	1.44	10.40	7.21	1.57
达日县	14542.0	3.9	0.4	2.83	0.76	0.36	1.82	1.61	0.77
玛多县	24500.0	1.8	0.1	5.10	0.56	0.04	1.60	1.58	0.40
杂多县	35520.0	6.9	0.5	4.50	2.37	0.34	2.10	1.84	1.00
称多县	14615.0	6.6	0.1	6.40	1.37	0.10	3.72	3.72	2.04
治多县	80648.0	4.3	0.6	5.80	1.46	0.33	2.60	1.37	0.24
囊谦县	12061.0	10.4	1.0	3.90	2.65	0.35	2.93	2.89	1.86
曲麻莱县	46634.0	3.9	0.7	3.50	1.15	0.76	1.28	1.27	0.23
乌兰县	12256.0	3.5	0.6	15.50	1.31	0.12	4.40	3.41	1.60
都兰县	45027.0	7.2	1.1	10.00	1.61	0.35	8.00	5.05	1.16
天峻县	25989.0	2.3	0.3	6.00	0.64	0.09	5.80	5.47	1.44
大柴旦行委	21000.0	0.8	0.6	6.68	0.73	0.40	4.30	4.18	0.41
宁　夏	**38402.3**	**320.9**	**26.5**	**315.47**	**99.36**	**15.25**	**188.66**	**185.48**	**61.04**
永宁县	934.1	24.8	1.1	18.50	4.14	0.18	12.09	12.06	4.08

continued

Area Measurement Unit: Square Kilometer

Population Measurement Unit:10,000 persons

城市建设用地面积 Area of Urban Construction Land							本年征用土地面积 Area of Land Requisition This Year		县名称 Name of Counties
公共管理与公共服务用地 Administr-ation and Public Services	商业服务业设施用地 Commercial and Business Facilities	工业用地 Industrial	物流仓储用地 Logistics and Warehouse	道路交通设施用地 Road, Street and Trans-portation	公用设施用地 Munici-pal Utilities	绿地与广场用地 Green Space and Square		耕地 Arable Land	
0.22	0.40	0.03	0.29	0.28	0.06	0.20	0.01		迭部县
0.70	0.38	0.24	0.04	0.70	0.11	0.47			玛曲县
0.24	0.03	0.01	0.02	0.30	0.31	0.36			碌曲县
0.15	0.35	0.22		0.60	0.60	0.50			夏河县
18.64	**11.21**	**16.55**	**3.73**	**28.67**	**8.96**	**25.64**	**2.11**	**1.36**	**青　海**
0.10	1.20	6.20	0.27	1.99	1.30	2.44			大通县
1.21	0.56	0.29	0.12	2.03	0.18	2.10			湟源县
0.60	0.37	1.22	0.22	1.05	0.25	0.86	0.65	0.56	民和县
1.35	0.96	0.99	0.12	1.62	0.25	2.78	0.27	0.27	互助县
0.97	0.30	0.69	0.18	1.31	0.29	0.91	0.91	0.40	化隆县
0.15	0.10	0.08	0.22	0.55	0.42	1.19			循化县
1.36	0.32	1.63	0.07	1.92	0.29	0.58			门源县
0.65	0.73	0.39	0.17	2.31	0.12	1.25			祁连县
0.33	0.20	0.34	0.24	0.47	0.24	0.77			海晏县
0.43	0.15	0.16	0.01	0.58	0.06	0.68			刚察县
0.10	0.22	0.70	0.02	0.44	0.13	0.74			西海镇
0.59	0.25	0.16	0.05	0.34	0.31	0.90			尖扎县
0.40	0.04	0.22	0.07	0.21	0.33	0.67			泽库县
0.50	0.30	0.19	0.11	0.26	0.26	0.30			河南县
1.50	1.31	1.11	0.01	1.23	0.48	0.51			共和县
0.15	0.13	0.09	0.06	0.56	0.08	0.26			同德县
0.92	0.33	0.09	0.10	1.41	0.15	1.12	0.28	0.13	贵德县
0.38	0.24	0.05	0.13	0.71	0.43	1.26			兴海县
0.63	0.35	0.07	0.05	0.40	0.06	0.07			贵南县
0.48	0.20	0.01		0.38	0.17	0.30			班玛县
0.17	0.20	0.19	0.14	0.40	0.20	0.12			久治县
0.41	0.22	0.18	0.13	0.78	0.12	0.04			甘德县
0.58	0.04	0.08	0.04	2.04	0.02	2.84			玛沁县
0.33	0.11	0.01	0.01	0.26	0.02	0.10			达日县
0.39	0.15	0.15	0.04	0.25	0.11	0.09			玛多县
0.10	0.10	0.10		0.30	0.14	0.10			杂多县
0.20	0.22	0.03	0.01	0.50	0.11	0.61			称多县
0.21	0.21	0.10		0.50	0.01	0.10			治多县
0.20	0.02	0.05	0.02	0.60	0.10	0.04			囊谦县
0.17	0.10	0.02	0.10	0.40	0.15	0.10			曲麻莱县
0.59	0.30	0.16	0.06	0.34	0.10	0.26			乌兰县
0.71	0.43	0.35	0.03	1.41	0.13	0.83			都兰县
0.65	0.14	0.44	0.59	1.03	1.09	0.09			天峻县
1.13	0.71	0.01	0.34	0.09	0.86	0.63			大柴旦行委
16.82	**16.24**	**14.63**	**4.96**	**31.39**	**6.22**	**34.18**	**3.92**	**2.69**	**宁　夏**
0.91	0.50	1.67	0.01	2.31	0.06	2.52	0.02		永宁县

2-2 续表 35

面积计量单位：平方公里
人口计量单位：万人

县名称 Name of Counties	县面积 County District Area	县人口 County District Population	县暂住人口 County District Temporary Population	县城面积 County Seat Area	县城人口 County Seat Population	县城暂住人口 County Seat Temporary Population	建成区面积 Area of Built District	小计 Subtotal	居住用地 Residential
贺兰县	1204.7	25.8	9.2	55.50	10.50	7.68	33.71	33.70	13.16
平罗县	2060.9	30.9	1.8	26.67	13.49	1.17	17.64	17.64	6.47
盐池县	8377.1	17.2	1.1	14.40	6.72	0.58	13.47	13.32	3.09
同心县	4433.3	38.8	0.1	38.60	12.28	0.60	17.89	17.89	5.13
红寺堡区	2756.2	17.7	0.8	16.20	3.51	0.58	12.68	10.19	2.22
西吉县	3134.9	47.4	0.2	45.00	8.82	0.09	11.55	11.34	4.83
隆德县	1268.7	15.5	1.0	11.00	5.93	0.68	6.45	6.17	1.60
泾源县	1128.7	8.5	1.3	7.02	1.74	1.26	6.02	6.02	1.68
彭阳县	2533.5	24.6	0.3	22.00	5.67	0.07	8.73	8.73	1.81
中宁县	4192.7	34.9	6.6	27.36	16.87	0.12	17.87	17.87	7.60
海原县	6377.6	34.8	3.0	33.22	9.69	2.24	30.56	30.55	9.37
新　疆	**1425211.6**	**1310.5**	**117.9**	**1216.48**	**319.97**	**67.49**	**713.90**	**647.86**	**221.50**
鄯善县	39548.0	22.5	0.7	57.24	7.37	0.74	28.79	28.08	5.49
托克逊县	16564.2	11.9	3.1	17.27	4.50	2.20	11.56	11.48	5.51
巴里坤哈萨克自治县	38400.0	9.0	1.1	10.48	1.29	0.07	4.65	4.34	1.62
伊吾县	19529.0	2.1	1.2	6.50	0.55	0.09	4.50	3.35	0.36
呼图壁县	9721.6	13.3	3.4	14.00	3.68	1.32	14.00	12.56	3.33
玛纳斯县	9171.4	23.9	3.5	18.83	5.01	1.74	15.80	15.68	6.46
奇台县	19300.0	23.5	3.0	63.09	7.48	2.13	17.57	17.51	6.59
吉木萨尔县	8848.0	14.1	3.8	13.50	2.93	1.47	13.50	10.07	2.85
木垒哈萨克自治县	22717.0	8.6	4.5	11.30	1.60	0.13	8.00	7.90	1.37
精河县	11275.0	11.7	4.5	8.37	1.95	2.08	7.90	7.77	3.65
温泉县	5893.7	6.3	1.2	5.50	0.70	0.57	4.20	3.16	1.02
轮台县	14184.0	13.2	3.5	20.00	5.00	2.20	8.05	7.39	2.57
尉犁县	59190.0	6.4	2.4	8.00	2.18	1.24	3.60	3.60	0.92
若羌县	202300.0	2.8	5.1	7.46	1.06	1.97	7.40	4.55	0.81
且末县	140250.0	7.1	1.0	7.01	1.90	0.88	4.56	4.56	2.10
焉耆回族自治县	2570.0	11.7	4.5	30.00	3.30	1.66	9.95	9.63	3.55
和静县	39686.0	14.0	2.5	22.00	4.87	1.60	14.55	13.32	5.39
和硕县	12740.6	6.6	0.7	13.64	2.30	0.30	9.84	7.71	2.20
博湖县	3541.6	5.2	2.6	3.41	1.22	0.52	3.41	3.41	0.91
温宿县	14335.2	28.5	5.0	10.80	8.78	1.52	10.80	10.00	1.06
沙雅县	32500.0	27.6	5.8	38.50	7.80	5.75	33.70	18.27	5.32
新和县	5820.5	22.5	2.3	12.00	7.60	0.71	12.00	11.98	2.50
拜城县	15033.0	23.8	6.0	12.21	5.48	3.12	7.50	7.50	2.30
乌什县	9082.0	24.5	1.1	26.16	6.69	1.06	21.63	16.11	3.46
阿瓦提县	13258.8	32.5	3.5	14.80	7.50	1.40	14.80	14.80	6.25
柯坪县	8912.2	6.0	0.1	6.62	2.38	0.08	4.00	3.81	2.00
阿克陶县	24067.7	23.1	0.3	17.13	4.91	2.05	6.50	6.50	1.35

continued

Area Measurement Unit: Square Kilometer

Population Measurement Unit:10,000 persons

城市建设用地面积 Area of Urban Construction Land							本年征用土地面积 Area of Land Requisition This Year		县名称 Name of Counties
公共管理与公共服务用地 Administration and Public Services	商业服务业设施用地 Commercial and Business Facilities	工业用地 Industrial	物流仓储用地 Logistics and Warehouse	道路交通设施用地 Road, Street and Transportation	公用设施用地 Municipal Utilities	绿地与广场用地 Green Space and Square		耕地 Arable Land	
2.12	2.32	6.77	0.21	3.03	0.12	5.97	0.01		贺兰县
1.88	2.50	0.05	0.07	3.78	1.02	1.87	0.22	0.22	平罗县
1.60	1.30	1.30	0.32	2.58	0.30	2.83			盐池县
1.42	1.40	0.59	0.06	2.82	0.67	5.80	1.31	0.23	同心县
1.77	1.75	0.45	0.04	2.15	0.14	1.67	0.35	0.28	红寺堡区
0.76	1.23	0.11	0.16	1.32	0.51	2.42	0.68	0.68	西吉县
1.08	0.17	0.50	0.12	0.71	0.10	1.89			隆德县
1.24	0.39	0.05	0.01	0.81	0.51	1.33	0.02	0.02	泾源县
0.67	0.48	0.64	0.11	2.42	0.87	1.73	0.01		彭阳县
1.40	0.62	0.40	0.39	3.75	1.10	2.61	0.14	0.10	中宁县
1.97	3.58	2.10	3.46	5.71	0.82	3.54	1.16	1.16	海原县
65.11	**42.72**	**46.97**	**12.86**	**95.88**	**21.62**	**141.20**	**8.25**	**2.13**	**新　疆**
1.04	0.96	5.93	0.08	6.33	0.44	7.81			鄯善县
1.12	0.96	0.75	0.02	1.72	0.07	1.33	0.16		托克逊县
0.94	0.16	0.09	0.01	0.70	0.32	0.50			巴里坤哈萨克自治县
0.28	0.12	0.01	0.02	0.50	0.08	1.98			伊吾县
0.67	1.51	2.10		2.96	0.20	1.79			呼图壁县
1.59	0.62	2.50	0.30	2.79	0.09	1.33			玛纳斯县
1.08	2.19	1.52	0.06	2.80	0.29	2.98			奇台县
1.12	0.85	1.58	0.10	0.93	0.13	2.51			吉木萨尔县
0.71	0.56	0.60	0.03	1.19	0.21	3.23			木垒哈萨克自治县
0.50	0.40	0.32	0.20	1.47	0.29	0.94			精河县
0.70	0.22	0.04	0.01	0.55	0.09	0.53			温泉县
0.61	0.59	0.57	0.61	1.30	0.10	1.04			轮台县
0.67	0.48	0.01	0.02	0.72	0.14	0.64	1.37	0.04	尉犁县
0.45	0.18	0.03	0.02	1.51	0.02	1.53			若羌县
0.82	0.40	0.02	0.05	0.64	0.20	0.33	0.39		且末县
0.75	0.53	0.59	0.13	1.00	0.64	2.44			焉耆回族自治县
1.56	0.44	0.06		1.91	0.44	3.52	0.03		和静县
0.99	1.20	0.02	0.16	1.20	0.16	1.78			和硕县
0.75	0.24	0.33	0.05	0.40	0.15	0.58			博湖县
0.38	1.54	0.07	0.98	2.42	1.12	2.43			温宿县
2.90	2.80	1.50	0.50	2.80	0.50	1.95	0.57		沙雅县
3.80	0.10	0.08	0.10	0.20	0.10	5.10			新和县
0.80	0.06	0.03	0.05	0.80	0.75	2.71			拜城县
0.50	1.10	0.50	0.01	2.10	0.43	8.01			乌什县
1.10	0.32	0.20	0.06	2.04	0.15	4.68	0.29	0.21	阿瓦提县
0.24	0.45	0.01	0.01	0.32	0.08	0.70	0.83	0.79	柯坪县
0.91	0.37	1.69	0.06	1.38	0.03	0.71			阿克陶县

2-2 续表 36

面积计量单位：平方公里
人口计量单位：万人

县名称 Name of Counties	县面积 County District Area	县人口 County District Population	县暂住人口 County District Temporary Population	县城面积 County Seat Area	县城人口 County Seat Population	县城暂住人口 County Seat Temporary Population	建成区面积 Area of Built District		
								小计 Subtotal	居住用地 Residential
阿合奇县	11452.0	4.6	0.2	5.70	1.38	0.15	4.88	4.30	1.71
乌恰县	22000.0	5.9	1.0	6.70	1.35	0.76	6.69	6.68	2.96
疏附县	2624.0	28.1	0.9	22.40	5.52	0.72	13.60	13.20	3.91
疏勒县	2394.8	37.8	0.9	57.81	9.03	0.64	16.00	13.94	2.97
英吉沙县	3223.0	32.5	0.1	15.35	5.30	1.00	11.45	9.95	2.50
泽普县	986.0	22.5	0.8	10.10	6.15	0.35	9.30	9.28	4.12
莎车县	8283.9	95.3	3.4	75.00	33.57	2.23	39.03	39.03	13.50
叶城县	28370.3	55.8	1.3	38.00	15.70	0.81	25.40	24.74	8.01
麦盖提县	15200.0	23.1	2.0	15.00	6.89	1.12	13.10	12.25	4.52
岳普湖县	2700.0	17.8	0.5	24.70	4.58	0.31	9.50	9.50	2.62
伽师县	7040.0	48.7	4.8	35.00	8.48	3.07	13.48	13.48	5.21
巴楚县	21741.0	40.9	1.2	36.02	13.75	1.22	27.44	25.65	8.60
塔什库尔干塔吉克自治县	25000.0	4.5	0.2	14.00	2.04	0.23	6.35	6.35	1.52
和田县	41036.1	35.2	1.3						
墨玉县	25607.7	65.8	2.3	35.88	9.40	1.20	18.91	18.02	7.24
皮山县	39464.4	30.6	0.5	14.67	3.66	0.30	5.57	5.71	0.90
洛浦县	14113.6	31.1	0.8	7.30	3.82	0.72	5.80	4.41	1.86
策勒县	31591.6	16.6	0.5	10.60	2.72	0.25	5.40	5.22	1.84
于田县	39032.9	31.8	1.1	12.04	6.02	0.63	4.96	4.94	3.03
民丰县	56702.9	4.4	1.6	5.19	1.57	0.62	3.42	3.31	1.73
伊宁县	4486.0	45.8	1.3	14.00	4.96	1.20	13.80	10.00	3.72
察布查尔县	4485.0	18.9	3.2	26.00	4.50	1.76	10.83	10.83	2.12
霍城县	2702.5	31.2	0.9	14.43	8.33	0.28	12.00	11.75	6.02
巩留县	4528.2	18.3	0.8	27.00	5.20	0.38	15.30	15.27	4.57
新源县	7581.1	30.6	1.7	37.40	9.28	1.13	15.35	15.35	8.34
昭苏县	11000.0	17.7		20.50	4.84	0.80	9.24	9.31	4.49
特克斯县	8352.0	16.9	0.9	24.80	4.82	0.88	10.21	8.55	3.53
尼勒克县	11700.0	18.0	0.4	18.20	4.61	0.29	11.00	9.62	4.00
额敏县	9146.0	16.8	1.5	25.07	4.51	0.98	17.03	11.21	4.35
托里县	20097.0	9.0	0.7	13.50	2.17	0.39	8.00	8.00	2.79
裕民县	6222.0	5.6	0.3	9.57	1.50	1.50	5.80	5.80	3.40
和布克赛尔蒙古自治县	30589.2	5.0		11.50	1.09	0.31	5.50	5.00	2.20
布尔津县	10540.0	7.1	1.6	9.57	2.35	1.05	5.60	5.09	2.35
富蕴县	32237.0	9.8	2.0	9.80	3.58	0.71	6.68	6.56	2.50
福海县	32400.0	6.8	0.1	11.00	2.03	0.20	7.19	7.19	3.34
哈巴河县	8185.0	8.4	0.6	6.58	2.25	0.36	6.21	6.21	2.10
青河县	15735.0	6.3	0.4	9.00	1.59	0.22	4.94	4.83	1.79
吉木乃县	8222.0	3.6	0.1	11.28	1.40	0.12	6.18	2.29	0.20

continued

Area Measurement Unit: Square Kilometer

Population Measurement Unit:10,000 persons

城市建设用地面积 Area of Urban Construction Land							本年征用土地面积 Area of Land Requisition This Year		县名称 Name of Counties
公共管理与公共服务用地 Administration and Public Services	商业服务业设施用地 Commercial and Business Facilities	工业用地 Industrial	物流仓储用地 Logistics and Warehouse	道路交通设施用地 Road, Street and Transportation	公用设施用地 Municipal Utilities	绿地与广场用地 Green Space and Square		耕地 Arable Land	
0.61	0.38	0.19	0.05	0.94	0.25	0.17			阿合奇县
0.86	0.20	0.49	0.01	0.66	0.10	1.40	0.88		乌恰县
2.05	0.83	0.94	0.12	1.52	0.13	3.70	0.19		疏附县
2.04	0.96	3.10	0.02	1.65	0.36	2.84			疏勒县
1.20	0.20	0.55	0.10	2.00	0.04	3.36	0.01	0.01	英吉沙县
1.16	0.39	0.39	0.10	1.52	0.15	1.45	0.33	0.33	泽普县
3.80	1.33	0.94	0.09	6.58	0.58	12.21	0.01		莎车县
4.90	3.90	0.75	0.88	1.80	1.50	3.00			叶城县
0.37	0.96	0.70	0.33	1.93	0.52	2.92	0.05		麦盖提县
1.98	1.30	0.19	0.10	1.83	0.20	1.28			岳普湖县
0.73	0.46	1.93	0.85	1.11	0.04	3.15			伽师县
1.63	0.12	2.81	2.66	2.39	2.66	4.78			巴楚县
1.31	0.52	0.01	0.02	0.74	0.11	2.12			塔什库尔干塔吉克自治县
									和田县
1.52	0.59	2.46	0.30	3.11	1.32	1.48	0.15		墨玉县
0.51	0.86	1.01	0.66	0.85	0.37	0.55	0.59	0.19	皮山县
0.36	0.13	0.25	0.35	0.78	0.14	0.54			洛浦县
0.99	0.38	0.80	0.05	0.68	0.09	0.39			策勒县
0.46	0.32	0.08	0.03	0.73	0.03	0.26	0.05		于田县
0.31	0.15	0.20	0.03	0.41	0.11	0.37	0.01		民丰县
0.47	0.34	0.84	0.10	1.14	0.17	3.22	0.60	0.56	伊宁县
0.92	1.49	0.41	0.06	2.53	0.11	3.19			察布查尔县
0.32	0.46	0.15	0.60	1.30	0.45	2.45			霍城县
0.82	0.66	1.16	0.06	2.27	0.57	5.16	0.96		巩留县
1.47	1.70	1.30	0.01	2.30	0.06	0.17			新源县
0.61	0.16	0.59	0.01	0.82	0.25	2.38			昭苏县
0.62	0.68	0.01	0.14	1.17	0.80	1.60	0.08		特克斯县
0.73	0.15	0.20	0.15	1.44	1.23	1.72			尼勒克县
0.95	0.90	1.25	0.50	0.90	0.26	2.10			额敏县
0.87	0.36	0.29	0.15	1.30	0.24	2.00			托里县
0.47	0.20	0.21	0.04	0.70	0.09	0.69			裕民县
0.24	0.20	0.10	0.01	0.71	0.54	1.00			和布克赛尔蒙古自治县
0.77	0.46	0.35	0.10	0.52	0.10	0.44	0.44		布尔津县
0.30	0.48	0.32	0.07	0.75	0.31	1.83	0.15		富蕴县
0.60	0.63	0.47	0.12	1.24	0.08	0.71			福海县
0.69	0.35	0.10	0.02	0.80	0.17	1.98			哈巴河县
0.39	0.15	0.08	0.28	1.39	0.25	0.50	0.02		青河县
0.10	0.02	0.20	0.05	0.69	0.02	1.01	0.09		吉木乃县

三、县城维护建设财政性资金收支

3. Revenue and Expenditure of County Seat Maintenance and Construction Fund

简要说明

县城维护建设资金指用于县城维护和建设的财政性资金。本部分主要包括县城维护建设财政性资金的收入和支出两方面的内容，收入包括组成收入的各项来源，包括城市维护建设税、城市公用事业附加、中央和地方预算资金、国有土地使用权出让收入、国家和省规定收取的用于城市维护建设的行政事业性收费及其他收入，支出包括城市维护建设资金用于市政公用设施各行业的建设和维护资金。

2013 年，维护建设资金的收支范围和口径进行了调整。

Brief Introduction

County Seat maintenance and construction fund is the fund used for county seat maintenance and construction. This section mainly includes two parts: one is revenue from the fund, and the other is expenditure of the fund. Revenue consists of various capital sources, including urban maintenance and construction tax, extra-charge for urban utilities, budgetary funds by central and local governments, income generated from the transfer of state-owned land-use right, administrative charges for urban maintenance and construction prescribed by the central and provincial governments and other revenues. Expenditure covers funds used for construction and maintenance of public facilities in the municipal service facilities sector.

Revenue and expenditure scope as well as definition of urban maintenance and construction fund has been adjusted in 2013.

3 全国历年县城维护建设资金收支(2000-2016)

计量单位：万元

年份 Year	收入合计 Completed of Revenue	城市维护建设税 Urban Maintenance and Construction Tax	公用事业附加 Extra-Charges for Municipal Utilities	中央财政拨款 Financial Allocation from Central Government Budget	地方财政拨款 Financial Allocation from Local Government Budget	水资源费 Water Resource Fee
2000	1475288	218874	45849	83404	209840	5421
2001	2339413	284380	47428	68460	378484	7807
2002	3165232	319198	49195	163717	552206	9087
2003	4703331	418992	52225	249529	829818	14283
2004	5178923	482254	58156	159856	1080049	13112
2005	6043627	562226	66971	173570	1405247	16618
2006	5280388	624690	87843	281139	121727	30201
2007	7218834	827944	115565	255958	2022760	55081
2008	9736493	1109612	217957	647527	2927932	59435
2009	13820241	1272267	165937	1125862	5319207	88990
2010	20582038	1520894	215283	1410514	5465372	116924
2011	26240827	1989632	393902	1878689	7259456	267072
2012	31833379	2529027	403033	2937679	9382874	283277
2013	36096026	2840257	523755	2811897		
2014	42036116	2984908	488213	2469729		
2015	36400093	2818465	479671	2199425		
2016	36538509	2940675	473941	2177512		

注：自2006年起，县城维护建设资金收入仅包含财政性资金，不含社会融资。地方财政拨款中包括省、市(县)财政专项拨款和县级以下财政资金；其他收入中包括市政公用设施配套费、市政公用设施有偿使用费、土地出让转让金、资产置换收入及其他财政性资金。

National Revenue and Expenditure of County Seat Maintenance and Construction Fund in Past Years(2000-2016)

Measurement Unit:10,000 RMB

国内贷款 Domestic Loan	利用外资 Foreign Investment	企事业单位自筹资金 Self-Raised Funds by Enterprises and Institutions	其他收入 Other Revenues	支出合计 Completed of Expenditure	维护支出 Maintenance Expenditure	固定资产投资支出 Expenditure from Investment in Fixed Assets	其他支出 Other Expenditures
177939	52215	243841	437904	1543701	1224032	280838	38831
261940	65162	535359	690393	2336929	1746365	333699	256865
374804	76792	775543	844690	3196841	2529827	389298	277716
603166	131672	1261785	1141861	4661734	3907547	459527	294660
645288	134733	1203808	1401667	5077874	4221092	559888	296894
698906	158159	1440598	1521332	5927238	4831130	659689	436419
			4134788	4971017	3660147	858483	452387
			3941526	6806308	4796581	1207586	802141
			4774030	9192126	6722788	1434309	1020577
			5847978	13182941	10266437	1773499	1322453
			11853051	20451108	16006075	2348570	2096535
			14452076	24246084	18101051	3240910	2904123
			16297489	33299318	23820534	3899428	5579356
				29418982			
				29798372			
				27900620			
				28732749			

Note: Since 2006, national revenue of county seat maintenance and construction fund includes the fund fiscal budget, not including social funds. Local Financial Allocation include province and city special financial allocation, and Other Revenues include fee for expansion of municipal utilities capacity, fee for use of municipal utilities,land drainage facilities, water resource fee, property displace fee and so on.

四、县城市政公用设施建设固定资产投资

4. Fixed Assets Investment in County Seat Service Facilities

简要说明

本部分包含县城市政公用设施建设各行业的固定资产投资完成额，投资的资金来源和投资产生的能力或效益。行业包括县城供水、燃气、集中供热、道路和桥梁、排水和污水处理、园林绿化、市容环卫行业，不含住宅投资。

自 2009 年开始，全国县城市政公用设施建设固定资产投资中不再包括公共交通固定资产投资。

自 2013 年开始，全国县城市政公用设施建设固定资产投资中不再包括防洪固定资产投资。

Brief Introduction

This section includes investment in different utilities facilities, investment sources, and the capacity or benefit produced by the investment. The sectors covered are county seat water supply, county seat gas supply, central heating, public transit, roads and bridges, water drainage and wastewater treatment, landscaping, and urban environmental sanitation. The investment in housing development is not included.

Starting from 2009, the national fixed assets investment in the construction of municipal public utilities facilities has no longer included the fixed assets investment in county seat public transport facilities, expect for the fixed assets investment in county seat rail transit system.

Starting from 2013, the national fixed assets investment in the construction of municipal public utilities facilities has not included the fixed assets investment in county seat flood prevention.

4 全国历年县城市政公用设施建设固定资产投资(2001–2021)
National Fixed Assets Investment in County Seat Service Facilities in Past Years(2001-2021)

计量单位：亿元 Measurement Unit:100 Million RMB

年份 Year	国内生产总值 Gross Domestic Product		财政收入 Government Revenue		全社会固定资产投资 Tatol Investment in Fixed Assets		县城市政公用设施建设固定资产投资 Fixed Assets Investment in County Seat Service Facilities			
	国内生产总值 GDP	增长速度(%) Growth Rate (%)	财政收入 Gover-nment Revenue	增长率(%) Growth Rate (%)	投资完成额 Completed Volume of Investment	增长率(%) Growth Rate (%)	投资完成额 Completed Volume of Investment	增长率(%) Growth Rate (%)	占同期全社会固定资产投资比重(%) Percentage in Total Investment in Fixed Assets During The Same Period (%)	占同期国内生产总值的比重(%) Percentage in GDP of The Same Period (%)
2001	110863.1	8.3	16386.0	22.3	37213.5	13.0	337.4		0.91	0.31
2002	121717.4	9.1	18903.6	15.4	43499.9	16.9	412.2	22.18	0.95	0.34
2003	137422.0	10.0	21715.3	14.9	55566.6	27.7	555.7	34.79	1.00	0.41
2004	161840.2	10.1	26396.5	21.6	70477.4	26.6	656.8	18.20	0.93	0.41
2005	187318.9	11.4	31649.3	19.9	88773.6	26.0	719.1	9.49	0.81	0.39
2006	219438.5	12.7	38760.2	22.5	109998.2	23.9	730.5	1.59	0.66	0.34
2007	270232.3	14.2	51321.8	32.4	137323.9	24.8	812.0	11.16	0.59	0.31
2008	319515.5	9.7	61330.4	19.5	172828.4	25.9	1146.1	41.15	0.66	0.36
2009	349081.4	9.4	68518.3	11.7	224598.8	30.0	1681.4	46.70	0.75	0.49
2010	413030.3	10.6	83101.5	21.3	278121.9	23.8	2569.8	52.84	0.92	0.64
2011	489300.6	9.5	103874.4	25.0	311485.1	23.8	2859.6	11.28	0.92	0.60
2012	540367.4	7.9	117253.5	12.9	374694.7	20.3	3984.7	39.34	1.06	0.77
2013	595244.4	7.8	129209.6	10.2	446294.1	19.1	3833.6	-3.79	0.86	0.65
2014	643974.0	7.3	140370.0	8.6	512020.7	15.2	3572.9	-6.80	0.70	0.56
2015	689052.1	6.9	152269.2	8.4	561999.8	9.8	3099.8	-13.24	0.55	0.46
2016	744127.2	6.7	159552.1	4.5	606465.7	7.9	3394.5	9.51	0.56	0.46
2017	827122.0	6.9	172567.0	7.4	641238.0	7.0	3634.2	7.06	0.57	0.44
2018	900309.0	6.6	183352.0	6.2	645675.0	5.9	3026.0	-16.74	0.47	0.34
2019	990865.0	6.1	190382.0	3.8	560874.0	5.1	3076.7	1.68	0.55	0.31
2020	1015986.0	2.3	182895.0	-3.9	527270.0	2.7	3884.3	26.25	0.74	0.38
2021	1143670.0	8.1	202539.0	10.7	552884.0	4.9	4087.2	5.22	0.74	0.36

注：1.国内生产总值增长速度按可比价格计算，财政收入增长速度按可比口径计算，其余均按当年价格计算。
2.根据国家统计局关于2020年国内生产总值最终核实的公告，对2020年数据进行了修订。

Note: 1.Data in this table are calculated at current prices. GDP Growth Rate calculated in comparable prices, and the Growth Rate of Government Revenue calculated in comparable terms.
2.Acoording to the National Bureau of statistics on gross domestic product in 2020 finally verify the announcement, the data of 2020 was revised.

4-1 按行业分全国历年县城市政公用设施建设固定资产投资（2001-2021）

计量单位：亿元

指标 Item / 年份 Year	本年固定资产投资总额 Completed Investment of This Year	供水 Water Supply	燃气 Gas Supply	集中供热 Central Heating	公共交通 Public Transport	轨道交通 Rail Transit System	道路桥梁 Road and Bridge
2001	337.4	23.6	6.2	8.3	10.0		117.2
2002	412.2	28.1	10.5	13.2	10.6		152.9
2003	555.7	38.8	13.9	18.5	11.8		228.3
2004	656.8	44.4	15.1	24.3	12.3		246.7
2005	719.1	53.4	21.9	29.8	14.1		285.1
2006	730.5	44.3	24.1	28.9	10.3		319.1
2007	812.0	42.3	26.9	42.4	17.7		358.1
2008	1146.1	48.2	35.7	58.5	18.3		532.1
2009	1681.4	78.2	37.0	72.9			690.3
2010	2569.8	88.1	67.2	124.2			1132.1
2011	2859.6	127.6	112.7	155.7			1393.4
2012	3984.7	146.6	137.3	167.8			1934.7
2013	3833.6	164.9	182.3	223.4			1923.5
2014	3572.9	172.6	158.1	187.6			1908.4
2015	3099.8	156.4	112.6	171.0			1663.9
2016	3394.5	160.7	123.1	180.7			1805.8
2017	3634.2	226.3	121.0	194.1			1603.3
2018	3026.0	144.1	103.5	158.6		16.3	1185.0
2019	3076.7	168.1	136.2	133.8		11.1	1312.2
2020	3884.3	232.2	79.7	129.8		14.6	1399.6
2021	4087.2	255.2	75.6	161.0		9.7	1470.6

注：1.自2009年开始，全国县城市政公用设施建设固定资产投资中不再包括公共交通固定资产投资。
2.自2013年开始，全国县城市政公用设施建设固定资产投资中不再包括防洪固定资产投资。

National Fixed Assets Investment in County Seat Service Facilities by Industry in Past Years (2001-2021)

Measurement Unit: 100 million RMB

地下综合管廊 Utility Tunnel	排水 Sewerage	污水处理及其再生利用 Waste-water Treatment and Reuse	防洪 Flood Control	园林绿化 Landscaping	市容环境卫生 Environ-mental Sanitation	垃圾处理 Domestic Garbage Treatment	其他 Other
	20.4	5.3	11.8	18.2	6.9	1.6	114.9
	33.0	12.9	13.7	22.0	10.6	3.9	117.7
	44.6	16.1	17.5	30.5	14.9	7.0	136.6
	52.5	17.2	19.1	41.0	14.7	4.5	186.7
	63.5	24.6	20.4	45.0	17.0	5.4	169.8
	72.1	37.0	11.6	46.2	42.2	7.6	132.4
	107.1	67.2	17.5	76.0	29.2	16.4	94.9
	141.2	80.8	26.4	174.1	37.2	23.2	74.4
	305.7	225.7	42.1	222.8	94.7	62.9	137.6
	271.1	165.7	45.8	373.6	121.9	83.4	345.9
	201.6	108.8	49.3	445.7	172.2	67.2	201.5
	229.6	105.0	69.8	581.4	274.6	136.0	442.8
	276.1	114.9		587.4	97.3	44.2	378.7
	296.1	139.2		521.0	97.4	36.0	231.9
	265.8	113.3		480.8	74.0	31.6	175.3
22.9	263.0	114.6		500.7	115.9	52.4	221.8
73.5	383.9	104.7		630.6	114.9	53.5	286.6
45.2	367.7	168.0		558.7	134.6	72.2	312.3
46.9	366.6	176.0		482.5	127.3	83.3	292.1
36.9	560.9	306.2		568.2	267.4	199.5	594.9
30.0	636.0	325.9		364.5	269.8	206.9	814.7

Note:1.Starting from 2009, the national fixed assets investment in the construction of municipal public utilities facilities has not included the fixed assets investment in public transport.

2.Starting from 2013, the national fixed assets investment in the construction of municipal public utilities facilities has not included the fixed assets investment in flood prevention.

4-1-1 2021年按行业分全国县城市政公用设施建设固定资产投资(按省分列)

计量单位：万元

地区名称 Name of Regions	本年完成投资 Completed Investment of This Year	供水 Water Supply	燃气 Gas Supply	集中供热 Central Heating	轨道交通 Rail Transit System	道路桥梁 Road and Bridge	地下综合管廊 Utility Tunnel	排水 Sewerage
全　国	**40871812**	**2552271**	**755704**	**1609966**	**97176**	**14706390**	**299835**	**6359772**
河　北	2178486	48768	26027	194426		602327	40592	473248
山　西	840650	23044	9868	130384	1400	341031	11900	92680
内蒙古	706503	33889	1232	204077	4013	143988		93416
辽　宁	206562	31287	8814	72636		26968	2150	27654
吉　林	170599	14598	150	761		57385		72023
黑龙江	377755	102297	7828	135128		56846		41134
江　苏	1112582	98632	3401	3886	78	448279		180721
浙　江	1856721	93889	39057	8000		731617	17809	271686
安　徽	2637260	279433	81079	880		1303066		450875
福　建	1686369	128369	28155			827552	28612	168025
江　西	3908108	205396	70966			1373708	16182	564683
山　东	1884951	83506	21242	223627		594812	15740	396353
河　南	3004466	158024	84083	201491		841689		409035
湖　北	937746	39647	43871		2000	233710	486	173184
湖　南	2690959	175028	58797		536	965671	1312	512617
广　东	556633	47092	13685		205	221386		138540
广　西	1076790	97852	15628			591289		216178
海　南	224282	13965	18073			118522	1343	25958
重　庆	1205686	15535	1793			811846	26464	68770
四　川	2138454	86081	31770	13006	30000	911167	18518	492142
贵　州	4678714	374097	57587	2500		1370407	61545	408292
云　南	2439037	134405	38761		55000	850269	32977	253034
西　藏	169089	18399		85		84947	100	34183
陕　西	1614763	15130	31477	84942	3939	397474	24105	309857
甘　肃	1152203	52344	19787	120019		532375		238950
青　海	156241	10190		16214	5	60057		22668
宁　夏	181468	301		39614		47895		46596
新　疆	1078735	171073	42573	158290		160107		177270

National Fixed Assets Investment in County Seat Service Facilities by Industry (by Province in Column)(2021)

Measurement Unit:10,000 RMB

污水处理 Wastewater Treatment	污泥处置 Sludge Disposal	再生水利用 Wastewater Recycled and Reused	园林绿化 Landscaping	市容环境卫生 Environmental Sanitation	垃圾处理 Domestic Garbage Treatment	其他 Other	本年新增固定资产 Newly Added Fixed Assets of This Year	地区名称 Name of Regions
3133417	**145700**	**125181**	**3645066**	**2698448**	**2069162**	**8147184**	**26581933**	**全国**
137985	440	1600	183977	509877	408923	99244	1256269	河北
40271	2627		35660	23860	16975	170823	412601	山西
42212	2929	5272	69603	60349	47239	95936	203760	内蒙古
15583	220	380	11339	14005	10197	11709	118631	辽宁
29296		1556	10518	6604	2605	8560	182474	吉林
24988	1297		8689	4780	2772	21053	268469	黑龙江
121249	500	2217	110266	42935	27450	224384	507433	江苏
147359	985	322	195355	131259	97871	368049	1825745	浙江
129369	10569	13680	335554	48873	18993	137500	1406745	安徽
92248			127412	88733	85814	289511	1054838	福建
194965	67288	4243	301568	297612	156809	1077993	2645377	江西
138340	3252	950	267275	192038	172308	90358	1502422	山东
191226	3150	17021	859258	388934	362398	61952	2136524	河南
85292	1700	144	47181	49326	19163	348341	839700	湖北
419130	1492		89096	110763	104392	777139	1270658	湖南
123037	56	346	18801	10572	6315	106352	212852	广东
51247			55139	50104	39430	50600	735520	广西
4006			6036	6102	5506	34283	13910	海南
30350	5402		221437	42032	35784	17809	927932	重庆
262108	20090	12466	303050	53857	26535	198863	1931049	四川
253412	4442		67694	254164	226291	2082428	2600189	贵州
133472	3109	6965	173526	143659	84608	757406	1963889	云南
17891	2062	1542	1253	11905	4557	18217	144269	西藏
188065			38287	42007	23734	667545	677091	陕西
162745	10715	4398	48582	46858	32725	93288	912859	甘肃
15850			4650	10202	5748	32255	117732	青海
17900	375	1356	23435	14384	13184	9243	88805	宁夏
63821	3000	50723	30425	42654	30836	296343	624190	新疆

4-1-2 2021年按行业分全国县城市政公用设施建设固定资产投资(按县分列)

计量单位：万元

县名称 Name of Counties	本年完成投资 Completed Investment of This Year	供水 Water Supply	燃气 Gas Supply	集中供热 Central Heating	轨道交通 Rail Transit System	道路桥梁 Road and Bridge	地下综合管廊 Utility Tunnel	排水 Sewerage
全　国	**40871812**	**2552271**	**755704**	**1609966**	**97176**	**14706390**	**299835**	**6359772**
河　北	**2178486**	**48768**	**26027**	**194426**		**602327**	**40592**	**473248**
井陉县	19669			9633		2065		
正定县	101715	2705	120			57600	37630	
行唐县	22458							
灵寿县	7182	250				6023		
高邑县	25418			2000		12864		10379
深泽县	22756			7572		2859		655
赞皇县	697					697		
无极县	26795					19750		4305
平山县	27428	3500	55	2130		20013		
元氏县	2508					1735		235
赵　县	45018	255				9679		12100
滦南县	18395	3000		2195		1270		11000
乐亭县	8221	812				4718		
迁西县	8685	42		4952		1610		1490
玉田县	9844					8310	362	515
曹妃甸区	25516					7948		4149
青龙满族自治县	4776	163	79	1946		2149		394
昌黎县	14441		135	8000		1636		1130
卢龙县	4197					2397		1800
临漳县	17636					6611		8816
成安县	20494	1400				10909		8185
大名县	16143					1845		
涉　县	70786			850		66719		
磁　县	44741							
邱　县								
鸡泽县	11835	2090						6555
广平县	4502					2230		1470
馆陶县	9807					9807		
魏　县	29774	390		8150				11434
曲周县	10676					2609		1127
临城县	648							
内丘县	2157	65				2092		
柏乡县	7946			6066		500		462
隆尧县	14421					1344		7268
宁晋县	54771					600		350
巨鹿县	43910	4000		4700		21324		
新河县	21979	184						18948
广宗县	21947	913		741		2200		16228
平乡县	29720			10035		8639	2600	3490
威　县	21628	1391		4027		627		1919
清河县	20835	4547		7577		3018		4808

National Fixed Assets Investment in County Seat Service Facilities by Industry (by County in Column)(2021)

Measurement Unit:10,000 RMB

污水处理 Wastewater Treatment	污泥处置 Sludge Disposal	再生水利用 Wastewater Recycled and Reused	园林绿化 Landscaping	市容环境卫生 Environmental Sanitation	垃圾处理 Domestic Garbage Treatment	其他 Other	本年新增固定资产 Newly Added Fixed Assets of This Year	县名称 Name of Counties
3133417	**145700**	**125181**	**3645066**	**2698448**	**2069162**	**8147184**	**26581933**	**全　国**
137985	**440**	**1600**	**183977**	**509877**	**408923**	**99244**	**1256269**	**河　北**
			6697			1274	43132	井陉县
			160	3500			80	正定县
			5484	3192		13782	3598	行唐县
						909	5131	灵寿县
						175	26650	高邑县
						11670	21520	深泽县
								赞皇县
2303			1750	990			31734	无极县
			880	850			10643	平山县
						538	15942	元氏县
8500		500	1615	21369	21369		21881	赵　县
11000			930					滦南县
			2128	563	563			乐亭县
90				591	591			迁西县
47			578	57		22	16990	玉田县
154			4751	5468	5468	3200	10925	曹妃甸区
394			45					青龙满族自治县
			2716			824	1637	昌黎县
								卢龙县
7966			1479	730			730	临漳县
							20494	成安县
			380	13918			380	大名县
			3217				70786	涉　县
				44741	44741		51438	磁　县
								邱　县
			3190					鸡泽县
			436			366		广平县
							731	馆陶县
10832			9600			200	18265	魏　县
			6755	185			12041	曲周县
			648				648	临城县
							1501	内丘县
				918			1312	柏乡县
			4731	1078			6199	隆尧县
			4388	49433	49433			宁晋县
			9991	1588		2307	13818	巨鹿县
			2847				184	新河县
1228			601	1264	297		20947	广宗县
			3963			993	6410	平乡县
1819			1729	11935			22175	威　县
4060				885			9029	清河县

4-1-2 续表 1

计量单位：万元

县名称 Name of Counties	本年完成投资 Completed Investment of This Year	供水 Water Supply	燃气 Gas Supply	集中供热 Central Heating	轨道交通 Rail Transit System	道路桥梁 Road and Bridge	地下综合管廊 Utility Tunnel	排水 Sewerage
临西县	2932					2169		
博野县	16400		8265					2558
涞水县	2513					1454		1008
阜平县	26887							
白沟新城	8354					34		8200
定兴县	42112	2000		463		18142		20000
唐　县	25978	300				23445		1634
高阳县	5918	468				3507		
涞源县	5477			409		1500		
望都县	24017			43		8599		15000
易　县	13000					4866		7600
曲阳县	10456					8503		
蠡　县	24728					10963		9822
顺平县	50850	190				25360		1300
张北县	27056	308				3054		
康保县	9119	226	4862			1000		
沽源县	11187					7680		2500
尚义县	26824	1200	8000	1300		9549		4100
蔚　县	24819		60	5000				1300
阳原县	4142					1472		570
怀安县	13410	63		3697		8909		556
怀来县	1486							
涿鹿县	39144	859		3400		26174		4932
赤城县	997					180		342
承德县	28575			1280		8865		800
兴隆县	19848	1130	2000	4400		6969		4000
滦平县	11425	1038		2216		2118		1684
隆化县	17702	1498	900	1021		6010		205
丰宁满族自治县	12222	526		1245				9300
宽城满族自治县	7788			260		2975		2800
围场满族蒙古族自治县	22473		240	10291		4340		3770
青　县	36094	957		420		1701		24323
东光县	37014			6930		5930		14565
海兴县	9420		240	1245		1318		5131
盐山县	49874	278	84	7300		9241		10700
肃宁县	11456	2070				2408		1446
南皮县	25510	175		391		1076		23046
吴桥县	8405	39						3400
献　县	36490	2277				265		580
孟村回族自治县	6612	990		1000		1000		2798
固安县	27894							
永清县	31004	381				885		4738
香河县	98930							28000
大城县	31488					8200		13483

continued

Measurement Unit:10,000 RMB

污水处理 Wastewater Treatment	污泥处置 Sludge Disposal	再生水利用 Wastewater Recycled and Reused	园林绿化 Landscaping	市容环境卫生 Environmental Sanitation	垃圾处理 Domestic Garbage Treatment	其他 Other	本年新增固定资产 Newly Added Fixed Assets of This Year	县名称 Name of Counties
			763					临西县
			1611	3966	3966		17351	博野县
			51				3878	涞水县
				26887	26887			阜平县
		1100		120			8234	白沟新城
			1473	34	34		47972	定兴县
			489	110				唐　县
			1893	50			6918	高阳县
				3568	3568			涞源县
			195	180			24439	望都县
7600			450	84				易　县
						1953		曲阳县
			2043	1900				蠡　县
				24000	24000		1300	顺平县
			750	22044	22044	900	28866	张北县
			2471	560	560		6996	康保县
2500			557	450			11793	沽源县
4100			1100	225		1350	2675	尚义县
			300	18159	17805		19819	蔚　县
			1450	650			2980	阳原县
			185				8217	怀安县
			1486				1486	怀来县
2600			3779				17235	涿鹿县
	85		475				2797	赤城县
			80	17550	17500		16375	承德县
			833	516	100		22493	兴隆县
			198	4171	3991		13472	滦平县
	205		7351	717			17691	隆化县
9300			917	234			30788	丰宁满族自治县
			553			1200	8522	宽城满族自治县
			382	3430	3000	20	6514	围场满族蒙古族自治县
			6588	488		1617	34517	青　县
5363	150		1120	8469	8299			东光县
4981			605	701	686	180		海兴县
4097			2558	19713	19713		41971	盐山县
			342	5190	5000		2145	肃宁县
4407			822				25510	南皮县
3400			1780	1186	1096	2000	2000	吴桥县
580			368	33000	33000		226	献　县
1648			700	124			1260	孟村回族自治县
			579	27315	27315		1	固安县
1564			3554	8447	8447	12999	17737	永清县
			261	42687	2398	27982	98930	香河县
			1205	8600	8600		33808	大城县

4-1-2 续表 2

计量单位：万元

县名称 Name of Counties	本年完成投资 Completed Investment of This Year	供水 Water Supply	燃气 Gas Supply	集中供热 Central Heating	轨道交通 Rail Transit System	道路桥梁 Road and Bridge	地下综合管廊 Utility Tunnel	排水 Sewerage
文安县	32650							
大厂回族自治县	5692					1292		4300
枣强县	17217	968		1280		2100		3369
武邑县	13119					9135		2489
武强县	11513	550		2000		1348		4915
饶阳县	12721	330				6252		5419
安平县	59636	190	860	3000		20036		20190
故城县	68127	3243		43000		10382		450
景　县	7474		55	2270		3649		1500
阜城县	17589			9872		260		4213
容城县	35960	496	72	119		6695		12877
雄　县	43469	121				4228		19120
安新县	33214	190				2692		19003
山　西	**840650**	**23044**	**9868**	**130384**	**1400**	**341031**	**11900**	**92680**
清徐县	77500					77500		
阳曲县	1830					1556		
娄烦县								
阳高县	12866	35	213			11790		130
天镇县	4325			1200		1743		1382
广灵县	17100	2100		15000				
灵丘县	1409		11					1398
浑源县	21179		30	12392		7507		850
左云县	550							
云州区								
平定县	18394			1510		1098		588
盂　县	15163	500				7700		113
襄垣县	13803	244	1079	5416		3817		320
平顺县	8557		800					6847
黎城县	8088	600	518			5100		
壶关县	1500							1500
长子县	6466	520	1236	380		4330		
武乡县	49921	611		1548		28271	1000	3258
沁　县	469		469					
沁源县	9400	1000	1400			2500	4500	
沁水县	17861					3564		5100
阳城县	40067		954	269		23744	6400	3600
陵川县	7108			842		2216		475
山阴县								
应　县	2789					897		952
右玉县	5000			5000				
榆社县	2730				1400			
左权县	10579	1000		530		4489		60
和顺县	23366			14389		1900		7077
昔阳县	12134		600	846		2500		500

continued

Measurement Unit:10,000 RMB

污水处理 Wastewater Treatment	污泥处置 Sludge Disposal	再生水利用 Wastewater Recycled and Reused	园林绿化 Landscaping	市容环境卫生 Environmental Sanitation	垃圾处理 Domestic Garbage Treatment	其他 Other	本年新增固定资产 Newly Added Fixed Assets of This Year	县名称 Name of Counties
			5200	27450	27000		2450	文安县
4300			100					大厂回族自治县
			9500				20305	枣强县
1200			1195	300			6300	武邑县
686						2700	7	武强县
4200			720				12354	饶阳县
				15360	15360		48520	安平县
				3892	3892	7160	3892	故城县
							10740	景　县
63			43	3201	2200			阜城县
			15113	588			36502	容城县
8000			10132	8745		1123	46569	雄　县
19003			7968	1561		1800	14763	安新县
40271	**2627**		**35660**	**23860**	**16975**	**170823**	**412601**	**山　西**
								清徐县
						274		阳曲县
								娄烦县
			658			40	7918	阳高县
								天镇县
							16813	广灵县
1398								灵丘县
			400				12748	浑源县
						550		左云县
								云州区
			500	505		14193		平定县
						6850		盂　县
			2927					襄垣县
			910				9638	平顺县
			1870					黎城县
								壶关县
							6466	长子县
			572			14661		武乡县
								沁　县
								沁源县
5100				7460	7010	1737	11932	沁水县
3600				3500	3500	1600		阳城县
			570	3005			7108	陵川县
								山阴县
			940					应　县
							368	右玉县
				1330	1330			榆社县
						4500	16579	左权县
4450	2627						23508	和顺县
500			390			7298	3881	昔阳县

4-1-2 续表 3

计量单位：万元

县名称 Name of Counties	本年完成投资 Completed Investment of This Year	供水 Water Supply	燃气 Gas Supply	集中供热 Central Heating	轨道交通 Rail Transit System	道路桥梁 Road and Bridge	地下综合管廊 Utility Tunnel	排水 Sewerage
寿阳县	13564	523				8788		
祁　县	35			35				
平遥县	1168			1168				
灵石县	14303	667	52			2191		2236
临猗县	29154			4800		22000		
万荣县	25520					17382		6413
闻喜县	28061			3000		15350		7454
稷山县	3243					1100		350
新绛县	38931	3193				1490		7144
绛　县	25644					1130		4
垣曲县								
夏　县	4419	557				3303		559
平陆县	28738			18582		3470		3705
芮城县	20310					2984		4208
定襄县	17745			11200		5397		448
五台县	18246	300	54	8806		2209		
代　县	17563		51	680		460		754
繁峙县	5070		104	2773		443		1283
宁武县	7127	640	1508	560		451		1884
静乐县	13483	1012		5846				6625
神池县	13103			2000		8540		2520
五寨县	735							
岢岚县	12843			4750				627
河曲县	29660	732	270	4310		14452		4029
保德县	9625	8480				980		165
偏关县	14457			252		2034		219
曲沃县								
翼城县								
襄汾县								
洪洞县								
古　县								
安泽县								
浮山县	1325	30				453		
吉　县								
乡宁县								
大宁县								
隰　县								
永和县								
蒲　县								
汾西县	520							
文水县								
交城县	1853							
兴　县								
临　县	15636	300	266			6630		7800

continued

Measurement Unit:10,000 RMB

污水处理 Wastewater Treatment	污泥处置 Sludge Disposal	再生水利用 Wastewater Recycled and Reused	园林绿化 Landscaping	市容环境卫生 Environmental Sanitation	垃圾处理 Domestic Garbage Treatment	其他 Other	本年新增固定资产 Newly Added Fixed Assets of This Year	县名称 Name of Counties
			4253				395	寿阳县
								祁 县
								平遥县
			2389			6768	13998	灵石县
			634	1720			634	临猗县
			1640	85			25520	万荣县
2454			2257				100	闻喜县
			1500			293	7226	稷山县
3911			4027	1537	1537	21540	39395	新绛县
			10			24500	25644	绛 县
								垣曲县
559								夏 县
3705				419		2562		平陆县
1376						13118	17331	芮城县
			700					定襄县
			582	701		5594		五台县
754			337			15281	7741	代 县
1283				397	397	70	9576	繁峙县
			2084				10800	宁武县
6230							13483	静乐县
2520			43				13103	神池县
			735					五寨县
627			1903	3090	3090	2473	13854	岢岚县
1536						5867	29660	河曲县
165							9625	保德县
				111	111	11841	14457	偏关县
								曲沃县
								翼城县
								襄汾县
								洪洞县
								古 县
								安泽县
			842					浮山县
								吉 县
								乡宁县
								大宁县
								隰 县
								永和县
								蒲 县
			520					汾西县
								文水县
			415			1438		交城县
								兴 县
			140			500		临 县

4-1-2 续表 4

计量单位：万元

县名称 Name of Counties	本年完成投资 Completed Investment of This Year	供水 Water Supply	燃气 Gas Supply	集中供热 Central Heating	轨道交通 Rail Transit System	道路桥梁 Road and Bridge	地下综合管廊 Utility Tunnel	排水 Sewerage
柳林县								
石楼县								
岚　县								
方山县	20142			2300		12292		
中阳县								
交口县	18273		253			15280		103
内蒙古	**706503**	**33889**	**1232**	**204077**	**4013**	**143988**		**93416**
土左旗	1300							
托　县	18084							
和林县	10705	700		300		135		89
清水河县	1700	90				1300		250
武川县	3527		406			381		2674
土右旗	11919			2000		9919		
固阳县	4455							985
达尔罕茂明安联合旗	1296			980		316		
阿鲁科尔沁旗	27156	427				5963		
巴林左旗	2296	500				1642		
巴林右旗	6165							
林西县	10021					1843		2989
克什克腾旗	4910					3360		
翁牛特旗	6077					3080		
喀喇沁旗	17644					11375		2449
宁城县	2104	1204				900		
敖汉旗	17983	400		3000		4516		
科左中旗	1610	1300				100		
科左后旗	2868					1818		375
开鲁县	780		280					
库伦旗	3753	145		2546				
奈曼旗	16551		51	1500				
扎鲁特旗	4115	686	85	2263		900		63
达拉特旗	10014			1000		5388		1920
准格尔旗	19001		130			14580		207
鄂托克前旗	5141					2091		1878
鄂托克旗	5748	75				1320		1440
杭锦旗	1852							85
乌审旗	9006			150		400		7646
伊金霍洛旗	12463					361		
阿荣旗	21490	2000		1090				10000
莫　旗	11150	620		4700		2650		2480
鄂伦春旗	26915	132		11700		11544		2496
鄂温克旗	131079	1098		127200				2477
陈巴尔虎旗	4003			540		2500		
新左旗	6176	400		1600		1500		950
新右旗	11500			9100				2400

continued

Measurement Unit:10,000 RMB

污水处理 Wastewater Treatment	污泥处置 Sludge Disposal	再生水利用 Wastewater Recycled and Reused	园林绿化 Landscaping	市容环境卫生 Environmental Sanitation	垃圾处理 Domestic Garbage Treatment	其他 Other	本年新增固定资产 Newly Added Fixed Assets of This Year	县名称 Name of Counties
								柳林县
								石楼县
								岚　县
			912			4638	24507	方山县
								中阳县
103						2637	18593	交口县
42212	**2929**	**5272**	**69603**	**60349**	**47239**	**95936**	**203760**	**内蒙古**
			1300					土左旗
			11550			6534		托　县
			80			9401		和林县
			60				2959	清水河县
2674						66	4027	武川县
							14997	土右旗
	985			3470				固阳县
							5517	达尔罕茂明安联合旗
			5266			15500		阿鲁科尔沁旗
			154				2956	巴林左旗
				6165	4320		6165	巴林右旗
105			1139	4050	4050			林西县
			1550					克什克腾旗
			2879	118	88		118	翁牛特旗
			3820				486	喀喇沁旗
							5190	宁城县
			382	9685	9185			敖汉旗
			210					科左中旗
75						675	4218	科左后旗
						500		开鲁县
						1062		库伦旗
				15000	15000			奈曼旗
				118			4030	扎鲁特旗
			1706				4062	达拉特旗
			3119			965		准格尔旗
36			265	367		540		鄂托克前旗
			1808			1105		鄂托克旗
	85		465	1302			1302	杭锦旗
		3095	810					乌审旗
			8315	2187		1600		伊金霍洛旗
10000				8400	8400		21490	阿荣旗
1450		1030	700				10650	莫　旗
				293		750	1446	鄂伦春旗
			304					鄂温克旗
			378	585			585	陈巴尔虎旗
950			1500	226				新左旗
2400							11500	新右旗

4-1-2 续表 5

计量单位：万元

县名称 Name of Counties	本年完成投资 Completed Investment of This Year	供水 Water Supply	燃气 Gas Supply	集中供热 Central Heating	轨道交通 Rail Transit System	道路桥梁 Road and Bridge	地下综合管廊 Utility Tunnel	排水 Sewerage
五原县	10604		160	1276		185		6697
磴口县	1850	1850						
乌拉特前旗	2400							
乌拉特中旗	6005	1215		1027		575		1678
乌拉特后旗	9877					677		2200
杭锦后旗	5712	2902				700		800
卓资县	2890					450		2440
化德县	5250					500		4750
商都县	14629	5176						9453
兴和县	6000			6000				
凉城县	1700							550
察右前旗	1285					1285		
察右中旗	8738	5525	120	45	18	1940		930
察右后旗	8003			8003				
四子王旗								
科尔沁右翼前旗	3631			59		3572		
科右中旗	10319			1694		7606		62
扎赉特旗	8724			6050				2224
突泉县	14825					14172		497
阿巴嘎旗	3101	350		2662				
苏尼特左旗	1127			1127				
苏尼特右旗	3640	2600						680
东乌珠穆沁旗	28563					10939		548
西乌珠穆沁旗	33617							789
太仆寺旗	10216	1500				4367		2329
镶黄旗	2934	690				1600		84
正镶白旗	5621							
正蓝旗	6812	2304		265		2924		
多伦县	11981			5300		420		5880
阿拉善左旗	5983					196		3682
阿拉善右旗	3261							960
额济纳旗	14648			900	3995	1998		2330
辽　宁	**206562**	**31287**	**8814**	**72636**		**26968**	**2150**	**27654**
康平县								
法库县	1304							
长海县	1565							880
台安县	13106	1300	7794	292		3070		650
岫岩满族自治县	471					471		
抚顺县								
新宾满族自治县	12846			11700		437		281
清原满族自治县	11929							2876
本溪满族自治县	15151			7500		6471		1180
桓仁满族自治县	7658	4500		478			2150	
宽甸满族自治县	12078	600						4343

continued

Measurement Unit:10,000 RMB

污水处理 Wastewater Treatment	污泥处置 Sludge Disposal	再生水利用 Wastewater Recycled and Reused	园林绿化 Landscaping	市容环境卫生 Environmental Sanitation	垃圾处理 Domestic Garbage Treatment	其他 Other	本年新增固定资产 Newly Added Fixed Assets of This Year	县名称 Name of Counties
			2286				14785	五原县
							1850	磴口县
			2400					乌拉特前旗
	570			1510	1510		2360	乌拉特中旗
2200						7000	10377	乌拉特后旗
			1310				2239	杭锦后旗
2440								卓资县
2050							1450	化德县
3018		1147						商都县
							8500	兴和县
				966	966	184	12167	凉城县
							1285	察右前旗
5						160		察右中旗
							7891	察右后旗
								四子王旗
							8344	科尔沁右翼前旗
62			909	48	48			科右中旗
624			450				15024	扎赉特旗
			156					突泉县
			89					阿巴嘎旗
							2085	苏尼特左旗
680			260			100	6975	苏尼特右旗
548			7400			9676		东乌珠穆沁旗
	789		4478	3022	3022	25328		西乌珠穆沁旗
2329						2020		太仆寺旗
84				60		500		镶黄旗
						5621		正镶白旗
						1319		正蓝旗
5000	500			130		251	6730	多伦县
3682			2105					阿拉善左旗
						2301		阿拉善右旗
1800				2647	650	2778		额济纳旗
15583	**220**	**380**	**11339**	**14005**	**10197**	**11709**	**118631**	**辽　宁**
								康平县
						1304	1304	法库县
880				685	685		880	长海县
450							9004	台安县
							2271	岫岩满族自治县
								抚顺县
267			328	100	96			新宾满族自治县
2196				1973	1973	7080	13629	清原满族自治县
							19344	本溪满族自治县
				530	530		180	桓仁满族自治县
4343				7135	6013		4343	宽甸满族自治县

4-1-2 续表 6

计量单位：万元

县名称 Name of Counties	本年完成投资 Completed Investment of This Year	供水 Water Supply	燃气 Gas Supply	集中供热 Central Heating	轨道交通 Rail Transit System	道路桥梁 Road and Bridge	地下综合管廊 Utility Tunnel	排水 Sewerage
黑山县	36875	120		31784		140		4800
义　县	12800	12800						
阜新蒙古族自治县	4398					4139		
彰武县	6699	6699						
辽阳县	25275	600		17545		729		3301
盘山县	970							840
铁岭县								
西丰县	9917	103		1110		603		6971
昌图县	4911					2606		159
朝阳县	9972					2024		
建平县	5085			617		2778		
喀喇沁左翼蒙古族自治县	1312		1020					162
绥中县	9979	4565				3500		614
建昌县	2261			1610				597
吉　林	**170599**	**14598**	**150**	**761**		**57385**		**72023**
农安县	22363	6389				7203		7374
永吉县	6032					1714		3692
梨树县	19921	755				17316		
伊通满族自治县	3510	804						2706
东丰县	7285	1251						4896
东辽县								
通化县	9832							9832
辉南县	6230	2549						3681
柳河县	761			761				
抚松县	1470							1470
靖宇县	10112					2566		1203
长白朝鲜族自治县	2497					635		
前郭县	11160					3032		8128
长岭县	3831					3831		
乾安县	1393					1393		
镇赉县	15534		150			452		11637
通榆县	35508					18252		8123
汪清县	10310					991		9281
安图县	2850	2850						
黑龙江	**377755**	**102297**	**7828**	**135128**		**56846**		**41134**
依兰县	550		188					
方正县	12774	8510	407	1300		72		
宾　县	3440	1200	490			1683		
巴彦县	11891			10800		764		327
木兰县	9813	4800	289	3618		822		284
通河县								
延寿县	13823	11686						1906
龙江县	5136	800	1256	2201				750

continued

Measurement Unit:10,000 RMB

污水处理 Wastewater Treatment	污泥处置 Sludge Disposal	再生水利用 Wastewater Recycled and Reused	园林绿化 Landscaping	市容环境卫生 Environmental Sanitation	垃圾处理 Domestic Garbage Treatment	其他 Other	本年新增固定资产 Newly Added Fixed Assets of This Year	县名称 Name of Counties
				31			5091	黑山县
							12800	义　县
			8	251			4398	阜新蒙古族自治县
								彰武县
2921		380				3100	24255	辽阳县
			130					盘山县
								铁岭县
4526			5	900	900	225		西丰县
				2146				昌图县
			7948					朝阳县
			1490	200			6265	建平县
			130				3287	喀喇沁左翼蒙古族自治县
			1300				9970	绥中县
	220			54			1610	建昌县
29296		**1556**	**10518**	**6604**	**2605**	**8560**	**182474**	**吉　林**
7374				1397	923		17898	农安县
703			626				21153	永吉县
			1481			369	18440	梨树县
2706							3510	伊通满族自治县
				1138	1138		22902	东丰县
								东辽县
7000								通化县
							10303	辉南县
								柳河县
1470								抚松县
			200			6143	5919	靖宇县
			1862				904	长白朝鲜族自治县
							11160	前郭县
							11332	长岭县
								乾安县
10043			2453	842	544		43117	镇赉县
		1556	3896	3227		2010		通榆县
						38	15836	汪清县
								安图县
24988	**1297**		**8689**	**4780**	**2772**	**21053**	**268469**	**黑龙江**
				362			1425	依兰县
			35			2450	11654	方正县
			67					宾　县
							8348	巴彦县
							12490	木兰县
							863	通河县
1906			231				14201	延寿县
750			129				4386	龙江县

4-1-2 续表 7

计量单位：万元

县名称 Name of Counties	本年完成投资 Completed Investment of This Year	供水 Water Supply	燃气 Gas Supply	集中供热 Central Heating	轨道交通 Rail Transit System	道路桥梁 Road and Bridge	地下综合管廊 Utility Tunnel	排水 Sewerage
依安县								
泰来县	8279		2058	2248		135		3838
甘南县	2070	146	1100					170
富裕县	1291							1291
克山县	809	804						
克东县	214		25					
拜泉县	13842	12000		1749				
鸡东县	9148	5760		3061		262		
萝北县	456							456
绥滨县	2660			2660				
集贤县	7564	2075		4391		280		818
友谊县	3261	592		583		2059		27
宝清县	10248	1303		4151				2247
饶河县	6289			1008				2873
肇州县	512	306		206				
肇源县	13251	1000		10000		1551		300
林甸县	926	47		90				789
杜尔伯特蒙古族自治县	3162	776		1620				766
嘉荫县	1562					1237		120
汤旺县	2241	220		680				214
丰林县	10283	8355						1432
大箐山县	4161	1425		2300		266		
南岔县	6355			3209				3146
桦南县	8591	96	1162	2824		4509		
桦川县	34688			32062		1092		1254
汤原县	350		350					
勃利县	11047	1675	32			967		3059
林口县	15596	866		3815		6513		4305
逊克县	1601	704				681		
孙吴县	7821	3723	471	936		352		795
望奎县	42629	1562		8384		20238		6147
兰西县	9371	5129				1784		808
青冈县	8432	2667		4221		1544		
庆安县	7965	3475				2362		1212
明水县	18134	4460		5498		7260		
绥棱县	20325	13670		6655				
呼玛县	1437							
塔河县	5865	113		3913		368		872
加格达奇区	17892	2352		10945		45		928
江　苏	**1112582**	**98632**	**3401**	**3886**	**78**	**448279**		**180721**
丰　县	94210	3150	455	3886		53470		20755
沛　县								
睢宁县	102530	40000				61430		1100
如东县	79199					42949		250

continued

Measurement Unit:10,000 RMB

污水处理 Wastewater Treatment	污泥处置 Sludge Disposal	再生水利用 Wastewater Recycled and Reused	园林绿化 Landscaping	市容环境卫生 Environmental Sanitation	垃圾处理 Domestic Garbage Treatment	其他 Other	本年新增固定资产 Newly Added Fixed Assets of This Year	县名称 Name of Counties
								依安县
3768								泰来县
170			73	581	57			甘南县
							703	富裕县
			5				5	克山县
			189					克东县
			54	39			2276	拜泉县
			65					鸡东县
456								萝北县
							4419	绥滨县
								集贤县
								友谊县
	1297		826	224		1497	2833	宝清县
1434			2408				7461	饶河县
								肇州县
300						400		肇源县
789								林甸县
								杜尔伯特蒙古族自治县
				162	162	43	1998	嘉荫县
180			27	1100	1100		1654	汤旺县
1432						496		丰林县
				170	170			大箐山县
3146							3146	南岔县
								桦南县
			280				36082	桦川县
								汤原县
						5314	14141	勃利县
3500			85	12	12		46459	林口县
			58	158			2040	逊克县
				1270	1270	274		孙吴县
5477						6298	50397	望奎县
808			1650				9371	兰西县
							13601	青冈县
			902	14			7965	庆安县
			614	302			9958	明水县
								绥棱县
			791	386	1	260		呼玛县
872			200			399		塔河县
						3622	593	加格达奇区
121249	**500**	**2217**	**110266**	**42935**	**27450**	**224384**	**507433**	**江　苏**
		2217	10418	768		1308	100932	丰　县
								沛　县
								睢宁县
			36000				7153	如东县

4-1-2 续表 8

计量单位：万元

县名称 Name of Counties	本年完成投资 Completed Investment of This Year	供水 Water Supply	燃气 Gas Supply	集中供热 Central Heating	轨道交通 Rail Transit System	道路桥梁 Road and Bridge	地下综合管廊 Utility Tunnel	排水 Sewerage
东海县	25618				78	9728		
灌云县	24000	19000						5000
灌南县	21563	3418	1380			5975		900
涟水县	7827							2443
盱眙县	84520	6800				31700		44500
金湖县	96103	15140				206		8500
响水县	32787					27991		15
滨海县	80461		200			62200		3500
阜宁县	84297		379			2148		515
射阳县	15875					7963		5376
建湖县	156867		87			85220		14160
宝应县	20201	300	300			16221		914
沭阳县	58061	3000				21237		17500
泗阳县	41100	4150				11890		7000
泗洪县	87363	3674	600			7951		48293
浙　江	**1856721**	**93889**	**39057**	**8000**		**731617**	**17809**	**271686**
桐庐县	83543	300				45279	16614	18100
淳安县	11924	1941				4941		3580
象山县	115600	4995				42977		44318
宁海县	72035	12063				47379		3307
永嘉县	34243	703				22118		4393
平阳县	101972					51122		8067
苍南县	32719					16911		6000
文成县	26474	5869				5577		5331
泰顺县	69972	698	650			22946		10780
嘉善县	93651	1400	2002			39411		7724
海盐县	99568	9243		8000		64649		11827
德清县	113205	709	1829			43835		2255
长兴县	33045		3322			3100		4570
安吉县	78069	102	7150			22483		7367
新昌县	108484	1478	2360			66609		
武义县	60080					28839		28266
浦江县	31886	20	3800			10870		4000
磐安县	19332					6209	1195	1710
常山县	20382	5761	1602			7851		3856
开化县	34238	15000	4878			10500		
龙游县	80428	1850	2201			48969		5450
岱山县	50757		300			16084		28480
嵊泗县	13850					300		12446
三门县	7615							6580
天台县	82543	1138	1050			17330		7228
仙居县	23556	4547	937			2638		2280
青田县	31615	10210	2015			7376		4194
缙云县	96432	3690	600			38734		2663

continued

Measurement Unit:10,000 RMB

污水处理 Wastewater Treatment	污泥处置 Sludge Disposal	再生水利用 Wastewater Recycled and Reused	园林绿化 Landscaping	市容环境卫生 Environmental Sanitation	垃圾处理 Domestic Garbage Treatment	其他 Other	本年新增固定资产 Newly Added Fixed Assets of This Year	县名称 Name of Counties
			15812				335	东海县
							35000	灌云县
			6390	3500			23563	灌南县
						5384		涟水县
42500			250	150		1120		盱眙县
			257			72000		金湖县
						4781		响水县
3000	500		5200	8561	1392	800	94447	滨海县
490			1434	1743	1193	78078	110469	阜宁县
5376			409	2127	2127		460	射阳县
8220			1500			55900	5220	建湖县
			2424	42			1214	宝应县
17500			7646	8678	8678		30204	沭阳县
7000			14560			3500	6450	泗阳县
37163			7966	17366	14060	1513	91986	泗洪县
147359	**985**	**322**	**195355**	**131259**	**97871**	**368049**	**1825745**	**浙　江**
18100			3250				105275	桐庐县
1620				562	302	900	26147	淳安县
10404			9791			13519	141073	象山县
			9286				201049	宁海县
			4412	1222	1222	1395	35222	永嘉县
7766	301		17351			25432	172291	平阳县
			9078	730	730		66989	苍南县
			600	2197	2197	6900	11433	文成县
			24758			10140	53295	泰顺县
6478			39272	750		3092	152686	嘉善县
11827			5849				114907	海盐县
			7923	1565	278	55089	41681	德清县
		70	380	6548	6548	15125	36145	长兴县
45			7619			33348		安吉县
			6386	31651	31651		128295	新昌县
15155			900	1014	1014	1061	3026	武义县
			8100			5096	42366	浦江县
			3240	6978	6978		18579	磐安县
3641						1312		常山县
			1160			2700	4878	开化县
			18798	3160	3000		87986	龙游县
28480			2461	1890	296	1542	22195	岱山县
12446			1019	85			8912	嵊泗县
6580				1035	1035		15165	三门县
2837			845	14423	14423	40529	35067	天台县
1238			880	12274	12274		13121	仙居县
		252	66			7754	39591	青田县
1870			1337	19000		30408	59903	缙云县

4-1-2 续表 9

计量单位：万元

县名称 Name of Counties	本年完成投资 Completed Investment of This Year	供水 Water Supply	燃气 Gas Supply	集中供热 Central Heating	轨道交通 Rail Transit System	道路桥梁 Road and Bridge	地下综合管廊 Utility Tunnel	排水 Sewerage
遂昌县	37570	3576				12479		4323
松阳县	63464	6250	4361			2825		1799
云和县	91209	189				6154		14735
庆元县	20749	500				10448		3957
景宁县	16511	1657				4674		2100
安　徽	**2637260**	**279433**	**81079**	**880**		**1303066**		**450875**
长丰县	122183	2541	954			72188		25863
肥西县	134042	28244	11405			66125		1113
肥东县	127710	2976	270			39277		62701
庐江县	131733		6411			101479		3301
南陵县	53853		212			45455		3800
怀远县	22116	172	215			12110		8966
五河县	59446	2100	1280			36680		12242
固镇县	46342	430	685			26538		7147
凤台县	38579		1985			35579		307
寿　县	30205	1400	2566			21527		1056
当涂县	36890					27500		7500
含山县	31479	18439				12910		130
和　县	24435	3625				7552		13258
濉溪县	15082					2452		7138
枞阳县	24914	3994				4580		253
怀宁县	55906	28025	900			20397		5854
太湖县	19274					7395		145
宿松县	38228					32580		2800
望江县	30240	240	270			19710		10020
岳西县	18492	4000	42			9850		4600
歙　县	11250	360	1500			3173		6217
休宁县	18200	400	800			10000		7000
黟　县	20069	6572	1190			2450		9113
祁门县	11654	3600	852			5811		1123
来安县	130469	43920				46866		18323
全椒县	104971	5760	2050			50041		18000
定远县	111158	38684	730			42572		24410
凤阳县	77076	3320	7600			35735		9895
临泉县	122302	1112	175			81524		11410
太和县	33875	3324	980			10609		18570
阜南县	128746	28689	15409			39560		24439
颍上县	19798	18	5000			7674		6289
砀山县	44705	1474	247	880		24214		7374
萧　县	37031	886	264			17876		9855
灵璧县	89910	1100	2010			56860		17950
泗　县	55204	706	2122			18027		10996
霍邱县	69914		850			36903		22441
舒城县	87175	996	329			60395		1286

continued

Measurement Unit:10,000 RMB

污水处理 Wastewater Treatment	污泥处置 Sludge Disposal	再生水利用 Wastewater Recycled and Reused	园林绿化 Landscaping	市容环境卫生 Environmental Sanitation	垃圾处理 Domestic Garbage Treatment	其他 Other	本年新增固定资产 Newly Added Fixed Assets of This Year	县名称 Name of Counties
4073	250		5131	8450	8431	3611	40810	遂昌县
1799			3793	6763	1998	37673	71902	松阳县
13000	434		133			69998	20163	云和县
				5494	5494	350	360	庆元县
			1537	5468		1075	55233	景宁县
129369	**10569**	**13680**	**335554**	**48873**	**18993**	**137500**	**1406745**	**安　徽**
2500	1286		11304	3933	3933	5400	120750	长丰县
			17004	10151	5313			肥西县
14700			19629	240		2617	341348	肥东县
			18405	2137	2137		76293	庐江县
	3300		4386					南陵县
160			585			68	16013	怀远县
8600			7144					五河县
			11542				44019	固镇县
104			708				31283	凤台县
			1202	2454				寿　县
			150			1740	29740	当涂县
							2200	含山县
4708							22097	和　县
			5492				15082	濉溪县
30			87			16000		枞阳县
			70	660			1963	怀宁县
145			4114			7620		太湖县
1270			2848				28222	宿松县
5575							64485	望江县
								岳西县
5000							11190	歙　县
								休宁县
4400			25	19	13	700		黟　县
			8	260				祁门县
12543			21360					来安县
200			17300	7340		4480	107971	全椒县
5500		7800	800	3962	1825		105558	定远县
			20380	146			6300	凤阳县
			28081				69589	临泉县
9060	5983			392			36434	太和县
11773		4860	8340	1203		11106	1203	阜南县
730		1020	153	20		644	153	颍上县
			7091	45		3380	2000	砀山县
			6300	1850	1850			萧　县
			11180	810			1510	灵璧县
9855			20005	3348	860		58401	泗　县
15041			8870	850				霍邱县
			20606	845		2718	4736	舒城县

4-1-2 续表 10

计量单位：万元

县名称 Name of Counties	本年完成投资 Completed Investment of This Year	供水 Water Supply	燃气 Gas Supply	集中供热 Central Heating	轨道交通 Rail Transit System	道路桥梁 Road and Bridge	地下综合管廊 Utility Tunnel	排水 Sewerage
金寨县	47485	629	609			32671		2025
霍山县	21128	325	1257			4514		5834
涡阳县	74175	745	745			17649		1271
蒙城县	56310	1331				31118		7215
利辛县	45127	9012				20614		13433
东至县	34496	14649	2030			6763		2243
石台县	14223		100			2364		1449
青阳县	17726	641	1060			9308		700
郎溪县	18560	641	183			5899		6890
泾　县	16220	1947	1615			2702		610
绩溪县	20443	4520	4077			10020		980
旌德县	36711	7886	100			7270		5340
福　建	**1686369**	**128369**	**28155**			**827552**	**28612**	**168025**
闽侯县	85741	4565	466			75055		4385
连江县	21041	1120	1030			12066		2765
罗源县	5357					1297		2550
闽清县	14740	75	500			1135		
永泰县	69639	2245	200			58659		3180
仙游县	15850					15850		
明溪县	31963	6500				8060		4450
清流县	10861		1163			7451		1015
宁化县	57815	370				13665	2500	500
大田县	114445	9815	860			26620		8520
尤溪县	51890	15200	370			30318		1400
将乐县	10760							7890
泰宁县	16989					5855	1552	3515
建宁县	6075					2140		1322
惠安县	107127		550			58290		43931
安溪县	66217	375	380			23262		1500
永春县	41987	1500	2565			33379		4500
德化县	26856	93	1652			12160		2100
云霄县	73402	12349				31697		9641
漳浦县	39179	2714	635			17807	1126	7907
诏安县	37920	6500	690			24761		4113
东山县	22453	620	2328			3796		6508
南靖县	11889	46				7772		2706
平和县	45932					16100		2264
华安县	4081	832	220			1036		1580
顺昌县	38140					10086		
浦城县	80935					72856		
光泽县	6262	3326	231			2425		
松溪县	22732					681	15414	2175
政和县	46211	1496	2300			25780		3616
长汀县	45582	5630	676			15366		3949

continued

Measurement Unit:10,000 RMB

污水处理 Wastewater Treatment	污泥处置 Sludge Disposal	再生水利用 Wastewater Recycled and Reused	园林绿化 Landscaping	市容环境卫生 Environmental Sanitation	垃圾处理 Domestic Garbage Treatment	其他 Other	本年新增固定资产 Newly Added Fixed Assets of This Year	县名称 Name of Counties
1340			10000	1251	210	300	61905	金寨县
1710			2860	1796	1796	4542	24700	霍山县
			2864			50901	74175	涡阳县
7215			16646				19172	蒙城县
320			2068				9012	利辛县
			1696			7115	810	东至县
			1000	110		9200		石台县
			2457	920	920	2640		青阳县
6890			4619			328	599	郎溪县
			4565			4781	16770	泾　县
			710	136	136		1062	绩溪县
			10900	3995		1220		旌德县
92248			**127412**	**88733**	**85814**	**289511**	**1054838**	**福　建**
			1231			39	79746	闽侯县
15			1590			2470	9825	连江县
			1510					罗源县
				13030	13030			闽清县
1780			5355				70697	永泰县
								仙游县
2100			12953					明溪县
			115			1117	12102	清流县
			2810			37970		宁化县
			740	5030	5000	62860	222707	大田县
			1580	3022	3022		18320	尤溪县
6350			2870					将乐县
			925			5142	23458	泰宁县
			21			2592	688	建宁县
41980			1884	2472	2472		42340	惠安县
1500			11500	12500	12500	16700		安溪县
4500			43				168	永春县
1800			3822	552		6477	4492	德化县
2187			11467	3266	3266	4982	44764	云霄县
			3021	120		5849	13059	漳浦县
			960			896	34590	诏安县
3541			5015	743	743	3443	743	东山县
937			355	24		986	1466	南靖县
1400			1203	21150	21150	5215	46022	平和县
			223	190	190		4698	华安县
						28054		顺昌县
			300			7779	157266	浦城县
				245	245	35		光泽县
1275			1987	1865	1865	610		松溪县
2316			5054	4185	4185	3780	50666	政和县
2302			12337	7624	6100		47357	长汀县

4-1-2 续表 11

计量单位：万元

县名称 Name of Counties	本年完成投资 Completed Investment of This Year	供水 Water Supply	燃气 Gas Supply	集中供热 Central Heating	轨道交通 Rail Transit System	道路桥梁 Road and Bridge	地下综合管廊 Utility Tunnel	排水 Sewerage
上杭县	60096	14962	10			9661		2298
武平县	8780	279	306			2408	20	2043
连城县	9093	1000	60			4413		1440
霞浦县	96560	580	2200			72041		4348
古田县	13406	230	3000			5494		2565
屏南县	28923	2000	1000			360		6105
寿宁县	36828	2000	1100			11109		850
周宁县	30444	217	1100			185		2095
柘荣县	52538	3730	2024			38485		8299
平潭县	119630	28000	539			67971	8000	
江　西	**3908108**	**205396**	**70966**			**1373708**	**16182**	**564683**
南昌县	195810					181970		
安义县	81116	9600	300			20965		12900
进贤县	15485					4920		6000
浮梁县	39460					7290		400
莲花县	31219	12070				3990		11434
上栗县	59499	1720	107			26782		3890
芦溪县	11670							
武宁县	206	106						
修水县	37298	500	2340			8200		13200
永修县	2800					1000		1800
德安县	26600	200				4700		17900
都昌县	66596					9800	11600	1200
湖口县	10662	2100	1602			2639		4321
彭泽县	184105		2500			22513		13450
分宜县	17073					9428		700
信丰县	180241	14439				98568		13723
大余县	60561					7210		
上犹县	15647		3000			8488		894
崇义县	10639	272	784			3863		1975
安远县	97620	12500	4570			15550		58430
定南县	55500	1100	800			14000		18200
全南县	16875	2580	2800			2620		720
宁都县	26184	4000	6500			8700		5044
于都县	274833	2740				76600		
兴国县	42680	13100				3650		
会昌县	4952	480	850			3224		
寻乌县	8443	520	360			5211		1491
石城县	56125	360	3600			28200		7850
吉安县	67793	3200				17700		27212
吉水县	82470	1100	1050			48180		7100
峡江县	6712	2000				1712		1000
新干县	45996	6100	900			21123	282	4252

continued

Measurement Unit:10,000 RMB

污水处理 Wastewater Treatment	污泥处置 Sludge Disposal	再生水利用 Wastewater Recycled and Reused	园林绿化 Landscaping	市容环境卫生 Environmental Sanitation	垃圾处理 Domestic Garbage Treatment	其他 Other	本年新增固定资产 Newly Added Fixed Assets of This Year	县名称 Name of Counties
			5736	11300	11000	16129	12866	上杭县
1000			2066	96		1562	1451	武平县
			800	380	380	1000	2102	连城县
1800			6622	17		10752	31128	霞浦县
			2117				17914	古田县
5801			4680	168	66	14610	35720	屏南县
530				154		21615	37039	寿宁县
835						26847	31444	周宁县
8299								柘荣县
			14520	600	600			平潭县
194965	**67288**	**4243**	**301568**	**297612**	**156809**	**1077993**	**2645377**	**江　西**
			13840				168970	南昌县
6700	1100	4000	31096	1855	500	4400		安义县
			1165	3400			22485	进贤县
400			2770			29000		浮梁县
11434				210		3515		莲花县
3890						27000		上栗县
			6070			5600		芦溪县
			100					武宁县
			13058				45248	修水县
1800							8559	永修县
5000			1800			2000	44600	德安县
				41996	39436	2000		都昌县
							2100	湖口县
12650			3212	5600		136830	69698	彭泽县
			1713	5082	283	150	20210	分宜县
2216			6782	5		46724	90410	信丰县
			91	20	20	53240		大余县
			791	263		2211	1723	上犹县
			3540	205	100		2451	崇义县
200			5370	1200				安远县
			10600	1000		9800	61500	定南县
400			1920	5655	825	580		全南县
5044						1940	17700	宁都县
			5200	30300	23300	159993		于都县
			80	25800	23800	50		兴国县
				398	398			会昌县
86			831			30	8908	寻乌县
5470			1211	646		14258	58683	石城县
24200			13521			6160	77803	吉安县
			6540	3000	200	15500		吉水县
				2000	2000			峡江县
				8869		4470	59248	新干县

4-1-2 续表 12

计量单位：万元

县名称 Name of Counties	本年完成投资 Completed Investment of This Year	供水 Water Supply	燃气 Gas Supply	集中供热 Central Heating	轨道交通 Rail Transit System	道路桥梁 Road and Bridge	地下综合管廊 Utility Tunnel	排水 Sewerage
永丰县	79370					17490		8200
泰和县	49169	2014	2200			44091		
遂川县	54569	7610	9000			11159		2600
万安县	80657	1500	5300			18100	4000	33300
安福县	44519					28520		2467
永新县	9594	200	600			8794		
奉新县	38931	3000				27372		5240
万载县	107417	4602	100			91800		917
上高县	51228					38899		8118
宜丰县	1999					484		405
靖安县	29231	11654	632			9183		2515
铜鼓县	24361	4493				18500		343
南城县	297584					3684		21000
黎川县	59444	13160	650			15723		8530
南丰县	110262	5100				57841		18000
崇仁县	118116		10500			4374		11200
乐安县	131255	28000				5300		40130
宜黄县	33691	10000	400			8540		14063
金溪县	54927					17112		13697
资溪县	138570		400			13000	300	26800
广昌县	80902	12049	7000			27619		16495
玉山县	74324					74324		
铅山县	33766	3859	1393			7168		15839
横峰县	1581	1100						281
弋阳县	89639					12814		750
余干县	97805					54244		6000
鄱阳县	162578	6268				76784		67564
万年县	3049					2389		243
婺源县	16700		728			9604		4900
山　东	**1884951**	**83506**	**21242**	**223627**		**594812**	**15740**	**396353**
平阴县	38302	927	57	475		20269		8026
商河县	79543	2500				44358		3462
桓台县	10981					7464		3450
高青县	4678					2940		890
沂源县	81856	56	98	8240		29095		8891
利津县	20992					9843		7700
广饶县	28947			450		7929		1050
临朐县	97506		175	6000		45525		28714
昌乐县	34770	302	427	1810		5642		5807
微山县	34342		413	19323		8745	1500	
鱼台县	29693	131		2992		13640		6900
金乡县	48322					13824		13000
嘉祥县	12293	1471	61	4068		719		3814

continued

Measurement Unit:10,000 RMB

污水处理 Wastewater Treatment	污泥处置 Sludge Disposal	再生水利用 Wastewater Recycled and Reused	园林绿化 Landscaping	市容环境卫生 Environmental Sanitation	垃圾处理 Domestic Garbage Treatment	其他 Other	本年新增固定资产 Newly Added Fixed Assets of This Year	县名称 Name of Counties
8200				23000	23000	30680	84626	永丰县
			243	232	182	389	54690	泰和县
			2560	20000	20000	1640	60671	遂川县
26000			5500	5000	3000	7957	62200	万安县
2467				532	532	13000	44670	安福县
							15350	永新县
5240			3033			286	34984	奉新县
272			417	7703	2629	1878	7834	万载县
						4211		上高县
28			10	1100	1100		3377	宜丰县
			4117			1130	6008	靖安县
32	38		394			631	27921	铜鼓县
11000			800			272100	293284	南城县
			10161			11220	72991	黎川县
13400			23425	5850	5500	46	112062	南丰县
8200			14200	22842	1790	55000	138176	崇仁县
1130			12750	1575		43500	131690	乐安县
			688				33911	宜黄县
13697			10500	218		13400	56327	金溪县
			64750	24320	800	9000	142870	资溪县
9790	500		4222	2700		10817	87272	广昌县
							81207	玉山县
8538			4500	200		807	39045	铅山县
281						200	5599	横峰县
			2038	172		73865	35741	弋阳县
6000				37050	1050	511	97805	余干县
	65650		4348	7614	6364		139514	鄱阳县
		243	143			274	3224	万年县
1200			1468				12032	婺源县
138340	**3252**	**950**	**267275**	**192038**	**172308**	**90358**	**1502422**	**山　东**
			8413	135			72063	平阴县
3462			16152	13071	12699		92672	商河县
				67			67	桓台县
				848			42968	高青县
6991			16680	13951	13578	4845	61783	沂源县
			3449				6700	利津县
			4420	4364	3494	10734	50119	广饶县
18000			17092				95456	临朐县
1610	45		3711	17071	16798		4575	昌乐县
						4361	35067	微山县
			5950	80	80		32713	鱼台县
13000			21498				48322	金乡县
			2160				12293	嘉祥县

4-1-2 续表 13

计量单位：万元

县名称 Name of Counties	本年完成投资 Completed Investment of This Year	供水 Water Supply	燃气 Gas Supply	集中供热 Central Heating	轨道交通 Rail Transit System	道路桥梁 Road and Bridge	地下综合管廊 Utility Tunnel	排水 Sewerage
汶上县	89244	138		1500		11046		22958
泗水县	19038		215	5512		10151		831
梁山县	67717		497	1626		22952		14180
宁阳县	10500	9000	300					1200
东平县	4541					2159		2382
五莲县	8587	95				4881		
莒　县	14302					5799	410	1200
沂南县	30369	561	810	2000		4749		17735
郯城县	12705					7345		5360
沂水县	100412	1169	189	1265		52522		23607
兰陵县	25815	2332		5741		13382		1500
费　县	19642	8700		1260		3471		
平邑县	40290	500		3500		6300		3400
莒南县	30080	131	800	9971		14291		3260
蒙阴县	54977	230	380	20620		3754		
临沭县	14581	260	579	3513		5240		50
宁津县	53359	7350		13685		9354		5890
庆云县	6145			2223				650
临邑县	9854		1735	7000				658
齐河县	71432	5700	458	31330		6813		18100
平原县	12090					11494		496
夏津县	20435	500		11050		4896		1281
武城县	75120	1133	3000	16000		24627		16594
阳谷县	24945	1485	567	609		11450		4930
莘　县	45523		5078	10542		2325	9730	11230
东阿县	15029	3920				2039		9070
冠　县	42723	996	2695			24215		12083
高唐县	3182		477	562				
惠民县	14603		184	6000		4841		2589
阳信县	13658	4556		1026		2109		3932
无棣县	5869	62	501	129		4577		
博兴县	22434					8040	4100	7734
曹　县	51449	400	400	1500		19964		6808
单　县	50363	140	204	285		11292		30622
成武县	42941	6630				17600		9272
巨野县	108520	20000		12000		11240		35510
郓城县	52969	400				8085		22434
鄄城县	25090	268	586	7300		2252		389
东明县	52193	1463	356	2520		29564		6714
河　南	**3004466**	**158024**	**84083**	**201491**		**841689**		**409035**
中牟县	17008		1170			11251		
杞　县	31432							8250
通许县	4307		162			2079		2066

continued

Measurement Unit:10,000 RMB

污水处理 Wastewater Treatment	污泥处置 Sludge Disposal	再生水利用 Wastewater Recycled and Reused	园林绿化 Landscaping	市容环境卫生 Environmental Sanitation	垃圾处理 Domestic Garbage Treatment	其他 Other	本年新增固定资产 Newly Added Fixed Assets of This Year	县名称 Name of Counties
16000			7612	45990	45000		89244	汶上县
			2279			50	19038	泗水县
			12000	7462	7462	9000	67717	梁山县
							1200	宁阳县
1936							171	东平县
			2592			1019		五莲县
			6893				14202	莒　县
			4206	308			24516	沂南县
							12705	郯城县
15000			4214	502		16944	62600	沂水县
930			2698			162	26675	兰陵县
			5408			803	5928	费　县
			7490	19100	19100		35740	平邑县
				1560	1560	67	14079	莒南县
			2793	26100	26100	1100	54977	蒙阴县
			2977			1962	14582	临沭县
			8430			8650		宁津县
			2735	537	537			庆云县
						461		临邑县
			7935	896		200	31788	齐河县
			100					平原县
		950	2658			50		夏津县
3583			13766				75120	武城县
			5160	131		613	24945	阳谷县
7699			121			6497	5401	莘　县
							9218	东阿县
			2734				39941	冠　县
			377	1766			2062	高唐县
2000			865	124			8195	惠民县
						2035		阳信县
			600				5869	无棣县
5994			2485	75			22434	博兴县
			10377	12000			31411	曹　县
158	3207		6460			1360	30	单　县
9272			5660			3779	42941	成武县
21000			4337	24600	24600	833	108520	巨野县
11705			22050				43328	郓城县
			2376			11919	854	鄄城县
			7362	1300	1300	2914	52193	东明县
191226	**3150**	**17021**	**859258**	**388934**	**362398**	**61952**	**2136524**	**河　南**
			871	3716	3170			中牟县
850	650		4861	9572	9572	8749	19505	杞　县
							379	通许县

4-1-2 续表 14

计量单位：万元

县名称 Name of Counties	本年完成投资 Completed Investment of This Year	供水 Water Supply	燃气 Gas Supply	集中供热 Central Heating	轨道交通 Rail Transit System	道路桥梁 Road and Bridge	地下综合管廊 Utility Tunnel	排水 Sewerage
尉氏县	51080	3086		10334		3527		200
兰考县	12888	182	164	6500		5142		
新安县	24835	1970	2470	3300		13631		500
栾川县	5705	548				1142		3776
嵩　县	10648			2756		4366		
汝阳县	74551		43000	22300		3751		2300
宜阳县	80254	2355	693	1973		28152		27804
洛宁县	37422					24250		4624
伊川县	68683	1038	1200	1500		1622		
宝丰县	4955					1960		1100
叶　县	29897	600	550	500		7245		8350
鲁山县	11177					3977		
郏　县	14543		2000					2000
安阳县	4564					4105		
汤阴县	31567	20		18200		12899		216
滑　县	53715	5477	101	21960		6302		17083
内黄县	103961	7853		114		31188		13798
浚　县	32944	800	400	710		26200		113
淇　县	31395	1100	2900	13370		9520		2700
新乡县	28179	1179	2374	2800		758		21068
获嘉县	2741							613
原阳县	53079	1100	555			7867		5875
延津县	18084	660	54	4639		5523		3424
封丘县	12639							1190
修武县	4950		3400	1550				
博爱县	2042					2000		
武陟县	56133	900				9200		6033
温　县	23339					8415		941
清丰县	47792			38831		7384		
南乐县	29509	1400		2177		3125		10270
范　县	14262					3272		9150
台前县	32920	8500		2000		8860		2063
濮阳县	39320	570	357			7411		1200
鄢陵县	19560							
襄城县	2784					382		1251
舞阳县	25605					21705		
临颍县	21687			3300				18387
渑池县	10795	52	1458	792		907		1385
卢氏县	13275	1000		1100		3167		3283
南召县	29058	9720	1033			5819		8305
方城县	65089	510	450			32451		4658
西峡县	31712	3714	187			17709		2306
镇平县	22948	600				12963		2594

continued

Measurement Unit:10,000 RMB

污水处理 Wastewater Treatment	污泥处置 Sludge Disposal	再生水利用 Wastewater Recycled and Reused	园林绿化 Landscaping	市容环境卫生 Environmental Sanitation	垃圾处理 Domestic Garbage Treatment	其他 Other	本年新增固定资产 Newly Added Fixed Assets of This Year	县名称 Name of Counties
200			15630	18003	18003	300	47223	尉氏县
			400	500			13668	兰考县
			270	408	120	2286	6920	新安县
2400			156	83			4287	栾川县
			3526				19906	嵩　县
2300			2600	600	600		88441	汝阳县
6000			16856	941		1480	93267	宜阳县
4624			8548				18952	洛宁县
			6083	57220	57049	20	65841	伊川县
			1895				4955	宝丰县
			9152	3500	3500		48303	叶　县
			7200				4740	鲁山县
2000			10543				15212	郏　县
			459					安阳县
216				232	232		20	汤阴县
14958			649	1393	1393	750	55170	滑　县
5298			51008				14711	内黄县
			4721				33994	浚　县
		2700	1805				12200	淇　县
21068							28179	新乡县
			70	2058	2058		1283	获嘉县
			513	35887	35657	1282	13496	原阳县
		3251	3001	330		453	9715	延津县
			11350			99	7639	封丘县
							2660	修武县
			42				42	博爱县
2933			40000				4783	武陟县
			13055	928			24290	温　县
			1319	258	258		1319	清丰县
8200		1870	1950	10587	10200		2387	南乐县
			1840				14708	范　县
1430			897	10600	10600		2500	台前县
			29573	209			11980	濮阳县
			19560				720	鄢陵县
			1100			51	1064	襄城县
				3900	3900		25605	舞阳县
5452							21687	临颍县
			227	5974	5844		4221	渑池县
3000			4725				5777	卢氏县
4300			3057			1124	42036	南召县
			26753	267			44682	方城县
			7586	210			31052	西峡县
			5403	1388	593		9270	镇平县

4-1-2 续表 15

计量单位：万元

县名称 Name of Counties	本年完成投资 Completed Investment of This Year	供水 Water Supply	燃气 Gas Supply	集中供热 Central Heating	轨道交通 Rail Transit System	道路桥梁 Road and Bridge	地下综合管廊 Utility Tunnel	排水 Sewerage
内乡县	25491					19250		950
淅川县	32430	625				28105		2638
社旗县	8511	126	1000			3110		1317
唐河县	96644	9869				50099		15269
新野县	90422	3300	400			56222		8900
桐柏县	20887	162				4830		10480
民权县	26097					1592		
睢　县	57475	837		1065		17752		22437
宁陵县	13510					3510		1200
柘城县	18787	5	1660			182		3987
虞城县	39924		1641	2820		10300		700
夏邑县	45239		5500	10600				
罗山县	17600	550				6510		7040
光山县	6361	3096						3265
新　县	58500	17600				14300		18800
商城县	10209	159	148			8297		670
固始县	56548					13950		
潢川县	34163	10000				2943		20691
淮滨县	89805	3360	1200			14480		7973
息　县	25400	9200						16200
扶沟县	48523	555	70			7677		3296
西华县	31170			500		22865		171
商水县	61390	7726				17995		8197
沈丘县	35770		5623			16596		4963
郸城县	45716					4931		800
太康县	43519			25800		13287		3482
鹿邑县	53490	10940				9000		10650
西平县	58295		7			5691		567
上蔡县	7182					3741		277
平舆县	10403					3246		
正阳县	77008	468	110			10015		10376
确山县	61964		210			17535		3999
泌阳县	46776	13474	115			119		11500
汝南县	26002	1700	1403			5753		
遂平县	140368	390	318			64180		
新蔡县	137854	8948				22399		9364
湖　北	**937746**	**39647**	**43871**		**2000**	**233710**	**486**	**173184**
阳新县	47069					24007		14547
郧西县	6858		2300					300
竹山县	738		90			598	50	
竹溪县	5971					912		4099
房　县	2355					2355		
远安县	16919	8100	180			3738		931

continued

Measurement Unit:10,000 RMB

污水处理 Wastewater Treatment	污泥处置 Sludge Disposal	再生水利用 Wastewater Recycled and Reused	园林绿化 Landscaping	市容环境卫生 Environmental Sanitation	垃圾处理 Domestic Garbage Treatment	其他 Other	本年新增固定资产 Newly Added Fixed Assets of This Year	县名称 Name of Counties
			5291				16177	内乡县
300			1062				35230	淅川县
			2958				9509	社旗县
			21407				70810	唐河县
		7400	21600				93134	新野县
8500			5385	30			12260	桐柏县
			24505				31432	民权县
17089			14203			1181	27385	睢　县
			8800				13510	宁陵县
3232			12953				20775	柘城县
			14630	9833				虞城县
			9139	20000	20000		45089	夏邑县
4850			3500				4850	罗山县
							6361	光山县
12650			7800				43200	新　县
270			335	210		390	18323	商城县
			11998	30600	30600		998	固始县
12542	2500			529	529			潢川县
4150			62792				72648	淮滨县
14400		1800					14800	息　县
			3828	33097	32947		19018	扶沟县
			634			7000	67762	西华县
186			27090			382	34729	商水县
1428			6793	1795	1795		21725	沈丘县
			36585	2900		500	42816	郸城县
			950				20894	太康县
5400			9000	6750	3100	7150	59000	鹿邑县
			15700	36330	36330		70554	西平县
			3164				1867	上蔡县
				7157	7157		49005	平舆县
9500			32737	23302	20152		13056	正阳县
			12173	98		27949	36652	确山县
11500			19908	1660	1660		17618	泌阳县
			15911	500		735	27512	汝南县
			75480				144072	遂平县
			51693	45379	45379	71	94964	新蔡县
85292	**1700**	**144**	**47181**	**49326**	**19163**	**348341**	**839700**	**湖　北**
11600			4515	2500		1500	53169	阳新县
300			425			3833	29037	郧西县
							738	竹山县
4099			960				6024	竹溪县
							2355	房　县
			1260	2710	2100		22123	远安县

4-1-2 续表 16

计量单位：万元

县名称 Name of Counties	本年完成投资 Completed Investment of This Year	供水 Water Supply	燃气 Gas Supply	集中供热 Central Heating	轨道交通 Rail Transit System	道路桥梁 Road and Bridge	地下综合管廊 Utility Tunnel	排水 Sewerage
兴山县	16588		1400					
秭归县	53219	2197	9106			24738	236	10794
长阳土家族自治县	15575	264	583			3698		8247
五峰土家族自治县	9347							7940
南漳县	628					628		
谷城县	17619	60				13280		4200
保康县	2723							1200
沙洋县	49976	1739	392			13529		18201
孝昌县	57741					12641		19630
大悟县	7900	1000			2000	2000		1000
云梦县	1155					1155		
公安县	21567					16070		144
江陵县	14396					2050		540
团风县	12284	6951				3257		567
红安县	18107		265					17842
罗田县	2000					700		
英山县	20509					6827		4155
浠水县	180896					16609		4340
蕲春县	99024							
黄梅县	17614					17276		338
嘉鱼县	41629	2314	1028			15007		4524
通城县	21876					9918		
崇阳县	12089	10737	885					467
通山县	14372	1000	400			6760		5740
随　县	26967	400	9700			14648	200	500
建始县	14541	600				6639		7102
巴东县	7374	2510						2586
咸丰县	44275		15260			4400		23000
来凤县	10271	1775	30			6467		1840
鹤峰县	9712		2252			2650		710
宣恩县	22479							4500
神农架林区	13383					1153		3200
湖　南	**2690959**	**175028**	**58797**		**536**	**965671**	**1312**	**512617**
长沙县	359658	39868				319790		
望城区	583460	1300				290958		600
攸　县	10433	2407	5720			346		950
茶陵县	11191	4600	553				700	3238
炎陵县	14782							11561
湘潭县	94000							52000
衡阳县								
衡南县	9020	705						7285
衡山县	8150							8150
衡东县	5350	2500	200					2650

continued

Measurement Unit:10,000 RMB

			园林绿化	市容环境卫生		其他	本年新增固定资产	县名称
污水处理 Wastewater Treatment	污泥处置 Sludge Disposal	再生水利用 Wastewater Recycled and Reused	Landscaping	Environmental Sanitation	垃圾处理 Domestic Garbage Treatment	Other	Newly Added Fixed Assets of This Year	Name of Counties
						15188	23249	兴山县
10218			270	77		5801		秭归县
8247				1550	1550	1233	2351	长阳土家族自治县
7940			57	1350	1350			五峰土家族自治县
							628	南漳县
2700			79				23463	谷城县
1200				1523	1523		6408	保康县
7000			6034	606	195	9475	51602	沙洋县
19630			1600	23870			59543	孝昌县
			1900					大悟县
								云梦县
		144		5353	4980		49882	公安县
			8330	1900	1900	1576	12886	江陵县
			1509					团风县
4500	1500						21772	红安县
			1300					罗田县
			6224			3303	21919	英山县
						159947	174427	浠水县
						99024	99024	蕲春县
								黄梅县
200			286			18470	35562	嘉鱼县
			10235			1723	11539	通城县
							22637	崇阳县
1200			180	32		260		通山县
	200		519	950		50		随　县
			200				18334	建始县
448			1253	1025	900		1025	巴东县
				915	915	700	72975	咸丰县
800			45			114		来凤县
710				1200	1200	2900	625	鹤峰县
4500						17979		宣恩县
				3765	2550	5265	16403	神农架林区
419130	**1492**		**89096**	**110763**	**104392**	**777139**	**1270658**	**湖　南**
								长沙县
600			30000			260602	585692	望城区
950						1010	14248	攸　县
2938			2100					茶陵县
11011						3221		炎陵县
52000						42000		湘潭县
								衡阳县
5485				1030	950		18721	衡南县
8150								衡山县
2000	650						13085	衡东县

4-1-2 续表 17

计量单位：万元

县名称 Name of Counties	本年完成投资 Completed Investment of This Year	供水 Water Supply	燃气 Gas Supply	集中供热 Central Heating	轨道交通 Rail Transit System	道路桥梁 Road and Bridge	地下综合管廊 Utility Tunnel	排水 Sewerage
祁东县	16016					3646		12370
南岳区								
新邵县	5270	3000				1960		290
邵阳县	18687	420				3403		11184
隆回县	25780					9800		13460
洞口县	19216	50				15440		3100
绥宁县	9100					4400		1700
新宁县	24117	2999				4412		5228
城步苗族自治县	10481	973	2550			2620	612	2816
岳阳县	26714		552			21185		4890
华容县	46906		784			2789		43100
湘阴县	6052							4947
平江县	15318					12102		2269
安乡县	7861							5800
汉寿县	23691					18713		4978
澧　县	54433		1974			28230		4990
临澧县	8318	140			195	1430		737
桃源县	38437	1250	150			9712		8725
石门县	13228	18				3630		64
慈利县	39677	2757				4967		8892
桑植县	7506	680	1000			1518		2618
南　县	64679					7073		16878
桃江县	44680	3000			341	9506		7245
安化县	50370					570		15725
大通湖区	1000							1000
桂阳县	4700	4500						
宜章县	1749	1749						
永兴县	9516		1060			5698		1970
嘉禾县	27805	190	513			5557		2307
临武县	22369	900	313					21156
汝城县	6058	1600				2550		1398
桂东县	15178	3142				8105		3931
安仁县	8792							8792
东安县	12800	140	2500			6600		380
双牌县	10766		350			1700		8700
道　县	420400	23700	16800			39500		97000
江永县	37806	10020	142			21274		
宁远县	31561	13410				6909		11242
蓝山县	95964	5900						
新田县	8407	1023	2691					1580
江华瑶族自治县	2168							2058
中方县	53397	9000				25663		18734
沅陵县	15700	5400						7300

continued

Measurement Unit:10,000 RMB

污水处理 Wastewater Treatment	污泥处置 Sludge Disposal	再生水利用 Wastewater Recycled and Reused	园林绿化 Landscaping	市容环境卫生 Environmental Sanitation	垃圾处理 Domestic Garbage Treatment	其他 Other	本年新增固定资产 Newly Added Fixed Assets of This Year	县名称 Name of Counties
12370								祁东县
								南岳区
			20				30	新邵县
11084				1530	1530	2150		邵阳县
13460						2520	2000	隆回县
			200	426			24806	洞口县
1000			800	500	300	1700		绥宁县
5228			200			11278	12930	新宁县
			420	110	100	380	280	城步苗族自治县
				87			35637	岳阳县
43100						233	53615	华容县
1834			560	155		390	10856	湘阴县
			50	802	802	95	35225	平江县
						2061		安乡县
3678								汉寿县
4990			909	2930		15400	61233	澧　县
			1272			4544	332	临澧县
				18000	18000	600	21894	桃源县
			16			9500	180	石门县
8892						23061	54103	慈利县
2000	318					1690		桑植县
16878				228	216	40500		南　县
6845	400			2455		22133	14261	桃江县
15725						34075		安化县
								大通湖区
						200	200	桂阳县
							619	宜章县
1970			612	108	108	68	11308	永兴县
1630				18911	18911	327	17059	嘉禾县
21156							313	临武县
			73			437	896	汝城县
3813								桂东县
								安仁县
			180	3000	3000		400	东安县
				16			8716	双牌县
97000			30500	52500	52500	160400	8000	道　县
			6370					江永县
								宁远县
				60	60	90004	438	蓝山县
1580			3113				13498	新田县
						110		江华瑶族自治县
4428							71751	中方县
7300						3000	1500	沅陵县

4-1-2 续表 18

计量单位：万元

县名称 Name of Counties	本年完成投资 Completed Investment of This Year	供水 Water Supply	燃气 Gas Supply	集中供热 Central Heating	轨道交通 Rail Transit System	道路桥梁 Road and Bridge	地下综合管廊 Utility Tunnel	排水 Sewerage
辰溪县	9788	787				1516		6244
溆浦县	41800	4000				2200		35600
会同县	7005		805					6200
麻阳苗族自治县								
新晃侗族自治县	9896							
芷江侗族自治县	4890							
通道县	1615					295		1320
靖州县	899							899
双峰县	73669	9850	14800			43999		1732
新化县	43000	13000				300		
泸溪县	154							
凤凰县	860					860		
花垣县	23057					12400		
保靖县	4380							4380
古丈县	6847		5300					
永顺县	886							124
龙山县	3496	50	40			2345		130
广　东	**556633**	**47092**	**13685**		**205**	**221386**		**138540**
始兴县	22363		8580			7923		4000
仁化县	11868					11868		
翁源县	120							100
乳源瑶族自治县	17153					8167		720
新丰县	20777	589				6082		13732
南澳县	16324					16124		
遂溪县	3435	58				2332		412
徐闻县	5723					542		4835
广宁县	1913	1913						
怀集县	2159					2159		
封开县								
德庆县	5914					141		5335
博罗县								
惠东县	100							100
龙门县	36997					29062		3240
大埔县	11650	1291				4543		2626
丰顺县	44011							7547
五华县	17356		313					16920
平远县	7417	6000	335					1082
蕉岭县	3418					3418		
海丰县	81178	3080	896			27163		
陆河县	45271	21715				772		19976
紫金县	4720					2444		165
龙川县	2559	1105						1198
连平县	800					800		

continued

Measurement Unit:10,000 RMB

污水处理 Wastewater Treatment	污泥处置 Sludge Disposal	再生水利用 Wastewater Recycled and Reused	园林绿化 Landscaping	市容环境卫生 Environmental Sanitation	垃圾处理 Domestic Garbage Treatment	其他 Other	本年新增固定资产 Newly Added Fixed Assets of This Year	县名称 Name of Counties
6244						1241		辰溪县
35000								溆浦县
6200							7565	会同县
								麻阳苗族自治县
						9896	86085	新晃侗族自治县
				4890	4890		18173	芷江侗族自治县
460							2615	通道县
899								靖州县
1232			511	1538	1538	1239	31088	双峰县
						29700	25280	新化县
			154				154	泸溪县
								凤凰县
			10185			472		花垣县
								保靖县
				1487	1487	60		古丈县
	124					762	4681	永顺县
			851			80	1191	龙山县
123037	**56**	**346**	**18801**	**10572**	**6315**	**106352**	**212852**	**广　东**
4000						1860		始兴县
							12748	仁化县
100						20	100	翁源县
720			6876	1390	1390			乳源瑶族自治县
7126	42		65	309	19			新丰县
			32	168				南澳县
			386			247	3414	遂溪县
4794			97	249				徐闻县
							1913	广宁县
							2159	怀集县
								封开县
4989		346		438	438		5863	德庆县
							4630	博罗县
86	14						16	惠东县
3240			1980	65		2650	38452	龙门县
2626			296	1787	1739	1107		大埔县
						36464	35790	丰顺县
16920			123					五华县
1082							10103	平远县
							400	蕉岭县
						50039		海丰县
19976						2808	2650	陆河县
			350			1761		紫金县
1198						256	978	龙川县
								连平县

4-1-2 续表 19

计量单位：万元

县名称 Name of Counties	本年完成投资 Completed Investment of This Year	供水 Water Supply	燃气 Gas Supply	集中供热 Central Heating	轨道交通 Rail Transit System	道路桥梁 Road and Bridge	地下综合管廊 Utility Tunnel	排水 Sewerage
和平县	4767	450	403					
东源县	27681					14302		13379
阳西县	18330	1030	508			12772		3601
阳山县	2418					2418		
连山壮族瑶族自治县	3003					2319		386
连南瑶族自治县	2460	1994						
佛冈县	34244	4038				27915		250
饶平县	20784					18847		
揭西县	14039					5536		
惠来县	35527							35527
新兴县	28595	3829	2650			12750		3042
郁南县	1559				205	987		367
广　西	**1076790**	**97852**	**15628**			**591289**		**216178**
隆安县	9716	3653	53			6010		
马山县	5880					1230		4650
上林县	11701	3150				4330		4067
宾阳县	59069	1560				43834		13025
柳城县	23066					10790		9084
鹿寨县	50702		1200			27794		
融安县	3070							3070
融水苗族自治县	6113					6113		
三江侗族自治县	44802	3958				38035		2750
阳朔县	38693	541	745			24184		620
灵川县	4645					2452		2193
全州县	17155	1438				8400		600
兴安县	25370					20870		4500
永福县	4275	200				135		3940
灌阳县	7241	6000				1012		229
龙胜各族自治县	18626	1380	300			7282		5722
资源县	660							540
平乐县	11826					9896		130
恭城瑶族自治县	1405	390	880			130		5
苍梧县	32654	7263				20466		4925
藤　县	21790	300	700			11260		9238
蒙山县	6457	1000	2000					3457
合浦县	55038		1450			11068		14267
上思县	773							773
灵山县	31383					9555		471
浦北县	1196	28						1168
平南县	81140	16850	505			39801		18095
容　县	53996	6398	400			34945		9285
陆川县	51272	1955	450			37855		2966
博白县	66293	1686	878			36577		20149

continued

Measurement Unit:10,000 RMB

污水处理 Wastewater Treatment	污泥处置 Sludge Disposal	再生水利用 Wastewater Recycled and Reused	园林绿化 Landscaping	市容环境卫生 Environ-mental Sanitation	垃圾处理 Domestic Garbage Treatment	其他 Other	本年新增固定资产 Newly Added Fixed Assets of This Year	县名称 Name of Counties
			107	3120	1200	687	1647	和平县
13379							27023	东源县
3601				419	419		508	阳西县
							2602	阳山县
386			298					连山壮族瑶族自治县
			466					连南瑶族自治县
						2041	2978	佛冈县
						1937	9312	饶平县
			6595	1110	1110	798	14039	揭西县
35527							35527	惠来县
2920			1130	1517		3677		新兴县
367								郁南县
51247			**55139**	**50104**	**39430**	**50600**	**735520**	**广　西**
							491	隆安县
							5880	马山县
3368						154		上林县
9101			650					宾阳县
6138			1192			2000		柳城县
			4708	17000	17000		17239	鹿寨县
								融安县
								融水苗族自治县
			59				59	三江侗族自治县
				12603	12389		91236	阳朔县
310							46830	灵川县
			5595	1122	1122		22911	全州县
4500							46157	兴安县
							390	永福县
							7143	灌阳县
2750			3942				12856	龙胜各族自治县
			120				1105	资源县
130			1800				11826	平乐县
							455	恭城瑶族自治县
								苍梧县
348				292	292		3572	藤　县
							5457	蒙山县
			4749	465		23039	63841	合浦县
							303	上思县
				6930	6930	14427		灵山县
							28	浦北县
10000			3892			1997	8555	平南县
			2715			253	12241	容　县
			8018	28			76217	陆川县
			6990	13			51262	博白县

4-1-2 续表 20

计量单位：万元

县名称 Name of Counties	本年完成投资 Completed Investment of This Year	供水 Water Supply	燃气 Gas Supply	集中供热 Central Heating	轨道交通 Rail Transit System	道路桥梁 Road and Bridge	地下综合管廊 Utility Tunnel	排水 Sewerage
兴业县	25342	5710	1601			2886		5412
田东县	13094	2561				7421		2600
德保县	3913	936				1291		1300
那坡县	6022	3838				88		1081
凌云县	1765	85				266		644
乐业县	5350					1750		3600
田林县	1915					1173		217
西林县	1810	385				635		701
隆林各族自治县	25184	58				21855		3007
昭平县	14094					8071		6000
钟山县	13453	336	120			7254		5375
富川瑶族自治县	9111		170			7237		939
南丹县	2913		113			2775		15
天峨县	2741	1540	266					498
凤山县	12785	303	1000			5918		1846
东兰县	24269	13349				9500		1420
罗城仫佬族自治县	8652		1002			3388		4062
环江毛南族自治县	11871					11871		
巴马瑶族自治县	11302					9402		1100
都安瑶族自治县	1070					210		860
大化瑶族自治县	1200	200						1000
忻城县	23305		45			14080		8700
象州县	5043	526				310		4042
武宣县	24773	4942				17277		2544
金秀瑶族自治县	389	64	325					
扶绥县	37847	2750	1150			15906		8451
宁明县	4998					4998		
龙州县	12316	120	30			11281		85
大新县	16882	2399	245			8302		5626
天等县	7374					2120		5134
海　南	**224282**	**13965**	**18073**			**118522**	**1343**	**25958**
定安县	23480					21501	1144	397
屯昌县	9054	500	600			6387		98
澄迈县	20233					12212		109
临高县	1822		5					
白沙黎族自治县	5763		800			2475		288
昌江县	23836	2323	14017					399
乐东县	683		10			200		
陵水县	17035	780				8955		3000
保亭县	4416		102					442
琼中县	30140		2539			12825		2240
洋浦经济开发区	87820	10362				53967	199	18985

continued

Measurement Unit:10,000 RMB

污水处理 Wastewater Treatment	污泥处置 Sludge Disposal	再生水利用 Wastewater Recycled and Reused	园林绿化 Landscaping	市容环境卫生 Environmental Sanitation	垃圾处理 Domestic Garbage Treatment	其他 Other	本年新增固定资产 Newly Added Fixed Assets of This Year	县名称 Name of Counties
			260	9473			32847	兴业县
2600			512				9298	田东县
			115	122	122	149	2420	德保县
500						1015	1038	那坡县
			770				1765	凌云县
3600							1550	乐业县
			267			258	2185	田林县
						89	45138	西林县
1450			52	212	212		26051	隆林各族自治县
						23	408	昭平县
2050			368				16113	钟山县
						765	8179	富川瑶族自治县
			10				200	南丹县
498			350	54		33	243	天峨县
			404	1402	1363	1912	1127	凤山县
1420							1230	东兰县
			109			91		罗城仫佬族自治县
								环江毛南族自治县
						800		巴马瑶族自治县
							1070	都安瑶族自治县
							6207	大化瑶族自治县
			480				26366	忻城县
				165			1553	象州县
			10				34700	武宣县
							64	金秀瑶族自治县
1000			6005			3585	8840	扶绥县
								宁明县
			687	103		10	12667	龙州县
			310				8207	大新县
1484				120				天等县
4006			**6036**	**6102**	**5506**	**34283**	**13910**	**海　南**
						438		定安县
81			4	912	912	553	1358	屯昌县
109						7912		澄迈县
			1526	178	178	113	12	临高县
						2200	7865	白沙黎族自治县
399						7097		昌江县
			92	381	381			乐东县
3000						4300		陵水县
417			804	226		2842	4675	保亭县
				3951	3951	8585		琼中县
			3610	454	84	243		洋浦经济开发区

4-1-2 续表 21

计量单位：万元

县名称 Name of Counties	本年完成投资 Completed Investment of This Year	供水 Water Supply	燃气 Gas Supply	集中供热 Central Heating	轨道交通 Rail Transit System	道路桥梁 Road and Bridge	地下综合管廊 Utility Tunnel	排水 Sewerage
重庆	**1205686**	**15535**	**1793**			**811846**	**26464**	**68770**
城口县	56380	503	64			43990		2649
丰都县	16299	751				10587		1360
垫江县	195728	1318	835			98013	3300	7131
忠县	63313	300	129			45884		8710
云阳县	330890	1499				237806		8420
奉节县	142340					112504	14652	3910
巫山县	92404	165	168			71307		10008
巫溪县	32775	541	300			25518		5780
石柱土家族自治县	77182		115			15267	7012	5059
秀山土家族苗族自治县	147515	6241				129702	1500	
酉阳土家族苗族自治县	23904	2622	182			3600		11858
彭水苗族土家族自治县	26956	1595				17668		3885
四川	**2138454**	**86081**	**31770**	**13006**	**30000**	**911167**	**18518**	**492142**
金堂县	210862	24825				89000	12018	20029
大邑县	38300				30000	8300		
蒲江县	16000							
荣县								
富顺县								
米易县								
盐边县								
泸县	72500					38500		10000
合江县	19500					10000		5500
叙永县	19600							
古蔺县	37800					15000		10800
中江县	166480					73689		74700
三台县	20252	1134				8200		10093
盐亭县	8180	400	500			1200		3480
梓潼县	8750	1200	600			3300		1550
北川羌族自治县	2000							1400
平武县	2000					1400		600
旺苍县	34705					34705		
青川县	3000					2900		
剑阁县	18280					18280		
苍溪县	56225	5239				33319		527
蓬溪县	62550							36410
大英县	53400	1500				33700		3200
威远县	21072	1790	898			6870		8950
资中县	21399					14379		2030
犍为县	12799	1643	1800			8400		724
井研县	1200					1200		
夹江县	7187					2970		2777
沐川县	1500					500		1000
峨边县	32250					19000		

continued

Measurement Unit:10,000 RMB

污水处理 Wastewater Treatment	污泥处置 Sludge Disposal	再生水利用 Wastewater Recycled and Reused	园林绿化 Landscaping	市容环境卫生 Environ-mental Sanitation	垃圾处理 Domestic Garbage Treatment	其他 Other	本年新增固定资产 Newly Added Fixed Assets of This Year	县名称 Name of Counties
30350	**5402**		**221437**	**42032**	**35784**	**17809**	**927932**	**重　庆**
			2500			6674	10263	城口县
			2768	833			16666	丰都县
4064	597		72328	12803	12803		154740	垫江县
7095			8290				44781	忠　县
2910			79700	3202		263	331391	云阳县
1320			2086	9188	9188		83193	奉节县
6185			6698	4058	2000		50918	巫山县
			594	42			33390	巫溪县
4626	403		37020	4538	4438	8171	77462	石柱土家族自治县
			5382	3810	3810	880	91797	秀山土家族苗族自治县
4150	4402		844	2995	2995	1803	19510	酉阳土家族苗族自治县
			3227	563	550	18	13821	彭水苗族土家族自治县
262108	**20090**	**12466**	**303050**	**53857**	**26535**	**198863**	**1931049**	**四　川**
5907		10987	46877			18113	210862	金堂县
							47475	大邑县
			16000					蒲江县
								荣　县
								富顺县
								米易县
								盐边县
			24000				72500	泸　县
5500				4000	4000		19500	合江县
			19600				19600	叙永县
7800			12000				37800	古蔺县
			10391	7700			166480	中江县
7263			380	445			20252	三台县
			2600				8180	盐亭县
			2100				8750	梓潼县
700				600	600		2000	北川羌族自治县
							2000	平武县
							34705	旺苍县
			100				3000	青川县
							18280	剑阁县
			14785	2355			58401	苍溪县
35600			26140				37490	蓬溪县
3200			10100	400		4500	53400	大英县
7900				2564	2564		21072	威远县
2030			4990				21399	资中县
				232	232		12799	犍为县
							1200	井研县
940			1440				7187	夹江县
							1500	沐川县
			9400	3850			43050	峨边县

4-1-2 续表 22

计量单位：万元

县名称 Name of Counties	本年完成投资 Completed Investment of This Year	供水 Water Supply	燃气 Gas Supply	集中供热 Central Heating	轨道交通 Rail Transit System	道路桥梁 Road and Bridge	地下综合管廊 Utility Tunnel	排水 Sewerage
马边县	10238					3168		6050
南部县	187800	1970	1820			113510		39360
营山县	117876		13000			15876		9000
蓬安县	58483	200	1470			2100		17853
仪陇县	67587					34827		32360
西充县	52500	1200	1200			10500		30000
仁寿县	2175					182		1993
洪雅县	3800					1700		2100
丹棱县	9115					3540		1559
青神县	14689					1480		5952
江安县	31929					25072		
长宁县	17550							17550
高　县	10073	1608	3			6636		483
珙　县	14950					12000		1950
筠连县	8656		5329			1100		1650
兴文县	8150	650				1000		6500
屏山县	68470	5500	3500			38600	6500	7020
岳池县	10900					1400		
武胜县	16005					14400		900
邻水县	14250					12600		1650
宣汉县	35369	720	50			2263		32269
开江县	36100	7000				13900		8900
大竹县	16500					13200		1400
渠　县	22097					8350		
荥经县								
汉源县								
石棉县								
天全县								
芦山县								
宝兴县								
通江县	40030	4486				13340		3200
南江县	66550	2800				19000		22000
平昌县	26750	3000	1600					22150
安岳县								
乐至县								
汶川县	900							
理　县	1079							
茂　县	13784					6754		910
松潘县	1507					327		1150
九寨沟县	20886	760				14626		
金川县	2400	900				1500		
小金县	1571							1571
黑水县	518					518		

continued

Measurement Unit:10,000 RMB

污水处理 Wastewater Treatment	污泥处置 Sludge Disposal	再生水利用 Wastewater Recycled and Reused	园林绿化 Landscaping	市容环境卫生 Environmental Sanitation	垃圾处理 Domestic Garbage Treatment	其他 Other	本年新增固定资产 Newly Added Fixed Assets of This Year	县名称 Name of Counties
			350			670	8238	马边县
19660	19700		23400	7740	3390		187800	南部县
						80000		营山县
17253			9680	180	180	27000	96483	蓬安县
			400				4820	仪陇县
26000			9600				67500	西充县
1848							1562	仁寿县
400							3800	洪雅县
80		1479	3091	925	925		9115	丹棱县
			6987			270	20889	青神县
			6857				31929	江安县
15500							17550	长宁县
129			683	660			10073	高　县
500			1000					珙　县
1650			577				8656	筠连县
3500							8150	兴文县
3520			7000	350	350		68470	屏山县
			9500				10900	岳池县
			705				18040	武胜县
							14250	邻水县
32269			35	32	32		35369	宣汉县
8900				6300	6300		39100	开江县
1400			1900				16500	大竹县
						13747	22097	渠　县
								荥经县
								汉源县
								石棉县
								天全县
								芦山县
								宝兴县
						19004	40030	通江县
15000			1000			21750	84050	南江县
22150							26750	平昌县
								安岳县
								乐至县
				900				汶川县
				1079	1079		1079	理　县
	390			4100		2020		茂　县
			30				1507	松潘县
						5500	480	九寨沟县
							2400	金川县
1571							1571	小金县
								黑水县

4-1-2 续表 23

计量单位：万元

县名称 Name of Counties	本年完成投资 Completed Investment of This Year	供水 Water Supply	燃气 Gas Supply	集中供热 Central Heating	轨道交通 Rail Transit System	道路桥梁 Road and Bridge	地下综合管廊 Utility Tunnel	排水 Sewerage
壤塘县	580					580		
阿坝县	9402					9402		
若尔盖县	3400							3400
红原县	9339	2039		4800		1000		1500
泸定县	2000					2000		
丹巴县	3967	267				2700		
九龙县	3100	970				2130		
雅江县	822							
道孚县	6651					6651		
炉霍县	5983					5983		
甘孜县	2567					2567		
新龙县								
德格县								
白玉县	170	80						
石渠县								
色达县								
理塘县	8104			3750		960		440
巴塘县	525					525		
乡城县	6836	1300				2373		3163
稻城县	6509			4456		1353		700
得荣县	1143					1003		
普格县	13027	8500						4278
木里县	2670					1750		
盐源县	1608							500
德昌县	2219					1929		200
会东县	20938					2570		200
宁南县								
布拖县	12519					11400		
金阳县	1568					972		596
昭觉县	18478					12527		3174
喜德县	9808	4400				4966		247
冕宁县	11732					10135		643
越西县	7074					5910		1164
甘洛县	5187							687
美姑县								
雷波县	1500					1500		
贵　州	**4678714**	**374097**	**57587**	**2500**		**1370407**	**61545**	**408292**
开阳县	15240					15040		
息烽县	19304	187				15037		234
修文县	182462	7932				134199		3532
六枝特区	272610		4400	2500		55350	9500	18010
桐梓县	23910		629					
绥阳县	36739	2000	1500					1480

continued

Measurement Unit:10,000 RMB

污水处理 Wastewater Treatment	污泥处置 Sludge Disposal	再生水利用 Wastewater Recycled and Reused	园林绿化 Landscaping	市容环境卫生 Environmental Sanitation	垃圾处理 Domestic Garbage Treatment	其他 Other	本年新增固定资产 Newly Added Fixed Assets of This Year	县名称 Name of Counties
								壤塘县
								阿坝县
3400							1000	若尔盖县
1500							9339	红原县
							2000	泸定县
				1000			3967	丹巴县
							3100	九龙县
				822	822		822	雅江县
							6651	道孚县
							7502	炉霍县
							2567	甘孜县
								新龙县
								德格县
				90	90		170	白玉县
								石渠县
								色达县
				2954	2954		8104	理塘县
							525	巴塘县
923							6836	乡城县
							6509	稻城县
				140	140		2132	得荣县
4278						249		普格县
			920				1600	木里县
500			8	1100	1100		1608	盐源县
			90				2219	德昌县
			14180	188	188	3800	20218	会东县
								宁南县
			500	619	619		12519	布拖县
596							1568	金阳县
			554	1578	300	645	102	昭觉县
247			100			95	4842	喜德县
643				954	670		11732	冕宁县
1164							8	越西县
687			3000			1500	4277	甘洛县
							7632	美姑县
							13460	雷波县
253412	**4442**		**67694**	**254164**	**226291**	**2082428**	**2600189**	**贵　州**
						200		开阳县
234			3846				19304	息烽县
3532			2000	499	499	34300	16047	修文县
11510				19980	19980	162870		六枝特区
				23281	23245		23865	桐梓县
				31501	31501	258	42159	绥阳县

4-1-2 续表 24

计量单位：万元

县名称 Name of Counties	本年完成投资 Completed Investment of This Year	供水 Water Supply	燃气 Gas Supply	集中供热 Central Heating	轨道交通 Rail Transit System	道路桥梁 Road and Bridge	地下综合管廊 Utility Tunnel	排水 Sewerage
正安县								
道真县								
务川县	6945	600				1659		3260
凤冈县	964		890			74		
湄潭县	7028		2150					2300
余庆县								
习水县	12891							
普定县	188720	3735	295			42860		
镇宁县	162005	77	850			18540		26842
关岭县	97260	17099	350			7880		2987
紫云县	74111		528			10710		
大方县	85550					56650		3500
金沙县	64993	1693	666			20152		16233
织金县	121752					1119		
纳雍县	123333		50			122408		
威宁自治县	33700		274			29139		3250
赫章县	12073					11210		
江口县	57830	81	5200			22500		100
玉屏县	46255	100				17184		14204
石阡县	89890					78788		6017
思南县	189784	8900	4000			63208		1700
印江县	139776	61549						41498
德江县	119308	366	2459			30230		25830
沿河县	66641	3052				14275		18289
松桃县	130227	18787				8980		42608
普安县	118777					52661		16600
晴隆县	103499	17800				33350		13299
贞丰县	102070	25950				15320		
望谟县	94668	15	3648			30895		10348
册亨县	27882	8900				16050		2412
安龙县	25940	6500				10462		4650
黄平县	77021	4257				13412		8709
施秉县	33102					6740		361
三穗县	107955	13640	385			9580	52045	3228
镇远县	25052	20				9180		1660
岑巩县	55083					18507		2706
天柱县	73958	25950	1102			10798		16584
锦屏县	100158	22238				6878		700
剑河县	101217	39302	857			33228		7234
台江县	45041	2718	100			3711		11602
黎平县	120077					22078		15817
榕江县	38802	12233				4197		6748
从江县	78813	38989	2210			28212		4572

continued

Measurement Unit:10,000 RMB

污水处理 Wastewater Treatment	污泥处置 Sludge Disposal	再生水利用 Wastewater Recycled and Reused	园林绿化 Landscaping	市容环境卫生 Environmental Sanitation	垃圾处理 Domestic Garbage Treatment	其他 Other	本年新增固定资产 Newly Added Fixed Assets of This Year	县名称 Name of Counties
								正安县
								道真县
3260				1426	1426		35965	务川县
							4089	凤冈县
				2578	1578		2780	湄潭县
								余庆县
				12891	12891		12891	习水县
						141830		普定县
17179	1070			100	100	115596	163864	镇宁县
	200			800	800	68144	84	关岭县
				6000	6000	56873	758	紫云县
500				8000	3000	17400		大方县
14932			1089	23989	18405	1171	25874	金沙县
			35	400	400	120198	757	织金县
				875	875		124743	纳雍县
3250			600			437	32939	威宁自治县
						863	14551	赫章县
100						29949	55634	江口县
9200			20	2278	2278	12469		玉屏县
5117				5085				石阡县
						111976		思南县
39300						36729	145420	印江县
1400				8870	8870	51553	88343	德江县
11921			5413			25612	3500	沿河县
15860				23000	23000	36852		松桃县
16600				496	496	49020	134389	普安县
13299						39050	97399	晴隆县
				24300	24300	36500	102070	贞丰县
			9042			40720	6	望谟县
1612	800			520	520		32182	册亨县
4650				25	2	4303	31770	安龙县
6817	1292		864			49779	79152	黄平县
138						26001	89029	施秉县
3108				4640	4640	24437	104582	三穗县
1660				2575	2575	11617	120399	镇远县
2706				6048		27822	66034	岑巩县
108				3241		16283	75578	天柱县
350				350		69992	13758	锦屏县
3053				2040	2040	18556	99757	剑河县
9704				154		26756	49105	台江县
15817				29514	29514	52668		黎平县
6748						15624	73165	榕江县
	1080			3960	3960	870	97270	从江县

4-1-2 续表 25

计量单位：万元

县名称 Name of Counties	本年完成投资 Completed Investment of This Year	供水 Water Supply	燃气 Gas Supply	集中供热 Central Heating	轨道交通 Rail Transit System	道路桥梁 Road and Bridge	地下综合管廊 Utility Tunnel	排水 Sewerage
雷山县	101244	10190				2131		9413
麻江县	80966	8454				1131		17907
丹寨县	86944	50				2588		6814
荔波县	104937		4818			43912		500
贵定县	5671					5391		280
瓮安县	65315		3000			39659		
独山县	70646	10733	9091			28088		
平塘县	3044							
罗甸县	4318		500			3818		
长顺县	99539		6610			27343		1524
龙里县	257112		500			54690		12750
惠水县	87312		525			59205		
三都水族自治县	1250							
云　南	**2439037**	**134405**	**38761**		**55000**	**850269**	**32977**	**253034**
嵩明县	3034	2526				385		
富民县	5292					3942		1350
宜良县	981							981
石林彝族自治县								
禄劝彝族苗族自治县								
寻甸县	5400							400
昆明阳宗海风景名胜区	21847	7922	40			13885		
陆良县	82283	744	13260			58047		2087
师宗县	86621					30206		
罗平县	76514	37175	2607			17130	350	12178
富源县	50186	1835	5170			11369		1300
会泽县	101668					28752		4949
通海县	62770							
华宁县	26768					18778		3062
易门县	97555	850				18750	1000	658
峨山县	3600							3600
新平县	38655					5150		
元江县	26708					7261		
施甸县	11138							2137
龙陵县	7900					6000		
昌宁县	9518					3178		
鲁甸县	6773					663		3600
巧家县	134702		4992			103654	19187	470
盐津县	42313	61				23098		671
大关县	34806	8000				10543		3180
永善县	51841	40	248			10397		1030
绥江县	47503					19505		4981
镇雄县	169807	32612			55000			22382
彝良县	4297							363

continued

Measurement Unit:10,000 RMB

污水处理 Wastewater Treatment	污泥处置 Sludge Disposal	再生水利用 Wastewater Recycled and Reused	园林绿化 Landscaping	市容环境卫生 Environmental Sanitation	垃圾处理 Domestic Garbage Treatment	其他 Other	本年新增固定资产 Newly Added Fixed Assets of This Year	县名称 Name of Counties
6893						79510	106419	雷山县
16067				752		52722	77887	麻江县
6787				1151	551	76341	86917	丹寨县
			42235	2700	2700	10772	110851	荔波县
							11071	贵定县
				145	145	22511		瓮安县
						22734	11838	独山县
						3044	10894	平塘县
							16018	罗甸县
						64062		长顺县
			350			188822		龙里县
			2200			25382	87312	惠水县
						1250	1770	三都水族自治县
133472	**3109**	**6965**	**173526**	**143659**	**84608**	**757406**	**1963889**	**云　南**
						123	800	嵩明县
								富民县
								宜良县
							14806	石林彝族自治县
							1303	禄劝彝族苗族自治县
						5000	5400	寻甸县
							13925	昆明阳宗海风景名胜区
			1024	2869	600	4252	86379	陆良县
						56415	82134	师宗县
6530	934		4773	442		1859	13372	罗平县
			30339	173			83746	富源县
100			3336			64631	107294	会泽县
						62770		通海县
3062			4228	700				华宁县
658			1500	50156		24641	97555	易门县
							14250	峨山县
						33505		新平县
			11922	2271	2271	5254	21748	元江县
						9001	5331	施甸县
				900	900	1000	7900	龙陵县
						6340	21019	昌宁县
2700						2510	5918	鲁甸县
470			1299	5100	5100		134702	巧家县
			2328	3915	3119	12240	44413	盐津县
3180			2300	176		10607	48281	大关县
1000			2315			37811	58041	永善县
4981			11153			11864	47503	绥江县
10417		6965	8000	21547	21547	30266	169807	镇雄县
363				396	396	3538	6116	彝良县

4-1-2 续表 26

计量单位：万元

县名称 Name of Counties	本年完成投资 Completed Investment of This Year	供水 Water Supply	燃气 Gas Supply	集中供热 Central Heating	轨道交通 Rail Transit System	道路桥梁 Road and Bridge	地下综合管廊 Utility Tunnel	排水 Sewerage
威信县	56000					11000		19000
玉龙纳西族自治县	37750					7200		14050
永胜县	46497					31849		5900
华坪县	1100							
宁蒗县	18200					14000		3000
宁洱哈尼族彝族自治县	12497	6590	4020					800
墨江哈尼族自治县	2919	20				1318	420	841
景东彝族自治县	17184		1800			3430	349	250
景谷傣族彝族自治县	10461					2540		1648
镇沅彝族哈尼族拉祜族自治县	10298					7800		2298
江城哈尼族彝族自治县	24468	100				1173		100
孟连傣族拉祜族佤族自治县	14421	1882	3600			3634	1360	1229
澜沧拉祜族自治县	3077					2165		392
西盟佤族自治县	10026					55		3070
凤庆县	16635					1500		7950
云　县	1243	110	130			83		90
永德县	4352							4352
镇康县	23772	8185				887		2065
双江县	3729					200		2805
耿马县	11300					6700		300
沧源县	1321					1117		
双柏县	18558					11608		4380
牟定县	34978					23431	50	3048
南华县	31264	830				16151	2870	10193
姚安县	48607	1750	50			30930		5777
大姚县	28270					24250		600
永仁县	59042	3850				150		280
元谋县	21705		138			11663		6738
武定县	17772	1290				9677		4419
屏边县	17050					8450		2600
建水县	42341					31091		
石屏县	12549	330				6263		5231
泸西县	48530					8700		3830
元阳县	35169		1195			6077		9740
红河县	5023							3345
金平县	13833	2881				2010		2926
绿春县	6952	868						250
河口县	9198	3200				5998		
砚山县								
西畴县	28547	128				21343		1100
麻栗坡县	13756					6440		2420

continued

Measurement Unit:10,000 RMB

污水处理 Wastewater Treatment	污泥处置 Sludge Disposal	再生水利用 Wastewater Recycled and Reused	园林绿化 Landscaping	市容环境卫生 Environmental Sanitation	垃圾处理 Domestic Garbage Treatment	其他 Other	本年新增固定资产 Newly Added Fixed Assets of This Year	县名称 Name of Counties
			11500			14500	67800	威信县
14050						16500	38750	玉龙纳西族自治县
2900			3448	3000	3000	2300	46997	永胜县
						1100	10850	华坪县
						1200	18200	宁蒗县
			198	190		699	28558	宁洱哈尼族彝族自治县
841			320				3725	墨江哈尼族自治县
250			142			11213	19064	景东彝族自治县
1648			204	291	291	5778	6219	景谷傣族彝族自治县
600						200	37249	镇沅彝族哈尼族拉祜族自治县
				274	274	22821	25103	江城哈尼族彝族自治县
1035			2326	186		204	8919	孟连傣族拉祜族佤族自治县
392						520	386	澜沧拉祜族自治县
			329	25	25	6547	3219	西盟佤族自治县
7950			1880	345	345	4960	25456	凤庆县
				630	630	200	1243	云　县
4352								永德县
2065				14	14	12621	34667	镇康县
				724	724			双江县
300			4300					耿马县
				204			4202	沧源县
			1670	750		150	19300	双柏县
1544			2050	776	776	5623	39002	牟定县
3555			1220					南华县
4658			6600	3100	3100	400	57407	姚安县
600			2490			930	29770	大姚县
280				25	25	54737	7545	永仁县
450			3166					元谋县
1150			2064	87		235	6518	武定县
2600			1800			4200		屏边县
			2418			8832	22004	建水县
201			355	70	70	300	6306	石屏县
680				36000	36000		36005	泸西县
9740			11033			7124	43900	元阳县
2750	30			78		1600	3178	红河县
1306			90	559	59	5367	8662	金平县
			950	540		4344	4990	绿春县
							10925	河口县
								砚山县
			5576			400	9893	西畴县
520	1000		3000			1896	16613	麻栗坡县

4-1-2 续表 27

计量单位：万元

县名称 Name of Counties	本年完成投资 Completed Investment of This Year	供水 Water Supply	燃气 Gas Supply	集中供热 Central Heating	轨道交通 Rail Transit System	道路桥梁 Road and Bridge	地下综合管廊 Utility Tunnel	排水 Sewerage
马关县	97581					54206		18577
丘北县	5350					2000		2700
广南县	21600					14000		4000
富宁县	8871					8871		
勐海县	3452							3452
勐腊县	7562					3826		
漾濞彝族自治县	2922					950		1490
祥云县	1505							
宾川县	20134					8930	6500	400
弥渡县	28917	30				3990		388
南涧彝族自治县	2945	20				1793	841	250
巍山彝族回族自治县	11980	20				4430		480
永平县	2605	685	710					1210
云龙县	2432					603		45
洱源县	19215	1550				12300	50	1750
剑川县	5590	1670				3920		
鹤庆县	3318					2590		
梁河县	5701					3803		900
盈江县	5310	5310						
陇川县	26367		801					
福贡县	46636					7790		2152
贡山独龙族怒族自治县	26705					1300		890
兰坪白族普米族自治县	6500							
德钦县	3380					1800		1070
维西傈僳族自治县	41585	1341				1591		6884
西　藏	**169089**	**18399**		**85**		**84947**	**100**	**34183**
曲水县								
当雄县								
林周县								
墨竹工卡县								
尼木县								
亚东县	100					100		
聂拉木县	1286							1286
仲巴县	1794							1436
定结县	97							97
康马县	780	780						
吉隆县	4973	180				1000		2653
萨嘎县	2728							1323
谢通门县	2981							2101
萨迦县								
岗巴县	2353							2353
拉孜县	3550					3550		
江孜县	505							364

continued

Measurement Unit:10,000 RMB

污水处理 Wastewater Treatment	污泥处置 Sludge Disposal	再生水利用 Wastewater Recycled and Reused	园林绿化 Landscaping	市容环境卫生 Environmental Sanitation	垃圾处理 Domestic Garbage Treatment	其他 Other	本年新增固定资产 Newly Added Fixed Assets of This Year	县名称 Name of Counties
18577						24798		马关县
2700				650	650		5100	丘北县
2100	1100		3500	100			28300	广南县
							10481	富宁县
700								勐海县
						3736	7562	勐腊县
1490				398	398	84	1804	漾濞彝族自治县
						1505	1505	祥云县
400			2600	1704				宾川县
388			1589			22920		弥渡县
						41		南涧彝族自治县
450			450			6600	12842	巍山彝族回族自治县
								永平县
	45		265			1519		云龙县
						3565	20273	洱源县
								剑川县
			8			720	5218	鹤庆县
			998				6604	梁河县
							11226	盈江县
						25566		陇川县
2152						36694	40636	福贡县
890						24515		贡山独龙族怒族自治县
				1500	1500	5000	15100	兰坪白族普米族自治县
1070						510	2870	德钦县
2677			10470	2794	2794	18505		维西傈僳族自治县
17891	**2062**	**1542**	**1253**	**11905**	**4557**	**18217**	**144269**	**西　藏**
								曲水县
								当雄县
								林周县
							5494	墨竹工卡县
								尼木县
								亚东县
1286								聂拉木县
	1436			358	358			仲巴县
57	40						97	定结县
							780	康马县
2473			140			1000	4647	吉隆县
1323				1405			4051	萨嘎县
742	532	827				880	1030	谢通门县
								萨迦县
2353								岗巴县
							3550	拉孜县
364				141	141		2283	江孜县

4-1-2 续表 28

计量单位：万元

县名称 Name of Counties	本年完成投资 Completed Investment of This Year	供水 Water Supply	燃气 Gas Supply	集中供热 Central Heating	轨道交通 Rail Transit System	道路桥梁 Road and Bridge	地下综合管廊 Utility Tunnel	排水 Sewerage
定日县								
南木林县								
昂仁县	2100					2100		
白朗县	2137							2137
仁布县	4102							2652
左贡县								
丁青县	960							960
八宿县	623	50				523		50
江达县	96					96		
洛隆县								
察雅县								
贡觉县								
边坝县								
类乌齐县	4129					1409		2720
芒康县	440							420
朗　县	7590	1139				5616		835
墨脱县	2053					1321		732
工布江达县								
察隅县	3485	365				2893		
波密县	4889					1039		3850
米林县	5892	542				5350		
错那县	10199	4999				5200		
浪卡子县	2122					1622		500
贡嘎县	1470					1470		
加查县								
桑日县								
洛扎县	200							
琼结县								
措美县	7543	1950				1300		
扎囊县								
曲松县								
隆子县	2862					2862		
聂荣县	2870							2870
双湖县								
嘉黎县								
比如县	5668					5668		
尼玛县								
巴青县	1420	40				1100	100	120
申扎县	8844					5630		2008
安多县								
索　县	10429	1008				7436		1113
班戈县	2776			85		2184		
革吉县	1297	72				802		20

continued

Measurement Unit:10,000 RMB

污水处理 Wastewater Treatment	污泥处置 Sludge Disposal	再生水利用 Wastewater Recycled and Reused	园林绿化 Landscaping	市容环境卫生 Environmental Sanitation	垃圾处理 Domestic Garbage Treatment	其他 Other	本年新增固定资产 Newly Added Fixed Assets of This Year	县名称 Name of Counties
								定日县
								南木林县
								昂仁县
1388	34	715						白朗县
2652				1450			4102	仁布县
								左贡县
							960	丁青县
								八宿县
							96	江达县
							3881	洛隆县
							440	察雅县
								贡觉县
							1542	边坝县
							7453	类乌齐县
400						20		芒康县
							7590	朗　县
732							3212	墨脱县
								工布江达县
						227	4151	察隅县
							4889	波密县
							542	米林县
								错那县
500							2122	浪卡子县
								贡噶县
								加查县
								桑日县
				200			20	洛扎县
								琼结县
				4293			7543	措美县
								扎囊县
								曲松县
							2862	隆子县
								聂荣县
								双湖县
								嘉黎县
							5668	比如县
								尼玛县
100	20					60		巴青县
2008				1206	1206			申扎县
								安多县
1113				872	872		10429	索　县
				507	507			班戈县
			69			334		革吉县

4-1-2 续表 29

计量单位：万元

县名称 Name of Counties	本年完成投资 Completed Investment of This Year	供水 Water Supply	燃气 Gas Supply	集中供热 Central Heating	轨道交通 Rail Transit System	道路桥梁 Road and Bridge	地下综合管廊 Utility Tunnel	排水 Sewerage
札达县	2409	1271				1138		
日土县	7814	1008				5999		
改则县	51							
葛尔县	36907	3723				15854		189
普兰县	3835	1272				1685		664
措勤县	730							730
陕　西	**1614763**	**15130**	**31477**	**84942**	**3939**	**397474**	**24105**	**309857**
蓝田县	76051			12730		60798		2523
周至县	48313	2570	11176	9000		8233		11952
宜君县	13423	570				7935		3208
岐山县	4974			530		686		2801
扶风县	7754					656		6310
眉　县	23450			4000		7370	1500	8060
陇　县	17473			5000		6273		5100
千阳县	5500			3500				2000
麟游县	3130			1054				2076
凤　县	2600					1800		
太白县	6143	300	350			2000		2083
三原县	8300					2600		4000
泾阳县								
乾　县	10563					8140		1070
礼泉县	15453					5141		10312
永寿县	2680					2680		
长武县	5743	185				4948		546
旬邑县	25714							21014
淳化县	7140	520	480	3320		540	1605	675
武功县	17960		3500			10450		
潼关县	2171		155					2016
大荔县	1746							1746
合阳县	43653					6000		24550
澄城县	33098		60	5236		5500		4925
蒲城县	13900					7200		6700
白水县	500					100		400
富平县	116299		1744	1626	53	44623		2339
延长县	5583					525		2534
延川县	2598	918						400
志丹县	3608					2582		1026
吴起县	11235		1700	6760		1073		1117
甘泉县	5740		5000					
富　县	17626	1200				3042		8386
洛川县	8172			272		4370		3300
宜川县	835		280			132		106
黄龙县	5067					380		3883

continued

Measurement Unit:10,000 RMB

污水处理 Wastewater Treatment	污泥处置 Sludge Disposal	再生水利用 Wastewater Recycled and Reused	园林绿化 Landscaping	市容环境卫生 Environmental Sanitation	垃圾处理 Domestic Garbage Treatment	其他 Other	本年新增固定资产 Newly Added Fixed Assets of This Year	县名称 Name of Counties
							1138	札达县
			807					日土县
						51	589	改则县
			237	1473	1473	15431	40101	葛尔县
400						214	10394	普兰县
							2613	措勤县
188065			**38287**	**42007**	**23734**	**667545**	**677091**	**陕　西**
							51723	蓝田县
11952						5382		周至县
2445				1060		650	6002	宜君县
1751				72		885	8001	岐山县
1660			8	780	780			扶风县
5800			2520					眉　县
5100			1100				21707	陇　县
2000							8300	千阳县
							4330	麟游县
						800	1357	凤　县
2083			500			910	650	太白县
				200		1500	9216	三原县
								泾阳县
			1353				10563	乾　县
3500							18126	礼泉县
								永寿县
305			64				1173	长武县
9100				4700	4700		30264	旬邑县
							1200	淳化县
			860	2100	2100	1050	16530	武功县
							13368	潼关县
1746							1746	大荔县
10500			8260			4843	25420	合阳县
200			2927			14450	60	澄城县
6700								蒲城县
								白水县
2339			38	2299	2299	63577		富平县
2534			1320	458	382	746	5583	延长县
400						1280	2598	延川县
410							4464	志丹县
536				405	285	180	11235	吴起县
			734			6	5000	甘泉县
8386			568	4430	4430		19016	富　县
			230				8172	洛川县
61			114	154	84	49	3415	宜川县
3883						804	5067	黄龙县

4-1-2 续表 30

计量单位：万元

县名称 Name of Counties	本年完成投资 Completed Investment of This Year	供水 Water Supply	燃气 Gas Supply	集中供热 Central Heating	轨道交通 Rail Transit System	道路桥梁 Road and Bridge	地下综合管廊 Utility Tunnel	排水 Sewerage
黄陵县	7729					518		7211
城固县	112862			31614		26386		22455
洋　县	16960	1230	150			5891		6982
西乡县	17461	255				7070		1024
勉　县	14670		800			11100		1350
宁强县	14233					6151		1720
略阳县	2687		300	300		363		1519
镇巴县	48070							
留坝县	14174							915
佛坪县	12473					6205		1818
府谷县	23976					15040		289
靖边县	25596	100				300		25196
定边县	8555	1124			3886			
绥德县	2530	2000				300		
米脂县	844							844
佳　县	4000					1000	1000	
吴堡县	7169					150		3216
清涧县	2000							2000
子洲县	600							600
汉阴县	18859	666	790			6963		4000
石泉县	35445	2000	842			24602		
宁陕县	4512		600					2000
紫阳县	23721	992				16602		
岚皋县	7375	200	3050			1665		1830
平利县	1296					482		567
镇坪县	2085					2085		
旬阳县	181430					16016		38754
白河县	16645					140		56
洛南县	384900					20000	20000	36900
丹凤县	3045					3045		
商南县	1500							
山阳县	9250	300	500			7950		500
镇安县	210							120
柞水县	13706					11673		833
甘　肃	**1152203**	**52344**	**19787**	**120019**		**532375**		**238950**
永登县	5251			1400		3791		
皋兰县	6229					915		4000
榆中县	139244	5290		809		110942		10640
永昌县	10223							7336
靖远县	4935					2535		1500
会宁县	12938					8620		
景泰县	36690					24200		6402
清水县	22802	2500		8452		2060		1520

continued

Measurement Unit:10,000 RMB

污水处理 Wastewater Treatment	污泥处置 Sludge Disposal	再生水利用 Wastewater Recycled and Reused	园林绿化 Landscaping	市容环境卫生 Environmental Sanitation	垃圾处理 Domestic Garbage Treatment	其他 Other	本年新增固定资产 Newly Added Fixed Assets of This Year	县名称 Name of Counties
7211								黄陵县
22455						32407	112862	城固县
173			557			2150		洋　县
			3350	5321	821	441	17337	西乡县
650			570			850	27374	勉　县
1720			1523	471	220	4368	16282	宁强县
			23	182	67		2330	略阳县
						48070	48070	镇巴县
			1756	2717	2717	8786		留坝县
618			1950			2500		佛坪县
				21	21	8626		府谷县
6436							19160	靖边县
			1425			2120		定边县
			130	100	100			绥德县
							883	米脂县
						2000	4888	佳　县
3180				1033		2770	530	吴堡县
2000							1705	清涧县
600								子洲县
2000			2900	2340	2340	1200		汉阴县
				6551		1450	60	石泉县
			26			1886	1456	宁陕县
			3276	1388	888	1463	41242	紫阳县
1830			120			510		岚皋县
258				25		222	1296	平利县
								镇坪县
17754						126660	10900	旬阳县
56			85	2500		13864		白河县
36900						308000	50000	洛南县
							7195	丹凤县
				1500	1500			商南县
							7150	山阳县
						90	210	镇安县
833				1200			11875	柞水县
162745	**10715**	**4398**	**48582**	**46858**	**32725**	**93288**	**912859**	**甘　肃**
				60			594	永登县
4000			1314					皋兰县
10262						11563	4509	榆中县
	2707					2887		永昌县
1500						900		靖远县
			4318				7991	会宁县
6402			6088				914	景泰县
1520			2270			6000	23897	清水县

4-1-2 续表 31

计量单位：万元

县名称 Name of Counties	本年完成投资 Completed Investment of This Year	供水 Water Supply	燃气 Gas Supply	集中供热 Central Heating	轨道交通 Rail Transit System	道路桥梁 Road and Bridge	地下综合管廊 Utility Tunnel	排水 Sewerage
秦安县	8576					7851		
甘谷县	15585					12961		2000
武山县	13050	1000		1000		3300		
张家川回族自治县	38718					21363		14225
民勤县	30925	1800		25004				1033
古浪县	12272	201						496
天祝藏族自治县	30721	882		7701		13824		2510
肃南县	9450		6000			3450		
民乐县	10895	159				2000		6500
临泽县	18477	1246		5182		4122		5773
高台县	11424					2932		8492
山丹县	6829	2156				3100		482
泾川县	6624	470		2229		3465		
灵台县	3210					974		1148
崇信县	9588					6505		1730
庄浪县	8230	200		630		5800		1600
静宁县	21485	592				14746		2690
金塔县	17670		1400	9042				720
瓜州县	8669	6500						700
肃北蒙古族自治县	10197			5907				222
阿克塞哈萨克族自治县	6735	298		2591				520
庆城县	14732		2210	3491		7083		
环　县	11493	100		430		8994		200
华池县	3702					3082		620
合水县	11129	828		62		7282		1793
正宁县	16727			7978		2290		5887
宁　县	8865					5281		1734
镇原县	3347					779		
通渭县	29120			14000		8269		
陇西县	55135			4042		22950		15250
渭源县	18903		2045	4842		6559		
临洮县	3415					450		1531
漳　县	7024			4647				951
岷　县	5961							5192
成　县	11302					800		6812
文　县	50188	16250				17268		16190
宕昌县	18298					1900		16398
康　县	3110					2510		600
西和县	11796					2100		9141
礼　县	14381	5505				336		7698
徽　县	7595			5400				1745
两当县	5350							1350
临夏县	12337		3000			1919		3500

continued

Measurement Unit:10,000 RMB

污水处理 Wastewater Treatment	污泥处置 Sludge Disposal	再生水利用 Wastewater Recycled and Reused	园林绿化 Landscaping	市容环境卫生 Environmental Sanitation	垃圾处理 Domestic Garbage Treatment	其他 Other	本年新增固定资产 Newly Added Fixed Assets of This Year	县名称 Name of Counties
				725	236		9129	秦安县
2000						624	17485	甘谷县
			1250	5500	5500	1000	25257	武山县
14225				3130	3130		39902	张家川回族自治县
1033			832			2256	38408	民勤县
496			504			11071	13062	古浪县
750		1760	2375	2071	1411	1358	7711	天祝藏族自治县
							9450	肃南县
6500			2157			79	10895	民乐县
5773						2154	34251	临泽县
8492							14058	高台县
482			1091				20216	山丹县
						460	15844	泾川县
			211	877			3210	灵台县
			10	1340	1340	3	9918	崇信县
500							8230	庄浪县
		2638	983	2474	1750		678	静宁县
			2393	750	750	3365	20770	金塔县
			884			585	9367	瓜州县
222			2300	1500	1500	268	8946	肃北蒙古族自治县
520						3326	7546	阿克塞哈萨克族自治县
			630			1318	16232	庆城县
50						1769	1570	环　县
							5046	华池县
						1164	13540	合水县
1793						572	1124	正宁县
1734			350			1500	16966	宁　县
			220			2348	5892	镇原县
			6851				22142	通渭县
6851	1285		1442	11451	11451		83185	陇西县
			1402	4055			19383	渭源县
1531						1434	3415	临洮县
951						1426	7159	漳　县
			769				7656	岷　县
950	4300		2990			700	14814	成　县
8582						480	45038	文　县
10050							18298	宕昌县
							5710	康　县
5025				555			11796	西和县
7698						842	14531	礼　县
	1345		450				7815	徽　县
1350						4000	5350	两当县
3422	78		1013	867	470	2038	7884	临夏县

4-1-2 续表 32

计量单位：万元

县名称 Name of Counties	本年完成投资 Completed Investment of This Year	供水 Water Supply	燃气 Gas Supply	集中供热 Central Heating	轨道交通 Rail Transit System	道路桥梁 Road and Bridge	地下综合管廊 Utility Tunnel	排水 Sewerage
康乐县	24056					11333		600
永靖县	105161					93635		5971
广河县	9546					1158		7558
和政县	18628		982	560		8968		7143
东乡县	15164							15164
积石山县	14723							10439
临潭县	7239			120		3078		3471
卓尼县	10418			1900		7688		830
舟曲县	12392	3353						3074
迭部县	16185	2619				12767		
玛曲县	21272	395	4150	2600		12197		1600
碌曲县	24998					15643		3100
夏河县	10869					6600		1169
青　海	**156241**	**10190**		**16214**	**5**	**60057**		**22668**
大通县								
湟源县	2494					425		863
民和县								
互助县	2658					2658		
化隆县	3679							950
循化县								
门源县	15676	1674		645		1784		4296
祁连县	29333					21176		
海晏县	11191	1793				810		1979
刚察县	2145	1178						
西海镇								
尖扎县	14152	1215		510		10635		
泽库县	8648	874		2065		4522		584
河南县	6092			5162				
共和县	8324					556		7250
同德县	737					80		274
贵德县	715	705						
兴海县	3880					1855		
贵南县	2959					2959		
班玛县	1988					1075		913
久治县	8988			2301		2922		1505
甘德县	6092					4520		1025
玛沁县	15589	1328		5531		1051		1064
达日县	1857					1372		485
玛多县	127	32			5	90		
杂多县								
称多县	364					364		
治多县	2236	616						
囊谦县								

continued

Measurement Unit:10,000 RMB

污水处理 Wastewater Treatment	污泥处置 Sludge Disposal	再生水利用 Wastewater Recycled and Reused	园林绿化 Landscaping	市容环境卫生 Environmental Sanitation	垃圾处理 Domestic Garbage Treatment	其他 Other	本年新增固定资产 Newly Added Fixed Assets of This Year	县名称 Name of Counties
			1443			10680	24366	康乐县
4971	1000			687	687	4868	96571	永靖县
4400			830				11652	广河县
7088			882	61		32	21177	和政县
15164								东乡县
10439						4284		积石山县
3471						570		临潭县
								卓尼县
2548				4500	4500	1465	5667	舟曲县
						799	7803	迭部县
			330				21272	玛曲县
				6255			24998	碌曲县
						3100	2569	夏河县
15850			**4650**	**10202**	**5748**	**32255**	**117732**	**青　海**
								大通县
				1206	1189		4591	湟源县
								民和县
							2658	互助县
			1190			1539	2867	化隆县
								循化县
4296			827	1102		5348	15884	门源县
			2633			5524	28039	祁连县
1328				1896	646	4713	13000	海晏县
				967			354	刚察县
								西海镇
				224	224	1568		尖扎县
584						603		泽库县
						930		河南县
7250				518			9226	共和县
				23		360	934	同德县
						10	4007	贵德县
				2025	2025		3880	兴海县
							3009	贵南县
								班玛县
				1176	1176	1084	8988	久治县
						547	6272	甘德县
1064				252	104	6363		玛沁县
							1857	达日县
								玛多县
								杂多县
							364	称多县
						1620	2236	治多县
								囊谦县

4-1-2 续表 33

计量单位：万元

县名称 Name of Counties	本年完成投资 Completed Investment of This Year	供水 Water Supply	燃气 Gas Supply	集中供热 Central Heating	轨道交通 Rail Transit System	道路桥梁 Road and Bridge	地下综合管廊 Utility Tunnel	排水 Sewerage
曲麻莱县								
乌兰县	4027					894		1328
都兰县								
天峻县								
大柴旦行委	2290	775				309		152
宁　夏	**181468**	**301**		**39614**		**47895**		**46596**
永宁县	2059					2059		
贺兰县	9273	50				320		8813
平罗县	9147					1972		2875
盐池县	8998					5267		3056
同心县	40073	251				8151		6820
红寺堡区	18045					8486		6997
西吉县	16213			318		15078		286
隆德县	8497					4348		1492
泾源县	22351			18563				3788
彭阳县	14650			2739		774		10637
中宁县	20076			17314		930		1832
海原县	12086			680		510		
新　疆	**1078735**	**171073**	**42573**	**158290**		**160107**		**177270**
鄯善县	32913	3300		3845				3590
托克逊县	10057		560			6128		
巴里坤哈萨克自治县	11680	3260	2460	1960				
伊吾县	28107							
呼图壁县	5479	300		568		4611		
玛纳斯县	5745			951				
奇台县	10324	10253						
吉木萨尔县	36314	9325		4928		799		3645
木垒哈萨克自治县	22145	3835		8855		3047		2864
精河县	1000					1000		
温泉县								
轮台县	7687	3227		1439		3021		
尉犁县	2000							
若羌县	16252			3252				
且末县	23292	5800						17492
焉耆回族自治县	18422	3000		10000		1970		
和静县	4352							2000
和硕县	15000	1000				14000		
博湖县	5164			1994		1770		1400
温宿县	17477	4630				7950		500
沙雅县	43019	10451				8492		6975
新和县	4200	2700		300		1200		
拜城县	5990	100				3880		217
乌什县	19339	406		3974		11543		3416

continued

Measurement Unit:10,000 RMB

污水处理 Wastewater Treatment	污泥处置 Sludge Disposal	再生水利用 Wastewater Recycled and Reused	园林绿化 Landscaping	市容环境卫生 Environmental Sanitation	垃圾处理 Domestic Garbage Treatment	其他 Other	本年新增固定资产 Newly Added Fixed Assets of This Year	县名称 Name of Counties
								曲麻莱县
1328						1805	4627	乌兰县
								都兰县
							529	天峻县
				813	384	241	4410	大柴旦行委
17900	**375**	**1356**	**23435**	**14384**	**13184**	**9243**	**88805**	**宁　夏**
								永宁县
			40			50		贺兰县
	375		3200			1100		平罗县
		1356	20	290	290	365	110	盐池县
5257			15219	9632	9632			同心县
3500				2562	2562		19877	红寺堡区
			46			485	17279	西吉县
			360			2297		隆德县
							24496	泾源县
9143				500	500			彭阳县
							23437	中宁县
			4550	1400	200	4946	3606	海原县
63821	**3000**	**50723**	**30425**	**42654**	**30836**	**296343**	**624190**	**新　疆**
						22178		鄯善县
			369	3000			12795	托克逊县
						4000		巴里坤哈萨克自治县
						28107		伊吾县
							5104	呼图壁县
						4794		玛纳斯县
			71				11080	奇台县
3000		645	542	90		16985	4928	吉木萨尔县
			2597	947	947		25010	木垒哈萨克自治县
								精河县
								温泉县
							7687	轮台县
				2000	2000		2400	尉犁县
						13000	1252	若羌县
							28532	且末县
				3452	3452			焉耆回族自治县
2000				2352	2352		8465	和静县
							11668	和硕县
1400							7634	博湖县
				4397	397			温宿县
2675				849	849	16252	39223	沙雅县
								新和县
				1358		435		拜城县
3416							20328	乌什县

4-1-2 续表 34

计量单位：万元

县名称 Name of Counties	本年完成投资 Completed Investment of This Year	供水 Water Supply	燃气 Gas Supply	集中供热 Central Heating	轨道交通 Rail Transit System	道路桥梁 Road and Bridge	地下综合管廊 Utility Tunnel	排水 Sewerage
阿瓦提县	32950	3000	2500			8354		1200
柯坪县	1019							
阿克陶县	9100	1000		600				7000
阿合奇县	11281	2198		6330				2753
乌恰县	10316	784				3144		525
疏附县	10338	3238		100				7000
疏勒县	2045			200		931		
英吉沙县	8748			1000				7748
泽普县	9488	2688						5300
莎车县	27401	5901		900		3600		17000
叶城县	2177	949	1228					
麦盖提县	20595	1300		6013		1336		10646
岳普湖县	9500	3000		1700				3800
伽师县	5499			5499				
巴楚县	41026			27771		4868		8387
塔什库尔干塔吉克自治县	13905	5180		650		1440		4505
和田县								
墨玉县	71066	7728	11325	1960		22880		10677
皮山县	17800	3300	10000					4500
洛浦县	11249					6380		3519
策勒县	5924	700		1800				
于田县	41800	12300	13500	2800		1700		11500
民丰县	4977			1411		500		670
伊宁县	1200							
察布查尔县	9996	2998		2998		2700		1300
霍城县	37752			2101				9138
巩留县	25541			3814		7818		
新源县	3053	570		2483				
昭苏县	68224	4903		738		10776		3000
特克斯县	21800	10000		11800				
尼勒克县	3650							650
额敏县	21216	289		8700		4283		6000
托里县	17030	17030						
裕民县	10819		300	2000		7886		
和布克赛尔蒙古自治县	21379	4700	700	5657		100		1900
布尔津县	30724			851				2374
富蕴县	21887	6950		4896				
福海县	25351	2340		4058		2000		554
哈巴河县	24127	3500		3200				723
青河县	16574			3094				2802
吉木乃县	4250	2940		1100				

continued

Measurement Unit:10,000 RMB

污水处理 Wastewater Treatment	污泥处置 Sludge Disposal	再生水利用 Wastewater Recycled and Reused	园林绿化 Landscaping	市容环境卫生 Environmental Sanitation	垃圾处理 Domestic Garbage Treatment	其他 Other	本年新增固定资产 Newly Added Fixed Assets of This Year	县名称 Name of Counties
			2608			15288		阿瓦提县
				1019	1019		1019	柯坪县
3000		4000				500		阿克陶县
		2753					2198	阿合奇县
				1063	1063	4800		乌恰县
		7000					11379	疏附县
			914				2581	疏勒县
2748		5000					10166	英吉沙县
		5300		1500	1500		4964	泽普县
		14000					24224	莎车县
							876	叶城县
4000		646		1000	1000	300	21089	麦盖提县
3800						1000	4160	岳普湖县
							6615	伽师县
8387							44606	巴楚县
350		2813		1300		830	14801	塔什库尔干塔吉克自治县
								和田县
1420		2796	2365			14131	3750	墨玉县
							17800	皮山县
			1350				4769	洛浦县
			3150			274	7724	策勒县
6500		5000					35600	于田县
		670				2396	5377	民丰县
						1200		伊宁县
							9996	察布查尔县
9138				6200	6200	20313		霍城县
			10978			2931		巩留县
							3550	新源县
3000						48807	73185	昭苏县
								特克斯县
			3000					尼勒克县
3000	3000		166			1778	24119	额敏县
							650	托里县
						633	11574	裕民县
1900				5297	5297	3025		和布克赛尔蒙古自治县
2055			2315	2070		23114	33790	布尔津县
						10041	26657	富蕴县
						16399	30865	福海县
				2600	2600	14104		哈巴河县
2032		100		2160	2160	8518		青河县
						210		吉木乃县

4-2 按资金来源分全国历年县城市政公用设施建设固定资产投资(2001-2021)

计量单位：亿元

年份 Year	本年资金来源合计 Completed Investment of This Year	上年末结余资金 The Balance of The Previous Year	本年资金来源		
			小计 Subtotal	中央财政拨款 Financial Allocation from Central Government Budget	地方财政拨款 Financial Allocation from Local Government Budget
2001	306.4	7.6	298.8	13.7	47.4
2002	377.1	4.2	372.9	19.7	74.2
2003	518.1	6.8	511.3	30.2	101.6
2004	619.2	7.3	611.9	20.6	133.4
2005	682.8	9.5	673.3	25.1	170.1
2006	755.2	16.9	738.3	54.8	255.4
2007	833.0	13.1	819.8	34.5	346.7
2008	1126.7	16.3	1110.4	52.5	520.4
2009	1682.9	20.8	1662.1	107.0	662.0
2010	2559.8	34.3	2525.5	325.5	985.8
2011	2872.6	31.7	2840.9	152.4	1523.8
2012	3887.7	51.7	3835.9	205.0	2073.7
2013	3683.0	60.7	3622.2	135.8	1070.7
2014	3690.4	63.2	3627.2	111.8	968.5
2015	3011.2	52.8	2958.4	121.7	930.7
2016	3190.9	30.7	3160.2	120.6	1074.4
2017	3610.8	86.6	3524.2	107.0	1035.3
2018	3222.3	102.6	3119.6	132.0	797.0
2019	3900.5	148.0	3752.5	169.3	892.6
2020	4371.0	210.6	4160.4	252.2	1135.1
2021	4929.7	323.1	4606.5	300.2	1036.9

注：1.自2013年起，“本年资金来源合计”为“本年实际到位资金合计”。
2.自2013年起，“中央财政拨款”为“中央预算资金”，“地方财政拨款”为除“中央预算资金”外的“国家预算资金”合计。

National Fixed Assets Investment in County Seat Service Facilities by Capital Source in Past Years(2001-2021)

Measurement Unit: 100 million RMB

Sources of Fund				
国内贷款 Domestic Loan	债券 Securities	利用外资 Foreign Investment	自筹资金 Self-Raised Funds	其他资金 Other Funds
33.2	1.5	23.4	116.1	63.5
46.3	1.2	12.6	149.5	69.4
69.0	1.6	25.1	202.2	81.7
84.1	2.2	38.7	222.1	110.7
76.9	2.2	39.9	247.3	111.9
89.6	1.5	26.2	234.2	76.6
88.1	2.2	26.3	240.3	81.8
107.6	1.4	28.0	297.0	103.5
298.6	11.7	32.9	385.5	164.4
332.6	4.1	44.3	606.6	226.6
278.0	3.2	31.8	644.6	207.2
318.1	2.3	85.0	877.2	274.7
277.2	7.7	56.1	1610.4	464.3
315.5	4.1	23.3	1767.7	436.3
222.2	5.1	33.1	1233.3	412.2
221.6	14.0	19.0	1339.4	371.3
378.9	32.9	21.2	1372.3	576.5
171.5	38.4	16.8	1307.4	656.4
174.6	92.1	32.0	1457.7	934.1
224.0	406.7	29.0	1169.9	943.6
311.0	503.2	39.3	1359.8	1055.9

Note:1.Since 2013, Completed Investment of This Year is changed to be The Total Funds Actually Available for The Reported Year.
2.Since 2013, Financial Allocation from Central Government Budget is changed to be Central Budgetary Fund, and Financial Allocation from Local Government Budget is State Budgetary Fund excluding Central Budgetary Fund.

4-2-1 2021年按资金来源分全国县城市政公用设施建设固定资产投资(按省分列)

计量单位:万元

地区名称 Name of Regions	本年实际到位资金合计 The Total Funds Actually Available for The Reported Year	上年末结余资金 The Balance of The Previous Year	本年资金来源			
			小计 Subtotal	国家预算资金 State Budgetary Fund	中央预算资金 Central Budgetary Fund	国内贷款 Domestic Loan
全国	**49296521**	**3231092**	**46065429**	**13371737**	**3002278**	**3109859**
河北	2305882	104774	2201108	717439	137806	137229
山西	848817	47206	801611	383167	18330	6232
内蒙古	770891	76559	694332	201914	56136	19128
辽宁	340014	303	339711	125802	72715	610
吉林	376127	66130	309997	150978	74493	
黑龙江	600654	46954	553700	144756	99834	89
江苏	1280809	76377	1204432	526047	30702	82026
浙江	2340324	26227	2314097	761945	26726	67466
安徽	2806165	39379	2766786	1307112	29019	85044
福建	2032431	140269	1892162	360390	39585	166851
江西	5254747	157742	5097005	1799479	100336	520711
山东	1603598	12177	1591421	449354	7647	54291
河南	3067237	81616	2985621	1191212	127281	223716
湖北	1190683	49796	1140887	264642	110660	99272
湖南	4227729	385252	3842477	619279	331796	218632
广东	567517	19315	548202	144797	14174	1198
广西	1146187	93273	1052914	495171	67661	142288
海南	323249	46899	276350	213734	736	
重庆	1370371	42509	1327862	587451	43941	310908
四川	2638405	435188	2203217	329863	114179	280225
贵州	5410646	845381	4565265	332071	109486	225711
云南	3043260	116225	2927035	563224	336295	301769
西藏	308405	64022	244383	163239	95752	
陕西	1785453	16284	1769169	477407	139795	39170
甘肃	1419980	70779	1349201	424789	322683	36920
青海	337144	84066	253078	176039	128660	
宁夏	190054	6891	183163	45290	34362	17314
新疆	1709742	79499	1630243	415146	331488	73059

National Fixed Assets Investment in County Seat Service Facilities by Capital Source (by Province in Column)(2021)

Measurement Unit:10,000 RMB

Sources of Fund				各项应付款	地区名称
债券 Securities	利用外资 Foreign Investment	自筹资金 Self-Raised Funds	其他资金 Other Funds	Sum Payable This Year	Name of Regions
5032448	**393495**	**13598463**	**10559427**	**7606741**	**全　国**
462714	34310	556946	292470	439193	河　北
80396	26000	243232	62584	176237	山　西
146969	8385	229297	88639	179556	内蒙古
142669		56048	14582	31815	辽　宁
119036		30997	8986	21638	吉　林
238346		100432	70077	49738	黑龙江
38156		236570	321633	274453	江　苏
115278	11000	938067	420341	101300	浙　江
154694		856479	363457	526319	安　徽
120583		841425	402913	214061	福　建
124604	156725	1137068	1358418	414177	江　西
153790		614069	319917	345533	山　东
228955		712040	629698	329106	河　南
73733		392747	310493	406793	湖　北
270316	98882	1922033	713335	113710	湖　南
151247	12902	46959	191099	216695	广　东
30856		307950	76649	150753	广　西
		37131	25485	13615	海　南
163198		232155	34150	84532	重　庆
233146		415441	944542	324922	四　川
243948	5360	1895765	1862410	1169476	贵　州
401764	10562	572947	1076769	1089921	云　南
7126		8306	65712	22528	西　藏
47570	22989	803115	378918	365918	陕　西
341755		238553	307184	333821	甘　肃
54611		8273	14155	10122	青　海
96126		15338	9095	53339	宁　夏
790862	6380	149080	195716	147470	新　疆

4-2-2 2021年按资金来源分全国县城市政公用设施建设固定资产投资(按县分列)

计量单位：万元

县名称 Name of Counties	本年实际到位资金合计 The Total Funds Actually Available for The Reported Year	上年末结余资金 The Balance of The Previous Year	本年资金来源 小计 Subtotal	国家预算资金 State Budgetary Fund	中央预算资金 Central Budgetary Fund
全　国	**49296521**	**3231092**	**46065429**	**13371737**	**3002278**
河　北	**2305882**	**104774**	**2201108**	**717439**	**137806**
井陉县	34294		34294	16700	2767
正定县	118508		118508	71454	3400
行唐县	37832	11776	26056	2748	1365
灵寿县	10677	6396	4281	3395	1385
高邑县	5431		5431	3252	784
深泽县	27421		27421	27421	2122
赞皇县	11380		11380	1840	1143
无极县	31734		31734	3784	1731
平山县	29271		29271	305	305
元氏县	22942		22942	4772	2384
赵　县	47795	45	47750	10408	1491
滦南县	19445		19445	3466	488
乐亭县	14897		14897	6699	933
迁西县	8004	300	7704	2710	587
玉田县	18463	992	17471	5657	3179
曹妃甸区	34144	1184	32960	8651	
青龙满族自治县	8412		8412	8412	445
昌黎县	16876		16876	8234	625
卢龙县	5236		5236	485	485
临漳县	18745		18745	1109	1109
成安县	20494		20494		
大名县	11557		11557	645	645
涉　县	32525		32525		
磁　县	51438		51438	2926	2769
邱　县	990		990	990	680
鸡泽县	14124	10779	3345	1835	
广平县	4502		4502		
馆陶县	10796		10796	10567	729
魏　县	64649	12000	52649	42249	10070
曲周县	12523		12523	5583	1847
临城县	1605		1605	897	430
内丘县	3767		3767	1210	634
柏乡县	1070		1070	1014	482
隆尧县	1000		1000	775	525
宁晋县	39558		39558	2756	443
巨鹿县	23111	4680	18431	290	
新河县	15142		15142	9401	354
广宗县	23157	1747	21410		
平乡县	12412	5287	7125	2619	216
威　县	22175		22175	18315	438

National Fixed Assets Investment in County Seat Service Facilities by Capital Source (by County in Column)(2021)

Measurement Unit: 10,000 RMB

Sources of Fund					各 项 应付款	县名称
国内贷款 Domestic Loan	债券 Securities	利用外资 Foreign Investment	自筹资金 Self-Raised Funds	其他资金 Other Funds	Sum Payable This Year	Name of Counties
3109859	**5032448**	**393495**	**13598463**	**10559427**	**7606741**	**全 国**
137229	**462714**	**34310**	**556946**	**292470**	**439193**	**河 北**
			15283	2311	9200	井陉县
	5000		154	41900		正定县
			23308			行唐县
			886			灵寿县
				2179	26656	高邑县
						深泽县
			310	9230		赞皇县
	22760		4422	768		无极县
	24073	1310	683	2900		平山县
	7000		6170	5000		元氏县
	6470		6139	24733		赵 县
	8000		1639	6340		滦南县
	812		6677	709		乐亭县
			4994		3723	迁西县
	2695		9119		965	玉田县
14861			5453	3995		曹妃甸区
						青龙满族自治县
			8642			昌黎县
			4737	14		卢龙县
	17636				220	临漳县
	20494					成安县
	1296		4201	5415	5684	大名县
26555	5120		850		38261	涉 县
			1595	46917		磁 县
					772	邱 县
	1510					鸡泽县
			4502			广平县
			229			馆陶县
	8000		2400		12050	魏 县
			6940		600	曲周县
	648		60			临城县
	2200		352	5		内丘县
			56		7646	柏乡县
				225	23956	隆尧县
	3002		33000	800	17920	宁晋县
	15611			2530	20829	巨鹿县
	5700		41		7334	新河县
	7241		12100	2069		广宗县
	4500		6		12378	平乡县
			3860			威 县

4-2-2 续表 1

计量单位：万元

县名称 Name of Counties	本年实际到位资金合计 The Total Funds Actually Available for The Reported Year	上年末结余资金 The Balance of The Previous Year	本年资金来源 小计 Subtotal	国家预算资金 State Budgetary Fund	中央预算资金 Central Budgetary Fund
清河县	25434		25434	4885	215
临西县	3205		3205	979	216
博野县	17351		17351	651	651
涞水县	5365		5365	1165	325
阜平县	28047		28047	467	467
白沟新城	8234		8234		
定兴县	14903		14903	1390	1390
唐　县	32036		32036	4623	961
高阳县	10218		10218	436	436
涞源县	5707		5707	225	225
望都县	24439		24439	322	322
易　县	22336		22336	12275	633
曲阳县	2526		2526	839	165
蠡　县	28321		28321	10067	9785
顺平县	63202	560	62642	602	211
张北县	25944		25944	3142	372
康保县	9119		9119	569	
沽源县	7220		7220	4920	1488
尚义县	3950		3950	3950	
蔚　县	24819		24819	1781	
阳原县	5192		5192	1050	324
怀安县	13653		13653	464	464
怀来县	1302		1302	1302	550
涿鹿县	39618	2900	36718		
赤城县	1066		1066	638	69
承德县	36139		36139	17212	
兴隆县	20867		20867	5735	275
滦平县	42655		42655	41351	
隆化县	17702		17702		
丰宁满族自治县	30908		30908	7613	2086
宽城满族自治县	32198		32198	31938	13165
围场满族蒙古族自治县	22473		22473	8942	900
青　县	42090	21500	20590	2060	894
东光县	37744	130	37614	21347	
海兴县	9420		9420	8101	
盐山县	51839		51839	11984	546
肃宁县	45901		45901	3148	268
南皮县	25510		25510	842	
吴桥县	10477		10477	752	576
献　县	40298		40298	4110	1482
孟村回族自治县	7322		7322	3850	990
固安县	35705		35705	392	
永清县	21978	4000	17978	7598	

continued

Measurement Unit: 10,000 RMB

Sources of Fund					各 项 应付款	县名称
国内贷款 Domestic Loan	债券 Securities	利用外资 Foreign Investment	自筹资金 Self-Raised Funds	其他资金 Other Funds	Sum Payable This Year	Name of Counties
5600			9949	5000		清河县
	2169		10	47		临西县
	200		15660	840		博野县
	2495		1505	200		涞水县
			27119	461		阜平县
	7000		1202	32	120	白沟新城
			13208	305	46277	定兴县
	12780		14633		362	唐　县
	4900		4882			高阳县
	1909		3573		13371	涞源县
			24117			望都县
	8900		1058	103		易　县
	1439			248	9017	曲阳县
	11686		5914	654		蠡　县
34940	25889		961	250		顺平县
			22802		2922	张北县
	560		7990			康保县
	2300				4723	沽源县
					23474	尚义县
			23038			蔚　县
	4142					阳原县
	5436		185	7568	371	怀安县
					3384	怀来县
	30031		6687			涿鹿县
			428			赤城县
			18570	357		承德县
	13000		2132			兴隆县
			1304			滦平县
	922		9429	7351		隆化县
	17245		50	6000		丰宁满族自治县
			260			宽城满族自治县
			13531			围场满族蒙古族自治县
	10000		7182	1348	6382	青　县
			7430	8837		东光县
			1319			海兴县
	7903		31472	480		盐山县
	4681			38072		肃宁县
	24102		566			南皮县
	5080		641	4004		吴桥县
	2742	33000	100	346		献　县
	124		1000	2348		孟村回族自治县
	8420		26893		1584	固安县
	9999		381		9643	永清县

4-2-2 续表 2

计量单位：万元

县名称 Name of Counties	本年实际到位资金合计 The Total Funds Actually Available for The Reported Year	上年末结余资金 The Balance of The Previous Year	本年资金来源 小计 Subtotal	国家预算资金 State Budgetary Fund	中央预算资金 Central Budgetary Fund
香河县	4770		4770	4770	2120
大城县	22623		22623	9718	8833
文安县	41780		41780	450	
大厂回族自治县	14256		14256	618	
枣强县	20305		20305	19083	866
武邑县	16949		16949	13734	2118
武强县	16124	994	15130	14508	2207
饶阳县	9045		9045	9045	
安平县	64740	1936	62804	6211	6211
故城县	70191		70191	26596	1245
景　县	21080		21080	12556	892
阜城县	33335	2476	30859	10830	10830
容城县	34914		34914	24775	3790
雄　县	46961	8109	38852	19822	335
安新县	46274	6983	39291	17432	10918
山　西	**848817**	**47206**	**801611**	**383167**	**18330**
清徐县	85000		85000	85000	
阳曲县	1830		1830		
娄烦县	1641	500	1141		
阳高县	20398	8413	11985	1612	1612
天镇县	4325		4325		
广灵县	18853		18853		
灵丘县	1590	79	1511		
浑源县	13822		13822	1400	
左云县					
云州区					
平定县	14755		14755	14032	5567
盂　县	15270		15270	9270	
襄垣县	1999	630	1369	1369	
平顺县	9157	600	8557		
黎城县	3388	1870	1518		
壶关县	1532		1532		
长子县	6466		6466		
武乡县	74702	18037	56665	38165	
沁　县	469		469		
沁源县					
沁水县	16296	1123	15173	2284	
阳城县	28917	364	28553	4630	
陵川县	6840		6840	4770	1896
山阴县					
应　县	2789		2789	849	849
右玉县	5747		5747	747	500

continued

Measurement Unit: 10,000 RMB

Sources of Fund					各 项 应付款	县名称
国内贷款 Domestic Loan	债券 Securities	利用外资 Foreign Investment	自筹资金 Self-Raised Funds	其他资金 Other Funds	Sum Payable This Year	Name of Counties
					98930	香河县
	3100		8600	1205	12000	大城县
	12330			29000		文安县
9547			4091		774	大厂回族白治县
			1222			枣强县
	815		2400			武邑县
				622		武强县
					3676	饶阳县
40226			4822	11545		安平县
			43595			故城县
			1634	6890		景 县
5500			14403	126	186	阜城县
	9948			191	4830	容城县
	19030				8973	雄 县
	21669		190			安新县
6232	**80396**	**26000**	**243232**	**62584**	**176237**	**山 西**
						清徐县
				1830	1830	阳曲县
				1141		娄烦县
	2900		7473		658	阳高县
			4325			天镇县
	2160		16693			广灵县
			1511			灵丘县
200			12222		7357	浑源县
					1155	左云县
						云州区
	500			223	17668	平定县
			6000			盂 县
					11813	襄垣县
			8557		300	平顺县
	1000		518			黎城县
			1532			壶关县
			6466			长子县
			18500		85	武乡县
			469			沁 县
						沁源县
			8650	4239	2088	沁水县
269			23654		30850	阳城县
			2070		3180	陵川县
						山阴县
			1940			应 县
	5000					右玉县

4-2-2 续表 3

计量单位：万元

县名称 Name of Counties	本年实际到位资金合计 The Total Funds Actually Available for The Reported Year	上年末结余资金 The Balance of The Previous Year	本年资金来源		
			小计 Subtotal	国家预算资金 State Budgetary Fund	中央预算资金 Central Budgetary Fund
榆社县	2126		2126	576	576
左权县	16579		16579	853	
和顺县	23508		23508	16508	142
昔阳县	16772		16772	16060	940
寿阳县	13552		13552		
祁　县	719		719		
平遥县					
灵石县	23994		23994	23994	
临猗县	26206		26206	24486	
万荣县	25520		25520	25520	
闻喜县	28061		28061		
稷山县	9937	2354	7583	4213	
新绛县	40949	2004	38945	28495	
绛　县	25644		25644		
垣曲县	11232	11232			
夏　县	304		304		
平陆县	28738		28738	2042	2042
芮城县	20310		20310	5528	
定襄县	18546		18546		
五台县					
代　县	17563		17563	4372	
繁峙县	9576		9576	4206	4206
宁武县	15283		15283	8156	
静乐县	13483		13483	13483	
神池县	13103		13103		
五寨县	13412		13412		
岢岚县	13854		13854	8477	
河曲县					
保德县	6160		6160	5760	
偏关县	14457		14457	14457	
曲沃县					
翼城县					
襄汾县					
洪洞县					
古　县					
安泽县					
浮山县	1325		1325		
吉　县					
乡宁县					
大宁县					
隰　县					
永和县					

continued

Measurement Unit: 10,000 RMB

Sources of Fund					各 项 应付款	县名称
国内贷款 Domestic Loan	债券 Securities	利用外资 Foreign Investment	自筹资金 Self-Raised Funds	其他资金 Other Funds	Sum Payable This Year	Name of Counties
			1550		1324	榆社县
		3000	5400	7326		左权县
	7000					和顺县
			322	390	3916	昔阳县
	9698		3405	449	12	寿阳县
			719			祁　县
						平遥县
						灵石县
			1720		5000	临猗县
						万荣县
			28061			闻喜县
			3370		6168	稷山县
	10450				2177	新绛县
		23000	2644			绛　县
						垣曲县
				304	4222	夏　县
	4498		18582	3616		平陆县
				14782		芮城县
			18546			定襄县
					18246	五台县
	12000		1191			代　县
			5370			繁峙县
				7127		宁武县
						静乐县
			2000	11103		神池县
			4274	9138		五寨县
			5377			岢岚县
					29660	河曲县
	400				3465	保德县
						偏关县
						曲沃县
						翼城县
						襄汾县
						洪洞县
						古　县
						安泽县
	30		1295			浮山县
						吉　县
						乡宁县
						大宁县
						隰　县
						永和县

4-2-2 续表 4

计量单位：万元

县名称 Name of Counties	本年实际到位资金合计 The Total Funds Actually Available for The Reported Year	上年末结余资金 The Balance of The Previous Year	本年资金来源 小计 Subtotal	国家预算资金 State Budgetary Fund	中央预算资金 Central Budgetary Fund
蒲　县					
汾西县	370		370	370	
文水县					
交城县	1415		1415		
兴　县					
临　县	16536		16536		
柳林县					
石楼县					
岚　县					
方山县	25307		25307	11412	
中阳县					
交口县	18490		18490	71	
内蒙古	**770891**	**76559**	**694332**	**201914**	**56136**
土左旗	735		735	735	
托　县	22040		22040	22040	
和林县	4795		4795	1310	
清水河县	1111		1111		
武川县	3038	2641	397	255	
土右旗	14997		14997		
固阳县	17804		17804		
达尔罕茂明安联合旗	6392		6392	5699	
阿鲁科尔沁旗	35306	6800	28506	28079	1350
巴林左旗	5911		5911	1377	1377
巴林右旗	600		600	600	600
林西县	6835	1200	5635	1235	1235
克什克腾旗	5400		5400	2260	
翁牛特旗	27854		27854	4700	
喀喇沁旗	6121		6121	3349	
宁城县	4781	2981	1800		
敖汉旗	19340	10	19330	7280	400
科左中旗	2441		2441	2441	2441
科左后旗	5571		5571	2500	2500
开鲁县					
库伦旗	13046		13046	3281	3228
奈曼旗	17126		17126		
扎鲁特旗	3517		3517	1169	
达拉特旗	12824		12824	3830	
准格尔旗	14622		14622	2085	1045
鄂托克前旗	3942		3942	2687	
鄂托克旗	5655		5655	1943	
杭锦旗	1922		1922	1387	
乌审旗	11900		11900	5407	1068

continued

Measurement Unit: 10,000 RMB

Sources of Fund					各项应付款	县名称
国内贷款 Domestic Loan	债券 Securities	利用外资 Foreign Investment	自筹资金 Self-Raised Funds	其他资金 Other Funds	Sum Payable This Year	Name of Counties
						蒲　县
					150	汾西县
						文水县
	1000			415	1438	交城县
						兴　县
			16536		300	临　县
						柳林县
						石楼县
						岚　县
5763	8132				21817	方山县
						中阳县
	15628		2290	501	1358	交口县
19128	**146969**	**8385**	**229297**	**88639**	**179556**	**内蒙古**
					2821	土左旗
					6061	托　县
	3000		485		11559	和林县
				1111	6705	清水河县
			142		1484	武川县
			14997			土右旗
	16149		1655			固阳县
			693			达尔罕茂明安联合旗
	427				600	阿鲁科尔沁旗
	500		1796	2238		巴林左旗
						巴林右旗
	2000			2400	10667	林西县
				3140		克什克腾旗
	16696		221	6237		翁牛特旗
			1753	1019	13820	喀喇沁旗
	1800				5586	宁城县
	400	8385	3257	8		敖汉旗
						科左中旗
			3071		675	科左后旗
						开鲁县
	9200			565		库伦旗
				17126		奈曼旗
			2348		1719	扎鲁特旗
	8994					达拉特旗
			12537			准格尔旗
				1255	1727	鄂托克前旗
	3637		75		6490	鄂托克旗
				535		杭锦旗
	2000		150	4343		乌审旗

4-2-2 续表 5

计量单位：万元

县名称 Name of Counties	本年实际到位资金合计 The Total Funds Actually Available for The Reported Year	上年末结余资金 The Balance of The Previous Year	本年资金来源 小计 Subtotal	国家预算资金 State Budgetary Fund	中央预算资金 Central Budgetary Fund
伊金霍洛旗	20463		20463	20386	
阿荣旗					
莫　旗	11150		11150		
鄂伦春旗	27373		27373	1584	714
鄂温克旗	132413		132413		
陈巴尔虎旗					
新左旗	7466		7466	7466	
新右旗	11500		11500		
五原县	14785	209	14576	9742	9742
磴口县	3600	3600			
乌拉特前旗					
乌拉特中旗	6005		6005	6005	
乌拉特后旗	10377		10377	500	500
杭锦后旗	1502		1502	152	
卓资县	3000		3000		
化德县	8598	6150	2448	150	150
商都县	18624		18624	3000	3000
兴和县	8500		8500	7000	2500
凉城县	12893		12893	7226	5850
察右前旗	1285		1285		
察右中旗					
察右后旗	4658	4370	288	288	
四子王旗					
科尔沁右翼前旗					
科右中旗	11596		11596	5786	5786
扎赉特旗	15719		15719	8779	
突泉县	17216		17216	2888	2188
阿巴嘎旗	3491		3491		
苏尼特左旗	2085		2085		
苏尼特右旗	7508	4198	3310	3310	
东乌珠穆沁旗					
西乌珠穆沁旗	42312	17590	24722	800	
太仆寺旗	18740	6960	11780		
镶黄旗	4526	1150	3376	1300	700
正镶白旗					
正蓝旗	17905		17905	6491	6491
多伦县	25681	18700	6981		
阿拉善左旗	300		300		
阿拉善右旗	3792		3792	3196	3055
额济纳旗	20202		20202	216	216
辽　宁	**340014**	**303**	**339711**	**125802**	**72715**
康平县					

continued

Measurement Unit: 10,000 RMB

Sources of Fund					各 项 应付款	县名称
国内贷款 Domestic Loan	债券 Securities	利用外资 Foreign Investment	自筹资金 Self-Raised Funds	其他资金 Other Funds	Sum Payable This Year	Name of Counties
			77			伊金霍洛旗
						阿荣旗
			11150			莫 旗
	6800		10689	8300		鄂伦春旗
	4428		127985			鄂温克旗
						陈巴尔虎旗
						新左旗
	3000		8500			新右旗
			1436	3398		五原县
						磴口县
						乌拉特前旗
						乌拉特中旗
			677	9200		乌拉特后旗
	1000			350	6732	杭锦后旗
	3000				450	卓资县
	2298					化德县
	15407		217			商都县
			1500			兴和县
	1326		3117	1224		凉城县
			1285		450	察右前旗
					8738	察右中旗
					14420	察右后旗
						四子王旗
					4916	科尔沁右翼前旗
2869	2600			341	4842	科右中旗
				6940		扎赉特旗
	8100		6228			突泉县
			3491			阿巴嘎旗
	1505			580		苏尼特左旗
						苏尼特右旗
					39843	东乌珠穆沁旗
16259	6010		1653		880	西乌珠穆沁旗
	10122		788	870		太仆寺旗
	1216		60	800		镶黄旗
						正镶白旗
	11354			60		正蓝旗
			6981		11981	多伦县
	300				16390	阿拉善左旗
			45	551		阿拉善右旗
	3700		238	16048		额济纳旗
610	**142669**		**56048**	**14582**	**31815**	**辽 宁**
						康平县

4-2-2 续表 6

计量单位：万元

县名称 Name of Counties	本年实际到位资金合计 The Total Funds Actually Available for The Reported Year	上年末结余资金 The Balance of The Previous Year	本年资金来源 小计 Subtotal	国家预算资金 State Budgetary Fund	中央预算资金 Central Budgetary Fund
法库县	1304		1304	694	694
长海县	5711		5711	5711	
台安县	17927		17927	3460	
岫岩满族自治县	2761		2761	2070	2070
抚顺县					
新宾满族自治县	22062		22062	5969	5284
清原满族自治县	13629		13629	2380	2380
本溪满族自治县	20608		20608	18191	18191
桓仁满族自治县	22842		22842	9234	9234
宽甸满族自治县	26845		26845	7334	5823
黑山县	42875		42875		
义　县	12800		12800		
阜新蒙古族自治县	9748		9748	4713	
彰武县	30765		30765	1465	
辽阳县	27710	303	27407	21521	1426
盘山县	970		970	684	684
铁岭县					
西丰县	10510		10510	3530	
昌图县	17320		17320	4567	
朝阳县	9972		9972		
建平县	9708		9708	9708	4623
喀喇沁左翼蒙古族自治县	3721		3721	2701	1970
绥中县	24374		24374	18974	17440
建昌县	5852		5852	2896	2896
吉　林	**376127**	**66130**	**309997**	**150978**	**74493**
农安县	73183	44730	28453	9201	9201
永吉县	14100		14100	7569	7569
梨树县	31355		31355	12414	
伊通满族自治县	16290	8572	7718	2060	2000
东丰县	51038		51038	24556	16649
东辽县					
通化县	9832		9832		
辉南县	10303		10303	8158	8158
柳河县	7218		7218	1806	
抚松县	12677	5617	7060	4060	4060
靖宇县	24836	4655	20181	1560	1560
长白朝鲜族自治县	3052		3052	128	128
前郭县	1070		1070	1070	
长岭县	12699		12699	7035	6443
乾安县	1703	1703			
镇赉县	41178	450	40728	18549	15564
通榆县	50170	403	49767	48670	2361
汪清县	10481		10481	800	800
安图县	4942		4942	3342	

continued

Measurement Unit: 10,000 RMB

Sources of Fund					各项应付款	县名称
国内贷款 Domestic Loan	债券 Securities	利用外资 Foreign Investment	自筹资金 Self-Raised Funds	其他资金 Other Funds	Sum Payable This Year	Name of Counties
			610			法库县
						长海县
	5000		9467		5972	台安县
	471		220			岫岩满族自治县
						抚顺县
430	15396			267		新宾满族自治县
	11249					清原满族自治县
			2417			本溪满族自治县
	7500		6108			桓仁满族自治县
	18000		1511			宽甸满族自治县
	31000		11875			黑山县
	12800					义　县
				5035	697	阜新蒙古族自治县
	29300				1459	彰武县
			5686	200	520	辽阳县
			286			盘山县
						铁岭县
	1953		5022	5	3152	西丰县
	8000		123	4630	3635	昌图县
			9892	80	9972	朝阳县
						建平县
			1020			喀喇沁左翼蒙古族自治县
	2000			3400	6408	绥中县
180			1811	965		建昌县
	119036		**30997**	**8986**	**21638**	**吉　林**
	8405		10847			农安县
	5905		626			永吉县
	17729		1133	79		梨树县
	4812		846			伊通满族自治县
	13176		13306		544	东丰县
						东辽县
	7000		2832			通化县
				2145		辉南县
	3700		761	951		柳河县
	3000					抚松县
	17132			1489	218	靖宇县
	2761			163		长白朝鲜族自治县
					10390	前郭县
	2480		78	3106		长岭县
						乾安县
	20558		568	1053	4031	镇赉县
	1097					通榆县
	9681				6455	汪清县
	1600					安图县

4-2-2 续表 7

计量单位：万元

县名称 Name of Counties	本年实际到位资金合计 The Total Funds Actually Available for The Reported Year	上年末结余资金 The Balance of The Previous Year	本年资金来源 小计 Subtotal	国家预算资金 State Budgetary Fund	中央预算资金 Central Budgetary Fund
黑龙江	**600654**	**46954**	**553700**	**144756**	**99834**
依兰县	9824	6081	3743	852	633
方正县	11357	425	10932	1816	
宾　县	18200		18200	2210	343
巴彦县	10158	203	9955	1151	1151
木兰县	13790	1300	12490	12127	12127
通河县	863		863	415	415
延寿县	14201		14201	609	
龙江县	5250	123	5127	4987	1155
依安县	1532		1532	824	
泰来县	16624	120	16504	3093	1031
甘南县	3376	213	3163	1607	420
富裕县	1486		1486	891	891
克山县	5369		5369	2408	2408
克东县	234		234		
拜泉县	26330		26330	337	
鸡东县	11474		11474	102	
萝北县	456		456	456	
绥滨县	5766		5766		
集贤县	17625		17625	5537	4556
友谊县	9785		9785	4549	3628
宝清县	16378		16378	4050	950
饶河县	9943	100	9843	3923	3179
肇州县	3633		3633	955	
肇源县	15147		15147	1169	789
林甸县	4020	2896	1124	350	350
杜尔伯特蒙古族自治县	12597		12597	3642	3642
嘉荫县	1998		1998	1269	218
汤旺县	2914		2914	513	513
丰林县	16760		16760	1437	1437
大箐山县	4161		4161	1351	1351
南岔县	6355		6355	3209	3209
桦南县	8591	4509	4082		
桦川县	36082		36082	1624	752
汤原县	1575		1575	947	722
勃利县	12541	4461	8080	5606	1942
林口县	46531	2537	43994	220	220
逊克县	5493	1375	4118	2367	
孙吴县	13155		13155	7716	716
望奎县	51067	670	50397	6008	6008

continued

Measurement Unit: 10,000 RMB

Sources of Fund					各 项 应付款	县名称
国内贷款 Domestic Loan	债券 Securities	利用外资 Foreign Investment	自筹资金 Self-Raised Funds	其他资金 Other Funds	Sum Payable This Year	Name of Counties
89	**238346**		**100432**	**70077**	**49738**	**黑龙江**
89	1249		1039	514		依兰县
	7639		602	875	2771	方正县
	7178		8812			宾　县
	6886		1918		11483	巴彦县
			363			木兰县
	238		210			通河县
	13592					延寿县
				140	2978	龙江县
	708					依安县
	10041		2066	1304		泰来县
	310		1246			甘南县
				595		富裕县
	2956			5		克山县
			45	189		克东县
	25565		389	39		拜泉县
	6436		4936		65	鸡东县
						萝北县
	3820		1946			绥滨县
	6494		5594			集贤县
	3941			1295		友谊县
	5699		3014	3615	16378	宝清县
	1459		4461			饶河县
	2678					肇州县
	300		224	13454		肇源县
	774					林甸县
	8870			85		杜尔伯特蒙古族自治县
	724		5		38	嘉荫县
	1757		644			汤旺县
	15323					丰林县
	2247		563			大箐山县
	3146					南岔县
	1424		2658			桦南县
	33154			1304		桦川县
	271		357			汤原县
	2426		48		6834	勃利县
	2506		9268	32000	3511	林口县
	924			827		逊克县
	1670		2748	1021		孙吴县
	3485		40904			望奎县

4-2-2 续表 8

计量单位：万元

县名称 Name of Counties	本年实际到位资金合计 The Total Funds Actually Available for The Reported Year	上年末结余资金 The Balance of The Previous Year	本年资金来源		
			小计 Subtotal	国家预算资金 State Budgetary Fund	中央预算资金 Central Budgetary Fund
兰西县	9371		9371	2884	1984
青冈县	14161		14161	3153	3153
庆安县	7965		7965	726	726
明水县	27097		27097	12189	11887
绥棱县	20726	7576	13150	3570	3570
呼玛县	7637	1406	6231	5065	2527
塔河县	9835	326	9509	7382	1771
加格达奇区	51221	12633	38588	19460	19460
江　苏	**1280809**	**76377**	**1204432**	**526047**	**30702**
丰　县	118540	2757	115783	9489	
沛　县	191000	50000	141000	128000	
睢宁县	118580		118580	63330	
如东县	102672	9000	93672	45219	22
东海县	25618		25618		
灌云县					
灌南县	23563		23563		
涟水县	7827		7827	7827	
盱眙县	84520		84520		
金湖县	104161		104161	28603	28603
响水县	37469		37469		
滨海县	98764		98764		
阜宁县	99409	13020	86389	81969	1077
射阳县	28525		28525		
建湖县	11630		11630		
宝应县	23359		23359	3200	
沭阳县	77499		77499	69820	1000
泗阳县	34010		34010	14560	
泗洪县	93663	1600	92063	74030	
浙　江	**2340324**	**26227**	**2314097**	**761945**	**26726**
桐庐县	92910		92910		
淳安县	25300		25300	15507	302
象山县	115898		115898		
宁海县	73131	457	72674		
永嘉县	35672		35672	35672	
平阳县	104119		104119		
苍南县	73119		73119	1780	599
文成县	27153	500	26653	1810	1687
泰顺县	75671	740	74931	700	
嘉善县	126058	6564	119494	5911	1448
海盐县	105478		105478		
德清县	115995	395	115600	2755	
长兴县	36145		36145		

continued

Measurement Unit: 10,000 RMB

Sources of Fund					各 项 应付款	县名称
国内贷款 Domestic Loan	债券 Securities	利用外资 Foreign Investment	自筹资金 Self-Raised Funds	其他资金 Other Funds	Sum Payable This Year	Name of Counties
	5625		862			兰西县
	9464			1544		青冈县
	3100		375	3764	2063	庆安县
	11163		1015	2730		明水县
	7326			2254		绥棱县
			630	536		呼玛县
	1050		812	265		塔河县
	14728		2678	1722	3617	加格达奇区
82026	**38156**		**236570**	**321633**	**274453**	**江 苏**
52026	13300		40968			丰 县
				13000		沛 县
			50600	4650		睢宁县
30000			7918	10535		如东县
	9186		10045	6387		东海县
					24002	灌云县
			23563			灌南县
						涟水县
			33050	51470		盱眙县
	533		15000	60025		金湖县
			12931	24538	12931	响水县
			7524	91240	39960	滨海县
	3507			913	11439	阜宁县
				28525		射阳县
	11630				158380	建湖县
			3938	16221	113	宝应县
				7679		沭阳县
			13000	6450		泗阳县
			18033		27628	泗洪县
67466	**115278**	**11000**	**938067**	**420341**	**101300**	**浙 江**
			73923	18987	11965	桐庐县
			9793			淳安县
			115898			象山县
	10000		62450	224		宁海县
						永嘉县
			104119			平阳县
				71339		苍南县
11200	3000		2015	8628		文成县
1500	27554		32182	12995	738	泰顺县
			109463	4120	13801	嘉善县
			4790	100688		海盐县
17500	22117		62054	11174	13240	德清县
	6548		29597			长兴县

4-2-2 续表 9

计量单位：万元

县名称 Name of Counties	本年实际到位资金合计 The Total Funds Actually Available for The Reported Year	上年末结余资金 The Balance of The Previous Year	本年资金来源 小计 Subtotal	国家预算资金 State Budgetary Fund	中央预算资金 Central Budgetary Fund
安吉县	82115		82115	57807	
新昌县	131854		131854		
武义县	55164	571	54593	15806	5572
浦江县	45086	2500	42586	6433	6433
磐安县	19972	415	19557	11099	
常山县	21070		21070	20855	
开化县	39238		39238	22500	
龙游县	91108	2877	88231	63685	
岱山县	55092	83	55009	14678	
嵊泗县	18112		18112	13762	
三门县	14655	860	13795	1795	1620
天台县	100607	2950	97657	1180	350
仙居县	24518	3800	20718	408	335
青田县	51830	2201	49629	14037	8361
缙云县	118565		118565	89275	
遂昌县	44462		44462	19	19
松阳县	58892	1314	57578	9630	
云和县	310215		310215	310215	
庆元县	12746		12746	6252	
景宁县	38374		38374	38374	
安　徽	**2806165**	**39379**	**2766786**	**1307112**	**29019**
长丰县	129493		129493	8433	
肥西县	125171		125171	125171	
肥东县	136669	1931	134738	114050	571
庐江县	194264	4098	190166	174359	1035
南陵县	69087	417	68670	4374	
怀远县	27882		27882	3389	
五河县	83796		83796		
固镇县	18807		18807	15955	
凤台县	40500		40500		
寿　县	2566		2566		
当涂县	36890		36890	20500	
含山县	31479		31479		
和　县	5660		5660		
濉溪县	15082	30	15052		
枞阳县					
怀宁县	4069		4069	2535	
太湖县					
宿松县	44507		44507		
望江县	64485		64485	37465	26320
岳西县	18492		18492		
歙　县	15885	2000	13885	66	54

continued

Measurement Unit: 10,000 RMB

Sources of Fund					各项应付款	县名称
国内贷款 Domestic Loan	债券 Securities	利用外资 Foreign Investment	自筹资金 Self-Raised Funds	其他资金 Other Funds	Sum Payable This Year	Name of Counties
			20262	4046		安吉县
	12000		80235	39619		新昌县
1831			17810	19146	20857	武义县
			32153	4000		浦江县
			6978	1480		磐安县
				215		常山县
			6038	10700		开化县
			3046	21500		龙游县
31435			8896		2366	岱山县
			4050	300		嵊泗县
	5000			7000		三门县
	10500	11000	50243	24734		天台县
	6000		3312	10998	1238	仙居县
	1417		31037	3138	9336	青田县
4000	3690		21600			缙云县
	1090		42723	630	2286	遂昌县
			3400	44548	14712	松阳县
						云和县
	6362			132	10761	庆元县
						景宁县
85044	**154694**		**856479**	**363457**	**526319**	**安　徽**
			121060			长丰县
					135672	肥西县
	19073		1615		34043	肥东县
			14246	1561		庐江县
33307	5844		9665	15480	12103	南陵县
			4553	19940	1215	怀远县
			83796			五河县
			2852		27535	固镇县
	400		25684	14416	32617	凤台县
			2566		27639	寿　县
			16390			当涂县
			31479			含山县
			2000	3660	20785	和　县
			15052			濉溪县
					24914	枞阳县
			1534			怀宁县
					19274	太湖县
			44507			宿松县
26100			920			望江县
			18492			岳西县
			13819			歙　县

4-2-2 续表 10

计量单位：万元

县名称 Name of Counties	本年实际到位资金合计 The Total Funds Actually Available for The Reported Year	上年末结余资金 The Balance of The Previous Year	本年资金来源		
			小计 Subtotal	国家预算资金 State Budgetary Fund	中央预算资金 Central Budgetary Fund
休宁县	19200		19200		
黟　县	37723		37723	181	79
祁门县	11654		11654	11654	
来安县	167169		167169	144529	
全椒县	117961		117961	108751	
定远县	237297	22100	215197	300	
凤阳县	77076		77076	77076	
临泉县	122302		122302	45469	
太和县	41404		41404	12593	
阜南县	133142		133142	27450	
颍上县	28791	4000	24791	17284	
砀山县	55337	150	55187	29060	
萧　县	37231		37231		
灵璧县	91420		91420		
泗　县	59404		59404	19707	
霍邱县					
舒城县	85592		85592	4319	
金寨县	49468	20	49448	49183	
霍山县	7236		7236	5368	
涡阳县	74183		74183	74183	
蒙城县	56310		56310	19172	
利辛县	45127		45127	45127	
东至县	41796		41796	41796	
石台县	9035		9035	2485	960
青阳县	27013	3410	23603	23603	
郎溪县	18598	125	18473	18473	
泾　县	31869	533	31336	8386	
绩溪县	20532	565	19967	5430	
旌德县	37511		37511	9236	
福　建	**2032431**	**140269**	**1892162**	**360390**	**39585**
闽侯县	80266		80266	11588	
连江县	14861		14861	10923	
罗源县	6117	1098	5019		
闽清县	14740		14740	1135	
永泰县	70697		70697		
仙游县	23000	500	22500		
明溪县	43671		43671	43671	
清流县	11999		11999		
宁化县	96140		96140		
大田县	142675	76300	66375	1500	
尤溪县	56190		56190	35970	
将乐县	37048		37048		

continued

Measurement Unit: 10,000 RMB

Sources of Fund					各　项 应付款	县名称
国内贷款 Domestic Loan	债券 Securities	利用外资 Foreign Investment	自筹资金 Self-Raised Funds	其他资金 Other Funds	Sum Payable This Year	Name of Counties
			19200			休宁县
700	33443		3399			黟　县
						祁门县
19640	3000					来安县
			9210			全椒县
			214897		6000	定远县
						凤阳县
	35500			41333		临泉县
	3000		8351	17460		太和县
	21000		82689	2003		阜南县
1000	3354		3000	153		颍上县
	11000		4127	11000	33796	砀山县
				37231		萧　县
				91420		灵璧县
			39697			泗　县
					105044	霍邱县
1055			3582	76636	1644	舒城县
242			23			金寨县
			1535	333	17464	霍山县
						涡阳县
			10720	26418		蒙城县
						利辛县
						东至县
	6480		70		13070	石台县
						青阳县
						郎溪县
3000	11300		8650		501	泾　县
			10124	4413	11833	绩溪县
	1300		26975		1170	旌德县
166851	**120583**		**841425**	**402913**	**214061**	**福　建**
			68478	200	11790	闽侯县
			665	3273	9826	连江县
3085	1934					罗源县
			575	13030		闽清县
			70697			永泰县
	500		22000			仙游县
						明溪县
				11999	103	清流县
			96140			宁化县
			64085	790		大田县
				20220		尤溪县
	15000		22048			将乐县

4-2-2 续表 11

计量单位：万元

县名称 Name of Counties	本年实际到位资金合计 The Total Funds Actually Available for The Reported Year	上年末结余资金 The Balance of The Previous Year	本年资金来源 小计 Subtotal	国家预算资金 State Budgetary Fund	中央预算资金 Central Budgetary Fund
泰宁县	26185		26185	25985	
建宁县	8222		8222	3588	
惠安县	185342	11146	174196	17915	662
安溪县	68525		68525	30588	2308
永春县	44467	1069	43398		
德化县	30611		30611	1040	1013
云霄县	73602		73602		
漳浦县	42098		42098	611	611
诏安县	35737	5000	30737	3853	1748
东山县	57011		57011	2767	591
南靖县	14260		14260	882	485
平和县	99192		99192		
华安县	5066		5066	588	191
顺昌县	44090	44090			
浦城县	94861		94861		
光泽县					
松溪县	27529		27529	27529	27529
政和县	50626		50626	5294	
长汀县	84518		84518	13155	502
上杭县	61403		61403	46529	
武平县	10980		10980	3593	
连城县	11635	1066	10569	8850	251
霞浦县	97543		97543	13633	
古田县	25262		25262	22182	
屏南县	42174		42174	20017	29
寿宁县	36771		36771	357	72
周宁县	30987		30987	647	493
柘荣县					
平潭县	126330		126330	6000	3100
江　西	**5254747**	**157742**	**5097005**	**1799479**	**100336**
南昌县	195810		195810		
安义县	229556		229556	98682	13220
进贤县	22485		22485	22485	
浮梁县	20502		20502	1148	1148
莲花县	36128	9862	26266	26266	26266
上栗县	89523		89523	57149	3529
芦溪县	51110		51110	369	369
武宁县	11952	11687	265	165	
修水县	69458		69458	69108	
永修县	4959		4959		
德安县	44600		44600		
都昌县	18560		18560	18560	

continued

Measurement Unit: 10,000 RMB

Sources of Fund					各项应付款	县名称
国内贷款 Domestic Loan	债券 Securities	利用外资 Foreign Investment	自筹资金 Self-Raised Funds	其他资金 Other Funds	Sum Payable This Year	Name of Counties
				200	5632	泰宁县
	2334		2300			建宁县
103394			50936	1951	20534	惠安县
24682			13255			安溪县
			34833	8565		永春县
			27754	1817	880	德化县
			70954	2648		云霄县
			9677	31810		漳浦县
			25884	1000	7996	诏安县
	48344		5900		5869	东山县
			13211	167		南靖县
			41642	57550	58095	平和县
			4041	437		华安县
						顺昌县
			94861		5340	浦城县
						光泽县
						松溪县
			45332		50626	政和县
5307	24690		1760	39606		长汀县
10000			112	4762		上杭县
	1911		306	5170	139	武平县
			1719			连城县
19383			2220	62307		霞浦县
			40	3040	470	古田县
			1000	21157		屏南县
	25870		2644	7900	36761	寿宁县
			1317	29023		周宁县
						柘荣县
1000			45039	74291		平潭县
520711	**124604**	**156725**	**1137068**	**1358418**	**414177**	**江　西**
			195810			南昌县
			130874			安义县
					22485	进贤县
4000	400		14954		29621	浮梁县
						莲花县
2814			6089	23471		上栗县
			50741			芦溪县
				100		武宁县
			350			修水县
			4500	459	3600	永修县
		5000	39100	500	39600	德安县
						都昌县

4-2-2 续表 12

计量单位：万元

县名称 Name of Counties	本年实际到位资金合计 The Total Funds Actually Available for The Reported Year	上年末结余资金 The Balance of The Previous Year	本年资金来源 小计 Subtotal	国家预算资金 State Budgetary Fund	中央预算资金 Central Budgetary Fund
湖口县	3702		3702		
彭泽县	221535	500	221035	55905	
分宜县	36231		36231	36231	
信丰县	178290	606	177684	5709	2140
大余县	274522		274522	197522	3996
上犹县	20674		20674	8297	1983
崇义县	6805		6805	2528	454
安远县	105660		105660		
定南县	125500		125500	1161	1161
全南县	23714		23714	7809	2100
宁都县	18284		18284	8528	1028
于都县	321983		321983	266983	3700
兴国县	94102		94102	29960	8000
会昌县	6151	496	5655	885	885
寻乌县	9543		9543	4630	
石城县	58683		58683	52808	
吉安县	77803		77803	6000	6000
吉水县	85870		85870	73870	
峡江县	6831		6831	6831	
新干县	107983	18246	89737	88837	
永丰县	84626		84626	84626	
泰和县	43084		43084	40884	
遂川县	80671		80671	25373	3800
万安县	89657		89657		
安福县	134920		134920	5045	2000
永新县	15350		15350		
奉新县	45224		45224	8060	
万载县	208250	94944	113306	35068	
上高县	75138	638	74500	3847	247
宜丰县	15643		15643	7700	7700
靖安县	42172	3476	38696		
铜鼓县	27361	100	27261	1913	1913
南城县	301784		301784	484	400
黎川县	73101		73101	19578	
南丰县	112062		112062	803	
崇仁县	138176		138176	41476	
乐安县	131690		131690		
宜黄县	47761	470	47291	19991	28
金溪县	56327		56327		
资溪县	143370		143370	120	
广昌县	87381		87381	29422	213
玉山县	99279		99279		

continued

Measurement Unit: 10,000 RMB

Sources of Fund 国内贷款 Domestic Loan	债券 Securities	利用外资 Foreign Investment	自筹资金 Self-Raised Funds	其他资金 Other Funds	各项应付款 Sum Payable This Year	县名称 Name of Counties
			3702		6960	湖口县
116400			23330	25400		彭泽县
						分宜县
58495			13715	99765		信丰县
		77000				大余县
163	4793			7421	2750	上犹县
			4277		4516	崇义县
			105660			安远县
	8202		16200	99937	61500	定南县
	2560		10225	3120		全南县
	8844			912		宁都县
			55000			于都县
	2000		46114	16028		兴国县
	1090		3630	50		会昌县
	3832			1081		寻乌县
			1419	4456	58187	石城县
			8500	63303		吉安县
				12000		吉水县
					13831	峡江县
				900		新干县
						永丰县
			2200		21023	泰和县
			42227	13071	7860	遂川县
	10800	30000	44057	4800		万安县
80000			9675	40200	2467	安福县
				15350		永新县
	5000	2690	2550	26924		奉新县
			68635	9603		万载县
	568		23680	46405		上高县
			2772	5171	6709	宜丰县
168	31121	2515	1044	3848	89	靖安县
			11496	13852	3556	铜鼓县
		11000		290300		南城县
13781		1320	650	37772		黎川县
38600		2000	5000	65659		南丰县
10000		25200		61500		崇仁县
				131690		乐安县
	12000		15300			宜黄县
			51830	4497		金溪县
142850			400			资溪县
48110			9849			广昌县
			99279		81207	玉山县

4-2-2 续表 13

计量单位：万元

县名称 Name of Counties	本年实际到位资金合计 The Total Funds Actually Available for The Reported Year	上年末结余资金 The Balance of The Previous Year	本年资金来源		
			小计 Subtotal	国家预算资金 State Budgetary Fund	中央预算资金 Central Budgetary Fund
铅山县	41770		41770		
横峰县	14144		14144	1100	
弋阳县	101372	7637	93735	1594	1594
余干县	97805		97805		
鄱阳县	323731		323731	317617	6000
万年县	6292		6292	4858	
婺源县	38097	9080	29017	1494	462
山　东	**1603598**	**12177**	**1591421**	**449354**	**7647**
平阴县	38302		38302	37770	
商河县	79543		79543	35319	
桓台县	10981		10981	10914	
高青县	848		848	218	
沂源县	75161	3621	71540	23083	1600
利津县	37540		37540	2840	
广饶县	28952	263	28689	24138	
临朐县	97506		97506	5598	
昌乐县	22698	124	22574		
微山县	33329		33329		
鱼台县	13203		13203		
金乡县	43988		43988		
嘉祥县	9691		9691		
汶上县	77470		77470		
泗水县	15744		15744		
梁山县	40255		40255		
宁阳县	10500		10500	300	
东平县	1531		1531	1531	
五莲县	1310		1310	1215	
莒　县	14302		14302	14302	
沂南县	30369		30369	30369	
郯城县	12705		12705	12705	
沂水县	100412		100412	97891	
兰陵县	26675		26675	20934	3993
费　县	14450		14450		
平邑县	42158	1868	40290	17690	
莒南县	31894		31894	7806	
蒙阴县	54977		54977		
临沭县	14582		14582		
宁津县	6580		6580	6580	
庆云县	6145		6145		
临邑县	2854		2854	1119	1119
齐河县	78653		78653	31541	415
平原县	13064		13064	13064	

continued

Measurement Unit: 10,000 RMB

Sources of Fund					各 项 应付款	县名称
国内贷款 Domestic Loan	债券 Securities	利用外资 Foreign Investment	自筹资金 Self-Raised Funds	其他资金 Other Funds	Sum Payable This Year	Name of Counties
	6642		2695	32433	39458	铅山县
				13044		横峰县
	4759		3225	84157		弋阳县
				97805		余干县
			6114			鄱阳县
				1434	4858	万年县
5330	21993		200		3900	婺源县
54291	**153790**		**614069**	**319917**	**345533**	**山 东**
			532			平阴县
	2500		41724			商河县
				67		桓台县
				630	3830	高青县
11854			17345	19258	19863	沂源县
	20000		14700			利津县
			4551			广饶县
			91908			临朐县
15380			6757	437	14019	昌乐县
				33329	1013	微山县
			792	12411	16490	鱼台县
			15490	28498	4334	金乡县
			1771	7920	2602	嘉祥县
			62234	15236	11774	汶上县
			3776	11968	3294	泗水县
			11632	28623	30000	梁山县
			10200			宁阳县
					3010	东平县
			95		7277	五莲县
						莒 县
						沂南县
						郯城县
			2521			沂水县
			5741			兰陵县
	9160		4390	900	5608	费 县
			22600			平邑县
			24021	67		莒南县
			6507	48470		蒙阴县
				14582		临沭县
					46779	宁津县
			5368	777		庆云县
			1735		7000	临邑县
			47112			齐河县
						平原县

4-2-2 续表 14

计量单位：万元

县名称 Name of Counties	本年实际到位资金合计 The Total Funds Actually Available for The Reported Year	上年末结余资金 The Balance of The Previous Year	本年资金来源 小计 Subtotal	国家预算资金 State Budgetary Fund	中央预算资金 Central Budgetary Fund
夏津县	23059		23059	4624	
武城县	75120		75120		
阳谷县	25643	3186	22457	9702	
莘　县	49201		49201	1844	
东阿县	12818	2867	9951	3600	
冠　县	5895		5895		
高唐县	4547		4547	608	
惠民县	8184		8184		
阳信县	12248	248	12000		
无棣县	5869		5869	5177	
博兴县	22434		22434	10773	
曹　县	20300		20300		
单　县	50443		50443		
成武县	42941		42941		
巨野县	41000		41000		
郓城县	53069		53069	14273	520
鄄城县	10262		10262	1826	
东明县	52193		52193		
河　南	**3067237**	**81616**	**2985621**	**1191212**	**127281**
中牟县	18387		18387	1379	1379
杞　县	32740	259	32481		
通许县	4333		4333	4171	
尉氏县	59091		59091	9531	1815
兰考县	18985		18985	12132	6090
新安县	28163		28163	5366	1171
栾川县	3268		3268	868	495
嵩　县	2756		2756		
汝阳县	70800		70800	65300	
宜阳县	86258		86258		
洛宁县					
伊川县	59877		59877	224	
宝丰县	3626		3626	3626	
叶　县	24067	1800	22267		
鲁山县	11200		11200		
郏　县	15325		15325	13274	2000
安阳县					
汤阴县	38631		38631	13131	
滑　县	73721	9960	63761	13113	1571
内黄县	115365	14099	101266		
浚　县	23433		23433	1490	1400
淇　县	31395		31395	3020	
新乡县	32379		32379		

continued

Measurement Unit: 10,000 RMB

Sources of Fund					各 项 应付款	县名称
国内贷款 Domestic Loan	债券 Securities	利用外资 Foreign Investment	自筹资金 Self-Raised Funds	其他资金 Other Funds	Sum Payable This Year	Name of Counties
				18435		夏津县
			75120			武城县
	8079		4676			阳谷县
	39358		7699	300	780	莘　县
			5851	500	2211	东阿县
	3200		2695		34081	冠　县
			3439	500	2532	高唐县
	6000		2184		6437	惠民县
	11500		500		9102	阳信县
			692			无棣县
	4167		7494			博兴县
			13500	6800	31149	曹　县
			709	49734		单　县
	16781		26160			成武县
			41000		67520	巨野县
27057	7983		3756			郓城县
			7886	550	14828	鄄城县
	25062		7206	19925		东明县
223716	**228955**		**712040**	**629698**	**329106**	**河　南**
			17008			中牟县
28509			3972		13561	杞　县
			162		5690	通许县
	1970		45371	2219	2787	尉氏县
			6853			兰考县
			22797		1484	新安县
				2400	4814	栾川县
			2756		6724	嵩　县
			5500		5041	汝阳县
15000			4871	66387		宜阳县
					37382	洛宁县
			2700	56953	11056	伊川县
					1339	宝丰县
			550	21717	7530	叶　县
	7660			3540		鲁山县
			2051			郏　县
					4564	安阳县
	7300		18200		12899	汤阴县
18500	21700		8101	2347		滑　县
	16456		2614	82196		内黄县
	19000		2743	200	12961	浚　县
	8000		20375			淇　县
	7500		24879			新乡县

4-2-2 续表 15

计量单位：万元

县名称 Name of Counties	本年实际到位资金合计 The Total Funds Actually Available for The Reported Year	上年末结余资金 The Balance of The Previous Year	本年资金来源 小计 Subtotal	国家预算资金 State Budgetary Fund	中央预算资金 Central Budgetary Fund
获嘉县	4571		4571	558	
原阳县	40776		40776	843	
延津县	18084		18084	2379	
封丘县	14055	541	13514	789	789
修武县	3940	183	3757		
博爱县	2042		2042		
武陟县	62915		62915	11465	
温　县	29240	2961	26279	26279	
清丰县	49152		49152	10310	7763
南乐县	44298	1440	42858	9099	712
范　县	19708		19708	5725	
台前县	42022		42022	11422	752
濮阳县	39320		39320	20953	
鄢陵县					
襄城县	2784		2784		
舞阳县	25605		25605	25605	
临颍县	21687		21687	18387	
渑池县	11855		11855	10455	8754
卢氏县	33256	847	32409	4102	252
南召县	32036		32036	31336	
方城县	66182		66182	59678	
西峡县	34976		34976	34976	
镇平县	23316	643	22673	22409	
内乡县	26372		26372	26372	
淅川县	35230		35230	35230	
社旗县	9509		9509	8509	
唐河县	97844		97844	97844	
新野县	88434		88434	84734	
桐柏县	21040		21040	21040	
民权县	27747		27747	22267	
睢　县	59310		59310	37520	
宁陵县	13510		13510	13510	200
柘城县	20302		20302	1704	1015
虞城县	41800		41800	36139	
夏邑县	48314		48314	1544	805
罗山县	21068		21068	4078	1850
光山县	18624	3134	15490	12259	10392
新　县	72153		72153	5653	1200
商城县	19125		19125	10445	7860
固始县	65336		65336	24736	
潢川县	50862	21374	29488	18188	4968
淮滨县	94921		94921	71448	

continued

Measurement Unit: 10,000 RMB

Sources of Fund					各　项 应付款	县名称
国内贷款 Domestic Loan	债券 Securities	利用外资 Foreign Investment	自筹资金 Self-Raised Funds	其他资金 Other Funds	Sum Payable This Year	Name of Counties
	4013				70	获嘉县
			35169	4764	18630	原阳县
	9232		1138	5335		延津县
	12725					封丘县
			3757		1010	修武县
			2042			博爱县
			900	50550		武陟县
						温　县
			38842			清丰县
	13504		18277	1978		南乐县
	1772		12211			范　县
	18000		12600			台前县
17440			927			濮阳县
					19560	鄢陵县
				2784		襄城县
						舞阳县
			3300			临颍县
			1400			渑池县
27207			100	1000	5196	卢氏县
			700			南召县
			6504			方城县
						西峡县
			264		275	镇平县
						内乡县
						淅川县
			1000			社旗县
						唐河县
			3700		3900	新野县
						桐柏县
			5480			民权县
	2125		18565	1100	50	睢　县
						宁陵县
	2026		13340	3232		柘城县
			5661			虞城县
16040			28460	2270		夏邑县
	8900		8090			罗山县
			2345	886		光山县
			66000	500		新　县
	2768		4504	1408		商城县
			40600			固始县
	11300					潢川县
	17000		6473			淮滨县

4-2-2 续表 16

计量单位：万元

县名称 Name of Counties	本年实际到位资金合计 The Total Funds Actually Available for The Reported Year	上年末结余资金 The Balance of The Previous Year	本年资金来源 小计 Subtotal	国家预算资金 State Budgetary Fund	中央预算资金 Central Budgetary Fund
息　县	19670		19670	5573	4973
扶沟县	55935		55935	5515	2767
西华县	10108		10108	1108	258
商水县	9384		9384	9384	1022
沈丘县	29880		29880	24257	4327
郸城县	23009		23009	23009	3709
太康县	25800		25800		
鹿邑县	70805		70805	62855	11380
西平县	59127		59127	5118	3031
上蔡县	7977		7977	2819	666
平舆县	10567		10567	10567	
正阳县	93629	10000	83629	17901	15426
确山县	64621		64621		
泌阳县	53892	14375	39517	20217	215
汝南县	27512		27512		
遂平县	144072		144072		
新蔡县	154128		154128	16274	16274
湖　北	**1190683**	**49796**	**1140887**	**264642**	**110660**
阳新县	75601		75601	35745	35745
郧西县	16515		16515	9957	9957
竹山县	738		738	140	50
竹溪县	6025		6025		
房　县	3362		3362		
远安县	17049	1000	16049	10977	2994
兴山县	36284		36284	9696	7097
秭归县	111696	7116	104580	21190	7761
长阳土家族自治县	30381		30381	1550	1550
五峰土家族自治县	19260		19260	19120	
南漳县					
谷城县	23543		23543	23543	
保康县	6408		6408	2363	2363
沙洋县	22937	3605	19332	12321	7401
孝昌县	118874		118874	4340	3699
大悟县	17000		17000		
云梦县	1650		1650		
公安县	64129	22207	41922	2585	
江陵县	38208	4983	33225	700	700
团风县	63907		63907	874	
红安县	31029		31029	7277	
罗田县	2000		2000		
英山县	10545	1605	8940	5219	
浠水县	101721		101721	2000	2000

continued

Measurement Unit: 10,000 RMB

Sources of Fund					各项应付款	县名称
国内贷款 Domestic Loan	债券 Securities	利用外资 Foreign Investment	自筹资金 Self-Raised Funds	其他资金 Other Funds	Sum Payable This Year	Name of Counties
	11000		1627	1470		息　县
	2960		44632	2828	2868	扶沟县
			9000		23062	西华县
					60755	商水县
			5623		17028	沈丘县
					26416	郸城县
			25800		22454	太康县
			7950			鹿邑县
34130	3172		7707	9000		西平县
	2872		3	2283		上蔡县
						平舆县
10152	6000		37539	12037		正阳县
14139	7000		14988	28494		确山县
16899			589	1812		泌阳县
	3000		21530	2982		汝南县
				144072		遂平县
25700			1200	110954		新蔡县
99272	**73733**		**392747**	**310493**	**406793**	**湖　北**
	11763		26893	1200	11300	阳新县
			2258	4300	29037	郧西县
			598		140	竹山县
			4550	1475		竹溪县
			3362		3098	房　县
	1650		488	2934	8606	远安县
				26588		兴山县
			73640	9750	1148	秭归县
			5778	23053		长阳土家族自治县
	140					五峰土家族自治县
					628	南漳县
						谷城县
	2723			1322		保康县
	2600		4411		43785	沙洋县
60472			23812	30250	56643	孝昌县
	17000					大悟县
			1650			云梦县
			20337	19000		公安县
	500		29739	2286	26527	江陵县
	4000		1435	57598		团风县
	11842		9710	2200	21507	红安县
			2000			罗田县
	3721				8628	英山县
			13463	86258	130607	浠水县

4-2-2 续表 17

计量单位：万元

县名称 Name of Counties	本年实际到位资金合计 The Total Funds Actually Available for The Reported Year	上年末结余资金 The Balance of The Previous Year	本年资金来源 小计 Subtotal	国家预算资金 State Budgetary Fund	中央预算资金 Central Budgetary Fund
蕲春县					
黄梅县	9575		9575		
嘉鱼县	76281	7000	69281		
通城县	31759		31759	25763	
崇阳县	15793		15793		
通山县	7407		7407	5319	5287
随　县	37587		37587	2395	
建始县	18334		18334	18334	
巴东县	10657		10657	9487	
咸丰县	72975		72975	7215	6300
来凤县	37055	2280	34775	12679	10663
鹤峰县	10212		10212	6760	
宣恩县	27783		27783	7093	7093
神农架林区	16403		16403		
湖　南	**4227729**	**385252**	**3842477**	**619279**	**331796**
长沙县	366418		366418	157605	157605
望城区	639792		639792		
攸　县	20625		20625	6484	4111
茶陵县	20926		20926	20617	290
炎陵县	15756		15756	455	238
湘潭县	134950		134950	672	672
衡阳县	7325		7325	7325	
衡南县	19751		19751	1998	1998
衡山县	20050		20050		
衡东县	19441		19441	14441	809
祁东县	21383		21383	5165	5101
南岳区	3542		3542	3542	2834
新邵县	8364		8364	2971	380
邵阳县	54632		54632	5454	5454
隆回县	84070	3520	80550		
洞口县	26332	332	26000	2508	1513
绥宁县					
新宁县	42890	6624	36266	1640	949
城步苗族自治县	113944		113944	7214	7214
岳阳县	57850		57850	8453	8453
华容县	53840		53840	53840	
湘阴县	21049		21049	10190	10024
平江县	29351		29351	8758	6171
安乡县	13426		13426		
汉寿县	26850		26850		
澧　县	140042	5603	134439	5982	3167
临澧县	15010	2220	12790	5792	

continued

Measurement Unit: 10,000 RMB

Sources of Fund					各 项 应付款	县名称
国内贷款 Domestic Loan	债券 Securities	利用外资 Foreign Investment	自筹资金 Self-Raised Funds	其他资金 Other Funds	Sum Payable This Year	Name of Counties
						蕲春县
	8724		851		8039	黄梅县
			69281			嘉鱼县
3000			176	2820	32963	通城县
	1700		4589	9504	10983	崇阳县
			188	1900	13154	通山县
			25392	9800		随　县
						建始县
	1170					巴东县
35000			30760			咸丰县
800	5000		14146	2150		来凤县
	1200			2252		鹤峰县
			20690			宣恩县
			2550	13853		神农架林区
218632	**270316**	**98882**	**1922033**	**713335**	**113710**	**湖　南**
67600	84854		50747	5612		长沙县
			639792			望城区
			2483	11658		攸　县
			309			茶陵县
	3550			11751		炎陵县
			134278		3100	湘潭县
						衡阳县
			8008	9745	110	衡南县
			20050			衡山县
				5000		衡东县
	5640		2500	8078		祁东县
						南岳区
	2000		1030	2363	315	新邵县
	10000		7113	32065	1200	邵阳县
		64882		15668		隆回县
	3650		15803	4039	25132	洞口县
						绥宁县
935	16394		6750	10547	1124	新宁县
	5326		101404			城步苗族自治县
			640	48757		岳阳县
						华容县
			195	10664		湘阴县
			11642	8951	29218	平江县
			13426			安乡县
			26850			汉寿县
	850		2216	125391		澧　县
5166			1832			临澧县

4-2-2 续表 18

计量单位：万元

县名称 Name of Counties	本年实际到位资金合计 The Total Funds Actually Available for The Reported Year	上年末结余资金 The Balance of The Previous Year	本年资金来源 小计 Subtotal	国家预算资金 State Budgetary Fund	中央预算资金 Central Budgetary Fund
桃源县	53971	5000	48971	8035	6136
石门县	19281	9500	9781	6014	3068
慈利县	54103		54103	8615	8615
桑植县	18394	4748	13646		
南　县	77954	12805	65149		
桃江县	76322	26	76296		
安化县	116274	23681	92593	8309	2533
大通湖区	18896		18896	18896	3896
桂阳县	4700		4700	2000	1800
宜章县	6749		6749	3117	3117
永兴县	22049		22049	7717	2352
嘉禾县	36645		36645	1633	887
临武县	27589		27589	5220	5220
汝城县	14972	680	14292	4703	4703
桂东县	23239		23239		
安仁县	17059		17059	8293	7798
东安县	28714		28714	5571	3235
双牌县	39352		39352	4910	4910
道　县	470443	71000	399443	25543	
江永县	77456		77456	67522	
宁远县	160138	121412	38726	4657	4657
蓝山县	92616	89000	3616	3036	718
新田县	21445		21445	5248	2845
江华瑶族自治县	20736		20736	7477	7477
中方县	71767		71767	2947	2947
沅陵县	111700		111700	8000	
辰溪县	23465		23465	9303	
溆浦县	41535		41535	1006	520
会同县	15656	1381	14275	2640	2640
麻阳苗族自治县	1228		1228	1152	1152
新晃侗族自治县	165223		165223	8478	1733
芷江侗族自治县	18643		18643	6477	6477
通道县	25783		25783	3452	3452
靖州县	3721	1715	2006	2006	
双峰县	107414	1957	105457	1991	
新化县	65270		65270	1871	1871
泸溪县	4104		4104	616	
凤凰县	18644	9322	9322	3822	
花垣县	38283	6630	31653	5246	5246
保靖县					
古丈县	14377	3190	11187	4335	2835
永顺县	7967		7967	7153	5837
龙山县	16243	4906	11337	11162	6136

continued

Measurement Unit: 10,000 RMB

Sources of Fund					各项应付款	县名称
国内贷款 Domestic Loan	债券 Securities	利用外资 Foreign Investment	自筹资金 Self-Raised Funds	其他资金 Other Funds	Sum Payable This Year	Name of Counties
			40936			桃源县
1660			2107			石门县
	7868		37620			慈利县
			11454	2192		桑植县
	4400		52271	8478		南　县
			53225	23071		桃江县
43260	5000		21273	14751	21300	安化县
						大通湖区
	1000		1700			桂阳县
			2249	1383		宜章县
			4220	10112	3410	永兴县
	600		18721	15691		嘉禾县
			1213	21156		临武县
			3571	6018		汝城县
	12200		10739	300	449	桂东县
	3000		5069	697	1506	安仁县
13500			5943	3700		东安县
6000			10866	17576		双牌县
20000			222900	131000		道　县
			6949	2985		江永县
			34069			宁远县
	580					蓝山县
			13604	2593		新田县
	1000		9060	3199		江华瑶族自治县
	22847		42763	3210		中方县
35800	32200		7700	28000	1000	沅陵县
			5550	8612		辰溪县
	500	34000	4580	1449	3500	溆浦县
	6200		1865	3570	132	会同县
				76		麻阳苗族自治县
	28700		108745	19300		新晃侗族自治县
			11166	1000		芷江侗族自治县
			2886	19445		通道县
						靖州县
1500	11232		72980	17754	452	双峰县
			36137	27262		新化县
154			3334		430	泸溪县
				5500		凤凰县
23057	550			2800	6376	花垣县
						保靖县
			6852		399	古丈县
			648	166	231	永顺县
	175				14326	龙山县

4-2-2 续表 19

计量单位：万元

县名称 Name of Counties	本年实际到位资金合计 The Total Funds Actually Available for The Reported Year	上年末结余资金 The Balance of The Previous Year	本年资金来源		
			小计 Subtotal	国家预算资金 State Budgetary Fund	中央预算资金 Central Budgetary Fund
广　东	**567517**	**19315**	**548202**	**144797**	**14174**
始兴县	47987		47987	25673	
仁化县	12748		12748		
翁源县	6333		6333	1752	99
乳源瑶族自治县	17687		17687		
新丰县	3483		3483	9	9
南澳县	16324	4000	12324	200	
遂溪县	7628	2078	5550	5492	
徐闻县	6156		6156	929	
广宁县	2662		2662	117	117
怀集县	2192		2192		
封开县	72		72		
德庆县	6301		6301	287	209
博罗县	4630	78	4552	4552	
惠东县	100		100	100	
龙门县	15519	2123	13396		
大埔县	31833		31833	187	
丰顺县	69854		69854	4208	2615
五华县	26792	1976	24816	3228	2689
平远县	16114		16114	3653	3653
蕉岭县	2931		2931		
海丰县	34430	4400	30030	15442	
陆河县	42642		42642	42642	
紫金县	4915		4915	960	
龙川县	2804		2804	716	716
连平县	1500		1500		
和平县	4767		4767		
东源县	33497		33497		
阳西县	508		508		
阳山县	2418		2418	2248	
连山壮族瑶族自治县	7999		7999	3376	3376
连南瑶族自治县	2576		2576	466	
佛冈县	49866	4660	45206	2808	
饶平县	21012		21012	21012	139
揭西县	17805		17805		
惠来县					
新兴县	40274		40274	4740	552
郁南县	3158		3158		
广　西	**1146187**	**93273**	**1052914**	**495171**	**67661**
隆安县	12286	2433	9853	8690	
马山县	5880		5880	5880	

continued

Measurement Unit: 10,000 RMB

Sources of Fund					各 项 应付款	县名称
国内贷款 Domestic Loan	债券 Securities	利用外资 Foreign Investment	自筹资金 Self-Raised Funds	其他资金 Other Funds	Sum Payable This Year	Name of Counties
1198	**151247**	**12902**	**46959**	**191099**	**216695**	**广　东**
	8729		12585	1000		始兴县
			11268	1480		仁化县
	4500		64	17	860	翁源县
	8270			9417	800	乳源瑶族自治县
				3474	17330	新丰县
	12124					南澳县
			58		3414	遂溪县
			314	4913		徐闻县
	522		2023			广宁县
	619			1573		怀集县
				72	638	封开县
	4946		630	438		德庆县
						博罗县
						惠东县
				13396	53201	龙门县
	24640		840	6166	5514	大埔县
	5000			60646	479	丰顺县
			4507	17081		五华县
	8656		3724	81	1124	平远县
				2931	2260	蕉岭县
			1467	13121	52239	海丰县
					2650	陆河县
				3955		紫金县
			1234	854	127	龙川县
				1500		连平县
			3630	1137	3520	和平县
		12902	990	19605		东源县
			508		17915	阳西县
				170	970	阳山县
	3650			973	3791	连山壮族瑶族自治县
	1437			673	235	连南瑶族自治县
	17340		100	24958		佛冈县
					25	饶平县
	17805				14039	揭西县
					35527	惠来县
1198	31082		2650	604		新兴县
	1927		367	864	37	郁南县
142288	**30856**		**307950**	**76649**	**150753**	**广　西**
			53	1110		隆安县
						马山县

4-2-2 续表 20

计量单位：万元

县名称 Name of Counties	本年实际到位资金合计 The Total Funds Actually Available for The Reported Year	上年末结余资金 The Balance of The Previous Year	本年资金来源 小计 Subtotal	国家预算资金 State Budgetary Fund	中央预算资金 Central Budgetary Fund
上林县	12481		12481	7158	780
宾阳县	11665		11665	1064	364
柳城县	27206		27206	2901	2901
鹿寨县	50702		50702		
融安县	3070		3070	3070	
融水苗族自治县	6500		6500	6500	
三江侗族自治县	60952	35	60917	31235	28000
阳朔县	41253		41253	24795	281
灵川县	11739		11739	11247	532
全州县	21073		21073	21073	559
兴安县	35480	16675	18805	18805	647
永福县	4275		4275	4275	
灌阳县	10017	1012	9005	2776	
龙胜各族自治县	15825	1035	14790	14790	902
资源县	1105		1105	1105	765
平乐县	11826		11826	11826	
恭城瑶族自治县	1695		1695	425	
苍梧县	32654		32654	1025	
藤　县	22750		22750	22050	680
蒙山县	6457		6457		
合浦县	65355		65355	16359	4055
上思县	2457		2457	978	
灵山县	32566		32566	25636	
浦北县	3887		3887	3859	646
平南县	83130		83130	50669	2183
容　县	47051	7922	39129	7496	1400
陆川县	84593	59362	25231	3692	
博白县	66558	265	66293	5445	
兴业县	37110	153	36957	17944	7781
田东县	13551	1308	12243	8468	1837
德保县	6043		6043	3984	2984
那坡县	6464		6464	4288	242
凌云县	1981		1981	1981	
乐业县	5350		5350	1350	
田林县	2730		2730	2730	635
西林县	2400		2400	1306	92
隆林各族自治县	3751		3751	2132	
昭平县	14663		14663	12403	
钟山县	16982		16982	14712	3160
富川瑶族自治县	11471	68	11403	11233	2274
南丹县	2492		2492	2204	
天峨县	2504		2504	1654	

continued

Measurement Unit: 10,000 RMB

Sources of Fund					各 项 应付款	县名称
国内贷款 Domestic Loan	债券 Securities	利用外资 Foreign Investment	自筹资金 Self-Raised Funds	其他资金 Other Funds	Sum Payable This Year	Name of Counties
			3368	1955		上林县
			10601		49234	宾阳县
	1137		23066	102		柳城县
			50702		1200	鹿寨县
						融安县
						融水苗族自治县
			29682		35	三江侗族自治县
4036			12422			阳朔县
			199	293	2969	灵川县
					571	全州县
						兴安县
						永福县
	6000			229		灌阳县
					3456	龙胜各族自治县
						资源县
						平乐县
			1270			恭城瑶族自治县
19387				12242		苍梧县
			700			藤 县
			6457			蒙山县
12531	2515		1600	32350		合浦县
	600		176	703	328	上思县
			6930			灵山县
				28		浦北县
			23139	9322		平南县
6400			23743	1490	12005	容 县
21539						陆川县
	4743		53350	2755		博白县
9464	4905		3282	1362		兴业县
			2383	1392		田东县
	2000			59	1091	德保县
	1200		136	840	1060	那坡县
						凌云县
			3000	1000		乐业县
					8	田林县
			1094			西林县
	1200			419	23230	隆林各族自治县
2260						昭平县
950			1320			钟山县
			170		4759	富川瑶族自治县
			240	48	6055	南丹县
			500	350	490	天峨县

4-2-2 续表 21

计量单位：万元

县名称 Name of Counties	本年实际到位资金合计 The Total Funds Actually Available for The Reported Year	上年末结余资金 The Balance of The Previous Year	本年资金来源 小计 Subtotal	国家预算资金 State Budgetary Fund	中央预算资金 Central Budgetary Fund
凤山县	12287		12287	1187	
东兰县	9600		9600		
罗城仫佬族自治县	20562	1362	19200	100	
环江毛南族自治县	15000		15000	12000	231
巴马瑶族自治县	18821		18821	18821	1510
都安瑶族自治县	1289		1289	1289	
大化瑶族自治县	4200		4200	4200	
忻城县	23949		23949	15404	518
象州县	6529		6529	6256	1018
武宣县	30906	630	30276	4574	
金秀瑶族自治县	484		484	484	484
扶绥县	27332		27332	367	200
宁明县	4998		4998	4998	
龙州县	12770	1013	11757	1586	
大新县	31146		31146	17128	
天等县	6334		6334	5564	
海　南	**323249**	**46899**	**276350**	**213734**	**736**
定安县	25237		25237	25237	
屯昌县	12698	434	12264		
澄迈县	53385	30739	22646		
临高县	22851	45	22806	21519	12
白沙黎族自治县	8262		8262	8262	332
昌江县	9471		9471		
乐东县	3827	392	3435	1125	392
陵水县	39614		39614	36814	
保亭县	5990		5990	5088	
琼中县	33660	15200	18460	7524	
洋浦经济开发区	108254	89	108165	108165	
重　庆	**1370371**	**42509**	**1327862**	**587451**	**43941**
城口县	62138	29088	33050	10052	3252
丰都县	24893		24893	10692	8310
垫江县	230814		230814	118681	3803
忠　县	48141		48141	39722	1010
云阳县	438331	12624	425707	98789	9852
奉节县	179479		179479	131764	
巫山县	62560	797	61763	16007	1605
巫溪县	44685		44685	21350	6200
石柱土家族自治县	80253		80253	78550	5179
秀山土家族苗族自治县	149917		149917	52776	3352
酉阳土家族苗族自治县	20757		20757	5436	462
彭水苗族土家族自治县	28403		28403	3632	916

continued

Measurement Unit: 10,000 RMB

Sources of Fund					各项应付款	县名称
国内贷款 Domestic Loan	债券 Securities	利用外资 Foreign Investment	自筹资金 Self-Raised Funds	其他资金 Other Funds	Sum Payable This Year	Name of Counties
			11100		498	凤山县
			1000	8600	14439	东兰县
			19100		888	罗城仫佬族自治县
3000						环江毛南族自治县
						巴马瑶族自治县
						都安瑶族自治县
						大化瑶族自治县
			8545			忻城县
			273		145	象州县
22133			3569		2846	武宣县
						金秀瑶族自治县
23465			3500		24406	扶绥县
						宁明县
10021			150			龙州县
6452	6556		1010			大新县
650			120		1040	天等县
			37131	**25485**	**13615**	**海　南**
					480	定安县
				12264		屯昌县
			21646	1000		澄迈县
			1287			临高县
						白沙黎族自治县
				9471	2050	昌江县
			1500	810		乐东县
			2800			陵水县
			102	800	30	保亭县
			9796	1140		琼中县
					11055	洋浦经济开发区
310908	**163198**		**232155**	**34150**	**84532**	**重　庆**
22500			498		672	城口县
13559			642		251	丰都县
36800			74982	351		垫江县
7990			429		25323	忠　县
84000	101328		114580	27010	11744	云阳县
	45629			2086		奉节县
15000	10000		17858	2898	41960	巫山县
11600			11141	594		巫溪县
			1703			石柱土家族自治县
83647	6241		6373	880		秀山土家族苗族自治县
12587			2734		4282	酉阳土家族苗族自治县
23225			1215	331	300	彭水苗族土家族自治县

4-2-2 续表 22

计量单位：万元

县名称 Name of Counties	本年实际到位资金合计 The Total Funds Actually Available for The Reported Year	上年末结余资金 The Balance of The Previous Year	本年资金来源 小计 Subtotal	国家预算资金 State Budgetary Fund	中央预算资金 Central Budgetary Fund
四　川	**2638405**	**435188**	**2203217**	**329863**	**114179**
金堂县	392531	196783	195748		
大邑县	47475		47475		
蒲江县					
荥　县					
富顺县					
米易县					
盐边县					
泸　县	72500		72500		
合江县	19500		19500		
叙永县	19600		19600		
古蔺县	37800		37800		
中江县	172757	490	172267	10767	2355
三台县	20252		20252	2130	2130
盐亭县	8180		8180	4180	
梓潼县	8750		8750		
北川羌族自治县	4021		4021	3152	3152
平武县	2000		2000		
旺苍县	28151		28151	1416	
青川县	9500		9500		
剑阁县	9350	210	9140		
苍溪县	49108		49108	6691	
蓬溪县	63140		63140		
大英县	53400		53400	6300	5910
威远县	21072		21072		
资中县	21399		21399	990	
犍为县	20299	7732	12567	3267	3143
井研县	1200		1200		
夹江县	7187		7187	6247	6247
沐川县	1500		1500	1000	
峨边县	43050	26400	16650	6321	288
马边县	10836	168	10668	2668	910
南部县	187800		187800	118700	
营山县	187876		187876	33000	
蓬安县	96483		96483		
仪陇县	59000		59000		
西充县	67500		67500	31500	25251
仁寿县	2845		2845		
洪雅县	3800	1600	2200		
丹棱县	9200	2683	6517	1005	
青神县	29189		29189	1380	1380
江安县	33536		33536		
长宁县	17550		17550		

continued

Measurement Unit: 10,000 RMB

Sources of Fund					各 项 应付款	县名称
国内贷款 Domestic Loan	债券 Securities	利用外资 Foreign Investment	自筹资金 Self-Raised Funds	其他资金 Other Funds	Sum Payable This Year	Name of Counties
280225	**233146**		**415441**	**944542**	**324922**	**四　川**
28637				167111	68995	金堂县
	7800			39675	47475	大邑县
					16000	蒲江县
						荣　县
						富顺县
						米易县
						盐边县
				72500		泸　县
			5500	14000		合江县
				19600		叙永县
			7800	30000		古蔺县
98000	33300			30200		中江县
	1770		4141	12211		三台县
			4000			盐亭县
			8750			梓潼县
				869		北川羌族自治县
			2000			平武县
			24811	1924	6554	旺苍县
	9500					青川县
			9140		8930	剑阁县
42417					9293	苍溪县
			34650	28490		蓬溪县
14200	3300		29000	600		大英县
	5520		15552			威远县
	9879			10530		资中县
				9300	20299	犍为县
				1200	1200	井研县
				940	4349	夹江县
	500				1500	沐川县
				10329		峨边县
	8000				2636	马边县
600			55500	13000		南部县
29314	10686		60676	54200		营山县
	46253		44230	6000		蓬安县
			14000	45000	8587	仪陇县
				36000		西充县
			1380	1465		仁寿县
	2200					洪雅县
1761	3671		80			丹棱县
	27809				1537	青神县
				33536	8134	江安县
				17550	17550	长宁县

4-2-2 续表 23

计量单位：万元

县名称 Name of Counties	本年实际到位资金合计 The Total Funds Actually Available for The Reported Year	上年末结余资金 The Balance of The Previous Year	本年资金来源 小计 Subtotal	国家预算资金 State Budgetary Fund	中央预算资金 Central Budgetary Fund
高　县	10073	1333	8740	303	303
珙　县	14950		14950		
筠连县	8656	400	8256	2927	2927
兴文县	11350		11350	9700	9700
屏山县	95990	7992	87998	750	750
岳池县	19400		19400		
武胜县	27953		27953		
邻水县	19650		19650		
宣汉县	35429	8560	26869	869	869
开江县	39100		39100	3682	3682
大竹县	18100		18100		
渠　县	41497		41497	2476	2476
荥经县					
汉源县					
石棉县					
天全县					
芦山县					
宝兴县					
通江县	42570		42570		
南江县	94650	83250	11400	3000	
平昌县	26750		26750		
安岳县					
乐至县					
汶川县	1900	85	1815		
理　县	1114	1114			
茂　县	16849	5443	11406	4710	4710
松潘县	2556	207	2349	2349	2349
九寨沟县	24867	3163	21704	6944	6944
金川县	5900	5900			
小金县	1571		1571	1571	
黑水县	3179	3179			
壤塘县	580		580		
阿坝县	9541	9541			
若尔盖县	3400		3400		
红原县	9339	1631	7708	6708	6708
泸定县	2240	2240			
丹巴县	7572	7572			
九龙县	4020	4020			
雅江县	828	828			
道孚县	10785	7790	2995	2396	
炉霍县	6558		6558	3058	3058
甘孜县	3795	3795			

continued

Measurement Unit: 10,000 RMB

Sources of Fund					各 项 应付款	县名称
国内贷款 Domestic Loan	债券 Securities	利用外资 Foreign Investment	自筹资金 Self-Raised Funds	其他资金 Other Funds	Sum Payable This Year	Name of Counties
	1842			6595		高　县
			14950			珙　县
			5329			筠连县
			1000	650	8150	兴文县
	22200		29895	35153	68470	屏山县
			5000	14400		岳池县
				27953		武胜县
				19650		邻水县
26000						宣汉县
	3500			31918		开江县
				18100		大竹县
				39021		渠　县
						荥经县
						汉源县
						石棉县
						天全县
						芦山县
						宝兴县
	2000		585	39985		通江县
	4400		4000			南江县
				26750		平昌县
						安岳县
						乐至县
				1815		汶川县
						理　县
6696						茂　县
						松潘县
14000				760		九寨沟县
					1800	金川县
					1571	小金县
						黑水县
	580					壤塘县
						阿坝县
	3400					若尔盖县
				1000		红原县
						泸定县
						丹巴县
						九龙县
						雅江县
			599			道孚县
	2000		1500			炉霍县
						甘孜县

4-2-2 续表 24

计量单位：万元

县名称 Name of Counties	本年实际到位资金合计 The Total Funds Actually Available for The Reported Year	上年末结余资金 The Balance of The Previous Year	本年资金来源 小计 Subtotal	国家预算资金 State Budgetary Fund	中央预算资金 Central Budgetary Fund
新龙县					
德格县					
白玉县	2487		2487	2487	2487
石渠县					
色达县					
理塘县	6756	6756			
巴塘县	4484	4484			
乡城县	6245	4295	1950	1950	1950
稻城县	7799	7799			
得荣县	4167	4167			
普格县	13027		13027		
木里县	2803	2803			
盐源县	1608		1608	500	500
德昌县	2773	203	2570		
会东县	25588		25588	3000	
宁南县					
布拖县	12519		12519		
金阳县	2134		2134		
昭觉县	19770	775	18995	18995	14000
喜德县	9808		9808	9808	
冕宁县	11089		11089	154	
越西县	7822	7697	125	125	
甘洛县	6637		6637	687	
美姑县	740		740		
雷波县	28100	2100	26000		
贵 州	**5410646**	**845381**	**4565265**	**332071**	**109486**
开阳县	31495		31495		
息烽县	36904		36904	2800	2800
修文县	341885		341885		
六枝特区	275160	275160			
桐梓县	23874		23874		
绥阳县	44366	517	43849	2932	2932
正安县	300		300		
道真县	38945		38945	24491	9563
务川县	41079	33301	7778	975	975
凤冈县	5840	1751	4089		
湄潭县	7605	577	7028		
余庆县	1827		1827	927	927
习水县	13815		13815	924	924
普定县	196005		196005	6015	3760
镇宁县	5666		5666	850	850
关岭县	114586		114586		

continued

Measurement Unit: 10,000 RMB

Sources of Fund					各项应付款	县名称
国内贷款 Domestic Loan	债券 Securities	利用外资 Foreign Investment	自筹资金 Self-Raised Funds	其他资金 Other Funds	Sum Payable This Year	Name of Counties
						新龙县
						德格县
						白玉县
						石渠县
						色达县
						理塘县
						巴塘县
						乡城县
						稻城县
						得荣县
	8500			4527		普格县
					920	木里县
			8	1100		盐源县
			2570		203	德昌县
	10000		11100	1488	17660	会东县
						宁南县
				12519		布拖县
	536			1598	1568	金阳县
						昭觉县
						喜德县
			10295	640	1443	冕宁县
						越西县
	4000			1950		甘洛县
				740	98	美姑县
18600			7400			雷波县
225711	**243948**	**5360**	**1895765**	**1862410**	**1169476**	**贵　州**
	18955		12540			开阳县
4800	10000		19304			息烽县
	80658		245228	15999	20800	修文县
						六枝特区
			23629	245	23036	桐梓县
26000		5000	7236	2681		绥阳县
			300			正安县
	8000		3307	3147	36960	道真县
			3390	3413		务川县
			4089		5725	凤冈县
	1000		3728	2300		湄潭县
				900		余庆县
				12891	8861	习水县
			19500	170490	430	普定县
			3380	1436	159370	镇宁县
	690	360	88411	25125		关岭县

4-2-2 续表 25

计量单位：万元

县名称 Name of Counties	本年实际到位资金合计 The Total Funds Actually Available for The Reported Year	上年末结余资金 The Balance of The Previous Year	本年资金来源 小计 Subtotal	国家预算资金 State Budgetary Fund	中央预算资金 Central Budgetary Fund
紫云县	79631		79631	27410	2062
大方县	92582	1427	91155		
金沙县	325365	195813	129552	20524	9737
织金县	125005	95	124910	2463	2463
纳雍县	163635		163635	2203	1328
威宁自治县	56008		56008	3351	2658
赫章县	16351		16351	11041	4278
江口县	65455		65455	3788	3488
玉屏县	45336		45336	2652	1485
石阡县	102843		102843	8324	6900
思南县	10633	6170	4463	463	429
印江县	19488		19488		
德江县	115707		115707	1409	573
沿河县	955		955		
松桃县	145672	23000	122672	1551	700
普安县	152629		152629	19000	3000
晴隆县	134260	83574	50686		
贞丰县	152420	6800	145620		
望谟县	113652	4745	108907	30	
册亨县	32182		32182		
安龙县	261753	8880	252873	18356	14356
黄平县	87141	78884	8257		
施秉县	39025		39025	223	223
三穗县	114779	300	114479	873	
镇远县	49720	780	48940	3687	3687
岑巩县	76579	43840	32739	2267	2267
天柱县	75578	330	75248	2076	2076
锦屏县	103415	540	102875	1698	1698
剑河县	101650	1494	100156	8094	361
台江县	118808	4019	114789	58266	5691
黎平县	35712		35712		
榕江县	55697		55697	9698	1998
从江县	98330		98330	37865	
雷山县	113294	2061	111233	9049	7949
麻江县	80966		80966		
丹寨县	86967	1371	85596	150	
荔波县	104179		104179	1865	967
贵定县	9853	1105	8748		
瓮安县	76115		76115		
独山县	56617		56617		
平塘县					
罗甸县	31192		31192	31192	3892

continued

Measurement Unit: 10,000 RMB

Sources of Fund					各 项 应付款	县名称
国内贷款 Domestic Loan	债券 Securities	利用外资 Foreign Investment	自筹资金 Self-Raised Funds	其他资金 Other Funds	Sum Payable This Year	Name of Counties
			45358	6863		紫云县
			65655	25500		大方县
56490			51098	1440	27781	金沙县
			121257	1190	447	织金县
			50	161382	123818	纳雍县
684	10462		40741	770	3351	威宁自治县
				5310		赫章县
9000	6765		44880	1022	23718	江口县
			42684		27200	玉屏县
			94519			石阡县
			4000		202426	思南县
	19488				145420	印江县
			24046	90252	5667	德江县
			605	350	77259	沿河县
			15434	105687	9319	松桃县
28000				105629		普安县
17299			16000	17387		晴隆县
570				145050		贞丰县
			108877			望谟县
	3100			29082		册亨县
			234517			安龙县
	4000		4257		3300	黄平县
				38802		施秉县
	4000		36224	73382		三穗县
10300	5700			29253		镇远县
420	8600		570	20882		岑巩县
			23648	49524		天柱县
			80074	21103		锦屏县
46248	3460		12862	29492		剑河县
23500	21333		11690			台江县
			1181	34531	120077	黎平县
	6386		2351	37262		榕江县
2400	1207		20447	36411	23114	从江县
			17084	85100	5926	雷山县
			8568	72398		麻江县
	23544		52902	9000		丹寨县
			102314		102039	荔波县
			1500	7248	4756	贵定县
			3000	73115		瓮安县
				56617	8676	独山县
						平塘县
						罗甸县

4-2-2 续表 26

计量单位：万元

县名称 Name of Counties	本年实际到位资金合计 The Total Funds Actually Available for The Reported Year	上年末结余资金 The Balance of The Previous Year	本年资金来源		
			小计 Subtotal	国家预算资金 State Budgetary Fund	中央预算资金 Central Budgetary Fund
长顺县	101213		101213	1523	1523
龙里县	384510	68290	316220	966	966
惠水县	16585		16585		
三都水族自治县	1807	557	1250	100	
云　南	**3043260**	**116225**	**2927035**	**563224**	**336295**
嵩明县	2343	1223	1120	270	270
富民县	9700		9700	6714	5050
宜良县	8445		8445	2186	2186
石林彝族自治县	18413		18413	5027	5027
禄劝彝族苗族自治县	2144		2144	1001	1001
寻甸县	5788		5788	788	788
昆明阳宗海风景名胜区	36625	4300	32325		
陆良县	94901	23526	71375	71375	
师宗县	66474		66474	6114	
罗平县	60679	716	59963	2200	
富源县	125820	8293	117527	12999	
会泽县	288604		288604	500	
通海县					
华宁县	35000		35000		
易门县	173863		173863	5485	
峨山县	14250		14250	995	995
新平县	34245	2900	31345		
元江县					
施甸县	5170		5170	2770	2600
龙陵县	7900		7900		
昌宁县	17029		17029	5671	4661
鲁甸县	7207		7207	500	500
巧家县	138870		138870		
盐津县	44413		44413	630	630
大关县	52358		52358		
永善县	59136		59136	710	710
绥江县	48115		48115	713	
镇雄县	169866		169866	169866	169346
彝良县	9389		9389	5092	1202
威信县	111306	4010	107296	1000	1000
玉龙纳西族自治县	56236		56236		
永胜县	51453		51453	1585	575
华坪县	16391	1000	15391	6391	4991
宁蒗县	31500		31500	1200	
宁洱哈尼族彝族自治县	28867	507	28360	24150	
墨江哈尼族自治县	22586	2563	20023	2123	1900
景东彝族自治县	21209	3736	17473		

continued

Measurement Unit: 10,000 RMB

Sources of Fund					各项应付款	县名称
国内贷款 Domestic Loan	债券 Securities	利用外资 Foreign Investment	自筹资金 Self-Raised Funds	其他资金 Other Funds	Sum Payable This Year	Name of Counties
			99230	460		长顺县
	6600		58565	250089		龙里县
			14385	2200		惠水县
			1150			三都水族自治县
301769	**401764**	**10562**	**572947**	**1076769**	**1089921**	**云　南**
	350			500	508	嵩明县
			386	2600		富民县
			4759	1500		宜良县
			13386			石林彝族自治县
			21	1122	1322	禄劝彝族苗族自治县
			1000	4000		寻甸县
18400			13925			昆明阳宗海风景名胜区
						陆良县
35360				25000	92735	师宗县
30000			23790	3973	82756	罗平县
24369	27830			52329	8500	富源县
				288104	254294	会泽县
						通海县
35000						华宁县
135000			16979	16399	30238	易门县
			13255			峨山县
			24845	6500		新平县
					26708	元江县
			2400		13328	施甸县
			900	7000	5700	龙陵县
			2762	8596	6655	昌宁县
			854	5853	3046	鲁甸县
			133770	5100	5100	巧家县
			14226	29557		盐津县
	20095			32263		大关县
	2660		16785	38981		永善县
	10904		36498			绥江县
						镇雄县
			1319	2978		彝良县
	47000		400	58896		威信县
				56236		玉龙纳西族自治县
1500	4000			44368		永胜县
	9000					华坪县
	30300					宁蒗县
			4020	190	26960	宁洱哈尼族彝族自治县
	17900					墨江哈尼族自治县
	8513		2572	6388		景东彝族自治县

4-2-2 续表 27

计量单位：万元

县名称 Name of Counties	本年实际到位资金合计 The Total Funds Actually Available for The Reported Year	上年末结余资金 The Balance of The Previous Year	本年资金来源 小计 Subtotal	国家预算资金 State Budgetary Fund	中央预算资金 Central Budgetary Fund
景谷傣族彝族自治县	1535		1535	1530	730
镇沅彝族哈尼族拉祜族自治县	17235		17235	13235	10435
江城哈尼族彝族自治县	2833	1676	1157		
孟连傣族拉祜族佤族自治县	8728		8728	2128	1628
澜沧拉祜族自治县	11407		11407	65	45
西盟佤族自治县	5951		5951	2991	2991
凤庆县	18745	800	17945	3111	2051
云　县	1243		1243		
永德县	39643		39643	10000	4190
镇康县	9376		9376	6376	3685
双江县	3195		3195	500	200
耿马县	8272		8272	8272	6918
沧源县	4202		4202		
双柏县	27764	2498	25266	1907	1698
牟定县	41482		41482	14642	3000
南华县	34649		34649	9395	1158
姚安县	73577		73577	9750	9750
大姚县	36085		36085	2500	2500
永仁县	63589	4300	59289	3060	2023
元谋县	28228		28228	6588	6271
武定县	29723	4000	25723	3181	1356
屏边县	17050		17050		
建水县	34632		34632	23724	
石屏县	12549		12549	801	
泸西县	48945	12433	36512	512	
元阳县	11378		11378	2988	2988
红河县	2955		2955		
金平县	9372	3309	6063	5541	5541
绿春县	19871	9692	10179		
河口县					
砚山县	2003	2003			
西畴县	19166	2466	16700		
麻栗坡县	32812		32812	14794	8652
马关县	97581		97581		
丘北县	14050		14050		
广南县	54981		54981	10349	10349
富宁县	4881		4881	1010	810
勐海县					
勐腊县	23822	601	23221		
漾濞彝族自治县	3855		3855	1771	1771

continued

Measurement Unit: 10,000 RMB

Sources of Fund					各项应付款	县名称
国内贷款 Domestic Loan	债券 Securities	利用外资 Foreign Investment	自筹资金 Self-Raised Funds	其他资金 Other Funds	Sum Payable This Year	Name of Counties
			5		20812	景谷傣族彝族自治县
	4000					镇沅彝族哈尼族拉祜族自治县
			1157		25103	江城哈尼族彝族自治县
	3000			3600	9639	孟连傣族拉祜族佤族自治县
4850			6492		5284	澜沧拉祜族自治县
				2960	10026	西盟佤族自治县
			7249	7585	8101	凤庆县
			90	1153		云　县
				29643	3752	永德县
	3000				113641	镇康县
				2695	4332	双江县
					19900	耿马县
				4202		沧源县
			3260	20099		双柏县
	12454	10562		3824		牟定县
	11410		13844			南华县
	22277		3050	38500		姚安县
	8250		25000	335		大姚县
			1802	54427		永仁县
	1700		19940			元谋县
3290	10000		6320	2932		武定县
			6550	10500		屏边县
			2418	8490	7709	建水县
	900			10848		石屏县
			36000		24560	泸西县
	4700		2240	1450		元阳县
	2000		315	640	4788	红河县
				522	13267	金平县
	9800			379	12606	绿春县
					10925	河口县
						砚山县
	15500		1200		29190	西畴县
	11876			6142	44715	麻栗坡县
	2550		54656	40375		马关县
	11900		2150		750	丘北县
	20000		14532	10100		广南县
			3871		10385	富宁县
						勐海县
	1933		487	20801		勐腊县
	2084				3256	漾濞彝族自治县

4-2-2 续表 28

计量单位：万元

县名称 Name of Counties	本年实际到位资金合计 The Total Funds Actually Available for The Reported Year	上年末结余资金 The Balance of The Previous Year	本年资金来源 小计 Subtotal	国家预算资金 State Budgetary Fund	中央预算资金 Central Budgetary Fund
祥云县					
宾川县	6967		6967	2489	1070
弥渡县	10666		10666	8106	7622
南涧彝族自治县	23024	6666	16358	10717	6883
巍山彝族回族自治县	14928	251	14677	677	677
永平县					
云龙县					
洱源县	11834	3125	8709	2709	2544
剑川县	11800		11800	11800	1800
鹤庆县	7741		7741	2373	
梁河县	1275	1100	175	175	
盈江县	24433		24433	9170	8062
陇川县	26367		26367		
福贡县	61252		61252		
贡山独龙族怒族自治县	26105	1260	24845	330	330
兰坪白族普米族自治县	15937		15937	3601	3601
德钦县	37400		37400	9701	9534
维西傈僳族自治县	9871	7271	2600	2600	
西　藏	**308405**	**64022**	**244383**	**163239**	**95752**
曲水县					
当雄县					
林周县					
墨竹工卡县	2999		2999	2199	1844
尼木县					
亚东县	7100		7100	7100	
聂拉木县	3922		3922	3922	
仲巴县	8047	3231	4816	4816	2650
定结县	1928	430	1498		
康马县	780		780	780	
吉隆县	7747		7747	7747	7747
萨嘎县	5959	5959			
谢通门县	4036		4036	1408	1408
萨迦县					
岗巴县	3353		3353	3353	
拉孜县	4800		4800	4800	4800
江孜县	5174		5174	3729	3729
定日县					
南木林县					
昂仁县	2900		2900		
白朗县	2472		2472	2472	2472
仁布县	5452		5452	5452	5452
左贡县					

continued

Measurement Unit: 10,000 RMB

Sources of Fund					各项应付款	县名称
国内贷款 Domestic Loan	债券 Securities	利用外资 Foreign Investment	自筹资金 Self-Raised Funds	其他资金 Other Funds	Sum Payable This Year	Name of Counties
						祥云县
			3300	1178	16434	宾川县
	2560				31017	弥渡县
	5579			62		南涧彝族自治县
14000					12842	巍山彝族回族自治县
					2605	永平县
						云龙县
				6000	16959	洱源县
					5590	剑川县
				5368	5368	鹤庆县
					12221	梁河县
	15263				3086	盈江县
			26367			陇川县
	22000			39252		福贡县
				24515		贡山独龙族怒族自治县
	10476		1800	60		兰坪白族普米族自治县
	8000			19699	1070	德钦县
					42138	维西傈僳族自治县
	7126		**8306**	**65712**	**22528**	**西　藏**
						曲水县
						当雄县
						林周县
			800			墨竹工卡县
						尼木县
						亚东县
						聂拉木县
						仲巴县
	1498					定结县
						康马县
					5000	吉隆县
						萨嘎县
	2628				4036	谢通门县
						萨迦县
						岗巴县
						拉孜县
				1445	3729	江孜县
						定日县
						南木林县
				2900		昂仁县
						白朗县
					2652	仁布县
						左贡县

4-2-2 续表 29

计量单位：万元

县名称 Name of Counties	本年实际到位资金合计 The Total Funds Actually Available for The Reported Year	上年末结余资金 The Balance of The Previous Year	本年资金来源 小计 Subtotal	国家预算资金 State Budgetary Fund	中央预算资金 Central Budgetary Fund
丁青县	960		960	960	
八宿县	623		623	623	
江达县	267		267	267	
洛隆县	8271		8271	8271	3881
察雅县	660	110	550	550	550
贡觉县					
边坝县	3916		3916	3916	3916
类乌齐县	8709		8709	6048	6048
芒康县	4114		4114	3914	3775
朗　县	9949	9949			
墨脱县	11786		11786	6455	4519
工布江达县					
察隅县	6651		6651	1651	946
波密县	6979	1230	5749	3749	3749
米林县	19103		19103	16000	1000
错那县	10199		10199	10199	
浪卡子县	3744	1622	2122	1622	1622
贡嘎县	1470		1470		
加查县					
桑日县					
洛扎县	400	200	200		
琼结县					
措美县	15711		15711	1917	1917
扎囊县					
曲松县					
隆子县	2862	2862			
聂荣县					
双湖县					
嘉黎县					
比如县	7520		7520	5370	5370
尼玛县					
巴青县	2395		2395	2395	
申扎县	8844	8844			
安多县	4349		4349	899	
索　县	14334	14334			
班戈县	14213	13004	1209	1049	1049
革吉县	1297		1297	1297	
札达县	4457		4457	4457	4457
日土县	10018		10018	10018	
改则县	717	628	89	89	
噶尔县	41336		41336	21673	21673
普兰县	12186	1619	10567		
措勤县	3696		3696	2072	1178

continued

Measurement Unit: 10,000 RMB

Sources of Fund					各 项 应付款	县名称
国内贷款 Domestic Loan	债券 Securities	利用外资 Foreign Investment	自筹资金 Self-Raised Funds	其他资金 Other Funds	Sum Payable This Year	Name of Counties
						丁青县
						八宿县
						江达县
						洛隆县
						察雅县
						贡觉县
						边坝县
			770	1891	2113	类乌齐县
			200		3535	芒康县
						朗　县
			1603	3728		墨脱县
						工布江达县
				5000		察隅县
				2000		波密县
			3103			米林县
						错那县
				500		浪卡子县
			1470			贡嘎县
						加查县
						桑日县
			200			洛扎县
						琼结县
	3000			10794		措美县
						扎囊县
						曲松县
						隆子县
						聂荣县
						双湖县
						嘉黎县
				2150		比如县
						尼玛县
						巴青县
						申扎县
				3450		安多县
						索　县
			160			班戈县
					1297	卓吉县
						札达县
						日土县
					166	改则县
				19663		葛尔县
				10567		普兰县
				1624		措勤县

4-2-2 续表 30

计量单位：万元

县名称 Name of Counties	本年实际到位资金合计 The Total Funds Actually Available for The Reported Year	上年末结余资金 The Balance of The Previous Year	本年资金来源 小计 Subtotal	国家预算资金 State Budgetary Fund	中央预算资金 Central Budgetary Fund
陕　西	**1785453**	**16284**	**1769169**	**477407**	**139795**
蓝田县	80205		80205	80205	
周至县	51341		51341	500	
宜君县	17267	1370	15897	12392	650
岐山县	6461		6461	5931	
扶风县	11382		11382	1500	1500
眉　县	28468		28468	24468	
陇　县	22707		22707	11307	260
千阳县	9550		9550	5340	5340
麟游县	6198		6198	2700	2700
凤　县	9272		9272	1540	890
太白县	16326		16326	12383	8400
三原县	9716		9716	916	416
泾阳县					
乾　县	10593		10593	10593	
礼泉县	39387		39387	800	800
永寿县	397		397	50	50
长武县	5743		5743		
旬邑县	25114	700	24414		
淳化县	7754		7754	2154	1165
武功县	19980		19980	291	79
潼关县	20181	6813	13368	13213	
大荔县	1746		1746	1746	
合阳县	45723		45723	2291	
澄城县	39171	1283	37888	12090	
蒲城县	14358		14358	7658	458
白水县	500		500		
富平县					
延长县	4860		4860	1000	1000
延川县	6534	1550	4984	500	
志丹县	4907	323	4584	3161	856
吴起县	10200		10200		
甘泉县	20443	1880	18563	2600	2600
富　县	27705		27705	27705	7487
洛川县	17237		17237	6550	6550
宜川县	4405		4405	2926	1967
黄龙县	9052	95	8957	3290	2700
黄陵县	2400	400	2000		
城固县	112930		112930		
洋　县					
西乡县	20752		20752	20752	19261

continued

Measurement Unit: 10,000 RMB

Sources of Fund					各项应付款	县名称
国内贷款 Domestic Loan	债券 Securities	利用外资 Foreign Investment	自筹资金 Self-Raised Funds	其他资金 Other Funds	Sum Payable This Year	Name of Counties
39170	**47570**	**22989**	**803115**	**378918**	**365918**	**陕　西**
					80205	蓝田县
				50841		周至县
570	2000		35	900	1069	宜君县
				530		岐山县
	4400			5482	7931	扶风县
				4000		眉　县
	11400				20	陇　县
			4210			千阳县
			3498		4330	麟游县
	2300			5432		凤　县
	500		3443			太白县
			8800		916	三原县
						泾阳县
						乾　县
		8230	4000	26357		礼泉县
				347	2476	永寿县
	1276		4229	238		长武县
	3000	11914	9500		5150	旬邑县
	3000		2600			淳化县
			19689			武功县
			155			潼关县
						大荔县
			41932	1500		合阳县
9200			13823	2775		澄城县
				6700		蒲城县
			500			白水县
					131071	富平县
	1325			2535	2993	延长县
	2000		2484		2656	延川县
				1423		志丹县
				10200	3492	吴起县
			14621	1342		甘泉县
					8386	富　县
			8172	2515	82	洛川县
			280	1199		宜川县
			5067	600		黄龙县
	800		1200			黄陵县
			112930			城固县
					23250	洋　县
						西乡县

4-2-2 续表 31

计量单位：万元

县名称 Name of Counties	本年实际到位资金合计 The Total Funds Actually Available for The Reported Year	上年末结余资金 The Balance of The Previous Year	本年资金来源		
			小计 Subtotal	国家预算资金 State Budgetary Fund	中央预算资金 Central Budgetary Fund
勉　县	37814		37814	5000	
宁强县	17582		17582	500	500
略阳县	4035	150	3885	1344	1318
镇巴县	48070		48070		
留坝县	15674		15674	15674	
佛坪县	12473		12473	1920	1920
府谷县	23979		23979		
靖边县	37242		37242	156	100
定边县	8735	200	8535		
绥德县	6530		6530	6000	
米脂县	883		883		
佳　县	7521		7521	890	890
吴堡县	17159		17159		
清涧县	6584		6584		
子洲县	4600		4600	3800	3800
汉阴县	22159		22159	14913	
石泉县					
宁陕县	5472		5472	530	530
紫阳县	44580		44580	7255	4450
岚皋县	8380		8380	2880	2800
平利县	1296		1296	1038	1038
镇坪县	17892	1520	16372	16372	10462
旬阳县	181430		181430		
白河县	46867		46867	46605	12508
洛南县	429380		429380	62480	28000
丹凤县	7930		7930	7930	3850
商南县	1500		1500		
山阳县	9750		9750	500	
镇安县	3068		3068	3068	2500
柞水县	15903		15903		
甘　肃	**1419980**	**70779**	**1349201**	**424789**	**322683**
永登县	6181		6181		
皋兰县	16390	1807	14583	9207	
榆中县	122252	20300	101952	63803	15496
永昌县	13472		13472	6086	6086
靖远县	4953		4953	4021	1028
会宁县	47799	190	47609	6909	3287
景泰县	39031		39031	7508	3939
清水县	21430	1500	19930	490	
秦安县	8631		8631	98	
甘谷县					
武山县	25257		25257		

continued

Measurement Unit: 10,000 RMB

Sources of Fund					各 项 应付款	县名称
国内贷款 Domestic Loan	债券 Securities	利用外资 Foreign Investment	自筹资金 Self-Raised Funds	其他资金 Other Funds	Sum Payable This Year	Name of Counties
			32014	800	26970	勉 县
	1100		12749	3233		宁强县
			2489	52		略阳县
			42520	5550		镇巴县
						留坝县
			10553			佛坪县
			23979			府谷县
29400			7651	35	9986	靖边县
				8535		定边县
			530			绥德县
				883		米脂县
	3000			3631		佳 县
				17159		吴堡县
	1605			4979	868	清涧县
	800					子洲县
		800	6446			汉阴县
					51072	石泉县
			900	4042		宁陕县
	3264	2045	32016		2785	紫阳县
	1800		700	3000		岚皋县
			258			平利县
						镇坪县
			116630	64800		旬阳县
			262			白河县
			247000	119900		洛南县
						丹凤县
				1500		商南县
	4000		5250			山阳县
					210	镇安县
				15903		柞水县
36920	**341755**		**238553**	**307184**	**333821**	**甘 肃**
				6181	46179	永登县
	2082		3294			皋兰县
6575			3142	28432	74449	榆中县
	7386					永昌县
				932	9390	靖远县
	700			40000	9224	会宁县
11000	17599		2924		28016	景泰县
	13975		5445	20	3510	清水县
			8493	40	685	秦安县
						甘谷县
	3700		20657	900		武山县

4-2-2 续表 32

计量单位：万元

县名称 Name of Counties	本年实际到位资金合计 The Total Funds Actually Available for The Reported Year	上年末结余资金 The Balance of The Previous Year	本年资金来源 小计 Subtotal	国家预算资金 State Budgetary Fund	中央预算资金 Central Budgetary Fund
张家川回族自治县	39285	1368	37917	3719	3719
民勤县	7748		7748		
古浪县	4569		4569	990	990
天祝藏族自治县	54434	16450	37984	31727	25846
肃南县	9450		9450		
民乐县	12985		12985	12985	12985
临泽县	34251		34251	6819	5815
高台县	17265	2080	15185	2635	2635
山丹县	11899	6944	4955	3382	2987
泾川县	15844		15844	5460	5460
灵台县	3287		3287		
崇信县	11070	2616	8454		
庄浪县	8230		8230	850	750
静宁县	23688		23688	5610	3409
金塔县	8884		8884	6280	1135
瓜州县	10265		10265	1028	328
肃北蒙古族自治县	13119		13119	249	
阿克塞哈萨克族自治县	13753		13753	800	
庆城县	17432		17432	2187	
环　县	16565	471	16094	2843	2372
华池县	5046		5046		
合水县	30758	2890	27868	2890	2510
正宁县	30341		30341	4808	4808
宁　县	18226		18226		
镇原县	6510		6510	3163	3163
通渭县	30145		30145	144	130
陇西县	132699		132699		
渭源县	19383		19383		
临洮县	5475		5475		
漳　县	15990		15990	135	
岷　县	6597		6597	636	636
成　县	19672		19672		
文　县	53449	3800	49649	2090	2090
宕昌县	19604		19604	1800	1800
康　县	9859		9859	1400	1400
西和县	5603		5603		
礼　县	15856	112	15744		
徽　县	6675		6675		
两当县					
临夏县	19135		19135	1000	
康乐县	31409		31409	3170	340
永靖县	119980		119980	109858	109858

continued

Measurement Unit: 10,000 RMB

Sources of Fund					各 项 应付款	县名称
国内贷款 Domestic Loan	债券 Securities	利用外资 Foreign Investment	自筹资金 Self-Raised Funds	其他资金 Other Funds	Sum Payable This Year	Name of Counties
			25488	8710		张家川回族自治县
				7748	44412	民勤县
	2400			1179	11401	古浪县
	5500			757	28102	天祝藏族自治县
3450			6000			肃南县
						民乐县
	5000			22432		临泽县
	1118		2940	8492		高台县
	1573					山丹县
	800		9584			泾川县
			2807	480		灵台县
	7940			514		崇信县
	7030			350		庄浪县
	300		17778			静宁县
			2104	500	20170	金塔县
	8127		773	337		瓜州县
	4000			8870		肃北蒙古族自治县
	10842			2111		阿克塞哈萨克族自治县
2426	1700		11119		11822	庆城县
819	7000		5432			环　县
	5046					华池县
2873	13000		9105			合水县
9777	10948		4439	369		正宁县
	7000		10326	900		宁　县
			3347		5892	镇原县
	10500		11920	7581		通渭县
	18200			114499		陇西县
				19383		渭源县
	1354		4121			临洮县
	14723			1132		漳　县
			5961		1264	岷　县
	16828			2844		成　县
	41098		6250	211		文　县
	11888		5916			宕昌县
	8200			259		康　县
	5603					西和县
	15561			183		礼　县
	1345		5000	330		徽　县
						两当县
	6100		12035			临夏县
	4950		18588	4701	2658	康乐县
	3603		6519			永靖县

4-2-2 续表 33

计量单位：万元

县名称 Name of Counties	本年实际到位资金合计 The Total Funds Actually Available for The Reported Year	上年末结余资金 The Balance of The Previous Year	本年资金来源 小计 Subtotal	国家预算资金 State Budgetary Fund	中央预算资金 Central Budgetary Fund
广河县	11740		11740	4192	344
和政县	18719	1240	17479	3829	3829
东乡县	20428		20428	2666	2666
积石山县	17770		17770	1500	600
临潭县	7481		7481	5157	5157
卓尼县	12347		12347	12347	12347
舟曲县	16830		16830	16830	16830
迭部县	13908		13908	13908	8328
玛曲县	21272	8400	12872	12872	12872
碌曲县	25609	611	24998	24998	24998
夏河县	12045		12045	9710	9710
青　海	**337144**	**84066**	**253078**	**176039**	**128660**
大通县					
湟源县	3267		3267	3267	3267
民和县					
互助县	3469	639	2830	2547	900
化隆县	7135		7135	7135	2660
循化县					
门源县	27018	3758	23260	20921	18505
祁连县	73175		73175	36482	28706
海晏县	25858		25858	22634	19024
刚察县	3664	2114	1550		
西海镇					
尖扎县	30105	601	29504	20833	20833
泽库县	17814	17814			
河南县	6092	5702	390		
共和县	11391	1939	9452	354	54
同德县	3069	3069			
贵德县	28529		28529	27847	1955
兴海县	7456	2910	4546	4540	4540
贵南县	3009	2259	750	750	750
班玛县	2934	984	1950	1680	880
久治县	12525	11625	900		
甘德县	7691	1542	6149	2994	2994
玛沁县	27262	23638	3624	3624	3624
达日县	3069		3069	1324	1324
玛多县	4698	1	4697	4344	3881
杂多县					
称多县	910	455	455		
治多县	3995		3995	3520	3520
囊谦县	6027		6027	4629	4629
曲麻莱县					

continued

Measurement Unit: 10,000 RMB

Sources of Fund					各 项 应付款	县名称
国内贷款 Domestic Loan	债券 Securities	利用外资 Foreign Investment	自筹资金 Self-Raised Funds	其他资金 Other Funds	Sum Payable This Year	Name of Counties
	7548				9809	广河县
	6500		2926	4224	5182	和政县
	15164			2598		东乡县
	5500		1785	8985		积石山县
	2324					临潭县
					5471	卓尼县
						舟曲县
					16185	迭部县
						玛曲县
						碌曲县
			2335			夏河县
	54611		**8273**	**14155**	**10122**	**青　海**
						大通县
					4591	湟源县
						民和县
			283		2319	互助县
						化隆县
						循化县
			1278	1061		门源县
	36000			693		祁连县
	706		445	2073		海晏县
	1400			150		刚察县
						西海镇
			2495	6176		尖扎县
						泽库县
				390	3212	河南县
	9098					共和县
						同德县
			383	299		贵德县
			6			兴海县
						贵南县
			56	214		班玛县
				900		久治县
	2579			576		甘德县
						玛沁县
	1594			151		达日县
			317	36		玛多县
						杂多县
				455		称多县
			475			治多县
			1398			囊谦县
						曲麻莱县

4-2-2 续表 34

计量单位：万元

县名称 Name of Counties	本年实际到位资金合计 The Total Funds Actually Available for The Reported Year	上年末结余资金 The Balance of The Previous Year	本年资金来源 小计 Subtotal	国家预算资金 State Budgetary Fund	中央预算资金 Central Budgetary Fund
乌兰县	12572	5016	7556	4494	4494
都兰县					
天峻县					
大柴旦行委	4410		4410	2120	2120
宁　夏	**190054**	**6891**	**183163**	**45290**	**34362**
永宁县	1329		1329	1329	
贺兰县	7779		7779	2664	2664
平罗县	18525	3171	15354	5171	4985
盐池县	11950		11950	4699	4503
同心县	22325		22325	4534	3633
红寺堡区	27328		27328	12765	6487
西吉县	17218		17218	4557	2733
隆德县	14357	3720	10637	2947	2840
泾源县	24121		24121	1270	1270
彭阳县	8460		8460		
中宁县	23518		23518	4296	4189
海原县	13144		13144	1058	1058
新　疆	**1709742**	**79499**	**1630243**	**415146**	**331488**
鄯善县	78109		78109	7220	7220
托克逊县	28407	472	27935	2936	2936
巴里坤哈萨克自治县	16138	4000	12138	2032	2032
伊吾县	28107		28107		
呼图壁县	5579		5579	4509	2389
玛纳斯县	18469	249	18220	13410	10142
奇台县	13805	2769	11036	712	
吉木萨尔县	46498		46498	5003	5003
木垒哈萨克自治县	72296		72296	18050	17256
精河县	17000		17000		
温泉县	600		600	600	600
轮台县	20182		20182	1000	1000
尉犁县	2837		2837	837	837
若羌县	17058		17058	12764	12764
且末县	29392		29392	2323	2323
焉耆回族自治县	22666		22666	3666	3666
和静县	47077		47077	1464	1464
和硕县	16524	1000	15524	524	
博湖县	5164		5164	2592	2592
温宿县	37828		37828	2778	2778
沙雅县	44244		44244	1373	1373
新和县	22687		22687	6700	4900
拜城县	14624		14624	3091	3091
乌什县	25595		25595	10509	3509

continued

Measurement Unit: 10,000 RMB

Sources of Fund					各 项 应付款	县名称
国内贷款 Domestic Loan	债券 Securities	利用外资 Foreign Investment	自筹资金 Self-Raised Funds	其他资金 Other Funds	Sum Payable This Year	Name of Counties
	2412		362	288		乌兰县
						都兰县
						天峻县
	822		775	693		大柴旦行委
17314	**96126**		**15338**	**9095**	**53339**	**宁 夏**
						永宁县
	4606		509			贺兰县
	7800		1000	1383	15277	平罗县
	6339			912		盐池县
	16791			1000	18676	同心县
	6706		6075	1782		红寺堡区
	8945		3308	408	6434	西吉县
	4580			3110	6762	隆德县
	22851					泾源县
	7960			500	6190	彭阳县
17314			1908			中宁县
	9548		2538			海原县
73059	**790862**	**6380**	**149080**	**195716**	**147470**	**新 疆**
	56586		14003	300		鄯善县
	24789		210			托克逊县
	7000		2706	400		巴里坤哈萨克自治县
	27870			237		伊吾县
			202	868		呼图壁县
	4000		313	497		玛纳斯县
	4000	6253	71			奇台县
	36473			5022	10252	吉木萨尔县
	35400		16346	2500		木垒哈萨克自治县
	2000		15000			精河县
					2300	温泉县
	17243			1939	600	轮台县
	2000					尉犁县
			1294	3000		若羌县
	23200		3869			且末县
	19000					焉耆回族自治县
	45613				38564	和静县
	15000					和硕县
	2370		202			博湖县
	18397		1171	15482		温宿县
	31515		675	10681		沙雅县
				15987		新和县
	4000		4095	3438		拜城县
	8000			7086		乌什县

4-2-2 续表 35

计量单位：万元

县名称 Name of Counties	本年实际到位资金合计 The Total Funds Actually Available for The Reported Year	上年末结余资金 The Balance of The Previous Year	本年资金来源 小计 Subtotal	国家预算资金 State Budgetary Fund	中央预算资金 Central Budgetary Fund
阿瓦提县	37979	7306	30673	2520	2520
柯坪县	9496		9496	3396	3396
阿克陶县	15910		15910	3910	3910
阿合奇县	11867		11867	4186	4186
乌恰县	12316		12316		
疏附县	15535	865	14670	4126	3767
疏勒县	9581		9581	110	
英吉沙县	10157		10157	1657	1657
泽普县	13677		13677	2937	1347
莎车县	82484		82484	24528	22923
叶城县	3054		3054	876	630
麦盖提县	37315		37315	5118	4575
岳普湖县	16758		16758	9758	6758
伽师县	11222		11222	6916	2610
巴楚县	60351	20771	39580	4580	1019
塔什库尔干塔吉克自治县	14801		14801	896	
和田县					
墨玉县	83676		83676	16120	16120
皮山县	17800		17800	1800	1800
洛浦县	11799		11799	366	180
策勒县	4300		4300	1040	1040
于田县	63598	300	63298	25898	25898
民丰县	5446		5446	1800	1800
伊宁县	1186		1186	1186	1186
察布查尔县	9996		9996	7596	4896
霍城县	29553	427	29126	18585	11585
巩留县	27681		27681	6740	6740
新源县	6300		6300	3438	3438
昭苏县	81447	17140	64307		
特克斯县	47787		47787	4929	1800
尼勒克县	3650		3650	650	650
额敏县	41199		41199	15513	13013
托里县	18530	13380	5150	5150	
裕民县	15828		15828	642	
和布克赛尔蒙古自治县	28254		28254	1532	844
布尔津县	37030		37030	4774	4774
富蕴县	75360		75360	63680	59445
福海县	39460	407	39053	23553	16721
哈巴河县	38473	6850	31623	19623	7700
青河县	19298	3563	15735	5299	
吉木乃县	8702		8702	5625	4685

continued

Measurement Unit: 10,000 RMB

Sources of Fund					各项应付款	县名称
国内贷款 Domestic Loan	债券 Securities	利用外资 Foreign Investment	自筹资金 Self-Raised Funds	其他资金 Other Funds	Sum Payable This Year	Name of Counties
	20290			7863		阿瓦提县
				6100	1830	柯坪县
	12000					阿克陶县
	7033			648		阿合奇县
	7000			5316		乌恰县
	9850			694		疏附县
	8131			1340		疏勒县
	8500				748	英吉沙县
	2688		8052			泽普县
	51956			6000		莎车县
			2178		73	叶城县
	28000		2000	2197		麦盖提县
	7000					岳普湖县
	3000			1306	2335	伽师县
	31000			4000		巴楚县
	4000		7311	2594		塔什库尔干塔吉克自治县
						和田县
	49480		10326	7750		墨玉县
	16000					皮山县
	6000			5433	1430	洛浦县
			950	2310	4310	策勒县
	26300			11100		于田县
	1750		341	1555		民丰县
					1200	伊宁县
			1800	600		察布查尔县
9600				941	10430	霍城县
			20941			巩留县
			2292	570		新源县
60000	3000		569	738	73185	昭苏县
				42858		特克斯县
				3000		尼勒克县
	19300	127	4795	1464		额敏县
						托里县
3459	7200		2746	1781		裕民县
	23927			2795		和布克赛尔蒙古自治县
	6177		24545	1534		布尔津县
	6000			5680		富蕴县
	15500					福海县
	12000					哈巴河县
	10324			112		青河县
	3000		77		213	吉木乃县

居民生活数据

Data by Residents Living

五、县城供水

5. County Seat Water Supply

简要说明

县城供水指通过供水设施向单位和居民的生活、生产和其他各项建设提供符合国家标准用水的活动，包括公共供水和自建设施供水。

本部分主要包括县城供水的生产能力、供应量、服务情况等内容，并按公共供水企业和自建设施供水单位分别统计。

Brief Introduction

County Seat water supply refers to supplying water that meets national quality standard to institutions and urban residents through water supply facilities. It includes water supply by public suppliers and by suppliers with self-built facilities.

This section covers such indicators as production capacity, total quantity of water supplied and relevant service etc. Statistics on county seat water supply by water suppliers and by suppliers with self-built facilities is separately presented.

5 全国历年县城供水情况(2000-2021)

National County Seat Water Supply in Past Years (2000-2021)

年份 Year	综合生产能力(万立方米/日) Integrated Production Capacity (10,000 m³/day)	供水管道长度(公里) Length of Water Supply Pipelines (km)	供水总量(万立方米) Total Quantity of Water Supply (10,000 m³)	生活用量 Residential Use	用水人口(万人) Population with Access to Water Supply (10,000 persons)	人均日生活用水量(升) Daily Water Consumption Per Capita (liter)	供水普及率(%) Water Coverage Rate (%)
2000	3662	70046	593588	310331	6931.2	122.7	84.83
2001	3754	77316	577948	327081	6889.2	130.1	76.45
2002	3705	78315	567915	338689	7145.7	129.9	80.53
2003	3400	87359	606189	363311	7532.9	132.1	81.57
2004	3680	92867	653814	395181	7931.1	136.5	82.26
2005	3862	98980	676548	409045	8342.2	134.3	83.18
2006	4207	113553	746892	407389	9093.4	122.7	76.43
2007	5744	131541	794495	448943	10218.7	120.4	81.15
2008	5976	142507	826300	459866	10628.4	119.4	81.59
2009	4775	148578	856291	484644	11200.7	118.6	83.72
2010	4683	159905	925705	509266	11811.4	118.9	85.14
2011	5174	173452	977115	534918	12345.0	118.7	86.09
2012	5446	186500	1020298	565835	12971.0	119.5	86.94
2013	5239	194465	1038662	584759	13456.0	119.1	88.14
2014	5437	203514	1063270	600436	13913.4	118.2	88.89
2015	5769	214736	1069191	612383	14048.3	119.4	89.96
2016	5421	211355	1064966	609171	13974.9	119.4	90.50
2017	6443	234466	1128373	636403	14508.9	120.2	92.87
2018	7415	242537	1145082	660469	14722.5	122.9	93.80
2019	6304	258602	1190883	697214	15082.0	126.7	95.06
2020	6451	272990	1190206	718585	15316.7	128.5	96.66
2021	6945	278522	1219928	734577	15252.2	132.0	97.42

注：自2006年起，供水普及率指标按县城人口和县城暂住人口合计为分母计算。

Note: Since 2006,water coverage rate has been calculated based on denominator which combines both permanent and temporary residents in county seats.

5-1 2021年按省分列的县城供水

地区名称 Name of Regions	综合生产能力（万立方米/日） Integrated Production Capacity ($10,000m^3$/ day)	地下水 Underground Water	供水管道长度（公里） Length of Water Supply Pipelines (km)	建成区 in Built District	供水总量（万立方米） Total Quantity of Water Supply ($10,000m^3$)	生产运营用水 The Quantity of Water for Production and Operation
全　国	**6944.54**	**1585.69**	**278521.50**	**249566.93**	**1219928.11**	**262996.38**
河　北	403.49	155.58	17472.19	16522.04	73674.61	17784.25
山　西	162.79	113.41	10157.90	8571.17	33415.79	7376.03
内蒙古	162.98	160.12	12256.70	11852.97	30614.18	7586.52
辽　宁	92.55	22.28	5417.77	4880.42	18732.88	1719.12
吉　林	50.85	18.00	3085.83	3004.91	11298.24	1616.42
黑龙江	100.19	83.09	6180.52	6051.80	18573.34	2744.27
江　苏	295.02	16.18	12616.07	10479.54	55009.46	14285.49
浙　江	383.88	0.02	18540.85	14210.77	71267.04	21167.13
安　徽	370.76	89.56	18680.99	17039.94	82190.76	23371.62
福　建	259.95	9.70	10307.02	9260.58	47880.92	6477.33
江　西	434.77	23.38	19036.90	18032.18	70871.82	15439.04
山　东	450.94	185.89	13140.45	11868.43	89231.98	37228.89
河　南	656.94	250.96	14887.89	14067.06	96837.98	21811.03
湖　北	236.03	0.87	7776.93	7171.79	40596.68	7157.71
湖　南	472.64	22.06	21577.91	20155.89	101484.26	16318.59
广　东	257.82	4.68	10758.08	9624.52	50216.43	9152.75
广　西	245.24	21.37	9119.45	9047.50	49367.64	9441.52
海　南	151.30	8.52	1538.57	702.90	9727.04	2443.91
重　庆	77.05		2698.05	2682.73	15254.57	1804.14
四　川	615.83	20.06	16337.41	14541.33	81061.55	11829.31
贵　州	207.81	20.98	10446.09	7784.37	37657.47	4415.61
云　南	260.76	33.53	11324.33	9743.86	40311.37	7058.11
西　藏	93.88	78.05	1698.23	1461.30	5346.68	284.10
陕　西	163.39	94.70	5964.84	4879.89	27490.83	5082.94
甘　肃	90.79	32.51	5251.46	4749.60	17540.19	2408.58
青　海	40.81	10.81	2031.59	1897.40	5548.50	784.88
宁　夏	51.70	20.05	1963.26	1795.26	8745.82	1976.99
新　疆	154.38	89.33	8254.22	7486.78	29980.08	4230.10

County Seat Water Supply by Province(2021)

公共服务用水 The Quantity of Water for Public Service	居民家庭用水 The Quantity of Water for Household Use	其他用水 The Quantity of Water for Other Purposes	用水户数(户) Number of Households with Access to Water Supply (unit)	家庭用户 Household User	用水人口(万人) Population with Access to Water Supply (10,000 persons)	地区名称 Name of Regions
116306.89	**611072.27**	**58544.30**	**54109714**	**47884454**	**15252.23**	**全 国**
6452.36	35379.16	4036.26	3708653	3409866	1044.44	河 北
4068.15	17343.40	939.92	1628682	1502713	621.38	山 西
3786.61	13577.00	1716.48	2211191	1891454	474.20	内蒙古
1991.47	7552.66	1389.97	1116945	998440	198.68	辽 宁
1293.11	4670.82	709.10	811874	737027	161.27	吉 林
1967.59	9859.74	505.49	1645314	1443842	336.49	黑龙江
5484.47	25106.44	2228.36	2431067	2172468	518.69	江 苏
5437.64	31087.32	3093.76	2702208	2371449	454.66	浙 江
7368.85	38479.20	3425.75	3482006	3138515	902.81	安 徽
5378.35	25093.16	2461.26	1774172	1526105	468.01	福 建
5551.99	36263.73	3939.63	3484265	3021856	801.28	江 西
6637.40	35615.48	2960.04	2545292	2341142	1037.21	山 东
11815.37	47174.35	6477.49	4040372	3740000	1423.80	河 南
3383.52	20723.83	1714.30	1571937	1264524	446.55	湖 北
9552.92	54052.44	4061.99	3495361	3083665	1108.58	湖 南
2976.40	27345.15	2712.61	1628648	1405982	508.74	广 东
4936.65	27434.36	1206.73	1599590	1462618	518.44	广 西
781.54	4832.56	336.63	165089	150291	67.24	海 南
1380.78	8564.20	1087.66	897274	786650	217.41	重 庆
7891.69	44916.18	4003.34	4417778	3843125	1115.09	四 川
2084.47	23726.90	1738.70	2229741	1865190	648.54	贵 州
4276.49	22635.35	1130.43	1917131	1683436	609.50	云 南
413.65	2683.33	229.25	224308	181698	72.37	西 藏
2864.07	15438.66	1372.73	1302639	1142856	503.98	陕 西
2545.37	9593.92	800.45	975399	853597	385.34	甘 肃
919.02	2689.41	359.86	302600	252506	112.72	青 海
1238.83	3829.50	970.84	466911	395332	113.49	宁 夏
3828.13	15404.02	2935.27	1333267	1218107	381.32	新 疆

5-2 2021年按省分列的县城供水(公共供水)

地区名称 Name of Regions	综合生产能力(万立方米/日) Integrated Production Capacity (10,000m³/day)	地下水 Underground Water	水厂个数(个) Number of Water Plants (unit)	地下水 Underground Water	供水管道长度(公里) Length of Water Supply Pipelines (km)	供水总量(万立方米) 合计 Total	售水量 小计 Subtotal	生产运营用水 The Quantity of Water for Production and Operation	公共服务用水 The Quantity of Water for Public Service
全国	**6016.85**	**1055.13**	**2447**	**835**	**268378.60**	**1114096.42**	**943088.15**	**192747.95**	**105723.07**
河北	360.04	119.31	173	93	16453.49	67100.56	57077.98	12848.01	6036.34
山西	113.01	75.66	136	107	8787.57	26892.35	23204.06	3768.59	3362.30
内蒙古	129.18	126.55	112	105	11914.64	24223.00	20275.43	3343.49	2914.15
辽宁	85.69	17.92	31	11	4992.57	17148.03	11068.37	1322.38	1807.39
吉林	43.75	11.10	20	9	2996.02	10516.62	7507.83	1091.29	1208.43
黑龙江	90.48	73.38	60	52	5989.40	17528.69	14032.44	1934.10	1881.95
江苏	259.70	4.70	24	1	12268.49	50720.68	42815.98	11689.66	5075.71
浙江	366.86		53		18445.85	70631.94	60150.75	20992.03	4977.64
安徽	322.73	50.23	81	18	18061.79	69511.17	59965.83	13605.96	6582.15
福建	251.00	9.40	72	8	10250.02	47218.65	38747.83	5999.21	5317.75
江西	410.00	1.00	117	9	18847.48	70505.01	60827.58	15259.78	5528.38
山东	329.63	97.85	129	64	11994.58	64087.21	57297.04	17741.03	5345.03
河南	467.34	153.83	142	83	13658.15	73930.64	64370.90	8706.27	8047.95
湖北	228.21		66		7711.40	39964.37	32347.05	6903.34	3229.32
湖南	448.50	18.00	109	8	21029.79	99759.42	82261.10	15400.27	9205.82
广东	234.82	4.50	57	1	10458.88	50091.99	42062.47	9100.77	2955.82
广西	216.25	8.46	82	9	9017.83	46153.02	39804.64	7027.20	4844.28
海南	52.70		16		1468.47	9145.95	7813.55	2002.22	718.68
重庆	77.05		34		2698.05	15254.57	12836.78	1804.14	1380.78
四川	600.49	11.64	174	11	16109.85	78699.83	66278.80	10249.08	7756.31
贵州	207.60	20.91	142	17	10429.09	37628.91	31937.12	4412.81	2079.63
云南	249.74	27.67	183	17	11126.15	39449.15	34238.16	6700.03	4206.45
西藏	26.81	17.30	74	45	1476.48	4745.97	3009.62	218.30	346.20
陕西	122.73	66.55	118	53	5275.32	23499.16	20766.73	2678.58	2523.67
甘肃	86.25	29.23	88	37	5013.61	17061.33	14869.46	2216.93	2486.36
青海	40.31	10.31	41	10	2024.59	5468.48	4673.15	707.86	919.02
宁夏	47.10	15.45	23	6	1857.82	7522.82	6793.16	893.83	1213.42
新疆	148.88	84.18	90	61	8021.22	29636.90	26054.34	4130.79	3772.14

County Seat Water Supply by Province (Public Water Suppliers)(2021)

Total Quantity of Water Supply(10,000m³)					用水户数(户) Number of Households with Access to Water Supply (unit)		用水人口(万人) Population with Access to Water Supply (10,000 persons)	地区名称 Name of Regions
Water Sold		免费供水量 The Quantity of Free Water Supply		漏损水量 The Lossed Water		居民家庭 Household User		
居民家庭用水 The Quantity of Water for Household Use	其他用水 The Quantity of Water for Other Purposes		生活用水 Domestic Water Use					
593136.22	**51480.91**	**34589.79**	**7197.57**	**136418.48**	**52921579**	**46955809**	**14992.70**	**全　国**
34785.86	3407.77	1551.51	416.78	8471.07	3661782	3376710	1038.52	河　北
15413.35	659.82	919.84	246.82	2768.45	1479479	1370386	585.91	山　西
12789.71	1228.08	710.89	247.18	3236.68	2124188	1872335	468.49	内蒙古
7121.36	817.24	833.38	86.43	5246.28	1057982	944532	195.09	辽　宁
4590.19	617.92	811.38	79.35	2197.41	798901	725534	158.39	吉　林
9745.24	471.15	558.62	71.83	2937.63	1626925	1430129	335.96	黑龙江
23918.35	2132.26	948.78	276.02	6955.92	2423708	2165662	517.89	江　苏
31087.32	3093.76	2321.42	40.57	8159.77	2702111	2371449	454.66	浙　江
37033.70	2744.02	1721.02	124.98	7824.32	3383314	3056091	873.72	安　徽
24975.56	2455.31	1664.74	51.58	6806.08	1770818	1523681	467.18	福　建
36111.99	3927.43	1616.00	316.45	8061.43	3478975	3016867	799.67	江　西
32686.55	1524.43	449.41	99.59	6340.76	2403115	2233219	987.70	山　东
43186.93	4429.75	2540.66	226.80	7019.08	3792755	3530127	1358.28	河　南
20543.19	1671.20	2118.01	374.45	5499.31	1556136	1250454	443.73	湖　北
53674.50	3980.51	5099.88	1424.90	12398.44	3476672	3065306	1103.27	湖　南
27312.65	2693.23	748.50	168.71	7281.02	1592231	1405225	508.15	广　东
26831.62	1101.54	786.57	101.97	5561.81	1571477	1435154	509.21	广　西
4756.02	336.63	179.75	57.46	1152.65	148600	134055	67.22	海　南
8564.20	1087.66	365.94		2051.85	897274	786650	217.41	重　庆
44294.33	3979.08	2183.46	635.28	10237.57	4391506	3818889	1109.79	四　川
23710.98	1733.70	634.70	122.68	5057.09	2227461	1864143	645.96	贵　州
22233.50	1098.18	1815.05	525.85	3395.94	1906383	1673784	602.55	云　南
2250.26	194.86	1296.55	1013.75	439.80	198427	159239	65.69	西　藏
14261.93	1302.55	519.00	52.52	2213.43	1189107	1037552	487.24	陕　西
9492.22	673.95	621.31	190.65	1570.56	969537	851058	384.38	甘　肃
2689.41	356.86	306.76	9.51	488.57	302600	252506	112.72	青　海
3829.50	856.41	74.15	14.50	655.51	466909	395332	113.49	宁　夏
15245.80	2905.61	1192.51	220.96	2390.05	1323206	1209740	380.43	新　疆

5-3 2021年按省分列的县城供水(自建设施供水)

地区名称 Name of Regions	综合生产能力(万立方米/日) Integrated Production Capacity (10,000m³/day)	地下水 Underground Water	供水管道长度(公里) Length of Water Supply Pipelines (km)	建成区 in Built District	供水总量(万立方米) 合计 Total	生产运营用水 The Quantity of Water for Production and Operation
全 国	**927.69**	**530.56**	**10142.90**	**7556.22**	**105831.69**	**70248.43**
河 北	43.45	36.27	1018.70	905.68	6574.05	4936.24
山 西	49.78	37.75	1370.33	864.20	6523.44	3607.44
内蒙古	33.80	33.57	342.06	278.03	6391.18	4243.03
辽 宁	6.86	4.36	425.20	393.20	1584.85	396.74
吉 林	7.10	6.90	89.81	79.56	781.62	525.13
黑龙江	9.71	9.71	191.12	151.62	1044.65	810.17
江 苏	35.32	11.48	347.58	297.53	4288.78	2595.83
浙 江	17.02	0.02	95.00		635.10	175.10
安 徽	48.03	39.33	619.20	346.72	12679.59	9765.66
福 建	8.95	0.30	57.00	3.00	662.27	478.12
江 西	24.77	22.38	189.42	172.36	366.81	179.26
山 东	121.31	88.04	1145.87	826.77	25144.77	19487.86
河 南	189.60	97.13	1229.74	916.07	22907.34	13104.76
湖 北	7.82	0.87	65.53	27.00	632.31	254.37
湖 南	24.14	4.06	548.12	528.49	1724.84	918.32
广 东	23.00	0.18	299.20	63.76	124.44	51.98
广 西	28.99	12.91	101.62	101.62	3214.62	2414.32
海 南	98.60	8.52	70.10	70.10	581.09	441.69
重 庆						
四 川	15.34	8.42	227.56	190.66	2361.72	1580.23
贵 州	0.21	0.07	17.00	0.38	28.56	2.80
云 南	11.02	5.86	198.18	184.51	862.22	358.08
西 藏	67.07	60.75	221.75	221.75	600.71	65.80
陕 西	40.66	28.15	689.52	452.31	3991.67	2404.36
甘 肃	4.54	3.28	237.85	151.19	478.86	191.65
青 海	0.50	0.50	7.00	7.00	80.02	77.02
宁 夏	4.60	4.60	105.44	89.71	1223.00	1083.16
新 疆	5.50	5.15	233.00	233.00	343.18	99.31

County Seat Water Supply by Province (Suppliers with Self-Built Facilities)(2021)

Total Quantity of Water Supply($10,000m^3$)			用水户数(户) Number of Households with Access to Water Supply (unit)		用水人口(万人) Population with Access to Water Supply (10,000 persons)	地区名称 Name of Regions
公共服务用水 The Quantity of Water for Public Service	居民家庭用水 The Quantity of Water for Household Use	其他用水 The Quantity of Water for Other Purposes		居民家庭 Household User		
10583.82	**17936.05**	**7063.39**	**1188135**	**928645**	**259.53**	**全国**
416.02	593.30	628.49	46871	33156	5.92	河北
705.85	1930.05	280.10	149203	132327	35.47	山西
872.46	787.29	488.40	87003	19119	5.71	内蒙古
184.08	431.30	572.73	58963	53908	3.59	辽宁
84.68	80.63	91.18	12973	11493	2.88	吉林
85.64	114.50	34.34	18389	13713	0.53	黑龙江
408.76	1188.09	96.10	7359	6806	0.80	江苏
460.00			97			浙江
786.70	1445.50	681.73	98692	82424	29.09	安徽
60.60	117.60	5.95	3354	2424	0.83	福建
23.61	151.74	12.20	5290	4989	1.61	江西
1292.37	2928.93	1435.61	142177	107923	49.51	山东
3767.42	3987.42	2047.74	247617	209873	65.52	河南
154.20	180.64	43.10	15801	14070	2.82	湖北
347.10	377.94	81.48	18689	18359	5.31	湖南
20.58	32.50	19.38	36417	757	0.59	广东
92.37	602.74	105.19	28113	27464	9.23	广西
62.86	76.54		16489	16236	0.02	海南
						重庆
135.38	621.85	24.26	26272	24236	5.30	四川
4.84	15.92	5.00	2280	1047	2.58	贵州
70.04	401.85	32.25	10748	9652	6.95	云南
67.45	433.07	34.39	25881	22459	6.68	西藏
340.40	1176.73	70.18	113532	105304	16.74	陕西
59.01	101.70	126.50	5862	2539	0.96	甘肃
		3.00				青海
25.41		114.43	2			宁夏
55.99	158.22	29.66	10061	8367	0.89	新疆

5-4 2021年按县分列的县城供水

县名称 Name of Counties	综合生产能力(万立方米/日) Integrated Production Capacity ($10,000m^3$/ day)	地下水 Underground Water	供水管道长度(公里) Length of Water Supply Pipelines (km)	建成区 in Built District	供水总量(万立方米) Total Quantity of Water Supply ($10,000m^3$)	生产运营用水 The Quantity of Water for Production and Operation
全　国	**6944.54**	**1585.69**	**278521.50**	**249566.93**	**1219928.11**	**262996.38**
河　北	**403.49**	**155.58**	**17472.19**	**16522.04**	**73674.61**	**17784.25**
井陉县	3.70	3.70	65.00	65.00	355.00	45.00
正定县	11.41		132.43	132.43	1691.12	208.00
行唐县	2.74	2.74	156.82	131.52	723.47	214.72
灵寿县	3.00	3.00	239.80	239.80	446.24	10.50
高邑县	3.50		131.60	131.60	286.00	5.00
深泽县	3.85	0.85	230.83	230.30	719.40	154.40
赞皇县	1.70		71.50	71.50	514.61	191.71
无极县	2.50		130.60	99.60	967.25	342.32
平山县	3.75	3.75	157.47	157.40	766.00	16.00
元氏县	5.00		114.00	114.00	475.00	
赵　县	7.50		61.20	61.20	430.00	
滦南县	4.00	4.00	205.49	205.49	1320.11	383.65
乐亭县	4.06	4.06	241.29	241.29	1182.10	264.98
迁西县	4.02	3.44	254.59	254.59	554.67	82.71
玉田县	6.40	6.35	193.75	173.75	1519.07	401.66
曹妃甸区	16.00	5.00	251.75	251.75	1936.04	982.22
青龙满族自治县	1.50	0.60	65.41	65.41	434.60	94.86
昌黎县	4.40	4.40	205.00	205.00	1386.00	528.00
卢龙县	2.00	2.00	57.00	53.80	295.00	72.20
临漳县	7.50		168.91	168.91	728.50	46.00
成安县	2.50		240.00	240.00	399.40	3.90
大名县	4.16	2.00	228.80	228.80	711.00	50.00
涉　县	3.60	3.60	311.50	311.50	995.23	163.20
磁　县	5.02		216.20	216.20	1493.00	412.51
邱　县	3.00		116.00	96.00	1041.10	605.00
鸡泽县	2.80	0.80	215.00	215.00	785.01	151.75
广平县	2.50		61.99	61.99	574.77	23.00
馆陶县	5.40	1.90	220.00	220.00	1000.00	194.00
魏　县	6.00		175.74	175.74	1053.25	1.00
曲周县	6.50	1.50	198.45	198.45	524.40	4.50
临城县	4.45	2.96	99.00	86.00	274.50	32.50
内丘县	2.20		95.10	95.10	465.21	32.65
柏乡县	2.80		88.00	88.00	269.50	20.10
隆尧县	3.30		93.61	93.61	382.93	17.04
宁晋县	3.00		282.00	282.00	1080.15	257.15
巨鹿县	4.10	2.20	613.40	613.40	630.23	45.70
新河县	2.21	1.00	68.00	68.00	350.58	47.00
广宗县	2.00		100.94	100.94	352.70	57.84
平乡县	2.48	0.48	158.85	158.85	573.51	
威　县	4.00	0.80	382.00	370.00	882.93	13.75
清河县	5.80		173.54	96.39	1038.66	312.00

National County Seat Water Supply by County(2021)

公共服务用水 The Quantity of Water for Public Service	居民家庭用水 The Quantity of Water for Household Use	其他用水 The Quantity of Water for Other Purposes	用水户数(户) Number of Households with Access to Water Supply (unit)	家庭用户 Household User	用水人口(万人) Population with Access to Water Supply (10,000 persons)	县名称 Name of Counties
116306.89	**611072.27**	**58544.30**	**54109714**	**47884454**	**15252.23**	**全　国**
6452.36	**35379.16**	**4036.26**	**3708653**	**3409866**	**1044.44**	**河　北**
20.00	250.00	5.00	33000	30000	10.10	井陉县
191.00	803.54	322.92	59426	44227	21.87	正定县
238.12	118.18	68.35	18531	17749	7.53	行唐县
53.44	360.00		24519	23011	8.86	灵寿县
6.00	240.00		18000	15027	5.60	高邑县
65.00	393.00	19.00	26810	25368	9.20	深泽县
62.00	219.00		14340	14100	5.50	赞皇县
101.09	386.10	20.61	27490	26575	9.64	无极县
36.00	500.00	80.00	36000	26280	12.65	平山县
	350.00	40.00	24486	24245	9.72	元氏县
113.07	249.87		33700	31923	12.49	赵　县
18.62	681.62	45.94	65001	63005	15.85	滦南县
149.32	504.60	86.44	66803	57555	14.68	乐亭县
23.61	363.38		47865	44580	14.50	迁西县
138.34	725.33	171.82	47242	46280	16.92	玉田县
150.64	545.22	4.92	65580	62370	13.77	曹妃甸区
39.94	225.66	14.97	31545	29985	8.18	青龙满族自治县
142.00	550.00	58.00	39835	37905	12.36	昌黎县
48.45	135.95		19145	18858	6.60	卢龙县
134.14	380.11	12.25	29198	28668	12.27	临漳县
	330.00		30143	30143	10.95	成安县
30.00	501.00		56432	55218	24.25	大名县
111.00	546.83	20.00	67635	65849	22.37	涉　县
145.00	585.00	134.00	66179	53015	22.30	磁　县
1.00	363.22		33480	24360	12.47	邱　县
120.00	355.32	20.00	41200	40654	12.11	鸡泽县
14.78	172.94		25980	25870	9.33	广平县
50.00	500.00	90.00	46880	34080	12.36	馆陶县
	746.18	156.89	83423	83423	37.82	魏　县
6.00	427.38		35008	34802	11.83	曲周县
39.80	160.00		6200	5734	7.05	临城县
31.72	328.84		35081	32034	8.31	内丘县
14.20	201.37		23252	22933	5.10	柏乡县
68.48	239.96	8.10	25980	24350	10.03	隆尧县
62.00	620.00		71110	66810	22.60	宁晋县
54.40	420.70	8.80	43223	40558	13.85	巨鹿县
28.34	179.80	36.01	16720	16720	5.70	新河县
	231.36		25491	25491	8.02	广宗县
386.98	123.55		8000	4800	7.99	平乡县
51.56	642.75	9.00	47933	47529	22.13	威　县
72.75	534.63	0.88	59286	58076	25.42	清河县

5-4 续表 1

县名称 Name of Counties	综合生产能力(万立方米/日) Integrated Production Capacity (10,000m³/ day)	地下水 Underground Water	供水管道长度(公里) Length of Water Supply Pipelines (km)	建成区 in Built District	供水总量(万立方米) Total Quantity of Water Supply (10,000m³)	生产运营用水 The Quantity of Water for Production and Operation
临西县	4.00		85.75	85.75	660.00	58.08
博野县	2.00		36.80	36.80	850.00	456.00
涞水县	2.82	0.82	182.84	182.84	785.14	307.87
阜平县	2.10	2.10	73.26	73.26	277.90	28.04
白沟新城	8.90	3.90	259.25	253.25	1423.60	883.70
定兴县	10.00	5.00	95.40	95.40	1401.61	772.38
唐　县	2.56	0.06	123.70	123.70	517.01	29.65
高阳县	5.25	0.25	148.08	148.08	790.18	137.79
涞源县	1.20	0.60	74.00	74.00	390.16	3.00
望都县	5.00	2.50	79.70	79.70	667.05	200.47
易　县	3.00		222.10	222.10	945.36	162.50
曲阳县	5.15	2.15	106.00	89.00	700.73	239.60
蠡　县	3.20	2.00	113.00	113.00	854.20	501.00
顺平县	3.20	0.38	69.90	65.40	425.21	34.29
张北县	3.73	3.73	342.94	331.74	1029.42	334.19
康保县	0.70	0.70	83.00	83.00	193.46	13.50
沽源县	2.72	2.72	140.33	133.83	493.90	239.06
尚义县	1.20	1.20	98.50	98.50	172.00	13.40
蔚　县	2.50	2.50	215.61	169.03	545.19	75.10
阳原县	1.30	1.30	132.00	132.00	292.00	5.00
怀安县	2.00	2.00	100.73	100.73	418.00	147.65
怀来县	5.00	5.00	135.00	135.00	650.00	0.10
涿鹿县	2.00	2.00	153.07	153.07	410.00	20.00
赤城县	0.61	0.61	80.24	80.20	223.15	15.96
承德县	2.40	2.40	84.16	83.56	893.00	457.94
兴隆县	1.40	1.40	116.00	116.00	395.00	
滦平县	4.20	1.20	164.29	164.29	636.72	125.00
隆化县	4.50	4.50	475.94	474.64	644.09	198.87
丰宁满族自治县	6.00	6.00	132.15	132.15	1172.37	99.37
宽城满族自治县	6.00	0.20	148.39	133.44	1488.99	740.21
围场满族蒙古族自治县	4.60	4.60	97.70	60.00	583.60	25.90
青　县	7.20	1.20	278.60	278.60	1574.19	380.41
东光县	3.00		211.50	92.00	442.05	79.39
海兴县	3.00		147.35	142.55	183.99	
盐山县	2.50		159.72	101.28	636.67	
肃宁县	3.00		120.50	120.50	871.00	245.71
南皮县	1.70		72.44	72.44	362.85	94.69
吴桥县	4.00		115.00	115.00	285.50	13.36
献　县	6.00		262.00	254.00	1169.06	345.51
孟村回族自治县	2.00		148.64	148.64	270.72	47.28
固安县	12.73	4.63	363.09	363.09	2759.62	905.55
永清县	5.10	2.00	278.00	278.00	561.74	106.33
香河县	4.60	4.60	323.37	323.37	1583.80	502.47
大城县	3.00		319.90	319.90	393.41	90.03

continued

公共服务用水 The Quantity of Water for Public Service	居民家庭用水 The Quantity of Water for Household Use	其他用水 The Quantity of Water for Other Purposes	用水户数（户） Number of Households with Access to Water Supply (unit)	家庭用户 Household User	用水人口（万人） Population with Access to Water Supply (10,000 persons)	县名称 Name of Counties
75.50	435.60	11.62	23100	18480	9.20	临西县
132.00	194.00		19800	19800	6.02	博野县
2.00	297.27	104.90	41051	39103	7.99	涞水县
22.06	200.00	0.20	29425	27136	4.51	阜平县
80.00	339.88	8.00	35378	29838	8.35	白沟新城
90.58	276.75		33814	31825	10.18	定兴县
101.64	265.55	32.77	37073	37073	9.30	唐　县
3.50	463.40	65.00	34509	29633	9.15	高阳县
80.00	268.00	4.00	32300	24300	8.18	涞源县
45.00	369.09		18228	17015	8.12	望都县
48.00	428.63	154.77	28500	25000	9.36	易　县
12.90	379.26	0.10	27618	25964	10.22	曲阳县
39.00	250.55	7.10	22593	19580	7.30	蠡　县
10.28	281.18	17.15	23768	20610	7.27	顺平县
54.84	343.63	185.00	95079	79062	12.88	张北县
17.60	116.40	1.45	22465	21030	6.50	康保县
31.27	173.81	7.76	33575	26600	6.39	沽源县
42.00	91.60		17000	17000	4.95	尚义县
68.00	329.00		23210	21873	8.40	蔚　县
23.00	218.00	2.00	25809	25538	6.42	阳原县
64.00	142.00	15.00	22796	21826	6.15	怀安县
148.00	440.00	1.90	99000	99000	10.10	怀来县
82.74	239.09	0.70	54082	51590	10.54	涿鹿县
26.70	146.23	1.61	27943	27943	6.78	赤城县
73.13	296.50	0.87	44110	41000	7.50	承德县
8.00	301.00	12.00	32000	28000	7.20	兴隆县
2.10	320.59	52.69	38770	35477	8.95	滦平县
45.00	302.00	2.50	42377	40816	8.40	隆化县
54.00	354.15	483.32	53034	50490	8.61	丰宁满族自治县
3.50	393.73	255.00	41132	38010	8.43	宽城满族自治县
180.20	300.40		43014	39000	9.85	围场满族蒙古族自治县
56.92	333.69	608.00	67651	54183	12.02	青　县
7.27	276.74		28731	23300	11.92	东光县
0.49	116.79	38.08	14910	13685	5.27	海兴县
51.62	369.44	105.08	33000	26333	8.25	盐山县
96.70	444.65	5.55	28710	28160	9.15	肃宁县
4.70	181.64	61.69	23500	23076	7.00	南皮县
26.39	197.20		17414	17306	5.37	吴桥县
71.86	538.06	50.00	42746	36964	12.10	献　县
20.26	150.83	6.75	13765	11830	4.52	孟村回族自治县
102.73	1003.80	143.34	132526	129269	21.81	固安县
78.91	321.01	0.06	36327	26667	4.48	永清县
368.16	592.77		85791	81834	12.58	香河县
8.20	241.87		28112	27919	7.03	大城县

5-4 续表 2

县名称 Name of Counties	综合生产能力(万立方米/日) Integrated Production Capacity (10,000m³/ day)	地下水 Underground Water	供水管道长度(公里) Length of Water Supply Pipelines (km)	建成区 in Built District	供水总量(万立方米) Total Quantity of Water Supply (10,000m³)	生产运营用水 The Quantity of Water for Production and Operation
文安县	3.50		156.36	156.36	564.48	68.76
大厂回族自治县	4.40	4.40	124.00	124.00	465.30	167.00
枣强县	9.00	1.00	405.52	405.52	593.63	12.06
武邑县	2.00		130.00	124.00	631.00	45.00
武强县	5.75	3.00	326.98	160.28	718.85	245.00
饶阳县	3.30	1.50	264.33	106.63	631.02	333.06
安平县	4.50	1.50	365.62	365.62	960.14	112.35
故城县	4.82	1.80	341.69	271.30	1202.00	289.00
景　县	2.50	0.50	135.70	135.70	1250.00	480.00
阜城县	6.00	2.00	196.00	187.00	747.70	92.71
容城县	6.80	3.80	81.49	81.49	925.80	39.09
雄　县	5.50	0.70	347.00	347.00	813.00	256.00
安新县	2.00		155.00	154.00	539.81	19.35
山　西	**162.79**	**113.41**	**10157.90**	**8571.17**	**33415.79**	**7376.03**
清徐县			108.50	108.50	552.50	199.00
阳曲县	0.85	0.85	82.00	82.00	258.00	25.85
娄烦县	0.90	0.90	35.00	35.00	189.50	6.40
阳高县	1.03	1.03	130.00	130.00	372.83	18.00
天镇县	3.00	3.00	80.72	74.89	287.87	12.00
广灵县	1.60	1.60	437.50	17.60	568.83	77.56
灵丘县	1.50	1.50	168.40	168.40	334.10	66.44
浑源县	2.10	2.10	131.77	131.77	648.00	120.00
左云县	0.78	0.62	205.00	143.35	185.30	18.00
云州区	1.65	1.65	150.30	150.30	269.70	
平定县	4.50	3.50	325.00	165.00	794.50	156.50
盂　县	2.80	2.80	202.86	171.02	723.22	58.79
襄垣县	1.70	1.70	402.34	402.34	611.00	42.00
平顺县	0.55	0.55	38.26	38.26	193.50	123.00
黎城县	1.70	1.60	82.50	74.50	428.00	151.00
壶关县	2.50	2.50	51.70	51.70	365.00	71.75
长子县	4.15	1.24	164.38	164.38	530.00	262.00
武乡县	2.00	2.00	68.10	62.20	387.00	140.16
沁　县	1.06	1.06	100.00	97.00	240.20	59.00
沁源县	1.22	1.22	253.00	253.00	370.75	56.20
沁水县	1.70		95.63	88.25	399.30	25.33
阳城县	2.00	2.00	373.00	373.00	526.28	23.94
陵川县	1.20	1.20	130.68	130.68	183.00	11.00
山阴县	1.50	1.50	255.50	255.50	418.30	63.00
应　县	1.92	1.80	440.00	210.00	745.00	176.24
右玉县	2.30	2.30	126.77	66.71	418.51	130.81
榆社县	1.37	1.27	148.47	148.47	406.96	190.06
左权县	2.50		70.33	70.33	372.53	11.82
和顺县	2.70		59.75	59.75	327.16	134.78
昔阳县	2.00	0.80	189.50	73.80	261.00	83.08

continued

公共服务用水 The Quantity of Water for Public Service	居民家庭用水 The Quantity of Water for Household Use	其他用水 The Quantity of Water for Other Purposes	用水户数(户) Number of Households with Access to Water Supply (unit)	家庭用户 Household User	用水人口(万人) Population with Access to Water Supply (10,000 persons)	县名称 Name of Counties
28.38	380.49		39736	37120	6.24	文安县
24.00	223.30		43181	40459	7.74	大厂回族自治县
114.80	353.39	13.00	40202	40002	14.30	枣强县
40.00	400.00	45.00	39960	37910	10.84	武邑县
5.10	377.30	1.50	22423	20598	7.83	武强县
6.46	215.82	3.10	23260	20900	7.30	饶阳县
133.00	550.00	5.00	33791	30412	15.13	安平县
65.00	730.00	10.00	49570	48600	17.52	故城县
70.00	525.00	40.00	31582	31002	11.75	景　县
203.70	365.29	26.00	38430	37505	12.02	阜城县
106.26	590.16	4.40	24836	24835	9.50	容城县
56.00	385.00		42000	25200	5.52	雄　县
20.12	365.24	8.40	26794	25025	3.77	安新县
4068.15	**17343.40**	**939.92**	**1628682**	**1502713**	**621.38**	**山　西**
33.00	263.50	3.00	33565	32066	9.74	清徐县
7.05	199.75	2.35	16800	15960	5.38	阳曲县
14.84	156.80		13665	13506	4.50	娄烦县
50.50	244.51	3.25	35176	33090	8.86	阳高县
7.80	116.75	3.62	35135	32135	7.29	天镇县
39.16	253.26	5.20	46894	43894	7.24	广灵县
	203.03		49000	49000	8.00	灵丘县
33.00	415.00	19.00	27130	25298	11.12	浑源县
54.00	102.00	1.00	25650	23100	5.78	左云县
92.61	138.93		25843	23712	5.30	云州区
35.00	474.00	1.80	46521	44500	10.29	平定县
235.15	410.63		10364	1101	8.00	盂　县
98.00	374.50		31791	27821	8.15	襄垣县
25.00	33.50		10162	10162	3.92	平顺县
60.00	160.00	20.00	21430	16280	5.63	黎城县
6.00	232.50	9.75	17330	17330	9.38	壶关县
43.00	191.00	14.00	24026	23986	8.30	长子县
87.28	136.72		15882	14256	6.34	武乡县
20.80	132.70	2.00	13130	11540	4.57	沁　县
67.50	224.05	12.00	23470	21380	4.55	沁源县
92.68	129.22	1.09	13721	13000	6.08	沁水县
119.73	335.25		35256	33393	13.00	阳城县
3.50	155.30		16500	15900	6.20	陵川县
11.80	294.00	10.00	22277	22217	8.00	山阴县
31.26	403.94	88.56	32100	32100	12.83	应　县
11.50	199.33	35.57	13490	13304	6.90	右玉县
20.39	153.47	6.57	22066	21616	4.80	榆社县
87.26	197.35		30450	28189	7.59	左权县
10.00	151.57		8805	7719	5.49	和顺县
3.00	150.62	1.30	18700	16290	8.40	昔阳县

5-4 续表 3

县名称 Name of Counties	综合生产能力(万立方米/日) Integrated Production Capacity ($10,000m^3$/ day)	地下水 Underground Water	供水管道长度(公里) Length of Water Supply Pipelines (km)	建成区 in Built District	供水总量(万立方米) Total Quantity of Water Supply ($10,000m^3$)	生产运营用水 The Quantity of Water for Production and Operation
寿阳县	2.40	2.40	113.78	113.78	467.41	94.28
太谷区	2.03	0.12	91.70	91.70	729.20	43.00
祁　县	2.82	0.22	178.98	128.69	506.39	90.89
平遥县	1.51	1.51	254.17	254.17	645.72	
灵石县	1.20	1.10	137.72	137.72	398.45	3.98
临猗县	8.85	3.00	70.10	70.10	1433.00	895.94
万荣县	3.70	3.70	105.65	95.65	558.06	241.95
闻喜县	4.10	1.80	101.90	95.30	605.55	148.44
稷山县	3.00	3.00	285.60	285.60	512.00	3.70
新绛县	1.76	1.76	213.00	213.00	380.00	
绛　县	2.20	2.20	63.75	63.75	600.76	338.14
垣曲县	11.00	0.50	85.09	85.09	509.50	115.20
夏　县	1.13	0.23	81.88	81.88	202.95	36.24
平陆县	1.38	0.98	46.00	46.00	249.93	51.48
芮城县	2.00	2.00	68.00	68.00	521.00	255.81
定襄县	2.43	2.30	92.60	75.20	656.00	326.00
五台县	1.64	1.00	57.35	57.35	462.02	191.43
代　县	1.53	1.53	80.10	80.10	272.60	15.00
繁峙县	12.60	12.60	84.99	78.99	669.80	50.00
宁武县	1.30		135.30	96.30	340.00	34.00
静乐县	2.45	1.45	48.00	38.00	295.50	105.36
神池县	1.00	1.00	112.47	56.93	211.40	57.00
五寨县	1.33	0.33	82.47	53.50	351.00	120.00
岢岚县	0.90		49.00	49.00	171.00	22.00
河曲县	0.90	0.90	88.33	88.33	295.56	31.30
保德县	1.20	1.20	70.00	70.00	367.00	23.68
偏关县	0.60	0.60	48.92	48.92	151.70	14.20
曲沃县	1.28	1.28	101.32	101.32	419.13	58.13
翼城县	2.80	2.80	145.46	118.46	594.20	256.00
襄汾县	1.00	1.00	51.59	51.59	258.97	0.10
洪洞县	2.56		167.57	153.30	933.39	225.37
古　县	0.80	0.50	161.44	161.44	184.51	39.86
安泽县	0.50	0.50	49.00	49.00	107.40	16.00
浮山县	0.96	0.96	67.40	67.40	200.91	4.00
吉　县	1.20	1.20	192.00	192.00	126.00	3.00
乡宁县	1.50	0.80	77.40	77.40	277.00	
大宁县	0.46	0.46	19.39	19.39	105.74	25.17
隰　县	0.55	0.55	53.30	53.30	163.00	7.76
永和县	0.31	0.31	61.50	61.50	98.28	17.00
蒲　县	1.10	1.10	152.00	76.00	281.45	21.40
汾西县	0.60	0.60	81.00	66.00	174.00	8.66
文水县	0.80		155.54	155.54	365.00	32.50
交城县	1.63	1.63	153.58	153.58	594.68	104.61
兴　县	1.40	1.40	52.20	35.90	396.00	6.50

continued

公共服务用水 The Quantity of Water for Public Service	居民家庭用水 The Quantity of Water for Household Use	其他用水 The Quantity of Water for Other Purposes	用水户数(户) Number of Households with Access to Water Supply (unit)	家庭用户 Household User	用水人口(万人) Population with Access to Water Supply (10,000 persons)	县名称 Name of Counties
96.09	232.42		11489	9580	7.72	寿阳县
62.00	534.00	24.18	46244	42563	13.11	太谷区
93.70	271.72		17936	15832	10.79	祁　县
164.45	447.56		14075	12560	14.41	平遥县
108.92	247.11		19968	19929	13.50	灵石县
53.46	317.96	79.97	29362	28932	15.01	临猗县
7.16	253.32	3.00	33330	32118	11.40	万荣县
65.50	376.26	13.50	16934	16934	8.90	闻喜县
7.18	284.12	104.22	29280	22626	10.95	稷山县
19.00	355.00		24900	24600	12.15	新绛县
9.20	222.72	5.70	13632	13149	6.48	绛　县
19.70	330.60		27019	24383	9.30	垣曲县
18.40	53.10	64.74	4763	3676	4.60	夏　县
	174.72	0.78	16012	13198	7.30	平陆县
21.68	189.28	8.13	4861	4315	8.80	芮城县
134.00	133.00	17.00	10924	10043	7.32	定襄县
91.11	74.65	41.81	14576	12195	4.73	五台县
23.00	184.10	14.00	15227	10520	5.80	代　县
251.57	342.80		28676	28493	8.98	繁峙县
22.00	172.00	1.44	28530	28420	7.39	宁武县
27.89	95.97	44.35	3760	3734	5.95	静乐县
31.12	92.47	6.42	14124	14012	4.70	神池县
80.00	105.00	20.00	17660	16951	6.46	五寨县
23.00	74.00		16620	15590	4.36	岢岚县
30.75	148.09	46.22	18579	16519	6.84	河曲县
58.28	221.08	2.96	28100	26900	10.00	保德县
8.30	112.26		11447	10414	4.20	偏关县
24.00	278.00	7.00	14841	13324	6.50	曲沃县
69.00	232.81	4.00	27667	24350	8.35	翼城县
67.46	131.55	21.89	23588	21507	10.80	襄汾县
187.59	418.33		48035	43024	14.00	洪洞县
13.00	100.55	4.00	12801	11725	4.09	古　县
10.29	71.22		5775	4620	2.78	安泽县
14.14	166.29	6.48	10720	8860	5.36	浮山县
6.00	112.00		13000	12000	5.50	吉　县
61.00	184.00		15852	15302	8.00	乡宁县
36.54	32.02	1.56	8404	7438	2.72	大宁县
12.50	132.40	2.54	12099	10560	4.26	隰　县
2.10	67.10	1.10	7928	7719	2.32	永和县
70.04	158.00	23.46	18670	17761	3.04	蒲　县
10.00	131.34	1.50	13480	11870	5.40	汾西县
2.50	260.00		6051	5140	11.00	文水县
54.52	332.21	0.03	10320	6685	10.00	交城县
8.60	326.10	7.16	23230	20092	10.94	兴　县

5-4 续表 4

县名称 Name of Counties	综合生产能力（万立方米/日） Integrated Production Capacity (10,000m³/ day)	地下水 Underground Water	供水管道长度（公里） Length of Water Supply Pipelines (km)	建成区 in Built District	供水总量（万立方米） Total Quantity of Water Supply (10,000m³)	生产运营用水 The Quantity of Water for Production and Operation
临　县	1.32	0.12	47.00	47.00	398.69	65.14
柳林县	4.00	4.00	89.90	89.90	785.19	
石楼县	0.80	0.80	38.00	38.00	280.00	16.40
岚　县	2.00	2.00	110.00	55.00	626.16	100.00
方山县	0.50	0.50	47.00	31.90	182.50	15.70
中阳县	1.80		65.00	39.00	782.00	530.00
交口县	1.18	1.18	65.50	56.50	150.25	
内蒙古	**162.98**	**160.12**	**12256.70**	**11852.97**	**30614.18**	**7586.52**
土左旗	1.40	1.40	158.30	158.30	225.00	26.55
托　县	1.00	1.00	249.00	249.00	164.00	21.00
和林县	2.40	2.40	190.00	190.00	216.00	3.59
清水河县	0.78	0.78	68.50	67.80	169.40	15.00
武川县	1.40	1.40	99.00	99.00	298.00	15.57
土右旗	3.50	3.50	325.00	325.00	430.00	
固阳县	1.80	1.80	143.80	143.80	286.80	89.69
达尔罕茂明安联合旗	1.08	1.08	70.85	70.85	160.00	15.00
阿鲁科尔沁旗	4.50	4.50	341.50	341.50	837.25	67.23
巴林左旗	2.70	2.70	504.20	455.00	677.00	148.00
巴林右旗	2.10	2.10	105.90	105.90	364.60	80.50
林西县	1.53	1.53	260.66	260.66	495.44	112.44
克什克腾旗	3.00	3.00	80.00	80.00	401.00	61.00
翁牛特旗	9.00	9.00	149.31	148.21	1074.50	394.75
喀喇沁旗	3.92	3.92	50.00	50.00	978.28	82.05
宁城县	4.90	4.90	81.00	81.00	1368.00	917.60
敖汉旗	5.00	5.00	277.80	272.80	914.00	390.00
科左中旗	3.00	3.00	81.12	81.12	247.50	71.40
科左后旗	1.80	1.80	75.00	70.00	503.00	219.00
开鲁县	6.20	6.20	187.70	167.70	1335.00	660.00
库伦旗	1.40	1.40	126.00	126.00	192.00	15.00
奈曼旗	2.40	2.40	99.40	99.40	355.20	124.20
扎鲁特旗	3.20	3.20	541.00	541.00	834.00	379.80
达拉特旗	5.78	5.78	223.57	223.57	969.52	164.22
准格尔旗	5.57	5.57	211.12	211.12	919.54	296.79
鄂托克前旗	0.65	0.65	289.00	289.00	188.50	44.65
鄂托克旗	1.90	1.90	129.00	129.00	170.00	
杭锦旗	1.27	1.27	268.00	268.00	216.52	8.19
乌审旗	1.90	1.90	230.00	230.00	265.30	29.30
伊金霍洛旗	5.00	5.00	661.13	661.13	716.80	192.48
阿荣旗	2.18	2.18	337.02	337.02	673.12	97.28
莫　旗	3.60	3.60	68.03	68.03	677.00	366.00
鄂伦春旗	2.00	2.00	30.00	30.00	355.00	40.00
鄂温克旗			44.70	44.70	325.00	89.50
陈巴尔虎旗	1.03	1.03	58.00	58.00	133.85	10.00
新左旗	0.17	0.17	7.38	7.38	53.80	0.30

continued

公共服务用水 The Quantity of Water for Public Service	居民家庭用水 The Quantity of Water for Household Use	其他用水 The Quantity of Water for Other Purposes	用水户数（户） Number of Households with Access to Water Supply (unit)	家庭用户 Household User	用水人口（万人） Population with Access to Water Supply (10,000 persons)	县名称 Name of Counties
61.40	205.84	10.12	30371	28307	12.01	临　县
251.00	430.00	35.20	3134	2526	10.65	柳林县
45.00	170.00	24.60	16200	15800	6.50	石楼县
	424.96	50.60	26000	26000	7.60	岚　县
63.90	86.90		18487	18487	4.83	方山县
31.80	110.00	0.20	2280	2247	8.80	中阳县
37.50	103.29		5392	5338	3.15	交口县
3786.61	**13577.00**	**1716.48**	**2211191**	**1891454**	**474.20**	**内蒙古**
34.82	116.29	4.50	32625	31640	5.85	土左旗
21.00	98.00	5.00	25116	25116	7.00	托　县
38.56	121.31	2.14	33596	32285	5.30	和林县
58.00	78.00	10.00	14216	12850	3.76	清水河县
77.88	141.60	0.95	29300	26850	5.63	武川县
	268.00	108.00	41000	40891	13.00	土右旗
30.40	123.92	2.79	31120	24585	5.43	固阳县
21.00	92.00	8.00	21123	19935	4.20	达尔罕茂明安联合旗
200.76	520.09	16.16	97564	39758	12.42	阿鲁科尔沁旗
87.00	320.20	50.00	58419	58405	8.55	巴林左旗
31.51	198.60		45120	38577	7.75	巴林右旗
70.00	212.00	20.00	36945	32905	10.69	林西县
48.00	267.00		40351	35969	8.17	克什克腾旗
60.75	514.00	32.00	56408	55044	16.30	翁牛特旗
275.15	456.55	97.59	30951	28151	7.79	喀喇沁旗
79.70	275.21	9.49	52956	45946	14.90	宁城县
96.50	349.50	18.00	50277	50207	13.07	敖汉旗
9.00	126.50	30.10	22222	20092	6.17	科左中旗
119.00	133.00	11.00	22130	20290	5.55	科左后旗
220.00	400.00		40024	35000	8.32	开鲁县
8.00	134.00	5.00	19300	17000	5.68	库伦旗
73.00	136.00	5.00	34834	30479	10.23	奈曼旗
117.00	289.00	20.20	43028	37568	10.80	扎鲁特旗
167.50	491.50	13.20	80458	64370	18.22	达拉特旗
51.27	369.79	57.94	70467	60003	19.86	准格尔旗
	130.04	3.44	21046	18037	4.53	鄂托克前旗
32.00	92.50	33.10	30380	23998	4.13	鄂托克旗
16.26	160.28	0.65	29869	27384	4.88	杭锦旗
14.00	184.60	16.00	15683	14232	6.39	乌审旗
45.69	304.66	136.83	76128	63499	17.79	伊金霍洛旗
86.62	426.60	0.56	39568	31985	7.16	阿荣旗
52.00	223.00	16.00	25966	2321	8.05	莫　旗
20.00	265.00		12960	12340	4.69	鄂伦春旗
68.43	140.34	17.13	33588	29980	5.60	鄂温克旗
9.00	105.85		9268	8568	1.93	陈巴尔虎旗
9.00	42.00	0.20	3588	3172	1.60	新左旗

5-4 续表 5

县名称 Name of Counties	综合生产能力（万立方米/日）Integrated Production Capacity (10,000m³/ day)	地下水 Underground Water	供水管道长度（公里）Length of Water Supply Pipelines (km)	建成区 in Built District	供水总量（万立方米）Total Quantity of Water Supply (10,000m³)	生产运营用水 The Quantity of Water for Production and Operation
新右旗	0.60	0.35	75.70	75.70	158.42	19.85
五原县	4.61	4.50	232.85	232.85	489.14	73.81
磴口县	4.26	4.26	172.45	94.00	476.10	199.06
乌拉特前旗	4.00	4.00	251.82	251.82	691.26	149.00
乌拉特中旗	1.32	1.32	124.70	113.70	286.40	31.50
乌拉特后旗	1.50	1.50	96.08	96.08	182.30	1.60
杭锦后旗	5.20	5.20	260.30	250.00	911.00	357.70
卓资县	0.75	0.75	78.00	78.00	263.00	5.80
化德县	0.78	0.78	200.40	200.40	284.70	19.40
商都县	1.50	1.50	155.52	155.52	547.50	83.77
兴和县	1.50	0.82	109.00	109.00	322.48	2.00
凉城县	1.65	1.65	62.02	59.27	342.10	105.00
察右前旗	1.35	1.23	94.35	57.12	317.23	121.27
察右中旗	0.90	0.90	65.00	65.00	153.52	5.08
察右后旗	1.30	1.30	60.50	60.50	253.50	3.20
四子王旗	2.00	2.00	311.00	311.00	355.00	20.00
科尔沁右翼前旗	5.00	5.00	289.00	206.50	612.24	79.24
科右中旗	0.65	0.65	109.28	109.28	227.00	27.50
扎赉特旗	1.13	1.13	133.00	133.00	404.11	3.31
突泉县	1.09	1.09	127.20	127.00	396.10	117.10
阿巴嘎旗	0.37	0.37	89.70	89.70	132.00	0.10
苏尼特左旗	0.50	0.50	33.10	33.10	132.20	30.20
苏尼特右旗	2.00	2.00	103.10	103.10	374.67	1.48
东乌珠穆沁旗	1.00	1.00	135.38	135.38	337.90	59.20
西乌珠穆沁旗	2.00	2.00	144.00	144.00	211.39	
太仆寺旗	1.76	1.76	90.39	90.39	370.80	20.00
镶黄旗	0.50	0.50	122.04	122.04	158.78	43.07
正镶白旗	0.50	0.50	184.20	83.90	94.40	18.30
正蓝旗	1.60	1.60	53.70	53.70	227.70	12.10
多伦县	2.00	2.00	186.32	186.32	389.29	
阿拉善左旗	8.98	7.28	623.40	623.40	2092.30	699.62
阿拉善右旗	0.12	0.12	444.98	444.98	100.28	
额济纳旗	1.50	1.50	216.23	216.23	129.45	29.18
辽　宁	**92.55**	**22.28**	**5417.77**	**4880.42**	**18732.88**	**1719.12**
康平县	8.00		185.00	185.00	883.94	138.04
法库县	11.30	5.80	238.10	194.10	1471.81	252.00
长海县	5.35		713.71	416.26	250.23	38.62
台安县	2.50	2.50	245.50	245.50	832.52	21.46
岫岩满族自治县	3.50		167.70	167.70	718.60	75.40
抚顺县						
新宾满族自治县	1.50		111.75	111.75	693.00	5.85
清原满族自治县	8.00		240.00	240.00	912.00	68.00
本溪满族自治县	7.00	0.30	138.84	138.84	843.24	88.24
桓仁满族自治县	3.20		273.00	273.00	1168.00	21.00

continued

公共服务用水 The Quantity of Water for Public Service	居民家庭用水 The Quantity of Water for Household Use	其他用水 The Quantity of Water for Other Purposes	用水户数(户) Number of Households with Access to Water Supply (unit)	家庭用户 Household User	用水人口(万人) Population with Access to Water Supply (10,000 persons)	县名称 Name of Counties
10.60	112.52		10778	9161	1.80	新右旗
46.36	271.63		39058	34571	11.04	五原县
58.20	141.64		25500	17977	5.29	磴口县
119.00	271.34	67.77	44265	42697	10.41	乌拉特前旗
3.50	160.00	60.60	21604	18604	3.70	乌拉特中旗
0.50	147.50	14.00	12633	12000	3.91	乌拉特后旗
28.00	225.30	20.00	41924	41497	11.20	杭锦后旗
70.50	165.80	12.90	15250	14050	3.40	卓资县
54.00	131.50	43.80	27647	20419	5.66	化德县
136.61	268.81	12.31	51000	48000	7.38	商都县
31.00	251.00	2.00	31230	31230	6.30	兴和县
	180.00		22006	21000	6.48	凉城县
9.07	115.73	48.50	23266	10198	2.14	察右前旗
17.66	107.04	6.06	20000	18000	2.68	察右中旗
36.00	161.30	11.00	15891	12751	5.95	察右后旗
20.00	280.00	10.00	38858	34033	8.29	四子王旗
42.81	339.23	62.61	44214	43857	4.70	科尔沁右翼前旗
2.60	111.90		24000	24000	7.73	科右中旗
95.00	170.80	85.00	50548	42741	7.58	扎赉特旗
36.00	128.30	83.70	18030	18030	6.90	突泉县
18.80	81.40	1.70	15000	9200	2.65	阿巴嘎旗
15.91	50.37	13.51	8011	6697	1.41	苏尼特左旗
79.13	85.06	89.11	23121	22400	4.24	苏尼特右旗
29.91	189.53	24.78	21170	17219	2.74	东乌珠穆沁旗
10.71	105.51	36.04	29570	24500	3.35	西乌珠穆沁旗
32.00	91.00	208.40	29540	25100	6.65	太仆寺旗
28.72	57.43	14.36	7849	7426	3.33	镶黄旗
13.40	47.00	0.16	9067	7805	3.15	正镶白旗
24.00	141.70	16.90	23352	15178	3.49	正蓝旗
125.51	228.75		34915	30825	6.60	多伦县
197.97	353.75		80456	69470	9.58	阿拉善左旗
10.33	49.76	20.30	9701	7572	1.09	阿拉善右旗
34.01	47.47		14143	13814	1.99	额济纳旗
1991.47	**7552.66**	**1389.97**	**1116945**	**998440**	**198.68**	**辽 宁**
111.86	270.50		45492	38524	8.60	康平县
111.38	454.80	188.43	60255	52942	10.54	法库县
15.77	100.18	0.02	21885	20073	3.78	长海县
97.03	339.43	13.17	68486	58230	9.93	台安县
40.60	376.50	27.80	51603	46128	14.00	岫岩满族自治县
						抚顺县
49.25	186.25		26000	23850	6.20	新宾满族自治县
114.00	405.00	48.00	35210	26920	6.50	清原满族自治县
48.00	319.00	47.00	59227	50961	7.75	本溪满族自治县
150.00	510.00	22.00	57700	54000	9.03	桓仁满族自治县

5-4 续表 6

县名称 Name of Counties	综合生产能力(万立方米/日) Integrated Production Capacity (10,000m³/ day)	地下水 Underground Water	供水管道长度(公里) Length of Water Supply Pipelines (km)	建成区 in Built District	供水总量(万立方米) Total Quantity of Water Supply (10,000m³)	生产运营用水 The Quantity of Water for Production and Operation
宽甸满族自治县	5.00	0.20	560.00	550.00	1759.50	13.00
黑山县	2.80	2.80	262.00	262.00	650.00	60.00
义　县	5.06	0.06	184.96	184.96	1073.28	98.00
阜新蒙古族自治县	0.33		214.00	214.00	547.50	
彰武县	5.00	5.00	239.90	239.90	400.00	15.00
辽阳县	5.00		122.00	113.00	1706.00	33.00
盘山县	2.07	0.37	240.00	147.90	498.12	183.20
铁岭县						
西丰县	3.00		248.00	181.00	800.00	201.00
昌图县	5.00		179.11	179.11	894.14	92.00
朝阳县	0.20	0.20	25.00	25.00	73.00	0.50
建平县	3.50	3.50	304.91	304.91	936.00	247.81
喀喇沁左翼蒙古族自治县	1.60	0.90	173.50	173.50	256.00	21.00
绥中县	1.88	0.65	164.99	164.99	686.00	
建昌县	1.76		185.80	168.00	680.00	46.00
吉　林	**50.85**	**18.00**	**3085.83**	**3004.91**	**11298.24**	**1616.42**
农安县	4.55	0.10	573.90	573.25	1196.43	334.18
永吉县	0.01		153.00	136.00	516.68	56.10
梨树县	0.92	0.92	47.37	47.37	308.90	0.65
伊通满族自治县	1.00	1.00	193.64	193.64	360.10	
东丰县	3.80	0.10	145.25	145.25	512.29	23.47
东辽县	2.01	1.01	46.10	46.10	272.27	11.33
通化县	3.00		145.67	115.56	514.80	71.00
辉南县	3.05		146.88	146.88	1003.00	89.93
柳河县	5.32	0.32	201.00	201.00	753.69	180.36
抚松县	4.00		48.16	48.16	610.04	77.93
靖宇县	1.30	1.30	158.00	158.00	474.50	16.00
长白朝鲜族自治县	3.00	0.85	66.20	35.04	601.15	68.70
前郭县			127.00	127.00	1163.00	85.77
长岭县	2.82	2.82	181.86	181.86	237.42	13.30
乾安县	3.00	3.00	86.70	86.70	434.56	284.40
镇赉县	3.23	3.23	340.03	340.03	505.00	58.00
通榆县	3.30	3.30	172.00	172.00	603.11	84.20
汪清县	5.04		199.07	197.07	701.30	53.90
安图县	1.50		54.00	54.00	530.00	107.20
黑龙江	**100.19**	**83.09**	**6180.52**	**6051.80**	**18573.34**	**2744.27**
依兰县	2.00	2.00	146.49	146.49	548.00	70.00
方正县	1.53	1.53	71.10	55.50	347.82	5.97
宾　县	2.10	0.10	82.24	82.24	605.81	68.08
巴彦县	1.50	1.50	153.23	153.23	436.00	71.35
木兰县	0.95	0.95	85.00	85.00	346.70	24.00
通河县	1.00	1.00	110.00	110.00	275.00	16.50
延寿县	1.50	0.40	251.40	217.40	419.30	50.00

continued

公共服务用水 The Quantity of Water for Public Service	居民家庭用水 The Quantity of Water for Household Use	其他用水 The Quantity of Water for Other Purposes	用水户数（户）Number of Households with Access to Water Supply (unit)	家庭用户 Household User	用水人口（万人）Population with Access to Water Supply (10,000 persons)	县名称 Name of Counties
78.00	602.00	736.50	104743	94712	8.36	宽甸满族自治县
92.00	330.00	55.00	42500	42500	13.00	黑山县
175.00	533.00	18.00	46502	42002	9.20	义　县
148.80	220.30	47.00	34719	33289	5.58	阜新蒙古族自治县
40.00	280.00	15.00	32000	28000	5.43	彰武县
55.00	608.00	19.00	69900	67000	15.00	辽阳县
15.18	160.50	31.40	27363	23492	6.66	盘山县
						铁岭县
30.00	312.00	23.00	43919	38978	6.00	西丰县
288.88	341.83	20.00	72776	60108	11.50	昌图县
0.20	59.95	0.40	12467	12032	3.33	朝阳县
68.52	303.42	78.25	50673	47549	15.42	建平县
35.00	150.00		37008	32400	7.30	喀喇沁左翼蒙古族自治县
113.00	452.00		71181	64104	10.18	绥中县
114.00	238.00		45336	40646	5.39	建昌县
1293.11	**4670.82**	**709.10**	**811874**	**737027**	**161.27**	**吉　林**
33.00	724.07	22.01	72078	70958	21.99	农安县
54.80	235.78		53287	49239	10.00	永吉县
41.25	183.85	24.52	43566	37689	8.40	梨树县
	231.17	100.85	46182	41196	8.35	伊通满族自治县
141.22	264.68	3.22	38454	33035	10.15	东丰县
27.50	73.37	58.92	17444	15635	3.10	东辽县
46.20	130.70	7.30	29000	28200	5.90	通化县
52.90	338.56	47.61	55600	55300	10.34	辉南县
34.89	308.15	23.80	53524	48004	7.00	柳河县
52.89	167.02	153.16	29021	25876	5.57	抚松县
31.00	186.00	10.00	37100	35000	6.09	靖宇县
158.40	224.50	16.00	12367	10877	3.43	长白朝鲜族自治县
266.20	400.85	90.11	80170	74538	10.27	前郭县
44.83	128.07	24.00	45592	39580	11.34	长岭县
13.72	130.75	1.00	25408	23299	8.00	乾安县
105.00	259.00	7.00	52368	46144	8.05	镇赉县
114.91	216.00	75.00	47000	43000	8.58	通榆县
32.60	295.80	4.60	44615	35665	9.30	汪清县
41.80	172.50	40.00	29098	23792	5.41	安图县
1967.59	**9859.74**	**505.49**	**1645314**	**1443842**	**336.49**	**黑龙江**
40.00	334.08		39000	36600	9.20	依兰县
35.07	219.64	14.64	35166	32000	5.50	方正县
32.63	379.60	15.00	42470	39035	11.29	宾　县
30.52	261.42	0.03	51525	37561	9.67	巴彦县
20.00	164.20		20500	16940	5.40	木兰县
25.00	159.50	12.00	19310	17310	7.20	通河县
8.00	230.30	20.00	37369	32775	6.61	延寿县

5-4 续表 7

县名称 Name of Counties	综合生产能力(万立方米/日) Integrated Production Capacity (10,000m³/ day)	地下水 Underground Water	供水管道长度(公里) Length of Water Supply Pipelines (km)	建成区 in Built District	供水总量(万立方米) Total Quantity of Water Supply (10,000m³)	生产运营用水 The Quantity of Water for Production and Operation
龙江县	4.39	4.39	175.35	174.85	724.75	96.99
依安县	6.00	6.00	110.63	110.63	427.00	171.26
泰来县	2.07	2.07	62.40	62.40	364.94	9.04
甘南县	3.21	3.21	155.37	154.97	374.30	105.88
富裕县	2.08	2.08	217.00	217.00	316.40	26.40
克山县	1.89	1.89	262.40	262.00	327.86	34.67
克东县	1.01	1.01	230.72	230.72	308.00	149.00
拜泉县	1.70	1.70	118.16	118.16	417.10	
鸡东县	2.70	0.70	51.00	51.00	517.00	60.00
萝北县	2.00	2.00	74.65	74.65	171.50	10.22
绥滨县	2.00	1.50	75.00	75.00	215.90	26.00
集贤县	1.70	1.70	137.12	130.20	591.23	172.65
友谊县	1.50	1.50	170.00	164.00	300.00	4.00
宝清县	3.00	3.00	292.90	292.90	831.00	35.00
饶河县	0.70	0.70	159.00	159.00	342.50	36.60
肇州县	1.30	1.30	82.65	82.65	438.00	15.00
肇源县	1.10	1.10	87.26	87.26	450.00	12.00
林甸县	2.00	2.00	130.00	130.00	300.59	5.89
杜尔伯特蒙古族自治县	2.00	2.00	64.70	64.70	363.00	103.00
嘉荫县	1.00	1.00	87.08	87.08	127.75	8.00
汤旺县	1.80	1.80	145.14	145.14	344.13	76.00
丰林县	1.87	1.87	254.11	254.11	345.20	75.90
大箐山县	0.46	0.46	103.59	103.59	132.00	7.80
南岔县	1.00		102.00	102.00	277.00	90.00
桦南县	3.06	3.06	161.14	144.04	486.58	21.25
桦川县	2.80	2.80	134.29	134.29	471.70	40.00
汤原县	2.37	2.37	137.68	137.68	334.00	93.71
勃利县	1.97	1.97	183.00	183.00	420.17	125.17
林口县	3.00		159.00	159.00	370.00	51.80
逊克县	1.00	1.00	109.00	100.80	234.00	13.60
孙吴县	2.00		175.82	175.82	218.40	42.68
望奎县	1.90	1.90	75.70	75.70	323.00	82.50
兰西县	2.50		99.70	76.10	546.00	65.00
青冈县	3.00	3.00	150.00	150.00	473.00	43.00
庆安县	4.81	4.81	136.98	136.98	891.00	283.00
明水县	3.00	3.00	74.72	74.72	240.20	20.00
绥棱县	3.02		86.00	70.00	557.01	25.36
呼玛县	0.70	0.70	54.80	54.80	146.00	32.50
塔河县	1.40	1.40	75.00	75.00	110.00	4.00
加格达奇区	4.60	4.60	120.00	120.00	766.50	163.50
江　苏	**295.02**	**16.18**	**12616.07**	**10479.54**	**55009.46**	**14285.49**
丰　县	23.00	1.00	542.87	479.96	2513.84	834.57
沛　县	28.00	0.18	882.82	882.82	4592.67	862.20
睢宁县	18.00	3.00	764.40	623.90	3363.60	660.63

continued

公共服务用水 The Quantity of Water for Public Service	居民家庭用水 The Quantity of Water for Household Use	其他用水 The Quantity of Water for Other Purposes	用水户数(户) Number of Households with Access to Water Supply (unit)	家庭用户 Household User	用水人口(万人) Population with Access to Water Supply (10,000 persons)	县名称 Name of Counties
64.63	260.22	0.48	65466	64361	12.22	龙江县
18.20	195.56	6.94	20732	19711	6.80	依安县
48.84	177.67	20.96	34969	31527	7.34	泰来县
16.58	203.10	3.37	30367	28760	7.99	甘南县
28.00	168.00	11.00	40003	31600	6.00	富裕县
9.73	168.54	28.28	36263	33267	9.49	克山县
17.00	120.00	2.00	19028	17000	4.50	克东县
51.00	274.00	13.10	37375	32639	6.57	拜泉县
101.00	282.00	16.00	40177	27960	6.10	鸡东县
6.48	112.30	1.35	24767	21254	4.20	萝北县
28.00	126.00	1.00	30120	27839	5.00	绥滨县
15.82	221.42	59.40	50224	46804	7.90	集贤县
12.00	261.50		13200	10290	3.48	友谊县
159.16	546.20	7.54	51113	43812	11.83	宝清县
91.48	173.90	13.07	17810	15450	3.65	饶河县
65.00	260.00	15.00	43000	34000	8.70	肇州县
40.00	281.00		30600	30000	8.50	肇源县
64.00	142.00	23.70	21000	21000	6.96	林甸县
12.00	203.20	0.80	32780	26950	6.80	杜尔伯特蒙古族自治县
40.00	58.25	10.00	7242	6466	2.40	嘉荫县
56.80	169.87	14.96	15219	13814	3.98	汤旺县
37.50	177.30	7.80	37709	34176	9.00	丰林县
22.00	69.00		10119	10092	2.96	大箐山县
18.00	115.00	17.00	34337	30042	6.79	南岔县
186.64	230.84	0.43	74066	61604	11.60	桦南县
30.00	269.90		25341	23663	6.00	桦川县
36.03	187.95	2.97	40764	35079	6.45	汤原县
6.00	207.00	15.00	31023	30500	8.43	勃利县
36.30	150.20	20.70	58785	38710	7.30	林口县
12.50	121.40	28.50	22280	19783	4.30	逊克县
5.00	130.48		23120	21320	4.73	孙吴县
	192.50		52800	50800	9.60	望奎县
122.00	247.00	36.00	36900	28000	7.50	兰西县
25.00	272.00		58000	45000	14.50	青冈县
62.00	350.00	2.00	42278	41129	9.70	庆安县
38.00	115.20	10.00	35791	34200	6.95	明水县
11.58	395.00	37.07	59303	53214	10.00	绥棱县
14.10	70.50	7.40	8521	8521	1.90	呼玛县
8.00	80.00	10.00	15382	14284	3.80	塔河县
160.00	325.00		72000	67000	9.70	加格达奇区
5484.47	**25106.44**	**2228.36**	**2431067**	**2172468**	**518.69**	**江　苏**
403.64	1129.04	21.47	125171	108922	28.65	丰　县
388.32	2657.58	83.37	104758	100064	42.26	沛　县
489.37	1638.67	36.98	156540	156527	28.80	睢宁县

5-4 续表 8

县名称 Name of Counties	综合生产能力(万立方米/日) Integrated Production Capacity (10,000m³/ day)	地下水 Underground Water	供水管道长度(公里) Length of Water Supply Pipelines (km)	建成区 in Built District	供水总量(万立方米) Total Quantity of Water Supply (10,000m³)	生产运营用水 The Quantity of Water for Production and Operation
如东县	5.00		1630.80	779.80	3821.25	1620.00
东海县	5.00		655.19	520.47	1689.44	586.32
灌云县	10.00		886.78	886.78	2357.00	1065.00
灌南县	10.00		319.30	219.30	1100.00	89.00
涟水县	30.68	0.32	781.03	781.03	3125.63	917.12
盱眙县	12.55	0.05	488.85	487.85	2868.80	623.13
金湖县	10.48		335.00	335.00	2550.19	490.13
响水县	5.00		587.65	587.65	1715.86	405.72
滨海县	12.00		517.00	517.00	1995.50	162.80
阜宁县	15.00		377.15	377.15	3100.81	831.00
射阳县	12.00	1.98	369.65	368.15	1643.46	176.59
建湖县	15.00		1548.12	928.87	2630.53	169.40
宝应县	13.90	0.41	699.70	478.05	2834.54	815.70
沭阳县	26.91	0.26	658.86	658.86	5193.91	1331.32
泗阳县	16.30	0.25	248.87	248.87	4525.70	1594.70
泗洪县	26.20	8.70	322.03	318.03	3386.73	1050.16
浙 江	**383.88**	**0.02**	**18540.85**	**14210.77**	**71267.04**	**21167.13**
桐庐县	13.22		627.91	627.91	3134.48	727.32
淳安县	8.00		390.05	390.05	1260.40	360.48
象山县	23.00		1326.69	1185.43	3953.30	1152.65
宁海县	23.00		861.46	861.46	3842.97	1065.10
永嘉县	4.00		267.78	179.65	604.61	
平阳县	15.00		260.48	119.40	1937.80	420.30
苍南县	14.00		501.00	376.57	3322.00	796.00
文成县	6.00		90.95	80.00	852.00	
泰顺县	3.00		113.84	95.00	791.00	130.00
嘉善县	21.00		334.89	324.99	2486.00	607.00
海盐县	21.00		622.90	594.00	4887.29	3080.49
德清县	14.50		935.00	806.00	4087.99	772.43
长兴县	15.00		1231.20	791.56	3831.47	908.53
安吉县	15.30		850.00	850.00	4743.31	1392.85
新昌县	14.00		2900.94	832.34	3667.50	1429.12
武义县	14.00		603.47	387.05	2213.70	607.28
浦江县	37.50		982.00	887.00	4510.00	1726.00
磐安县	3.00		177.60	177.60	478.17	140.36
常山县	10.76		497.00	270.00	1985.00	1058.46
开化县	10.00		252.87	207.65	1574.05	559.52
龙游县	7.00		565.47	565.47	1450.00	667.00
岱山县	5.80		234.74	234.74	485.04	147.24
嵊泗县	2.80		124.00	124.00	252.40	
三门县	11.00		480.00	406.21	1645.60	229.72
天台县	10.00		334.32	327.12	3151.54	1087.50
仙居县	15.00		1173.34	947.35	2766.59	504.06
青田县	10.00		135.61	129.83	1388.36	311.29

continued

公共服务用水 The Quantity of Water for Public Service	居民家庭用水 The Quantity of Water for Household Use	其他用水 The Quantity of Water for Other Purposes	用水户数（户） Number of Households with Access to Water Supply (unit)	家庭用户 Household User	用水人口（万人） Population with Access to Water Supply (10,000 persons)	县名称 Name of Counties
600.00	855.32	605.00	105163	102556	21.08	如东县
36.35	848.00	15.05	90056	81540	30.65	东海县
304.00	700.56	80.57	70867	60236	21.28	灌云县
206.00	680.00	25.00	69423	64200	22.23	灌南县
232.49	1252.19	13.79	169503	162225	26.75	涟水县
80.52	1333.70	271.05	117474	105205	24.53	盱眙县
55.71	953.40	614.50	61964	60764	17.71	金湖县
26.00	827.10	58.89	91586	91586	11.87	响水县
352.00	1162.80	0.60	122008	11688	26.55	滨海县
350.81	1179.04	9.60	170118	152201	30.03	阜宁县
320.28	1052.25	36.34	83937	83548	25.50	射阳县
177.86	1346.67		159258	148787	23.70	建湖县
313.47	1143.18	89.14	142420	130607	23.15	宝应县
240.93	3018.10	46.60	236894	235147	48.62	沭阳县
830.00	1647.00	102.00	175381	156857	36.99	泗阳县
76.72	1681.84	118.41	178546	159808	28.34	泗洪县
5437.64	**31087.32**	**3093.76**	**2702208**	**2371449**	**454.66**	**浙　江**
170.73	1121.94	487.80	96808	84506	20.33	桐庐县
160.00	486.02	53.50	75913	61311	8.63	淳安县
318.79	1500.77	144.51	141632	120246	21.62	象山县
182.24	2074.45	16.67	138895	121806	25.10	宁海县
42.63	493.18	19.34	25891	24596	10.28	永嘉县
60.00	1211.50	61.90	46052	40864	16.03	平阳县
210.00	1680.00	70.00	90095	89205	18.16	苍南县
	444.00	182.00	29861	27012	6.10	文成县
54.00	459.00	30.00	22028	20165	7.79	泰顺县
129.00	1486.00	11.00	208276	191788	21.64	嘉善县
89.98	1047.97	37.34	68850	55717	16.79	海盐县
627.76	1639.97	387.69	105346	87831	17.20	德清县
715.72	1693.05	22.46	158258	141963	30.05	长兴县
209.34	1784.27	673.50	83286	68991	25.50	安吉县
52.63	1504.33	106.51	121571	100952	23.83	新昌县
328.21	1111.87		94451	84082	22.45	武义县
502.53	1857.43	65.04	110782	97905	20.86	浦江县
50.26	228.10	11.20	14280	13268	3.80	磐安县
77.10	662.38		41795	31160	8.27	常山县
116.30	616.23		71736	45579	11.24	开化县
135.00	530.00		42384	32442	11.91	龙游县
48.14	240.66	4.80	31076	27082	7.89	岱山县
41.20	182.70	16.00	21006	17921	4.17	嵊泗县
198.98	733.12	197.28	88839	85797	12.45	三门县
6.17	1625.96		120552	117124	13.60	天台县
374.71	1252.84	3.44	106961	100935	16.60	仙居县
186.77	588.74	158.37	37701	33054	10.06	青田县

5-4 续表 9

县名称 Name of Counties	综合生产能力（万立方米/日） Integrated Production Capacity (10,000m³/ day)	地下水 Underground Water	供水管道长度（公里） Length of Water Supply Pipelines (km)	建成区 in Built District	供水总量（万立方米） Total Quantity of Water Supply (10,000m³)	生产运营用水 The Quantity of Water for Production and Operation
缙云县	5.00		190.05	169.20	1132.16	311.15
遂昌县	8.00		500.23	295.03	1069.93	425.61
松阳县	10.00		444.17	444.17	1275.07	184.62
云和县	6.00		200.00	195.00	772.31	79.88
庆元县	4.00		193.50	193.50	1130.00	282.16
景宁县	4.00		137.39	135.49	585.00	3.01
安　徽	**370.76**	**89.56**	**18680.99**	**17039.94**	**82190.76**	**23371.62**
长丰县	6.00		599.45	523.00	1028.00	160.00
肥西县			809.56	809.56	2542.61	348.92
肥东县	22.00		1043.50	917.00	3624.16	1050.00
庐江县	13.35	0.09	538.18	538.18	2538.79	579.81
南陵县	10.00		294.30	270.30	1825.03	295.54
怀远县	8.70	2.30	285.00	285.00	2558.00	311.00
五河县	10.10	1.60	249.38	249.38	1887.10	444.00
固镇县	7.80	2.80	260.29	260.29	1086.30	251.59
凤台县	7.60	1.40	172.70	122.68	2281.16	781.50
寿　县	4.97		663.67	663.67	1633.55	369.00
当涂县	6.00		222.47	222.47	1410.89	160.25
含山县	10.00		127.80	110.00	1762.62	264.91
和　县	10.00		385.42	384.96	1118.45	283.50
濉溪县	9.30	9.30	447.00	430.00	2700.00	1812.00
枞阳县	7.00		341.40	200.40	746.00	224.20
怀宁县	2.18		497.88	497.88	1251.86	426.50
太湖县	4.50		550.00	450.00	916.13	234.62
宿松县	6.50		553.14	553.14	1463.03	359.85
望江县	6.00		472.33	420.77	1087.50	355.50
岳西县	4.50		561.78	439.60	605.93	180.65
歙　县	8.25	0.25	278.50	269.00	1194.70	537.70
休宁县	3.00		126.15	126.15	740.00	102.13
黟　县	2.00		124.38	88.10	396.40	127.07
祁门县	2.00		209.00	209.00	409.67	81.79
来安县	10.05	1.03	455.96	455.96	3703.42	2153.85
全椒县	10.00		465.00	465.00	2043.58	503.80
定远县	9.00		481.00	470.00	1803.33	159.30
凤阳县	10.00		365.00	365.00	1710.00	395.00
临泉县	9.50	9.50	313.38	313.38	2313.00	1125.00
太和县	12.23	12.23	672.17	596.17	3306.26	1763.05
阜南县	6.15	6.15	261.10	248.50	2043.20	488.80
颍上县	11.35	6.75	455.10	345.10	3360.85	1157.15
砀山县	6.55	6.55	333.00	333.00	1693.15	441.00
萧　县	3.52	3.52	363.00	363.00	1184.34	326.32
灵璧县	6.50	6.50	312.91	273.91	1864.10	343.00
泗　县	7.00	3.20	184.05	184.05	1585.61	512.20
霍邱县	8.95	1.95	424.28	320.95	1548.04	100.00

continued

公共服务用水 The Quantity of Water for Public Service	居民家庭用水 The Quantity of Water for Household Use	其他用水 The Quantity of Water for Other Purposes	用水户数（户） Number of Households with Access to Water Supply (unit)	家庭用户 Household User	用水人口（万人） Population with Access to Water Supply (10,000 persons)	县名称 Name of Counties
95.87	550.57	20.90	47890	41638	7.97	缙云县
27.43	509.74		43253	39355	6.52	遂昌县
56.48	545.02	284.95	49350	48350	8.10	松阳县
75.80	472.00	10.20	36617	31788	6.43	云和县
11.87	306.40	17.36	313489	271964	7.57	庆元县
82.00	447.11		17284	15052	5.72	景宁县
7368.85	**38479.20**	**3425.75**	**3482006**	**3138515**	**902.81**	**安　徽**
158.00	503.00	93.00	72563	68231	28.12	长丰县
241.64	1268.76	256.13	147946	139534	37.70	肥西县
416.80	1512.30	257.00	193566	183420	29.90	肥东县
90.41	1265.78		139204	120398	30.98	庐江县
35.49	1002.44	136.02	59812	51320	14.94	南陵县
214.00	1971.00	42.00	78451	72435	29.11	怀远县
335.00	941.10	50.00	70091	60079	21.31	五河县
112.15	524.80	53.46	43262	40694	14.88	固镇县
185.60	707.56	99.50	49636	45623	16.51	凤台县
204.00	808.00	53.00	42790	42020	17.64	寿　县
92.98	672.91	245.24	62094	54312	14.60	当涂县
73.59	1118.51	32.72	31228	30928	12.27	含山县
165.51	623.59	27.35	47960	46508	16.05	和　县
80.00	741.00	25.00	51915	49880	18.40	濉溪县
60.27	372.53		58523	47723	11.57	枞阳县
47.00	564.00	10.00	68967	53076	9.25	怀宁县
48.33	526.48	25.94	37500	37500	17.03	太湖县
81.40	755.78		60278	52486	10.00	宿松县
17.10	575.90		48485	42152	11.81	望江县
25.87	332.41	7.00	46910	41172	13.98	岳西县
72.00	470.00	12.00	45733	45000	10.50	歙　县
62.00	373.89	45.98	21138	20715	5.81	休宁县
30.00	165.12	1.70	20561	16311	2.47	黟　县
42.00	199.23	3.52	29469	26192	4.88	祁门县
97.56	751.85	512.00	60270	54956	15.24	来安县
305.30	742.73	68.30	137980	122227	20.47	全椒县
238.95	1035.45	159.30	110802	90000	15.50	定远县
180.00	780.00	40.00	91000	60200	23.09	凤阳县
151.00	895.00	14.00	97200	87300	32.93	临泉县
227.11	1144.94	14.00	138530	117649	24.77	太和县
250.00	984.04	182.56	121653	114328	19.14	阜南县
426.93	1062.84	107.33	121550	110000	34.96	颍上县
133.30	918.85	25.00	72450	64650	23.41	砀山县
364.85	392.05	0.52	67276	63331	20.69	萧　县
187.00	1106.00	81.00	70917	61570	26.80	灵璧县
194.52	732.43	10.80	71379	63930	20.62	泗　县
114.03	1070.00	67.71	95041	94894	20.55	霍邱县

5-4 续表 10

县名称 Name of Counties	综合生产能力（万立方米/日） Integrated Production Capacity (10,000m³/ day)	地下水 Underground Water	供水管道长度（公里） Length of Water Supply Pipelines (km)	建成区 in Built District	供水总量（万立方米） Total Quantity of Water Supply (10,000m³)	生产运营用水 The Quantity of Water for Production and Operation
舒城县	12.12		235.27	235.27	1648.42	233.33
金寨县	10.00		303.53	263.55	1558.36	599.54
霍山县	9.10	0.05	361.86	354.66	1913.30	661.00
涡阳县	7.29	7.29	336.53	326.73	1642.00	166.20
蒙城县	12.00	4.40	349.20	272.60	3498.94	762.94
利辛县	6.70	2.70	563.00	323.00	1373.00	456.00
东至县	4.50		198.86	188.92	814.00	173.00
石台县	1.00		50.81	50.81	183.00	30.00
青阳县	7.00		214.55	214.55	998.12	220.00
郎溪县	5.50		311.25	263.43	1083.00	243.50
泾　县	5.00		266.30	266.30	1396.74	360.26
绩溪县	4.00		422.01	336.98	675.24	126.75
旌德县	4.00		168.59	168.59	439.88	128.60
福　建	**259.95**	**9.70**	**10307.02**	**9260.58**	**47880.92**	**6477.33**
闽侯县	28.00		573.97	393.97	2457.97	734.90
连江县	8.75		180.62	180.62	2227.12	35.21
罗源县	16.00		305.39	153.86	1349.21	
闽清县	6.00		135.24	135.24	676.32	117.47
永泰县	7.50		181.50	176.50	703.36	121.71
仙游县	8.50	0.30	419.20	413.70	2342.94	406.30
明溪县	1.50		108.66	108.66	537.59	99.95
清流县	1.75		106.44	106.44	318.92	12.57
宁化县	3.00		384.64	384.64	1022.29	58.14
大田县	6.00		154.00	130.00	1018.52	134.72
尤溪县	7.75	4.80	188.34	186.04	1224.47	391.00
将乐县	5.10		93.68	81.90	524.00	100.00
泰宁县	2.50		273.38	232.18	702.50	213.43
建宁县	3.50		237.19	223.85	696.30	248.76
惠安县	4.20		672.54	264.45	1515.00	384.00
安溪县	13.00		484.50	484.50	2770.00	55.10
永春县			243.60	243.60	1898.00	131.68
德化县	14.50		413.32	413.32	2282.97	334.32
云霄县	7.50		474.57	474.57	2342.32	454.42
漳浦县	15.00		438.15	358.56	2689.78	635.92
诏安县	5.00		164.44	164.44	1152.60	144.50
东山县	10.00		113.00	113.00	568.20	181.00
南靖县	3.00		125.50	125.50	703.42	17.35
平和县	4.40		192.64	167.00	567.00	165.00
华安县	2.00		56.40	56.40	119.49	17.24
顺昌县	2.00		146.79	146.79	617.00	3.10
浦城县	6.00		245.80	245.80	1252.40	428.90
光泽县	7.00		209.04	128.55	378.13	26.00
松溪县	4.00		108.50	108.50	489.33	103.04
政和县	3.00		180.19	180.19	529.06	27.79

continued

公共服务用水 The Quantity of Water for Public Service	居民家庭用水 The Quantity of Water for Household Use	其他用水 The Quantity of Water for Other Purposes	用水户数(户) Number of Households with Access to Water Supply (unit)	家庭用户 Household User	用水人口(万人) Population with Access to Water Supply (10,000 persons)	县名称 Name of Counties
128.90	889.90	129.00	83260	82550	22.21	舒城县
18.80	709.46	71.37	48564	46672	18.09	金寨县
414.90	560.80	48.60	57996	57990	16.87	霍山县
146.30	1016.30	22.00	113142	103519	29.90	涡阳县
440.00	1910.00	206.00	93910	91880	38.79	蒙城县
41.00	813.00		50158	39873	21.40	利辛县
66.00	473.00	11.00	23299	23054	9.83	东至县
14.00	123.00	4.00	13040	12040	2.48	石台县
65.00	520.00	80.00	38227	35333	10.10	青阳县
99.00	647.50	8.50	44220	36947	13.95	郎溪县
57.92	681.25	11.68	69244	59945	10.45	泾　县
87.24	289.12	67.02	39227	34867	5.88	绩溪县
28.10	233.60	7.50	23589	21101	4.98	旌德县
5378.35	**25093.16**	**2461.26**	**1774172**	**1526105**	**468.01**	**福　建**
418.76	883.17	4.37	71203	59526	23.85	闽侯县
772.25	911.51		66672	44371	17.59	连江县
349.16	813.87	51.43	38475	35114	7.20	罗源县
105.91	344.50	0.21	27780	25300	7.64	闽清县
83.66	343.85		45200	40100	9.56	永泰县
214.00	1242.10	73.54	103167	86767	30.08	仙游县
91.57	251.80	0.48	20568	17658	4.24	明溪县
52.89	221.61	0.44	18043	15249	4.11	清流县
174.45	575.60	14.82	52039	52039	11.70	宁化县
182.77	537.18	3.94	38437	26840	9.62	大田县
203.57	483.12	0.57	45218	37108	6.80	尤溪县
26.00	305.00	24.00	30975	26895	7.18	将乐县
107.73	303.49	2.84	22391	19928	4.91	泰宁县
39.85	337.58		20980	18566	6.66	建宁县
256.00	576.00	64.00	83758	62037	13.04	惠安县
513.00	1784.99	28.30	118693	109446	26.30	安溪县
12.67	1204.52	94.17	70914	65411	22.36	永春县
183.58	1248.23	3.83	88575	74233	23.31	德化县
251.89	1221.73	10.09	74165	69031	19.47	云霄县
70.13	1259.75	4.26	47139	43194	20.27	漳浦县
99.50	696.40		42728	39968	11.84	诏安县
3.00	330.00	2.00	18557	18445	7.32	东山县
16.02	529.21	66.24	40720	23452	6.64	南靖县
25.00	307.00	20.00	29874	29405	8.90	平和县
12.21	69.52		5876	5576	1.53	华安县
1.50	490.10	0.90	36046	31590	7.11	顺昌县
89.40	486.90	87.90	46983	42534	13.40	浦城县
3.80	281.84	35.91	27678	23317	7.67	光泽县
44.04	265.48	13.77	19300	19000	5.20	松溪县
112.56	295.55	0.97	23377	20266	8.00	政和县

5-4 续表 11

县名称 Name of Counties	综合生产能力（万立方米/日）Integrated Production Capacity (10,000m³/ day)	地下水 Underground Water	供水管道长度（公里）Length of Water Supply Pipelines (km)	建成区 in Built District	供水总量（万立方米）Total Quantity of Water Supply (10,000m³)	生产运营用水 The Quantity of Water for Production and Operation
长汀县	5.80	2.80	155.80	155.80	1254.45	62.23
上杭县	6.50		750.28	750.28	1691.87	91.69
武平县	4.00		143.00	143.00	803.24	46.51
连城县	4.80	1.80	115.00	115.00	1134.39	44.22
霞浦县	7.00		223.07	213.48	1985.27	112.88
古田县	5.00		214.84	214.84	1040.59	114.22
屏南县	2.40		79.90	71.51	498.60	37.79
寿宁县	2.00		90.74	90.74	384.00	36.00
周宁县	4.00		155.00	155.00	542.46	8.34
柘荣县	2.00		90.45	90.45	499.76	35.33
平潭县	10.00		677.71	677.71	2370.08	104.60
江　西	**434.77**	**23.38**	**19036.90**	**18032.18**	**70871.82**	**15439.04**
南昌县	25.00		1482.23	1482.23	6740.96	1715.73
安义县	5.00		126.42	126.42	1812.74	927.80
进贤县	12.00		746.00	746.00	1908.00	140.94
浮梁县	6.00		376.45	376.45	672.47	275.00
莲花县	2.50		155.50	92.81	565.78	
上栗县	2.00		220.00	220.00	537.40	28.28
芦溪县	5.00		354.00	354.00	547.00	38.00
武宁县	6.00		297.00	160.00	1213.15	276.32
修水县	11.21		414.54	414.44	1524.60	316.00
永修县	8.00		128.24	124.34	998.20	260.00
德安县	5.00		237.00	237.00	1113.12	404.46
都昌县	6.00		72.63	72.63	977.00	50.00
湖口县	8.50		300.00	300.00	1077.00	242.30
彭泽县	4.00		97.80	65.20	872.75	77.00
分宜县	6.00	0.50	336.06	305.06	1334.98	486.75
信丰县	15.00		1040.00	1040.00	2880.27	809.25
大余县	5.00		288.25	288.25	900.76	193.82
上犹县	5.00		269.15	269.15	1005.45	207.47
崇义县	2.00		121.86	121.86	532.06	110.53
安远县	5.50		234.38	234.38	543.04	58.80
定南县	4.00		291.00	291.00	1022.01	411.80
全南县	4.00		167.30	167.30	625.50	150.45
宁都县	10.00		521.61	372.40	1655.80	645.65
于都县	13.00		876.00	876.00	2165.47	271.95
兴国县	10.00		489.00	489.00	1781.00	368.00
会昌县	9.00		226.50	226.50	1051.07	70.37
寻乌县	8.90		230.43	230.43	1310.18	170.13
石城县	5.00		182.10	182.10	732.26	30.60
吉安县	8.20	0.10	163.37	163.37	1277.93	402.76
吉水县	6.86	0.76	432.47	432.47	1328.48	520.50
峡江县	3.00		72.54	56.23	420.00	95.00
新干县	5.00		332.09	294.43	942.00	190.07

continued

公共服务用水 The Quantity of Water for Public Service	居民家庭用水 The Quantity of Water for Household Use	其他用水 The Quantity of Water for Other Purposes	用水户数(户) Number of Households with Access to Water Supply (unit)	家庭用户 Household User	用水人口(万人) Population with Access to Water Supply (10,000 persons)	县名称 Name of Counties
165.97	785.40	5.14	32952	28593	15.88	长汀县
91.22	860.93	332.44	36917	25672	12.21	上杭县
159.32	455.57	8.59	41355	40120	8.96	武平县
	434.63	324.07	36000	36000	7.57	连城县
15.26	1012.81	483.04	57221	53542	19.48	霞浦县
34.00	682.15	27.31	56785	49403	8.93	古田县
10.22	371.05		28568	26425	5.28	屏南县
64.00	186.00	20.00	10628	9839	5.01	寿宁县
27.37	402.54	7.82	17877	16332	5.33	周宁县
34.20	356.18	13.45	19409	1789	5.12	柘荣县
259.92	944.30	630.42	60929	56024	20.74	平潭县
5551.99	**36263.73**	**3939.63**	**3484265**	**3021856**	**801.28**	**江　西**
525.62	2930.65		305438	275026	24.49	南昌县
161.94	597.50	5.50	48402	40816	14.50	安义县
135.60	1091.80	165.60	115500	105590	23.30	进贤县
72.00	253.00	2.20	54450	48949	7.38	浮梁县
62.00	228.21	176.07	28345	22308	6.35	莲花县
86.25	206.34	152.17	29781	26890	7.80	上栗县
20.00	341.00	78.00	37888	34188	5.00	芦溪县
101.33	685.43	58.97	80000	69503	9.53	武宁县
82.80	950.30	75.00	247072	196762	23.73	修水县
70.00	520.00	20.00	27930	22410	9.17	永修县
8.08	504.11	7.34	59987	52744	8.26	德安县
70.00	667.00	70.00	58359	46687	12.00	都昌县
125.80	493.30	115.40	53000	52800	6.75	湖口县
46.00	455.00	31.00	34270	33850	7.52	彭泽县
12.84	726.39		62418	59322	11.68	分宜县
125.40	1298.22	209.40	108710	90287	37.20	信丰县
179.16	368.80	8.85	42985	36233	9.96	大余县
33.27	494.93	156.24	47374	46439	11.48	上犹县
40.54	292.99	0.06	21053	16650	5.66	崇义县
62.00	371.39	5.27	40360	32757	11.33	安远县
20.93	562.74	20.00	46162	44840	10.64	定南县
14.05	334.20	36.90	33583	29848	7.73	全南县
11.29	834.64	9.82	88232	76637	24.20	宁都县
282.20	938.30	451.00	102597	83080	27.70	于都县
280.00	860.00	104.00	60580	59960	29.89	兴国县
130.45	543.80	176.75	58368	45826	13.30	会昌县
37.11	780.22	8.10	36548	31628	12.46	寻乌县
46.94	498.41	24.63	33940	30150	10.66	石城县
165.28	539.91	66.11	56699	48421	13.00	吉安县
95.00	526.52	11.46	70611	63357	22.82	吉水县
60.00	195.00	35.00	18852	17632	3.68	峡江县
146.83	511.49		44993	39644	13.00	新干县

5-4 续表 12

县名称 Name of Counties	综合生产能力（万立方米/日）Integrated Production Capacity (10,000m³/ day)	地下水 Underground Water	供水管道长度（公里）Length of Water Supply Pipelines (km)	建成区 in Built District	供水总量（万立方米）Total Quantity of Water Supply (10,000m³)	生产运营用水 The Quantity of Water for Production and Operation
永丰县	8.60	0.52	395.00	233.60	829.00	229.00
泰和县	7.00		438.65	438.65	1265.92	557.60
遂川县	6.00		298.00	270.00	678.00	126.00
万安县	5.50		207.00	207.00	643.00	240.00
安福县	6.00		168.48	132.92	590.71	65.29
永新县	3.00		416.98	416.98	1039.52	309.92
奉新县	10.00		100.73	100.73	713.59	39.80
万载县	9.50		295.46	295.46	1463.76	355.24
上高县	30.00	21.00	260.56	247.00	1753.69	61.86
宜丰县	7.00		643.31	643.31	866.94	20.60
靖安县	6.00		172.70	127.30	594.00	135.00
铜鼓县	3.00		69.08	69.08	432.02	120.78
南城县	9.00		212.50	212.50	2063.00	80.00
黎川县	5.00		206.84	206.84	625.73	50.00
南丰县	4.50		219.68	167.70	1074.00	132.00
崇仁县	4.00		225.80	199.10	1110.00	43.00
乐安县	6.50		111.30	111.30	1004.30	142.00
宜黄县	5.50		103.80	103.80	510.90	103.80
金溪县	8.50		184.50	184.50	754.00	125.00
资溪县	4.00		78.57	78.57	453.10	4.80
广昌县	3.50		277.85	277.85	998.77	206.60
玉山县	12.00		513.00	435.00	2230.00	710.00
铅山县	6.00		445.29	445.29	533.00	41.10
横峰县	6.00		123.20	123.20	589.00	153.00
弋阳县	6.00		251.70	251.70	1075.35	281.83
余干县	7.00		204.41	204.41	1014.87	268.49
鄱阳县	8.00		242.00	242.00	1670.00	412.00
万年县	2.00	0.50	416.30	322.65	1018.00	111.35
婺源县	4.00		472.29	472.29	1209.22	367.25
山　东	**450.94**	**185.89**	**13140.45**	**11868.43**	**89231.98**	**37228.89**
平阴县	5.70	5.70	186.35	186.35	1370.00	616.00
商河县	3.43	0.43	296.99	296.99	731.79	236.95
桓台县	7.00	5.00	278.00	193.00	1722.00	377.90
高青县	5.10	0.10	186.21	186.21	686.26	140.06
沂源县	7.23	4.12	286.46	245.46	1395.76	734.17
利津县	16.00		194.72	62.68	1971.60	1502.50
广饶县	11.00	11.00	201.40	201.40	1599.13	820.57
临朐县	16.00	5.00	303.33	278.25	5076.29	4115.84
昌乐县	18.36	0.73	219.74	206.14	5068.53	3974.17
微山县	4.40	4.40	142.17	142.17	1093.60	241.53
鱼台县	7.00	4.50	174.00	174.00	1215.03	372.81
金乡县	4.70	3.57	551.90	494.00	1589.00	518.00
嘉祥县	6.09	6.09	121.54	121.54	1526.23	519.38

continued

公共服务用水 The Quantity of Water for Public Service	居民家庭用水 The Quantity of Water for Household Use	其他用水 The Quantity of Water for Other Purposes	用水户数(户) Number of Households with Access to Water Supply (unit)	家庭用户 Household User	用水人口(万人) Population with Access to Water Supply (10,000 persons)	县名称 Name of Counties
60.00	495.00	14.20	62123	56107	16.20	永丰县
16.25	546.67	5.81	68172	60429	20.60	泰和县
9.00	382.00	26.00	30369	28268	14.12	遂川县
42.00	284.00	10.00	28193	24271	9.60	万安县
85.46	355.81	23.28	30564	25237	10.26	安福县
15.87	390.99	190.62	53469	37901	14.10	永新县
22.20	578.59	5.50	38083	31191	12.30	奉新县
112.31	680.13	42.49	48200	41500	14.30	万载县
31.24	907.58	558.41	73881	66481	22.89	上高县
152.69	522.69	19.96	63435	57597	5.20	宜丰县
45.00	300.00	45.00	35800	28200	5.55	靖安县
20.60	202.84	1.10	21012	18599	3.73	铜鼓县
83.00	1678.00	70.00	49219	49009	19.23	南城县
15.00	454.73	18.00	58590	49291	12.10	黎川县
166.00	549.00	57.40	40216	36749	11.24	南丰县
127.00	610.00	68.00	53000	51900	11.26	崇仁县
59.00	681.00	23.30	32613	30234	12.11	乐安县
13.00	380.00	0.80	24304	23650	6.35	宜黄县
63.00	390.00	40.00	34623	33724	11.51	金溪县
5.09	266.56	141.45	22067	19726	3.32	资溪县
160.02	513.97	13.74	53078	44848	7.87	广昌县
200.00	725.00	150.00	63500	39753	14.40	玉山县
23.10	375.06	3.74	43896	38556	12.51	铅山县
30.00	277.00	16.00	27040	26962	9.00	横峰县
91.00	544.29	5.50	44073	39230	12.70	弋阳县
153.60	453.02	42.11	57156	41739	15.18	余干县
258.00	890.00		78300	63200	24.50	鄱阳县
14.80	714.46	51.55	41356	32679	15.75	万年县
167.05	513.75	14.83	53446	43591	11.23	婺源县
6637.40	**35615.48**	**2960.04**	**2545292**	**2341142**	**1037.21**	**山　东**
71.00	532.00		28563	26532	13.05	平阴县
70.76	329.16	0.42	16781	16730	10.88	商河县
233.70	946.40		49006	45075	13.58	桓台县
49.18	384.84	29.67	37357	32158	9.48	高青县
46.79	529.70	14.02	47364	45746	14.90	沂源县
23.50	324.97		12259	11912	8.56	利津县
183.03	509.20	0.30	12783	11262	16.48	广饶县
161.65	680.41	0.08	2979	1888	28.57	临朐县
11.94	993.64	1.40	3454	1326	26.05	昌乐县
155.60	531.57	21.41	45810	45010	16.75	微山县
153.58	469.58	44.00	36478	35798	11.29	鱼台县
40.00	797.00	22.00	65106	47852	20.63	金乡县
67.60	648.00	74.06	41679	40236	16.72	嘉祥县

5-4 续表 13

县名称 Name of Counties	综合生产能力（万立方米/日） Integrated Production Capacity (10,000m³/ day)	地下水 Underground Water	供水管道长度（公里） Length of Water Supply Pipelines (km)	建成区 in Built District	供水总量（万立方米） Total Quantity of Water Supply (10,000m³)	生产运营用水 The Quantity of Water for Production and Operation
汶上县	6.20	6.10	319.95	319.95	1674.00	519.80
泗水县	6.04	5.22	205.85	205.85	1450.68	677.07
梁山县	4.26	4.26	218.00	218.00	1077.00	395.00
宁阳县	6.70	4.00	329.90	329.90	2146.10	1144.46
东平县	6.10	5.10	393.48	393.48	1403.01	446.90
五莲县	5.70		213.61	213.61	1111.69	410.00
莒　县	13.00		274.31	274.31	3768.00	2240.00
沂南县	6.65	1.65	229.97	215.02	2142.80	814.00
郯城县	8.65	8.65	203.33	203.33	2019.80	545.12
沂水县	19.47	7.50	753.42	352.37	4345.00	2289.40
兰陵县	18.70	9.20	366.90	314.00	3328.50	859.86
费　县	8.22	0.22	402.30	359.80	1649.56	511.20
平邑县	8.72	8.72	299.00	299.00	2091.50	887.70
莒南县	11.43		444.73	431.30	3224.59	1435.10
蒙阴县	6.20	4.00	145.08	123.99	1480.82	645.00
临沭县	10.50	5.00	223.64	183.56	2200.00	807.00
宁津县	11.00	4.00	198.90	198.90	734.08	192.86
庆云县	6.89	0.09	130.00	130.00	616.35	93.05
临邑县	7.00		213.17	213.17	1796.30	904.66
齐河县	13.10	13.10	294.37	294.37	1228.41	431.04
平原县	6.00	1.68	150.45	150.45	1265.06	424.83
夏津县	5.00		201.19	201.00	919.00	4.00
武城县	7.00	2.40	285.00	285.00	884.81	303.33
阳谷县	6.50	5.50	313.70	313.70	1474.34	136.74
莘　县	7.16	1.16	197.70	163.77	1154.06	331.00
东阿县	5.00	5.00	133.48	133.48	502.39	16.38
冠　县	2.50	2.50	253.00	158.00	867.29	289.97
高唐县	22.02	12.02	228.08	205.80	1347.70	507.72
惠民县	6.00		118.20	118.20	817.48	15.40
阳信县	8.00		127.02	127.02	855.31	354.84
无棣县	7.50		197.51	197.51	1011.81	379.56
博兴县	5.80	0.80	97.65	97.65	809.30	45.16
曹　县	9.36	1.86	312.30	312.30	2629.46	759.05
单　县	11.00		338.57	334.57	2798.00	498.00
成武县	3.40	3.00	77.93	77.93	580.21	251.00
巨野县	13.26	0.26	183.70	151.00	1292.00	197.00
郓城县	13.10	3.95	542.20	431.90	1559.00	430.00
鄄城县	7.00	5.50	187.00	154.00	1756.35	885.81
东明县	8.80	2.80	193.05	193.05	2175.00	980.00
河　南	**656.94**	**250.96**	**14887.89**	**14067.06**	**96837.98**	**21811.03**
中牟县	21.00	6.00	168.42	167.02	1246.61	134.50
杞　县	2.90	2.90	119.60	87.50	720.20	81.57
通许县	4.70	4.70	118.40	118.40	943.94	230.41

continued

公共服务用水 The Quantity of Water for Public Service	居民家庭用水 The Quantity of Water for Household Use	其他用水 The Quantity of Water for Other Purposes	用水户数（户） Number of Households with Access to Water Supply (unit)	家庭用户 Household User	用水人口（万人） Population with Access to Water Supply (10,000 persons)	县名称 Name of Counties
61.00	713.30	124.90	89000	85000	16.42	汶上县
63.74	518.17	9.10	60094	57639	17.13	泗水县
102.00	454.00		38451	37093	16.51	梁山县
119.42	586.40	221.00	40902	38629	15.01	宁阳县
125.71	596.50	32.56	68839	64593	20.13	东平县
159.00	457.00	2.50	56656	56175	15.31	五莲县
401.00	754.00		65000	64419	23.16	莒　县
291.00	599.80	156.00	38230	35139	17.41	沂南县
99.34	1252.56	0.88	62858	25289	24.70	郯城县
234.00	1342.60	186.00	106067	94512	40.26	沂水县
328.50	1977.44		159451	140494	50.28	兰陵县
73.94	764.23	81.27	57277	49487	25.49	费　县
165.60	828.40	33.60	52500	50700	26.61	平邑县
260.89	1113.24	182.81	28013	24080	28.46	莒南县
178.36	560.66	15.00	42820	42668	16.15	蒙阴县
71.00	1023.00	64.00	58751	56046	23.95	临沭县
138.13	331.21		58388	55954	16.45	宁津县
81.30	352.00	32.00	44217	44206	14.80	庆云县
31.90	559.30	126.50	68761	68555	26.20	临邑县
148.04	536.63	10.94	92319	91851	29.25	齐河县
163.63	557.85	57.94	43417	38160	16.98	平原县
378.32	426.88	18.08	38111	33105	20.00	夏津县
86.40	437.66	2.42	49466	47966	13.27	武城县
56.60	1191.00	31.00	21566	17785	13.77	阳谷县
55.00	531.05	201.01	45226	42153	17.93	莘　县
68.39	274.34	54.24	37564	36249	12.14	东阿县
9.32	517.00		59000	58968	20.65	冠　县
111.98	646.00		51468	49000	20.37	高唐县
76.70	644.63		42560	40000	19.90	惠民县
80.11	348.70	0.14	22542	21789	8.84	阳信县
7.56	554.79		22699	22594	11.11	无棣县
65.46	603.55	5.75	61582	61278	17.01	博兴县
257.53	1318.06	133.04	97690	84169	34.60	曹　县
142.00	1425.00	625.00	32414	26000	23.80	单　县
82.50	222.06		8305	3944	11.20	成武县
120.00	809.00	37.00	58349	54552	27.13	巨野县
120.00	860.00	4.00	92041	90561	38.00	郓城县
128.70	645.00	72.00	24157	23632	21.01	鄄城县
225.00	606.00	232.00	48922	45183	18.88	东明县
11815.37	**47174.35**	**6477.49**	**4040372**	**3740000**	**1423.80**	**河　南**
121.13	846.19	49.79	65531	62779	14.27	中牟县
82.00	502.00	5.00	27970	27510	11.33	杞　县
145.83	451.84	64.29	37140	34986	9.80	通许县

5-4 续表 14

县名称 Name of Counties	综合生产能力（万立方米/日）Integrated Production Capacity (10,000m³/ day)	地下水 Underground Water	供水管道长度（公里）Length of Water Supply Pipelines (km)	建成区 in Built District	供水总量（万立方米）Total Quantity of Water Supply (10,000m³)	生产运营用水 The Quantity of Water for Production and Operation
尉氏县	4.40	4.40	178.96	178.96	957.00	84.00
兰考县	5.55	5.55	492.77	482.97	1551.95	623.11
新安县	5.72	5.72	122.66	122.66	1207.60	180.20
栾川县	5.00		235.80	197.30	738.00	157.00
嵩　县	3.50	3.50	36.60	36.60	792.70	261.20
汝阳县	4.45	4.45	123.58	118.58	833.00	141.00
宜阳县	7.00	5.50	341.70	341.70	1407.00	182.00
洛宁县	6.30	6.30	53.60	53.60	727.45	233.36
伊川县	3.02	3.02	128.13	128.13	905.36	2.80
宝丰县	2.35		91.00	76.00	857.75	69.07
叶　县	6.48	0.68	53.21	53.21	1073.37	45.00
鲁山县	5.57	2.57	126.23	74.00	1270.20	510.30
郏　县	6.75	0.75	207.40	193.00	1100.20	28.00
安阳县	72.30	5.00	41.00	41.00	525.30	83.00
汤阴县	6.00	2.00	136.34	136.34	1709.00	459.00
滑　县	7.50	2.00	390.10	390.10	1521.10	208.10
内黄县	8.20	0.50	128.07	88.07	1007.00	73.00
浚　县	5.50	2.50	164.90	155.90	1405.36	481.42
淇　县	6.00		76.00	76.00	690.41	
新乡县	4.00	1.00	126.00	126.00	547.99	225.00
获嘉县	6.90		200.00	200.00	1232.27	323.00
原阳县	6.73	6.73	562.75	540.75	1836.59	584.72
延津县	5.50	1.00	111.31	92.22	1149.80	626.00
封丘县	6.00	3.00	180.90	180.90	1237.00	501.00
修武县	5.50	1.50	131.06	131.06	836.27	342.28
博爱县	8.00		167.60	146.00	1201.00	283.00
武陟县	7.00	5.00	147.75	144.75	1735.83	413.86
温　县	4.45	1.00	126.50	126.50	947.24	312.56
清丰县	10.00	1.00	177.93	161.93	954.00	110.00
南乐县	7.82	2.82	157.92	130.20	999.02	524.50
范　县	3.70	1.70	81.49	81.49	877.20	320.00
台前县	6.78	6.78	74.36	73.36	756.00	127.00
濮阳县	8.85	4.85	279.00	231.00	1225.00	242.00
鄢陵县	6.30	1.30	200.90	140.90	651.37	103.07
襄城县	4.61	1.11	168.60	135.80	565.30	57.00
舞阳县	6.00	3.00	198.07	99.70	1497.24	11.50
临颍县	7.55	1.55	175.92	175.92	1810.83	682.00
渑池县	6.95	2.05	74.90	71.90	669.80	240.80
卢氏县	3.60	2.80	97.98	97.98	664.20	238.00
南召县	5.70	0.50	253.64	253.64	1212.00	198.50
方城县	10.10	0.60	440.80	440.80	1370.00	205.00
西峡县	5.00		256.20	256.20	1514.00	659.92
镇平县	9.40	1.10	202.03	202.03	1474.58	505.00

continued

公共服务用水 The Quantity of Water for Public Service	居民家庭用水 The Quantity of Water for Household Use	其他用水 The Quantity of Water for Other Purposes	用水户数(户) Number of Households with Access to Water Supply (unit)	家庭用户 Household User	用水人口(万人) Population with Access to Water Supply (10,000 persons)	县名称 Name of Counties
59.00	723.00	25.00	55565	50770	17.22	尉氏县
140.00	572.59	27.00	69874	69720	27.08	兰考县
110.40	697.10	119.90	50825	34819	16.96	新安县
11.00	473.00	20.00	13183	12052	12.35	栾川县
54.50	337.93	8.87	11423	9378	10.58	嵩　县
126.00	368.00	25.00	34494	24079	8.00	汝阳县
335.50	669.00	93.50	38597	35733	20.20	宜阳县
66.70	321.59	11.00	31292	27982	13.40	洛宁县
179.60	594.60	29.20	22190	13562	21.35	伊川县
190.18	509.44	7.64	28100	23600	15.64	宝丰县
52.48	438.69	449.20	46569	43875	13.80	叶　县
138.20	470.70	36.00	50906	48161	17.85	鲁山县
97.00	523.20	339.00	34132	30282	13.65	郏　县
7.10	391.00	35.40	35821	34325	13.00	安阳县
231.00	845.00	9.00	73154	67301	13.20	汤阴县
289.40	686.00	187.70	93095	88800	23.40	滑　县
31.00	640.00	107.52	40552	36039	11.84	内黄县
56.41	592.49	195.66	43486	41100	19.03	浚　县
	464.66	185.73	34840	34071	11.28	淇　县
42.00	215.81	25.00	27053	25211	9.53	新乡县
313.31	444.62	60.00	46760	43556	13.46	获嘉县
418.93	709.19	40.79	55177	48996	12.44	原阳县
32.20	295.00	32.60	24835	21195	10.00	延津县
139.00	310.00	233.00	45135	29339	12.80	封丘县
110.94	279.40	45.00	20480	19251	7.12	修武县
144.00	503.00	66.00	34369	33099	13.96	博爱县
78.67	622.52	537.80	66451	59966	26.58	武陟县
30.00	448.70	7.48	52661	47615	11.95	温　县
77.00	628.00	29.00	45000	44150	13.50	清丰县
50.25	332.72	11.50	27070	26210	9.44	南乐县
134.00	342.20		27152	24584	7.17	范　县
43.00	524.00		32305	31815	10.91	台前县
95.00	690.00	95.00	59470	58995	16.50	濮阳县
102.00	407.00	2.30	31046	29000	13.62	鄢陵县
62.00	289.20	111.70	24729	23327	12.04	襄城县
253.00	661.44	349.15	83472	80281	12.86	舞阳县
225.01	438.62	415.00	68178	61837	20.41	临颍县
53.10	312.90	10.00	37170	36681	12.00	渑池县
5.70	275.50	105.00	26880	26410	8.23	卢氏县
104.50	422.00	138.00	25180	23770	11.20	南召县
240.00	780.00	10.00	63590	63118	27.44	方城县
258.25	446.50	8.33	59718	57731	20.55	西峡县
125.00	651.00	60.58	51718	48899	16.81	镇平县

5-4 续表 15

县名称 Name of Counties	综合生产能力（万立方米/日） Integrated Production Capacity (10,000m³/ day)	地下水 Underground Water	供水管道长度（公里） Length of Water Supply Pipelines (km)	建成区 in Built District	供水总量（万立方米） Total Quantity of Water Supply (10,000m³)	生产运营用水 The Quantity of Water for Production and Operation
内乡县	6.50	3.30	241.89	240.69	1668.00	876.00
淅川县	6.50	6.50	214.14	214.14	1426.00	248.00
社旗县	3.50	3.50	173.83	173.83	1105.00	311.50
唐河县	5.18	0.11	238.61	238.61	1769.35	114.10
新野县	8.61	2.70	148.23	148.23	1684.50	573.00
桐柏县	6.85	0.85	172.78	171.28	1033.12	367.15
民权县	10.50	2.00	170.85	170.85	1305.00	338.00
睢　县	6.54	6.54	237.19	237.19	1205.10	195.00
宁陵县	3.25	3.25	95.27	85.27	740.50	77.00
柘城县	5.40	3.40	99.60	99.00	924.00	130.00
虞城县	3.40	3.40	112.60	112.60	1098.00	20.80
夏邑县	7.07	7.07	114.70	114.70	800.20	72.50
罗山县	5.00		81.10	63.00	1230.00	19.00
光山县	10.00		305.60	259.10	1758.50	69.80
新　县	5.38	0.08	108.80	108.80	1163.50	44.43
商城县	3.30	0.30	172.10	146.10	851.90	72.00
固始县	16.95	0.80	297.31	297.31	2384.00	253.00
潢川县	11.10	0.74	323.59	322.59	1753.20	289.41
淮滨县	5.94	5.94	110.94	110.94	749.06	108.13
息　县	8.50	8.50	235.58	234.88	2098.00	1152.70
扶沟县	3.35	3.35	142.99	139.61	762.00	146.10
西华县	3.80	3.80	121.88	121.88	885.57	218.70
商水县	9.03	4.03	290.44	290.44	726.00	64.60
沈丘县	5.90	4.30	453.00	453.00	1244.00	415.00
郸城县	8.00	8.00	115.00	109.00	585.66	185.66
太康县	4.50	4.50	294.81	294.81	1203.99	248.00
鹿邑县	6.30	6.30	178.42	178.42	1451.46	54.50
西平县	6.05	6.05	161.65	158.50	1246.50	197.00
上蔡县	4.70	4.70	55.55	49.50	1276.00	277.00
平舆县	5.03	5.03	124.50	102.00	1254.00	415.00
正阳县	6.30	6.30	140.46	133.34	1841.85	421.87
确山县	4.40	0.10	147.08	145.28	1360.00	180.00
泌阳县	4.69	4.69	196.27	196.27	1784.78	191.87
汝南县	5.48	5.09	164.88	158.70	1394.45	213.00
遂平县	78.47	2.47	116.64	116.64	1255.42	425.73
新蔡县	4.84	4.84	401.53	312.49	1664.34	721.73
湖　北	**236.03**	**0.87**	**7776.93**	**7171.79**	**40596.68**	**7157.71**
阳新县	20.00		191.46	191.46	2451.63	636.22
郧西县	3.60		66.00	66.00	878.00	120.00
竹山县	5.00		203.50	196.80	744.86	118.00
竹溪县	3.06		320.50	296.00	670.69	26.55
房　县	5.32	0.32	100.20	100.20	808.59	87.18
远安县	5.00		242.90	242.90	626.00	233.10

continued

公共服务用水 The Quantity of Water for Public Service	居民家庭用水 The Quantity of Water for Household Use	其他用水 The Quantity of Water for Other Purposes	用水户数(户) Number of Households with Access to Water Supply (unit)	家庭用户 Household User	用水人口(万人) Population with Access to Water Supply (10,000 persons)	县名称 Name of Counties
153.00	420.00	144.00	37918	35500	17.32	内乡县
294.00	771.20	66.00	56410	55306	27.86	淅川县
146.00	529.20	27.60	54235	52240	20.66	社旗县
179.80	1124.12	91.33	71995	71938	24.56	唐河县
397.00	476.10	103.10	41842	39973	19.37	新野县
123.75	348.20	49.70	48810	37183	13.15	桐柏县
18.00	845.00		50773	33773	14.40	民权县
100.00	799.10		52185	48350	18.33	睢　县
86.50	469.00	48.00	21545	20263	10.00	宁陵县
160.00	554.00	20.00	42900	41700	21.90	柘城县
166.00	789.00		34580	34070	16.70	虞城县
56.40	559.30		61322	58940	19.17	夏邑县
121.00	881.00	4.00	58687	55913	23.00	罗山县
74.90	1233.20	8.60	59737	42891	26.12	光山县
42.36	710.52	35.71	55034	44000	14.40	新　县
16.10	666.00	3.90	55576	40925	15.10	商城县
537.00	1362.00	7.00	78252	77783	39.47	固始县
284.35	780.12	197.33	83794	83174	36.72	潢川县
42.88	519.65	31.90	60071	59628	14.98	淮滨县
64.37	756.53	16.40	54050	52900	21.23	息　县
72.00	453.65	33.00	57683	54051	11.99	扶沟县
103.37	398.40	70.00	43583	40404	10.87	西华县
76.20	405.40		74667	73637	26.00	商水县
148.00	465.00	100.00	48110	46200	22.54	沈丘县
82.60	227.80	14.60	9795	9617	5.78	郸城县
98.00	709.24	23.50	70852	67097	24.86	太康县
99.00	1145.64	16.20	105126	103418	36.43	鹿邑县
13.60	701.00	2.90	79917	73315	20.85	西平县
414.00	476.00	24.00	51100	49870	19.90	上蔡县
213.00	544.00		87970	83945	27.05	平舆县
455.08	332.35	562.18	25850	23613	20.17	正阳县
170.00	750.00	150.00	43934	40800	15.03	确山县
408.06	1051.21	31.00	57088	50200	19.89	泌阳县
531.00	537.98	7.11	69701	67681	26.31	汝南县
98.70	508.49	162.48	60930	58617	20.56	遂平县
108.06	727.61	1.32	100012	95125	35.38	新蔡县
3383.52	**20723.83**	**1714.30**	**1571937**	**1264524**	**446.55**	**湖　北**
62.63	710.41	697.21	99542	72000	15.85	阳新县
50.00	545.00	30.00	30660	29447	9.86	郧西县
125.00	330.46	44.06	38962	30325	10.30	竹山县
62.60	528.54	15.00	43510	43210	10.17	竹溪县
153.00	448.30	21.85	30635	25383	13.07	房　县
28.00	312.21		22194	21674	5.00	远安县

5-4 续表 16

县名称 Name of Counties	综合生产能力(万立方米/日) Integrated Production Capacity (10,000m³/ day)	地下水 Underground Water	供水管道长度(公里) Length of Water Supply Pipelines (km)	建成区 in Built District	供水总量(万立方米) Total Quantity of Water Supply (10,000m³)	生产运营用水 The Quantity of Water for Production and Operation
兴山县	3.00		80.70	80.70	439.19	100.36
秭归县	5.10		212.67	212.67	1056.00	190.00
长阳土家族自治县	2.36		137.57	137.57	598.60	77.90
五峰土家族自治县	3.00		67.70	67.70	261.00	14.90
南漳县	10.00		280.80	280.80	1498.00	450.00
谷城县	10.25	0.25	189.08	168.65	1240.00	103.00
保康县	2.30	0.30	67.50	67.50	463.20	5.00
沙洋县	9.00		319.66	250.55	1414.08	255.23
孝昌县	6.00		255.00	255.00	1588.00	269.00
大悟县	10.00		225.00	216.60	1427.70	249.20
云梦县	6.00		283.00	213.00	1981.00	320.00
公安县	13.00		263.40	263.40	1785.82	171.90
江陵县	5.00		189.99	188.99	828.62	182.76
团风县	5.00		103.00	103.00	1157.00	314.00
红安县	9.60		293.00	291.00	2004.00	540.00
罗田县	10.00		220.05	220.05	1039.92	249.80
英山县	2.00		246.58	235.52	629.88	
浠水县	6.50		202.81	202.81	2163.93	118.87
蕲春县	8.50		285.14	285.14	1750.00	471.00
黄梅县	8.00		585.50	293.00	1520.00	530.00
嘉鱼县	6.00		271.72	271.72	1220.51	118.03
通城县	7.19		158.90	138.40	1158.50	104.30
崇阳县	10.00		145.00	140.00	1483.00	210.00
通山县	6.50		594.00	554.00	876.00	13.00
随　县	2.35		156.33	147.00	299.77	56.76
建始县	5.00		200.90	200.13	1000.00	35.00
巴东县	4.00		138.98	138.98	628.08	136.79
咸丰县	4.90		85.60	85.60	1070.11	329.86
来凤县	6.00		165.00	165.00	764.00	166.00
鹤峰县	2.50		66.23	66.23	328.00	15.00
宣恩县	3.50		133.56	111.72	526.60	118.00
神农架林区	1.50		28.00	26.00	216.40	21.00
湖　南	**472.64**	**22.06**	**21577.91**	**20155.89**	**101484.26**	**16318.59**
长沙县	33.00		1080.36	1080.36	15748.00	4589.00
望城区	20.00		674.40	674.40	6734.51	1368.54
攸　县	8.50		548.50	532.80	1917.00	142.00
茶陵县	10.00		322.81	309.00	1759.10	133.00
炎陵县	2.00		204.40	204.40	557.00	80.50
湘潭县	11.00		526.06	526.06	2178.95	745.03
衡阳县	10.20		1391.00	1211.00	1666.90	276.80
衡南县	6.15	0.15	190.00	130.00	517.15	71.00
衡山县	4.03	0.42	213.52	213.52	1402.78	338.68
衡东县	4.00		95.00	95.00	1167.98	64.00

continued

公共服务用水 The Quantity of Water for Public Service	居民家庭用水 The Quantity of Water for Household Use	其他用水 The Quantity of Water for Other Purposes	用水户数(户) Number of Households with Access to Water Supply (unit)	家庭用户 Household User	用水人口(万人) Population with Access to Water Supply (10,000 persons)	县名称 Name of Counties
54.49	193.21	1.00	19233	7914	4.73	兴山县
325.52	399.48	0.72	30741	29369	12.91	秭归县
10.00	438.40		17330	17330	8.69	长阳土家族自治县
35.00	166.10		13004	12828	4.50	五峰土家族自治县
100.00	728.00	21.00	49528	27735	14.72	南漳县
182.00	511.00	11.00	59968	59008	17.04	谷城县
73.00	329.20	14.10	15978	15700	6.34	保康县
99.89	481.84	219.52	38760	30200	9.92	沙洋县
82.00	819.00	65.00	77523	47739	18.00	孝昌县
289.00	650.50	30.00	47562	46443	13.00	大悟县
	1274.00	9.00	62000	58700	19.55	云梦县
14.20	1190.20	91.18	61770	58798	20.00	公安县
78.32	409.50	3.88	25851	25110	5.90	江陵县
150.00	468.00	6.00	20123	20123	8.10	团风县
169.00	834.00	40.00	54042	51989	16.40	红安县
74.10	578.00	6.60	42140	41540	11.42	罗田县
	373.77	128.30	28295	22935	10.00	英山县
326.88	1040.11		69400	67263	23.55	浠水县
60.00	797.00		101182	10118	22.67	蕲春县
80.00	724.00	18.00	82900	81960	14.55	黄梅县
201.74	730.86	7.59	47896	4099	14.60	嘉鱼县
50.50	837.60	50.10	53252	50096	19.28	通城县
148.00	860.00	13.00	48200	47100	15.85	崇阳县
31.00	672.00	34.00	45122	42162	15.74	通山县
3.69	230.56	7.70	17048	16818	4.00	随　县
55.00	390.00	50.00	22642	20401	10.15	建始县
80.36	235.15	6.47	37272	31352	7.30	巴东县
21.70	334.43	36.02	32742	27696	9.09	咸丰县
20.00	484.00	20.00	34699	28146	8.04	来凤县
23.00	203.00	12.00	11715	10500	6.71	鹤峰县
52.00	301.00	4.00	28326	24185	6.05	宣恩县
11.90	165.00		10190	7128	3.50	神农架林区
9552.92	**54052.44**	**4061.99**	**3495361**	**3083665**	**1108.58**	**湖　南**
1184.00	6768.00	1419.00	41010	36373	74.21	长沙县
1723.20	2704.75	113.02	112466	109489	66.95	望城区
158.00	1062.00		64700	63700	27.83	攸　县
106.01	1042.86		55926	47533	22.56	茶陵县
66.50	235.00		26689	22251	4.90	炎陵县
	1041.71	10.92	102000	91700	15.03	湘潭县
29.60	778.50	137.00	61934	53222	15.90	衡阳县
83.10	233.55	42.00	56010	48660	8.88	衡南县
101.90	644.58	16.30	28925	28766	22.31	衡山县
93.00	759.00	0.98	45789	41630	14.60	衡东县

5-4 续表 17

县名称 Name of Counties	综合生产能力（万立方米/日） Integrated Production Capacity (10,000m³/ day)	地下水 Underground Water	供水管道长度（公里） Length of Water Supply Pipelines (km)	建成区 in Built District	供水总量（万立方米） Total Quantity of Water Supply (10,000m³)	生产运营用水 The Quantity of Water for Production and Operation
祁东县	6.00		1282.70	1197.70	1766.21	128.35
南岳区	3.10		104.95	104.95	496.80	
新邵县	5.00		428.00	340.00	1271.77	82.40
邵阳县	6.00		240.00	240.00	1021.00	154.00
隆回县	10.00		141.51	95.30	1573.22	202.68
洞口县	6.00		244.00	222.00	1036.72	136.29
绥宁县	2.32		192.00	192.00	538.22	75.86
新宁县	4.70	0.30	448.44	448.44	913.60	176.60
城步苗族自治县	3.00		126.00	108.00	449.00	20.00
岳阳县	4.50		139.20	139.20	1278.00	90.00
华容县	18.00		456.20	397.00	2418.00	666.80
湘阴县	5.00	5.00	439.20	439.20	1667.44	325.16
平江县	17.50	1.00	199.43	198.40	1952.00	120.00
安乡县	5.00		200.00	200.00	933.00	48.00
汉寿县	9.14	3.14	363.00	363.00	2002.77	53.43
澧　县	10.20	1.20	340.00	340.00	2031.40	202.00
临澧县	6.00	0.57	305.39	287.56	1325.00	485.00
桃源县	6.00		345.50	345.50	1585.79	206.74
石门县	10.00		250.00	250.00	1728.20	192.00
慈利县	5.00		303.80	303.80	866.32	103.50
桑植县	3.00		495.10	325.00	632.00	118.00
南　县	7.00	7.00	347.24	320.19	1316.01	210.23
桃江县	5.00		314.79	309.35	968.77	156.35
安化县	4.00		95.60	95.60	1061.00	161.00
大通湖区	1.00	1.00	75.21	75.00	260.41	45.60
桂阳县	10.00		406.00	406.00	2298.00	535.00
宜章县	6.00		223.46	223.46	1063.82	18.00
永兴县	9.00		298.00	298.00	1247.00	108.00
嘉禾县	4.00		235.00	235.00	632.61	43.20
临武县	5.00		295.00	295.00	1377.00	134.00
汝城县	8.00		300.00	134.00	648.00	131.00
桂东县	1.30		151.00	151.00	358.00	16.00
安仁县	4.78	0.28	284.00	255.00	681.00	65.00
东安县	4.50		282.00	282.00	1246.84	270.78
双牌县	3.00		91.80	85.97	496.02	53.12
道　县	5.00		417.80	417.80	1584.89	316.05
江永县	3.00		118.39	116.00	540.00	9.00
宁远县	9.00		475.20	475.20	2206.19	213.70
蓝山县	4.00		460.00	460.00	987.00	142.00
新田县	9.00		190.30	158.31	1122.17	138.25
江华瑶族自治县	8.50		505.70	505.70	1615.20	88.90
中方县	5.00		103.60	103.60	1242.54	278.78
沅陵县	7.50		257.00	210.00	1250.10	224.70

continued

公共服务用水 The Quantity of Water for Public Service	居民家庭用水 The Quantity of Water for Household Use	其他用水 The Quantity of Water for Other Purposes	用水户数(户) Number of Households with Access to Water Supply (unit)	家庭用户 Household User	用水人口(万人) Population with Access to Water Supply (10,000 persons)	县名称 Name of Counties
273.09	1075.13	45.82	105000	92000	23.04	祁东县
80.00	254.00		11674	5000	6.60	南岳区
184.40	684.88	1.60	48626	45095	11.25	新邵县
85.00	721.00	5.00	41000	33679	14.09	邵阳县
309.00	662.86	205.00	127638	44898	28.20	隆回县
73.46	586.05	6.71	53646	51438	12.70	洞口县
46.92	334.14	52.50	28991	20449	7.79	绥宁县
51.50	612.50	13.00	40694	29284	16.07	新宁县
46.00	286.00	9.00	25652	22030	13.70	城步苗族自治县
55.00	995.00	9.00	56443	43251	14.00	岳阳县
162.60	1156.80	117.60	64228	60254	14.76	华容县
	1124.14	13.60	53274	35283	13.67	湘阴县
260.00	1396.00	95.00	71119	71067	16.90	平江县
61.00	747.00	0.08	5860	4670	16.60	安乡县
171.99	946.06	24.15	67368	63421	15.50	汉寿县
82.00	927.00	131.40	104352	103535	23.45	澧　县
47.00	600.00	20.00	40021	39400	10.20	临澧县
26.56	1169.34	19.85	35320	35100	15.10	桃源县
121.00	810.00	184.00	78675	67271	18.50	石门县
96.60	545.70	0.12	51601	47941	13.60	慈利县
16.00	395.00		25326	24743	12.76	桑植县
64.03	706.80	291.24	44359	42136	14.20	南　县
1.99	650.77	67.89	49012	47907	13.84	桃江县
164.00	520.00		47200	41970	15.61	安化县
29.40	122.30	15.84	22250	20027	5.30	大通湖区
211.00	1082.00	33.00	111680	98470	29.85	桂阳县
260.50	614.41	2.72	46072	32333	14.86	宜章县
89.00	789.00	9.00	91450	81126	16.54	永兴县
29.10	407.30	12.50	28487	26875	11.75	嘉禾县
71.00	802.00	11.00	36000	33000	11.60	临武县
22.20	480.80		21200	17000	10.05	汝城县
63.50	226.00	18.50	18170	17270	6.50	桂东县
75.00	418.00	8.00	49000	47000	16.10	安仁县
43.62	748.30	3.74	58796	52443	19.00	东安县
42.27	271.07	28.21	17586	16867	8.79	双牌县
207.20	800.14	12.05	78468	78452	21.00	道　县
14.00	427.00	14.00	22000	14157	5.30	江永县
207.88	1505.69	34.52	91803	91803	26.38	宁远县
12.00	532.00	155.00	31000	28800	15.74	蓝山县
244.72	552.16	48.52	53661	48742	13.50	新田县
246.50	704.80	7.10	29214	28385	11.88	江华瑶族自治县
145.74	607.48	193.02	19418	18620	8.07	中方县
8.80	786.90	5.10	72893	72336	19.10	沅陵县

5-4 续表 18

县名称 Name of Counties	综合生产能力(万立方米/日) Integrated Production Capacity (10,000m³/ day)	地下水 Underground Water	供水管道长度(公里) Length of Water Supply Pipelines (km)	建成区 in Built District	供水总量(万立方米) Total Quantity of Water Supply (10,000m³)	生产运营用水 The Quantity of Water for Production and Operation
辰溪县	4.00		127.81	127.81	978.74	65.32
溆浦县	15.50		234.00	234.00	1029.57	43.50
会同县	3.00		153.00	147.00	565.00	11.00
麻阳苗族自治县	4.00		303.00	158.00	821.00	12.00
新晃侗族自治县	4.00		198.00	198.00	599.73	125.13
芷江侗族自治县	8.00		85.60	85.60	660.90	12.00
通道县	1.50		115.30	115.30	432.49	3.48
靖州县	5.00		155.00	144.00	909.97	148.33
双峰县	7.00		385.70	364.00	1425.00	130.00
新化县	9.00		437.82	437.82	1706.71	282.26
泸溪县	3.00		103.42	103.42	607.88	33.09
凤凰县	7.52		233.50	233.50	1536.77	277.78
花垣县	6.00		180.00	165.00	1112.00	103.00
保靖县	2.00	2.00	69.70	69.70	645.00	98.50
古丈县	1.90		181.60	181.60	316.00	12.00
永顺县	5.80		120.90	120.17	1177.00	41.18
龙山县	7.50		276.00	145.20	1622.10	166.00
广　东	**257.82**	**4.68**	**10758.08**	**9624.52**	**50216.43**	**9152.75**
始兴县	2.28	0.13	123.30	104.50	856.32	250.18
仁化县	4.00		185.34	185.34	607.12	127.63
翁源县	6.00		135.36	80.66	855.07	100.20
乳源瑶族自治县	7.00		575.87	575.87	1532.47	560.60
新丰县	4.62	4.55	220.30	218.80	889.55	33.07
南澳县	8.80		220.00	120.00	448.00	31.00
遂溪县	5.00		340.00	220.00	1364.69	
徐闻县	4.30		566.63	566.63	1487.00	380.00
广宁县	6.00		234.47	234.47	781.00	33.21
怀集县	6.00		430.33	430.33	1165.19	311.20
封开县	5.00		138.05	138.05	528.64	35.95
德庆县	4.00		159.00	159.00	1188.40	146.87
博罗县	19.50		916.84	916.84	5268.74	2120.63
惠东县	18.00		378.78	378.78	3325.81	721.00
龙门县	8.00		141.79	141.39	1530.00	471.00
大埔县	5.00		216.02	216.02	1225.81	87.54
丰顺县	6.00		226.94	226.94	1134.26	231.93
五华县	12.00		167.00	167.00	2905.00	273.00
平远县	2.00		178.11	178.11	679.00	69.48
蕉岭县	5.00		262.00	262.00	863.80	128.00
海丰县	15.00		841.42	841.42	3150.50	181.00
陆河县	3.00		164.00	164.00	766.00	60.00
紫金县	18.00		126.00	126.00	1161.30	77.40
龙川县	7.92		239.85	239.85	1530.80	128.00
连平县	8.60		169.12	94.29	442.79	37.63

continued

公共服务用水 The Quantity of Water for Public Service	居民家庭用水 The Quantity of Water for Household Use	其他用水 The Quantity of Water for Other Purposes	用水户数(户) Number of Households with Access to Water Supply (unit)	家庭用户 Household User	用水人口(万人) Population with Access to Water Supply (10,000 persons)	县名称 Name of Counties
99.95	590.58	43.49	59906	52836	12.00	辰溪县
168.81	553.26		61000	55000	15.32	溆浦县
214.00	245.00		7400	7400	9.21	会同县
24.00	618.00		59268	50142	12.18	麻阳苗族自治县
	365.10	3.50	41476	36970	8.72	新晃侗族自治县
27.60	524.00	1.30	56616	48000	13.42	芷江侗族自治县
103.57	266.23		23128	17258	5.90	通道县
	593.00		45658	42033	11.60	靖州县
75.00	994.00	38.00	34920	33620	15.15	双峰县
32.64	986.41	115.56	87000	73971	28.00	新化县
84.20	367.52	2.94	34866	22756	8.78	泸溪县
36.47	466.95	100.00	39292	39292	11.58	凤凰县
210.00	460.00	7.00	25600	21850	9.28	花垣县
68.50	354.00	13.00	35150	34200	8.50	保靖县
32.30	161.00	3.70	21753	21283	5.12	古丈县
110.00	702.92	21.90	39456	38334	12.75	永顺县
218.00	751.00	48.00	51196	49868	14.46	龙山县
2976.40	**27345.15**	**2712.61**	**1628648**	**1405982**	**508.74**	**广　东**
6.74	363.84	112.61	21777	17364	9.25	始兴县
19.08	417.85	22.36	19156	12984	6.12	仁化县
18.90	553.17		39878	39022	12.68	翁源县
132.15	683.58	21.43	41721	36784	10.13	乳源瑶族自治县
35.78	687.60	46.10	45152	39028	9.16	新丰县
17.00	254.00		15796	13582	4.35	南澳县
	831.51	352.03	72450	68157	22.98	遂溪县
	386.00	432.00	33530	29995	23.06	徐闻县
44.73	450.96	213.26	63087	54108	12.91	广宁县
210.41	513.10	6.00	65789	45879	18.56	怀集县
80.40	339.46	0.36	29366	26512	6.38	封开县
125.00	554.21	184.32	35229	30570	6.35	德庆县
135.99	1988.28	240.42	77466	65362	37.32	博罗县
300.60	1997.22	9.13	70169	67016	26.32	惠东县
36.00	810.00		19500	14500	7.80	龙门县
45.56	645.73	36.64	65471	57333	12.29	大埔县
6.56	714.02	3.43	37318	31801	14.59	丰顺县
160.00	1153.00	110.00	72324	59932	24.85	五华县
6.32	474.25	28.95	26659	22802	8.58	平远县
	650.80		41276	34819	8.23	蕉岭县
328.00	2069.00	143.00	87387	79246	29.93	海丰县
	551.00	20.00	15000	14495	8.82	陆河县
160.00	576.90	6.00	30974	26259	16.69	紫金县
6.00	1070.00	103.00	70177	67326	26.52	龙川县
	334.44	35.20	20327	20298	7.68	连平县

5-4 续表 19

县名称 Name of Counties	综合生产能力(万立方米/日) Integrated Production Capacity (10,000m³/ day)	地下水 Underground Water	供水管道长度(公里) Length of Water Supply Pipelines (km)	建成区 in Built District	供水总量(万立方米) Total Quantity of Water Supply (10,000m³)	生产运营用水 The Quantity of Water for Production and Operation
和平县	10.00		261.92	130.96	1138.16	219.64
东源县			28.02	28.02	612.14	
阳西县	7.50		288.84	280.94	1920.64	285.18
阳山县	6.00		341.17	341.17	1142.18	25.00
连山壮族瑶族自治县	1.80		60.72	60.72	317.00	
连南瑶族自治县	4.50		156.20	156.20	449.71	9.98
佛冈县	5.00		95.18	95.18	1852.88	297.93
饶平县	14.50		580.60	578.30	2386.75	751.30
揭西县	2.00		160.84	156.00	608.85	
惠来县	7.00		76.00	76.00	880.00	78.00
新兴县	5.00		1171.77	554.44	2325.86	699.20
郁南县	3.50		180.30	180.30	895.00	190.00
广 西	**245.24**	**21.37**	**9119.45**	**9047.50**	**49367.64**	**9441.52**
隆安县	5.00		145.37	145.37	1078.67	319.35
马山县	2.50	0.50	100.00	77.00	490.00	50.00
上林县	2.00		59.57	59.57	428.07	
宾阳县	5.56	1.56	164.30	164.30	1216.04	216.74
柳城县	4.69	0.09	114.84	114.84	1214.77	629.06
鹿寨县	14.00		173.52	173.52	2035.46	554.42
融安县	5.00		122.25	122.25	878.05	0.02
融水苗族自治县	4.10	0.05	188.25	188.25	1026.74	60.87
三江侗族自治县	3.50		151.54	151.54	708.56	135.43
阳朔县	6.60		118.47	118.47	1066.32	363.95
灵川县	4.00		332.00	332.00	580.90	205.30
全州县	6.50	0.25	300.83	300.83	1237.76	411.29
兴安县	4.30	0.20	189.00	189.00	719.88	119.30
永福县	3.00		106.00	106.00	530.00	124.52
灌阳县	1.00		54.22	54.22	317.99	12.23
龙胜各族自治县	1.00		28.82	28.82	240.00	24.00
资源县	1.05		43.00	40.00	281.00	27.00
平乐县	3.00		201.12	196.73	685.73	63.29
恭城瑶族自治县	2.00		72.00	72.00	360.91	24.00
苍梧县	0.24		23.00	18.00	87.20	1.29
藤 县	9.50		279.00	279.00	2200.70	561.00
蒙山县	3.00		101.71	101.71	640.94	75.91
合浦县	17.94	7.94	418.34	418.34	2960.88	1383.20
上思县	3.00		341.80	341.52	770.00	64.74
灵山县	10.50	2.50	281.00	281.00	1931.05	310.39
浦北县	4.00		174.29	174.29	791.23	227.50
平南县	7.50		257.24	257.24	2380.74	258.00
容 县	8.10	0.10	185.28	185.28	938.66	102.30
陆川县	5.00		153.12	153.12	1310.00	103.00
博白县	5.80	0.80	403.90	403.90	2206.00	566.17

continued

公共服务用水 The Quantity of Water for Public Service	居民家庭用水 The Quantity of Water for Household Use	其他用水 The Quantity of Water for Other Purposes	用水户数(户) Number of Households with Access to Water Supply (unit)	家庭用户 Household User	用水人口(万人) Population with Access to Water Supply (10,000 persons)	县名称 Name of Counties
3.11	671.15	4.56	71088	31124	12.73	和平县
10.95	341.12	169.38	42035	36588	8.40	东源县
376.11	1010.09	7.44	52713	46516	8.20	阳西县
42.00	718.75	168.27	47094	45483	12.62	阳山县
18.00	228.00	10.00	4632	4360	1.76	连山壮族瑶族自治县
88.29	305.82	11.62	17538	16920	3.70	连南瑶族自治县
399.62	863.75	2.00	37038	29866	9.18	佛冈县
111.10	1279.45	18.10	52766	49189	19.23	饶平县
	530.40	31.00	24059	24059	13.00	揭西县
52.00	720.00	26.00	40780	40320	26.70	惠来县
	1216.70		83710	74231	11.80	新兴县
	390.00	138.00	38216	32152	9.87	郁南县
4936.65	**27434.36**	**1206.73**	**1599590**	**1462618**	**518.44**	**广　西**
74.29	473.38	53.29	21139	12706	5.79	隆安县
10.00	372.00	7.00	19151	18225	4.88	马山县
129.06	256.77	3.71	33636	30009	4.81	上林县
	778.99	29.77	45821	42521	15.73	宾阳县
19.50	388.19	2.91	18767	17876	4.94	柳城县
287.40	707.59	1.05	25864	24033	11.20	鹿寨县
65.31	672.34	16.26	29970	25136	12.39	融安县
44.57	787.20	42.10	49361	43176	10.55	融水苗族自治县
10.00	431.09	9.67	31127	26545	5.76	三江侗族自治县
71.99	287.95	2.25	20987	17036	4.56	阳朔县
56.00	228.90	25.00	39923	33775	9.90	灵川县
12.68	614.92	4.59	58955	58281	11.89	全州县
7.30	484.68	12.60	35366	34929	7.73	兴安县
21.05	226.43		25302	23132	6.11	永福县
23.81	260.10	16.05	19956	19432	5.93	灌阳县
35.25	156.33	0.42	18205	18205	3.55	龙胜各族自治县
7.00	235.00		14912	14912	5.23	资源县
11.61	461.37	58.18	22090	17653	7.91	平乐县
18.00	303.91		13209	13145	6.39	恭城瑶族自治县
0.57	83.38	0.50	2200	2100	3.04	苍梧县
464.00	924.00	11.00	47400	40640	12.62	藤　县
5.43	321.93	181.22	22368	20117	6.27	蒙山县
172.60	1185.87	105.31	59007	42143	19.14	合浦县
189.76	449.40	2.12	19270	19195	8.15	上思县
393.57	966.79	3.93	51340	47540	23.40	灵山县
10.00	432.00	57.53	17998	17395	8.42	浦北县
466.78	1353.57		77076	76138	26.65	平南县
48.30	647.19	71.31	40518	29725	19.23	容　县
246.00	782.30	0.70	33390	29390	16.39	陆川县
333.64	964.32	114.99	40966	36985	32.98	博白县

5-4 续表 20

县名称 Name of Counties	综合生产能力 (万立方米/日) Integrated Production Capacity ($10,000m^3$/ day)	地下水 Underground Water	供水管道长度 (公里) Length of Water Supply Pipelines (km)	建成区 in Built District	供水总量 (万立方米) Total Quantity of Water Supply ($10,000m^3$)	生产运营用水 The Quantity of Water for Production and Operation
兴业县	6.05	0.30	113.80	113.00	757.33	12.00
田东县	5.00		181.70	181.70	895.65	121.55
德保县	3.50		133.15	133.15	780.00	110.00
那坡县	2.00		64.70	64.70	255.49	9.15
凌云县	2.00		56.50	56.50	371.74	15.00
乐业县	0.75		90.00	90.00	265.60	25.60
田林县	2.00		69.65	69.65	469.95	77.64
西林县	1.20		80.39	80.39	271.58	17.43
隆林各族自治县	2.50		91.82	91.82	576.90	20.40
昭平县	3.00		103.40	103.40	535.00	39.00
钟山县	4.50	1.00	181.37	181.37	644.48	120.79
富川瑶族自治县	3.00		100.58	100.58	390.00	10.00
南丹县	4.68	1.00	101.49	101.49	797.55	308.82
天峨县	3.00		46.60	45.92	408.80	1.92
凤山县	1.50		70.68	70.68	354.00	42.00
东兰县	1.60	1.60	44.00	44.00	345.80	6.80
罗城仫佬族自治县	3.38	1.38	179.82	179.82	696.00	115.58
环江毛南族自治县	2.50		98.20	93.20	565.00	107.00
巴马瑶族自治县	2.00		141.76	141.76	568.69	147.61
都安瑶族自治县	4.00		321.60	321.60	1092.98	85.40
大化瑶族自治县	2.50		109.98	109.98	645.26	45.26
忻城县	2.35	1.95	284.45	284.45	600.77	61.00
象州县	3.00		57.16	57.16	520.81	49.64
武宣县	4.50		134.06	134.06	905.00	147.00
金秀瑶族自治县	0.50		34.80	34.80	134.48	27.93
扶绥县	6.40		428.68	428.68	1329.13	285.88
宁明县	5.00		106.30	106.30	888.15	328.98
龙州县	3.50		110.96	110.96	936.95	93.95
大新县	3.80		183.90	183.90	751.00	1.90
天等县	2.15	0.15	114.17	84.37	299.30	12.02
海　南	**151.30**	**8.52**	**1538.57**	**702.90**	**9727.04**	**2443.91**
定安县	6.00		124.00		991.34	179.16
屯昌县	2.50		124.28		637.61	
澄迈县	5.00		145.00	145.00	536.85	24.00
临高县	101.10	8.52	140.20	140.20	1304.19	454.79
白沙黎族自治县	1.20		68.00	60.00	433.39	21.08
昌江县	9.00		217.00	200.00	1232.08	299.96
乐东县	2.00		116.00		672.30	
陵水县	8.50		52.00		608.31	
保亭县	4.00		240.50	115.30	439.07	
琼中县	2.00		42.40	42.40	506.51	73.00
洋浦经济开发区	10.00		269.19		2365.39	1391.92

continued

公共服务用水 The Quantity of Water for Public Service	居民家庭用水 The Quantity of Water for Household Use	其他用水 The Quantity of Water for Other Purposes	用水户数(户) Number of Households with Access to Water Supply (unit)	家庭用户 Household User	用水人口(万人) Population with Access to Water Supply (10,000 persons)	县名称 Name of Counties
60.00	611.33		28297	27897	10.52	兴业县
43.50	596.00		22956	21422	8.57	田东县
54.00	490.00	54.40	22724	21944	5.90	德保县
16.35	194.17	7.13	12207	10853	3.97	那坡县
87.50	201.65	31.50	11309	11109	4.82	凌云县
20.40	186.15		11130	9120	3.71	乐业县
117.29	226.86	10.16	15915	15496	4.71	田林县
30.17	191.10	1.00	9488	8142	2.12	西林县
89.90	366.90	37.10	15012	13282	8.60	隆林各族自治县
39.70	386.00		20348	19890	8.83	昭平县
17.62	442.57		29721	29721	11.26	钟山县
26.00	294.00	4.00	21366	21214	4.57	富川瑶族自治县
42.35	359.88	4.77	29998	28423	8.98	南丹县
72.39	283.10	1.35	17340	17340	4.01	天峨县
6.00	218.00	26.00	17892	17126	4.13	凤山县
6.60	231.80	40.80	13421	12305	3.32	东兰县
63.04	401.31	2.93	17120	16414	7.38	罗城仫佬族自治县
71.24	310.16	4.60	23070	18038	6.98	环江毛南族自治县
10.50	322.11		22315	22000	6.39	巴马瑶族自治县
114.60	640.85	5.86	51321	51123	10.70	都安瑶族自治县
80.00	390.00	30.00	31000	29000	11.02	大化瑶族自治县
41.00	424.70	14.30	21333	21157	6.54	忻城县
8.80	409.60		15686	13729	5.29	象州县
142.00	370.00	68.00	38000	37238	8.33	武宣县
5.94	87.13		6764	5742	1.37	金秀瑶族自治县
122.23	790.37	6.97	32108	31875	9.66	扶绥县
30.90	463.46		23668	23667	8.18	宁明县
103.00	610.00	6.00	24206	24206	7.03	龙州县
169.00	456.28	8.82	23500	20150	6.07	大新县
9.16	240.99	7.58	15101	10900	3.94	天等县
781.54	**4832.56**	**336.63**	**165089**	**150291**	**67.24**	**海　南**
59.93	434.73	170.22	17490	16422	6.30	定安县
	523.50		16007	13642	8.35	屯昌县
20.95	381.00		11836	9081	9.95	澄迈县
74.86	557.78	102.40	32978	32472	7.47	临高县
16.98	263.70		10300	10116	2.50	白沙黎族自治县
126.52	702.42		18541	18021	6.61	昌江县
	553.12		12250	10990	3.91	乐东县
208.10	290.89	33.11	10756	8831	8.19	陵水县
	359.69		10720	8326	2.89	保亭县
103.61	226.00	30.90	9000	7700	3.66	琼中县
170.59	539.73		15211	14690	7.41	洋浦经济开发区

5-4 续表 21

县名称 Name of Counties	综合生产能力(万立方米/日) Integrated Production Capacity (10,000m³/ day)	地下水 Underground Water	供水管道长度(公里) Length of Water Supply Pipelines (km)	建成区 in Built District	供水总量(万立方米) Total Quantity of Water Supply (10,000m³)	生产运营用水 The Quantity of Water for Production and Operation
重 庆	**77.05**		**2698.05**	**2682.73**	**15254.57**	**1804.14**
城口县	2.00		133.50	133.50	376.31	39.99
丰都县	7.20		189.50	189.50	1660.54	39.94
垫江县	11.60		186.30	186.30	2044.00	431.38
忠 县	9.70		240.49	240.49	1510.90	315.26
云阳县	9.45		583.40	583.40	1962.51	157.59
奉节县	9.00		281.93	281.93	1928.15	421.00
巫山县	4.00		99.38	91.00	657.20	85.20
巫溪县	4.00		73.10	73.10	825.29	94.19
石柱土家族自治县	5.80		380.80	380.80	1209.37	65.79
秀山土家族苗族自治县	6.00		225.14	218.20	1315.60	30.00
酉阳土家族苗族自治县	5.80		213.00	213.00	897.70	119.80
彭水苗族土家族自治县	2.50		91.51	91.51	867.00	4.00
四 川	**615.83**	**20.06**	**16337.41**	**14541.33**	**81061.55**	**11829.31**
金堂县	20.90	0.38	1054.41	1054.41	3879.61	1492.13
大邑县	7.50	2.50	156.29	142.15	2521.56	266.29
蒲江县	12.00		154.52	154.52	1011.30	342.10
荣 县	4.00		295.67	295.67	1348.18	32.58
富顺县	10.00		170.97	170.97	2518.42	35.12
米易县	2.00		119.30	119.30	627.54	67.44
盐边县	1.20		88.00	88.00	209.09	39.86
泸 县			178.61	178.61	1147.25	169.64
合江县	9.80		260.00	260.00	1506.31	202.39
叙永县	4.00		155.83	155.83	1246.84	98.33
古蔺县	2.20		180.60	180.60	909.95	43.63
中江县	8.30	3.30	153.81	153.81	2236.00	644.64
三台县	8.67	2.67	303.00	303.00	1697.26	359.91
盐亭县	3.00		425.00	425.00	706.24	180.30
梓潼县	2.50		143.27	143.27	852.09	276.71
北川羌族自治县	7.50	6.27	165.70	147.48	595.86	58.44
平武县	1.60		88.00	86.00	185.30	1.80
旺苍县	4.00		169.85	155.44	973.09	196.30
青川县	1.20		54.87	54.87	217.76	
剑阁县	2.00		104.02	104.02	352.52	96.95
苍溪县	4.00		185.63	185.10	1086.40	
蓬溪县	3.50		337.71	337.71	792.78	39.53
大英县	7.50		279.51	278.41	1611.25	332.83
威远县	7.80		316.85	267.72	1915.00	222.00
资中县	5.40		183.00	183.00	1574.27	309.85
犍为县	9.00		120.00	61.00	1103.83	21.54
井研县	3.00		221.40	221.40	726.00	68.00
夹江县	5.00		115.00	115.00	1021.00	
沐川县	2.80		58.00	57.00	493.60	90.85
峨边县	1.10		24.00	24.00	179.20	17.30

continued

公共服务用水 The Quantity of Water for Public Service	居民家庭用水 The Quantity of Water for Household Use	其他用水 The Quantity of Water for Other Purposes	用水户数(户) Number of Households with Access to Water Supply (unit)	家庭用户 Household User	用水人口(万人) Population with Access to Water Supply (10,000 persons)	县名称 Name of Counties
1380.78	**8564.20**	**1087.66**	**897274**	**786650**	**217.41**	**重　庆**
48.29	231.24		28468	17760	6.00	城口县
291.30	944.85		122032	104059	23.80	丰都县
202.73	842.15	75.68	130260	114671	20.94	垫江县
107.64	845.60	40.70	98207	89330	22.48	忠　县
221.84	1109.22	136.01	141070	125765	35.96	云阳县
	1014.36	395.41	109520	96834	21.12	奉节县
20.30	470.00	3.50	32514	27153	12.55	巫山县
195.74	387.80	10.26	50299	43713	9.79	巫溪县
65.04	718.78	145.10	57816	52110	11.68	石柱土家族自治县
107.50	824.40	192.30	58773	50683	21.01	秀山土家族苗族自治县
53.40	517.80	41.70	29578	28247	13.79	酉阳土家族苗族自治县
67.00	658.00	47.00	38737	36325	18.29	彭水苗族土家族自治县
7891.69	**44916.18**	**4003.34**	**4417778**	**3843125**	**1115.09**	**四　川**
376.83	1612.40	50.74	151674	135724	47.97	金堂县
253.31	1032.64	128.32	111275	96116	11.53	大邑县
	556.30	7.20	40491	35076	8.82	蒲江县
153.80	808.86	53.47	91833	65045	19.50	荣　县
373.62	1577.92	1.20	126000	113400	24.00	富顺县
137.73	349.44		24392	22872	7.37	米易县
36.62	90.37	12.12	10450	10250	2.14	盐边县
105.50	672.88	27.52	55016	46311	19.50	泸　县
16.60	991.02	22.80	82368	68680	24.00	合江县
256.42	801.59		72621	60011	16.24	叙永县
122.20	596.04		46202	43338	16.16	古蔺县
141.56	1161.30	16.47	87826	83678	28.61	中江县
50.57	999.10	187.02	109412	98632	28.02	三台县
8.72	389.69	2.91	58863	51860	10.30	盐亭县
23.84	403.16		25654	21033	6.90	梓潼县
96.64	338.26	21.42	37643	22516	7.80	北川羌族自治县
0.40	143.14	3.50	12116	10572	3.61	平武县
10.23	619.80	14.49	57599	45396	11.51	旺苍县
47.20	128.40	4.60	11256	9320	2.79	青川县
	146.56	56.41	25023	22064	4.87	剑阁县
	682.42	218.78	71188	55871	13.04	苍溪县
58.07	552.95	16.97	53449	46327	13.48	蓬溪县
179.61	648.37	246.57	76715	72074	14.37	大英县
299.00	787.00	383.00	105786	92942	21.00	威远县
80.00	913.52	9.00	83614	82556	25.18	资中县
20.57	675.67	206.05	68235	53235	12.28	犍为县
63.00	430.00		54073	48998	8.00	井研县
150.00	565.00	100.00	58000	46000	9.56	夹江县
25.11	281.51		23443	23443	4.45	沐川县
16.50	121.00		3172	2963	3.99	峨边县

5-4 续表 22

县名称 Name of Counties	综合生产能力（万立方米/日）Integrated Production Capacity (10,000m³/ day)	地下水 Underground Water	供水管道长度（公里）Length of Water Supply Pipelines (km)	建成区 in Built District	供水总量（万立方米）Total Quantity of Water Supply (10,000m³)	生产运营用水 The Quantity of Water for Production and Operation
马边县	3.00		41.00	41.00	387.32	85.30
南部县	8.00		298.01	238.00	2174.00	489.00
营山县	10.00		219.00	219.00	1833.00	312.00
蓬安县	4.00		149.00	149.00	1298.60	397.00
仪陇县	4.00		180.00	180.00	1196.00	295.00
西充县	4.67		160.00	156.00	1705.94	326.00
仁寿县	25.00		548.00	535.50	3474.74	691.04
洪雅县	3.02		184.50	184.50	614.23	11.77
丹棱县	2.00		112.13	112.13	666.75	88.00
青神县	2.96	0.16	130.58	89.00	594.40	86.77
江安县	5.00		84.67	84.67	835.00	11.59
长宁县	3.50		145.17	145.17	696.68	74.31
高　县	3.00		170.12	170.12	723.32	30.41
珙　县	3.00		350.00	80.00	863.23	20.92
筠连县	1.80		132.00	81.00	544.00	126.32
兴文县	3.00		224.40	224.40	750.99	121.61
屏山县	2.20		174.60	174.60	665.44	199.70
岳池县	6.80		395.79	395.79	1656.65	128.36
武胜县	6.00		205.33	205.33	1303.12	115.22
邻水县	5.00		444.33	352.00	1539.41	82.56
宣汉县	6.00		155.56	152.00	1594.55	90.74
开江县	6.00		141.22	141.22	716.00	80.00
大竹县	7.50		336.00	300.00	1769.71	354.90
渠　县	8.00		286.00	286.00	1677.00	156.00
荥经县	2.50		174.30	174.30	339.76	16.84
汉源县	3.00		78.00	78.00	623.00	56.00
石棉县	2.60	1.20	67.60	67.60	458.50	12.00
天全县	2.70		589.00	263.00	386.83	7.54
芦山县	1.50		48.00	48.00	224.97	53.80
宝兴县	0.50		23.00	23.00	155.72	11.78
通江县	3.00		345.97	290.00	1173.00	210.00
南江县	4.00		259.12	219.12	789.00	165.00
平昌县	6.00		350.00	350.00	926.00	92.00
安岳县	7.50		306.00	306.00	1587.25	105.35
乐至县	4.05	0.05	204.20	204.20	979.94	152.38
汶川县	1.00		84.30	84.30	238.50	26.25
理　县	1.00		26.00	26.00	232.00	
茂　县	2.00		83.20	83.20	379.00	
松潘县	1.00		65.00	65.00	142.00	5.00
九寨沟县	2.44		23.80	23.80	484.88	20.00
金川县	1.00		17.00	17.00	102.00	9.00
小金县	0.70		110.00	45.00	246.00	13.00
黑水县	0.50		16.55	16.55	50.00	2.00

continued

公共服务用水 The Quantity of Water for Public Service	居民家庭用水 The Quantity of Water for Household Use	其他用水 The Quantity of Water for Other Purposes	用水户数(户) Number of Households with Access to Water Supply (unit)	家庭用户 Household User	用水人口(万人) Population with Access to Water Supply (10,000 persons)	县名称 Name of Counties
27.50	208.80	15.10	9835	9710	4.32	马边县
40.00	1321.00		138309	125311	32.60	南部县
222.00	1049.00		103913	94991	26.49	营山县
255.00	528.00		77021	69753	18.46	蓬安县
295.00	551.00		74103	66984	16.96	仪陇县
175.64	809.30	200.00	79361	75060	16.90	西充县
120.00	1950.00	364.90	162937	146324	46.55	仁寿县
123.24	356.52	24.84	39892	39892	9.10	洪雅县
42.00	226.00	205.00	19800	18225	6.55	丹棱县
52.04	347.29	21.00	30150	24929	7.70	青神县
234.81	453.60		39681	37055	17.96	江安县
34.51	491.94	3.58	47687	38091	12.05	长宁县
27.01	486.96	39.23	46745	33807	15.16	高　县
9.21	510.96	165.67	40494	37311	12.40	珙　县
10.45	322.23		34356	30332	10.43	筠连县
21.74	464.86	60.27	55334	43345	14.00	兴文县
	272.45	102.45	24822	20515	6.33	屏山县
262.20	1008.51		125000	114000	21.20	岳池县
107.72	773.74	84.63	93196	84797	17.57	武胜县
294.06	962.79		119312	109464	28.00	邻水县
252.77	963.63	49.21	91562	78566	19.75	宣汉县
35.00	461.00	20.00	67432	62763	13.58	开江县
33.46	1062.23		127891	114714	30.52	大竹县
295.00	856.00	95.00	113000	101092	38.00	渠　县
4.40	200.41	81.58	27964	22980	6.39	荥经县
12.00	379.00	83.00	23111	18922	4.30	汉源县
35.00	356.00	33.50	22350	21100	4.05	石棉县
47.90	314.63		20245	20117	4.61	天全县
41.60	62.00	26.31	20000	20000	3.49	芦山县
7.00	99.94	32.00	6000	4500	1.05	宝兴县
160.00	570.00	23.00	57424	53564	15.69	通江县
123.00	376.00		60706	53425	12.46	南江县
70.00	554.00	30.00	86875	67748	20.77	平昌县
150.82	1018.53	112.89	111072	69608	30.50	安岳县
70.96	549.58	67.08	95225	85738	16.90	乐至县
90.51	80.06	10.20	5516	5254	3.10	汶川县
30.61	120.65		4766	3596	1.80	理　县
89.00	260.00		6520	6312	3.80	茂　县
15.00	100.00		6523	5230	1.80	松潘县
90.00	294.88	25.00	5215	4542	2.79	九寨沟县
	75.00		8000	7500	2.00	金川县
12.00	200.00	7.00	4912	3874	1.70	小金县
3.00	40.00	0.50	4056	3821	1.50	黑水县

5-4 续表 23

县名称 Name of Counties	综合生产能力（万立方米/日） Integrated Production Capacity (10,000m³/ day)	地下水 Underground Water	供水管道长度（公里） Length of Water Supply Pipelines (km)	建成区 in Built District	供水总量（万立方米） Total Quantity of Water Supply (10,000m³)	生产运营用水 The Quantity of Water for Production and Operation
壤塘县	0.70		38.00	14.00	140.00	
阿坝县	0.75	0.25	78.00	78.00	174.00	8.60
若尔盖县	0.40		25.00	25.00	148.00	10.00
红原县	1.02		47.22	47.22	229.48	10.12
泸定县	241.35		20.32	20.32	241.35	5.00
丹巴县	0.51		31.00	31.00	93.05	12.00
九龙县	0.50		30.00	30.00	116.00	4.00
雅江县	0.25		25.80	15.00	86.75	9.00
道孚县	0.40	0.10	87.80	65.30	67.10	3.10
炉霍县	0.38		43.90	36.00	103.00	12.00
甘孜县	1.64		80.00	50.00	403.00	250.00
新龙县	0.45		38.01	10.76	93.47	
德格县	0.80		21.00	8.00	82.00	3.00
白玉县	0.26		41.00	31.00	112.00	
石渠县	0.84		50.60	36.00	63.95	5.00
色达县	0.65		48.00	38.00	86.50	2.50
理塘县	1.30		119.00	55.70	164.45	1.68
巴塘县	1.00		42.50	42.50	52.00	7.00
乡城县	0.25		22.58	20.16	93.28	10.26
稻城县	0.25		35.00	20.00	101.01	5.00
得荣县	0.18	0.12	27.21	7.20	61.00	2.00
普格县	0.66		95.00	16.48	137.92	9.65
木里县	0.70		46.00	23.00	149.00	12.00
盐源县	1.20		118.00	70.00	486.79	22.30
德昌县	4.00		148.40	148.40	668.60	120.00
会东县	1.60	1.60	95.00	46.00	540.00	62.00
宁南县	2.50		90.01	63.75	205.75	20.12
布拖县	0.50		26.58	22.58	127.00	5.70
金阳县	0.75		7.21	7.21	131.26	0.40
昭觉县	1.50		69.00	69.00	269.00	37.00
喜德县	0.60		45.00	32.00	194.50	35.00
冕宁县	1.86	0.20	100.00	94.10	331.68	26.80
越西县	0.70	0.10	25.00	25.00	196.50	35.00
甘洛县	0.95	0.12	29.66	11.66	364.06	10.63
美姑县	1.00	1.00	38.00	15.00	100.00	
雷波县	1.52		51.34	32.20	404.17	33.53
贵　州	**207.81**	**20.98**	**10446.09**	**7784.37**	**37657.47**	**4415.61**
开阳县	3.12	0.05	199.33	194.71	931.63	228.68
息烽县	4.00		116.00		608.59	
修文县	3.50	1.00	443.50		490.00	91.88
六枝特区	9.85		547.70	535.70	994.40	
桐梓县	6.50		382.30		1448.23	193.50
绥阳县	3.50	0.24	177.50	177.50	935.35	49.95

continued

公共服务用水 The Quantity of Water for Public Service	居民家庭用水 The Quantity of Water for Household Use	其他用水 The Quantity of Water for Other Purposes	用水户数(户) Number of Households with Access to Water Supply (unit)	家庭用户 Household User	用水人口(万人) Population with Access to Water Supply (10,000 persons)	县名称 Name of Counties
	4.00	4.00	3250	3230	0.83	壤塘县
4.00	146.00	5.40	5300	4850	2.70	阿坝县
	90.00	20.00	5700	5700	1.52	若尔盖县
4.00	0.76	3.40	3709	3556	1.43	红原县
38.50	136.50	4.50	5100	3411	2.95	泸定县
12.15	64.92	0.30	5350	4950	1.87	丹巴县
2.00	98.00	5.00	4423	4423	1.36	九龙县
1.75	61.00	1.00	2100	1790	1.94	雅江县
2.20	51.80		4308	4109	1.60	道孚县
20.00	50.00	3.00	2300	2300	1.25	炉霍县
25.00	110.00	10.00	5638	5638	3.96	甘孜县
13.00	54.47	4.00	1120	882	0.86	新龙县
3.00	59.00	1.00	2038	1600	1.10	德格县
6.00	82.00	4.00	4510	4500	1.90	白玉县
5.40	47.80	5.74	1912	1440	0.83	石渠县
11.00	57.00		1890	1440	1.03	色达县
	132.40		10622	9311	2.61	理塘县
4.00	28.00	4.00	3113	2215	1.34	巴塘县
16.26	38.58	15.16	2896	2896	1.16	乡城县
1.00	93.00	1.00	2136	1863	1.00	稻城县
12.00	37.00		1447	337	0.53	得荣县
10.85	80.56	2.91	7163	5811	2.88	普格县
11.00	85.00	5.00	4475	3135	2.30	木里县
86.13	226.89	49.51	15768	11636	6.60	盐源县
165.80	238.00	16.30	38400	28000	6.13	德昌县
85.00	303.00		7800	7465	7.80	会东县
9.74	130.89		9730	9730	2.87	宁南县
4.00	89.30		2258	2033	1.97	布拖县
1.43	85.91	13.29	11300	9318	4.40	金阳县
46.00	119.30		10590	6295	9.80	昭觉县
8.00	100.00	4.00	16700	16700	3.00	喜德县
16.80	237.80	0.53	7178	7038	5.10	冕宁县
5.00	99.50	37.00	14795	12488	7.06	越西县
102.01	162.32	4.46	6376	686	5.04	甘洛县
14.00	61.00	2.74	2742	2638	3.60	美姑县
17.86	289.68	2.60	9939	8546	4.50	雷波县
2084.47	**23726.90**	**1738.70**	**2229741**	**1865190**	**648.54**	**贵　州**
5.43	434.39	100.78	55264	50603	13.81	开阳县
160.35	308.69	8.91	33995	31207	7.94	息烽县
3.50	303.27		26462	23670	12.31	修文县
42.27	771.40	10.73	62033	42233	16.11	六枝特区
96.27	753.26	184.75	106287	95483	19.40	桐梓县
41.63	693.48	47.45	43348	31055	10.55	绥阳县

5-4 续表 24

县名称 Name of Counties	综合生产能力(万立方米/日) Integrated Production Capacity (10,000m³/ day)	地下水 Underground Water	供水管道长度(公里) Length of Water Supply Pipelines (km)	建成区 in Built District	供水总量(万立方米) Total Quantity of Water Supply (10,000m³)	生产运营用水 The Quantity of Water for Production and Operation
正安县	5.50		111.00		450.00	
道真县	4.50	1.50	95.20	95.20	756.29	163.00
务川县	2.30		150.23	150.23	680.00	6.10
凤冈县	1.60		100.00	65.00	525.00	67.00
湄潭县	8.40		92.00	92.00	965.32	170.00
余庆县	3.00		183.50	95.00	532.00	12.00
习水县	7.00		135.19	135.19	1351.19	330.94
普定县	4.70	1.00	160.43	117.48	571.00	33.34
镇宁县	3.50	0.50	319.40	319.40	622.70	71.40
关岭县	2.50		57.44	57.44	298.00	17.00
紫云县	4.50		189.52	189.52	237.99	1.69
大方县	2.65	1.46	153.01	127.00	927.30	41.36
金沙县	4.80		63.21	63.21	1010.63	264.08
织金县	4.50	0.80	140.00	140.00	1119.19	228.86
纳雍县	2.70		355.15		780.50	76.28
威宁自治县	4.50		285.00		1603.15	
赫章县	1.48		50.50	50.50	541.60	1.00
江口县	3.00		187.58	160.20	527.29	72.48
玉屏县	2.50	0.20	142.50	142.50	474.84	15.67
石阡县	4.30	0.20	145.90	145.90	350.90	88.10
思南县	4.00		200.00	200.00	668.90	160.00
印江县	5.00	1.20	128.00	128.00	524.73	110.55
德江县	4.30		148.99	148.99	1299.69	162.70
沿河县	2.00		114.30	114.30	720.92	56.23
松桃县	5.00		210.00	200.00	785.00	163.40
普安县	2.00		144.00	110.00	191.00	20.00
晴隆县	3.00		219.00	45.00	183.65	10.00
贞丰县	4.05	4.05	108.34	62.90	499.50	109.60
望谟县	2.50				255.50	20.00
册亨县	1.50		50.00	50.00	286.81	76.89
安龙县	1.40	1.40	180.00	180.00	506.03	30.00
黄平县	1.40		48.00	48.00	275.10	9.00
施秉县	1.30		201.50	201.50	196.40	
三穗县	1.00		71.00	24.00	301.80	34.80
镇远县	4.00	4.00	112.50	96.00	312.18	2.24
岑巩县	1.50		67.27	67.27	375.53	
天柱县	2.50		207.88	207.88	578.51	245.41
锦屏县	2.00		127.36	123.16	420.80	72.49
剑河县	2.00		149.74	149.74	401.00	98.03
台江县	1.00		106.00	106.00	148.13	
黎平县	3.20		259.90	259.90	762.80	
榕江县	3.50		82.00	82.00	618.93	150.68
从江县	1.00		172.60	172.60	270.79	60.28

continued

公共服务用水 The Quantity of Water for Public Service	居民家庭用水 The Quantity of Water for Household Use	其他用水 The Quantity of Water for Other Purposes	用水户数(户) Number of Households with Access to Water Supply (unit)	家庭用户 Household User	用水人口(万人) Population with Access to Water Supply (10,000 persons)	县名称 Name of Counties
	360.00	60.00	45673	33919	12.20	正安县
	463.29		25021	21743	11.00	道真县
42.20	461.60		47231	27466	10.50	务川县
9.00	369.00		43854	36431	7.76	凤冈县
89.00	590.00		35300	34100	15.30	湄潭县
10.00	420.00	20.00	24985	24985	10.80	余庆县
29.05	744.84	149.39	99442	87796	17.00	习水县
39.79	386.64	3.92	28053	23180	11.95	普定县
90.60	298.90	9.20	34535	29035	8.40	镇宁县
16.00	211.00	3.90	30221	22871	7.45	关岭县
45.86	145.07		28548	24703	8.92	紫云县
214.70	506.09	1.76	58129	54329	12.50	大方县
30.42	584.85		60000	55000	18.00	金沙县
0.95	661.49	4.11	54000	41000	14.11	织金县
114.42	424.00	7.30	37665	25620	15.10	纳雍县
	730.00	645.51	59523	59523	25.00	威宁自治县
3.00	361.00	5.00	27346	23346	10.60	赫章县
17.97	323.25	34.15	36229	27964	8.40	江口县
	416.46		32800	25539	5.20	玉屏县
5.00	192.60	6.84	26348	18942	9.12	石阡县
20.00	401.33	2.97	39897	34363	12.30	思南县
20.00	252.93	49.00	50134	43990	12.23	印江县
40.15	906.48	11.56	55966	50292	21.35	德江县
34.50	527.91		28850	26645	11.00	沿河县
33.20	498.20	3.20	56368	45043	16.50	松桃县
15.00	136.00	4.00	12730	10475	4.18	普安县
10.00	108.70	2.80	18000	17089	5.60	晴隆县
91.34	218.22	24.95	35311	26926	7.22	贞丰县
17.00	195.16	14.00	16201	15113	8.55	望谟县
	189.00	0.92	26347	26347	8.50	册亨县
50.00	375.03		18950	16600	12.21	安龙县
5.40	230.90		16489	15097	9.20	黄平县
	161.00	10.40	19130	13870	6.24	施秉县
30.00	177.00	20.00	23500	23500	6.50	三穗县
3.44	176.84	94.00	20751	17086	8.52	镇远县
	307.53	40.00	18025	15522	5.40	岑巩县
12.00	262.31	0.62	34218	28364	11.44	天柱县
21.00	226.00	35.40	24882	20995	5.90	锦屏县
10.28	216.55	10.56	31827	26221	7.96	剑河县
	112.23	33.90	19000	12000	4.90	台江县
61.86	625.61		45285	44260	13.10	黎平县
	433.25		39598	30050	10.90	榕江县
26.50	161.71	6.30	17755	14177	7.02	从江县

5-4 续表 25

县名称 Name of Counties	综合生产能力(万立方米/日) Integrated Production Capacity (10,000m³/ day)	地下水 Underground Water	供水管道长度(公里) Length of Water Supply Pipelines (km)	建成区 in Built District	供水总量(万立方米) Total Quantity of Water Supply (10,000m³)	生产运营用水 The Quantity of Water for Production and Operation
雷山县	1.00		72.80	72.80	174.35	
麻江县	1.00		102.82	96.65	182.15	64.23
丹寨县	1.30		63.00	63.00	301.15	8.75
荔波县	4.00		85.58	85.58	581.70	15.19
贵定县	3.50		121.00		630.00	1.10
瓮安县	4.50		305.53	305.53	940.04	97.78
独山县	2.20		195.00	159.00	746.00	65.00
平塘县	2.50		341.16	118.16	362.30	17.71
罗甸县	3.90		121.00	121.00	713.50	72.25
长顺县	1.71	0.21	175.70	175.70	416.30	5.13
龙里县	9.80	0.30	325.00	310.00	931.00	81.00
惠水县	2.85	2.85	354.03	354.03	952.39	149.95
三都水族自治县	2.00		92.00	92.00	409.80	20.91
云　南	**260.76**	**33.53**	**11324.33**	**9743.86**	**40311.37**	**7058.11**
嵩明县	2.21	0.41	89.00	89.00	513.51	121.40
富民县	1.65		71.31	53.10	260.07	40.00
宜良县	3.49	1.32	197.82	38.00	1202.00	267.20
石林彝族自治县	4.70	3.00	69.82	40.65	1117.52	130.29
禄劝彝族苗族自治县	2.10	0.40	79.14	79.14	495.40	3.34
寻甸县	4.00		231.80	231.80	645.00	150.00
昆明阳宗海风景名胜区	69.86	21.46	118.66	53.76	638.25	339.03
陆良县	2.60	0.60	338.70	306.92	989.91	33.21
师宗县	3.00		152.16	124.00	380.00	3.80
罗平县	2.80	0.60	266.28	255.00	968.11	166.45
富源县	5.04		123.68	123.68	1168.00	307.00
会泽县	8.00		297.00	297.00	1334.00	211.10
通海县	2.05	0.13	110.42	56.51	397.46	142.78
华宁县	2.70	0.45	171.70	159.70	371.18	174.20
易门县	1.50	1.50	96.00	83.16	397.24	6.93
峨山县	1.60		46.61	46.00	376.34	77.22
新平县	3.20	1.00	133.00	110.90	440.34	4.00
元江县	2.50		130.60	83.00	424.67	49.70
施甸县	2.50		134.00	134.00	523.00	70.00
龙陵县	2.65	0.65	191.80	191.80	309.49	69.49
昌宁县	1.90		207.20	198.60	511.00	84.41
鲁甸县	1.70		168.00	99.80	525.92	40.80
巧家县	1.50		82.60	82.60	485.20	103.00
盐津县	1.80		39.75	29.00	162.16	26.88
大关县	0.60		23.20	23.20	143.22	
永善县	1.50		68.51	68.51	402.00	98.00
绥江县	2.20		147.62	142.76	565.05	84.81
镇雄县	4.30		140.00	135.00	1284.00	131.00
彝良县	1.07	0.07	72.20	72.20	407.84	35.00

continued

公共服务用水 The Quantity of Water for Public Service	居民家庭用水 The Quantity of Water for Household Use	其他用水 The Quantity of Water for Other Purposes	用水户数(户) Number of Households with Access to Water Supply (unit)	家庭用户 Household User	用水人口(万人) Population with Access to Water Supply (10,000 persons)	县名称 Name of Counties
	136.45	29.89	18694	15544	3.84	雷山县
2.87	97.64		16319	15025	3.90	麻江县
92.19	160.09	1.54	18620	16522	4.60	丹寨县
5.00	452.12		16230	12601	7.06	荔波县
0.50	518.40		42973	34378	9.50	贵定县
116.50	493.82	8.34	85414	65487	20.30	瓮安县
58.30	491.50	0.22	38621	32710	11.02	独山县
7.29	261.23	3.20	17600	14305	5.09	平塘县
11.70	488.00	17.55	33382	28375	8.40	罗甸县
81.51	260.16	0.65	18454	15940	8.32	长顺县
80.00	625.00		32000	24314	11.23	龙里县
0.03	636.53		33761	29535	11.73	惠水县
19.50	291.50	9.03	26167	14686	7.40	三都水族自治县
4276.49	**22635.35**	**1130.43**	**1917131**	**1683436**	**609.50**	**云　南**
39.97	229.76	12.42	25310	24938	6.98	嵩明县
3.00	145.00	42.00	12804	11250	5.23	富民县
85.45	734.99	4.45	25095	23386	13.44	宜良县
130.00	711.00		22875	18753	13.14	石林彝族自治县
161.02	311.04		13108	13102	6.33	禄劝彝族苗族自治县
85.50	312.70	18.80	35976	33878	8.20	寻甸县
62.75	209.27	26.97	14190	13568	5.33	昆明阳宗海风景名胜区
35.11	508.02	4.47	33243	32651	16.02	陆良县
16.20	322.00		17567	16954	8.00	师宗县
163.66	360.00	86.90	31400	29110	13.41	罗平县
42.00	449.00	75.10	24390	23798	9.69	富源县
1.00	1039.00		85640	68858	21.46	会泽县
18.94	198.98	2.04	37177	32750	7.81	通海县
21.18	151.29	0.35	22846	19584	4.28	华宁县
133.20	189.58		27413	26124	4.12	易门县
1.04	253.03		20139	17333	3.50	峨山县
141.00	243.34	2.00	22630	21737	6.20	新平县
58.11	227.08	0.45	31817	27147	4.30	元江县
40.00	290.00	20.00	22000	21000	6.80	施甸县
2.50	163.30	8.20	17124	13307	5.20	龙陵县
14.56	375.49	28.54	23786	20567	8.66	昌宁县
21.00	398.90	24.36	35000	34110	10.93	鲁甸县
40.00	314.00	9.00	33927	29007	7.92	巧家县
7.13	107.72	0.73	11159	10991	4.45	盐津县
29.25	98.34	1.31	21019	17164	3.51	大关县
108.00	108.00	36.00	29491	15844	8.75	永善县
22.32	334.79	4.47	21713	19248	4.67	绥江县
116.00	887.00	33.00	48952	47432	28.91	镇雄县
50.00	300.07	15.77	17949	16849	10.37	彝良县

5-4 续表 26

县名称 Name of Counties	综合生产能力(万立方米/日) Integrated Production Capacity (10,000m³/ day)	地下水 Underground Water	供水管道长度(公里) Length of Water Supply Pipelines (km)	建成区 in Built District	供水总量(万立方米) Total Quantity of Water Supply (10,000m³)	生产运营用水 The Quantity of Water for Production and Operation
威信县	1.90		85.50	85.50	465.00	42.20
玉龙纳西族自治县			50.20	50.20	228.00	21.00
永胜县	2.20		123.98	113.25	493.90	65.00
华坪县	3.00		180.00	180.00	331.00	55.00
宁蒗县	3.00		112.00	112.00	480.20	88.70
宁洱哈尼族彝族自治县	2.35		147.34	147.34	346.82	80.64
墨江哈尼族自治县	2.20		109.95	62.63	314.79	105.41
景东彝族自治县	1.20		90.49	90.49	380.46	24.00
景谷傣族彝族自治县	2.20		85.18	85.18	535.00	9.50
镇沅彝族哈尼族拉祜族自治县	0.75		59.20	48.60	182.00	7.20
江城哈尼族彝族自治县	0.61		50.60	50.60	159.50	21.12
孟连傣族拉祜族佤族自治县	1.30	0.48	50.00	43.59	252.00	3.00
澜沧拉祜族自治县	2.50	0.50	216.82	186.75	529.56	160.02
西盟佤族自治县	1.00		46.97	30.33	89.00	10.60
凤庆县	2.10	0.20	101.50	91.50	583.43	150.87
云　县	1.40		186.00	186.00	506.42	173.00
永德县	1.00		81.14	59.04	250.30	
镇康县	1.19		110.60	110.60	397.81	93.80
双江县	3.00		117.05	96.00	543.49	10.00
耿马县	1.20		70.00	70.00	315.00	40.00
沧源县	1.45		124.91	118.59	237.71	57.15
双柏县	1.05	0.05	138.14	96.94	177.54	13.48
牟定县	1.01	0.01	108.10	77.57	267.73	66.50
南华县	2.65		196.89	145.83	425.21	84.72
姚安县	1.00		58.80	58.80	139.90	2.80
大姚县	2.78	0.03	167.40	84.00	330.56	6.52
永仁县	1.10		143.19	92.23	247.30	52.59
元谋县	2.00		125.86	125.86	414.00	57.30
武定县	1.55	0.22	166.00	94.00	400.75	44.00
屏边县	1.35		53.00	53.00	210.04	19.85
建水县	4.00		169.66	169.66	1265.87	260.00
石屏县	2.00		106.00	106.00	593.01	165.68
泸西县	3.00		360.92	360.92	614.64	
元阳县	0.60		31.21	19.75	218.99	35.30
红河县	1.00		83.53	83.53	159.97	28.27
金平县	1.00		75.05	65.05	253.35	41.00
绿春县	0.70		14.50	14.50	172.84	25.40
河口县	0.80		48.10	47.10	309.44	84.54
砚山县	4.50		121.26	121.26	586.40	235.00
西畴县	0.60		63.80	63.80	156.62	54.15
麻栗坡县	0.60		79.00	79.00	168.00	51.00

continued

公共服务用水 The Quantity of Water for Public Service	居民家庭用水 The Quantity of Water for Household Use	其他用水 The Quantity of Water for Other Purposes	用水户数(户) Number of Households with Access to Water Supply (unit)	家庭用户 Household User	用水人口(万人) Population with Access to Water Supply (10,000 persons)	县名称 Name of Counties
96.70	261.30	2.20	13780	13700	6.89	威信县
14.00	180.00		8640	7865	3.58	玉龙纳西族自治县
65.00	317.50		15574	14670	4.36	永胜县
38.00	221.00	2.00	22503	18674	4.70	华坪县
99.00	263.00	4.50	19931	11458	4.43	宁蒗县
16.90	196.28	4.00	24498	22300	5.81	宁洱哈尼族彝族自治县
46.81	88.25	28.32	25387	20457	4.69	墨江哈尼族自治县
40.00	240.86	7.00	24991	16087	4.68	景东彝族自治县
106.80	278.84	5.35	24244	23080	6.82	景谷傣族彝族自治县
14.00	149.00	4.00	8065	7473	2.89	镇沅彝族哈尼族拉祜族自治县
14.00	96.42	0.08	11094	9177	3.25	江城哈尼族彝族自治县
70.00	149.00	3.00	12000	114	4.25	孟连傣族拉祜族佤族自治县
0.56	288.04	21.85	21475	17975	5.04	澜沧拉祜族自治县
1.40	62.00		3402	3080	1.42	西盟佤族自治县
34.70	292.41	14.00	16580	16400	6.84	凤庆县
36.85	255.64	5.30	18729	17846	9.30	云　县
59.98	130.56	1.24	16766	13892	6.04	永德县
10.00	245.65	27.90	12134	8260	3.80	镇康县
33.00	348.49	74.42	15260	15180	4.79	双江县
25.00	220.00	10.00	16450	14660	5.63	耿马县
	141.56	1.39	11644	10517	4.50	沧源县
43.42	99.00	1.54	10960	10730	3.31	双柏县
19.21	132.20	10.42	14107	13331	5.16	牟定县
23.91	250.95	3.01	20443	17159	6.94	南华县
12.80	123.00		7783	7	3.68	姚安县
100.14	201.54	1.65	32449	25047	6.38	大姚县
22.15	132.82	0.25	10250	9625	2.70	永仁县
65.60	255.04	3.60	11738	11353	6.46	元谋县
23.00	266.75	20.00	12759	11659	5.07	武定县
23.20	123.10	2.41	10915	9257	3.41	屏边县
150.00	629.00	11.00	56840	50019	16.97	建水县
	300.09	0.94	13640	10701	6.06	石屏县
174.65	323.06	10.40	18037	17607	13.30	泸西县
17.72	133.55	0.20	4548	4120	3.28	元阳县
21.54	91.28	0.43	15645	14412	3.74	红河县
1.50	205.00	0.30	10002	10002	4.88	金平县
0.96	96.90	30.74	10634	10634	2.96	绿春县
42.75	133.87		12904	11027	3.65	河口县
84.00	155.00	59.00	31434	29868	8.85	砚山县
35.48	47.52	1.20	4768	4434	2.25	西畴县
10.00	82.00	2.00	15422	13041	6.50	麻栗坡县

5-4 续表 27

县名称 Name of Counties	综合生产能力(万立方米/日) Integrated Production Capacity (10,000m³/ day)	地下水 Underground Water	供水管道长度(公里) Length of Water Supply Pipelines (km)	建成区 in Built District	供水总量(万立方米) Total Quantity of Water Supply (10,000m³)	生产运营用水 The Quantity of Water for Production and Operation
马关县	1.65	0.35	82.10	82.10	395.00	12.00
丘北县	2.40		98.00	98.00	490.00	5.00
广南县	2.00		103.20	103.20	464.00	182.00
富宁县	1.40		299.03	290.65	474.17	62.18
勐海县	3.00		190.50	190.50	468.24	59.90
勐腊县	2.55		95.35	80.35	399.90	
漾濞彝族自治县	1.10		52.00	48.00	117.00	11.00
祥云县	4.80		217.00	217.00	813.76	265.32
宾川县	2.10	0.10	168.60	159.60	462.14	71.00
弥渡县	1.50		85.90	85.70	258.00	45.00
南涧彝族自治县	2.00		54.00	33.00	210.93	41.50
巍山彝族回族自治县	1.50		77.00	64.00	170.70	22.00
永平县	1.20		119.50	99.50	280.50	38.00
云龙县	0.50		86.60	14.80	126.35	15.30
洱源县	1.50		132.00	132.00	202.70	
剑川县	0.80		160.30	151.90	259.38	95.50
鹤庆县	1.60		121.30	121.30	438.00	112.83
梁河县	2.00		35.00	25.00	156.06	80.96
盈江县	2.30		294.38	99.00	687.00	258.00
陇川县	1.50		72.84	60.84	317.65	83.45
福贡县	2.20		51.20	42.20	162.48	12.20
贡山独龙族怒族自治县	1.00		26.54	26.54	102.92	18.00
兰坪白族普米族自治县	4.00		91.27	52.60	346.80	26.02
德钦县	0.60		27.30	27.30	87.30	3.60
维西傈僳族自治县	2.00		75.00	53.00	248.96	20.00
西　藏	**93.88**	**78.05**	**1698.23**	**1461.30**	**5346.68**	**284.10**
曲水县	54.25	54.25	62.00	40.00	108.00	44.00
当雄县	0.42	0.42	21.16	21.16	86.00	
林周县	0.27	0.27	7.74	7.74	98.50	5.00
墨竹工卡县	0.50	0.50	47.22	47.22	175.20	
尼木县	0.61	0.61	18.00	18.00	127.75	5.60
亚东县	0.90	0.80	10.00	5.00	150.00	
聂拉木县	0.32		24.00	5.00	62.00	1.00
仲巴县	0.20	0.20	13.69	13.69	33.80	
定结县	0.14	0.06	36.68	10.50	50.00	
康马县	0.05		14.23	14.23	19.56	
吉隆县	0.17		20.00	5.40	58.00	0.30
萨嘎县	1.00	1.00	32.92	32.92	50.50	3.00
谢通门县	0.30	0.30	3.60	2.80	71.00	
萨迦县	0.12		38.09	38.09	41.83	6.23
岗巴县	0.43	0.43	12.50	9.50	90.00	
拉孜县	0.40	0.40	4.17	4.17	135.20	24.20
江孜县	1.20	1.20	27.60	27.60	294.04	0.68

continued

公共服务用水 The Quantity of Water for Public Service	居民家庭用水 The Quantity of Water for Household Use	其他用水 The Quantity of Water for Other Purposes	用水户数（户） Number of Households with Access to Water Supply (unit)	家庭用户 Household User	用水人口（万人） Population with Access to Water Supply (10,000 persons)	县名称 Name of Counties
24.00	330.00		18674	15782	5.32	马关县
2.00	298.00	145.00	38923	38923	12.01	丘北县
25.00	231.00	5.00	32315	22760	9.55	广南县
40.75	307.90	13.34	23269	21175	7.60	富宁县
2.66	300.10		15119	9473	9.36	勐海县
84.00	255.00	25.90	14355	13480	5.63	勐腊县
6.00	90.00		10662	10662	3.37	漾濞彝族自治县
21.51	430.24		31580	30426	12.15	祥云县
158.75	178.62		24414	21880	5.26	宾川县
51.00	141.00		10770	9470	4.16	弥渡县
2.50	147.05		91105	88415	2.80	南涧彝族自治县
10.50	130.50	1.50	14276	13522	4.83	巍山彝族回族自治县
29.87	186.09	0.40	14582	13245	6.42	永平县
20.55	86.25		4098	3136	1.86	云龙县
119.50	53.50	5.40	14724	13301	3.72	洱源县
40.00	113.88		6385	6385	2.40	剑川县
126.80	142.67		12441	11409	4.62	鹤庆县
1.51	62.59	0.60	13583	11197	2.60	梁河县
7.00	322.00		25361	25361	9.70	盈江县
8.90	195.86	17.75	17151	11355	5.01	陇川县
31.97	31.40	12.58	3637	3200	2.35	福贡县
20.00	55.60		2992	2873	0.65	贡山独龙族怒族自治县
34.52	201.07	63.49	10959	9636	6.43	兰坪白族普米族自治县
10.00	53.00	6.50	1920	1520	0.96	德钦县
52.58	111.87		9671	7512	3.87	维西傈僳族自治县
413.65	**2683.33**	**229.25**	**224308**	**181698**	**72.37**	**西　藏**
36.00	16.00	8.00	3000	2600	1.20	曲水县
29.00	28.00	26.00	2820	2650	1.06	当雄县
8.00	58.80	4.20	3800	3800	1.20	林周县
35.04	113.88	3.50	3260	3046	1.85	墨竹工卡县
15.20	96.50	2.20	2634	2370	0.95	尼木县
			2600	2600	0.39	亚东县
1.00	49.80	1.00	2094	1983	2.00	聂拉木县
			1609	1033	0.46	仲巴县
			1264	1205	0.74	定结县
1.46	4.12		1079	319	0.62	康马县
0.20	10.00	0.90	2890	2860	1.42	吉隆县
3.00	32.00	3.00	7200	7200	0.69	萨嘎县
			900		1.72	谢通门县
	28.97		1723	1625	0.90	萨迦县
			830	800	0.43	岗巴县
8.00	60.00	10.00	3700	3070	2.23	拉孜县
35.92	143.70	61.89	3671	3590	2.10	江孜县

5-4 续表 28

县名称 Name of Counties	综合生产能力(万立方米/日) Integrated Production Capacity (10,000m³/ day)	地下水 Underground Water	供水管道长度(公里) Length of Water Supply Pipelines (km)	建成区 in Built District	供水总量(万立方米) Total Quantity of Water Supply (10,000m³)	生产运营用水 The Quantity of Water for Production and Operation
定日县	0.25	0.25	38.00	38.00	51.00	
南木林县	0.40	0.40	15.00	15.00	129.60	19.00
昂仁县	0.25	0.25	23.60	23.00	78.00	7.00
白朗县	1.23	1.23	18.00	18.00	106.80	
仁布县	0.48		20.00	2.00	146.00	20.00
左贡县	6.10	0.10	27.00	27.00	33.00	3.00
丁青县	0.40		14.00	13.00	100.37	0.89
八宿县	0.60		12.48	12.48	61.00	7.00
江达县	0.60	0.60	27.99	27.99	79.00	2.30
洛隆县	0.20		15.00	12.00	85.00	2.00
察雅县	0.50		10.00	9.40	38.00	2.00
贡觉县	0.40		30.84	30.84	66.14	
边坝县	0.23		16.50	16.50	55.78	6.81
类乌齐县	1.03	0.53	30.60	30.60	78.00	4.00
芒康县	0.60		22.00	8.00	94.00	
朗　县	0.14	0.14	24.51	23.51	51.00	1.00
墨脱县	0.57		21.20	15.60	45.00	1.00
工布江达县	0.74		15.60	12.20	46.70	2.00
察隅县	0.36		18.60	18.60	54.25	3.49
波密县	1.00		12.00	8.70	100.00	3.00
米林县	0.40		5.96	5.96	68.96	12.22
错那县	0.25		12.00	9.60	111.00	6.00
浪卡子县	0.38	0.38	32.50	28.00	101.42	2.34
贡嘎县	0.60	0.60	29.00	29.00	123.00	9.00
加查县	0.30		35.00	2.00	66.00	2.00
桑日县	0.35	0.35	25.00	25.00	118.00	9.00
洛扎县	0.45		18.50	18.50	120.75	
琼结县	0.50	0.50	35.00	20.00	73.00	2.00
措美县	0.31		13.40	13.40	84.00	7.00
扎囊县	0.15	0.15	16.29	16.29	53.75	2.00
曲松县	0.32	0.32	18.50	18.50	71.44	6.34
隆子县	0.32	0.32	23.70	23.70	53.99	5.99
聂荣县	0.94	0.94	15.19	15.19	92.12	2.50
双湖县	0.06	0.06	8.00	7.00	8.80	0.80
嘉黎县	0.28	0.28	11.00	11.00	29.60	
比如县	0.51	0.51	41.50	38.50	126.20	2.50
尼玛县	0.21	0.21	20.80	20.80	20.00	3.00
巴青县	0.52	0.52	88.99	88.99	67.38	1.31
申扎县	0.51		59.60	59.60	76.64	2.09
安多县	0.33	0.33	97.24	97.24	71.45	7.00
索　县	0.44	0.24	28.50	28.50	115.00	
班戈县	0.55	0.55	15.13	15.13	64.72	6.01
革吉县	1.40	1.40	41.99	27.69	36.10	8.00

continued

公共服务用水 The Quantity of Water for Public Service	居民家庭用水 The Quantity of Water for Household Use	其他用水 The Quantity of Water for Other Purposes	用水户数（户） Number of Households with Access to Water Supply (unit)	家庭用户 Household User	用水人口（万人） Population with Access to Water Supply (10,000 persons)	县名称 Name of Counties
			6500	4000	1.00	定日县
16.00	78.00	13.00	4122	3420	1.30	南木林县
5.00	50.00	8.00	2400	2300	0.90	昂仁县
30.30	50.00		810	810	0.90	白朗县
46.00	60.00		1200	1200	0.65	仁布县
	12.00	2.00	1521	1325	0.70	左贡县
2.21	68.00	1.88	2711	2681	1.71	丁青县
3.00	40.00		5000	5000	1.40	八宿县
18.00	44.00	3.70	3124	3090	1.44	江达县
3.00	62.00	4.00	2832	2760	1.64	洛隆县
1.00	27.00	1.00	2200	1400	0.70	察雅县
	47.00		1354	1354	0.78	贡觉县
3.43	37.54	3.00	1719	1719	0.75	边坝县
2.00	53.00	2.00	1650	1650	0.83	类乌齐县
			4590	4590	2.50	芒康县
3.50	36.40	3.20	1020	1020	0.48	朗　县
2.00	37.19	1.00	1914	884	0.48	墨脱县
4.00	34.47		1741	1741	0.40	工布江达县
3.49	42.42	0.51	963	899	0.69	察隅县
2.00	85.00		5000	4900	2.00	波密县
7.03	33.06	5.06	1778	1698	0.65	米林县
4.00	15.00	7.00	620	272	0.15	错那县
1.68	78.60	3.60	2600	2600	0.70	浪卡子县
9.00	74.00	15.00	12201	10801	2.00	贡嘎县
3.00	49.00		1718	1583	0.83	加查县
6.00	23.00	4.00	4000	3200	0.90	桑日县
			1060	1060	0.50	洛扎县
3.00	44.00		1850	1600	1.04	琼结县
1.00	1.00		2345	2258	1.15	措美县
5.00	37.75	1.00	2000	2000	0.80	扎囊县
5.00	50.59		1030	901	0.23	曲松县
3.00	32.00	3.00	1450	1289	0.90	隆子县
1.80	40.60	3.20	1598	1218	0.06	聂荣县
0.70	7.30		1107	782	0.15	双湖县
2.00	18.00		1628	1169	0.54	嘉黎县
2.70	114.00	1.00	10200	8760	3.74	比如县
2.00	8.72	1.00	1200	800	0.38	尼玛县
5.44	25.81	1.17	3722	3421	0.91	巴青县
6.86	55.03	7.79	2620	2060	0.72	申扎县
2.00	17.00	0.30	3456	3311	1.40	安多县
5.60	58.00	0.40	4200	4200	1.10	索　县
4.79	32.76	0.75	1507	1398	1.05	班戈县
3.80	20.18	3.00	1600	1550	0.70	革吉县

5-4 续表 29

县名称 Name of Counties	综合生产能力(万立方米/日) Integrated Production Capacity (10,000m³/ day)	地下水 Underground Water	供水管道长度(公里) Length of Water Supply Pipelines (km)	建成区 in Built District	供水总量(万立方米) Total Quantity of Water Supply (10,000m³)	生产运营用水 The Quantity of Water for Production and Operation
札达县	0.12	0.12	22.65		28.00	
日土县	0.24	0.24	23.64	23.64	86.40	4.50
改则县	4.40	4.40	1.80	1.80	33.83	1.00
葛尔县	0.56	0.56	135.00	135.00	225.70	
普兰县	0.40	0.40	11.23	11.23	39.30	4.00
措勤县	0.72	0.72	4.60	4.60	30.11	3.00
陕　西	**163.39**	**94.70**	**5964.84**	**4879.89**	**27490.83**	**5082.94**
蓝田县	3.74	3.74	128.46	53.32	715.22	312.60
周至县	4.01	2.80	159.67	105.67	579.59	74.30
宜君县	0.40		53.24	31.24	48.23	2.14
岐山县	3.90	2.50	50.00	44.00	619.00	217.00
扶风县	2.21	1.34	102.90	69.78	758.08	251.15
眉　县	2.84	1.45	98.81	98.81	422.73	92.02
陇　县	3.11	3.11	95.00	95.00	321.86	21.72
千阳县	1.20	1.20	30.40	30.40	258.00	45.00
麟游县	0.80		33.92	33.92	228.00	70.00
凤　县	1.20		44.90	25.20	165.50	36.00
太白县	0.50		45.22	40.05	148.80	
三原县	8.20	2.00	126.32	125.32	856.37	245.35
泾阳县	3.02		104.74	104.74	614.76	
乾　县	1.31	1.31	110.50	97.90	456.56	36.66
礼泉县	2.40	2.40	79.50	66.81	574.50	198.20
永寿县	1.01	0.92	52.89	47.29	251.29	52.67
长武县	0.80		75.12	73.70	287.24	30.30
旬邑县	1.55		25.20	25.20	151.00	22.60
淳化县	0.80	0.80	32.90	32.90	144.37	25.37
武功县	2.25	1.22	65.34	33.40	527.70	127.80
潼关县	3.00	3.00	60.20	59.00	316.80	23.00
大荔县	3.45	3.45	144.40	142.40	655.60	8.00
合阳县	4.65	2.80	115.90	105.53	551.34	135.30
澄城县	3.40	1.50	62.14	51.23	515.92	136.00
蒲城县	4.52	4.52	197.84	197.84	769.06	141.18
白水县	1.00	1.00	58.51	50.53	203.00	38.00
富平县	6.50	6.50	199.60	159.19	1032.47	225.40
延长县	1.10		38.00	38.00	210.65	4.50
延川县	0.40		37.00	37.00	128.13	0.36
志丹县	1.10	1.10	57.20	57.20	321.00	26.30
吴起县	1.20	1.20	109.00	51.80	394.00	135.00
甘泉县	0.90		61.00	34.00	143.46	11.20
富　县	1.00		45.27	45.27	316.25	52.00
洛川县	1.50		91.64	91.64	243.00	38.00
宜川县	0.60		45.40	45.40	147.00	10.00
黄龙县	0.50		60.00	60.00	88.40	6.50

continued

公共服务用水 The Quantity of Water for Public Service	居民家庭用水 The Quantity of Water for Household Use	其他用水 The Quantity of Water for Other Purposes	用水户数(户) Number of Households with Access to Water Supply (unit)	家庭用户 Household User	用水人口(万人) Population with Access to Water Supply (10,000 persons)	县名称 Name of Counties
	23.80		1062	1002	0.58	札达县
6.00	44.06	4.70	2400	2200	0.72	日土县
1.50	14.29	1.30	2325	2325	0.59	改则县
	205.39		48600	24060	6.66	葛尔县
	31.55	1.00	5159	5159	1.22	普兰县
3.00	23.05	1.00	1827	1527	0.79	措勤县
2864.07	**15438.66**	**1372.73**	**1302639**	**1142856**	**503.98**	**陕　西**
101.61	247.54	12.49	28555	26934	9.26	蓝田县
155.22	309.94	2.13	38944	29633	7.70	周至县
4.00	33.60	1.59	1778	1257	1.89	宜君县
70.00	290.00	41.00	14883	12870	5.16	岐山县
77.00	313.50	40.45	10978	6318	6.90	扶风县
33.83	255.00	0.70	24506	23670	8.60	眉　县
92.37	177.70		2939	2472	8.43	陇　县
78.00	88.00	25.00	18000	16600	5.67	千阳县
10.00	114.00	33.00	10400	10350	2.34	麟游县
12.10	88.00	3.40	6130	6022	2.70	凤　县
26.00	70.00	33.00	3887	3679	1.53	太白县
62.99	411.30	17.70	17004	16642	14.16	三原县
	259.56	103.39	17818	15826	6.59	泾阳县
13.86	364.79	12.00	31920	31156	12.09	乾　县
90.00	219.00	24.50	34231	2831	9.50	礼泉县
61.20	102.60	7.45	10210	9551	4.45	永寿县
47.40	154.23	36.56	13232	12606	5.39	长武县
25.40	83.30	8.00	7029	7003	3.42	旬邑县
13.00	87.00	3.00	8600	8600	3.33	淳化县
24.55	295.20	13.49	34997	4031	9.44	武功县
25.00	229.80	8.00	23019	23019	6.37	潼关县
107.60	390.00	105.00	24985	22925	10.57	大荔县
24.68	270.80	55.56	16945	15121	6.01	合阳县
61.00	266.92	7.00	31478	30411	12.27	澄城县
22.38	522.30	6.55	26738	14208	13.76	蒲城县
32.00	118.00	1.00	20638	20537	5.72	白水县
129.97	413.10	255.00	44275	41829	16.36	富平县
65.00	125.50	11.00	12950	11000	5.30	延长县
68.97	42.35	6.05	14343	10600	5.69	延川县
120.70	145.00		3170	2966	5.50	志丹县
30.00	163.00	19.00	20558	20558	7.10	吴起县
6.00	83.30	25.50	6266	5851	3.06	甘泉县
29.00	186.00	1.00	12380	12380	5.31	富　县
32.00	130.00	15.00	9340	8944	7.45	洛川县
11.00	106.60	4.80	9577	9168	4.60	宜川县
20.10	43.60	8.20	3020	2100	1.57	黄龙县

5-4 续表 30

县名称 Name of Counties	综合生产能力（万立方米/日） Integrated Production Capacity (10,000m³/ day)	地下水 Underground Water	供水管道长度（公里） Length of Water Supply Pipelines (km)	建成区 in Built District	供水总量（万立方米） Total Quantity of Water Supply (10,000m³)	生产运营用水 The Quantity of Water for Production and Operation
黄陵县	0.70		71.00	71.00	254.39	6.20
城固县	8.00	8.00	100.00	90.00	1180.00	86.18
洋　县	5.20		67.90	66.80	883.00	396.00
西乡县	5.20		80.10	76.30	583.36	98.00
勉　县	5.22	3.55	118.55	111.55	1290.20	358.10
宁强县	1.50		85.50	85.50	259.00	32.00
略阳县	2.00	1.68	62.00	52.00	308.00	55.00
镇巴县	1.00		87.30	72.30	258.00	45.00
留坝县	0.34		8.80	8.80	87.78	19.56
佛坪县	0.60		37.50	37.50	60.00	
府谷县	5.00	5.00	111.00	111.00	615.00	70.30
靖边县	2.66	2.66	155.66	155.66	702.90	21.90
定边县	0.78	0.78	482.37	93.43	637.00	
绥德县	13.00	13.00	129.01	129.01	435.50	102.50
米脂县	1.75	1.75	121.80	55.70	256.40	93.00
佳　县	0.39	0.39	20.40	20.00	33.00	0.90
吴堡县	0.51	0.11	47.63	46.00	105.97	6.61
清涧县	0.56	0.54	45.00	45.00	141.17	14.12
子洲县	0.80	0.30	66.80	56.80	187.09	41.00
汉阴县	1.65	0.20	133.90	133.20	563.95	157.10
石泉县	1.43	0.13	59.10	59.10	482.93	104.16
宁陕县	0.43		29.69	29.69	73.30	3.02
紫阳县	1.10		23.07	20.27	360.11	63.49
岚皋县	0.71		89.30	82.50	258.15	3.00
平利县	2.30		46.70	46.70	236.00	49.00
镇坪县	0.78		50.23	41.65	75.30	4.80
旬阳县	2.50		134.00	134.00	430.57	45.12
白河县	1.30		66.60	53.10	220.00	65.26
洛南县	3.00		106.00	86.00	659.80	49.60
丹凤县	5.76	5.73	87.15	70.25	331.40	51.50
商南县	1.20		66.30	66.30	331.20	46.50
山阳县	1.45	0.98	73.15	67.10	645.18	92.40
镇安县	1.50		83.20	75.00	221.70	20.00
柞水县	3.00		120.00	70.00	158.60	30.00
甘　肃	**90.79**	**32.51**	**5251.46**	**4749.60**	**17540.19**	**2408.58**
永登县	1.30	0.21	53.00	53.00	315.00	4.50
皋兰县	2.35		128.43	128.43	308.57	90.71
榆中县	3.50		95.50	95.50	345.42	77.00
永昌县	2.00		64.20	45.00	259.00	34.00
靖远县	3.20		135.33	135.33	360.70	27.00
会宁县	2.50		67.00	67.00	449.00	12.00
景泰县	2.00		100.88	100.88	310.00	26.40
清水县	2.00		87.00	65.47	364.86	46.58

continued

公共服务用水 The Quantity of Water for Public Service	居民家庭用水 The Quantity of Water for Household Use	其他用水 The Quantity of Water for Other Purposes	用水户数(户) Number of Households with Access to Water Supply (unit)	家庭用户 Household User	用水人口(万人) Population with Access to Water Supply (10,000 persons)	县名称 Name of Counties
60.74	106.95	4.50	12388	12118	4.00	黄陵县
68.00	958.00	10.00	76711	76285	14.64	城固县
57.00	325.00	35.00	23183	22805	9.86	洋　县
68.00	359.36	10.00	29945	29742	10.41	西乡县
78.20	749.70	2.70	55539	47552	16.74	勉　县
29.00	163.00	1.00	23392	22492	7.00	宁强县
16.00	187.00	22.00	18800	16000	7.00	略阳县
90.00	110.00	1.10	14416	14206	5.55	镇巴县
8.71	36.03	0.20	4045	3667	1.36	留坝县
18.00	36.00		3028	2580	0.85	佛坪县
21.54	485.00	1.50	31125	30925	15.48	府谷县
	369.00	137.00	27871	23988	23.56	靖边县
79.30	444.13	5.28	21006	16484	10.71	定边县
46.40	244.10	9.80	33362	29556	10.01	绥德县
17.10	135.00	0.30	10014	9667	5.15	米脂县
0.90	27.00	0.20	4901	4801	1.00	佳　县
9.74	78.21	2.00	8598	8341	3.13	吴堡县
10.03	98.02	6.00	11822	11661	4.19	清涧县
8.00	115.09	7.00	12310	11825	4.55	子洲县
13.80	347.10	21.10	29730	27590	9.60	汉阴县
	253.90	1.29	19914	16683	7.49	石泉县
4.96	49.49	7.53	4458	4235	1.93	宁陕县
6.20	256.92	1.85	21031	17760	6.20	紫阳县
17.53	173.40	32.20	12624	12620	4.88	岚皋县
51.00	99.00	12.00	14950	14520	5.97	平利县
5.00	54.20	0.65	3585	2885	1.47	镇坪县
24.50	320.78	3.00	21321	21268	10.36	旬阳县
6.00	123.28		13301	12667	4.28	白河县
40.00	538.00	18.80	35768	33380	13.76	洛南县
40.70	199.30	2.80	30230	30210	10.98	丹凤县
49.90	207.20		5311	4268	7.03	商南县
87.89	331.97	64.42	32675	31157	10.90	山阳县
36.00	147.00	3.50	11962	11750	6.10	镇安县
10.00	110.00	0.50	7600	7500	2.65	柞水县
2545.37	**9593.92**	**800.45**	**975399**	**853597**	**385.34**	**甘　肃**
30.00	212.00	22.00	25000	24300	9.30	永登县
74.22	68.28	46.57	8498	7400	6.30	皋兰县
72.87	164.17	0.13	29046	28132	5.72	榆中县
31.00	130.50	25.89	22125	18905	4.10	永昌县
47.50	220.00	20.00	28210	27096	9.02	靖远县
184.00	150.00	43.00	5057	4135	14.19	会宁县
81.50	172.80	7.30	5500	5000	12.17	景泰县
119.60	183.30	0.98	13700	12693	7.15	清水县

5-4 续表 31

县名称 Name of Counties	综合生产能力(万立方米/日) Integrated Production Capacity (10,000m³/ day)	地下水 Underground Water	供水管道长度(公里) Length of Water Supply Pipelines (km)	建成区 in Built District	供水总量(万立方米) Total Quantity of Water Supply (10,000m³)	生产运营用水 The Quantity of Water for Production and Operation
秦安县	1.35		77.50	77.50	341.70	38.00
甘谷县	1.50	0.59	72.65	72.65	543.46	65.94
武山县	1.00	1.00	83.00	45.00	272.00	21.00
张家川回族自治县	0.60		22.50	22.50	326.40	28.40
民勤县	4.30	4.30	289.40	289.40	410.20	40.63
古浪县	1.00	1.00	147.34	147.34	262.71	
天祝藏族自治县	1.50		76.60	58.60	244.78	58.92
肃南县	1.20		31.30	31.30	145.70	13.92
民乐县	2.50	2.50	207.26	163.25	405.81	60.35
临泽县	1.46	1.46	135.00	135.00	330.09	74.46
高台县	1.40	1.40	102.68	93.33	331.50	10.00
山丹县	2.45	0.75	141.84	130.00	695.08	14.86
泾川县	1.20	1.20	83.87	57.37	415.30	210.20
灵台县	0.60		72.70	72.70	228.50	15.69
崇信县	0.60	0.60	75.00	75.00	159.60	32.74
庄浪县	2.50		65.00	65.00	389.13	219.87
静宁县	1.60	1.60	70.00	70.00	430.95	32.81
金塔县	1.60	1.60	74.89	74.89	269.80	22.16
瓜州县	1.60	1.60	83.76	83.76	428.47	23.52
肃北蒙古族自治县	0.25	0.25	45.00	45.00	91.00	26.00
阿克塞哈萨克族自治县	0.40		56.00	56.00	72.25	13.00
庆城县	1.30		108.00	108.00	204.20	12.00
环　县	1.40		122.30	122.30	404.33	81.39
华池县	0.68		64.70	64.70	146.00	34.00
合水县	0.60		32.61	32.61	137.10	18.20
正宁县	0.83		50.45	50.45	95.60	9.20
宁　县	0.76	0.76	59.80	56.10	95.00	5.50
镇原县	1.10	0.70	33.90	31.99	142.69	24.69
通渭县	0.80		138.00	138.00	148.83	45.16
陇西县	3.90	1.60	219.53	219.53	861.66	180.00
渭源县	0.75		60.12	58.30	235.00	64.00
临洮县	1.41	1.41	165.88	82.94	571.69	57.90
漳　县	1.00	1.00	54.40	54.40	112.00	1.00
岷　县	1.66	1.66	73.30	73.30	285.00	22.00
成　县	3.51		111.07	111.07	413.21	2.55
文　县	0.60	0.60	32.00	32.00	182.00	21.00
宕昌县	1.50		75.26	75.26	103.43	6.00
康　县	0.50		56.90	42.10	107.05	0.09
西和县	1.24	0.14	121.00	64.00	248.00	23.00
礼　县	0.60	0.60	87.00	85.00	191.50	7.50
徽　县	0.81		72.00	72.00	213.80	2.50
两当县	0.50		44.34	44.34	61.32	2.60
临夏县	1.20		50.42	17.92	170.43	45.80

continued

公共服务用水 The Quantity of Water for Public Service	居民家庭用水 The Quantity of Water for Household Use	其他用水 The Quantity of Water for Other Purposes	用水户数(户) Number of Households with Access to Water Supply (unit)	家庭用户 Household User	用水人口(万人) Population with Access to Water Supply (10,000 persons)	县名称 Name of Counties
65.00	208.00	2.10	38700	37200	12.80	秦安县
65.99	320.58		27114	24840	13.98	甘谷县
20.00	212.00	9.00	17580	15580	7.34	武山县
32.00	56.00	43.00	6652	6652	3.15	张家川回族自治县
122.99	202.00	3.69	30000	25210	6.50	民勤县
104.25	91.18	22.09	18542	14070	5.45	古浪县
5.68	115.98	21.64	15335	15335	7.83	天祝藏族自治县
0.76	104.48		5480	4921	0.96	肃南县
34.06	207.26	54.64	31625	27109	9.35	民乐县
97.80	122.57	0.83	8965	7519	5.20	临泽县
42.80	226.82	21.00	35012	20801	7.62	高台县
12.43	456.93	121.19	28389	26802	8.14	山丹县
12.60	160.60	4.20	22125	18464	7.20	泾川县
36.91	168.70	0.20	10918	8456	2.90	灵台县
44.63	70.61	3.30	12826	12600	3.60	崇信县
14.23	119.11	5.22	21875	15462	4.79	庄浪县
19.97	156.22	29.23	12873	10815	7.54	静宁县
60.50	159.75	1.50	20100	16482	6.56	金塔县
126.48	140.80	62.19	25181	2851	5.39	瓜州县
12.00	47.00	5.90	2730	2730	1.10	肃北蒙古族自治县
4.20	40.00	6.00	4000	4000	1.46	阿克塞哈萨克族自治县
32.00	126.65	7.35	16049	15643	6.85	庆城县
26.69	256.23		28610	28370	7.53	环　县
30.00	70.20	1.80	6011	5084	3.80	华池县
24.30	83.60	5.00	16320	15000	4.53	合水县
23.50	42.80	5.10	12692	12692	3.49	正宁县
30.00	51.50	7.60	9700	8700	4.10	宁　县
35.13	68.29	2.01	9721	8452	3.89	镇原县
	92.15	1.42	26000	20000	6.00	通渭县
80.66	407.36	43.64	35382	34210	23.08	陇西县
31.00	82.00	11.00	9830	8180	3.69	渭源县
31.71	414.19	21.32	34662	34662	15.50	临洮县
1.00	94.00	1.00	5249	4288	4.85	漳　县
12.00	244.00	3.00	16983	16983	9.94	岷　县
85.03	260.60		7068	6536	9.25	成　县
21.00	109.00	10.00	10340	10020	4.16	文　县
4.80	86.80	1.00	8953	8542	3.28	宕昌县
17.96	74.50		6233	5228	2.74	康　县
5.00	187.00	2.00	8688	7573	6.68	西和县
26.50	132.00	2.50	13182	12428	4.80	礼　县
55.00	131.00		14754	14710	5.72	徽　县
4.86	47.30	1.56	6194	2986	1.35	两当县
5.42	98.85	6.80	7044	6200	3.61	临夏县

5-4 续表 32

县名称 Name of Counties	综合生产能力（万立方米/日） Integrated Production Capacity (10,000m³/ day)	地下水 Underground Water	供水管道长度（公里） Length of Water Supply Pipelines (km)	建成区 in Built District	供水总量（万立方米） Total Quantity of Water Supply (10,000m³)	生产运营用水 The Quantity of Water for Production and Operation
康乐县	1.00		51.00	39.03	247.53	3.50
永靖县	2.00		77.00	46.50	682.00	75.00
广河县	2.90	1.80	55.20	29.81	272.80	31.50
和政县	1.82		92.21	92.21	400.30	181.00
东乡县	0.65		75.00	26.10	133.79	26.70
积石山县	0.51		23.32	23.32	219.80	15.00
临潭县	0.71		61.80	61.80	123.94	5.24
卓尼县	0.56		59.54	59.54	92.90	6.20
舟曲县	1.12	1.12	47.80	47.80	259.05	
迭部县	0.35	0.18	39.90	39.90	166.44	22.00
玛曲县	2.20		29.08	29.08	97.02	1.70
碌曲县	0.36	0.36	27.00	27.00	72.80	19.00
夏河县	0.50	0.50	35.00	35.00	135.00	15.00
青　海	**40.81**	**10.81**	**2031.59**	**1897.40**	**5548.50**	**784.88**
大通县	6.00		142.00	142.00	425.60	30.00
湟源县	2.80	0.80	125.55	95.68	280.13	36.34
民和县	1.50		219.00	219.00	379.40	65.70
互助县	6.50	1.50	104.42	101.90	621.02	78.82
化隆县	3.75		158.20	158.20	347.70	26.20
循化县	0.70		78.00	32.00	164.10	18.00
门源县	1.00		117.07	117.07	296.00	30.00
祁连县	0.60	0.30	75.00	43.00	119.41	17.50
海晏县	0.70	0.70	43.90	43.90	101.00	4.00
刚察县	0.75		32.20	32.20	144.63	12.10
西海镇	2.00	2.00	51.00	51.00	81.74	32.00
尖扎县	0.40		22.00	16.00	107.00	19.00
泽库县	0.19		22.00	22.00	74.00	20.00
河南县	0.36		11.20	11.20	105.02	21.00
共和县	2.00	2.00	94.56	94.56	454.00	56.55
同德县	0.50		18.40	18.40	89.98	15.60
贵德县	0.90	0.73	92.21	92.21	226.23	8.08
兴海县	1.48		35.13	35.13	112.44	5.60
贵南县	0.46		19.63	19.63	66.36	3.90
班玛县	0.20		19.00	19.00	28.00	1.70
久治县	0.22		25.00	25.00	40.20	9.00
甘德县	0.20		53.00	53.00	64.35	9.15
玛沁县	0.50	0.50	96.97	80.47	253.00	118.00
达日县	0.30		38.30	37.00	35.74	5.56
玛多县	0.16		21.00	21.00	42.30	5.00
杂多县	1.16		9.37	9.37	79.80	3.50
称多县	0.60		34.84	34.84	62.83	0.70
治多县	0.80		10.00	10.00	59.70	4.20
囊谦县	1.20		28.55	28.55	71.50	2.50

continued

公共服务用水 The Quantity of Water for Public Service	居民家庭用水 The Quantity of Water for Household Use	其他用水 The Quantity of Water for Other Purposes	用水户数(户) Number of Households with Access to Water Supply (unit)	家庭用户 Household User	用水人口(万人) Population with Access to Water Supply (10,000 persons)	县名称 Name of Counties
56.57	165.26	1.20	14504	13506	6.12	康乐县
90.00	452.00	8.00	31295	29276	7.80	永靖县
28.30	187.30	4.20	14526	13814	4.81	广河县
14.20	174.00	5.90	10918	10717	5.75	和政县
26.40	74.90	5.70	4577	4577	2.26	东乡县
20.00	147.00	12.00	7000	4736	5.23	积石山县
1.60	103.24	6.36	8200	7980	2.94	临潭县
9.60	64.00	7.20	7700	7700	2.26	卓尼县
25.82	172.26		12950	9910	4.10	舟曲县
37.00	42.50	23.00	4446	3998	2.32	迭部县
3.35	81.05	3.00	4730	4480	1.98	玛曲县
13.00	31.00	2.00	2730	2356	1.19	碌曲县
60.00	51.75	5.00	9000	8500	2.93	夏河县
919.02	**2689.41**	**359.86**	**302600**	**252506**	**112.72**	**青　海**
125.00	241.00	11.10	31816	31478	19.75	大通县
70.47	119.57	1.71	26493	13002	7.00	湟源县
53.10	190.30		39321	26214	8.05	民和县
90.00	284.00	49.20	25822	24655	9.01	互助县
18.00	172.50	20.00	16702	16316	6.90	化隆县
40.80	75.20	1.50	12198	11066	5.08	循化县
50.00	180.00		13592	13120	5.47	门源县
23.00	62.00	1.91	11080	10600	2.20	祁连县
9.00	80.00	6.00	5715	5139	2.58	海晏县
45.30	54.45		4239	4052	1.79	刚察县
6.69	29.89	5.86	6702	630	2.29	西海镇
17.00	48.00	11.00	6600	6300	2.03	尖扎县
18.00	30.00		2600	2550	1.50	泽库县
26.70	48.00		3711	3379	1.69	河南县
84.83	140.00	130.80	14000	13800	5.70	共和县
20.50	35.00	10.88	4400	3666	1.38	同德县
40.54	121.23	36.13	13012	11710	4.55	贵德县
16.06	73.76	9.42	7398	5898	2.68	兴海县
2.55	50.30	2.52	6028	5020	1.20	贵南县
1.30	19.00		1560	1560	0.87	班玛县
7.20	16.00		2166	2166	0.47	久治县
17.20	35.50		1512	1354	0.59	甘德县
17.00	97.00	7.00	5079	4990	3.79	玛沁县
5.80	15.10		1372	1151	0.84	达日县
10.00	20.00		1294	1263	0.56	玛多县
1.80	64.00	2.50	4350	4257	2.48	杂多县
0.80	55.00	0.40	2125	1920	1.29	称多县
14.00	33.50		3023	2580	1.76	治多县
3.00	57.00		4830	4390	2.70	囊谦县

5-4 续表 33

县名称 Name of Counties	综合生产能力(万立方米/日) Integrated Production Capacity (10,000m³/ day)	地下水 Underground Water	供水管道长度(公里) Length of Water Supply Pipelines (km)	建成区 in Built District	供水总量(万立方米) Total Quantity of Water Supply (10,000m³)	生产运营用水 The Quantity of Water for Production and Operation
曲麻莱县	0.50	0.50	10.00	10.00	43.50	1.00
乌兰县	0.31	0.31	19.60	19.60	102.00	5.90
都兰县	0.60		75.00	75.00	84.83	16.00
天峻县	0.77	0.77	100.96	100.96	279.40	73.62
大柴旦行委	0.70	0.70	28.53	28.53	105.59	28.66
宁　夏	**51.70**	**20.05**	**1963.26**	**1795.26**	**8745.82**	**1976.99**
永宁县	7.73	4.73	258.73	161.73	1122.85	734.42
贺兰县	9.01	2.51	181.21	181.21	2957.06	745.44
平罗县	2.70	2.32	259.70	259.70	833.06	103.44
盐池县	3.50	1.50	262.30	242.50	585.26	105.94
同心县	3.60	3.60	230.34	230.34	533.87	186.91
红寺堡区	6.20	1.20	141.24	141.24	259.00	13.00
西吉县	4.50		76.90	76.90	360.70	19.20
隆德县	2.10		71.18	71.18	312.10	15.00
泾源县	1.70		40.50	40.50	130.70	7.60
彭阳县	1.50		79.00	79.00	265.00	10.00
中宁县	4.16	4.16	112.16	112.16	949.64	17.34
海原县	5.00		250.00	198.80	436.58	18.70
新　疆	**154.38**	**89.33**	**8254.22**	**7486.78**	**29980.08**	**4230.10**
鄯善县	12.85	1.00	341.92	341.92	1746.55	840.98
托克逊县	1.71	1.71	155.00	155.00	625.00	100.00
巴里坤哈萨克自治县	0.80	0.80	61.62	61.62	172.60	10.60
伊吾县	0.40	0.40	43.92	38.00	113.79	3.16
呼图壁县	4.50	2.00	184.00	184.00	673.31	213.85
玛纳斯县	4.50	4.50	111.11	111.11	389.30	5.78
奇台县	4.80	4.80	144.32	144.32	899.26	97.43
吉木萨尔县	3.20	0.67	146.33	146.33	492.00	78.60
木垒哈萨克自治县	1.14		113.76	107.53	270.00	81.05
精河县	1.60	0.77	113.00	113.00	598.00	50.70
温泉县	0.53	0.53	65.30	65.30	86.60	7.80
轮台县	0.90	0.90	124.84	84.34	335.00	30.00
尉犁县			32.00	24.14	219.00	30.00
若羌县	2.00	2.00	139.00	139.00	133.50	10.00
且末县	1.30	1.30	58.40	52.12	180.00	10.00
焉耆回族自治县	6.60	6.60	70.00	70.00	450.00	137.00
和静县	3.50	3.50	121.22	121.22	816.00	17.70
和硕县	4.00		79.06	79.06	199.95	23.97
博湖县	0.35	0.35	21.89	21.89	106.60	
温宿县	1.20	1.20	120.24	120.00	597.72	28.08
沙雅县	3.50	3.50	224.00	224.00	471.80	6.00
新和县	1.05	1.05	144.00	144.00	322.00	
拜城县	1.20	1.20	68.40	68.40	294.25	10.60
乌什县	0.90	0.90	48.00	33.00	360.10	60.00

continued

公共服务用水 The Quantity of Water for Public Service	居民家庭用水 The Quantity of Water for Household Use	其他用水 The Quantity of Water for Other Purposes	用水户数(户) Number of Households with Access to Water Supply (unit)	家庭用户 Household User	用水人口(万人) Population with Access to Water Supply (10,000 persons)	县名称 Name of Counties
4.50	35.60		1939	1633	1.27	曲麻莱县
11.90	59.19	9.01	8629	4339	1.43	乌兰县
11.93	52.40		5662	5007	1.96	都兰县
39.12	56.97	28.77	4500	4200	0.73	天峻县
15.93	37.95	14.15	3130	3101	1.13	大柴旦行委
1238.83	**3829.50**	**970.84**	**466911**	**395332**	**113.49**	**宁　夏**
91.65	239.21	7.35	34074	27206	4.32	永宁县
559.00	833.00	686.62	90000	70000	18.00	贺兰县
95.77	455.03	65.81	77255	71206	14.10	平罗县
65.16	303.49	58.54	39895	32226	7.30	盐池县
	275.56	19.28	21725	16854	12.88	同心县
92.00	90.00	48.00	17470	13980	4.09	红寺堡区
40.80	219.10	44.40	27799	27101	8.91	西吉县
89.00	115.00	4.10	21593	17338	6.61	隆德县
31.90	75.30	5.20	10649	9849	3.00	泾源县
66.20	158.80		19982	17014	5.74	彭阳县
67.77	749.74	23.00	69000	58000	16.99	中宁县
39.58	315.27	8.54	37469	34558	11.55	海原县
3828.13	**15404.02**	**2935.27**	**1333267**	**1218107**	**381.32**	**新　疆**
108.99	286.92	336.66	34706	31885	8.11	鄯善县
215.00	162.00	83.70	27064	23580	6.70	托克逊县
6.00	68.53	74.00	9940	9571	1.36	巴里坤哈萨克自治县
32.68	33.45	29.98	3759	3350	0.64	伊吾县
124.78	250.37	23.31	44604	36849	5.00	呼图壁县
75.52	280.00		31670	28463	6.75	玛纳斯县
92.00	432.50	200.43	48050	48050	9.61	奇台县
5.90	390.00	1.50	18100	17380	4.40	吉木萨尔县
69.90	88.65		14153	12994	1.73	木垒哈萨克自治县
268.30	201.64	22.10	28616	26528	4.03	精河县
6.24	59.28	4.68	4320	3872	1.27	温泉县
15.00	240.00		14950	14850	7.10	轮台县
16.20	150.70		11350	10550	3.41	尉犁县
10.00	92.24	2.00	11968	10948	3.02	若羌县
41.00	100.00	6.00	12055	11090	2.77	且末县
89.00	179.00	1.00	31239	25537	4.95	焉耆回族自治县
103.60	169.50	484.20	25000	24800	6.44	和静县
10.00	120.80	30.00	9300	5200	2.58	和硕县
10.50	90.10		9056	8566	1.73	博湖县
35.91	362.62	127.21	64000	54000	8.78	温宿县
68.80	250.00	102.00	45355	45355	13.55	沙雅县
	289.80		21229	21105	7.60	新和县
22.00	205.00	22.00	24482	24357	8.60	拜城县
80.00	165.00	20.00	18800	18800	6.69	乌什县

5-4 续表 34

县名称 Name of Counties	综合生产能力（万立方米/日） Integrated Production Capacity (10,000m³/ day)	地下水 Underground Water	供水管道长度（公里） Length of Water Supply Pipelines (km)	建成区 in Built District	供水总量（万立方米） Total Quantity of Water Supply (10,000m³)	生产运营用水 The Quantity of Water for Production and Operation
阿瓦提县	1.50	1.50	95.00	95.00	390.00	38.00
柯坪县	0.70		31.00	31.00	118.40	5.50
阿克陶县	1.50	1.50	78.22	78.22	453.56	21.00
阿合奇县	1.25	1.25	43.00	43.00	146.00	24.00
乌恰县	2.00		138.54	138.54	168.95	26.00
疏附县	3.70	1.70	123.26	123.26	546.68	1.00
疏勒县	3.00	3.00	135.60	135.60	739.00	212.00
英吉沙县	3.20	3.20	161.08	117.68	720.00	31.28
泽普县	2.80	2.00	179.60	151.10	735.00	85.00
莎车县	4.00	4.00	227.00	227.00	1449.93	372.57
叶城县	4.95	1.45	270.00	250.00	1039.20	105.00
麦盖提县	2.30	2.30	111.22	111.22	649.82	45.85
岳普湖县	3.00	3.00	110.20	110.20	440.00	112.00
伽师县	1.59	1.59	125.65	125.65	652.18	15.50
巴楚县	3.00		322.60	150.60	672.25	80.30
塔什库尔干塔吉克自治县	1.80		109.85	104.85	122.00	8.20
和田县						
墨玉县	4.00	4.00	164.85	164.85	1016.61	155.00
皮山县	3.00	3.00	136.91	89.39	304.02	37.28
洛浦县	1.60	1.60	124.44	69.74	428.50	5.21
策勒县	0.60	0.30	118.03	102.61	297.90	9.10
于田县	1.20	1.20	77.82	59.52	330.89	1.75
民丰县	1.31	1.31	36.52	36.52	125.40	19.50
伊宁县	4.20		202.70	202.70	818.96	80.50
察布查尔县	2.30	2.30	133.29	133.29	452.00	80.00
霍城县	1.60	1.60	77.25	77.25	387.00	28.00
巩留县	3.10	1.30	485.00	400.50	648.00	20.50
新源县	5.50		86.62	86.62	1588.49	184.92
昭苏县	2.00		183.25	183.25	282.24	77.88
特克斯县	2.00		308.00	308.00	526.90	80.20
尼勒克县	2.00	2.00	104.00	104.00	284.00	23.12
额敏县	1.60	1.60	316.00	316.00	423.33	14.33
托里县	1.00	0.15	140.58	140.58	260.00	34.70
裕民县	1.60		62.20	44.52	370.00	98.00
和布克赛尔蒙古自治县	1.90	1.90	32.00	32.00	178.00	29.00
布尔津县	1.80	0.90	112.84	28.61	309.66	9.32
富蕴县	2.50		30.00	30.00	396.00	91.00
福海县	1.10		94.00	94.00	190.84	31.10
哈巴河县	1.45		87.77	53.07	348.56	12.59
青河县	1.80		40.00	21.54	213.83	48.40
吉木乃县	2.40		107.00	66.00	203.65	22.20

continued

公共服务用水 The Quantity of Water for Public Service	居民家庭用水 The Quantity of Water for Household Use	其他用水 The Quantity of Water for Other Purposes	用水户数(户) Number of Households with Access to Water Supply (unit)	家庭用户 Household User	用水人口(万人) Population with Access to Water Supply (10,000 persons)	县名称 Name of Counties
30.00	277.00		12370	12170	8.90	阿瓦提县
40.10	71.00	0.30	5970	4820	2.46	柯坪县
16.80	360.00	18.50	9649	9522	6.96	阿克陶县
10.00	98.00	2.00	4725	4725	1.53	阿合奇县
74.00	59.00		12200	10100	2.10	乌恰县
35.00	257.62	205.00	15520	15360	6.24	疏附县
29.00	391.00	11.00	19780	19368	9.67	疏勒县
37.06	602.97	22.18	29596	29162	6.30	英吉沙县
171.00	377.00	60.00	24000	21000	6.50	泽普县
248.04	630.23	6.25	21652	21180	35.80	莎车县
63.00	773.20	18.00	38650	32600	16.51	叶城县
40.88	417.05	81.06	18191	16213	8.01	麦盖提县
44.00	164.30	83.30	13768	12945	4.89	岳普湖县
31.15	526.03		32308	22615	11.55	伽师县
120.45	462.00		83765	79045	14.97	巴楚县
10.20	68.40	20.00	7996	7260	2.27	塔什库尔干塔吉克自治县
						和田县
80.00	640.00	82.00	16252	14942	10.59	墨玉县
12.80	211.80	15.66	16224	15224	3.75	皮山县
135.00	198.00	68.71	15285	14810	4.54	洛浦县
11.70	223.00	33.00	10220	10103	2.93	策勒县
82.40	190.60	36.10	13892	13479	6.52	于田县
20.50	68.40	5.00	7885	5897	2.19	民丰县
154.61	438.42	63.56	21000	20722	6.07	伊宁县
90.00	250.00	20.00	21750	21750	6.02	察布查尔县
60.00	268.00		21560	19890	8.24	霍城县
30.00	312.00	113.50	21000	17756	5.40	巩留县
50.13	257.03	195.29	41000	41000	10.23	新源县
49.16	74.58	3.98	12183	11825	5.40	昭苏县
71.30	302.90	0.90	22560	20350	5.47	特克斯县
15.84	224.40	2.64	11433	10290	4.68	尼勒克县
80.20	328.62	0.08	45401	44675	5.43	额敏县
50.10	129.82	19.90	8790	8056	2.55	托里县
45.00	155.00	20.00	13600	8050	3.00	裕民县
18.00	108.00	6.00	10029	8676	1.32	和布克赛尔蒙古自治县
25.82	227.47	12.01	16112	13518	3.30	布尔津县
31.00	153.00	91.00	21225	17190	4.29	富蕴县
18.71	91.79	36.21	15576	11423	2.20	福海县
65.16	183.99	0.37	15914	13831	2.45	哈巴河县
53.90	75.30	7.40	11459	9874	1.75	青河县
68.80	89.00	3.60	9011	9011	1.52	吉木乃县

5-5 2021年按县分列的县城供水(公共供水)

县名称 Name of Counties	综合生产能力(万立方米/日) Integrated Production Capacity ($10,000m^3$/day)	地下水 Under-ground Water	水厂个数(个) Number of Water Plants (unit)	地下水 Under-ground Water	供水管道长度(公里) Length of Water Supply Pipelines (km)	供水总量(万立方米) 合计 Total	售水量 小计 Subtotal	生产运营用水 The Quantity of Water for Production and Operation	公共服务用水 The Quantity of Water for Public Service
全　国	**6016.85**	**1055.13**	**2447**	**835**	**268378.60**	**1114096.42**	**943088.15**	**192747.95**	**105723.07**
河　北	**360.04**	**119.31**	**173**	**93**	**16453.49**	**67100.56**	**57077.98**	**12848.01**	**6036.34**
井陉县	3.70	3.70	1	1	65.00	355.00	320.00	45.00	20.00
正定县	11.41		2		132.43	1691.12	1525.46	208.00	191.00
行唐县	2.74	2.74	1	1	156.82	723.47	639.37	214.72	238.12
灵寿县	2.90	2.90	2	2	121.80	437.62	415.32	4.38	50.94
高邑县	3.50		1		65.80	286.00	251.00	5.00	6.00
深泽县	3.00		1		214.53	600.00	512.00	70.00	30.00
赞皇县	1.70		2		71.50	514.61	472.71	191.71	62.00
无极县	2.50		1		130.60	967.25	850.12	342.32	101.09
平山县	3.75	3.75	2	2	157.47	766.00	632.00	16.00	36.00
元氏县	5.00		8	7	114.00	475.00	390.00		
赵　县	7.50		1		61.20	430.00	362.94		113.07
滦南县	4.00	4.00	1	1	110.49	1320.11	1129.83	383.65	18.62
乐亭县	3.16	3.16	2	2	206.29	862.00	685.24	0.60	127.00
迁西县	3.00	3.00	1	1	232.59	535.17	450.20	68.61	23.61
玉田县	3.90	3.90	1	1	43.75	1382.00	1300.08	305.41	132.64
曹妃甸区	16.00	5.00	4	1	251.75	1936.04	1683.00	982.22	150.64
青龙满族自治县	1.50	0.60	3	2	65.41	434.60	375.43	94.86	39.94
昌黎县	3.00	3.00	1	1	195.00	876.00	768.00	138.00	107.00
卢龙县	2.00	2.00	1	1	57.00	295.00	256.60	72.20	48.45
临漳县	7.50		2		168.91	728.50	572.50	46.00	134.14
成安县	2.50		1		240.00	399.40	333.90	3.90	
大名县	4.16	2.00	2	1	228.80	711.00	581.00	50.00	30.00
涉　县	3.60	3.60	4	4	311.50	995.23	841.03	163.20	111.00
磁　县	5.02		1		216.20	1493.00	1276.51	412.51	145.00
邱　县	3.00		1		116.00	1041.10	969.22	605.00	1.00
鸡泽县	2.80	0.80	2	1	215.00	785.01	647.07	151.75	120.00
广平县	2.50		2	1	61.99	574.77	210.72	23.00	14.78
馆陶县	2.00	0.50	2	1	220.00	1000.00	834.00	194.00	50.00
魏　县	6.00		2		175.74	1053.25	904.07	1.00	
曲周县	6.50	1.50	2	1	198.45	524.40	437.88	4.50	6.00
临城县	4.45	2.96	2	1	99.00	274.50	232.30	32.50	39.80
内丘县	2.20		3	1	95.10	465.21	393.21	32.65	31.72
柏乡县	2.80		1		67.00	269.50	235.67	20.10	14.20
隆尧县	3.30		1		93.61	382.93	333.58	17.04	68.48
宁晋县	3.00		1		282.00	1080.15	939.15	257.15	62.00
巨鹿县	4.10	2.20	2	1	613.40	630.23	529.60	45.70	54.40
新河县	2.21	1.00	2	1	68.00	350.58	291.15	47.00	28.34

County Seat Water Supply by County (Public Water Suppliers)(2021)

Total Quantity of Water Supply(10,000m³)					用水户数(户) Number of Households with Access to Water Supply (unit)		用水人口(万人) Population with Access to Water Supply (10,000 persons)	县名称 Name of Counties
Water Sold		免费供水量 The Quantity of Free Water Supply		漏损水量 The Lossed Water		家庭用户 Household User		
居民家庭用水 The Quantity of Water for Household Use	其他用水 The Quantity of Water for Other Purposes		生活用水 Domestic Water Use					
593136.22	**51480.91**	**34589.79**	**7197.57**	**136418.48**	**52921579**	**46955809**	**14992.70**	**全　国**
34785.86	**3407.77**	**1551.51**	**416.78**	**8471.07**	**3661782**	**3376710**	**1038.52**	**河　北**
250.00	5.00			35.00	33000	30000	10.10	井陉县
803.54	322.92	47.00		118.66	59426	44227	21.87	正定县
118.18	68.35			84.10	18531	17749	7.53	行唐县
360.00		0.50		21.80	24514	23011	8.86	灵寿县
240.00				35.00	18000	15027	5.60	高邑县
393.00	19.00			88.00	25897	25368	9.20	深泽县
219.00				41.90	14340	14100	5.50	赞皇县
386.10	20.61	13.75	4.81	103.38	27490	26575	9.64	无极县
500.00	80.00	11.00		123.00	36000	26280	12.65	平山县
350.00	40.00			85.00	24486	24245	9.72	元氏县
249.87				67.06	33700	31923	12.49	赵　县
681.62	45.94	5.00	5.00	185.28	65001	63005	15.85	滦南县
480.30	77.34	28.50		148.26	65800	56600	14.40	乐亭县
357.98		6.27		78.70	46000	43100	13.91	迁西县
690.23	171.80	3.33		78.59	38882	38750	15.50	玉田县
545.22	4.92	0.50	0.50	252.54	65580	62370	13.77	曹妃甸区
225.66	14.97	5.38		53.79	31545	29985	8.18	青龙满族自治县
465.00	58.00	55.00		53.00	37907	36489	11.92	昌黎县
135.95				38.40	19145	18858	6.60	卢龙县
380.11	12.25	42.50		113.50	29198	28668	12.27	临漳县
330.00				65.50	30143	30143	10.95	成安县
501.00				130.00	56432	55218	24.25	大名县
546.83	20.00			154.20	67635	65849	22.37	涉　县
585.00	134.00			216.49	66179	53015	22.30	磁　县
363.22				71.88	33480	24360	12.47	邱　县
355.32	20.00	15.00	8.00	122.94	41200	40654	12.11	鸡泽县
172.94		295.87	215.87	68.18	25980	25870	9.33	广平县
500.00	90.00			166.00	46880	34080	12.36	馆陶县
746.18	156.89			149.18	83423	83423	37.82	魏　县
427.38				86.52	35008	34802	11.83	曲周县
160.00				42.20	6200	5734	7.05	临城县
328.84		5.00		67.00	35081	32034	8.31	内丘县
201.37				33.83	23252	22933	5.10	柏乡县
239.96	8.10			49.35	25980	24350	10.03	隆尧县
620.00				141.00	71110	66810	22.60	宁晋县
420.70	8.80			100.63	43223	40558	13.85	巨鹿县
179.80	36.01	16.85		42.58	16720	16720	5.70	新河县

5-5 续表 1

县名称 Name of Counties	综合生产能力(万立方米/日) Integrated Production Capacity ($10,000m^3$/day)	地下水 Underground Water	水厂个数(个) Number of Water Plants (unit)	地下水 Underground Water	供水管道长度(公里) Length of Water Supply Pipelines (km)	供水总量(万立方米) 合计 Total	售水量 小计 Subtotal	生产运营用水 The Quantity of Water for Production and Operation	公共服务用水 The Quantity of Water for Public Service
广宗县	2.00		1		100.94	352.70	289.20	57.84	
平乡县	2.48	0.48	2	1	158.85	573.51	510.53		386.98
威　县	4.00	0.80	2	1	382.00	882.93	717.06	13.75	51.56
清河县	5.80		2		173.54	1038.66	920.26	312.00	72.75
临西县	4.00		1		85.75	660.00	580.80	58.08	75.50
博野县	2.00		1		36.80	850.00	782.00	456.00	132.00
涞水县	2.00		1		182.69	487.27	414.17	10.00	2.00
阜平县	2.10	2.10	4	4	73.26	277.90	250.30	28.04	22.06
白沟新城	8.80	3.80	4	3	251.00	1388.70	1276.68	856.80	80.00
定兴县	5.00		1		95.40	730.46	468.56	101.23	90.58
唐　县	2.50		1		123.70	497.27	409.87	14.39	97.16
高阳县	5.00		1		105.38	712.95	592.46	60.56	3.50
涞源县	1.20	0.60	2	1	74.00	390.16	355.00	3.00	80.00
望都县	5.00	2.50	2	1	73.70	667.05	614.56	200.47	45.00
易　县	3.00		1		222.10	945.36	793.90	162.50	48.00
曲阳县	3.00		1		48.00	359.33	290.46	0.10	6.00
蠡　县	1.20		1		107.00	314.20	257.65	15.00	12.00
顺平县	3.00	0.18	1	1	65.40	357.88	275.57	27.56	8.26
张北县	3.20	3.20	3	3	331.74	835.97	724.21	140.74	54.84
康保县	0.70	0.70	1	1	83.00	193.46	148.95	13.50	17.60
沽源县	2.10	2.10	3	3	133.83	267.60	225.60	20.00	24.03
尚义县	1.20	1.20	1	1	98.50	172.00	147.00	13.40	42.00
蔚　县	2.50	2.50	1	1	215.61	545.19	472.10	75.10	68.00
阳原县	1.30	1.30	2	2	132.00	292.00	248.00	5.00	23.00
怀安县	2.00	2.00	1	1	100.73	418.00	368.65	147.65	64.00
怀来县	5.00	5.00	2	2	135.00	650.00	590.00	0.10	148.00
涿鹿县	2.00	2.00	1	1	153.07	410.00	342.53	20.00	82.74
赤城县	0.61	0.61	1	1	80.24	223.15	190.50	15.96	26.70
承德县	1.00	1.00	3	3	83.56	382.00	317.44		20.07
兴隆县	1.40	1.40	4	4	116.00	395.00	321.00		8.00
滦平县	4.20	1.20	3	1	164.29	636.72	500.38	125.00	2.10
隆化县	2.50	2.50	2	2	471.44	471.59	375.87	48.87	35.00
丰宁满族自治县	4.00	4.00	2	2	129.54	729.78	548.25	29.28	27.00
宽城满族自治县	3.00		2		148.10	513.99	417.44	20.21	3.50
围场满族蒙古族自治县	4.00	4.00	1	1	96.70	419.90	342.80		42.40
青　县	7.20	1.20	2	1	278.60	1574.19	1379.02	380.41	56.92
东光县	3.00		1		211.50	442.05	363.40	79.39	7.27
海兴县	3.00		1		147.35	183.99	155.36		0.49
盐山县	2.50		1		159.72	636.67	526.14		51.62

continued

Total Quantity of Water Supply(10,000m³)					用水户数(户) Number of Households with Access to Water Supply (unit)		用水人口(万人) Population with Access to Water Supply (10,000 persons)	县名称 Name of Counties
Water Sold		免费供水量 The Quantity of Free Water Supply		漏损水量 The Lossed Water		家庭用户 Household User		
居民家庭用水 The Quantity of Water for Household Use	其他用水 The Quantity of Water for Other Purposes		生活用水 Domestic Water Use					
231.36				63.50	25491	25491	8.02	广宗县
123.55				62.98	8000	4800	7.99	平乡县
642.75	9.00	30.87	4.00	135.00	47933	47529	22.13	威　县
534.63	0.88			118.40	59286	58076	25.42	清河县
435.60	11.62			79.20	23100	18480	9.20	临西县
194.00				68.00	19800	19800	6.02	博野县
297.27	104.90	6.80	6.80	66.30	41044	39103	7.99	涞水县
200.00	0.20	4.50	4.50	23.10	29425	27136	4.51	阜平县
331.88	8.00	0.02		112.00	35225	29715	8.29	白沟新城
276.75		156.09		105.81	33814	31825	10.18	定兴县
265.55	32.77	48.19		39.21	37073	37073	9.30	唐　县
463.40	65.00			120.49	34500	29633	9.15	高阳县
268.00	4.00	0.16		35.00	32300	24300	8.18	涞源县
369.09				52.49	18228	17015	8.12	望都县
428.63	154.77	63.80		87.66	28500	25000	9.36	易　县
284.26	0.10	6.00	6.00	62.87	23250	22850	9.30	曲阳县
228.55	2.10	31.42	30.50	25.13	21593	19280	7.25	蠡　县
225.97	13.78	23.26	23.26	59.05	21568	18610	6.72	顺平县
343.63	185.00			111.76	95062	79062	12.88	张北县
116.40	1.45	10.02	1.92	34.49	22465	21030	6.50	康保县
173.81	7.76	2.00		40.00	33560	26600	6.39	沽源县
91.60				25.00	17000	17000	4.95	尚义县
329.00				73.09	23210	21873	8.40	蔚　县
218.00	2.00			44.00	25809	25538	6.42	阳原县
142.00	15.00			49.35	22796	21826	6.15	怀安县
440.00	1.90			60.00	99000	99000	10.10	怀来县
239.09	0.70			67.47	54082	51590	10.54	涿鹿县
146.23	1.61			32.65	27943	27943	6.78	赤城县
296.50	0.87			64.56	44100	41000	7.50	承德县
301.00	12.00			74.00	32000	28000	7.20	兴隆县
320.59	52.69	21.92	21.92	114.42	38770	35477	8.95	滦平县
292.00		10.00		85.72	41877	40416	8.30	隆化县
354.15	137.82	72.91	24.91	108.62	53011	50490	8.61	丰宁满族自治县
393.73		20.00		76.55	41132	38010	8.43	宽城满族自治县
300.40		6.30		70.80	43000	39000	9.85	围场满族蒙古族自治县
333.69	608.00	10.27		184.90	67651	54183	12.02	青　县
276.74		1.20		77.45	28731	23300	11.92	东光县
116.79	38.08	2.19	0.96	26.44	14910	13685	5.27	海兴县
369.44	105.08			110.53	33000	26333	8.25	盐山县

5-5 续表 2

县名称 Name of Counties	综合生产能力(万立方米/日) Integrated Production Capacity ($10,000m^3$/day)	地下水 Underground Water	水厂个数(个) Number of Water Plants (unit)	地下水 Underground Water	供水管道长度(公里) Length of Water Supply Pipelines (km)	供水总量(万立方米) 合计 Total	售水量 小计 Subtotal	生产运营用水 The Quantity of Water for Production and Operation	公共服务用水 The Quantity of Water for Public Service
肃宁县	3.00		1		120.50	871.00	792.61	245.71	96.70
南皮县	1.70		1		72.44	362.85	342.72	94.69	4.70
吴桥县	4.00		2		115.00	285.50	236.95	13.36	26.39
献　县	6.00		1		262.00	1169.06	1005.43	345.51	71.86
孟村回族自治县	2.00		1		148.64	270.72	225.12	47.28	20.26
固安县	12.73	4.63	7	5	363.09	2759.62	2155.42	905.55	102.73
永清县	5.10	2.00	2	1	278.00	561.74	506.31	106.33	78.91
香河县	4.60	4.60	1	1	323.37	1583.80	1463.40	502.47	368.16
大城县	3.00		1		319.90	393.41	340.10	90.03	8.20
文安县	3.50		1		156.36	564.48	477.63	68.76	28.38
大厂回族自治县	4.40	4.40	2	2	124.00	465.30	414.30	167.00	24.00
枣强县	9.00	1.00	2	1	405.52	593.63	493.25	12.06	114.80
武邑县	2.00		1		130.00	631.00	530.00	45.00	40.00
武强县	3.80	1.50	2	1	324.68	698.85	608.90	230.00	5.10
饶阳县	1.80		1		204.03	631.02	558.44	333.06	6.46
安平县	4.50	1.50	2	1	365.62	960.14	800.35	112.35	133.00
故城县	4.02	1.00	2	1	317.69	952.00	844.00	109.00	55.00
景　县	2.00		1		90.00	1250.00	1115.00	480.00	70.00
阜城县	4.00		3	2	172.00	620.70	560.70		201.70
容城县	3.00		1		81.49	923.60	737.71	36.89	106.26
雄　县	3.50		1		170.00	487.00	371.00	122.00	28.00
安新县	2.00		1		155.00	539.81	413.11	19.35	20.12
山　西	**113.01**	**75.66**	**136**	**107**	**8787.57**	**26892.35**	**23204.06**	**3768.59**	**3362.30**
清徐县					108.50	552.50	498.50	199.00	33.00
阳曲县	0.85	0.85	2	2	82.00	258.00	235.00	25.85	7.05
娄烦县	0.90	0.90	1	1	35.00	189.50	178.04	6.40	14.84
阳高县	0.98	0.98	1	1	130.00	354.58	298.01	18.00	43.00
天镇县	2.20	2.20	2	2	68.80	254.00	106.30	6.00	3.90
广灵县	0.80	0.80	1	1	320.00	381.24	187.59	38.78	19.58
灵丘县	1.50	1.50	1		168.40	334.10	269.47	66.44	
浑源县	1.30	1.30	1	1	121.67	455.00	394.00	22.00	23.00
左云县	0.42	0.42	2	2	108.00	150.30	140.00		49.00
云州区	1.65	1.65	3	3	150.30	269.70	231.54		92.61
平定县	2.10	1.50	3	1	165.00	781.40	654.20	147.30	33.80
盂　县	2.80	2.80	3	3	202.86	723.22	704.57	58.79	235.15
襄垣县	1.70	1.70	2	2	402.34	611.00	514.50	42.00	98.00
平顺县	0.55	0.55			38.26	193.50	181.50	123.00	25.00
黎城县	0.80	0.80	2	2	79.00	228.00	191.00	31.00	20.00
壶关县	2.50	2.50	3	3	51.70	365.00	320.00	71.75	6.00
长子县	3.25	0.34	3	2	138.38	391.00	371.00	136.00	40.00

continued

Total Quantity of Water Supply(10,000m^3)					用水户数(户)		用水人口(万人)	县名称
Water Sold		免费供水量 The Quantity of Free Water Supply		漏损水量 The Lossed Water	Number of Households with Access to Water Supply (unit)		Population with Access to Water Supply (10,000 persons)	Name of Counties
居民家庭用水 The Quantity of Water for Household Use	其他用水 The Quantity of Water for Other Purposes		生活用水 Domestic Water Use			家庭用户 Household User		
444.65	5.55			78.39	28710	28160	9.15	肃宁县
181.64	61.69			20.13	23500	23076	7.00	南皮县
197.20				48.55	17414	17306	5.37	吴桥县
538.06	50.00	12.40	0.03	151.23	42746	36964	12.10	献　县
150.83	6.75	5.70	4.70	39.90	13765	11830	4.52	孟村回族自治县
1003.80	143.34	275.24		328.96	132526	129269	21.81	固安县
321.01	0.06			55.43	36327	26667	4.48	永清县
592.77				120.40	85791	81834	12.58	香河县
241.87				53.31	28112	27919	7.03	大城县
380.49				86.85	39736	37120	6.24	文安县
223.30				51.00	43181	40459	7.74	大厂回族自治县
353.39	13.00			100.38	40202	40002	14.30	枣强县
400.00	45.00	3.00		98.00	39960	37910	10.84	武邑县
372.30	1.50			89.95	22298	20473	7.78	武强县
215.82	3.10	0.08		72.50	23260	20900	7.30	饶阳县
550.00	5.00	32.00	0.10	127.79	33791	30412	15.13	安平县
675.00	5.00	8.00	3.00	100.00	47000	46100	16.72	故城县
525.00	40.00	10.00	3.00	125.00	31582	31002	11.75	景　县
336.00	23.00			60.00	37645	36892	11.78	阜城县
590.16	4.40	50.00	2.00	135.89	24835	24835	9.50	容城县
221.00		45.00	45.00	71.00	21000	12600	5.10	雄　县
365.24	8.40	30.72		95.98	26794	25025	3.77	安新县
15413.35	**659.82**	**919.84**	**246.82**	**2768.45**	**1479479**	**1370386**	**585.91**	**山　西**
263.50	3.00			54.00	33565	32066	9.74	清徐县
199.75	2.35			23.00	16800	15960	5.38	阳曲县
156.80				11.46	13665	13506	4.50	娄烦县
237.01		12.00	12.00	44.57	33958	31890	8.56	阳高县
96.40		5.00		142.70	35000	32000	7.22	天镇县
126.63	2.60	175.28		18.37	23447	23447	7.09	广灵县
203.03				64.63	49000	49000	8.00	灵丘县
332.00	17.00	13.00	6.00	48.00	24000	22550	10.54	浑源县
91.00		0.30		10.00	21870	19900	5.08	左云县
138.93		12.00		26.16	25843	23712	5.30	云州区
471.30	1.80	1.30		125.90	46221	44200	10.20	平定县
410.63				18.65	10364	1101	8.00	盂　县
374.50		2.00	2.00	94.50	31791	27821	8.15	襄垣县
33.50				12.00	10162	10162	3.92	平顺县
140.00				37.00	20230	15180	5.13	黎城县
232.50	9.75			45.00	17330	17330	9.38	壶关县
188.00	7.00			20.00	23101	23101	8.20	长子县

5-5 续表 3

县名称 Name of Counties	综合生产能力(万立方米/日) Integrated Production Capacity (10,000m³/day)		水厂个数(个) Number of Water Plants (unit)		供水管道长度(公里) Length of Water Supply Pipelines (km)	供水总量(万立方米)			
		地下水 Underground Water		地下水 Underground Water		合计 Total	售水量		
							小计 Subtotal	生产运营用水 The Quantity of Water for Production and Operation	公共服务用水 The Quantity of Water for Public Service
武乡县	1.30	1.30	1	1	68.10	253.00	230.16	44.16	72.28
沁　县	0.68	0.68	1	1	97.00	174.20	148.50	25.00	4.80
沁源县	1.20	1.20	4	2	250.00	364.20	353.20	51.20	66.00
沁水县	1.70		3		95.63	399.30	248.32	25.33	92.68
阳城县	2.00	2.00	2	2	373.00	526.28	478.92	23.94	119.73
陵川县	1.20	1.20	1	1	130.68	183.00	169.80	11.00	3.50
山阴县	1.50	1.50	1	1	255.50	418.30	378.80	63.00	11.80
应　县	0.96	0.84	2	2	220.00	395.00	350.00	88.12	15.63
右玉县	1.80	1.80	2	2	125.00	333.89	292.59	66.20	11.34
榆社县	0.90	0.80	1	1	75.47	241.01	204.54	24.15	20.38
左权县	2.50		1		70.33	372.53	296.43	11.82	87.26
和顺县	2.70		2		59.75	327.16	296.35	134.78	10.00
昔阳县	2.00	0.80	1	1	189.50	261.00	238.00	83.08	3.00
寿阳县	1.20	1.20	2	2	58.78	409.80	365.18	94.28	76.09
太谷区	2.00	0.09	1		91.70	728.02	662.00	43.00	62.00
祁　县	2.60		3	1	170.98	451.39	401.31	50.89	83.70
平遥县	1.51	1.51	1	1	254.17	645.72	612.01		164.45
灵石县	1.20	1.10	1	1	137.72	398.45	360.01	3.98	108.92
临猗县	5.85		1		62.00	541.74	456.07	38.94	37.46
万荣县	1.70	1.70	3	3	75.65	303.89	251.26	64.03	4.16
闻喜县	2.00		1		71.90	137.55	135.70	8.44	15.00
稷山县	1.50	1.50	2	2	142.80	256.00	143.22		2.60
新绛县	1.76	1.76	1	1	213.00	380.00	374.00		19.00
绛　县	0.70	0.70	1	1	58.75	275.50	250.50	50.00	9.20
垣曲县	2.00	0.50	2	1	85.09	500.50	456.50	115.20	19.70
夏　县	0.90		2		53.88	162.95	132.48	8.24	16.40
平陆县	1.38	0.98	6	5	46.00	249.93	226.98	51.48	
芮城县	1.20	1.20	1	1	68.00	290.00	243.90	29.81	21.68
定襄县	1.10	1.10	1	1	77.60	320.00	274.00	66.00	80.00
五台县	1.00	1.00	1	1	43.95	231.45	168.43	30.02	41.98
代　县	1.45	1.45	1	1	80.10	245.00	208.50	15.00	23.00
繁峙县	2.60	2.60	1	1	78.99	263.00	237.57	15.00	48.07
宁武县	1.30		2		135.30	340.00	229.44	34.00	22.00
静乐县	1.45	1.45	2	2	43.50	255.50	233.57	90.36	15.89
神池县	0.50	0.50	2	2	56.93	131.40	107.01		17.12
五寨县	1.00		2		78.97	286.00	260.00	70.00	65.00
岢岚县	0.90		2	1	49.00	171.00	119.00	22.00	23.00
河曲县	0.90	0.90	2	2	88.33	295.56	256.36	31.30	30.75
保德县	1.20	1.20	2	2	70.00	367.00	306.00	23.68	58.28
偏关县	0.60	0.60	2	2	48.92	151.70	134.76	14.20	8.30

continued

Total Quantity of Water Supply(10,000m³)					用水户数(户)		用水人口(万人)	县名称
Water Sold		免费供水量		漏损水量		家庭用户		
居民家庭用水 The Quantity of Water for Household Use	其他用水 The Quantity of Water for Other Purposes	The Quantity of Free Water Supply	生活用水 Domestic Water Use	The Lossed Water	Number of Households with Access to Water Supply (unit)	Household User	Population with Access to Water Supply (10,000 persons)	Name of Counties
113.72				22.84	13262	12546	5.83	武乡县
118.70		7.60		18.10	9620	8910	3.66	沁　县
224.00	12.00			11.00	23290	21200	4.53	沁源县
129.22	1.09	136.68		14.30	13721	13000	6.08	沁水县
335.25				47.36	35256	33393	13.00	阳城县
155.30				13.20	16500	15900	6.20	陵川县
294.00	10.00	12.00	12.00	27.50	22277	22217	8.00	山阴县
201.97	44.28	10.00	8.00	35.00	29500	29500	12.00	应　县
189.55	25.50	7.30		34.00	10000	9908	6.30	右玉县
153.44	6.57	4.91		31.56	22000	21550	4.78	榆社县
197.35		15.43		60.67	30450	28189	7.59	左权县
151.57		10.00		20.81	8805	7719	5.49	和顺县
150.62	1.30			23.00	18700	16290	8.40	昔阳县
194.81		10.00	8.00	34.62	6729	6280	6.00	寿阳县
534.00	23.00			66.02	46244	42563	13.11	太谷区
266.72		2.00		48.08	14736	12632	8.16	祁　县
447.56				33.71	14075	12560	14.41	平遥县
247.11		2.85		35.59	19968	19929	13.50	灵石县
299.70	79.97			85.67	26530	26140	13.71	临猗县
183.07				52.63	26456	25244	9.00	万荣县
112.26		1.50		0.35	4494	4494	2.50	闻喜县
103.39	37.23	63.15	63.15	49.63	14585	11258	3.00	稷山县
355.00		5.00		1.00	24900	24600	12.15	新绛县
185.60	5.70			25.00	13102	12654	6.26	绛　县
321.60				44.00	27008	24374	9.00	垣曲县
45.10	62.74			30.47	2263	1876	4.45	夏　县
174.72	0.78			22.95	16012	13198	7.30	平陆县
184.28	8.13	19.00		27.10	4305	3759	8.60	芮城县
123.00	5.00	6.00	2.00	40.00	6812	6343	6.77	定襄县
64.30	32.13	42.13		20.89	13423	11895	4.61	五台县
156.50	14.00	6.00	6.00	30.50	13367	9172	5.65	代　县
174.50				25.43	26270	26150	8.15	繁峙县
172.00	1.44	78.50	75.00	32.06	28530	28420	7.39	宁武县
92.97	34.35			21.93	3620	3620	5.89	静乐县
83.47	6.42	2.00		22.39	11773	11667	4.60	神池县
105.00	20.00	6.00		20.00	17650	16951	6.46	五寨县
74.00		30.00		22.00	16620	15590	4.36	岢岚县
148.09	46.22	3.60	1.20	35.60	18579	16519	6.84	河曲县
221.08	2.96	24.00		37.00	28100	26900	10.00	保德县
112.26				16.94	11447	10414	4.20	偏关县

5-5 续表 4

县名称 Name of Counties	综合生产能力(万立方米/日) Integrated Production Capacity (10,000m³/day)	地下水 Underground Water	水厂个数(个) Number of Water Plants (unit)	地下水 Underground Water	供水管道长度(公里) Length of Water Supply Pipelines (km)	供水总量(万立方米) 合计 Total	售水量 小计 Subtotal	生产运营用水 The Quantity of Water for Production and Operation	公共服务用水 The Quantity of Water for Public Service
曲沃县	1.15	1.15	1	1	101.32	419.00	367.00	58.00	24.00
翼城县	2.00	2.00	1	1	118.46	309.20	276.81	9.00	31.00
襄汾县	1.00	1.00	1	1	51.59	258.97	221.00	0.10	67.46
洪洞县	2.56		1	1	167.57	933.39	831.29	225.37	187.59
古　县	0.50	0.50	1	1	161.44	147.10	120.00	11.80	13.00
安泽县	0.50	0.50	1	1	49.00	107.40	97.51	16.00	10.29
浮山县	0.48	0.48	1	1	34.00	94.20	84.20	2.00	7.07
吉　县	1.20	1.20	1	1	192.00	126.00	121.00	3.00	6.00
乡宁县	1.50	0.80	1	1	77.40	277.00	245.00		61.00
大宁县	0.34	0.34	1	1	17.09	79.99	69.54	7.07	31.97
隰　县	0.55	0.55	1	1	53.30	163.00	155.20	7.76	12.50
永和县	0.31	0.31	1	1	61.50	98.28	87.30	17.00	2.10
蒲　县	0.70	0.70	5	5	76.00	145.00	136.45	10.70	35.02
汾西县	0.45	0.45	2	1	66.00	135.00	112.50		5.00
文水县	0.80		1	1	155.54	365.00	295.00	32.50	2.50
交城县	1.63	1.63	2	2	153.58	594.68	491.37	104.61	54.52
兴　县	1.40	1.40	2	2	52.20	396.00	348.36	6.50	8.60
临　县	1.20		1		45.00	375.95	319.76	47.14	61.40
柳林县	4.00	4.00	1	1	89.90	785.19	716.20		251.00
石楼县	0.40	0.40	2	2	19.00	140.00	116.00	0.40	21.00
岚　县	1.00	1.00	2	2	55.00	313.08	262.48	50.00	
方山县	0.50	0.50	1	1	47.00	182.50	166.50	15.70	63.90
中阳县	1.80		4	3	65.00	782.00	672.00	530.00	31.80
交口县	0.80	0.80	1	1	56.50	134.46	125.00		37.50
内蒙古	**129.18**	**126.55**	**112**	**105**	**11914.64**	**24223.00**	**20275.43**	**3343.49**	**2914.15**
土左旗	1.40	1.40	2	2	158.30	225.00	182.16	26.55	34.82
托　县	1.00	1.00	1	1	249.00	164.00	145.00	21.00	21.00
和林县	2.40	2.40	1	1	190.00	216.00	165.60	3.59	38.56
清水河县	0.64	0.64	1	1	60.00	118.40	110.00	15.00	34.00
武川县	1.40	1.40	1	1	99.00	298.00	236.00	15.57	77.88
土右旗	3.50	3.50	2	2	325.00	430.00	376.00		
固阳县	0.90	0.90	1	1	113.60	264.00	224.00	74.33	25.88
达尔罕茂明安联合旗	1.08	1.08	1	1	70.85	160.00	136.00	15.00	21.00
阿鲁科尔沁旗	3.50	3.50	2	2	336.00	472.25	439.24		100.38
巴林左旗	1.80	1.80	2	2	504.20	552.00	480.20	70.00	75.00
巴林右旗	1.80	1.80	1	1	103.50	360.00	306.01	75.90	31.51
林西县	1.23	1.23	2	2	254.66	448.00	367.00	65.00	70.00
克什克腾旗	3.00	3.00	1	1	80.00	401.00	376.00	61.00	48.00
翁牛特旗	4.50	4.50	4	4	139.31	672.00	599.00	20.00	50.00

continued

Total Quantity of Water Supply($10,000m^3$)					用水户数(户) Number of Households with Access to Water Supply (unit)		用水人口(万人) Population with Access to Water Supply (10,000 persons)	县名称 Name of Counties
Water Sold		免费供水量 The Quantity of Free Water Supply		漏损水量 The Lossed Water		家庭用户 Household User		
居民家庭用水 The Quantity of Water for Household Use	其他用水 The Quantity of Water for Other Purposes		生活用水 Domestic Water Use					
278.00	7.00	16.00		36.00	14841	13324	6.50	曲沃县
232.81	4.00	2.00		30.39	27400	24350	8.35	翼城县
131.55	21.89	13.37	13.37	24.60	23588	21507	10.80	襄汾县
418.33		7.17	7.17	94.93	48035	43024	14.00	洪洞县
91.20	4.00	12.45		14.65	10645	9725	3.90	古　县
71.22				9.89	5775	4620	2.78	安泽县
71.89	3.24			10.00	5360	5060	5.00	浮山县
112.00				5.00	13000	12000	5.50	吉　县
184.00				32.00	15852	15302	8.00	乡宁县
29.30	1.20	2.45	1.35	8.00	7489	6717	2.60	大宁县
132.40	2.54			7.80	12099	10560	4.26	隰　县
67.10	1.10	1.20		9.78	7928	7719	2.32	永和县
79.00	11.73			8.55	9000	8761	2.94	蒲　县
106.00	1.50	1.00		21.50	11180	9870	4.90	汾西县
260.00				70.00	6051	5140	11.00	文水县
332.21	0.03	1.38	1.38	101.93	10320	6685	10.00	交城县
326.10	7.16	12.00		35.64	23230	20092	10.94	兴　县
201.10	10.12	24.29	20.20	31.90	30239	28236	11.97	临　县
430.00	35.20			68.99	3134	2526	10.65	柳林县
70.00	24.60	10.00	8.00	14.00	8100	7900	3.25	石楼县
212.48		40.00		10.60	13000	13000	7.30	岚　县
86.90				16.00	18487	18487	4.83	方山县
110.00	0.20	50.00		60.00	2280	2247	8.80	中阳县
87.50				9.46	5120	5084	3.00	交口县
12789.71	**1228.08**	**710.89**	**247.18**	**3236.68**	**2124188**	**1872335**	**468.49**	**内蒙古**
116.29	4.50			42.84	32625	31640	5.85	土左旗
98.00	5.00	4.00	4.00	15.00	25116	25116	7.00	托　县
121.31	2.14	9.00		41.40	33596	32285	5.30	和林县
61.00				8.40	13485	12821	3.50	清水河县
141.60	0.95			62.00	29300	26850	5.63	武川县
268.00	108.00			54.00	41000	40891	13.00	土右旗
121.00	2.79			40.00	31000	24500	5.40	固阳县
92.00	8.00			24.00	21123	19935	4.20	达尔罕茂明安联合旗
330.78	8.08			33.01	47132	39213	11.94	阿鲁科尔沁旗
309.20	26.00			71.80	58400	58400	8.54	巴林左旗
198.60				53.99	45117	38577	7.75	巴林右旗
212.00	20.00	14.00		67.00	36935	32905	10.69	林西县
267.00				25.00	40351	35969	8.17	克什克腾旗
499.00	30.00	7.00	1.00	66.00	51105	50000	15.00	翁牛特旗

5-5 续表 5

县名称 Name of Counties	综合生产能力(万立方米/日) Integrated Production Capacity (10,000m³/day)	地下水 Under-ground Water	水厂个数(个) Number of Water Plants (unit)	地下水 Under-ground Water	供水管道长度(公里) Length of Water Supply Pipelines (km)	供水总量(万立方米) 合计 Total	售水量 小计 Subtotal	生产运营用水 The Quantity of Water for Production and Operation	公共服务用水 The Quantity of Water for Public Service
喀喇沁旗	3.00	3.00	2	2	47.10	642.48	575.54	4.82	110.61
宁城县	2.40	2.40	2	2	81.00	506.00	420.00	55.60	79.70
敖汉旗	3.50	3.50	2	2	271.00	392.00	332.00	34.00	90.00
科左中旗	1.50	1.50	1	1	79.12	150.50	140.00	3.50	9.00
科左后旗	0.80	0.80	1	1	70.00	233.00	212.00	30.00	66.00
开鲁县	2.20	2.20	2	2	167.70	595.00	540.00	135.00	5.00
库伦旗	1.40	1.40	1	1	126.00	192.00	162.00	15.00	8.00
奈曼旗	0.90	0.90	2	2	89.40	181.00	164.00	15.00	43.00
扎鲁特旗	1.70	1.70	1	1	531.00	360.00	332.00	48.00	22.00
达拉特旗	5.70	5.70	3	2	218.57	955.32	822.22	158.52	166.00
准格尔旗	5.57	5.57	5	2	211.12	919.54	775.79	296.79	51.27
鄂托克前旗	0.65	0.65	1	1	289.00	188.50	178.13	44.65	
鄂托克旗	1.90	1.90	10	10	129.00	170.00	157.60		32.00
杭锦旗	1.27	1.27	1	1	268.00	216.52	185.38	8.19	16.26
乌审旗	1.20	1.20	1	1	230.00	260.40	239.00	25.00	14.00
伊金霍洛旗	5.00	5.00	2	2	661.13	716.80	679.66	192.48	45.69
阿荣旗	1.28	1.28	1	1	168.51	345.94	283.88	56.68	13.62
莫　旗	1.50	1.50	2	2	68.03	289.00	269.00	2.00	28.00
鄂伦春旗	1.00	1.00	1	1	30.00	335.00	305.00	40.00	20.00
鄂温克旗					44.70	325.00	315.40	89.50	68.43
陈巴尔虎旗	0.99	0.99	1	1	58.00	132.45	123.45	10.00	9.00
新左旗	0.17	0.17	1	1	7.38	53.80	51.50	0.30	9.00
新右旗	0.50	0.25	1	1	75.70	156.57	141.12	19.85	10.60
五原县	4.50	4.50	1	1	232.85	449.80	352.46	34.47	46.36
磴口县	3.59	3.59	2	2	172.45	315.90	238.70	63.06	34.00
乌拉特前旗	2.00	2.00	1	1	251.82	491.26	407.11	15.00	119.00
乌拉特中旗	1.32	1.32	1	1	124.70	286.40	255.60	31.50	3.50
乌拉特后旗	1.50	1.50	2	1	96.08	182.30	163.60	1.60	0.50
杭锦后旗	4.00	4.00	1	1	257.40	736.00	456.00	182.70	28.00
卓资县	0.75	0.75	1	1	78.00	263.00	255.00	5.80	70.50
化德县	0.78	0.78	2	2	200.40	284.70	248.70	19.40	54.00
商都县	1.50	1.50	3	3	155.52	547.50	501.50	83.77	136.61
兴和县	1.50	0.82	2	2	109.00	322.48	286.00	2.00	31.00
凉城县	1.25	1.25			58.02	237.10	180.00		
察右前旗	0.71	0.71	1	1	57.00	226.97	204.31	50.00	5.50
察右中旗	0.90	0.90	1	1	65.00	153.52	135.84	5.08	17.66
察右后旗	1.30	1.30	1	1	60.50	253.50	211.50	3.20	36.00
四子王旗	2.00	2.00	2	2	311.00	355.00	330.00	20.00	20.00
科尔沁右翼前旗	5.00	5.00	1	1	289.00	612.24	523.89	79.24	42.81
科右中旗	0.65	0.65	3	3	109.28	227.00	142.00	27.50	2.60

continued

Total Quantity of Water Supply($10,000m^3$) Water Sold 居民家庭用水 The Quantity of Water for Household Use	其他用水 The Quantity of Water for Other Purposes	免费供水量 The Quantity of Free Water Supply	生活用水 Domestic Water Use	漏损水量 The Lossed Water	用水户数(户) Number of Households with Access to Water Supply (unit)	家庭用户 Household User	用水人口(万人) Population with Access to Water Supply (10,000 persons)	县名称 Name of Counties
433.04	27.07			66.94	29951	27151	7.44	喀喇沁旗
275.21	9.49	3.24	3.24	82.76	52956	45946	14.90	宁城县
190.00	18.00			60.00	49952	49952	12.95	敖汉旗
98.50	29.00			10.50	21862	19762	6.04	科左中旗
116.00				21.00	21800	20030	5.45	科左后旗
400.00				55.00	40000	35000	8.32	开鲁县
134.00	5.00	5.00		25.00	19300	17000	5.68	库伦旗
106.00				17.00	26694	24879	8.73	奈曼旗
262.00				28.00	41958	36618	10.52	扎鲁特旗
485.50	12.20	50.60	30.60	82.50	80111	64025	18.10	达拉特旗
369.79	57.94	50.12		93.63	70467	60003	19.86	准格尔旗
130.04	3.44	0.07	0.07	10.30	21046	18037	4.53	鄂托克前旗
92.50	33.10	1.50	1.50	10.90	30380	23998	4.13	鄂托克旗
160.28	0.65			31.14	29869	27384	4.88	杭锦旗
184.00	16.00	0.40		21.00	15285	13909	6.26	乌审旗
304.66	136.83			37.14	76128	63499	17.79	伊金霍洛旗
213.30	0.28			62.06	37538	30885	6.95	阿荣旗
223.00	16.00			20.00	25942	2321	8.05	莫　旗
245.00				30.00	12560	11990	4.52	鄂伦春旗
140.34	17.13			9.60	33588	29980	5.60	鄂温克旗
104.45				9.00	9050	8350	1.89	陈巴尔虎旗
42.00	0.20			2.30	3588	3172	1.60	新左旗
110.67				15.45	10498	8881	1.71	新右旗
271.63		32.34	14.52	65.00	39058	34571	11.04	五原县
141.64		60.00		17.20	25483	17977	5.29	磴口县
271.34	1.77	7.63	7.63	76.52	44260	42697	10.41	乌拉特前旗
160.00	60.60	5.80	5.80	25.00	21604	18604	3.70	乌拉特中旗
147.50	14.00	1.20		17.50	12633	12000	3.91	乌拉特后旗
225.30	20.00	158.00	61.00	122.00	41920	41497	11.20	杭锦后旗
165.80	12.90	2.00		6.00	15250	14050	3.40	卓资县
131.50	43.80	1.30	0.40	34.70	27647	20419	5.66	化德县
268.81	12.31	11.00	9.60	35.00	51000	48000	7.38	商都县
251.00	2.00			36.48	31230	31230	6.30	兴和县
180.00				57.10	22000	21000	6.48	凉城县
104.13	44.68	0.42		22.24	8931	8827	2.04	察右前旗
107.04	6.06			17.68	20000	18000	2.68	察右中旗
161.30	11.00	8.00		34.00	15891	12751	5.95	察右后旗
280.00	10.00	10.00	10.00	15.00	38858	34033	8.29	四子王旗
339.23	62.61	6.00		82.35	44214	43857	4.70	科尔沁右翼前旗
111.90				85.00	24000	24000	7.73	科右中旗

5-5 续表 6

县名称 Name of Counties	综合生产能力(万立方米/日) Integrated Production Capacity ($10,000m^3$/day)	地下水 Under-ground Water	水厂个数(个) Number of Water Plants (unit)	地下水 Under-ground Water	供水管道长度(公里) Length of Water Supply Pipelines (km)	供水总量(万立方米) 合计 Total	售水量 小计 Subtotal	生产运营用水 The Quantity of Water for Production and Operation	公共服务用水 The Quantity of Water for Public Service
扎赉特旗	1.10	1.10	1	1	133.00	396.00	346.00		95.00
突泉县	0.60	0.60	1	1	122.20	219.10	188.10	58.10	5.50
阿巴嘎旗	0.37	0.37	1	1	89.70	132.00	102.00	0.10	18.80
苏尼特左旗	0.50	0.50	1	1	33.10	132.20	109.99	30.20	15.91
苏尼特右旗	2.00	2.00	2	2	103.10	374.67	254.78	1.48	79.13
东乌珠穆沁旗	1.00	1.00	1	1	135.38	337.90	303.42	59.20	29.91
西乌珠穆沁旗	2.00	2.00	1	1	144.00	211.39	152.26		10.71
太仆寺旗	0.88	0.88	2	2	90.39	185.40	166.00	20.00	32.00
镶黄旗	0.50	0.50	1	1	122.04	158.78	143.58	43.07	28.72
正镶白旗	0.50	0.50	1	1	184.20	94.40	78.86	18.30	13.40
正蓝旗	1.60	1.60	1	1	53.70	227.70	194.70	12.10	24.00
多伦县	2.00	2.00	2	2	186.32	389.29	354.26		125.51
阿拉善左旗	8.98	7.28	4	2	623.40	2092.30	1251.34	699.62	197.97
阿拉善右旗	0.12	0.12	1	1	444.98	100.28	80.39		10.33
额济纳旗	1.50	1.50	1	1	216.23	129.45	110.66	29.18	34.01
辽　宁	**85.69**	**17.92**	**31**	**11**	**4992.57**	**17148.03**	**11068.37**	**1322.38**	**1807.39**
康平县	8.00		3	2	185.00	883.94	520.40	138.04	111.86
法库县	8.50	3.00	2	1	128.10	997.20	532.00	32.00	5.00
长海县	5.35		2		713.71	250.23	154.59	38.62	15.77
台安县	2.50	2.50	1	1	245.50	832.52	471.09	21.46	97.03
岫岩满族自治县	3.50		1		167.70	718.60	520.30	75.40	40.60
抚顺县									
新宾满族自治县	1.50		1		111.75	693.00	241.35	5.85	49.25
清原满族自治县	8.00		3		240.00	912.00	635.00	68.00	114.00
本溪满族自治县	6.50		1		138.84	823.00	482.00	68.00	48.00
桓仁满族自治县	3.20		1		273.00	1168.00	703.00	21.00	150.00
宽甸满族自治县	2.50		1		280.00	879.50	549.50	6.50	39.00
黑山县	2.80	2.80	1	1	262.00	650.00	537.00	60.00	92.00
义　县	5.00		1		184.96	1052.28	803.00	98.00	175.00
阜新蒙古族自治县	0.33				214.00	547.50	416.10		148.80
彰武县	5.00	5.00	1		239.90	400.00	350.00	15.00	40.00
辽阳县	5.00		1		122.00	1706.00	715.00	33.00	55.00
盘山县	2.07	0.37	3	2	240.00	498.12	390.28	183.20	15.18
铁岭县									
西丰县	3.00		1		248.00	800.00	566.00	201.00	30.00
昌图县	5.00		1		179.11	894.14	742.71	92.00	288.88
朝阳县	0.20	0.20	1	1	25.00	73.00	61.05	0.50	0.20
建平县	2.60	2.60	2	2	270.21	750.00	512.00	99.81	30.82
喀喇沁左翼蒙古	1.50	0.80	1		173.00	253.00	203.00	19.00	34.00

continued

Total Quantity of Water Supply($10,000m^3$) Water Sold 居民家庭用水 The Quantity of Water for Household Use	其他用水 The Quantity of Water for Other Purposes	免费供水量 The Quantity of Free Water Supply	生活用水 Domestic Water Use	漏损水量 The Lossed Water	用水户数(户) Number of Households with Access to Water Supply (unit)	家庭用户 Household User	用水人口(万人) Population with Access to Water Supply (10,000 persons)	县名称 Name of Counties
166.00	85.00			50.00	49916	42152	7.41	扎赉特旗
120.80	3.70			31.00	17590	17590	6.78	突泉县
81.40	1.70	14.00		16.00	15000	9200	2.65	阿巴嘎旗
50.37	13.51	9.12		13.09	8011	6697	1.41	苏尼特左旗
85.06	89.11	90.07	90.07	29.82	23121	22400	4.24	苏尼特右旗
189.53	24.78			34.48	21170	17219	2.74	东乌珠穆沁旗
105.51	36.04	36.93		22.20	29570	24500	3.35	西乌珠穆沁旗
91.00	23.00			19.40	29540	25100	6.65	太仆寺旗
57.43	14.36			15.20	7849	7426	3.33	镶黄旗
47.00	0.16	15.14	5.15	0.40	9067	7805	3.15	正镶白旗
141.70	16.90	10.60	2.60	22.40	23352	15178	3.49	正蓝旗
228.75				35.03	34915	30825	6.60	多伦县
353.75		83.69		757.27	80456	69470	9.58	阿拉善左旗
49.76	20.30	0.32		19.57	9701	7572	1.09	阿拉善右旗
47.47		2.40		16.39	14143	13814	1.99	额济纳旗
7121.36	**817.24**	**833.38**	**86.43**	**5246.28**	**1057982**	**944532**	**195.09**	**辽　宁**
270.50		4.23		359.31	45492	38524	8.60	康平县
345.80	149.20	25.00	20.00	440.20	54255	46942	7.70	法库县
100.18	0.02	6.78	0.43	88.86	21885	20073	3.78	长海县
339.43	13.17	120.43		241.00	68486	58230	9.93	台安县
376.50	27.80	1.20		197.10	51603	46128	14.00	岫岩满族自治县
								抚顺县
186.25		260.46		191.19	26000	23850	6.20	新宾满族自治县
405.00	48.00	84.00	56.00	193.00	35210	26920	6.50	清原满族自治县
319.00	47.00	81.00	10.00	260.00	59225	50961	7.75	本溪满族自治县
510.00	22.00			465.00	57700	54000	9.03	桓仁满族自治县
301.00	203.00	2.00		328.00	52367	47356	8.00	宽甸满族自治县
330.00	55.00			113.00	42500	42500	13.00	黑山县
512.00	18.00	128.28		121.00	46000	41500	9.11	义　县
220.30	47.00			131.40	34719	33289	5.58	阜新蒙古族自治县
280.00	15.00	25.00		25.00	32000	28000	5.43	彰武县
608.00	19.00			991.00	69900	67000	15.00	辽阳县
160.50	31.40			107.84	27363	23492	6.66	盘山县
								铁岭县
312.00	23.00			234.00	43919	38978	6.00	西丰县
341.83	20.00	30.00		121.43	72776	60108	11.50	昌图县
59.95	0.40			11.95	12467	12032	3.33	朝阳县
303.12	78.25	35.00		203.00	50598	47499	15.12	建平县
150.00				50.00	37000	32400	7.30	喀喇沁左翼蒙古

5-5 续表 7

县名称 Name of Counties	综合生产能力(万立方米/日) Integrated Production Capacity (10,000m³/day)	地下水 Underground Water	水厂个数(个) Number of Water Plants (unit)	地下水 Underground Water	供水管道长度(公里) Length of Water Supply Pipelines (km)	供水总量(万立方米) 合计 Total	售水量 小计 Subtotal	生产运营用水 The Quantity of Water for Production and Operation	公共服务用水 The Quantity of Water for Public Service
族自治县									
绥中县	1.88	0.65	1	1	164.99	686.00	565.00		113.00
建昌县	1.76		1		185.80	680.00	398.00	46.00	114.00
吉　林	**43.75**	**11.10**	**20**	**9**	**2996.02**	**10516.62**	**7507.83**	**1091.29**	**1208.43**
农安县	4.40		1		573.25	1196.17	1113.00	334.00	33.00
永吉县					153.00	516.51	346.51	56.00	54.73
梨树县	0.80	0.80	1	1	47.37	266.52	207.89		17.15
伊通满族自治县	1.00	1.00	1	1	193.64	360.10	332.02		
东丰县	3.70		2		145.25	504.96	425.26	19.36	141.22
东辽县	2.00	1.00	1		46.10	271.19	170.04	10.63	27.50
通化县	3.00		1		145.67	514.80	255.20	71.00	46.20
辉南县	3.05		1		146.88	1003.00	529.00	89.93	52.90
柳河县	5.00		1		181.00	657.00	450.51	83.67	34.89
抚松县	4.00		1		48.16	610.04	451.00	77.93	52.89
靖宇县	1.30	1.30	2	2	158.00	474.50	243.00	16.00	31.00
长白朝鲜族	2.00		1		56.60	568.05	434.50	44.50	150.00
自治县									
前郭县					127.00	1163.00	842.93	85.77	266.20
长岭县	1.20	1.20	1	1	142.30	160.42	133.20	0.30	36.83
乾安县	1.50	1.50	1	1	67.70	127.36	122.67	14.40	11.52
镇赉县	3.00	3.00	2	2	340.03	438.00	362.00		100.00
通榆县	1.30	1.30	1	1	172.00	466.00	353.00	39.00	78.00
汪清县	5.00		1		198.07	689.00	374.60	41.60	32.60
安图县	1.50		1		54.00	530.00	361.50	107.20	41.80
黑龙江	**90.48**	**73.38**	**60**	**52**	**5989.40**	**17528.69**	**14032.44**	**1934.10**	**1881.95**
依兰县	2.00	2.00	1	1	146.49	548.00	444.08	70.00	40.00
方正县	1.50	1.50	1	1	55.50	340.00	267.50	1.89	35.07
宾　县	2.00		1		82.24	588.10	477.60	55.00	28.00
巴彦县	1.50	1.50	1	1	153.23	436.00	363.32	71.35	30.52
木兰县	0.95	0.95	2	2	85.00	346.70	208.20	24.00	20.00
通河县	1.00	1.00	1	1	110.00	275.00	213.00	16.50	25.00
延寿县	1.20	0.10	1	1	125.70	419.00	308.00	50.00	8.00
龙江县	4.00	4.00	1	1	174.85	628.43	326.00	22.17	43.13
依安县	2.00	2.00	1	1	110.63	350.35	315.31	94.61	18.20
泰来县	2.00	2.00	1	1	62.00	340.00	231.57		47.94
甘南县	3.00	3.00	1	1	154.97	299.30	253.93	30.88	16.58
富裕县	2.00	2.00	1	1	195.00	290.00	207.00		28.00
克山县	1.80	1.80	3	3	262.00	324.51	237.87	31.35	9.70
克东县	0.50	0.50	1	1	230.00	194.00	174.00	35.00	17.00
拜泉县	1.20	1.20	1	1	114.66	299.00	220.00		51.00

continued

Total Quantity of Water Supply(10,000m³)					用水户数(户) Number of Households with Access to Water Supply (unit)		用水人口(万人) Population with Access to Water Supply (10,000 persons)	县名称 Name of Counties
Water Sold		免费供水量 The Quantity of Free Water Supply		漏损水量 The Lossed Water				
居民家庭用水 The Quantity of Water for Household Use	其他用水 The Quantity of Water for Other Purposes		生活用水 Domestic Water Use			家庭用户 Household User		
								族自治县
452.00				121.00	71181	64104	10.18	绥中县
238.00		30.00		252.00	45336	40646	5.39	建昌县
4590.19	**617.92**	**811.38**	**79.35**	**2197.41**	**798901**	**725534**	**158.39**	**吉　林**
724.00	22.00	66.65		16.52	70733	69643	21.70	农安县
235.78		58.00		112.00	53287	49239	10.00	永吉县
169.79	20.95			58.63	41434	36539	7.97	梨树县
231.17	100.85	3.60	0.80	24.48	46182	41196	8.35	伊通满族自治县
264.68		10.10		69.60	38454	33035	10.15	东丰县
73.37	58.54	48.38		52.77	17442	15635	3.10	东辽县
130.70	7.30	7.60		252.00	29000	28200	5.90	通化县
338.56	47.61	95.00		379.00	55600	55300	10.34	辉南县
308.15	23.80	143.50		62.99	53524	48004	7.00	柳河县
167.02	153.16	0.04		159.00	29021	25876	5.57	抚松县
186.00	10.00	89.00		142.50	37100	35000	6.09	靖宇县
224.00	16.00	15.40	15.40	118.15	11868	10378	3.37	长白朝鲜族自治县
400.85	90.11	22.75	18.00	297.32	80170	74538	10.27	前郭县
96.07		8.01		19.21	41986	35974	10.74	长岭县
96.75		0.35	0.35	4.34	20077	18376	6.50	乾安县
259.00	3.00			76.00	52333	46144	8.05	镇赉县
216.00	20.00	40.00		73.00	47000	43000	8.58	通榆县
295.80	4.60	160.00	40.00	154.40	44592	35665	9.30	汪清县
172.50	40.00	43.00	4.80	125.50	29098	23792	5.41	安图县
9745.24	**471.15**	**558.62**	**71.83**	**2937.63**	**1626925**	**1430129**	**335.96**	**黑龙江**
334.08				103.92	39000	36600	9.20	依兰县
219.64	10.90	7.50		65.00	32000	32000	5.50	方正县
379.60	15.00	15.00	15.00	95.50	42470	39035	11.29	宾　县
261.42	0.03			72.68	51525	37561	9.67	巴彦县
164.20				138.50	20500	16940	5.40	木兰县
159.50	12.00			62.00	19310	17310	7.20	通河县
230.00	20.00	51.00	19.70	60.00	24018	20229	6.48	延寿县
260.22	0.48	134.00		168.43	65454	64361	12.22	龙江县
195.56	6.94			35.04	20732	19711	6.80	依安县
177.67	5.96	18.00	1.00	90.43	34953	31527	7.34	泰来县
203.10	3.37			45.37	30359	28760	7.99	甘南县
168.00	11.00			83.00	40000	31600	6.00	富裕县
168.54	28.28	2.90	2.00	83.74	36259	33267	9.49	克山县
120.00	2.00			20.00	19004	17000	4.50	克东县
166.00	3.00			79.00	36898	32236	6.40	拜泉县

5-5 续表 8

县名称 Name of Counties	综合生产能力(万立方米/日) Integrated Production Capacity ($10,000m^3$/day)	地下水 Underground Water	水厂个数(个) Number of Water Plants (unit)	地下水 Underground Water	供水管道长度(公里) Length of Water Supply Pipelines (km)	供水总量(万立方米) 合计 Total	售水量 小计 Subtotal	生产运营用水 The Quantity of Water for Production and Operation	公共服务用水 The Quantity of Water for Public Service
鸡东县	2.70	0.70	3	2	51.00	517.00	459.00	60.00	101.00
萝北县	2.00	2.00	1	1	74.65	171.50	130.35	10.22	6.48
绥滨县	2.00	1.50	1	1	75.00	215.90	181.00	26.00	28.00
集贤县	1.60	1.60	1	1	133.12	561.23	439.29	146.65	15.82
友谊县	1.50	1.50	1	1	170.00	300.00	277.50	4.00	12.00
宝清县	3.00	3.00	2	2	292.90	831.00	747.90	35.00	159.16
饶河县	0.70	0.70	1	1	159.00	342.50	315.05	36.60	91.48
肇州县	1.30	1.30	1	1	82.65	438.00	355.00	15.00	65.00
肇源县	1.10	1.10	1	1	87.26	450.00	333.00	12.00	40.00
林甸县	2.00	2.00	1	1	130.00	300.59	235.59	5.89	64.00
杜尔伯特蒙古族自治县	2.00	2.00	1	1	64.70	363.00	319.00	103.00	12.00
嘉荫县	1.00	1.00	1	1	87.08	127.75	116.25	8.00	40.00
汤旺县	1.80	1.80	3	3	145.14	344.13	317.63	76.00	56.80
丰林县	1.87	1.87	3	3	254.11	345.20	298.50	75.90	37.50
大箐山县	0.46	0.46	1	1	103.59	132.00	98.80	7.80	22.00
南岔县	1.00		1		102.00	277.00	240.00	90.00	18.00
桦南县	3.00	3.00	1	1	159.54	464.90	417.48		186.64
桦川县	2.00	2.00	1	1	129.29	401.70	269.90		
汤原县	2.00	2.00	2	2	137.28	280.00	266.66	39.71	36.03
勃利县	1.80	1.80	1	1	181.20	360.00	293.00	65.00	6.00
林口县	3.00		1		159.00	370.00	259.00	51.80	36.30
逊克县	1.00	1.00	1	1	109.00	234.00	176.00	13.60	12.50
孙吴县	2.00		1		175.82	218.40	178.16	42.68	5.00
望奎县	1.90	1.90	1	1	75.70	323.00	275.00	82.50	
兰西县	2.50		2		99.70	546.00	470.00	65.00	122.00
青冈县	3.00	3.00	1	1	150.00	473.00	340.00	43.00	25.00
庆安县	3.90	3.90	2	2	133.98	693.00	499.00	85.00	62.00
明水县	2.00	2.00	1	1	68.62	195.00	138.00	10.00	10.00
绥棱县	3.00		1		86.00	552.00	464.00	21.00	11.00
呼玛县	0.70	0.70	1	1	54.80	146.00	124.50	32.50	14.10
塔河县	1.40	1.40	1	1	75.00	110.00	102.00	4.00	8.00
加格达奇区	4.60	4.60	1	1	120.00	766.50	648.50	163.50	160.00
江　苏	**259.70**	**4.70**	**24**	**1**	**12268.49**	**50720.68**	**42815.98**	**11689.66**	**5075.71**
丰　县	20.00		1		489.62	2229.12	2104.00	554.28	399.21
沛　县	20.00		1		703.82	2757.94	2156.74	549.20	47.32
睢宁县	15.00		1		739.40	3140.62	2602.67	437.70	489.37
如东县	5.00		1	1	1630.80	3821.25	3680.32	1620.00	600.00
东海县	5.00		1		655.19	1689.44	1485.72	586.32	36.35
灌云县	10.00		1		886.78	2357.00	2150.13	1065.00	304.00

continued

Total Quantity of Water Supply(10,000m³)					用水户数(户) Number of Households with Access to Water Supply (unit)		用水人口(万人) Population with Access to Water Supply (10,000 persons)	县名称 Name of Counties
Water Sold		免费供水量 The Quantity of Free Water Supply		漏损水量 The Lossed Water		家庭用户 Household User		
居民家庭用水 The Quantity of Water for Household Use	其他用水 The Quantity of Water for Other Purposes		生活用水 Domestic Water Use					
282.00	16.00			58.00	40177	27960	6.10	鸡东县
112.30	1.35	7.10	7.10	34.05	24767	21254	4.20	萝北县
126.00	1.00	20.00		14.90	30120	27839	5.00	绥滨县
217.42	59.40	0.47		121.47	49918	46540	7.82	集贤县
261.50				22.50	13200	10290	3.48	友谊县
546.20	7.54			83.10	51113	43812	11.83	宝清县
173.90	13.07	0.05	0.03	27.40	17810	15450	3.65	饶河县
260.00	15.00			83.00	43000	34000	8.70	肇州县
281.00		23.00	3.00	94.00	30600	30000	8.50	肇源县
142.00	23.70	25.00		40.00	21000	21000	6.96	林甸县
203.20	0.80	6.50	6.50	37.50	32780	26950	6.80	杜尔伯特蒙古族自治县
58.25	10.00			11.50	7242	6466	2.40	嘉荫县
169.87	14.96	1.50	1.50	25.00	15219	13814	3.98	汤旺县
177.30	7.80	12.00	12.00	34.70	37709	34176	9.00	丰林县
69.00				33.20	10119	10092	2.96	大箐山县
115.00	17.00	17.00		20.00	34337	30042	6.79	南岔县
230.84		1.30		46.12	74059	61604	11.60	桦南县
269.90		88.30		43.50	25322	23663	6.00	桦川县
187.95	2.97			13.34	40762	35079	6.45	汤原县
207.00	15.00	20.00		47.00	31000	30500	8.43	勃利县
150.20	20.70			111.00	58785	38710	7.30	林口县
121.40	28.50	22.00	3.50	36.00	22280	19783	4.30	逊克县
130.48		10.00	0.50	30.24	23120	21320	4.73	孙吴县
192.50				48.00	52800	50800	9.60	望奎县
247.00	36.00	36.00		40.00	36900	28000	7.50	兰西县
272.00				133.00	58000	45000	14.50	青冈县
350.00	2.00			194.00	42260	41129	9.70	庆安县
113.00	5.00			57.00	34841	33700	6.80	明水县
395.00	37.00	29.00		59.00	59300	53214	10.00	绥棱县
70.50	7.40			21.50	8521	8521	1.90	呼玛县
80.00	10.00			8.00	15382	14284	3.80	塔河县
325.00		11.00		107.00	72000	67000	9.70	加格达奇区
23918.35	**2132.26**	**948.78**	**276.02**	**6955.92**	**2423708**	**2165662**	**517.89**	**江　苏**
1129.04	21.47	2.12	2.12	123.00	125128	108922	28.65	丰　县
1498.26	61.96			601.20	98941	94247	41.67	沛　县
1638.67	36.93	1.75	1.75	536.20	156527	156527	28.80	睢宁县
855.32	605.00			140.93	105163	102556	21.08	如东县
848.00	15.05			203.72	90056	81540	30.65	东海县
700.56	80.57			206.87	70867	60236	21.28	灌云县

5-5 续表 9

县名称 Name of Counties	综合生产能力(万立方米/日) Integrated Production Capacity (10,000m³/day)	地下水 Underground Water	水厂个数(个) Number of Water Plants (unit)	地下水 Underground Water	供水管道长度(公里) Length of Water Supply Pipelines (km)	供水总量(万立方米) 合计 Total	售水量 小计 Subtotal	生产运营用水 The Quantity of Water for Production and Operation	公共服务用水 The Quantity of Water for Public Service
灌南县	10.00		1		319.30	1100.00	1000.00	89.00	206.00
涟水县	20.00		1		780.52	3010.01	2299.97	801.50	232.49
盱眙县	12.50		1		487.85	2868.30	2307.90	622.68	80.49
金湖县	10.00		1		335.00	2542.46	2106.01	485.05	53.06
响水县	5.00		1		587.65	1715.86	1317.71	405.72	26.00
滨海县	12.00		1		517.00	1995.50	1678.20	162.80	352.00
阜宁县	15.00		2		377.15	3100.81	2370.45	831.00	350.81
射阳县	10.00		2		368.15	1519.45	1461.45	98.69	312.56
建湖县	15.00		2		1548.12	2630.53	1693.93	169.40	177.86
宝应县	13.00		1		689.65	2542.19	2069.14	523.35	313.47
沭阳县	25.00		1		590.86	4570.06	4013.10	750.40	198.00
泗阳县	15.00		2		243.60	4115.00	3763.00	1219.00	830.00
泗洪县	22.20	4.70	2		318.03	3015.14	2555.54	718.57	66.72
浙　江	**366.86**		**53**		**18445.85**	**70631.94**	**60150.75**	**20992.03**	**4977.64**
桐庐县	13.00		1		627.91	3065.69	2439.00	658.53	170.73
淳安县	8.00		2		390.05	1260.40	1060.00	360.48	160.00
象山县	23.00		3		1326.69	3953.30	3116.72	1152.65	318.79
宁海县	23.00		1		861.46	3842.97	3338.46	1065.10	182.24
永嘉县	4.00		1		267.78	604.61	555.15		42.63
平阳县	15.00		1		260.48	1937.80	1753.70	420.30	60.00
苍南县	14.00		5		501.00	3322.00	2756.00	796.00	210.00
文成县	6.00		1		90.95	852.00	626.00		
泰顺县	3.00		1		113.84	791.00	673.00	130.00	54.00
嘉善县	21.00		1		334.89	2486.00	2233.00	607.00	129.00
海盐县	21.00		2		622.90	4887.29	4255.78	3080.49	89.98
德清县	14.50		2		935.00	4087.99	3427.85	772.43	627.76
长兴县	15.00		2		1231.20	3831.47	3339.76	908.53	715.72
安吉县	15.00		3		850.00	4637.00	3953.65	1286.54	209.34
新昌县	14.00		3		2900.94	3667.50	3092.59	1429.12	52.63
武义县	14.00		2		603.47	2213.70	2047.36	607.28	328.21
浦江县	21.00		2		887.00	4050.00	3691.00	1726.00	42.53
磐安县	3.00		2		177.60	478.17	429.92	140.36	50.26
常山县	10.76		1		497.00	1985.00	1797.94	1058.46	77.10
开化县	10.00		1		252.87	1574.05	1292.05	559.52	116.30
龙游县	7.00		1		565.47	1450.00	1332.00	667.00	135.00
岱山县	5.80		2		234.74	485.04	440.84	147.24	48.14
嵊泗县	2.80		3		124.00	252.40	239.90		41.20
三门县	11.00		1		480.00	1645.60	1359.10	229.72	198.98
天台县	10.00		1		334.32	3151.54	2719.63	1087.50	6.17
仙居县	15.00		1		1173.34	2766.59	2135.05	504.06	374.71

continued

Total Quantity of Water Supply(10,000m³)					用水户数(户)		用水人口(万人)	县名称
Water Sold		免费供水量		漏损水量		家庭用户		
居民家庭用水 The Quantity of Water for Household Use	其他用水 The Quantity of Water for Other Purposes	The Quantity of Free Water Supply	生活用水 Domestic Water Use	The Lossed Water	Number of Households with Access to Water Supply (unit)	Household User	Population with Access to Water Supply (10,000 persons)	Name of Counties
680.00	25.00			100.00	69423	64200	22.23	灌南县
1252.19	13.79	225.85	85.50	484.19	169498	162225	26.75	涟水县
1333.68	271.05	105.00	1.50	455.40	117444	105195	24.52	盱眙县
953.40	614.50			436.45	61964	60764	17.71	金湖县
827.10	58.89	22.80		375.35	91586	91586	11.87	响水县
1162.80	0.60	106.90	66.40	210.40	122008	11688	26.55	滨海县
1179.04	9.60	88.00	0.50	642.36	170118	152201	30.03	阜宁县
1023.50	26.70			58.00	82569	82569	25.30	射阳县
1346.67		70.00		866.60	159258	148787	23.70	建湖县
1143.18	89.14	80.05	80.05	393.00	142397	130607	23.15	宝应县
3018.10	46.60	200.46	14.35	356.50	236874	235147	48.62	沭阳县
1647.00	67.00	42.00	20.00	310.00	175354	156857	36.99	泗阳县
1681.84	88.41	3.85	3.85	455.75	178533	159808	28.34	泗洪县
31087.32	**3093.76**	**2321.42**	**40.57**	**8159.77**	**2702111**	**2371449**	**454.66**	**浙　江**
1121.94	487.80	107.89		518.80	96808	84506	20.33	桐庐县
486.02	53.50	0.40	0.40	200.00	75913	61311	8.63	淳安县
1500.77	144.51	383.72		452.86	141632	120246	21.62	象山县
2074.45	16.67	22.60		481.91	138895	121806	25.10	宁海县
493.18	19.34	30.86	3.98	18.60	25891	24596	10.28	永嘉县
1211.50	61.90	2.60		181.50	46052	40864	16.03	平阳县
1680.00	70.00	10.00	2.00	556.00	90095	89205	18.16	苍南县
444.00	182.00	14.00		212.00	29861	27012	6.10	文成县
459.00	30.00	46.00	18.00	72.00	22028	20165	7.79	泰顺县
1486.00	11.00			253.00	208276	191788	21.64	嘉善县
1047.97	37.34	227.51		404.00	68850	55717	16.79	海盐县
1639.97	387.69	56.91	5.80	603.23	105346	87831	17.20	德清县
1693.05	22.46	6.10	1.59	485.61	158258	141963	30.05	长兴县
1784.27	673.50	25.60		657.75	83276	68991	25.50	安吉县
1504.33	106.51	46.41		528.50	121571	100952	23.83	新昌县
1111.87		49.72	0.81	116.62	94451	84082	22.45	武义县
1857.43	65.04	39.00		320.00	110695	97905	20.86	浦江县
228.10	11.20	2.05	2.05	46.20	14280	13268	3.80	磐安县
662.38				187.06	41795	31160	8.27	常山县
616.23		78.00		204.00	71736	45579	11.24	开化县
530.00				118.00	42384	32442	11.91	龙游县
240.66	4.80	0.50	0.50	43.70	31076	27082	7.89	岱山县
182.70	16.00	2.70	2.70	9.80	21006	17921	4.17	嵊泗县
733.12	197.28			286.50	88839	85797	12.45	三门县
1625.96		152.38		279.53	120552	117124	13.60	天台县
1252.84	3.44	405.13		226.41	106961	100935	16.60	仙居县

5-5 续表 10

县名称 Name of Counties	综合生产能力(万立方米/日) Integrated Production Capacity (10,000m³/day)	地下水 Under-ground Water	水厂个数(个) Number of Water Plants (unit)	地下水 Under-ground Water	供水管道长度(公里) Length of Water Supply Pipelines (km)	供水总量(万立方米) 合计 Total	售水量 小计 Subtotal	生产运营用水 The Quantity of Water for Production and Operation	公共服务用水 The Quantity of Water for Public Service
青田县	10.00		1		135.61	1388.36	1245.17	311.29	186.77
缙云县	5.00		1		190.05	1132.16	978.49	311.15	95.87
遂昌县	8.00		1		500.23	1069.93	962.78	425.61	27.43
松阳县	10.00		1		444.17	1275.07	1071.07	184.62	56.48
云和县	6.00		1		200.00	772.31	637.88	79.88	75.80
庆元县	4.00		1		193.50	1130.00	617.79	282.16	11.87
景宁县	4.00		1		137.39	585.00	532.12	3.01	82.00
安　徽	**322.73**	**50.23**	**81**	**18**	**18061.79**	**69511.17**	**59965.83**	**13605.96**	**6582.15**
长丰县	6.00		1		599.45	1028.00	914.00	160.00	158.00
肥西县					809.56	2542.61	2115.45	348.92	241.64
肥东县	22.00		2		1043.50	3624.16	3236.10	1050.00	416.80
庐江县	13.00		2		538.18	2411.04	1808.25	452.06	90.41
南陵县	10.00		1		294.30	1825.03	1469.49	295.54	35.49
怀远县	5.10		3		210.00	1790.00	1770.00	111.00	121.00
五河县	8.50		2		246.38	1308.00	1191.00	52.00	185.00
固镇县	5.00		1		258.19	983.30	839.00	206.59	84.15
凤台县	5.50		1		166.40	1524.66	1017.66	54.50	180.60
寿　县	4.00		1		537.67	1460.55	1261.00	239.00	188.00
当涂县	6.00		1		222.47	1410.89	1171.38	160.25	92.98
含山县	10.00		2		127.80	1762.62	1489.73	264.91	73.59
和　县	10.00		1		385.42	1118.45	1099.95	283.50	165.51
濉溪县	4.20	4.20	2	2	430.00	885.00	843.00	42.00	80.00
枞阳县	7.00		1		341.40	746.00	657.00	224.20	60.27
怀宁县	2.00		1		497.88	1205.36	1001.00	380.00	47.00
太湖县	4.50		1		550.00	916.13	835.37	234.62	48.33
宿松县	6.50		2		553.14	1463.03	1197.03	359.85	81.40
望江县	6.00		1		472.33	1087.50	948.50	355.50	17.10
岳西县	4.50		3		561.78	605.93	545.93	180.65	25.87
歙　县	8.00		2		277.32	1137.00	1034.00	480.00	72.00
休宁县	3.00		2		126.15	740.00	584.00	102.13	62.00
黟　县	2.00		2		124.38	396.40	323.89	127.07	30.00
祁门县	2.00		1		209.00	409.67	326.54	81.79	42.00
来安县	5.00		3		401.64	1861.50	1673.34	770.29	97.56
全椒县	10.00		1		465.00	2043.58	1620.13	503.80	305.30
定远县	9.00		3		481.00	1803.33	1593.00	159.30	238.95
凤阳县	10.00		2		365.00	1710.00	1395.00	395.00	180.00
临泉县	6.00	6.00	1	1	297.38	1963.00	1835.00	875.00	91.00
太和县	6.93	6.93	4	4	651.17	1378.26	1221.10	61.05	122.11
阜南县	4.70	4.70	1	1	252.10	1523.20	1385.40	168.80	162.00
颍上县	8.80	4.30	2	1	445.50	2434.50	1827.90	447.15	376.93

continued

Total Quantity of Water Supply($10,000m^3$)					用水户数(户) Number of Households with Access to Water Supply (unit)		用水人口(万人) Population with Access to Water Supply (10,000 persons)	县名称 Name of Counties
Water Sold		免费供水量 The Quantity of Free Water Supply		漏损水量 The Lossed Water		家庭用户 Household User		
居民家庭用水 The Quantity of Water for Household Use	其他用水 The Quantity of Water for Other Purposes		生活用水 Domestic Water Use					
588.74	158.37	7.13	0.70	136.06	37701	33054	10.06	青田县
550.57	20.90	42.23	1.67	111.44	47890	41638	7.97	缙云县
509.74		0.37	0.37	106.78	43253	39355	6.52	遂昌县
545.02	284.95	90.00		114.00	49350	48350	8.10	松阳县
472.00	10.20	49.90		84.53	36617	31788	6.43	云和县
306.40	17.36	412.71		99.50	313489	271964	7.57	庆元县
447.11		9.00		43.88	17284	15052	5.72	景宁县
37033.70	**2744.02**	**1721.02**	**124.98**	**7824.32**	**3383314**	**3056091**	**873.72**	**安　徽**
503.00	93.00	52.00		62.00	72563	68231	28.12	长丰县
1268.76	256.13			427.16	147946	139534	37.70	肥西县
1512.30	257.00	91.79		296.27	193566	183420	29.90	肥东县
1265.78		0.20	0.16	602.59	139204	120398	30.98	庐江县
1002.44	136.02	52.50		303.04	59812	51320	14.94	南陵县
1518.00	20.00			20.00	54000	49700	20.91	怀远县
922.00	32.00			117.00	69361	59358	21.24	五河县
503.80	44.46	1.50		142.80	37657	35544	13.18	固镇县
696.56	86.00	240.00		267.00	47796	44265	16.07	凤台县
798.00	36.00	8.00	8.00	191.55	42500	41760	17.58	寿　县
672.91	245.24	154.67		84.84	62094	54312	14.60	当涂县
1118.51	32.72	10.00	8.00	262.89	31228	30928	12.27	含山县
623.59	27.35			18.50	47960	46508	16.05	和　县
696.00	25.00			42.00	51400	49400	18.20	濉溪县
372.53				89.00	58523	47723	11.57	枞阳县
564.00	10.00	0.36	0.36	204.00	68967	53076	9.25	怀宁县
526.48	25.94	5.00	2.00	75.76	37500	37500	17.03	太湖县
755.78		120.00		146.00	60278	52486	10.00	宿松县
575.90		2.80		136.20	48485	42152	11.81	望江县
332.41	7.00			60.00	46910	41172	13.98	岳西县
470.00	12.00			103.00	45730	45000	10.50	歙　县
373.89	45.98	52.00		104.00	21138	20715	5.81	休宁县
165.12	1.70	0.70		71.81	20561	16311	2.47	黟　县
199.23	3.52			83.13	29469	26192	4.88	祁门县
751.85	53.64	17.98	3.20	170.18	60254	54956	15.24	来安县
742.73	68.30	47.45	4.30	376.00	137980	122227	20.47	全椒县
1035.45	159.30	30.00	18.00	180.33	110802	90000	15.50	定远县
780.00	40.00	5.00		310.00	91000	60200	23.09	凤阳县
855.00	14.00	1.00		127.00	88200	78800	29.43	临泉县
1037.94		13.19		143.97	128000	117079	23.80	太和县
904.04	150.56	39.30	1.70	98.50	118643	111398	18.24	阜南县
952.84	50.98	466.90	33.25	139.70	110500	100000	32.00	颍上县

5-5 续表 11

县名称 Name of Counties	综合生产能力(万立方米/日) Integrated Production Capacity ($10,000m^3$/day)	地下水 Underground Water	水厂个数(个) Number of Water Plants (unit)	地下水 Underground Water	供水管道长度(公里) Length of Water Supply Pipelines (km)	供水总量(万立方米) 合计 Total	售水量 小计 Subtotal	生产运营用水 The Quantity of Water for Production and Operation	公共服务用水 The Quantity of Water for Public Service
砀山县	5.00	5.00	2	2	310.00	1285.00	1110.00	131.00	129.50
萧　县	3.00	3.00	1	1	358.00	997.60	897.00	200.00	343.00
灵璧县	5.50	5.50	2	2	297.91	1776.10	1629.00	283.00	172.00
泗　县	5.00	1.20	1	1	175.35	1128.26	992.60	153.90	95.47
霍邱县	7.00		1		424.28	1221.04	1024.74	80.00	112.03
舒城县	12.00		2		235.27	1647.29	1380.00	232.20	128.90
金寨县	10.00		2		303.53	1558.36	1399.17	599.54	18.80
霍山县	8.00		2		354.66	1754.90	1526.90	502.60	414.90
涡阳县	6.30	6.30	1	1	326.73	1582.00	1290.80	106.20	146.30
蒙城县	9.00	1.40	2	1	335.20	2828.94	2648.94	162.94	420.00
利辛县	5.70	1.70	2	1	367.00	1043.00	980.00	246.00	11.00
东至县	4.50		2		198.86	814.00	723.00	173.00	66.00
石台县	1.00		1		50.81	183.00	171.00	30.00	14.00
青阳县	7.00		1		214.55	998.12	885.00	220.00	65.00
郎溪县	5.50		1		311.25	1083.00	998.50	243.50	99.00
泾　县	5.00		1		266.30	1396.74	1111.11	360.26	57.92
绩溪县	4.00		2		422.01	675.24	570.13	126.75	87.24
旌德县	4.00		2		168.59	439.88	397.80	128.60	28.10
福　建	**251.00**	**9.40**	**72**	**8**	**10250.02**	**47218.65**	**38747.83**	**5999.21**	**5317.75**
闽侯县	28.00		3		573.97	2457.97	2041.20	734.90	418.76
连江县	8.75		2		180.62	2227.12	1718.97	35.21	772.25
罗源县	16.00		4		305.39	1349.21	1214.46		349.16
闽清县	6.00		3		135.24	676.32	568.09	117.47	105.91
永泰县	7.50		3		181.50	703.36	549.22	121.71	83.66
仙游县	8.00		2		413.70	2262.94	1855.94	390.30	186.00
明溪县	1.50		1		108.66	537.59	443.80	99.95	91.57
清流县	1.75		1		106.44	318.92	287.51	12.57	52.89
宁化县	3.00		1		384.64	1022.29	823.01	58.14	174.45
大田县	6.00		1		154.00	1018.52	858.61	134.72	182.77
尤溪县	4.80	4.80	2		186.04	1076.47	930.26	248.00	203.57
将乐县	5.10		1		93.68	524.00	455.00	100.00	26.00
泰宁县	1.50		1		229.18	500.23	425.22	94.31	75.63
建宁县	2.50		1		232.19	464.30	394.19	48.76	39.35
惠安县	4.20				672.54	1515.00	1280.00	384.00	256.00
安溪县	13.00		1		484.50	2770.00	2381.39	55.10	513.00
永春县			1		243.60	1898.00	1443.04	131.68	12.67
德化县	14.50		2		413.32	2282.97	1769.96	334.32	183.58
云霄县	7.50		2		474.57	2342.32	1938.13	454.42	251.89
漳浦县	15.00		2		438.15	2689.78	1970.06	635.92	70.13
诏安县	5.00		2		164.44	1152.60	940.40	144.50	99.50

continued

Total Quantity of Water Supply(10,000m³)					用水户数(户)		用水人口(万人)	县名称
Water Sold		免费供水量		漏损水量		家庭用户		
居民家庭用水	其他用水		生活用水					
The Quantity of Water for Household Use	The Quantity of Water for Other Purposes	The Quantity of Free Water Supply	Domestic Water Use	The Lossed Water	Number of Households with Access to Water Supply (unit)	Household User	Population with Access to Water Supply (10,000 persons)	Name of Counties
849.50		20.00		155.00	69000	61200	22.35	砀山县
354.00		1.60		99.00	62526	58581	19.10	萧　县
1094.00	80.00	1.10	0.20	146.00	61852	53970	24.60	灵璧县
732.43	10.80	0.17	0.17	135.49	71379	63930	20.62	泗　县
780.00	52.71	101.30		95.00	86044	85974	17.60	霍邱县
889.90	129.00	8.90	8.90	258.39	83258	82550	22.21	舒城县
709.46	71.37			159.19	48564	46672	18.09	金寨县
560.80	48.60	4.00	1.00	224.00	57990	57990	16.87	霍山县
1016.30	22.00	31.20		260.00	113062	103519	29.90	涡阳县
1860.00	206.00			180.00	93560	91600	38.60	蒙城县
723.00		12.00		51.00	45206	35153	19.30	利辛县
473.00	11.00	7.00		84.00	23299	23054	9.83	东至县
123.00	4.00	10.00	10.00	2.00	13040	12040	2.48	石台县
520.00	80.00	23.12	20.00	90.00	38227	35333	10.10	青阳县
647.50	8.50	0.50	0.40	84.00	44220	36947	13.95	郎溪县
681.25	11.68	82.66	5.26	202.97	69244	59945	10.45	泾　县
289.12	67.02	5.05		100.06	39227	34867	5.88	绩溪县
233.60	7.50	0.08	0.08	42.00	23589	21101	4.98	旌德县
24975.56	**2455.31**	**1664.74**	**51.58**	**6806.08**	**1770818**	**1523681**	**467.18**	**福　建**
883.17	4.37	65.82		350.95	71203	59526	23.85	闽侯县
911.51		238.19		269.96	66672	44371	17.59	连江县
813.87	51.43	5.71		129.04	38475	35114	7.20	罗源县
344.50	0.21	29.29		78.94	27780	25300	7.64	闽清县
343.85		45.48		108.66	45200	40100	9.56	永泰县
1210.10	69.54	58.00		349.00	100667	84521	29.33	仙游县
251.80	0.48	10.50		83.29	20568	17658	4.24	明溪县
221.61	0.44	0.13	0.13	31.28	18043	15249	4.11	清流县
575.60	14.82	31.59		167.69	52039	52039	11.70	宁化县
537.18	3.94	25.56		134.35	38437	26840	9.62	大田县
478.12	0.57	1.99	1.99	144.22	44818	37085	6.79	尤溪县
305.00	24.00	24.00		45.00	30975	26895	7.18	将乐县
254.39	0.89	2.99	2.99	72.02	22136	19913	4.90	泰宁县
306.08		1.50		68.61	20781	18426	6.60	建宁县
576.00	64.00	8.00	1.00	227.00	83758	62037	13.04	惠安县
1784.99	28.30	11.34	3.20	377.27	118693	109446	26.30	安溪县
1204.52	94.17	115.40		339.56	70914	65411	22.36	永春县
1248.23	3.83	86.39	9.15	426.62	88575	74233	23.31	德化县
1221.73	10.09	36.20		367.99	74165	69031	19.47	云霄县
1259.75	4.26	293.60		426.12	47139	43194	20.27	漳浦县
696.40		45.30		166.90	42728	39968	11.84	诏安县

5-5 续表 12

县名称 Name of Counties	综合生产能力(万立方米/日) Integrated Production Capacity (10,000m³/day)	地下水 Underground Water	水厂个数(个) Number of Water Plants (unit)	地下水 Underground Water	供水管道长度(公里) Length of Water Supply Pipelines (km)	供水总量(万立方米) 合计 Total	售水量 小计 Subtotal	生产运营用水 The Quantity of Water for Production and Operation	公共服务用水 The Quantity of Water for Public Service
东山县	10.00		2		113.00	568.20	516.00	181.00	3.00
南靖县	3.00		1		125.50	703.42	628.82	17.35	16.02
平和县	4.40		1		192.64	567.00	517.00	165.00	25.00
华安县	2.00		1		56.40	119.49	98.97	17.24	12.21
顺昌县	2.00		1		146.79	617.00	495.60	3.10	1.50
浦城县	6.00		2		245.80	1252.40	1093.10	428.90	89.40
光泽县	3.50		2		209.04	378.13	347.55	26.00	3.80
松溪县	4.00		2		108.50	489.33	426.33	103.04	44.04
政和县	3.00		1		180.19	529.06	436.87	27.79	112.56
长汀县	5.80	2.80	7	6	155.80	1254.45	1018.74	62.23	165.97
上杭县	6.50		2		750.28	1691.87	1376.28	91.69	91.22
武平县	4.00		2		143.00	803.24	669.99	46.51	159.32
连城县	4.80	1.80	3	2	115.00	1134.39	802.92	44.22	
霞浦县	7.00		1		223.07	1985.27	1623.99	112.88	15.26
古田县	5.00		1		214.84	1040.59	857.68	114.22	34.00
屏南县	2.40		2		79.90	498.60	419.06	37.79	10.22
寿宁县	2.00		1		90.74	384.00	306.00	36.00	64.00
周宁县	4.00		2		155.00	542.46	446.07	8.34	27.37
柘荣县	2.00		1		90.45	499.76	439.16	35.33	34.20
平潭县	10.00		1		677.71	2370.08	1939.24	104.60	259.92
江　西	**410.00**	**1.00**	**117**	**9**	**18847.48**	**70505.01**	**60827.58**	**15259.78**	**5528.38**
南昌县	25.00		2		1482.23	6740.96	5172.00	1715.73	525.62
安义县	5.00		1		126.42	1812.74	1692.74	927.80	161.94
进贤县	12.00		1		746.00	1908.00	1533.94	140.94	135.60
浮梁县	6.00		2		376.45	672.47	602.20	275.00	72.00
莲花县	2.50		1		155.50	565.78	466.28		62.00
上栗县	2.00		1		220.00	537.40	473.04	28.28	86.25
芦溪县	5.00		1		354.00	547.00	477.00	38.00	20.00
武宁县	6.00		2		297.00	1213.15	1122.05	276.32	101.33
修水县	11.00		9		413.24	1487.70	1387.20	287.00	78.00
永修县	8.00		2		128.24	998.20	870.00	260.00	70.00
德安县	5.00		1		237.00	1113.12	923.99	404.46	8.08
都昌县	6.00		1		72.63	977.00	857.00	50.00	70.00
湖口县	8.50		3		300.00	1077.00	976.80	242.30	125.80
彭泽县	4.00		1		97.80	872.75	609.00	77.00	46.00
分宜县	6.00	0.50	2		336.06	1334.98	1225.98	486.75	12.84
信丰县	15.00		2		1040.00	2880.27	2442.27	809.25	125.40
大余县	5.00		1		288.25	900.76	750.63	193.82	179.16
上犹县	5.00		1		269.15	1005.45	891.91	207.47	33.27
崇义县	2.00		1		121.86	532.06	444.12	110.53	40.54

continued

Total Quantity of Water Supply($10,000m^3$) Water Sold 居民家庭用水 The Quantity of Water for Household Use	其他用水 The Quantity of Water for Other Purposes	免费供水量 The Quantity of Free Water Supply	生活用水 Domestic Water Use	漏损水量 The Lossed Water	用水户数(户) Number of Households with Access to Water Supply (unit)	家庭用户 Household User	用水人口(万人) Population with Access to Water Supply (10,000 persons)	县名称 Name of Counties
330.00	2.00	0.20	0.20	52.00	18557	18445	7.32	东山县
529.21	66.24	2.39	1.00	72.21	40720	23452	6.64	南靖县
307.00	20.00	10.00		40.00	29874	29405	8.90	平和县
69.52				20.52	5876	5576	1.53	华安县
490.10	0.90	4.40		117.00	36046	31590	7.11	顺昌县
486.90	87.90	3.60		155.70	46983	42534	13.40	浦城县
281.84	35.91	9.79	7.20	20.79	27678	23317	7.67	光泽县
265.48	13.77			63.00	19300	19000	5.20	松溪县
295.55	0.97	22.88	1.83	69.31	23377	20266	8.00	政和县
785.40	5.14	9.25	9.25	226.46	32952	28593	15.88	长汀县
860.93	332.44	53.13		262.46	36917	25672	12.21	上杭县
455.57	8.59	8.10		125.15	41355	40120	8.96	武平县
434.63	324.07	154.61		176.86	36000	36000	7.57	连城县
1012.81	483.04	119.54		241.74	57221	53542	19.48	霞浦县
682.15	27.31	20.58		162.33	56785	49403	8.93	古田县
371.05				79.54	28568	26425	5.28	屏南县
186.00	20.00	60.00	10.00	18.00	10628	9839	5.01	寿宁县
402.54	7.82	5.75		90.64	17877	16332	5.33	周宁县
356.18	13.45	19.60		41.00	19409	1789	5.12	柘荣县
944.30	630.42	23.94	3.64	406.90	60929	56024	20.74	平潭县
36111.99	**3927.43**	**1616.00**	**316.45**	**8061.43**	**3478975**	**3016867**	**799.67**	**江　西**
2930.65				1568.96	305438	275026	24.49	南昌县
597.50	5.50			120.00	48402	40816	14.50	安义县
1091.80	165.60	2.00		372.06	115500	105590	23.30	进贤县
253.00	2.20	26.35		43.92	54450	48949	7.38	浮梁县
228.21	176.07	23.00		76.50	28345	22308	6.35	莲花县
206.34	152.17	0.03		64.33	29781	26890	7.80	上栗县
341.00	78.00	30.00		40.00	37888	34188	5.00	芦溪县
685.43	58.97	10.41	1.56	80.69	80000	69503	9.53	武宁县
947.20	75.00	1.50		99.00	246990	196700	23.71	修水县
520.00	20.00	83.00	3.00	45.20	27930	22410	9.17	永修县
504.11	7.34			189.13	59987	52744	8.26	德安县
667.00	70.00	70.00		50.00	58359	46687	12.00	都昌县
493.30	115.40	9.37		90.83	53000	52800	6.75	湖口县
455.00	31.00	254.75	101.90	9.00	34270	33850	7.52	彭泽县
726.39		1.00		108.00	62418	59322	11.68	分宜县
1298.22	209.40	3.45	0.30	434.55	108710	90287	37.20	信丰县
368.80	8.85	0.50		149.63	42985	36233	9.96	大余县
494.93	156.24			113.54	47374	46439	11.48	上犹县
292.99	0.06	0.06		87.88	21053	16650	5.66	崇义县

5-5 续表 13

县名称 Name of Counties	综合生产能力(万立方米/日) Integrated Production Capacity ($10,000m^3$/day)	地下水 Under-ground Water	水厂个数(个) Number of Water Plants (unit)	地下水 Under-ground Water	供水管道长度(公里) Length of Water Supply Pipelines (km)	供水总量(万立方米) 合计 Total	售水量 小计 Subtotal	生产运营用水 The Quantity of Water for Production and Operation	公共服务用水 The Quantity of Water for Public Service
安远县	5.50		3		234.38	543.04	497.46	58.80	62.00
定南县	4.00		1		291.00	1022.01	1015.47	411.80	20.93
全南县	4.00		1		167.30	625.50	535.60	150.45	14.05
宁都县	10.00		2		521.61	1655.80	1501.40	645.65	11.29
于都县	13.00		2		876.00	2165.47	1943.45	271.95	282.20
兴国县	10.00		2		489.00	1781.00	1612.00	368.00	280.00
会昌县	9.00		3		226.50	1051.07	921.37	70.37	130.45
寻乌县	8.90		2		230.43	1310.18	995.56	170.13	37.11
石城县	5.00		1		182.10	732.26	600.58	30.60	46.94
吉安县	8.00		1		160.37	1205.73	1101.86	330.56	165.28
吉水县	6.10		3		296.97	1288.48	1113.48	520.50	95.00
峡江县	3.00		2		72.54	420.00	385.00	95.00	60.00
新干县	5.00		1		332.09	942.00	848.39	190.07	146.83
永丰县	8.00		2		383.00	745.00	714.20	217.00	60.00
泰和县	7.00		2		438.65	1265.92	1126.33	557.60	16.25
遂川县	6.00		2		298.00	678.00	543.00	126.00	9.00
万安县	5.50		2		207.00	643.00	576.00	240.00	42.00
安福县	6.00		2		168.48	590.71	529.84	65.29	85.46
永新县	3.00		1		416.98	1039.52	907.40	309.92	15.87
奉新县	8.50		1		76.67	668.23	600.73	17.30	13.00
万载县	9.00		2		295.46	1463.76	1190.17	355.24	112.31
上高县	9.00		2		247.00	1665.34	1470.74	18.30	21.63
宜丰县	7.00		3		643.31	866.94	715.94	20.60	152.69
靖安县	6.00		2		172.70	594.00	525.00	135.00	45.00
铜鼓县	3.00		1		69.08	432.02	345.32	120.78	20.60
南城县	9.00		2		212.50	2063.00	1911.00	80.00	83.00
黎川县	5.00		1		206.84	625.73	537.73	50.00	15.00
南丰县	4.50		2		219.68	1074.00	904.40	132.00	166.00
崇仁县	4.00		1		225.80	1110.00	848.00	43.00	127.00
乐安县	6.50		2		111.30	1004.30	905.30	142.00	59.00
宜黄县	5.50		3		103.80	510.90	497.60	103.80	13.00
金溪县	8.50		2		184.50	754.00	618.00	125.00	63.00
资溪县	4.00		2		78.57	453.10	417.90	4.80	5.09
广昌县	3.50		1		277.85	998.77	894.33	206.60	160.02
玉山县	12.00		2		513.00	2230.00	1785.00	710.00	200.00
铅山县	6.00		1	1	445.29	533.00	443.00	41.10	23.10
横峰县	6.00		2		123.20	589.00	476.00	153.00	30.00
弋阳县	6.00		1		251.70	1075.35	922.62	281.83	91.00
余干县	7.00		2		204.41	1014.87	917.22	268.49	153.60
鄱阳县	8.00		2		242.00	1670.00	1560.00	412.00	258.00
万年县	2.00	0.50	9	8	416.30	1018.00	892.16	111.35	14.80
婺源县	4.00		1		472.29	1209.22	1062.88	367.25	167.05

continued

Total Quantity of Water Supply(10,000m³) Water Sold 居民家庭用水 The Quantity of Water for Household Use	其他用水 The Quantity of Water for Other Purposes	免费供水量 The Quantity of Free Water Supply	生活用水 Domestic Water Use	漏损水量 The Lossed Water	用水户数(户) Number of Households with Access to Water Supply (unit)	家庭用户 Household User	用水人口(万人) Population with Access to Water Supply (10,000 persons)	县名称 Name of Counties
371.39	5.27	3.20	1.85	42.38	40360	32757	11.33	安远县
562.74	20.00	0.54	0.54	6.00	46162	44840	10.64	定南县
334.20	36.90	55.86		34.04	33583	29848	7.73	全南县
834.64	9.82	10.00	10.00	144.40	88232	76637	24.20	宁都县
938.30	451.00	3.52		218.50	102597	83080	27.70	于都县
860.00	104.00	23.00	1.22	146.00	60580	59960	29.89	兴国县
543.80	176.75	19.70		110.00	58368	45826	13.30	会昌县
780.22	8.10	78.23		236.39	36548	31628	12.46	寻乌县
498.41	24.63	0.20	0.20	131.48	33940	30150	10.66	石城县
539.91	66.11			103.87	56698	48421	13.00	吉安县
486.52	11.46	22.00		153.00	69691	62497	22.33	吉水县
195.00	35.00	10.00		25.00	18852	17632	3.68	峡江县
511.49				93.61	44993	39644	13.00	新干县
435.00	2.20	0.80		30.00	60287	54387	16.02	永丰县
546.67	5.81	16.25		123.34	68172	60429	20.60	泰和县
382.00	26.00	60.00	58.00	75.00	30369	28268	14.12	遂川县
284.00	10.00			67.00	28193	24271	9.60	万安县
355.81	23.28	2.96	2.22	57.91	30564	25237	10.26	安福县
390.99	190.62			132.12	53469	37901	14.10	永新县
564.93	5.50	7.50		60.00	37063	30211	12.08	奉新县
680.13	42.49	60.60		212.99	48200	41500	14.30	万载县
872.60	558.21	20.00		174.60	72450	65114	22.19	上高县
522.69	19.96	30.00	6.00	121.00	63435	57597	5.20	宜丰县
300.00	45.00	18.00		51.00	35800	28200	5.55	靖安县
202.84	1.10	43.72	17.36	42.98	21012	18599	3.73	铜鼓县
1678.00	70.00	29.00	12.00	123.00	49219	49009	19.23	南城县
454.73	18.00	20.00	12.00	68.00	58590	49291	12.10	黎川县
549.00	57.40	16.60	4.80	153.00	40216	36749	11.24	南丰县
610.00	68.00	85.00	76.00	177.00	53000	51900	11.26	崇仁县
681.00	23.30	34.00		65.00	32613	30234	12.11	乐安县
380.00	0.80	0.40		12.90	24304	23650	6.35	宜黄县
390.00	40.00	36.00		100.00	34623	33724	11.51	金溪县
266.56	141.45			35.20	22067	19726	3.32	资溪县
513.97	13.74	6.50	5.00	97.94	53078	44848	7.87	广昌县
725.00	150.00	245.00		200.00	63500	39753	14.40	玉山县
375.06	3.74	45.00		45.00	43896	38556	12.51	铅山县
277.00	16.00	23.00		90.00	27040	26962	9.00	横峰县
544.29	5.50	21.50		131.23	44073	39230	12.70	弋阳县
453.02	42.11			97.65	57156	41739	15.18	余干县
890.00		50.00		60.00	78300	63200	24.50	鄱阳县
714.46	51.55			125.84	41356	32679	15.75	万年县
513.75	14.83	2.50	2.50	143.84	53446	43591	11.23	婺源县

5-5 续表 14

县名称 Name of Counties	综合生产能力(万立方米/日) Integrated Production Capacity ($10,000m^3$/day)	地下水 Underground Water	水厂个数(个) Number of Water Plants (unit)	地下水 Underground Water	供水管道长度(公里) Length of Water Supply Pipelines (km)	供水总量(万立方米) 合计 Total	售水量 小计 Subtotal	生产运营用水 The Quantity of Water for Production and Operation	公共服务用水 The Quantity of Water for Public Service
山 东	**329.63**	**97.85**	**129**	**64**	**11994.58**	**64087.21**	**57297.04**	**17741.03**	**5345.03**
平阴县	3.00	3.00	2	2	186.35	1187.00	1036.00	433.00	71.00
商河县	3.00		1		296.99	724.45	629.95	229.61	70.76
桓台县	7.00	5.00	2	2	278.00	1722.00	1558.00	377.90	233.70
高青县	5.00		2		186.21	653.06	570.55	124.26	31.78
沂源县	7.00	4.00	4	2	245.46	1311.81	1240.73	650.22	46.79
利津县	16.00		2		194.72	1971.60	1850.97	1502.50	23.50
广饶县	5.50	5.50	2	2	201.40	857.00	770.97	78.44	183.03
临朐县	5.00		1		210.81	1236.92	1118.61	452.63	
昌乐县	11.50		2		206.14	2643.93	2556.55	1605.89	5.62
微山县	3.90	3.90	2	2	130.37	913.60	770.11	122.33	130.00
鱼台县	3.00	2.50	2	1	174.00	815.03	639.97	91.81	43.58
金乡县	3.20	2.50	3	2	544.00	1161.00	949.00	90.00	40.00
嘉祥县	5.00	5.00	2	2	118.04	1130.43	913.24	228.05	32.03
汶上县	5.00	5.00	4	4	315.95	1274.00	1019.00	203.80	35.00
泗水县	5.00	5.00	8	8	133.85	1071.97	889.37	324.00	52.14
梁山县	1.50	1.50	1	1	140.00	747.00	621.00	142.00	62.00
宁阳县	3.00	3.00	2	2	280.90	831.10	756.28	144.46	49.42
东平县	3.10	3.10	2	2	364.48	1067.18	865.84	195.00	89.71
五莲县	5.70		4		213.61	1111.69	1028.50	410.00	159.00
莒 县	13.00		3		274.31	3768.00	3395.00	2240.00	401.00
沂南县	5.00		2		226.17	1800.00	1518.00	568.00	228.00
郯城县	6.00	6.00	3	3	198.40	1442.66	1320.76	105.00	94.76
沂水县	11.80	0.80	7	1	688.42	2993.00	2700.00	1343.00	209.00
兰陵县	18.40	8.90	5	4	321.00	3232.24	3069.54	764.60	328.50
费 县	8.00		3		355.30	1572.02	1353.10	506.70	50.90
平邑县	6.00	6.00	2	2	276.00	1100.00	923.80	129.20	140.60
莒南县	6.73		3		416.53	1795.83	1563.28	384.03	123.04
蒙阴县	3.20	1.00	5	2	135.74	655.80	574.00	65.00	173.00
临沭县	5.50		2		216.64	1655.00	1420.00	422.00	33.00
宁津县	7.00		2		198.90	688.59	616.71	162.92	122.58
庆云县	6.80		2		130.00	584.00	526.00	70.00	72.00
临邑县	7.00		2		213.17	1796.30	1622.36	904.66	31.90
齐河县	11.50	11.50	4	4	239.37	1143.41	1041.65	371.04	139.04
平原县	3.00		1		140.10	919.89	859.08	98.60	163.63
夏津县	5.00		1		201.19	919.00	827.28	4.00	378.32
武城县	4.00		1		285.00	565.00	510.00	66.00	55.00
阳谷县	6.00	5.00	1	1	234.70	1451.00	1392.00	120.00	50.00

continued

Total Quantity of Water Supply($10,000m^3$) Water Sold 居民家庭用水 The Quantity of Water for Household Use	其他用水 The Quantity of Water for Other Purposes	免费供水量 The Quantity of Free Water Supply	生活用水 Domestic Water Use	漏损水量 The Lossed Water	用水户数(户) Number of Households with Access to Water Supply (unit)	家庭用户 Household User	用水人口(万人) Population with Access to Water Supply (10,000 persons)	县名称 Name of Counties
32686.55	**1524.43**	**449.41**	**99.59**	**6340.76**	**2403115**	**2233219**	**987.70**	**山　东**
532.00				151.00	28549	26532	13.05	平阴县
329.16	0.42			94.50	16779	16730	10.88	商河县
946.40				164.00	49006	45075	13.58	桓台县
384.84	29.67			82.51	37357	32158	9.48	高青县
529.70	14.02			71.08	47225	45746	14.90	沂源县
324.97				120.63	12259	11912	8.56	利津县
509.20	0.30	12.00		74.03	12722	11262	16.48	广饶县
665.90	0.08			118.31	1824	1090	28.31	临朐县
943.64	1.40			87.38	1857	1018	25.79	昌乐县
517.17	0.61	10.38		133.11	44933	44270	16.42	微山县
469.58	35.00	38.60		136.46	36300	35798	11.29	鱼台县
797.00	22.00	13.00		199.00	65021	47852	20.63	金乡县
646.84	6.32	62.03	6.60	155.16	41460	40028	16.65	嘉祥县
713.30	66.90	40.00		215.00	89000	85000	16.42	汶上县
504.13	9.10	11.60		171.00	59655	57249	16.99	泗水县
417.00		21.00		105.00	36859	35574	16.06	梁山县
562.40		13.32	13.30	61.50	40850	38600	14.57	宁阳县
569.15	11.98	20.81	20.81	180.53	68230	63995	19.08	东平县
457.00	2.50			83.19	56656	56175	15.31	五莲县
754.00				373.00	65000	64419	23.16	莒　县
596.00	126.00			282.00	36011	33489	16.69	沂南县
1121.00				121.90	52837	15344	21.04	郯城县
987.00	161.00			293.00	97976	92486	39.47	沂水县
1976.44		13.80	12.80	148.90	151639	134233	47.78	兰陵县
714.23	81.27			218.92	50420	42640	23.09	费　县
620.40	33.60	29.00		147.20	44000	43700	22.55	平邑县
1053.01	3.20	6.00		226.55	25052	21910	27.64	莒南县
323.00	13.00	29.50		52.30	38432	38389	14.57	蒙阴县
949.00	16.00	24.00	9.00	211.00	54266	54116	22.77	临沭县
331.21				71.88	58363	55954	16.45	宁津县
352.00	32.00			58.00	44206	44206	14.80	庆云县
559.30	126.50	31.90		142.04	68761	68555	26.20	临邑县
520.63	10.94			101.76	91183	91183	29.00	齐河县
539.49	57.36			60.81	42922	37668	16.80	平原县
426.88	18.08			91.72	38111	33105	20.00	夏津县
389.00				55.00	35966	35566	10.79	武城县
1191.00	31.00			59.00	21566	17785	13.77	阳谷县

5-5 续表 15

县名称 Name of Counties	综合生产能力(万立方米/日) Integrated Production Capacity (10,000m³/day)	地下水 Underground Water	水厂个数(个) Number of Water Plants (unit)	地下水 Underground Water	供水管道长度(公里) Length of Water Supply Pipelines (km)	供水总量(万立方米) 合计 Total	售水量 小计 Subtotal	生产运营用水 The Quantity of Water for Production and Operation	公共服务用水 The Quantity of Water for Public Service
莘　县	6.00		1		163.77	769.06	733.06	46.00	12.00
东阿县	5.00	5.00	2	2	133.48	502.39	413.35	16.38	68.39
冠　县	2.00	2.00	2	2	190.00	691.00	640.00	121.00	2.00
高唐县	10.00		1		159.08	910.00	828.00	78.00	104.00
惠民县	6.00		1		118.20	817.48	736.73	15.40	76.70
阳信县	8.00		2		127.02	855.31	783.79	354.84	80.11
无棣县	7.50		2		197.51	1011.81	941.91	379.56	7.56
博兴县	5.80	0.80	9	8	97.65	809.30	719.92	45.16	65.46
曹　县	7.50		2		214.30	1951.79	1790.01	202.23	232.28
单　县	5.00		1		329.57	711.00	603.00	28.00	120.00
成武县	1.00	1.00	1	1	75.43	259.21	234.56		12.50
巨野县	13.00		2		173.70	1203.00	1074.00	120.00	115.00
郓城县	9.50	0.35	3	2	529.60	1205.00	1060.00	180.00	80.00
鄄城县	2.00	0.50	1		154.00	523.35	498.51	123.81	30.70
东明县	6.00		2		159.05	1355.00	1223.00	300.00	185.00
河　南	**467.34**	**153.83**	**142**	**83**	**13658.15**	**73930.64**	**64370.90**	**8706.27**	**8047.95**
中牟县	10.50	3.00	3	2	150.12	955.95	860.95	22.50	70.26
杞　县	1.60	1.60	1	1	87.50	490.20	440.57	55.57	70.00
通许县	3.50	3.50	1	1	109.20	576.30	524.73	17.41	67.79
尉氏县	2.20	2.20	2	2	144.23	541.00	475.00	24.00	29.00
兰考县	4.50	4.50	1	1	353.77	1191.95	1002.70	438.11	72.00
新安县	3.50	3.50	2	2	89.66	834.20	734.20		110.10
栾川县	4.50		4		225.80	712.00	635.00	149.00	11.00
嵩　县	3.00	3.00	2	2	34.60	610.20	480.00	89.70	43.50
汝阳县	4.00	4.00	2		100.00	733.00	560.00	76.00	91.00
宜阳县	6.00	4.50	5	5	339.50	1156.00	1029.00		298.00
洛宁县	3.30	3.30	2	2	52.00	470.90	376.10	61.81	4.70
伊川县	3.00	3.00	2	2	124.63	898.06	798.90		176.00
宝丰县	2.35		1		91.00	857.75	776.33	69.07	190.18
叶　县	5.80		1		53.21	986.69	898.69	45.00	36.87
鲁山县	5.00	2.00	2	1	109.02	1075.00	960.00	461.00	92.00
郏　县	6.00		3	2	205.00	1020.00	907.00	28.00	97.00
安阳县	67.30				41.00	67.30	58.50	3.00	1.10
汤阴县	4.00		2	1	120.34	1313.00	1148.00	63.00	231.00
滑　县	5.50		1	1	222.10	1421.10	1271.20	117.10	280.40
内黄县	7.70		2		88.07	836.00	680.52		
浚　县	4.00	1.00	2	1	155.90	943.36	863.98	19.42	56.41
淇　县	3.50		1	1	76.00	690.41	650.39		
新乡县	3.00		1		107.00	270.99	230.81	65.00	5.00
获嘉县	5.00		1	1	130.00	542.27	450.93	23.00	73.31

continued

Total Quantity of Water Supply($10,000m^3$)					用水户数(户) Number of Households with Access to Water Supply (unit)		用水人口(万人) Population with Access to Water Supply (10,000 persons)	县名称 Name of Counties
Water Sold		免费供水量 The Quantity of Free Water Supply		漏损水量 The Lossed Water				
居民家庭用水 The Quantity of Water for Household Use	其他用水 The Quantity of Water for Other Purposes		生活用水 Domestic Water Use			家庭用户 Household User		
486.05	189.01			36.00	44596	41553	17.40	莘　县
274.34	54.24	20.42	8.55	68.62	37564	36249	12.14	东阿县
517.00				51.00	59000	58968	20.65	冠　县
646.00				82.00	51400	49000	20.37	高唐县
644.63				80.75	42560	40000	19.90	惠民县
348.70	0.14			71.52	22542	21789	8.84	阳信县
554.79				69.90	22699	22594	11.11	无棣县
603.55	5.75			89.38	61582	61278	17.01	博兴县
1222.46	133.04			161.78	86710	78039	30.30	曹　县
440.00	15.00	16.00	3.00	92.00	22414	21000	19.50	单　县
222.06				24.65	5205	3944	11.20	成武县
804.00	35.00	10.00		119.00	57941	54525	27.10	巨野县
800.00		25.00	25.00	120.00	80641	80061	32.00	郓城县
344.00		1.05	0.53	23.79	7936	7547	11.51	鄄城县
556.00	182.00			132.00	37072	35860	17.65	东明县
43186.93	**4429.75**	**2540.66**	**226.80**	**7019.08**	**3792755**	**3530127**	**1358.28**	**河　南**
765.39	2.80	22.44		72.56	58732	57667	12.38	中牟县
315.00				49.63	18980	18530	8.35	杞　县
390.84	48.69	0.80		50.77	33000	31000	9.00	通许县
413.00	9.00	35.00		31.00	30002	26100	9.72	尉氏县
492.59		72.00		117.25	62346	62192	25.06	兰考县
592.10	32.00	10.00		90.00	36715	31998	15.20	新安县
455.00	20.00	22.00	15.00	55.00	13013	11882	12.20	栾川县
337.93	8.87	31.00		99.20	10700	9378	10.58	嵩　县
368.00	25.00	19.00	17.00	154.00	34479	24079	8.00	汝阳县
648.00	83.00			127.00	35437	34223	19.40	宜阳县
309.59				94.80	30692	27382	13.20	洛宁县
594.00	28.90			99.16	22186	13561	21.30	伊川县
509.44	7.64	4.20		77.22	28100	23600	15.64	宝丰县
405.82	411.00			88.00	41926	39375	12.50	叶　县
371.00	36.00	35.00	35.00	80.00	48660	46122	16.99	鲁山县
443.00	339.00	20.00		93.00	32000	28150	13.00	郏　县
54.00	0.40			8.80	8500	8200	2.55	安阳县
845.00	9.00			165.00	73154	67301	13.20	汤阴县
686.00	187.70	13.10	9.60	136.80	92200	88800	23.40	滑　县
585.00	95.52			155.48	36002	31730	10.61	内黄县
592.49	195.66			79.38	43349	41100	19.03	浚　县
464.66	185.73			40.02	34840	34071	11.28	淇　县
160.81				40.18	20973	20670	7.92	新乡县
354.62		10.00		81.34	45340	42166	13.00	获嘉县

5-5 续表 16

县名称 Name of Counties	综合生产能力(万立方米/日) Integrated Production Capacity (10,000m³/day)	地下水 Under-ground Water	水厂个数(个) Number of Water Plants (unit)	地下水 Under-ground Water	供水管道长度(公里) Length of Water Supply Pipelines (km)	供水总量(万立方米) 合计 Total	售水量 小计 Subtotal	生产运营用水 The Quantity of Water for Production and Operation	公共服务用水 The Quantity of Water for Public Service
原阳县	3.00	3.00	1	1	540.75	712.59	629.63	143.72	84.93
延津县	4.50		2	1	101.31	841.80	677.80	366.00	6.20
封丘县	3.00		1	1	160.90	592.00	538.00		
修武县	4.00		1		117.06	536.07	477.42	122.28	95.54
博爱县	8.00		2		167.60	1201.00	996.00	283.00	144.00
武陟县	5.00	3.00	2	1	147.75	1450.38	1367.40	128.41	78.67
温　县	3.45		1		87.20	818.44	669.94	207.56	25.20
清丰县	9.00		3	2	161.93	844.00	734.00	70.00	27.00
南乐县	6.70	1.70	2	1	157.92	599.02	518.97	124.50	50.25
范　县	2.50	0.50	2	1	73.49	606.00	525.00	135.00	53.00
台前县	6.20	6.20	2	2	69.36	735.00	673.00	118.00	35.00
濮阳县	4.00		1		231.00	775.00	672.00	42.00	55.00
鄢陵县	5.00		1		190.90	561.42	524.42	13.12	102.00
襄城县	4.10	0.60	2	1	135.80	382.30	336.90		
舞阳县	3.00		1		172.07	685.27	463.12	5.90	126.50
临颍县	6.00		2		155.80	1309.83	1259.63	327.00	214.01
渑池县	6.50	1.60	1	1	69.90	550.00	497.00	197.00	46.00
卢氏县	2.00	2.00	2	2	90.38	605.00	565.00	190.00	
南召县	5.00		1		250.64	1096.00	747.00	127.50	71.50
方城县	9.50		2	1	437.50	1200.00	1065.00	85.00	220.00
西峡县	3.50		2	2	230.20	974.00	833.00	199.92	208.25
镇平县	8.30		3		185.03	1098.00	965.00	170.00	101.00
内乡县	4.50	1.50	2	1	219.59	970.00	895.00	320.00	120.00
淅川县	5.50	5.50	3	3	210.94	1121.80	1075.00	115.00	225.00
社旗县	2.50	2.50	1	1	168.83	763.00	672.30	131.50	101.00
唐河县	5.00		2		236.51	1728.00	1468.00	88.00	170.00
新野县	7.21	1.30	3	1	141.73	1430.00	1294.70	390.00	355.00
桐柏县	6.00		3		165.28	912.32	768.00	295.00	85.00
民权县	8.50		3	2	167.35	1045.00	941.00	98.00	18.00
睢　县	6.00	6.00	3	3	229.89	1008.00	897.00	195.00	100.00
宁陵县	2.50	2.50	1	1	89.00	628.50	568.50	77.00	86.50
柘城县	5.00	3.00	2	1	94.60	780.00	720.00	100.00	80.00
虞城县	3.00	3.00	1	1	107.00	957.00	834.80	20.80	166.00
夏邑县	6.80	6.80	2	2	110.00	769.00	657.00	60.00	50.00
罗山县	5.00		2		81.10	1230.00	1025.00	19.00	121.00
光山县	10.00		1		305.60	1758.50	1386.50	69.80	74.90
新　县	5.30		1		107.00	1146.00	815.52	44.43	42.36
商城县	3.00		2		167.10	806.90	713.00	40.00	16.10
固始县	16.00		2		289.31	2274.00	2049.00	203.00	512.00

continued

Total Quantity of Water Supply(10,000m³)					用水户数(户) Number of Households with Access to Water Supply (unit)		用水人口(万人) Population with Access to Water Supply (10,000 persons)	县名称 Name of Counties
Water Sold 居民家庭用水 The Quantity of Water for Household Use	其他用水 The Quantity of Water for Other Purposes	免费供水量 The Quantity of Free Water Supply	生活用水 Domestic Water Use	漏损水量 The Lossed Water		家庭用户 Household User		
384.19	16.79	1.10		81.86	49727	44196	10.94	原阳县
295.00	10.60	75.00		89.00	24817	21195	10.00	延津县
310.00	228.00			54.00	45110	29339	12.80	封丘县
259.60		5.20		53.45	18868	17732	6.80	修武县
503.00	66.00	60.00		145.00	34369	33099	13.96	博爱县
622.52	537.80			82.98	66451	59966	26.58	武陟县
430.70	6.48			148.50	50661	45815	11.32	温　县
628.00	9.00			110.00	44200	44150	13.50	清丰县
332.72	11.50	14.30		65.75	27070	26210	9.44	南乐县
337.00		32.40		48.60	25450	23214	6.86	范　县
520.00				62.00	31055	30565	10.50	台前县
540.00	35.00			103.00	58000	57745	16.00	濮阳县
407.00	2.30			37.00	31000	29000	13.62	鄢陵县
227.20	109.70			45.40	18240	17107	9.03	襄城县
330.72		160.48		61.67	41736	40141	12.00	舞阳县
437.62	281.00	0.20		50.00	68123	61798	20.40	临颍县
244.00	10.00	10.00		43.00	35363	34992	11.32	渑池县
270.00	105.00	10.00		30.00	25900	25900	7.84	卢氏县
410.00	138.00	257.00		92.00	23680	23620	11.10	南召县
750.00	10.00	20.00		115.00	61910	61438	27.02	方城县
416.50	8.33			141.00	58338	56371	20.00	西峡县
639.00	55.00	27.00		106.00	50542	47865	16.44	镇平县
380.00	75.00	25.00		50.00	36100	33940	14.53	内乡县
711.00	24.00	3.50	0.80	43.30	54180	53446	26.75	淅川县
417.20	22.60	14.70	0.58	76.00	53665	51820	20.38	社旗县
1120.00	90.00	90.00		170.00	71847	71847	24.55	唐河县
459.10	90.60	40.00	20.00	95.30	40542	39148	18.99	新野县
346.30	41.70	86.11	27.90	58.21	48600	37000	12.75	桐柏县
825.00		82.00		22.00	50000	33000	14.13	民权县
602.00		12.50	12.50	98.50	48185	44350	16.73	睢　县
405.00				60.00	15210	14050	7.80	宁陵县
520.00	20.00	30.00		30.00	41000	40000	21.00	柘城县
648.00		0.60		121.60	30580	30070	15.00	虞城县
547.00		5.00		107.00	60882	58500	19.00	夏邑县
881.00	4.00	165.00	2.00	40.00	58687	55913	23.00	罗山县
1233.20	8.60	191.00	31.00	181.00	59737	42891	26.12	光山县
710.52	18.21	132.68	31.00	197.80	55000	44000	14.40	新　县
653.00	3.90	31.00		62.90	54946	40315	14.90	商城县
1332.00	2.00	60.00		165.00	75452	74983	38.62	固始县

5-5 续表 17

县名称 Name of Counties	综合生产能力(万立方米/日) Integrated Production Capacity (10,000m³/day)	地下水 Underground Water	水厂个数(个) Number of Water Plants (unit)	地下水 Underground Water	供水管道长度(公里) Length of Water Supply Pipelines (km)	供水总量(万立方米) 合计 Total	售水量 小计 Subtotal	生产运营用水 The Quantity of Water for Production and Operation	公共服务用水 The Quantity of Water for Public Service
潢川县	10.00		1		311.59	1404.13	1202.14	18.41	212.35
淮滨县	5.80	5.80	2	2	107.94	710.00	663.50	72.63	42.55
息　县	3.50	3.50	1	1	220.70	626.00	518.00	2.00	2.00
扶沟县	3.00	3.00	1	1	139.61	650.00	592.75	59.00	52.00
西华县	3.00	3.00	1	1	111.09	658.37	563.27	57.70	64.57
商水县	9.03	4.03	3		290.44	726.00	546.20	64.60	76.20
沈丘县	4.30	2.80	1	1	443.00	934.00	818.00	185.00	106.00
郸城县	5.70	5.70	1	1	94.00	374.00	299.00	13.00	63.00
太康县	3.00	3.00	1	1	285.81	850.75	725.50	85.00	22.00
鹿邑县	5.20	5.20	1	1	173.12	1279.46	1143.34	1.50	15.00
西平县	5.50	5.50	2	2	150.00	1049.00	717.00	65.00	
上蔡县	2.70	2.70	2	2	49.50	746.00	661.00	137.00	34.00
平舆县	3.03	3.03	2	2	109.50	964.00	882.00	320.00	61.00
正阳县	2.81	2.81	1	1	118.46	568.00	497.63	72.10	108.18
确山县	4.00		1	1	145.28	1320.00	1210.00	180.00	130.00
泌阳县	4.00	4.00	1		196.27	1533.00	1430.36	38.34	309.81
汝南县	4.29	4.29	2	2	158.70	1076.00	970.64	61.00	369.00
遂平县	2.47	2.47	2	2	116.64	701.42	641.40	0.73	98.70
新蔡县	3.20	3.20	1	1	401.53	1065.74	960.12	123.13	108.06
湖　北	**228.21**		**66**		**7711.40**	**39964.37**	**32347.05**	**6903.34**	**3229.32**
阳新县	20.00		2		191.46	2451.63	2106.47	636.22	62.63
郧西县	3.60		2		66.00	878.00	745.00	120.00	50.00
竹山县	5.00		3		203.50	744.86	617.52	118.00	125.00
竹溪县	3.00		1		316.00	659.00	621.00	26.00	53.00
房　县	5.00		2		100.20	693.59	595.33	87.18	38.00
远安县	5.00		1		242.90	626.00	573.31	233.10	28.00
兴山县	2.00		1		67.70	386.47	296.34	62.54	46.89
秭归县	4.50		3		207.67	866.00	725.72		325.52
长阳土家族自治县	2.36		2		137.57	598.60	526.30	77.90	10.00
五峰土家族自治县	3.00		1		67.70	261.00	216.00	14.90	35.00
南漳县	10.00		2		280.80	1498.00	1299.00	450.00	100.00
谷城县	10.00		1		168.65	1163.00	730.00	103.00	171.00
保康县	2.00		2		65.50	419.00	377.10	3.00	70.00
沙洋县	9.00		1		319.66	1414.08	1056.48	255.23	99.89
孝昌县	6.00		1		255.00	1588.00	1235.00	269.00	82.00
大悟县	10.00		1		225.00	1427.70	1218.70	249.20	289.00
云梦县	6.00		1		283.00	1981.00	1603.00	320.00	
公安县	13.00		3		263.40	1785.82	1467.48	171.90	14.20
江陵县	5.00		1		189.99	828.62	674.46	182.76	78.32

continued

Total Quantity of Water Supply($10,000m^3$) Water Sold 居民家庭用水 The Quantity of Water for Household Use	其他用水 The Quantity of Water for Other Purposes	免费供水量 The Quantity of Free Water Supply	生活用水 Domestic Water Use	漏损水量 The Lossed Water	用水户数(户) Number of Households with Access to Water Supply (unit)	家庭用户 Household User	用水人口(万人) Population with Access to Water Supply (10,000 persons)	县名称 Name of Counties
774.05	197.33	104.83		97.16	83550	83000	36.64	潢川县
518.42	29.90			46.50	59049	59006	14.87	淮滨县
512.00	2.00	49.00		59.00	52750	51600	21.16	息　县
448.75	33.00	2.00		55.25	56923	53571	11.81	扶沟县
379.00	62.00			95.10	41400	38502	10.00	西华县
405.40		120.00		59.80	74667	73637	26.00	商水县
465.00	62.00	10.00	10.00	106.00	48000	46200	22.54	沈丘县
209.00	14.00	42.00		33.00	9362	9362	5.60	郸城县
598.00	20.50	21.00		104.25	64800	63495	23.05	太康县
1121.64	5.20	11.10		125.02	101540	100382	35.03	鹿邑县
652.00		230.00		102.00	77317	72685	20.45	西平县
475.00	15.00			85.00	48000	47750	19.00	上蔡县
501.00				82.00	82770	79845	25.45	平舆县
317.35		14.42	14.42	55.95	25150	22913	19.97	正阳县
750.00	150.00			110.00	43580	40800	15.03	确山县
1051.21	31.00			102.64	57088	50200	19.89	泌阳县
534.64	6.00			105.36	69438	67429	26.22	汝南县
508.49	33.48			60.02	60810	58617	20.56	遂平县
727.61	1.32			105.62	100012	95125	35.38	新蔡县
20543.19	**1671.20**	**2118.01**	**374.45**	**5499.31**	**1556136**	**1250454**	**443.73**	**湖　北**
710.41	697.21	2.38		342.78	99542	72000	15.85	阳新县
545.00	30.00	53.00	21.00	80.00	30660	29447	9.86	郧西县
330.46	44.06	52.70	19.00	74.64	38962	30325	10.30	竹山县
527.00	15.00	10.00		28.00	42300	42000	9.89	竹溪县
448.30	21.85	18.26		80.00	30626	25383	13.07	房　县
312.21		12.36		40.33	22194	21674	5.00	远安县
186.91		40.66		49.47	16833	5684	4.35	兴山县
399.48	0.72	10.00		130.28	30736	29369	12.91	秭归县
438.40		12.50		59.80	17330	17330	8.69	长阳土家族自治县
166.10		14.00		31.00	13004	12828	4.50	五峰土家族自治县
728.00	21.00			199.00	49528	27735	14.72	南漳县
455.00	1.00	240.00		193.00	58148	57316	16.86	谷城县
290.00	14.10			41.90	13206	13190	5.81	保康县
481.84	219.52	149.62	0.09	207.98	38760	30200	9.92	沙洋县
819.00	65.00	68.00		285.00	77523	47739	18.00	孝昌县
650.50	30.00	20.00	13.00	189.00	47562	46443	13.00	大悟县
1274.00	9.00			378.00	62000	58700	19.55	云梦县
1190.20	91.18	50.00		268.34	61770	58798	20.00	公安县
409.50	3.88	6.16		148.00	25851	25110	5.90	江陵县

5-5 续表 18

县名称 Name of Counties	综合生产能力(万立方米/日) Integrated Production Capacity ($10,000m^3$/day)	地下水 Underground Water	水厂个数(个) Number of Water Plants (unit)	地下水 Underground Water	供水管道长度(公里) Length of Water Supply Pipelines (km)	供水总量(万立方米) 合计 Total	售水量 小计 Subtotal	生产运营用水 The Quantity of Water for Production and Operation	公共服务用水 The Quantity of Water for Public Service
团风县	5.00		2		103.00	1157.00	938.00	314.00	150.00
红安县	4.50		2		286.00	1919.00	1498.00	516.00	161.00
罗田县	10.00		3		220.05	1039.92	908.50	249.80	74.10
英山县	2.00		1		246.58	629.88	502.07		
浠水县	6.50		2		202.81	2163.93	1485.86	118.87	326.88
蕲春县	8.50		2		285.14	1750.00	1328.00	471.00	60.00
黄梅县	8.00		2		585.50	1520.00	1352.00	530.00	80.00
嘉鱼县	6.00		1		271.72	1220.51	1058.22	118.03	201.74
通城县	7.00		3		145.30	1101.80	985.80	104.30	50.50
崇阳县	10.00		2		145.00	1483.00	1231.00	210.00	148.00
通山县	6.50		2		594.00	876.00	750.00	13.00	31.00
随　县	2.35		1		156.33	299.77	298.71	56.76	3.69
建始县	5.00		2		200.90	1000.00	530.00	35.00	55.00
巴东县	4.00		1		138.98	628.08	458.77	136.79	80.36
咸丰县	4.90		2		85.60	1070.11	722.01	329.86	21.70
来凤县	6.00		2		165.00	764.00	690.00	166.00	20.00
鹤峰县	2.50		2		66.23	328.00	253.00	15.00	23.00
宣恩县	3.50		2		133.56	526.60	475.00	118.00	52.00
神农架林区	1.50		1		28.00	216.40	197.90	21.00	11.90
湖　南	**448.50**	**18.00**	**109**	**8**	**21029.79**	**99759.42**	**82261.10**	**15400.27**	**9205.82**
长沙县	33.00		3		1080.36	15748.00	13960.00	4589.00	1184.00
望城区	20.00		1		674.40	6734.51	5909.51	1368.54	1723.20
攸　县	8.50		3		548.50	1917.00	1362.00	142.00	158.00
茶陵县	10.00		3		322.81	1759.10	1281.87	133.00	106.01
炎陵县	2.00		1		204.40	557.00	382.00	80.50	66.50
湘潭县	11.00		2		526.06	2178.95	1797.66	745.03	
衡阳县	10.20		2		1391.00	1666.90	1221.90	276.80	29.60
衡南县	6.00		1		185.00	506.00	418.50	60.00	83.00
衡山县	3.00		1		157.60	1137.81	836.49	308.00	71.22
衡东县	4.00		1		95.00	1167.98	916.98	64.00	93.00
祁东县	6.00		3		1282.70	1766.21	1522.39	128.35	273.09
南岳区	3.10		2		104.95	496.80	334.00		80.00
新邵县	5.00		1		428.00	1271.77	953.28	82.40	184.40
邵阳县	6.00		1		240.00	1021.00	965.00	154.00	85.00
隆回县	10.00		1		141.51	1573.22	1379.54	202.68	309.00
洞口县	6.00		1		244.00	1036.72	802.51	136.29	73.46
绥宁县	2.00		1		188.00	528.00	499.20	75.30	45.40
新宁县	4.00		1		441.04	695.00	635.00	18.00	48.00
城步苗族自治县	3.00		1		126.00	449.00	361.00	20.00	46.00

continued

Total Quantity of Water Supply(10,000m³)					用水户数(户)		用水人口(万人)	县名称
Water Sold		免费供水量		漏损水量		家庭用户		
居民家庭用水 The Quantity of Water for Household Use	其他用水 The Quantity of Water for Other Purposes	免费供水量 The Quantity of Free Water Supply	生活用水 Domestic Water Use	漏损水量 The Lossed Water	用水户数(户) Number of Households with Access to Water Supply (unit)	家庭用户 Household User	用水人口(万人) Population with Access to Water Supply (10,000 persons)	县名称 Name of Counties
468.00	6.00	44.00	44.00	175.00	20123	20123	8.10	团风县
793.00	28.00	302.00	183.00	119.00	51322	49359	15.50	红安县
578.00	6.60	21.52		109.90	42140	41540	11.42	罗田县
373.77	128.30	9.12		118.69	28295	22935	10.00	英山县
1040.11		26.50		651.57	69400	67263	23.55	浠水县
797.00		120.00		302.00	101182	10118	22.67	蕲春县
724.00	18.00	16.00		152.00	82900	81960	14.55	黄梅县
730.86	7.59			162.29	47896	4099	14.60	嘉鱼县
801.00	30.00	36.00	21.50	80.00	48387	46298	18.73	通城县
860.00	13.00	12.00	2.50	240.00	48200	47100	15.85	崇阳县
672.00	34.00	58.00	42.00	68.00	45122	42162	15.74	通山县
230.56	7.70	1.00		0.06	17048	16818	4.00	随　县
390.00	50.00	383.00	10.00	87.00	22642	20401	10.15	建始县
235.15	6.47	72.00		97.31	37272	31352	7.30	巴东县
334.43	36.02	204.43	3.36	143.67	32742	27696	9.09	咸丰县
484.00	20.00	15.00		59.00	34699	28146	8.04	来凤县
203.00	12.00	20.00	15.00	55.00	11715	10500	6.71	鹤峰县
301.00	4.00	1.20		50.40	28326	24185	6.05	宣恩县
165.00		16.60		1.90	10190	7128	3.50	神农架林区
53674.50	**3980.51**	**5099.88**	**1424.90**	**12398.44**	**3476672**	**3065306**	**1103.27**	**湖　南**
6768.00	1419.00	77.00	7.00	1711.00	41010	36373	74.21	长沙县
2704.75	113.02			825.00	112466	109489	66.95	望城区
1062.00		182.00	53.00	373.00	64700	63700	27.83	攸　县
1042.86		227.10	17.39	250.13	55926	47533	22.56	茶陵县
235.00		55.00	4.00	120.00	26689	22251	4.90	炎陵县
1041.71	10.92	53.13	6.36	328.16	102000	91700	15.03	湘潭县
778.50	137.00	161.00	18.00	284.00	61934	53222	15.90	衡阳县
233.50	42.00	6.00	6.00	81.50	55710	48360	8.78	衡南县
452.25	5.02	125.32	1.16	176.00	23102	23102	20.36	衡山县
759.00	0.98	183.00	0.98	68.00	45789	41630	14.60	衡东县
1075.13	45.82	17.43	17.43	226.39	105000	92000	23.04	祁东县
254.00		75.80	35.00	87.00	11674	5000	6.60	南岳区
684.88	1.60	30.00	15.00	288.49	48626	45095	11.25	新邵县
721.00	5.00	3.78	3.78	52.22	41000	33679	14.09	邵阳县
662.86	205.00			193.68	127638	44898	28.20	隆回县
586.05	6.71	165.71		68.50	53646	51438	12.70	洞口县
326.00	52.50	28.60	18.20	0.20	27979	19552	7.21	绥宁县
558.00	11.00	3.00	0.19	57.00	38468	27058	15.16	新宁县
286.00	9.00	54.00	5.00	34.00	25652	22030	13.70	城步苗族自治县

5-5 续表 19

县名称 Name of Counties	综合生产能力(万立方米/日) Integrated Production Capacity ($10,000m^3$/day)	地下水 Underground Water	水厂个数(个) Number of Water Plants (unit)	地下水 Underground Water	供水管道长度(公里) Length of Water Supply Pipelines (km)	供水总量(万立方米) 合计 Total	售水量 小计 Subtotal	生产运营用水 The Quantity of Water for Production and Operation	公共服务用水 The Quantity of Water for Public Service
岳阳县	4.50		2		139.20	1278.00	1149.00	90.00	55.00
华容县	12.00		1		227.20	1944.50	1630.30	333.40	81.30
湘阴县	5.00	5.00	3	3	439.20	1667.44	1462.90	325.16	
平江县	16.50		2		194.43	1652.00	1571.00	120.00	60.00
安乡县	5.00		1		200.00	933.00	856.08	48.00	61.00
汉寿县	9.00	3.00	2	1	363.00	1960.87	1153.73	11.53	171.99
澧　县	9.00		1		340.00	2030.00	1341.00	202.00	82.00
临澧县	5.00		1		305.39	970.00	797.00	160.00	17.00
桃源县	6.00		1		345.50	1585.79	1422.49	206.74	26.56
石门县	10.00		1		250.00	1728.20	1307.00	192.00	121.00
慈利县	5.00		1		303.80	866.32	745.92	103.50	96.60
桑植县	3.00		2		495.10	632.00	529.00	118.00	16.00
南　县	7.00	7.00	2	2	347.24	1316.01	1272.30	210.23	64.03
桃江县	5.00		2		314.79	968.77	877.00	156.35	1.99
安化县	4.00		2		95.60	1061.00	845.00	161.00	164.00
大通湖区	1.00	1.00	1	1	75.21	260.41	213.14	45.60	29.40
桂阳县	10.00		2		406.00	2298.00	1861.00	535.00	211.00
宜章县	6.00		2		223.46	1063.82	895.63	18.00	260.50
永兴县	9.00		3		298.00	1247.00	995.00	108.00	89.00
嘉禾县	4.00		1		235.00	632.61	492.10	43.20	29.10
临武县	5.00		1		295.00	1377.00	1018.00	134.00	71.00
汝城县	8.00		2		300.00	648.00	634.00	131.00	22.20
桂东县	1.30		2		151.00	358.00	324.00	16.00	63.50
安仁县	4.50		2		260.00	655.00	540.00	65.00	75.00
东安县	4.50		1		282.00	1246.84	1066.44	270.78	43.62
双牌县	3.00		1		91.80	496.02	394.67	53.12	42.27
道　县	5.00		1		417.80	1584.89	1335.44	316.05	207.20
江永县	3.00		1		118.39	540.00	464.00	9.00	14.00
宁远县	9.00		3		475.20	2206.19	1961.79	213.70	207.88
蓝山县	4.00		1		460.00	987.00	841.00	142.00	12.00
新田县	9.00		2		190.30	1122.17	983.65	138.25	244.72
江华瑶族自治县	8.50		2		505.70	1615.20	1047.30	88.90	246.50
中方县	5.00		1		103.60	1242.54	1225.02	278.78	145.74
沅陵县	7.50		2		257.00	1250.10	1025.50	224.70	8.80
辰溪县	4.00		1		127.81	978.74	799.34	65.32	99.95
溆浦县	4.00		1		117.00	1029.57	765.57	43.50	168.81
会同县	3.00		1		153.00	565.00	470.00	11.00	214.00
麻阳苗族自治县	4.00		1		303.00	821.00	654.00	12.00	24.00
新晃侗族自治县	4.00		1		198.00	599.73	493.73	125.13	

continued

Total Quantity of Water Supply(10,000m³)					用水户数(户)		用水人口(万人)	县名称
Water Sold		免费供水量		漏损水量		家庭用户		
居民家庭用水 The Quantity of Water for Household Use	其他用水 The Quantity of Water for Other Purposes	The Quantity of Free Water Supply	生活用水 Domestic Water Use	The Lossed Water	Number of Households with Access to Water Supply (unit)	Household User	Population with Access to Water Supply (10,000 persons)	Name of Counties
995.00	9.00	43.00		86.00	56443	43251	14.00	岳阳县
1156.80	58.80	147.10	93.57	167.10	64228	60254	14.76	华容县
1124.14	13.60	6.20		198.34	53274	35283	13.67	湘阴县
1296.00	95.00	30.00		51.00	70119	70067	16.50	平江县
747.00	0.08	3.08		73.84	5860	4670	16.60	安乡县
946.06	24.15	484.64	388.49	322.50	67359	63421	15.50	汉寿县
927.00	130.00	365.00	88.00	324.00	104335	103535	23.45	澧　县
600.00	20.00	6.00	6.00	167.00	40000	39400	10.20	临澧县
1169.34	19.85	118.32	36.13	44.98	35320	35100	15.10	桃源县
810.00	184.00	121.20	0.20	300.00	78675	67271	18.50	石门县
545.70	0.12	37.80	4.68	82.60	51601	47941	13.60	慈利县
395.00		42.00	12.00	61.00	25326	24743	12.76	桑植县
706.80	291.24	24.03	8.65	19.68	44359	42136	14.20	南　县
650.77	67.89	20.97	20.97	70.80	49012	47907	13.84	桃江县
520.00		45.00	15.00	171.00	47200	41970	15.61	安化县
122.30	15.84	29.23	0.43	18.04	22250	20027	5.30	大通湖区
1082.00	33.00	298.00	102.00	139.00	111680	98470	29.85	桂阳县
614.41	2.72	11.99	1.09	156.20	46072	32333	14.86	宜章县
789.00	9.00	83.00	27.00	169.00	91450	81126	16.54	永兴县
407.30	12.50	90.30	30.60	50.21	28487	26875	11.75	嘉禾县
802.00	11.00	182.00	10.00	177.00	36000	33000	11.60	临武县
480.80		2.00	2.00	12.00	21200	17000	10.05	汝城县
226.00	18.50	18.00	18.00	16.00	18170	17270	6.50	桂东县
400.00		70.00		45.00	41000	39000	15.50	安仁县
748.30	3.74	62.40	2.50	118.00	58796	52443	19.00	东安县
271.07	28.21	69.84	4.10	31.51	17586	16867	8.79	双牌县
800.14	12.05	149.45	148.00	100.00	78468	78452	21.00	道　县
427.00	14.00	59.00	3.00	17.00	22000	14157	5.30	江永县
1505.69	34.52	95.40	26.93	149.00	91803	91803	26.38	宁远县
532.00	155.00	31.00	15.00	115.00	31000	28800	15.74	蓝山县
552.16	48.52	46.41	35.79	92.11	53661	48742	13.50	新田县
704.80	7.10	298.40	25.40	269.50	29214	28385	11.88	江华瑶族自治县
607.48	193.02	12.00	2.40	5.52	19418	18620	8.07	中方县
786.90	5.10	41.30	5.10	183.30	72893	72336	19.10	沅陵县
590.58	43.49	11.40	0.38	168.00	59906	52836	12.00	辰溪县
553.26		134.00	1.50	130.00	61000	55000	15.32	溆浦县
245.00		35.00	1.10	60.00	7400	7400	9.21	会同县
618.00		81.00		86.00	59268	50142	12.18	麻阳苗族自治县
365.10	3.50	4.00	3.90	102.00	41476	36970	8.72	新晃侗族自治县

5-5 续表 20

县名称 Name of Counties	综合生产能力(万立方米/日) Integrated Production Capacity ($10,000m^3$/day)	地下水 Underground Water	水厂个数(个) Number of Water Plants (unit)	地下水 Underground Water	供水管道长度(公里) Length of Water Supply Pipelines (km)	供水总量(万立方米) 合计 Total	售水量 小计 Subtotal	生产运营用水 The Quantity of Water for Production and Operation	公共服务用水 The Quantity of Water for Public Service
芷江侗族自治县	8.00		2		85.60	660.90	564.90	12.00	27.60
通道县	1.50		1		115.30	432.49	373.28	3.48	103.57
靖州县	5.00		1		155.00	909.97	741.33	148.33	
双峰县	7.00		2		385.70	1425.00	1237.00	130.00	75.00
新化县	9.00		2		437.82	1706.71	1416.87	282.26	32.64
泸溪县	3.00		1		103.42	607.88	487.75	33.09	84.20
凤凰县	7.50		2		226.50	1529.77	874.20	270.78	36.47
花垣县	6.00		2		180.00	1112.00	780.00	103.00	210.00
保靖县	2.00	2.00	1	1	69.70	645.00	534.00	98.50	68.50
古丈县	1.90		2		90.80	316.00	209.00	12.00	32.30
永顺县	5.00		1		117.90	1161.90	860.90	31.00	110.00
龙山县	7.50		2		276.00	1622.10	1183.00	166.00	218.00
广　东	**234.82**	**4.50**	**57**	**1**	**10458.88**	**50091.99**	**42062.47**	**9100.77**	**2955.82**
始兴县	2.00		1		119.60	814.33	691.38	216.67	6.74
仁化县	4.00		1		185.34	607.12	586.92	127.63	19.08
翁源县	3.00		2		67.68	855.07	672.27	100.20	18.90
乳源瑶族自治县	7.00		1		575.87	1532.47	1397.76	560.60	132.15
新丰县	4.50	4.50	2		213.00	851.00	764.00	23.00	15.20
南澳县	8.80		4		220.00	448.00	302.00	31.00	17.00
遂溪县	5.00		1		340.00	1364.69	1183.54		
徐闻县	4.30		2		566.63	1487.00	1198.00	380.00	
广宁县	6.00		1		234.47	781.00	742.16	33.21	44.73
怀集县	6.00		1		430.33	1165.19	1040.71	311.20	210.41
封开县	5.00		1		138.05	528.64	456.17	35.95	80.40
德庆县	4.00		1		159.00	1188.40	1010.40	146.87	125.00
博罗县	19.50		6	1	916.84	5268.74	4485.32	2120.63	135.99
惠东县	18.00		1		378.78	3325.81	3027.95	721.00	300.60
龙门县	8.00		1		141.79	1530.00	1317.00	471.00	36.00
大埔县	5.00		1		216.02	1225.81	815.47	87.54	45.56
丰顺县	6.00		1		226.94	1134.26	955.94	231.93	6.56
五华县	12.00		1		167.00	2905.00	1696.00	273.00	160.00
平远县	2.00		1		178.11	679.00	579.00	69.48	6.32
蕉岭县	5.00		1		262.00	863.80	778.80	128.00	
海丰县	15.00		2		841.42	3150.50	2721.00	181.00	328.00
陆河县	3.00		1		164.00	766.00	631.00	60.00	
紫金县	9.00		2		121.00	1123.00	782.00	69.00	160.00
龙川县	7.92		5		239.85	1530.80	1307.00	128.00	6.00
连平县	3.00		1		84.56	437.19	401.67	37.63	
和平县	5.00		1		130.96	1138.16	898.46	219.64	3.11

continued

Total Quantity of Water Supply(10,000m³)					用水户数(户) Number of Households with Access to Water Supply (unit)		用水人口(万人) Population with Access to Water Supply (10,000 persons)	县名称 Name of Counties
Water Sold		免费供水量 The Quantity of Free Water Supply		漏损水量 The Lossed Water		家庭用户 Household User		
居民家庭用水 The Quantity of Water for Household Use	其他用水 The Quantity of Water for Other Purposes		生活用水 Domestic Water Use					
524.00	1.30	11.00	6.00	85.00	56616	48000	13.42	芷江侗族自治县
266.23		3.86	0.51	55.35	23128	17258	5.90	通道县
593.00		0.50	0.50	168.14	45658	42033	11.60	靖州县
994.00	38.00	35.00	18.00	153.00	34920	33620	15.15	双峰县
986.41	115.56	1.19	1.19	288.65	87000	73971	28.00	新化县
367.52	2.94	16.50	2.40	103.63	34866	22756	8.78	泸溪县
466.95	100.00	18.00	2.50	637.57	39292	39292	11.58	凤凰县
460.00	7.00	75.00	6.50	257.00	25600	21850	9.28	花垣县
354.00	13.00	22.00	17.00	89.00	35150	34200	8.50	保靖县
161.00	3.70	12.00	2.30	95.00	21753	21283	5.12	古丈县
698.00	21.90	27.50	17.60	273.50	39175	38062	11.98	永顺县
751.00	48.00	20.00	2.00	419.10	51196	49868	14.46	龙山县
27312.65	**2693.23**	**748.50**	**168.71**	**7281.02**	**1592231**	**1405225**	**508.15**	**广　东**
363.84	104.13	0.07	0.07	122.88	21777	17364	9.25	始兴县
417.85	22.36	0.74		19.46	19156	12984	6.12	仁化县
553.17		52.80	30.00	130.00	39878	39022	12.68	翁源县
683.58	21.43			134.71	41721	36784	10.13	乳源瑶族自治县
687.60	38.20			87.00	45152	39028	9.16	新丰县
254.00		20.00		126.00	15796	13582	4.35	南澳县
831.51	352.03	24.21	24.21	156.94	72450	68157	22.98	遂溪县
386.00	432.00			289.00	33530	29995	23.06	徐闻县
450.96	213.26	23.49		15.35	63087	54108	12.91	广宁县
513.10	6.00	3.56	3.56	120.92	65789	45879	18.56	怀集县
339.46	0.36	1.57	1.57	70.90	29366	26512	6.38	封开县
554.21	184.32			178.00	35229	30570	6.35	德庆县
1988.28	240.42	60.23	2.23	723.19	77466	65362	37.32	博罗县
1997.22	9.13	4.28	4.28	293.58	70169	67016	26.32	惠东县
810.00				213.00	19500	14500	7.80	龙门县
645.73	36.64	136.20		274.14	65471	57333	12.29	大埔县
714.02	3.43	1.76		176.56	37318	31801	14.59	丰顺县
1153.00	110.00			1209.00	72324	59932	24.85	五华县
474.25	28.95			100.00	26659	22802	8.58	平远县
650.80				85.00	41276	34819	8.23	蕉岭县
2069.00	143.00	126.00		303.50	87387	79246	29.93	海丰县
551.00	20.00			135.00	15000	14495	8.82	陆河县
550.00	3.00	26.00		315.00	30464	25800	16.28	紫金县
1070.00	103.00	31.80	1.80	192.00	70177	67326	26.52	龙川县
328.84	35.20	35.50		0.02	20000	20000	7.50	连平县
671.15	4.56	2.59	2.59	237.11	35508	31124	12.73	和平县

5-5 续表 21

县名称 Name of Counties	综合生产能力(万立方米/日) Integrated Production Capacity ($10,000m^3$/day)	地下水 Under-ground Water	水厂个数(个) Number of Water Plants (unit)	地下水 Under-ground Water	供水管道长度(公里) Length of Water Supply Pipelines (km)	供水总量(万立方米) 合计 Total	售水量 小计 Subtotal	生产运营用水 The Quantity of Water for Production and Operation	公共服务用水 The Quantity of Water for Public Service
东源县					28.02	612.14	521.45		10.95
阳西县	7.50		2		288.84	1920.64	1678.82	285.18	376.11
阳山县	6.00		2		341.17	1142.18	954.02	25.00	42.00
连山壮族瑶族自治县	1.80		2		60.72	317.00	256.00		18.00
连南瑶族自治县	4.50		2		156.20	449.71	415.71	9.98	88.29
佛冈县	5.00		1		95.18	1852.88	1563.30	297.93	399.62
饶平县	14.50		1		580.60	2386.75	2159.95	751.30	111.10
揭西县	2.00		1		160.84	608.85	561.40		
惠来县	7.00		1		76.00	880.00	876.00	78.00	52.00
新兴县	5.00		1		1171.77	2325.86	1915.90	699.20	
郁南县	3.50		1		180.30	895.00	718.00	190.00	
广 西	**216.25**	**8.46**	**82**	**9**	**9017.83**	**46153.02**	**39804.64**	**7027.20**	**4844.28**
隆安县	5.00		2		145.37	1078.67	920.31	319.35	74.29
马山县	2.50	0.50	3	1	100.00	490.00	439.00	50.00	10.00
上林县	2.00		1		59.57	428.07	389.54		129.06
宾阳县	5.56	1.56	4	3	164.30	1216.04	1025.50	216.74	
柳城县	4.00		1		108.78	1136.67	961.56	550.96	19.50
鹿寨县	4.00		1		158.52	1747.00	1262.00	277.21	277.20
融安县	5.00		2		122.25	878.05	753.93	0.02	65.31
融水苗族自治县	4.00		1		180.25	1024.00	932.00	60.75	44.47
三江侗族自治县	3.50		2		151.54	708.56	586.19	135.43	10.00
阳朔县	6.60		2		118.47	1066.32	726.14	363.95	71.99
灵川县	4.00		1		332.00	580.90	515.20	205.30	56.00
全州县	4.50		2		289.83	1092.76	898.48	298.29	11.68
兴安县	4.00		1		185.00	713.78	617.78	115.00	6.50
永福县	3.00		1		106.00	530.00	372.00	124.52	21.05
灌阳县	1.00		1		54.22	317.99	312.19	12.23	23.81
龙胜各族自治县	1.00		1		28.82	240.00	216.00	24.00	35.25
资源县	1.05		2		43.00	281.00	269.00	27.00	7.00
平乐县	3.00		1		201.12	685.73	594.45	63.29	11.61
恭城瑶族自治县	2.00		1		72.00	360.91	345.91	24.00	18.00
苍梧县	0.24		1		23.00	87.20	85.74	1.29	0.57
藤 县	9.50		2		279.00	2200.70	1960.00	561.00	464.00
蒙山县	3.00		1		101.71	640.94	584.49	75.91	5.43
合浦县	10.00		1		408.34	1265.70	1151.80	161.20	172.60
上思县	3.00		2		341.80	770.00	706.02	64.74	189.76
灵山县	8.00		2		266.00	1757.05	1500.68	180.39	381.57
浦北县	4.00		1		174.29	791.23	727.03	227.50	10.00

continued

Total Quantity of Water Supply(10,000m³)					用水户数(户)		用水人口(万人)	县名称
Water Sold		免费供水量		漏损水量		家庭用户		
居民家庭用水 The Quantity of Water for Household Use	其他用水 The Quantity of Water for Other Purposes	The Quantity of Free Water Supply	生活用水 Domestic Water Use	The Lossed Water	Number of Households with Access to Water Supply (unit)	Household User	Population with Access to Water Supply (10,000 persons)	Name of Counties
341.12	169.38	0.04		90.65	42035	36588	8.40	东源县
1010.09	7.44			241.82	52713	46516	8.20	阳西县
718.75	168.27			188.16	47094	45483	12.62	阳山县
228.00	10.00	36.00	36.00	25.00	4632	4360	1.76	连山壮族瑶族自治县
305.82	11.62			34.00	17538	16920	3.70	连南瑶族自治县
863.75	2.00	2.86		286.72	37038	29866	9.18	佛冈县
1279.45	18.10	98.80	62.40	128.00	52766	49189	19.23	饶平县
530.40	31.00			47.45	24059	24059	13.00	揭西县
720.00	26.00			4.00	40780	40320	26.70	惠来县
1216.70		25.00		384.96	83710	74231	11.80	新兴县
390.00	138.00	35.00		142.00	38216	32152	9.87	郁南县
26831.62	**1101.54**	**786.57**	**101.97**	**5561.81**	**1571477**	**1435154**	**509.21**	**广　西**
473.38	53.29	90.40	35.95	67.96	21139	12706	5.79	隆安县
372.00	7.00			51.00	19151	18225	4.88	马山县
256.77	3.71			38.53	33636	30009	4.81	上林县
778.99	29.77	10.14	10.00	180.40	45821	42521	15.73	宾阳县
388.19	2.91	0.67	0.67	174.44	18764	17876	4.94	柳城县
707.59		10.00	10.00	475.00	25864	24033	11.20	鹿寨县
672.34	16.26	26.57		97.55	29970	25136	12.39	融安县
784.78	42.00	1.00	1.00	91.00	49141	42956	10.46	融水苗族自治县
431.09	9.67	25.20		97.17	31127	26545	5.76	三江侗族自治县
287.95	2.25	239.62	3.81	100.56	20987	17036	4.56	阳朔县
228.90	25.00	10.00	6.00	55.70	39923	33775	9.90	灵川县
584.92	3.59			194.28	52535	52021	11.12	全州县
483.68	12.60	6.00	3.00	90.00	35324	34889	7.72	兴安县
226.43		122.00	12.00	36.00	25302	23132	6.11	永福县
260.10	16.05			5.80	19956	19432	5.93	灌阳县
156.33	0.42			24.00	18205	18205	3.55	龙胜各族自治县
235.00				12.00	14912	14912	5.23	资源县
461.37	58.18	7.06	1.15	84.22	22090	17653	7.91	平乐县
303.91				15.00	13209	13145	6.39	恭城瑶族自治县
83.38	0.50	0.48		0.98	2200	2100	3.04	苍梧县
924.00	11.00	0.70	0.70	240.00	47400	40640	12.62	藤　县
321.93	181.22	0.25	0.25	56.20	22368	20117	6.27	蒙山县
807.60	10.40	0.60	0.60	113.30	48000	31575	15.80	合浦县
449.40	2.12			63.98	19270	19195	8.15	上思县
934.79	3.93	0.67		255.70	48185	44385	22.45	灵山县
432.00	57.53	1.00	1.00	63.20	17998	17395	8.42	浦北县

5-5 续表 22

县名称 Name of Counties	综合生产能力(万立方米/日) Integrated Production Capacity ($10,000m^3$/day)	地下水 Under-ground Water	水厂个数(个) Number of Water Plants (unit)	地下水 Under-ground Water	供水管道长度(公里) Length of Water Supply Pipelines (km)	供水总量(万立方米) 合计 Total	售水量 小计 Subtotal	生产运营用水 The Quantity of Water for Production and Operation	公共服务用水 The Quantity of Water for Public Service
平南县	7.50		1		257.24	2380.74	2078.35	258.00	466.78
容　县	8.00		2		180.07	902.16	832.60	102.30	48.30
陆川县	5.00		1		153.12	1310.00	1132.00	103.00	246.00
博白县	5.00		1		401.90	2007.77	1780.89	427.41	320.56
兴业县	5.75		1		110.80	670.33	596.33	12.00	8.00
田东县	5.00		1		181.70	895.65	761.05	121.55	43.50
德保县	3.50		1		133.15	780.00	708.40	110.00	54.00
那坡县	2.00		2		64.70	255.49	226.80	9.15	16.35
凌云县	2.00		1		56.50	371.74	335.65	15.00	87.50
乐业县	0.75		1		90.00	265.60	232.15	25.60	20.40
田林县	2.00		1		69.65	469.95	431.95	77.64	117.29
西林县	1.20		1		80.39	271.58	239.70	17.43	30.17
隆林各族自治县	2.50		1		91.82	576.90	514.30	20.40	89.90
昭平县	3.00		1		103.40	535.00	464.70	39.00	39.70
钟山县	4.50	1.00	2	1	181.37	644.48	580.98	120.79	17.62
富川瑶族自治县	3.00		1		100.58	390.00	334.00	10.00	26.00
南丹县	4.00	1.00	3	1	97.19	672.55	590.82	213.92	42.35
天峨县	3.00		2		46.60	408.80	358.76	1.92	72.39
凤山县	1.50		1		70.68	354.00	292.00	42.00	6.00
东兰县	1.60	1.60	1	1	44.00	345.80	286.00	6.80	6.60
罗城仫佬族自治县	3.00	1.00	2	1	170.92	616.14	503.00	46.10	59.85
环江毛南族自治县	2.50		1		98.20	565.00	493.00	107.00	71.24
巴马瑶族自治县	2.00		1		141.76	568.69	480.22	147.61	10.50
都安瑶族自治县	4.00		1		321.60	1092.98	846.71	85.40	114.60
大化瑶族自治县	2.50		2		109.98	645.26	545.26	45.26	80.00
忻城县	2.20	1.80	1	1	284.30	579.77	520.00	52.00	41.00
象州县	3.00		1		57.16	520.81	468.04	49.64	8.80
武宣县	4.50		1		134.06	905.00	727.00	147.00	142.00
金秀瑶族自治县	0.50		1		34.80	134.48	121.00	27.93	5.94
扶绥县	5.00		1		426.68	1264.27	1140.59	221.02	122.23
宁明县	3.50		1		102.30	681.25	616.44	122.08	30.90
龙州县	3.50		1		110.96	936.95	812.95	93.95	103.00
大新县	3.80		1		183.90	751.00	636.00	1.90	169.00
天等县	2.00		1		111.17	293.61	264.06	6.33	9.16
海　南	**52.70**		**16**		**1468.47**	**9145.95**	**7813.55**	**2002.22**	**718.68**
定安县	6.00		1		124.00	991.34	844.04	179.16	59.93
屯昌县	2.50		1		124.28	637.61	523.50		
澄迈县	5.00		2		145.00	536.85	425.95	24.00	20.95
临高县	2.50		1		70.10	723.10	608.74	13.10	12.00

continued

Total Quantity of Water Supply($10,000m^3$)					用水户数(户) Number of Households with Access to Water Supply (unit)		用水人口(万人) Population with Access to Water Supply (10,000 persons)	县名称 Name of Counties
Water Sold		免费供水量 The Quantity of Free Water Supply		漏损水量 The Lossed Water		家庭用户 Household User		
居民家庭用水 The Quantity of Water for Household Use	其他用水 The Quantity of Water for Other Purposes		生活用水 Domestic Water Use					
1353.57		65.63		236.76	77076	76138	26.65	平南县
610.69	71.31			69.56	38718	27925	18.65	容　县
782.30	0.70	0.60		177.40	33390	29390	16.39	陆川县
926.06	106.86	74.29		152.59	36786	32805	30.37	博白县
576.33				74.00	28282	27885	10.14	兴业县
596.00				134.60	22956	21422	8.57	田东县
490.00	54.40	0.60	0.60	71.00	22724	21944	5.90	德保县
194.17	7.13			28.69	12207	10853	3.97	那坡县
201.65	31.50			36.09	11309	11109	4.82	凌云县
186.15				33.45	11130	9120	3.71	乐业县
226.86	10.16			38.00	15915	15496	4.71	田林县
191.10	1.00			31.88	9488	8142	2.12	西林县
366.90	37.10			62.60	15012	13282	8.60	隆林各族自治县
386.00		8.00		62.30	20348	19890	8.83	昭平县
442.57				63.50	29721	29721	11.26	钟山县
294.00	4.00			56.00	21366	21214	4.57	富川瑶族自治县
329.78	4.77	25.00	2.30	56.73	29311	27736	8.65	南丹县
283.10	1.35			50.04	17340	17340	4.01	天峨县
218.00	26.00			62.00	17892	17126	4.13	凤山县
231.80	40.80	4.10	3.90	55.70	13421	12305	3.32	东兰县
394.12	2.93	3.63	3.63	109.51	16769	16094	7.25	罗城仫佬族自治县
310.16	4.60			72.00	23070	18038	6.98	环江毛南族自治县
322.11		10.75		77.72	22315	22000	6.39	巴马瑶族自治县
640.85	5.86	15.00		231.27	51321	51123	10.70	都安瑶族自治县
390.00	30.00			100.00	31000	29000	11.02	大化瑶族自治县
412.70	14.30			59.77	21103	20935	6.50	忻城县
409.60				52.77	15686	13729	5.29	象州县
370.00	68.00			178.00	38000	37238	8.33	武宣县
87.13				13.48	6764	5742	1.37	金秀瑶族自治县
790.37	6.97	3.11	3.11	120.57	32107	31875	9.66	扶绥县
463.46		1.50	1.50	63.31	23667	23667	8.18	宁明县
610.00	6.00	22.00	0.80	102.00	24206	24206	7.03	龙州县
456.28	8.82			115.00	23500	20150	6.07	大新县
240.99	7.58			29.55	15100	10900	3.94	天等县
4756.02	**336.63**	**179.75**	**57.46**	**1152.65**	**148600**	**134055**	**67.22**	**海　南**
434.73	170.22			147.30	17490	16422	6.30	定安县
523.50		53.54		60.57	16007	13642	8.35	屯昌县
381.00		10.00		100.90	11836	9081	9.95	澄迈县
481.24	102.40	57.46	57.46	56.90	16489	16236	7.45	临高县

5-5 续表 23

县名称 Name of Counties	综合生产能力(万立方米/日) Integrated Production Capacity ($10,000m^3$/day)	地下水 Under-ground Water	水厂个数(个) Number of Water Plants (unit)	地下水 Under-ground Water	供水管道长度(公里) Length of Water Supply Pipelines (km)	供水总量(万立方米) 合计 Total	售水量 小计 Subtotal	生产运营用水 The Quantity of Water for Production and Operation	公共服务用水 The Quantity of Water for Public Service
白沙黎族自治县	1.20		1		68.00	433.39	301.76	21.08	16.98
昌江县	9.00		3		217.00	1232.08	1128.90	299.96	126.52
乐东县	2.00		1		116.00	672.30	553.12		
陵水县	8.50		2		52.00	608.31	532.10		208.10
保亭县	4.00		2		240.50	439.07	359.69		
琼中县	2.00		1		42.40	506.51	433.51	73.00	103.61
洋浦经济开发区	10.00		1		269.19	2365.39	2102.24	1391.92	170.59
重　庆	**77.05**		**34**		**2698.05**	**15254.57**	**12836.78**	**1804.14**	**1380.78**
城口县	2.00		1		133.50	376.31	319.52	39.99	48.29
丰都县	7.20		4		189.50	1660.54	1276.09	39.94	291.30
垫江县	11.60		4		186.30	2044.00	1551.94	431.38	202.73
忠　县	9.70		3		240.49	1510.90	1309.20	315.26	107.64
云阳县	9.45		6		583.40	1962.51	1624.66	157.59	221.84
奉节县	9.00		3		281.93	1928.15	1830.77	421.00	
巫山县	4.00		2		99.38	657.20	579.00	85.20	20.30
巫溪县	4.00		2		73.10	825.29	687.99	94.19	195.74
石柱土家族自治县	5.80		1		380.80	1209.37	994.71	65.79	65.04
秀山土家族苗族自治县	6.00		2		225.14	1315.60	1154.20	30.00	107.50
酉阳土家族苗族自治县	5.80		5		213.00	897.70	732.70	119.80	53.40
彭水苗族土家族自治县	2.50		1		91.51	867.00	776.00	4.00	67.00
四　川	**600.49**	**11.64**	**174**	**11**	**16109.85**	**78699.83**	**66278.80**	**10249.08**	**7756.31**
金堂县	18.00		3		1042.82	3252.41	2904.90	887.58	354.18
大邑县	7.50	2.50	2	1	156.29	2521.56	1680.56	266.29	253.31
蒲江县	12.00		1		154.52	1011.30	905.60	342.10	
荣　县	4.00		1		295.67	1348.18	1048.71	32.58	153.80
富顺县	10.00		2		170.97	2518.42	1987.86	35.12	373.62
米易县	2.00		1		119.30	627.54	554.61	67.44	137.73
盐边县	1.20		1		88.00	209.09	178.97	39.86	36.62
泸　县					178.61	1147.25	975.54	169.64	105.50
合江县	9.80		1		260.00	1506.31	1232.81	202.39	16.60
叙永县	4.00		2		155.83	1246.84	1156.34	98.33	256.42
古蔺县	2.20		1		180.60	909.95	761.87	43.63	122.20
中江县	6.50	1.50	3	1	135.81	1650.33	1378.30	290.94	71.56
三台县	6.00		1		295.00	1566.56	1465.90	258.33	30.00
盐亭县	3.00		1		425.00	706.24	581.62	180.30	8.72
梓潼县	2.50		1		143.27	852.09	703.71	276.71	23.84

continued

Total Quantity of Water Supply($10,000m^3$) Water Sold 居民家庭用水 The Quantity of Water for Household Use	其他用水 The Quantity of Water for Other Purposes	免费供水量 The Quantity of Free Water Supply	生活用水 Domestic Water Use	漏损水量 The Lossed Water	用水户数(户) Number of Households with Access to Water Supply (unit)	家庭用户 Household User	用水人口(万人) Population with Access to Water Supply (10,000 persons)	县名称 Name of Counties
263.70				131.63	10300	10116	2.50	白沙黎族自治县
702.42		2.40		100.78	18541	18021	6.61	昌江县
553.12				119.18	12250	10990	3.91	乐东县
290.89	33.11	3.24		72.97	10756	8831	8.19	陵水县
359.69				79.38	10720	8326	2.89	保亭县
226.00	30.90			73.00	9000	7700	3.66	琼中县
539.73		53.11		210.04	15211	14690	7.41	洋浦经济开发区
8564.20	**1087.66**	**365.94**		**2051.85**	**897274**	**786650**	**217.41**	**重　庆**
231.24		23.30		33.49	28468	17760	6.00	城口县
944.85		78.85		305.60	122032	104059	23.80	丰都县
842.15	75.68	170.04		322.02	130260	114671	20.94	垫江县
845.60	40.70			201.70	98207	89330	22.48	忠　县
1109.22	136.01	16.75		321.10	141070	125765	35.96	云阳县
1014.36	395.41			97.38	109520	96834	21.12	奉节县
470.00	3.50	30.00		48.20	32514	27153	12.55	巫山县
387.80	10.26	30.00		107.30	50299	43713	9.79	巫溪县
718.78	145.10			214.66	57816	52110	11.68	石柱土家族自治县
824.40	192.30			161.40	58773	50683	21.01	秀山土家族苗族自治县
517.80	41.70	1.00		164.00	29578	28247	13.79	酉阳土家族苗族自治县
658.00	47.00	16.00		75.00	38737	36325	18.29	彭水苗族土家族自治县
44294.33	**3979.08**	**2183.46**	**635.28**	**10237.57**	**4391506**	**3818889**	**1109.79**	**四　川**
1612.40	50.74	17.51	17.00	330.00	151674	135724	47.97	金堂县
1032.64	128.32	432.87		408.13	111275	96116	11.53	大邑县
556.30	7.20	10.10		95.60	40491	35076	8.82	蒲江县
808.86	53.47	25.62		273.85	91833	65045	19.50	荣　县
1577.92	1.20	145.40		385.16	126000	113400	24.00	富顺县
349.44				72.93	24392	22872	7.37	米易县
90.37	12.12	1.80	1.80	28.32	10450	10250	2.14	盐边县
672.88	27.52	1.05		170.66	55016	46311	19.50	泸　县
991.02	22.80	2.23	2.23	271.27	82368	68680	24.00	合江县
801.59		11.20	11.20	79.30	72621	60011	16.24	叙永县
596.04		13.52		134.56	46202	43338	16.16	古蔺县
1001.80	14.00	8.00		264.03	80498	76350	26.18	中江县
992.24	185.33	0.66	0.66	100.00	109352	98612	28.00	三台县
389.69	2.91	2.10	0.70	122.52	58863	51860	10.30	盐亭县
403.16		5.28		143.10	25654	21033	6.90	梓潼县

5-5 续表 24

县名称 Name of Counties	综合生产能力(万立方米/日) Integrated Production Capacity (10,000m³/day)	地下水 Underground Water	水厂个数(个) Number of Water Plants (unit)	地下水 Underground Water	供水管道长度(公里) Length of Water Supply Pipelines (km)	供水总量(万立方米) 合计 Total	售水量 小计 Subtotal	生产运营用水 The Quantity of Water for Production and Operation	公共服务用水 The Quantity of Water for Public Service
北川羌族自治县	4.50	3.27	2	2	95.70	483.06	401.96	58.44	96.64
平武县	1.60		3		88.00	185.30	148.84	1.80	0.40
旺苍县	4.00		2		169.85	973.09	840.82	196.30	10.23
青川县	1.20		1		54.87	217.76	180.20		47.20
剑阁县	2.00		1		104.02	352.52	299.92	96.95	
苍溪县	4.00		2		185.63	1086.40	901.20		
蓬溪县	3.50		1		337.71	792.78	667.52	39.53	58.07
大英县	5.50		2		278.41	1470.49	1266.62	192.07	179.61
威远县	7.80		3		316.85	1915.00	1691.00	222.00	299.00
资中县	5.00		1		173.00	1434.10	1172.20	217.00	80.00
犍为县	9.00		2		120.00	1103.83	923.83	21.54	20.57
井研县	3.00		1		221.40	726.00	561.00	68.00	63.00
夹江县	5.00		1		115.00	1021.00	815.00		150.00
沐川县	2.80		2		58.00	493.60	397.47	90.85	25.11
峨边县	1.10		1		24.00	179.20	154.80	17.30	16.50
马边县	3.00		2		41.00	387.32	336.70	85.30	27.50
南部县	8.00		2		298.01	2174.00	1850.00	489.00	40.00
营山县	10.00		2		219.00	1833.00	1583.00	312.00	222.00
蓬安县	4.00		1		149.00	1298.60	1180.00	397.00	255.00
仪陇县	4.00		1		180.00	1196.00	1141.00	295.00	295.00
西充县	4.67		1		160.00	1705.94	1510.94	326.00	175.64
仁寿县	25.00		4		548.00	3474.74	3125.94	691.04	120.00
洪雅县	3.00		1		181.80	607.83	509.97	5.37	123.24
丹棱县	2.00		1		112.13	666.75	561.00	88.00	42.00
青神县	2.80		2		112.18	541.30	454.00	68.17	37.74
江安县	5.00		2		84.67	835.00	700.00	11.59	234.81
长宁县	3.50		2		145.17	696.68	604.34	74.31	34.51
高　县	3.00		1		170.12	723.32	583.61	30.41	27.01
珙　县	3.00		1		350.00	863.23	706.76	20.92	9.21
筠连县	1.80		1		132.00	544.00	459.00	126.32	10.45
兴文县	3.00		1		224.40	750.99	668.48	121.61	21.74
屏山县	2.20		1		174.60	665.44	574.60	199.70	
岳池县	6.80		1		395.79	1656.65	1399.07	128.36	262.20
武胜县	6.00		2		205.33	1303.12	1081.31	115.22	107.72
邻水县	5.00		1		444.33	1539.41	1339.41	82.56	294.06
宣汉县	6.00		2		155.56	1594.55	1356.35	90.74	252.77
开江县	6.00		1		141.22	716.00	596.00	80.00	35.00
大竹县	7.50		2		336.00	1769.71	1450.59	354.90	33.46
渠　县	8.00		2		286.00	1677.00	1402.00	156.00	295.00

continued

Total Quantity of Water Supply($10,000m^3$)					用水户数(户)		用水人口(万人)	县名称
Water Sold		免费供水量		漏损水量		家庭用户		
居民家庭用水 The Quantity of Water for Household Use	其他用水 The Quantity of Water for Other Purposes	The Quantity of Free Water Supply	生活用水 Domestic Water Use	The Lossed Water	Number of Households with Access to Water Supply (unit)	Household User	Population with Access to Water Supply (10,000 persons)	Name of Counties
225.46	21.42	2.68		78.42	24103	9766	6.50	北川羌族自治县
143.14	3.50	1.00	1.00	35.46	12116	10572	3.61	平武县
619.80	14.49			132.27	57599	45396	11.51	旺苍县
128.40	4.60	14.06		23.50	11256	9320	2.79	青川县
146.56	56.41			52.60	25023	22064	4.87	剑阁县
682.42	218.78	6.80		178.40	71188	55871	13.04	苍溪县
552.95	16.97	39.21		86.05	53449	46327	13.48	蓬溪县
648.37	246.57	27.38		176.49	76711	72074	14.37	大英县
787.00	383.00	4.00		220.00	105786	92942	21.00	威远县
866.20	9.00			261.90	83000	82000	25.00	资中县
675.67	206.05			180.00	68235	53235	12.28	犍为县
430.00		45.00	45.00	120.00	54073	48998	8.00	井研县
565.00	100.00	96.00		110.00	58000	46000	9.56	夹江县
281.51		36.66	36.66	59.47	23443	23443	4.45	沐川县
121.00		3.30		21.10	3172	2963	3.99	峨边县
208.80	15.10	0.12		50.50	9835	9710	4.32	马边县
1321.00				324.00	138309	125311	32.60	南部县
1049.00				250.00	103913	94991	26.49	营山县
528.00		3.50	2.60	115.10	77021	69753	18.46	蓬安县
551.00		5.00	3.00	50.00	74103	66984	16.96	仪陇县
809.30	200.00			195.00	79361	75060	16.90	西充县
1950.00	364.90	2.80	2.80	346.00	162937	146324	46.55	仁寿县
356.52	24.84			97.86	39892	39892	9.10	洪雅县
226.00	205.00	30.00		75.75	19800	18225	6.55	丹棱县
327.09	21.00			87.30	29833	24699	7.53	青神县
453.60				135.00	39681	37055	17.96	江安县
491.94	3.58	8.34	8.20	84.00	47687	38091	12.05	长宁县
486.96	39.23			139.71	46745	33807	15.16	高　县
510.96	165.67			156.47	40494	37311	12.40	珙　县
322.23				85.00	34356	30332	10.43	筠连县
464.86	60.27	10.00		72.51	55334	43345	14.00	兴文县
272.45	102.45			90.84	24822	20515	6.33	屏山县
1008.51		5.00		252.58	125000	114000	21.20	岳池县
773.74	84.63			221.81	93196	84797	17.57	武胜县
962.79				200.00	119312	109464	28.00	邻水县
963.63	49.21			238.20	91562	78566	19.75	宣汉县
461.00	20.00	40.00		80.00	67432	62763	13.58	开江县
1062.23		33.41		285.71	127891	114714	30.52	大竹县
856.00	95.00	125.00		150.00	113000	101092	38.00	渠　县

5-5 续表 25

县名称 Name of Counties	综合生产能力(万立方米/日) Integrated Production Capacity ($10,000m^3$/day)	地下水 Under-ground Water	水厂个数(个) Number of Water Plants (unit)	地下水 Under-ground Water	供水管道长度(公里) Length of Water Supply Pipelines (km)	供水总量(万立方米) 合计 Total	售水量 小计 Subtotal	生产运营用水 The Quantity of Water for Production and Operation	公共服务用水 The Quantity of Water for Public Service
荥经县	2.50		1		174.30	339.76	303.23	16.84	4.40
汉源县	3.00		1		78.00	623.00	530.00	56.00	12.00
石棉县	2.60	1.20	1	1	67.60	458.50	436.50	12.00	35.00
天全县	2.70		2		589.00	386.83	370.07	7.54	47.90
芦山县	1.50		3		48.00	224.97	183.71	53.80	41.60
宝兴县	0.25		2	2	11.50	75.25	70.25	5.78	3.50
通江县	3.00		1		345.97	1173.00	963.00	210.00	160.00
南江县	4.00		1		259.12	789.00	664.00	165.00	123.00
平昌县	6.00		2		350.00	926.00	746.00	92.00	70.00
安岳县	7.50		3		306.00	1587.25	1387.59	105.35	150.82
乐至县	4.00		3		201.20	961.69	821.75	134.13	70.96
汶川县	1.00		1		84.30	238.50	207.02	26.25	90.51
理　县	1.00		2		26.00	232.00	151.26		30.61
茂　县	2.00		1		83.20	379.00	349.00		89.00
松潘县	1.00		1		65.00	142.00	120.00	5.00	15.00
九寨沟县	2.00		2		23.80	325.86	270.86	20.00	90.00
金川县	1.00		2		17.00	102.00	84.00	9.00	
小金县	0.70		3		110.00	246.00	232.00	13.00	12.00
黑水县	0.50		1		16.55	50.00	45.50	2.00	3.00
壤塘县	0.70		1		38.00	140.00	8.00		
阿坝县	0.75	0.25	1	1	78.00	174.00	164.00	8.60	4.00
若尔盖县	0.40		1		25.00	148.00	120.00	10.00	
红原县	1.00		1		40.30	225.80	14.60	7.00	4.00
泸定县	241.35		2		20.32	241.35	184.50	5.00	38.50
丹巴县	0.50		2		30.00	92.00	88.32	12.00	12.00
九龙县	0.50		2		30.00	116.00	109.00	4.00	2.00
雅江县	0.25		1		25.80	86.75	72.75	9.00	1.75
道孚县	0.40	0.10	1		87.80	67.10	57.10	3.10	2.20
炉霍县	0.38		2		43.90	103.00	85.00	12.00	20.00
甘孜县	1.00		1		80.00	173.00	165.00	20.00	25.00
新龙县	0.45		2		35.00	93.47	71.47		13.00
德格县	0.80		3		21.00	82.00	66.00	3.00	3.00
白玉县	0.26		3		41.00	112.00	92.00		6.00
石渠县	0.24		1		25.30	40.75	40.74	1.60	2.00
色达县	0.60		2		17.00	86.50	70.50	2.50	11.00
理塘县	1.30		2		119.00	164.45	134.08	1.68	
巴塘县	1.00		1		42.50	52.00	43.00	7.00	4.00
乡城县	0.25		1		22.58	93.28	80.26	10.26	16.26
稻城县	0.25		1		35.00	101.01	100.00	5.00	1.00

continued

Total Quantity of Water Supply(10,000m³)					用水户数(户) Number of Households with Access to Water Supply (unit)		用水人口(万人) Population with Access to Water Supply (10,000 persons)	县名称 Name of Counties
Water Sold		免费供水量 The Quantity of Free Water Supply		漏损水量 The Lossed Water		家庭用户 Household User		
居民家庭用水 The Quantity of Water for Household Use	其他用水 The Quantity of Water for Other Purposes		生活用水 Domestic Water Use					
200.41	81.58	6.43		30.10	27964	22980	6.39	荥经县
379.00	83.00	6.00	4.00	87.00	23111	18922	4.30	汉源县
356.00	33.50			22.00	22350	21100	4.05	石棉县
314.63		1.30	1.30	15.46	20245	20117	4.61	天全县
62.00	26.31	39.13	39.13	2.13	20000	20000	3.49	芦山县
44.97	16.00			5.00	3000	2250	1.00	宝兴县
570.00	23.00	30.00		180.00	57424	53564	15.69	通江县
376.00				125.00	60706	53425	12.46	南江县
554.00	30.00	30.00		150.00	86875	67748	20.77	平昌县
1018.53	112.89			199.66	111072	69608	30.50	安岳县
549.58	67.08			139.94	95215	85738	16.90	乐至县
80.06	10.20	10.98	5.00	20.50	5516	5254	3.10	汶川县
120.65		70.74	55.00	10.00	4766	3596	1.80	理　县
260.00		5.00		25.00	6520	6312	3.80	茂　县
100.00		5.00		17.00	6523	5230	1.80	松潘县
135.86	25.00	5.00		50.00	5119	4446	2.50	九寨沟县
75.00		4.00	4.00	14.00	8000	7500	2.00	金川县
200.00	7.00	8.00		6.00	4912	3874	1.70	小金县
40.00	0.50	0.50	0.50	4.00	4056	3821	1.50	黑水县
4.00	4.00	130.00	130.00	2.00	3250	3230	0.83	壤塘县
146.00	5.40			10.00	5300	4850	2.70	阿坝县
90.00	20.00	20.00	1.00	8.00	5700	5700	1.52	若尔盖县
0.20	3.40	210.00	210.00	1.20	3564	3426	1.38	红原县
136.50	4.50	49.85	45.00	7.00	5100	3411	2.95	泸定县
64.32				3.68	5300	4900	1.86	丹巴县
98.00	5.00			7.00	4423	4423	1.36	九龙县
61.00	1.00	5.00	2.30	9.00	2100	1790	1.94	雅江县
51.80				10.00	4308	4109	1.60	道孚县
50.00	3.00			18.00	2300	2300	1.25	炉霍县
110.00	10.00			8.00	5638	5638	3.96	甘孜县
54.47	4.00	20.00	2.00	2.00	1120	882	0.86	新龙县
59.00	1.00			16.00	2038	1600	1.10	德格县
82.00	4.00			20.00	4510	4500	1.90	白玉县
35.00	2.14			0.01	956	720	0.63	石渠县
57.00				16.00	1890	1440	1.03	色达县
132.40		20.37		10.00	10622	9311	2.61	理塘县
28.00	4.00	3.00		6.00	3113	2215	1.34	巴塘县
38.58	15.16	5.02		8.00	2896	2896	1.16	乡城县
93.00	1.00	1.00	0.80	0.01	2136	1863	1.00	稻城县

5-5 续表 26

县名称 Name of Counties	综合生产能力(万立方米/日) Integrated Production Capacity (10,000m³/day)	地下水 Under-ground Water	水厂个数(个) Number of Water Plants (unit)	地下水 Under-ground Water	供水管道长度(公里) Length of Water Supply Pipelines (km)	供水总量(万立方米) 合计 Total	售水量 小计 Subtotal	生产运营用水 The Quantity of Water for Production and Operation	公共服务用水 The Quantity of Water for Public Service
得荣县	0.18	0.12	1		27.21	61.00	51.00	2.00	12.00
普格县	0.66		1		95.00	137.92	103.97	9.65	10.85
木里县	0.70		1		46.00	149.00	113.00	12.00	11.00
盐源县	1.20		1		118.00	486.79	384.83	22.30	86.13
德昌县	4.00		4		148.40	668.60	540.10	120.00	165.80
会东县	1.60	1.60	1	1	95.00	540.00	450.00	62.00	85.00
宁南县	2.50		2		90.01	205.75	160.75	20.12	9.74
布拖县	0.50		1		26.58	127.00	99.00	5.70	4.00
金阳县	0.75		1		7.21	131.26	101.03	0.40	1.43
昭觉县	1.50		2		69.00	269.00	202.30	37.00	46.00
喜德县	0.60		1		45.00	194.50	147.00	35.00	8.00
冕宁县	1.66		3		95.50	285.38	235.63	26.80	16.80
越西县	0.70	0.10	3	1	25.00	196.50	176.50	35.00	5.00
甘洛县	0.82		2		28.12	361.11	276.47	9.61	101.20
美姑县	1.00	1.00	1	1	38.00	100.00	77.74		14.00
雷波县	1.52		2		51.34	404.17	343.67	33.53	17.86
贵　州	**207.60**	**20.91**	**142**	**17**	**10429.09**	**37628.91**	**31937.12**	**4412.81**	**2079.63**
开阳县	3.00		3		194.33	917.47	755.12	225.88	0.59
息烽县	4.00		2		116.00	608.59	477.95		160.35
修文县	3.50	1.00	4	2	443.50	490.00	398.65	91.88	3.50
六枝特区	9.76		4		535.70	980.00	810.00		42.27
桐梓县	6.50		2		382.30	1448.23	1227.78	193.50	96.27
绥阳县	3.50	0.24	1	1	177.50	935.35	832.51	49.95	41.63
正安县	5.50		3		111.00	450.00	420.00		
道真县	4.50	1.50	2	1	95.20	756.29	626.29	163.00	
务川县	2.30		3		150.23	680.00	509.90	6.10	42.20
凤冈县	1.60		1		100.00	525.00	445.00	67.00	9.00
湄潭县	8.40		2		92.00	965.32	849.00	170.00	89.00
余庆县	3.00		2		183.50	532.00	462.00	12.00	10.00
习水县	7.00		3		135.19	1351.19	1254.22	330.94	29.05
普定县	4.70	1.00	4	1	160.43	571.00	463.69	33.34	39.79
镇宁县	3.50	0.50	2		319.40	622.70	470.10	71.40	90.60
关岭县	2.50		4		57.44	298.00	247.90	17.00	16.00
紫云县	4.50		3		189.52	237.99	192.62	1.69	45.86
大方县	2.65	1.46	3		153.01	927.30	763.91	41.36	214.70
金沙县	4.80		3		63.21	1010.63	879.35	264.08	30.42
织金县	4.50	0.80	2	1	140.00	1119.19	895.41	228.86	0.95
纳雍县	2.70		2		355.15	780.50	622.00	76.28	114.42
威宁自治县	4.50		2		285.00	1603.15	1375.51		

continued

Total Quantity of Water Supply(10,000m³)					用水户数(户) Number of Households with Access to Water Supply (unit)		用水人口(万人) Population with Access to Water Supply (10,000 persons)	县名称 Name of Counties
Water Sold		免费供水量 The Quantity of Free Water Supply		漏损水量 The Lossed Water		家庭用户 Household User		
居民家庭用水 The Quantity of Water for Household Use	其他用水 The Quantity of Water for Other Purposes		生活用水 Domestic Water Use					
37.00				10.00	1447	337	0.53	得荣县
80.56	2.91	9.35	0.30	24.60	7163	5811	2.88	普格县
85.00	5.00	8.00		28.00	4475	3135	2.30	木里县
226.89	49.51	35.96		66.00	15768	11636	6.60	盐源县
238.00	16.30	71.00		57.50	38400	28000	6.13	德昌县
303.00		15.00		75.00	7800	7465	7.80	会东县
130.89		10.00		35.00	9730	9730	2.87	宁南县
89.30		8.00		20.00	2258	2033	1.97	布拖县
85.91	13.29	18.60		11.63	11300	9318	4.40	金阳县
119.30		22.20		44.50	10590	6295	9.80	昭觉县
100.00	4.00	27.50		20.00	16700	16700	3.00	喜德县
191.50	0.53	6.95		42.80	7120	6980	4.82	冕宁县
99.50	37.00			20.00	14795	12488	7.06	越西县
161.40	4.26	41.48		43.16	6282	638	4.72	甘洛县
61.00	2.74	3.00		19.26	2742	2638	3.60	美姑县
289.68	2.60	3.50	2.10	57.00	9939	8546	4.50	雷波县
23710.98	**1733.70**	**634.70**	**122.68**	**5057.09**	**2227461**	**1864143**	**645.96**	**贵　州**
427.87	100.78	6.98		155.37	54017	50589	11.54	开阳县
308.69	8.91	0.55	0.55	130.09	33995	31207	7.94	息烽县
303.27				91.35	26462	23670	12.31	修文县
762.00	5.73			170.00	61000	41200	15.80	六枝特区
753.26	184.75			220.45	106287	95483	19.40	桐梓县
693.48	47.45	9.24	9.24	93.60	43348	31055	10.55	绥阳县
360.00	60.00			30.00	45673	33919	12.20	正安县
463.29				130.00	25021	21743	11.00	道真县
461.60		31.00	31.00	139.10	47231	27466	10.50	务川县
369.00				80.00	43854	36431	7.76	凤冈县
590.00				116.32	35300	34100	15.30	湄潭县
420.00	20.00			70.00	24985	24985	10.80	余庆县
744.84	149.39			96.97	99442	87796	17.00	习水县
386.64	3.92			107.31	28053	23180	11.95	普定县
298.90	9.20	60.20		92.40	34535	29035	8.40	镇宁县
211.00	3.90			50.10	30221	22871	7.45	关岭县
145.07		3.32	3.32	42.05	28548	24703	8.92	紫云县
506.09	1.76	42.84		120.55	58129	54329	12.50	大方县
584.85				131.28	60000	55000	18.00	金沙县
661.49	4.11	158.55	2.00	65.23	54000	41000	14.11	织金县
424.00	7.30	0.50	0.50	158.00	37665	25620	15.10	纳雍县
730.00	645.51			227.64	59523	59523	25.00	威宁自治县

5-5 续表 27

县名称 Name of Counties	综合生产能力(万立方米/日) Integrated Production Capacity ($10,000m^3$/day)	地下水 Underground Water	水厂个数(个) Number of Water Plants (unit)	地下水 Underground Water	供水管道长度(公里) Length of Water Supply Pipelines (km)	供水总量(万立方米) 合计 Total	售水量 小计 Subtotal	生产运营用水 The Quantity of Water for Production and Operation	公共服务用水 The Quantity of Water for Public Service
赫章县	1.48		4		50.50	541.60	370.00	1.00	3.00
江口县	3.00		2		187.58	527.29	447.85	72.48	17.97
玉屏县	2.50	0.20	2	1	142.50	474.84	432.13	15.67	
石阡县	4.30	0.20	3	1	145.90	350.90	292.54	88.10	5.00
思南县	4.00		2		200.00	668.90	584.30	160.00	20.00
印江县	5.00	1.20	2	1	128.00	524.73	432.48	110.55	20.00
德江县	4.30		4		148.99	1299.69	1120.89	162.70	40.15
沿河县	2.00		1		114.30	720.92	618.64	56.23	34.50
松桃县	5.00		2		210.00	785.00	698.00	163.40	33.20
普安县	2.00		1		144.00	191.00	175.00	20.00	15.00
晴隆县	3.00		1		219.00	183.65	131.50	10.00	10.00
贞丰县	4.05	4.05	3		108.34	499.50	444.11	109.60	91.34
望谟县	2.50		2			255.50	246.16	20.00	17.00
册亨县	1.50		2		50.00	286.81	266.81	76.89	
安龙县	1.40	1.40	4	3	180.00	506.03	455.03	30.00	50.00
黄平县	1.40		4		48.00	275.10	245.30	9.00	5.40
施秉县	1.30		2		201.50	196.40	171.40		
三穗县	1.00		1		71.00	301.80	261.80	34.80	30.00
镇远县	4.00	4.00	2	2	112.50	312.18	276.52	2.24	3.44
岑巩县	1.50		1		67.27	375.53	347.53		
天柱县	2.50		1		207.88	578.51	520.34	245.41	12.00
锦屏县	2.00		1		127.36	420.80	354.89	72.49	21.00
剑河县	2.00		1		149.74	401.00	335.42	98.03	10.28
台江县	1.00		1		106.00	148.13	146.13		
黎平县	3.20		2		259.90	762.80	687.47		61.86
榕江县	3.50		2		82.00	618.93	583.93	150.68	
从江县	1.00		1		172.60	270.79	254.79	60.28	26.50
雷山县	1.00		2		72.80	174.35	166.34		
麻江县	1.00		1		102.82	182.15	164.74	64.23	2.87
丹寨县	1.30		2		63.00	301.15	262.57	8.75	92.19
荔波县	4.00		3		85.58	581.70	472.31	15.19	5.00
贵定县	3.50		2		121.00	630.00	520.00	1.10	0.50
瓮安县	4.50		7		305.53	940.04	716.44	97.78	116.50
独山县	2.20		2		195.00	746.00	615.02	65.00	58.30
平塘县	2.50		2		341.16	362.30	289.43	17.71	7.29
罗甸县	3.90		2		121.00	713.50	589.50	72.25	11.70
长顺县	1.71	0.21	2	1	175.70	416.30	347.45	5.13	81.51
龙里县	9.80	0.30	3		325.00	931.00	786.00	81.00	80.00
惠水县	2.85	2.85	2	2	354.03	952.39	786.51	149.95	0.03
三都水族自治县	2.00		1		92.00	409.80	340.94	20.91	19.50

continued

Total Quantity of Water Supply(10,000m³) Water Sold 居民家庭用水 The Quantity of Water for Household Use	其他用水 The Quantity of Water for Other Purposes	免费供水量 The Quantity of Free Water Supply	生活用水 Domestic Water Use	漏损水量 The Lossed Water	用水户数(户) Number of Households with Access to Water Supply (unit)	家庭用户 Household User	用水人口(万人) Population with Access to Water Supply (10,000 persons)	县名称 Name of Counties
361.00	5.00	71.00	55.00	100.60	27346	23346	10.60	赫章县
323.25	34.15	28.45	1.60	50.99	36229	27964	8.40	江口县
416.46				42.71	32800	25539	5.20	玉屏县
192.60	6.84			58.36	26348	18942	9.12	石阡县
401.33	2.97	20.00	5.00	64.60	39897	34363	12.30	思南县
252.93	49.00			92.25	50134	43990	12.23	印江县
906.48	11.56	26.78		152.02	55966	50292	21.35	德江县
527.91		10.00		92.28	28850	26645	11.00	沿河县
498.20	3.20			87.00	56368	45043	16.50	松桃县
136.00	4.00	3.00		13.00	12730	10475	4.18	普安县
108.70	2.80	49.15		3.00	18000	17089	5.60	晴隆县
218.22	24.95			55.39	35311	26926	7.22	贞丰县
195.16	14.00			9.34	16201	15113	8.55	望谟县
189.00	0.92			20.00	26347	26347	8.50	册亨县
375.03		10.00	10.00	41.00	18950	16600	12.21	安龙县
230.90				29.80	16489	15097	9.20	黄平县
161.00	10.40			25.00	19130	13870	6.24	施秉县
177.00	20.00	20.00		20.00	23500	23500	6.50	三穗县
176.84	94.00	3.97	3.97	31.69	20751	17086	8.52	镇远县
307.53	40.00			28.00	18025	15522	5.40	岑巩县
262.31	0.62	2.00		56.17	34218	28364	11.44	天柱县
226.00	35.40			65.91	24882	20995	5.90	锦屏县
216.55	10.56	1.00		64.58	31827	26221	7.96	剑河县
112.23	33.90			2.00	19000	12000	4.90	台江县
625.61				75.33	45285	44260	13.10	黎平县
433.25				35.00	39598	30050	10.90	榕江县
161.71	6.30			16.00	17755	14177	7.02	从江县
136.45	29.89	4.22		3.79	18694	15544	3.84	雷山县
97.64				17.41	16319	15025	3.90	麻江县
160.09	1.54			38.58	18620	16522	4.60	丹寨县
452.12				109.39	16230	12601	7.06	荔波县
518.40				110.00	42973	34378	9.50	贵定县
493.82	8.34	63.66		159.94	85414	65487	20.30	瓮安县
491.50	0.22			130.98	38621	32710	11.02	独山县
261.23	3.20	7.79	0.50	65.08	17600	14305	5.09	平塘县
488.00	17.55	0.50		123.50	33382	28375	8.40	罗甸县
260.16	0.65			68.85	18454	15940	8.32	长顺县
625.00				145.00	32000	24314	11.23	龙里县
636.53				165.88	33761	29535	11.73	惠水县
291.50	9.03			68.86	26167	14686	7.40	三都水族自治县

5-5 续表 28

县名称 Name of Counties	综合生产能力(万立方米/日) Integrated Production Capacity (10,000m³/day)	地下水 Underground Water	水厂个数(个) Number of Water Plants (unit)	地下水 Underground Water	供水管道长度(公里) Length of Water Supply Pipelines (km)	供水总量(万立方米) 合计 Total	售水量 小计 Subtotal	生产运营用水 The Quantity of Water for Production and Operation	公共服务用水 The Quantity of Water for Public Service
云　南	**249.74**	**27.67**	**183**	**17**	**11126.15**	**39449.15**	**34238.16**	**6700.03**	**4206.45**
嵩明县	1.80		2		89.00	513.51	403.55	121.40	39.97
富民县	1.65		3		71.31	260.07	230.00	40.00	3.00
宜良县	2.69	0.72	2	1	159.82	978.25	868.34	235.00	81.25
石林彝族自治县	4.70	3.00	3	2	69.82	1117.52	971.29	130.29	130.00
禄劝彝族苗族自治县	1.70		3	1	60.24	495.00	475.00	3.00	161.00
寻甸县	4.00		2		231.80	645.00	567.00	150.00	85.50
昆明阳宗海风景名胜区	68.40	20.00	6	2	84.90	452.25	452.02	234.03	42.75
陆良县	2.60	0.60	4	3	338.70	989.91	580.81	33.21	35.11
师宗县	3.00		1		152.16	380.00	342.00	3.80	16.20
罗平县	2.50	0.30	1	1	266.28	923.00	731.90	130.00	155.00
富源县	5.04		4		123.68	1168.00	873.10	307.00	42.00
会泽县	8.00		2		297.00	1334.00	1251.10	211.10	1.00
通海县	1.92		3	2	110.42	351.81	317.09	126.67	18.94
华宁县	1.30		2		171.70	370.73	346.57	174.20	21.18
易门县	1.50	1.50	1		96.00	397.24	329.71	6.93	133.20
峨山县	1.60		1		46.61	376.34	331.29	77.22	1.04
新平县	2.70	0.50	2	1	121.00	440.00	390.00	4.00	141.00
元江县	2.50		2		130.60	424.67	335.34	49.70	58.11
施甸县	2.50		3		134.00	523.00	420.00	70.00	40.00
龙陵县	2.00		3		186.00	248.29	182.29	69.49	2.50
昌宁县	1.90		3		207.20	511.00	503.00	84.41	14.56
鲁甸县	1.70		1		168.00	525.92	485.06	40.80	21.00
巧家县	1.50		2		82.60	485.20	466.00	103.00	40.00
盐津县	1.80		3		39.75	162.16	142.46	26.88	7.13
大关县	0.60		1		23.20	143.22	128.90		29.25
永善县	1.50		1		68.51	402.00	350.00	98.00	108.00
绥江县	2.20		1		147.62	565.05	446.39	84.81	22.32
镇雄县	4.30		5		140.00	1284.00	1167.00	131.00	116.00
彝良县	1.00		1		69.60	407.77	400.77	35.00	50.00
威信县	1.90		4		85.50	465.00	402.40	42.20	96.70
玉龙纳西族自治县					50.20	228.00	215.00	21.00	14.00
永胜县	2.20		1		123.98	493.90	447.50	65.00	65.00
华坪县	3.00		2		180.00	331.00	316.00	55.00	38.00
宁蒗县	3.00		2		112.00	480.20	455.20	88.70	99.00
宁洱哈尼族彝族自治县	2.25		1		144.00	328.00	279.00	80.00	16.00

continued

Total Quantity of Water Supply($10,000m^3$)					用水户数(户) Number of Households with Access to Water Supply (unit)		用水人口(万人) Population with Access to Water Supply (10,000 persons)	县名称 Name of Counties
Water Sold		免费供水量 The Quantity of Free Water Supply		漏损水量 The Lossed Water		家庭用户 Household User		
居民家庭用水 The Quantity of Water for Household Use	其他用水 The Quantity of Water for Other Purposes		生活用水 Domestic Water Use					
22233.50	**1098.18**	**1815.05**	**525.85**	**3395.94**	**1906383**	**1673784**	**602.55**	**云　南**
229.76	12.42	55.96		54.00	25310	24938	6.98	嵩明县
145.00	42.00			30.07	12804	11250	5.23	富民县
551.79	0.30			109.91	24113	22450	10.52	宜良县
711.00		31.00		115.23	22875	18753	13.14	石林彝族自治县
311.00				20.00	12503	12497	6.09	禄劝彝族苗族自治县
312.70	18.80	1.00		77.00	35976	33878	8.20	寻甸县
159.27	15.97	0.03	0.03	0.20	13872	13250	4.53	昆明阳宗海风景名胜区
508.02	4.47	309.72	229.00	99.38	33243	32651	16.02	陆良县
322.00		10.00	0.30	28.00	17567	16954	8.00	师宗县
360.00	86.90	91.00	7.00	100.10	31400	29110	13.41	罗平县
449.00	75.10	166.60	33.00	128.30	24390	23798	9.69	富源县
1039.00		40.00	40.00	42.90	85640	68858	21.46	会泽县
171.10	0.38	0.10		34.62	35702	31450	7.50	通海县
151.19				24.16	22836	19574	4.27	华宁县
189.58		29.00	3.50	38.53	27413	26124	4.12	易门县
253.03		11.05		34.00	20139	17333	3.50	峨山县
243.00	2.00	1.00	1.00	49.00	22375	21482	6.09	新平县
227.08	0.45	50.47	24.22	38.86	31817	27147	4.30	元江县
290.00	20.00	80.00		23.00	22000	21000	6.80	施甸县
109.30	1.00	12.00	2.80	54.00	15425	11775	4.60	龙陵县
375.49	28.54			8.00	23786	20567	8.66	昌宁县
398.90	24.36	2.56	0.95	38.30	35000	34110	10.93	鲁甸县
314.00	9.00	14.20	2.50	5.00	33927	29007	7.92	巧家县
107.72	0.73	18.10		1.60	11159	10991	4.45	盐津县
98.34	1.31			14.32	21019	17164	3.51	大关县
108.00	36.00	10.00	8.00	42.00	29491	15844	8.75	永善县
334.79	4.47	56.51	14.13	62.15	21713	19248	4.67	绥江县
887.00	33.00	12.00	6.00	105.00	48952	47432	28.91	镇雄县
300.00	15.77	5.00	5.00	2.00	17900	16800	10.36	彝良县
261.30	2.20	28.60	22.30	34.00	13780	13700	6.89	威信县
180.00				13.00	8640	7865	3.58	玉龙纳西族自治县
317.50		46.00		0.40	15574	14670	4.36	永胜县
221.00	2.00			15.00	22503	18674	4.70	华坪县
263.00	4.50			25.00	19931	11458	4.43	宁蒗县
181.00	2.00	15.00	1.00	34.00	24118	22005	5.80	宁洱哈尼族彝族自治县

5-5 续表 29

县名称 Name of Counties	综合生产能力(万立方米/日) Integrated Production Capacity (10,000m³/day)	地下水 Underground Water	水厂个数(个) Number of Water Plants (unit)	地下水 Underground Water	供水管道长度(公里) Length of Water Supply Pipelines (km)	供水总量(万立方米) 合计 Total	售水量 小计 Subtotal	生产运营用水 The Quantity of Water for Production and Operation	公共服务用水 The Quantity of Water for Public Service
墨江哈尼族自治县	2.20		2		109.95	314.79	268.79	105.41	46.81
景东彝族自治县	1.20		2		90.49	380.46	311.86	24.00	40.00
景谷傣族彝族自治县	2.20		2		85.18	535.00	400.49	9.50	106.80
镇沅彝族哈尼族拉祜族自治县	0.75		1		59.20	182.00	174.20	7.20	14.00
江城哈尼族彝族自治县	0.60		1		48.30	157.88	130.00	20.00	14.00
孟连傣族拉祜族佤族自治县	1.30	0.48	2	1	50.00	252.00	225.00	3.00	70.00
澜沧拉祜族自治县	2.00		1		210.32	495.76	436.67	136.32	0.56
西盟佤族自治县	1.00		1		46.97	89.00	74.00	10.60	1.40
凤庆县	1.60		2		82.00	455.63	364.18	54.37	10.00
云　县	1.40		1		186.00	506.42	470.79	173.00	36.85
永德县	1.00		1		81.14	250.30	191.78		59.98
镇康县	1.19		2		110.60	397.81	377.35	93.80	10.00
双江县	2.40		2		106.00	543.33	465.75	10.00	33.00
耿马县	1.20		1		70.00	315.00	295.00	40.00	25.00
沧源县	1.45		3		124.91	237.71	200.10	57.15	
双柏县	1.00		1		118.94	173.89	153.79	13.48	43.42
牟定县	1.00		2		108.10	264.93	225.53	64.30	18.61
南华县	2.65		2		196.89	425.21	362.59	84.72	23.91
姚安县	1.00		2		58.80	139.90	138.60	2.80	12.80
大姚县	2.75		2		163.57	321.77	301.06		99.48
永仁县	1.10		1		143.19	247.30	207.81	52.59	22.15
元谋县	2.00		3		125.86	414.00	381.54	57.30	65.60
武定县	1.55	0.22	2	1	166.00	400.75	353.75	44.00	23.00
屏边县	1.35		1		53.00	210.04	168.56	19.85	23.20
建水县	4.00		1		169.66	1265.87	1050.00	260.00	150.00
石屏县	2.00		1		106.00	593.01	466.71	165.68	
泸西县	3.00		3		360.92	614.64	508.11		174.65
元阳县	0.60		1		31.21	218.99	186.77	35.30	17.72
红河县	1.00		1		83.53	159.97	141.52	28.27	21.54
金平县	1.00		3		75.05	253.35	247.80	41.00	1.50
绿春县	0.70		1		14.50	172.84	154.00	25.40	0.96
河口县	0.80		1		48.10	309.44	261.16	84.54	42.75
砚山县	3.00		2		121.26	586.40	533.00	235.00	84.00
西畴县	0.60		1		63.80	156.62	138.35	54.15	35.48

continued

Total Quantity of Water Supply(10,000m³)					用水户数(户) Number of Households with Access to Water Supply (unit)		用水人口(万人) Population with Access to Water Supply (10,000 persons)	县名称 Name of Counties
Water Sold		免费供水量 The Quantity of Free Water Supply		漏损水量 The Lossed Water		家庭用户 Household User		
居民家庭用水 The Quantity of Water for Household Use	其他用水 The Quantity of Water for Other Purposes		生活用水 Domestic Water Use					
88.25	28.32			46.00	25387	20457	4.69	墨江哈尼族自治县
240.86	7.00	25.00	2.00	43.60	24991	16087	4.68	景东彝族自治县
278.84	5.35	81.72		52.79	24244	23080	6.82	景谷傣族彝族自治县
149.00	4.00			7.80	8065	7473	2.89	镇沅彝族哈尼族拉祜族自治县
96.00		19.88		8.00	10974	9077	3.20	江城哈尼族彝族自治县
149.00	3.00	11.00		16.00	12000	114	4.25	孟连傣族拉祜族佤族自治县
277.94	21.85	7.38	7.38	51.71	20355	16855	4.65	澜沧拉祜族自治县
62.00		5.30		9.70	3402	3080	1.42	西盟佤族自治县
289.81	10.00	15.00	10.00	76.45	16320	16200	6.74	凤庆县
255.64	5.30			35.63	18729	17846	9.30	云　县
130.56	1.24	24.00	0.40	34.52	16766	13892	6.04	永德县
245.65	27.90	1.46	1.46	19.00	12134	8260	3.80	镇康县
348.33	74.42	37.58		40.00	15000	15000	4.20	双江县
220.00	10.00	10.00	5.00	10.00	16450	14660	5.63	耿马县
141.56	1.39	5.02	0.02	32.59	11644	10517	4.50	沧源县
95.35	1.54	3.00		17.10	10400	10170	3.11	双柏县
132.20	10.42	0.09		39.31	14097	13331	5.16	牟定县
250.95	3.01	37.82		24.80	20443	17159	6.94	南华县
123.00		0.50		0.80	7783	7	3.68	姚安县
199.93	1.65	10.00		10.71	32314	24925	6.35	大姚县
132.82	0.25	16.28		23.21	10250	9625	2.70	永仁县
255.04	3.60	3.60	0.20	28.86	11738	11353	6.46	元谋县
266.75	20.00	7.00	4.80	40.00	12759	11659	5.07	武定县
123.10	2.41	5.18	1.00	36.30	10915	9257	3.41	屏边县
629.00	11.00	2.07	2.07	213.80	56840	50019	16.97	建水县
300.09	0.94	67.60		58.70	13640	10701	6.06	石屏县
323.06	10.40	51.90		54.63	18037	17607	13.30	泸西县
133.55	0.20	14.72		17.50	4548	4120	3.28	元阳县
91.28	0.43	4.50	1.70	13.95	15645	14412	3.74	红河县
205.00	0.30	0.05		5.50	10002	10002	4.88	金平县
96.90	30.74	16.84		2.00	10634	10634	2.96	绿春县
133.87		21.28		27.00	12904	11027	3.65	河口县
155.00	59.00	3.00	2.00	50.40	31434	29868	8.85	砚山县
47.52	1.20	15.37	12.47	2.90	4768	4434	2.25	西畴县

5-5 续表 30

县名称 Name of Counties	综合生产能力(万立方米/日) Integrated Production Capacity ($10,000m^3$/day)	地下水 Underground Water	水厂个数(个) Number of Water Plants (unit)	地下水 Underground Water	供水管道长度(公里) Length of Water Supply Pipelines (km)	供水总量(万立方米) 合计 Total	售水量 小计 Subtotal	生产运营用水 The Quantity of Water for Production and Operation	公共服务用水 The Quantity of Water for Public Service
麻栗坡县	0.60		1		79.00	168.00	145.00	51.00	10.00
马关县	1.65	0.35	2	1	82.10	395.00	366.00	12.00	24.00
丘北县	2.40		2		98.00	490.00	450.00	5.00	2.00
广南县	2.00		2		103.20	464.00	443.00	182.00	25.00
富宁县	1.40		3		299.03	474.17	424.17	62.18	40.75
勐海县	3.00		2		190.50	468.24	362.66	59.90	2.66
勐腊县	2.55		2		95.35	399.90	364.90		84.00
漾濞彝族自治县	1.10		1		52.00	117.00	107.00	11.00	6.00
祥云县	4.80		3		217.00	813.76	717.07	265.32	21.51
宾川县	2.00		1		150.20	448.14	394.37	59.00	157.75
弥渡县	1.50		2	1	83.90	258.00	237.00	45.00	51.00
南涧彝族自治县	2.00		1		54.00	210.93	191.05	41.50	2.50
巍山彝族回族自治县	1.50		2		77.00	170.70	164.50	22.00	10.50
永平县	1.20		2		119.50	280.50	254.36	38.00	29.87
云龙县	0.50		1		86.60	126.35	122.10	15.30	20.55
洱源县	1.50		1		132.00	202.70	178.40		119.50
剑川县	0.80		2		160.30	259.38	249.38	95.50	40.00
鹤庆县	1.60		2		121.30	438.00	382.30	112.83	126.80
梁河县	2.00		2		35.00	156.06	145.66	80.96	1.51
盈江县	2.30		2		294.38	687.00	587.00	258.00	7.00
陇川县	1.50		1		71.84	317.65	305.96	83.45	8.90
福贡县	2.20		3		51.20	162.48	88.15	12.20	31.97
贡山独龙族怒族自治县	1.00		2		26.54	102.92	93.60	18.00	20.00
兰坪白族普米族自治县	2.50		2		91.27	258.99	237.29	0.72	25.22
德钦县	0.60		4		27.30	87.30	73.10	3.60	10.00
维西傈僳族自治县	2.00		2		75.00	248.96	184.45	20.00	52.58
西　藏	**26.81**	**17.30**	**74**	**45**	**1476.48**	**4745.97**	**3009.62**	**218.30**	**346.20**
曲水县	0.25	0.25	1	1	42.00	54.00	50.00	22.00	18.00
当雄县	0.42	0.42	1	1	21.16	86.00	83.00		29.00
林周县	0.27	0.27	1	1	7.74	98.50	76.00	5.00	8.00
墨竹工卡县	0.50	0.50	2	2	47.22	175.20	152.42		35.04
尼木县	0.61	0.61	1	1	18.00	127.75	119.50	5.60	15.20
亚东县	0.90	0.80	1	1	10.00	150.00			
聂拉木县	0.32		1		24.00	62.00	52.80	1.00	1.00
仲巴县	0.20	0.20	1		13.69	33.80			
定结县	0.14	0.06	1	1	36.68	50.00			

continued

Total Quantity of Water Supply($10,000m^3$)					用水户数(户)		用水人口(万人)	县名称
Water Sold		免费供水量		漏损水量		家庭用户		
居民家庭用水 The Quantity of Water for Household Use	其他用水 The Quantity of Water for Other Purposes	免费供水量 The Quantity of Free Water Supply	生活用水 Domestic Water Use	漏损水量 The Lossed Water	Number of Households with Access to Water Supply (unit)	家庭用户 Household User	Population with Access to Water Supply (10,000 persons)	Name of Counties
82.00	2.00	1.00	0.80	22.00	15422	13041	6.50	麻栗坡县
330.00				29.00	18674	15782	5.32	马关县
298.00	145.00			40.00	38923	38923	12.01	丘北县
231.00	5.00	12.00		9.00	32315	22760	9.55	广南县
307.90	13.34	0.03		49.97	23269	21175	7.60	富宁县
300.10		0.28	0.28	105.30	15119	9473	9.36	勐海县
255.00	25.90			35.00	14355	13480	5.63	勐腊县
90.00		5.00		5.00	10662	10662	3.37	漾濞彝族自治县
430.24		2.00		94.69	31580	30426	12.15	祥云县
177.62				53.77	23434	21230	5.16	宾川县
141.00				21.00	10770	9470	4.16	弥渡县
147.05				19.88	91105	88415	2.80	南涧彝族自治县
130.50	1.50	0.80	0.10	5.40	14276	13522	4.83	巍山彝族回族自治县
186.09	0.40	0.14	0.14	26.00	14582	13245	6.42	永平县
86.25				4.25	4098	3136	1.86	云龙县
53.50	5.40			24.30	14724	13301	3.72	洱源县
113.88				10.00	6385	6385	2.40	剑川县
142.67				55.70	12441	11409	4.62	鹤庆县
62.59	0.60	2.40		8.00	13583	11197	2.60	梁河县
322.00		50.00		50.00	25361	25361	9.70	盈江县
195.86	17.75	1.87	1.87	9.82	17151	11355	5.01	陇川县
31.40	12.58	70.23	70.23	4.10	3637	3200	2.35	福贡县
55.60		7.56		1.76	2992	2873	0.65	贡山独龙族怒族自治县
149.67	61.68	16.00	1.20	5.70	9429	8216	5.95	兰坪白族普米族自治县
53.00	6.50	4.70		9.50	1920	1520	0.96	德钦县
111.87		20.00		44.51	9671	7512	3.87	维西傈僳族自治县
2250.26	**194.86**	**1296.55**	**1013.75**	**439.80**	**198427**	**159239**	**65.69**	**西　藏**
8.00	2.00	3.00	2.00	1.00	1500	1300	0.60	曲水县
28.00	26.00	2.00		1.00	2820	2650	1.06	当雄县
58.80	4.20	12.65		9.85	3800	3800	1.20	林周县
113.88	3.50	5.26	0.01	17.52	3260	3046	1.85	墨竹工卡县
96.50	2.20	1.00	1.00	7.25	2634	2370	0.95	尼木县
		145.00	140.00	5.00	2600	2600	0.39	亚东县
49.80	1.00			9.20	2094	1983	2.00	聂拉木县
		28.80	20.00	5.00	1609	1033	0.46	仲巴县
		48.00	46.00	2.00	1264	1205	0.74	定结县

5-5 续表 31

县名称 Name of Counties	综合生产能力(万立方米/日) Integrated Production Capacity ($10,000m^3$/day)	地下水 Underground Water	水厂个数(个) Number of Water Plants (unit)	地下水 Underground Water	供水管道长度(公里) Length of Water Supply Pipelines (km)	供水总量(万立方米) 合计 Total	售水量 小计 Subtotal	生产运营用水 The Quantity of Water for Production and Operation	公共服务用水 The Quantity of Water for Public Service
康马县	0.05		1	1	14.23	19.56	5.58		1.46
吉隆县	0.17		1		20.00	58.00	11.40	0.30	0.20
萨嘎县	1.00	1.00	3	3	32.92	50.50	41.00	3.00	3.00
谢通门县	0.30	0.30	1	1	3.60	71.00			
萨迦县	0.12		1		38.09	41.83	35.20	6.23	
岗巴县	0.43	0.43	1	1	12.50	90.00			
拉孜县	0.40	0.40	2	2	4.17	135.20	102.20	24.20	8.00
江孜县	0.80	0.80	2	1	27.00	233.36	181.51		25.92
定日县	0.25	0.25	1	1	38.00	51.00			
南木林县	0.40	0.40	1	1	15.00	129.60	126.00	19.00	16.00
昂仁县	0.25	0.25	2	2	23.60	78.00	70.00	7.00	5.00
白朗县	0.40	0.40	2	2	18.00	106.80	80.30		30.30
仁布县	0.48		1		20.00	146.00	126.00	20.00	46.00
左贡县	0.10	0.10	1	1	10.00	16.00			
丁青县	0.40		1		14.00	100.37	72.98	0.89	2.21
八宿县	0.60		2		12.48	61.00	50.00	7.00	3.00
江达县	0.60	0.60	1	1	27.99	79.00	68.00	2.30	18.00
洛隆县	0.20		1		15.00	85.00	71.00	2.00	3.00
察雅县	0.50		1		10.00	38.00	31.00	2.00	1.00
贡觉县	0.40		1		30.84	66.14	47.00		
边坝县	0.23		1		16.50	55.78	50.78	6.81	3.43
类乌齐县	0.50		1		25.60	71.00	54.00		2.00
芒康县	0.60		1		22.00	94.00			
朗　县	0.14	0.14	1	1	24.51	51.00	44.10	1.00	3.50
墨脱县	0.57		1		21.20	45.00	41.19	1.00	2.00
工布江达县	0.74		1		15.60	46.70	40.47	2.00	4.00
察隅县	0.36		1		18.60	54.25	49.91	3.49	3.49
波密县	1.00		1		12.00	100.00	90.00	3.00	2.00
米林县	0.40		1		5.96	68.96	57.37	12.22	7.03
错那县	0.25		2		12.00	111.00	32.00	6.00	4.00
浪卡子县	0.38	0.38	1	1	32.50	101.42	86.22	2.34	1.68
贡嘎县	0.60	0.60	1	1	29.00	123.00	107.00	9.00	9.00
加查县	0.30		1		35.00	66.00	54.00	2.00	3.00
桑日县	0.35	0.35	1	1	25.00	118.00	42.00	9.00	6.00
洛扎县	0.45		1		18.50	120.75			
琼结县	0.50	0.50	1	1	35.00	73.00	49.00	2.00	3.00
措美县	0.31		1		13.40	84.00	9.00	7.00	1.00
扎囊县	0.15	0.15	1	1	16.29	53.75	45.75	2.00	5.00
曲松县	0.32	0.32	1	1	18.50	71.44	61.93	6.34	5.00

continued

Total Quantity of Water Supply(10,000m³)					用水户数(户) Number of Households with Access to Water Supply (unit)		用水人口(万人) Population with Access to Water Supply (10,000 persons)	县名称 Name of Counties
Water Sold		免费供水量 The Quantity of Free Water Supply		漏损水量 The Lossed Water		家庭用户 Household User		
居民家庭用水 The Quantity of Water for Household Use	其他用水 The Quantity of Water for Other Purposes		生活用水 Domestic Water Use					
4.12		9.36	9.36	4.62	1079	319	0.62	康马县
10.00	0.90	43.20	40.10	3.40	2890	2860	1.42	吉隆县
32.00	3.00	7.00	3.51	2.50	7200	7200	0.69	萨嘎县
		69.50	69.50	1.50	900		1.72	谢通门县
28.97		4.58		2.05	1723	1625	0.90	萨迦县
		77.00	42.50	13.00	830	800	0.43	岗巴县
60.00	10.00	15.00	15.00	18.00	3700	3070	2.23	拉孜县
103.70	51.89	17.25	3.00	34.60	2700	2630	1.90	江孜县
		50.00	50.00	1.00	6500	4000	1.00	定日县
78.00	13.00	0.80	0.30	2.80	4122	3420	1.30	南木林县
50.00	8.00			8.00	2400	2300	0.90	昂仁县
50.00		11.00	2.00	15.50	810	810	0.90	白朗县
60.00				20.00	1200	1200	0.65	仁布县
		15.00	15.00	1.00	500	500	0.34	左贡县
68.00	1.88	25.39		2.00	2711	2681	1.71	丁青县
40.00		5.00	5.00	6.00	5000	5000	1.40	八宿县
44.00	3.70			11.00	3124	3090	1.44	江达县
62.00	4.00	3.00	3.00	11.00	2832	2760	1.64	洛隆县
27.00	1.00	3.00	3.00	4.00	2200	1400	0.70	察雅县
47.00		13.14		6.00	1354	1354	0.78	贡觉县
37.54	3.00	1.00	1.00	4.00	1719	1719	0.75	边坝县
50.00	2.00	5.00	5.00	12.00	1500	1500	0.80	类乌齐县
		81.00	81.00	13.00	4590	4590	2.50	芒康县
36.40	3.20	0.40		6.50	1020	1020	0.48	朗　县
37.19	1.00			3.81	1914	884	0.48	墨脱县
34.47				6.23	1741	1741	0.40	工布江达县
42.42	0.51			4.34	963	899	0.69	察隅县
85.00				10.00	5000	4900	2.00	波密县
33.06	5.06			11.59	1778	1698	0.65	米林县
15.00	7.00	72.00		7.00	620	272	0.15	错那县
78.60	3.60	5.20	5.20	10.00	2600	2600	0.70	浪卡子县
74.00	15.00	4.00	3.00	12.00	12201	10801	2.00	贡嘎县
49.00				12.00	1718	1583	0.83	加查县
23.00	4.00	65.00	55.00	11.00	4000	3200	0.90	桑日县
		113.75	100.00	7.00	1060	1060	0.50	洛扎县
44.00		16.00	10.00	8.00	1850	1600	1.04	琼结县
1.00		66.00	52.00	9.00	2345	2258	1.15	措美县
37.75	1.00	5.00		3.00	2000	2000	0.80	扎囊县
50.59		0.20		9.31	1030	901	0.23	曲松县

5-5 续表 32

县名称 Name of Counties	综合生产能力(万立方米/日) Integrated Production Capacity (10,000m³/day)	地下水 Underground Water	水厂个数(个) Number of Water Plants (unit)	地下水 Underground Water	供水管道长度(公里) Length of Water Supply Pipelines (km)	供水总量(万立方米) 合计 Total	售水量 小计 Subtotal	生产运营用水 The Quantity of Water for Production and Operation	公共服务用水 The Quantity of Water for Public Service
隆子县	0.32	0.32	1	1	23.70	53.99	43.99	5.99	3.00
聂荣县	0.30	0.30	1	1	13.19	49.12	5.10	0.50	0.30
双湖县					8.00				
嘉黎县	0.10	0.10	1	1	11.00	9.60			
比如县	0.11	0.11	1	1	18.00	40.00	34.00		
尼玛县	0.21	0.21	1	1	20.80	20.00	14.72	3.00	2.00
巴青县	0.25	0.25	1	1	52.00	33.65			
申扎县	0.19		1		29.80	66.04	61.17	2.09	5.44
安多县	0.13	0.13	1	1	48.62	45.15			
索　县	0.20		1		28.50	51.00			
班戈县	0.35	0.35	1	1	15.13	20.41			
革吉县	0.72	0.72	1	1	14.30	12.30	11.18	4.00	1.00
札达县	0.12	0.12			22.65	28.00	23.80		
日土县	0.12	0.12	1	1	16.69	43.20	16.06		
改则县	3.20	3.20	1	1	1.80	15.74			
葛尔县	0.56	0.56	2		135.00	225.70	205.39		
普兰县	0.20	0.20	1	1	7.63	29.30	26.55		
措勤县	0.12	0.12	1	1	4.60	0.11	0.05		
陕　西	**122.73**	**66.55**	**118**	**53**	**5275.32**	**23499.16**	**20766.73**	**2678.58**	**2523.67**
蓝田县	2.00	2.00	1	1	79.42	369.94	328.96	65.04	86.97
周至县	2.51	1.80	1		98.75	446.11	408.11	36.75	130.22
宜君县	0.40		2		53.24	48.23	41.33	2.14	4.00
岐山县	2.50	1.10	2	2	36.00	439.00	438.00	83.00	52.00
扶风县	1.45	0.68	8	7	66.10	509.08	433.10	86.10	48.00
眉　县	2.74	1.35	3	2	65.81	393.80	352.62	72.22	33.60
陇　县	2.99	2.99	2	2	92.70	315.12	285.05	17.38	89.97
千阳县	1.20	1.20	1		30.40	258.00	236.00	45.00	78.00
麟游县	0.40		1		19.92	114.00	113.00	35.00	5.00
凤　县	1.20		1		44.90	165.50	139.50	36.00	12.10
太白县	0.50		1		45.22	148.80	129.00		26.00
三原县	4.60	1.00	1	1	116.32	702.84	583.81	136.56	18.25
泾阳县	3.00		3		63.74	607.46	355.65		
乾　县	1.23	1.23	2	2	110.50	433.06	403.81	23.33	6.93
礼泉县	1.30	1.30	1	1	68.50	349.80	307.00	41.00	62.00
永寿县	0.49	0.40	3	2	52.89	233.19	205.82	34.57	61.20
长武县	0.80		1		75.12	287.24	268.49	30.30	47.40
旬邑县	1.55		1		25.20	151.00	139.30	22.60	25.40
淳化县	0.38	0.38	4	4	30.40	122.00	106.00	6.00	13.00
武功县	2.13	1.10	4	3	64.26	498.66	432.00	106.00	23.00

continued

Total Quantity of Water Supply(10,000m³)					用水户数(户) Number of Households with Access to Water Supply (unit)		用水人口(万人) Population with Access to Water Supply (10,000 persons)	县名称 Name of Counties
Water Sold		免费供水量 The Quantity of Free Water Supply		漏损水量 The Lossed Water		家庭用户 Household User		
居民家庭用水 The Quantity of Water for Household Use	其他用水 The Quantity of Water for Other Purposes		生活用水 Domestic Water Use					
32.00	3.00	8.00	3.00	2.00	1450	1289	0.90	隆子县
4.20	0.10	44.00	40.00	0.02	258	258	0.03	聂荣县
					652	352	0.03	双湖县
		9.50	9.50	0.10	668	668	0.32	嘉黎县
33.00	1.00			6.00	5100	4800	2.04	比如县
8.72	1.00	3.00	3.00	2.28	1200	800	0.38	尼玛县
		31.65	25.78	2.00	1989	1989	0.66	巴青县
47.52	6.12	1.87	0.94	3.00	1370	1030	0.40	申扎县
		43.15	43.15	2.00	2356	2301	1.20	安多县
		46.00	46.00	5.00	2100	2100	0.80	索　县
		19.93	19.93	0.48	507	398	0.30	班戈县
5.18	1.00			1.12	1280	1230	0.54	革吉县
23.80				4.20	1062	1002	0.58	札达县
16.06		25.64	25.64	1.50	1200	1100	0.36	日土县
		14.28	14.28	1.46	1200	1200	0.53	改则县
205.39				20.31	48600	24060	6.66	葛尔县
25.55	1.00			2.75	2103	2103	0.92	普兰县
0.05		0.05	0.05	0.01	327	327	0.07	措勤县
14261.93	**1302.55**	**519.00**	**52.52**	**2213.43**	**1189107**	**1037552**	**487.24**	**陕　西**
168.57	8.38	7.58		33.40	24640	23467	8.30	蓝田县
239.94	1.20	13.00		25.00	25899	16883	7.40	周至县
33.60	1.59	2.90	0.35	4.00	1778	1257	1.89	宜君县
265.00	38.00	0.50		0.50	13380	11850	4.85	岐山县
269.00	30.00	25.98		50.00	9200	5000	6.47	扶风县
246.80		4.30	4.00	36.88	23862	23288	8.45	眉　县
177.70				30.07	2917	2472	8.43	陇　县
88.00	25.00	12.00	7.00	10.00	18000	16600	5.67	千阳县
57.00	16.00			1.00	10000	10000	2.00	麟游县
88.00	3.40	13.00	7.50	13.00	6130	6022	2.70	凤　县
70.00	33.00	5.80	5.80	14.00	3887	3679	1.53	太白县
411.30	17.70	9.74	9.74	109.29	16937	16642	14.16	三原县
252.26	103.39			251.81	16366	14374	6.00	泾阳县
364.79	8.76	15.10		14.15	31920	31156	12.09	乾　县
182.00	22.00	1.30	1.20	41.50	32768	2505	9.35	礼泉县
102.60	7.45	1.42	1.42	25.95	10210	9551	4.45	永寿县
154.23	36.56	0.43	0.29	18.32	13232	12606	5.39	长武县
83.30	8.00	3.60	2.60	8.10	7029	7003	3.42	旬邑县
84.00	3.00	1.50	1.50	14.50	8550	8550	3.32	淳化县
290.00	13.00	8.66	8.24	58.00	34105	3245	9.11	武功县

5-5 续表 33

县名称 Name of Counties	综合生产能力(万立方米/日) Integrated Production Capacity ($10,000m^3$/day)	地下水 Underground Water	水厂个数(个) Number of Water Plants (unit)	地下水 Underground Water	供水管道长度(公里) Length of Water Supply Pipelines (km)	供水总量(万立方米) 合计 Total	售水量 小计 Subtotal	生产运营用水 The Quantity of Water for Production and Operation	公共服务用水 The Quantity of Water for Public Service
潼关县	3.00	3.00	1	1	60.20	316.80	285.80	23.00	25.00
大荔县	3.00	3.00	1	1	121.20	605.00	560.00	8.00	72.00
合阳县	3.85	2.00	2	1	107.20	490.50	425.50	93.50	19.50
澄城县	2.80	0.90	2	1	53.44	395.42	350.42	63.00	53.00
蒲城县	4.50	4.50	2	2	196.99	765.07	688.42	137.98	22.03
白水县	1.00	1.00	1	1	58.51	203.00	189.00	38.00	32.00
富平县	5.00	5.00	1	1	163.60	852.97	843.97	100.00	125.97
延长县	1.10		2		38.00	210.65	206.00	4.50	65.00
延川县	0.40		1		37.00	128.13	117.73	0.36	68.97
志丹县	1.10	1.10	1	1	57.20	321.00	292.00	26.30	120.70
吴起县	1.20	1.20	3	3	109.00	394.00	347.00	135.00	30.00
甘泉县	0.90		1		61.00	143.46	126.00	11.20	6.00
富　县	1.00		2		45.27	316.25	268.00	52.00	29.00
洛川县	1.50		1		91.64	243.00	215.00	38.00	32.00
宜川县	0.60		1	1	45.40	147.00	132.40	10.00	11.00
黄龙县	0.50		1		60.00	88.40	78.40	6.50	20.10
黄陵县	0.70		1		71.00	254.39	178.39	6.20	60.74
城固县	4.00	4.00	2	2	50.00	590.00	532.18	38.00	10.18
洋　县	2.00		1		55.80	468.00	398.00	1.00	38.00
西乡县	3.00		1		68.10	497.00	449.00	45.00	63.00
勉　县	3.55	3.55	2	2	81.55	1000.20	898.70	98.10	78.20
宁强县	1.50		3		85.50	259.00	225.00	32.00	29.00
略阳县	2.00	1.68	2		62.00	308.00	280.00	55.00	16.00
镇巴县	1.00		1		87.30	258.00	246.10	45.00	90.00
留坝县	0.34		1		8.80	87.78	64.50	19.56	8.71
佛坪县	0.60		2		37.50	60.00	54.00		18.00
府谷县	5.00	5.00	1	1	111.00	615.00	578.34	70.30	21.54
靖边县	2.60	2.60	1	1	150.66	681.00	506.00		
定边县	0.78	0.78	2	1	482.37	637.00	528.71		79.30
绥德县	2.20	2.20	1	1	123.41	312.00	279.30	7.50	34.70
米脂县	1.00	1.00	1	1	64.80	182.40	171.40	28.00	16.10
佳　县	0.39	0.39			20.40	33.00	29.00	0.90	0.90
吴堡县	0.40		1		40.00	97.51	88.10	1.20	9.10
清涧县	0.36	0.36	1	1	44.00	130.00	117.00	6.00	9.00
子洲县	0.50		1		55.80	123.00	107.00	16.00	3.00
汉阴县	0.94	0.20	5		73.60	313.15	288.30	35.20	5.80
石泉县	1.30		3		57.80	448.59	325.01	76.39	
宁陕县	0.43		2		29.69	73.30	65.00	3.02	4.96
紫阳县	1.00		2		16.27	344.00	312.35	52.00	5.70

continued

Total Quantity of Water Supply(10,000m³)					用水户数(户)		用水人口(万人)	县名称
Water Sold		免费供水量		漏损水量		家庭用户		
居民家庭用水 The Quantity of Water for Household Use	其他用水 The Quantity of Water for Other Purposes	The Quantity of Free Water Supply	生活用水 Domestic Water Use	The Lossed Water	Number of Households with Access to Water Supply (unit)	Household User	Population with Access to Water Supply (10,000 persons)	Name of Counties
229.80	8.00	3.00	1.00	28.00	23019	23019	6.37	潼关县
375.00	105.00			45.00	21060	19240	9.40	大荔县
261.00	51.50	10.00		55.00	15125	14610	5.72	合阳县
231.42	3.00	10.00		35.00	25428	24861	10.72	澄城县
521.86	6.55	1.10		75.55	26700	14178	13.75	蒲城县
118.00	1.00			14.00	20638	20537	5.72	白水县
363.00	255.00	5.00		4.00	31050	29025	12.46	富平县
125.50	11.00	2.15	0.36	2.50	12950	11000	5.30	延长县
42.35	6.05			10.40	14343	10600	5.69	延川县
145.00				29.00	3170	2966	5.50	志丹县
163.00	19.00	9.50		37.50	20558	20558	7.10	吴起县
83.30	25.50			17.46	6266	5851	3.06	甘泉县
186.00	1.00	1.00		47.25	12380	12380	5.31	富　县
130.00	15.00	10.00		18.00	9340	8944	7.45	洛川县
106.60	4.80			14.60	9577	9168	4.60	宜川县
43.60	8.20			10.00	3020	2100	1.57	黄龙县
106.95	4.50	63.00		13.00	12388	12118	4.00	黄陵县
479.00	5.00			57.82	39561	39310	13.82	城固县
324.00	35.00	6.00		64.00	23050	22675	9.82	洋　县
336.00	5.00	8.00		40.00	28035	27914	9.77	西乡县
721.70	0.70			101.50	53583	45796	16.00	勉　县
163.00	1.00	23.00		11.00	23392	22492	7.00	宁强县
187.00	22.00			28.00	18800	16000	7.00	略阳县
110.00	1.10	0.90	0.90	11.00	14416	14206	5.55	镇巴县
36.03	0.20	16.43		6.85	4045	3667	1.36	留坝县
36.00				6.00	3028	2580	0.85	佛坪县
485.00	1.50			36.66	31125	30925	15.48	府谷县
369.00	137.00	72.00		103.00	27839	23988	23.56	靖边县
444.13	5.28			108.29	21006	16484	10.71	定边县
232.50	4.60			32.70	31323	27630	9.40	绥德县
127.00	0.30			11.00	9014	8867	4.90	米脂县
27.00	0.20			4.00	4901	4801	1.00	佳　县
75.80	2.00	0.11	0.10	9.30	8320	8076	3.01	吴堡县
96.00	6.00			13.00	10972	10836	3.82	清涧县
83.00	5.00			16.00	10885	10500	4.00	子洲县
226.20	21.10	0.22	0.22	24.63	18480	17380	9.37	汉阴县
247.33	1.29	81.33		42.25	19509	16365	7.40	石泉县
49.49	7.53			8.30	4458	4235	1.93	宁陕县
253.00	1.65	5.65		26.00	20021	16940	5.89	紫阳县

5-5 续表 34

县名称 Name of Counties	综合生产能力(万立方米/日) Integrated Production Capacity ($10,000m^3$/day)	地下水 Underground Water	水厂个数(个) Number of Water Plants (unit)	地下水 Underground Water	供水管道长度(公里) Length of Water Supply Pipelines (km)	供水总量(万立方米) 合计 Total	售水量 小计 Subtotal	生产运营用水 The Quantity of Water for Production and Operation	公共服务用水 The Quantity of Water for Public Service
岚皋县	0.71				89.30	258.15	226.13	3.00	17.53
平利县	2.30		1		46.70	236.00	211.00	49.00	51.00
镇坪县	0.78		2		50.23	75.30	64.65	4.80	5.00
旬阳县	2.50		1		134.00	430.57	393.40	45.12	24.50
白河县	1.30		2		66.60	220.00	194.54	65.26	6.00
洛南县	3.00		2		106.00	659.80	646.40	49.60	40.00
丹凤县	5.68	5.68			80.65	312.60	275.50	38.00	40.00
商南县	1.20		1		66.30	331.20	303.60	46.50	49.90
山阳县	1.35	0.88	4	3	69.95	609.44	540.94	64.60	86.50
镇安县	1.50		1		83.20	221.70	206.50	20.00	36.00
柞水县	2.00		1		60.00	158.60	150.50	30.00	10.00
甘　肃	**86.25**	**29.23**	**88**	**37**	**5013.61**	**17061.33**	**14869.46**	**2216.93**	**2486.36**
永登县	1.30	0.21	1	1	53.00	315.00	268.50	4.50	30.00
皋兰县	2.35		2		128.43	308.57	279.78	90.71	74.22
榆中县	3.50		1		95.50	345.42	314.17	77.00	72.87
永昌县	2.00		2	1	64.20	259.00	221.39	34.00	31.00
靖远县	3.20		1		135.33	360.70	314.50	27.00	47.50
会宁县	2.50		1		67.00	449.00	389.00	12.00	184.00
景泰县	2.00		1		100.88	310.00	288.00	26.40	81.50
清水县	2.00		3	2	87.00	364.86	350.46	46.58	119.60
秦安县	1.35		1	1	77.50	341.70	313.10	38.00	65.00
甘谷县	1.50	0.59	1	1	72.65	543.46	452.51	65.94	65.99
武山县	1.00	1.00	1	1	83.00	272.00	262.00	21.00	20.00
张家川回族自治县	0.60		2	1	22.50	326.40	159.40	28.40	32.00
民勤县	4.30	4.30	1	1	289.40	410.20	369.31	40.63	122.99
古浪县	1.00	1.00	2		147.34	262.71	217.52		104.25
天祝藏族自治县	1.50		1		76.60	244.78	202.22	58.92	5.68
肃南县	1.20		1		31.30	145.70	119.16	13.92	0.76
民乐县	2.50	2.50	2	1	207.26	405.81	356.31	60.35	34.06
临泽县	0.96	0.96	1	1	130.00	247.09	212.66	41.06	48.20
高台县	1.40	1.40	1	1	102.68	331.50	300.62	10.00	42.80
山丹县	1.70		1		103.84	475.08	385.41	14.86	12.43
泾川县	1.20	1.20	1	1	83.87	415.30	387.60	210.20	12.60
灵台县	0.60		1	1	72.70	228.50	221.50	15.69	36.91
崇信县	0.60	0.60	2	2	75.00	159.60	151.28	32.74	44.63
庄浪县	2.50		1		65.00	389.13	358.43	219.87	14.23
静宁县	1.60	1.60	1	1	70.00	430.95	238.23	32.81	19.97
金塔县	1.60	1.60	1	1	74.89	269.80	243.91	22.16	60.50
瓜州县	1.60	1.60	1	1	83.76	428.47	352.99	23.52	126.48

continued

Total Quantity of Water Supply($10,000m^3$)					用水户数(户) Number of Households with Access to Water Supply (unit)		用水人口(万人) Population with Access to Water Supply (10,000 persons)	县名称 Name of Counties
Water Sold		免费供水量 The Quantity of Free Water Supply		漏损水量 The Lossed Water		家庭用户 Household User		
居民家庭用水 The Quantity of Water for Household Use	其他用水 The Quantity of Water for Other Purposes		生活用水 Domestic Water Use					
173.40	32.20			32.02	12624	12620	4.88	岚皋县
99.00	12.00			25.00	14950	14520	5.97	平利县
54.20	0.65	2.50		8.15	3585	2885	1.47	镇坪县
320.78	3.00	0.80	0.30	36.37	21321	21268	10.36	旬阳县
123.28				25.46	13301	12667	4.28	白河县
538.00	18.80	5.40		8.00	35768	33380	13.76	洛南县
195.00	2.50	1.10		36.00	28580	28580	10.20	丹凤县
207.20				27.60	5311	4268	7.03	商南县
325.42	64.42	50.00		18.50	30520	29142	10.20	山阳县
147.00	3.50			15.20	11962	11750	6.10	镇安县
110.00	0.50	4.00		4.10	7600	7500	2.65	柞水县
9492.22	**673.95**	**621.31**	**190.65**	**1570.56**	**969537**	**851058**	**384.38**	**甘　肃**
212.00	22.00	15.00		31.50	25000	24300	9.30	永登县
68.28	46.57			28.79	8498	7400	6.30	皋兰县
164.17	0.13			31.25	29046	28132	5.72	榆中县
130.50	25.89	0.01	0.01	37.60	22125	18905	4.10	永昌县
220.00	20.00	16.00		30.20	28210	27096	9.02	靖远县
150.00	43.00			60.00	5057	4135	14.19	会宁县
172.80	7.30			22.00	5500	5000	12.17	景泰县
183.30	0.98			14.40	13700	12693	7.15	清水县
208.00	2.10	1.10	1.10	27.50	38700	37200	12.80	秦安县
320.58		35.60		55.35	27114	24840	13.98	甘谷县
212.00	9.00			10.00	17580	15580	7.34	武山县
56.00	43.00	165.00		2.00	6652	6652	3.15	张家川回族自治县
202.00	3.69			40.89	30000	25210	6.50	民勤县
91.18	22.09	25.21		19.98	18542	14070	5.45	古浪县
115.98	21.64	20.29		22.27	15335	15335	7.83	天祝藏族自治县
104.48		26.35		0.19	5480	4921	0.96	肃南县
207.26	54.64	1.50	1.50	48.00	31625	27109	9.35	民乐县
122.57	0.83	10.00	10.00	24.43	8965	7519	5.20	临泽县
226.82	21.00	0.08		30.80	35012	20801	7.62	高台县
356.83	1.29	0.20	0.03	89.47	26386	24799	7.35	山丹县
160.60	4.20	2.40		25.30	22125	18464	7.20	泾川县
168.70	0.20			7.00	10918	8456	2.90	灵台县
70.61	3.30			8.32	12826	12600	3.60	崇信县
119.11	5.22			30.70	21875	15462	4.79	庄浪县
156.22	29.23	156.22	156.22	36.50	12873	10815	7.54	静宁县
159.75	1.50			25.89	20100	16482	6.56	金塔县
140.80	62.19	7.85		67.63	25181	2851	5.39	瓜州县

5-5 续表 35

县名称 Name of Counties	综合生产能力(万立方米/日) Integrated Production Capacity (10,000m³/day)	地下水 Under-ground Water	水厂个数(个) Number of Water Plants (unit)	地下水 Under-ground Water	供水管道长度(公里) Length of Water Supply Pipelines (km)	供水总量(万立方米) 合计 Total	售水量 小计 Subtotal	生产运营用水 The Quantity of Water for Production and Operation	公共服务用水 The Quantity of Water for Public Service
肃北蒙古族自治县	0.25	0.25	1	1	45.00	91.00	90.90	26.00	12.00
阿克塞哈萨克族自治县	0.40		1		56.00	72.25	63.20	13.00	4.20
庆城县	1.30		1		108.00	204.20	178.00	12.00	32.00
环　县	1.40		2	1	122.30	404.33	364.31	81.39	26.69
华池县	0.68		2		64.70	146.00	136.00	34.00	30.00
合水县	0.60		2		32.61	137.10	131.10	18.20	24.30
正宁县	0.83		2		50.45	95.60	80.60	9.20	23.50
宁　县	0.54	0.54	2	2	32.00	94.00	93.60	5.50	30.00
镇原县	1.10	0.70	2	2	33.90	142.69	130.12	24.69	35.13
通渭县	0.80		1		138.00	148.83	138.73	45.16	
陇西县	3.90	1.60	1		167.00	861.66	711.66	180.00	80.66
渭源县	0.75		1		60.12	235.00	188.00	64.00	31.00
临洮县	1.41	1.41	1	1	82.94	571.69	525.12	57.90	31.71
漳　县	1.00	1.00	1	1	54.40	112.00	97.00	1.00	1.00
岷　县	1.66	1.66	1	1	73.30	285.00	281.00	22.00	12.00
成　县	3.50		2		111.06	409.61	344.58		84.58
文　县	0.60	0.60	1	1	32.00	182.00	161.00	21.00	21.00
宕昌县	1.50		1		75.26	103.43	98.60	6.00	4.80
康　县	0.50		1		56.90	107.05	92.55	0.09	17.96
西和县	1.24	0.14	3	1	121.00	248.00	217.00	23.00	5.00
礼　县	0.60	0.60	1	1	87.00	191.50	168.50	7.50	26.50
徽　县	0.80		3		72.00	210.30	185.00	2.00	52.00
两当县	0.25		2		22.17	56.86	51.86	1.40	2.60
临夏县	1.20		1		50.42	170.43	156.87	45.80	5.42
康乐县	1.00		1		51.00	247.53	226.53	3.50	56.57
永靖县	2.00		1		77.00	682.00	625.00	75.00	90.00
广河县	1.10		1		45.80	272.80	251.30	31.50	28.30
和政县	0.82		2		92.21	237.00	211.80	27.00	10.50
东乡县	0.65		1		75.00	133.79	133.70	26.70	26.40
积石山县	0.51		2		23.32	219.80	194.00	15.00	20.00
临潭县	0.71		1	1	61.80	123.94	116.44	5.24	1.60
卓尼县	0.56		2		59.54	92.90	87.00	6.20	9.60
舟曲县	1.12	1.12	1	1	47.80	259.05	198.08		25.82
迭部县	0.35	0.18	2	2	39.90	166.44	124.50	22.00	37.00
玛曲县	2.20		1		29.08	97.02	89.10	1.70	3.35
碌曲县	0.36	0.36	1	1	27.00	72.80	65.00	19.00	13.00
夏河县	0.50	0.50	1	1	35.00	135.00	131.75	15.00	60.00

continued

Total Quantity of Water Supply(10,000m³)					用水户数(户)		用水人口(万人)	县名称
Water Sold		免费供水量		漏损水量		家庭用户		
居民家庭用水 The Quantity of Water for Household Use	其他用水 The Quantity of Water for Other Purposes	免费供水量 The Quantity of Free Water Supply	生活用水 Domestic Water Use	漏损水量 The Lossed Water	用水户数(户) Number of Households with Access to Water Supply (unit)	家庭用户 Household User	用水人口(万人) Population with Access to Water Supply (10,000 persons)	县名称 Name of Counties
47.00	5.90			0.10	2730	2730	1.10	肃北蒙古族自治县
40.00	6.00	0.05	0.05	9.00	4000	4000	1.46	阿克塞哈萨克族自治县
126.65	7.35	10.00		16.20	16049	15643	6.85	庆城县
256.23				40.02	28610	28370	7.53	环　县
70.20	1.80			10.00	6011	5084	3.80	华池县
83.60	5.00			6.00	16320	15000	4.53	合水县
42.80	5.10			15.00	12692	12692	3.49	正宁县
50.50	7.60			0.40	9200	8200	3.95	宁　县
68.29	2.01			12.57	9721	8452	3.89	镇原县
92.15	1.42			10.10	26000	20000	6.00	通渭县
407.36	43.64			150.00	35382	34210	23.08	陇西县
82.00	11.00	20.00		27.00	9830	8180	3.69	渭源县
414.19	21.32			46.57	34662	34662	15.50	临洮县
94.00	1.00			15.00	5249	4288	4.85	漳　县
244.00	3.00			4.00	16983	16983	9.94	岷　县
260.00				65.03	7000	6500	9.23	成　县
109.00	10.00			21.00	10340	10020	4.16	文　县
86.80	1.00	3.00	2.00	1.83	8953	8542	3.28	宕昌县
74.50		4.50		10.00	6233	5228	2.74	康　县
187.00	2.00	6.00		25.00	8688	7573	6.68	西和县
132.00	2.50	3.00		20.00	13182	12428	4.80	礼　县
131.00		5.50		19.80	14738	14710	5.72	徽　县
47.30	0.56	0.40		4.60	3097	2986	1.35	两当县
98.85	6.80	7.51	7.51	6.05	7044	6200	3.61	临夏县
165.26	1.20			21.00	14504	13506	6.12	康乐县
452.00	8.00	10.00		47.00	31295	29276	7.80	永靖县
187.30	4.20	8.90	0.53	12.60	14526	13814	4.81	广河县
174.00	0.30			25.20	10740	10717	5.75	和政县
74.90	5.70			0.09	4577	4577	2.26	东乡县
147.00	12.00	16.00		9.80	7000	4736	5.23	积石山县
103.24	6.36	1.60	1.20	5.90	8200	7980	2.94	临潭县
64.00	7.20	0.40	0.20	5.50	7700	7700	2.26	卓尼县
172.26		12.74		48.23	12950	9910	4.10	舟曲县
42.50	23.00	27.00	10.00	14.94	4446	3998	2.32	迭部县
81.05	3.00	0.10	0.10	7.82	4730	4480	1.98	玛曲县
31.00	2.00	1.80	0.20	6.00	2730	2356	1.19	碌曲县
51.75	5.00			3.25	9000	8500	2.93	夏河县

5-5 续表 36

县名称 Name of Counties	综合生产能力(万立方米/日) Integrated Production Capacity ($10,000m^3$/day)	地下水 Underground Water	水厂个数(个) Number of Water Plants (unit)	地下水 Underground Water	供水管道长度(公里) Length of Water Supply Pipelines (km)	供水总量(万立方米) 合计 Total	售水量 小计 Subtotal	生产运营用水 The Quantity of Water for Production and Operation	公共服务用水 The Quantity of Water for Public Service
青 海	**40.31**	**10.31**	**41**	**10**	**2024.59**	**5468.48**	**4673.15**	**707.86**	**919.02**
大通县	6.00		1	1	142.00	425.60	407.10	30.00	125.00
湟源县	2.80	0.80	2	1	125.55	280.13	228.09	36.34	70.47
民和县	1.50		2		219.00	379.40	309.10	65.70	53.10
互助县	6.00	1.00	2	1	97.42	541.00	422.00	1.80	90.00
化隆县	3.75		2		158.20	347.70	236.70	26.20	18.00
循化县	0.70		1		78.00	164.10	135.50	18.00	40.80
门源县	1.00		2		117.07	296.00	260.00	30.00	50.00
祁连县	0.60	0.30	1	1	75.00	119.41	104.41	17.50	23.00
海晏县	0.70	0.70	1	1	43.90	101.00	99.00	4.00	9.00
刚察县	0.75		1		32.20	144.63	111.85	12.10	45.30
西海镇	2.00	2.00	1	1	51.00	81.74	74.44	32.00	6.69
尖扎县	0.40		1		22.00	107.00	95.00	19.00	17.00
泽库县	0.19		1		22.00	74.00	68.00	20.00	18.00
河南县	0.36		1		11.20	105.02	95.70	21.00	26.70
共和县	2.00	2.00	1	1	94.56	454.00	412.18	56.55	84.83
同德县	0.50		1		18.40	89.98	81.98	15.60	20.50
贵德县	0.90	0.73	1		92.21	226.23	205.98	8.08	40.54
兴海县	1.48		1		35.13	112.44	104.84	5.60	16.06
贵南县	0.46		1		19.63	66.36	59.27	3.90	2.55
班玛县	0.20		1		19.00	28.00	22.00	1.70	1.30
久治县	0.22		1		25.00	40.20	32.20	9.00	7.20
甘德县	0.20		2		53.00	64.35	61.85	9.15	17.20
玛沁县	0.50	0.50	1		96.97	253.00	239.00	118.00	17.00
达日县	0.30		1		38.30	35.74	26.46	5.56	5.80
玛多县	0.16		1		21.00	42.30	35.00	5.00	10.00
杂多县	1.16		1		9.37	79.80	71.80	3.50	1.80
称多县	0.60		1		34.84	62.83	56.90	0.70	0.80
治多县	0.80		1		10.00	59.70	51.70	4.20	14.00
囊谦县	1.20		1		28.55	71.50	62.50	2.50	3.00
曲麻莱县	0.50	0.50	1	1	10.00	43.50	41.10	1.00	4.50
乌兰县	0.31	0.31	2		19.60	102.00	86.00	5.90	11.90
都兰县	0.60		1		75.00	84.83	80.33	16.00	11.93
天峻县	0.77	0.77	1	1	100.96	279.40	198.48	73.62	39.12
大柴旦行委	0.70	0.70	1	1	28.53	105.59	96.69	28.66	15.93
宁 夏	**47.10**	**15.45**	**23**	**6**	**1857.82**	**7522.82**	**6793.16**	**893.83**	**1213.42**
永宁县	6.00	3.00	1		170.00	492.13	441.91	103.70	91.65
贺兰县	6.50		2		170.00	2448.00	2315.00	293.00	559.00
平罗县	2.50	2.12	1	1	259.70	775.25	662.24	103.44	95.77
盐池县	3.50	1.50	1		262.30	585.26	533.13	105.94	65.16

continued

Total Quantity of Water Supply(10,000m³)					用水户数(户) Number of Households with Access to Water Supply (unit)		用水人口(万人) Population with Access to Water Supply (10,000 persons)	县名称 Name of Counties
Water Sold		免费供水量 The Quantity of Free Water Supply		漏损水量 The Lossed Water		家庭用户 Household User		
居民家庭用水 The Quantity of Water for Household Use	其他用水 The Quantity of Water for Other Purposes		生活用水 Domestic Water Use					
2689.41	**356.86**	**306.76**	**9.51**	**488.57**	**302600**	**252506**	**112.72**	**青　海**
241.00	11.10	1.00	1.00	17.50	31816	31478	19.75	大通县
119.57	1.71	21.70		30.34	26493	13002	7.00	湟源县
190.30		62.30		8.00	39321	26214	8.05	民和县
284.00	46.20	57.00	1.90	62.00	25822	24655	9.01	互助县
172.50	20.00	69.00		42.00	16702	16316	6.90	化隆县
75.20	1.50	20.00	5.00	8.60	12198	11066	5.08	循化县
180.00				36.00	13592	13120	5.47	门源县
62.00	1.91			15.00	11080	10600	2.20	祁连县
80.00	6.00			2.00	5715	5139	2.58	海晏县
54.45				32.78	4239	4052	1.79	刚察县
29.89	5.86	0.89	0.16	6.41	6702	630	2.29	西海镇
48.00	11.00	9.00		3.00	6600	6300	2.03	尖扎县
30.00		1.00		5.00	2600	2550	1.50	泽库县
48.00		0.32		9.00	3711	3379	1.69	河南县
140.00	130.80	5.00		36.82	14000	13800	5.70	共和县
35.00	10.88	1.00		7.00	4400	3666	1.38	同德县
121.23	36.13	1.65		18.60	13012	11710	4.55	贵德县
73.76	9.42	1.50		6.10	7398	5898	2.68	兴海县
50.30	2.52	0.09		7.00	6028	5020	1.20	贵南县
19.00				6.00	1560	1560	0.87	班玛县
16.00				8.00	2166	2166	0.47	久治县
35.50				2.50	1512	1354	0.59	甘德县
97.00	7.00			14.00	5079	4990	3.79	玛沁县
15.10				9.28	1372	1151	0.84	达日县
20.00				7.30	1294	1263	0.56	玛多县
64.00	2.50			8.00	4350	4257	2.48	杂多县
55.00	0.40	0.23	0.23	5.70	2125	1920	1.29	称多县
33.50				8.00	3023	2580	1.76	治多县
57.00				9.00	4830	4390	2.70	囊谦县
35.60				2.40	1939	1633	1.27	曲麻莱县
59.19	9.01	2.56	1.22	13.44	8629	4339	1.43	乌兰县
52.40		0.50		4.00	5662	5007	1.96	都兰县
56.97	28.77	52.02		28.90	4500	4200	0.73	天峻县
37.95	14.15			8.90	3130	3101	1.13	大柴旦行委
3829.50	**856.41**	**74.15**	**14.50**	**655.51**	**466909**	**395332**	**113.49**	**宁　夏**
239.21	7.35			50.22	34072	27206	4.32	永宁县
833.00	630.00			133.00	90000	70000	18.00	贺兰县
455.03	8.00	10.95	7.50	102.06	77255	71206	14.10	平罗县
303.49	58.54			52.13	39895	32226	7.30	盐池县

5-5 续表 37

县名称 Name of Counties	综合生产能力(万立方米/日) Integrated Production Capacity ($10,000m^3$/day)	地下水 Under-ground Water	水厂个数(个) Number of Water Plants (unit)	地下水 Under-ground Water	供水管道长度(公里) Length of Water Supply Pipelines (km)	供水总量(万立方米) 合计 Total	售水量 小计 Subtotal	生产运营用水 The Quantity of Water for Production and Operation	公共服务用水 The Quantity of Water for Public Service
同心县	3.60	3.60	2	2	230.34	533.87	481.75	186.91	
红寺堡区	6.20	1.20	2	1	141.24	259.00	243.00	13.00	92.00
西吉县	4.50		2		76.90	360.70	323.50	19.20	40.80
隆德县	2.10		3		71.18	312.10	223.10	15.00	89.00
泾源县	1.70		2		40.50	130.70	120.00	7.60	31.90
彭阳县	1.50		2		79.00	265.00	235.00	10.00	66.20
中宁县	4.00	4.00	2	2	106.66	924.23	832.44	17.34	42.36
海原县	5.00		3		250.00	436.58	382.09	18.70	39.58
新　疆	**148.88**	**84.18**	**90**	**61**	**8021.22**	**29636.90**	**26054.34**	**4130.79**	**3772.14**
鄯善县	12.50	1.00	2	1	299.92	1684.00	1511.00	836.00	102.00
托克逊县	1.71	1.71	1	1	155.00	625.00	560.70	100.00	215.00
巴里坤哈萨克自治县	0.80	0.80	2	2	61.62	172.60	159.13	10.60	6.00
伊吾县	0.40	0.40	1	1	43.92	113.79	99.27	3.16	32.68
呼图壁县	4.50	2.00	2	1	184.00	673.31	612.31	213.85	124.78
玛纳斯县	4.50	4.50	2	2	111.11	389.30	361.30	5.78	75.52
奇台县	4.80	4.80	2	2	144.32	899.26	822.36	97.43	92.00
吉木萨尔县	3.20	0.67	1	1	146.33	492.00	476.00	78.60	5.90
木垒哈萨克自治县	1.14		1		113.76	270.00	239.60	81.05	69.90
精河县	1.60	0.77	2	1	113.00	598.00	542.74	50.70	268.30
温泉县	0.53	0.53	1	1	65.30	86.60	78.00	7.80	6.24
轮台县	0.90	0.90	1	1	124.84	335.00	285.00	30.00	15.00
尉犁县					32.00	219.00	196.90	30.00	16.20
若羌县	2.00	2.00	1	1	139.00	133.50	114.24	10.00	10.00
且末县	1.30	1.30	1	1	58.40	180.00	157.00	10.00	41.00
焉耆回族自治县	3.30	3.30	1	1	65.00	400.00	356.00	102.00	80.00
和静县	3.50	3.50	1	1	103.22	816.00	775.00	17.70	103.60
和硕县	4.00		1		79.06	199.95	184.77	23.97	10.00
博湖县	0.35	0.35	1	1	21.89	106.60	100.60		10.50
温宿县	1.20	1.20	1	1	120.24	597.72	553.82	28.08	35.91
沙雅县	3.50	3.50	2	2	224.00	471.80	426.80	6.00	68.80
新和县	1.05	1.05	1	1	144.00	322.00	289.80		
拜城县	1.20	1.20	1	1	68.40	294.25	259.60	10.60	22.00
乌什县	0.90	0.90	1	1	48.00	360.10	325.00	60.00	80.00
阿瓦提县	1.50	1.50	1	1	95.00	390.00	345.00	38.00	30.00
柯坪县	0.70		1		31.00	118.40	116.90	5.50	40.10
阿克陶县	1.50	1.50	1	1	78.22	453.56	416.30	21.00	16.80
阿合奇县	0.65	0.65	2	2	43.00	146.00	134.00	24.00	10.00
乌恰县	2.00		1		138.54	168.95	159.00	26.00	74.00

continued

Total Quantity of Water Supply(10,000m³)					用水户数(户)		用水人口(万人)	县名称
Water Sold		免费供水量		漏损水量		家庭用户		
居民家庭用水 The Quantity of Water for Household Use	其他用水 The Quantity of Water for Other Purposes	The Quantity of Free Water Supply	生活用水 Domestic Water Use	The Lossed Water	Number of Households with Access to Water Supply (unit)	Household User	Population with Access to Water Supply (10,000 persons)	Name of Counties
275.56	19.28			52.12	21725	16854	12.88	同心县
90.00	48.00	2.00	2.00	14.00	17470	13980	4.09	红寺堡区
219.10	44.40	2.20		35.00	27799	27101	8.91	西吉县
115.00	4.10	54.00		35.00	21593	17338	6.61	隆德县
75.30	5.20	5.00	5.00	5.70	10649	9849	3.00	泾源县
158.80				30.00	19982	17014	5.74	彭阳县
749.74	23.00			91.79	69000	58000	16.99	中宁县
315.27	8.54			54.49	37469	34558	11.55	海原县
15245.80	**2905.61**	**1192.51**	**220.96**	**2390.05**	**1323206**	**1209740**	**380.43**	**新　疆**
265.00	308.00	42.00	2.00	131.00	31126	29251	7.54	鄯善县
162.00	83.70	2.00	0.50	62.30	27064	23580	6.70	托克逊县
68.53	74.00	4.02		9.45	9940	9571	1.36	巴里坤哈萨克自治县
33.45	29.98	6.59	6.59	7.93	3759	3350	0.64	伊吾县
250.37	23.31			61.00	44604	36849	5.00	呼图壁县
280.00				28.00	31670	28463	6.75	玛纳斯县
432.50	200.43	2.07	2.07	74.83	48050	48050	9.61	奇台县
390.00	1.50	1.00		15.00	18100	17380	4.40	吉木萨尔县
88.65		0.10	0.10	30.30	14153	12994	1.73	木垒哈萨克自治县
201.64	22.10			55.26	28616	26528	4.03	精河县
59.28	4.68			8.60	4320	3872	1.27	温泉县
240.00		20.00	10.00	30.00	14950	14850	7.10	轮台县
150.70		2.00		20.10	11350	10550	3.41	尉犁县
92.24	2.00	9.50	1.00	9.76	11968	10948	3.02	若羌县
100.00	6.00			23.00	12055	11090	2.77	且末县
174.00				44.00	31089	25487	4.90	焉耆回族自治县
169.50	484.20			41.00	25000	24800	6.44	和静县
120.80	30.00			15.18	9300	5200	2.58	和硕县
90.10				6.00	9056	8566	1.73	博湖县
362.62	127.21			43.90	64000	54000	8.78	温宿县
250.00	102.00			45.00	45355	45355	13.55	沙雅县
289.80				32.20	21229	21105	7.60	新和县
205.00	22.00	3.50		31.15	24482	24357	8.60	拜城县
165.00	20.00			35.10	18800	18800	6.69	乌什县
277.00		15.00		30.00	12370	12170	8.90	阿瓦提县
71.00	0.30	0.70	0.70	0.80	5970	4820	2.46	柯坪县
360.00	18.50			37.26	9649	9522	6.96	阿克陶县
98.00	2.00			12.00	4725	4725	1.53	阿合奇县
59.00				9.95	12200	10100	2.10	乌恰县

5-5 续表 38

县名称 Name of Counties	综合生产能力(万立方米/日) Integrated Production Capacity (10,000m³/day)	地下水 Underground Water	水厂个数(个) Number of Water Plants (unit)	地下水 Underground Water	供水管道长度(公里) Length of Water Supply Pipelines (km)	供水总量(万立方米) 合计 Total	售水量 小计 Subtotal	生产运营用水 The Quantity of Water for Production and Operation	公共服务用水 The Quantity of Water for Public Service
疏附县	3.70	1.70	2	1	123.26	546.68	498.62	1.00	35.00
疏勒县	3.00	3.00	2	2	135.60	739.00	643.00	212.00	29.00
英吉沙县	3.20	3.20	1	1	161.08	720.00	693.49	31.28	37.06
泽普县	2.80	2.00	1	1	179.60	735.00	693.00	85.00	171.00
莎车县	4.00	4.00	2	2	227.00	1449.93	1257.09	372.57	248.04
叶城县	4.50	1.00	3	2	260.00	993.90	913.90	60.00	63.00
麦盖提县	2.30	2.30	1	1	111.22	649.82	584.84	45.85	40.88
岳普湖县	3.00	3.00	2	2	110.20	440.00	403.60	112.00	44.00
伽师县	1.59	1.59	1	1	125.65	652.18	572.68	15.50	31.15
巴楚县	3.00		2		322.60	672.25	662.75	80.30	120.45
塔什库尔干塔吉克自治县	1.80		2		109.85	122.00	106.80	8.20	10.20
和田县									
墨玉县	4.00	4.00	1	1	164.85	1016.61	957.00	155.00	80.00
皮山县	3.00	3.00	1	1	136.91	304.02	277.54	37.28	12.80
洛浦县	1.60	1.60	2	2	124.44	428.50	406.92	5.21	135.00
策勒县	0.60	0.30	1	1	118.03	297.90	276.80	9.10	11.70
于田县	1.20	1.20	1	1	77.82	330.89	310.85	1.75	82.40
民丰县	1.31	1.31	1	1	36.52	125.40	113.40	19.50	20.50
伊宁县	4.20		1		202.70	818.96	737.09	80.50	154.61
察布查尔县	2.30	2.30	1	1	133.29	452.00	440.00	80.00	90.00
霍城县	1.60	1.60	1	1	77.25	387.00	356.00	28.00	60.00
巩留县	3.10	1.30	2	1	485.00	648.00	476.00	20.50	30.00
新源县	5.50		1		86.62	1588.49	687.37	184.92	50.13
昭苏县	2.00		3		183.25	282.24	205.60	77.88	49.16
特克斯县	2.00		1		308.00	526.90	455.30	80.20	71.30
尼勒克县	2.00	2.00	2	2	104.00	284.00	266.00	23.12	15.84
额敏县	0.80	0.80	1	1	158.00	238.00	237.90		40.20
托里县	1.00	0.15	4	3	140.58	260.00	234.52	34.70	50.10
裕民县	1.60		1		62.20	370.00	318.00	98.00	45.00
和布克赛尔蒙古自治县	1.90	1.90	1	1	32.00	178.00	161.00	29.00	18.00
布尔津县	1.80	0.90	2	1	112.84	309.66	274.62	9.32	25.82
富蕴县	2.50		2		30.00	396.00	366.00	91.00	31.00
福海县	1.10		1		94.00	190.84	177.81	31.10	18.71
哈巴河县	1.45		1		87.77	348.56	262.11	12.59	65.16
青河县	1.80		2		40.00	213.83	185.00	48.40	53.90
吉木乃县	2.40		1	1	107.00	203.65	183.60	22.20	68.80

continued

Total Quantity of Water Supply($10,000m^3$)					用水户数(户) Number of Households with Access to Water Supply (unit)		用水人口(万人) Population with Access to Water Supply (10,000 persons)	县名称 Name of Counties
Water Sold		免费供水量 The Quantity of Free Water Supply		漏损水量 The Lossed Water		家庭用户 Household User		
居民家庭用水 The Quantity of Water for Household Use	其他用水 The Quantity of Water for Other Purposes		生活用水 Domestic Water Use					
257.62	205.00			48.06	15520	15360	6.24	疏附县
391.00	11.00	23.00	1.00	73.00	19780	19368	9.67	疏勒县
602.97	22.18			26.51	29596	29162	6.30	英吉沙县
377.00	60.00			42.00	24000	21000	6.50	泽普县
630.23	6.25			192.84	21652	21180	35.80	莎车县
772.90	18.00	65.00		15.00	38500	32500	16.47	叶城县
417.05	81.06			64.98	18191	16213	8.01	麦盖提县
164.30	83.30	10.00	10.00	26.40	13768	12945	4.89	岳普湖县
526.03		0.30		79.20	32308	22615	11.55	伽师县
462.00				9.50	83765	79045	14.97	巴楚县
68.40	20.00	2.20		13.00	7996	7260	2.27	塔什库尔干塔吉克自治县
								和田县
640.00	82.00			59.61	16252	14942	10.59	墨玉县
211.80	15.66			26.48	16224	15224	3.75	皮山县
198.00	68.71			21.58	15285	14810	4.54	洛浦县
223.00	33.00			21.10	10220	10103	2.93	策勒县
190.60	36.10			20.04	13892	13479	6.52	于田县
68.40	5.00	5.50		6.50	7885	5897	2.19	民丰县
438.42	63.56	8.99		72.88	21000	20722	6.07	伊宁县
250.00	20.00			12.00	21750	21750	6.02	察布查尔县
268.00				31.00	21560	19890	8.24	霍城县
312.00	113.50	110.00	50.00	62.00	21000	17756	5.40	巩留县
257.03	195.29	750.69	110.00	150.43	41000	41000	10.23	新源县
74.58	3.98	10.30	5.00	66.34	12183	11825	5.40	昭苏县
302.90	0.90			71.60	22560	20350	5.47	特克斯县
224.40	2.64	2.50	2.00	15.50	11433	10290	4.68	尼勒克县
197.62	0.08			0.10	39220	39092	5.20	额敏县
129.82	19.90			25.48	8790	8056	2.55	托里县
155.00	20.00	16.00		36.00	13600	8050	3.00	裕民县
108.00	6.00			17.00	10029	8676	1.32	和布克赛尔蒙古自治县
227.47	12.01	7.20		27.84	16112	13518	3.30	布尔津县
153.00	91.00			30.00	21225	17190	4.29	富蕴县
91.79	36.21			13.03	15576	11423	2.20	福海县
183.99	0.37	45.35		41.10	15914	13831	2.45	哈巴河县
75.30	7.40	7.00		21.83	11459	9874	1.75	青河县
89.00	3.60	20.00	20.00	0.05	9011	9011	1.52	吉木乃县

5-6 2021年按县分列的县城供水(自建设施供水)

县名称 Name of Counties	综合生产能力(万立方米/日) Integrated Production Capacity (10,000m³/day)	地下水 Underground Water	供水管道长度(公里) Length of Water Supply Pipelines (km)	建成区 in Built District	供水总量(万立方米) 合计 Total	生产运营用水 The Quantity of Water for Production and Operation
全　国	**927.69**	**530.56**	**10142.90**	**7556.22**	**105831.69**	**70248.43**
河　北	**43.45**	**36.27**	**1018.70**	**905.68**	**6574.05**	**4936.24**
灵寿县	0.10	0.10	118.00	118.00	8.62	6.12
高邑县			65.80	65.80		
深泽县	0.85	0.85	16.30	16.30	119.40	84.40
滦南县			95.00	95.00		
乐亭县	0.90	0.90	35.00	35.00	320.10	264.38
迁西县	1.02	0.44	22.00	22.00	19.50	14.10
玉田县	2.50	2.45	150.00	130.00	137.07	96.25
昌黎县	1.40	1.40	10.00	10.00	510.00	390.00
馆陶县	3.40	1.40				
柏乡县			21.00	21.00		
涞水县	0.82	0.82	0.15	0.15	297.87	297.87
白沟新城	0.10	0.10	8.25	2.25	34.90	26.90
定兴县	5.00	5.00			671.15	671.15
唐　县	0.06	0.06			19.74	15.26
高阳县	0.25	0.25	42.70	42.70	77.23	77.23
望都县			6.00	6.00		
曲阳县	2.15	2.15	58.00	41.00	341.40	239.50
蠡　县	2.00	2.00	6.00	6.00	540.00	486.00
顺平县	0.20	0.20	4.50	4.50	67.33	6.73
张北县	0.53	0.53	11.20		193.45	193.45
沽源县	0.62	0.62	6.50		226.30	219.06
承德县	1.40	1.40	0.60		511.00	457.94
隆化县	2.00	2.00	4.50	3.20	172.50	150.00
丰宁满族自治县	2.00	2.00	2.61	2.61	442.59	70.09
宽城满族自治县	3.00	0.20	0.29	0.29	975.00	720.00
围场满族蒙古族自治县	0.60	0.60	1.00		163.70	25.90
武强县	1.95	1.50	2.30	2.30	20.00	15.00
饶阳县	1.50	1.50	60.30	10.88		
故城县	0.80	0.80	24.00	24.00	250.00	180.00
景　县	0.50	0.50	45.70	45.70		
阜城县	2.00	2.00	24.00	24.00	127.00	92.71
容城县	3.80	3.80			2.20	2.20
雄　县	2.00	0.70	177.00	177.00	326.00	134.00
山　西	**49.78**	**37.75**	**1370.33**	**864.20**	**6523.44**	**3607.44**
阳高县	0.05	0.05			18.25	
天镇县	0.80	0.80	11.92	6.09	33.87	6.00

County Seat Water Supply by County (Suppliers with Self-Built Facilities) (2021)

Total Quantity of Water Supply(10,000m^3)			用　水 户　数 (户) Number of Households with Access to Water Supply (unit)		用　水 人　口 (万人) Population with Access to Water Supply (10,000 persons)	县名称 Name of Counties
公共服务 用　水 The Quantity of Water for Public Service	居民家庭 用　水 The Quantity of Water for Household Use	其　他 用　水 The Quantity of Water for Other Purposes		居　民 家　庭 Household User		
10583.82	**17936.05**	**7063.39**	**1188135**	**928645**	**259.53**	**全　国**
416.02	**593.30**	**628.49**	**46871**	**33156**	**5.92**	**河　北**
2.50			5			灵寿县
						高邑县
35.00			913			深泽县
						滦南县
22.32	24.30	9.10	1003	955	0.28	乐亭县
	5.40		1865	1480	0.59	迁西县
5.70	35.10	0.02	8360	7530	1.42	玉田县
35.00	85.00		1928	1416	0.44	昌黎县
						馆陶县
						柏乡县
			7			涞水县
	8.00		153	123	0.06	白沟新城
						定兴县
4.48						唐　县
			9			高阳县
						望都县
6.90	95.00		4368	3114	0.92	曲阳县
27.00	22.00	5.00	1000	300	0.05	蠡　县
2.02	55.21	3.37	2200	2000	0.55	顺平县
			17			张北县
7.24			15			沽源县
53.06			10			承德县
10.00	10.00	2.50	500	400	0.10	隆化县
27.00		345.50	23			丰宁满族自治县
		255.00				宽城满族自治县
137.80			14			围场满族蒙古族自治县
	5.00		125	125	0.05	武强县
						饶阳县
10.00	55.00	5.00	2570	2500	0.80	故城县
						景　县
2.00	29.29	3.00	785	613	0.24	阜城县
			1			容城县
28.00	164.00		21000	12600	0.42	雄　县
705.85	**1930.05**	**280.10**	**149203**	**132327**	**35.47**	**山　西**
7.50	7.50	3.25	1218	1200	0.30	阳高县
3.90	20.35	3.62	135	135	0.07	天镇县

5-6 续表 1

县名称 Name of Counties	综合生产能力(万立方米/日) Integrated Production Capacity (10,000m³/day)	地下水 Underground Water	供水管道长度(公里) Length of Water Supply Pipelines (km)	建成区 in Built District	供水总量(万立方米) 合计 Total	生产运营用水 The Quantity of Water for Production and Operation
广灵县	0.80	0.80	117.50	8.80	187.59	38.78
浑源县	0.80	0.80	10.10	10.10	193.00	98.00
左云县	0.36	0.20	97.00	67.00	35.00	18.00
平定县	2.40	2.00	160.00		13.10	9.20
黎城县	0.90	0.80	3.50	3.50	200.00	120.00
长子县	0.90	0.90	26.00	26.00	139.00	126.00
武乡县	0.70	0.70			134.00	96.00
沁　县	0.38	0.38	3.00		66.00	34.00
沁源县			3.00	3.00	6.55	5.00
应　县	0.96	0.96	220.00	210.00	350.00	88.12
右玉县	0.50	0.50	1.77	1.71	84.62	64.61
榆社县	0.47	0.47	73.00	73.00	165.95	165.91
寿阳县	1.20	1.20	55.00	55.00	57.61	
太谷区					1.18	
祁　县	0.22	0.22	8.00	8.00	55.00	40.00
临猗县	3.00	3.00	8.10	8.10	891.26	857.00
万荣县	2.00	2.00	30.00	30.00	254.17	177.92
闻喜县	2.10	1.80	30.00	30.00	468.00	140.00
稷山县	1.50	1.50	142.80	142.80	256.00	3.70
绛　县	1.50	1.50	5.00	5.00	325.26	288.14
垣曲县	9.00				9.00	
夏　县	0.23	0.23	28.00	28.00	40.00	28.00
芮城县	0.80	0.80			231.00	226.00
定襄县	1.33	1.20	15.00		336.00	260.00
五台县	0.64		13.40	13.40	230.57	161.41
代　县	0.08	0.08			27.60	
繁峙县	10.00	10.00	6.00		406.80	35.00
静乐县	1.00		4.50	2.00	40.00	15.00
神池县	0.50	0.50	55.54		80.00	57.00
五寨县	0.33	0.33	3.50		65.00	50.00
曲沃县	0.13	0.13			0.13	0.13
翼城县	0.80	0.80	27.00		285.00	247.00
古　县	0.30				37.41	28.06
浮山县	0.48	0.48	33.40	33.40	106.71	2.00
大宁县	0.12	0.12	2.30	2.30	25.75	18.10
蒲　县	0.40	0.40	76.00	76.00	136.45	10.70
汾西县	0.15	0.15	15.00		39.00	8.66
临　县	0.12	0.12	2.00	2.00	22.74	18.00
石楼县	0.40	0.40	19.00	19.00	140.00	16.00
岚　县	1.00	1.00	55.00		313.08	50.00
交口县	0.38	0.38	9.00		15.79	

continued

Total Quantity of Water Supply(10,000m³)			用水户数(户) Number of Households with Access to Water Supply (unit)		用水人口(万人) Population with Access to Water Supply (10,000 persons)	县名称 Name of Counties
公共服务用水 The Quantity of Water for Public Service	居民家庭用水 The Quantity of Water for Household Use	其他用水 The Quantity of Water for Other Purposes		居民家庭 Household User		
19.58	126.63	2.60	23447	20447	0.15	广灵县
10.00	83.00	2.00	3130	2748	0.58	浑源县
5.00	11.00	1.00	3780	3200	0.70	左云县
1.20	2.70		300	300	0.09	平定县
40.00	20.00	20.00	1200	1100	0.50	黎城县
3.00	3.00	7.00	925	885	0.10	长子县
15.00	23.00		2620	1710	0.51	武乡县
16.00	14.00	2.00	3510	2630	0.91	沁　县
1.50	0.05		180	180		沁源县
15.63	201.97	44.28	2600	2600	0.83	应　县
0.16	9.78	10.07	3490	3396	0.60	右玉县
			66	66		榆社县
20.00	37.61		4760	3300	1.72	寿阳县
		1.18				太谷区
10.00	5.00		3200	3200	2.63	祁　县
16.00	18.26		2832	2792	1.30	临猗县
3.00	70.25	3.00	6874	6874	2.40	万荣县
50.50	264.00	13.50	12440	12440	6.40	闻喜县
4.58	180.73	66.99	14695	11368	7.95	稷山县
	37.12		530	495	0.22	绛　县
	9.00		11	9	0.30	垣曲县
2.00	8.00	2.00	2500	1800	0.15	夏　县
	5.00		556	556	0.20	芮城县
54.00	10.00	12.00	4112	3700	0.55	定襄县
49.13	10.35	9.68	1153	300	0.12	五台县
	27.60		1860	1348	0.15	代　县
203.50	168.30		2406	2343	0.83	繁峙县
12.00	3.00	10.00	140	114	0.06	静乐县
14.00	9.00		2351	2345	0.10	神池县
15.00			10			五寨县
						曲沃县
38.00			267			翼城县
	9.35		2156	2000	0.19	古　县
7.07	94.40	3.24	5360	3800	0.36	浮山县
4.57	2.72	0.36	915	721	0.12	大宁县
35.02	79.00	11.73	9670	9000	0.10	蒲　县
5.00	25.34		2300	2000	0.50	汾西县
	4.74		132	71		临　县
24.00	100.00		8100	7900	3.25	石楼县
	212.48	50.60	13000	13000	0.30	岚　县
	15.79		272	254	0.15	交口县

5-6 续表 2

县名称 Name of Counties	综合生产能力（万立方米/日） Integrated Production Capacity (10,000m³/day)	地下水 Underground Water	供水管道长度（公里） Length of Water Supply Pipelines (km)	建成区 in Built District	供水总量(万立方米) 合计 Total	生产运营用水 The Quantity of Water for Production and Operation
内蒙古	**33.80**	**33.57**	**342.06**	**278.03**	**6391.18**	**4243.03**
清水河县	0.14	0.14	8.50	7.80	51.00	
固阳县	0.90	0.90	30.20	30.20	22.80	15.36
阿鲁科尔沁旗	1.00	1.00	5.50	5.50	365.00	67.23
巴林左旗	0.90	0.90			125.00	78.00
巴林右旗	0.30	0.30	2.40	2.40	4.60	4.60
林西县	0.30	0.30	6.00	6.00	47.44	47.44
翁牛特旗	4.50	4.50	10.00	8.90	402.50	374.75
喀喇沁旗	0.92	0.92	2.90	2.90	335.80	77.23
宁城县	2.50	2.50			862.00	862.00
敖汉旗	1.50	1.50	6.80	6.80	522.00	356.00
科左中旗	1.50	1.50	2.00	2.00	97.00	67.90
科左后旗	1.00	1.00	5.00		270.00	189.00
开鲁县	4.00	4.00	20.00		740.00	525.00
奈曼旗	1.50	1.50	10.00	10.00	174.20	109.20
扎鲁特旗	1.50	1.50	10.00	10.00	474.00	331.80
达拉特旗	0.08	0.08	5.00	5.00	14.20	5.70
乌审旗	0.70	0.70			4.90	4.30
阿荣旗	0.90	0.90	168.51	168.51	327.18	40.60
莫　旗	2.10	2.10			388.00	364.00
鄂伦春旗	1.00	1.00			20.00	
陈巴尔虎旗					1.40	
新右旗	0.10	0.10			1.85	
五原县	0.11				39.34	39.34
磴口县	0.67	0.67			160.20	136.00
乌拉特前旗	2.00	2.00			200.00	134.00
杭锦后旗	1.20	1.20	2.90	2.90	175.00	175.00
凉城县	0.40	0.40	4.00	4.00	105.00	105.00
察右前旗	0.64	0.52	37.35	0.12	90.26	71.27
扎赉特旗					8.11	3.31
突泉县	0.49	0.49	5.00	5.00	177.00	59.00
太仆寺旗	0.88	0.88			185.40	
辽　宁	**6.86**	**4.36**	**425.20**	**393.20**	**1584.85**	**396.74**
法库县	2.80	2.80	110.00	88.00	474.61	220.00
本溪满族自治县	0.50	0.30			20.24	20.24
宽甸满族自治县	2.50	0.20	280.00	270.00	880.00	6.50
义　县	0.06	0.06			21.00	

continued

Total Quantity of Water Supply(10,000m^3)			用水户数(户) Number of Households with Access to Water Supply (unit)		用水人口(万人) Population with Access to Water Supply (10,000 persons)	县名称 Name of Counties
公共服务用水 The Quantity of Water for Public Service	居民家庭用水 The Quantity of Water for Household Use	其他用水 The Quantity of Water for Other Purposes		居民家庭 Household User		
872.46	**787.29**	**488.40**	**87003**	**19119**	**5.71**	**内蒙古**
24.00	17.00	10.00	731	29	0.26	清水河县
4.52	2.92		120	85		固阳县
100.38	189.31	8.08	50432	545	0.48	阿鲁科尔沁旗
12.00	11.00	24.00	19	5		巴林左旗
			3			巴林右旗
			10			林西县
10.75	15.00	2.00	5303	5044	1.30	翁牛特旗
164.54	23.51	70.52	1000	1000	0.35	喀喇沁旗
						宁城县
6.50	159.50		325	255	0.12	敖汉旗
	28.00	1.10	360	330	0.13	科左中旗
53.00	17.00	11.00	330	260	0.10	科左后旗
215.00			24			开鲁县
30.00	30.00	5.00	8140	5600	1.50	奈曼旗
95.00	27.00	20.20	1070	950	0.28	扎鲁特旗
1.50	6.00	1.00	347	345	0.12	达拉特旗
	0.60		398	323	0.13	乌审旗
73.00	213.30	0.28	2030	1100	0.21	阿荣旗
24.00			24			莫　旗
	20.00		400	350	0.17	鄂伦春旗
	1.40		218	218		陈巴尔虎旗
	1.85		280	280	0.09	新右旗
						五原县
24.20			17			磴口县
		66.00	5			乌拉特前旗
			4			杭锦后旗
			6			凉城县
3.57	11.60	3.82	14335	1371	0.10	察右前旗
	4.80		632	589	0.17	扎赉特旗
30.50	7.50	80.00	440	440	0.12	突泉县
		185.40				太仆寺旗
184.08	**431.30**	**572.73**	**58963**	**53908**	**3.59**	**辽　宁**
106.38	109.00	39.23	6000	6000	2.84	法库县
			2			本溪满族自治县
39.00	301.00	533.50	52376	47356	0.36	宽甸满族自治县
	21.00		502	502	0.09	义　县

5-6 续表 3

县名称 Name of Counties	综合生产能力（万立方米/日） Integrated Production Capacity ($10,000m^3$/day)	地下水 Underground Water	供水管道长度（公里） Length of Water Supply Pipelines (km)	建成区 in Built District	供水总量（万立方米）合计 Total	生产运营用水 The Quantity of Water for Production and Operation
建平县	0.90	0.90	34.70	34.70	186.00	148.00
喀喇沁左翼蒙古族自治县	0.10	0.10	0.50	0.50	3.00	2.00
吉　林	**7.10**	**6.90**	**89.81**	**79.56**	**781.62**	**525.13**
农安县	0.15	0.10	0.65		0.26	0.18
永吉县					0.17	0.10
梨树县	0.12	0.12			42.38	0.65
东丰县	0.10	0.10			7.33	4.11
东辽县					1.08	0.70
柳河县	0.32	0.32	20.00	20.00	96.69	96.69
长白朝鲜族自治县	1.00	0.85	9.60		33.10	24.20
长岭县	1.62	1.62	39.56	39.56	77.00	13.00
乾安县	1.50	1.50	19.00	19.00	307.20	270.00
镇赉县	0.23	0.23			67.00	58.00
通榆县	2.00	2.00			137.11	45.20
汪清县			1.00	1.00	12.30	12.30
黑龙江	**9.71**	**9.71**	**191.12**	**151.62**	**1044.65**	**810.17**
方正县			15.60		7.82	4.08
宾　县	0.10	0.10			17.71	13.08
延寿县	0.30	0.30	125.70	108.70	0.30	
龙江县	0.39	0.39	0.50		96.32	74.82
依安县	4.00	4.00			76.65	76.65
泰来县	0.07	0.07	0.40	0.40	24.94	9.04
甘南县	0.21	0.21	0.40		75.00	75.00
富裕县	0.08	0.08	22.00	22.00	26.40	26.40
克山县	0.09	0.09	0.40		3.35	3.32
克东县	0.51	0.51	0.72	0.72	114.00	114.00
拜泉县	0.50	0.50	3.50	3.50	118.10	
集贤县	0.10	0.10	4.00		30.00	26.00
桦南县	0.06	0.06	1.60		21.68	21.25
桦川县	0.80	0.80	5.00	5.00	70.00	40.00
汤原县	0.37	0.37	0.40	0.40	54.00	54.00
勃利县	0.17	0.17	1.80	1.80	60.17	60.17
庆安县	0.91	0.91	3.00	3.00	198.00	198.00
明水县	1.00	1.00	6.10	6.10	45.20	10.00
绥棱县					5.01	4.36
江　苏	**35.32**	**11.48**	**347.58**	**297.53**	**4288.78**	**2595.83**
丰　县	3.00	1.00	53.25	34.70	284.72	280.29
沛　县	8.00	0.18	179.00	179.00	1834.73	313.00

continued

Total Quantity of Water Supply(10,000m^3)			用水户数(户) Number of Households with Access to Water Supply (unit)		用水人口(万人) Population with Access to Water Supply (10,000 persons)	县名称 Name of Counties
公共服务用水 The Quantity of Water for Public Service	居民家庭用水 The Quantity of Water for Household Use	其他用水 The Quantity of Water for Other Purposes		居民家庭 Household User		
37.70	0.30		75	50	0.30	建平县
1.00			8			喀喇沁左翼蒙古族自治县
84.68	**80.63**	**91.18**	**12973**	**11493**	**2.88**	**吉　林**
	0.07		1345	1315	0.29	农安县
0.07						永吉县
24.10	14.06	3.57	2132	1150	0.43	梨树县
		3.22				东丰县
		0.38	2			东辽县
						柳河县
8.40	0.50		499	499	0.06	长白朝鲜族自治县
8.00	32.00	24.00	3606	3606	0.60	长岭县
2.20	34.00	1.00	5331	4923	1.50	乾安县
5.00		4.00	35			镇赉县
36.91		55.00				通榆县
			23			汪清县
85.64	**114.50**	**34.34**	**18389**	**13713**	**0.53**	**黑龙江**
		3.74	3166			方正县
4.63						宾　县
	0.30		13351	12546	0.13	延寿县
21.50			12			龙江县
						依安县
0.90		15.00	16			泰来县
			8			甘南县
			3			富裕县
			4			克山县
			24			克东县
	108.00	10.10	477	403	0.17	拜泉县
	4.00		306	264	0.08	集贤县
		0.43	7			桦南县
30.00			19			桦川县
			2			汤原县
			23			勃利县
			18			庆安县
28.00	2.20	5.00	950	500	0.15	明水县
0.58		0.07	3			绥棱县
408.76	**1188.09**	**96.10**	**7359**	**6806**	**0.80**	**江　苏**
4.43			43			丰　县
341.00	1159.32	21.41	5817	5817	0.59	沛　县

5-6 续表 4

县名称 Name of Counties	综合生产能力(万立方米/日) Integrated Production Capacity ($10,000m^3$/day)	地下水 Underground Water	供水管道长度(公里) Length of Water Supply Pipelines (km)	建成区 in Built District	供水总量(万立方米) 合计 Total	生产运营用水 The Quantity of Water for Production and Operation
睢宁县	3.00	3.00	25.00		222.98	222.93
涟水县	10.68	0.32	0.51	0.51	115.62	115.62
盱眙县	0.05	0.05	1.00		0.50	0.45
金湖县	0.48				7.73	5.08
射阳县	2.00	1.98	1.50		124.01	77.90
宝应县	0.90	0.41	10.05	10.05	292.35	292.35
沭阳县	1.91	0.26	68.00	68.00	623.85	580.92
泗阳县	1.30	0.25	5.27	5.27	410.70	375.70
泗洪县	4.00	4.00	4.00		371.59	331.59
浙　江	**17.02**		**95.00**		**635.10**	**175.10**
桐庐县	0.22				68.79	68.79
安吉县	0.30				106.31	106.31
浦江县	16.50		95.00		460.00	
安　徽	**48.03**	**39.33**	**619.20**	**346.72**	**12679.59**	**9765.66**
庐江县	0.35	0.09			127.75	127.75
怀远县	3.60	2.30	75.00	75.00	768.00	200.00
五河县	1.60	1.60	3.00	3.00	579.10	392.00
固镇县	2.80	2.80	2.10	2.10	103.00	45.00
凤台县	2.10	1.40	6.30		756.50	727.00
寿　县	0.97		126.00	126.00	173.00	130.00
濉溪县	5.10	5.10	17.00		1815.00	1770.00
怀宁县	0.18				46.50	46.50
歙　县	0.25	0.25	1.18		57.70	57.70
来安县	5.05	1.03	54.32	54.32	1841.92	1383.56
临泉县	3.50	3.50	16.00	16.00	350.00	250.00
太和县	5.30	5.30	21.00		1928.00	1702.00
阜南县	1.45	1.45	9.00	9.00	520.00	320.00
颍上县	2.55	2.45	9.60	9.60	926.35	710.00
砀山县	1.55	1.55	23.00	23.00	408.15	310.00
萧　县	0.52	0.52	5.00	5.00	186.74	126.32
灵璧县	1.00	1.00	15.00	15.00	88.00	60.00
泗　县	2.00	2.00	8.70	8.70	457.35	358.30
霍邱县	1.95	1.95			327.00	20.00
舒城县	0.12				1.13	1.13
霍山县	1.10	0.05	7.20		158.40	158.40
涡阳县	0.99	0.99	9.80		60.00	60.00
蒙城县	3.00	3.00	14.00		670.00	600.00
利辛县	1.00	1.00	196.00		330.00	210.00

continued

Total Quantity of Water Supply(10,000m³)			用水户数(户) Number of Households with Access to Water Supply (unit)		用水人口(万人) Population with Access to Water Supply (10,000 persons)	县名称 Name of Counties
公共服务用水 The Quantity of Water for Public Service	居民家庭用水 The Quantity of Water for Household Use	其他用水 The Quantity of Water for Other Purposes		居民家庭 Household User		
		0.05	13			睢宁县
			5			涟水县
			30	10		盱眙县
2.65						金湖县
7.72	28.75	9.64	1368	979	0.20	射阳县
			23			宝应县
42.93			20			沭阳县
		35.00	27			泗阳县
10.00		30.00	13			泗洪县
460.00			**97**			**浙　江**
						桐庐县
			10			安吉县
460.00			87			浦江县
786.70	**1445.50**	**681.73**	**98692**	**82424**	**29.09**	**安　徽**
						庐江县
93.00	453.00	22.00	24451	22735	8.20	怀远县
150.00	19.10	18.00	730	721	0.07	五河县
28.00	21.00	9.00	5605	5150	1.70	固镇县
5.00	11.00	13.50	1840	1358	0.44	凤台县
16.00	10.00	17.00	290	260	0.06	寿　县
	45.00		515	480	0.20	濉溪县
						怀宁县
			3			歙　县
		458.36	16			来安县
60.00	40.00		9000	8500	3.50	临泉县
105.00	107.00	14.00	10530	570	0.97	太和县
88.00	80.00	32.00	3010	2930	0.90	阜南县
50.00	110.00	56.35	11050	10000	2.96	颍上县
3.80	69.35	25.00	3450	3450	1.06	砀山县
21.85	38.05	0.52	4750	4750	1.59	萧　县
15.00	12.00	1.00	9065	7600	2.20	灵璧县
99.05						泗　县
2.00	290.00	15.00	8997	8920	2.95	霍邱县
			2			舒城县
			6			霍山县
			80			涡阳县
20.00	50.00		350	280	0.19	蒙城县
30.00	90.00		4952	4720	2.10	利辛县

5-6 续表 5

县名称 Name of Counties	综合生产能力（万立方米/日） Integrated Production Capacity (10,000m³/day)	地下水 Underground Water	供水管道长度（公里） Length of Water Supply Pipelines (km)	建成区 in Built District	供水总量(万立方米) 合计 Total	生产运营用水 The Quantity of Water for Production and Operation
福　建	**8.95**	**0.30**	**57.00**	**3.00**	**662.27**	**478.12**
仙游县	0.50	0.30	5.50		80.00	16.00
尤溪县	2.95		2.30		148.00	143.00
泰宁县	1.00		44.20	3.00	202.27	119.12
建宁县	1.00		5.00		232.00	200.00
光泽县	3.50					
江　西	**24.77**	**22.38**	**189.42**	**172.36**	**366.81**	**179.26**
修水县	0.21		1.30	1.20	36.90	29.00
吉安县	0.20	0.10	3.00	3.00	72.20	72.20
吉水县	0.76	0.76	135.50	135.50	40.00	
永丰县	0.60	0.52	12.00	8.60	84.00	12.00
奉新县	1.50		24.06	24.06	45.36	22.50
万载县	0.50					
上高县	21.00	21.00	13.56		88.35	43.56
山　东	**121.31**	**88.04**	**1145.87**	**826.77**	**25144.77**	**19487.86**
平阴县	2.70	2.70			183.00	183.00
商河县	0.43	0.43			7.34	7.34
高青县	0.10	0.10			33.20	15.80
沂源县	0.23	0.12	41.00		83.95	83.95
广饶县	5.50	5.50			742.13	742.13
临朐县	11.00	5.00	92.52	78.45	3839.37	3663.21
昌乐县	6.86	0.73	13.60		2424.60	2368.28
微山县	0.50	0.50	11.80	11.80	180.00	119.20
鱼台县	4.00	2.00			400.00	281.00
金乡县	1.50	1.07	7.90		428.00	428.00
嘉祥县	1.09	1.09	3.50	3.50	395.80	291.33
汶上县	1.20	1.10	4.00	4.00	400.00	316.00
泗水县	1.04	0.22	72.00	72.00	378.71	353.07
梁山县	2.76	2.76	78.00	78.00	330.00	253.00
宁阳县	3.70	1.00	49.00	49.00	1315.00	1000.00
东平县	3.00	2.00	29.00	29.00	335.83	251.90
沂南县	1.65	1.65	3.80		342.80	246.00
郯城县	2.65	2.65	4.93	4.93	577.14	440.12
沂水县	7.67	6.70	65.00	5.00	1352.00	946.40
兰陵县	0.30	0.30	45.90		96.26	95.26
费　县	0.22	0.22	47.00	4.50	77.54	4.50
平邑县	2.72	2.72	23.00	23.00	991.50	758.50
莒南县	4.70		28.20	18.50	1428.76	1051.07
蒙阴县	3.00	3.00	9.34	9.34	825.02	580.00
临沭县	5.00	5.00	7.00	1.00	545.00	385.00

continued

Total Quantity of Water Supply($10,000m^3$)			用水户数(户)		用水人口(万人)	县名称
公共服务用水 The Quantity of Water for Public Service	居民家庭用水 The Quantity of Water for Household Use	其他用水 The Quantity of Water for Other Purposes	Number of Households with Access to Water Supply (unit)	居民家庭 Household User	Population with Access to Water Supply (10,000 persons)	Name of Counties
60.60	**117.60**	**5.95**	**3354**	**2424**	**0.83**	**福　建**
28.00	32.00	4.00	2500	2246	0.75	仙游县
	5.00		400	23		尤溪县
32.10	49.10	1.95	255	15		泰宁县
0.50	31.50		199	140	0.06	建宁县
						光泽县
23.61	**151.74**	**12.20**	**5290**	**4989**	**1.61**	**江　西**
4.80	3.10		82	62		修水县
			1			吉安县
	40.00		920	860	0.49	吉水县
	60.00	12.00	1836	1720	0.18	永丰县
9.20	13.66		1020	980	0.22	奉新县
						万载县
9.61	34.98	0.20	1431	1367	0.70	上高县
1292.37	**2928.93**	**1435.61**	**142177**	**107923**	**49.51**	**山　东**
			14			平阴县
			2			商河县
17.40						高青县
			139			沂源县
			61			广饶县
161.65	14.51		1155	798	0.26	临朐县
6.32	50.00		1597	308	0.26	昌乐县
25.60	14.40	20.80	877	740	0.33	微山县
110.00		9.00	178			鱼台县
			85			金乡县
35.57	1.16	67.74	219	208	0.07	嘉祥县
26.00		58.00				汶上县
11.60	14.04		439	390	0.14	泗水县
40.00	37.00		1592	1519	0.45	梁山县
70.00	24.00	221.00	52	29	0.44	宁阳县
36.00	27.35	20.58	609	598	1.05	东平县
63.00	3.80	30.00	2219	1650	0.72	沂南县
4.58	131.56	0.88	10021	9945	3.66	郯城县
25.00	355.60	25.00	8091	2026	0.79	沂水县
	1.00		7812	6261	2.50	兰陵县
23.04	50.00		6857	6847	2.40	费　县
25.00	208.00		8500	7000	4.06	平邑县
137.85	60.23	179.61	2961	2170	0.82	莒南县
5.36	237.66	2.00	4388	4279	1.58	蒙阴县
38.00	74.00	48.00	4485	1930	1.18	临沭县

5-6 续表 6

县名称 Name of Counties	综合生产能力(万立方米/日) Integrated Production Capacity (10,000m³/day)	地下水 Underground Water	供水管道长度(公里) Length of Water Supply Pipelines (km)	建成区 in Built District	供水总量(万立方米) 合计 Total	生产运营用水 The Quantity of Water for Production and Operation
宁津县	4.00	4.00			45.49	29.94
庆云县	0.09	0.09			32.35	23.05
齐河县	1.60	1.60	55.00	55.00	85.00	60.00
平原县	3.00	1.68	10.35	10.35	345.17	326.23
武城县	3.00	2.40			319.81	237.33
阳谷县	0.50	0.50	79.00	79.00	23.34	16.74
莘　县	1.16	1.16	33.93		385.00	285.00
冠　县	0.50	0.50	63.00	63.00	176.29	168.97
高唐县	12.02	12.02	69.00	62.00	437.70	429.72
曹　县	1.86	1.86	98.00	98.00	677.67	556.82
单　县	6.00		9.00	9.00	2087.00	470.00
成武县	2.40	2.00	2.50	2.50	321.00	251.00
巨野县	0.26	0.26	10.00	10.00	89.00	77.00
郓城县	3.60	3.60	12.60	11.90	354.00	250.00
鄄城县	5.00	5.00	33.00		1233.00	762.00
东明县	2.80	2.80	34.00	34.00	820.00	680.00
河　南	**189.60**	**97.13**	**1229.74**	**916.07**	**22907.34**	**13104.76**
中牟县	10.50	3.00	18.30	16.90	290.66	112.00
杞　县	1.30	1.30	32.10		230.00	26.00
通许县	1.20	1.20	9.20	9.20	367.64	213.00
尉氏县	2.20	2.20	34.73	34.73	416.00	60.00
兰考县	1.05	1.05	139.00	139.00	360.00	185.00
新安县	2.22	2.22	33.00	33.00	373.40	180.20
栾川县	0.50		10.00	10.00	26.00	8.00
嵩　县	0.50	0.50	2.00	2.00	182.50	171.50
汝阳县	0.45	0.45	23.58	23.58	100.00	65.00
宜阳县	1.00	1.00	2.20	2.20	251.00	182.00
洛宁县	3.00	3.00	1.60	1.60	256.55	171.55
伊川县			3.50	3.50	7.30	2.80
叶　县	0.68	0.68			86.68	
鲁山县	0.57	0.57	17.21		195.20	49.30
郏　县	0.75	0.75	2.40		80.20	
安阳县	5.00	5.00			458.00	80.00
汤阴县	2.00	2.00	16.00	16.00	396.00	396.00
滑　县	2.00	2.00	168.00	168.00	100.00	91.00
内黄县	0.50	0.50	40.00		171.00	73.00
浚　县	1.50	1.50	9.00		462.00	462.00
淇　县	2.50					
新乡县	1.00	1.00	19.00	19.00	277.00	160.00

continued

Total Quantity of Water Supply(10,000m³)			用水户数(户) Number of Households with Access to Water Supply (unit)		用水人口(万人) Population with Access to Water Supply (10,000 persons)	县名称 Name of Counties
公共服务用水 The Quantity of Water for Public Service	居民家庭用水 The Quantity of Water for Household Use	其他用水 The Quantity of Water for Other Purposes		居民家庭 Household User		
15.55			25			宁津县
9.30			11			庆云县
9.00	16.00		1136	668	0.25	齐河县
	18.36	0.58	495	492	0.18	平原县
31.40	48.66	2.42	13500	12400	2.48	武城县
6.60						阳谷县
43.00	45.00	12.00	630	600	0.53	莘　县
7.32						冠　县
7.98			68			高唐县
25.25	95.60		10980	6130	4.30	曹　县
22.00	985.00	610.00	10000	5000	4.30	单　县
70.00			3100			成武县
5.00	5.00	2.00	408	27		巨野县
40.00	60.00	4.00	11400	10500	6.00	郓城县
98.00	301.00	72.00	16221	16085	9.50	鄄城县
40.00	50.00	50.00	11850	9323	1.23	东明县
3767.42	**3987.42**	**2047.74**	**247617**	**209873**	**65.52**	**河　南**
50.87	80.80	46.99	6799	5112	1.89	中牟县
12.00	187.00	5.00	8990	8980	2.98	杞　县
78.04	61.00	15.60	4140	3986	0.80	通许县
30.00	310.00	16.00	25563	24670	7.50	尉氏县
68.00	80.00	27.00	7528	7528	2.02	兰考县
0.30	105.00	87.90	14110	2821	1.76	新安县
	18.00		170	170	0.15	栾川县
11.00			723			嵩　县
35.00			15			汝阳县
37.50	21.00	10.50	3160	1510	0.80	宜阳县
62.00	12.00	11.00	600	600	0.20	洛宁县
3.60	0.60	0.30	4	1	0.05	伊川县
15.61	32.87	38.20	4643	4500	1.30	叶　县
46.20	99.70		2246	2039	0.86	鲁山县
	80.20		2132	2132	0.65	郏　县
6.00	337.00	35.00	27321	26125	10.45	安阳县
						汤阴县
9.00			895			滑　县
31.00	55.00	12.00	4550	4309	1.23	内黄县
			137			浚　县
						淇　县
37.00	55.00	25.00	6080	4541	1.61	新乡县

5-6 续表 7

县名称 Name of Counties	综合生产能力(万立方米/日) Integrated Production Capacity ($10,000m^3$/day)	地下水 Underground Water	供水管道长度(公里) Length of Water Supply Pipelines (km)	建成区 in Built District	供水总量(万立方米) 合计 Total	生产运营用水 The Quantity of Water for Production and Operation
获嘉县	1.90		70.00	70.00	690.00	300.00
原阳县	3.73	3.73	22.00		1124.00	441.00
延津县	1.00	1.00	10.00		308.00	260.00
封丘县	3.00	3.00	20.00	20.00	645.00	501.00
修武县	1.50	1.50	14.00	14.00	300.20	220.00
武陟县	2.00	2.00			285.45	285.45
温　县	1.00	1.00	39.30	39.30	128.80	105.00
清丰县	1.00	1.00	16.00		110.00	40.00
南乐县	1.12	1.12			400.00	400.00
范　县	1.20	1.20	8.00	8.00	271.20	185.00
台前县	0.58	0.58	5.00	4.00	21.00	9.00
濮阳县	4.85	4.85	48.00		450.00	200.00
鄢陵县	1.30	1.30	10.00		89.95	89.95
襄城县	0.51	0.51	32.80		183.00	57.00
舞阳县	3.00	3.00	26.00		811.97	5.60
临颍县	1.55	1.55	20.12	20.12	501.00	355.00
渑池县	0.45	0.45	5.00	4.00	119.80	43.80
卢氏县	1.60	0.80	7.60	7.60	59.20	48.00
南召县	0.70	0.50	3.00	3.00	116.00	71.00
方城县	0.60	0.60	3.30	3.30	170.00	120.00
西峡县	1.50		26.00	26.00	540.00	460.00
镇平县	1.10	1.10	17.00	17.00	376.58	335.00
内乡县	2.00	1.80	22.30	21.10	698.00	556.00
淅川县	1.00	1.00	3.20	3.20	304.20	133.00
社旗县	1.00	1.00	5.00	5.00	342.00	180.00
唐河县	0.18	0.11	2.10	2.10	41.35	26.10
新野县	1.40	1.40	6.50	6.50	254.50	183.00
桐柏县	0.85	0.85	7.50	6.50	120.80	72.15
民权县	2.00	2.00	3.50	3.50	260.00	240.00
睢　县	0.54	0.54	7.30	7.30	197.10	
宁陵县	0.75	0.75	6.27	6.27	112.00	
柘城县	0.40	0.40	5.00	5.00	144.00	30.00
虞城县	0.40	0.40	5.60	5.60	141.00	
夏邑县	0.27	0.27	4.70	4.70	31.20	12.50
新　县	0.08	0.08	1.80	1.80	17.50	
商城县	0.30	0.30	5.00	5.00	45.00	32.00
固始县	0.95	0.80	8.00	8.00	110.00	50.00
潢川县	1.10	0.74	12.00	11.00	349.07	271.00
淮滨县	0.14	0.14	3.00	3.00	39.06	35.50

continued

Total Quantity of Water Supply(10,000m³)			用水户数(户) Number of Households with Access to Water Supply (unit)		用水人口(万人) Population with Access to Water Supply (10,000 persons)	县名称 Name of Counties
公共服务用水 The Quantity of Water for Public Service	居民家庭用水 The Quantity of Water for Household Use	其他用水 The Quantity of Water for Other Purposes		居民家庭 Household User		
240.00	90.00	60.00	1420	1390	0.46	获嘉县
334.00	325.00	24.00	5450	4800	1.50	原阳县
26.00		22.00	18			延津县
139.00		5.00	25			封丘县
15.40	19.80	45.00	1612	1519	0.32	修武县
						武陟县
4.80	18.00	1.00	2000	1800	0.63	温　县
50.00		20.00	800			清丰县
						南乐县
81.00	5.20		1702	1370	0.31	范　县
8.00	4.00		1250	1250	0.41	台前县
40.00	150.00	60.00	1470	1250	0.50	濮阳县
			46			鄢陵县
62.00	62.00	2.00	6489	6220	3.01	襄城县
126.50	330.72	349.15	41736	40140	0.86	舞阳县
11.00	1.00	134.00	55	39		临颍县
7.10	68.90		1807	1689	0.68	渑池县
5.70	5.50		980	510	0.39	卢氏县
33.00	12.00		1500	150	0.10	南召县
20.00	30.00		1680	1680	0.42	方城县
50.00	30.00		1380	1360	0.55	西峡县
24.00	12.00	5.58	1176	1034	0.37	镇平县
33.00	40.00	69.00	1818	1560	2.79	内乡县
69.00	60.20	42.00	2230	1860	1.11	淅川县
45.00	112.00	5.00	570	420	0.28	社旗县
9.80	4.12	1.33	148	91		唐河县
42.00	17.00	12.50	1300	825	0.38	新野县
38.75	1.90	8.00	210	183	0.40	桐柏县
	20.00		773	773	0.27	民权县
	197.10		4000	4000	1.60	睢　县
	64.00	48.00	6335	6213	2.20	宁陵县
80.00	34.00		1900	1700	0.90	柘城县
	141.00		4000	4000	1.70	虞城县
6.40	12.30		440	440	0.17	夏邑县
		17.50	34			新　县
	13.00		630	610	0.20	商城县
25.00	30.00	5.00	2800	2800	0.85	固始县
72.00	6.07		244	174	0.08	潢川县
0.33	1.23	2.00	1022	622	0.11	淮滨县

5-6 续表 8

县名称 Name of Counties	综合生产能力(万立方米/日) Integrated Production Capacity ($10,000m^3$/day)	地下水 Underground Water	供水管道长度(公里) Length of Water Supply Pipelines (km)	建成区 in Built District	供水总量(万立方米) 合计 Total	生产运营用水 The Quantity of Water for Production and Operation
息　县	5.00	5.00	14.88	14.88	1472.00	1150.70
扶沟县	0.35	0.35	3.38		112.00	87.10
西华县	0.80	0.80	10.79	10.79	227.20	161.00
沈丘县	1.60	1.50	10.00	10.00	310.00	230.00
郸城县	2.30	2.30	21.00	15.00	211.66	172.66
太康县	1.50	1.50	9.00	9.00	353.24	163.00
鹿邑县	1.10	1.10	5.30	5.30	172.00	53.00
西平县	0.55	0.55	11.65	8.50	197.50	132.00
上蔡县	2.00	2.00	6.05		530.00	140.00
平舆县	2.00	2.00	15.00		290.00	95.00
正阳县	3.49	3.49	22.00	22.00	1273.85	349.77
确山县	0.40	0.10	1.80		40.00	
泌阳县	0.69	0.69			251.78	153.53
汝南县	1.19	0.80	6.18		318.45	152.00
遂平县	76.00				554.00	425.00
新蔡县	1.64	1.64			598.60	598.60
湖　北	**7.82**	**0.87**	**65.53**	**27.00**	**632.31**	**254.37**
竹溪县	0.06		4.50		11.69	0.55
房　县	0.32	0.32			115.00	
兴山县	1.00		13.00	13.00	52.72	37.82
秭归县	0.60		5.00	5.00	190.00	190.00
谷城县	0.25	0.25	20.43		77.00	
保康县	0.30	0.30	2.00	2.00	44.20	2.00
红安县	5.10		7.00	7.00	85.00	24.00
通城县	0.19		13.60		56.70	
湖　南	**24.14**	**4.06**	**548.12**	**528.49**	**1724.84**	**918.32**
衡南县	0.15	0.15	5.00	5.00	11.15	11.00
衡山县	1.03	0.42	55.92	55.92	264.97	30.68
绥宁县	0.32		4.00	4.00	10.22	0.56
新宁县	0.70	0.30	7.40	7.40	218.60	158.60
华容县	6.00		229.00	229.00	473.50	333.40
平江县	1.00	1.00	5.00	5.00	300.00	
汉寿县	0.14	0.14			41.90	41.90
澧　县	1.20	1.20			1.40	
临澧县	1.00	0.57			355.00	325.00
安仁县	0.28	0.28	24.00	5.00	26.00	
溆浦县	11.50		117.00	117.00		
凤凰县			7.00	7.00	7.00	7.00
古丈县			90.80	90.80		
永顺县	0.80		3.00	2.37	15.10	10.18

continued

Total Quantity of Water Supply($10,000m^3$)			用水户数(户) Number of Households with Access to Water Supply (unit)		用水人口(万人) Population with Access to Water Supply (10,000 persons)	县名称 Name of Counties
公共服务用水 The Quantity of Water for Public Service	居民家庭用水 The Quantity of Water for Household Use	其他用水 The Quantity of Water for Other Purposes		居民家庭 Household User		
62.37	244.53	14.40	1300	1300	0.07	息　县
20.00	4.90		760	480	0.18	扶沟县
38.80	19.40	8.00	2183	1902	0.87	西华县
42.00		38.00	110			沈丘县
19.60	18.80	0.60	433	255	0.18	郸城县
76.00	111.24	3.00	6052	3602	1.81	太康县
84.00	24.00	11.00	3586	3036	1.40	鹿邑县
13.60	49.00	2.90	2600	630	0.40	西平县
380.00	1.00	9.00	3100	2120	0.90	上蔡县
152.00	43.00		5200	4100	1.60	平舆县
346.90	15.00	562.18	700	700	0.20	正阳县
40.00			354			确山县
98.25						泌阳县
162.00	3.34	1.11	263	252	0.09	汝南县
		129.00	120			遂平县
						新蔡县
154.20	**180.64**	**43.10**	**15801**	**14070**	**2.82**	**湖　北**
9.60	1.54		1210	1210	0.28	竹溪县
115.00			9			房　县
7.60	6.30	1.00	2400	2230	0.38	兴山县
			5			秭归县
11.00	56.00	10.00	1820	1692	0.18	谷城县
3.00	39.20		2772	2510	0.53	保康县
8.00	41.00	12.00	2720	2630	0.90	红安县
	36.60	20.10	4865	3798	0.55	通城县
347.10	**377.94**	**81.48**	**18689**	**18359**	**5.31**	**湖　南**
0.10	0.05		300	300	0.10	衡南县
30.68	192.33	11.28	5823	5664	1.95	衡山县
1.52	8.14		1012	897	0.58	绥宁县
3.50	54.50	2.00	2226	2226	0.91	新宁县
81.30		58.80				华容县
200.00	100.00		1000	1000	0.40	平江县
			9			汉寿县
		1.40	17			澧　县
30.00			21			临澧县
	18.00	8.00	8000	8000	0.60	安仁县
						溆浦县
						凤凰县
						古丈县
	4.92		281	272	0.77	永顺县

5-6 续表 9

县名称 Name of Counties	综合生产能力(万立方米/日) Integrated Production Capacity (10,000m³/day)	地下水 Underground Water	供水管道长度(公里) Length of Water Supply Pipelines (km)	建成区 in Built District	供水总量(万立方米) 合计 Total	生产运营用水 The Quantity of Water for Production and Operation
广　东	**23.00**	**0.18**	**299.20**	**63.76**	**124.44**	**51.98**
始兴县	0.28	0.13	3.70	2.90	41.99	33.51
翁源县	3.00		67.68	40.33		
新丰县	0.12	0.05	7.30	5.80	38.55	10.07
紫金县	9.00		5.00	5.00	38.30	8.40
连平县	5.60		84.56	9.73	5.60	
和平县	5.00		130.96			
广　西	**28.99**	**12.91**	**101.62**	**101.62**	**3214.62**	**2414.32**
柳城县	0.69	0.09	6.06	6.06	78.10	78.10
鹿寨县	10.00		15.00	15.00	288.46	277.21
融水苗族自治县	0.10	0.05	8.00	8.00	2.74	0.12
全州县	2.00	0.25	11.00	11.00	145.00	113.00
兴安县	0.30	0.20	4.00	4.00	6.10	4.30
合浦县	7.94	7.94	10.00	10.00	1695.18	1222.00
灵山县	2.50	2.50	15.00	15.00	174.00	130.00
容　县	0.10	0.10	5.21	5.21	36.50	
博白县	0.80	0.80	2.00	2.00	198.23	138.76
兴业县	0.30	0.30	3.00	3.00	87.00	
南丹县	0.68		4.30	4.30	125.00	94.90
罗城仫佬族自治县	0.38	0.38	8.90	8.90	79.86	69.48
忻城县	0.15	0.15	0.15	0.15	21.00	9.00
扶绥县	1.40		2.00	2.00	64.86	64.86
宁明县	1.50		4.00	4.00	206.90	206.90
天等县	0.15	0.15	3.00	3.00	5.69	5.69
海　南	**98.60**	**8.52**	**70.10**	**70.10**	**581.09**	**441.69**
临高县	98.60	8.52	70.10	70.10	581.09	441.69
四　川	**15.34**	**8.42**	**227.56**	**190.66**	**2361.72**	**1580.23**
金堂县	2.90	0.38	11.59	11.59	627.20	604.55
中江县	1.80	1.80	18.00	18.00	585.67	353.70
三台县	2.67	2.67	8.00	8.00	130.70	101.58
北川羌族自治县	3.00	3.00	70.00	70.00	112.80	
大英县	2.00		1.10		140.76	140.76
资中县	0.40		10.00	10.00	140.17	92.85
洪雅县			2.70	2.70	6.40	6.40
青神县	0.16	0.16	18.40		53.10	18.60
宝兴县	0.25		11.50	11.50	80.47	6.00
乐至县	0.05	0.05	3.00	3.00	18.25	18.25
九寨沟县	0.44				159.02	

continued

Total Quantity of Water Supply(10,000m^3)			用水户数(户) Number of Households with Access to Water Supply (unit)		用水人口(万人) Population with Access to Water Supply (10,000 persons)	县名称 Name of Counties
公共服务用水 The Quantity of Water for Public Service	居民家庭用水 The Quantity of Water for Household Use	其他用水 The Quantity of Water for Other Purposes		居民家庭 Household User		
20.58	**32.50**	**19.38**	**36417**	**757**	**0.59**	**广　东**
		8.48				始兴县
						翁源县
20.58		7.90				新丰县
	26.90	3.00	510	459	0.41	紫金县
	5.60		327	298	0.18	连平县
			35580			和平县
92.37	**602.74**	**105.19**	**28113**	**27464**	**9.23**	**广　西**
			3			柳城县
10.20		1.05				鹿寨县
0.10	2.42	0.10	220	220	0.09	融水苗族自治县
1.00	30.00	1.00	6420	6260	0.77	全州县
0.80	1.00		42	40		兴安县
	378.27	94.91	11007	10568	3.34	合浦县
12.00	32.00		3155	3155	0.95	灵山县
	36.50		1800	1800	0.58	容　县
13.08	38.26	8.13	4180	4180	2.61	博白县
52.00	35.00		15	12	0.38	兴业县
	30.10		687	687	0.33	南丹县
3.19	7.19		351	320	0.13	罗城仫佬族自治县
	12.00		230	222		忻城县
			1			扶绥县
			1			宁明县
			1			天等县
62.86	**76.54**		**16489**	**16236**		**海　南**
62.86	76.54		16489	16236		临高县
135.38	**621.85**	**24.26**	**26272**	**24236**	**5.30**	**四　川**
22.65						金堂县
70.00	159.50	2.47	7328	7328	2.43	中江县
20.57	6.86	1.69	60	20		三台县
	112.80		13540	12750	1.30	北川羌族自治县
			4			大英县
	47.32		614	556	0.18	资中县
						洪雅县
14.30	20.20		317	230	0.17	青神县
3.50	54.97	16.00	3000	2250	0.05	宝兴县
			10			乐至县
	159.02		96	96	0.29	九寨沟县

5-6 续表 10

县名称 Name of Counties	综合生产能力(万立方米/日) Integrated Production Capacity (10,000m³/day)	地下水 Underground Water	供水管道长度(公里) Length of Water Supply Pipelines (km)	建成区 in Built District	供水总量(万立方米) 合计 Total	生产运营用水 The Quantity of Water for Production and Operation
红原县			6.92	6.92	3.68	3.12
丹巴县			1.00	1.00	1.05	
甘孜县	0.64				230.00	230.00
新龙县			3.01	3.01		
石渠县	0.60		25.30	18.00	23.20	3.40
色达县	0.05		31.00	21.00		
冕宁县	0.20	0.20	4.50	4.50	46.30	
甘洛县	0.13	0.12	1.54	1.44	2.95	1.02
贵　州	**0.21**	**0.07**	**17.00**	**0.38**	**28.56**	**2.80**
开阳县	0.12	0.05	5.00	0.38	14.16	2.80
六枝特区	0.09		12.00		14.40	
云　南	**11.02**	**5.86**	**198.18**	**184.51**	**862.22**	**358.08**
嵩明县	0.41	0.41				
宜良县	0.80	0.60	38.00	33.00	223.75	32.20
禄劝彝族苗族自治县	0.40	0.40	18.90	18.90	0.40	0.34
昆明阳宗海风景名胜区	1.46	1.46	33.76	33.76	186.00	105.00
罗平县	0.30	0.30			45.11	36.45
通海县	0.13	0.13			45.65	16.11
华宁县	1.40	0.45			0.45	
新平县	0.50	0.50	12.00	10.00	0.34	
龙陵县	0.65	0.65	5.80	5.80	61.20	
彝良县	0.07	0.07	2.60	2.60	0.07	
宁洱哈尼族彝族自治县	0.10		3.34	3.34	18.82	0.64
江城哈尼族彝族自治县			2.30	2.30	1.62	1.12
澜沧拉祜族自治县	0.50	0.50	6.50	6.50	33.80	23.70
凤庆县	0.50	0.20	19.50	16.50	127.80	96.50
双江县	0.60		11.05	9.00	0.16	
双柏县	0.05	0.05	19.20	19.00	3.65	
牟定县					2.80	2.20
大姚县			3.83	2.61	8.79	6.52
砚山县	1.50					
宾川县	0.10	0.10	18.40	18.40	14.00	12.00
弥渡县			2.00	1.80		
陇川县			1.00	1.00		
兰坪白族普米族自治县	1.50				87.81	25.30
西　藏	**67.07**	**60.75**	**221.75**	**221.75**	**600.71**	**65.80**
曲水县	54.00	54.00	20.00	20.00	54.00	22.00
江孜县	0.40	0.40	0.60	0.60	60.68	0.68
白朗县	0.83	0.83				

continued

Total Quantity of Water Supply($10,000m^3$)			用水户数(户) Number of Households with Access to Water Supply (unit)		用水人口(万人) Population with Access to Water Supply (10,000 persons)	县名称 Name of Counties
公共服务用水 The Quantity of Water for Public Service	居民家庭用水 The Quantity of Water for Household Use	其他用水 The Quantity of Water for Other Purposes		居民家庭 Household User		
	0.56		145	130	0.05	红原县
0.15	0.60	0.30	50	50		丹巴县
						甘孜县
						新龙县
3.40	12.80	3.60	956	720	0.20	石渠县
						色达县
	46.30		58	58	0.28	冕宁县
0.81	0.92	0.20	94	48	0.32	甘洛县
4.84	**15.92**	**5.00**	**2280**	**1047**	**2.58**	**贵　州**
4.84	6.52		1247	14	2.27	开阳县
	9.40	5.00	1033	1033	0.31	六枝特区
70.04	**401.85**	**32.25**	**10748**	**9652**	**6.95**	**云　南**
						嵩明县
4.20	183.20	4.15	982	936	2.92	宜良县
			605	605	0.24	禄劝彝族苗族自治县
20.00	50.00	11.00	318	318	0.80	昆明阳宗海风景名胜区
8.66						罗平县
	27.88	1.66	1475	1300	0.31	通海县
	0.10	0.35	10	10		华宁县
	0.34		255	255	0.11	新平县
	54.00	7.20	1699	1532	0.60	龙陵县
	0.07		49	49		彝良县
0.90	15.28	2.00	380	295		宁洱哈尼族彝族自治县
	0.42	0.08	120	100	0.05	江城哈尼族彝族自治县
	10.10		1120	1120	0.39	澜沧拉祜族自治县
24.70	2.60	4.00	260	200	0.10	凤庆县
	0.16		260	180	0.59	双江县
	3.65		560	560	0.20	双柏县
0.60			10			牟定县
0.66	1.61		135	122		大姚县
						砚山县
1.00	1.00		980	650	0.10	宾川县
						弥渡县
						陇川县
9.30	51.40	1.81	1530	1420	0.48	兰坪白族普米族自治县
67.45	**433.07**	**34.39**	**25881**	**22459**	**6.68**	**西　藏**
18.00	8.00	6.00	1500	1300	0.60	曲水县
10.00	40.00	10.00	971	960	0.20	江孜县
						白朗县

5-6 续表 11

县名称 Name of Counties	综合生产能力(万立方米/日) Integrated Production Capacity (10,000m³/day)	地下水 Underground Water	供水管道长度(公里) Length of Water Supply Pipelines (km)	建成区 in Built District	供水总量(万立方米) 合计 Total	生产运营用水 The Quantity of Water for Production and Operation
左贡县	6.00		17.00	17.00	17.00	3.00
类乌齐县	0.53	0.53	5.00	5.00	7.00	4.00
聂荣县	0.64	0.64	2.00	2.00	43.00	2.00
双湖县	0.06	0.06			8.80	0.80
嘉黎县	0.18	0.18			20.00	
比如县	0.40	0.40	23.50	23.50	86.20	2.50
巴青县	0.27	0.27	36.99	36.99	33.73	1.31
申扎县	0.32		29.80	29.80	10.60	
安多县	0.20	0.20	48.62	48.62	26.30	7.00
索　县	0.24	0.24			64.00	
班戈县	0.20	0.20			44.31	6.01
革吉县	0.68	0.68	27.69	27.69	23.80	4.00
日土县	0.12	0.12	6.95	6.95	43.20	4.50
改则县	1.20	1.20			18.09	1.00
普兰县	0.20	0.20	3.60	3.60	10.00	4.00
措勤县	0.60	0.60			30.00	3.00
陕　西	**40.66**	**28.15**	**689.52**	**452.31**	**3991.67**	**2404.36**
蓝田县	1.74	1.74	49.04		345.28	247.56
周至县	1.50	1.00	60.92	6.92	133.48	37.55
岐山县	1.40	1.40	14.00	14.00	180.00	134.00
扶风县	0.76	0.66	36.80	3.68	249.00	165.05
眉　县	0.10	0.10	33.00	33.00	28.93	19.80
陇　县	0.12	0.12	2.30	2.30	6.74	4.34
麟游县	0.40		14.00	14.00	114.00	35.00
三原县	3.60	1.00	10.00	10.00	153.53	108.79
泾阳县			41.00	41.00	7.30	
乾　县	0.08	0.08			23.50	13.33
礼泉县	1.10	1.10	11.00	10.00	224.70	157.20
永寿县	0.52	0.52			18.10	18.10
淳化县	0.42	0.42	2.50	2.50	22.37	19.37
武功县	0.12	0.12	1.08	0.86	29.04	21.80
大荔县	0.45	0.45	23.20	23.20	50.60	
合阳县	0.80	0.80	8.70	5.80	60.84	41.80
澄城县	0.60	0.60	8.70	8.70	120.50	73.00
蒲城县			0.85	0.85	3.99	3.20
富平县	1.50	1.50	36.00		179.50	125.40
城固县	4.00	4.00	50.00	45.00	590.00	48.18
洋　县	3.20		12.10	11.00	415.00	395.00
西乡县	2.20		12.00	10.00	86.36	53.00

continued

Total Quantity of Water Supply(10,000m^3)			用水户数(户) Number of Households with Access to Water Supply (unit)		用水人口(万人) Population with Access to Water Supply (10,000 persons)	县名称 Name of Counties
公共服务用水 The Quantity of Water for Public Service	居民家庭用水 The Quantity of Water for Household Use	其他用水 The Quantity of Water for Other Purposes		居民家庭 Household User		
	12.00	2.00	1021	825	0.36	左贡县
	3.00		150	150		类乌齐县
1.50	36.40	3.10	1340	960		聂荣县
0.70	7.30		455	430	0.12	双湖县
2.00	18.00		960	501	0.22	嘉黎县
2.70	81.00		5100	3960	1.70	比如县
5.44	25.81	1.17	1733	1432	0.25	巴青县
1.42	7.51	1.67	1250	1030	0.32	申扎县
2.00	17.00	0.30	1100	1010	0.20	安多县
5.60	58.00	0.40	2100	2100	0.30	索　县
4.79	32.76	0.75	1000	1000	0.75	班戈县
2.80	15.00	2.00	320	320	0.16	革吉县
6.00	28.00	4.70	1200	1100	0.36	日土县
1.50	14.29	1.30	1125	1125	0.06	改则县
	6.00		3056	3056	0.30	普兰县
3.00	23.00	1.00	1500	1200	0.72	措勤县
340.40	**1176.73**	**70.18**	**113532**	**105304**	**16.74**	**陕　西**
14.64	78.97	4.11	3915	3467	0.96	蓝田县
25.00	70.00	0.93	13045	12750	0.30	周至县
18.00	25.00	3.00	1503	1020	0.31	岐山县
29.00	44.50	10.45	1778	1318	0.43	扶风县
0.23	8.20	0.70	644	382	0.15	眉　县
2.40			22			陇　县
5.00	57.00	17.00	400	350	0.34	麟游县
44.74			67			三原县
	7.30		1452	1452	0.59	泾阳县
6.93		3.24				乾　县
28.00	37.00	2.50	1463	326	0.15	礼泉县
						永寿县
	3.00		50	50		淳化县
1.55	5.20	0.49	892	786	0.33	武功县
35.60	15.00		3925	3685	1.17	大荔县
5.18	9.80	4.06	1820	511	0.29	合阳县
8.00	35.50	4.00	6050	5550	1.55	澄城县
0.35	0.44		38	30		蒲城县
4.00	50.10		13225	12804	3.90	富平县
57.82	479.00	5.00	37150	36975	0.82	城固县
19.00	1.00		133	130		洋　县
5.00	23.36	5.00	1910	1828	0.64	西乡县

5-6 续表 12

县名称 Name of Counties	综合生产能力(万立方米/日) Integrated Production Capacity (10,000m³/day)	地下水 Underground Water	供水管道长度(公里) Length of Water Supply Pipelines (km)	建成区 in Built District	供水总量(万立方米) 合计 Total	生产运营用水 The Quantity of Water for Production and Operation
勉　县	1.67		37.00	30.00	290.00	260.00
靖边县	0.06	0.06	5.00	5.00	21.90	21.90
绥德县	10.80	10.80	5.60	5.60	123.50	95.00
米脂县	0.75	0.75	57.00	50.00	74.00	65.00
吴堡县	0.11	0.11	7.63	6.00	8.46	5.41
清涧县	0.20	0.18	1.00	1.00	11.17	8.12
子洲县	0.30	0.30	11.00	11.00	64.09	25.00
汉阴县	0.71		60.30	59.60	250.80	121.90
石泉县	0.13	0.13	1.30	1.30	34.34	27.77
紫阳县	0.10		6.80	5.00	16.11	11.49
丹凤县	0.08	0.05	6.50		18.80	13.50
山阳县	0.10	0.10	3.20		35.74	27.80
柞水县	1.00		60.00	35.00		
甘　肃	**4.54**	**3.28**	**237.85**	**151.19**	**478.86**	**191.65**
临泽县	0.50	0.50	5.00	5.00	83.00	33.40
山丹县	0.75	0.75	38.00	38.00	220.00	
宁　县	0.22	0.22	27.80	27.80	1.00	
陇西县			52.53	52.53		
临洮县			82.94			
成　县					3.60	2.55
徽　县					3.50	0.50
两当县	0.25		22.17	22.17	4.46	1.20
广河县	1.80	1.80	9.40	5.68		
和政县	1.00				163.30	154.00
青　海	**0.50**	**0.50**	**7.00**	**7.00**	**80.02**	**77.02**
互助县	0.50	0.50	7.00	7.00	80.02	77.02
宁　夏	**4.60**	**4.60**	**105.44**	**89.71**	**1223.00**	**1083.16**
永宁县	1.73	1.73	88.73	73.00	630.72	630.72
贺兰县	2.51	2.51	11.21	11.21	509.06	452.44
平罗县	0.20	0.20			57.81	
中宁县	0.16	0.16	5.50	5.50	25.41	
新　疆	**5.50**	**5.15**	**233.00**	**233.00**	**343.18**	**99.31**
鄯善县	0.35		42.00	42.00	62.55	4.98
焉耆回族自治县	3.30	3.30	5.00	5.00	50.00	35.00
和静县			18.00	18.00		
阿合奇县	0.60	0.60				
叶城县	0.45	0.45	10.00	10.00	45.30	45.00
额敏县	0.80	0.80	158.00	158.00	185.33	14.33

continued

Total Quantity of Water Supply(10,000m³)			用水户数(户) Number of Households with Access to Water Supply (unit)		用水人口(万人) Population with Access to Water Supply (10,000 persons)	县名称 Name of Counties
公共服务用水 The Quantity of Water for Public Service	居民家庭用水 The Quantity of Water for Household Use	其他用水 The Quantity of Water for Other Purposes		居民家庭 Household User		
	28.00	2.00	1956	1756	0.74	勉　县
			32			靖边县
11.70	11.60	5.20	2039	1926	0.61	绥德县
1.00	8.00		1000	800	0.25	米脂县
0.64	2.41		278	265	0.12	吴堡县
1.03	2.02		850	825	0.37	清涧县
5.00	32.09	2.00	1425	1325	0.55	子洲县
8.00	120.90		11250	10210	0.23	汉阴县
	6.57		405	318	0.09	石泉县
0.50	3.92	0.20	1010	820	0.31	紫阳县
0.70	4.30	0.30	1650	1630	0.78	丹凤县
1.39	6.55		2155	2015	0.70	山阳县
						柞水县
59.01	**101.70**	**126.50**	**5862**	**2539**	**0.96**	**甘　肃**
49.60						临泽县
	100.10	119.90	2003	2003	0.79	山丹县
	1.00		500	500	0.15	宁　县
						陇西县
						临洮县
0.45	0.60		68	36		成　县
3.00			16			徽　县
2.26		1.00	3097			两当县
						广河县
3.70		5.60	178			和政县
		3.00				**青　海**
		3.00				互助县
25.41		**114.43**	**2**			**宁　夏**
			2			永宁县
		56.62				贺兰县
		57.81				平罗县
25.41						中宁县
55.99	**158.22**	**29.66**	**10061**	**8367**	**0.89**	**新　疆**
6.99	21.92	28.66	3580	2634	0.57	鄯善县
9.00	5.00	1.00	150	50	0.05	焉耆回族自治县
						和静县
						阿合奇县
	0.30		150	100		叶城县
40.00	131.00		6181	5583	0.23	额敏县

六、县城节约用水

6. County Seat Water Conservation

简要说明

本部分主要反映县城节约用水情况，只统计设有节约用水管理机构的县城，汇总量均不代表全社会。主要包括设有节约用水管理机构县城的计划用水量、实际用水量、节约用水量等内容。

Brief Introduction

This section mainly demonstrates status of county seat water conservation. Statistics only covers county with water conservation authorities, therefore the data does not represent the situation of the whole society. Main indicators include planned households supplied, actual quantity of water used, quantity of water saved, etc..

6 全国历年县城节约用水情况(2000−2021)
National County Seat Water Conservation in Past Years(2000-2021)

计量单位：万立方米 Measurement Unit:10,000m³

年份 Year	计划用水量 Planned Quantity of Water Use	新水取用量 Fresh Water Used	工业用水重复利用量 Quantity of Industrial Water Recycled	节约用水量 Water Saved
2000	115591	109069	95763	20322
2001	161795	133634	24206	28161
2002	110702	91610	26321	19092
2003	120551	94938	24815	25613
2004	123176	98004	25790	25163
2005	155933	118727	32852	37206
2006		122700	32523	21546
2007		127318	99648	22675
2008		122275	53278	20480
2009		139735	130864	23135
2010		157563	133337	35963
2011		119923	95932	26165
2012		180603	52051	30853
2013		136223	159152	22286
2014		140966	164833	30029
2015		126923	173337	32419
2016		115707	165369	23086
2017		106174	167080	24873
2018		111385	189581	26618
2019		140990	169218	28609
2020		188350	104108	48132
2021		163019	126908	49765

注：自2006年起，不统计计划用水量指标。
Note:From 2006, "Planned Quantity of Water Use" has not been counted.

6-1 2021年按省分列的全国县城节约用水

计量单位：万立方米

地区名称 Name of Regions	计划用水户数（户） Planned Water Consumers (unit)	自备水计划用水户数 Planned Self-produced Water Consumers	计划用水户实际用水量 合计 Total	工业 Industry	新水取用量 Fresh Water Used	工业 Industry	重复利用量 Water Reused
全　国	**1062284**	**67744**	**307145**	**188348**	**163019**	**61440**	**144126**
河　北	27494	36	1022	155	957	100	64
山　西	189806	4924	14102	3483	11850	1959	2252
内蒙古	80200	7	981	171	679	79	302
辽　宁	45	26	1064	480	866	283	197
吉　林	95	52	832	51	756	21	76
黑龙江	16750		336	133	317	114	19
江　苏	1505	161	46971	34877	17620	7233	29351
浙　江	2681	270	19321	15389	10566	7232	8755
安　徽	8	8	140	122	80	62	60
福　建	138		242	0	242	0	
江　西	910		9363	4581	5468	2363	3895
山　东	4599	1351	57077	45592	16741	8905	40335
河　南	50046	11307	25723	11843	20228	8062	5494
湖　北	13535	970	3171	157	2089	44	1082
湖　南	26953	4658	11434	3009	9297	2531	2137
广　东	78883	984	7874	252	7727	219	147
广　西							
海　南	4270	52	14106	9995	12872	9985	1234
重　庆	48	3	797	338	787	330	10
四　川	334465	176	9021	2499	8209	2012	813
贵　州	26880	26609	20943	15720	5911	2329	15032
云　南	83346	5450	15118	1322	14387	874	731
西　藏	1772	1768	258	5	258	5	
陕　西	61457	7068	38789	36060	7514	4927	31275
甘　肃	51889	1852	5100	358	4548	321	552
青　海							
宁　夏	2048	2	1950	1602	1640	1295	310
新　疆	2461	10	1411	154	1410	154	1

County Seat Water Conservation by Province(2021)

Measurement Unit:10,000m^3

Actual Quantity of Water Used				节约用水量 Water Saved	工业 Industry	节水措施投资总额(万元) Total Investment in Water-Saving Measures (10,000 RMB)	地区名称 Name of Regions
工业 Industry	超计划定额用水量 Water Quantity Consumed in Excess of Quota	重复利用率(%) Reuse Rate (%)	工业 Industry				
126908	**1710**	**46.92**	**67.38**	**49765**	**40179**	**59502**	**全国**
54	20	6.31	35.22	64	64	720	河北
1523	173	15.97	43.74	847	324	16444	山西
92		30.78	53.69	68	44	815	内蒙古
197		18.55	41.07	197	197	443	辽宁
30		9.18	59.31	98	32	32	吉林
19		5.65	14.29	16			黑龙江
27643		62.49	79.26	14739	13083	19970	江苏
8157	119	45.31	53.01	2410	1726	1676	浙江
60		42.85	49.07	60	60	95	安徽
	9			249			福建
2218		41.60	48.42	1561		98	江西
36688	39	70.67	80.47	3653	3157	3052	山东
3781	914	21.36	31.93	5400	3273	2929	河南
113		34.12	72.01	223	25	60	湖北
477		18.69	15.86	709	445	2772	湖南
33	0	1.87	13.25	36	30	182	广东
							广西
10	99	8.75	0.10	1572	1358	1394	海南
9	30	1.28	2.51	100	5	930	重庆
487	37	9.01	19.49	1022	466	798	四川
13391	6	71.78	85.18	13482	13390	908	贵州
448	83	4.83	33.89	343	176	1066	云南
				11			西藏
31133	59	80.63	86.34	2064	1845	3641	陕西
37	3	10.83	10.31	333	38	1009	甘肃
							青海
307	94	15.90	19.13	446	441	450	宁夏
	26	0.07		60	0	20	新疆

6-2 2021年按县分列的全国县城节约用水

计量单位：万立方米

地区名称 Name of Regions	计划用水户数(户) Planned Water Consumers (unit)	自备水计划用水户数 Planned Self-produced Water Consumers	计划用水户实际用水量 合计 Total	工业 Industry	新水取用量 Fresh Water Used	工业 Industry	重复利用量 Water Reused
全　国	**1062284**	**67744**	**307145**	**188348**	**163019**	**61440**	**144126**
河　北	**27494**	**36**	**1022**	**155**	**957**	**100**	**64**
无极县	27490	32	967	100	917	60	50
高阳县	4	4	55	55	40	40	14
山　西	**189806**	**4924**	**14102**	**3483**	**11850**	**1959**	**2252**
阳高县	26200		175	39	141	30	34
天镇县	332	22	100	38	55	5	45
广灵县	14552	698	99	32	76	32	23
浑源县	17158	20	597	11	500	8	97
左云县	22000	302	180	29	171	20	9
长子县	92	26	76	76	38	38	38
武乡县	185	13	67		47		20
沁　县	105	8	105	65	75	35	30
沁水县	721		380	25	380	25	
阳城县	780		526		526		
陵川县	10		12		10		2
应　县	17600	2600	276	61	276	61	
寿阳县	16	16	90	28	90	28	
太谷区	6	6	1		1		
祁　县	78	4	221	77	194	50	27
灵石县	813		116		116		
临猗县	58		152	107	145	100	7
万荣县	102		22		22		
闻喜县	15		827	748	379	303	448
新绛县	330		155	80	85	30	70
绛　县	96	50	50	35	25	15	25
夏　县	2263		163	8	163	8	
平陆县	16		3	3	2	2	1
定襄县	130	35	240	129	165	79	75
五台县	690		143	143	68	68	75
代　县	190		280	210	130	130	150
繁峙县	155	11	15	6	12	3	3
静乐县	3369		256				256
岢岚县	16620						
保德县	28000		340		340		
曲沃县	29	1	7600	1532	6957	889	643
翼城县	332	12	95		71		24
浮山县	300						
隰　县	115		35		10		25
兴　县	23210		398		398		
石楼县	8100	1100					
方山县	38		183		183		
交口县	5000		125				125

County Seat Water Conservation by County(2021)

Measurement Unit:10,000m^3

Actual Quantity of Water Used				节约用水量		节水措施投资总额(万元)	县名称
工业 Industry	超计划定额用水量 Water Quantity Consumed in Excess of Quota	重复利用率(%) Reuse Rate (%)	工业 Industry	Water Saved	工业 Industry	Total Investment in Water-Saving Measures (10,000 RMB)	Name of Counties
126908	**1710**	**46.92**	**67.38**	**49765**	**40179**	**59502**	**全　国**
54	**20**	**6.31**	**35.22**	**64**	**64**	**720**	**河　北**
40	20	5.17	40.00	50	50	270	无极县
14		26.48	26.48	14	14	450	高阳县
1523	**173**	**15.97**	**43.74**	**847**	**324**	**16444**	**山　西**
9		19.43	23.08	90	7		阳高县
33		45.00	86.84	80	53	112	天镇县
		23.58		44		10	广灵县
3	40	16.25	27.27	50	3		浑源县
9		5.00	31.03	9			左云县
38		50.00	50.00	9	9	7	长子县
	20	29.85					武乡县
30	1	28.57	46.15	10	7		沁　县
				1		11	沁水县
							阳城县
		16.67		4		100	陵川县
				25	8	10	应　县
				60	20		寿阳县
							太谷区
27	1	12.22	35.06	65	11	1	祁　县
							灵石县
7	8	4.81	6.83	7	7	1	临猗县
	9			10		19	万荣县
445		54.17	59.49				闻喜县
50	70	45.16	62.50	2	2	1	新绛县
20	20	50.00	57.14	5	5	30	绛　县
				5		80	夏　县
1		33.23	33.23	1	1	7	平陆县
50	1	31.25	38.76	35	32	7	定襄县
75		52.45	52.45	45	38		五台县
80	1	53.57	38.10	130	120	7	代　县
3	1	20.00	50.00	1	1	3	繁峙县
		100.00					静乐县
						16000	岢岚县
				40		38	保德县
643		8.46	41.97				曲沃县
		25.26		38			翼城县
							浮山县
		71.43		8			隰　县
				8			兴　县
				15			石楼县
				50			方山县
		100.00					交口县

6-2 续表 1

计量单位：万立方米

地区名称 Name of Regions	计划用水户数（户） Planned Water Consumers (unit)	自备水计划用水户数 Planned Self-produced Water Consumers	计划用水户实际用水量 合计 Total	工业 Industry	新水取用量 Fresh Water Used	工业 Industry	重复利用量 Water Reused
内蒙古	**80200**	**7**	**981**	**171**	**679**	**79**	**302**
巴林左旗	30000	7	600	121	298	29	302
敖汉旗	48000		270	50	270	50	
卓资县	2200		111		111		
辽　宁	**45**	**26**	**1064**	**480**	**866**	**283**	**197**
本溪满族自治县	2	2	20	20	7	7	13
昌图县			607	92	607	92	
建平县	16	16	364	364	182	182	182
喀喇沁左翼蒙古族自治县	27	8	72	4	70	2	2
吉　林	**95**	**52**	**832**	**51**	**756**	**21**	**76**
永吉县	38	38	53	7	53	7	
东丰县	48	9	93	43	16	13	76
东辽县	4		685	1	685	1	
通榆县	5	5	2		2		
黑龙江	**16750**		**336**	**133**	**317**	**114**	**19**
丰林县	16750		336	133	317	114	19
江　苏	**1505**	**161**	**46971**	**34877**	**17620**	**7233**	**29351**
丰　县	31	30	3628	1335	2574	280	1054
沛　县	92	34	2692	2692	1632	1632	1060
睢宁县	79	10	7957	4746	2785	712	5172
如东县	61		15583	15479	1870	1766	13713
灌云县	340		386	28	358	28	28
灌南县	265		264	132	207	90	57
涟水县	203	5	6753	1953	5724	1028	1029
金湖县	185	19	476	193	377	106	100
宝应县	45	23	402	402	197	197	205
泗阳县	162	27	8342	7626	1609	1213	6733
泗洪县	42	13	488	291	288	181	200
浙　江	**2681**	**270**	**19321**	**15389**	**10566**	**7232**	**8755**
桐庐县	206	2	941	802	593	494	348
淳安县	302		1022	191	764	191	258
嘉善县	301		4022	3521	2198	1924	1824
海盐县	314		3838	3658	1217	1038	2620
长兴县	178		4866	4230	1482	846	3384
新昌县	72		1069	605	1069	605	
岱山县	296		311	247	295	235	16
嵊泗县	97		55	11	45	9	10
三门县	237		1101	784	1091	774	10
天台县	268	268	1027	620	803	396	224
缙云县	33		48		48		
遂昌县	103		185	105	185	105	
松阳县	74		628	494	628	494	
云和县	29		52	52	52	52	
庆元县	141		95	69	95	69	
景宁县	30		61				61

continued

Measurement Unit:10,000m^3

Actual Quantity of Water Used				节约用水量 Water Saved		节水措施投资总额(万元) Total Investment in Water-Saving Measures (10,000 RMB)	县名称 Name of Counties
工业 Industry	超计划定额用水量 Water Quantity Consumed in Excess of Quota	重复利用率(%) Reuse Rate (%)	工业 Industry		工业 Industry		
92		**30.78**	**53.69**	**68**	**44**	**815**	**内蒙古**
92		50.33	75.81	45	42	800	巴林左旗
				8	2	15	敖汉旗
				15			卓资县
197		**18.55**	**41.07**	**197**	**197**	**443**	**辽　宁**
13		65.42	65.42	13	13	3	本溪满族自治县
							昌图县
182		50.00	50.00	182	182	440	建平县
2		2.78	50.00	2	2		喀喇沁左翼蒙古族自治县
30		**9.18**	**59.31**	**98**	**32**	**32**	**吉　林**
							永吉县
30		82.44	69.98	30	30	14	东丰县
				68	2	18	东辽县
							通榆县
19		**5.65**	**14.29**	**16**			**黑龙江**
19		5.65	14.29	16			丰林县
27643		**62.49**	**79.26**	**14739**	**13083**	**19970**	**江　苏**
1054		29.06	79.00	1054	1054	4900	丰　县
1060		39.38	39.38	80	80		沛　县
4034		65.00	85.00	5172	4034		睢宁县
13713		88.00	88.59	330	330	1500	如东县
		7.25		32	29	21	灌云县
42		21.59	31.82	159	69	35	灌南县
925		15.24	47.36	1029	925	6572	涟水县
87		20.90	45.00				金湖县
205		51.01	51.01	132	132	202	宝应县
6413		80.72	84.09	6733	6413	6000	泗阳县
110		40.98	37.80	18	16	740	泗洪县
8157	**119**	**45.31**	**53.01**	**2410**	**1726**	**1676**	**浙　江**
308		36.94	38.35	348	348		桐庐县
	25	25.24		258		65	淳安县
1597	36	45.36	45.36	866	748	204	嘉善县
2620	16	68.28	71.63	135	103	11	海盐县
3384	2	69.54	80.00	109	95	313	长兴县
						105	新昌县
12	32	5.14	4.86	29	22	40	岱山县
2	1	18.18	18.18	20	2	5	嵊泗县
10		0.91	1.28	140	10	90	三门县
224		21.81	36.13	293	276	250	天台县
	8			5		469	缙云县
				21	13		遂昌县
				159	90	105	松阳县
				6	6		云和县
				16	12	14	庆元县
		100.00		6		5	景宁县

6-2 续表 2

计量单位：万立方米

地区名称 Name of Regions	计划用水户数（户） Planned Water Consumers (unit)	自备水计划用水户数 Planned Self-produced Water Consumers	计划用水户实际用水量 合计 Total	工业 Industry	新水取用量 Fresh Water Used	工业 Industry	重复利用量 Water Reused
安　徽	**8**	**8**	**140**	**122**	**80**	**62**	**60**
颍上县	8	8	140	122	80	62	60
福　建	**138**		**242**		**242**		
仙游县	102		238		238		
华安县	36		5		5		
江　西	**910**		**9363**	**4581**	**5468**	**2363**	**3895**
南昌县	145		3291	1955	752	456	2539
安义县	51		1813	928	885	425	928
进贤县	186		3492	1415	3068	1202	424
余干县	28		11	11	7	7	4
万年县	500		756	272	756	272	
山　东	**4599**	**1351**	**57077**	**45592**	**16741**	**8905**	**40335**
平阴县	36	14	7434	6621	1312	499	6122
高青县	141	59	8581	7476	2226	1121	6355
沂源县	139	12	10429	9944	1380	895	9049
利津县	255		1867	1488	1851	1472	16
广饶县	61	61	7694	7568	742	719	6952
临朐县	24		1680	511	1230	61	450
昌乐县	223	98	1993	1987	1060	1054	933
金乡县	85	85	428	6	243	5	185
嘉祥县	67	17	334	158	216	52	118
汶上县	17	17	26	7	26	7	
泗水县	150	148	2630	2618	379	367	2251
东平县	581	15	1295	1112	317	217	978
五莲县	900		3750	520	780	520	2970
莒　县	1042		3790	2054	2080	473	1710
庆云县	2	2	459	372	349	262	110
临邑县	50		1700	545	1430	310	270
平原县	6	3	773	773	404	404	369
成武县	210	210	576	317	425	226	151
巨野县	324	324	1544	1484	232	223	1312
郓城县	286	286	92	32	58	19	34
河　南	**50046**	**11307**	**25723**	**11843**	**20228**	**8062**	**5494**
嵩　县	70	12	4		2		2
汝阳县	16	15	412	234	232	78	180
宜阳县	174	142	277	207	270	207	7
洛宁县	12	12	354	25	254	12	100
伊川县	20		120		22		98
宝丰县	363	285	872	463	719	310	153
鲁山县	135	116	569	321	513	266	56
郏　县	62	37	230	159	172	112	58
安阳县	50	50	48	35	43	30	5
浚　县	137	103	604	135	508	40	95
淇　县	32	32	1132	1056	758	746	374
新乡县	420	381	536	534	536	534	
获嘉县	53	53	816	736	816	736	

continued

Measurement Unit:10,000m^3

Actual Quantity of Water Used				节约用水量		节水措施投资总额（万元）	县名称
工业 Industry	超计划定额用水量 Water Quantity Consumed in Excess of Quota	重复利用率(%) Reuse Rate (%)	工业 Industry	Water Saved	工业 Industry	Total Investment in Water-Saving Measures (10,000 RMB)	Name of Counties
60		**42.85**	**49.07**	**60**	**60**	**95**	**安　徽**
60		42.85	49.07	60	60	95	颍上县
	9			**249**			**福　建**
	9			249			仙游县
							华安县
2218		**41.60**	**48.42**	**1561**		**98**	**江　西**
1499		77.14	76.66	683			南昌县
503		51.18	54.19	410			安义县
212		12.15	15.00	468		98	进贤县
4		36.36	36.36				余干县
							万年县
36688	**39**	**70.67**	**80.47**	**3653**	**3157**	**3052**	**山　东**
6122		82.35	92.46	202	98	820	平阴县
6355	39	74.06	85.00	152	121	310	高青县
9049		86.77	91.00	1	1	30	沂源县
16		0.86	1.08				利津县
6849		90.36	90.50	105	96		广饶县
450		26.80	88.11	50	45	30	临朐县
933		46.80	46.95	598	596	860	昌乐县
1		43.22	20.00	64	1	28	金乡县
106		35.29	67.09	118	106	72	嘉祥县
							汶上县
2251		85.60	86.00				泗水县
895		75.52	80.52	399	373	245	东平县
		79.20		80		49	五莲县
1581		45.12	76.97	35	32		莒　县
110		23.96	29.58				庆云县
235		15.88	43.12	250	230	432	临邑县
369		47.74	47.74				平原县
91		26.19	28.77	230	139		成武县
1261		84.97	84.97	1261	1261	130	巨野县
13		36.96	40.63	108	58	46	郓城县
3781	**914**	**21.36**	**31.93**	**5400**	**3273**	**2929**	**河　南**
		50.00		4			嵩　县
156		43.69	66.67	27	27	3	汝阳县
		2.53		23	18		宜阳县
13	200	28.25	52.00	55	8		洛宁县
		81.67		88	43		伊川县
153	1	17.55	33.05	37	13		宝丰县
55		9.84	17.13	67	61		鲁山县
47		25.22	29.56	62			郏　县
5		10.42	14.29	5	5	50	安阳县
95	8	15.82	70.69				浚　县
310		33.04	29.36				淇　县
				850	550		新乡县
				259	254		获嘉县

6-2 续表 3

计量单位：万立方米

地区名称 Name of Regions	计划用水户数（户） Planned Water Consumers (unit)	自备水计划用水户数 Planned Self-produced Water Consumers	计划用水户实际用水量 合 计 Total	工 业 Industry	新水取用量 Fresh Water Used	工 业 Industry	重复利用量 Water Reused
原阳县	153	52	262	177	221	136	41
延津县	16586	15	1106	540	1062	496	44
封丘县	52		1490	251	1370	146	120
南乐县	23	23	33	15	20	8	13
鄢陵县	27	9	90	48	90	48	
襄城县	144	34	802	266	758	222	44
渑池县	148	50	828	226	260	85	568
南召县	150	150	217	197	162	147	55
方城县	365	47	975	350	680	165	295
西峡县	335	142	632	410	512	390	120
镇平县	131	47	1372	607	1246	513	126
内乡县	600	100	587	410	437	270	150
淅川县	295	295	510	415	410	321	100
社旗县	690	135	886	426	780	320	106
唐河县	148	148	735	293	185	93	550
新野县	610	190	1139	650	739	280	400
桐柏县	34	15	127	53	105	32	22
民权县	3660	97	500	496	8	4	492
宁陵县	15210	6335	107	75	76	45	31
虞城县	106	106	4	4	3	3	1
扶沟县	80	25	271	119	166	15	105
西华县	6742	988	110	25	90	13	20
商水县	625		90	14	89	13	1
沈丘县	225	35	1277	374	1108	207	169
郸城县	45	26	518	210	420	159	98
鹿邑县	11		150		120		30
上蔡县	405	378	589	99	538	49	51
平舆县	368	256	933	79	920	70	13
正阳县	63	63	923	229	923	229	
确山县	15	15	19	15	17	13	2
泌阳县	107	72	80	28	80	28	
汝南县	42	10	681	8	681	8	
遂平县	114	96	1302	815	702	450	600
新蔡县	193	115	403	13	403	13	
湖 北	**13535**	**970**	**3171**	**157**	**2089**	**44**	**1082**
竹溪县	12000	950	890	44	600	44	290
云梦县	1003		1489		1489		
嘉鱼县	532	20	792	113			792
湖 南	**26953**	**4658**	**11434**	**3009**	**9297**	**2531**	**2137**
长沙县	320		2506	1997	2396	1947	110
炎陵县	30		101	86	101	86	
湘潭县	9	9	24	15	24	15	
衡阳县	4000	2500	382	245	180	110	202
绥宁县	11	11	720	231	500	200	220

continued

Measurement Unit:10,000m^3

Actual Quantity of Water Used				节约用水量		节水措施投资总额(万元)	县名称
工业 Industry	超计划定额用水量 Water Quantity Consumed in Excess of Quota	重复利用率(%) Reuse Rate (%)	工业 Industry	Water Saved	工业 Industry	Total Investment in Water-Saving Measures (10,000 RMB)	Name of Counties
41	4	15.52	22.94	291	249		原阳县
44		3.98	8.15				延津县
105		8.05	41.83	40	13	33	封丘县
7		39.39	46.67				南乐县
				27			鄢陵县
44		5.49	16.54	44	44	9	襄城县
141		68.60	62.39	23	17	18	渑池县
50	76	25.35	25.38	75	60	100	南召县
185		30.26	52.86	360	220	80	方城县
20		18.99	4.88	156	96		西峡县
94		9.18	15.49	144	117	1	镇平县
140		25.55	34.15	130	115	12	内乡县
94		19.61	22.65	155	118	16	淅川县
106	70	11.96	24.88	150	106	30	社旗县
200		74.83	68.26	560	412	43	唐河县
370	410	35.12	56.92	350	310	810	新野县
21	104	17.32	39.62	18		24	桐柏县
492		98.40	99.19	95	30	105	民权县
30		28.97	40.00	3	3		宁陵县
1		25.00	25.00				虞城县
105		38.58	87.71	219	95	7	扶沟县
12		18.21	48.00	14		1	西华县
1	8	1.11	7.14	40	13		商水县
167		13.23	44.65	83	24	81	沈丘县
51		18.92	24.29	68	68		郸城县
		20.00		12		8	鹿邑县
51	5	8.59	50.83	572	17		上蔡县
9		1.39	11.39	18	10		平舆县
							正阳县
2		10.53	13.33				确山县
	9			90	50		泌阳县
				31	3	1497	汝南县
365		46.08	44.79				遂平县
	18			155	104		新蔡县
113		**34.12**	**72.01**	**223**	**25**	**60**	**湖 北**
		32.58		3			竹溪县
							云梦县
113		100.00	100.00	220	25	60	嘉鱼县
477		**18.69**	**15.86**	**709**	**445**	**2772**	**湖 南**
50		4.39	2.50	156	49	2000	长沙县
				15	15	230	炎陵县
				20			湘潭县
135		52.88	55.10				衡阳县
31		30.56	13.42	26	26	10	绥宁县

6-2 续表 4

计量单位：万立方米

地区名称 Name of Regions	计划用水户数（户） Planned Water Consumers (unit)	自备水计划用水户数 Planned Self-produced Water Consumers	计划用水户实际用水量：合计 Total	工业 Industry	新水取用量 Fresh Water Used	工业 Industry	重复利用量 Water Reused
汉寿县	9	9	53	14			53
澧　县	17	17	160	68	132	41	28
慈利县	12	12	1690	245	185	45	1505
永兴县	660		197	108	177	88	20
桂东县	18170		328		328		
安仁县	3200	2100	771		771		
溆浦县	15		4500		4500		
麻阳苗族自治县	500		2		2		
广　东	**78883**	**984**	**7874**	**252**	**7727**	**219**	**147**
始兴县	8		42	34	22	13	20
翁源县			944		944		
新丰县	14490	734	21	20	19	19	2
平远县	49	48	5361	85	5361	85	
蕉岭县	27000	200	455	13	455	13	
海丰县	2	2	2	1	2	1	
紫金县	3046		1050	100	925	88	125
和平县	34288						
海　南	**4270**	**52**	**14106**	**9995**	**12872**	**9985**	**1234**
屯昌县	3694						
临高县	1	1	77		77		
昌江县	48	48	4472	2800	4462	2790	10
洋浦经济开发区	527	3	9558	7195	8334	7195	1224
重　庆	**48**	**3**	**797**	**338**	**787**	**330**	**10**
城口县	9		43		43		
垫江县	15		253	135	253	135	
云阳县	9	3	254	179	254	179	
石柱土家族自治县	6		130	21	120	12	10
秀山土家族苗族自治县	3		100		100		
酉阳土家族苗族自治县	2		13		13		
彭水苗族土家族自治县	4		4	4	4	4	
四　川	**334465**	**176**	**9021**	**2499**	**8209**	**2012**	**813**
金堂县	5	5	627	604	627	604	
大邑县	134	36	790	379	715	304	75
蒲江县	35		134	110	134	110	
富顺县	17521		382	70	382	70	
三台县	187	60	1326	332	1193	233	133
营山县							
珙　县							
邻水县	119312		1215	83	1215	83	
渠　县	113000		1526	180	1526	180	
宝兴县	3000		64		58		6
南江县	60706		775		775		
安岳县	600		1200	580	700	340	500
乐至县	3130		412	147	331	82	81

continued

Measurement Unit:10,000m^3

Actual Quantity of Water Used				节约用水量 Water Saved		节水措施投资总额(万元) Total Investment in Water-Saving Measures (10,000 RMB)	县名称 Name of Counties
工业 Industry	超计划定额用水量 Water Quantity Consumed in Excess of Quota	重复利用率(%) Reuse Rate (%)	工业 Industry		工业 Industry		
14		100.00	100.00				汉寿县
28		17.29	40.47	28	28	200	澧　县
200		89.05	81.63	400	280	300	慈利县
20		10.15	18.52	32	25	10	永兴县
							桂东县
				32	22	22	安仁县
							溆浦县
							麻阳苗族自治县
33		**1.87**	**13.25**	**36**	**30**	**182**	**广　东**
20		47.89	60.01	20	20		始兴县
							翁源县
1		9.92	6.72	1	1	75	新丰县
				15	9		平远县
							蕉岭县
						107	海丰县
12		11.90	12.00				紫金县
							和平县
10	**99**	**8.75**	**0.10**	**1572**	**1358**	**1394**	**海　南**
							屯昌县
							临高县
10		0.22	0.36	5	5		昌江县
	99	12.81		1567	1353	1394	洋浦经济开发区
9	**30**	**1.28**	**2.51**	**100**	**5**	**930**	**重　庆**
	4			6		355	城口县
							垫江县
				3	1	400	云阳县
9	26	7.86	41.06	92	3		石柱土家族自治县
						175	秀山土家族苗族自治县
							酉阳土家族苗族自治县
							彭水苗族土家族自治县
487	**37**	**9.01**	**19.49**	**1022**	**466**	**798**	**四　川**
							金堂县
75		9.49	19.79	75	75	360	大邑县
							蒲江县
							富顺县
99		10.00	29.95	183	157	13	三台县
				440			营山县
				106	106		珙　县
							邻水县
							渠　县
		9.31					宝兴县
							南江县
240	12	41.67	41.38	125	87		安岳县
65		19.66	44.22	50	34		乐至县

6-2 续表 5

计量单位：万立方米

地区名称 Name of Regions	计划用水户数（户） Planned Water Consumers (unit)	自备水计划用水户数 Planned Self-produced Water Consumers	计划用水户实际用水量 合计 Total	工业 Industry	新水取用量 Fresh Water Used	工业 Industry	重复利用量 Water Reused
九寨沟县	117		2	2	1	1	1
泸定县	5100		194		194		
丹巴县	5300	50	92		92		
雅江县			73		73		
甘孜县	3000						
石渠县	900		32	3	32	3	
稻城县	40	25					
木里县	2330		70	5	65		5
冕宁县	48		5	4	3	2	2
美姑县			101		91		10
贵州	**26880**	**26609**	**20943**	**15720**	**5911**	**2329**	**15032**
息烽县	198	77	13682	12447	1799	564	11883
修文县	26462	26462	490	92	490	92	
桐梓县	3	3	4376	2908	2944	1476	1432
石阡县	26	26	40	19	12	3	29
安龙县	65		63		63		
独山县	50	25	511	224	480	194	31
罗甸县	2		1		1		
长顺县	74	16	1781	29	123		1657
云南	**83346**	**5450**	**15118**	**1322**	**14387**	**874**	**731**
嵩明县	74		36		36		
富民县	91	55	607		607		
石林彝族自治县	119	5	395	132	355	118	39
寻甸县	82						
昆明阳宗海风景名胜区	22	10	12058	860	11538	560	520
罗平县	6100	5120	510	120	485	105	25
绥江县	21713		441	71	414	46	26
凤庆县	12500	260	265	100	165	25	100
永德县	16766		192		192		
双江县			348		348		
耿马县	16450		40	40	20	20	20
牟定县							
兰坪白族普米族自治县	9429		226		226		
西藏	**1772**	**1768**	**258**	**5**	**258**	**5**	
谢通门县	900	900					
琼结县	1		160	5	160	5	
曲松县	3		13		13		
嘉黎县	668	668	10		10		
安多县	200	200	15		15		
札达县			60		60		
陕西	**61457**	**7068**	**38789**	**36060**	**7514**	**4927**	**31275**
扶风县	10	10	180	134	87	41	93
陇县	22	22	24	12	16	4	8
三原县	67	67	504	438	154	109	350

continued

Measurement Unit:10,000m^3

Actual Quantity of Water Used				节约用水量		节水措施投资总额(万元)	县名称
工业 Industry	超计划定额用水量 Water Quantity Consumed in Excess of Quota	重复利用率(%) Reuse Rate (%)	工业 Industry	Water Saved	工业 Industry	Total Investment in Water-Saving Measures (10,000 RMB)	Name of Counties
		27.41	18.35				九寨沟县
							泸定县
							丹巴县
							雅江县
							甘孜县
	23			20		22	石渠县
						10	稻城县
5		7.14	100.00	20	5	23	木里县
2	2	40.85	52.49	2	2	370	冕宁县
		10.08					美姑县
13391	**6**	**71.78**	**85.18**	**13482**	**13390**	**908**	**贵　州**
11883	3	86.85	95.47	11883	11883	837	息烽县
							修文县
1432		32.73	49.24	1432	1432		桐梓县
17		71.23	86.60			40	石阡县
							安龙县
30		6.10	13.37	167	75	31	独山县
							罗甸县
29	3	93.08	99.62				长顺县
448	**83**	**4.83**	**33.89**	**343**	**176**	**1066**	**云　南**
				6		70	嵩明县
							富民县
13	23	10.00	10.00	88	9	45	石林彝族自治县
							寻甸县
300		4.31	34.88	30	25	20	昆明阳宗海风景名胜区
15	60	4.90	12.50	50	15	19	罗平县
25		6.00	35.38	13	13	2	绥江县
75		37.74	75.00	120	90	600	凤庆县
							永德县
							双江县
20		50.00	50.00	30	20	200	耿马县
				6	4	110	牟定县
							兰坪白族普米族自治县
				11			**西　藏**
							谢通门县
							琼结县
				11			曲松县
							嘉黎县
							安多县
							札达县
31133	**59**	**80.63**	**86.34**	**2064**	**1845**	**3641**	**陕　西**
93	2	51.53	69.29	76	31	368	扶风县
8		33.33	67.80	4	3	50	陇　县
329		69.51	75.17	350	330	85	三原县

6-2 续表 6

计量单位：万立方米

地区名称 Name of Regions	计划用水户数（户） Planned Water Consumers (unit)	自备水计划用水户数 Planned Self-produced Water Consumers	计划用水户实际用水量 合计 Total	工业 Industry	新水取用量 Fresh Water Used	工业 Industry	重复利用量 Water Reused
泾阳县	6	6	30	3	30	3	
乾　县	38		286	126	263	104	23
永寿县	6	6	13	13			13
长武县	20	20	1518	1215	1222	919	296
旬邑县	168		140	87	117	74	23
淳化县	2	2	12	12	9	9	3
合阳县	23	5	19	13	11	9	8
澄城县	20380	6050	617	217	575	175	42
蒲城县	30	30	33	8	28	3	5
白水县	13657		215	41	180	32	35
延长县	370		100	19	55	11	45
延川县	1126		100	28	100	28	
志丹县	3110		321		321		
宜川县	4156		132		132		
略阳县	33	28	29900	29860	600	560	29300
靖边县	130	32	3956	3699	2996	2739	960
石泉县	3		296	7	296	7	
紫阳县	5300	580	207	96	151	78	56
平利县	12800	210	187	33	172	24	15
甘　肃	**51889**	**1852**	**5100**	**358**	**4548**	**321**	**552**
皋兰县	1846	1846	214	91	193	85	21
榆中县			314		314		
民勤县	116		123		93		30
临泽县	183	6	322	135	234	135	88
金塔县	20100		270		270		
瓜州县	22851		662	19	438	19	224
肃北蒙古族自治县	2680		109	17	91	14	18
阿克塞哈萨克族自治县	4000		63		10		53
渭源县	113		3023	96	2905	67	118
宁　夏	**2048**	**2**	**1950**	**1602**	**1640**	**1295**	**310**
永宁县	2	2	685	649	375	342	310
贺兰县	133		1150	925	1150	925	
泾源县	1894		28	28	28	28	
彭阳县	19		86		86		
新　疆	**2461**	**10**	**1411**	**154**	**1410**	**154**	**1**
鄯善县	109		75	75	75	75	
托克逊县	180		2		2		
若羌县	927		124		124		
焉耆回族自治县	150	10	121	10	120	10	1
和静县	5						
伽师县	40		4	2	4	2	
巴楚县	810		803	67	803	67	
塔什库尔干塔吉克自治县							
布尔津县	240		282		282		

continued

Measurement Unit:10,000m^3

Actual Quantity of Water Used				节约用水量		节水措施投资总额(万元)	县名称
工业	超计划定额用水量	重复利用率(%)	工业		工业		
Industry	Water Quantity Consumed in Excess of Quota	Reuse Rate (%)	Industry	Water Saved	Industry	Total Investment in Water-Saving Measures (10,000 RMB)	Name of Counties
				26	6		泾阳县
22	13	8.04	17.57				乾　县
13		100.00	100.00	7	7	6	永寿县
296		19.50	24.37	296	296		长武县
13		16.45	14.94	26	7		旬邑县
3		24.25	25.06	3	3	30	淳化县
4	9	42.11	30.77	8	4	8	合阳县
42	10	6.81	19.35	75	58	2500	澄城县
5	1	15.15	62.50	9	6	10	蒲城县
9	8	16.28	21.95	35	10	100	白水县
9		45.00	44.74	45	9		延长县
							延川县
							志丹县
							宜川县
29300	1	97.99	98.12	86	86	60	略阳县
960		24.27	25.95	960	960		靖边县
				1		4	石泉县
18	2	27.05	18.75	45	21	280	紫阳县
9	13	8.02	27.27	11	9	140	平利县
37	**3**	**10.83**	**10.31**	**333**	**38**	**1009**	**甘　肃**
5		10.00	5.91	5	5	108	皋兰县
							榆中县
		24.39		25		850	民勤县
		27.36		21			临泽县
	2						金塔县
		33.78		224			瓜州县
3	1	16.51	16.67	12	4	21	肃北蒙古族自治县
		84.19					阿克塞哈萨克族自治县
29		3.90	30.00	46	29	30	渭源县
307	**94**	**15.90**	**19.13**	**446**	**441**	**450**	**宁　夏**
307		45.24	47.26	310	310		永宁县
	94			131	131	450	贺兰县
							泾源县
				5			彭阳县
	26	**0.07**		**60**		**20**	**新　疆**
							鄯善县
							托克逊县
	26						若羌县
		0.83					焉耆回族自治县
							和静县
						20	伽师县
				50			巴楚县
				10			塔什库尔干塔吉克自治县
							布尔津县

七、县城燃气

7. County Seat Gas

简要说明

县城燃气指符合《城镇燃气设计规范》的规定，供县城生产和生活作燃料使用的人工煤气、天然气和液化石油气等气体能源。

本部分分人工煤气、天然气和液化石油气三部分，主要包括县城燃气的供应能力、供应量、服务情况等内容。

Brief Introduction

County seat gas is a general designation describing gaseous energy such as man-made coal gas, natural gas and LPG, which is provided for county seat production and domestic use according to Urban Gas Design Code.

This section includes three parts: statistics on man-made coal gas, statistics on natural gas and statistics on LPG. Indicators such as supply capacity, quantity of gas supplied, service, etc. are used.

7 全国历年县城燃气情况(2000-2021)

年份 Year	人工煤气 Man-Made Coal Gas				天然气	
	供气总量(亿立方米) Total Gas Supplied (100 Million m^3)	居民家庭 Households	用气人口(万人) Population with Access to Gas (10,000 persons)	管道长度(公里) Length of Gas Supply Pipeline (km)	供气总量(亿立方米) Total Gas Supplied (100 Million m^3)	居民家庭 Households
2000	1.72	1.63	73.10	615	3.31	2.25
2001	2.14	1.85	89.85	424	4.37	2.71
2002	1.19	1.13	68.30	493	6.36	3.30
2003	0.73	0.60	51.33	519	7.67	4.16
2004	1.80	1.51	81.91	551	10.97	5.43
2005	3.04	2.01	127.35	830	18.12	5.83
2006	1.26	0.49	54.58	745	16.47	7.11
2007	1.44	0.51	58.52	1158	24.45	7.01
2008	2.68	1.84	72.22	1426	23.26	9.00
2009	1.78	0.97	69.12	1459	32.16	13.79
2010	4.06	1.03	69.97	1520	39.98	17.09
2011	9.51	1.14	66.53	1458	53.87	22.83
2012	8.57	1.08	53.58	1255	70.14	28.11
2013	7.65	2.24	63.15	1345	81.58	31.55
2014	8.49	2.12	56.05	1542	92.65	34.50
2015	8.21	2.29	55.50	1376	102.60	37.97
2016	7.18	1.03	60.08	1366	105.70	39.25
2017	7.41	1.38	65.65	1296	137.96	48.00
2018	6.22	3.31	68.90	1869	171.04	57.61
2019	3.62	1.69	70.20	2671	201.87	67.21
2020	4.17	1.92	69.50	2761	214.53	72.13
2021	4.42	2.23	69.91	2743	253.64	79.82

注：自2006年起，燃气普及率指标按县城人口和县城暂住人口合计为分母计算。

National County Seat Gas in Past Years(2000-2021)

Natural Gas		液化石油气 LPG				燃气普及率(%)
用气人口(万人) Population with Access to Gas (10,000 persons)	管道长度(公里) Length of Gas Supply Pipeline (km)	供气总量(万吨) Total Gas Supplied (10,000 ton)	居民家庭 Households	用气人口(万人) Population with Access to Gas (10,000 persons)	管道长度(公里) Length of Gas Supply Pipeline (km)	Gas Coverage Rate (%)
237	5268	110.84	98.23	2723	96	54.41
274	6400	127.55	109.90	3653	674	44.55
316	7398	142.42	124.23	4025	760	49.69
361	8397	174.45	140.17	4508	1033	53.28
437	9881	188.94	156.37	4961	1172	56.87
519	12602	185.90	147.10	5151	1203	57.80
780	17487	195.04	147.07	5405	1728	52.45
943	21882	203.22	158.60	6217	2355	57.33
1123	27110	202.14	160.60	6504	2899	59.11
1404	34214	212.58	171.00	6776	3136	61.66
1835	42156	218.50	174.97	7098	3053	64.89
2414	52450	242.17	205.23	7058	2594	66.52
2926	66697	256.94	212.13	7241	2773	68.50
3555	77122	241.07	196.89	7208	2236	70.91
4165	88862	235.32	198.38	7242	2538	73.24
4715	106466	230.01	192.99	7081	2068	75.90
5096	105966	219.22	184.36	6919	1579	78.19
6186	126539	215.48	183.50	6458	1504	81.35
6848	144314	214.06	181.31	6243	1829	83.85
7520	167650	217.10	177.81	6128	1865	86.47
8170	186244	199.54	170.15	5874	1461	89.07
8679	206014	190.75	163.47	5391	2317	90.32

Note:Since 2006, gas coverage rate has been calculated based on denominator which combines both permanent and temporary residents in county seat areas.

7-1-1 2021年按省分列的县城人工煤气

地区名称 Name of Regions	生产能力(万立方米/日) Production Capacity (10,000 m^3/day)	储气能力(万立方米) Gas Storage Capacity (10,000 m^3)	供气管道长度(公里) Length of Gas Supply Pipeline (km)	自制气量(万立方米) Self-Produced Gas (10,000 m^3)	供气总量(万立方米) 合计 Total
全　国	**35.00**	**612.65**	**2743.04**	**3000.00**	**44157.42**
河　北		7.00	704.78		15060.49
山　西	35.00	20.00	2038.26	3000.00	25406.00
内蒙古					328.50
辽　宁					
吉　林					
黑龙江					
江　苏					
浙　江					
安　徽					
福　建					
江　西					
山　东		3.00			2972.00
河　南					
湖　北					
湖　南					
广　东					
广　西					
海　南					
重　庆					
四　川		390.00			390.00
贵　州					
云　南		192.65			0.43
西　藏					
陕　西					
甘　肃					
青　海					
宁　夏					
新　疆					

County Seat Man-made Coal Gas by Province(2021)

Total Gas Supplied (10,000 m³)			用气户数(户)		用气人口(万人)	地区名称
销售气量 Quantity Sold	居民家庭 Households	燃气损失量 Loss Amount	Number of Households with Access to Gas (unit)	居民家庭 Household User	Population with Access to Gas (10,000 persons)	Name of Regions
43238.35	**22333.52**	**919.07**	**292283**	**287138**	**69.91**	**全　国**
15022.93	4025.00	37.56	63531	63107	19.21	河　北
24585.00	17618.40	821.00	216317	212638	46.61	山　西
300.00	300.00	28.50	1300	1300	0.33	内蒙古
						辽　宁
						吉　林
						黑龙江
						江　苏
						浙　江
						安　徽
						福　建
						江　西
2940.00		32.00	30			山　东
						河　南
						湖　北
						湖　南
						广　东
						广　西
						海　南
						重　庆
390.00	390.00		3640	3640	1.11	四　川
						贵　州
0.42	0.12	0.01	7465	6453	2.65	云　南
						西　藏
						陕　西
						甘　肃
						青　海
						宁　夏
						新　疆

7-1-2 2020年按县分列的县城人工煤气

县名称 Name of Counties	生产能力(万立方米/日) Production Capacity (10,000 m³/day)	储气能力(万立方米) Gas Storage Capacity (10,000 m³)	供气管道长度(公里) Length of Gas Supply Pipeline (km)	自制气量(万立方米) Self-Produced Gas (10,000 m³)	供气总量(万立方米) 合计 Total
全　国	**35.00**	**612.65**	**2743.04**	**3000.00**	**44157.42**
河　北		**7.00**	**704.78**		**15060.49**
滦南县			32.90		8590.15
涉　县		7.00	671.88		6470.34
山　西	**35.00**	**20.00**	**2038.26**	**3000.00**	**25406.00**
清徐县			285.00		6072.00
平定县		5.00	797.00		12413.00
襄垣县	35.00	5.00	375.37	3000.00	2400.00
灵石县		7.00	367.00		2759.00
襄汾县		3.00	90.00		836.00
古　县			98.89		876.00
石楼县			25.00		
中阳县					50.00
内蒙古					**328.50**
察右中旗					328.50
山　东		**3.00**			**2972.00**
临朐县		3.00			2972.00
四　川		**390.00**			**390.00**
甘孜县		390.00			390.00
云　南		**192.65**			**0.43**
宜良县		192.65			0.43

County Seat Man-made Coal Gas by County(2020)

Total Gas Supplied ($10,000\ m^3$) 销售气量 Quantity Sold	居民家庭 Households	燃气损失量 Loss Amount	用气户数(户) Number of Household with Access to Gas (unit)	居民家庭 Household User	用气人口(万人) Population with Access to Gas (10,000 persons)	县名称 Name of Counties
43238.35	**22333.52**	**919.07**	**292283**	**287138**	**69.91**	**全　国**
15022.93	**4025.00**	**37.56**	**63531**	**63107**	**19.21**	**河　北**
8554.93		35.22	10			滦南县
6468.00	4025.00	2.34	63521	63107	19.21	涉　县
24585.00	**17618.40**	**821.00**	**216317**	**212638**	**46.61**	**山　西**
5762.00	5050.00	310.00	34865	34469	9.50	清徐县
12041.00	8603.00	372.00	80001	79350	7.96	平定县
2320.00	1100.00	80.00	34253	33390	6.98	襄垣县
2726.00	1551.40	33.00	38538	37379	12.14	灵石县
831.00	639.00	5.00	16312	16002	4.20	襄汾县
855.00	625.00	21.00	10088	9788	3.63	古　县
						石楼县
50.00	50.00		2260	2260	2.20	中阳县
300.00	**300.00**	**28.50**	**1300**	**1300**	**0.33**	**内蒙古**
300.00	300.00	28.50	1300	1300	0.33	察右中旗
2940.00		**32.00**	**30**			**山　东**
2940.00		32.00	30			临朐县
390.00	**390.00**		**3640**	**3640**	**1.11**	**四　川**
390.00	390.00		3640	3640	1.11	甘孜县
0.42	**0.12**	**0.01**	**7465**	**6453**	**2.65**	**云　南**
0.42	0.12	0.01	7465	6453	2.65	宜良县

7-2-1 2021年按省分列的县城天然气

地区名称 Name of Regions	储气能力(万立方米) Gas Storage Capacity (10,000 m^3)	供气管道长度(公里) Length of Gas Supply Pipeline (km)	供气总量(万立方米) 合计 Total	销售气量 Quantity Sold	居民家庭 Households	集中供热 Central Heating
全　国	**15404.12**	**206013.51**	**2536359.01**	**2501072.05**	**798166.93**	**164798.90**
河　北	1150.39	24575.88	259174.14	255086.86	103682.25	28588.81
山　西	937.95	11381.98	239722.01	236873.73	50057.52	20360.06
内蒙古	343.94	3650.16	62379.14	61306.76	12543.97	5175.23
辽　宁	201.77	3160.23	69881.83	69301.38	7861.35	371.90
吉　林	324.18	1407.26	10011.33	9919.52	3705.86	237.00
黑龙江	208.58	1806.88	12825.87	12583.12	4473.19	901.07
江　苏	486.72	9256.53	85058.60	84032.22	33510.55	1798.00
浙　江	651.55	8205.45	156276.64	154835.96	11068.50	
安　徽	650.78	13598.12	134011.21	132218.90	38820.31	
福　建	723.2	5014.78	50726.06	50123.26	8296.83	422.13
江　西	956.3	8892.81	107303.68	106451.39	20214.60	755.68
山　东	663.55	20351.43	262749.83	260206.23	67548.96	13434.07
河　南	683.03	13507.82	183705.17	180712.68	68134.99	6047.86
湖　北	288.94	9467.55	49628.64	48739.69	23384.80	130.00
湖　南	1783.23	10746.42	72135.62	71466.30	36162.05	76.00
广　东	475.73	3906.79	38470.37	38269.23	6556.10	292.00
广　西	296.64	2263.67	19084.94	19012.29	4597.09	60.70
海　南	123.23	864.16	4857.66	4809.66	875.25	
重　庆	69.03	2897.21	29585.73	28805.76	19179.15	413.21
四　川	223.3	23152.46	204318.70	197756.75	122594.71	72.60
贵　州	560.33	4103.92	33275.67	33067.51	7820.31	21.61
云　南	594.54	3447.99	26043.19	25663.30	5834.07	451.59
西　藏			3.20	3.00	1.50	
陕　西	1882.95	9601.10	155221.78	153392.95	55402.49	43360.61
甘　肃	451.51	2243.60	51882.82	51435.46	12014.31	8892.31
青　海	56.3	838.11	32723.99	32322.07	11729.41	9674.18
宁　夏	38.23	1940.29	40969.46	40575.65	14362.22	985.14
新　疆	578.22	5730.91	144331.73	142100.42	47734.59	22277.14

County Seat Natural Gas by Province(2021)

Total Gas Supplied (10,000 m^3) 燃气汽车 Gas-Powered Automobiles	燃气损失量 Loss Amount	用气户数(户) Number of Household with Access to Gas (unit)	居民家庭 Household User	用气人口(万人) Population with Access to Gas (10,000 persons)	天然气汽车加气站(座) Gas Stations for CNG-Fueled Motor Vehicles (unit)	地区名称 Name of Regions
379618.48	**35286.96**	**30731299**	**29427145**	**8678.81**	**1862**	**全 国**
23087.61	4087.28	2865465	2768818	811.86	146	河 北
102425.78	2848.28	1362560	1339539	394.89	132	山 西
23223.88	1072.38	596350	565273	175.23	143	内蒙古
4831.45	580.45	376463	370819	100.71	55	辽 宁
3815.10	91.81	327379	318063	81.29	28	吉 林
4027.32	242.75	332247	317307	86.64	70	黑龙江
6333.39	1026.38	1454304	1434594	391.37	39	江 苏
1500.70	1440.68	846989	827657	234.46	11	浙 江
16041.02	1792.31	2118162	1982190	621.35	72	安 徽
915.63	602.80	618338	610488	202.9	9	福 建
677.31	852.29	1222808	1191622	334.48	7	江 西
11799.39	2543.60	2961919	2913092	884	138	山 东
16367.55	2992.49	2813506	2747155	904.78	133	河 南
3839.21	888.95	1023251	1000542	263.09	37	湖 北
5914.50	669.32	1741157	1535156	522.79	41	湖 南
1865.60	201.14	529794	526844	165.74	15	广 东
228.06	72.65	277985	272714	84.15	4	广 西
2203.84	48.00	165310	79476	18.54	8	海 南
3204.37	779.97	803575	779905	194.60	15	重 庆
16936.67	6561.95	4121374	3945827	965.97	84	四 川
2929.90	208.16	419521	410504	157.18	35	贵 州
1507.32	379.89	252594	245639	114.35	21	云 南
	0.20	1300	912	0.40		西 藏
28049.30	1828.83	1287085	1210876	358.06	161	陕 西
23302.70	447.36	493096	451189	166.41	93	甘 肃
2565.29	401.92	175422	159964	53.10	16	青 海
12500.48	393.81	348433	321811	65.18	88	宁 夏
59525.11	2231.31	1194912	1099169	325.29	261	新 疆

7-2-2 2021年按县分列的县城天然气

县名称 Name of Counties	储气能力(万立方米) Gas Storage Capacity (10,000 m^3)	供气管道长度(公里) Length of Gas Supply Pipeline (km)	供气总量(万立方米) 合计 Total	 销售气量 Quantity Sold	 居民家庭 Households	 集中供热 Central Heating
全　国	**15404.12**	**206013.51**	**2536359.01**	**2501072.05**	**798166.93**	**164798.90**
河　北	**1150.39**	**24575.88**	**259174.14**	**255086.86**	**103682.25**	**28588.81**
井陉县	10.48	64.60	3418.69	3410.69	636.79	
正定县		1024.82	12898.53	12402.53	8552.99	637.42
行唐县		132.03	728.35	696.43	382.32	
灵寿县		80.60	1267.00	1231.80	1145.80	32.00
高邑县		589.00	8546.27	8493.27	1482.00	465.00
深泽县	15.00	170.00	613.00	600.70	115.90	2.70
赞皇县	9.80	94.47	7371.84	7371.74	41.00	
无极县		118.00	2265.11	2065.12	423.98	1641.14
平山县	7.70	120.38	624.00	614.00	251.00	
元氏县		394.26	4823.19	4811.89	921.12	3500.00
赵　县	2.00	377.54	2455.64	2417.59	967.69	194.50
滦南县		57.57	2081.83	2062.35	2060.07	
乐亭县	1.60	189.66	602.44	591.96	395.85	76.42
迁西县		154.27	6509.02	6507.82	264.43	
玉田县		158.88	6979.39	6879.53	2780.87	869.53
曹妃甸区	39.50	356.77	9909.82	9895.33	610.60	86.13
青龙满族自治县	8.60	101.84	292.94	286.07	173.74	25.95
昌黎县	4.00	382.90	887.00	878.00	690.00	132.00
卢龙县	0.40	10.45	65.00	62.00	62.00	
临漳县	6.00	1495.30	2720.40	2688.00	1305.00	200.60
成安县	12.00	1185.00	10160.00	9950.00	1730.00	274.00
大名县	10.00	510.00	4150.00	3958.00	3483.00	464.50
涉　县	3.53	1.80	3326.65	3325.00	38.05	0.95
磁　县		257.00	2200.00	2099.00	1560.00	
邱　县		75.00	1138.42	1128.96	1128.96	
鸡泽县	3.00	366.70	2782.00	2717.00	950.00	534.00
广平县	3.00	180.00	1800.00	1799.00	1799.00	
馆陶县	99.10	41.00	420.00	410.00	162.00	142.00
魏　县	94.00	152.73	2390.00	2389.50	2307.52	16.98
曲周县	45.00	60.00	1207.40	1206.60	908.20	298.40
临城县	3.20	637.74	1787.77	1712.22	884.25	
内丘县	6.00	217.50	860.20	860.00	470.00	352.00
柏乡县		78.50	882.00	858.50	652.00	
隆尧县	50.00	150.00	1524.20	1523.00	1502.00	
宁晋县		2172.91	10092.00	9871.00	2725.00	
巨鹿县		256.00	3214.35	3164.35	1416.47	242.00
新河县	20.00	67.70	379.00	377.00	345.00	
广宗县		420.00	2700.00	2600.00	700.00	20.00
平乡县		139.30	1869.00	1867.00	892.00	975.00
威　县		105.00	1150.50	1150.00	1150.00	
清河县		927.90	5629.30	5626.30	3593.72	
临西县	12.00	187.70	711.26	704.56	276.00	127.00

County Seat Natural Gas by County(2021)

Total Gas Supplied (10,000 m^3)		用气户数 (户) Number of Household with Access to Gas (unit)		用气人口 (万人) Population with Access to Gas (10,000 persons)	天然气汽车加气站 (座) Gas Stations for CNG-Fueled Motor Vehicles (unit)	县名称 Name of Counties
燃气汽车 Gas-Powered Automobiles	燃气损失量 Loss Amount		居民家庭 Household User			
379618.48	**35286.96**	**30731299**	**29427145**	**8678.81**	**1862**	**全 国**
23087.61	**4087.28**	**2865465**	**2768818**	**811.86**	**146**	**河 北**
1805.64	8.00	26073	25993	4.98	10	井陉县
2413.82	496.00	96270	94906	20.14	11	正定县
312.20	31.92	17152	14568	4.98	4	行唐县
54.00	35.20	23872	23871	4.86	2	灵寿县
758.00	53.00	32000	31000	5.50	8	高邑县
	12.30	12876	12700	6.60		深泽县
18.70	0.10	891	861	0.36	1	赞皇县
	199.99	16500	15700	7.20		无极县
356.00	10.00	26887	26821	11.65	2	平山县
390.77	11.30	19761	19714	7.90	2	元氏县
54.00	38.05	38811	38586	12.39	3	赵 县
2.28	19.48	67844	67839	15.10	5	滦南县
	10.48	45911	44543	14.40		乐亭县
422.20	1.20	29280	29240	11.90	4	迁西县
	99.86	69991	69656	16.41		玉田县
6555.70	14.49	48040	48019	10.52	7	曹妃甸区
86.38	6.87	20086	19921	6.10	1	青龙满族自治县
56.00	9.00	36233	35997	11.35	1	昌黎县
	3.00	8961	8961	3.13		卢龙县
	32.40	28798	28385	12.15		临漳县
	210.00	51024	51000	10.60		成安县
10.00	192.00	54580	54508	22.23	1	大名县
3286.00	1.65	3463	3443	1.21	6	涉 县
	101.00	58610	58247	15.34		磁 县
	9.46	28400	28400	12.47		邱 县
120.00	65.00	29774	29473	12.11	1	鸡泽县
	1.00	18780	18780	7.53		广平县
96.00	10.00	10462	10403	4.85	1	馆陶县
65.00	0.50	91175	80015	36.47	3	魏 县
	0.80	25304	23752	8.50		曲周县
365.23	75.55	27526	27478	2.90	1	临城县
37.00	0.20	25530	24989	8.20	2	内丘县
67.00	23.50	13862	13799	4.91	1	柏乡县
21.00	1.20	27561	27354	9.66	2	隆尧县
	221.00	57648	56949	20.84		宁晋县
	50.00	43223	40558	12.65		巨鹿县
	2.00	16532	16232	5.43		新河县
587.80	100.00	21065	20908	5.37	2	广宗县
	2.00	28000	27723	7.92		平乡县
	0.50	27500	27500	11.80		威 县
	3.00	34700	34500	22.37		清河县
	6.70	22995	22914	8.70		临西县

7-2-2 续表 1

县名称 Name of Counties	储气能力(万立方米) Gas Storage Capacity ($10,000\ m^3$)	供气管道长度(公里) Length of Gas Supply Pipeline (km)	供气总量(万立方米)			
			合计 Total	销售气量 Quantity Sold	居民家庭 Households	集中供热 Central Heating
博野县		123.73	1877.36	1854.27	521.69	1332.58
涞水县	5.00	349.50	939.81	894.44	757.76	
阜平县	1.00	63.86	714.09	684.09	222.11	125.88
白沟新城		334.60	3632.37	3598.54	1450.05	79.86
定兴县	7.00	75.50	2280.00	2200.00	1100.00	
唐　县		312.16	3046.00	3016.00	2290.00	726.00
高阳县		117.00	5011.10	4958.88	1480.50	
涞源县	3.00	46.56	510.59	510.11	158.93	
望都县		130.00	2302.95	2256.50	1973.87	
易　县	6.00	78.00	580.35	551.42	551.42	
曲阳县		132.74	258.36	250.68	168.68	
蠡　县		164.00	4439.00	4405.00	670.00	3697.00
顺平县		63.91	3759.00	3696.00	540.00	87.00
张北县	19.00	89.97	2743.58	2725.58	113.00	110.86
康保县	6.00	64.00	248.69	238.13	141.12	
沽源县	6.00	85.70	182.00	178.30	127.30	12.00
尚义县	4.40	32.53	1599.10	1598.80	188.90	
蔚　县	12.00	188.01	337.32	337.12	298.82	38.30
阳原县	5.20	11.84	436.38	424.38	424.38	
怀安县	28.00	70.87	40.60	40.20	40.20	
怀来县	8.58	183.06	992.49	990.38	934.44	55.94
涿鹿县	3.00	65.00	599.10	592.90	323.84	31.06
赤城县	3.00	47.58	62.00	61.82	27.53	10.00
承德县	9.00	69.00	590.00	583.00	156.00	
兴隆县	0.60	13.00	39.50	39.00	39.00	
滦平县	5.00	14.50	342.00	340.00	40.00	300.00
隆化县	4.00	103.00	342.00	332.00	282.00	
丰宁满族自治县	10.00	104.00	671.50	652.00	579.00	73.00
宽城满族自治县	43.20	68.16	695.16	693.50	24.10	7.62
围场满族蒙古族自治县	6.00	95.00	524.00	505.00	229.00	
青　县	29.00	620.65	3480.14	3321.00	1890.00	
东光县	1.50	1334.40	3176.80	3023.50	2537.82	
海兴县	100.00	54.60	216.70	210.80	137.80	42.80
盐山县	3.00	185.20	2716.24	2715.00	2021.79	527.50
肃宁县	10.00	98.70	632.28	632.18	596.11	
南皮县	7.00	321.07	2256.88	2256.28	979.44	1276.50
吴桥县	10.00	404.44	1959.64	1917.72	1008.62	782.45
献　县	5.00	241.58	954.76	952.86	837.09	
孟村回族自治县	18.00	166.80	2300.00	2200.00	400.00	
固安县	100.00	694.81	11038.14	11029.00	3105.60	3416.00
永清县		321.05	7869.56	7792.00	2794.00	
香河县		487.80	6048.66	6047.86	2978.00	
大城县		169.02	8400.00	8200.00	1233.00	680.00
文安县	38.00	216.00	7551.92	7448.15	6202.32	

continued

Total Gas Supplied (10,000 m³) 燃气汽车 Gas-Powered Automobiles	燃气损失量 Loss Amount	用气户数(户) Number of Household with Access to Gas (unit)	居民家庭 Household User	用气人口(万人) Population with Access to Gas (10,000 persons)	天然气汽车加气站(座) Gas Stations for CNG-Fueled Motor Vehicles (unit)	县名称 Name of Counties
	23.09	20349	18916	5.67		博野县
41.10	45.37	12268	12015	4.03	2	涞水县
0.57	30.00	6039	5973	2.00	1	阜平县
	33.83	69210	67546	8.29		白沟新城
110.00	80.00	40000	31000	9.45	1	定兴县
	30.00	31758	31404	8.80		唐　县
	52.22	31800	30900	7.00		高阳县
	0.48	8738	8698	3.47		涞源县
25.00	46.45	43200	42000	8.04	1	望都县
	28.93	27500	27500	7.01		易　县
	7.68	21869	21784	8.39		曲阳县
38.00	34.00	23000	14000	5.50	1	蠡　县
	63.00	13800	12100	4.33		顺平县
1089.76	18.00	24018	23975	8.45	6	张北县
	10.56	13185	13067	3.66		康保县
39.00	3.70	21123	21040	5.70	1	沽源县
1409.90	0.30	9800	9795	3.07	5	尚义县
	0.20	26137	26087	7.70		蔚　县
	12.00	18133	18133	5.44		阳原县
	0.40	2469	2469	0.76		怀安县
	2.11	53311	51425	9.75		怀来县
57.22	6.20	26157	26012	9.70	2	涿鹿县
	0.18	4622	4588	1.37		赤城县
30.00	7.00	13500	13000	3.00	1	承德县
	0.50	6500	6500	1.70		兴隆县
	2.00	3150	2500	1.41		滦平县
50.00	10.00	22000	20000	4.99	1	隆化县
	19.50	35064	27170	8.15		丰宁满族自治县
	1.66	1824	1815	0.73		宽城满族自治县
92.00	19.00	31600	31434	9.00	1	围场满族蒙古族自治县
44.46	159.14	43436	39504	11.23	2	青　县
182.70	153.30	32357	32167	9.92	2	东光县
30.20	5.90	15720	15465	4.20	1	海兴县
125.80	1.24	31137	31000	7.87	3	盐山县
36.07	0.10	13567	13371	8.15	4	肃宁县
0.34	0.60	28000	27000	7.00	1	南皮县
126.65	41.92	21571	21460	5.37	2	吴桥县
62.22	1.90	35152	35096	10.90	5	献　县
83.00	100.00	15000	14500	4.52	1	孟村回族自治县
	9.14	73996	62700	18.81		固安县
323.00	77.56	32354	29853	4.48	7	永清县
	0.80	87000	86000	12.33		香河县
	200.00	25883	25751	7.03		大城县
	103.77	46126	44861	6.24		文安县

7-2-2 续表 2

县名称 Name of Counties	储气能力(万立方米) Gas Storage Capacity (10,000 m^3)	供气管道长度(公里) Length of Gas Supply Pipeline (km)	供气总量(万立方米) 合计 Total	销售气量 Quantity Sold	居民家庭 Households	集中供热 Central Heating
大厂回族自治县		256.00	1371.47	1369.50	1182.86	
枣强县	5.00	260.53	611.88	587.10	557.52	
武邑县	2.00	79.74	5055.00	5045.00	705.00	460.00
武强县	12.00	7.50	600.10	600.00	82.50	0.90
饶阳县		39.10	2615.00	2605.00	172.00	2253.00
安平县	90.00	360.00	7025.00	6794.00	2000.00	
故城县	2.00	93.00	600.00	598.00	343.00	92.00
景　县	20.00	180.00	2400.00	2380.00	1000.00	12.00
阜城县	25.00	121.00	416.00	413.00	253.00	41.10
容城县	9.00	77.34	930.00	895.00	120.00	180.00
雄　县		129.95	2106.00	1986.00	1986.00	
安新县	3.00	96.00	1612.06	1596.06	768.82	827.24
山　西	**937.95**	**11381.98**	**239722.01**	**236873.73**	**50057.52**	**20360.06**
清徐县						
阳曲县	1.75	344.21	4737.23	4647.23	1521.45	41.39
娄烦县		16.00	20.00	19.99	19.99	
阳高县	4.00	93.02	237.28	229.74	117.09	
天镇县	0.40	71.69	380.80	378.90	78.00	
广灵县	1.00	38.70	110.00	109.90	27.50	38.40
灵丘县		165.47	801.00	800.00	232.00	352.00
浑源县	2.00	60.21	54052.38	54041.75	137.52	
左云县	12.00	42.27	1090.00	1089.06	140.00	
云州区		93.40	4706.83	4706.13	106.13	
平定县	40.00	240.86	14138.00	14055.00	195.00	
盂　县	4.00	360.00	4865.00	4836.00	1185.00	629.00
襄垣县						
平顺县	2.50	97.50	120.00	119.80	119.80	
黎城县		236.35	472.57	470.12	348.25	22.00
壶关县		306.44	1418.00	1402.00	1402.00	
长子县		99.50	2746.00	2736.39	142.00	
武乡县	1.30	94.56	208.19	207.69	183.21	
沁　县	3.60	34.96	195.69	195.43	160.00	35.43
沁源县	49.38	14.14	105.35	103.95	43.06	
沁水县		148.29	4013.59	4006.33	1124.88	2881.45
阳城县		528.77	4584.00	4402.00	2158.00	
陵川县	3.00	210.00	410.00	408.50	315.64	25.00
山阴县	1.46	55.60	564.00	556.00	334.00	
应　县	60.00	190.00	3491.78	3317.19	1084.00	15.00
右玉县	0.15	30.00	150.00	148.00	47.00	
榆社县	6.00	26.34	19.13	19.10	16.60	
左权县	48.00	265.74	1187.61	1159.11	308.29	
和顺县		69.10	981.80	970.00	262.00	
昔阳县	3.00	164.67	1458.48	1454.48	834.00	
寿阳县		79.00	489.86	489.66	358.52	
太谷区		867.90	6769.14	6519.49	1272.00	

continued

Total Gas Supplied (10,000 m³)		用气户数(户) Number of Household with Access to Gas (unit)		用气人口(万人) Population with Access to Gas (10,000 persons)	天然气汽车加气站(座) Gas Stations for CNG-Fueled Motor Vehicles (unit)	县名称 Name of Counties
燃气汽车 Gas-Powered Automobiles	燃气损失量 Loss Amount		居民家庭 Household User			
45.00	1.97	41224	40780	7.74	1	大厂回族自治县
	24.78	36031	35867	10.76		枣强县
510.00	10.00	19725	19675	5.91	2	武邑县
36.50	0.10	12300	12120	4.70	1	武强县
180.00	10.00	5200	5100	1.33	1	饶阳县
120.00	231.00	43000	41710	14.00	3	安平县
80.00	2.00	36000	33000	9.92	2	故城县
60.00	20.00	31000	30564	8.00	1	景　县
118.40	3.00	29386	28253	8.62	3	阜城县
	35.00	13500	13250	8.42		容城县
	120.00	34659	34659	4.42		雄　县
	16.00	16066	16060	3.75		安新县
102425.78	**2848.28**	**1362560**	**1339539**	**394.89**	**132**	**山　西**
						清徐县
	90.00	20100	20000	5.09	1	阳曲县
	0.01	2600	2600	0.70		娄烦县
2.58	7.54	19309	19226	5.30	1	阳高县
299.00	1.90	7129	7100	2.10	1	天镇县
44.00	0.10	2605	2600	0.78	1	广灵县
42.00	1.00	18000	17700	6.60	1	灵丘县
53904.23	10.63	6185	6098	3.06	2	浑源县
949.00	0.94	5050	5000	1.70	2	左云县
4600.00	0.70	9742	9604	5.10	6	云州区
1535.00	83.00	4741	4675	2.34	5	平定县
83.80	29.00	50500	49500	7.30	1	盂　县
						襄垣县
	0.20	4750	4750	1.90		平顺县
	2.45	12534	12447	3.73		黎城县
	16.00	21248	21248	6.30		壶关县
	9.61	11331	11271	5.60		长子县
	0.50	9000	8920	5.00		武乡县
	0.26	10513	10498	3.20		沁　县
	1.40	3925	3916	2.50		沁源县
	7.26	20329	20009	5.48		沁水县
66.00	182.00	93120	92598	13.00	2	阳城县
67.86	1.50	16834	16767	5.50	1	陵川县
222.00	8.00	6001	6000	2.70	3	山阴县
	174.59	35912	35391	10.86		应　县
	2.00	10800	10780	5.10	1	右玉县
	0.03	6183	6176	2.17		榆社县
286.57	28.50	22100	21975	5.50	1	左权县
	11.80	18740	18640	5.31		和顺县
348.48	4.00	36391	32000	7.57	2	昔阳县
	0.20	18005	15762	6.30		寿阳县
14.24	249.65	75000	74123	12.66	8	太谷区

7-2-2 续表 3

县名称 Name of Counties	储气能力（万立方米） Gas Storage Capacity ($10,000\ m^3$)	供气管道长度（公里） Length of Gas Supply Pipeline (km)	供气总量(万立方米) 合计 Total	销售气量 Quantity Sold	居民家庭 Households	集中供热 Central Heating
祁　县		205.26	7250.79	6996.29	2757.30	
平遥县		243.30	7158.30	6932.50	2276.00	352.00
灵石县			2652.84	2644.74	375.00	639.00
临猗县		260.70	2200.00	2172.00	480.00	
万荣县	23.60	109.60	2699.53	2699.03	1029.95	503.00
闻喜县		429.00	3200.00	3197.00	2897.00	
稷山县		326.80	8179.66	7833.19	2475.36	
新绛县		108.80	2240.15	2072.15	2002.00	
绛　县		179.03	3068.40	3057.66	1158.50	351.90
垣曲县		46.40	1789.30	1779.30	428.86	
夏　县		381.33	1726.00	1640.00	1360.00	178.00
平陆县		134.82	962.00	950.00	762.00	
芮城县	447.00	143.00	5023.23	4794.88	1509.04	280.00
定襄县		80.50	900.00	892.00	130.00	82.00
五台县		47.07	140.00	139.14	139.14	
代　县		60.40	1343.00	1330.00	50.00	
繁峙县	11.60	129.80	1163.70	1162.70	101.30	107.99
宁武县		39.40	155.70	152.35	13.72	
静乐县	11.00	22.00	11.00	10.40	10.40	
神池县	6.00	8.50	0.26	0.20	0.20	
五寨县		97.50	408.00	407.60	200.50	55.50
岢岚县		14.60	20.00	19.99	17.98	
河曲县	3.00	41.30	190.00	189.00	165.00	
保德县		131.88	3059.68	2937.68	950.00	815.00
偏关县						
曲沃县		391.57	6426.00	6410.00	410.00	
翼城县		53.00	756.00	724.00	674.00	
襄汾县	4.00	75.80	596.65	581.53	571.22	
洪洞县		596.98	5899.00	5889.50	3875.00	
古　县		10.00	8.16	8.00	8.00	
安泽县		123.46	2684.85	2684.82	280.00	2277.85
浮山县	0.40	21.00	27.23	26.86	16.00	
吉　县	0.60	41.00	780.00	778.50	60.00	
乡宁县		266.00	868.22	850.82	490.40	
大宁县	9.00	45.59	1527.00	1508.75	28.00	1480.75
隰　县	33.91	38.11	2167.04	2167.03	43.00	
永和县		41.09	1381.00	1380.90	128.90	1252.00
蒲　县	4.50	109.47	137.50	125.38	97.40	
汾西县	3.00	35.00	69.60	67.00	50.00	17.00
文水县	5.00	152.00	2834.42	2833.42	820.00	
交城县		48.30	27809.80	27808.00	190.00	618.00
兴　县	100.00	83.31	4828.24	4793.68	778.10	3723.36
临　县	17.00	509.10	2108.67	2096.81	1044.40	1052.41
柳林县	9.00	298.23	4789.60	4598.02	4198.02	
石楼县		25.00	2500.60	2500.00	104.00	2396.00

continued

Total Gas Supplied (10,000 m³)		用气户数(户)		用气人口(万人)	天然气汽车加气站(座)	县名称
燃气汽车 Gas-Powered Automobiles	燃气损失量 Loss Amount	Number of Household with Access to Gas (unit)	居民家庭 Household User	Population with Access to Gas (10,000 persons)	Gas Stations for CNG-Fueled Motor Vehicles (unit)	Name of Counties
14.22	254.50	40940	38495	10.36	1	祁　县
84.70	225.80	53873	53586	12.66	5	平遥县
	8.10	6654	6626	0.83	11	灵石县
24.00	28.00	16970	16850	8.06	2	临猗县
983.46	0.50	24253	24096	7.60	4	万荣县
300.00	3.00	27300	27000	8.90	4	闻喜县
52.67	346.47	35210	34304	10.50	4	稷山县
	168.00	29581	29554	10.90		新绛县
48.80	10.74	19488	18930	6.00	1	绛　县
550.00	10.00	13000	12000	6.00	3	垣曲县
	86.00	19980	19620	3.64		夏　县
20.00	12.00	15365	15291	4.87	4	平陆县
215.90	228.35	31189	30943	8.10	1	芮城县
155.00	8.00	14233	13689	3.40	2	定襄县
	0.86	14005	14005	3.44		五台县
33.00	13.00	7320	7260	2.19	1	代　县
681.00	1.00	9783	9711	2.91	7	繁峙县
1.50	3.35	1867	1845	0.55	3	宁武县
	0.60	1328	1328	0.43		静乐县
	0.06	15	15	0.01	1	神池县
151.60	0.40	16054	16003	5.20	3	五寨县
2.01	0.01	3300	3298	0.99	4	岢岚县
24.00	1.00	11952	11910	4.18	1	河曲县
1172.68	122.00	21093	20837	8.25	2	保德县
						偏关县
6000.00	16.00	18982	18782	6.45	5	曲沃县
21.00	32.00	26334	26280	7.90	1	翼城县
10.31	15.12	26009	25836	6.52	6	襄汾县
248.60	9.50	53817	52860	12.70	2	洪洞县
	0.16	500	500	0.15		古　县
	0.03	10421	10194	2.70		安泽县
	0.37	1312	1295	0.50		浮山县
20.00	1.50	7178	6991	2.70	1	吉　县
54.54	17.40	18113	17817	8.00	1	乡宁县
	18.25	2842	2613	1.18		大宁县
2092.03	0.01	3310	3288	1.29	2	隰　县
	0.10	2886	2510	0.75		永和县
	12.12	7014	6962	3.00	1	蒲　县
	2.60	1694	1379	0.80		汾西县
	1.00	29570	29363	12.50		文水县
27000.00	1.80	10882	10848	4.34	3	交城县
	34.56	21295	21089	10.30		兴　县
	11.86	30598	30394	12.07		临　县
	191.58	26900	26700	9.26		柳林县
	0.60	5500	5460	2.00		石楼县

7-2-2 续表 4

县名称 Name of Counties	储气能力(万立方米) Gas Storage Capacity ($10,000\ m^3$)	供气管道长度(公里) Length of Gas Supply Pipeline (km)	供气总量(万立方米) 合计 Total	销售气量 Quantity Sold	居民家庭 Households	集中供热 Central Heating
岚　县		30.85	843.57	831.00	133.50	42.00
方山县	0.10	9.69	17.96	17.92	8.98	
中阳县	0.20	22.00	464.00	452.00	452.00	
交口县	5.50	69.75	131.65	131.05	34.42	96.63
内蒙古	**343.94**	**3650.16**	**62379.14**	**61306.76**	**12543.97**	**5175.23**
土左旗		156.80	4348.07	4348.00	592.10	3492.10
托　县		130.00	452.00	450.00	224.00	15.00
和林县		342.20	1650.00	1649.90	163.10	
清水河县	1.50	21.45	170.22	167.64	107.00	5.00
武川县	1.80	23.50	350.00	344.50	21.00	
土右旗	4.50	188.00	8550.00	8460.00	1500.00	200.00
固阳县	10.00	231.00	3071.57	3069.27	122.88	168.00
达尔罕茂明安联合旗	3.00	15.00	385.00	376.00	192.00	
阿鲁科尔沁旗	5.60	65.18	206.32	202.11	91.41	26.27
巴林左旗	17.42	42.30	196.78	196.47	60.50	
巴林右旗						
林西县	6.40	34.12	362.35	361.55	60.68	
克什克腾旗	1.20	34.55	683.17	679.17	79.50	
翁牛特旗	0.50	11.11	124.00	123.80	37.47	
喀喇沁旗	5.00		180.00	176.83		
宁城县	3.00	7.80	195.30	194.61	2.56	16.34
敖汉旗	12.00	23.00	370.00	366.12	32.00	
科左中旗	5.00	49.80	165.00	160.00	50.00	
科左后旗	2.00	37.30	129.78	129.77	79.74	
开鲁县	20.70	113.80	536.50	536.00	125.00	86.00
库伦旗	0.27	13.60	26.29	25.29		
奈曼旗	5.00	52.00	88.40	86.00	61.50	
扎鲁特旗	12.50	26.09	51.61	51.21	40.96	
达拉特旗		193.50	7978.00	7688.00	1886.00	
准格尔旗		93.14	486.74	483.90	78.80	
鄂托克前旗		111.16	4272.00	4186.60	1119.45	182.60
鄂托克旗		61.76	635.42	627.00	160.00	27.00
杭锦旗		55.89	3795.86	3486.00	1270.00	523.09
乌审旗		291.20	1703.91	1701.78	704.02	
伊金霍洛旗		385.00	3295.00	3245.00	705.12	
阿荣旗	11.00	175.57	619.87	596.00	149.57	
莫　旗	5.00	42.85	183.82	183.52	64.27	
鄂伦春旗						
鄂温克旗	15.86	27.70	491.06	467.00	336.70	
陈巴尔虎旗	7.50	3.80	39.91	34.81		
新左旗						
新右旗						
五原县	12.17	39.57	2807.71	2784.56	81.59	132.06
磴口县	12.00	32.30	6271.00	6270.00	76.66	11.00
乌拉特前旗	1.00	27.00	166.50	166.45	117.04	

continued

Total Gas Supplied (10,000 m^3)		用气户数（户）Number of Household with Access to Gas (unit)		用气人口（万人）Population with Access to Gas (10,000 persons)	天然气汽车加气站（座）Gas Stations for CNG-Fueled Motor Vehicles (unit)	县名称 Name of Counties
燃气汽车 Gas-Powered Automobiles	燃气损失量 Loss Amount		居民家庭 Household User			
	12.57	25586	25528	4.18		岚　县
	0.04	910	906	0.31		方山县
	12.00	12257	12257	2.20	7	中阳县
	0.60	5220	5117	2.67		交口县
23223.88	**1072.38**	**596350**	**565273**	**175.23**	**143**	**内蒙古**
134.90	0.07	23012	22501	5.24	1	土左旗
	2.00	3833	3646	1.00		托　县
59.70	0.10	23000	22528	5.01	1	和林县
25.00	2.58	7800	7700	2.30	1	清水河县
125.00	5.50	6448	6397	1.92	1	武川县
320.00	90.00	35300	35020	10.50	4	土右旗
300.83	2.30	14266	14156	5.00	1	固阳县
184.00	9.00	6130	5920	2.65	3	达尔罕茂明安联合旗
76.43	4.21	12506	12489	3.31	1	阿鲁科尔沁旗
135.97	0.31	4816	4808	1.92	2	巴林左旗
						巴林右旗
300.87	0.80	3011	2993	0.89	2	林西县
599.67	4.00	4058	4000	1.19	2	克什克腾旗
85.13	0.20	410	173	0.20	1	翁牛特旗
176.83	3.17	30			2	喀喇沁旗
175.71	0.69	657	656	0.50	1	宁城县
233.00	3.88	9000	8963	2.69	1	敖汉旗
110.00	5.00	4600	4513	1.95	1	科左中旗
50.03	0.01	4720	4626	1.50	1	科左后旗
325.00	0.50	23600	20507	8.10	2	开鲁县
25.29	1.00	50			1	库伦旗
1.70	2.40	14970	14926	5.24	1	奈曼旗
0.58	0.40	8182	8169	2.28	1	扎鲁特旗
1850.00	290.00	42225	42201	15.15	5	达拉特旗
405.10	2.84	13341	13327	4.70	3	准格尔旗
830.00	85.40	19597	18125	4.23	2	鄂托克前旗
120.00	8.42	13471	13074	3.92	2	鄂托克旗
1692.91	309.86	20560	20453	4.60	7	杭锦旗
182.00	2.13	28042	25690	6.21	6	乌审旗
950.00	50.00	55690	55300	17.20	6	伊金霍洛旗
256.01	23.87	12980	12500	3.89	2	阿荣旗
21.66	0.30	5308	4923	1.82	1	莫　旗
						鄂伦春旗
130.30	24.06	9834	9823	2.55	2	鄂温克旗
25.14	5.10	80			1	陈巴尔虎旗
						新左旗
						新右旗
2441.56	23.15	12060	11860	3.82	13	五原县
6182.34	1.00	12247	11240	4.25	10	磴口县
5.00	0.05	14571	14548	5.55	2	乌拉特前旗

7-2-2 续表 5

县名称 Name of Counties	储气能力(万立方米) Gas Storage Capacity (10,000 m^3)	供气管道长度(公里) Length of Gas Supply Pipeline (km)	供气总量(万立方米) 合计 Total	销售气量 Quantity Sold	居民家庭 Households	集中供热 Central Heating
乌拉特中旗	0.85	14.58	263.68	262.22	80.82	
乌拉特后旗	1.79	12.50	191.26	190.76	25.26	
杭锦后旗		28.07	680.46	666.54	54.64	
卓资县	0.62	12.00	33.40	33.01		
化德县	24.00	130.23	934.00	921.00	149.67	
商都县		33.00	326.50	320.00	100.00	115.50
兴和县	10.00	10.00	297.99	297.98	212.99	
凉城县	2.00	32.60	126.00	125.00	45.00	79.00
察右前旗	13.00	32.58	593.42	586.68	454.62	96.27
察右中旗	1.20	30.00	175.79	173.91	67.61	
察右后旗	7.00	3.16	78.25	76.00	7.00	
四子王旗			181.50	181.44		
科尔沁右翼前旗	8.20	20.83	212.77	208.24	9.48	
科右中旗	0.55		80.11	80.00		
扎赉特旗	3.21		447.10	420.60		
突泉县	2.00	7.00	15.00	14.70		
阿巴嘎旗						
苏尼特左旗						
苏尼特右旗	0.40		390.00	385.00		
东乌珠穆沁旗	3.00		117.90	107.25		
西乌珠穆沁旗	6.60		202.00	200.00		
太仆寺旗	3.00	10.68	5.73	5.48	3.98	
镶黄旗						
正镶白旗						
正蓝旗	56.80	13.37	81.68	76.74	29.94	
多伦县	3.40	20.62	182.50	177.90	109.50	
阿拉善左旗	11.00	79.90	1402.94	1401.56	780.84	
阿拉善右旗	3.40		320.00	319.89	20.00	
额济纳旗						
辽　宁	**201.77**	**3160.23**	**69881.83**	**69301.38**	**7861.35**	**371.90**
康平县		237.82	1554.50	1553.50	1553.50	
法库县	71.50	361.87	37895.44	37821.35	145.35	
长海县	5.00	15.44	53.82	53.33	25.52	27.81
台安县		185.60	8462.12	8190.12	115.45	
岫岩满族自治县	6.00	58.20	333.33	330.00	200.00	130.00
抚顺县						
新宾满族自治县	0.70	45.77	162.03	159.93	35.73	
清原满族自治县	0.09	90.95	347.90	342.74	72.53	
本溪满族自治县	3.00	17.54	369.00	368.50	42.00	
桓仁满族自治县	3.60	34.80	352.00	350.00	95.00	55.00
宽甸满族自治县	6.00	27.68	6.70	5.80	5.80	
黑山县	10.00	290.90	2339.00	2328.00	2324.00	
义　县	1.00	76.80	112.50	108.00	75.60	
阜新蒙古族自治县	1.00	70.80	740.00	725.00	446.00	
彰武县	3.90	87.72	390.04	389.24	95.00	61.09

continued

Total Gas Supplied (10,000 m^3) 燃气汽车 Gas-Powered Automobiles	燃气损失量 Loss Amount	用气户数(户) Number of Household with Access to Gas (unit)	居民家庭 Household User	用气人口(万人) Population with Access to Gas (10,000 persons)	天然气汽车加气站(座) Gas Stations for CNG-Fueled Motor Vehicles (unit)	县名称 Name of Counties
181.40	1.46	9486	9466	2.73	1	乌拉特中旗
165.50	0.50	4247	4242	1.27	2	乌拉特后旗
597.98	13.92	8153	8132	3.51	4	杭锦后旗
33.01	0.39	118			1	卓资县
771.33	13.00	15385	15167	4.35	2	化德县
98.00	6.50	2500	2300	2.00	1	商都县
84.99	0.01	8500	8400	3.18	3	兴和县
1.00	1.00	4216	4100	1.00	2	凉城县
	6.74	2500	2398	0.50		察右前旗
79.09	1.88	6300	6100	1.78	1	察右中旗
69.00	2.25	241	239	0.09	1	察右后旗
181.44	0.06	300			1	四子王旗
198.76	4.53	2154	2014	0.65	3	科尔沁右翼前旗
80.00	0.11	500			1	科右中旗
420.60	26.50	1950			7	扎赉特旗
14.70	0.30	13502			2	突泉县
						阿巴嘎旗
						苏尼特左旗
385.00	5.00	200			1	苏尼特右旗
107.25	10.65	320			1	东乌珠穆沁旗
200.00	2.00	130			3	西乌珠穆沁旗
1.50	0.25	927	920	0.80	2	太仆寺旗
						镶黄旗
						正镶白旗
46.66	4.94	3600	3594	1.31	1	正蓝旗
68.40	4.60	10931	10898	3.30	1	多伦县
620.72	1.38	29251	29079	7.40	2	阿拉善左旗
279.89	0.11	534	469	0.08	7	阿拉善右旗
						额济纳旗
4831.45	**580.45**	**376463**	**370819**	**100.71**	**55**	**辽　宁**
	1.00	14910	14910	4.50	3	康平县
35.73	74.09	28988	28479	4.36	2	法库县
	0.49	4776	4750	1.40		长海县
1208.00	272.00	21617	21429	6.11	9	台安县
	3.33	7067	7016	1.80	4	岫岩满族自治县
						抚顺县
89.34	2.10	3769	3711	1.11	1	新宾满族自治县
168.20	5.16	9870	9703	2.90	2	清原满族自治县
131.00	0.50	5790	5388	1.58	3	本溪满族自治县
60.00	2.00	10495	10431	3.00	1	桓仁满族自治县
	0.90	9460	9460	5.36		宽甸满族自治县
4.00	11.00	51727	50517	11.50	1	黑山县
	4.50	15974	15942	7.80		义　县
279.00	15.00	9200	9100	1.80	3	阜新蒙古族自治县
15.46	0.80	12272	12183	2.40	1	彰武县

7-2-2 续表 6

县名称 Name of Counties	储气能力(万立方米) Gas Storage Capacity (10,000 m^3)	供气管道长度(公里) Length of Gas Supply Pipeline (km)	供气总量(万立方米) 合计 Total	销售气量 Quantity Sold	居民家庭 Households	集中供热 Central Heating
辽阳县	25.00	316.00	8887.82	8787.82	1579.00	
盘山县	23.92	546.97	2746.84	2719.41	180.64	
铁岭县						
西丰县	5.60	46.77	248.90	248.00	16.50	
昌图县	4.00	149.11	1466.03	1458.85	145.49	
朝阳县	3.62	5.00	235.30	233.60		
建平县	15.00	130.37	745.89	721.54	171.29	
喀喇沁左翼蒙古族自治县	3.60	87.45	716.29	705.55	37.95	
绥中县	7.84	189.67	1435.88	1421.10	289.00	98.00
建昌县	1.40	87.00	280.50	280.00	210.00	
吉　林	**324.18**	**1407.26**	**10011.33**	**9919.52**	**3705.86**	**237.00**
农安县	5.58	140.00	1481.00	1476.00	302.00	
永吉县	10.00	70.00	1063.00	1059.00	57.00	75.00
梨树县		153.47	410.00	400.00	204.00	
伊通满族自治县	2.50	70.30	607.30	607.20	146.00	
东丰县			456.50	456.00		
东辽县	19.80	8.86	51.90	51.30		17.00
通化县	4.40	194.60	920.00	900.00	350.00	100.00
辉南县		37.11				
柳河县		96.00	600.00	590.00	365.00	45.00
抚松县	0.40	74.93	181.88	181.83	25.94	
靖宇县						
长白朝鲜族自治县	5.60	8.50	22.50	22.44		
前郭县		174.30	985.70	985.60	859.00	
长岭县	268.00	145.03	1244.55	1227.95	540.02	
乾安县		49.41	418.30	417.95	192.40	
镇赉县	0.60	78.15	639.80	637.50	339.50	
通榆县	4.30	54.00	863.70	842.46	270.00	
汪清县	3.00	52.60	65.20	64.29	55.00	
安图县						
黑龙江	**208.58**	**1806.88**	**12825.87**	**12583.12**	**4473.19**	**901.07**
依兰县	12.00	62.90	800.90	800.00	440.00	
方正县	2.40	26.31	224.40	224.10	66.29	
宾　县	20.70	55.20	236.80	231.00	0.01	
巴彦县	1.20	55.97	25.65	24.66	3.78	
木兰县	0.65	15.30	37.49	37.40	17.40	
通河县	2.30	38.74	199.95	199.70	71.00	
延寿县	6.00	29.54	195.94	194.73	58.36	
龙江县	6.85	50.80	248.25	245.25	152.56	29.69
依安县	0.15		75.02	74.50		
泰来县	1.03	14.48	553.70	541.89	16.40	
甘南县			12.10	12.00	1.00	
富裕县	3.00	17.88	268.02	265.56	23.17	117.36
克山县	6.00	22.00	54.00	51.32	41.00	

continued

Total Gas Supplied (10,000 m^3)		用气户数 (户) Number of Household with Access to Gas (unit)		用气人口 (万人) Population with Access to Gas (10,000 persons)	天然气汽车加气站 (座) Gas Stations for CNG-Fueled Motor Vehicles (unit)	县名称 Name of Counties
燃气汽车 Gas-Powered Automobiles	燃气损失量 Loss Amount		居民家庭 Household User			
841.00	100.00	15315	15212	4.50	4	辽阳县
100.30	27.43	35244	33946	6.66	1	盘山县
						铁岭县
136.00	0.90	3145	3027	0.81	1	西丰县
579.35	7.18	27755	27508	8.25	4	昌图县
233.60	1.70				1	朝阳县
13.41	24.35	28319	27941	8.38	4	建平县
166.96	10.74	10466	10300	3.60	2	喀喇沁左翼蒙古族自治县
725.10	14.78	30304	30147	9.09	7	绥中县
45.00	0.50	20000	19719	3.80	1	建昌县
3815.10	**91.81**	**327379**	**318063**	**81.29**	**28**	**吉　林**
975.00	5.00	33105	33054	13.55	5	农安县
278.00	4.00	7677	7549	2.30	1	永吉县
	10.00	29619	28915	8.20		梨树县
327.20	0.10	12797	12647	4.00	4	伊通满族自治县
0.04	0.50	800			1	东丰县
	0.60	9				东辽县
450.00	20.00	17900	17100	5.00	1	通化县
						辉南县
180.00	10.00	46000	45500	6.00	1	柳河县
109.61	0.05	4039	4038	1.23	1	抚松县
						靖宇县
22.44	0.06	345			1	长白朝鲜族自治县
126.60	0.10	49528	49281	10.16	2	前郭县
526.42	16.60	37642	36100	10.83	6	长岭县
	0.35	15222	14964	4.49		乾安县
298.00	2.30	32376	31115	6.55	2	镇赉县
512.50	21.24	33920	31500	7.38	2	通榆县
9.29	0.91	6400	6300	1.60	1	汪清县
						安图县
4027.32	**242.75**	**332247**	**317307**	**86.64**	**70**	**黑龙江**
360.00	0.90	9991	9948	2.64	2	依兰县
147.00	0.30	9140	9110	2.74	1	方正县
	5.80	29	22	0.01		宾　县
18.04	0.99	664	658	0.19	1	巴彦县
20.00	0.09	1770	1765	0.40	1	木兰县
91.00	0.25	6000	5817	1.75	1	通河县
0.03	1.21	10169	10105	3.03	1	延寿县
63.00	3.00	18648	18600	5.97	1	龙江县
74.50	0.52	360			1	依安县
64.49	11.81	3467	2667	0.80	2	泰来县
11.00	0.10	3600	1000	0.20	2	甘南县
125.02	2.46	5006	4910	1.23	3	富裕县
4.50	2.68	3139	3125	0.90	2	克山县

7-2-2 续表 7

县名称 Name of Counties	储气能力(万立方米) Gas Storage Capacity (10,000 m^3)	供气管道长度(公里) Length of Gas Supply Pipeline (km)	供气总量(万立方米) 合计 Total	销售气量 Quantity Sold	居民家庭 Households	集中供热 Central Heating
克东县	18.00	17.95	1774.39	1713.00	11.65	
拜泉县	6.47	11.95	162.70	156.19	1.80	49.59
鸡东县	7.20		35.10	35.07		
萝北县	1.80	18.64	14.57	14.37	14.37	
绥滨县	0.75	60.51	119.19	118.95	19.11	
集贤县	6.50	77.78	131.85	131.76	74.50	
友谊县	3.00	11.82	136.87	136.57	14.42	
宝清县	3.00	37.42	905.00	902.00	802.00	
饶河县	1.00	44.00	46.00	45.50	40.90	1.60
肇州县	8.00	96.20	995.00	963.00	564.00	191.00
肇源县	2.00	42.50	772.00	735.00	250.00	
林甸县	5.02	35.50	426.63	418.91	12.26	90.94
杜尔伯特蒙古族自治县		131.29	1156.00	1150.00	120.00	350.00
嘉荫县						
汤旺县	3.00		13.00	12.50		
丰林县	0.30	47.00	28.56	28.00	15.00	
大箐山县						
南岔县						
桦南县	8.00	123.05	178.00	177.50	174.35	
桦川县	1.00	102.56	151.00	149.00	103.00	
汤原县	0.63	85.01	115.51	112.56	91.20	
勃利县	15.10	75.80	187.50	185.30	96.50	
林口县	3.00	10.00	89.05	88.55	11.78	
逊克县	3.60	23.50	33.84	33.06	21.17	11.89
孙吴县	6.00	44.60	68.50	66.40	15.85	
望奎县	1.63	27.00	223.50	219.50		
兰西县		9.70	717.00	702.00	2.00	
青冈县	3.00	70.00	650.00	630.00	500.00	
庆安县	18.00	131.28	562.30	561.00	490.04	59.00
明水县	14.15	38.00	40.00	39.80	19.20	
绥棱县						
呼玛县	0.15	10.00	12.00	11.20	11.20	
塔河县						
加格达奇区	6.00	34.70	148.59	144.32	105.92	
江　苏	**486.72**	**9256.53**	**85058.60**	**84032.22**	**33510.55**	**1798.00**
丰　县	52.00	267.40	3606.36	3543.25	1486.98	200.00
沛　县	36.00	384.60	4587.00	4505.00	3912.00	
睢宁县	30.00	362.26	2392.00	2375.79	869.00	
如东县	34.60	390.00	10399.00	10395.00	989.00	
东海县	0.72	391.00	3958.00	3893.00	1169.00	68.00
灌云县	12.00	392.00	4010.00	3980.00	1800.00	
灌南县	4.40	536.89	2216.64	2151.34	1323.34	
涟水县	32.00	395.57	4779.39	4714.07	1938.71	
盱眙县	22.00	653.50	5746.72	5674.25	1077.00	

continued

Total Gas Supplied (10,000 m³)		用气户数(户) Number of Household with Access to Gas (unit)		用气人口(万人) Population with Access to Gas (10,000 persons)	天然气汽车加气站(座) Gas Stations for CNG-Fueled Motor Vehicles (unit)	县名称 Name of Counties
燃气汽车 Gas-Powered Automobiles	燃气损失量 Loss Amount		居民家庭 Household User			
20.00	61.39	1644	1633	0.53	2	克东县
102.43	6.51	282	278	0.84	3	拜泉县
35.07	0.03	223			1	鸡东县
	0.20	2215	2215	0.70		萝北县
99.84	0.24	14327	14233	4.29	1	绥滨县
57.26	0.09	10767	9958	2.96	1	集贤县
122.15	0.30	2744	2725	0.81	1	友谊县
100.00	3.00	18772	18212	4.28	1	宝清县
3.00	0.50	4650	4629	1.55	1	饶河县
208.00	32.00	19700	19553	4.53	1	肇州县
485.00	37.00	19968	19933	4.90	5	肇源县
315.71	7.72	1865	1818	0.68	5	林甸县
127.00	6.00	16045	16000	4.80	5	杜尔伯特蒙古族自治县
						嘉荫县
12.50	0.50	30			1	汤旺县
	0.56	2423	2376	0.73		丰林县
						大箐山县
						南岔县
3.15	0.50	35025	30851	8.30	1	桦南县
3.50	2.00	17130	16920	5.02	1	桦川县
21.36	2.95	12700	12555	2.50	1	汤原县
88.80	2.20	14152	13832	4.10	1	勃利县
76.77	0.50	2400	2397	0.72	1	林口县
	0.78	3410	3397	1.12		逊克县
49.20	2.10	2349	2340	0.70	1	孙吴县
219.00	4.00	410			3	望奎县
700.00	15.00	2150	300	0.09	3	兰西县
130.00	20.00	28000	27800	6.75	6	青冈县
10.60	1.30	12575	12357	2.39	1	庆安县
20.00	0.20	2830	1920	0.64	4	明水县
						绥棱县
	0.80	1828	1828	0.50		呼玛县
						塔河县
38.40	4.27	9650	9520	2.35	1	加格达奇区
6333.39	**1026.38**	**1454304**	**1434594**	**391.37**	**39**	**江　苏**
167.00	63.11	90305	89846	27.19	2	丰　县
	82.00	121479	120477	38.36		沛　县
193.30	16.21	63356	62902	19.00	2	睢宁县
1968.00	4.00	46321	46104	12.00	5	如东县
136.00	65.00	65218	65009	25.27	1	东海县
	30.00	50286	49962	16.30		灌云县
	65.30	61871	60871	9.34		灌南县
176.26	65.32	84670	84195	23.00	1	涟水县
936.94	72.47	73029	72512	15.01	4	盱眙县

7-2-2 续表 8

县名称 Name of Counties	储气能力(万立方米) Gas Storage Capacity (10,000 m^3)	供气管道长度(公里) Length of Gas Supply Pipeline (km)	供气总量(万立方米) 合计 Total	销售气量 Quantity Sold	居民家庭 Households	集中供热 Central Heating
金湖县	22.00	431.00	3800.00	3799.99	1200.00	
响水县	14.70	74.82	1166.00	1159.66	509.87	
滨海县	28.00	150.00	3352.00	3300.00	1770.00	1530.00
阜宁县	42.60	226.48	3171.00	3076.00	1406.00	
射阳县	7.00	285.40	1894.75	1879.73	1157.55	
建湖县	1.20	600.67	4400.00	4360.00	2000.00	
宝应县	8.50	881.37	7155.39	7154.81	1705.23	
沭阳县	35.00	1798.40	6210.38	5908.33	5194.87	
泗阳县	15.00	313.17	5053.00	5020.00	2292.00	
泗洪县	89.00	722.00	7160.97	7142.00	1710.00	
浙　江	**651.55**	**8205.45**	**156276.64**	**154835.96**	**11068.50**	
桐庐县	19.00	563.81	4291.64	4257.00	578.21	
淳安县	22.80	140.35	1751.20	1751.00	446.00	
象山县	21.00	337.34	1875.75	1875.00	376.26	
宁海县	35.70	515.95	7855.05	7691.05	680.00	
永嘉县		46.20	353.43	352.00	205.00	
平阳县	18.50	52.00	950.87	946.62	597.87	
苍南县	25.00	55.20	524.80	524.00	524.00	
文成县						
泰顺县	12.00	28.90	40.22	40.20	23.00	
嘉善县	36.00	671.42	4400.00	4280.00	833.09	
海盐县	7.20	430.74	11926.73	11916.73	723.72	
德清县	0.85	341.13	3666.31	3618.88	653.81	
长兴县	44.15	956.30	33143.17	32912.37	1516.50	
安吉县	90.00	1342.40	8947.95	8943.37	894.34	
新昌县	22.00	451.79	9116.92	9051.40	609.24	
武义县	54.00	473.00	17380.16	17375.15	208.00	
浦江县	21.60	323.07	5763.00	5676.56	567.66	
磐安县						
常山县	29.00	150.00	3106.00	3088.00	68.00	
开化县	3.10	50.00	330.10	330.00	211.00	
龙游县	10.80	221.90	8594.00	8409.00	284.00	
岱山县	41.00	80.50	739.00	720.00	150.00	
嵊泗县						
三门县	0.01	175.00	5803.81	5757.30	177.11	
天台县	21.60	143.90	2786.60	2733.00	287.73	
仙居县	18.75	229.52	2173.00	2153.00	138.92	
青田县	12.90	99.34	3195.28	3052.56	80.00	
缙云县	5.13	73.00	600.40	600.00	127.00	
遂昌县	3.00	67.00	3929.80	3922.97	20.94	
松阳县	54.00	97.49	10918.00	10755.00	3.08	
云和县	11.90	46.00	1930.35	1927.75	47.85	
庆元县	9.36	27.10	163.00	156.00	16.12	
景宁县	1.20	15.10	20.10	20.05	20.05	

continued

Total Gas Supplied (10,000 m^3)		用气户数(户)		用气人口(万人)	天然气汽车加气站(座)	县名称
燃气汽车 Gas-Powered Automobiles	燃气损失量 Loss Amount	Number of Household with Access to Gas (unit)	居民家庭 Household User	Population with Access to Gas (10,000 persons)	Gas Stations for CNG-Fueled Motor Vehicles (unit)	Name of Counties
109.00	0.01	55510	55101	11.56	2	金湖县
326.00	6.34	29720	29595	10.10	1	响水县
	52.00	54057	50000	20.42		滨海县
456.00	95.00	59739	59215	15.20	1	阜宁县
109.00	15.02	61232	59567	17.27	2	射阳县
700.00	40.00	76725	76500	14.85	3	建湖县
68.43	0.58	88273	87898	20.50	5	宝应县
613.46	302.05	191718	189361	39.82	6	沭阳县
98.00	33.00	96785	94225	32.03	1	泗阳县
276.00	18.97	84010	81254	24.15	3	泗洪县
1500.70	**1440.68**	**846989**	**827657**	**234.46**	**11**	**浙　江**
177.08	34.64	51343	50761	12.83	1	桐庐县
121.00	0.20	51286	41306	6.53	1	淳安县
210.37	0.75	39364	39116	11.87	1	象山县
	164.00	53747	53200	12.40		宁海县
	1.43	13500	13400	6.20		永嘉县
	4.25	23477	23400	7.02		平阳县
	0.80	17650	17650	6.46		苍南县
						文成县
	0.02	3449	3448	1.03		泰顺县
	120.00	75821	75443	20.65		嘉善县
311.30	10.00	61009	60723	15.31	2	海盐县
	47.43	58865	58334	16.23		德清县
155.66	230.80	95078	92329	28.95	2	长兴县
	4.58	61847	61396	19.52		安吉县
150.10	65.52	42685	42105	12.11	1	新昌县
	5.01	22301	21647	6.32		武义县
	86.44	30700	30564	8.99		浦江县
						磐安县
	18.00	17155	17005	5.10		常山县
	0.10	5714	5657	2.20		开化县
	185.00	25513	25119	7.02		龙游县
73.81	19.00	15612	15532	3.88	1	岱山县
						嵊泗县
156.88	46.51	14217	13741	4.27	1	三门县
144.50	53.60	24364	24045	6.20	1	天台县
	20.00	13314	13172	5.32		仙居县
	142.72	7143	7085	1.99		青田县
	0.40	9206	9106	2.74		缙云县
	6.83	2303	2251	0.67		遂昌县
	163.00	982	850	0.30		松阳县
	2.60	4471	4413	0.90		云和县
	7.00	1775	1761	0.44		庆元县
	0.05	3098	3098	1.01		景宁县

7-2-2 续表 9

县名称 Name of Counties	储气能力(万立方米) Gas Storage Capacity (10,000 m^3)	供气管道长度(公里) Length of Gas Supply Pipeline (km)	供气总量(万立方米) 合计 Total	销售气量 Quantity Sold	居民家庭 Households	集中供热 Central Heating
安　徽	**650.78**	**13598.12**	**134011.21**	**132218.90**	**38820.31**	
长丰县	30.00	261.23	1719.00	1704.00	806.50	
肥西县	7.26	1294.01	1328.76	1322.66	1156.80	
肥东县	40.00	833.90	13865.50	13669.00	4207.00	
庐江县	40.00	402.78	5448.68	5415.12	1550.00	
南陵县	3.00	345.77	2756.70	2630.70	1257.16	
怀远县	23.00	140.00	734.50	732.50	385.50	
五河县	16.00	324.83	1349.72	1345.73	1345.73	
固镇县	22.00	166.82	1242.00	1217.16	994.00	
凤台县	13.00	142.53	1164.72	1144.72	598.76	
寿　县	0.41	220.96	1023.05	1007.47	682.06	
当涂县		270.00	3780.00	3704.00	892.98	
含山县	11.00	140.00	1528.00	1464.50	748.00	
和　县	8.00	301.89	2345.00	2344.53	282.00	
濉溪县			1165.00	1115.00	1115.00	
枞阳县	3.00	88.40	1219.20	1190.60	262.00	
怀宁县	7.60	390.19	4668.77	4645.11	509.65	
太湖县	5.50	212.49	1201.90	1184.12	267.21	
宿松县	5.00	278.88	587.87	578.07	285.66	
望江县	21.00	116.50	516.96	516.76	268.66	
岳西县	7.00	168.82	500.00	480.00	178.00	
歙　县	12.00	83.00	990.00	986.10	142.00	
休宁县	5.40	101.00	234.00	233.05	111.80	
黟　县	3.20	25.10	131.96	131.86	15.61	
祁门县	8.40	119.85	441.88	439.00	55.49	
来安县	6.00	351.33	3350.58	3185.67	587.10	
全椒县		280.11	3743.00	3714.00	1140.00	
定远县	2.82	603.99	2027.82	1968.34	1703.00	
凤阳县	110.00	700.00	30526.50	30411.50	837.00	
临泉县	13.00	137.20	1796.00	1784.00	1526.00	
太和县	5.90	196.24	2147.60	2143.23	1010.10	
阜南县	24.00	169.80	1645.00	1638.00	607.00	
颍上县	4.90	193.00	1830.00	1800.00	810.00	
砀山县	9.00	192.62	1397.00	1342.00	1266.00	
萧　县	10.00	280.00	1425.00	1410.00	1225.00	
灵璧县	15.00	113.60	1042.00	1041.00	590.00	
泗　县	18.90	195.29	879.54	876.50	583.63	
霍邱县	6.14	571.04	1042.19	1008.96	668.66	
舒城县	2.26	364.21	3450.44	3449.96	872.01	
金寨县	24.00	227.00	3353.00	3291.00	517.05	
霍山县	27.60	296.04	5029.49	5022.99	829.04	
涡阳县	1.00	279.96	2521.93	2427.77	1050.32	
蒙城县	6.00	618.00	4482.53	4319.53	2435.00	
利辛县	13.00	565.00	2702.90	2605.00	1140.00	
东至县	1.00	77.00	131.10	129.60	62.05	
石台县	2.19	22.30	56.70	54.73	26.93	

continued

Total Gas Supplied (10,000 m^3)		用气户数(户)		用气人口(万人)	天然气汽车加气站(座)	县名称
燃气汽车 Gas-Powered Automobiles	燃气损失量 Loss Amount	Number of Household with Access to Gas (unit)	居民家庭 Household User	Population with Access to Gas (10,000 persons)	Gas Stations for CNG-Fueled Motor Vehicles (unit)	Name of Counties
16041.02	**1792.31**	**2118162**	**1982190**	**621.35**	**72**	**安　徽**
55.00	15.00	58520	51025	24.58	3	长丰县
135.04	6.10	62216	55673	19.60	3	肥西县
9462.00	196.50	183954	101281	22.05	12	肥东县
370.00	33.56	92209	91786	13.25	1	庐江县
49.35	126.00	57938	57369	13.64	4	南陵县
345.00	2.00	48733	42211	18.99	1	怀远县
	3.99	52667	52667	18.43		五河县
223.16	24.84	38626	38381	13.50	2	固镇县
336.59	20.00	50000	49200	12.20	2	凤台县
21.13	15.58	50412	50159	13.41	1	寿　县
	76.00	46946	46603	13.79		当涂县
168.00	63.50	40785	40395	10.23	1	含山县
126.00	0.47	20700	20500	6.88	1	和　县
	50.00	43430	43430	18.15		濉溪县
205.40	28.60	23912	23682	7.10	3	枞阳县
649.60	23.66	41622	41321	8.14	2	怀宁县
	17.78	27303	27029	8.78	1	太湖县
	9.80	28900	28560	7.45		宿松县
59.20	0.20	21983	21080	6.14	1	望江县
30.50	20.00	13330	13190	4.40	1	岳西县
	3.90	17227	15212	5.29		歙　县
	0.95	9128	8922	1.98		休宁县
	0.10	2049	1982	0.61		黟　县
	2.88	6358	6255	2.24		祁门县
614.13	164.91	56208	50978	12.96	2	来安县
45.00	29.00	60617	60436	20.46	1	全椒县
105.00	59.48	68065	67653	15.10	4	定远县
255.00	115.00	54908	53928	20.39	1	凤阳县
258.00	12.00	46573	46250	23.00	1	临泉县
189.69	4.37	65309	64834	18.85	1	太和县
	7.00	39898	37893	14.01	2	阜南县
365.00	30.00	68120	67720	27.66	1	颍上县
76.00	55.00	42363	41855	12.86	1	砀山县
185.00	15.00	31000	30746	9.22	1	萧　县
125.00	1.00	23850	17790	10.87	1	灵璧县
71.00	3.04	62928	62614	17.78	2	泗　县
105.19	33.23	37037	36384	8.00	2	霍邱县
251.00	0.48	57590	57542	18.38	2	舒城县
173.82	62.00	37593	36203	11.32	1	金寨县
162.52	6.50	37030	36634	8.22	1	霍山县
149.71	94.16	54226	51863	24.20	1	涡阳县
351.00	163.00	87654	86841	30.00	1	蒙城县
38.00	97.90	51520	50168	16.75	1	利辛县
38.86	1.50	4793	4763	1.30	1	东至县
	1.97	3168	3110	0.93		石台县

7-2-2 续表 10

县名称 Name of Counties	储气能力(万立方米) Gas Storage Capacity ($10,000\ m^3$)	供气管道长度(公里) Length of Gas Supply Pipeline (km)	供气总量(万立方米) 合计 Total	销售气量 Quantity Sold	居民家庭 Households	集中供热 Central Heating
青阳县	2.40	170.17	560.00	551.60	355.00	
郎溪县	28.00	355.14	6833.00	6749.00	519.00	
泾　县	9.00	116.13	924.12	924.01	166.94	
绩溪县	13.40	46.00	884.40	884.00	95.00	
旌德县	3.50	48.00	286.20	284.75	80.91	
福　建	**723.20**	**5014.78**	**50726.06**	**50123.26**	**8296.83**	**422.13**
闽侯县	0.80	290.35	1501.31	1477.97	899.91	
连江县	10.60	254.98	1985.46	1973.76	536.77	
罗源县	34.02	160.35	6231.53	6183.77	524.07	
闽清县	100.00	175.93	8501.00	8491.46	67.88	
永泰县	21.00	60.58	365.39	361.91	77.64	
仙游县	0.50	204.00	1575.29	1563.29	329.50	
明溪县	12.00	47.92	432.16	422.24	0.11	422.13
清流县	1.10	60.11	28.03	27.43	27.43	
宁化县	5.00	86.00	220.00	215.00	170.00	
大田县	14.00	86.00	237.66	236.86	76.23	
尤溪县	20.00	27.00	89.58	88.67	88.67	
将乐县	6.00	103.91	305.51	305.48	290.94	
泰宁县	3.62	68.00	162.88	161.25	45.08	
建宁县	3.80	8.50	22.51	22.50	16.70	
惠安县	7.05	418.00	1896.00	1871.00	220.00	
安溪县	16.00	245.00	2119.02	2099.54	530.93	
永春县	13.30	163.80	2466.35	2451.35	2451.35	
德化县	72.00	584.60	8382.79	8091.07	430.96	
云霄县	10.90	140.03	1150.47	1144.74	115.63	
漳浦县	92.61	179.93	1741.79	1733.75	196.49	
诏安县	5.00	70.00	163.98	161.33	40.17	
东山县	8.00	226.29	214.39	213.19	40.95	
南靖县	68.00	125.52	926.64	926.14	40.05	
平和县	5.67	71.00	847.57	846.77	48.50	
华安县	0.50	9.93	11.50	11.08	11.00	
顺昌县	2.20	15.89	24.02	23.87	23.87	
浦城县	1.50	25.40	7.98	7.48	7.48	
光泽县	2.70	17.38	429.97	429.96	5.16	
松溪县		10.50				
政和县	1.50	24.10	51.00	50.00	50.00	
长汀县	17.40	113.00	2368.00	2355.00	123.00	
上杭县	18.00	191.50	1179.29	1176.04	248.51	
武平县	18.00	107.00	929.50	929.00	170.00	
连城县	90.00	28.80	1200.00	1198.50		
霞浦县	12.00	144.00	1660.00	1600.00	80.00	
古田县	7.98	67.00	180.36	178.86	59.77	
屏南县						
寿宁县	7.00	11.00	650.00	637.00	1.00	
周宁县	0.18	31.00	8.60	8.59	5.98	
柘荣县		21.73				
平潭县	13.27	338.75	458.53	447.41	245.10	

continued

Total Gas Supplied (10,000 m^3)						
燃气汽车 Gas-Powered Automobiles	燃气损失量 Loss Amount	用气户数(户) Number of Household with Access to Gas (unit)	居民家庭 Household User	用气人口(万人) Population with Access to Gas (10,000 persons)	天然气汽车加气站(座) Gas Stations for CNG-Fueled Motor Vehicles (unit)	县名称 Name of Counties
62.00	8.40	21630	21409	6.21	1	青阳县
85.00	84.00	31260	31000	10.85	1	郎溪县
85.56	0.11	21190	21125	6.80	1	泾　县
	0.40	8071	8000	2.40	1	绩溪县
13.57	1.45	6613	6538	2.00	1	旌德县
915.63	**602.80**	**618338**	**610488**	**202.90**	**9**	**福　建**
46.04	23.34	65327	65128	21.96	2	闽侯县
103.00	11.70	37591	37310	14.06	1	连江县
	47.76	48988	48824	5.71		罗源县
	9.54	7936	7648	3.80		闽清县
	3.48	10379	10318	3.61		永泰县
	12.00	29758	29335	13.20		仙游县
	9.92	1176	1174	0.51		明溪县
	0.60	2255	2255	1.01		清流县
	5.00	22341	22134	5.50		宁化县
	0.80	9103	8791	3.10		大田县
	0.91	4128	4128	1.24		尤溪县
1.56	0.03	14314	13989	5.55	1	将乐县
	1.63	5132	5050	2.88		泰宁县
0.11	0.01	1295	1247	0.50	1	建宁县
223.00	25.00	31714	31548	8.64	1	惠安县
	19.48	52941	52619	17.36		安溪县
	15.00	12985	12985	4.42		永春县
	291.72	35298	34241	10.27		德化县
	5.73	15435	15120	7.51		云霄县
98.96	8.04	48708	48082	14.63	1	漳浦县
	2.65	8249	8128	3.21		诏安县
18.16	1.20	10490	10164	4.12	1	东山县
	0.50	11198	11000	3.30		南靖县
	0.80	11340	10471	3.11		平和县
	0.42	2080	2034	0.32		华安县
	0.15	1606	1606	0.48		顺昌县
	0.50	2788	2788	0.83		浦城县
424.80	0.01	573	572	0.30	1	光泽县
						松溪县
	1.00	2025	2025	0.68		政和县
	13.00	11760	11541	5.40		长汀县
	3.25	22162	21737	8.93		上杭县
	0.50	17600	17350	4.35		武平县
	1.50	2				连城县
	60.00	15734	15514	7.50		霞浦县
	1.50	6267	6250	1.45		古田县
						屏南县
	13.00	868	844	0.26		寿宁县
	0.01	661	659	0.30		周宁县
						柘荣县
	11.12	36131	35879	12.90		平潭县

7-2-2 续表 11

县名称 Name of Counties	储气能力(万立方米) Gas Storage Capacity (10,000 m^3)	供气管道长度(公里) Length of Gas Supply Pipeline (km)	供气总量(万立方米) 合计 Total	销售气量 Quantity Sold	居民家庭 Households	集中供热 Central Heating
江　西	**956.30**	**8892.81**	**107303.68**	**106451.39**	**20214.60**	**755.68**
南昌县	80.00	1313.62	900.00	896.00	354.00	
安义县	11.18	181.78	15102.95	15061.93	1213.40	
进贤县	18.00	248.00	2421.00	2281.00	2281.00	
浮梁县	34.14	337.82	13131.66	12926.04	414.72	
莲花县	4.11	17.00	66.00	65.50	65.50	
上栗县	12.60	17.80	34.50	34.00	33.90	
芦溪县	30.00	11.00	8600.00	8590.00	780.00	
武宁县	13.00	76.00	545.00	544.36	164.00	
修水县	13.60	188.03	837.04	832.94	484.49	
永修县	54.00	160.00	800.50	800.00	400.00	
德安县		61.00	243.20	232.10	153.20	
都昌县	19.50	75.37	430.00	429.90	429.90	
湖口县		127.00	4897.01	4897.00	250.00	
彭泽县	2.31	140.00	1872.89	1847.54	655.51	
分宜县	25.00	146.00	3873.17	3866.00	508.00	
信丰县	35.00	453.85	1851.53	1842.57	453.22	
大余县	7.20	49.60	1078.97	1075.00	89.67	
上犹县	42.90	52.00	1460.00	1445.00	175.90	
崇义县		39.00	51.80	51.10	18.50	
安远县	6.00	180.00	257.00	256.76	210.00	
定南县	60.00	114.00	450.00	447.00	112.00	
全南县	13.80	47.70	247.66	246.41	98.32	
宁都县	12.00	48.90	18.30	18.00	18.00	
于都县	15.20	247.00	215.00	208.00	208.00	
兴国县	18.00	446.33	410.00	409.00	286.30	
会昌县	7.20	87.00	188.29	187.52	72.68	
寻乌县	8.12	56.00	278.85	278.80	278.80	
石城县	8.00	58.30	158.80	158.75	149.30	
吉安县	10.00	515.70	2911.00	2890.86	430.00	
吉水县	30.00	296.61	3240.56	3221.95	275.11	
峡江县	15.00	64.04	609.89	609.79	77.24	
新干县	7.20	221.15	1115.08	1103.15	1103.15	
永丰县	12.00	146.80	861.00	854.70	143.26	
泰和县	54.00	352.51	911.00	905.59	248.64	
遂川县	17.02	42.00	180.79	177.49	6.90	
万安县	6.50	50.00	61.39	61.22	34.49	
安福县	3.30	103.00	120.63	118.63	67.91	
永新县	3.00	55.00	178.00	172.00	55.00	
奉新县	18.00	146.00	4287.00	4276.00	600.00	
万载县	7.40	78.70	759.70	755.20	189.20	
上高县	14.50	117.90	6167.00	6120.00	812.00	
宜丰县	18.00	132.00	6011.35	5992.35	936.79	

continued

Total Gas Supplied (10,000 m^3) 燃气汽车 Gas-Powered Automobiles	燃气损失量 Loss Amount	用气户数(户) Number of Household with Access to Gas (unit)	居民家庭 Household User	用气人口(万人) Population with Access to Gas (10,000 persons)	天然气汽车加气站(座) Gas Stations for CNG-Fueled Motor Vehicles (unit)	县名称 Name of Counties
677.31	**852.29**	**1222808**	**1191622**	**334.48**	**7**	**江 西**
	4.00	255469	254202	18.20		南昌县
	41.02	32631	32382	9.82		安义县
	140.00	71300	71300	17.67		进贤县
	205.62	21099	20727	5.50		浮梁县
	0.50	1500	1500	0.45		莲花县
	0.50	126	124	0.04		上栗县
	10.00	18884	18800	1.20		芦溪县
	0.64	17000	16697	5.54		武宁县
	4.10	30706	30263	6.67		修水县
	0.50	5996	5790	2.40		永修县
	11.10	8279	8256	2.42		德安县
	0.10	8189	8189	3.21		都昌县
	0.01	19200	19000	6.00		湖口县
	25.35	20000	19800	5.83		彭泽县
15.53	7.17	32171	32000	10.00	1	分宜县
121.00	8.96	88215	67508	29.80	1	信丰县
	3.97	13500	12630	3.70		大余县
	15.00	6809	6689	2.72		上犹县
	0.70	2915	2801	1.00		崇义县
	0.24	14385	14300	6.15		安远县
	3.00	12775	12712	3.70		定南县
	1.25	9074	9027	3.95		全南县
	0.30	1430	1430	0.42		宁都县
	7.00	18294	18294	5.80		于都县
	1.00	24637	24350	12.45		兴国县
	0.77	4015	3930	1.97		会昌县
	0.05	5057	5057	2.00		寻乌县
	0.05	6238	6200	1.81		石城县
	20.14	34729	34149	11.80		吉安县
	18.61	24620	24163	9.65		吉水县
	0.10	7195	7087	1.98		峡江县
	11.93	22938	22938	6.65		新干县
	6.30	15416	15165	7.60		永丰县
	5.41	27364	27262	7.02		泰和县
	3.30	3037	3030	0.91		遂川县
	0.17	2669	2663	1.19		万安县
	2.00	6032	6000	1.99		安福县
0.03	6.00	3512	3500	2.50	1	永新县
	11.00	13100	12800	5.83		奉新县
	4.50	12167	12062	5.42		万载县
99.00	47.00	45035	44513	16.50	1	上高县
	19.00	22303	22098	2.50		宜丰县

7-2-2 续表 12

县名称 Name of Counties	储气能力(万立方米) Gas Storage Capacity (10,000 m^3)	供气管道长度(公里) Length of Gas Supply Pipeline (km)	供气总量(万立方米) 合计 Total	销售气量 Quantity Sold	居民家庭 Households	集中供热 Central Heating
靖安县	1.30	40.50	845.20	841.14	106.23	
铜鼓县	6.00	63.80	238.35	236.75	236.75	
南城县	6.00	157.50	520.00	519.80	230.00	
黎川县	14.50	103.57	4905.22	4855.34	235.78	
南丰县	10.00	58.50	859.05	858.05	422.90	
崇仁县	6.00	52.10	570.00	568.00	86.00	
乐安县	7.02	60.00	105.89	105.65	105.65	
宜黄县	5.60	49.81	679.19	675.29	85.71	
金溪县	3.00	96.40	312.42	311.96	311.96	
资溪县	3.00	15.00	31.97	31.50	31.50	
广昌县	3.00	41.30	368.40	366.04	101.10	
玉山县	8.40	170.60	1450.00	1414.00	178.00	
铅山县	75.00	131.00	2650.00	2600.00	151.00	
横峰县	1.10	45.38	1823.30	1815.52	13.40	
弋阳县	12.00	135.34	834.58	827.75	72.07	755.68
余干县	3.00	45.00	2042.00	2024.00	2024.00	
鄱阳县	12.00	47.80	465.00	457.40	333.07	
万年县	3.00	75.00	447.00	440.00	66.48	
婺源县	9.60	202.70	320.60	316.05	85.00	
山　东	**663.55**	**20351.43**	**262749.83**	**260206.23**	**67548.96**	**13434.07**
平阴县	36.00	522.45	4215.05	4214.05	968.50	
商河县		238.00	3614.16	3577.16	766.00	2553.16
桓台县	37.20	318.10	1602.10	1591.70	1542.40	
高青县		1031.48	8676.06	8607.77	535.95	
沂源县	6.30	158.70	6084.50	6081.81	457.11	
利津县	16.00	358.71	2567.50	2492.04	1699.00	
广饶县	31.50	360.56	14764.55	14715.44	990.08	
临朐县	24.50	710.26	14757.00	14612.00	858.00	240.00
昌乐县	13.00	189.26	4520.50	4305.50	1666.50	456.00
微山县	25.60	225.36	1092.77	1092.23	477.32	
鱼台县	1.04	74.00	646.96	637.40	509.40	
金乡县	55.00	697.66	6380.77	6307.53	943.20	
嘉祥县	3.30	168.28	259.00	247.00	231.00	
汶上县	2.00	150.00	1650.00	1648.00	1550.00	
泗水县	3.00	243.29	2292.57	2268.17	473.52	337.17
梁山县	16.00	474.60	4247.73	4232.50	457.82	79.63
宁阳县	9.70	563.00	5600.00	5599.90	1670.00	1250.00
东平县		191.30	2341.31	2284.00	623.00	433.60
五莲县	6.00	350.00	3116.00	3102.50	1143.00	367.00
莒　县		479.00	9454.81	9338.05	920.86	368.00
沂南县	5.00	687.79	1317.00	1300.00	1213.00	
郯城县	6.00	380.90	8062.39	8051.00	413.52	130.75
沂水县	10.00	395.14	13080.92	13058.94	801.47	
兰陵县	10.30	176.26	6322.00	6318.35	913.01	
费　县		480.00	15568.58	15557.58	640.15	

continued

Total Gas Supplied (10,000 m³) 燃气汽车 Gas-Powered Automobiles	燃气损失量 Loss Amount	用气户数(户) Number of Household with Access to Gas (unit)	居民家庭 Household User	用气人口(万人) Population with Access to Gas (10,000 persons)	天然气汽车加气站(座) Gas Stations for CNG-Fueled Motor Vehicles (unit)	县名称 Name of Counties
	4.06	7386	7335	5.65		靖安县
	1.60	7338	7338	2.04		铜鼓县
0.10	0.20	17132	17081	6.82	1	南城县
	49.88	18534	18398	7.17		黎川县
435.15	1.00	23438	23171	6.90	1	南丰县
	2.00	8581	8541	3.43		崇仁县
	0.24	16532	16532	6.62		乐安县
	3.90	12800	12710	3.98		宜黄县
	0.46	10635	10635	4.02		金溪县
	0.47	500	500	0.15		资溪县
	2.36	9729	9617	3.37		广昌县
	36.00	12400	12350	2.50		玉山县
6.50	50.00	14875	14770	5.15	1	铅山县
	7.78	635	601	1.20		横峰县
	6.83	9973	9753	3.50		弋阳县
	18.00	16873	16873	6.52		余干县
	7.60	29455	28580	6.48		鄱阳县
	7.00	6347	6100	5.72		万年县
	4.55	9634	9349	1.30		婺源县
11799.39	**2543.60**	**2961919**	**2913092**	**884.00**	**138**	**山　东**
56.86	1.00	69270	68973	12.35	1	平阴县
	37.00	49301	49120	9.88		商河县
49.30	10.40	53749	53589	13.42	1	桓台县
508.71	68.29	41652	41512	8.98	3	高青县
112.43	2.69	37556	34542	13.11	2	沂源县
	75.46	36936	36705	7.46		利津县
94.34	49.11	77448	77328	16.18	2	广饶县
425.00	145.00	81185	80416	22.61	4	临朐县
	215.00	99200	98737	25.30		昌乐县
71.69	0.54	50602	50516	15.20	1	微山县
77.37	9.56	22387	22140	8.22	1	鱼台县
91.28	73.24	67433	66758	20.22	5	金乡县
14.00	12.00	36500	35533	14.59	3	嘉祥县
98.00	2.00	35000	34000	11.50	7	汶上县
57.70	24.40	44120	43464	15.79	1	泗水县
148.73	15.23	40500	40330	12.60	1	梁山县
244.00	0.10	37700	35716	13.47	3	宁阳县
40.00	57.31	74433	73953	19.93	2	东平县
70.31	13.50	50000	48500	14.16	5	五莲县
1038.47	116.76	70782	70357	18.92	7	莒　县
70.00	17.00	40648	39453	11.28	1	沂南县
192.07	11.39	47503	46880	16.33	3	郯城县
390.97	21.98	89047	88427	28.76	2	沂水县
120.70	3.65	73675	72763	29.47	2	兰陵县
154.00	11.00	61803	61693	23.53	2	费　县

7-2-2 续表 13

县名称 Name of Counties	储气能力(万立方米) Gas Storage Capacity (10,000 m³)	供气管道长度(公里) Length of Gas Supply Pipeline (km)	供气总量(万立方米) 合计 Total	销售气量 Quantity Sold	居民家庭 Households	集中供热 Central Heating
平邑县		438.40	1300.50	1300.40	840.50	229.40
莒南县	30.00	684.50	2756.40	2748.87	984.44	
蒙阴县		250.97	3300.50	3276.75	388.57	
临沭县		309.60	4996.00	4978.86	716.20	
宁津县		221.49	3049.00	2920.00	2390.00	365.00
庆云县	2.90	93.38	2090.19	2010.73	1169.84	
临邑县	20.00	805.00	7220.00	7016.00	4414.00	
齐河县		430.43	7328.60	7319.28	1663.00	421.00
平原县	3.50	546.50	4653.99	4421.99	987.00	2365.19
夏津县	1.50	190.65	3670.17	3652.17	1296.21	
武城县	2.90	437.49	2645.00	2528.00	1855.00	314.00
阳谷县		265.78	4826.75	4812.35	1494.10	13.00
莘　县	2.09	240.64	1730.40	1694.07	1336.07	178.00
东阿县	48.00	371.93	5763.00	5746.00	1449.00	
冠　县		509.75	7294.76	7289.30	1779.65	450.00
高唐县	123.00	1008.10	8116.13	7764.62	2302.38	1877.00
惠民县		105.26	2800.00	2757.80	876.30	36.00
阳信县	0.82	254.82	5272.01	5230.00	4168.00	
无棣县		225.26	2879.00	2876.00	2338.00	292.00
博兴县		67.00	1728.55	1703.00	1700.55	
曹　县		225.28	1785.30	1784.54	1384.06	
单　县	30.00	364.93	4338.30	4295.91	1458.96	76.10
成武县	19.00	428.50	2329.33	2290.20	810.39	40.00
巨野县	3.10	101.00	1934.01	1934.00	1878.27	
郓城县	9.30	659.00	5256.43	5188.67	3342.69	517.62
鄄城县	50.00	466.67	2861.67	2837.99	225.61	44.45
东明县		1025.00	18589.61	18588.11	1836.36	
河　南	**683.03**	**13507.82**	**183705.17**	**180712.68**	**68134.99**	**6047.86**
中牟县		405.00	5511.00	5425.00	2067.00	3269.00
杞　县	4.00	61.58	1080.00	1060.00	660.00	90.00
通许县	6.00	82.20	1002.00	992.00	792.00	
尉氏县	4.00	63.00	4410.61	4405.42	1693.50	
兰考县	24.00	416.95	4097.30	3984.29	1967.00	
新安县	2.30	255.47	9860.00	9810.00	856.00	
栾川县						
嵩　县	8.85	50.10	398.60	390.10	156.00	5.00
汝阳县	3.00	55.10	103.20	101.50	85.00	
宜阳县	10.00	308.01	3256.30	3100.00	598.20	356.36
洛宁县	12.00	50.00	1200.00	1180.00	110.00	474.00
伊川县		301.60	12395.00	12389.00	1662.00	60.00
宝丰县		46.80	2102.00	2017.00	717.45	
叶　县	1.00	204.70	2600.00	2536.00	270.00	120.20
鲁山县		78.20	642.00	639.60	268.00	72.00
郏　县		136.20	2525.00	2434.00	212.00	
安阳县	4.70	113.00	1483.34	1455.03	289.34	

continued

Total Gas Supplied ($10,000\ m^3$) 燃气汽车 Gas-Powered Automobiles	燃气损失量 Loss Amount	用气户数(户) Number of Household with Access to Gas (unit)	居民家庭 Household User	用气人口(万人) Population with Access to Gas (10,000 persons)	天然气汽车加气站(座) Gas Stations for CNG-Fueled Motor Vehicles (unit)	县名称 Name of Counties
230.50	0.10	61850	57885	20.50	3	平邑县
163.42	7.53	89938	89225	22.92	4	莒南县
20.32	23.75	31615	31488	12.58	4	蒙阴县
198.86	17.14	56188	55821	19.68	2	临沭县
165.00	129.00	44750	44280	16.40	4	宁津县
	79.46	43836	42689	14.80	2	庆云县
269.00	204.00	103777	101598	25.22	8	临邑县
2379.00	9.32	83705	80247	25.77	7	齐河县
157.00	232.00	60549	60030	15.01	1	平原县
944.35	18.00	41801	41300	18.35	9	夏津县
359.00	117.00	40500	38950	8.10	2	武城县
185.00	14.40	54995	54729	12.00	4	阳谷县
180.00	36.33	39427	39125	14.58	3	莘　县
42.00	17.00	62364	62260	11.24	3	东阿县
40.00	5.46	48640	48058	17.30	1	冠　县
51.71	351.51	74699	73897	18.47	2	高唐县
120.00	42.20	61090	60830	19.90	3	惠民县
	42.01	25162	24564	8.84		阳信县
246.00	3.00	60998	60553	11.11	3	无棣县
	25.55	73546	72904	14.74		博兴县
110.59	0.76	70672	70293	30.63	1	曹　县
53.10	42.39	78794	78036	22.00	1	单　县
150.00	39.13	32505	32127	8.65	3	成武县
55.73	0.01	60105	59687	27.12	1	巨野县
1328.36	67.76	79156	70055	34.50	4	郓城县
	23.68	25319	25180	12.59		鄄城县
224.52	1.50	67508	65876	17.74	4	东明县
16367.55	**2992.49**	**2813506**	**2747155**	**904.78**	**133**	**河　南**
89.00	86.00	60997	50130	12.26	1	中牟县
310.00	20.00	22200	21000	8.80	4	杞　县
200.00	10.00	26102	25937	5.90	1	通许县
184.30	5.19	72500	71300	15.24	1	尉氏县
47.00	113.01	66147	65976	25.35	1	兰考县
2256.80	50.00	50200	48850	15.34	2	新安县
						栾川县
38.00	8.50	11000	10650	3.20	1	嵩　县
	1.70	8126	8065	1.52		汝阳县
	156.30	37000	36626	12.80		宜阳县
110.00	20.00	8114	8084	3.20	2	洛宁县
20.00	6.00	39500	38200	18.62	6	伊川县
	85.00	37000	36854	9.25		宝丰县
8.00	64.00	24000	22500	8.30	6	叶　县
	2.40	20334	20166	7.82		鲁山县
145.00	91.00	17324	17143	2.10	1	郏　县
90.00	28.31	17106	17020	6.80	2	安阳县

7-2-2 续表 14

县名称 Name of Counties	储气能力(万立方米) Gas Storage Capacity $(10,000\ m^3)$	供气管道长度(公里) Length of Gas Supply Pipeline (km)	供气总量(万立方米) 合计 Total	销售气量 Quantity Sold	居民家庭 Households	集中供热 Central Heating
汤阴县		138.00	9506.71	9473.31	2697.97	
滑　县	11.00	470.06	5400.16	5385.50	1919.41	
内黄县		110.76	1550.00	1540.00	1350.00	
浚　县		213.38	2215.41	2213.41	721.78	31.00
淇　县		177.00	2101.80	2031.61	1115.27	
新乡县	2.00	154.50	6038.00	5826.00	1440.00	
获嘉县	1.90	281.99	2400.00	2300.00	1875.00	
原阳县		82.00	2581.37	2536.37	633.00	
延津县	1.85	78.50	497.78	477.78	262.78	70.00
封丘县	1.50	45.00	574.50	563.74	376.03	
修武县		316.18	4234.00	4229.00	370.00	
博爱县	1.25	206.00	2815.00	2775.00	647.00	80.00
武陟县	48.92	100.70	4115.62	3954.15	1826.52	
温　县	2.00	120.00	3525.00	3397.00	1169.00	
清丰县	9.00	207.50	2701.00	2598.00	1657.00	
南乐县	3.00	460.00	4653.10	4588.69	616.00	
范　县		64.22	1645.00	1630.00	1200.00	400.00
台前县		42.07	1061.12	1059.42	572.40	
濮阳县	20.00	354.64	2950.60	2803.40	2668.50	
鄢陵县	1.92	168.70	1607.12	1600.00	1102.40	
襄城县	1.00	122.20	1240.00	1231.00	831.00	300.00
舞阳县	0.30	2439.02	1583.00	1568.00	870.00	
临颍县		82.23	4375.63	4375.03	1973.39	
渑池县	0.80	135.60	7468.60	7441.30	113.30	
卢氏县	21.60	23.83	775.00	770.00	52.00	
南召县	50.00	133.39	507.00	505.90	381.70	
方城县	8.80	108.60	925.76	913.00	814.00	
西峡县	12.00	67.13	1912.50	1912.00	196.60	
镇平县	3.74	57.00	1463.83	1443.83	204.22	
内乡县	40.00	67.00	699.40	698.00	380.00	
淅川县	22.40	82.29	504.90	502.70	283.50	
社旗县	0.65	62.63	178.02	171.82	171.57	
唐河县	95.00	316.00	3012.00	3004.32	1662.04	
新野县	0.50	173.72	550.00	541.00	300.00	
桐柏县						
民权县	15.20	205.00	2082.00	2020.00	1935.00	14.00
睢　县	9.80	79.50	861.20	855.40	302.00	197.40
宁陵县		35.00	438.10	429.30	109.50	24.30
柘城县	1.50	83.20	1075.00	1054.00	815.00	63.60
虞城县	26.00	259.00	3660.00	3505.00	1472.00	
夏邑县	10.00	106.00	1800.00	1780.00	1650.00	
罗山县		36.00	990.00	987.00	502.00	
光山县	8.00	92.00	1547.30	1521.80	994.80	120.00
新　县		35.00	144.42	135.60	31.00	
商城县		57.76	123.76	122.26	112.82	

continued

Total Gas Supplied (10,000 m^3)		用气户数（户）		用气人口（万人）	天然气汽车加气站（座）	县名称
燃气汽车 Gas-Powered Automobiles	燃气损失量 Loss Amount	Number of Household with Access to Gas (unit)	居民家庭 Household User	Population with Access to Gas (10,000 persons)	Gas Stations for CNG-Fueled Motor Vehicles (unit)	Name of Counties
535.89	33.40	64017	63432	12.85	5	汤阴县
226.09	14.66	100154	99409	23.30	2	滑　县
	10.00	32000	31370	9.80		内黄县
151.50	2.00	37707	37286	16.58	1	浚　县
89.42	70.19	38520	37255	11.24	4	淇　县
325.00	212.00	30734	30633	9.19	2	新乡县
425.00	100.00	39700	39100	11.00	2	获嘉县
119.37	45.00	33946	33535	7.63	4	原阳县
145.00	20.00	16038	16012	5.61	2	延津县
187.71	10.76	18242	17912	7.56	3	封丘县
50.00	5.00	14500	13960	5.78	1	修武县
125.00	40.00	32454	31582	10.00	6	博爱县
642.25	161.47	63154	62516	25.40	1	武陟县
10.79	128.00	26564	26087	9.13	1	温　县
927.00	103.00	40767	40350	13.25	1	清丰县
	64.41	41265	40783	9.54		南乐县
30.00	15.00	32157	31797	7.18	2	范　县
259.20	1.70	20088	19467	6.76	3	台前县
134.90	147.20	58320	55865	16.53	1	濮阳县
110.50	7.12	30600	30000	11.00	2	鄢陵县
100.00	9.00	27461	27400	8.00	1	襄城县
44.00	15.00	59193	52100	11.00	1	舞阳县
75.30	0.60	49811	48988	19.10	2	临颍县
109.80	27.30	16845	16620	5.30	1	渑池县
224.00	5.00	6500	6400	2.60	1	卢氏县
124.20	1.10	13662	13550	6.70	2	南召县
	12.76	48000	47704	15.00		方城县
1100.00	0.50	17486	17300	5.19	3	西峡县
141.00	20.00	20685	20300	7.24	3	镇平县
	1.40	17450	16300	7.22		内乡县
219.20	2.20	7852	7742	3.39	3	淅川县
0.25	6.20	18470	18180	6.82	2	社旗县
1320.00	7.68	60720	60546	20.00	2	唐河县
65.00	9.00	35671	35543	17.51	1	新野县
						桐柏县
71.00	62.00	46713	46293	13.50	1	民权县
179.00	5.80	32000	29700	8.60	1	睢　县
29.20	8.80	7980	7910	3.19	1	宁陵县
125.00	21.00	39700	39500	9.40	1	柘城县
920.00	155.00	38453	38110	12.50	5	虞城县
130.00	20.00	49500	47800	9.80	3	夏邑县
5.00	3.00	34483	33183	11.60	1	罗山县
121.00	25.50	39073	38904	17.96	1	光山县
	8.82	1720	1670	0.80		新　县
8.69	1.50	7426	7361	4.50	1	商城县

7-2-2 续表 15

县名称 Name of Counties	储气能力(万立方米) Gas Storage Capacity (10,000 m^3)	供气管道长度(公里) Length of Gas Supply Pipeline (km)	供气总量(万立方米) 合计 Total	销售气量 Quantity Sold	居民家庭 Households	集中供热 Central Heating
固始县	3.00	254.20	6042.00	6032.00	2365.00	
潢川县	0.90	61.00	1476.00	1471.00	400.00	
淮滨县		96.79	687.00	677.00	161.00	
息　县		103.00	860.00	858.00	678.00	
扶沟县		81.06	982.50	949.50	801.00	
西华县		63.97	2245.61	2232.67	1384.68	
商水县		32.50	903.40	900.00	780.90	
沈丘县	2.00	240.30	1200.20	1200.00	450.00	300.00
郸城县	98.00	51.30	14.55	14.49	12.35	1.00
太康县	2.00	159.60	1795.86	1744.06	1016.44	
鹿邑县	1.00	214.00	2056.40	2056.00	1612.00	
西平县	0.55	56.44	2404.00	2293.00	1100.00	
上蔡县		60.00	1186.89	1154.38	486.63	
平舆县	32.00	92.90	2114.94	2031.75	862.53	
正阳县		55.63	1414.22	1381.39	449.72	
确山县		94.56	1090.00	1040.00	456.14	
泌阳县		106.69	865.12	821.87	468.00	
汝南县	32.10	201.59	1350.97	1291.03	602.08	
遂平县		72.89	1490.77	1438.71	857.51	
新蔡县		131.19	767.68	736.25	410.02	
湖　北	**288.94**	**9467.55**	**49628.64**	**48739.69**	**23384.80**	**130.00**
阳新县	9.00	388.00	2472.40	2464.00	655.50	
郧西县	3.60	28.74	70.00	69.90	69.90	
竹山县	6.00	19.30	94.63	93.00	79.26	
竹溪县	30.00	112.60	30.00	29.30	28.00	
房　县	3.64	9.57	23.58	23.57	23.57	
远安县	0.90	224.83	564.07	562.87	501.73	
兴山县	3.00	88.20	346.87	346.39	75.03	
秭归县	20.00	91.50	1793.00	1748.00	600.00	
长阳土家族自治县	0.50	494.12	1389.00	1376.09	1376.09	
五峰土家族自治县	15.00	60.00	352.50	352.00	98.00	
南漳县	2.20	224.00	1499.00	1489.00	457.00	
谷城县	1.60	204.25	4729.05	4631.72	633.70	
保康县	6.00	17.00	352.00	350.00	65.00	80.00
沙洋县	1.75	385.60	1762.79	1748.36	330.36	
孝昌县		487.46	6509.65	6455.04	3148.11	
大悟县	2.10	51.80	543.60	532.60	485.50	
云梦县	2.10	751.77	2636.10	2610.00	900.00	
公安县	8.00	135.00	2155.10	2095.10	1800.00	
江陵县	3.00	101.00	955.00	943.00	702.30	
团风县	1.80	174.00	1273.58	1250.04	456.17	
红安县	1.50	280.00	3365.00	3333.00	395.00	
罗田县		41.30	450.34	448.58	360.10	
英山县	6.75	604.35	1071.56	988.31	539.26	
浠水县		757.25	2363.00	2347.00	2200.00	

continued

Total Gas Supplied (10,000 m^3)						
燃气汽车 Gas-Powered Automobiles	燃气损失量 Loss Amount	用气户数（户） Number of Household with Access to Gas (unit)	居民家庭 Household User	用气人口（万人） Population with Access to Gas (10,000 persons)	天然气汽车加气站（座） Gas Stations for CNG-Fueled Motor Vehicles (unit)	县名称 Name of Counties
1390.00	10.00	54272	52385	30.62	5	固始县
100.00	5.00	27139	26939	10.24	1	潢川县
91.00	10.00	24400	24284	7.29	1	淮滨县
180.00	2.00	39128	38852	18.57	1	息　县
60.00	33.00	33484	32168	10.19	1	扶沟县
141.73	12.94	39896	39889	10.49	2	西华县
116.30	3.40	37862	37145	13.20	2	商水县
340.00	0.20	21000	20500	12.00	2	沈丘县
1.00	0.06	558	377	0.18	3	郸城县
112.00	51.80	59620	59013	17.82	1	太康县
165.00	0.40	42548	42029	13.19	2	鹿邑县
295.00	111.00	64821	64261	19.90	1	西平县
96.33	32.51	31432	31064	9.43	1	上蔡县
	83.19	80473	80090	24.02		平舆县
	32.83	28111	27881	11.14		正阳县
	50.00	32047	24878	10.10		确山县
	43.25	32421	31400	14.34		泌阳县
64.83	59.94	48341	48016	19.02	1	汝南县
110.00	52.06	61365	61046	17.57	1	遂平县
	31.43	69157	68982	22.72		新蔡县
3839.21	**888.95**	**1023251**	**1000542**	**263.09**	**37**	**湖　北**
329.10	8.40	36592	34358	9.00	1	阳新县
	0.10	11000	11000	5.21	1	郧西县
	1.63	7281	6757	2.56		竹山县
	0.70	11090	11050	2.60	1	竹溪县
	0.01	4671	4671	1.61	2	房　县
61.14	1.20	20112	19881	1.20	1	远安县
201.51	0.48	4938	4185	1.50	1	兴山县
88.00	45.00	31140	30920	10.18	1	秭归县
	12.91	31532	31532	9.10		长阳土家族自治县
26.00	0.50	5160	5043	1.76	1	五峰土家族自治县
81.23	10.00	27359	27021	8.20	1	南漳县
113.50	97.33	46294	45721	11.52	1	谷城县
	2.00	7200	7050	2.90		保康县
106.30	14.43	22571	22007	6.95	1	沙洋县
432.82	54.61	46099	45750	15.40	2	孝昌县
2.20	11.00	14899	12988	6.94	1	大悟县
590.00	26.10	68387	67625	16.30	2	云梦县
250.00	60.00	55516	54265	10.70	1	公安县
52.02	12.00	17642	17483	2.01	1	江陵县
	23.54	25920	25596	6.00	1	团风县
152.00	32.00	35872	35567	10.58	1	红安县
	1.76	21645	21037	7.29		罗田县
57.00	83.25	39478	39061	9.06	1	英山县
147.00	16.00	65000	64400	21.30	1	浠水县

7-2-2 续表 16

县名称 Name of Counties	储气能力(万立方米) Gas Storage Capacity (10,000 m^3)	供气管道长度(公里) Length of Gas Supply Pipeline (km)	供气总量(万立方米) 合计 Total	销售气量 Quantity Sold	居民家庭 Households	集中供热 Central Heating
蕲春县	1.50	1410.91	2399.68	2318.09	1344.49	
黄梅县		743.00	2482.00	2400.00	1600.00	
嘉鱼县	0.30	191.74	894.91	838.60	451.46	
通城县	12.00	68.00	685.00	683.00	178.25	
崇阳县	4.00	24.50	65.06	65.00	65.00	
通山县	5.00	53.00	408.00	396.00	344.00	50.00
随　县	73.00	195.32	1208.94	1178.00	232.00	
建始县	1.80	162.94	881.00	879.60	394.44	
巴东县	36.00	43.00	217.22	216.42	152.22	
咸丰县	1.50	492.04	1381.26	1349.05	1071.95	
来凤县		160.00	1315.00	1249.25	1049.00	
鹤峰县	6.40	42.93	55.39	53.49	15.63	
宣恩县	1.00	107.15	543.36	538.12	417.44	
神农架林区	18.00	41.38	290.00	288.20	89.34	
湖　南	**1783.23**	**10746.42**	**72135.62**	**71466.30**	**36162.05**	**76.00**
长沙县	1201.80	404.61	20302.06	20282.66	6797.30	
望城区	26.80	295.00	4906.50	4906.00	633.00	
攸　县	13.00	321.69	1030.10	1027.10	917.09	
茶陵县	12.00	245.00	771.00	767.00	388.00	
炎陵县	5.40	211.00	250.30	244.50	150.50	
湘潭县		580.00	4200.00	4170.00	1600.00	
衡阳县	10.00	482.65	1192.00	1191.00	1191.00	
衡南县	4.00	112.86	450.60	438.10	429.10	
衡山县		36.90	835.00	813.22	801.20	
衡东县	28.12	322.45	1106.00	1088.00	420.91	
祁东县	20.00	440.70	1360.00	1331.00	700.09	
南岳区		146.00	500.00	487.00	420.00	
新邵县	3.00	145.36	600.00	598.05	363.32	
邵阳县	12.00	33.00	412.00	411.00	410.90	
隆回县	3.13	113.86	496.36	496.22	410.00	
洞口县	12.00	117.00	394.00	390.00	220.00	
绥宁县	6.26	28.02	18.79	18.75	18.75	
新宁县	10.00	218.00	888.00	872.00	526.00	
城步苗族自治县	3.20	25.00	9.50	9.00	9.00	
岳阳县	1.00	246.63	1460.00	1450.00	670.00	
华容县	18.00	209.96	1016.18	1015.53	909.47	
湘阴县		159.61	1658.00	1624.00	724.56	
平江县	10.00	170.00	1796.23	1783.73	945.59	
安乡县	1.00	325.00	608.00	600.00	488.00	
汉寿县		688.17	1403.00	1387.00	810.00	
澧　县	40.00	192.00	2200.00	2155.00	1200.00	
临澧县	14.00	412.26	1442.90	1433.90	520.90	
桃源县	3.00	157.20	1410.00	1350.00	523.00	
石门县	20.00	327.00	1551.00	1476.00	1355.00	
慈利县	6.80	288.01	1033.00	1021.00	843.00	

continued

Total Gas Supplied (10,000 m³) 燃气汽车 Gas-Powered Automobiles	燃气损失量 Loss Amount	用气户数(户) Number of Household with Access to Gas (unit)	居民家庭 Household User	用气人口(万人) Population with Access to Gas (10,000 persons)	天然气汽车加气站(座) Gas Stations for CNG-Fueled Motor Vehicles (unit)	县名称 Name of Counties
19.46	81.59	62770	61633	20.94	1	蕲春县
737.00	82.00	92800	90000	13.00	2	黄梅县
	56.31	32994	32737	3.76	1	嘉鱼县
21.10	2.00	11698	11533	3.65	1	通城县
	0.06	4306	4306	1.37		崇阳县
2.00	12.00	20390	20300	6.09	1	通山县
54.60	30.94	15925	15223	3.29	1	随　县
52.40	1.40	18806	16130	6.47	1	建始县
55.00	0.80	11186	11071	2.79	2	巴东县
158.00	32.21	33062	32011	8.40	1	咸丰县
	65.75	36495	35923	6.20		来凤县
	1.90	1630	1602	0.56		鹤峰县
26.18	5.24	18591	18105	5.20	1	宣恩县
23.65	1.80	5200	5000	1.50	2	神农架林区
5914.50	**669.32**	**1741157**	**1535156**	**522.79**	**41**	**湖　南**
2978.92	19.40	297827	294428	70.76	4	长沙县
	0.50	137144	13666	44.92		望城区
110.01	3.00	34811	34396	10.55	2	攸　县
214.00	4.00	21314	21036	7.00	2	茶陵县
	5.80	10151	10009	2.90		炎陵县
100.00	30.00	58000	5700	12.00	1	湘潭县
	1.00	37100	37100	13.00	1	衡阳县
9.00	12.50	17000	16600	6.68	1	衡南县
8.61	21.78	20325	18082	3.81	1	衡山县
	18.00	36616	36482	12.80		衡东县
14.74	29.00	47145	46762	17.92	1	祁东县
	13.00	11365	11285	4.90		南岳区
	1.95	24276	24183	2.35		新邵县
0.10	1.00	12000	11780	4.72	1	邵阳县
	0.14	28601	28261	13.26		隆回县
85.00	4.00	17400	17235	4.00	1	洞口县
	0.04	1040	1040	0.53		绥宁县
240.00	16.00	25827	25467	7.80	1	新宁县
	0.50	690	690	0.30		城步苗族自治县
125.00	10.00	34333	34022	9.30	1	岳阳县
105.84	0.65	42511	42024	12.61	2	华容县
	34.00	40039	39540	11.80		湘阴县
151.00	12.50	44369	44339	8.38	1	平江县
110.00	8.00	23000	22840	6.00	1	安乡县
200.00	16.00	49711	46650	14.30	1	汉寿县
156.00	45.00	69000	68420	20.00	1	澧　县
150.00	9.00	24032	23737	6.35	1	临澧县
150.00	60.00	26300	24110	9.56	1	桃源县
121.00	75.00	45100	44300	13.20	2	石门县
178.00	12.00	29712	28765	8.55	1	慈利县

7-2-2 续表 17

县名称 Name of Counties	储气能力(万立方米) Gas Storage Capacity (10,000 m^3)	供气管道长度(公里) Length of Gas Supply Pipeline (km)	供气总量(万立方米) 合计 Total	销售气量 Quantity Sold	居民家庭 Households	集中供热 Central Heating
桑植县	12.50	68.00	420.00	410.00	410.00	
南　县	12.00	200.65	1286.34	1270.70	762.42	76.00
桃江县	0.80	94.70	2017.66	2011.02	1055.52	
安化县	6.01	21.64	298.12	293.22	153.50	
大通湖区	0.36	20.10	45.00	43.50	43.50	
桂阳县	30.00	514.01	3188.00	3175.00	1085.00	
宜章县	16.00	54.50	153.08	153.03	153.00	
永兴县	38.40	75.60	1118.18	1115.78	1009.78	
嘉禾县	4.50	86.10	351.40	342.00	342.00	
临武县	6.60	92.44	392.00	390.00	256.00	
汝城县	12.00	113.77	500.00	498.99	498.99	
桂东县	3.00	52.30	74.60	74.52	74.52	
安仁县	4.04	61.10	370.87	349.88	122.50	
东安县						
双牌县	3.70	63.73	57.82	53.68	51.87	
道　县	1.20	12.00	3.58	3.47	0.08	
江永县	2.78	16.68	134.62	134.42	18.30	
宁远县	9.00	75.00	295.26	290.90	119.58	
蓝山县	0.28	86.00	146.98	146.94	75.24	
新田县	12.00	49.60	210.80	210.00	191.00	
江华瑶族自治县	18.00	55.30	639.06	638.56	86.65	
中方县	3.00	34.00	245.80	242.60	30.10	
沅陵县	10.00	74.50	265.00	264.75	264.75	
辰溪县	6.00	45.80	51.48	51.23	30.74	
溆浦县	6.25	60.00	153.00	152.98	152.98	
会同县	6.00	19.00	81.54	79.09	79.09	
麻阳苗族自治县	6.00	47.91	189.00	188.60	157.00	
新晃侗族自治县	10.00	28.77	42.14	42.00	42.00	
芷江侗族自治县						
通道县	3.00	110.48	168.00	165.58	136.94	
靖州县	8.40	203.00	422.00	412.00	412.00	
双峰县	10.00	183.00	610.00	607.00	607.00	
新化县	12.00	110.00	1400.00	1365.00	1365.00	
泸溪县	6.50	43.00	71.01	70.00	0.70	
凤凰县	2.80	33.00	58.00	56.00	56.00	
花垣县	3.60	60.00	106.77	106.75	26.97	
保靖县	6.00	43.50	294.00	293.00	41.00	
古丈县	3.00	37.20	31.32	31.02	30.02	
永顺县	3.00	61.10	12.67	12.55	11.38	
龙山县		284.00	930.00	883.78	813.25	
广　东	**475.73**	**3906.79**	**38470.37**	**38269.23**	**6556.10**	**292.00**
始兴县	7.00	171.56	155.51	155.50	99.50	
仁化县	0.03	134.25	846.23	834.51	834.51	
翁源县						
乳源瑶族自治县	30.00	80.00	177.88	177.38	138.38	

continued

Total Gas Supplied (10,000 m^3)		用气户数(户) Number of Household with Access to Gas (unit)		用气人口(万人) Population with Access to Gas (10,000 persons)	天然气汽车加气站(座) Gas Stations for CNG-Fueled Motor Vehicles (unit)	县名称 Name of Counties
燃气汽车 Gas-Powered Automobiles	燃气损失量 Loss Amount		居民家庭 Household User			
	10.00	23260	23260	9.30		桑植县
164.72	15.64	29769	29319	9.88	1	南　县
120.81	6.64	34671	34435	9.65	1	桃江县
139.72	4.90	2629	2614	0.78	1	安化县
	1.50	5550	5550	2.21		大通湖区
156.00	13.00	50025	43612	12.26	1	桂阳县
0.03	0.05	10820	10800	3.78	2	宜章县
106.00	2.40	33213	33059	11.64	1	永兴县
	9.40	7294	7294	2.41		嘉禾县
	2.00	16382	16250	6.50		临武县
	1.01	19300	19300	7.53		汝城县
	0.08	6495	6495	3.50		桂东县
	20.99	11061	8766	3.83	1	安仁县
						东安县
	4.14	5064	4988	2.56		双牌县
	0.11	1124	1120	0.56	1	道　县
	0.20	1360	1352	0.50	1	江永县
	4.36	8450	8400	3.52		宁远县
	0.04	4830	4789	2.00		蓝山县
19.00	0.80	19300	18730	6.58	1	新田县
	0.50	5451	5349	2.67		江华瑶族自治县
	3.20	673	667	0.21		中方县
	0.25	12620	12620	4.28		沅陵县
	0.25	4100	4050	1.50		辰溪县
	0.02	13121	13121	4.41		溆浦县
	2.45	3581	3581	1.20		会同县
	0.40	11985	11943	5.82		麻阳苗族自治县
	0.14	6376	6376	3.80		新晃侗族自治县
						芷江侗族自治县
	2.42	7844	7727	2.54	1	通道县
	10.00	17358	17358	6.90		靖州县
	3.00	25149	25149	7.86		双峰县
	35.00	31359	31359	9.40		新化县
1.00	1.01	1120	1100	0.20	1	泸溪县
	2.00	4080	4080	1.20		凤凰县
	0.02	2600	2576	0.41		花垣县
	1.00	4032	3527	1.22		保靖县
	0.30	2981	2965	1.09		古丈县
	0.12	591	586	0.18		永顺县
	46.22	28800	27940	8.66		龙山县
1865.60	**201.14**	**529794**	**526844**	**165.74**	**15**	**广　东**
	0.01	8385	8352	3.31		始兴县
	11.72	16832	16832	4.90		仁化县
						翁源县
	0.50	9042	9000	3.30		乳源瑶族自治县

7-2-2 续表 18

县名称 Name of Counties	储气能力(万立方米) Gas Storage Capacity (10,000 m^3)	供气管道长度(公里) Length of Gas Supply Pipeline (km)	供气总量(万立方米) 合计 Total	销售气量 Quantity Sold	居民家庭 Households	集中供热 Central Heating
新丰县	75.10	72.42	1210.73	1210.00	45.02	
南澳县						
遂溪县						
徐闻县	3.00	69.00	771.00	762.00	46.50	
广宁县	12.00	95.10	1566.00	1550.00	146.00	
怀集县	12.00	72.88	800.00	791.00	216.00	
封开县	3.60	30.00	264.20	262.20	87.00	
德庆县	0.36	55.05	418.53	416.50	83.41	
博罗县	23.50	522.33	9134.94	9074.00	586.57	
惠东县						
龙门县	7.00	46.00	328.60	320.29	55.90	
大埔县	3.00	147.73	264.95	264.81	211.11	
丰顺县	12.00	224.64	781.00	780.00	175.00	
五华县	6.00	268.09	302.90	296.84	178.10	
平远县	6.00	122.10	370.40	369.44	149.51	
蕉岭县	0.03	65.20	245.00	244.00	243.00	
海丰县	12.00	186.00	1031.00	1026.00	754.00	
陆河县	3.25	95.25	118.90	114.40	56.12	
紫金县	10.80	80.16	21.60	16.74	10.95	
龙川县	5.40	91.20	768.73	760.10	651.74	
连平县	4.20	13.00	8.26	7.58	7.58	
和平县	12.60	35.17	529.66	526.30	247.60	
东源县	18.00	85.70	2396.00	2384.20	303.00	
阳西县	10.20	403.70	837.90	835.00	169.00	292.00
阳山县	6.00	29.00	79.00	78.00	47.00	
连山壮族瑶族自治县						
连南瑶族自治县	38.46	14.00	21.00	20.99	20.99	
佛冈县	34.20	180.00	10030.00	10024.00	136.16	
饶平县	90.00	112.70	955.45	940.45	144.45	
揭西县						
惠来县						
新兴县	24.00	317.00	3745.00	3738.00	580.00	
郁南县	6.00	87.56	290.00	289.00	132.00	
广　西	**296.64**	**2263.67**	**19084.94**	**19012.29**	**4597.09**	**60.70**
隆安县	2.00	55.00	107.20	107.00	44.30	60.70
马山县						
上林县	3.40	94.98	64.25	63.26	52.86	
宾阳县	12.00	152.00	438.00	437.50	437.50	
柳城县						
鹿寨县	18.00	53.70	165.59	161.30	161.30	
融安县	6.00	12.90	94.41	94.38	93.83	
融水苗族自治县	5.58	43.56	190.00	189.15	137.29	
三江侗族自治县	3.00	63.70	181.70	178.70	142.00	
阳朔县	2.00	47.70	35.90	35.80	35.80	
灵川县		191.00	565.70	553.50	438.30	

continued

Total Gas Supplied (10,000 m^3)		用气户数(户)		用气人口(万人)	天然气汽车加气站(座)	县名称
燃气汽车 Gas-Powered Automobiles	燃气损失量 Loss Amount	Number of Household with Access to Gas (unit)	居民家庭 Household User	Population with Access to Gas (10,000 persons)	Gas Stations for CNG-Fueled Motor Vehicles (unit)	Name of Counties
	0.73	3461	3443	0.88		新丰县
						南澳县
						遂溪县
568.00	9.00	4903	4807	11.50	1	徐闻县
	16.00	14541	14463	3.30		广宁县
	9.00	25414	25300	5.56	1	怀集县
50.70	2.00	7237	7174	1.29	1	封开县
53.06	2.03	5916	5852	2.05	1	德庆县
1034.15	60.94	50847	50622	13.87	1	博罗县
						惠东县
	8.31	7800	7718	2.19		龙门县
	0.14	26178	26108	7.83		大埔县
	1.00	32259	32116	12.92		丰顺县
	6.06	29694	29603	12.95	1	五华县
159.69	0.96	18400	18314	5.70	1	平远县
	1.00	18588	18401	5.30		蕉岭县
	5.00	44036	43625	15.27		海丰县
	4.50	4554	4500	2.36		陆河县
	4.86	5213	5209	0.53	3	紫金县
	8.63	40479	40247	14.08		龙川县
	0.68	19729	19729	0.10	4	连平县
	3.36	14673	14600	5.84		和平县
	11.80	18259	18148	5.30		东源县
	2.90	27110	27000	5.67		阳西县
	1.00	3232	3188	1.10		阳山县
						连山壮族瑶族自治县
	0.01	623	623	0.35	1	连南瑶族自治县
	6.00	12391	12298	3.18		佛冈县
	15.00	8600	8474	3.81		饶平县
						揭西县
						惠来县
	7.00	44472	44223	8.90		新兴县
	1.00	6926	6875	2.40		郁南县
228.06	**72.65**	**277985**	**272714**	**84.15**	**4**	**广　西**
	0.20	7800	7720	2.00		隆安县
						马山县
	0.99	4921	4915	1.08		上林县
	0.50	22110	22110	4.30		宾阳县
						柳城县
	4.29	10940	10940	2.47		鹿寨县
	0.03	3972	3949	1.18		融安县
	0.85	8517	8427	1.88		融水苗族自治县
3.50	3.00	7920	5085	1.13	2	三江侗族自治县
	0.10	1918	1918	0.48		阳朔县
	12.20	21931	21801	6.04		灵川县

7-2-2 续表 19

县名称 Name of Counties	储气能力(万立方米) Gas Storage Capacity ($10,000\ m^3$)	供气管道长度(公里) Length of Gas Supply Pipeline (km)	供气总量(万立方米)			
			合计 Total	销售气量 Quantity Sold	居民家庭 Households	集中供热 Central Heating
全州县	3.38	10.14	89.10	89.00	89.00	
兴安县	13.50	143.40	373.50	367.50	268.90	
永福县	11.00	38.90	331.63	331.30	5.30	
灌阳县	72.00	26.00	56.50	55.00	55.00	
龙胜各族自治县						
资源县	4.50	14.00	41.50	40.00	40.00	
平乐县						
恭城瑶族自治县						
苍梧县						
藤　县	16.80	200.83	12707.31	12707.30	191.11	
蒙山县	4.40	9.42	4.40	4.25	4.25	
合浦县	7.50	64.50	226.65	225.90	135.90	
上思县	0.56	51.97	8.43	8.18	6.92	
灵山县	14.00	38.80	158.70	154.80	150.60	
浦北县	0.22	30.00	33.70	31.54	31.54	
平南县	3.36	41.76	204.94	203.93	138.95	
容　县	2.80	21.10	70.00	67.00	37.00	
陆川县						
博白县	4.74	123.18	670.50	658.00	439.44	
兴业县	3.13	27.10	75.00	74.90	74.90	
田东县		34.40	418.30	413.57	311.90	
德保县	6.00	5.63	12.50	12.10	12.10	
那坡县	0.72	26.28	9.13	8.83	8.83	
凌云县						
乐业县						
田林县	0.40	30.50	35.76	35.00	35.00	
西林县						
隆林各族自治县	3.30	38.32	300.26	299.94	77.18	
昭平县	7.20	122.30	49.02	48.22	48.22	
钟山县	2.40	22.70	90.40	89.40	8.10	
富川瑶族自治县	1.28	14.28	7.16	7.13	4.92	
南丹县	3.00	33.60	93.00	91.20	63.00	
天峨县	0.60	4.99	8.33	8.28	8.28	
凤山县		12.00				
东兰县						
罗城仫佬族自治县	0.05	5.27	9.18	9.07	9.07	
环江毛南族自治县	7.45	19.10	0.41	0.40	0.40	
巴马瑶族自治县	1.40	19.00	83.10	82.51	35.00	
都安瑶族自治县	6.38	43.49	68.46	67.66	61.66	
大化瑶族自治县	0.70	30.00	80.11	79.55	79.55	
忻城县	1.70	9.87	23.27	22.71	22.71	
象州县	3.20	30.67	130.20	130.00	130.00	
武宣县	6.40	69.86	186.89	186.21	186.21	
金秀瑶族自治县		0.48	0.60	0.59	0.20	
扶绥县	18.00	68.53	463.17	460.63	200.45	

continued

Total Gas Supplied (10,000 m³) 燃气汽车 Gas-Powered Automobiles	燃气损失量 Loss Amount	用气户数(户) Number of Household with Access to Gas (unit)	居民家庭 Household User	用气人口(万人) Population with Access to Gas (10,000 persons)	天然气汽车加气站(座) Gas Stations for CNG-Fueled Motor Vehicles (unit)	县名称 Name of Counties
	0.10	2460	2460	0.73		全州县
	6.00	17299	17190	4.85		兴安县
	0.33	1180	1163	0.46		永福县
	1.50	4800	4800	1.16		灌阳县
						龙胜各族自治县
	1.50	1135	1135	0.43		资源县
						平乐县
						恭城瑶族自治县
						苍梧县
	0.01	12663	12548	4.14		藤　县
	0.15	1064	1064	0.30		蒙山县
	0.75	7143	7105	2.10		合浦县
	0.25	1008	1002	0.30		上思县
	3.90	15885	15623	5.96		灵山县
	2.16	2600	2600	0.63		浦北县
	1.01	9981	9912	2.97		平南县
	3.00	4268	4228	0.42		容　县
						陆川县
218.56	12.50	12929	12689	6.36	1	博白县
	0.10	4167	4167	1.27		兴业县
	4.73	7941	7901	2.37		田东县
	0.40	620	620	0.14		德保县
	0.30	1181	1181	0.43		那坡县
						凌云县
						乐业县
	0.76	3303	3303	1.05		田林县
						西林县
	0.32	6621	6618	3.10		隆林各族自治县
	0.80	1801	1801	0.94		昭平县
	1.00	1265	1250	0.38		钟山县
	0.03	495	492	0.15		富川瑶族自治县
	1.80	4155	4100	1.30		南丹县
	0.05	262	262	0.10		天峨县
						凤山县
						东兰县
	0.11	1048	1048	0.40		罗城仫佬族自治县
	0.01	20	20	0.01		环江毛南族自治县
	0.59	1688	1421	2.01		巴马瑶族自治县
6.00	0.80	5617	5616	1.52	1	都安瑶族自治县
	0.56	4864	4864	1.44		大化瑶族自治县
	0.56	2150	2150	1.01		忻城县
	0.20	7055	7055	2.85		象州县
	0.68	13296	13296	4.32		武宣县
	0.01	15	11	0.01		金秀瑶族自治县
	2.54	16577	16444	4.86		扶绥县

7-2-2 续表 20

县名称 Name of Counties	储气能力(万立方米) Gas Storage Capacity (10,000 m^3)	供气管道长度(公里) Length of Gas Supply Pipeline (km)	供气总量(万立方米) 合计 Total	销售气量 Quantity Sold	居民家庭 Households	集中供热 Central Heating
宁明县						
龙州县	6.00	18.26	84.20	83.50	58.90	
大新县	0.30	20.50				
天等县	6.29	28.00	36.88	36.60	23.42	
海　南	**123.23**	**864.16**	**4857.66**	**4809.66**	**875.25**	
定安县	8.80	27.72	98.90	98.10	10.08	
屯昌县	4.00	35.00	11.10	11.08	10.88	
澄迈县	3.00	47.83	100.27	99.47	64.63	
临高县	5.96	71.10	1282.40	1278.40	118.36	
白沙黎族自治县	3.20	71.00	64.11	61.11	61.11	
昌江县	3.60	68.50	1745.00	1735.00	50.00	
乐东县	0.20	50.00	22.54	21.86	21.86	
陵水县	5.60	124.60	1119.43	1100.98	301.70	
保亭县	0.72	20.10	16.67	16.57	8.83	
琼中县	8.15	87.31	164.24	157.09	27.80	
洋浦经济开发区	80.00	261.00	233.00	230.00	200.00	
重　庆	**69.03**	**2897.21**	**29585.73**	**28805.76**	**19179.15**	**413.21**
城口县	9.70	45.52	402.00	401.60	310.00	
丰都县		176.26	5357.06	5235.46	1918.08	
垫江县	6.40	488.23	4432.24	4303.54	3575.08	413.21
忠　县		204.94	3493.00	3417.20	1745.54	
云阳县	14.60	296.17	4549.56	4329.53	3129.12	
奉节县	10.40	321.09	2595.12	2573.06	2158.23	
巫山县	6.00	304.06	1628.91	1572.69	1143.57	
巫溪县	5.00	81.00	207.00	203.00	203.00	
石柱土家族自治县	1.50	130.48	2753.00	2684.00	2309.00	
秀山土家族苗族自治县	5.00	424.97	1605.73	1593.22	933.98	
酉阳土家族苗族自治县	7.50	236.40	1142.11	1139.14	706.00	
彭水苗族土家族自治县	2.93	188.09	1420.00	1353.32	1047.55	
四　川	**223.30**	**23152.46**	**204318.70**	**197756.75**	**122594.71**	**72.60**
金堂县		937.74	15589.22	15149.62	4312.98	
大邑县	5.20	463.50	5962.00	5906.00	3143.00	
蒲江县		160.00	2244.41	2218.75	1050.41	
荣　县		414.20	3697.00	3277.00	3100.00	
富顺县	4.00	953.33	4892.00	4335.00	3445.00	
米易县	6.00	85.09	181.41	181.26	74.32	
盐边县	6.00	3.60	20.03	19.43	7.18	
泸　县		193.02	5529.74	5298.77	1650.76	
合江县		385.49	3145.00	3017.00	1967.46	
叙永县	3.00	210.20	2655.00	2492.00	2162.00	
古蔺县	6.00	116.00	900.00	894.00	800.00	
中江县	30.00	424.50	4682.00	4576.00	2408.00	

continued

Total Gas Supplied (10,000 m^3) 燃气汽车 Gas-Powered Automobiles	燃气损失量 Loss Amount	用气户数(户) Number of Household with Access to Gas (unit)	居民家庭 Household User	用气人口(万人) Population with Access to Gas (10,000 persons)	天然气汽车加气站(座) Gas Stations for CNG-Fueled Motor Vehicles (unit)	县名称 Name of Counties
						宁明县
	0.70	5200	5150	2.06		龙州县
						大新县
	0.28	4200	3560	1.06		天等县
2203.84	**48.00**	**165310**	**79476**	**18.54**	**8**	**海　南**
70.25	0.80	1604	1600	0.43	1	定安县
0.15	0.02	3000	2800	1.20	2	屯昌县
	0.80	16175	16157	4.04		澄迈县
92.00	4.00	17883	17869	2.93	1	临高县
	3.00	2112	2112	0.24		白沙黎族自治县
1500.00	10.00	7417	7384	2.00	1	昌江县
	0.68	3866	3866	0.65		乐东县
504.21	18.45	93387	8132	2.68	1	陵水县
7.23	0.10	3938	3697	0.47	1	保亭县
	7.15	4549	4525	1.30		琼中县
30.00	3.00	11379	11334	2.60	1	洋浦经济开发区
3204.37	**779.97**	**803575**	**779905**	**194.60**	**15**	**重　庆**
	0.40	13403	13299	4.60		城口县
320.00	121.60	93718	83370	22.95	2	丰都县
315.25	128.70	134103	129094	19.47	2	垫江县
461.91	75.80	114744	113464	21.28	2	忠　县
749.16	220.03	126432	125181	35.18	2	云阳县
412.25	22.06	65895	65128	18.98	1	奉节县
131.00	56.22	47846	47286	10.67	1	巫山县
	4.00	13242	13242	4.63		巫溪县
375.00	69.00	52051	51934	10.47	2	石柱土家族自治县
134.03	12.51	68357	66304	18.99	2	秀山土家族苗族自治县
	2.97	30323	29721	11.44		酉阳土家族苗族自治县
305.77	66.68	43461	41882	15.94	1	彭水苗族土家族自治县
16936.67	**6561.95**	**4121374**	**3945827**	**965.97**	**84**	**四　川**
1607.44	439.60	180172	174346	48.99	5	金堂县
	56.00	85736	85640	10.41	3	大邑县
199.71	25.66	41412	39172	8.82	1	蒲江县
177.00	420.00	79800	75700	19.52	3	荣　县
433.00	557.00	178840	138455	27.50	4	富顺县
	0.15	18385	18297	3.82		米易县
	0.60	366	360	0.11		盐边县
288.00	230.97	50239	45118	18.95	1	泸　县
560.00	128.00	92188	90017	23.85	1	合江县
329.00	163.00	62567	61761	16.30	1	叙永县
	6.00	32012	31882	15.04		古蔺县
714.00	106.00	77010	76690	25.62	2	中江县

7-2-2 续表 21

县名称 Name of Counties	储气能力(万立方米) Gas Storage Capacity ($10,000\ m^3$)	供气管道长度(公里) Length of Gas Supply Pipeline (km)	供气总量(万立方米) 合计 Total	销售气量 Quantity Sold	居民家庭 Households	集中供热 Central Heating
三台县		921.71	6420.41	6256.37	4654.81	
盐亭县	1.26	200.00	2460.00	2448.00	1758.00	
梓潼县		300.00	1597.00	1537.00	1017.00	
北川羌族自治县		202.00	1750.00	1715.00	1114.00	
平武县	0.75	385.95	931.54	930.22	819.80	
旺苍县		290.00	2489.00	2486.00	2073.00	
青川县	1.80	42.87	770.20	770.10	360.00	
剑阁县		38.60	1602.65	1594.55	500.00	
苍溪县		527.00	4400.00	4320.00	3221.00	
蓬溪县	0.64	290.00	3016.80	2978.45	2109.78	
大英县		377.82	4742.40	4702.00	2099.36	
威远县	1.89	1116.00	4842.00	4747.00	2488.17	
资中县	6.00	308.85	3965.86	3880.37	2705.41	
犍为县		297.50	3150.74	3113.90	1729.86	
井研县		301.26	2416.00	2245.00	1392.00	
夹江县		933.57	2746.13	2705.00	1893.50	
沐川县	0.20	60.94	1714.47	1697.60	1293.38	
峨边县	5.80	17.08	10.93	10.85	0.79	
马边县		88.20	388.50	370.00	370.00	
南部县	3.00	1313.00	6014.58	5628.31	4826.14	
营山县	5.00	204.27	3006.19	2901.19	2311.91	
蓬安县	1.00	146.00	2600.00	2503.00	1837.00	
仪陇县	2.00	180.00	2018.00	1936.00	1375.00	
西充县	3.00	162.00	1952.00	1860.00	1208.00	
仁寿县	2.00	344.55	5501.00	5313.00	3940.50	
洪雅县		140.27	1828.46	1766.22	919.36	
丹棱县	0.60	288.90	9852.00	9736.00	1828.00	
青神县	0.50	174.94	5933.24	5933.23	632.68	
江安县		213.87	2181.32	2109.42	1919.60	
长宁县	3.50	110.50	2278.50	2124.20	986.00	
高　县		1375.00	3219.35	3150.35	1048.73	
珙　县		588.60	2079.97	2029.81	2018.78	
筠连县		273.26	2650.00	2450.00	2229.00	
兴文县	2.00	240.00	2253.15	2203.15	1803.15	
屏山县	0.50	303.60	1833.71	1785.18	787.07	
岳池县	3.40	839.00	4609.96	4519.57	2620.79	
武胜县	1.80	267.00	3652.62	3522.68	2273.41	
邻水县	26.00	902.80	5803.85	5595.55	5595.55	
宣汉县		459.83	3350.00	3246.00	2694.00	
开江县		220.12	2320.93	2279.16	1729.47	
大竹县	6.40	175.45	5623.54	5503.25	3441.45	
渠　县	1.25	212.56	6000.00	5800.00	5152.00	
荥经县		144.66	629.62	596.44	528.45	
汉源县	1.00	50.00	135.00	132.00	118.00	
石棉县						

continued

Total Gas Supplied (10,000 m^3)		用气户数（户） Number of Household with Access to Gas (unit)		用气人口（万人） Population with Access to Gas (10,000 persons)	天然气汽车加气站（座） Gas Stations for CNG-Fueled Motor Vehicles (unit)	县名称 Name of Counties
燃气汽车 Gas-Powered Automobiles	燃气损失量 Loss Amount		居民家庭 Household User			
	164.04	180741	178148	25.74	3	三台县
680.00	12.00	61000	60880	10.55	2	盐亭县
520.00	60.00	22500	21200	6.74	2	梓潼县
	35.00	36668	32441	7.70	1	北川羌族自治县
110.42	1.32	19052	18440	3.25	1	平武县
	3.00	60520	58534	11.29	1	旺苍县
	0.10	8146	8040	2.21		青川县
202.00	8.10	25081	23838	4.57	2	剑阁县
210.00	80.00	71418	66379	12.95	2	苍溪县
413.08	38.35	52417	50774	13.10	3	蓬溪县
278.50	40.40	76769	75521	14.00	2	大英县
463.06	95.00	101948	100029	20.02	2	威远县
455.40	85.49	80157	74685	23.85	1	资中县
	36.84	71308	69665	12.19		犍为县
	171.00	46379	45410	8.35	1	井研县
	41.13	55830	54500	8.90	3	夹江县
106.13	16.87	22469	21735	4.00	1	沐川县
	0.08	55	36	0.09		峨边县
	18.50	7437	7437	3.27	1	马边县
765.00	386.27	125338	115742	31.70	3	南部县
589.28	105.00	96619	88671	26.04	1	营山县
421.00	97.00	68381	63394	17.10	1	蓬安县
360.00	82.00	55605	53612	16.10	2	仪陇县
420.00	92.00	64532	59473	16.00	1	西充县
862.00	188.00	138403	135287	45.70	3	仁寿县
210.00	62.24	32370	31019	8.77	1	洪雅县
109.00	116.00	37018	35340	5.80	1	丹棱县
115.00	0.01	25670	24699	7.20	1	青神县
186.87	71.90	56227	55329	18.12	1	江安县
420.50	154.30	38196	38087	10.16	2	长宁县
1832.70	69.00	45763	44869	15.01	1	高　县
	50.16	54195	53620	12.85		珙　县
	200.00	39900	39100	10.56		筠连县
	50.00	31823	29652	13.65		兴文县
113.09	48.53	27439	26438	5.89	1	屏山县
539.10	90.39	158435	154707	20.17	1	岳池县
	129.94	89541	86491	17.57		武胜县
	208.30	157910	157910	28.00		邻水县
	104.00	89010	88867	19.71	1	宣汉县
170.00	41.77	57860	56580	13.70	1	开江县
705.39	120.29	111800	106725	30.52	2	大竹县
648.00	200.00	200000	190000	38.20	3	渠　县
	33.18	17887	17446	6.26	2	荥经县
	3.00	3690	3596	1.44		汉源县
						石棉县

7-2-2 续表 22

县名称 Name of Counties	储气能力(万立方米) Gas Storage Capacity (10,000 m^3)	供气管道长度(公里) Length of Gas Supply Pipeline (km)	供气总量(万立方米) 合计 Total	销售气量 Quantity Sold	居民家庭 Households	集中供热 Central Heating
天全县		148.61	678.60	666.87	529.09	
芦山县		135.96	475.10	458.00	369.00	
宝兴县	0.60	53.00	195.00	182.00	67.00	
通江县	0.20	542.89	2518.25	2401.35	1964.39	
南江县	3.50	365.00	2533.10	2401.10	1780.20	
平昌县	4.00	529.30	4215.60	3980.60	3840.00	
安岳县	7.00	561.00	4313.00	4160.00	2357.00	
乐至县	4.00	105.00	2366.00	2249.00	1798.00	
汶川县	3.28	36.00	86.00	85.00	35.00	
理　县						
茂　县	3.00	76.10	152.41	151.31	104.23	
松潘县	7.00	13.74	0.90	0.60	0.60	
九寨沟县	18.00	78.00	300.00	281.12	91.00	
金川县	6.00	24.30	39.00	38.60	38.60	
小金县						
黑水县						
壤塘县						
阿坝县						
若尔盖县						
红原县	5.33	22.60	91.09	90.99	18.39	72.60
泸定县						
丹巴县						
九龙县						
雅江县						
道孚县	1.50	21.00	10.10	10.09	10.09	
炉霍县						
甘孜县						
新龙县						
德格县						
白玉县						
石渠县						
色达县						
理塘县						
巴塘县	6.25	17.70	1.60	1.59	1.59	
乡城县						
稻城县	2.90	4.38				
得荣县						
普格县						
木里县						
盐源县						
德昌县	1.60	5.80	1.53	1.52	1.52	
会东县	7.20	15.00				
宁南县						
布拖县						
金阳县	0.45	17.23	85.19	85.06	28.00	

continued

Total Gas Supplied (10,000 m^3)		用气户数(户)		用气人口(万人)	天然气汽车加气站(座)	县名称
燃气汽车 Gas-Powered Automobiles	燃气损失量 Loss Amount	Number of Household with Access to Gas (unit)	居民家庭 Household User	Population with Access to Gas (10,000 persons)	Gas Stations for CNG-Fueled Motor Vehicles (unit)	Name of Counties
	11.73	19565	19260	4.40		天全县
	17.10	9862	9623	2.37		芦山县
	13.00	1860	1826	0.65		宝兴县
	116.90	62574	59101	15.00		通江县
	132.00	48562	46850	12.00		南江县
30.00	235.00	77086	75235	20.00	1	平昌县
323.00	153.00	105120	101050	30.12	1	安岳县
370.00	117.00	54910	53496	24.30	1	乐至县
	1.00	3519	2981	1.20		汶川县
						理　县
	1.10	6044	5565	3.10		茂　县
	0.30	284	284	0.09		松潘县
	18.88	5142	4550	1.73		九寨沟县
	0.40	1010	1010	0.40		金川县
						小金县
						黑水县
						壤塘县
						阿坝县
						若尔盖县
	0.10	303	282	0.12	1	红原县
						泸定县
						丹巴县
						九龙县
						雅江县
	0.01	910	910	1.11		道孚县
						炉霍县
						甘孜县
						新龙县
						德格县
						白玉县
						石渠县
						色达县
						理塘县
	0.01	63	63	0.01		巴塘县
						乡城县
						稻城县
						得荣县
						普格县
						木里县
						盐源县
	0.01	583	583	0.23	1	德昌县
						会东县
						宁南县
						布拖县
	0.13	923	554	0.51		金阳县

7-2-2 续表 23

县名称 Name of Counties	储气能力(万立方米) Gas Storage Capacity (10,000 m^3)	供气管道长度(公里) Length of Gas Supply Pipeline (km)	供气总量(万立方米) 合计 Total	销售气量 Quantity Sold	居民家庭 Households	集中供热 Central Heating
昭觉县		3.65	16.80	16.00	16.00	
喜德县						
冕宁县						
越西县						
甘洛县						
美姑县						
雷波县						
贵　州	**560.33**	**4103.92**	**33275.67**	**33067.51**	**7820.31**	**21.61**
开阳县	37.00	76.50	371.78	371.30	370.00	
息烽县	6.70	136.52	735.00	732.35	85.63	
修文县	4.20	210.20	6477.00	6456.74	265.61	
六枝特区	3.75	264.90	1029.00	1026.00	589.88	
桐梓县	13.80	92.06	1393.00	1391.80	439.59	
绥阳县	3.34	29.08	221.45	220.15	109.38	
正安县	3.30	48.66	824.56	810.59	420.34	
道真县	3.81	38.00	50.50	49.10	37.10	
务川县	6.00	54.03	420.00	419.50	309.50	
凤冈县	6.00	47.16	248.31	234.95	106.71	
湄潭县	3.32	32.00	340.00	339.90	339.90	
余庆县	6.75	37.40	165.72	164.04	56.34	
习水县	100.00	300.00	8537.07	8520.75	1119.88	
普定县	2.50	179.20	737.00	721.00	231.30	21.20
镇宁县	3.20	19.50	19.30	19.10	3.50	
关岭县	3.00	44.00	200.32	196.00	67.67	
紫云县	6.00	25.28	19.86	18.79	1.70	0.41
大方县	8.20	47.80	345.00	343.00	75.00	
金沙县	36.00	32.96	118.70	109.50	88.00	
织金县						
纳雍县	1.00	33.00	95.01	95.00	95.00	
威宁自治县	6.00	78.00	269.81	269.80	150.00	
赫章县		26.60				
江口县	3.30	80.45	48.20	47.67	20.28	
玉屏县	12.00	12.00	110.52	110.21	2.25	
石阡县	3.30	17.00	121.05	121.00		
思南县	3.00	108.70	150.00	141.00	52.50	
印江县	13.50	53.00	43.40	43.00	43.00	
德江县	3.80	78.00	30.18	29.78	6.92	
沿河县	20.00	70.10	367.34	358.09	149.36	
松桃县	5.00	48.93	432.81	410.58	410.58	
普安县		5.82				
晴隆县		6.70				
贞丰县	12.60	151.65	1346.00	1338.00	51.00	
望谟县						
册亨县	0.06	14.70	4.11	3.60	3.60	
安龙县		16.05				

continued

Total Gas Supplied (10,000 m^3)		用气户数(户)		用气人口(万人)	天然气汽车加气站(座)	县名称
燃气汽车 Gas-Powered Automobiles	燃气损失量 Loss Amount	Number of Household with Access to Gas (unit)	居民家庭 Household User	Population with Access to Gas (10,000 persons)	Gas Stations for CNG-Fueled Motor Vehicles (unit)	Name of Counties
	0.80	820	820	0.71	1	昭觉县
						喜德县
						冕宁县
						越西县
						甘洛县
						美姑县
						雷波县
2929.90	**208.16**	**419521**	**410504**	**157.18**	**35**	**贵　州**
1.30	0.48	32050	31070	6.71	1	开阳县
	2.65	4652	4612	2.30		息烽县
93.16	20.26	9609	9259	3.90	1	修文县
200.00	3.00	14435	13980	2.34	1	六枝特区
524.40	1.20	30078	29607	4.26	2	桐梓县
110.77	1.30	12677	12501	5.07	1	绥阳县
149.72	13.97	24654	23912	11.94	1	正安县
3.21	1.40	4721	4712	4.61	1	道真县
110.00	0.50	16370	16000	5.60	1	务川县
116.38	13.36	9733	9415	3.87	1	凤冈县
	0.10	9500	9500	4.72	2	湄潭县
	1.68	6601	6402	8.10		余庆县
277.49	16.32	53249	52349	8.96	2	习水县
139.80	16.00	14396	13865	4.80	1	普定县
	0.20	493	477	0.17		镇宁县
128.33	4.32	2390	2345	0.96	1	关岭县
16.68	1.07	199	197	0.08	1	紫云县
	2.00	440	432	0.18	1	大方县
	9.20	4703	4672	1.91		金沙县
						织金县
	0.01	270	270	0.08		纳雍县
	0.01	13000	12900	4.00		威宁自治县
						赫章县
	0.53	1801	1749	0.70		江口县
	0.31	117	105	0.04	1	玉屏县
59.00	0.05	2				石阡县
	9.00	7000	6890	3.00	1	思南县
	0.40	2513	2513	0.82		印江县
	0.40	2230	2200	0.92	1	德江县
83.42	9.25	10138	9758	4.60	1	沿河县
	22.23	11002	11002	5.70	1	松桃县
						普安县
						晴隆县
	8.00	5434	4891	2.00		贞丰县
						望谟县
	0.51	308	308	0.20	1	册亨县
						安龙县

7-2-2 续表 24

县名称 Name of Counties	储气能力(万立方米) Gas Storage Capacity (10,000 m^3)	供气管道长度(公里) Length of Gas Supply Pipeline (km)	供气总量(万立方米) 合计 Total	销售气量 Quantity Sold	居民家庭 Households	集中供热 Central Heating
黄平县	65.00	46.74	60.50	50.90	32.90	
施秉县						
三穗县		23.11				
镇远县		20.00				
岑巩县	3.00	36.30	10.00	9.90	0.23	
天柱县						
锦屏县						
剑河县						
台江县	12.00	38.70	453.00	448.47		
黎平县		18.00				
榕江县						
从江县	2.70	23.60	1.80	1.62	1.00	
雷山县						
麻江县						
丹寨县	5.00	75.00	290.00	282.00	75.00	
荔波县	0.55	60.00	21.00	20.90	10.23	
贵定县	33.00	147.59	472.63	462.58	270.58	
瓮安县	60.00	596.02	1055.01	1054.91	648.61	
独山县	3.10	63.00	194.00	192.00	43.00	
平塘县	0.55	50.00	28.20	27.00	17.00	
罗甸县	6.00	15.37	82.87	82.22	82.22	
长顺县	6.80	112.56	250.00	241.00	108.90	
龙里县	12.00	151.09	3132.66	3130.12	676.79	
惠水县	10.20	97.00	1952.00	1951.60	152.33	
三都水族自治县		13.89				
云　南	**594.54**	**3447.99**	**26043.19**	**25663.30**	**5834.07**	**451.59**
嵩明县	3.00	107.80	75.31	75.30	75.30	
富民县	100.00	61.53	3176.65	3142.05	22.16	
宜良县	67.00	135.00	1500.00	1498.23	939.58	451.59
石林彝族自治县	8.34	110.45	462.24	461.84	130.90	
禄劝彝族苗族自治县	18.00	57.10	210.00	209.00	27.60	
寻甸县	3.30	92.20	380.00	379.00	117.00	
昆明阳宗海风景名胜区	18.00	112.00	5000.10	5000.00	0.35	
陆良县	11.37	343.80	1359.00	1340.50	52.10	
师宗县	12.00	41.00	17.20	16.50	16.20	
罗平县	7.50	37.68	164.57	157.25	8.20	
富源县	20.00	16.78	14.00	13.30	13.30	
会泽县	12.00	76.50	1720.00	1700.00	860.00	
通海县		23.20	1720.00	1706.00		
华宁县	3.00	30.54	24.07	23.55	0.02	
易门县	5.70	60.34	1474.00	1437.15	1437.15	
峨山县	0.20	23.70	1.60	1.59	1.59	
新平县	3.00	25.17	16.00	15.90	15.90	
元江县						

continued

Total Gas Supplied (10,000 m^3) 燃气汽车 Gas-Powered Automobiles	燃气损失量 Loss Amount	用气户数(户) Number of Household with Access to Gas (unit)	居民家庭 Household User	用气人口(万人) Population with Access to Gas (10,000 persons)	天然气汽车加气站(座) Gas Stations for CNG-Fueled Motor Vehicles (unit)	县名称 Name of Counties
	9.60	5356	5278	3.94	1	黄平县
						施秉县
						三穗县
						镇远县
	0.10	147	145	0.06	1	岑巩县
						天柱县
						锦屏县
						剑河县
	4.53	4			1	台江县
						黎平县
						榕江县
	0.18	260	254	0.58	1	从江县
						雷山县
						麻江县
37.00	8.00	1538	1390	0.47	1	丹寨县
	0.10	5956	5624	4.12	1	荔波县
192.00	10.05	10005	9856	3.50	1	贵定县
406.30	0.10	35577	35178	16.00	1	瓮安县
	2.00	7956	7880	5.20		独山县
	1.20	2110	2100	0.80		平塘县
	0.65	1699	1699	0.75	1	罗甸县
	9.00	3200	3125	6.08		长顺县
172.34	2.54	20343	19888	6.96	1	龙里县
108.60	0.40	20605	20194	6.18	1	惠水县
						三都水族自治县
1507.32	**379.89**	**252594**	**245639**	**114.35**	**21**	**云　南**
	0.01	9062	9062	5.41		嵩明县
35.04	34.60	4258	4212	1.18	1	富民县
107.06	1.77	10411	10283	2.15	1	宜良县
	0.40	7299	7215	7.20		石林彝族自治县
	1.00	5716	5615	2.20	1	禄劝彝族苗族自治县
55.90	1.00	13114	13030	4.10	1	寻甸县
	0.10	3716	3120	1.27		昆明阳宗海风景名胜区
78.45	18.50	6568	6435	3.20	1	陆良县
	0.70	3250	2650	1.30		师宗县
81.32	7.32	1386	1332	0.54	1	罗平县
	0.70	2076	2076	0.83		富源县
840.00	20.00	61530	60060	18.80	1	会泽县
	14.00	8				通海县
	0.52	93	85	0.03		华宁县
	36.85	805	805	0.58		易门县
	0.01	232	232	0.06		峨山县
	0.10	1653	1653	0.58		新平县
						元江县

7-2-2 续表 25

县名称 Name of Counties	储气能力(万立方米) Gas Storage Capacity (10,000 m^3)	供气管道长度(公里) Length of Gas Supply Pipeline (km)	供气总量(万立方米) 合计 Total	销售气量 Quantity Sold	居民家庭 Households	集中供热 Central Heating
施甸县	3.00	50.50	83.67	82.50	5.25	
龙陵县	0.10	45.00	34.92	34.82	19.10	
昌宁县						
鲁甸县	21.00	51.00	132.80	130.40	60.20	
巧家县	3.60	47.50	39.50	39.45	39.45	
盐津县	5.04	123.00	186.64	162.30	134.80	
大关县	0.60	21.40	30.05	30.00	1.80	
永善县	1.20	54.30	98.70	94.60	56.76	
绥江县	3.00	41.71	199.00	196.07	138.60	
镇雄县	35.00	88.00	1339.00	1277.00	438.00	
彝良县	3.60	17.00	30.00	29.98	29.98	
威信县						
玉龙纳西族自治县		36.80	177.20	175.70	167.50	
永胜县	4.00	75.24	22.02	20.82	20.82	
华坪县	30.00	25.60	26.80	26.65	19.65	
宁蒗县						
宁洱哈尼族彝族自治县	3.60	22.00	7.90	7.89	7.89	
墨江哈尼族自治县						
景东彝族自治县						
景谷傣族彝族自治县	3.00	16.79	3.60	3.54	3.00	
镇沅彝族哈尼族拉祜族自治县						
江城哈尼族彝族自治县						
孟连傣族拉祜族佤族自治县						
澜沧拉祜族自治县		2.50				
西盟佤族自治县						
凤庆县	12.50	28.00	25.75	25.72	25.72	
云　县	3.50	15.30	75.08	75.00	10.47	
永德县	8.76	2.48	6.86	6.70	6.70	
镇康县	3.00	11.73	1.10	1.09	1.09	
双江县		4.50				
耿马县						
沧源县						
双柏县	2.50	29.16	15.00	14.60	6.80	
牟定县	30.00	20.02	26.55	26.50	20.83	
南华县		59.30	2110.00	2021.00	208.42	
姚安县	0.40	19.62	20.18	20.00	14.00	
大姚县	0.06	27.20	85.60	85.10	73.90	
永仁县						
元谋县	2.50	15.25	9.85	9.45	8.90	
武定县	18.00	37.11	236.00	234.00	194.00	
屏边县						

continued

Total Gas Supplied (10,000 m^3)		用气户数(户)		用气人口(万人)	天然气汽车加气站(座)	县名称
燃气汽车 Gas-Powered Automobiles	燃气损失量 Loss Amount	Number of Household with Access to Gas (unit)	居民家庭 Household User	Population with Access to Gas (10,000 persons)	Gas Stations for CNG-Fueled Motor Vehicles (unit)	Name of Counties
	1.17	598	557	0.50		施甸县
	0.10	2177	2159	0.65		龙陵县
						昌宁县
	2.40	1558	1546	0.60		鲁甸县
	0.05	2863	2863	1.15		巧家县
	24.34	6474	6328	1.34		盐津县
12.00	0.05	231	196	0.03	2	大关县
	4.10	5190	5157	5.10		永善县
	2.93	4902	4719	1.52		绥江县
	62.00	10699	10553	15.00	2	镇雄县
	0.02	1308	1308	0.64		彝良县
						威信县
8.20	1.50	13005	12905	3.48	2	玉龙纳西族自治县
	1.20	2020	2020	0.61		永胜县
7.00	0.15	6100	5600	2.47	1	华坪县
						宁蒗县
	0.01	179	179	0.05		宁洱哈尼族彝族自治县
						墨江哈尼族自治县
						景东彝族自治县
	0.06	227	218	0.10		景谷傣族彝族自治县
						镇沅彝族哈尼族拉祜族自治县
						江城哈尼族彝族自治县
						孟连傣族拉祜族佤族自治县
						澜沧拉祜族自治县
						西盟佤族自治县
	0.03	1554	1554	0.82		凤庆县
	0.08	2148	2121	0.64		云　县
	0.16	273	273	0.10		永德县
	0.01	25	25	0.02		镇康县
						双江县
						耿马县
						沧源县
	0.40	606	576	0.18		双柏县
	0.05	1820	1785	0.70		牟定县
	89.00	8725	8645	3.49		南华县
	0.18	750	700	0.25		姚安县
	0.50	4221	3875	1.36		大姚县
						永仁县
	0.40	1639	1634	0.99		元谋县
40.00	2.00	4230	4120	2.02	1	武定县
						屏边县

7-2-2 续表 26

县名称 Name of Counties	储气能力(万立方米) Gas Storage Capacity ($10,000\ m^3$)	供气管道长度(公里) Length of Gas Supply Pipeline (km)	供气总量(万立方米) 合计 Total	销售气量 Quantity Sold	居民家庭 Households	集中供热 Central Heating
建水县	12.00	48.52	143.93	136.83	47.54	
石屏县	3.50	29.87	186.20	185.00	3.30	
泸西县	3.00	22.80	23.20	22.20	22.20	
元阳县	3.85	8.00				
红河县						
金平县						
绿春县	0.21	1.79	1.20	1.18	1.18	
河口县	6.00	28.90	90.46	90.38	14.89	
砚山县	6.02	39.00	116.00	114.84	36.00	
西畴县	3.00	28.10	5.08	5.00	2.75	
麻栗坡县						
马关县	6.00	18.18	10.53	10.46	10.46	
丘北县	3.60	90.00	200.00	199.86	100.00	
广南县	5.50	33.10	110.74	109.38	14.21	
富宁县	4.00	17.00	83.00	82.61	0.55	
勐海县	8.62	25.80	128.99	128.89	13.22	
勐腊县						
漾濞彝族自治县	0.60	23.00	24.00	22.82	13.50	
祥云县	4.00	40.59	602.00	593.00	2.65	
宾川县	1.70	141.26	679.28	672.55	57.60	
弥渡县	1.50	86.60	35.43	35.41	8.77	
南涧彝族自治县	5.00	39.85	10.00	9.50	0.50	
巍山彝族回族自治县	5.00	78.53	1060.00	1059.00	0.50	
永平县	0.60	26.20	4.70	4.61	4.61	
云龙县	0.85	22.67	9.85	9.80	7.80	
洱源县	3.00	10.00				
剑川县	6.00	30.60	15.00	14.25	14.25	
鹤庆县	0.91	61.84	91.44	89.43	3.29	
梁河县						
盈江县	3.20	81.06	64.00	49.11	14.17	
陇川县	0.11	41.63	5.42	5.20	5.20	
福贡县						
贡山独龙族怒族自治县						
兰坪白族普米族自治县	6.40	30.30	4.23	3.95	3.95	
德钦县						
维西傈僳族自治县						
西　藏			**3.20**	**3.00**	**1.50**	
曲水县						
当雄县						
林周县						
墨竹工卡县						
尼木县						
亚东县						

continued

Total Gas Supplied (10,000 m^3)		用气户数(户) Number of Household with Access to Gas (unit)		用气人口(万人) Population with Access to Gas (10,000 persons)	天然气汽车加气站(座) Gas Stations for CNG-Fueled Motor Vehicles (unit)	县名称 Name of Counties
燃气汽车 Gas-Powered Automobiles	燃气损失量 Loss Amount		居民家庭 Household User			
	7.10	7796	7600	2.00		建水县
	1.20	183	90	0.49		石屏县
	1.00	1823	1823	3.00		泸西县
						元阳县
						红河县
						金平县
	0.02	11	11	0.01		绿春县
57.09	0.08	2400	2328	0.97	1	河口县
	1.16	3078	2960	1.18		砚山县
	0.08	473	461	0.20		西畴县
						麻栗坡县
	0.07	872	872	0.43		马关县
90.00	0.14	5333	4718	5.80	1	丘北县
95.17	1.36	1760	1686	0.85	1	广南县
	0.39	161	101	0.04		富宁县
	0.10	940	889	0.35		勐海县
						勐腊县
	1.18	300	288	0.10		漾濞彝族自治县
	9.00	525	504	0.20		祥云县
	6.73	2099	2010	1.03		宾川县
	0.02	1560	1519	0.61		弥渡县
	0.50	65	51	0.01		南涧彝族自治县
	1.00	136	54	0.01		巍山彝族回族自治县
	0.09	534	534	0.23		永平县
0.09	0.05	190	164	0.40	1	云龙县
						洱源县
	0.75	850	850	0.25		剑川县
	2.01	2210	2181	0.60		鹤庆县
						梁河县
	14.89	3572	3440	1.03	1	盈江县
	0.22	727	727	0.32	1	陇川县
						福贡县
						贡山独龙族怒族自治县
	0.28	297	297	1.00		兰坪白族普米族自治县
						德钦县
						维西傈僳族自治县
	0.20	**1300**	**912**	**0.40**		**西　藏**
						曲水县
						当雄县
						林周县
						墨竹工卡县
						尼木县
						亚东县

7-2-2 续表 27

县名称 Name of Counties	储气能力(万立方米) Gas Storage Capacity (10,000 m^3)	供气管道长度(公里) Length of Gas Supply Pipeline (km)	供气总量(万立方米) 合计 Total	销售气量 Quantity Sold	居民家庭 Households	集中供热 Central Heating
聂拉木县						
仲巴县						
定结县						
康马县						
吉隆县						
萨嘎县						
谢通门县						
萨迦县						
岗巴县						
拉孜县						
江孜县						
定日县						
南木林县						
昂仁县						
白朗县						
仁布县						
左贡县						
丁青县						
八宿县						
江达县						
洛隆县						
察雅县						
贡觉县						
边坝县						
类乌齐县						
芒康县						
朗　县						
墨脱县						
工布江达县						
察隅县						
波密县						
米林县						
错那县						
浪卡子县						
贡嘎县						
加查县						
桑日县						
洛扎县						
琼结县						
措美县						
扎囊县						
曲松县						
隆子县						
聂荣县						
双湖县						

continued

Total Gas Supplied (10,000 m^3)		用气户数(户)		用气人口(万人)	天然气汽车加气站(座)	县名称
燃气汽车 Gas-Powered Automobiles	燃气损失量 Loss Amount	Number of Household with Access to Gas (unit)	居民家庭 Household User	Population with Access to Gas (10,000 persons)	Gas Stations for CNG-Fueled Motor Vehicles (unit)	Name of Counties
						聂拉木县
						仲巴县
						定结县
						康马县
						吉隆县
						萨嘎县
						谢通门县
						萨迦县
						岗巴县
						拉孜县
						江孜县
						定日县
						南木林县
						昂仁县
						白朗县
						仁布县
						左贡县
						丁青县
						八宿县
						江达县
						洛隆县
						察雅县
						贡觉县
						边坝县
						类乌齐县
						芒康县
						朗　县
						墨脱县
						工布江达县
						察隅县
						波密县
						米林县
						错那县
						浪卡子县
						贡嘎县
						加查县
						桑日县
						洛扎县
						琼结县
						措美县
						扎囊县
						曲松县
						隆子县
						聂荣县
						双湖县

7-2-2 续表 28

县名称 Name of Counties	储气能力(万立方米) Gas Storage Capacity (10,000 m^3)	供气管道长度(公里) Length of Gas Supply Pipeline (km)	供气总量(万立方米) 合计 Total	销售气量 Quantity Sold	居民家庭 Households	集中供热 Central Heating
嘉黎县						
比如县						
尼玛县						
巴青县						
申扎县						
安多县						
索　县						
班戈县						
革吉县						
札达县						
日土县						
改则县						
葛尔县						
普兰县						
措勤县			3.20	3.00	1.50	
陕　西	**1882.95**	**9601.10**	**155221.78**	**153392.95**	**55402.49**	**43360.61**
蓝田县	10.00	169.02	2974.62	2885.37	2194.51	
周至县	6.20	471.58	3663.00	3661.00	1453.00	200.00
宜君县	25.00	27.00	970.50	966.50	290.00	
岐山县	6.00	164.70	2800.00	2777.00	810.00	
扶风县	3.00	80.00	2933.72	2910.26	963.20	276.29
眉　县	0.80	65.90	880.50	878.00	298.20	500.00
陇　县	4.00	95.30	1597.24	1581.71	705.46	425.02
千阳县		66.00	524.60	522.37	195.77	8.71
麟游县	0.80	25.00	139.86	134.45	59.31	12.36
凤　县	3.80	28.44	253.15	253.13	122.99	102.27
太白县		61.80	678.95	677.43	144.44	274.57
三原县	10.00	63.60	9143.00	9128.00	2546.98	625.08
泾阳县	6.00	1650.00	12260.34	12038.38	5711.86	
乾　县	0.43	245.00	4623.58	4615.33	1358.00	879.00
礼泉县	39.00	380.00	3800.00	3635.00	1360.00	1845.00
永寿县	5.00	85.00	2021.50	2008.00	342.00	775.00
长武县	1.31	29.51	314.00	313.98	80.65	
旬邑县	23.00	15.50	340.04	340.00	62.00	
淳化县	2.00	130.00	1412.45	1398.45	328.00	842.00
武功县		53.95	1543.69	1542.39	943.11	90.12
潼关县	10.00	36.80	2498.00	2490.00	597.00	1436.00
大荔县	0.85	103.35	2186.40	2184.30	1385.00	512.00
合阳县	15.00	128.38	3543.73	3524.60	1195.65	2182.95
澄城县	10.00	92.50	3531.00	3475.00	912.00	1041.43
蒲城县	0.63	109.65	1500.00	1489.00	420.00	
白水县	1.00	18.85	353.20	353.00	63.00	236.00
富平县	10.20	329.15	4495.00	4387.00	1992.00	795.00
延长县	0.83	34.36	2922.54	2895.04	616.50	1682.99
延川县	1.00	37.00	2477.05	2476.97	896.31	1501.11

continued

Total Gas Supplied (10,000 m^3)		用气户数(户)		用气人口(万人)	天然气汽车加气站(座)	县名称
燃气汽车 Gas-Powered Automobiles	燃气损失量 Loss Amount	Number of Household with Access to Gas (unit)	居民家庭 Household User	Population with Access to Gas (10,000 persons)	Gas Stations for CNG-Fueled Motor Vehicles (unit)	Name of Counties
						嘉黎县
						比如县
						尼玛县
						巴青县
						申扎县
						安多县
						索　县
						班戈县
						革吉县
						札达县
						日土县
						改则县
						葛尔县
						普兰县
	0.20	1300	912	0.40		措勤县
28049.30	**1828.83**	**1287085**	**1210876**	**358.06**	**161**	**陕　西**
166.40	89.25	37317	37210	8.39	1	蓝田县
1383.00	2.00	28688	28562	6.70	5	周至县
	4.00	6700	6100	1.86		宜君县
540.00	23.00	18520	18246	5.10	3	岐山县
250.00	23.46	26334	25866	6.55	1	扶风县
13.10	2.50	22336	21198	8.20	2	眉　县
150.44	15.53	20056	16713	6.94	2	陇　县
52.00	2.23	11605	11437	4.60	1	千阳县
18.97	5.41	8338	8166	1.50	1	麟游县
27.85	0.02	8610	8408	2.47	1	凤　县
	1.52	4886	4659	1.30		太白县
93.60	15.00	63748	63364	13.31	11	三原县
2782.33	221.96	16825	16525	6.28	2	泾阳县
1503.20	8.25	31151	30803	11.08	4	乾　县
330.00	165.00	35670	33760	9.30	2	礼泉县
133.57	13.50	8883	8843	3.58	5	永寿县
233.33	0.02	7986	7982	4.01	2	长武县
254.10	0.04	7000	6400	2.27	3	旬邑县
228.45	14.00	7105	7070	2.86	3	淳化县
67.42	1.30	20045	19688	7.20	1	武功县
190.00	8.00	12890	12680	5.32	1	潼关县
10.00	2.10	29050	28930	8.56	2	大荔县
146.00	19.13	27560	25807	5.20	3	合阳县
1265.29	56.00	21550	19409	6.15	8	澄城县
321.00	11.00	44042	31580	9.00	7	蒲城县
52.00	0.20	6618	6532	3.00	1	白水县
1600.00	108.00	53400	41500	15.46	3	富平县
57.90	27.50	15033	14753	4.59	3	延长县
79.55	0.08	17250	16750	3.30	1	延川县

7-2-2 续表 29

县名称 Name of Counties	储气能力（万立方米） Gas Storage Capacity ($10,000\ m^3$)	供气管道长度（公里） Length of Gas Supply Pipeline (km)	供气总量（万立方米） 合计 Total	销售气量 Quantity Sold	居民家庭 Households	集中供热 Central Heating
志丹县	1.92	84.93	5028.64	4818.66	1428.68	3164.87
吴起县	0.54	78.00	3844.10	3835.10	355.20	3143.88
甘泉县	1.90	240.00	2572.00	2540.00	2175.00	
富　县	0.20	58.50	2192.27	2191.25	1862.56	
洛川县	1.00	32.60	1967.37	1965.39	1836.93	
宜川县	1.40	75.74	2800.15	2766.48	2404.73	241.56
黄龙县	56.00	72.40	1127.00	1120.80	938.38	
黄陵县	1.00	403.60	2003.00	1905.00	781.00	1000.00
城固县	96.00	117.00	1099.00	1097.70	664.25	160.00
洋　县	0.18	43.27	927.75	927.45	300.04	264.97
西乡县		30.95	648.40	648.00	425.00	45.00
勉　县	60.00	47.43	1320.00	1319.10	225.60	
宁强县	86.02	148.47	4480.20	4478.20	583.30	
略阳县	0.16	13.00	17.63	17.60	2.60	
镇巴县	0.67	12.00	20.05	19.35	4.48	
留坝县		20.22	354.30	353.15	37.69	288.09
佛坪县	0.50	6.32	31.00	30.80	13.20	17.60
府谷县		78.81	2398.00	2293.50	1703.25	240.26
靖边县	535.00	1561.00	12755.00	12510.18	3516.88	8643.30
定边县	635.00	429.60	11000.00	10955.00	2640.00	5040.00
绥德县	0.36	243.35	2507.80	2484.00	964.76	
米脂县		90.05	6578.00	6561.00	860.00	396.00
佳　县	2.00	232.00	5720.00	5700.00	315.00	2417.00
吴堡县	1.23	20.02	354.70	351.00	229.00	
清涧县	1.56	40.00	1301.00	1286.00	770.00	
子洲县	30.00	101.13	1940.00	1888.40	150.00	1648.40
汉阴县	82.00	29.30	248.80	248.60	216.60	
石泉县	4.35	77.08	1102.29	1097.39	998.70	20.00
宁陕县	3.80	14.00	48.60	48.52	48.52	
紫阳县	6.80	12.40	89.60	89.29	44.53	
岚皋县	0.60	15.72	76.05	76.04	37.22	
平利县	3.75	30.20	37.01	37.00	37.00	
镇坪县	30.00	10.60	76.09	69.16	8.38	
旬阳县	15.60	40.97	599.00	594.38	249.57	
白河县	2.10	11.98	30.00	29.80	13.00	
洛南县	1.50	48.00	400.00	395.00	190.00	166.00
丹凤县		96.00				
商南县	19.46	65.00	762.67	727.67	164.00	89.00
山阳县	4.50	51.32	382.65	375.33	160.50	131.78
镇安县		20.80				
柞水县						
甘　肃	**451.51**	**2243.60**	**51882.82**	**51435.46**	**12014.31**	**8892.31**
永登县	0.24	13.75	2747.36	2720.16	50.77	2324.19
皋兰县	1.20	22.32	412.66	412.61	209.84	
榆中县		21.50	1256.19	1243.41	32.63	685.00

continued

Total Gas Supplied (10,000 m^3)		用气户数(户) Number of Household with Access to Gas (unit)		用气人口(万人) Population with Access to Gas (10,000 persons)	天然气汽车加气站(座) Gas Stations for CNG-Fueled Motor Vehicles (unit)	县名称 Name of Counties
燃气汽车 Gas-Powered Automobiles	燃气损失量 Loss Amount		居民家庭 Household User			
122.30	209.98	21964	21511	5.30	3	志丹县
108.89	9.00	24258	23892	6.50	1	吴起县
140.00	32.00	12398	11530	3.01	1	甘泉县
35.40	1.02	20332	18845	5.65	4	富　县
128.46	1.98	21064	20112	6.89	3	洛川县
120.19	33.67	19430	19153	4.61	2	宜川县
	6.20	12000	11500	1.37	3	黄龙县
124.00	98.00	17562	17438	3.83	3	黄陵县
114.00	1.30	28408	28300	9.00	1	城固县
121.43	0.30	25897	25822	4.47	1	洋　县
178.00	0.40	16788	15962	6.05	1	西乡县
135.60	0.90	17558	16059	6.15	1	勉　县
3894.90	2.00	16625	16025	5.51	5	宁强县
15.00	0.03	261	260	0.09	1	略阳县
14.11	0.70	720	655	0.30	1	镇巴县
	1.15	2195	2147	0.90		留坝县
	0.20	1150	1100	0.50		佛坪县
169.45	104.50	54870	54450	13.20	1	府谷县
350.00	244.82	88606	79406	22.03	14	靖边县
730.00	45.00	66000	55000	9.20	5	定边县
232.00	23.80	24193	22086	9.52	2	绥德县
5305.00	17.00	19502	19015	5.48	5	米脂县
2965.00	20.00	7650	7356	2.23	2	佳　县
51.00	3.70	5140	4800	1.52	4	吴堡县
	15.00	16323	16128	4.88		清涧县
90.00	51.60	14346	13085	4.70	1	子洲县
32.00	0.20	9852	9730	4.45	1	汉阴县
78.69	4.90	20350	20002	6.74	2	石泉县
	0.08	2800	2800	0.78		宁陕县
44.76	0.31	2790	2790	0.49	1	紫阳县
20.32	0.01	2019	2000	0.60	1	岚皋县
	0.01	5368	5368	3.00	1	平利县
60.78	6.93	379	279	0.15	1	镇坪县
105.00	4.62	13229	13163	3.36	1	旬阳县
16.80	0.20	1381	598	1.62	1	白河县
39.00	5.00	27416	27316	9.92	2	洛南县
						丹凤县
474.67	35.00	12113	12100	3.63	5	商南县
83.05	7.32	14952	14152	6.35	1	山阳县
						镇安县
						柞水县
23302.70	**447.36**	**493096**	**451189**	**166.41**	**93**	**甘　肃**
180.85	27.20	7644	7637	3.00	1	永登县
58.18	0.05	9923	9866	3.96	1	皋兰县
410.00	12.78	5335	662	0.60	2	榆中县

7-2-2 续表 30

县名称 Name of Counties	储气能力（万立方米） Gas Storage Capacity (10,000 m^3)	供气管道长度（公里） Length of Gas Supply Pipeline (km)	供气总量(万立方米) 合计 Total	销售气量 Quantity Sold	居民家庭 Households	集中供热 Central Heating
永昌县	12.54		4036.92	4035.99		
靖远县	0.83	49.18	3830.30	3784.47	85.76	124.30
会宁县	5.75	32.04	411.49	407.24	213.35	
景泰县	0.40	79.82	1061.13	1061.12	513.17	78.32
清水县	1.50	14.80	139.75	139.00	18.25	33.47
秦安县	2.30	68.00	830.00	790.00	485.00	195.00
甘谷县	10.51	74.10	1774.23	1772.68	200.13	729.13
武山县	1.70	48.40	647.00	642.80	292.00	282.00
张家川回族自治县	15.60	27.00	15.80	15.70	15.00	
民勤县	12.04	28.90	303.47	303.42	103.90	
古浪县	6.80	27.00	853.25	849.00	161.00	
天祝藏族自治县	10.60	33.10	2071.40	2063.80	278.00	
肃南县						
民乐县	3.00		127.00	125.00		
临泽县	12.00	70.00	4001.20	3988.20	21.00	2.70
高台县	15.00	47.00	3112.00	3104.26		
山丹县	20.19	67.00	1986.35	1946.62	103.97	
泾川县	2.00	33.20	1173.70	1170.50	291.48	580.42
灵台县	2.30	18.00	188.36	187.58	73.61	75.08
崇信县	5.00	25.00	57.00	55.00	37.00	16.00
庄浪县	9.37	46.50	286.30	285.00	75.50	48.50
静宁县	1.40	45.00	1312.11	1308.00	957.12	
金塔县	6.80	31.70	532.06	531.66	124.18	
瓜州县	6.00	38.25	410.67	397.57	164.25	
肃北蒙古族自治县	3.10	8.60	36.00	35.99	35.99	
阿克塞哈萨克族自治县	3.00	24.74	406.73	385.00	92.45	203.92
庆城县	20.00	34.50	2776.36	2772.36	42.36	2500.00
环　县						
华池县	2.50	52.60	140.00	138.00	48.00	
合水县	52.00	17.00	133.00	132.46	59.46	
正宁县	0.50	17.10	143.58	143.53	63.37	
宁　县	0.40	15.40	26.10	25.90	23.00	
镇原县	12.00	38.11	127.47	125.35	99.69	
通渭县	4.20	14.00	210.04	210.00	119.93	
陇西县	1.20	100.00	2871.00	2800.00	600.00	
渭源县	10.00	7.00	271.93	261.11	8.06	34.97
临洮县	18.12	63.57	22.04	21.85	21.65	
漳　县	9.60	10.50	177.00	172.00	56.82	3.20
岷　县	4.50		150.30	147.00		
成　县	3.00	36.00	1600.00	1597.80	475.50	630.00
文　县	6.00	30.00	70.00	69.00	67.00	
宕昌县	8.00	10.00	45.84	45.80	8.83	3.00
康　县		60.00	197.70	195.80	56.30	
西和县	7.90	69.40	163.86	162.66	100.00	

continued

Total Gas Supplied ($10,000 m^3$)		用气户数(户)		用气人口(万人)	天然气汽车加气站(座)	县名称
燃气汽车 Gas-Powered Automobiles	燃气损失量 Loss Amount	Number of Household with Access to Gas (unit)	居民家庭 Household User	Population with Access to Gas (10,000 persons)	Gas Stations for CNG-Fueled Motor Vehicles (unit)	Name of Counties
4035.99	0.93				4	永昌县
365.13	45.83	7440	7201	3.72	3	靖远县
188.57	4.25	16441	16322	6.56	2	会宁县
91.04	0.01	26200	26006	7.80	3	景泰县
87.02	0.75	2253	1973	0.95	1	清水县
110.00	40.00	19400	15300	8.90	1	秦安县
841.87	1.55	10210	10030	5.16	3	甘谷县
68.80	4.20	8100	7901	3.01	1	武山县
0.70	0.10	5000	3500	1.50	1	张家川回族自治县
199.52	0.05	16450	16400	5.20	1	民勤县
688.00	4.25	11152	11053	4.31	1	古浪县
1785.80	7.60	16983	16906	5.92	2	天祝藏族自治县
						肃南县
125.00	2.00	1			2	民乐县
3964.50	13.00	4390	4360	1.32	3	临泽县
3104.26	7.74	1568			4	高台县
1842.65	39.73	9716	7798	4.20	5	山丹县
298.60	3.20	9825	4865	3.64	1	泾川县
38.89	0.78	6523	6412	1.85	1	灵台县
	2.00	4339	4300	1.23		崇信县
161.00	1.30	7225	6676	2.85	1	庄浪县
201.33	4.11	19827	18936	5.68	1	静宁县
407.48	0.40	12000	9985	3.65	2	金塔县
102.44	13.10	15900	15700	3.92	1	瓜州县
	0.01	3020	3020	0.98		肃北蒙古族自治县
76.28	21.73	3873	3728	1.46	1	阿克塞哈萨克族自治县
230.00	4.00	12286	12257	3.60	2	庆城县
					4	环　县
90.00	2.00	3530	3500	1.51	2	华池县
73.00	0.54	7350	7306	2.25	1	合水县
80.16	0.05	1912	1907	0.57	1	正宁县
	0.20	1790	1785	0.40		宁　县
25.66	2.12	7833	7625	2.34	1	镇原县
90.07	0.04	9099	9066	3.30	1	通渭县
370.00	71.00	30205	30000	11.80	1	陇西县
208.49	10.82	772	767	0.23	1	渭源县
0.20	0.19	31750	30980	9.53	2	临洮县
111.98	5.00	1530	1500	0.65	1	漳　县
147.00	3.30	2367			2	岷　县
153.50	2.20	7210	7130	3.20	1	成　县
	1.00	3500	3400	1.20		文　县
33.93	0.04	1346	1181	0.53	1	宕昌县
	1.90	3200	2556	0.86		康　县
62.66	1.20	15000	12500	3.90	2	西和县

7-2-2 续表 31

县名称 Name of Counties	储气能力(万立方米) Gas Storage Capacity (10,000 m^3)	供气管道长度(公里) Length of Gas Supply Pipeline (km)	供气总量(万立方米) 合计 Total	销售气量 Quantity Sold	居民家庭 Households	集中供热 Central Heating
礼　县	1.80	60.00	410.00	400.00	120.00	280.00
徽　县	1.50	28.30	129.34	127.84	80.87	
两当县	6.00	15.00	106.00	105.31	50.47	40.41
临夏县		99.30	667.66	654.61	275.09	
康乐县	0.50	22.40	480.00	470.00	220.00	
永靖县	60.00	85.00	4037.00	4021.00	3402.00	
广河县	3.52	47.30	723.80	716.26	580.26	
和政县	14.00	40.79	329.60	324.00	136.00	
东乡县	0.10	176.40	865.50	853.40	543.80	
积石山县	3.00	12.00	300.00	299.00	36.80	
临潭县	6.00	7.79	62.00	60.30	1.20	
卓尼县	2.60		30.37	29.87		
舟曲县	8.82	11.60	107.20	107.00	50.64	22.70
迭部县	5.00	11.00	23.34	23.26	8.58	
玛曲县	2.58	30.50	5.92	5.81	5.28	
碌曲县	5.00	18.94	453.00	450.00	12.60	
夏河县		7.20	5.44	5.40	5.40	
青　海	**56.30**	**838.11**	**32723.99**	**32322.07**	**11729.41**	**9674.18**
大通县	0.80	296.00	12000.51	11908.51	1704.00	1864.28
湟源县		61.80	3595.65	3595.03	630.00	1867.44
民和县		125.00	4777.00	4640.00	2875.00	1762.00
互助县	18.00	89.00	5441.00	5417.00	3995.00	932.00
化隆县	23.30	36.20	497.95	497.30	243.10	178.00
循化县	6.20	59.00	260.00	253.00	173.20	31.30
门源县						
祁连县	5.00		34.46	33.36		
海晏县						
刚察县						
西海镇	3.00		21.80	21.77		
尖扎县						
泽库县						
河南县						
共和县		40.21	3080.32	2983.52	783.52	2067.25
同德县						
贵德县		93.00	1517.84	1479.94	1175.24	169.10
兴海县						
贵南县						
班玛县						
久治县						
甘德县						
玛沁县						
达日县						
玛多县						
杂多县						
称多县						

continued

Total Gas Supplied (10,000 m^3)		用气户数(户)		用气人口(万人)	天然气汽车加气站(座)	县名称
燃气汽车 Gas-Powered Automobiles	燃气损失量 Loss Amount	Number of Household with Access to Gas (unit)	居民家庭 Household User	Population with Access to Gas (10,000 persons)	Gas Stations for CNG-Fueled Motor Vehicles (unit)	Name of Counties
	10.00	5550	5430	2.00		礼　县
46.97	1.50	8100	7980	3.90	1	徽　县
14.43	0.69	2315	2203	0.68	1	两当县
366.47	13.05	5277	1899	1.90	4	临夏县
130.00	10.00	3350	3160	1.70	1	康乐县
619.00	16.00	34910	30900	7.00	3	永靖县
136.00	7.54	10061	9686	3.10	1	广河县
	5.60	2971	2930	1.59		和政县
141.70	12.10	8513	8100	2.18	2	东乡县
180.20	1.00	1740	1500	2.00	1	积石山县
50.26	1.70	310	306	0.12	2	临潭县
24.46	0.50	1300			1	卓尼县
33.66	0.20	4000	3940	1.96	2	舟曲县
14.60	0.08	1524	1429	0.45	1	迭部县
	0.11	476	462	0.15		玛曲县
434.40	3.00	374	360	0.08	1	碌曲县
	0.04	907	907	0.36		夏河县
2565.29	**401.92**	**175422**	**159964**	**53.10**	**16**	**青　海**
1022.00	92.00	37200	37049	16.91	2	大通县
459.80	0.62	13918	13195	5.18	1	湟源县
	137.00	42000	38000	7.80		民和县
294.00	24.00	32086	31960	8.30	1	互助县
76.20	0.65	4188	4096	1.96	1	化隆县
40.50	7.00	8630	8420	3.82	2	循化县
						门源县
33.36	1.10	86			1	祁连县
						海晏县
						刚察县
21.77	0.03	90			1	西海镇
						尖扎县
						泽库县
						河南县
132.75	96.80	11701	11395	3.92	2	共和县
						同德县
135.60	37.90	13139	12336	4.18	1	贵德县
						兴海县
						贵南县
						班玛县
						久治县
						甘德县
						玛沁县
						达日县
						玛多县
						杂多县
						称多县

7-2-2 续表 32

县名称 Name of Counties	储气能力(万立方米) Gas Storage Capacity (10,000 m^3)	供气管道长度(公里) Length of Gas Supply Pipeline (km)	供气总量(万立方米) 合计 Total	销售气量 Quantity Sold	居民家庭 Households	集中供热 Central Heating
治多县						
囊谦县						
曲麻莱县						
乌兰县		37.90	1213.83	1211.33	150.35	802.81
都兰县						
天峻县			283.63	281.31		
大柴旦行委						
宁　夏	**38.23**	**1940.29**	**40969.46**	**40575.65**	**14362.22**	**985.14**
永宁县		123.47	2598.00	2511.00	2136.46	
贺兰县		914.48	13500.00	13298.00	5000.00	
平罗县		236.96	5455.00	5440.00	3840.97	
盐池县		157.83	5180.42	5167.28	1063.01	407.81
同心县	5.63	39.00	1002.99	989.00	5.00	
红寺堡区			886.50	865.00	436.00	152.59
西吉县	5.00	30.70	1093.51	1092.69	135.18	364.56
隆德县						
泾源县	9.60	38.40	180.20	180.00	36.00	54.00
彭阳县		59.79	588.74	582.54	173.53	0.18
中宁县	4.20	292.16	10120.75	10095.64	1511.91	
海原县	13.80	47.50	363.35	354.50	24.16	6.00
新　疆	**578.22**	**5730.91**	**144331.73**	**142100.42**	**47734.59**	**22277.14**
鄯善县	6.00	186.82	3856.00	3770.00	1671.00	48.00
托克逊县	30.20	165.60	8548.19	8500.04	813.77	40.89
巴里坤哈萨克自治县	6.00	23.38	1499.97	1496.97	110.31	
伊吾县	4.80	13.55	34.54	34.32	21.84	
呼图壁县	1.50	355.00	1756.00	1726.00	590.00	
玛纳斯县		62.84	1298.00	1267.00	625.00	21.00
奇台县	11.20	81.88	1724.74	1682.52	583.98	
吉木萨尔县	12.00	91.20	938.00	926.19	461.69	
木垒哈萨克自治县	1.00	33.35	1176.77	1176.63	251.18	
精河县	9.68	34.86	702.99	700.12	163.01	
温泉县	0.50	25.00	243.58	240.82	110.78	
轮台县		82.00	6050.00	6045.00	660.00	2100.00
尉犁县	3.17	132.22	2345.28	2284.88	1472.87	106.00
若羌县	1.00	134.00	168.13	160.13	159.00	
且末县	3.00	14.00	485.00	478.00	268.00	
焉耆回族自治县	7.40	59.05	4058.00	4018.00	1200.00	
和静县	6.00	708.20	3981.26	3892.09	1829.24	
和硕县	0.45	78.07	2679.00	2641.00	666.00	535.00
博湖县		34.76	799.00	761.10	405.99	
温宿县	60.00	97.50	14000.00	13580.00	3800.00	3400.00
沙雅县	10.00	229.50	7990.35	7870.35	1440.50	2099.00
新和县	95.00	75.33	5287.90	5275.50	1081.20	1657.90
拜城县		260.00	7500.00	7200.00	2448.00	720.00
乌什县	0.80	34.00	1045.54	1015.54	161.00	51.00

continued

Total Gas Supplied (10,000 m^3)		用气户数(户)		用气人口(万人)	天然气汽车加气站(座)	县名称
燃气汽车 Gas-Powered Automobiles	燃气损失量 Loss Amount	Number of Household with Access to Gas (unit)	居民家庭 Household User	Population with Access to Gas (10,000 persons)	Gas Stations for CNG-Fueled Motor Vehicles (unit)	Name of Counties
						治多县
						囊谦县
						曲麻莱县
68.00	2.50	12383	3513	1.03	1	乌兰县
						都兰县
281.31	2.32	1			3	天峻县
						大柴旦行委
12500.48	**393.81**	**348433**	**321811**	**65.18**	**88**	**宁　夏**
110.00	87.00	47000	43000	4.30	1	永宁县
2000.00	202.00	139061	135130	18.00	11	贺兰县
850.00	15.00	68483	61405	11.45	18	平罗县
3683.32	13.14	24185	22881	6.01	34	盐池县
984.00	13.99	9267	221	2.80	6	同心县
255.00	21.50	6461	6321	2.40	2	红寺堡区
592.95	0.82	4349	4283	1.53	1	西吉县
						隆德县
89.80	0.20	2529	2218	0.74	1	泾源县
306.53	6.20	9182	8674	3.45	1	彭阳县
3345.82	25.11	34866	34748	13.30	10	中宁县
283.06	8.85	3050	2930	1.20	3	海原县
59525.11	**2231.31**	**1194912**	**1099169**	**325.29**	**261**	**新　疆**
842.00	86.00	32057	25298	7.61	20	鄯善县
7645.38	48.15	18930	18305	6.45	19	托克逊县
1386.66	3.00	9555	9433	1.18	5	巴里坤哈萨克自治县
12.48	0.22	2990	2920	0.62	1	伊吾县
692.00	30.00	39544	38399	4.55	2	呼图壁县
621.00	31.00	34200	33950	6.72	2	玛纳斯县
1056.32	42.22	32000	31698	8.50	8	奇台县
320.57	11.81	19320	19120	4.19	3	吉木萨尔县
925.45	0.14	14003	13961	1.63	10	木垒哈萨克自治县
537.11	2.87	14930	14918	3.70	3	精河县
130.04	2.76	5773	5770	1.24	1	温泉县
1955.00	5.00	20800	16000	6.80	15	轮台县
706.01	60.40	18811	18489	3.39	5	尉犁县
1.13	8.00	10200	10044	2.85	2	若羌县
210.00	7.00	10022	9850	2.24	1	且末县
662.00	40.00	31077	28568	4.90	3	焉耆回族自治县
2062.85	89.17	43060	38164	5.94	2	和静县
1440.00	38.00	13015	12559	2.58	6	和硕县
297.46	37.90	9545	8921	1.63	2	博湖县
6380.00	420.00	54200	49865	8.78	13	温宿县
3530.00	120.00	30000	29000	12.67	5	沙雅县
1847.95	12.40	22862	22802	7.50	4	新和县
2592.00	300.00	28013	27336	6.83	4	拜城县
803.54	30.00	16450	16088	6.58	2	乌什县

7-2-2 续表 33

县名称 Name of Counties	储气能力(万立方米) Gas Storage Capacity (10,000 m^3)	供气管道长度(公里) Length of Gas Supply Pipeline (km)	供气总量(万立方米) 合计 Total	销售气量 Quantity Sold	居民家庭 Households	集中供热 Central Heating
阿瓦提县	2.00	43.20	2150.00	2064.60	807.98	
柯坪县	1.50	38.40	2683.70	2682.70	78.26	
阿克陶县	0.40	78.00	1138.00	1103.00	803.00	
阿合奇县	0.50	15.20	245.75	229.37	105.47	
乌恰县		190.20	3500.00	3479.00	264.00	3005.00
疏附县		41.40	1386.62	1381.52	299.40	512.12
疏勒县	21.00	38.80	3550.00	3489.59	1696.56	
英吉沙县	3.00	80.00	980.00	947.00	269.00	350.00
泽普县		230.00	3616.00	3606.00	1976.00	600.00
莎车县		541.95	8986.88	8942.48	2605.89	111.06
叶城县		130.60	8950.00	8870.00	4680.00	2760.00
麦盖提县	0.40	123.40	1974.29	1941.29	1196.44	
岳普湖县		132.33	1360.42	1328.42	431.42	
伽师县		87.70	2229.00	2218.27	964.94	525.33
巴楚县		38.80	1852.00	1824.00	1200.00	
塔什库尔干塔吉克自治县	5.00	3.24	4.81	4.71	4.71	
和田县						
墨玉县	0.30	96.14	3700.00	3695.00	2995.00	
皮山县	24.00	129.27	2907.48	2859.46	1401.74	1054.64
洛浦县		60.50	3560.00	3512.60	1620.20	1220.00
策勒县		24.20	1220.00	1219.49	336.10	431.60
于田县	7.20	51.90	861.34	847.34	450.14	114.80
民丰县		45.96	1564.52	1563.30	206.23	812.10
伊宁县	56.00	21.30	357.09	349.49	78.00	
察布查尔县	10.20	29.30	841.70	837.40	167.48	
霍城县	10.38	94.60	492.00	485.00	279.77	
巩留县	6.90	18.00	441.52	436.25	57.00	
新源县	12.32	20.87	1018.10	1007.40	377.66	
昭苏县	1.00	6.80	250.30	249.30	30.55	
特克斯县	5.60	23.24	572.00	571.65	177.00	
尼勒克县	2.00	22.10	673.90	673.80	104.70	
额敏县	0.01	63.69	351.16	341.28	323.28	
托里县	8.60	8.17	220.65	210.65	20.90	
裕民县	3.00	5.80	149.37	149.00	35.00	
和布克赛尔蒙古自治县	1.20	6.10	251.90	250.80	63.63	
布尔津县	5.06	37.00	461.30	448.30	115.30	
富蕴县	5.22	26.83	352.56	352.17	214.16	
福海县	5.51	27.90	493.70	371.58	19.00	
哈巴河县	5.00	40.73	282.28	282.27	113.72	
青河县	5.22	11.58	222.80	222.44	87.60	
吉木乃县	100.00	33.60	310.35	310.30	83.00	1.70

continued

Total Gas Supplied (10,000 m^3)		用气户数(户) Number of Household with Access to Gas (unit)		用气人口(万人) Population with Access to Gas (10,000 persons)	天然气汽车加气站(座) Gas Stations for CNG-Fueled Motor Vehicles (unit)	县名称 Name of Counties
燃气汽车 Gas-Powered Automobiles	燃气损失量 Loss Amount		居民家庭 Household User			
1000.34	85.40	15000	14454	8.32	7	阿瓦提县
2528.66	1.00	4800	4621	2.11	4	柯坪县
240.00	35.00	19700	19200	6.70	1	阿克陶县
123.90	16.38	5750	4725	1.49	1	阿合奇县
210.00	21.00	10989	10482	2.07	1	乌恰县
570.00	5.10	18665	18056	5.44	2	疏附县
366.35	60.41	46323	28349	8.66	7	疏勒县
328.00	33.00	11464	11366	5.40	3	英吉沙县
1030.00	10.00	27668	24325	6.12	7	泽普县
4251.13	44.40	75000	74267	33.17	9	莎车县
1430.00	80.00	59630	57430	15.70	9	叶城县
744.85	33.00	21083	19566	7.52	4	麦盖提县
897.00	32.00	14234	13532	3.45	4	岳普湖县
728.00	10.73	21304	20474	9.37	3	伽师县
624.00	28.00	30863	13825	10.22	10	巴楚县
	0.10	550	550	0.20		塔什库尔干塔吉克自治县
						和田县
700.00	5.00	28555	23252	9.77	2	墨玉县
403.08	48.02	18562	17200	3.10	1	皮山县
672.40	47.40	23026	21946	4.39	1	洛浦县
428.56	0.51	7003	6996	2.00	1	策勒县
268.40	14.00	16872	15965	6.00	1	于田县
377.97	1.22	5512	5478	1.59	1	民丰县
269.49	7.60	8607	8464	3.22	4	伊宁县
669.92	4.30	10471	9980	4.56	4	察布查尔县
205.23	7.00	21125	20267	6.60	10	霍城县
379.25	5.27	5235	4800	4.00	2	巩留县
629.71	10.70	18091	17354	7.15	4	新源县
218.75	1.00	2781	2760	0.80	1	昭苏县
189.00	0.35	8151	5151	2.75	2	特克斯县
569.10	0.10	10296	10290	3.50	2	尼勒克县
18.00	9.88	22900	21910	4.50	5	额敏县
189.75	10.00	2584	2583	1.21	1	托里县
114.00	0.37	4110	4094	1.23	1	裕民县
185.79	1.10	6061	6037	1.20	1	和布克赛尔蒙古自治县
301.74	13.00	11000	10884	2.80	2	布尔津县
138.01	0.39	12484	12141	3.40	1	富蕴县
352.58	122.12	12800	11043	1.45	1	福海县
168.55	0.01	10280	9976	2.10	1	哈巴河县
121.05	0.36	6445	6415	1.55	1	青河县
225.60	0.05	7581	7503	1.40	1	吉木乃县

7-3-1 2021年按省分列的县城液化石油气

地区名称 Name of Regions	储气能力(吨) Gas Storage Capacity (ton)	供气管道长度(公里) Length of Gas Supply Pipeline (km)	供气总量(吨) 合计 Total	销售气量 Quantity Sold	居民家庭 Households
全国	**312253.89**	**2317.37**	**1907520.19**	**1892390.80**	**1634731.53**
河北	11045.34	437.39	73993.46	73285.55	62426.77
山西	8173.85	654.26	26480.65	26048.86	21658.46
内蒙古	8580.00	59.97	43658.59	43294.40	38541.68
辽宁	5649.00	77.62	28934.35	28706.51	25153.93
吉林	2396.00	80.80	16616.65	16539.47	13111.61
黑龙江	5838.65	9.60	28480.89	28184.08	24503.16
江苏	17298.58	391.45	96654.01	96216.25	69706.40
浙江	13796.96	52.33	159132.25	158522.68	129714.61
安徽	17795.60	0.40	97877.66	97204.22	88082.12
福建	11251.78	31.37	82137.65	81670.38	72697.51
江西	18758.65		151846.18	150155.01	136073.74
山东	14529.51	144.33	70642.07	70128.17	56929.21
河南	15450.55	1.55	154732.91	152515.23	132695.19
湖北	8607.46	19.17	51429.70	50861.45	48270.46
湖南	40705.80		184331.51	183555.53	167343.39
广东	20612.85	179.45	200248.86	199508.93	167667.80
广西	11274.67	8.50	139569.22	138194.55	130640.41
海南	1562.50		27045.05	26787.20	23665.49
重庆	5313.00		13084.23	13005.23	10355.61
四川	9905.53	8.59	25909.76	25546.75	20995.36
贵州	12898.50		59435.53	59048.25	49123.99
云南	19007.11	104.35	56359.54	55870.99	45955.78
西藏	2769.30	21.65	14129.50	14100.81	12378.81
陕西	13993.71	29.26	37744.25	37169.76	34988.72
甘肃	4353.56		26491.67	26124.81	22766.73
青海	2090.10	0.08	4573.06	4484.15	3550.95
宁夏	3575.03	2.33	8261.77	8170.42	6724.02
新疆	5020.30	2.92	27719.22	27491.16	19009.62

County Seat LPG Supply by Province(2021)

Total Gas Supplied (Ton)						
燃气汽车 Gas-Powered Automobiles	燃气损失量 Loss Amount	用气户数(户) Number of Household with Access to Gas (unit)	居民家庭 Household User	用气人口(万人) Population with Access to Gas (10,000 persons)	液化气汽车加气站(座) Gas Stations for LPG- Fueled Motor Vehicles (unit)	地区名称 Name of Regions
25207.87	**15129.39**	**17071959**	**16317237**	**5391.27**	**165**	**全 国**
976.08	707.91	672119	638229	203.72	3	河 北
	431.79	319350	304102	97.72	2	山 西
409.00	364.19	851693	809722	260.54	14	内蒙古
450.30	227.84	420340	400757	78.72	9	辽 宁
745.80	77.18	214128	198444	69.36	6	吉 林
1956.00	296.81	410419	379906	119.82	15	黑龙江
2092.00	437.76	570065	532577	127.29	6	江 苏
	609.57	927304	834251	220.20		浙 江
315.00	673.44	870295	831593	272.20	2	安 徽
	467.27	776072	750593	258.76		福 建
	1691.17	1273804	1252969	460.55		江 西
	513.90	457815	434389	138.21		山 东
7420.50	2217.68	1127189	1091533	424.54	21	河 南
1239.08	568.25	527879	500729	176.30	5	湖 北
	775.98	1828082	1798834	532.97		湖 南
	739.93	1032392	1004559	328.45	2	广 东
	1374.67	1382680	1351233	431.04		广 西
258.00	257.85	221367	216089	47.20	2	海 南
	79.00	94296	83618	21.75		重 庆
382.00	363.01	219979	201451	85.41	8	四 川
	387.28	981500	938495	387.22	4	贵 州
	488.55	679177	633473	247.83		云 南
641.00	28.69	123489	114918	52.33	6	西 藏
70.02	574.49	320125	304785	105.64	4	陕 西
1902.36	366.86	389207	364962	150.72	12	甘 肃
2.30	88.91	54740	44296	22.57	1	青 海
1280.00	91.35	71963	70811	23.79	2	宁 夏
5068.43	228.06	254490	229919	46.42	41	新 疆

7-3-2 2021年按县分列的县城液化石油气

县名称 Name of Counties	储气能力(吨) Gas Storage Capacity (ton)	供气管道长度(公里) Length of Gas Supply Pipeline (km)	供气总量(吨) 合计 Total	销售气量 Quantity Sold	居民家庭 Households
全　国	**312253.89**	**2317.37**	**1907520.19**	**1892390.80**	**1634731.53**
河　北	**11045.34**	**437.39**	**73993.46**	**73285.55**	**62426.77**
井陉县	139.00		1640.00	1639.50	1638.00
正定县	32.00		312.00	308.00	300.00
行唐县	125.00		3720.00	3678.00	876.00
灵寿县	230.00		2676.08	2659.08	1232.00
高邑县	65.00		330.00	325.00	325.00
深泽县	80.00		730.00	726.00	726.00
赞皇县	50.00		934.70	934.60	890.00
无极县	3660.00		3769.80	3660.00	3660.00
平山县	123.00	0.56	553.03	553.00	349.07
元氏县	20.00		387.66	386.88	376.21
赵　县					
滦南县	50.00		266.00	256.60	256.60
乐亭县	40.00		300.00	287.00	287.00
迁西县	120.00		800.00	780.00	765.00
玉田县	105.00		400.00	399.00	100.00
曹妃甸区	265.00		4280.00	4273.00	3865.00
青龙满族自治县	70.00		584.20	580.00	580.00
昌黎县	80.00		276.00	274.00	203.00
卢龙县	50.00		703.00	698.00	698.00
临漳县	50.00	45.00	501.00	500.00	140.00
成安县	160.00		85.00	78.00	78.00
大名县	30.00	2.18	562.50	561.00	561.00
涉　县	165.00		722.00	717.00	717.00
磁　县	32.10		1598.00	1550.00	1550.00
邱　县					
鸡泽县					
广平县	25.00		542.00	541.00	541.00
馆陶县	49.00		1468.00	1464.00	1464.00
魏　县	50.00		100.00	95.00	90.00
曲周县	50.00		1037.00	1036.85	1036.85
临城县	60.00		890.00	889.90	889.90
内丘县	260.00		100.00	100.00	
柏乡县					
隆尧县	30.00	270.00	316.00	310.00	155.00
宁晋县	182.50		852.00	832.00	812.00
巨鹿县	33.00		278.20	278.00	278.00
新河县					
广宗县	60.00		1200.00	1198.00	1198.00
平乡县					
威　县	155.00		1855.00	1850.00	1850.00
清河县	205.00		1318.28	1310.53	1152.33
临西县	2.00		80.00	79.10	79.10

County Seat LPG Supply by County(2021)

Total Gas Supplied (ton)		用气户数(户)		用气人口(万人)	液化气汽车加气站(座)	县名称
燃气汽车 Gas-Powered Automobiles	燃气损失量 Loss Amount	Number of Household with Access to Gas (unit)	居民家庭 Household User	Population with Access to Gas (10,000 persons)	Gas Stations for LPG- Fueled Motor Vehicles (unit)	Name of Counties
25207.87	**15129.39**	**17071959**	**16317237**	**5391.27**	**165**	**全　国**
976.08	**707.91**	**672119**	**638229**	**203.72**	**3**	**河　北**
	0.50	11700	11450	5.12		井陉县
	4.00	3000	3000	1.00		正定县
	42.00	8148	7836	2.46		行唐县
976.08	17.00	12113	10121	4.00	2	灵寿县
	5.00	1463	1463	0.10		高邑县
	4.00	6500	6500	2.60		深泽县
	0.10	15040	14640	4.95		赞皇县
	109.80	16500	16500	2.44		无极县
	0.03	2400	2100	1.00		平山县
	0.78	4725	4698	1.82		元氏县
						赵　县
	9.40	4011	4011	0.75		滦南县
	13.00	1021	1021	0.28		乐亭县
	20.00	15400	7150	2.60		迁西县
	1.00	3500	1500	0.51		玉田县
	7.00	16286	15905	3.25		曹妃甸区
	4.20	7060	7060	2.07		青龙满族自治县
	2.00	3570	3293	1.00		昌黎县
	5.00	9897	9897	3.47		卢龙县
	1.00	400	400	0.12		临漳县
	7.00	15	15	0.02	1	成安县
	1.50	5000	5000	2.02		大名县
	5.00	3000	3000	1.95		涉　县
	48.00	15967	15967	6.85		磁　县
						邱　县
						鸡泽县
	1.00	4487	4487	1.79		广平县
	4.00	24860	24860	7.51		馆陶县
	5.00	5400	5400	1.35		魏　县
	0.15	10552	10552	3.33		曲周县
	0.10	10000	10000	4.10		临城县
		94				内丘县
						柏乡县
	6.00	2468	2468	0.15		隆尧县
	20.00	10999	10999	1.05		宁晋县
	0.20	2883	2883	1.20		巨鹿县
						新河县
	2.00	7200	7200	2.64		广宗县
						平乡县
	5.00	30050	30050	10.13		威　县
	7.75	10891	10315	2.80		清河县
	0.90	1000	1000	0.48		临西县

7-3-2 续表 1

县名称 Name of Counties	储气能力(吨) Gas Storage Capacity (ton)	供气管道长度(公里) Length of Gas Supply Pipeline (km)	供气总量(吨) 合计 Total	销售气量 Quantity Sold	居民家庭 Households
博野县	26.00		80.00	77.00	77.00
涞水县	32.00		1095.00	1094.50	1000.00
阜平县	36.54		500.10	496.00	495.60
白沟新城					
定兴县			580.00	560.00	490.00
唐　县	80.00		125.00	122.00	78.00
高阳县	175.00		2100.00	2080.00	1380.00
涞源县	105.00	0.28	419.00	417.00	415.00
望都县	12.00		98.00	96.00	96.00
易　县	45.00		1202.00	1198.50	1198.50
曲阳县	137.00		995.00	994.00	830.00
蠡　县	165.00		1478.00	1444.00	1300.00
顺平县	150.00		1152.00	1150.00	1030.00
张北县	175.00		999.77	996.77	996.77
康保县	18.00		240.26	239.76	210.26
沽源县	45.00		121.00	120.00	120.00
尚义县	29.00		130.80	125.26	125.26
蔚　县	40.00	8.00	690.00	684.00	684.00
阳原县	60.00	8.90	191.72	190.22	190.22
怀安县	570.00	6.70	570.00	556.00	556.00
怀来县	65.00	0.12	998.00	987.00	987.00
涿鹿县	38.00		185.40	184.60	168.20
赤城县	80.00		755.56	753.00	714.00
承德县	135.00	44.50	2250.00	2200.00	1800.00
兴隆县	143.00	40.00	1200.00	1185.00	1185.00
滦平县	100.00	5.00	1607.50	1600.00	1100.00
隆化县	140.00	6.00	671.00	670.90	670.90
丰宁满族自治县	85.00		382.00	380.00	216.00
宽城满族自治县	95.00		1100.00	1099.00	1099.00
围场满族蒙古族自治县	195.00		1165.00	1161.00	970.00
青　县			360.00	358.00	358.00
东光县	200.00		200.01	200.00	200.00
海兴县	50.00		300.90	300.00	300.00
盐山县			901.02	901.00	901.00
肃宁县	125.00		976.17	972.00	972.00
南皮县					
吴桥县					
献　县			789.00	789.00	500.00
孟村回族自治县					
固安县	40.00	0.15	460.00	450.00	40.00
永清县					
香河县					
大城县					
文安县					
大厂回族自治县					

continued

Total Gas Supplied (ton)		用气户数(户) Number of Household with Access to Gas (unit)		用气人口(万人) Population with Access to Gas (10,000 persons)	液化气汽车加气站(座) Gas Stations for LPG- Fueled Motor Vehicles (unit)	县名称 Name of Counties
燃气汽车 Gas-Powered Automobiles	燃气损失量 Loss Amount		居民家庭 Household User			
	3.00	1150	1150	0.35		博野县
	0.50	13240	13200	3.96		涞水县
	4.10	8450	8260	2.11		阜平县
						白沟新城
	20.00	3000	3000	0.73		定兴县
	3.00	1200	1200	0.50		唐　县
	20.00	10309	9509	2.15		高阳县
	2.00	15000	15000	4.53		涞源县
	2.00	270	270	0.08		望都县
	3.50	10000	10000	2.32		易　县
	1.00	6891	6510	1.65		曲阳县
	34.00	12900	7400	1.80		蠡　县
	2.00	8537	7580	2.85		顺平县
	3.00	11260	11260	3.81		张北县
	0.50	6500	3000	2.40		康保县
	1.00	2000	2000	0.60		沽源县
	5.54	2000	2000	1.47		尚义县
	6.00	7400	7400	0.50		蔚　县
	1.50	2377	2377	0.71		阳原县
	14.00	17345	17345	5.26		怀安县
	11.00	8522	8522	0.35		怀来县
	0.80	3055	2803	0.84		涿鹿县
	2.56	11886	11886	5.31		赤城县
	50.00	16000	15400	4.40		承德县
	15.00	19400	19400	5.48		兴隆县
	7.50	16700	15900	7.43		滦平县
	0.10	11000	11000	3.41		隆化县
	2.00	1200	1200	0.38		丰宁满族自治县
	1.00	18300	18300	7.47		宽城满族自治县
	4.00	4500	4000	0.85		围场满族蒙古族自治县
	2.00	2510	2510	0.79		青　县
	0.01	2500	2500	2.00		东光县
	0.90	1200	1200	0.80		海兴县
	0.02	4050	4050	0.38		盐山县
	4.17	2700	2700	1.00		肃宁县
						南皮县
						吴桥县
		4130	4000	1.20		献　县
						孟村回族自治县
	10.00	980	200	3.00		固安县
						永清县
						香河县
						大城县
						文安县
						大厂回族自治县

7-3-2 续表 2

县名称 Name of Counties	储气能力(吨) Gas Storage Capacity (ton)	供气管道长度(公里) Length of Gas Supply Pipeline (km)	供气总量(吨) 合计 Total	销售气量 Quantity Sold	居民家庭 Households
枣强县	75.00		830.00	825.00	690.00
武邑县	90.00		945.00	941.00	941.00
武强县	55.00		900.00	890.00	780.00
饶阳县	66.00		1660.80	1660.00	1520.00
安平县	36.00		1060.00	1050.00	1050.00
故城县	12.00		2000.00	1995.00	1995.00
景　县	300.00		800.00	797.00	797.00
阜城县	9.20		661.00	656.00	651.00
容城县			150.00	147.00	130.00
雄　县	108.00		1750.00	1685.00	700.00
安新县					
山　西	**8173.85**	**654.26**	**26480.65**	**26048.86**	**21658.46**
清徐县					
阳曲县	500.00		525.00	515.00	515.00
娄烦县	160.00		110.00	109.30	109.30
阳高县					
天镇县					
广灵县		14.00	458.00	442.00	442.00
灵丘县	150.00		100.00	99.90	99.90
浑源县	85.00		105.00	105.00	105.00
左云县	46.00	17.50	252.00	238.28	226.28
云州区					
平定县	45.00	212.00	337.50	337.00	
盂　县					
襄垣县	100.00		398.00	396.00	396.00
平顺县	80.00		540.00	537.00	537.00
黎城县	75.00		360.00	350.00	350.00
壶关县	220.00		640.00	639.00	639.00
长子县	145.00	4.00	610.00	600.00	362.00
武乡县	50.00		332.00	330.00	230.00
沁　县	49.00		424.11	416.42	388.42
沁源县	100.00		143.00	140.00	140.00
沁水县	57.00		293.00	289.00	278.00
阳城县					
陵川县	100.00		370.00	365.00	360.00
山阴县	1350.00		1350.00	1300.00	1300.00
应　县	50.00		167.79	163.79	163.79
右玉县					
榆社县	25.00		180.30	180.30	160.00
左权县	20.00		132.00	125.00	125.00
和顺县	40.00		200.00	200.00	200.00
昔阳县	25.00	0.34	112.00	110.00	110.00
寿阳县	38.50	0.12	218.00	210.00	162.00
太谷区	100.00		550.00	550.00	550.00
祁　县					

continued

Total Gas Supplied (ton)		用气户数(户) Number of Household with Access to Gas (unit)		用气人口(万人) Population with Access to Gas (10,000 persons)	液化气汽车加气站(座) Gas Stations for LPG- Fueled Motor Vehicles (unit)	县名称 Name of Counties
燃气汽车 Gas-Powered Automobiles	燃气损失量 Loss Amount		居民家庭 Household User			
	5.00	12834	11333	3.40		枣强县
	4.00	15433	15433	4.43		武邑县
	10.00	14000	12800	2.90		武强县
	0.80	19920	19920	5.97		饶阳县
	10.00	3200	3200	1.13		安平县
	5.00	21000	21000	7.00		故城县
	3.00	13200	13200	3.75		景　县
	5.00	12330	10850	3.28		阜城县
	3.00	1650	1500	1.08		容城县
	65.00	2490	2220	1.00		雄　县
						安新县
	431.79	**319350**	**304102**	**97.72**	**2**	**山　西**
						清徐县
	10.00	350	350	0.30		阳曲县
	0.70	2000	2000	1.00		娄烦县
						阳高县
						天镇县
	16.00	5023	5023	4.56		广灵县
	0.10	890	890	0.31		灵丘县
		1156	1156	0.44		浑源县
	13.72	2405	2364	1.40		左云县
						云州区
	0.50	1450				平定县
						盂　县
	2.00	2900	2900	0.87		襄垣县
	3.00	10355	10355	1.99		平顺县
	10.00	3979	3979	1.74		黎城县
	1.00	5100	5100	2.90		壶关县
	10.00	7500	7480	2.60		长子县
	2.00	3500	3250	1.23		武乡县
	7.69	5190	5088	1.30		沁　县
	3.00	7000	7000	2.01		沁源县
	4.00	1600	1596	0.60		沁水县
						阳城县
	5.00	2250	2250	0.80		陵川县
	50.00	11900	11900	3.69		山阴县
	4.00	3000	3000	1.00		应　县
						右玉县
		4185	4155	1.25		榆社县
	7.00	4050	4050	1.21		左权县
		1500	1500	0.18		和顺县
	2.00	308	308	0.09		昔阳县
	8.00	1680	1680			寿阳县
		1605	1605	0.08		太谷区
						祁　县

7-3-2 续表 3

县名称 Name of Counties	储气能力(吨) Gas Storage Capacity (ton)	供气管道长度(公里) Length of Gas Supply Pipeline (km)	供气总量(吨) 合计 Total	销售气量 Quantity Sold	居民家庭 Households
平遥县					
灵石县	7.00	406.20	2759.00	2726.00	1551.00
临猗县	28.00		1450.00	1430.00	1220.00
万荣县	1100.00		1260.00	1210.00	1210.00
闻喜县	60.00				
稷山县	150.00		650.00	640.00	470.00
新绛县					
绛　县	45.00		113.00	112.80	112.80
垣曲县	40.00		350.00	350.00	320.00
夏　县	37.00		480.00	475.00	74.00
平陆县	80.00		1006.00	1000.00	1000.00
芮城县	200.00		156.10	153.00	153.00
定襄县	25.00		278.00	275.00	275.00
五台县	110.00		440.00	434.00	315.00
代　县	259.35		331.00	330.82	330.82
繁峙县	60.00		285.00	285.00	285.00
宁武县					
静乐县	78.00		200.00	135.00	135.00
神池县	59.00		75.00	72.75	72.00
五寨县	25.00		404.00	399.00	376.00
岢岚县	60.00		400.00	398.00	380.00
河曲县					
保德县					
偏关县					
曲沃县	45.00		302.00	300.00	0.70
翼城县	50.00		160.00	159.00	90.00
襄汾县					
洪洞县	42.00		160.00	156.00	156.00
古　县	30.00		162.00	160.00	120.00
安泽县	45.00		19.00	19.00	19.00
浮山县	100.00		250.00	250.00	200.00
吉　县	36.00		365.00	360.00	355.00
乡宁县					
大宁县	40.00		157.95	150.00	127.05
隰　县	450.00		231.00	227.00	227.00
永和县	452.00		556.00	555.70	325.00
蒲　县			60.00	60.00	20.00
汾西县	50.00		381.50	359.90	359.90
文水县					
交城县	300.00		2700.00	2700.00	2100.00
兴　县	100.00		602.10	600.00	600.00
临　县	100.00		55.00	49.50	49.50
柳林县					
石楼县	120.00		495.00	490.00	485.00
岚　县	90.00	0.10	123.30	122.40	40.00

continued

Total Gas Supplied (ton)		用气户数(户) Number of Household with Access to Gas (unit)		用气人口(万人) Population with Access to Gas (10,000 persons)	液化气汽车加气站(座) Gas Stations for LPG- Fueled Motor Vehicles (unit)	县名称 Name of Counties
燃气汽车 Gas-Powered Automobiles	燃气损失量 Loss Amount		居民家庭 Household User			
						平遥县
	33.00	38538	37379			灵石县
	20.00	12410	12110	6.20		临猗县
	50.00	17280	17280	3.70		万荣县
						闻喜县
	10.00	4200	4200	1.68		稷山县
						新绛县
	0.20	2000	2000	0.55		绛　县
		4500	4000	2.00		垣曲县
	5.00	3000	2650	0.96		夏　县
	6.00	12000	12000	2.30		平陆县
	3.10	2102	2102	0.20		芮城县
	3.00	4400	4400	3.05		定襄县
	6.00	4165	2608	1.04		五台县
	0.18	9334	9334	2.80		代　县
		12730	12730	3.57		繁峙县
						宁武县
	65.00	18483	18483	4.59		静乐县
	2.25	12312	12098	3.85		神池县
	5.00	5230	3600	1.08		五寨县
	2.00	9000	5600	2.70	1	岢岚县
						河曲县
						保德县
						偏关县
	2.00	75	10	0.01		曲沃县
	1.00	1700	1100	0.49		翼城县
						襄汾县
	4.00	1493	1493	0.34		洪洞县
	2.00	960	850	0.25		古　县
		2235	2235	0.20		安泽县
		5100	5100	4.10		浮山县
	5.00	3800	3800	1.50		吉　县
						乡宁县
	7.95	3250	3042	1.28		大宁县
	4.00	2178	2178	2.11		隰　县
	0.30	6756	4658	1.80		永和县
		600	400	0.20	1	蒲　县
	21.60	2165	2165	1.00		汾西县
						文水县
		11683	11683	5.83		交城县
	2.10	3000	3000	2.00		兴　县
	5.50	155	155	0.04		临　县
						柳林县
	5.00	7080	7080	2.20		石楼县
	0.90	1560	600	0.35		岚　县

7-3-2 续表 4

县名称 Name of Counties	储气能力(吨) Gas Storage Capacity (ton)	供气管道长度(公里) Length of Gas Supply Pipeline (km)	供气总量(吨) 合计 Total	 销售气量 Quantity Sold	 居民家庭 Households
方山县					
中阳县	90.00		156.00	156.00	156.00
交口县					
内蒙古	**8580.00**	**59.97**	**43658.59**	**43294.40**	**38541.68**
土左旗					
托　县					
和林县					
清水河县	3.00		163.46	163.46	18.60
武川县	40.00		375.00	370.00	48.00
土右旗	49.00		385.00	384.00	18.30
固阳县	42.00		229.90	229.60	220.00
达尔罕茂明安联合旗	60.00		207.00	203.00	203.00
阿鲁科尔沁旗	48.50		760.00	760.00	760.00
巴林左旗	217.50		1075.98	1075.68	898.66
巴林右旗	185.00	13.50	816.00	816.00	816.00
林西县	410.00	8.44	945.00	925.00	790.00
克什克腾旗	415.00		1545.00	1545.00	1545.00
翁牛特旗	70.00	18.00	3421.00	3406.00	3405.50
喀喇沁旗	185.00		1415.00	1400.00	1382.00
宁城县	80.00		1420.00	1414.00	1414.00
敖汉旗	135.00	20.00	885.00	882.00	825.00
科左中旗	580.00		560.00	555.00	555.00
科左后旗	56.00		160.00	160.00	160.00
开鲁县					
库伦旗	106.00		1450.00	1430.00	980.00
奈曼旗	42.00		670.00	660.00	600.00
扎鲁特旗	210.00		670.00	655.00	652.00
达拉特旗	21.00		600.00	570.00	570.00
准格尔旗	90.00		2296.00	2290.00	1910.00
鄂托克前旗	55.00		160.00	159.00	159.00
鄂托克旗	40.00		142.00	142.00	142.00
杭锦旗	120.00		400.08	400.00	400.00
乌审旗	400.00		380.00	377.00	377.00
伊金霍洛旗	60.00		499.00	486.00	90.00
阿荣旗	25.00		620.00	605.00	605.00
莫　旗	50.00		285.00	283.00	262.00
鄂伦春旗	96.00		200.00	200.00	200.00
鄂温克旗	220.00		910.91	910.00	637.00
陈巴尔虎旗	49.00		390.00	390.00	390.00
新左旗	50.00		265.00	265.00	250.00
新右旗			303.20	291.00	291.00
五原县	50.00		370.00	365.00	365.00
磴口县	150.00	0.03	402.70	400.00	400.00
乌拉特前旗			3289.00	3256.00	3256.00
乌拉特中旗	10.00		365.00	364.99	285.00

continued

Total Gas Supplied (ton)		用气户数(户)		用气人口(万人)	液化气汽车加气站(座)	县名称
燃气汽车 Gas-Powered Automobiles	燃气损失量 Loss Amount	Number of Household with Access to Gas (unit)	居民家庭 Household User	Population with Access to Gas (10,000 persons)	Gas Stations for LPG- Fueled Motor Vehicles (unit)	Name of Counties
						方山县
		3000	3000	2.20		中阳县
						交口县
409.00	**364.19**	**851693**	**809722**	**260.54**	**14**	**内蒙古**
						土左旗
						托　县
						和林县
		1016	362	0.30		清水河县
	5.00	2507	1925	0.60		武川县
	1.00	567	345	0.03		土右旗
	0.30	920	782	0.40		固阳县
	4.00	4300	4300	1.10		达尔罕茂明安联合旗
		30000	30000	9.20		阿鲁科尔沁旗
	0.30	20977	18823	7.06		巴林左旗
		26600	26600	7.75		巴林右旗
	20.00	25675	25675	9.80		林西县
		19110	19110	6.63		克什克腾旗
	15.00	45706	45706	16.20		翁牛特旗
	15.00	28927	25754	7.66		喀喇沁旗
	6.00	37000	37000	14.53		宁城县
	3.00	40602	38262	10.26		敖汉旗
	5.00	12200	12200	4.21		科左中旗
		20000	20000	4.03	1	科左后旗
						开鲁县
	20.00	23160	23160	5.67		库伦旗
	10.00	13008	12828	4.99		奈曼旗
3.00	15.00	30550	30000	8.44	1	扎鲁特旗
	30.00	3300	3300	1.02		达拉特旗
	6.00	37477	33919	11.93		准格尔旗
	1.00	720	720	0.30		鄂托克前旗
		455	455	0.13		鄂托克旗
	0.08	8000	8000	0.22		杭锦旗
	3.00	1100	1100	0.18		乌审旗
	13.00	2459	1158	0.59		伊金霍洛旗
	15.00	10520	10520	3.29		阿荣旗
21.00	2.00	10723	10524	6.08	2	莫　旗
		9680	9680	4.50		鄂伦春旗
	0.91	6500	5900	2.63		鄂温克旗
		6200	6200	1.78		陈巴尔虎旗
15.00		3875	3246	1.57	1	新左旗
	12.20	5643	5643	1.80		新右旗
	5.00	11030	11030	6.13		五原县
	2.70	3000	3000	0.89		磴口县
	33.00	17800	17800	4.47		乌拉特前旗
	0.01	2650	2430	0.60		乌拉特中旗

7-3-2 续表 5

县名称 Name of Counties	储气能力(吨) Gas Storage Capacity (ton)	供气管道长度(公里) Length of Gas Supply Pipeline (km)	供气总量(吨) 合计 Total	销售气量 Quantity Sold	居民家庭 Households
乌拉特后旗	50.00		550.00	549.50	549.50
杭锦后旗	100.00		656.00	651.80	520.30
卓资县	80.00		140.00	138.50	138.50
化德县	50.00		83.00	80.00	80.00
商都县	70.00		247.00	239.10	230.00
兴和县	10.00		1269.00	1268.00	1268.00
凉城县	29.00		1100.00	1090.00	950.00
察右前旗			1218.99	1217.61	714.18
察右中旗	30.00		95.30	95.00	85.00
察右后旗			445.00	432.00	365.00
四子王旗	40.00		115.00	114.40	114.40
科尔沁右翼前旗	131.00		564.00	557.00	557.00
科右中旗	250.00		480.00	480.00	400.00
扎赉特旗	1345.00		1078.00	1075.22	702.00
突泉县	350.00		1650.00	1650.00	1490.00
阿巴嘎旗	124.00		121.00	120.00	120.00
苏尼特左旗	40.00		230.00	230.00	230.00
苏尼特右旗	300.00		300.00	290.00	290.00
东乌珠穆沁旗	50.00		832.00	820.00	820.00
西乌珠穆沁旗	150.00		1002.00	1000.00	800.00
太仆寺旗	105.00		376.00	371.00	371.00
镶黄旗	111.00		450.00	449.50	449.50
正镶白旗	320.00		85.00	85.00	85.00
正蓝旗	50.00		128.20	125.00	125.00
多伦县	210.00		210.00	200.00	190.00
阿拉善左旗	55.00		819.07	811.24	811.24
阿拉善右旗	90.00		80.00	80.00	80.00
额济纳旗	20.00		302.80	286.80	126.00
辽　宁	**5649.00**	**77.62**	**28934.35**	**28706.51**	**25153.93**
康平县	240.00	2.50	1215.00	1215.00	823.00
法库县	543.00	27.30	2006.50	1999.50	1485.50
长海县	230.00		586.00	586.00	483.00
台安县	225.00		2320.80	2256.80	1930.50
岫岩满族自治县	500.00		2550.00	2550.00	2000.00
抚顺县					
新宾满族自治县	380.00		340.30	338.00	338.00
清原满族自治县	126.00		680.00	680.00	400.00
本溪满族自治县	220.00		630.00	629.80	629.80
桓仁满族自治县	469.00		549.00	543.80	494.80
宽甸满族自治县	195.00	1.05	2210.00	2210.00	2210.00
黑山县	100.00		530.00	530.00	530.00
义　县	140.00		300.00	300.00	300.00
阜新蒙古族自治县	116.00		710.00	692.00	692.00
彰武县	125.00		950.00	950.00	800.00
辽阳县	840.00		3192.00	3142.00	3142.00

continued

Total Gas Supplied (ton) 燃气汽车 Gas-Powered Automobiles	燃气损失量 Loss Amount	用气户数(户) Number of Household with Access to Gas (unit)	居民家庭 Household User	用气人口(万人) Population with Access to Gas (10,000 persons)	液化气汽车加气站(座) Gas Stations for LPG- Fueled Motor Vehicles (unit)	县名称 Name of Counties
	0.50	8234	8234	2.48		乌拉特后旗
	4.20	19702	19702	6.90		杭锦后旗
	1.50	15650	15650	3.40		卓资县
	3.00	4138	4138	0.95		化德县
	7.90	10000	5700	5.11		商都县
	1.00	10500	10500	3.12		兴和县
	10.00	15500	14000	5.25		凉城县
	1.38	13498	11468	1.45		察右前旗
	0.30	2000	1900	0.60		察右中旗
	13.00	17282	17121	5.05		察右后旗
	0.60	31307	31307	6.56		四子王旗
	7.00	9374	9374	3.00	3	科尔沁右翼前旗
		19000	19000	6.40		科右中旗
	2.78	51200	37540	6.61		扎赉特旗
160.00		18647	16447	5.36	1	突泉县
	1.00	6300	6300	2.20		阿巴嘎旗
		3500	3500	1.40		苏尼特左旗
	10.00	7050	7050	2.70		苏尼特右旗
	12.00	6280	6280	2.28		东乌珠穆沁旗
200.00	2.00	14070	14070	3.20	3	西乌珠穆沁旗
	5.00	9910	9910	4.06		太仆寺旗
	0.50	6825	6825	3.06		镶黄旗
		4160	4160	2.55		正镶白旗
	3.20	3400	3400	2.24		正蓝旗
10.00	10.00	6000	6000	3.30	2	多伦县
	7.83	7600	7600	1.99		阿拉善左旗
		789	789	0.70		阿拉善右旗
	16.00	5820	4300	1.65		额济纳旗
450.30	**227.84**	**420340**	**400757**	**78.72**	**9**	**辽　宁**
		14112	12150	3.65		康平县
	7.00	68453	66782	5.40		法库县
		7916	7631	2.37		长海县
326.30	64.00	14751	12600	3.59	2	台安县
		35000	30000	11.00		岫岩满族自治县
						抚顺县
	2.30	18000	18000	5.20		新宾满族自治县
		10000	9700	2.50		清原满族自治县
	0.20	20616	20616	5.90		本溪满族自治县
49.00	5.20	31080	31080	3.00	1	桓仁满族自治县
		21250	21250	1.00		宽甸满族自治县
		5700	5700	1.80		黑山县
		12000	12000	1.61		义　县
	18.00	10600	10600	3.05	1	阜新蒙古族自治县
		9500	9500	3.00		彰武县
	50.00	27424	27424	8.00		辽阳县

7-3-2 续表 6

县名称 Name of Counties	储气能力(吨) Gas Storage Capacity (ton)	供气管道长度(公里) Length of Gas Supply Pipeline (km)	供气总量(吨) 合计 Total	销售气量 Quantity Sold	居民家庭 Households
盘山县					
铁岭县					
西丰县	179.00	46.77	1521.25	1498.41	915.69
昌图县	10.00		300.00	299.00	299.00
朝阳县					
建平县	530.00		1336.00	1336.00	984.00
喀喇沁左翼蒙古族自治县	150.00		3520.00	3487.00	3406.00
绥中县	259.00		2670.00	2646.20	2540.64
建昌县	72.00		817.50	817.00	750.00
吉　林	**2396.00**	**80.80**	**16616.65**	**16539.47**	**13111.61**
农安县	170.00		3089.08	3083.58	2012.00
永吉县	133.00		2164.39	2155.39	1687.06
梨树县					
伊通满族自治县	100.00		1600.00	1585.00	785.00
东丰县	210.00		1500.00	1500.00	1500.00
东辽县	70.00		125.00	124.00	0.05
通化县	40.00		190.28	190.00	190.00
辉南县	300.00	68.90	1900.00	1894.30	1894.30
柳河县	240.00		386.00	380.00	380.00
抚松县	30.00		320.00	317.00	267.00
靖宇县	240.00	9.58	617.00	605.00	460.00
长白朝鲜族自治县	20.00		60.00	59.70	59.70
前郭县	350.00		356.00	355.00	355.00
长岭县	77.00		315.00	313.00	210.00
乾安县	76.00		143.00	142.50	142.50
镇赉县	35.00		260.90	260.00	260.00
通榆县	80.00		200.00	200.00	200.00
汪清县	75.00	2.32	2480.00	2475.00	1809.00
安图县	150.00		910.00	900.00	900.00
黑龙江	**5838.65**	**9.60**	**28480.89**	**28184.08**	**24503.16**
依兰县	75.00		500.30	500.00	500.00
方正县	40.00		327.00	323.50	306.00
宾　县	142.00		1905.00	1880.00	1880.00
巴彦县	170.00		1096.00	1091.50	1010.00
木兰县	60.00		615.50	615.00	590.00
通河县	42.00		500.80	500.00	500.00
延寿县	271.00		310.67	300.70	128.78
龙江县	100.00		465.00	462.60	462.60
依安县	120.00		205.00	200.00	199.00
泰来县	99.00		920.00	919.60	653.00
甘南县	25.00		703.00	700.00	610.00
富裕县	200.00		88.90	84.80	74.80
克山县	120.00		182.00	180.00	180.00
克东县	50.00		209.00	208.70	208.70
拜泉县	34.65		240.00	237.40	36.40

continued

Total Gas Supplied (ton) 燃气汽车 Gas-Powered Automobiles	燃气损失量 Loss Amount	用气户数（户） Number of Household with Access to Gas (unit)	居民家庭 Household User	用气人口（万人） Population with Access to Gas (10,000 persons)	液化气汽车加气站（座） Gas Stations for LPG- Fueled Motor Vehicles (unit)	县名称 Name of Counties
						盘山县
						铁岭县
	22.84	19980	16485	4.10		西丰县
	1.00	10000	9000	3.00	4	昌图县
						朝阳县
75.00		13800	13400	4.02	1	建平县
	33.00	61241	58488	4.10		喀喇沁左翼蒙古族自治县
	23.80	3667	3451	0.97		绥中县
	0.50	5250	4900	1.46		建昌县
745.80	**77.18**	**214128**	**198444**	**69.36**	**6**	**吉　林**
4.80	5.50	23241	22762	10.18	1	农安县
	9.00	26588	17613	7.70		永吉县
						梨树县
	15.00	10000	9000	4.18		伊通满族自治县
		22000	22000	6.50		东丰县
	1.00	7000	3000	1.00	1	东辽县
	0.28	2780	2780	0.68		通化县
	5.70	36800	36800	10.34	2	辉南县
	6.00	4100	4100	1.00		柳河县
	3.00	13800	13800	4.20		抚松县
140.00	12.00	18600	18600	5.67	1	靖宇县
	0.30	2506	2506	0.77		长白朝鲜族自治县
	1.00	1320	1320	0.13		前郭县
	2.00	2280	1550	0.48		长岭县
	0.50	2013	2013	2.00		乾安县
	0.90	2000	2000	0.80		镇赉县
		4100	4100	0.82		通榆县
601.00	5.00	20000	19500	7.50	1	汪清县
	10.00	15000	15000	5.41		安图县
1956.00	**296.81**	**410419**	**379906**	**119.82**	**15**	**黑龙江**
	0.30	15000	15000	4.50		依兰县
	3.50	2930	2637	1.54		方正县
	25.00	31020	31020	9.10		宾　县
	4.50	44135	36512	8.81		巴彦县
	0.50	6800	6341	4.74		木兰县
	0.80	8000	8000	2.00		通河县
	9.97	3698	3111	0.94		延寿县
	2.40	6667	6667	2.00		龙江县
1.00	5.00	2500	2300	1.80	1	依安县
	0.40	3655	3255	1.26		泰来县
1.00	3.00	7120	6850	2.00	1	甘南县
10.00	4.10	600	600	0.20	1	富裕县
	2.00	2000	2000	1.10		克山县
	0.30	2800	2800	1.90		克东县
	2.60	800	560	0.20		拜泉县

7-3-2 续表 7

县名称 Name of Counties	储气能力(吨) Gas Storage Capacity (ton)	供气管道长度(公里) Length of Gas Supply Pipeline (km)	供气总量(吨) 合计 Total	销售气量 Quantity Sold	居民家庭 Households
鸡东县	100.00		646.50	627.00	432.00
萝北县	190.00	1.50	640.78	636.00	636.00
绥滨县	50.00		106.00	102.00	88.00
集贤县	500.00		266.40	262.30	262.30
友谊县	100.00		366.00	362.00	145.00
宝清县	240.00		905.00	861.00	743.00
饶河县	120.00		727.00	722.00	492.00
肇州县	60.00		1400.00	1390.00	1390.00
肇源县	142.00		1243.00	1237.50	1237.50
林甸县	302.00	8.10	2284.00	2263.00	2263.00
杜尔伯特蒙古族自治县	239.00		528.00	527.00	527.00
嘉荫县	64.00		320.00	310.00	288.00
汤旺县	215.00		625.00	616.30	616.30
丰林县	75.00		120.00	119.50	60.00
大箐山县	50.00		150.00	149.88	149.88
南岔县	34.00		206.00	201.00	190.00
桦南县	265.00		1738.00	1736.50	968.50
桦川县	140.00		750.00	745.00	345.00
汤原县	100.00		300.15	300.00	100.00
勃利县	222.00		555.00	549.00	549.00
林口县	80.00		1000.00	990.00	990.00
逊克县	50.00		260.50	260.00	260.00
孙吴县	36.00		47.50	45.20	13.00
望奎县	125.00		412.00	408.00	386.80
兰西县	34.00		510.00	505.00	505.00
青冈县	150.00		420.00	410.00	260.00
庆安县	100.00		393.09	392.00	389.00
明水县	90.00		330.00	329.00	329.00
绥棱县	50.00		438.60	427.10	379.00
呼玛县	50.00		80.00	79.00	79.00
塔河县	122.00		643.00	626.00	584.00
加格达奇区	195.00		1801.20	1792.00	1506.60
江　苏	**17298.58**	**391.45**	**96654.01**	**96216.25**	**69706.40**
丰　县	247.00		1875.00	1860.00	1280.00
沛　县	90.00		1290.77	1289.00	1277.40
睢宁县	820.00		4980.00	4960.00	4960.00
如东县	1009.00	390.65	18042.00	18032.00	16900.00
东海县	1028.00		10790.00	10770.00	3435.00
灌云县	160.00		3232.76	3202.76	2900.00
灌南县	203.00		2480.00	2400.00	2400.00
涟水县	7000.00		2131.00	2101.00	1989.00
盱眙县	469.00	0.80	7326.00	7323.00	2922.00
金湖县	820.00		5010.00	5000.00	3850.00
响水县	87.50		3700.00	3692.00	2960.00
滨海县	250.00		2580.00	2540.00	2430.00

continued

Total Gas Supplied (ton)		用气户数(户)		用气人口(万人)	液化气汽车加气站(座)	县名称
燃气汽车 Gas-Powered Automobiles	燃气损失量 Loss Amount	Number of Household with Access to Gas (unit)	居民家庭 Household User	Population with Access to Gas (10,000 persons)	Gas Stations for LPG- Fueled Motor Vehicles (unit)	Name of Counties
	19.50	6915	6915	3.35		鸡东县
	4.78	7639	7639	2.60		萝北县
	4.00	1148	858	0.49		绥滨县
	4.10	4162	4162	1.72		集贤县
217.00	4.00	10750	10300	2.60	1	友谊县
118.00	44.00	30840	25566	7.53	1	宝清县
230.00	5.00	5106	4765	2.42	1	饶河县
	10.00	23165	23165	3.78		肇州县
	5.50	31200	31200	3.70		肇源县
	21.00	16188	16188	5.67		林甸县
	1.00	7000	7000	2.15		杜尔伯特蒙古族自治县
	10.00	5930	4800	1.85		嘉荫县
	8.70	8625	8625	3.75		汤旺县
	0.50	3000	2700	0.80		丰林县
	0.12	3116	3116	1.20		大箐山县
11.00	5.00	1100	1100	0.33	1	南岔县
768.00	1.50	8000	8000	2.60	2	桦南县
400.00	5.00	2400	1900	0.89	1	桦川县
200.00	0.15	1600	1200	0.34	4	汤原县
	6.00	3035	3035	1.19		勃利县
	10.00	10100	10100	6.00		林口县
	0.50	2000	2000	0.30		逊克县
	2.30	1400	370	0.34		孙吴县
	4.00	5280	5280	1.98		望奎县
	5.00	14803	14803	3.70		兰西县
	10.00	2000	1500	0.45	1	青冈县
	1.09	11637	6011	1.95		庆安县
	1.00	3000	3000	1.04		明水县
	11.50	3400	2400	0.72		绥棱县
	1.00	1555	1555	0.89		呼玛县
	17.00	11600	8700	3.50		塔河县
	9.20	25000	24300	7.90		加格达奇区
2092.00	**437.76**	**570065**	**532577**	**127.29**	**6**	**江　苏**
	15.00	12744	11620	1.44		丰　县
	1.77	31879	15000	3.90		沛　县
	20.00	28000	28000	9.80		睢宁县
1132.00	10.00	86328	84978	9.08	5	如东县
	20.00	14575	13470	5.38		东海县
	30.00	17245	16096	4.98		灌云县
	80.00	30000	30000	12.89		灌南县
	30.00	20000	18000	3.75		涟水县
	3.00	9862	9050	9.52		盱眙县
	10.00	19900	18900	6.15		金湖县
	8.00	29710	29210	1.77		响水县
	40.00	41000	38000	6.13		滨海县

7-3-2 续表 8

县名称 Name of Counties	储气能力(吨) Gas Storage Capacity (ton)	供气管道长度(公里) Length of Gas Supply Pipeline (km)	供气总量(吨) 合计 Total	销售气量 Quantity Sold	居民家庭 Households
阜宁县	1335.08		11000.00	10989.00	6900.00
射阳县	890.00		3325.97	3319.00	2512.00
建湖县	687.00		6900.00	6800.00	4500.00
宝应县	700.00		3025.11	3024.69	1385.00
沭阳县	675.00		3550.00	3533.00	3286.00
泗阳县	388.00		2876.00	2866.00	2806.00
泗洪县	440.00		2539.40	2514.80	1014.00
浙　江	**13796.96**	**52.33**	**159132.25**	**158522.68**	**129714.61**
桐庐县	500.00		8187.30	8185.00	6907.30
淳安县	210.00		1691.00	1690.80	1150.00
象山县	268.00		8976.00	8976.00	5339.00
宁海县	566.40		17748.50	17688.50	12848.50
永嘉县	81.00		2468.00	2463.00	2463.00
平阳县	100.00		2382.00	2381.00	2112.00
苍南县	170.00		6768.00	6724.00	6715.00
文成县	180.00	3.10	6509.25	6507.00	6507.00
泰顺县		16.50	2750.00	2750.00	2238.00
嘉善县	300.00		1224.00	1224.00	640.00
海盐县	4785.00		3300.00	3300.00	780.00
德清县	310.00		3379.00	3354.00	500.00
长兴县	378.00		660.00	635.00	485.00
安吉县	480.00		5219.00	5219.00	4221.00
新昌县	740.00		6920.00	6919.99	6919.99
武义县	200.00		4920.00	4915.00	4815.00
浦江县	445.00		10148.46	10011.46	5611.47
磐安县	600.00	27.00	2630.00	2505.00	2306.00
常山县	350.00		3600.00	3600.00	3550.00
开化县	400.00		3702.00	3702.00	3702.00
龙游县	450.00		9112.78	9103.42	8258.34
岱山县	115.00		1818.40	1816.90	1275.00
嵊泗县	100.00		1734.00	1734.00	1162.00
三门县	255.00		6700.00	6692.00	5025.00
天台县	505.00	5.13	8974.00	8939.20	7841.00
仙居县	225.00		4321.00	4306.00	4306.00
青田县	175.00		7850.00	7815.00	6815.00
缙云县	135.00		1799.00	1798.90	1656.00
遂昌县	75.00		4270.00	4269.00	4269.00
松阳县	180.00		4110.90	4109.60	4109.60
云和县	350.00		2188.86	2145.61	2145.61
庆元县	121.00		1610.00	1586.50	1586.00
景宁县	47.56	0.60	1460.80	1455.80	1455.80
安　徽	**17795.60**	**0.40**	**97877.66**	**97204.22**	**88082.12**
长丰县	240.00		1400.08	1400.00	1235.00
肥西县	340.00		4830.00	4830.00	4830.00
肥东县	2124.00		8050.00	8045.90	6811.00

continued

Total Gas Supplied (ton)		用气户数(户) Number of Household with Access to Gas (unit)		用气人口(万人) Population with Access to Gas (10,000 persons)	液化气汽车加气站(座) Gas Stations for LPG- Fueled Motor Vehicles (unit)	县名称 Name of Counties
燃气汽车 Gas-Powered Automobiles	燃气损失量 Loss Amount		居民家庭 Household User			
960.00	11.00	83000	82500	14.83	1	阜宁县
	6.97	20357	20123	8.23		射阳县
	100.00	53500	51500	8.85		建湖县
	0.42	16845	14893	2.64		宝应县
	17.00	23132	21823	8.80		沭阳县
	10.00	18485	18201	4.96		泗阳县
	24.60	13503	11213	4.19		泗洪县
	609.57	**927304**	**834251**	**220.20**		**浙　江**
	2.30	47146	45830	7.50		桐庐县
	0.20	14100	13000	2.10		淳安县
		35697	24845	9.75		象山县
	60.00	51396	51396	12.70		宁海县
	5.00	16247	16247	4.08		永嘉县
	1.00	25740	24700	9.01		平阳县
	44.00	43000	42000	11.70		苍南县
	2.25	31752	31752	6.10		文成县
		21472	15532	6.76		泰顺县
		7822	4800	0.99		嘉善县
		3300	2313	1.48		海盐县
	25.00	2640	2470	0.97		德清县
	25.00	4010	3005	1.10		长兴县
		36135	29255	5.98		安吉县
	0.01	41989	41989	11.72		新昌县
	5.00	57340	56170	16.13		武义县
	137.00	78296	34360	11.87		浦江县
	125.00	14280	14280	3.80		磐安县
		13400	13400	3.17		常山县
		11400	11400	9.04		开化县
	9.36	22945	22945	4.89		龙游县
	1.50	12453	11086	4.01		岱山县
		12000	11700	4.17		嵊泗县
	8.00	24250	24065	8.18		三门县
	34.80	133136	120573	7.40		天台县
	15.00	27500	27500	11.28		仙居县
	35.00	20700	20700	8.07		青田县
	0.10	11870	11870	5.23		缙云县
	1.00	21000	21000	5.85		遂昌县
	1.30	44216	44216	7.80		松阳县
	43.25	12013	12013	5.53		云和县
	23.50	11950	11730	7.13		庆元县
	5.00	16109	16109	4.71		景宁县
315.00	**673.44**	**870295**	**831593**	**272.20**	**2**	**安　徽**
	0.08	11356	10965	2.80		长丰县
		43000	43000	17.88		肥西县
	4.10	38885	32350	6.93		肥东县

7-3-2 续表 9

县名称 Name of Counties	储气能力(吨) Gas Storage Capacity (ton)	供气管道长度(公里) Length of Gas Supply Pipeline (km)	供气总量(吨) 合计 Total	销售气量 Quantity Sold	居民家庭 Households
庐江县	2079.00		2350.00	2350.00	2150.00
南陵县	250.00		1580.00	1575.00	1570.00
怀远县	300.00		3500.00	3400.00	3400.00
五河县	300.00		1759.00	1755.58	1755.58
固镇县	180.00		1900.00	1890.00	1680.00
凤台县	200.00		1300.00	1300.00	1200.00
寿　县	63.00		653.00	650.00	650.00
当涂县	150.00	0.30	370.00	370.00	98.00
含山县			2168.00	2163.00	2163.00
和　县	195.00		1156.96	1136.46	1132.46
濉溪县	164.00		1200.00	1200.00	85.00
枞阳县	200.00		565.00	564.00	452.00
怀宁县	60.10		560.00	560.00	540.00
太湖县	80.00		1520.00	1494.00	1494.00
宿松县	300.00		2840.00	2832.00	2832.00
望江县	337.50		919.56	907.26	907.26
岳西县	245.00		1830.00	1770.00	1300.00
歙　县	280.00		1381.00	1380.00	1380.00
休宁县	100.00		1584.00	1581.00	820.00
黟　县	85.00		1089.00	1087.00	958.00
祁门县	90.00		929.00	929.00	929.00
来安县	320.00	0.10	816.33	815.63	808.14
全椒县	700.00		1300.00	1300.00	685.00
定远县	1046.00		490.00	485.00	485.00
凤阳县	90.00		2100.00	2030.00	1550.00
临泉县	250.00		4597.00	4562.00	4562.00
太和县	200.00		1636.00	1632.00	1632.00
阜南县	200.00		1088.00	1080.00	965.00
颍上县	600.00		1158.75	1156.31	1093.90
砀山县	450.00		2060.00	2055.00	1885.00
萧　县	400.00		2520.00	2518.00	2518.00
灵璧县	310.00		4880.00	4790.00	3520.00
泗　县	205.00		1039.78	1038.78	1038.78
霍邱县	515.00		3950.00	3945.00	3940.00
舒城县	1329.00		3856.00	3855.90	3855.90
金寨县	170.00		1800.00	1784.00	1691.00
霍山县	850.00		4600.00	4595.00	4595.00
涡阳县	150.00		962.20	961.00	961.00
蒙城县	385.00		2265.00	2201.30	1550.00
利辛县	300.00		1428.00	1410.00	1165.00
东至县	138.00		3000.00	3000.00	3000.00
石台县	30.00		430.00	428.40	386.00
青阳县	120.00		1150.00	1130.00	815.00
郎溪县	480.00		1760.00	1713.70	1713.70
泾　县			1970.00	1967.00	1959.40
绩溪县	145.00		1066.00	1063.00	818.00
旌德县	50.00		520.00	517.00	517.00

continued

Total Gas Supplied (ton)		用气户数(户)		用气人口(万人)	液化气汽车加气站(座)	县名称
燃气汽车 Gas-Powered Automobiles	燃气损失量 Loss Amount	Number of Household with Access to Gas (unit)	居民家庭 Household User	Population with Access to Gas (10,000 persons)	Gas Stations for LPG- Fueled Motor Vehicles (unit)	Name of Counties
		45000	44500	17.71		庐江县
	5.00	5500	5400	1.30		南陵县
	100.00	22885	22885	9.43		怀远县
	3.42	10532	10532	3.51		五河县
	10.00	4867	4729	1.75		固镇县
		16000	16000	4.20		凤台县
	3.00	10000	10000	5.72		寿　县
		2346	2063	0.80		当涂县
	5.00	11545	11545	2.20		含山县
	20.50	19360	17680	9.43		和　县
		325	325	0.12		濉溪县
	1.00	5500	5100	2.68		枞阳县
		3185	3185	1.04		怀宁县
	26.00	19000	19000	8.00		太湖县
	8.00	18560	18560	2.50		宿松县
	12.30	14636	14636	4.17		望江县
	60.00	25000	25000	7.50		岳西县
	1.00	13700	13700	5.00		歙　县
	3.00	9215	9079	3.83		休宁县
	2.00	13866	10831	1.75		黟　县
		10985	10985	2.64		祁门县
	0.70	9362	9240	2.53		来安县
		4336	2673	0.88		全椒县
	5.00	5000	5000	0.60		定远县
	70.00	14860	14860	2.26		凤阳县
	35.00	20100	20100	8.00		临泉县
	4.00	13105	13105	5.26		太和县
	8.00	12452	10989	4.16		阜南县
	2.44	21300	21300	5.96		颍上县
	5.00	29600	29600	10.35		砀山县
	2.00	34500	34500	13.00		萧　县
	90.00	49125	40522	15.85		灵璧县
	1.00	9016	9016	2.84		泗　县
	5.00	39960	39960	12.70		霍邱县
	0.10	37542	37542	3.83		舒城县
	16.00	27500	25900	6.20		金寨县
	5.00	30010	30010	8.02		霍山县
	1.20	14140	14140	5.70		涡阳县
	63.70	24900	21030	7.10		蒙城县
	18.00	15360	13390	6.62		利辛县
		25439	25439	8.87		东至县
	1.60	4300	3800	1.35		石台县
315.00	20.00	11310	7109	3.75	2	青阳县
	46.30	13500	13500	3.46		郎溪县
	3.00	10250	10248	3.66		泾　县
	3.00	9720	8210	3.58		绩溪县
	3.00	8360	8360	2.78		旌德县

7-3-2 续表 10

县名称 Name of Counties	储气能力(吨) Gas Storage Capacity (ton)	供气管道长度(公里) Length of Gas Supply Pipeline (km)	供气总量(吨) 合计 Total	销售气量 Quantity Sold	居民家庭 Households
福　建	**11251.78**	**31.37**	**82137.65**	**81670.38**	**72697.51**
闽侯县			907.00	907.00	597.00
连江县	430.00		1120.00	1119.90	330.00
罗源县	110.00		1530.00	1527.70	832.00
闽清县	180.60		858.00	853.50	598.50
永泰县	200.00		2945.40	2912.40	2480.30
仙游县	93.00		4300.00	4280.00	4200.00
明溪县	72.60		476.20	474.30	474.30
清流县	30.00		178.00	173.00	173.00
宁化县	374.00	1.04	576.00	570.00	570.00
大田县	175.00		920.00	915.50	677.00
尤溪县	200.00		1020.30	1020.20	1020.20
将乐县	900.00		480.53	476.51	389.91
泰宁县	30.00		560.00	550.00	550.00
建宁县	82.00		550.00	547.50	530.00
惠安县	210.00		1044.00	1035.00	890.00
安溪县	260.00		3903.69	3881.14	3383.92
永春县	120.00		4898.00	4887.00	4887.00
德化县	99.27		3709.00	3709.00	3367.00
云霄县	2792.00		2715.00	2708.00	2708.00
漳浦县	303.17	7.57	1474.44	1469.74	1138.77
诏安县	157.00		2659.79	2649.79	2276.71
东山县	2017.00	1.88	2076.00	2062.00	1912.00
南靖县	406.25		3058.23	3047.92	1719.72
平和县	126.00		1905.00	1900.00	1900.00
华安县	50.00	7.63	2003.00	1991.00	1991.00
顺昌县	95.00		800.00	785.00	750.00
浦城县	175.00		3846.87	3844.87	3844.87
光泽县	50.00		1800.00	1750.00	1750.00
松溪县	220.00		1020.00	1012.00	1012.00
政和县	100.00		1358.00	1342.00	1183.00
长汀县	150.00		2277.76	2251.76	1925.00
上杭县	119.94	0.90	2965.67	2963.67	2963.67
武平县	80.00		1655.00	1650.00	1650.00
连城县	130.00		1150.00	1120.00	1000.00
霞浦县	100.00		9274.00	9175.00	9125.00
古田县	72.00		1310.30	1304.90	1107.00
屏南县	199.75	12.35	1120.00	1119.55	1119.55
寿宁县	50.00		1860.00	1859.00	1.00
周宁县	60.00		2476.00	2476.00	2476.00
柘荣县	60.00		1251.55	1251.55	1251.55
平潭县	172.20		2104.92	2096.98	1942.54

continued

Total Gas Supplied (ton)		用气户数(户) Number of Household with Access to Gas (unit)		用气人口(万人) Population with Access to Gas (10,000 persons)	液化气汽车加气站(座) Gas Stations for LPG- Fueled Motor Vehicles (unit)	县名称 Name of Counties
燃气汽车 Gas-Powered Automobiles	燃气损失量 Loss Amount		居民家庭 Household User			
	467.27	**776072**	**750593**	**258.76**		**福　建**
		3439	3149	1.05		闽侯县
	0.10	10730	10360	3.44		连江县
	2.30	12119	11825	1.51		罗源县
	4.50	4174	3830	2.45		闽清县
	33.00	24800	23750	5.95		永泰县
	20.00	43000	42750	16.54		仙游县
	1.90	9450	9450	3.69		明溪县
	5.00	8312	8312	2.94		清流县
	6.00	12946	12946	6.10		宁化县
	4.50	15550	12540	6.35		大田县
	0.10	17560	17560	5.40		尤溪县
	4.02	3350	3045	1.29		将乐县
	10.00	16900	16900	2.01		泰宁县
	2.50	11000	10000	6.00		建宁县
	9.00	10350	10000	4.49		惠安县
	22.55	31350	29783	8.93		安溪县
	11.00	56212	56212	18.12		永春县
		23431	22805	13.20		德化县
	7.00	27266	27266	11.96		云霄县
	4.70	21451	21034	5.63		漳浦县
	10.00	11982	11982	7.40		诏安县
	14.00	13692	13539	2.58		东山县
	10.31	32828	30096	3.34		南靖县
	5.00	16500	16500	5.79		平和县
	12.00	5600	5600	1.21		华安县
	15.00	12300	11580	6.50		顺昌县
	2.00	41330	41330	12.32		浦城县
	50.00	11800	11800	7.20		光泽县
	8.00	17650	17650	5.20		松溪县
	16.00	12716	12480	7.23		政和县
	26.00	34666	25121	10.40		长汀县
	2.00	8018	8018	3.11		上杭县
	5.00	5280	5280	4.58		武平县
	30.00	15510	15111	7.23		连城县
	99.00	59700	59320	12.19		霞浦县
	5.40	11650	10650	7.48		古田县
	0.45	11569	11569	5.28		屏南县
	1.00	11328	11016	4.72		寿宁县
		21768	21768	5.03		周宁县
		22805	22805	5.12		柘荣县
	7.94	33990	33861	7.80		平潭县

7-3-2 续表 11

县名称 Name of Counties	储气能力(吨) Gas Storage Capacity (ton)	供气管道长度(公里) Length of Gas Supply Pipeline (km)	供气总量(吨)		
			合计 Total	销售气量 Quantity Sold	
					居民家庭 Households
江西	**18758.65**		**151846.18**	**150155.01**	**136073.74**
南昌县	1010.00		6958.00	6600.00	5610.00
安义县	150.00		1580.00	1528.00	1528.00
进贤县	365.00		2500.00	2488.40	2488.40
浮梁县	115.00		1380.00	1380.00	1380.00
莲花县	260.00		887.00	879.81	879.81
上栗县	245.00		5512.45	5506.25	5506.25
芦溪县	46.00		754.00	750.00	750.00
武宁县	670.00		1050.00	1050.00	1050.00
修水县	208.00		4170.00	4120.00	4120.00
永修县	141.00		1563.00	1560.00	1560.00
德安县	200.00		2768.00	2762.00	2750.00
都昌县	150.00		3065.00	3060.00	3060.00
湖口县	375.00		1140.00	1139.00	1139.00
彭泽县	150.00		900.00	899.60	800.00
分宜县	200.00		1612.00	1605.00	1605.00
信丰县	150.00		1694.51	1685.00	1685.00
大余县	160.00		850.00	844.00	844.00
上犹县	250.00		2000.00	1996.00	1846.00
崇义县	70.00		830.00	816.00	816.00
安远县	165.00		1698.00	1680.00	1639.00
定南县	424.00		2835.00	2825.00	2825.00
全南县	102.50		1624.18	1622.31	1591.24
宁都县	535.00		4936.00	4932.00	4932.00
于都县	360.00		5610.00	5400.00	5400.00
兴国县	300.00		2600.00	2590.00	2590.00
会昌县	406.00		3005.00	2895.00	2895.00
寻乌县	96.05		1880.08	1880.00	1880.00
石城县	392.00		1356.00	1355.50	1243.00
吉安县	202.00		917.80	899.00	899.00
吉水县	300.00		6750.00	6600.00	6600.00
峡江县	92.00		512.00	511.00	498.00
新干县	231.00		2094.00	2014.00	2014.00
永丰县	450.00		2850.00	2847.00	2680.00
泰和县	191.00		1126.42	1125.03	1125.03
遂川县	126.00		1937.29	1921.50	1921.50
万安县	25.00		2254.00	2215.00	2215.00
安福县	314.00		2060.00	2060.00	2060.00
永新县	400.00		1672.00	1658.90	1658.90
奉新县	420.00		6278.00	6257.00	2686.00
万载县	1185.00		11000.00	10800.00	7900.00
上高县	135.00		1913.00	1911.00	1818.00
宜丰县	510.00		1680.00	1672.11	1672.11
靖安县					
铜鼓县	300.00		900.00	898.50	898.50
南城县	98.00		2210.45	2210.15	2106.00

continued

Total Gas Supplied (ton)		用气户数(户) Number of Household with Access to Gas (unit)		用气人口(万人) Population with Access to Gas (10,000 persons)	液化气汽车加气站(座) Gas Stations for LPG- Fueled Motor Vehicles (unit)	县名称 Name of Counties
燃气汽车 Gas-Powered Automobiles	燃气损失量 Loss Amount		居民家庭 Household User			
	1691.17	**1273804**	**1252969**	**460.55**		**江　西**
	358.00	15000	14000	4.17		南昌县
	52.00	4300	4300	4.40		安义县
	11.60	13691	13691	4.20		进贤县
		14900	14900	1.49		浮梁县
	7.19	7823	7823	4.85		莲花县
	6.20	22180	22180	6.91		上栗县
	4.00	6800	6800	3.68		芦溪县
		11842	11842	3.82		武宁县
	50.00	39860	39860	17.25		修水县
	3.00	15200	15200	7.10		永修县
	6.00	20483	20447	5.84		德安县
	5.00	36540	36540	8.84		都昌县
	1.00	2650	2650	0.75		湖口县
	0.40	4300	3960	1.52		彭泽县
	7.00	12034	12034	1.50		分宜县
	9.51	20825	20825	7.20		信丰县
	6.00	12984	12984	6.16		大余县
	4.00	32000	31670	8.92		上犹县
	14.00	13416	13416	4.63		崇义县
	18.00	18479	15326	5.18		安远县
	10.00	22300	22300	6.95		定南县
	1.87	14132	13312	3.70		全南县
	4.00	58700	58700	23.78		宁都县
	210.00	57390	57390	21.76		于都县
	10.00	52050	52050	18.05		兴国县
	110.00	26390	26390	11.19		会昌县
	0.08	29520	29520	10.38		寻乌县
	0.50	27023	20569	8.82		石城县
	18.80	4850	4850	1.34		吉安县
	150.00	84000	84000	14.20		吉水县
	1.00	4725	4725	1.72		峡江县
	80.00	21740	21740	6.30		新干县
	3.00	14465	13386	8.41		永丰县
	1.39	30821	30821	14.75		泰和县
	15.79	19579	19579	13.14		遂川县
	39.00	18013	18013	8.02		万安县
		7850	7850	8.27		安福县
	13.10	23918	23918	11.53		永新县
	21.00	19600	19540	5.89		奉新县
	200.00	30100	28000	9.23		万载县
	2.00	18828	17741	6.21		上高县
	7.89	14210	14210	2.91		宜丰县
						靖安县
	1.50	7000	7000	1.69		铜鼓县
	0.30	36069	36069	12.31		南城县

7-3-2 续表 12

县名称 Name of Counties	储气能力(吨) Gas Storage Capacity (ton)	供气管道长度(公里) Length of Gas Supply Pipeline (km)	供气总量(吨) 合计 Total	销售气量 Quantity Sold	居民家庭 Households
黎川县	762.50		522.00	520.00	520.00
南丰县	144.00		870.00	870.00	870.00
崇仁县	136.00		1529.00	1528.55	1245.00
乐安县	100.00		872.00	871.40	871.40
宜黄县	140.00		850.00	850.00	590.00
金溪县	480.00		8782.00	8782.00	8182.00
资溪县	45.00		1648.00	1648.00	1496.00
广昌县	310.00		680.00	680.00	680.00
玉山县	655.00		3640.00	3640.00	3640.00
铅山县	1245.00		4173.00	4127.00	4127.00
横峰县	260.00		1065.00	1055.00	1055.00
弋阳县	243.60		1920.00	1917.00	1917.00
余干县	450.00		7465.00	7302.00	2848.60
鄱阳县	198.00		1851.00	1849.00	1801.00
万年县	810.00		1500.00	1500.00	1500.00
婺源县	105.00		1566.00	1566.00	1566.00
山　东	**14529.51**	**144.33**	**70642.07**	**70128.17**	**56929.21**
平阴县	80.00		730.00	715.40	547.50
商河县	40.00		500.00	499.20	480.00
桓台县	20.00		570.00	567.70	120.00
高青县	75.00		2550.00	2550.00	300.00
沂源县	50.00		1683.00	1673.00	1002.00
利津县	20.00		500.08	500.00	500.00
广饶县	1180.00	22.86	1180.00	1171.00	1165.00
临朐县	1720.00		5697.00	5670.00	4150.00
昌乐县	190.00		1930.00	1905.00	1905.00
微山县	50.00		261.00	244.00	226.00
鱼台县	110.00		533.00	522.00	473.00
金乡县	95.00		200.00	197.00	197.00
嘉祥县	550.00	24.20	3091.00	3042.00	1562.00
汶上县	380.00	13.00	2705.00	2700.00	2650.00
泗水县	83.00		344.10	343.00	238.00
梁山县	350.00		3700.00	3642.00	3642.00
宁阳县	40.00		1298.00	1290.00	1290.00
东平县	120.00		318.24	312.00	312.00
五莲县	92.81		510.45	510.20	510.20
莒　县	1450.00		5500.00	5480.00	5340.00
沂南县	620.00		1833.00	1823.04	1006.00
郯城县	380.00	30.00	1744.00	1740.00	1740.00
沂水县	200.00		4600.00	4542.00	2500.00
兰陵县	612.00		3474.00	3452.00	3452.00
费　县	50.00		1600.00	1596.00	1596.00
平邑县	715.00		1100.00	1090.00	990.00
莒南县	182.00		1110.00	1106.00	708.00
蒙阴县	300.00		3380.00	3379.00	2146.00

continued

Total Gas Supplied (ton) 燃气汽车 Gas-Powered Automobiles	燃气损失量 Loss Amount	用气户数(户) Number of Household with Access to Gas (unit)	居民家庭 Household User	用气人口(万人) Population with Access to Gas (10,000 persons)	液化气汽车加气站(座) Gas Stations for LPG- Fueled Motor Vehicles (unit)	县名称 Name of Counties
	2.00	6700	6700	4.90		黎川县
		14677	14677	4.38		南丰县
	0.45	18510	17860	7.76		崇仁县
	0.60	13653	13653	5.53		乐安县
		7884	7232	2.37		宜黄县
		21543	21443	7.54		金溪县
		10249	10067	3.16		资溪县
		10214	10214	4.49		广昌县
		36955	36955	12.00		玉山县
	46.00	33250	33250	7.50		铅山县
	10.00	13996	13996	7.61		横峰县
	3.00	20300	20300	8.60		弋阳县
	163.00	30758	28134	8.60		余干县
	2.00	21525	21357	17.30		鄱阳县
		30000	30000	10.00		万年县
		15010	15010	9.85		婺源县
	513.90	**457815**	**434389**	**138.21**		**山　东**
	14.60	3500	3000	0.70		平阴县
	0.80	3920	3900	1.00		商河县
	2.30	700	400	0.16		桓台县
		3750	2800	0.50		高青县
	10.00	8020	6950	1.79		沂源县
	0.08	3800	3800	1.10		利津县
	9.00	2800	2700	0.28		广饶县
	27.00	40185	39656	5.96		临朐县
	25.00	5400	5400	0.75		昌乐县
	17.00	5873	4260	1.02		微山县
	11.00	7392	7120	2.86		鱼台县
	3.00	796	796	0.20		金乡县
	49.00	9720	4392	1.80		嘉祥县
	5.00	17000	17000	4.50		汶上县
	1.10	3120	2980	1.20		泗水县
	58.00	12200	12200	3.50		梁山县
	8.00	4048	4048	1.16		宁阳县
	6.24	1030	1030	0.20		东平县
	0.25	5000	5000	1.10		五莲县
	20.00	19078	17337	4.33		莒　县
	9.96	12587	11197	6.10		沂南县
	4.00	21069	21069	8.16		郯城县
	58.00	37000	35700	11.50		沂水县
	22.00	49475	49475	19.79		兰陵县
	4.00	5000	5000	1.77		费　县
	10.00	9000	9000	4.60		平邑县
	4.00	10150	10050	4.32		莒南县
	1.00	23842	22842	3.43		蒙阴县

7-3-2 续表 13

县名称 Name of Counties	储气能力(吨) Gas Storage Capacity (ton)	供气管道长度(公里) Length of Gas Supply Pipeline (km)	供气总量(吨) 合计 Total	销售气量 Quantity Sold	居民家庭 Households
临沭县	300.00		3840.00	3830.00	3068.00
宁津县	41.00		407.00	400.00	400.00
庆云县					
临邑县	300.00		630.10	626.60	300.00
齐河县			500.00	497.00	497.00
平原县	93.00		550.00	545.00	545.00
夏津县	4.00		2035.00	2030.00	2030.00
武城县	240.00		990.00	986.00	965.00
阳谷县	73.50		367.80	362.80	356.50
莘　县	80.00		900.00	891.00	891.00
东阿县	66.00		538.00	532.00	532.00
冠　县	325.00		1180.00	1160.00	1160.00
高唐县	241.00	0.77	620.50	620.00	620.00
惠民县					
阳信县					
无棣县					
博兴县	100.00		280.00	273.00	273.00
曹　县	236.00		1510.30	1510.00	1220.00
单　县	270.00		860.00	855.13	629.39
成武县	300.00		722.90	720.90	720.90
巨野县					
郓城县	915.00	53.50	677.00	644.00	596.00
鄄城县	235.20		573.12	570.20	570.20
东明县	955.00		818.48	813.00	807.52
河　南	**15450.55**	**1.55**	**154732.91**	**152515.23**	**132695.19**
中牟县	80.00		5012.00	4832.00	2717.00
杞　县	130.00		1750.00	1700.00	1700.00
通许县	690.00		2700.00	2600.00	2600.00
尉氏县	130.00		2255.50	2250.00	2250.00
兰考县	45.00		383.20	378.00	378.00
新安县	255.00		1670.00	1661.30	1465.00
栾川县					
嵩　县	70.00		1106.00	1096.00	1096.00
汝阳县	270.00		3300.00	3299.50	2600.00
宜阳县	140.00		1180.00	1170.00	950.00
洛宁县	160.00		1200.94	1200.92	1200.92
伊川县	25.00		830.00	829.00	829.00
宝丰县	460.00		1400.00	1380.00	1380.00
叶　县	300.00		3030.00	2900.00	1650.00
鲁山县	250.00		3151.00	3151.00	2452.00
郏　县	100.00	1.55	1814.00	1812.00	1812.00
安阳县	190.00		318.00	310.00	310.00
汤阴县			275.00	274.00	145.00
滑　县					
内黄县	17.50		741.00	740.00	720.00

continued

Total Gas Supplied (ton) 燃气汽车 Gas-Powered Automobiles	燃气损失量 Loss Amount	用气户数(户) Number of Household with Access to Gas (unit)	居民家庭 Household User	用气人口(万人) Population with Access to Gas (10,000 persons)	液化气汽车加气站(座) Gas Stations for LPG- Fueled Motor Vehicles (unit)	县名称 Name of Counties
	10.00	9600	9200	3.96		临沭县
	7.00	2000	2000	0.50		宁津县
						庆云县
	3.50	7012	4987	2.84		临邑县
	3.00	4000	4000	1.30		齐河县
	5.00	4400	4400	1.50		平原县
	5.00	21750	21750	2.30		夏津县
	4.00	12625	12000	5.05		武城县
	5.00	4491	3841	1.77		阳谷县
	9.00	8200	8200	2.50		莘　县
	6.00	1633	1633	0.52		东阿县
	20.00	9315	9315	3.35		冠　县
	0.50	3800	3800	1.33		高唐县
						惠民县
						阳信县
						无棣县
	7.00	3050	3050	2.27		博兴县
	0.30	7700	6800	2.57		曹　县
	4.87	3000	2900	1.20		单　县
	2.00	4833	4833	2.55		成武县
						巨野县
	33.00	7678	6640	3.33		郓城县
	2.92	12710	12710	4.46		鄄城县
	5.48	4563	3228	1.13		东明县
7420.50	**2217.68**	**1127189**	**1091533**	**424.54**	**21**	**河　南**
	180.00	16082	12689	2.01		中牟县
	50.00	6400	6400	2.55		杞　县
	100.00	16320	16320	3.90		通许县
	5.50	8420	8420	1.80		尉氏县
	5.20	2168	2168	0.72		兰考县
	8.70	10133	9720	3.39		新安县
						栾川县
	10.00	18000	18000	7.95		嵩　县
	0.50	21000	18000	7.00		汝阳县
	10.00	18500	14800	5.50		宜阳县
	0.02	19500	19500	6.70		洛宁县
	1.00	8000	8000	2.60		伊川县
	20.00	6480	6480	4.15		宝丰县
1000.00	130.00	17000	14500	4.30	1	叶　县
605.50		28660	25871	9.30	2	鲁山县
	2.00	18940	18940	8.43		郏　县
	8.00	3860	3860	1.54		安阳县
	1.00	2295	1090	0.35		汤阴县
						滑　县
	1.00	11033	5852	1.60		内黄县

7-3-2 续表 14

县名称 Name of Counties	储气能力(吨) Gas Storage Capacity (ton)	供气管道长度(公里) Length of Gas Supply Pipeline (km)	供气总量(吨) 合计 Total	销售气量 Quantity Sold	居民家庭 Households
浚　县	275.00		850.00	850.00	850.00
淇　县	80.00		180.00	175.00	100.00
新乡县	80.00		100.00	96.00	96.00
获嘉县	50.00		3973.00	3959.00	2105.00
原阳县	265.00		1176.00	1170.00	1170.00
延津县	330.00		2690.50	2688.75	2688.75
封丘县	100.00		1570.00	1569.00	1330.00
修武县	50.00		272.00	272.00	272.00
博爱县	60.00		1450.00	1400.00	1400.00
武陟县					
温　县	77.00		850.00	832.00	832.00
清丰县					
南乐县					
范　县					
台前县	250.00		1000.00	999.10	999.10
濮阳县					
鄢陵县	100.00		445.00	430.00	415.00
襄城县	150.00		1009.10	1003.10	900.00
舞阳县	320.00		2552.50	2550.00	750.00
临颍县	114.00		790.00	789.50	325.00
渑池县	50.00		896.00	891.10	887.00
卢氏县	70.00		763.65	762.00	740.80
南召县	50.00		1003.50	1002.00	1002.00
方城县	223.00		2950.00	2900.00	2700.00
西峡县	315.00		3390.00	3370.00	3370.00
镇平县	50.00		1489.00	1486.00	1486.00
内乡县	500.00		9559.02	9550.00	8200.00
淅川县	190.00		7610.00	7365.00	5430.00
社旗县	762.00		5889.00	5624.00	5624.00
唐河县	200.00		400.36	400.00	400.00
新野县	275.00		762.00	750.00	750.00
桐柏县	300.00		1209.30	1206.80	1206.80
民权县	120.00		1598.00	1520.00	1470.00
睢　县	160.00		1793.00	1788.50	1788.50
宁陵县	62.00		1973.00	1950.00	1550.00
柘城县	120.00		3763.00	3735.00	3408.00
虞城县	120.00		1800.00	1780.00	1200.00
夏邑县	230.00		3500.00	3475.00	3475.00
罗山县	140.00		3560.00	3560.00	3560.00
光山县	440.00		2250.00	2179.00	1974.00
新　县	100.00		3240.00	3230.00	3230.00
商城县	360.00		2361.00	2306.00	2250.00
固始县	230.00		2870.00	2820.00	2700.00
潢川县	200.00		9080.00	9000.00	8000.00
淮滨县	105.00		1867.00	1833.50	1683.50

continued

Total Gas Supplied (ton)		用气户数(户) Number of Household with Access to Gas (unit)		用气人口(万人) Population with Access to Gas (10,000 persons)	液化气汽车加气站(座) Gas Stations for LPG- Fueled Motor Vehicles (unit)	县名称 Name of Counties
燃气汽车 Gas-Powered Automobiles	燃气损失量 Loss Amount		居民家庭 Household User			
		8651	8651	2.16		浚　县
75.00	5.00	829	800	0.30	2	淇　县
	4.00	330	330	0.11		新乡县
1854.00	14.00	6252	6252	2.50	2	获嘉县
	6.00	11800	11800	5.90		原阳县
	1.75	10258	10258	3.61		延津县
	1.00	13981	13898	4.51		封丘县
		2300	2300	1.00		修武县
	50.00	8500	8500	1.70		博爱县
						武陟县
	18.00	7650	7650	2.70		温　县
						清丰县
						南乐县
						范　县
	0.90	9895	9895	3.33		台前县
						濮阳县
	15.00	6900	6900	2.43		鄢陵县
	6.00	7000	7000	2.46		襄城县
1800.00	2.50	5238	5238	1.81	4	舞阳县
	0.50	6150	5320	1.50		临颍县
	4.90	6982	6846	5.12		渑池县
	1.65	12837	12345	4.64		卢氏县
	1.50	10830	10830	4.10		南召县
	50.00	27960	27580	11.20		方城县
	20.00	27690	27690	14.20		西峡县
	3.00	24364	24364	8.53		镇平县
1350.00	9.02	29975	29825	10.50	4	内乡县
	245.00	33500	33300	16.75		淅川县
	265.00	32700	32700	13.37		社旗县
	0.36	6000	6000	2.96		唐河县
	12.00	7347	7347	1.29		新野县
	2.50	18609	18609	9.20		桐柏县
	78.00	9300	8805	0.63		民权县
	4.50	14000	14000	4.24		睢　县
400.00	23.00	10600	8800	4.02	2	宁陵县
	28.00	15200	12600	5.87		柘城县
	20.00	10580	10000	4.70		虞城县
	25.00	24300	24300	9.70		夏邑县
		30650	30650	11.75		罗山县
	71.00	18458	18432	7.88		光山县
	10.00	37063	37063	13.36		新　县
	55.00	23596	23582	10.18		商城县
	50.00	19980	18950	9.92		固始县
	80.00	63000	62000	26.49		潢川县
150.00	33.50	18950	18060	7.56	1	淮滨县

7-3-2 续表 15

县名称 Name of Counties	储气能力(吨) Gas Storage Capacity (ton)	供气管道长度(公里) Length of Gas Supply Pipeline (km)	供气总量(吨) 合计 Total	销售气量 Quantity Sold	居民家庭 Households
息　县	500.00		730.00	716.00	660.00
扶沟县	50.00		1020.00	1008.00	781.00
西华县	45.00		447.00	434.00	434.00
商水县	40.00		976.00	970.00	970.00
沈丘县	53.00		399.05	399.00	399.00
郸城县	1083.00		1163.00	1151.00	1151.00
太康县	100.00		2620.00	2620.00	2620.00
鹿邑县	450.00		4047.66	4007.66	4007.66
西平县	290.00		1400.00	1397.00	1000.00
上蔡县	70.00		550.00	544.50	500.00
平舆县	870.00		2841.31	2797.88	2327.26
正阳县	84.00		1798.00	1794.80	1780.00
确山县	100.00		1464.00	1424.00	1424.00
泌阳县	90.00		1798.00	1750.00	1750.00
汝南县	50.05		4527.52	4307.52	2018.60
遂平县	550.00		658.00	655.50	612.00
新蔡县	40.00		1691.80	1687.30	1687.30
湖　北	**8607.46**	**19.17**	**51429.70**	**50861.45**	**48270.46**
阳新县	110.00		1908.00	1899.00	1650.00
郧西县	220.00		1108.00	1100.00	1100.00
竹山县	300.00		1200.00	1190.00	1190.00
竹溪县	250.00		966.00	930.00	930.00
房　县	390.00		845.00	841.00	841.00
远安县	398.00		1396.98	1395.98	1395.98
兴山县	120.00		600.00	599.00	576.00
秭归县	85.50		1114.50	1064.50	1064.50
长阳土家族自治县	77.00		425.00	416.41	416.41
五峰土家族自治县	50.00		720.00	716.00	716.00
南漳县	180.00		3500.50	3500.00	3500.00
谷城县	182.00		1397.75	1395.25	1395.25
保康县	110.00		401.00	400.00	400.00
沙洋县	100.00		1045.30	1042.30	1042.30
孝昌县	502.00		895.22	893.55	893.55
大悟县	220.00	11.00	3832.00	3679.00	3413.00
云梦县	850.00		3540.00	3539.81	3480.00
公安县	196.00		1086.00	1084.00	1084.00
江陵县	114.00		479.00	468.00	325.00
团风县	159.81		578.89	576.60	570.37
红安县	400.00		2121.00	2080.00	2080.00
罗田县	123.00		441.22	439.17	389.01
英山县	164.00		1277.79	1259.79	1102.53
浠水县			2884.00	2879.00	2085.00
蕲春县	116.00		1061.20	1055.90	1055.90
黄梅县	46.00		265.00	260.00	260.00
嘉鱼县	1000.00	8.00	2227.00	2157.00	2049.00

continued

Total Gas Supplied (ton)		用气户数(户)		用气人口(万人)	液化气汽车加气站(座)	县名称
燃气汽车 Gas-Powered Automobiles	燃气损失量 Loss Amount	Number of Household with Access to Gas (unit)	居民家庭 Household User	Population with Access to Gas (10,000 persons)	Gas Stations for LPG- Fueled Motor Vehicles (unit)	Name of Counties
56.00	14.00	7020	6790	2.51	1	息　县
	12.00	4157	3922	1.25		扶沟县
	13.00	4738	4738	2.32		西华县
	6.00	4152	4152	2.31		商水县
	0.05	3500	3500	1.65		沈丘县
	12.00	9972	9972	5.08		郸城县
		27350	27350	6.98		太康县
	40.00	65200	65200	21.00		鹿邑县
	3.00	2829	2800	0.72		西平县
30.00	5.50	8000	8000	7.50	1	上蔡县
100.00	43.43	11476	10932	2.99	1	平舆县
	3.20	20280	19670	8.90		正阳县
	40.00	22400	22400	4.96		确山县
	48.00	18700	18700	5.75		泌阳县
	220.00	18633	18526	7.19		汝南县
	2.50	7830	6845	2.80		遂平县
	4.50	17956	17956	12.66		新蔡县
1239.08	**568.25**	**527879**	**500729**	**176.30**	**5**	**湖　北**
	9.00	21000	17350	6.81		阳新县
	8.00	17000	17000	4.65		郧西县
	10.00	8864	8864	4.65		竹山县
	36.00	13600	13600	6.73	1	竹溪县
	4.00	9477	9477	11.60		房　县
	1.00	14316	14316	3.82		远安县
	1.00	12820	5614	3.37		兴山县
	50.00	8789	8789	2.64		秭归县
	8.59	2060	2060	0.51		长阳土家族自治县
	4.00	4650	4650	2.65		五峰土家族自治县
	0.50	14850	14850	6.38		南漳县
	2.50	14050	14050	5.52		谷城县
	1.00	13214	13214	2.90		保康县
	3.00	9900	9900	2.97		沙洋县
	1.67	5593	5593	2.70		孝昌县
	153.00	20978	18988	6.90		大悟县
	0.19	6200	5800	3.13		云梦县
	2.00	12000	12000	3.50		公安县
	11.00	3789	3592	3.86		江陵县
	2.29	4441	4441	1.61		团风县
	41.00	24300	24300	6.43		红安县
	2.05	8796	8796	5.18		罗田县
	18.00	35224	28326	2.09		英山县
794.00	5.00	15200	13997	2.20	1	浠水县
	5.30	10025	10025	3.17		蕲春县
	5.00	8900	8900	1.50	1	黄梅县
108.00	70.00	32994	32737	10.73	1	嘉鱼县

7-3-2 续表 16

县名称 Name of Counties	储气能力(吨) Gas Storage Capacity (ton)	供气管道长度(公里) Length of Gas Supply Pipeline (km)	供气总量(吨) 合计 Total	销售气量 Quantity Sold	居民家庭 Households
通城县	760.00		3589.00	3588.00	3588.00
崇阳县	85.50		3600.00	3598.55	3261.47
通山县	160.00		1906.00	1876.00	1876.00
随　县	100.00	0.17	456.00	450.00	450.00
建始县	72.25		540.00	525.42	525.42
巴东县	205.00		2077.80	2075.00	1715.00
咸丰县	122.40		430.00	425.00	425.00
来凤县	26.00		289.00	288.00	288.00
鹤峰县	210.00		691.00	656.45	636.00
宣恩县	125.00		154.55	150.77	150.77
神农架林区	278.00		380.00	367.00	350.00
湖　南	**40705.80**		**184331.51**	**183555.53**	**167343.39**
长沙县	1305.80		8955.25	8953.24	2093.24
望城区	548.00		9501.00	9501.00	9501.00
攸　县	2546.00		1800.00	1796.50	1796.50
茶陵县	857.00		4055.00	4053.00	3410.00
炎陵县	260.00		150.60	150.48	146.40
湘潭县	689.00		2730.50	2729.50	1825.00
衡阳县	825.00		1800.00	1800.00	1800.00
衡南县	5000.00		2606.00	2592.00	2472.00
衡山县	90.72		1357.78	1350.21	1350.21
衡东县	799.20		1717.60	1717.60	1160.00
祁东县	1330.00		980.00	980.00	980.00
南岳区			105.00	103.00	50.00
新邵县	750.00		5000.00	4983.00	4983.00
邵阳县	100.00		2604.50	2600.00	2600.00
隆回县	637.44		4367.00	4350.00	4350.00
洞口县	599.00		3787.00	3766.00	3766.00
绥宁县	140.04		310.02	300.02	300.02
新宁县	155.00		1200.00	1198.00	900.00
城步苗族自治县	122.00		820.00	820.00	820.00
岳阳县	360.00		1250.00	1240.00	900.00
华容县	132.00		4630.00	4628.00	3930.00
湘阴县	75.00		1657.00	1656.80	1565.80
平江县	170.00		4556.20	4550.00	4544.00
安乡县	1254.00		7760.00	7720.00	7540.00
汉寿县	500.00		1227.00	1196.00	960.00
澧　县	660.00		1600.00	1540.00	1540.00
临澧县	372.00		2180.00	2170.00	2170.00
桃源县	300.00		2430.00	2400.00	2250.00
石门县	1000.00		3080.00	3000.00	3000.00
慈利县	522.00		5450.00	5450.00	5450.00
桑植县	480.00		5160.00	5100.00	4960.00
南　县	321.60		1408.46	1388.56	1321.00
桃江县	200.00		1856.00	1850.00	1845.00

continued

Total Gas Supplied (ton)		用气户数(户)		用气人口(万人)	液化气汽车加气站(座)	县名称
燃气汽车 Gas-Powered Automobiles	燃气损失量 Loss Amount	Number of Household with Access to Gas (unit)	居民家庭 Household User	Population with Access to Gas (10,000 persons)	Gas Stations for LPG- Fueled Motor Vehicles (unit)	Name of Counties
	1.00	36152	36152	15.66		通城县
337.08	1.45	51059	47922	13.88	1	崇阳县
	30.00	31266	31266	9.38		通山县
	6.00	2100	2100	0.70		随　县
	14.58	7120	7120	2.85		建始县
	2.80	24562	23523	4.51		巴东县
	5.00	2400	2400	0.72		咸丰县
	1.00	3800	3800	1.75		来凤县
	34.55	6334	5761	5.80		鹤峰县
	3.78	2056	2056	0.85		宣恩县
	13.00	8000	7400	2.00		神农架林区
	775.98	**1828082**	**1798834**	**532.97**		**湖　南**
	2.01	12814	10357	3.06		长沙县
		44977	44977	12.93		望城区
	3.50	33000	33000	17.28		攸　县
	2.00	32400	31600	12.96		茶陵县
	0.12	2390	2320	0.95		炎陵县
	1.00	11800	11800	2.95		湘潭县
		12000	12000	2.80		衡阳县
	14.00	7810	7810	2.31		衡南县
	7.57	33425	33425	14.11		衡山县
		1160	1160	3.00		衡东县
		23560	23560	5.10		祁东县
	2.00	2300	2200	0.70		南岳区
	17.00	62500	62500	8.90		新邵县
	4.50	24000	24000	9.27		邵阳县
	17.00	52080	52080	16.68		隆回县
	21.00	31400	31400	8.40		洞口县
	10.00	9912	9912	5.74		绥宁县
	2.00	22943	22943	8.15		新宁县
		20508	20508	12.42		城步苗族自治县
	10.00	17020	17020	3.07		岳阳县
	2.00	197259	192109	2.15		华容县
	0.20	5000	5000	1.75		湘阴县
	6.20	36012	35011	8.38		平江县
	40.00	35260	25260	10.62		安乡县
	31.00	3680	3680	0.93		汉寿县
	60.00	7920	7920	2.21		澧　县
	10.00	35100	35100	3.38		临澧县
	30.00	14300	14000	6.08		桃源县
	80.00	6680	6680	2.18		石门县
		21000	21000	5.16		慈利县
	60.00	5480	5480	3.06		桑植县
	19.90	17250	17250	4.13		南　县
	6.00	17128	16889	4.61		桃江县

7-3-2 续表 17

县名称 Name of Counties	储气能力(吨) Gas Storage Capacity (ton)	供气管道长度(公里) Length of Gas Supply Pipeline (km)	供气总量(吨) 合计 Total	销售气量 Quantity Sold	居民家庭 Households
安化县	700.00		5830.00	5830.00	5830.00
大通湖区	196.00		319.00	319.00	215.00
桂阳县	4500.00		3175.00	3080.00	3080.00
宜章县	510.00		3102.50	3102.48	3102.48
永兴县	210.00		3564.60	3559.00	3559.00
嘉禾县	328.00		3762.00	3762.00	3642.00
临武县	200.00		1360.00	1360.00	1360.00
汝城县	500.00		3550.00	3546.00	980.00
桂东县	75.00		968.00	965.40	950.00
安仁县	575.00		1689.00	1680.00	1655.00
东安县	750.00		4331.00	4233.00	3845.00
双牌县	280.00		989.20	989.20	951.40
道　县	380.00		5302.00	5302.00	4278.00
江永县	520.00		1400.00	1400.00	1400.00
宁远县	220.00		4300.00	4295.00	4295.00
蓝山县	200.00		1700.00	1700.00	1700.00
新田县	600.00		3520.00	3520.00	3520.00
江华瑶族自治县	627.00		4070.00	4070.00	4070.00
中方县	564.00		4303.00	4294.00	4294.00
沅陵县	250.00		2671.00	2670.90	2670.90
辰溪县	141.00		1455.00	1455.00	1447.00
溆浦县	348.00		2234.00	2234.00	2234.00
会同县	150.00		1250.00	1250.00	1250.00
麻阳苗族自治县	210.00		2000.00	2000.00	2000.00
新晃侗族自治县	65.00		819.00	818.00	818.00
芷江侗族自治县	180.00		3200.00	3200.00	3200.00
通道县	352.00		900.00	900.00	900.00
靖州县	200.00		1410.00	1390.00	1390.00
双峰县	380.00		2800.00	2800.00	2600.00
新化县	2000.00		1800.00	1800.00	1700.00
泸溪县	75.00		860.00	850.00	850.00
凤凰县	200.00		400.00	400.00	260.00
花垣县	450.00		2400.00	2399.00	2399.00
保靖县	95.00		1064.30	1049.70	1006.50
古丈县	60.00		480.00	479.94	479.94
永顺县	384.00		2361.00	2361.00	2274.00
龙山县	130.00		900.00	858.00	858.00
广　东	**20612.85**	**179.45**	**200248.86**	**199508.93**	**167667.80**
始兴县	319.00		1803.00	1802.00	1793.00
仁化县	180.00		1715.00	1695.00	1695.00
翁源县			3440.00	3440.00	3440.00
乳源瑶族自治县	1200.00		2485.50	2480.00	1936.00
新丰县	275.00		1811.13	1811.13	1267.76
南澳县	2100.00	15.00	1600.00	1600.00	1600.00
遂溪县	5159.00	87.00	5237.00	5159.00	5159.00

continued

Total Gas Supplied (ton)		用气户数(户)		用气人口(万人)	液化气汽车加气站(座)	县名称
燃气汽车 Gas-Powered Automobiles	燃气损失量 Loss Amount	Number of Household with Access to Gas (unit)	居民家庭 Household User	Population with Access to Gas (10,000 persons)	Gas Stations for LPG- Fueled Motor Vehicles (unit)	Name of Counties
		49650	49650	15.21		安化县
		9050	4000	2.30		大通湖区
	95.00	78000	78000	17.72		桂阳县
	0.02	31800	31800	11.13		宜章县
	5.60	8323	8323	2.95		永兴县
		19005	18740	8.52		嘉禾县
		12000	12000	4.80		临武县
	4.00	4550	4200	2.02		汝城县
	2.60	10600	10600	2.92		桂东县
	9.00	30000	30000	11.93		安仁县
	98.00	40860	39346	17.56		东安县
		12535	12085	5.86		双牌县
		65187	65090	19.71		道　县
		19000	19000	4.60		江永县
	5.00	65000	65000	21.00		宁远县
		4733	4733	13.26		蓝山县
		19100	19100	6.52		新田县
		18600	18600	8.92		江华瑶族自治县
	9.00	25801	25801	6.84		中方县
	0.10	49020	49020	14.70		沅陵县
		20000	20000	9.20		辰溪县
		29875	29875	10.42		溆浦县
		22002	22002	7.70		会同县
		16800	16800	6.12		麻阳苗族自治县
	1.00	10100	10100	4.15		新晃侗族自治县
		29800	29800	13.50		芷江侗族自治县
		6500	6500	2.40		通道县
	20.00	13000	13000	5.20		靖州县
		26800	26800	7.40		双峰县
		103560	103560	15.28		新化县
	10.00	18000	18000	8.00		泸溪县
		26000	26000	9.40		凤凰县
	1.00	15900	15900	7.20		花垣县
	14.60	17752	16347	5.39		保靖县
	0.06	6700	6700	3.46		古丈县
		19561	19561	9.87		永顺县
	42.00	12850	12850	4.39		龙山县
	739.93	**1032392**	**1004559**	**328.45**	**2**	**广　东**
	1.00	15368	15345	5.11		始兴县
	20.00	7924	7924	1.12		仁化县
		44300	44300	12.58		翁源县
	5.50	19000	19000	6.62		乳源瑶族自治县
		32548	23087	7.98		新丰县
		12899	12899	4.34		南澳县
	78.00	52868	52868	21.00		遂溪县

7-3-2 续表 18

县名称 Name of Counties	储气能力(吨) Gas Storage Capacity (ton)	供气管道长度(公里) Length of Gas Supply Pipeline (km)	供气总量(吨) 合计 Total	销售气量 Quantity Sold	居民家庭 Households
徐闻县	300.00		4200.00	4200.00	4200.00
广宁县	350.00		2928.00	2918.10	2525.00
怀集县	200.00		2346.00	2343.00	2343.00
封开县	90.00		1150.00	1100.00	950.00
德庆县	335.00		2196.35	2191.28	2191.28
博罗县	500.00		30116.00	30116.00	30116.00
惠东县	318.00	73.00	9600.00	9600.00	9600.00
龙门县	300.00		3905.00	3905.00	3300.00
大埔县	50.00	0.50	1840.00	1440.00	1440.00
丰顺县	2500.00		3200.00	3200.00	3200.00
五华县	220.00		2050.00	2040.50	2040.00
平远县	400.00		1675.20	1675.20	1625.20
蕉岭县	227.00		3282.00	3280.00	3280.00
海丰县	80.00		11800.00	11800.00	11800.00
陆河县	190.00		2091.00	2091.00	1658.00
紫金县	350.00		4213.00	4213.00	4213.00
龙川县	355.00	0.45	4928.00	4928.00	3950.00
连平县	1800.00	3.50	1726.50	1706.50	1606.50
和平县	276.25		5043.06	5033.00	4833.00
东源县	100.00		7887.00	7871.00	7730.00
阳西县	195.00		2318.02	2318.02	2318.02
阳山县	250.00		7250.70	7248.00	7248.00
连山壮族瑶族自治县	100.00		1700.00	1600.00	1550.00
连南瑶族自治县	206.60		1936.40	1936.40	1793.04
佛冈县	125.00		2260.00	2260.00	2260.00
饶平县	300.00		10330.00	10330.00	9225.00
揭西县	360.00		11610.00	11610.00	11610.00
惠来县	200.00		28560.00	28556.80	3520.00
新兴县	450.00		6481.00	6479.00	5120.00
郁南县	252.00		3534.00	3532.00	3532.00
广　西	**11274.67**	**8.50**	**139569.22**	**138194.55**	**130640.41**
隆安县	75.00		838.00	820.00	730.00
马山县	100.00		1390.10	1390.00	1390.00
上林县	300.00		2100.00	2092.00	1763.00
宾阳县	720.00		5205.00	5203.00	5203.00
柳城县			1135.21	1121.13	1054.30
鹿寨县	295.80		2922.00	2904.00	2820.00
融安县	164.40		2478.00	2475.70	2475.70
融水苗族自治县	200.00		2094.37	2065.07	2065.07
三江侗族自治县	42.00		1230.50	1217.50	1217.50
阳朔县	90.00		1100.00	1095.00	900.00
灵川县	300.00		2750.50	2715.50	1960.00
全州县	100.00		780.00	760.00	740.00
兴安县	250.00		1832.00	1811.00	1723.00
永福县	40.00		843.00	841.00	841.00

continued

Total Gas Supplied (ton)		用气户数(户) Number of Household with Access to Gas (unit)		用气人口(万人) Population with Access to Gas (10,000 persons)	液化气汽车加气站(座) Gas Stations for LPG- Fueled Motor Vehicles (unit)	县名称 Name of Counties
燃气汽车 Gas-Powered Automobiles	燃气损失量 Loss Amount		居民家庭 Household User			
		82000	82000	11.00		徐闻县
	9.90	24562	20582	9.61		广宁县
	3.00	1734	1734	10.30	1	怀集县
	50.00	7000	6800	5.00		封开县
	5.07	13730	13730	3.86		德庆县
		29000	29000	23.30		博罗县
		70000	70000	25.79		惠东县
		19500	18500	5.50		龙门县
	400.00	6000	6000	4.00		大埔县
		19400	19400	1.56		丰顺县
	9.50	50020	50020	11.59	1	五华县
		13540	13540	2.85		平远县
	2.00	13000	13000	2.80		蕉岭县
		43600	43600	14.66		海丰县
		12320	12320	6.46		陆河县
		28300	28300	13.78		紫金县
		31700	31700	11.71		龙川县
	20.00	18900	18700	7.50		连平县
	10.06	64247	63900	6.89		和平县
	16.00	7150	6650	3.10		东源县
		10500	10500	2.31		阳西县
	2.70	36200	36200	11.50		阳山县
	100.00	43000	43000	1.12		连山壮族瑶族自治县
		13218	13218	3.35		连南瑶族自治县
		17441	17441	5.80		佛冈县
		45975	45125	15.40		饶平县
		40356	40356	12.91		揭西县
	3.20	40780	40320	26.50		惠来县
	2.00	25312	14500	2.90		新兴县
	2.00	19000	19000	6.65		郁南县
	1374.67	**1382680**	**1351233**	**431.04**		**广 西**
	18.00	8400	8080	3.58		隆安县
	0.10	17151	17151	4.83		马山县
	8.00	22610	22252	3.73		上林县
	2.00	39570	39570	11.43		宾阳县
	14.08	12474	12474	4.94		柳城县
	18.00	30031	29514	8.73		鹿寨县
	2.30	36635	36635	11.21		融安县
	29.30	12500	12500	8.57		融水苗族自治县
	13.00	10660	10660	4.40		三江侗族自治县
	5.00	10588	10588	4.07		阳朔县
	35.00	12050	11755	3.86		灵川县
	20.00	27780	26216	11.12		全州县
	21.00	13620	9020	2.88		兴安县
	2.00	12011	12011	5.65		永福县

7-3-2 续表 19

县名称 Name of Counties	储气能力(吨) Gas Storage Capacity (ton)	供气管道长度(公里) Length of Gas Supply Pipeline (km)	供气总量(吨) 合计 Total	销售气量 Quantity Sold	居民家庭 Households
灌阳县	150.00		1083.00	1082.00	1082.00
龙胜各族自治县	100.00		1000.00	990.00	990.00
资源县	110.00		770.00	768.20	553.00
平乐县	180.00		2117.00	2112.00	2112.00
恭城瑶族自治县			1820.00	1810.00	1810.00
苍梧县	84.00		1080.00	1077.00	997.00
藤　县	225.00		4678.21	4611.77	4509.54
蒙山县	100.00		1576.46	1554.46	1544.46
合浦县	250.00		5797.00	5793.00	5793.00
上思县	25.00		3300.03	3300.00	2970.00
灵山县	294.00		5546.30	5540.20	5236.50
浦北县	145.00		2682.00	2680.00	2680.00
平南县	315.00		4550.00	4549.00	3845.00
容　县	500.00		5479.00	5432.00	5223.00
陆川县	300.00		4900.00	4899.50	4899.50
博白县	280.00		11020.00	10600.00	9100.00
兴业县	437.00		4139.00	4118.82	4118.82
田东县	84.20		1926.20	1902.60	1863.50
德保县	150.00		1395.00	1380.00	1380.00
那坡县	220.00		1113.00	1109.64	1109.64
凌云县	42.20		989.00	956.00	956.00
乐业县	125.00		508.00	506.20	506.20
田林县	400.00		728.23	717.32	717.32
西林县	200.00	8.00	675.00	674.00	674.00
隆林各族自治县	100.00		1482.37	1479.15	1479.15
昭平县	200.00		1945.00	1875.00	1750.00
钟山县	210.00		3925.00	3819.00	3016.00
富川瑶族自治县	280.00		2550.00	2530.00	2530.00
南丹县	358.00		1891.00	1875.00	1805.00
天峨县	188.12		994.94	978.12	978.12
凤山县	42.00		275.00	272.00	254.00
东兰县	44.00		1360.03	1360.00	1178.00
罗城仫佬族自治县	43.00		3030.00	3010.00	3010.00
环江毛南族自治县	48.00	0.50	1060.00	1050.60	941.90
巴马瑶族自治县	297.00		990.00	980.20	980.20
都安瑶族自治县	175.95		1635.00	1625.00	1605.00
大化瑶族自治县	201.00		1702.00	1670.00	1670.00
忻城县	200.00		3006.23	3000.00	3000.00
象州县	100.00		1468.00	1460.00	1460.00
武宣县	150.00		2961.20	2960.20	2960.20
金秀瑶族自治县	100.00		419.33	416.50	416.50
扶绥县	467.00		2769.78	2769.28	2769.28
宁明县	100.00		2710.00	2589.00	2198.00
龙州县	92.00		2230.00	2229.68	1547.00
大新县	285.00		5002.00	5000.00	5000.00
天等县	200.00		591.23	571.21	539.01

continued

Total Gas Supplied (ton)		用气户数（户） Number of Household with Access to Gas (unit)		用气人口（万人） Population with Access to Gas (10,000 persons)	液化气汽车加气站（座） Gas Stations for LPG- Fueled Motor Vehicles (unit)	县名称 Name of Counties
燃气汽车 Gas-Powered Automobiles	燃气损失量 Loss Amount		居民家庭 Household User			
	1.00	16792	16792	4.77		灌阳县
	10.00	11350	11350	3.55		龙胜各族自治县
	1.80	15326	14323	4.80		资源县
	5.00	18835	18835	7.91		平乐县
	10.00	19050	19050	6.36		恭城瑶族自治县
	3.00	11827	11203	2.90		苍梧县
	66.44	28092	28092	8.48		藤　县
	22.00	17960	17960	5.96		蒙山县
	4.00	52910	52910	17.04		合浦县
	0.03	18000	17918	7.79		上思县
	6.10	51863	50963	17.44		灵山县
	2.00	15580	15580	7.79		浦北县
	1.00	64016	58421	23.68		平南县
	47.00	55112	53583	18.81		容　县
	0.50	37460	37460	16.26		陆川县
	420.00	61880	59117	26.58		博白县
	20.18	30833	30833	9.25		兴业县
	23.60	19156	19064	6.20		田东县
	15.00	20108	20108	5.76		德保县
	3.36	8949	8949	3.54		那坡县
	33.00	15905	15905	4.77		凌云县
	1.80	178402	178402	3.69		乐业县
	10.91	11439	11439	3.59		田林县
	1.00	5597	5597	2.12		西林县
	3.22	16582	16582	5.48		隆林各族自治县
	70.00	19326	17726	7.84		昭平县
	106.00	25117	24889	10.88		钟山县
	20.00	15800	15800	4.42		富川瑶族自治县
	16.00	19490	17625	6.82		南丹县
	16.82	12400	12400	3.74		天峨县
	3.00	14297	13198	4.06		凤山县
	0.03	9628	9572	3.08		东兰县
	20.00	12316	12316	6.98		罗城仫佬族自治县
	9.40	19593	14718	6.80		环江毛南族自治县
	9.80	12658	12658	4.21		巴马瑶族自治县
	10.00	11400	11150	8.96		都安瑶族自治县
	32.00	21050	21050	9.58		大化瑶族自治县
	6.23	15325	15325	5.45		忻城县
	8.00	6340	6340	2.43		象州县
	1.00	16329	16329	4.01		武宣县
	2.83	4430	4430	1.36		金秀瑶族自治县
	0.50	11984	11984	4.80		扶绥县
	121.00	18468	18468	8.18		宁明县
	0.32	18552	17941	4.97		龙州县
	2.00	19500	19500	6.07		大新县
	20.02	9573	8952	2.88		天等县

7-3-2 续表 20

县名称 Name of Counties	储气能力(吨) Gas Storage Capacity (ton)	供气管道长度(公里) Length of Gas Supply Pipeline (km)	供气总量(吨) 合计 Total	销售气量 Quantity Sold	居民家庭 Households
海　南	**1562.50**		**27045.05**	**26787.20**	**23665.49**
定安县	376.00		3970.00	3970.00	3545.00
屯昌县	468.00		4709.40	4700.00	4440.00
澄迈县	70.00		3555.00	3480.00	2700.00
临高县	69.00		3073.00	3036.00	3036.00
白沙黎族自治县	22.50		1224.00	1121.00	1085.00
昌江县	72.00		1786.00	1768.00	1467.89
乐东县	45.00		2852.00	2852.00	2852.00
陵水县	125.00		2162.00	2154.00	1909.00
保亭县	93.00		2541.15	2540.60	1465.00
琼中县	180.00		352.50	351.60	351.60
洋浦经济开发区	42.00		820.00	814.00	814.00
重　庆	**5313.00**		**13084.23**	**13005.23**	**10355.61**
城口县	84.00		360.00	346.00	332.00
丰都县	87.00		348.50	348.47	260.00
垫江县	168.00		290.00	286.00	100.00
忠　县			1186.00	1179.15	716.00
云阳县	174.00		722.50	718.00	210.40
奉节县	150.00		1407.00	1404.00	898.00
巫山县	200.00		1083.23	1083.00	823.00
巫溪县	140.00		1396.00	1395.21	1395.21
石柱土家族自治县	150.00		1888.00	1872.00	1589.00
秀山土家族苗族自治县	3640.00		1933.00	1923.40	1726.00
酉阳土家族苗族自治县	320.00		1750.00	1730.00	1730.00
彭水苗族土家族自治县	200.00		720.00	720.00	576.00
四　川	**9905.53**	**8.59**	**25909.76**	**25546.75**	**20995.36**
金堂县	105.00		1969.89	1969.89	613.00
大邑县	212.00	0.54	1395.00	1375.00	1055.00
蒲江县					
荣　县					
富顺县					
米易县	75.00		588.00	588.00	418.00
盐边县			382.17	376.37	341.32
泸　县	25.00		58.50	57.80	57.80
合江县	85.00		95.00	94.00	94.00
叙永县	200.00		56.00	54.80	50.50
古蔺县	60.00		130.82	130.62	102.96
中江县	400.00		1598.00	1562.00	1254.00
三台县			329.60	325.00	325.00
盐亭县	44.00	0.15	103.00	101.00	95.00
梓潼县	45.00		220.00	220.00	220.00
北川羌族自治县	30.00		43.00	42.85	39.00

continued

Total Gas Supplied (ton)		用气户数(户) Number of Household with Access to Gas (unit)		用气人口(万人) Population with Access to Gas (10,000 persons)	液化气汽车加气站(座) Gas Stations for LPG- Fueled Motor Vehicles (unit)	县名称 Name of Counties
燃气汽车 Gas-Powered Automobiles	燃气损失量 Loss Amount		居民家庭 Household User			
258.00	**257.85**	**221367**	**216089**	**47.20**	**2**	**海　南**
		22543	21056	5.90		定安县
258.00	9.40	19550	19550	7.13	2	屯昌县
	75.00	28500	28500	5.10		澄迈县
	37.00	18596	18596	4.24		临高县
	103.00	18760	17300	2.24		白沙黎族自治县
	18.00	7567	7486	4.28		昌江县
		37000	37000	3.22		乐东县
	8.00	28500	26250	5.48		陵水县
	0.55	21551	21551	2.40		保亭县
	0.90	5800	5800	2.40		琼中县
	6.00	13000	13000	4.81		洋浦经济开发区
	79.00	**94296**	**83618**	**21.75**		**重　庆**
	14.00	3558	3368	0.93		城口县
	0.03	3200	2900	0.92		丰都县
	4.00	1900	620	1.35		垫江县
	6.85	5683	4967	1.29		忠　县
	4.50	7500	1800	0.45		云阳县
	3.00	4136	4023	2.14		奉节县
	0.23	8006	6795	2.01		巫山县
	0.79	23185	23185	5.06		巫溪县
	16.00	5748	4780	0.87		石柱土家族自治县
	9.60	7700	7500	2.28		秀山土家族苗族自治县
	20.00	14880	14880	2.15		酉阳土家族苗族自治县
		8800	8800	2.30		彭水苗族土家族自治县
382.00	**363.01**	**219979**	**201451**	**85.41**	**8**	**四　川**
		2924	2318	0.71		金堂县
	20.00	10450	9284	1.13		大邑县
						蒲江县
						荣　县
						富顺县
		7987	7807	2.10		米易县
	5.80	3893	3653	1.31		盐边县
	0.70	1108	1108	0.12		泸　县
	1.00	1400	1400	0.99		合江县
	1.20	162	98	0.31		叙永县
	0.20	1786	935	0.86		古蔺县
	36.00	6690	6448	2.90		中江县
	4.60	2900	2900	1.05		三台县
	2.00	3660	652	0.22		盐亭县
		1500	1500	0.50		梓潼县
	0.15	76	69	0.02		北川羌族自治县

7-3-2 续表 21

县名称 Name of Counties	储气能力(吨) Gas Storage Capacity (ton)	供气管道长度(公里) Length of Gas Supply Pipeline (km)	供气总量(吨) 合计 Total	销售气量 Quantity Sold	居民家庭 Households
平武县	37.80	0.32	110.82	110.82	110.82
旺苍县					
青川县	500.00		239.20	238.60	189.20
剑阁县			189.30	183.90	160.50
苍溪县			31.00	29.12	21.23
蓬溪县	77.70		91.30	90.70	
大英县					
威远县	90.00		536.00	513.00	513.00
资中县	59.16		132.66	132.54	132.54
犍为县			92.00	92.00	92.00
井研县			188.00	180.00	180.00
夹江县	300.00		200.00	200.00	200.00
沐川县	200.00		450.00	450.00	450.00
峨边县			140.00	139.89	2.00
马边县			120.00	120.00	120.00
南部县	85.00		1303.00	1258.00	1211.00
营山县	40.00	1.00	780.00	770.00	568.00
蓬安县	60.00	1.00	983.00	967.00	952.00
仪陇县	85.00		105.00	105.00	105.00
西充县	65.00	1.00	1178.00	1132.00	1090.00
仁寿县	160.00		137.93	136.00	118.00
洪雅县	50.00		48.60	47.20	47.20
丹棱县	50.00		60.00	59.00	59.00
青神县	70.00		215.00	213.00	125.00
江安县	200.00		224.01	217.50	210.99
长宁县	125.00		638.52	635.00	253.00
高　县					
珙　县					
筠连县					
兴文县	50.00		160.00	160.00	135.00
屏山县	450.00		160.00	160.00	160.00
岳池县	100.00		76.70	76.70	41.60
武胜县					
邻水县					
宣汉县	100.00	0.09	136.00	135.00	135.00
开江县					
大竹县					
渠　县					
荥经县					
汉源县	300.00		299.40	297.30	256.30
石棉县	125.00		126.23	122.00	28.06
天全县			198.21	196.20	196.20
芦山县	150.00		57.27	56.37	28.00
宝兴县	62.00		300.00	298.00	200.00

continued

Total Gas Supplied (ton)		用气户数(户) Number of Household with Access to Gas (unit)		用气人口(万人) Population with Access to Gas (10,000 persons)	液化气汽车加气站(座) Gas Stations for LPG- Fueled Motor Vehicles (unit)	县名称 Name of Counties
燃气汽车 Gas-Powered Automobiles	燃气损失量 Loss Amount		居民家庭 Household User			
		908	908	0.26		平武县
						旺苍县
	0.60	2415	1507	0.60		青川县
	5.40	1214	1101	0.31		剑阁县
	1.88	97	78	0.04		苍溪县
	0.60					蓬溪县
						大英县
	23.00	2545	2545	0.98		威远县
	0.12	1599	1599	0.62	1	资中县
		684	684	0.08		犍为县
	8.00	1700	1700	0.15		井研县
		1410	1410	0.39		夹江县
		1500	1500	0.50	1	沐川县
	0.11	160	20	0.21		峨边县
		1125	1125	0.46		马边县
	45.00	4100	3988	1.10	3	南部县
	10.00	2160	1568	0.45		营山县
	16.00	2985	2896	0.93		蓬安县
		368	368	0.80		仪陇县
	46.00	4130	3915	1.00		西充县
	1.93	1700	1600	0.55		仁寿县
	1.40	685	685	0.26		洪雅县
	1.00	2100	2100	0.72		丹棱县
	2.00	1800	1800	0.50		青神县
	6.51	1347	1347	0.20		江安县
382.00	3.52	3475	3215	2.10	2	长宁县
						高　县
						珙　县
						筠连县
		3100	1132	0.57		兴文县
		4500	4500	0.69		屏山县
		3650	3650	0.77		岳池县
						武胜县
						邻水县
	1.00	398	398	0.10		宣汉县
						开江县
						大竹县
						渠　县
						荥经县
	2.10	3114	2880	1.03		汉源县
	4.23	62	5	0.23		石棉县
	2.01	1053	1053	0.17		天全县
	0.90	4025	4025	0.95		芦山县
	2.00	1495	1420	0.40		宝兴县

7-3-2 续表 22

县名称 Name of Counties	储气能力(吨) Gas Storage Capacity (ton)	供气管道长度(公里) Length of Gas Supply Pipeline (km)	供气总量(吨) 合计 Total	销售气量 Quantity Sold	居民家庭 Households
通江县					
南江县			165.00	165.00	165.00
平昌县					
安岳县	490.00		418.00	409.00	350.00
乐至县	316.00		201.50	199.50	188.12
汶川县	48.00		137.30	136.80	136.80
理　县			70.00	69.60	69.60
茂　县	45.00		142.68	142.35	142.35
松潘县	46.20	2.00	140.00	138.00	138.00
九寨沟县	90.00		217.57	216.62	195.57
金川县	41.00		529.00	522.00	522.00
小金县	44.00		680.00	680.00	600.00
黑水县	28.00		110.10	110.00	110.00
壤塘县	31.00		130.00	128.00	120.00
阿坝县	20.00		197.00	194.80	194.80
若尔盖县	50.00		201.00	200.00	200.00
红原县	70.00	0.39	152.00	151.88	151.88
泸定县	500.00		169.00	168.00	60.00
丹巴县	130.00		125.00	125.00	125.00
九龙县	22.00		120.00	120.00	68.00
雅江县	400.00		370.00	365.00	365.00
道孚县	7.50		4.69	4.69	4.69
炉霍县	75.00		74.20	74.20	74.20
甘孜县	300.00		380.00	380.00	305.00
新龙县	52.70		66.70	56.70	56.70
德格县	190.00		174.00	170.00	170.00
白玉县	50.00		329.35	329.35	329.35
石渠县	418.00		678.00	655.00	552.00
色达县	182.00		171.00	170.00	170.00
理塘县	40.00		113.00	113.00	113.00
巴塘县	52.00		52.00	51.98	51.98
乡城县	150.00		13.50	13.00	13.00
稻城县	50.00		50.00	50.00	50.00
得荣县			30.90	30.00	30.00
普格县	100.00		120.00	114.00	50.00
木里县	100.80		196.00	193.00	190.00
盐源县	75.00		288.00	281.60	260.00
德昌县	75.00		350.00	350.00	300.00
会东县	150.00		200.00	200.00	180.00
宁南县	3.00		330.00	330.00	261.00
布拖县	75.00		300.00	300.00	300.00
金阳县	37.66		90.20	90.10	90.10
昭觉县	130.00	2.10	121.00	121.00	121.00
喜德县	27.00		81.00	81.00	81.00

continued

Total Gas Supplied (ton)		用气户数(户) Number of Household with Access to Gas (unit)		用气人口(万人) Population with Access to Gas (10,000 persons)	液化气汽车加气站(座) Gas Stations for LPG- Fueled Motor Vehicles (unit)	县名称 Name of Counties
燃气汽车 Gas-Powered Automobiles	燃气损失量 Loss Amount		居民家庭 Household User			
						通江县
		890	890	0.35		南江县
						平昌县
	9.00	4085	4020	0.88		安岳县
	2.00	1841	1756	0.63		乐至县
	0.50	463	463	1.25		汶川县
	0.40	3100	3100	1.05		理　县
	0.33	950	950	0.88		茂　县
	2.00	3512	3512	1.24		松潘县
	0.95	1900	1855	1.08		九寨沟县
	7.00	3000	3000	1.70		金川县
		3825	3351	1.42		小金县
	0.10	932	932	0.60		黑水县
	2.00	2410	2365	0.60		壤塘县
	2.20	5877	5877	0.99		阿坝县
	1.00	2865	2865	0.90		若尔盖县
	0.12	3785	3785	1.04	1	红原县
	1.00	5000	4500	1.83		泸定县
		2300	2300	1.30		丹巴县
		1200	1120	0.90		九龙县
	5.00	2160	2160	1.20		雅江县
		291	291	0.15		道孚县
		850	850	0.60		炉霍县
		6500	6380	2.21		甘孜县
	10.00	613	613	0.40		新龙县
	4.00	1200	1200	0.80		德格县
		4700	4700	1.40		白玉县
	23.00	3059	2286	0.63		石渠县
	1.00	1551	1551	0.78		色达县
		4196	4196	1.40		理塘县
	0.02	462	462	0.70		巴塘县
	0.50	745	745	0.54		乡城县
		987	987	0.70		稻城县
	0.90	165	165	0.40		得荣县
	6.00	380	200	1.70		普格县
	3.00	5212	5212	2.20		木里县
	6.40	3269	3153	1.53		盐源县
		4500	3000	3.50		德昌县
		8300	8100	3.40		会东县
		2300	1900	1.00		宁南县
		2000	2000	0.80		布拖县
	0.10	1640	1640	0.67		金阳县
		1400	1400	1.30		昭觉县
		1830	1830	0.73		喜德县

7-3-2 续表 23

县名称 Name of Counties	储气能力(吨) Gas Storage Capacity (ton)	供气管道长度(公里) Length of Gas Supply Pipeline (km)	供气总量(吨) 合计 Total	销售气量 Quantity Sold	居民家庭 Households
冕宁县	62.50		179.70	175.30	104.20
越西县	210.00		265.90	265.00	235.00
甘洛县	28.01		26.01	23.81	23.80
美姑县	20.50		53.33	53.10	51.00
雷波县			220.00	210.20	170.00
贵　州	**12898.50**		**59435.53**	**59048.25**	**49123.99**
开阳县			1103.00	1103.00	1103.00
息烽县					
修文县			3462.16	3462.16	2908.16
六枝特区			1200.00	1200.00	1200.00
桐梓县	104.00		1423.00	1423.00	1423.00
绥阳县	580.00		512.00	487.00	465.00
正安县	27.00		262.00	260.00	75.00
道真县	71.00		383.00	372.00	329.00
务川县	150.00		580.00	579.00	579.00
凤冈县	69.60		365.00	350.00	350.00
湄潭县	12.00		400.00	400.00	400.00
余庆县	42.00		265.00	264.00	243.00
习水县	200.00		755.00	750.00	690.00
普定县	120.35		408.00	408.00	251.00
镇宁县	120.00		384.80	384.80	277.03
关岭县	222.00		515.00	515.00	258.00
紫云县	180.00		608.80	608.80	165.40
大方县	172.00		346.00	345.00	340.00
金沙县	80.00		880.00	880.00	880.00
织金县	280.00		1800.00	1800.00	1500.00
纳雍县	130.00		2525.00	2524.20	2524.20
威宁自治县	820.00		2059.56	2058.00	2058.00
赫章县	780.00		3003.00	2757.00	1100.00
江口县	220.00		620.00	620.00	530.00
玉屏县	480.00		700.00	695.00	675.00
石阡县	320.00		1250.00	1250.00	1020.00
思南县	25.00		800.00	795.00	400.00
印江县	250.00		316.00	315.00	265.00
德江县			2108.00	2100.00	2100.00
沿河县	58.00		550.00	550.00	550.00
松桃县	135.00		1470.00	1470.00	1470.00
普安县	250.00		580.00	580.00	580.00
晴隆县	780.00		538.00	533.00	491.00
贞丰县	2.20		417.00	415.00	415.00
望谟县	150.00		1017.60	1017.60	1017.60
册亨县	25.00		420.00	420.00	420.00
安龙县	88.35		826.00	823.40	251.00
黄平县	198.00		624.00	624.00	624.00

continued

Total Gas Supplied (ton) 燃气汽车 Gas-Powered Automobiles	燃气损失量 Loss Amount	用气户数(户) Number of Household with Access to Gas (unit)	居民家庭 Household User	用气人口(万人) Population with Access to Gas (10,000 persons)	液化气汽车加气站(座) Gas Stations for LPG- Fueled Motor Vehicles (unit)	县名称 Name of Counties
	4.40	1560	1062	1.26		冕宁县
	0.90	1410	1356	0.64		越西县
	2.20	241	241	1.25		甘洛县
	0.23	563	491	1.23		美姑县
	9.80	3820	1745	3.31		雷波县
	387.28	**981500**	**938495**	**387.22**	**4**	**贵　州**
		6108	6108	6.66		开阳县
						息烽县
		8560	8560	4.50		修文县
		43000	43000	14.02		六枝特区
		144506	144506	14.10		桐梓县
	25.00	8610	8610	5.22		绥阳县
	2.00	8707	7820	1.48		正安县
	11.00	6223	3812	5.90		道真县
	1.00	17300	17300	5.30		务川县
	15.00	5715	5715	3.58		凤冈县
		10110	10110	9.30		湄潭县
	1.00	4280	3840	1.28		余庆县
	5.00	8900	7900	7.90	2	习水县
		4256	3465	1.90		普定县
		3069	2505	1.23		镇宁县
		1256	902	1.15		关岭县
		4137	3076	3.79	1	紫云县
	1.00	23500	23110	9.40		大方县
		31300	31300	12.30		金沙县
		26515	25000	13.26		织金县
	0.80	33000	33000	13.20		纳雍县
	1.56	47800	47800	19.01		威宁自治县
	246.00	25000	15250	10.42		赫章县
		16500	14050	5.70		江口县
	5.00	12880	12680	3.86		玉屏县
		24000	22500	6.00	1	石阡县
	5.00	36520	33933	9.00		思南县
	1.00	19800	19500	8.10		印江县
	8.00	33000	33000	14.88		德江县
		9012	9012	4.55		沿河县
		18600	18600	8.30		松桃县
		9100	9100	3.47		普安县
	5.00	12115	11058	5.23		晴隆县
	2.00	3823	3823	4.00		贞丰县
		16432	16432	7.37		望谟县
		8700	8700	5.55		册亨县
	2.60	34052	30307	11.93		安龙县
		6948	6948	3.05		黄平县

7-3-2 续表 24

县名称 Name of Counties	储气能力(吨) Gas Storage Capacity (ton)	供气管道长度(公里) Length of Gas Supply Pipeline (km)	供气总量(吨) 合计 Total	销售气量 Quantity Sold	居民家庭 Households
施秉县	70.00		380.00	380.00	368.00
三穗县	222.00		420.00	420.00	420.00
镇远县	300.00		2700.00	2700.00	2700.00
岑巩县	114.00		496.00	496.00	386.00
天柱县	120.00		2482.00	2482.00	2482.00
锦屏县	200.00		876.00	876.00	86.00
剑河县	100.00		980.00	980.00	980.00
台江县	150.00		839.00	839.00	839.00
黎平县	414.00		2530.00	2530.00	2530.00
榕江县	300.00		1450.00	1449.50	1449.50
从江县	230.00		512.00	505.68	490.00
雷山县			480.00	480.00	480.00
麻江县	40.00		493.00	493.00	493.00
丹寨县	55.00		231.00	230.00	45.00
荔波县	80.00		435.60	417.10	417.10
贵定县	40.00		576.51	576.51	400.00
瓮安县	80.00		2402.00	2400.00	300.00
独山县	500.00		738.00	738.00	738.00
平塘县	262.00		260.00	260.00	260.00
罗甸县	750.00		1805.00	1805.00	1805.00
长顺县	370.00		739.50	739.00	421.00
龙里县	1180.00		1112.00	1111.50	586.00
惠水县	130.00		720.00	720.00	240.00
三都水族自治县	50.00		301.00	281.00	281.00
云　南	**19007.11**	**104.35**	**56359.54**	**55870.99**	**45955.78**
嵩明县	70.00		628.49	625.17	625.17
富民县	1250.05		892.50	892.30	291.44
宜良县					
石林彝族自治县	124.00	2.00	85.09	84.25	36.42
禄劝彝族苗族自治县	147.00	0.50	891.10	890.10	890.10
寻甸县	723.56		697.16	697.16	696.16
昆明阳宗海风景名胜区					
陆良县	250.00		378.74	377.80	377.80
师宗县	600.00		300.00	295.65	290.00
罗平县	90.00	1.23	1550.00	1545.00	380.00
富源县	1020.00		1693.12	1640.62	1640.62
会泽县	400.00		1300.00	1297.00	1297.00
通海县	43.00		1539.32	1521.32	1521.32
华宁县	1680.00		733.00	732.00	435.00
易门县	100.00		527.39	527.39	527.39
峨山县	27.00		627.91	627.81	627.70
新平县	125.00	0.62	458.40	456.90	186.00
元江县			490.45	482.25	91.25
施甸县	471.00		287.49	277.17	78.56

continued

Total Gas Supplied (ton)		用气户数（户） Number of Household with Access to Gas (unit)		用气人口（万人） Population with Access to Gas (10,000 persons)	液化气汽车加气站（座） Gas Stations for LPG- Fueled Motor Vehicles (unit)	县名称 Name of Counties
燃气汽车 Gas-Powered Automobiles	燃气损失量 Loss Amount		居民家庭 Household User			
		9700	8910	4.66		施秉县
		14100	14100	5.24		三穗县
		15330	15330	6.92		镇远县
		7580	7276	3.95		岑巩县
		23756	23756	11.75		天柱县
		8200	8200	5.56		锦屏县
		10725	10725	4.69		剑河县
		10544	10544	4.15		台江县
		36900	36900	12.91		黎平县
	0.50	19396	19396	11.20		榕江县
	6.32	10212	10200	6.07		从江县
		9700	9700	3.90		雷山县
		4978	4978	3.80		麻江县
	1.00	8691	8530	4.61		丹寨县
	18.50	2698	2698	1.31		荔波县
		2800	1800	3.50		贵定县
	2.00	2800	800	1.20		瓮安县
		11300	11300	4.50		独山县
		2800	2800	3.90		平塘县
		13682	13682	6.15		罗甸县
	0.50	2085	1781	1.21		长顺县
	0.50	11107	7132	2.50		龙里县
		8094	4637	2.43		惠水县
	20.00	988	988	5.22		三都水族自治县
	488.55	**679177**	**633473**	**247.83**		**云　南**
	3.32	2628	2628	0.90		嵩明县
	0.20	2312	2010	0.64		富民县
						宜良县
	0.84	2636	1815	0.27		石林彝族自治县
	1.00	10367	10367	3.98		禄劝彝族苗族自治县
		10018	10018	4.00		寻甸县
						昆明阳宗海风景名胜区
	0.94	3574	3574	0.98		陆良县
	4.35	5000	4650	2.25		师宗县
	5.00	5972	3550	1.75		罗平县
	52.50	13150	13150	5.26		富源县
	3.00	10900	10900	2.20		会泽县
	18.00	14770	14770	3.57		通海县
	1.00	11821	9612	3.36		华宁县
		9392	9392	3.32		易门县
	0.10	6430	5215	2.22		峨山县
	1.50	2658	777	0.93		新平县
	8.20	817	152	0.37		元江县
	10.32	3412	1034	2.65		施甸县

7-3-2 续表 25

县名称 Name of Counties	储气能力(吨) Gas Storage Capacity (ton)	供气管道长度(公里) Length of Gas Supply Pipeline (km)	供气总量(吨) 合计 Total	销售气量 Quantity Sold	居民家庭 Households
龙陵县	410.00		207.00	205.00	205.00
昌宁县	25.00		492.00	487.20	487.20
鲁甸县	203.00		260.77	260.35	213.50
巧家县	150.00		703.00	698.00	698.00
盐津县	34.80		252.00	252.00	252.00
大关县	58.00		262.00	261.00	261.00
永善县	155.00		317.00	303.00	301.00
绥江县	130.00		300.00	298.20	240.00
镇雄县	400.00	62.00	4000.00	4000.00	1200.00
彝良县	230.00		710.00	700.00	700.00
威信县	65.00		560.00	550.00	550.00
玉龙纳西族自治县					
永胜县	800.00		930.00	905.00	905.00
华坪县	70.00	22.10	690.00	684.00	684.00
宁蒗县			237.69	237.69	237.69
宁洱哈尼族彝族自治县	110.00		1308.00	1307.13	1207.00
墨江哈尼族自治县	60.00	8.00	446.00	426.00	426.00
景东彝族自治县	45.00		682.00	672.00	665.00
景谷傣族彝族自治县	160.00		432.20	431.83	431.83
镇沅彝族哈尼族拉祜族自治县	265.00		252.90	252.70	252.60
江城哈尼族彝族自治县	45.00		400.10	400.00	390.00
孟连傣族拉祜族佤族自治县	60.00		450.00	438.00	438.00
澜沧拉祜族自治县	75.40		816.00	800.00	800.00
西盟佤族自治县	20.00		163.00	162.90	153.00
凤庆县	240.00		496.25	496.20	496.20
云　县	520.00		690.30	690.00	635.00
永德县	90.00		395.00	394.13	220.00
镇康县	50.00		155.00	155.00	70.00
双江县	56.50		570.00	569.85	569.85
耿马县	90.00		620.00	610.00	610.00
沧源县	40.00		350.00	330.00	330.00
双柏县	600.00		615.00	614.70	614.70
牟定县	77.00		655.51	654.88	631.44
南华县	150.00	1.80	439.75	435.85	435.85
姚安县	300.00		522.75	521.55	521.55
大姚县	126.00		957.00	955.00	950.00
永仁县	130.00		408.00	396.80	230.00
元谋县	72.00		564.46	563.17	315.59
武定县	720.00		581.00	580.00	360.00
屏边县	20.00		234.50	233.00	233.00
建水县	150.00		1606.00	1557.00	1557.00
石屏县	460.00		539.00	534.00	120.00

continued

Total Gas Supplied (ton)		用气户数(户) Number of Household with Access to Gas (unit)		用气人口(万人) Population with Access to Gas (10,000 persons)	液化气汽车加气站(座) Gas Stations for LPG- Fueled Motor Vehicles (unit)	县名称 Name of Counties
燃气汽车 Gas-Powered Automobiles	燃气损失量 Loss Amount		居民家庭 Household User			
	2.00	1197	1197	0.37		龙陵县
	4.80	8042	8042	3.62		昌宁县
	0.42	3191	3024	1.05		鲁甸县
	5.00	3879	3879	1.10		巧家县
		2715	2715	0.93		盐津县
	1.00	3900	3900	2.33		大关县
	14.00	4920	4780	2.10		永善县
	1.80	3865	3830	1.15		绥江县
		18562	6988	4.95		镇雄县
	10.00	10050	10050	6.60		彝良县
	10.00	8700	8700	4.20		威信县
						玉龙纳西族自治县
	25.00	26200	26200	3.70		永胜县
	6.00	5374	5374	2.11		华坪县
		8019	8019	3.66		宁蒗县
	0.87	16894	16452	5.37		宁洱哈尼族彝族自治县
	20.00	9680	9680	3.92		墨江哈尼族自治县
	10.00	10775	10775	4.55		景东彝族自治县
	0.37	13078	13078	5.99		景谷傣族彝族自治县
	0.20	8925	8925	2.69		镇沅彝族哈尼族拉祜族自治县
	0.10	6000	4800	2.80		江城哈尼族彝族自治县
	12.00	8500	8500	3.30		孟连傣族拉祜族佤族自治县
	16.00	15510	15510	4.83		澜沧拉祜族自治县
	0.10	3420	3073	1.26		西盟佤族自治县
	0.05	7120	7120	5.14		凤庆县
	0.30	16216	10066	7.11		云　县
	0.87	3266	3056	4.10		永德县
		1078	760	0.41		镇康县
	0.15	6000	6000	3.05		双江县
	10.00	9985	9985	4.32		耿马县
	20.00	3515	3515	1.85		沧源县
	0.30	8967	8967	2.69		双柏县
	0.63	9765	9698	3.51		牟定县
	3.90	7145	7145	2.45		南华县
	1.20	6450	6450	1.94		姚安县
	2.00	14400	14400	4.70		大姚县
	11.20	4200	2800	1.50		永仁县
	1.29	9037	8244	3.24		元谋县
	1.00	5880	5360	2.10		武定县
	1.50	3840	3840	1.53		屏边县
	49.00	42000	42000	8.49		建水县
	5.00	7586	6686	2.00		石屏县

7-3-2 续表 26

县名称 Name of Counties	储气能力(吨) Gas Storage Capacity (ton)	供气管道长度(公里) Length of Gas Supply Pipeline (km)	供气总量(吨) 合计 Total	销售气量 Quantity Sold	居民家庭 Households
泸西县	50.00		325.00	323.00	323.00
元阳县	30.00		166.56	165.86	44.67
红河县	200.00		240.00	238.77	1.22
金平县	200.00		790.00	784.00	771.00
绿春县	55.00		304.00	298.00	298.00
河口县	160.00		436.56	433.56	433.56
砚山县	163.00		168.00	166.20	166.20
西畴县	77.00		170.36	170.00	169.64
麻栗坡县	60.00		250.00	249.50	189.00
马关县	569.00		379.34	377.92	377.92
丘北县	33.60		62.00	61.90	61.90
广南县	250.00		700.50	700.00	700.00
富宁县	377.00		2300.00	2250.00	1840.00
勐海县	68.00		2382.75	2382.75	1334.34
勐腊县	100.00		2010.00	2010.00	2010.00
漾濞彝族自治县	2.20		147.00	146.50	137.00
祥云县	780.00	0.30	850.00	847.00	847.00
宾川县	29.00	5.80	606.00	597.40	597.40
弥渡县	100.00		450.10	450.00	150.00
南涧彝族自治县	60.00		187.00	180.00	180.00
巍山彝族回族自治县			402.73	402.73	164.26
永平县	50.00		300.00	300.00	300.00
云龙县			267.90	259.28	246.60
洱源县	60.00		240.00	230.00	230.00
剑川县	110.00		437.00	437.00	437.00
鹤庆县	75.00		450.00	450.00	450.00
梁河县			138.30	137.00	76.54
盈江县			270.20	270.00	270.00
陇川县			221.10	217.10	217.10
福贡县	310.00		280.00	280.00	280.00
贡山独龙族怒族自治县			98.70	98.10	98.10
兰坪白族普米族自治县	380.00		968.50	968.00	968.00
德钦县	20.00		215.00	211.00	211.00
维西傈僳族自治县	55.00		793.60	785.40	785.40
西　藏	**2769.30**	**21.65**	**14129.50**	**14100.81**	**12378.81**
曲水县	110.00		200.00	200.00	200.00
当雄县	46.00		128.20	126.00	126.00
林周县	30.00		235.00	235.00	235.00
墨竹工卡县	40.00		32.14	32.00	32.00
尼木县	50.00		245.00	245.00	245.00
亚东县	20.00		240.01	240.00	240.00
聂拉木县	12.00		156.48	156.10	122.00
仲巴县	30.00		121.73	121.70	90.00
定结县	45.00	0.10	100.00	100.00	100.00

continued

Total Gas Supplied (ton)		用气户数(户)		用气人口(万人)	液化气汽车加气站(座)	县名称
燃气汽车 Gas-Powered Automobiles	燃气损失量 Loss Amount	Number of Household with Access to Gas (unit)	居民家庭 Household User	Population with Access to Gas (10,000 persons)	Gas Stations for LPG- Fueled Motor Vehicles (unit)	Name of Counties
	2.00	4300	4300	2.00		泸西县
	0.70	1336	337	1.60		元阳县
	1.23	256	127	0.09		红河县
	6.00	10000	5000	2.50		金平县
	6.00	350	350	0.24		绿春县
	3.00	7200	7200	2.43		河口县
	1.80	8712	8712	3.49		砚山县
	0.36	1500	1500	0.40		西畴县
	0.50	5800	5800	2.29		麻栗坡县
	1.42	6163	6163	2.48		马关县
	0.10	7132	7132	4.30		丘北县
	0.50	6500	6500	5.50		广南县
	50.00	21626	21060	7.30		富宁县
		16000	15229	6.40		勐海县
		12580	12580	5.41		勐腊县
	0.50	2260	1753	0.52		漾濞彝族自治县
	3.00	12780	12780	4.29		祥云县
	8.60	6880	6880	3.14		宾川县
	0.10	2000	1900	1.00		弥渡县
	7.00	1300	1300	0.75		南涧彝族自治县
		2350	1440	0.60		巍山彝族回族自治县
		2000	2000	0.70		永平县
	8.62	3998	3998	1.40		云龙县
	10.00	10200	10200	3.10		洱源县
		5933	5933	1.78		剑川县
		5000	5000	2.00		鹤庆县
	1.30	903	687	0.21		梁河县
	0.20	5850	5850	1.80		盈江县
	4.00	2732	2732	1.03		陇川县
		3200	3200	1.60		福贡县
	0.60	431	431	0.30		贡山独龙族怒族自治县
	0.50	4250	4250	1.50		兰坪白族普米族自治县
	4.00	2352	2352	0.86		德钦县
	8.20	11600	11600	3.46		维西傈僳族自治县
641.00	**28.69**	**123489**	**114918**	**52.33**	**6**	**西　藏**
		1000	1000	0.60		曲水县
	2.20	706	706	0.50		当雄县
		2197	2197	0.95		林周县
	0.14	1800	1800	1.00		墨竹工卡县
		1800	1800	0.95		尼木县
	0.01	2700	2700	0.30		亚东县
	0.38	2112	1935	0.96		聂拉木县
	0.03	1020	864	0.45		仲巴县
		950	950	0.40		定结县

7-3-2 续表 27

县名称 Name of Counties	储气能力(吨) Gas Storage Capacity (ton)	供气管道长度(公里) Length of Gas Supply Pipeline (km)	供气总量(吨)		
			合计 Total	销售气量 Quantity Sold	居民家庭 Households
康马县	132.00		112.60	112.60	30.10
吉隆县	16.50		142.00	142.00	42.50
萨嘎县	58.00		90.00	90.00	82.50
谢通门县	30.00		500.01	500.00	500.00
萨迦县	35.00		198.05	198.02	177.12
岗巴县	15.00		96.00	96.00	33.80
拉孜县	20.00		300.00	300.00	200.00
江孜县	40.00		130.00	120.00	110.00
定日县	60.00		800.00	800.00	420.00
南木林县	27.00		360.00	360.00	360.00
昂仁县	14.00		143.97	141.14	141.14
白朗县	14.00		70.00	70.00	45.00
仁布县	20.00		170.00	170.00	100.00
左贡县	20.80	0.32	182.28	182.28	182.28
丁青县	182.00		208.00	208.00	208.00
八宿县	42.00		170.00	170.00	170.00
江达县	15.00		155.00	155.00	155.00
洛隆县	28.00		119.00	117.00	115.00
察雅县	30.00	0.20	800.00	800.00	800.00
贡觉县	20.00		66.38	64.28	64.28
边坝县	30.00		51.20	51.20	51.20
类乌齐县	30.00		400.00	400.00	400.00
芒康县	70.00		260.00	260.00	257.00
朗　县	14.00		112.00	111.75	59.80
墨脱县					
工布江达县	26.00		62.70	62.70	62.70
察隅县	12.00		39.00	39.00	35.00
波密县	59.00		150.00	150.00	140.00
米林县	40.00		205.00	205.00	178.00
错那县	20.00		120.00	117.80	117.80
浪卡子县	50.00		177.00	177.00	177.00
贡噶县	32.00		620.00	620.00	620.00
加查县	40.00		354.00	354.00	354.00
桑日县	30.00		70.00	70.00	70.00
洛扎县	28.00		240.00	240.00	240.00
琼结县	25.00		55.00	55.00	55.00
措美县	30.00		220.00	220.00	220.00
扎囊县	65.00		360.00	359.00	359.00
曲松县	17.00		170.00	170.00	170.00
隆子县	50.00		185.00	185.00	185.00
聂荣县	14.00		202.00	202.00	200.00
双湖县	14.00		40.00	40.00	25.00
嘉黎县	25.00		200.00	200.00	200.00
比如县	31.00		80.00	80.00	80.00

continued

Total Gas Supplied (ton)		用气户数(户)		用气人口(万人)	液化气汽车加气站(座)	县名称
燃气汽车 Gas-Powered Automobiles	燃气损失量 Loss Amount	Number of Household with Access to Gas (unit)	居民家庭 Household User	Population with Access to Gas (10,000 persons)	Gas Stations for LPG- Fueled Motor Vehicles (unit)	Name of Counties
		487	438	0.25		康马县
		578	248	1.42		吉隆县
		914	759	0.34		萨嘎县
	0.01	2880	2880	0.90		谢通门县
	0.03	3310	2950	0.86		萨迦县
		840	700	0.40		岗巴县
		3793	3607	1.45		拉孜县
	10.00	3445	2948	1.49		江孜县
		3470	3412	0.80		定日县
		4122	4122	1.30		南木林县
	2.83	1300	1300	0.75		昂仁县
		910	769	0.30		白朗县
		1000	600	0.40		仁布县
		1920	1920	0.45		左贡县
		1210	1210	0.73		丁青县
		1000	1000	0.50		八宿县
		2000	2000	1.28		江达县
	2.00	1700	1700	1.08		洛隆县
		2050	2050	0.50		察雅县
	2.10	985	985	0.44		贡觉县
		1719	1719	0.44		边坝县
		1125	1125	0.45		类乌齐县
3.00		5000	5000	2.00	1	芒康县
	0.25	720	678	0.23		朗　县
						墨脱县
		1741	1741	0.44		工布江达县
		963	899	0.69		察隅县
		3023	3023	1.70		波密县
		826	798	0.45		米林县
	2.20	1105	1105	0.38		错那县
		850	850	0.49		浪卡子县
		3725	3725	1.73		贡嘎县
		1700	1700	0.53		加查县
		3160	3160	0.97		桑日县
		1060	1060	0.47		洛扎县
		2530	2530	0.64		琼结县
		1867	1867	0.60		措美县
	1.00	1500	1500	0.70		扎囊县
		606	606	0.23		曲松县
		780	780	0.60		隆子县
2.00		3150	3150	0.94	1	聂荣县
		164	140	0.07		双湖县
		650	650	0.38		嘉黎县
		3606	3606	1.70		比如县

7-3-2 续表 28

县名称 Name of Counties	储气能力(吨) Gas Storage Capacity (ton)	供气管道长度(公里) Length of Gas Supply Pipeline (km)	供气总量(吨) 合计 Total	销售气量 Quantity Sold	居民家庭 Households
尼玛县	30.00		240.00	234.60	216.00
巴青县	25.00		252.00	252.00	252.00
申扎县	45.00		40.00	40.00	40.00
安多县	10.00		51.00	51.00	50.00
索　县	30.00	0.80	490.00	489.94	289.94
班戈县	30.00	0.23	68.00	67.95	67.90
革吉县	33.00		160.00	160.00	160.00
札达县	30.00	20.00	200.00	200.00	200.00
日土县	50.00		180.00	180.00	152.00
改则县	200.00		181.00	181.00	181.00
噶尔县	150.00		1142.45	1142.45	706.45
普兰县	80.00		230.30	230.30	230.30
措勤县	102.00		250.00	250.00	250.00
陕　西	**13993.71**	**29.26**	**37744.25**	**37169.76**	**34988.72**
蓝田县	238.00	1.00	1092.50	1059.00	975.00
周至县	260.00		2322.00	2303.00	2303.00
宜君县			3.00	2.99	2.80
岐山县	100.00		533.00	530.00	83.00
扶风县	24.50		77.45	75.50	75.50
眉　县					
陇　县					
千阳县			187.00	180.00	180.00
麟游县	0.80	25.00	25.67	25.22	25.20
凤　县			110.65	109.85	109.05
太白县			58.00	57.92	56.00
三原县	245.80		1478.12	1478.10	1478.10
泾阳县	410.00		2460.00	2290.00	2290.00
乾　县					
礼泉县	320.00		292.32	286.12	265.34
永寿县	220.80		217.28	215.40	189.60
长武县	20.00	0.16	500.00	499.60	499.60
旬邑县	223.00		384.02	384.01	348.00
淳化县	50.00	0.10	23.50	23.00	23.00
武功县	60.00		479.62	478.57	446.10
潼关县	45.00		110.00	108.00	101.00
大荔县	1.10		550.00	541.00	480.00
合阳县	30.00		211.30	209.73	175.60
澄城县	380.00		850.00	846.50	820.50
蒲城县	225.00		750.00	745.00	740.00
白水县	160.00		426.00	424.00	424.00
富平县	77.00		393.15	387.70	357.70
延长县	120.00		31.20	30.08	28.00
延川县	65.00		615.82	605.68	605.68
志丹县	30.00		101.00	100.00	96.00

continued

Total Gas Supplied (ton)		用气户数(户) Number of Household with Access to Gas (unit)		用气人口(万人) Population with Access to Gas (10,000 persons)	液化气汽车加气站(座) Gas Stations for LPG- Fueled Motor Vehicles (unit)	县名称 Name of Counties
燃气汽车 Gas-Powered Automobiles	燃气损失量 Loss Amount		居民家庭 Household User			
	5.40	626	626	0.25		尼玛县
		1926	1926	0.60		巴青县
		950	950	0.57		申扎县
		430	430	0.20		安多县
200.00	0.06	2100	2100	1.23	3	索　县
	0.05	1420	1420	1.00		班戈县
		967	967	0.37		革吉县
		1117	1117	0.46		札达县
		750	750	0.42		日土县
		1100	1100	0.64		改则县
436.00		14124	8360	6.80	1	葛尔县
		2910	2910	0.79		普兰县
		1300	1300	0.42		措勤县
70.02	**574.49**	**320125**	**304785**	**105.64**	**4**	**陕　西**
	33.50	3769	3746	0.98		蓝田县
	19.00	18968	18968	0.70		周至县
	0.01	30	30	0.01		宜君县
	3.00	350	350	0.08		岐山县
	1.95	325	325	0.11		扶风县
						眉　县
						陇　县
	7.00	2000	2000	0.50		千阳县
0.02	0.45	300	300	0.12	1	麟游县
	0.80	1436	1436	0.49		凤　县
	0.08	610	581	0.28		太白县
	0.02	5600	5600	1.30		三原县
	170.00	635	635	0.25		泾阳县
						乾　县
	6.20	3520	3520	0.61		礼泉县
	1.88	2467	2247	1.13		永寿县
	0.40	632	632	0.20		长武县
	0.01	3075	3030	1.05		旬邑县
	0.50	238	238	0.13		淳化县
	1.05	3429	3429	1.09		武功县
	2.00	1726	1663	0.63		潼关县
	9.00	6471	6471	0.79		大荔县
	1.57	2780	1830	0.58		合阳县
	3.50	12300	12300	5.75		澄城县
	5.00	14600	11200	3.31		蒲城县
	2.00	7060	7060	3.19		白水县
	5.45	1603	1553	0.87		富平县
	1.12	510	420	0.24		延长县
	10.14	6450	6450	1.80		延川县
	1.00	1920	1220	0.46		志丹县

7-3-2 续表 29

县名称 Name of Counties	储气能力(吨) Gas Storage Capacity (ton)	供气管道长度(公里) Length of Gas Supply Pipeline (km)	供气总量(吨) 合计 Total	销售气量 Quantity Sold	居民家庭 Households
吴起县	45.00		206.00	203.00	203.00
甘泉县	6.30		58.60	56.00	48.70
富　县	32.00		22.92	22.12	22.12
洛川县	145.00		174.10	171.00	145.00
宜川县	60.00		51.30	50.00	50.00
黄龙县	18.50		35.00	34.70	10.00
黄陵县	180.00		100.00	95.00	95.00
城固县	920.00		622.30	621.00	615.00
洋　县	220.20		1800.20	1790.20	1555.10
西乡县	160.00		406.00	403.00	403.00
勉　县	5000.00		3100.00	3060.00	3060.00
宁强县	25.00		105.00	104.50	104.50
略阳县	252.00		310.00	309.50	261.00
镇巴县	88.00		785.00	783.00	783.00
留坝县					
佛坪县			161.20	160.00	160.00
府谷县			440.00	419.10	419.10
靖边县			460.00	445.00	445.00
定边县	45.00		325.00	324.90	324.15
绥德县			195.00	194.58	194.58
米脂县	46.00		80.10	80.00	30.00
佳　县	45.00		31.00	30.99	10.00
吴堡县	40.01		30.03	30.01	28.50
清涧县					
子洲县	78.00		101.30	100.00	100.00
汉阴县	200.00		730.00	728.30	728.30
石泉县	100.00		250.00	247.40	247.40
宁陕县	30.70		507.00	505.50	504.00
紫阳县	95.00		2450.00	2435.00	2435.00
岚皋县			488.00	485.00	480.00
平利县	910.00		3050.00	2979.49	2250.00
镇坪县	60.00		580.00	578.50	578.50
旬阳县	98.00		2938.00	2887.00	2840.00
白河县	902.00	3.00	726.10	725.00	725.00
洛南县	190.00		340.00	330.00	320.00
丹凤县	236.00		637.00	626.00	596.00
商南县	195.00		362.00	358.00	325.00
山阳县					
镇安县	110.00		583.00	581.00	565.00
柞水县	155.00		220.50	220.00	150.00
甘　肃	**4353.56**		**26491.67**	**26124.81**	**22766.73**
永登县	66.00		397.30	395.70	251.00
皋兰县	0.30		123.65	123.21	123.21
榆中县	168.00		980.00	977.00	843.00

continued

Total Gas Supplied (ton)		用气户数(户) Number of Household with Access to Gas (unit)		用气人口(万人) Population with Access to Gas (10,000 persons)	液化气汽车加气站(座) Gas Stations for LPG- Fueled Motor Vehicles (unit)	县名称 Name of Counties
燃气汽车 Gas-Powered Automobiles	燃气损失量 Loss Amount		居民家庭 Household User			
	3.00	1400	1400	0.56		吴起县
	2.60	496	496	0.22		甘泉县
	0.80	120	120	0.04		富　县
	3.10	1998	1324	0.58		洛川县
	1.30	375	375	0.22		宜川县
	0.30	710	320	0.20		黄龙县
	5.00	600	600	0.18		黄陵县
	1.30	6845	6775	2.26		城固县
	10.00	15640	14570	5.12		洋　县
	3.00	6123	6123	3.72		西乡县
	40.00	34828	34828	10.50		勉　县
	0.50	1005	1005	0.49		宁强县
	0.50	4000	3900	1.20		略阳县
	2.00	9295	9295	4.18		镇巴县
						留坝县
	1.20	600	600	0.28		佛坪县
	20.90	2211	2211	0.47		府谷县
	15.00	4500	4500	0.68		靖边县
	0.10	3285	3285	0.90		定边县
	0.42	2254	2254	0.32		绥德县
	0.10	200	100	0.04		米脂县
	0.01	40	28	0.01		佳　县
	0.02	348	254	0.13		吴堡县
						清涧县
	1.30	400	400	0.10		子洲县
	1.70	10067	10067	5.29		汉阴县
	2.60	2950	2950	0.75		石泉县
	1.50	4010	4010	1.27		宁陕县
	15.00	13140	13140	4.83		紫阳县
	3.00	7500	7200	2.16		岚皋县
	70.51	8005	8005	2.81		平利县
	1.50	4080	4080	1.21		镇坪县
	51.00	17300	16004	7.00		旬阳县
	1.10	7941	7941	2.59		白河县
	10.00	10300	10150	3.09		洛南县
	11.00	15355	10525	6.50	2	丹凤县
	4.00	5100	5000	2.00		商南县
						山阳县
	2.00	9300	8716	4.44		镇安县
70.00	0.50	5000	5000	2.65	1	柞水县
1902.36	**366.86**	**389207**	**364962**	**150.72**	**12**	**甘　肃**
	1.60	3240	2974	2.75		永登县
	0.44	7667	7667	2.30		皋兰县
	3.00	16000	10500	5.40		榆中县

7-3-2 续表 30

县名称 Name of Counties	储气能力(吨) Gas Storage Capacity (ton)	供气管道长度(公里) Length of Gas Supply Pipeline (km)	供气总量(吨) 合计 Total	销售气量 Quantity Sold	居民家庭 Households
永昌县	95.20		731.00	725.57	725.57
靖远县	41.00		367.00	365.80	365.80
会宁县	111.36		631.00	629.90	629.90
景泰县	39.00		345.00	334.00	235.00
清水县	20.00		386.84	373.26	373.26
秦安县	108.00		455.00	435.00	435.00
甘谷县	92.60		296.00	291.00	291.00
武山县	30.00		62.00	60.00	40.00
张家川回族自治县					
民勤县	40.00		362.00	360.00	360.00
古浪县	68.00		263.00	260.00	170.00
天祝藏族自治县	55.00		383.00	382.20	382.20
肃南县	41.00		187.90	186.30	164.10
民乐县	120.00		1820.00	1810.00	1190.00
临泽县	100.00		956.00	945.00	835.00
高台县	30.00		892.00	886.00	841.00
山丹县	110.00		400.50	399.00	328.57
泾川县	126.00		337.20	322.00	322.00
灵台县	20.00		190.00	189.00	168.00
崇信县	16.50		44.00	42.00	42.00
庄浪县	150.00		233.40	229.00	225.40
静宁县	160.00		305.00	296.00	296.00
金塔县	35.00		191.60	190.20	150.00
瓜州县	40.00		350.00	348.00	348.00
肃北蒙古族自治县					
阿克塞哈萨克族自治县					
庆城县	11.50		1865.10	1828.60	1390.20
环　县	45.00		842.00	840.00	710.00
华池县	30.00		220.00	218.00	210.00
合水县	304.00		304.00	300.00	300.00
正宁县	10.00		628.61	628.00	536.06
宁　县	26.00		292.50	291.00	290.00
镇原县	2.00		380.05	379.42	360.54
通渭县	33.00		1333.05	1279.19	428.57
陇西县	116.00		1272.00	1257.00	1257.00
渭源县	18.00		489.00	486.00	485.00
临洮县	390.00		674.70	658.70	658.70
漳　县	14.00		310.50	308.00	200.00
岷　县	300.00		1115.50	1110.50	1110.50
成　县	170.00		150.00	149.48	149.48
文　县	30.00		362.00	345.00	332.00
宕昌县	30.00		721.00	714.00	684.00
康　县	30.00		117.23	116.85	78.52
西和县	29.00		142.71	140.04	101.55

continued

Total Gas Supplied (ton)		用气户数(户)		用气人口(万人)	液化气汽车加气站(座)	县名称
燃气汽车 Gas-Powered Automobiles	燃气损失量 Loss Amount	Number of Household with Access to Gas (unit)	居民家庭 Household User	Population with Access to Gas (10,000 persons)	Gas Stations for LPG- Fueled Motor Vehicles (unit)	Name of Counties
	5.43	2836	2836	1.42		永昌县
	1.20	1518	1518	0.69		靖远县
	1.10	11685	11685	4.10		会宁县
	11.00	1477	1292	0.34		景泰县
	13.58	3104	3104	1.48		清水县
	20.00	4730	4730	3.35	1	秦安县
	5.00	4850	4850	3.15		甘谷县
	2.00	720	601	0.25		武山县
						张家川回族自治县
	2.00	4000	4000	1.10		民勤县
	3.00	3200	3200	1.09		古浪县
	0.80	4142	4142	1.69		天祝藏族自治县
	1.60	2549	2549	0.96		肃南县
620.00	10.00	27425	27425	9.35	3	民乐县
110.00	11.00	11800	11659	3.88	1	临泽县
45.00	6.00	22500	19550	7.62	1	高台县
35.00	1.50	11256	5473	3.80	2	山丹县
	15.20	4700	4700	1.52		泾川县
	1.00	2625	2234	0.68		灵台县
	2.00	200	200	2.00		崇信县
	4.40	2335	2335	0.73		庄浪县
	9.00	1760	1760	1.56		静宁县
	1.40	7866	7033	2.17		金塔县
	2.00	5030	5030	1.47		瓜州县
						肃北蒙古族自治县
						阿克塞哈萨克族自治县
349.50	36.50	14080	13852	2.90	2	庆城县
	2.00	16230	14620	5.60		环　县
	2.00	3127	2938	0.97		华池县
	4.00	3428	3428	1.20		合水县
	0.61	7326	7326	2.61		正宁县
	1.50	6000	4718	2.74		宁　县
	0.63	4159	4159	1.32		镇原县
742.86	53.86	7300	7300	2.15	1	通渭县
	15.00	13158	13158	9.20		陇西县
	3.00	9810	9630	3.43		渭源县
	16.00	20230	20230	6.07		临洮县
	2.50	6100	6000	3.55		漳　县
	5.00	17468	17468	8.74		岷　县
	0.52	12756	12756	5.20		成　县
	17.00	5180	5140	2.96		文　县
	7.00	8138	8028	2.63		宕昌县
	0.38	2886	2230	0.73		康　县
	2.67	11000	9985	5.50		西和县

7-3-2 续表 31

县名称 Name of Counties	储气能力(吨) Gas Storage Capacity (ton)	供气管道长度(公里) Length of Gas Supply Pipeline (km)	供气总量(吨) 合计 Total	销售气量 Quantity Sold	居民家庭 Households
礼　县	55.00		355.00	350.00	345.00
徽　县	12.50		97.09	96.00	60.00
两当县	32.00		180.00	179.80	179.80
临夏县	100.00		325.00	318.00	285.00
康乐县	50.00		438.50	430.00	430.00
永靖县	29.00		80.02	80.00	80.00
广河县	60.00		294.60	291.90	236.00
和政县	40.00		160.00	150.00	135.00
东乡县	60.00		38.00	37.97	36.50
积石山县	80.00		110.00	106.50	103.00
临潭县	62.60		122.00	121.92	120.50
卓尼县	30.00		280.00	278.00	278.00
舟曲县	15.00		104.92	101.00	101.00
迭部县	21.00		242.20	241.80	241.80
玛曲县	200.00		310.00	301.00	288.00
碌曲县	20.00		154.00	150.00	144.00
夏河县	15.00		290.00	286.00	286.00
青　海	**2090.10**	**0.08**	**4573.06**	**4484.15**	**3550.95**
大通县	82.00		581.20	565.00	565.00
湟源县			151.60	151.10	151.10
民和县					
互助县					
化隆县	140.00		179.20	176.70	174.00
循化县			185.40	185.15	87.00
门源县	30.00		186.00	178.00	62.28
祁连县	20.00		416.17	415.25	220.00
海晏县	17.00		48.03	46.03	46.00
刚察县	18.00		112.00	106.40	28.00
西海镇	20.00		96.19	91.39	23.50
尖扎县	245.00		205.00	195.00	192.00
泽库县	160.00		147.00	144.00	144.00
河南县	240.00		261.10	251.50	251.50
共和县	25.00		164.00	160.00	78.00
同德县	4.00		30.00	29.50	29.50
贵德县					
兴海县	10.00		62.33	61.65	32.20
贵南县	10.00		60.00	58.50	45.00
班玛县	206.10		130.50	130.00	130.00
久治县	120.00		120.00	114.00	114.00
甘德县			54.00	52.11	25.20
玛沁县	146.00		177.18	176.00	118.00
达日县	120.00		115.13	114.96	114.96
玛多县	100.00		95.30	91.70	39.50
杂多县	63.00		179.20	178.00	178.00

continued

Total Gas Supplied (ton)		用气户数（户）		用气人口（万人）	液化气汽车加气站（座）	县名称
燃气汽车 Gas-Powered Automobiles	燃气损失量 Loss Amount	Number of Household with Access to Gas (unit)	居民家庭 Household User	Population with Access to Gas (10,000 persons)	Gas Stations for LPG- Fueled Motor Vehicles (unit)	Name of Counties
	5.00	5250	5085	2.45		礼　县
	1.09	1580	1200	0.60		徽　县
	0.20	1950	1950	0.37		两当县
	7.00	3800	2660	1.40		临夏县
	8.50	3786	3786	1.44		康乐县
	0.02	1260	1260	0.45		永靖县
	2.70	2681	2169	0.81		广河县
	10.00	857	654	0.32		和政县
	0.03	214	214	0.08		东乡县
	3.50	1230	1200	0.70		积石山县
	0.08	6845	6683	1.54		临潭县
	2.00	7000	7000	2.35		卓尼县
	3.92	1500	1500	0.60		舟曲县
	0.40	4030	4030	1.21	1	迭部县
	9.00	2740	2735	1.51		玛曲县
	4.00	2050	1980	0.60		碌曲县
	4.00	4843	4843	1.94		夏河县
2.30	**88.91**	**54740**	**44296**	**22.57**	**1**	**青　海**
	16.20	6130	6130	2.12		大通县
	0.50	1955	1955	1.16		湟源县
						民和县
						互助县
2.30	2.50	4580	4450	1.89	1	化隆县
	0.25	1359	1129	0.63		循化县
	8.00	9740	1038	1.62		门源县
	0.92	919	720	0.09		祁连县
	2.00	399	399	0.20		海晏县
	5.60	100	82	0.07		刚察县
	4.80	96	68	0.04		西海镇
	10.00	3290	3290	1.18		尖扎县
	3.00	2200	2200	1.09		泽库县
	9.60	3810	3810	1.10		河南县
	4.00	270	230	0.15		共和县
	0.50	400	400	0.18		同德县
						贵德县
	0.68	576	480	0.28		兴海县
	1.50	523	523	0.30		贵南县
	0.50	745	745	0.30		班玛县
	6.00	352	352	0.15		久治县
	1.89	492	420	0.13		甘德县
	1.18	2050	1530	1.05		玛沁县
	0.17	494	494	0.19		达日县
	3.60	631	628	0.30		玛多县
	1.20	2937	2937	1.70		杂多县

7-3-2 续表 32

县名称 Name of Counties	储气能力(吨) Gas Storage Capacity (ton)	供气管道长度(公里) Length of Gas Supply Pipeline (km)	供气总量(吠) 合计 Total	销售气量 Quantity Sold	居民家庭 Households
称多县	60.00		146.32	145.52	145.52
治多县	60.00		122.64	121.64	121.64
囊谦县	71.00		180.43	180.00	180.00
曲麻莱县	60.00		149.20	148.20	148.20
乌兰县			45.00	44.90	44.90
都兰县	23.00		40.89	40.00	40.00
天峻县			4.00	3.95	3.95
大柴旦行委	40.00	0.08	128.05	128.00	18.00
宁　夏	**3575.03**	**2.33**	**8261.77**	**8170.42**	**6724.02**
永宁县					
贺兰县					
平罗县	679.66		2725.11	2724.16	2603.26
盐池县		0.33	441.80	440.00	440.00
同心县	60.00		548.00	544.90	521.00
红寺堡区	55.81		367.00	364.00	364.00
西吉县	112.00		150.00	148.50	148.50
隆德县	150.00		395.86	390.96	389.16
泾源县	35.00		79.00	78.90	78.90
彭阳县			110.00	110.00	110.00
中宁县	2450.00	2.00	1460.00	1440.00	1440.00
海原县	32.56		1985.00	1929.00	629.20
新　疆	**5020.30**	**2.92**	**27719.22**	**27491.16**	**19009.62**
鄯善县	85.00		425.00	420.00	400.00
托克逊县	75.00		368.00	367.59	367.59
巴里坤哈萨克自治县	32.50	0.18	350.00	348.00	348.00
伊吾县					
呼图壁县	40.00		513.00	503.00	503.00
玛纳斯县	50.00		5.40	5.20	5.20
奇台县	405.00	1.03	565.18	561.77	230.39
吉木萨尔县	220.00		183.00	181.00	181.00
木垒哈萨克自治县			168.00	168.00	168.00
精河县	93.00		515.20	515.00	515.00
温泉县					
轮台县	45.00		209.00	205.00	205.00
尉犁县	55.00		30.00	29.00	29.00
若羌县	100.00		118.00	115.00	115.00
且末县	100.00		801.50	800.00	800.00
焉耆回族自治县					
和静县	10.00		382.00	378.00	233.00
和硕县					
博湖县	98.00		83.00	82.85	82.85
温宿县			251.20	245.60	245.60
沙雅县	50.00		580.01	580.00	580.00
新和县	4.80		2013.20	2005.00	259.00

continued

Total Gas Supplied (ton) 燃气汽车 Gas-Powered Automobiles	燃气损失量 Loss Amount	用气户数(户) Number of Household with Access to Gas (unit)	居民家庭 Household User	用气人口(万人) Population with Access to Gas (10,000 persons)	液化气汽车加气站(座) Gas Stations for LPG- Fueled Motor Vehicles (unit)	县名称 Name of Counties
	0.80	2360	2360	1.37		称多县
	1.00	1978	1978	1.28		治多县
	0.43	2864	2864	2.20		囊谦县
	1.00	2446	2446	1.47		曲麻莱县
	0.10	136	136	0.04		乌兰县
	0.89	400	400	0.16		都兰县
	0.05	50	50	0.01		天峻县
	0.05	458	52	0.12		大柴旦行委
1280.00	**91.35**	**71963**	**70811**	**23.79**	**2**	**宁　夏**
						永宁县
						贺兰县
	0.95	8065	8015	2.02		平罗县
	1.80	2800	2800	0.50		盐池县
	3.10	9050	8540	3.84		同心县
	3.00	6220	6220	1.58		红寺堡区
	1.50	7854	7854	2.75		西吉县
	4.90	10030	9438	4.10		隆德县
	0.10	3944	3944	1.90		泾源县
		2000	2000	0.75		彭阳县
	20.00	14500	14500	3.30		中宁县
1280.00	56.00	7500	7500	3.05	2	海原县
5068.43	**228.06**	**254490**	**229919**	**46.42**	**41**	**新　疆**
	5.00	1200	1200	0.24		鄯善县
	0.41	2050	2050	0.18		托克逊县
	2.00	1280	1280	0.18		巴里坤哈萨克自治县
						伊吾县
	10.00	1500	1500	0.40	1	呼图壁县
	0.20	100	100	0.03		玛纳斯县
	3.41	3248	2628	1.06		奇台县
	2.00	700	700	0.21		吉木萨尔县
		765	765	0.10		木垒哈萨克自治县
	0.20	31919	31919	0.33	3	精河县
						温泉县
	4.00	3267	3267	0.28		轮台县
	1.00	150	150	0.02		尉犁县
	3.00	412	412	0.15		若羌县
	1.50	4100	4100	0.53		且末县
						焉耆回族自治县
145.00	4.00	2000	1900	0.44	1	和静县
						和硕县
	0.15	344	344	0.10		博湖县
	5.60	3200	3200	0.30	13	温宿县
	0.01	2700	2700	0.83		沙雅县
	8.20	6015	4055	0.80		新和县

7-3-2 续表 33

县名称 Name of Counties	储气能力(吨) Gas Storage Capacity (ton)	供气管道长度(公里) Length of Gas Supply Pipeline (km)	供气总量(吨) 合计 Total	 销售气量 Quantity Sold	 居民家庭 Households
拜城县	45.00	1.00	1300.00	1300.00	500.00
乌什县	30.00		720.00	719.37	719.37
阿瓦提县	100.00		405.50	405.00	405.00
柯坪县	50.00		102.00	99.00	99.00
阿克陶县	58.00		400.00	400.00	6.24
阿合奇县	20.00		16.80	16.30	15.80
乌恰县	15.00		10.00	10.00	10.00
疏附县	45.00		750.00	746.00	537.00
疏勒县	200.00		1387.00	1385.00	705.00
英吉沙县	255.00		1690.00	1640.00	890.00
泽普县	65.00		250.00	245.00	245.00
莎车县	260.00		1533.40	1531.40	1201.64
叶城县	300.00		350.80	349.40	178.00
麦盖提县	100.00		264.00	259.00	259.00
岳普湖县	100.00		351.00	350.00	329.00
伽师县	50.00		617.03	614.72	431.06
巴楚县	60.00		656.17	655.07	609.00
塔什库尔干塔吉克自治县	35.00		310.20	297.20	297.20
和田县					
墨玉县	75.00		380.00	379.90	379.90
皮山县	45.00	0.61	450.00	445.00	175.00
洛浦县	670.00		814.05	787.50	33.00
策勒县	93.00		515.28	512.12	201.33
于田县	30.00		547.00	538.00	538.00
民丰县	70.00		377.29	374.59	331.37
伊宁县	30.00		262.50	253.30	175.40
察布查尔县			627.19	627.03	627.03
霍城县	46.00		135.00	130.00	130.00
巩留县	30.00		363.00	360.00	360.00
新源县	170.00		420.00	420.00	420.00
昭苏县	105.00		1395.00	1392.50	297.50
特克斯县	46.00		300.30	300.00	300.00
尼勒克县	30.00		320.00	318.00	292.00
额敏县	48.00	0.10	544.00	543.00	543.00
托里县	25.00		204.00	201.00	201.00
裕民县	45.00		105.50	103.00	103.00
和布克赛尔蒙古自治县	20.00		98.00	98.00	98.00
布尔津县	30.00		200.00	199.75	199.75
富蕴县	26.00		403.40	403.00	380.40
福海县	25.00		208.00	203.00	203.00
哈巴河县	50.00		80.00	79.00	25.00
青河县	30.00		162.00	158.00	158.00
吉木乃县	30.00		133.12	133.00	133.00

continued

Total Gas Supplied (ton)		用气户数(户)		用气人口(万人)	液化气汽车加气站(座)	县名称
燃气汽车 Gas-Powered Automobiles	燃气损失量 Loss Amount	Number of Household with Access to Gas (unit)	居民家庭 Household User	Population with Access to Gas (10,000 persons)	Gas Stations for LPG- Fueled Motor Vehicles (unit)	Name of Counties
		8000	2000	1.20		拜城县
	0.63	2650	2650	1.10		乌什县
	0.50	4600	4600	0.58		阿瓦提县
	3.00	1540	1540	0.23		柯坪县
120.00		500	400	0.20	1	阿克陶县
0.50	0.50	137	137	0.03	1	阿合奇县
		104	104	0.02		乌恰县
209.00	4.00	7795	7795	0.80	1	疏附县
680.00	2.00	7852	5310	1.01	2	疏勒县
700.00	50.00	3500	2300	0.60	2	英吉沙县
	5.00	4310	4310	0.36		泽普县
329.76	2.00	8114	8114	2.63	2	莎车县
170.00	1.40	2400	1055	0.31	2	叶城县
	5.00	1107	1107	0.41		麦盖提县
21.00	1.00	4210	4120	1.42	1	岳普湖县
183.66	2.31	14720	12304	1.50	2	伽师县
36.00	1.10	6076	5821	3.97	1	巴楚县
	13.00	3618	3618	1.99		塔什库尔干塔吉克自治县
						和田县
	0.10	1189	1189	0.73		墨玉县
270.00	5.00	3000	1500	0.70	1	皮山县
754.50	26.55	410	385	0.15	2	洛浦县
310.79	3.16	2590	2186	0.81	2	策勒县
	9.00	3307	3307	0.58		于田县
43.22	2.70	3107	2657	0.59	1	民丰县
	9.20	15000	10000	2.10		伊宁县
	0.16	2781	2781	0.80		察布查尔县
	5.00	2600	2600	1.10		霍城县
	3.00	9500	9500	1.50		巩留县
		3600	3600	1.30		新源县
1095.00	2.50	6122	6052	4.80	2	昭苏县
	0.30	4450	4450	2.00		特克斯县
	2.00	1843	1623	0.87		尼勒克县
	1.00	38000	38000	0.73		额敏县
	3.00	2100	2100	1.10		托里县
	2.50	1230	1230	0.37		裕民县
		1000	1000	0.12		和布克赛尔蒙古自治县
	0.25	1020	1020	0.30		布尔津县
	0.40	2312	2158	0.18		富蕴县
	5.00	1956	1956	0.76		福海县
	1.00	200	80	0.02		哈巴河县
	4.00	600	600	0.18		青河县
	0.12	390	390	0.09		吉木乃县

八、县城集中供热

8. County Seat Central Heating

简要说明

县城供热指向热用户供应热能的活动，可分为集中供热和分散供热。本部分只包括集中供热，集中供热指从一个或多个热源通过热网向城市的热用户供给生产和生活热能的方式，要求具有一定的规模。

Brief Introduction

County seat heating is to supply heat energy to urban users in two ways: central heating and individual heating. This section is only about central heating, which is to deliver heat from one or more heat sources through network to urban end-users for industrial and domestic purposes.

8 全国历年县城集中供热情况(2000–2021)
National County Seat Central Heating in Past Years(2000-2021)

年份 Year	供热能力 Heating Capacity		供热总量 Total Heat Supplied		管道长度(公里) Length of Pipelines (km)		集中供热面积(亿平方米) Heated Area (10,000 m^2)
	蒸汽(吨/小时) Steam (ton/hour)	热水(兆瓦) Hot Water (mega watts)	蒸汽(万吉焦) Steam (10,000 gigajoules)	热水(万吉焦) Hot Water (10,000 gigajoules)	蒸汽 Steam	热水 Hot Water	
2000	4418	11548	1409	9076	1144	4187	0.67
2001	3647	11180	1872	20568	658	4478	0.92
2002	4848	14103	2627	27245	881	4778	1.45
2003	5283	19446	2871	22286	904	6136	1.73
2004	5524	20891	3194	21847	991	7094	1.72
2005	8837	20835	8781	18736	1176	8048	2.06
2006	9193	26917	8520	23535	1367	9450	2.37
2007	13461	35794	15780	39071	1564	12795	3.17
2008	12370	44082	14708	75161	1612	14799	3.74
2009	16675	62330	12519	56013	1874	18899	4.81
2010	15091	68858	16729	103005	1773	23737	6.09
2011	14738	81348	8475	63264	1665	28577	7.81
2012	13914	97281	8358	51943	1965	31901	9.05
2013	13285	107498	6413	68193	2929	37169	10.33
2014	13011	129447	5693	63928	2733	41209	11.42
2015	13680	125788	10957	96566	3283	43013	12.31
2016	10206	130430	5130	67488	2767	44168	13.12
2017	14853	137222	8106	148237	60793		14.63
2018	16790	139943	8585	76441	66831		16.18
2019	17466	153330	9810	78592	75068		17.48
2020	18085	158186	9958	84808	81366		18.57
2021	18646	159227	9564	87477	89274		19.45

注：2000年蒸汽供热总量计量单位为万吨。
Note:Heating capacity through steam in 2000 is measured with the unit of 10,000 tons.

8-1　2021年按省分列的县城集中供热

地区名称 Name of Regions	蒸汽 Steam							
	供热能力 (吨/小时) Heating Capacity (ton/hour)	热电厂供热 Heating by Co-Generation	锅炉房供热 Heating by Boilers	供热总量 (万吉焦) Total Heat Supplied (10,000gcal)	热电厂供热 Heating by Co-Generation	锅炉房供热 Heating by Boilers	供热能力 (兆瓦) Heating Capacity (mega watts)	热电厂供热 Heating by Co-Generation
全　国	**18646**	**16174**	**1886**	**9564**	**8056**	**1053**	**159227**	**64326**
河　北	1828	1574	160	993	693	110	27322	5429
山　西	2975	2793	182	1525	1239	286	16859	5840
内蒙古	1958	1883	75	799	734	65	28195	15580
辽　宁	1210	760	450	438	322	115	13841	9754
吉　林				221	221		6384	494
黑龙江	3640	3245	395	2134	1954	215	11902	5662
江　苏	120			13				
浙　江								
安　徽	60	20	40	33	3	30	90	90
福　建								
江　西								
山　东	5491	5026	445	2545	2362	183	15070	12258
河　南	855	467	29	538	231	19	4153	2572
湖　北								
湖　南								
广　东								
广　西								
海　南								
重　庆								
四　川	60		60	22		18	95	13
贵　州								
云　南								
西　藏	42		50	7		12	384	258
陕　西	407	407		297	297		4417	1105
甘　肃							11309	2068
青　海							2187	195
宁　夏							4404	923
新　疆							12614	2086

County Seat Central Heating by Province(2021)

热水 Hot Water				管道长度(公里) Length of Pipelines (km)			供热面积(万平方米) Heated Area ($10,000\ m^2$)			地区名称 Name of Regions
锅炉房供热 Heating By Boilers	供热总量(万吉焦) Total Heat Supplied (10,000gcal)	热电厂供热 Heating by Co-Generation	锅炉房供热 Heating by Boilers		一级管网 First Class	二级管网 Second Class		住宅 Housing	公共建筑 Public Building	
76496	**87477**	**28625**	**49690**	**89274**	**31506**	**57767**	**194450**	**143793**	**36297**	**全　国**
12666	13170	2824	8504	14940	5428	9512	32430	25548	4130	河　北
8647	13034	3634	6012	11640	3784	7855	26553	19939	4626	山　西
12202	14479	5536	8474	12924	4759	8165	27572	18939	6618	内蒙古
3731	4512	1801	2449	5713	1317	4396	9790	7128	2134	辽　宁
5891	4665	472	4155	5285	1435	3850	9271	6923	2227	吉　林
5713	7900	3588	3897	6590	1962	4628	17299	12810	4342	黑龙江
	87			121	121		211	211		江　苏
										浙　江
	9	9		155	43	113	841	44	23	安　徽
										福　建
										江　西
1274	8228	6556	1016	14505	5739	8766	26285	23223	2637	山　东
471	2034	509	364	2451	942	1510	5428	3822	694	河　南
										湖　北
										湖　南
										广　东
										广　西
										海　南
										重　庆
59	38	4	20	196	66	129	65	18	34	四　川
										贵　州
										云　南
67	211	125	56	604	211	393	421	142	226	西　藏
1974	2061	646	996	1166	587	580	4829	3199	447	陕　西
9136	6941	742	6195	4762	1971	2790	13815	9629	2908	甘　肃
1982	1100	58	1017	1146	560	586	2096	1243	854	青　海
3401	2311	615	1695	1671	722	948	4768	3393	689	宁　夏
9284	6697	1506	4839	5405	1859	3546	12776	7583	3710	新　疆

8-2 2021年按县分列的县城集中供热
County Seat Central Heating by County(2021)

县名称 Name of Counties	蒸汽 Steam								
	供热能力			供热总量			供热能力		
	(吨/小时) Heating Capacity (ton/hour)	热电厂供热 Heating by Co-Generation	锅炉房供热 Heating by Boilers	(万吉焦) Total Heat Supplied (10,000gcal)	热电厂供热 Heating by Co-Generation	锅炉房供热 Heating by Boilers	(兆瓦) Heating Capacity (mega watts)	热电厂供热 Heating by Co-Generation	锅炉房供热 Heating by Boilers
全 国	**18646**	**16174**	**1886**	**9564**	**8056**	**1053**	**159227**	**64326**	**76496**
河 北	**1828**	**1574**	**160**	**993**	**693**	**110**	**27322**	**5429**	**12666**
井陉县							300	300	
正定县							438	351	87
行唐县							168		
灵寿县							159		116
高邑县							58		
深泽县							336		336
赞皇县							128		128
无极县							130		130
平山县							389		
元氏县							226		226
赵 县									
滦南县							347	347	
乐亭县							280		280
迁西县							350		
玉田县							280		280
曹妃甸区									
青龙满族自治县							268		268
昌黎县							497		497
卢龙县							87		87
临漳县							90		90
成安县							70		70
大名县							116		53
涉 县							272	272	
磁 县	150	150		46	46		181	181	
邱 县							119	28	91
鸡泽县							64		64
馆陶县	36	36		4	4		10		9
魏 县							316		
曲周县							139		139
临城县							162		162
内丘县	65	65		48	47				
隆尧县							140		140
宁晋县							130	130	
巨鹿县				93			116		
广宗县	53	53		48	48				
平乡县							99		99
威 县							340	340	
清河县							240		240
临西县							180		180

热水 Hot Water 供热总量 (万吉焦) Total Heat Supplied (10,000gcal)	热电厂供热 Heating by Co-Generation	锅炉房供热 Heating by Boilers	管道长度 (公里) Length of Pipelines (km)	一级管网 First Class	二级管网 Second Class	供热面积 (万平方米) Heated Area (10,000 m^2)	住宅 Housing	公共建筑 Public Building	县名称 Name of Counties
87477	**28625**	**49690**	**89274**	**31506**	**57767**	**194450.1**	**143793.3**	**36297.5**	**全　国**
13170	**2824**	**8504**	**14940**	**5428**	**9512**	**32430.0**	**25548.3**	**4129.6**	**河　北**
129	129		125	65	60	293.0	242.0		井陉县
331	303	28	430	147	284	1020.0	796.0	224.0	正定县
189			94	76	18	307.0	257.8	49.2	行唐县
159		116	109	50	59	243.0			灵寿县
29			24	17	7	83.0			高邑县
135		135	8	3	5	224.7	208.0	16.7	深泽县
107		107	186	45	141	314.8	196.8	30.8	赞皇县
160		160	47	32	15	250.0	160.0	19.0	无极县
272			104	34	70	598.0	563.0		平山县
148		148	196	56	140	410.0	349.0		元氏县
			124	68	56	392.0	336.0	56.0	赵　县
234	234		97	33	64	456.0	384.0	72.0	滦南县
290		290	317	48	269	727.5	589.7		乐亭县
300			193	62	131	568.7	399.3	169.5	迁西县
190		190	210	28	182	541.4	492.4	49.0	玉田县
			368	148	220				曹妃甸区
190		190	485	42	443	416.0	302.6	113.4	青龙满族自治县
328		328	334	82	252	820.0	623.0		昌黎县
67		67	241	71	170	174.8	133.1	41.7	卢龙县
53		53	87	31	56	152.1	128.4	23.7	临漳县
100		100	80	76	4	167.4	151.3	16.1	成安县
45		15	53	53		133.7	133.7		大名县
120	120		189	39	150	281.0	278.0	3.0	涉　县
213	213		48	22	26	405.0	284.0	121.0	磁　县
98	23	75	60	60		181.6			邱　县
63		63	30		30	139.0	112.8		鸡泽县
10		9	8	3	5	39.7	37.9		馆陶县
136			76	76		340.0	277.0		魏　县
81		81	20	20		253.6	242.2	11.4	曲周县
109		109	72	31	41	227.2	211.0	16.2	临城县
			89	49	40	115.0			内丘县
75		75	103	48	55	240.0	189.0	22.0	隆尧县
100	100		129	67	62				宁晋县
121			113	113		353.7	318.5	35.3	巨鹿县
			27	27		114.0	114.0		广宗县
69		69	18	18		166.9	151.0		平乡县
165	165		70	70		420.0	361.4	58.3	威　县
249		249	297	119	178	509.5	490.6	18.9	清河县
138		138	55	25	30	315.0	270.0	45.0	临西县

8-2 续表 1

县名称 Name of Counties	蒸汽 Steam								
	供热能力 (吨/小时) Heating Capacity (ton/hour)	热电厂供热 Heating by Co-Generation	锅炉房供热 Heating by Boilers	供热总量 (万吉焦) Total Heat Supplied (10,000gcal)	热电厂供热 Heating by Co-Generation	锅炉房供热 Heating by Boilers	供热能力 (兆瓦) Heating Capacity (mega watts)	热电厂供热 Heating by Co-Generation	锅炉房供热 Heating by Boilers
博野县							100		100
涞水县							440		440
阜平县							409	210	
白沟新城							430		430
定兴县	160		160	110		110	70		70
唐　县							138		138
涞源县	300	300		128	128				
望都县							138		138
易　县							157		157
曲阳县							600		
蠡　县							127		127
顺平县							110	110	
张北县							848		848
康保县							260		20
沽源县							351		351
尚义县							576		576
蔚　县							1200	1200	
阳原县							232		232
怀安县							393	393	
怀来县							781		781
涿鹿县	94			97			399		399
赤城县							174		174
承德县							260	260	
兴隆县	580	580		265	265				
滦平县							350		
隆化县							210	210	
丰宁满族自治县							338		322
宽城满族自治县							392		392
围场满族蒙古族自治县							256		256
青　县							343		343
东光县							213		163
海兴县							80		80
盐山县							290	290	
肃宁县									
南皮县							92		92
吴桥县							95	95	
献　县									
孟村回族自治县							58		58
固安县							464		464
香河县							730		730
大城县							2800		

continued

热水 Hot Water			管道长度(公里)	一级管网	二级管网	供热面积			县名称
供热总量(万吉焦)	热电厂供热	锅炉房供热				(万平方米)	住宅	公共建筑	
Total Heat Supplied (10,000gcal)	Heating by Co-Generation	Heating by Boilers	Length of Pipelines (km)	First Class	Second Class	Heated Area ($10,000\ m^2$)	Housing	Public Building	Name of Counties
135		135	23	8	15	235.0	94.0		博野县
196		196	296	122	175	398.0	319.0	79.0	涞水县
196	98		365	63	302	311.5	165.0	83.4	阜平县
350		350	247	87	160	533.0	325.0	208.0	白沟新城
68		68	245	53	192	395.3	255.0		定兴县
94		94	153	32	121	265.6	238.0	18.4	唐　县
			184	87	97	395.3	291.7		涞源县
86		86	78	52	26	273.5	228.5	45.0	望都县
121		121	202	84	118	312.6	254.7	57.9	易　县
197			222	60	162	387.0	320.0	67.0	曲阳县
66		66	45		45	170.0	162.0		蠡　县
110	110		16	15	1	240.0	140.0	100.0	顺平县
594		594	498	131	367	1006.0	779.0	227.0	张北县
175		175	130	48	82	320.0	250.0	70.0	康保县
184		184	135	72	63	477.8	348.8	129.0	沽源县
140		140	159	58	101	257.2	235.2	22.0	尚义县
230	230		790	119	670	650.0	520.0	130.0	蔚　县
150		150	71	30	41	271.3	214.2		阳原县
120	120		76	76		306.7	220.0	86.7	怀安县
200		200	421	246	175	679.0	590.0	89.0	怀来县
243		243				651.0	517.2	133.8	涿鹿县
173		173	58	58		313.0	245.0	53.0	赤城县
290	290		140	35	105	448.0	340.0	63.5	承德县
			210	136	74	405.0	300.0		兴隆县
153		153	201	48	153	501.3	358.0		滦平县
127	127		146	37	108	394.3	307.3	87.0	隆化县
266		266	331	111	220	858.3	413.3	150.9	丰宁满族自治县
272		272	175	60	115	473.0	354.0	119.0	宽城满族自治县
208		208	239	43	196	471.1	329.7	141.3	围场满族蒙古族自治县
356		356	153	131	23	625.2	540.9	84.3	青　县
143		90	91	91		457.2	457.2		东光县
49		49	79	25	54	159.3	128.4	30.9	海兴县
160	160		377	97	280	400.0	364.0	36.0	盐山县
			66	66		128.7	118.2	10.5	肃宁县
67		67	91	33	58	218.3	187.0	31.3	南皮县
75	75		273	87	186	243.0	211.0	32.0	吴桥县
			78	73	5	492.9	417.9	75.0	献　县
48		48	29	29		152.7	116.5	36.2	孟村回族自治县
248		248	270	129	141	382.0	291.5	90.5	固安县
213		213	774	116	658	655.1	517.3	137.8	香河县
120			72	18	54	125.0	85.0		大城县

8-2 续表 2

县名称 Name of Counties	蒸汽 Steam								
	供热能力（吨/小时）Heating Capacity (ton/hour)	热电厂供热 Heating by Co-Generation	锅炉房供热 Heating by Boilers	供热总量（万吉焦）Total Heat Supplied (10,000gcal)	热电厂供热 Heating by Co-Generation	锅炉房供热 Heating by Boilers	供热能力（兆瓦）Heating Capacity (mega watts)	热电厂供热 Heating by Co-Generation	锅炉房供热 Heating by Boilers
大厂回族自治县							469		469
枣强县							461	270	191
武邑县							140		140
武强县							58		58
饶阳县							291	291	
安平县							91		
故城县							3500	64	60
景　县	390	390		155	155				
阜城县							87	87	
容城县									
安新县							96		96
山　西	**2975**	**2793**	**182**	**1525**	**1239**	**286**	**16859**	**5840**	**8647**
清徐县							140	140	
阳曲县							268		268
娄烦县							174		174
阳高县	700	700		151	151				
天镇县							232		232
广灵县							189	172	
灵丘县							232		232
浑源县							224		224
左云县							256		256
云州区							174		174
平定县							1242	1242	
盂　县							500	500	
襄垣县	585	585		284	284				
平顺县							180		180
黎城县							116		116
壶关县							232		232
长子县							348		216
武乡县							254	254	
沁　县							116	116	
沁源县	450	450		315	315				
沁水县									
阳城县							270	270	
陵川县							328		328
应　县							413		413
右玉县							248		
榆社县							400		
左权县							400	400	
和顺县	182		182	286		286	92		92
昔阳县							250	250	
寿阳县							284	284	

continued

热 水 Hot Water 供热总量 (万吉焦) Total Heat Supplied (10,000gcal)	热电厂供热 Heating by Co-Generation	锅炉房供热 Heating by Boilers	管道长度 (公里) Length of Pipelines (km)	一级管网 First Class	二级管网 Second Class	供热面积 (万平方米) Heated Area (10,000 m²)	住宅 Housing	公共建筑 Public Building	县名称 Name of Counties
241		241	232	30	202	530.0	468.8	61.1	大厂回族自治县
265	68	197	191	72	119	624.4	549.4		枣强县
156		156	103	36	67	305.6	245.1		武邑县
88		88	96	16	80	225.3	220.8	4.5	武强县
157	157		81	55	26	224.2	221.6		饶阳县
65			120	35	85	212.0	191.0		安平县
220	30	2	107	37	70	542.0	492.0	50.0	故城县
			250	180	70	479.0	407.0	42.0	景　县
72	72		207	39	168	157.0	144.0	13.0	阜城县
			13	9	3	137.3	132.3	5.1	容城县
82		82	21	4	17	159.8	143.4	16.4	安新县
13034	**3634**	**6012**	**11640**	**3784**	**7855**	**26552.7**	**19938.6**	**4626.3**	**山　西**
122	122		193	60	133	370.0	273.1	96.9	清徐县
125		125	73	24	49	265.7	95.9	19.5	阳曲县
113		113	45	19	26	226.0	177.0	41.0	娄烦县
			114	57	57	306.2	233.7	72.5	阳高县
169		169	56	21	35	294.0	216.0		天镇县
115	115		100	100		300.0	210.0	90.0	广灵县
221		221				420.0	350.0		灵丘县
191		191	89	31	58	375.0	315.0	60.0	浑源县
155		155	60	22	38	265.0	206.0	59.0	左云县
136		136	39	20	20	210.0	106.0	88.0	云州区
220	220		471	47	424	818.3	671.2	147.0	平定县
330	330		367	156	211	552.0	419.5	132.5	盂　县
			258	60	198	732.0	554.2	177.8	襄垣县
109		109	144	24	120	185.0	143.0	42.0	平顺县
						226.0	172.9	53.1	黎城县
180		180	73	23	50	360.0	290.0	70.0	壶关县
150		150	160	85	75	478.9	363.9	115.0	长子县
130	130		105	45	60	262.0	200.0		武乡县
80	80		45	20	25	180.0	142.0	38.0	沁　县
			265	99	166	430.0	268.0	162.0	沁源县
			180	30	150	294.2	242.0	52.0	沁水县
230	230		708	80	628	715.7	629.8	85.9	阳城县
230		230	537	42	495	401.4	348.6	52.8	陵川县
678		678	200	92	108	548.0	487.1	60.9	应　县
244			269	74	196	390.0	297.0	93.0	右玉县
180			250	77	173	292.6	235.2	48.8	榆社县
205	205		135	67	68	350.0	262.0	88.0	左权县
145		145				394.3	295.7	98.6	和顺县
145	145		148	47	101	462.8	358.4	104.4	昔阳县
340	340		191	56	135	683.0	519.0		寿阳县

8-2 续表 3

县名称 Name of Counties	蒸汽 Steam								
	供热能力 (吨/小时) Heating Capacity (ton/hour)	热电厂供热 Heating by Co-Generation	锅炉房供热 Heating by Boilers	供热总量 (万吉焦) Total Heat Supplied (10,000gcal)	热电厂供热 Heating by Co-Generation	锅炉房供热 Heating by Boilers	供热能力 (兆瓦) Heating Capacity (mega watts)	热电厂供热 Heating by Co-Generation	锅炉房供热 Heating by Boilers
太谷区							494	320	174
祁　县							230		
平遥县									
灵石县	280	280		91	91		232	232	
临猗县							176	134	
万荣县							87	87	
闻喜县							500		
垣曲县							174		174
平陆县	114	114		93	93				
定襄县	130	130		86	86		91		
五台县							220		220
代　县							345		345
繁峙县							408		408
宁武县									
静乐县							190	190	
神池县							116		116
五寨县									
岢岚县							158	57	101
河曲县							423	365	58
保德县							401		401
偏关县							92		92
曲沃县	300	300		65	65		125		
翼城县							232		232
襄汾县							295		295
洪洞县							542		542
古　县							116	116	
安泽县							111		111
浮山县							116		116
吉　县							80		80
乡宁县							174		174
大宁县							65		65
隰　县							118		118
永和县							69		69
蒲　县							240		
汾西县							58		58
文水县							300	300	
交城县	94	94		50	50		191	191	
兴　县							560		560
临　县							308		308
柳林县							220		
石楼县							193		193
岚　县							360		232

continued

热 水 Hot Water 供热总量 (万吉焦) Total Heat Supplied (10,000gcal)	热电厂供 热 Heating by Co-Generation	锅炉房供 热 Heating by Boilers	管 道 长 度 (公里) Length of Pipelines (km)	一级管网 First Class	二级管网 Second Class	供热面积 (万平方米) Heated Area (10,000 m^2)	住 宅 Housing	公共建筑 Public Building	县名称 Name of Counties
521	423	98	441	198	243	998.6	752.5	154.9	太谷区
140			174	48	126	442.7	318.6	124.1	祁 县
			293	57	236				平遥县
234	234		350	55	295	618.0	484.0	134.0	灵石县
208	143		101	101		531.1	495.1	36.0	临猗县
45	45		36	13	23	154.6	130.9	23.7	万荣县
1750			102	51	50	330.0	290.0	40.0	闻喜县
130		130	69	44	25	404.0	364.0	40.0	垣曲县
			59	59		257.0	208.0	49.0	平陆县
85			93	37	57	365.0	277.9	87.2	定襄县
143		143	194	120	74	299.0	248.0	51.0	五台县
163		163	126	55	70	382.7	265.4	117.3	代 县
180		180	182	88	94	464.9	368.3		繁峙县
			160	87	73	406.0	288.0	118.0	宁武县
130	130					256.0	221.7	34.3	静乐县
170		170	46	20	26	196.0	146.0	50.0	神池县
			134	49	85				五寨县
107	80	7	190	88	102	228.4	187.5	40.8	岢岚县
151	125	26	83	35	48	266.7	189.5	77.3	河曲县
179		179	123	37	87	494.8	394.1	100.7	保德县
90		90	86	28	59	135.6	71.4	43.0	偏关县
85			394	98	296	360.0	315.0	41.0	曲沃县
186		186	203	61	142	467.0	420.0	47.0	翼城县
205		205	170	39	131	488.0	408.0	80.0	襄汾县
318		318	148	66	82	646.0	565.0	71.4	洪洞县
85	85		121	20	102	176.6	127.8	48.8	古 县
72		72	112	112		162.4	117.4	45.0	安泽县
92		92	139	40	99	205.2	174.4	30.8	浮山县
80		80	93	33	61	159.3	110.0	48.3	吉 县
112		112	91	43	48	321.3	255.0	66.3	乡宁县
51		51	65	23	42	101.0	70.0	31.0	大宁县
80		80	141	32	109	216.0	165.0	51.0	隰 县
33		33	30	15	15	79.3	54.4	21.9	永和县
92			143	56	87	166.5	109.4	57.1	蒲 县
72		72	117	17	100	132.0	110.0	22.0	汾西县
223	223		82	50	33	613.7	500.7	112.9	文水县
228	228		138	42	96				交城县
138		138	122	13	109	275.0	194.0	81.0	兴 县
349		349	132	22	111	499.1	396.0	96.0	临 县
390			562	89	473	640.0	524.3	115.7	柳林县
108		108	21	21		220.0	164.8	55.2	石楼县
200		200	59	22	36	457.0			岚 县

8-2 续表 4

县名称 Name of Counties	蒸汽 Steam 供热能力 (吨/小时) Heating Capacity (ton/hour)	热电厂供热 Heating by Co-Generation	锅炉房供热 Heating by Boilers	供热总量 (万吉焦) Total Heat Supplied (10,000gcal)	热电厂供热 Heating by Co-Generation	锅炉房供热 Heating by Boilers	供热能力 (兆瓦) Heating Capacity (mega watts)	热电厂供热 Heating by Co-Generation	锅炉房供热 Heating by Boilers
方山县							268		268
中阳县							220	220	
交口县	140	140		104	104				
内蒙古	**1958**	**1883**	**75**	**799**	**734**	**65**	**28195**	**15580**	**12202**
土左旗							140		140
托　县									
和林县							484		484
清水河县							98		98
武川县							297		297
土右旗							1050	1050	
固阳县							145	145	
达尔罕茂明安联合旗							154	145	
阿鲁科尔沁旗							718		718
巴林左旗							472	472	
巴林右旗	502	502		221	221				
林西县							273		273
克什克腾旗							389		389
翁牛特旗							400		400
喀喇沁旗	75		75	65		65	202		202
宁城县							559		559
敖汉旗							393	43	350
科左中旗							174		174
科左后旗							635	446	189
开鲁县							450	175	275
库伦旗							241		241
奈曼旗							143		143
扎鲁特旗							409		409
达拉特旗							930	930	
准格尔旗							349	349	
鄂托克前旗							227		227
鄂托克旗							316		316
杭锦旗							210		210
乌审旗							331	330	
伊金霍洛旗							1090	74	1016
阿荣旗							472		472
莫　旗							380		380
鄂伦春旗							200		200
鄂温克旗							290	290	
陈巴尔虎旗							145	145	
新左旗							145		145
新右旗							113		113

continued

热 水 Hot Water			管 道 长 度 (公里) Length of Pipelines (km)	一级管网 First Class	二级管网 Second Class	供热面积 (万平方米) Heated Area (10,000 m^2)	住 宅 Housing	公共建筑 Public Building	县名称 Name of Counties
供热总量 (万吉焦) Total Heat Supplied (10,000gcal)	热电厂供 热 Heating by Co-Generation	锅炉房供 热 Heating by Boilers							
131		131	98	58	40	293.3	242.3		方山县
338			79	54	25	689.0			中阳县
			64	14	50	166.0	132.0	34.0	交口县
14479	**5536**	**8474**	**12924**	**4759**	**8165**	**27571.7**	**18938.9**	**6618.3**	**内蒙古**
152		152	93	43	51	243.0	170.0	73.0	土左旗
190						350.0	200.0	150.0	托 县
215		215	385	120	265	604.0	517.1	86.9	和林县
67		67	18	18		130.0	89.0	41.0	清水河县
150		150	72	20	52	241.0	185.0	56.0	武川县
185	185		242	69	172	355.0	249.0	106.0	土右旗
140	140		190	119	71	252.0	162.0	90.0	固阳县
151	151		64	25	39	272.0	192.0		达尔罕茂明安联合旗
370		370	448	153	295	564.1	350.0	198.7	阿鲁科尔沁旗
270	270		230	135	95	622.0	428.8	193.2	巴林左旗
			222	48	174	494.0	319.0	175.0	巴林右旗
225		225	275	41	234	450.0	324.0	126.0	林西县
414		414	273	273		410.5	356.5	54.0	克什克腾旗
147		147	120	60	60	415.0	294.0	121.0	翁牛特旗
101		101	189	72	116	361.3	263.9	97.4	喀喇沁旗
594		594	259	90	169	507.0	353.0	154.0	宁城县
242	20	222	269	108	161	582.0	407.0	175.0	敖汉旗
151		151	152	55	97	227.2	161.0	66.2	科左中旗
231	117	114	317	143	175	367.0	301.0	66.0	科左后旗
300	100	176	143	47	96	350.0	242.0		开鲁县
170		170	184	72	112	256.0	163.0	93.0	库伦旗
68		68	64	31	33	221.0	187.0	34.0	奈曼旗
142		142	208	94	114	492.0	356.0	136.0	扎鲁特旗
540	540		551	146	405	900.0	636.1	263.9	达拉特旗
310	310		196	131	65	1397.0	937.0	459.0	准格尔旗
133		133	313	40	274	267.0	194.5	72.5	鄂托克前旗
437		437	389	74	315	351.0	267.2	83.8	鄂托克旗
163		163	84	84		265.0	175.0		杭锦旗
300	300		194	82	111	620.0	397.0	223.0	乌审旗
967	52	915	586	255	332	1300.9	931.9	369.0	伊金霍洛旗
305		305	232	76	156	595.6	279.8	90.7	阿荣旗
230		230	117	39	77	535.5	369.5	166.0	莫 旗
78		78	119	41	77	164.0	106.2	57.8	鄂伦春旗
135	135		128	48	80	646.6	372.5	274.2	鄂温克旗
93	93		55	26	29	131.0	85.5	45.5	陈巴尔虎旗
60		60	59	38	21	120.0			新左旗
223		223	60	22	38	155.0	105.9	45.0	新右旗

8-2 续表 5

县名称 Name of Counties	蒸汽 Steam								
	供热能力 (吨/小时) Heating Capacity (ton/hour)	热电厂供热 Heating by Co-Generation	锅炉房供热 Heating by Boilers	供热总量 (万吉焦) Total Heat Supplied (10,000gcal)	热电厂供热 Heating by Co-Generation	锅炉房供热 Heating by Boilers	供热能力 (兆瓦) Heating Capacity (mega watts)	热电厂供热 Heating by Co-Generation	锅炉房供热 Heating by Boilers
五原县							560		560
磴口县							700	700	
乌拉特前旗							531	531	
乌拉特中旗							273		273
乌拉特后旗	62	62		85	85				
杭锦后旗	375	375		235	235		290	116	174
卓资县							400	400	
化德县							373		373
商都县	260	260		95	95		310	130	180
兴和县							595	595	
凉城县							800	800	
察右前旗							220	220	
察右中旗							258		258
察右后旗							491		491
四子王旗							347		347
科尔沁右翼前旗	684	684		98	98		279		279
科右中旗							208	208	
扎赉特旗							319		319
突泉县							46		46
阿巴嘎旗							123		
苏尼特左旗							168		168
苏尼特右旗							349	349	
东乌珠穆沁旗							316	158	158
西乌珠穆沁旗							290	290	
太仆寺旗							280		
镶黄旗							74	74	
正镶白旗							156		156
正蓝旗							4800	4800	
多伦县							452	452	
阿拉善左旗							965	965	
阿拉善右旗							83	83	
额济纳旗							116	116	
辽　宁	**1210**	**760**	**450**	**438**	**322**	**115**	**13841**	**9754**	**3731**
康平县							470	470	
法库县							360	360	
长海县							46		46
台安县							325	325	
岫岩满族自治县							356		
新宾满族自治县							210		210
清原满族自治县	120	120		90	90		128	128	
本溪满族自治县	100		100	54		54	280		280
桓仁满族自治县							354	325	29

continued

热水 Hot Water 供热总量 (万吉焦) Total Heat Supplied (10,000gcal)	热电厂供热 Heating by Co-Generation	锅炉房供热 Heating by Boilers	管道长度 (公里) Length of Pipelines (km)	一级管网 First Class	二级管网 Second Class	供热面积 (万平方米) Heated Area (10,000 m²)	住宅 Housing	公共建筑 Public Building	县名称 Name of Counties
286		286	268	51	217	660.0	471.9	188.1	五原县
140	140		129	33	96	273.8	213.4	57.9	磴口县
412	412		135	75	60	739.1	540.9	198.2	乌拉特前旗
205		205	219	59	160	335.0	240.0	53.0	乌拉特中旗
			180	40	140	223.0	155.0		乌拉特后旗
253	116	137	309	184	125	781.0	614.5	166.5	杭锦后旗
136	136		107	30	77	251.9	180.3	71.6	卓资县
197		197	354	182	171	330.9	200.9		化德县
115	50	65	134	31	103	551.0	446.5	104.5	商都县
170	170					355.0	318.0	37.0	兴和县
168	168		149	38	111	336.0	216.0	120.0	凉城县
98	98		110	30	80				察右前旗
134		134	71	36	35	258.0	142.0		察右中旗
133		133	72	49	23	226.3	177.6	48.7	察右后旗
248		248	208	90	118	496.4	337.8	158.6	四子王旗
388		388	119	64	55	641.2	504.7	136.5	科尔沁右翼前旗
168	168		108	41	67	313.0	191.3		科右中旗
325		325	368	76	292	576.6	410.1	166.5	扎赉特旗
90		90	105	22	83	290.0			突泉县
45			76	24	52	150.0	90.0		阿巴嘎旗
60		60	75	12	63	118.0	62.6	55.4	苏尼特左旗
123	123		137	69	68	293.0	210.0	83.0	苏尼特右旗
169	85	84	69	26	43	314.6	195.0	113.0	东乌珠穆沁旗
259	259		166	28	138	356.0	247.0		西乌珠穆沁旗
210			89	38	50	342.0	217.0	91.0	太仆寺旗
84	84		93	20	73	140.0	88.4	28.6	镶黄旗
100		100	85	48	37	152.0	92.0	60.0	正镶白旗
235	235		212	64	148	309.1	195.9	113.2	正蓝旗
230	230		449	130	319	404.2	307.0		多伦县
465	465		615	93	522	839.0	568.0		阿拉善左旗
90	90		154	128	26	128.0	82.0	46.0	阿拉善右旗
96	96		62	10	51	173.1	95.0	78.1	额济纳旗
4512	**1801**	**2449**	**5713**	**1317**	**4396**	**9790.1**	**7128.1**	**2133.7**	**辽　宁**
174	174		152	98	53	517.7	333.2	184.5	康平县
179	179		416	122	294	484.3	306.3	178.0	法库县
40		40	194	34	160	75.0	52.0	23.0	长海县
302	302		270	36	234	402.0	320.0		台安县
262			280	63	217	485.0	350.0	135.0	岫岩满族自治县
92		92	198	22	177	247.3	190.1	57.2	新宾满族自治县
68	68		294	43	251	416.8	304.9	40.0	清原满族自治县
218		218	382	17	365	465.0	348.0	117.0	本溪满族自治县
277	247	30	295	35	260	431.9	308.9	123.0	桓仁满族自治县

8-2 续表 6

县名称 Name of Counties	蒸汽 Steam								
	供热能力 (吨/小时) Heating Capacity (ton/hour)	热电厂供热 Heating by Co-Generation	锅炉房供热 Heating by Boilers	供热总量 (万吉焦) Total Heat Supplied (10,000gcal)	热电厂供热 Heating by Co-Generation	锅炉房供热 Heating by Boilers	供热能力 (兆瓦) Heating Capacity (mega watts)	热电厂供热 Heating by Co-Generation	锅炉房供热 Heating by Boilers
宽甸满族自治县							270		270
黑山县							348		348
义　县							280		280
阜新蒙古族自治县							230	230	
彰武县							500	500	
辽阳县	220	220		105	105				
盘山县	380	380		112	112		11	11	
西丰县							280		280
昌图县							434		434
朝阳县							7405	7405	
建平县	390	40	350	76	15	61	250		250
喀喇沁左翼蒙古族自治县							319		319
绥中县							522		522
建昌县							463		463
吉　林				**221**	**221**		**6384**	**494**	**5891**
农安县				221	221		914	120	794
永吉县							492		492
梨树县							385		385
伊通满族自治县							345		345
东丰县							443		443
东辽县							177		177
通化县							364		364
辉南县							350		350
柳河县							297		297
抚松县							182		182
靖宇县							140		140
长白朝鲜族自治县							104	104	
前郭县							511		511
长岭县							307		307
乾安县							178	86	92
镇赉县							284		284
通榆县							312		312
汪清县							416		416
安图县							184	184	
黑龙江	**3640**	**3245**	**395**	**2134**	**1954**	**215**	**11902**	**5662**	**5713**
依兰县							346		279
方正县							254		254
宾　县	455	455		290	290		58	58	
巴彦县	200	200		204	204		203	128	
木兰县	150	150		108	108				
通河县							270	270	

continued

热 水 Hot Water 供热总量 (万吉焦) Total Heat Supplied (10,000gcal)	热电厂供 热 Heating by Co-Generation	锅炉房供 热 Heating by Boilers	管 道 长 度 (公里) Length of Pipelines (km)	一级管网 First Class	二级管网 Second Class	供热面积 (万平方米) Heated Area (10,000 m^2)	住 宅 Housing	公共建筑 Public Building	县名称 Name of Counties
240		240	173	17	156	460.0	335.0	125.0	宽甸满族自治县
288		288	230	21	209	419.0	325.0	94.0	黑山县
133		133	329	61	268	317.4	237.2	80.2	义 县
230	230		141	33	108	422.0	272.0	150.0	阜新蒙古族自治县
200	200		339	44	296	424.0	293.4		彰武县
			246	44	202	343.2	276.7	66.5	辽阳县
22	22		238	85	154	281.4	176.7	104.7	盘山县
164		164	358	34	324	400.0	229.0	107.0	西丰县
293		293	237	58	179	710.0	550.0	160.0	昌图县
380	380		151	125	27	368.3	277.7	90.6	朝阳县
132		132	75	28	47	560.0	450.0	104.0	建平县
340		340	202	66	136	455.0	455.0		喀喇沁左翼蒙古族自治县
271		271	330	50	280	664.0	507.0	157.0	绥中县
209		209	183	183		440.9	230.0	37.0	建昌县
4665	**472**	**4155**	**5285**	**1435**	**3850**	**9271.2**	**6923.2**	**2226.6**	**吉 林**
360	139	221	660	233	427	1053.0	784.0	269.0	农安县
278		278	257	165	92	578.0	470.0		永吉县
221		221	282	69	214	537.5	456.6	76.7	梨树县
399		399	366	144	222	596.2	423.0	173.2	伊通满族自治县
267		267	346	81	265	593.0	441.0	152.0	东丰县
71		71	84	30	54	200.4	160.0	31.3	东辽县
235		235	234	62	172	469.0	319.8	149.2	通化县
447		447	426	94	332	570.0	457.0	113.0	辉南县
267		267	434	50	384	591.0	427.0	164.0	柳河县
146		146	198	22	176	274.5	209.3	65.2	抚松县
161		161	180	30	150	367.8	290.7	77.1	靖宇县
100	100		45	8	37	145.4	108.0	37.3	长白朝鲜族自治县
396		396	200	34	166	617.4	427.4	189.9	前郭县
283		283	513	149	364	567.7	422.0	145.7	长岭县
228	108	120	253	74	179	357.1	271.0	86.1	乾安县
184		184	136	34	102	584.2	412.2	171.9	镇赉县
203		165	255	50	205	460.0	316.0	144.0	通榆县
294		294	356	69	287	439.0	315.0	124.0	汪清县
125	125		60	39	21	270.0	213.1	56.9	安图县
7900	**3588**	**3897**	**6590**	**1962**	**4628**	**17298.7**	**12810.1**	**4341.9**	**黑龙江**
248		184	138	42	96	470.0	390.0	80.0	依兰县
238		238	144	59	85	347.0	244.0	103.0	方正县
25	25		275	47	228	692.0	575.3	116.7	宾 县
10			222	66	156	462.5	412.1	50.4	巴彦县
			152	58	94	223.9	176.0	47.9	木兰县
200	200		147	33	114	390.0	310.0	80.0	通河县

8-2 续表 7

县名称 Name of Counties	蒸汽 Steam								
	供热能力（吨/小时） Heating Capacity (ton/hour)	热电厂供热 Heating by Co-Generation	锅炉房供热 Heating by Boilers	供热总量（万吉焦） Total Heat Supplied (10,000gcal)	热电厂供热 Heating by Co-Generation	锅炉房供热 Heating by Boilers	供热能力（兆瓦） Heating Capacity (mega watts)	热电厂供热 Heating by Co-Generation	锅炉房供热 Heating by Boilers
延寿县							358	358	
龙江县							537		537
依安县							308		308
泰来县	225	225		52	52		112		112
甘南县							234		234
富裕县	235	235		148	148		124	116	8
克山县	370	370		139	139				
克东县							174		174
拜泉县							296	296	
鸡东县							339	339	
萝北县							320	320	
绥滨县	355	225	130	100	100	35			
集贤县							476	476	
友谊县							177		177
宝清县							438	438	
饶河县							205	205	
肇州县							500		500
肇源县	182	182		156	156		386		
林甸县							231		231
杜尔伯特蒙古族自治县							359		359
嘉荫县	145	145		67	67		58	58	
汤旺县	35	35		24	24		115	115	
丰林县	105	105		31	31		243	155	88
大箐山县							102	102	
南岔县							215	215	
桦南县							446	260	186
桦川县							168	64	104
汤原县							318		318
勃利县							260	260	
林口县							290	259	32
逊克县							335	335	
孙吴县							275	275	
望奎县							338		338
兰西县							424		424
青冈县	265		265	180		180	205		205
庆安县							560	560	
明水县							333		333
绥棱县							450		450
呼玛县	130	130		77	77				
塔河县	220	220		146	146				
加格达奇区	568	568		413	413		63		63

continued

热水 Hot Water			管道长度（公里） Length of Pipelines (km)			供热面积			县名称 Name of Counties
供热总量（万吉焦） Total Heat Supplied (10,000gcal)	热电厂供热 Heating by Co-Generation	锅炉房供热 Heating by Boilers		一级管网 First Class	二级管网 Second Class	(万平方米) Heated Area (10,000 m^2)	住宅 Housing	公共建筑 Public Building	
130	130		130	55	75	348.0	256.0	92.0	延寿县
257		257	173	106	67	514.7	359.9	154.8	龙江县
220		220	128	43	86	406.0	308.0	98.0	依安县
95		95	138	29	109	314.9	276.4	38.6	泰来县
198		198	104	37	67	310.0	215.8	94.2	甘南县
45	42	3	232	21	211	390.0	331.0	59.0	富裕县
			125	25	100	350.0	240.0	110.0	克山县
155		155	70	16	55	293.3	213.0	80.3	克东县
181	181		160	82	78	383.0	279.0	104.0	拜泉县
191	191		84	31	54	357.3	261.5	95.8	鸡东县
348	348		156	69	88	250.0	178.0	72.0	萝北县
			76	16	60	239.7	168.1	71.6	绥滨县
359	359		189	66	123	526.6	414.9	81.0	集贤县
119		119	115	18	97	212.6	142.6	70.0	友谊县
290	290		81	28	53	535.4	437.9	97.5	宝清县
121	121		67	28	40	200.0	140.0	60.0	饶河县
262		262	188	53	135	513.0	385.0	128.0	肇州县
340			335	64	270	278.0	178.0	100.0	肇源县
144		144	174	64	110	365.0	286.2	78.8	林甸县
190		190	121	24	98	370.0	237.0	42.0	杜尔伯特蒙古族自治县
20	20		105	18	87	165.0	94.8	70.2	嘉荫县
42	42		77	27	50	197.3	148.0	49.3	汤旺县
165	100	65	134	74	60	288.7	223.9	64.8	丰林县
55	55		43	43		92.7	79.4	13.3	大箐山县
174	174		145	22	123	280.0	200.0	80.0	南岔县
275	177	98	250	51	198	518.7	355.2	163.5	桦南县
106	56	50	64	20	44	243.3	174.6	68.7	桦川县
230		230	107	26	82	389.0	278.0	106.0	汤原县
224	224		130	35	96	414.5	315.0	99.5	勃利县
226	201	24	168	73	95	389.8	292.3	97.5	林口县
165	165		116	22	95	239.5	148.4	91.1	逊克县
165	165		110	28	82	270.0	164.0	106.0	孙吴县
395		395	138	55	83	550.0	360.0	190.0	望奎县
320		320	149	45	104	498.0	407.0	91.0	兰西县
110		110	166	35	131	483.3	356.8	126.5	青冈县
322	322		102	27	76	577.0	409.0	168.0	庆安县
243		243	108	35	73	513.0	360.0	133.0	明水县
250		250	271	70	201	407.0	315.0	92.0	绥棱县
			33	7	26	107.0	72.0	35.0	呼玛县
			65	22	43	167.0	109.0	58.0	塔河县
47		47	185	51	134	765.0	532.0	233.0	加格达奇区

8-2 续表 8

县名称 Name of Counties	蒸汽 Steam								
	供热能力 (吨/小时) Heating Capacity (ton/hour)	热电厂供热 Heating by Co-Generation	锅炉房供热 Heating by Boilers	供热总量 (万吉焦) Total Heat Supplied (10,000gcal)	热电厂供热 Heating by Co-Generation	锅炉房供热 Heating by Boilers	供热能力 (兆瓦) Heating Capacity (mega watts)	热电厂供热 Heating by Co-Generation	锅炉房供热 Heating by Boilers
江　苏	**120**			**13**					
丰　县	120			13					
安　徽	**60**	**20**	**40**	**33**	**3**	**30**	**90**	**90**	
肥东县	20	20		3	3				
全椒县	40		40	30		30			
砀山县							90	90	
山　东	**5491**	**5026**	**445**	**2545**	**2362**	**183**	**15070**	**12258**	**1274**
平阴县							343	343	
商河县							147	147	
桓台县							833	833	
高青县							570	570	
沂源县	320	320		212	212		210	210	
利津县							500		116
广饶县	615	615		75	75		320		
临朐县	545	325	220	144	113	32	246	70	176
昌乐县							348	348	
微山县							430	230	200
鱼台县							170	170	
金乡县							244		244
嘉祥县	42	22		17	17		2080	2080	
汶上县							350	350	
泗水县							287	287	
梁山县	30	30		21	21		248	248	
宁阳县							226	226	
东平县	225		225	152		152	87		87
五莲县	410	410		154	154				
莒　县	325	325		272	272		190	190	
沂南县							400	400	
郯城县							74	74	
沂水县							754	754	
兰陵县							351	351	
费　县	110	110		65	65		343	343	
平邑县							780	780	
莒南县							320	320	
蒙阴县	300	300		100	100				
临沭县							295	295	
宁津县							186	186	
庆云县	260	260		57	57				
临邑县	277	277		313	313				
齐河县							367	70	
平原县	180	180		92	92		83	83	
夏津县	225	225		117	117				

continued

热 水 Hot Water 供热总量 (万吉焦) Total Heat Supplied (10,000gcal)	热电厂供 热 Heating by Co-Generation	锅炉房供 热 Heating by Boilers	管 道 长 度 (公里) Length of Pipelines (km)	一级管网 First Class	二级管网 Second Class	供热面积 (万平方米) Heated Area (10,000 m²)	住 宅 Housing	公共建筑 Public Building	县名称 Name of Counties
87			**121**	**121**		**210.8**	**210.8**		**江 苏**
87			121	121		210.8	210.8		丰 县
9	**9**		**155**	**43**	**113**	**840.8**	**43.7**	**23.3**	**安 徽**
			10		10	21.0	1.5	19.5	肥东县
			17	17		803.8	30.0		全椒县
9	9		129	26	103	16.0	12.2	3.8	砀山县
8228	**6556**	**1016**	**14505**	**5739**	**8766**	**26285.0**	**23223.0**	**2636.7**	**山 东**
201	201		588	156	433	760.5	713.7	46.9	平阴县
85	85		180	100	80	307.6	236.3	71.2	商河县
257	257		320	120	200	650.0	593.0	57.0	桓台县
190	190		210	113	98	483.1	440.4	42.7	高青县
210	210		332	145	186	682.0	526.0	156.0	沂源县
159		81	442	137	305	318.0	238.0	80.0	利津县
169			157	70	87	793.0	661.0	132.0	广饶县
143	28	115	1029	256	773	1192.0	1029.0	163.0	临朐县
300	300		272	195	77	664.3	594.3	70.0	昌乐县
221	81	140	389	131	259	443.0	422.0	21.0	微山县
67	67		98	40	58	216.4	211.4	5.0	鱼台县
253		253	765	130	636	562.6	528.6	34.0	金乡县
174	174		232	112	120	310.0	278.0	32.0	嘉祥县
280	280		153	93	60	662.3	572.3	90.0	汶上县
135	135		228	95	134	418.8	390.2	28.6	泗水县
228	228		474	163	311	509.0	431.0	78.0	梁山县
180	180		284	109	175	300.0	188.9	10.5	宁阳县
80		80	199	95	104	651.0	621.0	30.0	东平县
			666	119	547	371.1	346.7	24.4	五莲县
184	184		280	280		724.5	677.2	47.3	莒 县
210	210		357	55	302	682.2	668.2	14.0	沂南县
168	168		161	87	74	520.0	480.0	40.0	郯城县
587	587		117	67	50	1112.1	1051.1	61.0	沂水县
468	468		251	56	195	780.0	402.0	56.0	兰陵县
176	176		156	99	57	427.3	365.0	62.3	费 县
380	380		245	170	75	615.0	585.0	30.0	平邑县
253	253		339	129	210	836.0	791.0	45.0	莒南县
			176	49	126	498.2	468.2	30.0	蒙阴县
267	267		225	108	117	855.6	813.9	41.7	临沭县
100	100		104	69	34	238.0	201.1	36.9	宁津县
			339	70	270	338.4	276.6	61.9	庆云县
			332	96	236	588.8	515.6	73.2	临邑县
247	58		303	107	196	568.3	479.4	88.9	齐河县
73	73		310	96	214	383.1	314.7	68.4	平原县
			320	108	212	300.0	248.0	49.3	夏津县

8-2 续表 9

县名称 Name of Counties	蒸汽 Steam 供热能力 (吨/小时) Heating Capacity (ton/hour)	热电厂供热 Heating by Co-Generation	锅炉房供热 Heating by Boilers	供热总量 (万吉焦) Total Heat Supplied (10,000gcal)	热电厂供热 Heating by Co-Generation	锅炉房供热 Heating by Boilers	供热能力 (兆瓦) Heating Capacity (mega watts)	热电厂供热 Heating by Co-Generation	锅炉房供热 Heating by Boilers
武城县	160	160		32	32		269	180	89
阳谷县							220	220	
莘　县	230	230		170	170				
东阿县							280	280	
冠　县							447	447	
高唐县	630	630		220	220				
惠民县	260	260		169	169				
阳信县							250	250	
无棣县	225	225		97	97		116	116	
博兴县							364	364	
曹　县							87		87
单　县	32	32		15	15		235	203	
成武县							145		145
巨野县							300		
郓城县	31	31		35	35		90	90	
鄄城县							180		130
东明县	60	60		16	16		305	150	
河　南	**855**	**467**	**29**	**538**	**231**	**19**	**4153**	**2572**	**471**
中牟县							253		253
杞　县							64		64
尉氏县							2		
兰考县							222		
新安县	187	187		106	106				
嵩　县							4	4	
汝阳县							58		58
宜阳县							280	280	
洛宁县							39	39	
伊川县							461	461	
叶　县							270	270	
汤阴县									
滑　县							590	590	
浚　县							497	497	
淇　县							590		
新乡县							40		
延津县	29		29	19		19			
修武县	40			22					
武陟县	135	135		93	93				
清丰县							116		
南乐县	145	145		32	32				
范　县							48		48
台前县							121	121	
濮阳县									

continued

热水 Hot Water 供热总量 (万吉焦)			管道长度 (公里)	一级管网	二级管网	供热面积 (万平方米)	住宅	公共建筑	县名称
Total Heat Supplied (10,000gcal)	热电厂供热 Heating by Co-Generation	锅炉房供热 Heating by Boilers	Length of Pipelines (km)	First Class	Second Class	Heated Area (10,000 m^2)	Housing	Public Building	Name of Counties
166	107	60	124	99	25	474.9	446.1	28.8	武城县
182	182		146	146		500.0	462.0	38.0	阳谷县
			120	120		381.1	305.3	75.8	莘　县
234	234		100	100		669.1	600.1	69.1	东阿县
153	153		196	76	120	376.8	322.3	54.5	冠　县
			117	92	25	607.4	548.2	59.1	高唐县
			189	103	86	440.6	380.1	60.5	惠民县
23	23		51	25	26	69.3	47.6	21.6	阳信县
64	64		163	112	51	381.4	332.3	49.1	无棣县
200	200		153	153		518.2	444.1	74.1	博兴县
67		67	202	94	108	182.1	175.1	7.0	曹　县
153	138		316	116	200	340.0	337.7	2.3	单　县
85		85	354	114	240	180.0	150.0	30.0	成武县
112			282	125	158	260.0	244.0	16.0	巨野县
40	40		282	90	192	240.0	225.0	15.0	郓城县
187		135	121	69	52	529.2	523.6	5.6	鄄城县
116	75		553	80	473	373.0	321.0	52.0	东明县
2034	**509**	**364**	**2451**	**942**	**1510**	**5427.9**	**3822.0**	**693.8**	**河　南**
117		117	118	30	88	274.1	271.2	2.2	中牟县
132		132	84		84	234.0	206.0	28.0	杞　县
25						70.0	70.0		尉氏县
285			80	56	25	646.6	197.4	18.5	兰考县
			170	68	102	312.0	285.0	26.0	新安县
6	6		16		16	13.1	13.1		嵩　县
45		45	23	23		80.0	70.0		汝阳县
65	65		145	62	83	191.7	149.0	41.0	宜阳县
22	22		143	24	119	70.0	55.0	15.0	洛宁县
130	130		93	44	49	196.0	149.0		伊川县
11	11		38	18	20	24.9			叶　县
			34	34					汤阴县
9	9					23.7	19.5	4.2	滑　县
18	18		67	52	15	51.1	50.3	0.9	浚　县
26			178	68	110	59.9			淇　县
80			44	29	15	240.0	240.0		新乡县
31			43	7	36	100.0	94.0	6.0	延津县
			23	23		56.8	32.6	24.2	修武县
			144	47	97	121.8	103.2	18.6	武陟县
120			38	28	10	331.6	326.3	5.3	清丰县
			60	52	8	60.0	60.0		南乐县
27		27	62	6	57	60.2	27.0		范　县
70	70		77	37	40	198.0	198.0		台前县
480			340	114	226	850.0	620.0	230.0	濮阳县

8-2 续表 10

县名称 Name of Counties	蒸汽 Steam								
	供热能力			供热总量			供热能力		
	(吨/小时) Heating Capacity (ton/hour)	热电厂供热 Heating by Co-Generation	锅炉房供热 Heating by Boilers	(万吉焦) Total Heat Supplied (10,000gcal)	热电厂供热 Heating by Co-Generation	锅炉房供热 Heating by Boilers	(兆瓦) Heating Capacity (mega watts)	热电厂供热 Heating by Co-Generation	锅炉房供热 Heating by Boilers
临颍县	95			67					
渑池县							154	154	
卢氏县							19		19
民权县							156	156	
睢　县									
虞城县							29		29
西华县							63		
鹿邑县	225			200			76		
四　川	**60**		**60**	**22**		**18**	**95**	**13**	**59**
蒲江县	60		60	18		18			
松潘县							21		21
壤塘县							12		10
阿坝县							21		
若尔盖县				4			28		28
红原县							13	13	
西　藏	**42**		**50**	**7**		**12**	**384**	**258**	**67**
当雄县							3		
仲巴县							6		6
萨嘎县							8		5
岗巴县									
丁青县	42		42	6		6	7		7
工布江达县							27		27
错那县							120	120	
浪卡子县				1			4		
聂荣县							24	24	
尼玛县							28	28	
申扎县							12	12	
安多县							5	5	
班戈县			8			6			
革吉县							17	17	
日土县									
改则县							21		21
葛尔县							52	52	
措勤县							50		
陕　西	**407**	**407**		**297**	**297**		**4417**	**1105**	**1974**
周至县							13		
宜君县							15		15
岐山县							112		112
扶风县							305		
眉　县							150		150
陇　县							184		184
千阳县							108		108

continued

热 水 Hot Water 供热总量 (万吉焦) Total Heat Supplied (10,000gcal)	热电厂供 热 Heating by Co-Generation	锅炉房供 热 Heating by Boilers	管 道 长 度 (公里) Length of Pipelines (km)	一级管网 First Class	二级管网 Second Class	供热面积 (万平方米) Heated Area (10,000 m²)	住 宅 Housing	公共建筑 Public Building	县名称 Name of Counties
			39	13	26	101.0	79.0	22.0	临颍县
130	130		124	31	93	200.0	180.0	20.0	渑池县
12		12	3	3		20.0	5.7	14.3	卢氏县
39	39		81	20	61	116.4	98.8	17.6	民权县
10	10		59	3	56	15.0	12.0		睢 县
31		31	103	28	75	100.0	100.0		虞城县
5			3	3		10.0	10.0		西华县
108			20	20		600.0	100.0	200.0	鹿邑县
38	**4**	**20**	**196**	**66**	**129**	**65.5**	**18.1**	**33.8**	**四 川**
			8	8					蒲江县
8		8	38	10	28				松潘县
10		8	33	13	20	15.4	1.6	13.8	壤塘县
11			37	11	26	22.0	10.0	12.0	阿坝县
4		4	26	8	18	15.1	1.5		若尔盖县
4	4		54	17	38	13.0	5.0	8.0	红原县
211	**125**	**56**	**604**	**211**	**393**	**421.2**	**141.7**	**225.9**	**西 藏**
5						11.1		11.1	当雄县
6		6	2	1	1	10.4			仲巴县
6		4	10	5	5	8.5	3.4		萨嘎县
			25	1	24	10.2	3.8	6.4	岗巴县
3		3	10	10		14.0	4.0	10.0	丁青县
28		28	50	1	49	42.7	17.1	25.6	工布江达县
9	9		92	30	62	18.8	10.0		错那县
3			13	13		8.3	8.3		浪卡子县
12	12		20	4	17	17.0	10.0	7.0	聂荣县
9	9		4		4	20.0	5.2	2.5	尼玛县
10	10		43	43		17.5	5.8	11.7	申扎县
8	8		21	12	9	25.0	16.0	9.0	安多县
			10	10					班戈县
14	14		63	8	55	24.0	7.8	16.2	革吉县
7			49	46	3	16.9			日土县
15		15	63	12	51	23.0		23.0	改则县
63	63		131	18	113	134.7	44.5	90.3	葛尔县
13						19.0	5.8	13.0	措勤县
2061	**646**	**996**	**1166**	**587**	**580**	**4829.0**	**3198.8**	**447.3**	**陕 西**
7			9	9		19.8	18.2		周至县
7		7	21		21	15.0	11.8	3.1	宜君县
43		43	24	11	13	135.0	115.0		岐山县
75			26	15	11	119.2	99.5	19.7	扶风县
72		72	25	25		125.0	108.5	16.5	眉 县
69		69	63	31	32	121.0	102.0	19.0	陇 县
66		66	21	21		128.8	103.9	24.9	千阳县

8-2 续表 11

县名称 Name of Counties	蒸汽 Steam 供热能力 (吨/小时) Heating Capacity (ton/hour)	热电厂供热 Heating by Co-Generation	锅炉房供热 Heating by Boilers	供热总量 (万吉焦) Total Heat Supplied (10,000gcal)	热电厂供热 Heating by Co-Generation	锅炉房供热 Heating by Boilers	供热能力 (兆瓦) Heating Capacity (mega watts)	热电厂供热 Heating by Co-Generation	锅炉房供热 Heating by Boilers
麟游县							72		72
凤　县							58		58
太白县							50		50
泾阳县							50		
乾　县							32		32
永寿县							58	58	
长武县							210	107	
旬邑县	47	47		47	47				
淳化县							58		58
武功县							78		
潼关县							13		13
大荔县							145		145
合阳县							86		86
澄城县							155		
蒲城县							210	210	
白水县	140	140		84	84				
富平县							630		
延长县							146		146
延川县							110		110
志丹县							22		19
吴起县							580	580	
洛川县							116		116
宜川县							167		167
黄龙县							10		10
黄陵县							218		218
洋　县							12	12	
留坝县							31		31
佛坪县							9		9
府谷县	220	220		166	166		139	139	
定边县							38		38
清涧县							28		28
甘　肃							**11309**	**2068**	**9136**
永登县							307		307
皋兰县							319		247
榆中县							277		277
永昌县							800	800	
靖远县							390	390	
会宁县							336		336
景泰县							202	202	
清水县							238		238
秦安县							30	30	
甘谷县							84		84

continued

热 水 Hot Water 供热总量 (万吉焦) Total Heat Supplied (10,000gcal)	热电厂供热 Heating by Co-Generation	锅炉房供热 Heating by Boilers	管道长度 (公里) Length of Pipelines (km)	一级管网 First Class	二级管网 Second Class	供热面积 (万平方米) Heated Area (10,000 m^2)	住宅 Housing	公共建筑 Public Building	县名称 Name of Counties
51		45	24	6	18	102.0			麟游县
44		44	23	12	11	69.9	52.2		凤　县
20		20	26	17	9	35.0	20.0		太白县
19			8	8		37.2	28.9	8.3	泾阳县
27		27	18	10	8	66.4	56.4	9.0	乾　县
40	40								永寿县
83	51					166.5	157.2	9.3	长武县
			16	4	12	132.0	87.0	45.0	旬邑县
35		35	18	8	10	59.6	50.0		淳化县
84			35	24	11	155.9	139.4		武功县
13		13	42	25	17	28.2			潼关县
38		38	28	19	10	73.0	51.0		大荔县
73		73	32	32		136.0	104.8		合阳县
128			42	42		280.0	236.0	44.0	澄城县
193	193		88	20	68	450.0			蒲城县
			22	15	7	147.0	103.1		白水县
42			57	35	22	303.6	261.6	42.0	富平县
58		58	18	10	8	115.0	75.0		延长县
46		46	23	20	3	136.0	55.5	12.5	延川县
23		19	26	3	23	62.2	22.2		志丹县
270	270		86	26	60	395.0	278.0	32.9	吴起县
91		91	43	32	11	170.0	130.0		洛川县
76		76	24	24		172.0	148.4		宜川县
3		3	2	2		7.1		7.1	黄龙县
113		113	42	9	33	305.0	160.0	42.0	黄陵县
3	3		29		29	4.8	4.8		洋　县
14		14	25		25	21.8	12.0	9.8	留坝县
2		2	3	1	2	3.0		3.0	佛坪县
89	89		162	70	92	461.8	344.6	91.9	府谷县
38		16	6		6	55.0	55.0		定边县
6		6	12	4	9	14.3	6.8	7.4	清涧县
6941	**742**	**6195**	**4762**	**1971**	**2790**	**13815.3**	**9629.4**	**2908.1**	**甘　肃**
219		219	102	35	67	425.3	294.1	131.2	永登县
266		266	189	79	110	610.3	251.1	54.0	皋兰县
216		216	120	68	52	450.0	292.0	39.0	榆中县
136	71	65	58	16	42	288.0	213.0	75.0	永昌县
150	150		121	81	40	296.3	206.1	90.0	靖远县
168		168	138	78	61	403.0	315.2	87.8	会宁县
163	163		189	81	109	295.0	257.0	38.0	景泰县
111		111	68	43	25	310.0	200.0	108.0	清水县
45	45		35	24	11	143.0	100.0	43.0	秦安县
99		99	40	22	18	155.6	122.6	32.6	甘谷县

8-2 续表 12

县名称 Name of Counties	蒸汽 Steam								
	供热能力			供热总量			供热能力		
	(吨/小时) Heating Capacity (ton/hour)	热电厂供热 Heating by Co-Generation	锅炉房供热 Heating by Boilers	(万吉焦) Total Heat Supplied (10,000gcal)	热电厂供热 Heating by Co-Generation	锅炉房供热 Heating by Boilers	(兆瓦) Heating Capacity (mega watts)	热电厂供热 Heating by Co-Generation	锅炉房供热 Heating by Boilers
武山县							207		207
张家川回族自治县							99		99
民勤县							227		227
古浪县							196		195
天祝藏族自治县							256		256
肃南县							85		85
民乐县							200		200
临泽县							168		168
高台县							232		232
山丹县							336		336
泾川县							180		180
灵台县							177	177	
崇信县							128		128
庄浪县							202		202
静宁县							307		307
金塔县							200		200
瓜州县							145		145
肃北蒙古族自治县							58		58
阿克塞哈萨克族自治县							70		70
庆城县							290		290
环　县							318		318
华池县							180		180
合水县							174		174
正宁县							116		116
宁　县							215		215
镇原县							87		87
通渭县							198		198
陇西县							435	10	425
渭源县							270		270
临洮县							582		582
漳　县							176	176	
岷　县							116		116
康　县							14	14	
西和县							180	180	
礼　县							63	63	
徽　县							87		87
临夏县							78		78
康乐县							228		228
永靖县							101		73
广河县							57		57

continued

热 水 Hot Water 供热总量 (万吉焦) Total Heat Supplied (10,000gcal)	热电厂供热 Heating by Co-Generation	锅炉房供热 Heating by Boilers	管道长度 (公里) Length of Pipelines (km)	一级管网 First Class	二级管网 Second Class	供热面积 (万平方米) Heated Area (10,000 m^2)	住宅 Housing	公共建筑 Public Building	县名称 Name of Counties
160		160	53	35	18	265.0	243.0	22.0	武山县
53		53	45	11	34	85.3	42.0	41.0	张家川回族自治县
197		197	136	50	87	330.0	280.0	50.0	民勤县
84		84	64	20	44	210.0	153.0	45.0	古浪县
180		180	143	32	111	290.0	196.0	94.0	天祝藏族自治县
33		33	22	7	15	69.8	41.5	28.3	肃南县
212		212	133	62	71	442.0	291.5	150.5	民乐县
98		98	80	19	61	302.0	208.0	94.0	临泽县
176		176	102	44	59	340.0	227.8	112.2	高台县
252		252	119	35	84	445.2	395.0	50.2	山丹县
118		118	102	40	62	236.0	201.0	35.0	泾川县
105	105		66	40	26	178.0	128.0	50.0	灵台县
62		62	55	29	26	167.0	123.0		崇信县
150		150	53	30	23	245.0	197.4	47.4	庄浪县
277		277	120	78	42	416.3	315.2		静宁县
127		127	78	41	37	196.0	129.0	67.0	金塔县
154		154	187	46	141	298.0	212.2	85.8	瓜州县
43		43	64	13	52	69.0	38.9	30.2	肃北蒙古族自治县
39		39	87	19	68	69.3	43.3	25.9	阿克塞哈萨克族自治县
92		92	66	29	37	295.0	170.0	85.0	庆城县
181		181	129	51	78	324.5	221.5	86.0	环　县
73		73	254	101	153	219.4	151.1	68.3	华池县
110		110	76	32	45	180.8	137.9	42.9	合水县
49		49	73	24	49	139.0	93.5	20.0	正宁县
77		77	86	37	49	222.4	186.5	36.0	宁　县
78		78	61	26	36	144.7	97.6	46.9	镇原县
138		138	50	27	23	230.0	178.0	52.0	通渭县
258	3	254	139	34	105	754.0	560.5	193.5	陇西县
167		167	86	30	56	245.0	152.0	58.0	渭源县
550		550	191	50	141	810.0	508.0	202.0	临洮县
43	43		20	12	8	90.0	67.0	23.0	漳　县
88		88	75	21	54	220.0	140.0		岷　县
18	18		27	9	18	32.0	22.0		康　县
72	72		44	5	39	231.0	184.8		西和县
45	45		24	12	12	70.0	50.0		礼　县
90		90	52	26	26	164.0	140.0	14.0	徽　县
76		76	16	11	5	134.0	108.0		临夏县
115		115	25	22	3	201.0	117.5	83.5	康乐县
45		45	32	5	27	122.7	98.4	24.3	永靖县
28		28	23	19	5	47.9	32.9	13.9	广河县

8-2 续表 13

县名称 Name of Counties	蒸汽 Steam								
	供热能力 (吨/小时) Heating Capacity (ton/hour)	热电厂供热 Heating by Co-Generation	锅炉房供热 Heating by Boilers	供热总量 (万吉焦) Total Heat Supplied (10,000gcal)	热电厂供热 Heating by Co-Generation	锅炉房供热 Heating by Boilers	供热能力 (兆瓦) Heating Capacity (mega watts)	热电厂供热 Heating by Co-Generation	锅炉房供热 Heating by Boilers
和政县							199		199
东乡县							26	26	
积石山县							141		141
临潭县							54		54
卓尼县							180		180
舟曲县							14		14
迭部县							45		45
玛曲县							86		86
碌曲县							45		41
夏河县							100		100
青　海							**2187**	**195**	**1982**
大通县							288		287
湟源县							117		117
互助县							80		80
化隆县							42		42
循化县							63		63
门源县							176		176
祁连县							40		40
海晏县							47		47
刚察县							82		82
西海镇							42		42
尖扎县							20		20
泽库县							28		28
河南县							7		7
共和县							144		144
同德县							67		67
兴海县							67		67
贵南县							55		55
班玛县							27		27
久治县							76		76
甘德县							56		56
玛沁县							216		216
达日县							23		23
玛多县							30		21
杂多县							8		8
称多县							7		7
治多县							5		5
囊谦县							10		10
曲麻莱县							8		8
乌兰县							45	45	
都兰县							91		91
天峻县							150	150	
大柴旦行委							70		70

continued

热水 Hot Water 供热总量 (万吉焦) Total Heat Supplied (10,000gcal)	热电厂供热 Heating by Co-Generation	锅炉房供热 Heating by Boilers	管道长度 (公里) Length of Pipelines (km)	一级管网 First Class	二级管网 Second Class	供热面积 (万平方米) Heated Area (10,000 m^2)	住宅 Housing	公共建筑 Public Building	县名称 Name of Counties
98		98	33	33		212.7	167.3	9.1	和政县
26	26		150	60	90	47.2	20.7		东乡县
68		68	48	35	13	151.3			积石山县
39		39	16	8	8	70.3	42.2		临潭县
47		47	56	32	24	150.0	85.0	29.0	卓尼县
6		6	10	7	2	16.2	10.0	5.6	舟曲县
58		58	45	20	25	85.0	54.0	31.0	迭部县
39		39	44	11	33	57.0	48.2	8.2	玛曲县
32		29	24		24	48.0	22.0	25.0	碌曲县
43		43	17	5	12	70.0	46.0	24.0	夏河县
1100	**58**	**1017**	**1146**	**560**	**586**	**2096.5**	**1242.9**	**853.5**	**青　海**
144		144	22	22		236.5	137.0	99.5	大通县
24		24	28	12	16	46.2	34.1	12.1	湟源县
2		2	15	6	9	3.1		3.1	互助县
4		4	25	14	11	6.2	5.2	1.0	化隆县
65		64	3	1	2	120.0	120.0		循化县
137		137	131	40	91	267.0	204.0	63.0	门源县
55		55	80	31	49	146.9	85.5	61.4	祁连县
48		48	17	7	10	70.0	28.0	42.0	海晏县
21		21	55	30	25	65.0	37.0	28.1	刚察县
40		40	46	23	23	102.0	50.0	52.0	西海镇
25		25	15	10	5	45.0	16.0	29.0	尖扎县
30		30	21	15	6	50.3	10.3	40.0	泽库县
10		10	21	16	5	21.4	3.4	18.0	河南县
41		41	82	62	20	81.2	74.0	7.2	共和县
29		29	49	23	26	50.0	32.0	18.0	同德县
26		26	39	17	22	49.9	29.7	20.2	兴海县
23		23	21	11	10	49.5	30.0	19.5	贵南县
31		9	36	30	6	61.1	33.9	27.2	班玛县
23		23	27	19	8	42.0	22.0	20.0	久治县
16		16	15	11	5	24.3	9.9	14.3	甘德县
93		93	74	36	38	186.1	97.3	88.7	玛沁县
23		23	19	12	6	38.9	25.4	13.5	达日县
11		10	33	20	13	20.3	11.6	8.7	玛多县
10		10	5	2	3	15.0		15.0	杂多县
20		20	19	17	2	33.3	3.4	29.9	称多县
15		15	20	14	6	25.0	6.0	19.0	治多县
11		11	26	6	20	16.4	5.6	10.8	囊谦县
4		4	25	12	13	12.7		12.7	曲麻莱县
20	20		25	6	19	29.0	25.2	3.8	乌兰县
46		46	33	15	18	75.7	50.0	25.7	都兰县
38	38		82	13	69	68.3	44.9	23.4	天峻县
15		15	36	8	28	38.4	11.6	26.8	大柴旦行委

8-2 续表 14

县名称 Name of Counties	蒸汽 Steam 供热能力 (吨/小时) Heating Capacity (ton/hour)	热电厂供热 Heating by Co-Generation	锅炉房供热 Heating by Boilers	供热总量 (万吉焦) Total Heat Supplied (10,000gcal)	热电厂供热 Heating by Co-Generation	锅炉房供热 Heating by Boilers	供热能力 (兆瓦) Heating Capacity (mega watts)	热电厂供热 Heating by Co-Generation	锅炉房供热 Heating by Boilers
宁　夏							**4404**	**923**	**3401**
永宁县							147	147	
贺兰县							513	513	
平罗县							263	263	
盐池县							299		299
同心县							483		483
红寺堡区							232		232
西吉县							594		594
隆德县							330		330
泾源县							58		58
彭阳县							254		254
中宁县							815		815
海原县							416		336
新　疆							**12614**	**2086**	**9284**
鄯善县							224		224
托克逊县							700		
巴里坤哈萨克自治县							248	248	
伊吾县							75		75
呼图壁县							600	600	
玛纳斯县							250	250	
奇台县							360	360	
吉木萨尔县							525		525
木垒哈萨克自治县							322		322
精河县							276		276
温泉县							65		65
轮台县									
尉犁县							129		
若羌县							206		
且末县							92		92
焉耆回族自治县							196		195
和静县							344		344
和硕县							102	15	87
博湖县							98		
温宿县							129		129
沙雅县							90		90
新和县							64		64
拜城县							343		343
乌什县							138		138

continued

热水 Hot Water			管道长度(公里) Length of Pipelines (km)	一级管网 First Class	二级管网 Second Class	供热面积(万平方米) Heated Area (10,000 m²)	住宅 Housing	公共建筑 Public Building	县名称 Name of Counties
供热总量(万吉焦) Total Heat Supplied (10,000gcal)	热电厂供热 Heating by Co-Generation	锅炉房供热 Heating by Boilers							
2311	**615**	**1695**	**1671**	**722**	**948**	**4767.6**	**3392.6**	**689.0**	**宁　夏**
82	82		74	10	64	257.3	177.2	80.2	永宁县
356	356		204	48	156	1103.8	883.0	220.8	贺兰县
177	177		245	140	105	370.0	265.0	104.0	平罗县
310		310	224	67	157	450.0	308.0	35.0	盐池县
204		204	103	96	7	420.0	265.6	154.4	同心县
188		188	94	29	65	280.3	158.0	20.8	红寺堡区
161		161	167	56	111	298.0	213.0		西吉县
157		157	127	38	89	241.2	152.3		隆德县
90		90	22	10	12	136.6	93.8	42.8	泾源县
151		151	48	26	22	241.4	149.8		彭阳县
153		153	199	130	69	502.0	416.0		中宁县
282		282	163	72	91	467.0	311.0	31.0	海原县
6697	**1506**	**4839**	**5405**	**1859**	**3546**	**12776.1**	**7583.2**	**3709.9**	**新　疆**
134		134	106	21	85	250.0	176.0	74.0	鄯善县
112			62	19	43	280.0	224.0	56.0	托克逊县
100	100		66	6	60	147.0	80.0	67.0	巴里坤哈萨克自治县
30		30	24	10	14	53.3	25.0	28.4	伊吾县
262	262		222	51	171	522.4	329.4	193.0	呼图壁县
216	216		121	31	90	431.1	262.1	1.0	玛纳斯县
500	500		123	74	49	786.0	518.8	267.2	奇台县
215		215	260	45	214	418.0	218.0	200.0	吉木萨尔县
143		143	77	34	44	221.0	127.6		木垒哈萨克自治县
140		103	245	36	209	312.0	200.0	25.0	精河县
40		40	41	8	33	74.0	49.0	24.0	温泉县
43		43	82	47	35	85.5	37.0	48.2	轮台县
52			54	49	5	87.5	29.8	35.7	尉犁县
62			63	24	39	96.0	56.0	37.0	若羌县
46		46	66	23	43	113.4	66.9	46.4	且末县
68		67	70		70	172.0	87.9		焉耆回族自治县
147		147	191	75	116	327.0	176.1	150.9	和静县
56	3	53	100	23	77	128.0	80.0	48.0	和硕县
45			30	10	20	84.4	44.4	40.0	博湖县
85		84				262.8	240.0		温宿县
44		44	15	15		78.3	34.4	33.5	沙雅县
101		101	51	29	22	181.0	127.7	53.4	新和县
153		153	79	44	35	258.0	150.0		拜城县
61		61	45	36	9	153.0			乌什县

8-2 续表 15

县名称 Name of Counties	蒸汽 Steam 供热能力（吨/小时）Heating Capacity (ton/hour)	热电厂供热 Heating by Co-Generation	锅炉房供热 Heating by Boilers	供热总量（万吉焦）Total Heat Supplied (10,000gcal)	热电厂供热 Heating by Co-Generation	锅炉房供热 Heating by Boilers	供热能力（兆瓦）Heating Capacity (mega watts)	热电厂供热 Heating by Co-Generation	锅炉房供热 Heating by Boilers
阿瓦提县							100		100
柯坪县							66		66
阿克陶县							168		168
阿合奇县							71		71
乌恰县							197		197
疏附县							172		172
疏勒县							184		184
英吉沙县							163		163
泽普县							158		158
莎车县							734		734
叶城县							245		245
麦盖提县							217		217
岳普湖县							145		145
伽师县							206		206
巴楚县							412		412
塔什库尔干塔吉克自治县							64		64
皮山县							157	157	
洛浦县							102		102
策勒县							120		120
于田县							40		40
民丰县							86	86	
伊宁县							177	135	42
察布查尔县							235	235	
霍城县							198		198
巩留县							253		253
新源县							403		403
昭苏县									
特克斯县							162		162
尼勒克县									
额敏县							331		331
裕民县							94		
和布克赛尔蒙古自治县							116		116
布尔津县							165		165
富蕴县							270		270
福海县							280		280
哈巴河县							208		208
青河县							199		183
吉木乃县							140		140

continued

热水 Hot Water			管道长度 (公里)			供热面积 (万平方米)			县名称
供热总量 (万吉焦)	热电厂供热	锅炉房供热		一级管网	二级管网		住宅	公共建筑	
Total Heat Supplied (10,000gcal)	Heating by Co-Generation	Heating by Boilers	Length of Pipelines (km)	First Class	Second Class	Heated Area $(10,000\ m^2)$	Housing	Public Building	Name of Counties
50		50	33	16	17	145.0	79.0	66.0	阿瓦提县
33		33	32	20	12	64.8	32.0		柯坪县
81		81	75	28	47	171.0	114.0	57.0	阿克陶县
53		53	28	11	17	110.0	65.0	45.0	阿合奇县
102		102	61	15	46	157.0	87.0	70.0	乌恰县
82		79	52	14	38	160.0	90.0	70.0	疏附县
74		74	74	29	45	205.0	147.0	49.5	疏勒县
84		84	128	37	91	208.4	143.4	65.0	英吉沙县
85		85	124	49	76	160.6	89.5	71.1	泽普县
355		355	133	65	68	529.0	352.0	177.0	莎车县
103		103	125	12	113	178.0	178.0		叶城县
126		126	145	55	90	288.0	180.0	108.0	麦盖提县
85		85	80	47	33	172.0	98.0	74.0	岳普湖县
178		178	113	33	80	346.3	255.2	91.2	伽师县
247		247	447	152	295	386.0	245.7	140.3	巴楚县
51		51	61	10	51	85.0	73.0	12.0	塔什库尔干塔吉克自治县
52	52		55	50	5	85.9	34.6	51.2	皮山县
20		20	17	1	16	34.0	17.5	16.5	洛浦县
47		47	186	108	78	68.9	45.9	23.0	策勒县
15		15	32	2	30	49.0	39.0	10.0	于田县
36	36		62	16	47	61.6	36.1	25.5	民丰县
93	81	13	57	55	2	205.2	110.0	95.2	伊宁县
117	117		94	46	48	235.0			察布查尔县
146		146	60	25	35	184.0	131.0		霍城县
123		123				251.0	153.0	98.0	巩留县
214		214	243	57	186	452.0	291.5	160.5	新源县
140	140		73	24	49	164.0	109.5		昭苏县
108		108	40	15	25	210.7	129.2	81.5	特克斯县
			51	51		205.0			尼勒克县
168		168	129	29	100	335.7	233.0	102.8	额敏县
38						96.0			裕民县
69		69				119.0	53.0	47.0	和布克赛尔蒙古自治县
87		87	43	11	33	178.0	112.0	66.0	布尔津县
123		123	78	17	61	246.2	142.1	82.3	富蕴县
121		121	96	26	70	230.0	112.0	118.0	福海县
135		135	66	12	54	196.8	103.3	93.5	哈巴河县
114		114	54	7	47	156.5	95.4	61.1	青河县
86		86	69	8	61	124.0	66.2	53.3	吉木乃县

居民出行数据

Data by Residents Travel

九、县城道路和桥梁

9. County Seat Road and Bridge

简要说明

县城道路指城市供车辆、行人通行的，具备一定技术条件的道路、桥梁、隧道及其附属设施。县城道路由车行道和人行道等组成。在统计时只统计路面宽度在 3.5 米（含 3.5 米）以上的各种铺装道路，包括开放型工业区和住宅区道路在内。

本部分包括县城道路、桥梁和防洪，主要包括道路长度和面积、防洪堤长度等内容。

Brief Introduction

County seat roads refer to roads, bridges, tunnels and auxiliary facilities that are provided for vehicles and passengers for transportation. County seat roads consist of drive lanes and sidewalks. In the statistics, only paved roads with width of 3.5m or above are counted, including roads in open industrial parks and residential communities.

This section includes statistics on roads, bridges and flood control, employing such indicators as length of roads, surface area of roads, length of flood control dikes, etc.

9 全国历年县城道路和桥梁情况(2000−2021)
National County Seat Road and Bridge in Past Years (2000-2021)

年份 Year	道路长度 (万公里) Length of Roads (10,000 km)	道路面积 (亿平方米) Surface Area of Roads (100 million m^2)	防洪堤长度 (万公里) Length of Flood Control Dikes (10,000 km)	人均道路面积 (平方米) Road Surface Area Per Capita (m^2)
2000	5.04	6.24	0.93	11.20
2001	5.10	7.67	0.90	8.51
2002	5.32	8.31	0.96	9.37
2003	5.77	9.06	0.93	9.82
2004	6.24	9.92	1.00	10.30
2005	6.68	10.83	0.98	10.80
2006	7.36	12.26	1.32	10.30
2007	8.38	13.44	1.17	10.70
2008	8.88	14.60	1.33	11.21
2009	9.50	15.98	1.19	11.95
2010	10.59	17.60	1.25	12.68
2011	10.86	19.24	1.37	13.42
2012	11.80	21.02	1.38	14.09
2013	12.52	22.69		14.86
2014	13.04	24.08		15.39
2015	13.35	24.95		15.98
2016	13.16	25.35		16.41
2017	14.08	26.84		17.18
2018	14.48	27.82		17.73
2019	15.16	29.01		18.29
2020	15.94	29.97		18.92
2021	16.37	30.82		19.68

注：1.自2006年起，人均道路面积按县城人口和县城暂住人口合计为分母计算。
2.自2013年起,不再统计防洪堤长度数据。

Note:1.Since 2006, road surface per capita has been calculated based on denominator which combines both permanent and temporary residents in county seat areas.
2.Starting from 2013, the data on the length of flood prevention dike has been unavailable.

9-1 2021年按省分列的县城道路和桥梁

地区名称 Name of Regions	道路长度(公里) Length of Roads (km)	建成区 in Built District	道路面积(万平方米) Surface Area of Roads (10,000 m^2)	人行道面积 Surface Area of Sidewalks	建成区 in Built District	桥梁数(座) Number of Bridges (unit)
全　国	**163655.23**	**147398.54**	**308156.47**	**76636.57**	**282798.98**	**17810**
河　北	13018.48	12639.92	26318.07	7250.17	25468.24	766
山　西	5580.13	5320.30	10681.28	2588.28	10149.67	528
内蒙古	7256.91	6913.11	15167.99	4101.93	14456.79	348
辽　宁	1940.35	1776.73	3295.59	807.59	3001.36	196
吉　林	1537.36	1476.40	2894.29	812.46	2813.08	156
黑龙江	4120.67	3982.33	5074.40	1083.58	4771.80	291
江　苏	5607.27	4766.58	11633.31	2413.46	9758.39	751
浙　江	6748.85	5785.49	11327.73	2586.99	10124.04	1632
安　徽	9694.88	8502.23	22448.37	5255.20	19527.46	1402
福　建	5661.31	4851.76	8967.40	2005.76	7997.40	607
江　西	9573.23	8647.82	18751.70	4529.36	16624.26	763
山　东	11566.82	9806.34	23587.32	4927.11	21199.93	1705
河　南	12010.15	10837.90	27904.83	6584.71	25244.99	1743
湖　北	4252.98	3993.84	8757.03	2346.18	8206.83	477
湖　南	10787.32	8984.86	17317.96	4764.03	16416.52	621
广　东	4750.42	4130.71	7090.21	1792.11	6308.53	377
广　西	6192.94	6025.09	11138.40	2672.27	10791.37	753
海　南	1118.81	835.88	2067.55	574.09	1613.49	78
重　庆	1327.95	1302.12	2379.73	721.05	2375.39	293
四　川	8672.22	8047.16	16574.59	4701.66	15712.22	1090
贵　州	7984.99	6940.25	13112.77	3268.31	11623.35	780
云　南	6367.20	5830.72	11505.27	3018.68	10870.18	727
西　藏	1192.54	853.34	1547.96	438.49	1043.80	154
陕　西	4908.37	4506.56	8314.69	2417.62	7737.27	560
甘　肃	3342.03	3057.22	6054.52	1612.72	5401.42	469
青　海	1586.75	1468.77	2570.22	666.57	2491.88	161
宁　夏	1403.07	1326.95	2940.27	941.51	2802.36	87
新　疆	5451.23	4788.16	8733.02	1754.68	8266.96	295

County Seat Road and Bridge by Province (2021)

大桥及特大桥 Great Bridge and Grand Bridge	立交桥 Intersection	道路照明灯盏数(盏) Number of Road Lamps (unit)	安装路灯道路长度(公里) Length of The Road with Street Lamp (km)	地下综合管廊长度(公里) Length of The Utility Tunnel (km)	新建地下综合管廊长度(公里) Length of the New-built Utility Tunnel (km)
2213	**437**	**9385315**	**120319.40**	**1050.21**	**281.56**
100	58	600072	9185.07	80.54	9.25
105	39	334945	3902.24	19.61	19.61
50	15	405517	5131.28	30.39	0.13
6	3	132439	1418.66	3.20	0.40
37	10	139529	1102.30		
25	20	178274	2497.95		
92	14	395802	4796.06	6.25	
132	31	326179	5189.34	3.13	2.63
60	26	569376	8149.98	99.70	3.03
94	12	379606	3982.05	79.88	5.92
169	27	597816	8205.89	13.23	17.23
52	33	588006	8270.15	46.00	2.14
53	27	628181	8774.14	9.65	2.95
95	9	221300	3920.15	37.10	20.40
183	12	540557	7783.84	2.11	1.10
67	1	347013	4516.08		
59	9	404956	4281.98	1.16	1.16
9		56717	744.25		
54	9	129623	1165.95	27.73	11.94
242	16	610981	6590.49	265.45	125.17
103	8	429993	4241.93	138.52	3.74
88	8	446443	4663.05	137.91	40.55
18	4	38254	721.66	32.25	
192	27	273615	3378.45	13.07	12.34
73	17	162164	2414.59	0.46	
14		70967	798.00	1.87	1.87
27		72581	1036.70		
14	2	304409	3457.17	1.00	

9-2 2021年按县分列的县城道路和桥梁

县名称 Name of Counties	道路长度（公里） Length of Roads (km)	建成区 in Built District	道路面积（万平方米） Surface Area of Roads (10,000 m^2)	人行道面积 Surface Area of Sidewalks	建成区 in Built District
全　国	**163655.23**	**147398.54**	**308156.47**	**76636.57**	**282798.98**
河　北	**13018.48**	**12639.92**	**26318.07**	**7250.17**	**25468.24**
井陉县	119.01	119.01	182.62	40.83	182.62
正定县	236.51	236.51	542.64	112.96	542.64
行唐县	75.32	63.50	224.21	76.62	184.99
灵寿县	113.06	113.06	209.70	69.90	209.70
高邑县	96.34	96.34	195.60	44.82	195.60
深泽县	78.91	78.91	187.39	49.50	187.39
赞皇县	65.38	65.38	113.63	36.82	113.63
无极县	104.81	100.70	303.30	131.22	182.40
平山县	109.92	109.92	207.70	51.50	207.70
元氏县	132.70	132.70	241.29	69.87	241.29
赵　县	130.11	130.11	299.86	65.54	299.86
滦南县	198.33	195.78	344.70	80.49	341.64
乐亭县	145.33	145.33	296.82	100.51	296.82
迁西县	140.58	140.58	247.27	83.07	247.27
玉田县	190.88	179.88	377.81	73.50	329.75
曹妃甸区	225.62	225.62	594.00	196.01	594.00
青龙满族自治县	130.45	130.45	158.22	84.74	158.22
昌黎县	142.51	142.51	290.97	62.99	290.97
卢龙县	96.49	96.49	193.65	54.52	193.65
临漳县	214.40	214.40	440.82	85.72	440.82
成安县	169.00	168.00	358.00	110.00	357.20
大名县	286.48	286.48	484.43	139.34	484.43
涉　县	379.91	379.91	536.97	171.75	536.97
磁　县	226.50	226.50	590.18	276.18	590.18
邱　县	173.77	169.17	365.09	106.35	352.57
鸡泽县	134.56	134.56	311.57	117.91	311.57
广平县	204.50	204.50	399.62	133.07	399.62
馆陶县	126.64	126.09	317.36	95.40	316.96
魏　县	277.99	277.99	568.34	201.98	568.34
曲周县	156.23	156.23	302.46	67.79	302.46
临城县	88.31	88.31	187.83	52.04	187.83
内丘县	93.60	93.60	163.60	32.40	163.60
柏乡县	113.17	113.17	187.54	39.03	187.54
隆尧县	132.15	132.15	262.11	68.66	262.11
宁晋县	194.80	194.80	612.96	227.50	612.96
巨鹿县	146.49	146.49	362.23	107.48	362.23
新河县	84.00	84.00	184.00	25.00	184.00
广宗县	77.80	77.80	190.54	47.36	190.54
平乡县	117.94	117.94	232.90	58.52	232.90
威　县	152.87	150.30	436.01	137.77	373.52
清河县	208.67	208.67	444.08	226.42	444.08
临西县	115.60	115.60	238.07	81.41	238.07

County Seat Road and Bridge by County(2021)

桥梁数(座) Number of Bridges (unit)	大桥及特大桥 Great Bridge and Grand Bridge	立交桥 Intersection	道路照明灯盏数(盏) Number of Road Lamps (unit)	安装路灯道路长度(公里) Length of The Road with Street Lamp (km)	地下综合管廊长度(公里) Length of The Utility Tunnel (km)	新建地下综合管廊长度(公里) Length of the New-built Utility Tunnel (km)
17810	**2213**	**437**	**9385315**	**120319.40**	**1050.21**	**281.56**
766	**100**	**58**	**600072**	**9185.07**	**80.54**	**9.25**
17	2		5857	42.10		
18	1	4	12799	151.00	41.65	1.64
16	2	4	4376	41.12		
11			4522	113.06		
3		3	7452	82.78		
			2350	42.00		
4	1	1	2821	43.29		
			2695	67.00		
3			3822	86.62		
6	2	2	6271	106.15		
5	1		5128	76.92		
6		2	9204	79.46		
15			9592	112.00		
10	1		8539	66.78		
10		6	4189	80.50		
25	19	3	7963	171.78	11.36	
20			2490	56.30		
25		5	6989	116.00		
7			7143	53.69		
			10975	182.63		
			7046	167.66		
18			5859	223.22		
13	2		18303	379.91		
26		3	6900	168.00		
7			7766	132.24		
			4568	114.20		
15						
			9486	118.00		
			30570	241.00		
26	1		5275	119.50		
5			6462	86.20		
			3365	56.00		
5			4618	48.27		
			7657	123.00		
			11179	134.50		
5			9679	135.99		
			1845	46.00		
3			1885	46.10		
			6187	156.92		
12			11391	141.65		
2			12075	182.00		
			3480	84.00		

9-2 续表 1

县名称 Name of Counties	道路长度(公里) Length of Roads (km)	建成区 in Built District	道路面积(万平方米) Surface Area of Roads (10,000 m^2)	人行道面积 Surface Area of Sidewalks	建成区 in Built District
博野县	81.50	81.50	171.00	45.90	171.00
涞水县	113.76	113.76	209.85	40.39	209.85
阜平县	77.35	75.42	117.95	5.95	114.11
白沟新城	192.00	192.00	282.00	65.00	282.00
定兴县	130.07	130.07	280.25	162.59	280.25
唐　县	89.27	86.30	213.61	46.08	178.29
高阳县	125.72	125.72	246.87	90.24	246.87
涞源县	121.83	121.83	225.00	63.00	225.00
望都县	115.77	115.77	244.76	31.36	244.76
易　县	62.70	62.70	197.80	29.60	197.80
曲阳县	148.10	148.10	262.05	75.67	262.05
蠡　县	101.40	97.40	186.40	5.40	169.20
顺平县	83.82	80.76	132.40	26.50	131.08
张北县	183.00	183.00	330.60	44.07	330.60
康保县	89.00	89.00	216.99	57.22	216.99
沽源县	66.38	66.38	175.50	52.50	175.50
尚义县	82.73	82.73	149.07	33.67	149.07
蔚　县	141.30	119.89	228.27	59.30	193.45
阳原县	91.22	91.22	154.10	45.08	154.10
怀安县	76.47	76.47	176.93	52.58	176.93
怀来县	135.72	135.72	249.72	41.00	249.72
涿鹿县	75.01	75.01	242.28	43.04	242.28
赤城县	72.49	72.49	108.87	41.15	108.87
承德县	82.55	75.95	154.84	53.56	117.24
兴隆县	150.23	84.10	175.63	21.58	140.36
滦平县	119.80	80.80	155.14	60.58	134.08
隆化县	83.48	83.18	162.37	55.71	161.57
丰宁满族自治县	106.07	78.60	175.09	45.88	147.83
宽城满族自治县	108.26	108.26	183.02	56.27	183.02
围场满族蒙古族自治县	66.46	66.46	127.91	17.62	127.91
青　县	188.22	188.22	330.33	104.85	330.33
东光县	109.44	109.44	174.48	56.69	174.48
海兴县	73.41	73.41	196.97	48.92	196.97
盐山县	127.15	127.15	270.14	63.18	270.14
肃宁县	139.56	139.56	316.93	66.18	316.93
南皮县	120.46	120.46	224.42	67.03	224.42
吴桥县	105.84	105.84	271.33	62.83	271.33
献　县	129.15	116.15	273.37	76.87	246.69
孟村回族自治县	78.73	78.73	148.98	33.29	148.98
固安县	200.16	200.16	360.30	44.40	360.30
永清县	93.20	93.20	150.23	42.13	150.23
香河县	223.20	223.20	348.51	41.00	348.51
大城县	85.44	85.44	181.26	45.56	181.26
文安县	79.99	79.99	187.03	42.73	187.03
大厂回族自治县	142.34	142.34	277.44	68.82	277.44

continued

桥梁数（座） Number of Bridges (unit)	大桥及特大桥 Great Bridge and Grand Bridge	立交桥 Intersection	道路照明灯盏数（盏） Number of Road Lamps (unit)	安装路灯道路长度（公里） Length of The Road with Street Lamp (km)	地下综合管廊长度（公里） Length of The Utility Tunnel (km)	新建地下综合管廊长度（公里） Length of the New-built Utility Tunnel (km)
			3933	65.00		
			8979	57.20		
18	5		3182	48.76		
			18346	127.40		
4		4	4392	92.40	0.50	
26			4814	46.70		
3			2475	58.63		
			2384	37.30	19.42	
11			3880	90.64		
4			2513	62.70		
11			4947	44.60		
7			2840	71.00		
4			2699	43.09		
7	5	2	6260	183.00		
			3384	40.12		
4	4		3834	66.38		
19	4		1052	32.66		
			9445	109.42		
			3422	64.33		
9		9	5257	76.47		
12	12		6390	134.22		
			6998	61.50		
			2134	52.32		
			5230	67.01		
9	3		3799	61.13	1.00	1.00
9			6600	100.80	2.47	2.47
16	7		2946	66.50		
24			4703	88.89		
7	6		4233	64.89		
7			2910	55.00		
19	16	3	10849	111.00		
14		3	4155	68.15		
3			4643	47.00		
			6560	67.40		
14			6983	57.40		
2	2		8924	98.00		
14		3	4358	90.20		
22			8725	97.75		
9			5600	72.80		
1			12718	200.16		
			2778	57.00		
11			5945	92.53		
10			3815	73.80		
2			1716	35.08		
4			9420	116.94		

9-2 续表 2

县名称 Name of Counties	道路长度(公里) Length of Roads (km)	建成区 in Built District	道路面积(万平方米) Surface Area of Roads (10,000 m^2)	人行道面积 Surface Area of Sidewalks	建成区 in Built District
枣强县	196.78	196.77	262.82	84.41	261.32
武邑县	123.26	121.77	252.49	84.83	241.81
武强县	124.42	32.44	209.28	38.11	79.48
饶阳县	189.02	186.63	305.70	70.63	217.41
安平县	142.23	142.23	393.60	113.78	393.60
故城县	224.67	188.05	648.36	131.56	570.42
景　县	161.73	161.73	472.51	127.94	472.51
阜城县	136.00	136.00	360.00	100.00	360.00
容城县	72.52	72.52	123.73	30.95	123.73
雄　县	92.46	92.46	186.50	25.50	186.50
安新县	78.00	56.00	67.00	15.00	54.00
山　西	**5580.13**	**5320.30**	**10681.28**	**2588.28**	**10149.67**
清徐县	55.17	55.17	167.28	61.52	167.28
阳曲县	33.53	33.53	78.73	14.97	78.73
娄烦县	44.33	44.33	56.35	11.27	56.35
阳高县	92.01	92.01	169.11	2.92	169.11
天镇县	129.84	129.84	102.20	15.09	99.64
广灵县	89.84	85.32	186.57	63.00	169.30
灵丘县	70.10	67.55	165.05	50.27	20.04
浑源县	113.95	113.95	206.07	47.46	206.07
左云县	57.92	49.38	103.37	30.66	94.53
云州区	100.12	99.80	113.05	30.36	113.04
平定县	35.30	35.30	69.56	31.94	69.56
盂　县	52.70	34.20	73.30	18.50	73.30
襄垣县	123.43	123.43	331.33	79.17	331.33
平顺县	42.12	42.12	100.74	21.94	100.74
黎城县	56.90	56.90	109.90	15.80	109.90
壶关县	104.66	104.66	196.30	64.00	196.30
长子县	89.74	89.74	218.46	54.25	218.46
武乡县	40.80	40.54	76.92	26.75	70.28
沁　县	49.38	49.38	91.00	31.22	91.00
沁源县	46.61	45.39	84.02	19.01	83.10
沁水县	99.80	99.80	111.73	18.18	111.73
阳城县	101.65	80.82	192.54	39.74	186.20
陵川县	55.70	38.90	88.35	30.80	72.00
山阴县	89.83	89.83	141.74	32.37	107.80
应　县	149.63	149.63	181.06	35.71	181.06
右玉县	51.54	49.15	146.07	23.22	140.25
榆社县	86.25	85.03	108.28	31.40	108.28
左权县	88.20	70.00	175.00	35.00	150.00
和顺县	61.79	26.16	146.13	39.63	146.13
昔阳县	57.60	57.60	100.89	31.90	100.89
寿阳县	96.29	96.29	218.40	54.68	218.40
太谷区	119.67	119.67	268.39	53.82	268.39
祁　县	82.77	82.77	134.01	31.46	134.01

continued

桥梁数(座) Number of Bridges (unit)	大桥及特大桥 Great Bridge and Grand Bridge	立交桥 Intersection	道路照明灯盏数(盏) Number of Road Lamps (unit)	安装路灯道路长度(公里) Length of The Road with Street Lamp (km)	地下综合管廊长度(公里) Length of The Utility Tunnel (km)	新建地下综合管廊长度(公里) Length of the New-built Utility Tunnel (km)
15			7689	180.24	2.54	2.54
4			4658	83.95	1.60	1.60
16			5052	86.47		
			4554	75.52		
11			12147	142.23		
30			7223	140.40		
6			5589	86.54		
5			4800	118.00		
			1877	41.11		
5	4	1	1748	39.00		
			2792	60.80		
528	**105**	**39**	**334945**	**3902.24**	**19.61**	**19.61**
3			4420	55.17		
3	1		2673	59.60		
5	5		1566	30.00		
			3583	50.87		
6			2038	43.94		
6			1573	12.58		
			736	12.45		
			5200	46.87		
3	2		3950	52.00		
			2870	40.00		
14			2627	49.00		
7			9782	117.00		
27			5980	85.05		
18	17	1				
3			1534	41.00		
1			4180	45.00		
3	3		10818	89.74	6.10	6.10
5	5		2348	27.98	1.70	1.70
2			1572	38.38		
18	6		2500	43.00		
28			5424	108.12		
30	9	2	6982	75.62		
3	3		1605	47.53		
			3026	62.22		
6			3795	48.82		
9		3	4397	87.58		
12			3422	51.00		
6			4500	54.00		
15			3658	51.09		
17			2482	30.63	4.65	4.65
15		15	14970	109.16		
1	1		17316	159.83		

9-2 续表 3

县名称 Name of Counties	道路长度(公里) Length of Roads (km)	建成区 in Built District	道路面积(万平方米) Surface Area of Roads (10,000 m^2)	人行道面积 Surface Area of Sidewalks	建成区 in Built District
平遥县	195.95	179.31	388.89	108.46	288.32
灵石县	51.85	51.85	127.54	27.54	127.54
临猗县	98.04	98.04	291.21	68.49	291.21
万荣县	62.87	62.87	241.10	46.71	241.10
闻喜县	120.54	120.54	204.63	38.84	204.63
稷山县	70.37	70.37	160.26	53.30	160.26
新绛县	111.10	111.10	202.98	48.42	202.98
绛　县	31.04	31.04	120.33	30.73	120.33
垣曲县	82.19	82.19	204.60	47.85	204.60
夏　县	32.18	32.18	111.75	28.31	111.72
平陆县	67.55	67.55	99.03	26.40	99.03
芮城县	70.20	70.20	172.86	50.21	172.86
定襄县	61.04	56.99	111.64	32.36	105.14
五台县	48.76	48.76	135.11	19.59	135.11
代　县	66.65	66.65	109.89	24.37	109.89
繁峙县	111.82	111.82	127.38	25.87	127.38
宁武县	59.00	59.00	59.05	26.70	58.00
静乐县	88.13	85.53	104.09	27.29	99.76
神池县	54.23	54.23	119.60	47.06	119.60
五寨县	94.09	93.04	113.10	28.32	97.30
岢岚县	71.18	60.75	83.03	8.06	71.18
河曲县	77.99	77.99	154.01	38.04	154.01
保德县	73.59	70.89	125.93	33.46	119.81
偏关县	50.01	50.01	56.87	9.84	56.87
曲沃县	47.67	47.67	136.25	33.50	136.25
翼城县	52.18	52.18	163.78	37.26	163.78
襄汾县	60.87	60.87	139.51	30.63	139.51
洪洞县	68.82	68.82	204.15	44.05	204.15
古　县	18.97	18.97	39.85	16.89	39.85
安泽县	23.82	23.82	48.33	13.00	48.33
浮山县	47.00	44.18	72.91	16.59	72.88
吉　县	25.70	25.70	34.10	10.20	34.10
乡宁县	67.56	66.90	133.05	29.14	131.70
大宁县	24.33	24.33	39.57	10.58	39.57
隰　县	45.81	45.81	82.84	23.65	82.84
永和县	18.49	2.00	29.22	1.72	29.22
蒲　县	36.70	36.70	66.02	10.26	66.02
汾西县	50.18	50.18	58.61	1.81	75.61
文水县	87.90	87.02	216.01	47.11	215.06
交城县	108.84	108.84	153.34	45.25	153.34
兴　县	83.00	53.90	174.63	45.18	124.11
临　县	56.50	56.00	102.08	6.53	97.16
柳林县	48.18	47.85	108.50	32.53	108.49
石楼县	18.85	18.85	28.58	8.90	28.58
岚　县	28.17	28.17	87.70	25.50	87.70

continued

桥梁数(座) Number of Bridges (unit)	大桥及特大桥 Great Bridge and Grand Bridge	立交桥 Intersection	道路照明灯盏数(盏) Number of Road Lamps (unit)	安装路灯道路长度(公里) Length of The Road with Street Lamp (km)	地下综合管廊长度(公里) Length of The Utility Tunnel (km)	新建地下综合管廊长度(公里) Length of the New-built Utility Tunnel (km)
5	1	4	13835	74.20		
1	1		6112	36.10		
1		1	5964	82.60		
4			4780	52.03		
15		3	4569	38.00		
1			2600	28.50		
2	2		8500	111.10		
			2876	31.04		
14			3568	61.50		
7			3082	31.71		
			3104	33.75		
			4710	34.21		
			2443	36.60		
3			3086	43.00		
6			3081	24.85		
1	1		5085	90.19		
1	1		5500	50.00		
5	5		1544	56.00		
			2134	42.20		
10		1				
			2669	82.40		
			4390	39.10		
23			8149	73.59		
3			1595	49.76		
			3872	34.57		
			5962	50.30		
10	1	8	3600	31.80		
7	6	1	13337	67.92		
3	3		1928	16.71		
			2300	17.00		
			2128	42.80		
10			1760	25.70		
11	1		6700	43.00		
3			2285	22.80		
11	1		2285	27.26		
10			1850	13.50		
28			6262	36.70	7.16	7.16
			2218	20.37		
6			8000	52.27		
5	5		6568	69.84		
5	5		2588	61.00		
5			4023	49.00		
7			3182	37.65		
			1200	17.50		
8	8		3474	37.09		

9-2 续表 4

县名称 Name of Counties	道路长度（公里） Length of Roads (km)	建成区 in Built District	道路面积（万平方米） Surface Area of Roads (10,000 m²)	人行道面积 Surface Area of Sidewalks	建成区 in Built District
方山县	33.11	33.11	62.91	11.17	62.91
中阳县	55.60	15.00	82.88	25.28	7.00
交口县	52.34	52.34	79.68	17.32	79.68
内蒙古	**7256.91**	**6913.11**	**15167.99**	**4101.93**	**14456.79**
土左旗	51.20	51.00	145.00	38.00	143.00
托　县	61.30	58.00	150.00	28.00	141.00
和林县	42.50	42.50	39.50	5.60	39.50
清水河县	67.40	65.00	79.43	43.33	67.10
武川县	48.68	40.54	141.00	60.20	111.00
土右旗	118.36	118.36	293.61	93.10	293.61
固阳县	99.40	94.60	285.56	94.80	228.30
达尔罕茂明安联合旗	33.00	33.00	85.80	21.00	85.80
阿鲁科尔沁旗	112.46	112.46	335.38	87.39	335.38
巴林左旗	102.29	101.97	337.26	97.19	336.28
巴林右旗	83.17	83.17	249.86	35.78	249.86
林西县	154.54	154.54	266.35	57.04	266.35
克什克腾旗	41.18	41.18	99.07	18.76	99.07
翁牛特旗	188.80	188.80	561.72	113.00	558.00
喀喇沁旗	70.19	70.19	140.64	24.04	140.64
宁城县	72.75	72.75	240.92	48.18	240.92
敖汉旗	128.44	121.78	513.50	91.77	490.12
科左中旗	67.21	66.61	174.38	83.96	143.88
科左后旗	174.01	131.12	246.60	95.60	128.17
开鲁县	108.96	108.96	258.18	80.94	258.18
库伦旗	106.12	106.12	124.01	49.01	124.01
奈曼旗	100.59	100.59	229.81	76.80	229.81
扎鲁特旗	87.10	87.10	115.49	28.49	115.49
达拉特旗	175.80	175.80	473.24	147.70	473.24
准格尔旗	166.74	163.53	477.83	139.13	477.83
鄂托克前旗	96.59	95.53	252.55	74.47	252.55
鄂托克旗	60.81	60.81	179.11	57.58	179.11
杭锦旗	64.30	64.30	229.74	61.10	229.74
乌审旗	152.35	152.35	409.48	104.41	409.48
伊金霍洛旗	310.69	246.31	1124.09	257.46	1124.09
阿荣旗	197.30	192.60	264.77	56.21	264.77
莫　旗	108.19	108.19	204.94	44.61	204.94
鄂伦春旗	89.00	84.30	95.00	30.00	95.00
鄂温克旗	162.21	162.21	212.50	54.83	212.50
陈巴尔虎旗	59.48	59.48	79.53	18.72	79.53
新左旗	36.00	32.00	56.00	10.00	50.00
新右旗	42.02	39.82	84.81		84.81
五原县	242.42	225.88	297.31	80.65	216.51
磴口县	89.24	86.00	145.00	33.49	136.72
乌拉特前旗	109.77	109.77	283.55	95.90	283.55
乌拉特中旗	101.80	86.53	203.48	47.20	172.96

continued

桥梁数(座) Number of Bridges (unit)	大桥及特大桥 Great Bridge and Grand Bridge	立交桥 Intersection	道路照明灯盏数(盏) Number of Road Lamps (unit)	安装路灯道路长度(公里) Length of The Road with Street Lamp (km)	地下综合管廊长度(公里) Length of The Utility Tunnel (km)	新建地下综合管廊长度(公里) Length of the New-built Utility Tunnel (km)
8			980	19.80		
15	12		1650	34.00		
8			1890	46.00		
348	**50**	**15**	**405517**	**5131.48**	**30.39**	**0.13**
6	2		2102	47.50		
5			5442	33.00		
12			717	11.21		
2			4809	37.00		
			13554	74.20		
9			8755	75.00		
6	6		1180	24.00		
17	2		6391	111.03		
7			3312	48.00		
11			2134	57.00		
3			4585	104.36		
5			1266	41.18		
11			3798	55.00		
18	7		2235	39.30		
3	1	2	5466	110.78		
13			3400	75.23		
6	4	5	3062	63.90		
4			4279	65.40		
2		2	3773	80.00		
1			2512	51.65		
			5301	91.00		
3			14314	87.00		
			9136	164.70		
20			12269	125.03		
			2654	65.25		
4			5571	78.70	0.29	0.13
			5787	43.00		
1	1		6567	148.50		
23	1	1	29897	252.00	14.80	
			4169	75.40		
2			2131	21.00		
2	2		14605	85.18		
			3385	25.70		
			3600	24.20		
			1384	32.00		
			6364	211.74		
5	3	2	5533	89.24		
6			9400	99.00		
6			7524	101.80		

9-2 续表 5

县名称 Name of Counties	道路长度(公里) Length of Roads (km)	建成区 in Built District	道路面积(万平方米) Surface Area of Roads (10,000 m^2)	人行道面积 Surface Area of Sidewalks	建成区 in Built District
乌拉特后旗	51.65	41.50	147.72	47.88	118.18
杭锦后旗	175.53	169.88	303.63	128.39	295.57
卓资县	78.65	78.65	232.81	45.06	232.81
化德县	123.30	123.30	150.40	22.20	150.40
商都县	158.72	158.72	318.31	96.78	318.31
兴和县	169.80	169.71	203.76	36.60	203.65
凉城县	206.39	206.39	240.79	74.81	240.79
察右前旗	114.51	112.51	235.43	91.97	221.97
察右中旗	74.93	74.93	129.94	40.83	129.94
察右后旗	65.55	65.55	154.45	15.60	154.45
四子王旗	239.08	164.29	303.50	84.16	177.64
科尔沁右翼前旗	78.94	57.22	293.89	30.31	194.60
科右中旗	111.63	111.63	201.46	85.75	201.46
扎赉特旗	77.63	77.63	163.77	33.93	163.77
突泉县	91.98	91.98	148.14	27.74	148.14
阿巴嘎旗	45.00	45.00	79.10	35.60	79.10
苏尼特左旗	34.49	34.49	63.40	21.00	63.40
苏尼特右旗	80.68	80.68	137.23	32.01	137.23
东乌珠穆沁旗	54.74	54.74	93.63	19.21	93.63
西乌珠穆沁旗	114.23	114.23	189.86	79.32	189.86
太仆寺旗	84.36	84.36	136.72	58.64	136.72
镶黄旗	73.83	73.83	95.18	31.50	95.18
正镶白旗	27.00	26.59	54.15	13.79	33.00
正蓝旗	63.65	63.65	115.47	40.22	115.47
多伦县	151.70	111.34	163.18	44.35	163.18
阿拉善左旗	211.00	211.00	427.89	130.60	427.89
阿拉善右旗	35.72	35.70	68.53	23.01	68.00
额济纳旗	77.86	77.86	129.65	25.23	129.65
辽　宁	**1940.35**	**1776.73**	**3295.59**	**807.59**	**3001.36**
康平县	140.92	140.92	248.43	52.91	248.43
法库县	149.77	149.77	260.88	53.37	260.88
长海县	19.90	19.90	20.85	5.53	20.85
台安县	107.31	64.26	192.93	20.53	134.88
岫岩满族自治县	60.96	60.96	110.02	29.00	110.02
抚顺县					
新宾满族自治县	31.09	31.09	57.63	19.89	57.63
清原满族自治县	47.56	47.56	92.63	23.75	90.63
本溪满族自治县	94.40	94.40	123.49	30.83	123.49
桓仁满族自治县	87.80	74.59	183.27	37.03	174.36
宽甸满族自治县	81.74	81.74	101.40	26.50	101.40
黑山县	99.83	96.24	192.62	81.35	110.77
义　县	60.33	60.33	116.67	28.95	116.67
阜新蒙古族自治县	56.74	56.74	107.24	29.80	68.95
彰武县	48.64	48.02	65.05	27.55	61.30
辽阳县	84.40	83.60	154.60	36.93	152.00

continued

桥梁数 (座) Number of Bridges (unit)			道路照明灯盏数 (盏) Number of Road Lamps (unit)	安装路灯道路长度 (公里) Length of The Road with Street Lamp (km)	地下综合管廊长度 (公里) Length of The Utility Tunnel (km)	新建地下综合管廊长度 (公里) Length of the New-built Utility Tunnel (km)
	大桥及特大桥 Great Bridge and Grand Bridge	立交桥 Intersection				
11			2105	51.60		
6			8211	137.00		
11			11668	72.51		
1		1	3501	30.00		
			4555	101.64		
4			4210	106.40		
8			5347	84.00		
			1400	70.00		
7			2732	74.93		
3			5442	45.30		
3			8260	95.33		
6	6		13225	55.01		
5	2	1	12173	97.72		
24			5968	59.64		
1	1		4499	55.00	15.30	
2			1181	40.00		
			3565	30.92		
			3423	54.30		
			2205	54.74		
1			2174	64.25		
9			3936	86.00		
4			1588	38.70		
			1515	26.50		
2			6482	62.14		
14			11253	147.00		
13	12	1	30371	124.95		
			863	184.00		
			11302	56.72		
196	**6**	**3**	**132439**	**1418.66**	**3.20**	**0.40**
			3186	71.00		
18			7041	125.45		
1	1		635	19.90		
			5680	79.22		
12			2238	48.06		
7			4901	41.93		
5			3986	47.56		
6			11775	89.00		
			14951	76.24		
5			4095	40.40		
20			3324	75.29		
			3778	53.00		
2		1	4081	38.00		
4			1690	40.69		
8			5359	54.90		

9-2 续表 6

县名称 Name of Counties	道路长度(公里) Length of Roads (km)	建成区 in Built District	道路面积(万平方米) Surface Area of Roads (10,000 m^2)	人行道面积 Surface Area of Sidewalks	建成区 in Built District
盘山县	140.80	117.83	241.48	51.40	220.56
铁岭县					
西丰县	38.00	38.00	46.50	7.46	46.00
昌图县	143.57	143.57	255.76	52.26	255.76
朝阳县	99.96	32.95	130.05	14.89	69.10
建平县	80.67	68.30	137.18	50.30	121.31
喀喇沁左翼蒙古族自治县	104.16	104.16	205.60	57.05	205.06
绥中县	62.98	62.98	116.70	36.51	116.70
建昌县	98.82	98.82	134.61	33.80	134.61
吉　林	**1537.36**	**1476.40**	**2894.29**	**812.46**	**2813.08**
农安县	109.81	109.81	294.72	44.21	294.72
永吉县	92.46	85.96	146.00	44.00	146.00
梨树县	73.40	67.52	149.06	26.56	149.06
伊通满族自治县	75.43	63.33	204.36	92.24	169.35
东丰县	64.83	64.83	202.97	62.53	202.97
东辽县	51.58	51.58	100.10	19.00	100.10
通化县	75.56	75.56	97.31	29.01	97.31
辉南县	60.69	60.69	135.52	39.61	135.52
柳河县	62.90	58.67	138.55	48.07	132.89
抚松县	60.11	60.11	118.80	29.64	118.80
靖宇县	64.43	63.25	109.05	32.62	109.05
长白朝鲜族自治县	43.01	43.01	44.64	12.07	44.64
前郭县	64.47	60.27	257.23	88.88	256.67
长岭县	140.65	140.65	175.15	40.28	175.15
乾安县	100.33	94.33	149.68	50.73	132.68
镇赉县	196.07	175.20	231.04	57.66	208.06
通榆县	74.71	74.71	122.33	29.33	122.33
汪清县	79.32	79.32	139.06	42.76	139.06
安图县	47.60	47.60	78.72	23.26	78.72
黑龙江	**4120.67**	**3982.33**	**5074.40**	**1083.58**	**4771.80**
依兰县	129.76	129.58	159.16	31.48	157.94
方正县	88.56	88.56	99.87	11.88	99.87
宾　县	136.10	136.10	135.40	27.90	135.40
巴彦县	189.35	187.35	157.44	6.10	149.35
木兰县	128.35	128.00	103.74	22.91	73.20
通河县	93.14	93.14	94.62	13.57	94.62
延寿县	147.70	147.70	181.08	52.47	181.08
龙江县	103.33	103.10	196.70	47.02	195.68
依安县	100.35	100.35	139.71	35.70	139.71
泰来县	54.37	54.37	106.31	44.24	87.31
甘南县	59.12	59.12	96.91	14.19	96.91
富裕县	64.00	64.00	88.35	6.85	88.35
克山县	60.49	58.49	74.49	10.12	74.49
克东县	37.00	37.00	55.40	8.00	55.40
拜泉县	54.58	54.58	65.58	7.00	65.58

continued

桥梁数(座) Number of Bridges (unit)			道路照明灯盏数(盏) Number of Road Lamps (unit)	安装路灯道路长度(公里) Length of The Road with Street Lamp (km)	地下综合管廊长度(公里) Length of The Utility Tunnel (km)	新建地下综合管廊长度(公里) Length of the New-built Utility Tunnel (km)
	大桥及特大桥 Great Bridge and Grand Bridge	立交桥 Intersection				
15			13703	114.69		
10			5886	38.80		
22		2	9587	51.40		
10	5		959	22.40	3.20	0.40
5			4304	69.89		
14			8789	94.78		
10			6120	55.06		
22			6371	71.00		
156	**37**	**10**	**139529**	**1102.30**		
4		1	12643	88.37		
12	6		3480	83.00		
9			12739	68.67		
11			12401	35.41		
12	10	2	5313	27.64		
4	4		5714	51.58		
15			8362	31.60		
7		2	9833	65.21		
14	7		9565	59.62		
6	1		3006	59.00		
14			6598	39.13		
5			6069	43.01		
			3994	45.14		
			15780	82.13		
7			2829	65.53		
5	1	2	6751	86.21		
3		2	7582	49.87		
15	8		4044	74.42		
13		1	2826	46.76		
291	**25**	**20**	**178274**	**2497.95**		
2	2		9747	89.10		
4			4508	50.78		
18	18		4498	61.29		
4			2871	36.57		
6			5130	34.00		
			5525	15.00		
30			7060	138.68		
11		2	4804	102.86		
1		1	4330	46.93		
4		4	2749	50.31		
4			2987	45.00		
1			4094	52.00		
10			3799	58.50		
			3180	37.00		
1			1110	16.70		

9-2 续表 7

县名称 Name of Counties	道路长度（公里） Length of Roads (km)	建成区 in Built District	道路面积（万平方米） Surface Area of Roads (10,000 m^2)	人行道面积 Surface Area of Sidewalks	建成区 in Built District
鸡东县	39.91	39.91	48.64	8.90	48.64
萝北县	83.18	83.18	121.52	31.40	121.52
绥滨县	61.90	50.90	83.44	30.54	83.44
集贤县	108.41	108.41	132.98	27.97	132.98
友谊县	43.54	43.54	86.63	25.15	86.63
宝清县	179.59	162.19	178.92	22.72	162.73
饶河县	65.43	62.90	69.63	13.25	67.60
肇州县	43.52	43.52	74.60	24.48	74.60
肇源县	54.74	54.74	119.90	41.06	119.90
林甸县	127.00	127.00	142.00	55.00	142.00
杜尔伯特蒙古族自治县	39.35	39.35	72.26	11.76	72.26
嘉荫县	38.48	38.48	42.86	10.71	42.86
汤旺县	95.76	95.76	74.75	17.91	74.75
丰林县	159.21	159.21	140.62	45.24	140.62
大箐山县	47.26	47.26	40.08	2.96	40.08
南岔县	182.18	182.18	167.17	46.00	167.17
桦南县	93.39	93.39	121.57	17.72	121.57
桦川县	83.66	82.80	117.11	33.07	117.11
汤原县	78.39	5.60	144.14	35.37	10.50
勃利县	95.76	95.76	96.10	22.74	95.76
林口县	129.06	126.71	207.71	25.22	198.82
逊克县	47.30	47.30	57.83	13.10	57.83
孙吴县	42.42	36.20	51.40	11.84	30.13
望奎县	93.18	90.62	141.45	25.42	131.95
兰西县	74.51	72.71	133.60	13.50	131.60
青冈县	118.82	117.75	129.33	32.63	129.33
庆安县	54.47	54.47	121.68	28.78	121.68
明水县	61.30	61.30	69.65	12.97	70.85
绥棱县	83.34	83.34	92.65	12.01	92.62
呼玛县	62.30	62.30	40.20	5.69	40.20
塔河县	82.91	67.91	67.33	5.73	17.29
加格达奇区	104.20	104.20	131.89	33.31	131.89
江　苏	**5607.27**	**4766.58**	**11633.31**	**2413.46**	**9758.39**
丰　县	256.09	172.48	631.41	180.99	410.77
沛　县	365.31	284.22	934.14	197.81	551.52
睢宁县	210.80	194.30	557.94	131.70	474.90
如东县	281.64	272.42	666.94	143.48	644.48
东海县	363.58	206.96	820.45	77.22	420.78
灌云县	216.30	164.10	460.76	116.02	341.47
灌南县	247.71	247.71	556.45	40.43	556.45
涟水县	397.42	303.54	650.75	98.00	380.56
盱眙县	268.74	262.74	524.69	66.93	524.69
金湖县	275.33	275.33	331.06	84.55	331.07
响水县	151.83	125.80	255.04	72.50	247.00
滨海县	200.37	200.37	621.92	135.74	621.92

continued

桥梁数 (座) Number of Bridges (unit)	大桥及特大桥 Great Bridge and Grand Bridge	立交桥 Intersection	道路照明灯 盏 数 (盏) Number of Road Lamps (unit)	安装路灯道路长度 (公里) Length of The Road with Street Lamp (km)	地下综合管廊长度 (公里) Length of The Utility Tunnel (km)	新建地下综合管廊长度 (公里) Length of the New-built Utility Tunnel (km)
23			1705	51.08		
			1980	69.07		
			1870	33.00		
9		1	3372	52.36		
			2987	40.62		
10			2918	98.70		
3			4938	62.06		
			2625	42.00		
			2711	54.74		
1		1	2100	21.00		
2		2	2481	58.50		
1			1260	26.45		
12	2		2084	40.79		
8			3719	68.63		
5			682	8.53		
7			2980	40.00		
1		1	10571	89.05		
5			6777	82.80		
9		1	6444	63.50		
16		1	6695	104.06		
46		3	3315	46.77		
3			3409	51.29		
10			2535	40.01		
			5651	54.95		
2	2		2292	23.46		
			5269	59.99		
2			2113	40.11		
3			4211	38.50		
			3888	48.85		
1	1		1165	21.00		
3		2	1922	40.00		
13		1	5213	91.36		
751	**92**	**14**	**395802**	**4796.06**	**6.25**	
30			17258	178.62		
37	7	4	20786	249.34		
77	6		25534	210.80		
63	8		21079	278.00		
31		6	23320	363.58		
50		3	24069	216.13		
10			11511	213.73		
28	6		13270	291.90	6.25	
9			20597	260.82		
46			16640	263.00		
16	3		12521	151.83		
44			10303	200.37		

9-2 续表 8

县名称 Name of Counties	道路长度（公里） Length of Roads (km)	建成区 in Built District	道路面积（万平方米） Surface Area of Roads (10,000 m^2)	人行道面积 Surface Area of Sidewalks	建成区 in Built District
阜宁县	237.03	117.01	526.57	158.59	364.22
射阳县	315.86	222.17	487.53	131.25	352.65
建湖县	216.05	136.40	454.82	116.41	399.56
宝应县	275.37	275.37	536.61	147.64	536.61
沭阳县	540.68	535.85	1132.83	242.50	1132.81
泗阳县	393.33	393.33	750.47	173.55	750.47
泗洪县	393.83	376.48	732.93	98.15	716.46
浙　江	**6748.85**	**5785.49**	**11327.73**	**2586.99**	**10124.04**
桐庐县	213.41	203.23	318.00	87.58	317.48
淳安县	183.13	109.82	278.47	70.59	234.27
象山县	505.04	434.26	903.28	221.26	724.90
宁海县	479.26	458.66	785.71	122.03	785.71
永嘉县	103.18	75.18	140.33	38.47	110.03
平阳县	105.90	89.05	128.43	42.93	105.76
苍南县	165.38	147.53	325.53	78.64	276.10
文成县	36.32	26.31	57.12	12.60	53.78
泰顺县	50.73	48.49	88.70	13.73	84.86
嘉善县	332.46	323.39	567.66	138.21	551.50
海盐县	229.29	213.48	557.56	164.74	459.91
德清县	325.64	325.64	761.82	181.13	756.52
长兴县	389.96	389.15	1012.08	217.04	1011.84
安吉县	545.60	313.01	903.90	125.02	534.88
新昌县	410.64	374.96	542.10	118.82	459.45
武义县	468.18	221.37	514.14	98.90	391.51
浦江县	212.08	210.08	470.22	126.22	464.73
磐安县	61.61	59.46	83.52	19.66	81.32
常山县	192.42	190.71	256.49	54.22	251.00
开化县	172.12	148.65	172.26	52.54	172.26
龙游县	137.16	136.11	166.05	56.00	164.69
岱山县	101.25	85.71	177.13	21.65	140.52
嵊泗县	27.86	27.86	29.41	5.71	29.41
三门县	142.71	126.00	215.43	53.25	215.43
天台县	151.77	151.37	351.00	80.67	350.44
仙居县	162.28	161.94	285.18	112.88	284.77
青田县	97.46	91.30	132.85	23.51	113.00
缙云县	111.82	92.89	186.07	43.61	157.71
遂昌县	193.79	125.82	304.43	37.38	247.30
松阳县	130.96	129.23	171.94	41.39	166.53
云和县	128.90	120.56	208.50	51.50	201.95
庆元县	100.41	95.07	137.23	53.45	129.50
景宁县	80.13	79.20	95.19	21.66	94.98
安　徽	**9694.88**	**8502.23**	**22448.37**	**5255.20**	**19527.46**
长丰县	185.72	130.11	372.42	53.44	301.23
肥西县	350.87	230.68	759.43	166.90	555.00
肥东县	181.86	181.86	546.65	80.25	546.65

continued

桥梁数（座） Number of Bridges (unit)	大桥及特大桥 Great Bridge and Grand Bridge	立交桥 Intersection	道路照明灯盏数（盏） Number of Road Lamps (unit)	安装路灯道路长度（公里） Length of The Road with Street Lamp (km)	地下综合管廊长度（公里） Length of The Utility Tunnel (km)	新建地下综合管廊长度（公里） Length of the New-built Utility Tunnel (km)
25	6		20092	237.03		
18			19215	286.24		
46	46					
70			21015	275.37		
46			71402	524.00		
31			25034	282.00		
74	10	1	22156	313.30		
1632	**132**	**31**	**326179**	**5189.34**	**3.13**	**2.63**
6	5		16330	136.46		
20	3		16385	99.28		
147			13596	331.94	0.50	
57	4		39177	439.23		
30	1	14	3937	87.83		
149		2	3865	95.00		
63	2		6277	126.90		
26			2423	29.64		
2			4613	49.59		
193	1	4	12264	199.24		
154	3		10428	229.29		
77	5	1	22027	223.00		
131	1	4	17295	382.33		
32		1	19674	319.42	1.63	1.63
49	10	1	10563	229.48		
42	14	1	12245	321.04		
41			9900	205.55		
18			4536	50.60	1.00	1.00
19	5		18553	161.16		
51	51		5136	93.00		
12	5		7383	137.16		
16			2865	57.59		
			3287	27.29		
42		1	5497	131.36		
61		1	9594	142.38		
21	9	1	6055	146.88		
13	5		10023	97.46		
17			5375	111.46		
38			7364	124.10		
4	4		6932	126.68		
34	1		4357	128.90		
56	3		3609	69.52		
11			4614	78.58		
1402	**60**	**26**	**569376**	**8149.98**	**99.70**	**3.03**
16	9		8971	167.37		
17			13167	116.05	13.58	
29	7	1	19190	180.38		

9-2 续表 9

县名称 Name of Counties	道路长度（公里） Length of Roads (km)	建成区 in Built District	道路面积（万平方米） Surface Area of Roads (10,000 m^2)	人行道面积 Surface Area of Sidewalks	建成区 in Built District
庐江县	256.99	233.49	702.95	148.17	581.00
南陵县	234.75	204.40	453.29	33.86	395.99
怀远县	254.10	254.10	380.62	83.52	380.62
五河县	202.51	202.51	486.02	120.40	486.02
固镇县	174.71	169.79	400.92	94.61	388.62
凤台县	134.10	106.37	229.56	52.24	177.32
寿　县	191.05	144.23	480.06	106.66	368.53
当涂县	135.20	134.80	329.10	61.00	329.01
含山县	114.28	100.81	266.81	55.68	188.54
和　县	106.89	91.53	236.33	53.89	205.61
濉溪县	188.57	188.57	429.21	171.01	429.21
枞阳县	100.33	99.57	190.88	48.45	189.81
怀宁县	160.77	46.64	498.75	169.65	160.39
太湖县	91.34	88.68	295.40	101.40	295.40
宿松县	221.05	196.05	313.68	93.88	281.68
望江县	129.89	97.50	284.98	73.45	209.87
岳西县	46.27	36.58	84.64	36.42	63.30
歙　县	139.00	127.77	223.50	30.00	223.50
休宁县	73.39	73.39	129.81	48.62	129.81
黟　县	72.22	48.01	188.64	52.30	158.15
祁门县	57.11	57.11	90.45	22.90	90.45
来安县	330.48	290.83	675.04	184.52	614.64
全椒县	231.57	231.57	523.83	174.39	523.83
定远县	315.73	267.30	722.89	142.01	573.26
凤阳县	316.72	316.72	763.64	280.75	763.64
临泉县	311.54	298.34	666.82	112.16	609.32
太和县	235.09	235.09	840.22	197.97	840.22
阜南县	212.95	206.45	490.58	93.40	470.68
颍上县	474.96	368.73	893.89	105.00	680.65
砀山县	245.08	220.19	697.85	97.03	492.55
萧　县	289.00	288.00	802.33	202.78	802.33
灵璧县	225.86	182.86	603.59	131.16	474.98
泗　县	331.05	228.22	735.48	180.18	404.49
霍邱县	166.74	141.29	443.89	69.41	335.48
舒城县	199.64	161.87	509.75	74.40	445.34
金寨县	250.98	218.29	624.71	133.93	560.00
霍山县	191.90	191.90	453.73	109.42	453.73
涡阳县	321.20	264.48	770.86	189.35	703.75
蒙城县	302.02	299.69	912.65	283.18	912.65
利辛县	223.11	157.00	512.77	117.15	348.00
东至县	107.39	101.33	213.01	42.95	200.78
石台县	43.47	43.47	53.38	8.46	53.38
青阳县	120.07	117.07	255.86	58.47	255.86
郎溪县	136.98	136.98	342.97	107.56	342.97
泾　县	124.01	124.01	249.79	98.41	249.79
绩溪县	126.16	112.85	216.71	63.02	191.20
旌德县	58.21	53.15	98.03	39.44	88.23

continued

桥梁数（座） Number of Bridges (unit)	大桥及特大桥 Great Bridge and Grand Bridge	立交桥 Intersection	道路照明灯盏数（盏） Number of Road Lamps (unit)	安装路灯道路长度（公里） Length of The Road with Street Lamp (km)	地下综合管廊长度（公里） Length of The Utility Tunnel (km)	新建地下综合管廊长度（公里） Length of the New-built Utility Tunnel (km)
36	3	4	20706	375.64		
38			14040	158.36		
10	1	9	4970	85.30		
33			8144	160.81		
17	4	3	6953	154.68		
10	2		10591	113.01		
16			13856	191.02		
18	1	1	5103	127.49		
11	4		3495	95.47		
5			8289	84.43		
16			20907	129.00		
8			8731	64.14		
46	1		11478	148.47		
9			4263	86.05	2.50	
18			12600	158.00		
12			10938	109.80		
9	7	2	8360	46.27		
15			5800	60.00		
6			4759	73.50		
9			3190	49.40		
16	2	1	2936	51.26		
23	2		12297	238.66		
31			13245	222.34		
34			21066	315.73		
19			16000	315.00		
69			20353	291.23	11.90	3.03
57			20925	234.90		
49		1	8990	167.80		
98	4		25749	505.00		
46	1	1	17179	164.26		
39	3	1	10842	284.00		
26	2		16433	160.54		
58	2		12893	278.70	0.44	
7			11150	161.99		
26			15443	143.00		
22	3		20071	168.75	71.28	
15			10134	125.87		
97	2	2	12000	296.89		
92			25100	300.00		
77			10053	186.00		
23			3037	81.06		
6			2127	43.31		
15			4385	114.50		
2			7395	94.75		
20			6142	98.09		
17			9549	123.43		
14			5381	48.28		

9-2 续表 10

县名称 Name of Counties	道路长度(公里) Length of Roads (km)	建成区 in Built District	道路面积(万平方米) Surface Area of Roads (10,000 m^2)	人行道面积 Surface Area of Sidewalks	建成区 in Built District
福　建	**5661.31**	**4851.76**	**8967.40**	**2005.76**	**7997.40**
闽侯县	180.03	122.37	329.29	87.14	233.36
连江县	147.96	147.96	225.26	58.22	225.26
罗源县	106.16	74.53	170.11	42.35	119.38
闽清县	78.28	78.18	100.41	36.91	99.41
永泰县	103.52	103.52	110.49	3.00	142.71
仙游县	257.90	257.20	467.50	110.80	442.30
明溪县	65.70	63.00	111.96	26.62	91.16
清流县	61.38	61.38	129.48	33.15	129.48
宁化县	143.87	143.87	252.58	57.17	252.58
大田县	72.30	72.30	102.10	33.80	102.10
尤溪县	82.49	79.48	117.26	33.52	93.54
将乐县	89.57	89.57	162.64	36.51	162.64
泰宁县	69.80	66.89	132.72	19.56	128.54
建宁县	69.62	68.12	103.04	12.63	103.04
惠安县	176.34	173.14	361.91	52.10	301.74
安溪县	489.02	254.34	888.98	124.14	392.96
永春县	287.98	283.95	260.20	92.30	257.07
德化县	559.00	272.00	455.63	91.20	455.63
云霄县	250.25	250.25	499.59	105.77	499.60
漳浦县	158.40	158.40	322.37	88.79	322.37
诏安县	112.87	112.87	288.00	44.00	288.00
东山县	54.16	46.50	110.65	27.85	110.65
南靖县	114.12	114.12	145.56	46.98	145.23
平和县	131.00	115.80	204.20	44.00	145.00
华安县	68.50	46.24	81.70	23.00	65.91
顺昌县	63.73	63.53	98.46	24.57	97.78
浦城县	98.14	98.14	125.00	19.80	125.00
光泽县	65.26	65.26	90.27	22.37	90.27
松溪县	73.00	65.00	132.00	40.00	116.00
政和县	45.00	45.00	78.55	27.40	78.55
长汀县	230.01	227.53	364.86	52.45	364.86
上杭县	135.67	135.67	284.70	86.75	284.70
武平县	156.54	85.36	181.26	47.90	181.25
连城县	97.70	97.70	166.85	36.01	146.70
霞浦县	112.61	109.84	264.28	47.78	254.84
古田县	90.26	90.26	133.60	20.32	133.60
屏南县	91.42	90.42	78.47	15.47	78.47
寿宁县	32.70	32.70	48.27	10.31	48.27
周宁县	92.47	92.47	115.19	19.87	115.19
柘荣县	61.40	61.40	84.00	13.50	84.00
平潭县	285.18	235.50	588.01	189.75	488.26

continued

桥梁数 (座) Number of Bridges (unit)			道路照明灯盏数 (盏) Number of Road Lamps (unit)	安装路灯道路长度 (公里) Length of The Road with Street Lamp (km)	地下综合管廊长度 (公里) Length of The Utility Tunnel (km)	新建地下综合管廊长度 (公里) Length of the New-built Utility Tunnel (km)
	大桥及特大桥 Great Bridge and Grand Bridge	立交桥 Intersection				
607	**94**	**12**	**379606**	**3982.05**	**79.88**	**5.92**
35	9		11456	123.73		
26	3		18660	187.00		
4			6303	92.70		
9	7		2652	54.50		
13	5		2628	5.00		
9	5		31321	169.90		
10			2881	50.62		
7			3212	59.00		
19	7	1	6399	129.18	9.89	0.07
1			3707	63.20		
20	8		4597	82.00		
6			4813	88.92		
15			4155	56.40		
8			2700	48.00		
3			7035	124.78		
28	10		33839	219.00		
24		2	21633	214.50		
36		3	17921	138.76		
15	4		14647	158.76		
18	1	1	12070	146.10	5.06	5.06
7			4100	85.50		
			12085	134.80		
8			7269	117.30		
11			9966	106.00		
10	8	1	2220	54.50		
10	7		10907	57.00		
8	8		5700	88.90		
9	8		1910	41.00		
9			1600	37.00		
8			2400	42.00		
13			16450	113.00		
13			24280	133.65		
15	2		7910	101.85		
18			6629	87.69		
31			12043	65.76		
32		4	4327	54.83		
30			2750	47.00		
19			1806	41.30		
17			2509	61.02		
10			2921	18.90		
23	2		27195	281.00	64.93	0.79

9-2 续表 11

县名称 Name of Counties	道路长度(公里) Length of Roads (km)	建成区 in Built District	道路面积(万平方米) Surface Area of Roads (10,000 m^2)	人行道面积 Surface Area of Sidewalks	建成区 in Built District
江　西	**9573.23**	**8647.82**	**18751.70**	**4529.36**	**16624.26**
南昌县	365.29	254.85	655.65	49.95	650.00
安义县	157.40	129.70	334.80	142.50	245.20
进贤县	145.85	135.68	269.90	26.92	260.00
浮梁县	163.45	65.58	138.41	16.31	108.39
莲花县	90.17	68.65	145.67	37.44	144.22
上栗县	160.21	118.25	247.02	80.82	183.43
芦溪县	62.31	62.31	156.00	38.00	160.02
武宁县	97.60	97.25	267.88	76.96	267.88
修水县	183.05	178.08	347.39	69.10	338.13
永修县	100.93	93.74	219.80	39.61	191.61
德安县	152.16	122.82	280.51	64.76	206.58
都昌县	191.70	122.70	340.10	79.10	178.33
湖口县	50.65	50.65	124.51	26.72	124.51
彭泽县	82.67	68.00	176.00	45.60	146.00
分宜县	87.76	87.76	231.02	61.00	231.02
信丰县	357.99	357.99	675.52	103.71	525.72
大余县	141.77	141.77	233.35	38.10	233.35
上犹县	174.31	171.15	223.84	76.66	136.54
崇义县	65.45	61.25	101.96	23.82	101.96
安远县	121.43	121.43	237.58	65.01	237.58
定南县	109.79	104.13	187.21	41.86	170.47
全南县	101.99	101.99	166.60	32.10	166.60
宁都县	354.30	296.30	404.20	95.30	389.00
于都县	262.30	250.80	507.40	145.20	501.40
兴国县	313.00	305.00	605.00	185.00	612.00
会昌县	175.81	175.81	251.99	65.52	251.99
寻乌县	132.17	132.17	233.85	80.99	233.85
石城县	141.27	141.27	205.23	48.91	205.23
吉安县	204.00	157.69	421.40	146.15	403.64
吉水县	362.98	338.43	615.17	203.21	567.46
峡江县	61.80	57.07	190.57	61.52	175.05
新干县	104.87	104.87	296.56	76.04	296.56
永丰县	178.43	135.96	329.47	55.51	225.56
泰和县	226.63	223.44	492.70	110.26	480.50
遂川县	154.97	129.60	254.10	86.00	200.40
万安县	147.54	147.54	289.80	65.10	289.80
安福县	108.60	95.00	251.00	53.00	182.00
永新县	125.40	123.30	498.00	116.00	392.00
奉新县	142.60	142.60	280.20	46.50	276.90
万载县	150.48	150.48	269.49	69.28	269.49
上高县	172.58	172.58	455.53	66.33	449.51
宜丰县	76.27	72.56	187.53	20.66	187.53
靖安县	106.19	90.98	208.10	60.33	153.48
铜鼓县	72.69	57.89	112.23	20.25	112.23
南城县	187.00	187.00	389.30	147.40	263.30

continued

桥梁数 (座) Number of Bridges (unit)	大桥及特大桥 Great Bridge and Grand Bridge	立交桥 Intersection	道路照明灯盏数 (盏) Number of Road Lamps (unit)	安装路灯道路长度 (公里) Length of The Road with Street Lamp (km)	地下综合管廊长度 (公里) Length of The Utility Tunnel (km)	新建地下综合管廊长度 (公里) Length of the New-built Utility Tunnel (km)
763	**169**	**27**	**597816**	**8205.89**	**13.23**	**17.23**
20	3	4	36751	641.09	2.97	2.97
18	5		6882	103.32		
1		1	8904	197.00		
4	4		10044	138.40		
9	9		9850	67.99		
15			7525	188.13		
12			1928	48.00		
21		1	5736	90.40		
21	3	1	8210	122.00		
6		3	2638	43.68		
18	1	2	8051	131.84		
5			9030	161.50		
4			3765	50.65		
2			4410	85.60		
5		5	6656	82.00		
18	15		22686	350.03		
37			5649	132.70		
23			13380	200.34		
18			9600	65.45		
16			9130	131.43		
38			5590	101.73		
13	5		9842	91.37		
28	8	2	13860	182.30		
4	4		17721	248.77		
28			6300	170.00		
10			13058	166.00		
17			8253	98.42		
21	8		7229	136.56		
6			8432	164.20		
17	5		9896	68.00		
2			3120	50.70		
11	8		12660	145.53	2.58	2.58
18	2		9620	145.60		
6	1	1	14680	149.26		
6			6970	147.30		
7	2		6539	97.50	3.68	3.68
10	4		5576	107.50		
5			6323	115.18		
5	5		28600	141.30		
17			13330	137.70		
9		2	9722	87.90		
12			8444	72.57		
4	4		9750	98.10		
10	10		3737	73.40		
16	16		20485	159.30		

9-2 续表 12

县名称 Name of Counties	道路长度(公里) Length of Roads (km)	建成区 in Built District	道路面积(万平方米) Surface Area of Roads ($10,000\ m^2$)	人行道面积 Surface Area of Sidewalks	建成区 in Built District
黎川县	166.45	166.45	250.99	95.65	250.65
南丰县	98.00	92.50	258.00	70.00	250.00
崇仁县	213.17	210.34	708.70	201.50	708.70
乐安县	117.21	103.25	208.38	40.15	196.36
宜黄县	72.16	69.96	103.99	31.97	103.97
金溪县	188.80	158.60	280.40	126.80	262.00
资溪县	51.82	41.23	139.32	36.07	136.85
广昌县	98.24	97.10	197.30	42.40	196.80
玉山县	269.20	210.90	781.10	124.80	372.80
铅山县	166.50	135.10	303.00	71.00	220.00
横峰县	55.63	54.21	125.83	36.06	122.49
弋阳县	275.00	275.00	413.17	74.91	413.17
余干县	121.09	110.56	413.65	77.01	364.75
鄱阳县	231.72	231.72	463.70	73.00	390.70
万年县	207.60	177.50	365.63	120.63	285.00
婺源县	114.83	109.33	229.00	46.90	223.60
山　东	**11566.82**	**9806.34**	**23587.32**	**4927.11**	**21199.93**
平阴县	108.48	98.74	232.00	43.58	218.38
商河县	145.97	124.47	335.20	69.36	287.90
桓台县	173.58	162.64	364.58	93.88	363.05
高青县	139.00	139.00	279.17	44.22	279.17
沂源县	243.19	243.19	517.82	103.25	517.82
利津县	133.29	79.68	326.77	91.08	195.28
广饶县	149.88	119.33	392.80	82.23	300.97
临朐县	275.14	229.69	727.76	181.69	619.27
昌乐县	344.38	248.02	699.43	110.86	618.40
微山县	170.81	156.19	427.87	80.32	412.60
鱼台县	139.74	125.46	311.71	39.08	306.71
金乡县	196.37	195.40	470.79	113.18	468.80
嘉祥县	191.52	191.52	338.48	97.44	338.28
汶上县	169.82	169.82	261.79	54.38	261.79
泗水县	192.61	157.48	290.58	45.29	272.62
梁山县	168.83	166.91	337.59	62.88	337.59
宁阳县	146.56	146.56	381.38	90.16	381.38
东平县	300.22	300.22	517.41	216.19	517.41
五莲县	175.47	112.65	398.11	80.84	270.78
莒　县	256.05	256.05	523.24	51.46	523.07
沂南县	209.17	205.19	431.44	93.91	420.12
郯城县	237.83	226.57	531.30	121.70	475.10
沂水县	578.04	548.26	687.35	180.27	669.07
兰陵县	552.70	398.40	779.16	208.66	489.65
费　县	221.51	220.72	315.12	48.45	315.12
平邑县	308.11	308.11	462.17	176.39	462.17
莒南县	322.90	208.49	668.92	104.17	360.09
蒙阴县	147.41	132.91	244.02	47.98	234.45

continued

桥梁数（座） Number of Bridges (unit)	大桥及特大桥 Great Bridge and Grand Bridge	立交桥 Intersection	道路照明灯盏数（盏） Number of Road Lamps (unit)	安装路灯道路长度（公里） Length of The Road with Street Lamp (km)	地下综合管廊长度（公里） Length of The Utility Tunnel (km)	新建地下综合管廊长度（公里） Length of the New-built Utility Tunnel (km)
7	3		8870	84.80		
5	5		6502	118.20		
4			15062	141.50		
14			6825	112.00		
9	9		7650	72.00		
20			15960	120.10		
12	5		5748	52.20		
20	5		7423	97.10		
10			9925	206.30	4.00	8.00
21	5	1	7200	144.00		
2	2		3480	43.20		
6	4		12680	172.44		
3	3		10760	121.09		
2			15322	231.72		
29		4	8000	210.00		
6	6		5847	91.50		
1705	**52**	**33**	**588006**	**8270.15**	**46.00**	**2.14**
31	1		7304	99.82		
33			6715	95.06		
12			5196	122.00	5.10	
12			4308	56.60	2.20	
44	8	1	6548	130.76		
31			12834	94.93		
13			9890	146.79		
46	6		21452	275.14	2.40	
50	2	14	19221	298.08		
29			18428	164.20		
9			11165	86.45	2.00	
17			5772	133.67		
18			11674	180.62		
26			10827	83.81		
28	3	1	8886	145.38	1.88	
12			8696	83.92	1.50	
21			13368	123.50		
26	2		8468	147.23		
17			8446	107.00	3.82	
104	9		15655	244.70	15.39	
33			12117	199.34		
50			25220	228.00		
28	8		23097	428.68		
44			10225	209.28		
56			12102	183.50		
35			15742	275.00		
42	4		22152	305.47		
18			18167	111.08		

9-2 续表 13

县名称 Name of Counties	道路长度(公里) Length of Roads (km)	建成区 in Built District	道路面积(万平方米) Surface Area of Roads ($10,000\ m^2$)	人行道面积 Surface Area of Sidewalks	建成区 in Built District
临沭县	136.65	103.97	300.62	54.20	217.42
宁津县	117.51	117.51	343.26	88.64	343.26
庆云县	198.18	192.22	277.50	94.00	267.50
临邑县	567.41	250.92	711.20	162.55	705.40
齐河县	448.96	370.78	888.78	154.53	725.75
平原县	219.39	169.38	427.83	84.05	416.59
夏津县	178.86	178.86	625.99	107.54	625.99
武城县	174.03	174.03	368.87	126.75	368.87
阳谷县	116.73	116.73	327.20	93.21	327.20
莘　县	225.62	225.12	443.70	59.75	442.21
东阿县	121.78	121.78	242.35	56.99	242.35
冠　县	400.00	106.42	588.35	70.73	305.05
高唐县	168.36	133.46	496.81	72.19	440.28
惠民县	128.01	101.69	230.74	50.27	230.74
阳信县	154.05	154.05	427.03	67.97	422.65
无棣县	152.86	141.16	469.87	91.13	390.57
博兴县	167.34	167.34	383.24	43.05	383.24
曹　县	282.34	236.30	560.02	49.66	508.10
单　县	229.23	229.23	699.10	121.86	699.10
成武县	181.29	148.45	359.77	70.64	309.20
巨野县	160.81	122.14	499.96	93.17	369.73
郓城县	289.19	286.00	828.04	174.20	822.04
鄄城县	172.73	110.22	383.93	80.64	285.83
东明县	176.91	176.91	449.20	126.49	433.82
河　南	**12010.15**	**10837.90**	**27904.83**	**6584.71**	**25244.99**
中牟县	166.77	155.86	393.90	108.07	362.83
杞　县	121.59	116.05	307.53	69.22	293.39
通许县	96.16	93.70	216.57	51.58	211.56
尉氏县	167.94	116.52	412.31	109.11	326.72
兰考县	392.02	339.94	644.79	177.03	580.52
新安县	127.14	105.89	219.77	60.12	192.69
栾川县	83.59	81.90	157.72	36.41	149.94
嵩　县	65.25	63.00	184.89	43.40	176.60
汝阳县	73.00	61.20	169.13	27.15	135.59
宜阳县	168.56	168.56	409.06	113.62	412.69
洛宁县	76.64	75.20	211.90	68.43	149.50
伊川县	74.42	62.40	218.84	62.15	183.04
宝丰县	63.20	48.55	172.83	37.16	132.65
叶　县	99.58	76.76	378.15	31.54	228.80
鲁山县	87.47	75.60	182.02	61.74	149.23
郏　县	130.71	101.57	291.20	80.99	232.92
安阳县	117.50	117.50	406.00	84.00	406.00
汤阴县	153.21	153.21	415.51	75.97	415.51
滑　县	233.52	233.52	562.99	120.97	538.36
内黄县	143.21	138.60	318.54	51.14	308.72

continued

桥梁数(座) Number of Bridges (unit)	大桥及特大桥 Great Bridge and Grand Bridge	立交桥 Intersection	道路照明灯盏数(盏) Number of Road Lamps (unit)	安装路灯道路长度(公里) Length of The Road with Street Lamp (km)	地下综合管廊长度(公里) Length of The Utility Tunnel (km)	新建地下综合管廊长度(公里) Length of the New-built Utility Tunnel (km)
35	2		12346	129.80	3.30	
34			10222	107.10		
16			4386	99.86		
23			6226	273.15		
86		5	20095	158.80	2.24	
52		3	8965	119.68	2.10	
21			6244	173.10	1.03	
48			7513	174.03		
92	1		11182	106.00		
12			16332	223.00	2.42	1.52
15			6167	108.71		
23			14692	188.78		
19			7785	80.00		
29			12221	128.00		
17			4740	152.87		
23			8100	110.77		
29		2	5682	113.44	0.62	0.62
32			15810	99.15		
31	1		10969	103.37		
43			9311	180.82		
16	4	3	4033	96.52		
28			13495	287.19		
38			4558	120.52		
58	1	4	13257	175.48		
1743	**53**	**27**	**628181**	**8774.14**	**9.65**	**2.95**
12		5	11124	165.40		
17			3623	74.22		
20			4760	88.76		
49			6100	117.80		
30	2	1	15238	152.24		
4	3	1	3630	70.00		
20			9883	82.50		
9			4310	30.40		
16	3		4507	62.90		
9	1		33721	164.79		
8			5997	57.50		
12			12517	68.40		
14			3594	48.62		
32			3106	32.59		
37		1	4645	85.18		
14			7998	120.30		
16			6933	89.00		
26			6967	141.86		
40			10447	233.52		
5			5644	98.89		

9-2 续表 14

县名称 Name of Counties	道路长度(公里) Length of Roads (km)	建成区 in Built District	道路面积(万平方米) Surface Area of Roads (10,000 m^2)	人行道面积 Surface Area of Sidewalks	建成区 in Built District
浚　县	109.69	109.69	264.66	62.74	259.20
淇　县	87.56	86.20	212.56	53.09	212.56
新乡县	55.31	46.08	140.85	33.13	122.26
获嘉县	139.68	124.10	285.75	48.92	249.33
原阳县	102.67	85.11	227.31	57.77	172.61
延津县	88.70	85.87	259.73	66.73	231.60
封丘县	100.23	90.62	271.00	88.17	242.09
修武县	111.46	111.46	249.59	50.84	246.00
博爱县	108.40	98.00	247.48	58.30	234.00
武陟县	202.84	191.84	372.95	71.64	358.65
温　县	109.78	107.38	256.78	47.90	251.51
清丰县	125.51	125.51	307.92	62.17	307.92
南乐县	84.96	84.96	248.14	68.74	248.14
范　县	64.66	64.66	156.10	40.26	156.10
台前县	108.41	103.68	255.54	74.80	246.66
濮阳县	195.57	172.81	442.49	84.65	320.13
鄢陵县	162.71	127.00	346.24	64.06	321.73
襄城县	132.44	102.75	350.00	97.75	291.10
舞阳县	124.60	97.29	229.64	34.02	171.54
临颍县	244.47	237.80	476.49	93.81	458.03
渑池县	75.09	71.88	176.50	26.10	158.60
卢氏县	81.21	60.21	197.45	40.54	167.13
南召县	163.67	131.27	302.71	72.94	266.73
方城县	253.36	253.36	493.58	132.49	493.58
西峡县	152.01	152.01	426.87	125.96	426.87
镇平县	163.12	135.60	498.53	154.96	395.64
内乡县	140.28	109.84	355.85	88.19	290.17
淅川县	103.03	102.73	226.27	76.58	223.99
社旗县	226.78	226.78	402.40	92.35	402.40
唐河县	213.10	213.10	610.64	155.21	610.64
新野县	167.54	158.81	383.82	137.29	383.82
桐柏县	120.59	119.80	264.21	30.34	257.13
民权县	174.01	174.01	402.78	49.29	399.46
睢　县	106.05	90.10	323.25	61.67	282.35
宁陵县	95.58	27.68	233.48	40.90	181.32
柘城县	120.74	91.10	245.62	34.74	185.38
虞城县	115.76	95.76	280.30	63.60	253.64
夏邑县	154.45	154.45	382.34	80.82	382.34
罗山县	102.43	84.77	247.70	40.26	208.91
光山县	77.00	58.45	149.92	31.67	110.90
新　县	88.88	86.02	170.41	52.69	165.15
商城县	98.12	68.42	184.05	55.69	108.35
固始县	328.82	324.02	593.42	73.07	593.42
潢川县	140.63	121.08	412.88	95.78	538.32
淮滨县	194.08	160.37	450.02	119.42	389.55

continued

桥梁数 (座) Number of Bridges (unit)	大桥及特大桥 Great Bridge and Grand Bridge	立交桥 Intersection	道路照明灯盏数 (盏) Number of Road Lamps (unit)	安装路灯道路长度 (公里) Length of The Road with Street Lamp (km)	地下综合管廊长度 (公里) Length of The Utility Tunnel (km)	新建地下综合管廊长度 (公里) Length of the New-built Utility Tunnel (km)
17			4036	95.37		
5		3	4964	83.06		
7			5171	30.36		
19	1	3	9600	80.29		
19			6450	95.00		
18			6377	63.72		
14			3325	28.40		
15		3	5338	109.00		
23			2520	61.00		
12			5257	108.63		
10			3304	72.24		
13			6745	113.32		
8			4458	72.00		
1	1		3296	59.53		
24			4277	87.17		
17			11812	131.50		
17			8414	85.00		
2			5273	74.80		
			4554	97.50		
5			11256	233.86		
8			1983	33.65		
13			1986	25.18	1.15	0.65
24			4668	90.67		
20			7587	180.86		
37			5054	126.35		
53			10811	117.88		
18			11192	107.52		
40	4		10254	85.65		
9			8666	152.20		
40			12084	166.13		
31	1		6466	136.06		
45			7531	118.00		
36		3	21984	165.26		
18			13609	105.15		
89			5868	80.98		
5			12995	110.00		
28			5500	95.76		
3			4049	69.30		
29			6896	93.64		
32			5429	77.00		
52			5963	86.00		
17			3001	59.06		
10			11521	164.26		
12	6		7780	110.84		
4	1	3	8108	148.46		

9-2 续表 15

县名称 Name of Counties	道路长度（公里） Length of Roads (km)	建成区 in Built District	道路面积（万平方米） Surface Area of Roads (10,000 m^2)	人行道面积 Surface Area of Sidewalks	建成区 in Built District
息　县	111.95	103.56	278.93	94.76	262.85
扶沟县	181.72	153.88	394.28	146.37	360.64
西华县	122.09	116.73	262.54	32.29	254.22
商水县	147.88	140.30	238.40	73.44	190.02
沈丘县	148.94	148.37	255.26	43.55	260.09
郸城县	228.99	184.96	622.75	139.56	440.79
太康县	168.63	153.06	375.63	98.83	355.74
鹿邑县	361.22	361.00	876.59	236.96	878.61
西平县	161.15	130.99	371.45	70.15	298.27
上蔡县	207.48	108.38	444.54	96.18	357.92
平舆县	221.83	179.69	496.93	122.33	361.72
正阳县	143.39	119.21	344.76	71.75	328.25
确山县	212.26	195.11	535.07	98.40	472.64
泌阳县	164.80	162.34	478.10	91.05	474.70
汝南县	216.14	216.14	405.78	136.32	247.25
遂平县	184.05	184.05	434.92	131.37	348.15
新蔡县	270.17	270.17	799.03	239.56	788.92
湖　北	**4252.98**	**3993.84**	**8757.03**	**2346.18**	**8206.83**
阳新县	270.00	270.00	317.00	84.00	317.00
郧西县	65.24	65.24	135.00	48.00	135.00
竹山县	64.30	62.33	98.44	30.26	98.44
竹溪县	82.52	76.22	109.06	29.06	105.00
房　县	101.61	100.31	165.34	26.17	166.82
远安县	97.14	97.14	136.02	36.34	136.02
兴山县	74.61	37.42	66.17	17.60	33.62
秭归县	107.29	107.29	174.34	60.66	174.34
长阳土家族自治县	49.16	49.16	86.04	33.46	86.04
五峰土家族自治县	55.28	50.53	68.11	16.50	57.30
南漳县	78.47	78.47	195.05	60.42	191.49
谷城县	233.23	177.93	429.11	116.54	357.61
保康县	52.60	52.60	40.38	15.98	40.38
沙洋县	142.16	125.53	325.53	64.14	291.41
孝昌县	131.41	131.16	261.61	73.43	261.18
大悟县	150.10	148.10	342.64	106.31	322.20
云梦县	125.60	112.00	261.24	31.24	238.00
公安县	143.20	130.00	249.22	65.52	249.22
江陵县	73.29	71.90	128.85	45.54	125.84
团风县	99.21	99.21	223.46	59.17	223.46
红安县	102.30	92.30	322.64	142.28	284.14
罗田县	250.99	250.40	619.70	178.25	607.70
英山县	197.48	165.87	455.45	140.40	417.62
浠水县	168.01	168.01	423.53	111.18	423.53
蕲春县	220.59	214.61	606.06	88.58	582.53
黄梅县	172.03	164.69	611.27	110.93	608.39
嘉鱼县	115.35	114.95	263.81	105.74	263.81

continued

桥梁数(座) Number of Bridges (unit)	大桥及特大桥 Great Bridge and Grand Bridge	立交桥 Intersection	道路照明灯盏数(盏) Number of Road Lamps (unit)	安装路灯道路长度(公里) Length of The Road with Street Lamp (km)	地下综合管廊长度(公里) Length of The Utility Tunnel (km)	新建地下综合管廊长度(公里) Length of the New-built Utility Tunnel (km)
16	1		9026	93.15		
11			3736	40.08		
11	11		11504	109.13		
26			5131	123.38		
6	2		4474	105.60		
14			8927	102.02		
24			8989	145.24		
69	3		20623	278.10		
23			15454	161.00		
39			5085	122.91	2.30	2.30
47			10079	122.72		
23			1713	45.00		
5	1	4	4464	103.40		
40	5		4148	103.70		
37	7		8908	204.85		
12			7242	171.21	6.20	
31			16522	270.17		
477	**95**	**9**	**221300**	**3920.15**	**37.10**	**20.40**
16	2	1	20840	539.99		
18			5830	58.00		
13			8255	59.23		
13			3963	68.00		
6		1	5082	95.31		
26	3		5350	97.14		
3	3		4526	72.00	8.60	7.60
12	4		4411	92.50	18.53	
5	3		7859	49.16	0.75	
21	1		6966	44.20		
			3010	65.00		
6	6		8566	157.64		
5			1497	38.00		
29	1		6480	111.70		
9	4		4028	94.01		
17	6		3465	41.40		
15		4	9768	97.80		
11			5911	153.14		
7			3753	72.66		
6	4		5212	93.89		
5			3900	94.00		
12			5234	212.14		
5	4		4242	164.88		
			7030	114.22		
12	5		6365	147.20		3.58
25	25		5950	208.25		
13			8809	87.75	9.22	9.22

9-2 续表 16

县名称 Name of Counties	道路长度(公里) Length of Roads (km)	建成区 in Built District	道路面积(万平方米) Surface Area of Roads (10,000 m^2)	人行道面积 Surface Area of Sidewalks	建成区 in Built District
通城县	119.08	107.10	269.82	87.50	121.50
崇阳县	90.62	85.88	270.47	73.60	239.18
通山县	126.33	124.68	251.43	65.50	249.60
随　县	62.36	46.00	151.74	53.74	122.37
建始县	68.76	66.18	150.25	44.68	139.96
巴东县	93.59	89.46	105.04	14.50	98.32
咸丰县	61.74	61.74	137.48	39.42	137.48
来凤县	90.74	86.18	142.47	27.03	142.47
鹤峰县	41.08	41.08	59.27	11.33	59.27
宣恩县	40.51	40.17	51.99	11.18	51.59
神农架林区	35.00	32.00	52.00	20.00	47.00
湖　南	**10787.32**	**8984.86**	**17317.96**	**4764.03**	**16416.52**
长沙县	732.28	731.28	1618.71	364.72	1616.72
望城区	1385.00	1237.00	1177.00	349.00	2320.00
攸　县	227.50	186.79	615.53	149.32	335.06
茶陵县	83.33	79.20	225.35	78.25	221.22
炎陵县	61.60	54.70	63.33	16.25	51.80
湘潭县	207.32	207.32	451.77	78.66	451.77
衡阳县	164.75	164.75	288.61	53.21	288.61
衡南县	109.20	75.00	174.00	62.00	146.00
衡山县	121.58	121.58	391.17	148.65	342.35
衡东县	151.39	118.37	285.84	97.55	221.95
祁东县	228.38	126.00	388.21	119.48	349.38
南岳区	125.75	58.50	154.17	43.18	105.17
新邵县	312.62	64.62	334.80	47.55	160.79
邵阳县	78.88	71.25	114.11	32.45	105.69
隆回县	118.99	117.92	283.53	107.68	227.55
洞口县	91.50	87.50	151.01	36.36	133.72
绥宁县	72.23	57.63	99.67	36.74	92.23
新宁县	116.37	47.09	145.01	46.63	145.01
城步苗族自治县	82.14	82.14	126.18	28.66	49.82
岳阳县	164.57	164.57	378.10	90.20	378.10
华容县	98.79	97.28	336.14	92.22	329.66
湘阴县	168.00	145.00	320.00	95.00	260.00
平江县	271.00	252.00	234.00	50.00	194.20
安乡县	165.00	144.20	247.67	91.22	247.67
汉寿县	100.30	93.97	200.49	56.62	200.49
澧　县	199.50	199.50	482.50	187.20	482.50
临澧县	106.97	90.34	259.60	78.08	213.95
桃源县	181.61	181.61	238.36	83.08	238.36
石门县	157.11	151.89	371.04	124.11	371.04
慈利县	111.27	111.27	174.78	52.50	174.78
桑植县	58.50	52.60	73.50	12.50	43.00
南　县	193.48	90.80	387.70	168.60	220.90
桃江县	170.20	160.20	343.22	58.60	398.26

continued

桥梁数 (座) Number of Bridges (unit)	大桥及特大桥 Great Bridge and Grand Bridge	立交桥 Intersection	道路照明灯盏数 (盏) Number of Road Lamps (unit)	安装路灯道路长度 (公里) Length of The Road with Street Lamp (km)	地下综合管廊长度 (公里) Length of The Utility Tunnel (km)	新建地下综合管廊长度 (公里) Length of the New-built Utility Tunnel (km)
10	1		5358	140.25		
6			9040	88.50		
22			4450	110.00		
7	3		1614	35.83		
12			5931	65.32		
40	13	2	8246	89.56		
33	1		5002	56.26		
8			8192	89.63		
10	2		2716	41.08		
8	4	1	1649	40.51		
11			2800	34.00		
621	**183**	**12**	**540557**	**7783.84**	**2.11**	**1.10**
61	30	1	45828	501.25		
3	2	1	15208	155.00		
26	5		13862	230.10	1.10	1.10
6			8700	82.28		
15			3820	45.00		
23	1	3	10626	157.50		
3			10261	90.46		
1	1		8641	91.39		
			6259	96.58		
2	2		13231	317.16		
21	4	3	9958	120.58		
			5153	113.00		
8	2		8908	48.96		
1			5118	72.63		
5			3238	80.18		
5			7931	74.50		
9			4482	68.15		
6			6246	111.51		
4	1		2552	62.49		
4			11664	255.57		
20	4		7100	410.00		
3		1	8068	129.40		
7			5868	163.00		
4			4523	106.70		
1			7609	95.83		
5			11637	201.50		
3	3		11613	110.00		
7	1		6296	124.00		
3	3		5766	98.10		
14	3		8311	131.00		
12	12		7480	47.00		
5	4	1	4058	95.90		
8	2	1	11859	235.00		

9-2 续表 17

县名称 Name of Counties	道路长度（公里） Length of Roads (km)	建成区 in Built District	道路面积（万平方米） Surface Area of Roads (10,000 m^2)	人行道面积 Surface Area of Sidewalks	建成区 in Built District
安化县	69.36	69.36	79.20	24.45	78.73
大通湖区	58.50	43.10	54.80	18.00	37.80
桂阳县	359.11	359.11	448.80	89.54	448.80
宜章县	54.84	54.84	132.43	44.02	132.43
永兴县	87.60	82.60	165.32	57.10	154.30
嘉禾县	86.44	80.71	204.24	80.03	199.25
临武县	76.08	74.00	116.00	12.00	102.00
汝城县	143.28	48.56	162.27	48.90	97.42
桂东县	52.00	35.00	61.30	10.80	39.70
安仁县	74.84	62.30	133.20	53.00	113.20
东安县	228.04	98.63	226.83	24.37	193.10
双牌县	88.46	68.59	170.42	45.80	146.26
道　县	244.82	198.26	466.88	125.26	438.20
江永县	58.34	46.00	115.00	35.00	108.00
宁远县	383.40	271.80	478.24	79.56	310.08
蓝山县	122.97	118.00	166.22	48.07	166.22
新田县	120.90	111.60	147.11	31.12	133.99
江华瑶族自治县	100.20	100.20	183.02	46.27	183.02
中方县	57.43	47.00	157.10	56.10	96.00
沅陵县	70.85	56.80	122.75	18.45	90.37
辰溪县	46.89	46.89	92.83	27.93	92.83
溆浦县	119.56	117.35	216.53	63.12	208.80
会同县	65.06	64.06	78.20	24.80	78.20
麻阳苗族自治县	90.96	88.06	188.64	47.00	175.00
新晃侗族自治县	60.90	60.90	75.07	5.87	75.07
芷江侗族自治县	107.43	96.00	169.60	50.60	152.00
通道县	75.60	43.10	95.50	37.50	60.50
靖州县	103.32	78.46	184.87	30.91	123.65
双峰县	160.00	160.00	264.82	74.00	264.82
新化县	353.10	160.89	508.89	193.66	315.23
泸溪县	36.86	36.86	30.68	9.18	28.68
凤凰县	84.50	84.50	70.94	22.69	67.09
花垣县	125.41	122.19	155.90	27.00	153.70
保靖县	93.52	68.23	82.08	16.86	75.10
古丈县	16.92	16.92	23.00	9.29	23.00
永顺县	39.42	39.42	59.32	15.44	52.74
龙山县	53.30	50.70	94.86	24.07	83.49
广　东	**4750.42**	**4130.71**	**7090.21**	**1792.11**	**6308.53**
始兴县	36.13	29.08	49.69	14.94	40.51
仁化县	60.27	60.27	115.12	29.47	115.12
翁源县	76.17	76.17	123.53	16.74	123.53
乳源瑶族自治县	60.00	60.00	152.00	67.40	152.00
新丰县	113.70	77.72	106.14	27.46	106.14
南澳县	161.40	32.96	87.67	7.61	84.21
遂溪县	108.40	108.40	191.28	53.12	191.28

continued

桥梁数(座) Number of Bridges (unit)	大桥及特大桥 Great Bridge and Grand Bridge	立交桥 Intersection	道路照明灯盏数(盏) Number of Road Lamps (unit)	安装路灯道路长度(公里) Length of The Road with Street Lamp (km)	地下综合管廊长度(公里) Length of The Utility Tunnel (km)	新建地下综合管廊长度(公里) Length of the New-built Utility Tunnel (km)
5	3		5556	68.94		
6			3188	37.50		
			6296	40.23		
10	1		16517	106.85		
5	5		8272	65.60		
1			7790	43.70		
18	18		4368	80.29		
28			6569	77.13		
27			3465	35.00		
7	3		11790	103.00		
11			5459	97.60		
1			3574	65.00		
6	2		9340	205.60		
8	5		7653	56.90		
8	6		24458	353.80		
			4661	116.50		
9	1		4725	99.78		
3			8561	88.00		
9	1		4312	102.00		
5	3		11926	65.50		
3	2	1	3500	38.89		
15	3		6175	114.50		
10	1		2960	77.00		
9	7		5112	48.35		
11			7754	62.02		
4	4		5800	36.45		
9	9		3110	36.00		
10	10		4651	83.55		
			6011	71.08		
13	4		5447	215.35	1.01	
			5119	38.06		
15	2		7230	84.50		
15			2620	61.51		
9	9		5623	62.10		
10	2		3320	32.00		
15			3513	39.42		
11	2		2258	52.42		
377	**67**	**1**	**347013**	**4516.08**		
5	3		7561	36.54		
3	2		6700	48.13		
1	1		7694	42.39		
7			5382	54.00		
8	3		10500	130.00		
6			4904	159.74		
16			6400	99.00		

9-2 续表 18

县名称 Name of Counties	道路长度(公里) Length of Roads (km)	建成区 in Built District	道路面积(万平方米) Surface Area of Roads (10,000 m²)	人行道面积 Surface Area of Sidewalks	建成区 in Built District
徐闻县	105.35	105.35	232.78	95.38	232.78
广宁县	119.66	118.91	298.01	119.10	296.09
怀集县	189.12	127.00	224.73	109.78	169.40
封开县	54.62	53.32	89.00	21.00	76.36
德庆县	79.55	72.68	127.59	43.56	127.59
博罗县	599.10	599.10	728.88	149.46	408.57
惠东县	539.90	539.90	788.88	137.46	788.88
龙门县	54.98	54.98	115.77	34.05	115.65
大埔县	161.53	155.72	158.85	19.58	136.14
丰顺县	111.38	111.38	132.42	20.38	132.42
五华县	107.69	107.69	270.59	51.42	270.59
平远县	65.80	40.90	89.42	8.51	81.78
蕉岭县	49.50	41.00	101.00	42.00	86.00
海丰县	177.85	177.85	501.83	100.48	501.83
陆河县	63.60	63.60	140.55	40.45	140.55
紫金县	369.17	110.28	365.77	159.09	54.01
龙川县	95.10	41.46	117.85	18.57	115.85
连平县	60.88	60.66	161.49	22.45	158.49
和平县	88.57	72.24	162.33	15.35	142.30
东源县	47.02	47.02	143.79	75.05	141.21
阳西县	237.21	237.21	297.68	47.63	297.68
阳山县	56.44	56.44	130.20	30.36	130.20
连山壮族瑶族自治县	31.71	28.18	52.32	16.35	52.32
连南瑶族自治县	38.91	38.91	53.02	9.40	53.02
佛冈县	48.55	46.05	85.92	20.74	83.92
饶平县	46.63	46.63	73.95	24.79	73.95
揭西县	157.01	154.13	144.67	31.55	144.67
惠来县	81.00	81.00	73.00	29.00	81.00
新兴县	218.74	218.74	256.40	59.46	256.40
郁南县	77.78	77.78	146.09	22.97	146.09
广　西	**6192.94**	**6025.09**	**11138.40**	**2672.27**	**10791.37**
隆安县	54.21	47.28	121.66	51.90	97.25
马山县	72.19	72.19	139.90	56.58	139.90
上林县	110.78	110.78	166.30	38.29	166.30
宾阳县	254.98	254.98	468.29	110.86	468.29
柳城县	57.65	57.65	113.69	35.36	113.69
鹿寨县	127.16	115.32	281.08	72.48	235.87
融安县	102.07	102.07	230.60	40.18	230.60
融水苗族自治县	109.88	107.39	204.96	53.72	196.19
三江侗族自治县	71.26	71.26	69.42	10.99	69.42
阳朔县	88.05	88.05	199.81	49.68	199.81
灵川县	83.09	83.09	193.34	64.95	193.34
全州县	446.38	446.38	418.90	66.60	418.90
兴安县	145.00	129.39	283.66	73.69	268.42
永福县	33.33	33.33	74.53	29.54	74.53

continued

桥梁数（座） Number of Bridges (unit)	大桥及特大桥 Great Bridge and Grand Bridge	立交桥 Intersection	道路照明灯盏数（盏） Number of Road Lamps (unit)	安装路灯道路长度（公里） Length of The Road with Street Lamp (km)	地下综合管廊长度（公里） Length of The Utility Tunnel (km)	新建地下综合管廊长度（公里） Length of the New-built Utility Tunnel (km)
5			10569	132.00		
20			9444	119.00		
7	7		14671	175.00		
2			5036	52.50		
1	1		6260	70.03		
26	1	1	23481	272.00		
7	2		19899	539.90		
47	3		11235	176.00		
13	5		18942	215.13		
2			18163	145.00		
8	8		12490	107.69		
13			5501	67.68		
11	11		19210	52.00		
25	6		12774	144.06		
			4451	63.60		
22			12400	309.05		
12			6270	98.00		
24			5820	30.00		
32	3		11524	160.00		
3			1837	47.00		
3	1		11907	225.88		
7			8230	84.60		
7			4870	33.10		
9			4317	33.00		
2			7232	141.00		
2			4941	39.80		
7	4		3187	54.92		
			7135	36.50		
12	6		12030	160.00		
2			4046	161.84		
753	**59**	**9**	**404956**	**4281.98**	**1.16**	**1.16**
			3568	46.11		
7			9132	70.50		
18			4186	108.40		
1		1	14322	211.20		
4			2819	49.20	1.16	1.16
4		1	3184	65.00		
5			14655	76.52		
11		1	6490	70.10		
18			3214	41.00		
12	1		7344	77.02		
8			9270	47.73		
8			11375	121.38		
35	1	2	8546	130.92		
7		2	2150	32.82		

9-2 续表 19

县名称 Name of Counties	道路长度（公里） Length of Roads (km)	建成区 in Built District	道路面积（万平方米） Surface Area of Roads ($10,000\ m^2$)	人行道面积 Surface Area of Sidewalks	建成区 in Built District
灌阳县	71.39	71.39	133.19	45.98	133.19
龙胜各族自治县	38.02	38.02	44.95	9.73	44.95
资源县	64.38	58.33	102.25	23.60	100.30
平乐县	73.79	73.79	148.25	23.82	148.25
恭城瑶族自治县	60.40	60.40	109.84	29.07	109.84
苍梧县	41.80	24.08	63.43	15.50	49.43
藤　县	167.70	167.70	300.71	59.83	300.71
蒙山县	70.90	60.90	94.25	14.97	84.45
合浦县	306.20	306.20	350.73	76.11	350.73
上思县	64.88	58.81	113.01	31.79	98.58
灵山县	218.53	182.09	561.95	134.25	434.23
浦北县	95.87	77.34	211.46	54.66	181.31
平南县	237.31	237.31	315.91	75.98	315.91
容　县	176.97	166.43	338.08	70.75	318.08
陆川县	175.02	175.02	369.65	97.34	369.65
博白县	273.85	273.85	719.05	163.31	719.05
兴业县	135.80	135.80	202.05	34.57	202.05
田东县	128.96	128.96	279.74	71.47	279.74
德保县	63.33	61.21	80.28	20.52	76.00
那坡县	55.81	43.81	54.18	9.58	45.14
凌云县	57.12	57.12	76.96	15.81	76.96
乐业县	50.21	50.21	64.48	15.01	64.48
田林县	42.56	42.56	63.34	10.67	63.34
西林县	50.97	50.97	55.95	13.38	55.95
隆林各族自治县	88.48	88.48	174.98	33.59	174.98
昭平县	68.93	68.93	119.44	32.08	119.44
钟山县	162.91	162.91	347.52	96.70	347.52
富川瑶族自治县	114.80	114.80	162.60	27.10	162.60
南丹县	65.75	65.75	141.35	38.59	141.35
天峨县	45.63	45.63	79.69	21.45	79.69
凤山县	59.53	59.53	88.21	25.16	88.21
东兰县	37.84	37.84	39.05	11.53	39.05
罗城仫佬族自治县	62.17	62.17	110.70	30.32	110.70
环江毛南族自治县	69.93	58.49	142.75	32.73	120.77
巴马瑶族自治县	69.25	69.18	109.06	22.01	109.01
都安瑶族自治县	105.96	105.96	140.53	28.44	140.53
大化瑶族自治县	127.62	127.62	163.00	53.54	163.00
忻城县	60.20	60.20	71.92	18.21	71.92
象州县	38.28	38.28	75.44	14.34	75.44
武宣县	113.01	113.01	238.80	44.02	238.80
金秀瑶族自治县	19.80	19.80	15.97	2.00	15.97
扶绥县	143.24	143.24	406.94	78.11	406.94
宁明县	52.65	52.65	190.91	61.59	190.91
龙州县	82.63	82.63	202.84	46.57	202.84
大新县	57.89	57.89	162.46	42.13	162.46
天等县	68.64	68.64	134.41	39.54	134.41

continued

桥梁数(座) Number of Bridges (unit)	大桥及特大桥 Great Bridge and Grand Bridge	立交桥 Intersection	道路照明灯 盏 数(盏) Number of Road Lamps (unit)	安装路灯道路长度(公里) Length of The Road with Street Lamp (km)	地下综合管廊长度(公里) Length of The Utility Tunnel (km)	新建地下综合管廊长度(公里) Length of the New-built Utility Tunnel (km)
13			7535	34.50		
9			3028	17.60		
11			3165	38.00		
5	4	1	5632	67.53		
3			3122	44.50		
1	1		1497	23.18		
4	1		30175	167.00		
23	3		5654	60.90		
69			14668	187.41		
5	1		3113	45.59		
27			18563	170.38		
10	2		5547	71.44		
4	3		13278	125.83		
13			7727	114.15		
34			6015	149.52		
6			9310	139.84		
12			5370	48.53		
14			16416	114.20		
19			3437	62.28		
31			4268	43.57		
22	22		4730	55.10		
19			10230	49.90		
10			3396	42.56		
8			5511	28.74		
12			3222	57.94		
9	2		4730	64.53		
13	5		6661	118.79		
7			4996	33.15		
22		1	3674	57.22		
8	2		5101	38.12		
16			7657	38.58		
16			2517	35.20		
2			5617	61.76		
9	1		3436	65.70		
11			7200	47.76		
15	4		3058	40.86		
8			7583	54.56		
13			6944	45.24		
2	2		3412	26.89		
5	4		5176	113.01		
17			2898	17.00		
2			17119	143.00		
2			1947	35.60		
37			2165	26.75		
8			4281	55.00		
9			3920	55.17		

9-2 续表 20

县名称 Name of Counties	道路长度(公里) Length of Roads (km)	建成区 in Built District	道路面积(万平方米) Surface Area of Roads (10,000 m^2)	人行道面积 Surface Area of Sidewalks	建成区 in Built District
海　南	**1118.81**	**835.88**	**2067.55**	**574.09**	**1613.49**
定安县	94.16	75.00	212.00	71.00	164.00
屯昌县	115.35	97.79	238.23	116.23	201.97
澄迈县	61.49	61.49	141.00	34.50	80.54
临高县	256.06	55.00	157.40	27.10	115.00
白沙黎族自治县	53.17	52.51	80.99	20.30	52.78
昌江县	126.33	110.30	251.44	73.16	220.00
乐东县	46.54	46.54	112.00	25.00	112.00
陵水县	119.13	111.91	292.51	70.00	280.00
保亭县	51.04	51.04	96.65	32.70	96.00
琼中县	55.00	52.00	81.63	23.00	43.00
洋浦经济开发区	140.54	122.30	403.70	81.10	248.20
重　庆	**1327.95**	**1302.12**	**2379.73**	**721.05**	**2375.39**
城口县	46.29	38.26	63.34	13.92	54.76
丰都县	97.56	97.56	203.97	67.47	203.97
垫江县	129.82	129.82	379.96	110.61	379.96
忠　县	119.75	119.75	197.62	76.79	197.62
云阳县	181.85	181.85	362.09	117.19	362.09
奉节县	134.44	134.44	212.89	62.19	212.18
巫山县	59.07	59.07	89.66	21.98	94.61
巫溪县	105.54	105.54	93.58	36.76	93.58
石柱土家族自治县	87.07	69.27	128.32	32.00	128.32
秀山土家族苗族自治县	180.21	180.21	356.86	115.84	356.86
酉阳土家族苗族自治县	85.44	85.44	134.25	29.07	134.25
彭水苗族土家族自治县	100.91	100.91	157.19	37.23	157.19
四　川	**8672.22**	**8047.16**	**16574.59**	**4701.66**	**15712.22**
金堂县	536.77	536.77	1119.28	219.73	1119.28
大邑县	195.92	195.92	391.84	85.73	391.84
蒲江县	67.68	67.68	129.84	42.18	129.84
荣　县	183.90	156.10	335.70	87.20	320.30
富顺县	458.34	429.20	567.16	143.18	456.06
米易县	53.72	53.47	73.27	24.35	73.27
盐边县	24.70	24.70	33.35	7.35	33.35
泸　县	111.86	111.86	300.57	84.41	300.57
合江县	130.75	130.75	221.28	70.39	221.28
叙永县	79.90	79.90	102.08	26.51	99.08
古蔺县	58.68	58.68	133.50	33.61	133.50
中江县	126.37	126.37	358.65	130.44	358.65
三台县	133.70	126.16	401.10	141.60	401.10
盐亭县	89.10	89.10	160.00	38.00	160.00
梓潼县	93.27	93.27	126.32	41.69	126.32
北川羌族自治县	70.70	70.70	155.00	45.00	155.00

continued

桥梁数 (座) Number of Bridges (unit)	大桥及特大桥 Great Bridge and Grand Bridge	立交桥 Intersection	道路照明灯盏数 (盏) Number of Road Lamps (unit)	安装路灯道路长度 (公里) Length of The Road with Street Lamp (km)	地下综合管廊长度 (公里) Length of The Utility Tunnel (km)	新建地下综合管廊长度 (公里) Length of the New-built Utility Tunnel (km)
78	**9**		**56717**	**744.25**		
17			4524	113.00		
7			4931	39.00		
2	2		3467	45.60		
4			4865	45.40		
4			2587	24.43		
17	2		4103	125.29		
5			7766	47.60		
3	1		8350	105.39		
14			3974	51.04		
4	3		2850	35.10		
1	1		9300	112.40		
293	**54**	**9**	**129623**	**1165.95**	**27.73**	**11.94**
11			2331	46.29	0.62	
7	7		8221	61.25		
51			13641	97.08	15.74	1.77
14	4	1	7272	108.46		
27	3	4	21667	172.20		
37	12	1	12038	133.34	2.85	2.85
10	1		5331	59.07		
18			12089	104.09	7.32	7.32
46	13		12651	86.58		
18	7		11924	142.60		
32		3	7283	78.32	1.20	
22	7		15175	76.67		
1090	**242**	**16**	**610981**	**6590.49**	**265.45**	**125.17**
62	61	1	20399	335.31	13.94	13.94
21	2		17052	134.17		
20	8		7842	64.80	0.48	
10			6501	71.87		
7	4	3	11238	456.06	10.70	10.70
6	1		3332	53.72		
5			2213	24.70		
8			6615	111.86		
5			8253	115.00		
16	3	1	4680	50.33		
26	3	1	3528	43.48		
23	10		7752	119.92		
9		1	18136	122.70		
11			5300	50.00		
6			15329	92.27		
4	4		6896	53.50		

9-2 续表 21

县名称 Name of Counties	道路长度(公里) Length of Roads (km)	建成区 in Built District	道路面积(万平方米) Surface Area of Roads (10,000 m²)	人行道面积 Surface Area of Sidewalks	建成区 in Built District
平武县	33.25	33.08	52.82	10.01	52.82
旺苍县	88.73	88.05	152.97	53.37	150.69
青川县	21.72	21.72	42.30	16.52	42.30
剑阁县	37.80	37.80	90.56	26.10	90.56
苍溪县	103.03	103.03	215.88	64.30	215.83
蓬溪县	138.88	138.88	284.57	67.32	284.57
大英县	143.25	142.25	282.35	112.51	282.35
威远县	137.93	128.60	387.30	78.90	368.47
资中县	199.14	197.25	404.25	92.13	388.01
犍为县	110.67	110.67	265.62	88.61	265.62
井研县	72.40	72.40	93.80	30.72	93.80
夹江县	82.50	82.50	174.13	58.03	174.13
沐川县	43.74	43.74	81.28	19.32	81.28
峨边县	25.40	25.40	16.00	4.00	16.00
马边县	32.33	32.33	48.80	14.84	48.80
南部县	276.00	276.00	525.00	147.00	531.00
营山县	115.87	115.87	337.48	103.03	337.48
蓬安县	75.20	75.20	217.08	69.20	217.08
仪陇县	95.00	95.00	285.00	95.00	285.00
西充县	111.00	111.00	300.00	84.00	300.00
仁寿县	231.00	231.00	719.40	218.00	719.40
洪雅县	75.97	75.97	166.22	24.87	166.22
丹棱县	47.57	47.57	88.10	31.83	88.10
青神县	85.79	54.10	127.65	32.06	87.56
江安县	118.20	118.20	241.54	68.00	241.54
长宁县	87.62	87.62	179.31	80.00	179.31
高　县	114.46	114.46	237.13	90.67	237.13
珙　县	67.95	65.45	176.14	53.86	120.34
筠连县	58.72	48.72	149.65	48.45	109.65
兴文县	74.74	74.39	151.83	24.78	149.17
屏山县	60.39	55.43	133.00	38.00	133.00
岳池县	177.93	177.53	360.07	140.77	359.31
武胜县	143.40	143.40	260.26	87.75	260.26
邻水县	171.21	139.71	214.65	57.44	164.83
宣汉县	177.60	152.20	316.66	104.80	286.16
开江县	58.28	58.28	129.44	45.03	129.44
大竹县	116.50	116.50	291.25	97.08	291.25
渠　县	158.30	158.30	345.33	81.61	345.33
荥经县	61.63	61.63	105.11	33.98	105.11
汉源县	40.87	39.27	63.71	22.00	60.80
石棉县	45.64	45.64	62.69	20.38	62.69
天全县	62.24	62.24	108.82	33.91	84.99
芦山县	52.02	43.41	52.18	14.34	50.82
宝兴县	19.50	19.40	18.05	13.30	17.50

continued

桥梁数 (座) Number of Bridges (unit)	大桥及特大桥 Great Bridge and Grand Bridge	立交桥 Intersection	道路照明灯盏数 (盏) Number of Road Lamps (unit)	安装路灯道路长度 (公里) Length of The Road with Street Lamp (km)	地下综合管廊长度 (公里) Length of The Utility Tunnel (km)	新建地下综合管廊长度 (公里) Length of the New-built Utility Tunnel (km)
7	4		4575	30.00		
6	6		4928	88.70		
9			2542	21.72	8.00	8.00
4	1		1892	33.00		
28	4		22319	99.11	15.00	
11			14234	87.30		
21			5376	120.25		
19	11		18005	88.25	2.91	2.91
5			8592	94.22	11.73	
4	4		16024	110.67		
12			3479	42.54		
17			12729	83.80		
18			9118	36.40		
9	1		792	14.00		
8			5693	31.97		
33	2	2	18210	276.00	21.90	1.80
23	2	2	7254	107.15	4.15	
			4887	75.20	5.00	1.00
8	2		5700	95.00		20.00
11	2	1	6750	111.00	8.20	
44	3		33907	177.00		
17	4		6245	75.97		
13		1	2428	40.67		
4	4		3480	52.68		
7	1	1	12186	94.00	19.00	2.00
15			3666	83.92	9.00	1.00
8			16999	90.00	16.34	3.54
9	2		3670	65.45	10.70	2.00
9			4600	51.38	11.96	4.12
5			2614	66.51	30.00	11.00
5			2820	55.43	15.20	5.00
23			7382	147.48	5.19	5.19
4			10755	84.64	2.00	
15			6425	134.52	0.87	0.87
3			21675	180.54		
25			3419	54.49		
2			25107	82.80		
4	4		6521	91.22	10.00	10.00
9			2809	50.00		
5	3		3663	36.00		
13	7		1896	39.30		
16	1	1	6549	60.50		
8	8		5420	37.21		
12			850	16.80		

9-2 续表 22

县名称 Name of Counties	道路长度(公里) Length of Roads (km)	建成区 in Built District	道路面积(万平方米) Surface Area of Roads ($10,000\ m^2$)	人行道面积 Surface Area of Sidewalks	建成区 in Built District
通江县	146.50	115.00	240.84	73.00	226.74
南江县	175.96	145.50	289.22	22.05	245.20
平昌县	148.00	112.00	365.00	117.00	278.00
安岳县	172.11	172.11	244.28	47.58	222.38
乐至县	146.40	146.40	424.62	130.50	424.62
汶川县	19.40	5.00	19.49	2.39	2.39
理　县	15.00	15.00	15.00	3.00	15.00
茂　县	38.11	38.11	59.90	11.63	59.90
松潘县	70.44	70.44	83.00	9.40	83.00
九寨沟县	59.10	59.10	77.83	20.40	77.83
金川县	23.71	13.00	19.21	3.83	7.80
小金县	12.90	12.90	14.37	1.37	14.37
黑水县	12.70	9.00	12.28	2.54	8.50
壤塘县	5.00	3.00	4.70	1.50	3.00
阿坝县	21.02	2.20	23.72	4.93	8.73
若尔盖县	19.20	18.25	17.78	1.28	20.70
红原县	28.40	17.73	43.02	17.72	25.54
泸定县	39.78	23.60	34.62	13.90	34.54
丹巴县	14.65	6.13	14.90	3.00	10.00
九龙县	10.60	10.60	11.10	2.50	8.60
雅江县	25.18	3.50	31.12	10.48	3.58
道孚县	64.23	44.88	36.98	0.06	27.75
炉霍县	18.39	7.00	22.60	4.30	18.00
甘孜县	26.60	14.00	24.00	8.30	14.80
新龙县	20.60	8.25	15.10	5.55	7.35
德格县	18.93	8.00	16.27	3.80	2.80
白玉县	8.40	8.40	30.30	10.00	30.30
石渠县	21.80	15.90	25.70	9.80	10.80
色达县	24.70	13.00	25.81	7.01	13.50
理塘县	35.59	35.59	19.59	3.00	18.59
巴塘县	39.90	39.90	36.00	12.50	37.08
乡城县	11.70	9.00	8.78	2.93	8.78
稻城县	17.70	9.60	23.84	3.58	23.84
得荣县	7.00	5.00	8.43	3.43	8.00
普格县	8.10	8.10	10.46	4.00	10.46
木里县	30.50	4.00	23.60	9.00	6.00
盐源县	60.34	44.62	90.48	27.03	66.93
德昌县	73.72	72.40	118.01	50.52	115.92
会东县	36.00	29.00	48.00	16.00	36.50
宁南县	29.37	29.37	50.81	15.25	50.81
布拖县	14.50	13.50	56.60	12.20	54.75
金阳县	11.71	11.71	11.26	1.53	11.26
昭觉县	30.50	24.00	65.00	21.00	53.00
喜德县	33.80	15.00	43.00	8.00	25.00

continued

桥梁数(座) Number of Bridges (unit)	大桥及特大桥 Great Bridge and Grand Bridge	立交桥 Intersection	道路照明灯盏数(盏) Number of Road Lamps (unit)	安装路灯道路长度(公里) Length of The Road with Street Lamp (km)	地下综合管廊长度(公里) Length of The Utility Tunnel (km)	新建地下综合管廊长度(公里) Length of the New-built Utility Tunnel (km)
17			1900	61.45	12.80	12.50
17	14		3850	61.83	5.60	5.60
11	3		4108	105.20	13.00	4.00
33	2		11713	77.65		
15			4286	171.44		
10			713	10.60		
8			3160	20.00		
8	4		7272	29.21		
12	9		762	5.00		
12			8000	43.00		
6			630	13.00		
13			930	11.00		
8			1359	7.00		
2			460	10.00		
6	4		3500	14.00		
6	6		2232	12.00		
5			713	17.83		
5			640	24.70		
4	1		1500	4.00		
5			978	9.40		
4	4		1065	21.00		
2			1432	9.80		
7			823	14.96		
5		1	1700	26.00		
6	6		715	16.05		
15			441	10.90		
4			2973	8.00		
8			2615	16.25		
			590	13.00		
			1054	15.80		
4						
1	1		1800	5.00		
2	1		920	19.00		
			176	7.00		
			514	8.10		
2			380	10.00		
4	4		2930	19.23		
8			5011	63.00		
11			2330	19.00		
1	1		2635	22.15		
2			1103	14.60		
1	1		372	11.71		
2			670	13.00		
6	6		800	20.00		

9-2 续表 23

县名称 Name of Counties	道路长度(公里) Length of Roads (km)	建成区 in Built District	道路面积(万平方米) Surface Area of Roads ($10,000\ m^2$)	人行道面积 Surface Area of Sidewalks	建成区 in Built District
冕宁县	45.25	36.85	51.25	19.45	46.93
越西县	33.20	29.20	31.38	4.83	31.38
甘洛县	29.40	13.40	27.20	8.80	14.62
美姑县	6.40	4.10	5.20	1.98	3.51
雷波县	43.00	23.00	38.62	8.62	28.00
贵　州	**7984.99**	**6940.25**	**13112.77**	**3268.31**	**11623.35**
开阳县	118.30	113.32	172.36	47.50	170.45
息烽县	92.25	82.90	163.93	26.58	160.35
修文县	165.42	122.56	392.88	76.09	231.88
六枝特区	355.88	355.88	426.49	167.37	426.49
桐梓县	207.73	196.15	319.66	70.38	306.23
绥阳县	191.84	139.22	300.16	83.48	209.77
正安县	120.11	120.11	210.28	17.92	210.28
道真县	143.27	100.91	231.32	38.20	189.21
务川县	119.51	119.51	192.21	21.00	191.00
凤冈县	124.10	124.10	243.23	68.19	243.23
湄潭县	145.19	136.00	338.90	45.00	320.00
余庆县	80.25	77.84	242.35	42.68	153.91
习水县	174.48	153.30	374.88	116.46	312.70
普定县	151.78	136.50	351.85	121.80	220.85
镇宁县	66.96	66.96	156.99	26.71	156.99
关岭县	76.00	51.00	57.90	12.00	25.40
紫云县	73.43	73.43	244.38	34.18	244.38
大方县	132.07	131.10	133.31	30.11	133.31
金沙县	117.66	110.03	249.84	51.50	226.18
织金县	288.57	214.30	493.88	65.20	334.34
纳雍县	128.00	112.00	154.98	42.00	152.38
威宁自治县	214.15	214.15	423.73	119.61	423.73
赫章县	110.03	110.03	173.86	43.46	173.86
江口县	78.28	78.28	159.76	47.49	159.76
玉屏县	92.47	84.40	165.32	64.50	151.82
石阡县	94.48	90.67	153.32	48.96	145.69
思南县	182.83	182.83	273.88	62.91	273.88
印江县	104.47	104.47	145.96	35.97	144.10
德江县	196.56	196.56	390.17	100.75	390.17
沿河县	131.74	131.74	166.04	67.96	166.04
松桃县	157.92	157.92	244.78	49.89	244.78
普安县	75.51	75.51	87.00	20.80	87.00
晴隆县	69.34	55.00	123.34	43.17	69.50
贞丰县	105.77	88.20	187.60	11.40	162.00
望谟县	110.46	84.99	154.07	35.05	108.80
册亨县	88.88	88.88	124.67	34.97	124.67
安龙县	201.92	194.91	348.86	75.60	467.40
黄平县	96.61	70.95	199.88	46.01	163.36

continued

桥梁数(座) Number of Bridges (unit)			道路照明灯盏数(盏) Number of Road Lamps (unit)	安装路灯道路长度(公里) Length of The Road with Street Lamp (km)	地下综合管廊长度(公里) Length of The Utility Tunnel (km)	新建地下综合管廊长度(公里) Length of the New-built Utility Tunnel (km)
	大桥及特大桥 Great Bridge and Grand Bridge	立交桥 Intersection				
7			2511	22.60	1.78	
3	1		1725	13.85		
6	2		582	7.10		
9			487	12.60		
			670	28.00		
780	**103**	**8**	**429993**	**4241.93**	**138.52**	**3.74**
6			7341	62.50		
10			3215	53.21		
43		2	13420	225.56		
9			14399	45.63	3.72	
17			20276	108.38		
16			7473	85.60		
29			13476	26.00		
14			1934	61.23		
11	1		3940	43.50		
15			11958	16.00		
22			9600	72.00		
10			3151	52.55		
9		1	9374	151.95		
14			12140	116.50		
18		2	4095	42.98		
1			2450	45.00		
4			8009	58.43		
3			15589	75.45		
23			10360	89.10	5.83	
16			24200	80.34		
7	2		6684	69.30		
10			13373	74.92		
6			2971	38.50		
10	5		3400	66.80	8.58	
7	7		4109	124.05	0.94	
16	16		12685	69.12	10.66	
5	5		4300	60.00		
20	20		7725	143.29	4.94	0.50
22			8995	193.65	6.95	0.30
2	2		3235	34.70		
14	1		2607	41.58		
			3192	50.30	0.44	0.44
1			2268	42.83		
			9514	4.00		
9	9		5400	91.15		
24	2		2920	84.70		
1			17572	161.00	57.50	2.50
23	3		8163	75.00		

9-2 续表 24

县名称 Name of Counties	道路长度（公里） Length of Roads (km)	建成区 in Built District	道路面积（万平方米） Surface Area of Roads (10,000 m^2)	人行道面积 Surface Area of Sidewalks	建成区 in Built District
施秉县	55.98	39.00	102.86	16.86	65.00
三穗县	86.11	76.01	133.36	40.06	126.03
镇远县	123.00	112.00	120.00	35.00	105.00
岑巩县	70.08	67.00	129.37	32.65	123.52
天柱县	105.90	101.00	200.30	55.00	184.70
锦屏县	45.77	43.07	78.10	26.75	47.00
剑河县	48.90	48.90	57.62	17.11	57.62
台江县	56.51	53.51	53.20	13.42	5.20
黎平县	64.66	64.66	152.65	55.07	133.95
榕江县	108.91	79.33	214.57	68.17	147.06
从江县	187.60	120.23	116.44	53.12	116.32
雷山县	59.60	55.20	62.37	20.40	67.25
麻江县	40.85	39.12	75.40	15.10	38.00
丹寨县	37.33	37.33	110.68	26.81	110.68
荔波县	81.40	76.10	121.21	27.29	102.32
贵定县	101.23	101.23	120.19	35.99	120.19
瓮安县	318.38	318.38	465.90	97.24	465.90
独山县	182.83	145.25	437.80	44.97	373.86
平塘县	58.19	57.28	113.63	21.41	91.04
罗甸县	76.90	59.30	128.32	62.56	128.32
长顺县	114.34	58.13	111.45	37.80	62.00
龙里县	320.90	214.87	404.15	52.54	395.60
惠水县	377.31	159.33	459.89	220.70	336.86
三都水族自治县	78.09	67.41	169.29	79.44	144.04
云　南	**6367.20**	**5830.72**	**11505.27**	**3018.68**	**10870.18**
嵩明县	73.15	73.15	137.47	39.45	136.92
富民县	44.95	42.46	102.23	31.38	96.97
宜良县	67.50	66.33	192.28	29.85	192.28
石林彝族自治县	81.25	81.25	234.24	57.67	263.30
禄劝彝族苗族自治县	83.70	76.70	84.12	2.52	84.12
寻甸县	40.89	40.89	98.70	14.31	98.70
昆明阳宗海风景名胜区	25.43	25.43	58.19	14.41	53.03
陆良县	153.02	152.01	328.82	76.46	320.52
师宗县	139.50	95.00	228.35	79.50	168.80
罗平县	192.17	192.17	333.96	73.87	285.19
富源县	111.41	111.41	218.98	97.29	218.98
会泽县	191.20	191.20	462.00	97.00	462.00
通海县	76.28	55.00	107.98	29.24	97.45
华宁县	43.38	43.37	101.10	19.88	85.29
易门县	47.63	40.63	93.00	33.15	65.68
峨山县	40.62	40.12	85.65	23.18	85.55
新平县	51.10	51.10	100.86	40.35	100.86
元江县	43.44	38.32	99.10	33.02	94.20
施甸县	72.10	72.10	159.60	39.62	159.60

continued

桥梁数（座） Number of Bridges (unit)	大桥及特大桥 Great Bridge and Grand Bridge	立交桥 Intersection	道路照明灯盏数（盏） Number of Road Lamps (unit)	安装路灯道路长度（公里） Length of The Road with Street Lamp (km)	地下综合管廊长度（公里） Length of The Utility Tunnel (km)	新建地下综合管廊长度（公里） Length of the New-built Utility Tunnel (km)
10			4650	31.00	6.54	
23	2		11621	42.50		
17			4595	72.30	0.06	
9			2160	31.60	10.35	
9			2680	61.60		
7	3					
15	2		1953	48.90		
9			4410	36.00		
8	1		6879	50.87		
5	1	1	6100	40.00		
13	3		3196	19.80		
30			3120	50.45		
			2092	40.85		
1	1		2185	33.00		
5	5		3421	83.00		
28			6848	87.23		
13	1	1	6999	43.20		
11			3192	72.95	20.53	
11			3452	12.00		
13	5		9011	73.30		
18			4120	67.79		
30	1	1	8073	210.65		
10			8133	47.46	1.48	
18	5		5590	48.68		
727	**88**	**8**	**446443**	**4663.05**	**137.91**	**40.55**
5			8126	60.83		
4			1433	35.88		
			4458	50.29		
12	12		4511	81.25	6.00	6.00
18	18		5319	76.70		
			1562	24.37		
15			11395	148.75		
			9640	78.50		
1		1	34147	179.79		
18			12533	110.91	19.00	
15			14257	184.90		
3			3296	60.20	1.63	1.63
9			2725	47.14		
			8569	45.27		
			6100	38.91		
12			9796	50.59	1.20	
5	3		2470	37.86	5.61	0.26
29			4115	65.98	22.54	

9-2 续表 25

县名称 Name of Counties	道路长度（公里） Length of Roads (km)	建成区 in Built District	道路面积（万平方米） Surface Area of Roads ($10,000\ m^2$)	人行道面积 Surface Area of Sidewalks	建成区 in Built District
龙陵县	56.82	56.82	69.75	15.19	69.75
昌宁县	83.25	83.25	240.81	54.26	108.76
鲁甸县	70.75	70.75	136.89	48.11	136.89
巧家县	61.92	61.92	120.16	36.03	96.00
盐津县	30.73	30.73	44.74	6.13	44.74
大关县	39.20	39.20	31.36	3.54	31.36
永善县	52.91	52.91	73.40	13.88	73.40
绥江县	69.14	69.14	90.47	27.89	90.47
镇雄县	305.00	199.00	515.00	154.00	508.00
彝良县	78.00	63.00	119.80	23.00	119.80
威信县	40.17	40.17	56.50	8.55	55.95
玉龙纳西族自治县	74.17	74.17	223.90	53.00	223.90
永胜县	55.57	52.17	126.00	28.00	116.90
华坪县	51.74	49.74	123.30	40.30	119.00
宁蒗县	83.87	75.49	109.80	21.96	109.80
宁洱哈尼族彝族自治县	62.63	61.03	121.56	30.83	121.66
墨江哈尼族自治县	68.30	57.40	106.10	20.50	103.62
景东彝族自治县	76.77	76.77	93.88	18.65	93.88
景谷傣族彝族自治县	75.17	75.17	123.90	100.17	123.90
镇沅彝族哈尼族拉祜族自治县	41.89	39.70	64.62	18.66	64.52
江城哈尼族彝族自治县	43.21	43.21	67.89	17.82	67.89
孟连傣族拉祜族佤族自治县	33.14	24.98	66.88	21.10	58.37
澜沧拉祜族自治县	55.50	55.50	97.35	28.81	105.19
西盟佤族自治县	16.63	16.63	22.49	4.60	16.63
凤庆县	80.58	68.00	137.40	28.50	137.40
云　县	133.57	68.66	150.34	40.68	142.08
永德县	30.56	30.56	54.01	11.43	54.01
镇康县	31.79	31.79	98.50	9.50	89.00
双江县	52.02	52.02	91.20	28.25	91.20
耿马县	40.69	40.69	96.36	41.78	96.36
沧源县	36.18	33.58	95.42	18.40	83.42
双柏县	60.04	42.22	78.05	15.91	69.01
牟定县	53.02	48.38	119.95	38.71	110.67
南华县	76.71	71.30	129.31	34.48	116.53
姚安县	35.52	34.24	72.92	15.53	71.58
大姚县	72.50	66.90	148.47	53.89	147.16
永仁县	42.36	39.67	69.62	26.91	67.07
元谋县	83.10	77.68	157.29	31.85	152.25
武定县	59.65	51.65	132.16	42.16	124.78
屏边县	37.37	37.37	46.64	11.81	46.64
建水县	169.45	169.45	313.52	60.10	313.52
石屏县	62.24	62.24	119.28	37.87	119.19

continued

桥梁数（座） Number of Bridges (unit)			道路照明灯盏数（盏） Number of Road Lamps (unit)	安装路灯道路长度（公里） Length of The Road with Street Lamp (km)	地下综合管廊长度（公里） Length of The Utility Tunnel (km)	新建地下综合管廊长度（公里） Length of the New-built Utility Tunnel (km)
	大桥及特大桥 Great Bridge and Grand Bridge	立交桥 Intersection				
			7439	52.95	7.45	3.00
13			7854	52.63	2.45	1.42
10			5524	69.82		
15	8		5462	51.20		
5			1500	26.48		
2	2		1406	39.20		
2	1		2920	34.38		
8	3		2442	69.14		
3	1		4640	92.30		
14			1600	38.20		
			2640	38.20		
30	3		4298	72.12		
16			4365	52.24		
4						
20			3775	46.14	1.60	
1			2844	35.70		
7			8236	52.63		
5			9314	46.47	1.14	1.14
6	1		2135	23.24		
20			2289	43.21		
12			3036	31.50		
21	6	1	3896	31.05	0.54	0.54
3			893	16.00	1.15	
24	1		10300	70.70	3.65	
15	3		4081	69.70		
			2453	29.07		
1			2870	23.00		
12			1450	35.76		
2			3615	40.69		
15			4080	33.83		
6	2		1946	39.00	7.14	1.00
3			7728	48.25	7.47	5.91
			3905	66.09	5.19	3.96
			4017	35.52		5.73
14	7		5660	72.50	7.76	4.14
7			3901	42.36	5.52	1.44
9	2		5434	62.91	0.98	
12			4156	58.60	5.91	0.37
5	5		2474	29.52		
21			9450	157.00		
			6225	59.09		

9-2 续表 26

县名称 Name of Counties	道路长度(公里) Length of Roads (km)	建成区 in Built District	道路面积(万平方米) Surface Area of Roads ($10,000\ m^2$)	人行道面积 Surface Area of Sidewalks	建成区 in Built District
泸西县	160.53	160.15	297.20	95.98	310.75
元阳县	36.50	36.50	62.49	17.34	62.49
红河县	39.35	39.35	52.62	14.11	25.03
金平县	34.99	34.99	50.07	7.63	50.07
绿春县	23.66	23.66	20.99	5.35	20.99
河口县	41.92	41.92	83.89	23.46	83.89
砚山县	141.79	58.79	174.53	29.10	173.21
西畴县	24.83	22.36	46.43	8.02	40.15
麻栗坡县	42.59	31.44	51.43	5.35	24.45
马关县	77.45	77.45	148.38	63.03	148.38
丘北县	126.99	105.32	184.43	31.23	135.60
广南县	105.00	105.00	168.00	30.00	170.00
富宁县	80.60	76.70	159.08	47.70	154.40
勐海县	66.13	66.13	130.30	36.10	130.30
勐腊县	47.55	45.80	78.79	17.02	74.64
漾濞彝族自治县	20.50	11.20	26.85	6.24	22.29
祥云县	148.82	148.82	278.59	49.18	273.60
宾川县	57.27	57.27	117.92	34.36	117.92
弥渡县	48.55	47.59	84.74	24.84	81.75
南涧彝族自治县	29.38	29.38	71.03	21.90	71.48
巍山彝族回族自治县	49.63	49.63	85.74	13.59	85.74
永平县	62.43	54.73	115.01	31.12	100.38
云龙县	28.08	28.08	29.66	8.23	29.66
洱源县	37.04	37.04	62.69	18.90	62.69
剑川县	36.20	31.71	74.76	30.20	61.22
鹤庆县	49.47	49.47	92.86	22.87	92.17
梁河县	31.41	27.41	43.04	15.45	40.24
盈江县	87.81	87.81	170.06	53.00	131.43
陇川县	68.49	65.39	145.16	27.75	142.41
福贡县	14.60	14.60	22.00	4.00	11.68
贡山独龙族怒族自治县	9.62	9.62	19.03	3.46	7.90
兰坪白族普米族自治县	75.57	75.54	69.00	24.00	69.00
德钦县	32.30	28.38	30.68	5.89	28.38
维西傈僳族自治县	67.60	67.60	74.20	17.39	74.20
西　藏	**1192.54**	**853.34**	**1547.96**	**438.49**	**1043.80**
曲水县	13.00	13.00	19.50	7.50	19.50
当雄县	9.55	9.00	16.34	6.34	15.00
林周县	7.65	7.65	9.07	3.60	9.07
墨竹工卡县	31.30	27.50	34.40	6.60	30.52
尼木县	9.02	9.02	14.48	2.70	14.48
亚东县	18.90	12.20	18.20	3.04	10.20
聂拉木县	16.00	3.00	19.20	5.80	3.60
仲巴县	14.17	5.80	14.60	3.85	13.50
定结县	11.91	8.00	14.43	4.33	8.00

continued

桥梁数(座) Number of Bridges (unit)	大桥及特大桥 Great Bridge and Grand Bridge	立交桥 Intersection	道路照明灯盏数(盏) Number of Road Lamps (unit)	安装路灯道路长度(公里) Length of The Road with Street Lamp (km)	地下综合管廊长度(公里) Length of The Utility Tunnel (km)	新建地下综合管廊长度(公里) Length of the New-built Utility Tunnel (km)
10	9	1	10250	77.07		
6			17547	36.10		
			1804	13.74		
7			2202	34.99		
			1029	22.83		
2			2042	32.00		
			4320	50.00	0.60	0.60
			1175	19.71		
24			1630	36.40	1.51	1.51
2		2	5130	47.54	1.00	1.00
1	1		3458	45.43		
			5651	53.14	2.70	0.50
13			3650	44.14		
6			2545	35.70		
18			2325	24.00		
8			1400	11.90		
3		3	7319	73.98		
5			3630	55.00	2.00	0.40
4			4782	47.56		
3			5249	29.38	1.20	
			3176	53.32		
16			3593	32.22	13.27	
5			2725	17.10		
13			5350	32.50		
10			2332	36.20		
9			5116	44.60	1.70	
5			1241	18.62		
9			6931	63.16		
			3842	59.90		
2						
			654	9.71		
14			3478	49.00		
12			995	22.00		
11			3167	67.60		
154	**18**	**4**	**38254**	**721.66**	**32.25**	
			521	10.00		
3	2		288	6.55		
1			270	6.50		
1			1085	20.00		
			923	8.00		
11			1695	8.20		
2			500	14.00		
			325	7.50		
			480	11.90		

9-2 续表 27

县名称 Name of Counties	道路长度(公里) Length of Roads (km)	建成区 in Built District	道路面积(万平方米) Surface Area of Roads (10,000 m^2)	人行道面积 Surface Area of Sidewalks	建成区 in Built District
康马县	27.29	19.84	34.76	10.91	25.07
吉隆县	3.20	3.20	3.16		3.16
萨嘎县	7.94	4.46	7.90	2.98	7.90
谢通门县	9.00	5.00	11.00	3.30	6.00
萨迦县	12.52	12.52	16.36	4.23	16.36
岗巴县	10.30	10.00	13.20	5.50	13.20
拉孜县	39.00	24.00	28.80	9.00	27.60
江孜县	34.24	19.11	35.93	7.63	25.43
定日县	84.00	40.00	117.60	16.80	1.70
南木林县	60.01	29.05	68.80	20.32	33.38
昂仁县	13.53	10.69	10.54	0.52	10.54
白朗县	58.00	29.00	68.00	20.00	33.00
仁布县	10.00	10.00	10.48	4.00	10.48
左贡县	9.34	8.39	13.48	3.16	12.18
丁青县	5.25	5.25	6.00	2.00	6.00
八宿县	20.05	20.05	22.86	5.85	22.86
江达县	20.32	5.13	21.95	8.43	5.63
洛隆县	3.79	2.79	2.10	0.50	2.10
察雅县	30.00	18.00	27.00	6.00	15.00
贡觉县	13.92	9.35	15.35	2.00	9.35
边坝县	5.60	5.60	4.93	0.91	5.15
类乌齐县	25.20	24.20	17.38	3.47	16.18
芒康县	13.01	12.99	26.42	9.35	26.42
朗　县	4.90	4.90	6.10	1.50	6.10
墨脱县	17.35	17.35	16.62	5.33	16.62
工布江达县	8.58	6.42	9.00	3.00	6.70
察隅县	18.46	18.46	20.84	6.67	20.84
波密县	16.93	16.93	13.45	2.40	8.50
米林县	17.82	17.60	18.05	5.48	18.05
错那县	17.60	16.90	32.50	15.00	28.90
浪卡子县	17.60	17.60	28.68	10.60	17.60
贡嘎县	21.33	17.30	28.46	10.56	27.60
加查县	16.60	16.60	18.27	4.57	18.26
桑日县	14.50	14.50	23.20	8.70	20.20
洛扎县	14.00	14.00	16.80	5.60	16.80
琼结县	15.65	15.65	25.06	9.46	25.06
措美县	16.70	12.00	17.20	5.00	12.00
扎囊县	35.86	35.86	82.30	28.60	82.30
曲松县	25.28	21.00	26.20	7.70	28.00
隆子县	9.38	7.38	11.61	2.90	10.63
聂荣县	11.00	10.00	8.00	3.00	22.30
双湖县	9.30	9.30	7.90	2.00	7.90
嘉黎县	16.72	16.20	19.47	4.42	18.47
比如县	25.18	12.18	41.29	11.13	32.23

continued

桥梁数（座） Number of Bridges (unit)	大桥及特大桥 Great Bridge and Grand Bridge	立交桥 Intersection	道路照明灯盏数（盏） Number of Road Lamps (unit)	安装路灯道路长度（公里） Length of The Road with Street Lamp (km)	地下综合管廊长度（公里） Length of The Utility Tunnel (km)	新建地下综合管廊长度（公里） Length of the New-built Utility Tunnel (km)
11			516	12.54		
			185	3.12		
4			225	6.13		
1			500	1.20		
18			950	23.60		
			400	9.86		
1			710	19.00		
1			1054	19.14		
6	3		1800	40.00		
3			1138	28.00		
			605	14.29		
2	2		1138	28.00		
3			158	4.00		
4			483	5.78		
			290	3.30		
4			660	11.65		
10			614	5.12		
2			310	2.03		
3			920	18.00		
5			480	6.00		
4			503	5.60		
			500	10.80		
			560	13.01		
3			396	4.90		
			400	10.00		
4	2		435	5.00		
3			923	14.31		
4	4		400	10.00		
1	1		929	17.65		
			502	7.50		
			790	17.60		
			419	8.43		
2	2		470	13.50		
			760	14.00		
3			322	8.00		
4			480	12.00		
			26	0.36		
1			1093	27.31		
6			897	17.00		
1			270	6.41		
1			997	10.31		
			315	9.30		
			950	15.00		
7	2	4	223	3.07		

9-2 续表 28

县名称 Name of Counties	道路长度（公里） Length of Roads (km)	建成区 in Built District	道路面积（万平方米） Surface Area of Roads (10,000 m²)	人行道面积 Surface Area of Sidewalks	建成区 in Built District
尼玛县	6.30	6.30	13.20	5.20	13.20
巴青县	18.97	8.80	50.04	10.01	18.34
申扎县	11.30	11.10	15.58	4.73	15.58
安多县	9.00	9.00	14.00	5.00	7.00
索　县	9.06	9.06	8.78	1.23	8.78
班戈县	8.62	8.62	10.69	2.14	10.69
革吉县	5.08	4.80	7.25	3.10	5.59
札达县	4.39	4.39	6.61	1.32	6.61
日土县	29.75	18.33	23.99	5.00	16.41
改则县	11.32	10.02	15.60	4.52	11.98
葛尔县	60.00		140.00	42.00	
普兰县	7.00	7.00	12.00	4.00	12.00
措勤县	14.00	14.00	15.00	6.00	14.00
陕　西	**4908.37**	**4506.56**	**8314.69**	**2417.62**	**7737.27**
蓝田县	95.20	62.63	194.00	68.84	102.14
周至县	48.36	48.36	99.08	34.94	88.00
宜君县	26.00	26.00	33.20	6.66	33.20
岐山县	28.70	23.70	103.16	33.80	96.90
扶风县	70.71	67.97	148.98	37.70	145.70
眉　县	98.77	94.71	205.46	71.35	191.02
陇　县	46.72	40.05	114.26	38.21	98.13
千阳县	28.24	19.89	47.00	16.00	30.00
麟游县	27.10	24.71	59.60	21.54	53.90
凤　县	27.00	27.00	38.70	4.50	37.73
太白县	21.02	20.82	38.79	10.21	12.90
三原县	145.76	130.47	291.42	98.29	287.66
泾阳县	34.16	34.16	104.99	39.81	99.79
乾　县	82.07	79.63	216.90	79.85	202.22
礼泉县	91.58	81.00	193.00	70.00	190.00
永寿县	56.89	56.89	102.15	26.48	101.25
长武县	63.22	61.52	113.47	37.00	112.25
旬邑县	31.01	29.00	57.68	20.32	54.50
淳化县	45.30	45.30	53.93	13.76	53.23
武功县	77.92	50.25	165.65	42.39	132.55
潼关县	60.09	54.39	169.03	69.93	163.80
大荔县	119.62	115.88	234.36	65.84	228.88
合阳县	67.20	66.68	121.51	37.74	113.08
澄城县	74.92	72.27	174.40	61.00	170.55
蒲城县	241.60	240.15	509.19	115.74	501.73
白水县	51.70	46.85	127.75	58.00	122.06
富平县	129.09	123.49	221.77	60.33	213.30
延长县	28.61	19.49	30.71	5.00	21.46
延川县	22.62	20.00	22.21	9.01	20.00
志丹县	65.90	65.90	86.64	22.51	85.76

continued

桥梁数（座） Number of Bridges (unit)	大桥及特大桥 Great Bridge and Grand Bridge	立交桥 Intersection	道路照明灯盏数（盏） Number of Road Lamps (unit)	安装路灯道路长度（公里） Length of The Road with Street Lamp (km)	地下综合管廊长度（公里） Length of The Utility Tunnel (km)	新建地下综合管廊长度（公里） Length of the New-built Utility Tunnel (km)
1			300	5.90		
3			435	10.00		
			749	11.10		
			493	9.00		
			300	3.80		
			450	5.00		
			158	4.95	1.56	
			400	4.39	1.97	
			505	12.65	3.57	
			549	6.20	3.73	
6			892	25.00	13.84	
3			120	5.00	2.61	
1			120	4.20	4.97	
560	**192**	**27**	**273615**	**3378.45**	**13.07**	**12.34**
8			3236	68.19		
6			5737	48.10		
1		1	686	16.64		
			1293	24.90		
4	1		2484	45.00		
4			2962	57.96		
9			2190	45.68		
3	2		2116	25.60		
13			1452	25.20		
10		1	1599	27.00		
14			1306	19.00		
4	4		3376	79.47		
1			2117	34.16	6.29	6.29
5	2	1	4171	65.94		
3	1		4000	70.00		
			2049	30.87		
5		5	1480	26.00		
			1762	30.41		2.67
7			1640	17.50		
10	1	5	4253	72.98		
1	1		3865	56.59		
			8664	78.70		
4			4107	41.75	1.00	1.00
			2521	56.07	0.41	0.41
			17761	140.95		
4	3		7674	49.20		
14			9889	121.44		
7	5		886	17.50		
12	10	2	1741	19.30		
13	5		7356	62.00		

9-2 续表 29

县名称 Name of Counties	道路长度(公里) Length of Roads (km)	建成区 in Built District	道路面积(万平方米) Surface Area of Roads ($10,000\ m^2$)	人行道面积 Surface Area of Sidewalks	建成区 in Built District
吴起县	63.03	63.03	95.09	32.95	95.09
甘泉县	26.60	26.60	42.40	14.70	4.60
富　县	47.10	46.10	45.85	15.56	45.80
洛川县	33.27	21.66	68.81	26.30	65.50
宜川县	21.30	21.30	34.55	11.55	34.55
黄龙县	33.81	32.31	44.00	19.20	52.60
黄陵县	46.55	46.55	108.09	18.16	107.99
城固县	119.35	111.57	239.92	94.08	231.72
洋　县	93.85	85.93	132.10	33.09	124.07
西乡县	144.38	139.60	199.40	42.70	188.21
勉　县	144.70	137.71	272.80	84.44	257.43
宁强县	95.02	80.12	106.24	19.02	104.26
略阳县	54.00	48.00	76.00	24.00	70.00
镇巴县	50.30	43.62	73.18	25.88	64.58
留坝县	14.81	14.48	19.40	3.87	18.36
佛坪县	15.42	14.29	20.26	4.83	18.11
府谷县	80.30	74.50	86.00	11.00	81.00
靖边县	232.16	232.16	461.40	132.13	461.40
定边县	150.36	141.80	249.95	58.55	238.51
绥德县	143.94	140.44	148.89	27.20	116.85
米脂县	53.69	39.60	66.10	14.10	52.11
佳　县	24.90	23.00	24.90	3.00	23.00
吴堡县	30.93	24.00	75.50	27.00	62.57
清涧县	28.56	28.06	38.00	9.28	37.08
子洲县	34.53	24.79	58.00	15.00	53.50
汉阴县	101.86	101.18	160.40	48.12	160.40
石泉县	46.63	43.89	80.09	24.69	76.43
宁陕县	24.46	23.20	20.89	6.31	19.50
紫阳县	91.70	91.70	76.87	15.51	76.87
岚皋县	48.60	48.58	41.57	9.68	41.57
平利县	41.02	38.10	54.98	18.49	51.44
镇坪县	19.35	18.55	16.88	2.46	15.24
旬阳县	117.38	108.67	189.99	42.91	187.24
白河县	68.81	45.50	67.47		64.96
洛南县	99.70	99.70	123.69	41.94	123.69
丹凤县	160.80	86.13	152.00	56.00	86.13
商南县	51.50	51.50	135.00	34.00	135.00
山阳县	77.02	73.96	115.54	27.97	115.22
镇安县	67.60	66.52	93.50	16.20	92.00
柞水县	102.00	99.00	120.00	29.00	119.00
甘　肃	**3342.03**	**3057.22**	**6054.52**	**1612.72**	**5401.42**
永登县	44.95	44.95	123.18	42.34	123.18
皋兰县	36.29	28.73	58.54	16.69	58.54
榆中县	71.05	65.86	234.76	80.39	213.56

continued

桥梁数 (座) Number of Bridges (unit)	大桥及特大桥 Great Bridge and Grand Bridge	立交桥 Intersection	道路照明灯盏数 (盏) Number of Road Lamps (unit)	安装路灯道路长度 (公里) Length of The Road with Street Lamp (km)	地下综合管廊长度 (公里) Length of The Utility Tunnel (km)	新建地下综合管廊长度 (公里) Length of the New-built Utility Tunnel (km)
15	2	2	2560	29.20		
7	5		916	13.40		
8	2		1089	20.71		
2	2		2244	29.35		
19	1		1987	21.27		
25	18		850	8.05		
19			3791	39.65		
2		1	11133	111.61		
9	4		8856	85.00		
			4310	94.30		
4	4		6222	73.09		
17	5	2	2070	41.04		
15	1		7850	48.00		
15	15		3040	46.31		
11			1177	11.59		
7	4		1108	15.42		
6	4		9990	52.01		
5	4	1	21115	160.38		
3	1		9125	92.00	0.97	0.97
18	7		2838	66.13		
1			1740	18.55		
4	2	1	1945	23.50		
6			1100	17.10		
17	13		812	8.23		
13	2		1127	17.50		
10	8	2	3930	98.17		
11	3	2	2990	45.80		
18			1041	19.58		
6	6		5270	31.80		
8	7		1831	41.98		
6			5659	35.00		
8	8		1439	19.35		
8	8		3820	81.32		
10			1578	32.51	1.40	
17	13	1	2830	52.30	3.00	1.00
9	5		8160	69.00		
			2625	51.00		
38	3		4030	65.65		
			2566	57.50		
1			2478	60.00		
469	**73**	**17**	**162164**	**2414.59**	**0.46**	
4	1		3688	44.95		
9			1435	28.73		
3			3276	65.86		

9-2 续表 30

县名称 Name of Counties	道路长度（公里） Length of Roads (km)	建成区 in Built District	道路面积（万平方米） Surface Area of Roads (10,000 m^2)	人行道面积 Surface Area of Sidewalks	建成区 in Built District
永昌县	62.41	62.41	75.00	17.08	75.00
靖远县	59.68	59.28	86.99	25.24	86.99
会宁县	72.92	72.92	195.71	50.80	195.71
景泰县	57.07	51.74	99.05	26.05	90.57
清水县	63.53	34.80	99.28	33.18	63.95
秦安县	77.70	76.70	171.00	60.00	67.00
甘谷县	64.09	64.09	160.69	33.25	160.69
武山县	36.00	33.00	78.51	20.17	74.91
张家川回族自治县	48.56	41.00	63.70	18.30	51.80
民勤县	76.60	76.60	101.20	41.20	101.20
古浪县	31.12	31.12	77.20	30.68	77.34
天祝藏族自治县	40.28	40.28	71.87	21.85	71.87
肃南县	18.54	18.54	16.82	2.00	16.82
民乐县	67.05	55.67	104.04	17.81	99.54
临泽县	50.99	50.99	113.02	34.53	112.72
高台县	69.86	49.96	121.60	30.13	68.83
山丹县	74.63	72.63	102.97	30.01	98.97
泾川县	62.10	62.10	104.95	31.30	104.95
灵台县	40.19	40.19	84.82	17.71	84.82
崇信县	38.88	38.88	70.05	14.80	70.05
庄浪县	60.20	60.20	140.02	26.58	135.92
静宁县	66.84	66.84	167.60	39.49	167.70
金塔县	68.90	68.90	135.97	42.70	135.97
瓜州县	55.99	55.99	125.11	29.01	125.11
肃北蒙古族自治县	13.60	8.20	31.83	5.24	22.00
阿克塞哈萨克族自治县	38.79	37.79	54.01	21.57	54.01
庆城县	41.83	38.43	74.40	18.60	71.30
环　县	43.36	40.55	109.16	33.73	98.12
华池县	41.93	34.46	66.48	23.31	54.59
合水县	39.64	38.44	121.76	35.02	102.05
正宁县	46.52	46.29	84.45	13.22	76.32
宁　县	35.76	34.73	100.34	37.30	97.34
镇原县	56.60	56.60	107.02	31.63	102.12
通渭县	57.76	57.51	85.35	26.01	85.35
陇西县	107.20	107.20	236.80	41.05	236.80
渭源县	49.39	44.96	80.53	12.98	72.39
临洮县	134.60	134.60	172.90	44.90	174.40
漳　县	30.30	30.30	60.54	19.73	60.54
岷　县	43.60	43.60	112.70	23.60	112.70
成　县	95.50	91.20	135.59	19.73	129.59
文　县	29.60	28.80	20.14	4.64	19.34
宕昌县	62.91	62.91	73.98	18.82	73.60
康　县	55.25	32.96	50.80	8.87	50.80
西和县	72.90	72.90	109.54	24.14	109.54

continued

桥梁数 (座) Number of Bridges (unit)			道路照明灯盏数 (盏) Number of Road Lamps (unit)	安装路灯道路长度 (公里) Length of The Road with Street Lamp (km)	地下综合管廊长度 (公里) Length of The Utility Tunnel (km)	新建地下综合管廊长度 (公里) Length of the New-built Utility Tunnel (km)
	大桥及特大桥 Great Bridge and Grand Bridge	立交桥 Intersection				
3			1186	28.89		
13			3700	38.40		
9			3357	61.59		
3			1902	52.00		
21		1	1941	44.11		
11			3900	45.10		
7		3	2651	55.28		
11	3	8	1968	26.33		
10	10		720	17.20		
1			2228	51.80	0.46	
6	3	3	1892	24.91		
7	5	1	2626	40.15		
9			747	16.80		
5	1		6256	62.61		
7	4		3737	50.49		
			2405	42.35		
7			2425	59.20		
5			3652	56.85		
10			1585	34.07		
10			1700	30.66		
11		1	1821	35.94		
7			3100	61.59		
			3681	68.66		
			4675	63.48		
2			1211	10.00		
			1555	19.50		
1	1		1325	29.80		
10			2398	25.89		
14			1845	15.69		
1	1		1292	29.04		
			1386	33.93		
2			1147	23.90		
5	5		3044	43.90		
11			1350	29.45		
10			15680	101.96		
6			1694	38.24		
			2090	44.85		
			951	20.99		
13			1600	38.80		
7	5		3306	40.90		
8	6		908	15.51		
13			2525	58.00		
27			4580	50.51		
10			6441	36.50		

9-2 续表 31

县名称 Name of Counties	道路长度（公里） Length of Roads (km)	建成区 in Built District	道路面积（万平方米） Surface Area of Roads (10,000 m²)	人行道面积 Surface Area of Sidewalks	建成区 in Built District
礼　县	66.90	54.00	116.70	42.50	89.50
徽　县	62.11	29.15	86.15	14.11	70.83
两当县	41.13	40.98	39.68	5.97	39.46
临夏县	50.58	42.02	95.58	12.36	82.74
康乐县	39.03	39.03	92.53	25.53	92.53
永靖县	83.71	74.51	152.95	41.45	124.19
广河县	45.54	29.53	86.49	23.45	45.94
和政县	63.22	58.45	100.87	31.53	8.10
东乡县	17.40	5.50	61.70	11.10	6.70
积石山县	67.00	55.00	74.00	20.00	58.80
临潭县	24.52	10.12	66.38	21.97	57.15
卓尼县	41.12	33.92	58.69	20.64	47.50
舟曲县	15.00	8.00	15.40	3.60	9.60
迭部县	32.77	32.77	28.79	7.01	27.71
玛曲县	39.57	39.57	58.52	20.44	58.52
碌曲县	23.47	23.47	28.99	8.52	28.99
夏河县	15.50	14.40	19.13	5.16	16.55
青　海	**1586.75**	**1468.77**	**2570.22**	**666.57**	**2491.88**
大通县	52.64	51.62	86.06	27.82	81.97
湟源县	97.03	97.03	102.01	23.56	102.01
民和县	66.39	66.39	108.68	21.55	108.68
互助县	72.73	72.73	172.80	47.24	172.80
化隆县	63.70	63.70	106.70	24.80	106.70
循化县	21.40	20.90	53.60	15.50	52.70
门源县	56.10	52.33	74.36	23.32	66.91
祁连县	62.47	57.47	93.17	40.98	86.67
海晏县	24.10	22.19	47.42	13.24	45.85
刚察县	29.02	29.02	57.73	16.45	48.33
西海镇	46.96	46.96	42.83	12.74	42.83
尖扎县	19.52	19.52	40.00	7.00	40.00
泽库县	32.00	32.00	45.00	10.00	45.00
河南县	20.50	20.50	30.14	5.00	30.14
共和县	118.60	118.60	218.97	53.05	218.97
同德县	41.75	41.75	52.67	11.68	52.67
贵德县	66.14	66.14	141.12	48.78	141.12
兴海县	34.26	34.26	72.71	26.91	72.71
贵南县	49.65	49.65	113.00	28.09	113.00
班玛县	42.09	17.80	35.00	10.00	26.00
久治县	20.08	20.08	40.07	11.41	40.07
甘德县	42.96	42.96	48.95	13.84	48.95
玛沁县	68.28	68.28	204.37	40.97	204.36
达日县	31.98	15.70	25.62	5.32	7.20
玛多县	18.50	14.75	25.48	4.92	23.00
杂多县	12.99	12.99	28.17	5.65	28.17

continued

桥梁数(座) Number of Bridges (unit)	大桥及特大桥 Great Bridge and Grand Bridge	立交桥 Intersection	道路照明灯盏数(盏) Number of Road Lamps (unit)	安装路灯道路长度(公里) Length of The Road with Street Lamp (km)	地下综合管廊长度(公里) Length of The Utility Tunnel (km)	新建地下综合管廊长度(公里) Length of the New-built Utility Tunnel (km)
9			4690	65.00		
21			6440	56.00		
8			1305	16.50		
6	2		858	19.27		
17			2567	39.03		
9	1		3214	71.00		
13	12		2134	45.54		
1			1345	23.58		
			610	5.15		
4			1000	18.70		
12			680	12.23		
8	8		1800	13.20		
8			756	14.64		
4	4		1129	24.89		
4			3599	39.43		
3	1		810	20.07		
13			645	15.00		
161	**14**		**70967**	**798.00**	**1.87**	**1.87**
6			4188	44.15		
19			2515	35.50		
6			3820	11.83		
12			9668	65.00		
4			2154	27.07		
5	5		1550	21.40		
2			1154	26.06		
5			1395	15.97		
2			707	6.11		
3			757	15.25		
3			893	11.37		
4			1450	15.00		
			2300	30.00		
2			1020	9.00		
21			3960	58.50		
7	2		1507	26.70		
12			2854	43.50	1.87	1.87
			1877	23.79		
1			1241	18.80		
3			1200	17.20		
9			1430	17.25		
3	3		1520	36.50		
13			1258	28.26		
2			518	11.98		
4			544	7.20		
4	4		588	7.25		

9-2 续表 32

县名称 Name of Counties	道路长度（公里） Length of Roads (km)	建成区 in Built District	道路面积（万平方米） Surface Area of Roads (10,000 m^2)	人行道面积 Surface Area of Sidewalks	建成区 in Built District
称多县	27.15	27.15	27.29	5.00	27.29
治多县	41.95	41.95	46.52	11.31	46.52
囊谦县	37.34	37.34	59.14	5.76	59.14
曲麻莱县	71.38	71.38	45.27	5.27	48.10
乌兰县	25.38	25.38	27.72	6.11	27.72
都兰县	44.19	44.19	142.00	31.00	134.10
天峻县	88.00	44.20	95.53	40.00	95.53
大柴旦行委	39.52	21.86	60.12	12.30	46.67
宁　夏	**1403.07**	**1326.95**	**2940.27**	**941.51**	**2802.36**
永宁县	167.98	124.26	230.60	68.45	225.91
贺兰县	154.14	153.82	487.17	202.09	487.17
平罗县	96.41	93.84	318.39	89.30	311.39
盐池县	121.30	118.04	257.52	59.46	184.23
同心县	148.35	148.35	281.60	90.10	282.72
红寺堡区	85.07	85.07	189.95	49.03	189.98
西吉县	99.34	99.34	128.93	33.72	128.93
隆德县	38.40	29.23	69.27	27.83	52.19
泾源县	37.20	37.20	68.10	23.90	68.10
彭阳县	65.19	65.19	199.09	48.58	199.09
中宁县	206.11	206.11	363.46	120.46	363.46
海原县	183.58	166.50	346.19	128.59	309.19
新　疆	**5451.23**	**4788.16**	**8733.02**	**1754.68**	**8266.96**
鄯善县	332.09	324.09	476.72	88.34	452.64
托克逊县	53.14	39.43	117.33	31.14	84.71
巴里坤哈萨克自治县	29.13	29.13	49.81	5.63	49.81
伊吾县	29.02	22.12	49.09	12.46	35.77
呼图壁县	73.63	67.72	180.94	19.54	176.10
玛纳斯县	93.47	93.47	219.92	29.68	219.78
奇台县	172.99	172.98	272.55	28.61	272.55
吉木萨尔县	93.22	93.22	92.91	18.90	92.91
木垒哈萨克自治县	62.33	35.42	108.94	32.24	101.33
精河县	64.06	64.06	117.52	38.28	117.52
温泉县	25.01	24.00	25.60	4.10	22.00
轮台县	76.80	69.00	120.00	19.00	89.00
尉犁县	53.93	34.28	93.46	24.12	60.48
若羌县	144.65	85.36	149.82	29.76	142.33
且末县	33.36	33.36	63.75	10.75	63.75
焉耆回族自治县	80.03	80.03	153.46	28.98	153.46
和静县	124.75	124.75	190.17	44.83	190.17
和硕县	92.60	80.00	68.91	8.40	70.00
博湖县	24.93	24.93	32.31	10.21	32.31
温宿县	92.36	92.00	190.40	54.40	190.40
沙雅县	199.08	199.08	379.60	51.20	398.50
新和县	130.76	130.25	202.00	54.00	202.00

continued

桥梁数 (座) Number of Bridges (unit)	大桥及特大桥 Great Bridge and Grand Bridge	立交桥 Intersection	道路照明灯盏数 (盏) Number of Road Lamps (unit)	安装路灯道路长度 (公里) Length of The Road with Street Lamp (km)	地下综合管廊长度 (公里) Length of The Utility Tunnel (km)	新建地下综合管廊长度 (公里) Length of the New-built Utility Tunnel (km)
1			806	12.50		
2			810	14.02		
			1403	23.33		
			1130	8.00		
			1701	20.35		
			3697	43.00		
			5054	27.06		
6			4298	19.10		
87	**27**		**72581**	**1036.70**		
16			10629	56.94		
5			9319	150.00		
12	12		6352	84.72		
2			5211	73.93		
14	14		9582	107.44		
			4992	85.07		
10			3238	80.31		
7			3345	38.10		
4			1529	30.00		
10			5270	65.19		
7	1		6927	123.00		
			6187	142.00		
295	**14**	**2**	**304409**	**3457.17**	**1.00**	
10			7909	167.82		
3			2879	35.37		
3			3787	26.72		
5			3108	23.49		
2		2	18231	65.04		
1			10399	53.22		
19			8409	144.41		
6	6		8569	57.50		
			11050	59.09		
4						
1			900	22.50		
8	3		2740	54.00		
3			6525	45.60		
3			2416	39.71		
8			795	19.00		
10			12356	80.03		
			13593	77.67		
			2510	19.00		
3	3		5457	24.93		
14			4387	108.30		
			3950	97.50		
10			7665	40.00		

9-2 续表 33

县名称 Name of Counties	道路长度（公里） Length of Roads (km)	建成区 in Built District	道路面积（万平方米） Surface Area of Roads ($10,000\ m^2$)	人行道面积 Surface Area of Sidewalks	建成区 in Built District
拜城县	58.09	56.69	135.00	37.00	135.00
乌什县	78.90	78.90	139.06	37.47	139.06
阿瓦提县	90.00	90.00	270.00	54.00	270.00
柯坪县	26.94	22.20	34.02	6.30	27.72
阿克陶县	42.60	42.60	70.86	8.00	70.86
阿合奇县	59.79	33.94	51.79	14.40	32.95
乌恰县	32.42	32.42	50.05	13.37	58.04
疏附县	55.76	55.76	84.55	34.32	84.60
疏勒县	77.46	27.30	164.41	35.33	136.50
英吉沙县	64.37	50.39	120.20	34.39	95.12
泽普县	73.01	66.50	150.66	42.19	137.99
莎车县	429.57	351.71	756.83	17.56	787.40
叶城县	259.00	230.00	422.00	102.00	370.00
麦盖提县	72.29	72.29	136.90	47.90	125.00
岳普湖县	86.80	50.90	142.03	33.22	143.50
伽师县	96.16	75.10	102.51	24.46	70.98
巴楚县	134.40	122.90	161.28	58.46	127.40
塔什库尔干塔吉克自治县	44.53	43.73	62.80	19.14	47.73
和田县					
墨玉县	166.59	98.73	279.42	67.90	211.00
皮山县	93.52	93.52	84.34	21.00	84.34
洛浦县	39.59	21.67	68.47	22.00	68.47
策勒县	29.10	29.10	50.20	24.20	50.20
于田县	37.00	36.00	72.00	22.00	70.00
民丰县	18.42	15.53	40.45	10.30	44.45
伊宁县	86.23	83.04	97.82	27.14	97.82
察布查尔县	54.50	54.50	151.09	36.95	151.09
霍城县	62.00	62.00	61.50	9.00	61.50
巩留县	141.38	115.28	145.81	25.50	155.62
新源县	149.95	149.95	242.75	29.60	242.75
昭苏县	79.74	71.61	115.62	15.95	95.60
特克斯县	85.75	85.42	105.97	18.70	105.97
尼勒克县	75.01	32.42	136.23	39.59	118.55
额敏县	79.90	78.50	80.60	14.45	80.10
托里县	42.26	42.26	76.02	11.98	64.04
裕民县	63.70	26.70	60.00	5.00	60.00
和布克赛尔蒙古自治县	23.61	23.61	38.37	7.75	38.37
布尔津县	47.43	35.16	82.38	15.31	66.44
富蕴县	47.08	47.08	75.45	14.40	75.45
福海县	61.28	61.28	77.44	15.80	75.94
哈巴河县	41.22	41.22	81.21	18.23	73.33
青河县	19.79	18.82	30.72	8.62	29.56
吉木乃县	42.75	42.75	69.00	9.23	69.00

continued

桥梁数 (座) Number of Bridges (unit)	大桥及特大桥 Great Bridge and Grand Bridge	立交桥 Intersection	道路照明灯盏数 (盏) Number of Road Lamps (unit)	安装路灯道路长度 (公里) Length of The Road with Street Lamp (km)	地下综合管廊长度 (公里) Length of The Utility Tunnel (km)	新建地下综合管廊长度 (公里) Length of the New-built Utility Tunnel (km)
7			5400	57.83		
			2112	52.80		
13			4325	51.50		
			890	14.00		
2			2396	28.00		
2	2		1028	22.00		
			4281	32.42		
			2348	25.51		
20			3408	52.40		
2			3007	64.30		
4			3310	34.00		
16			20516	343.00		
7			6441	60.65		
7			4600	71.50		
			6520	71.60		
5			3303	37.22		
11			3500	85.00		
			2800	42.00		
8			2953	59.80		
5			3000	61.13		
15			1613	31.00		
8			4308	29.10		
			2030	19.20	1.00	
1			2360	15.73		
			11278	60.74		
			4531	53.04		
			2998	46.00		
15			9820	86.78		
			3946	75.92		
3			2034	70.62		
2			3440	41.44		
8			4293	46.50		
2			1567	50.17		
			1771	31.70		
2				25.00		
			2531	23.00		
4			5027	47.43		
3			4886	43.28		
			2186	37.59		
2			4289	40.47		
4			3106	15.90		
4			2622	39.00		

环境卫生数据

Data by Environmental Health

十、县城排水和污水处理

10. County Seat Drainage and Wastewater Treatment

简要说明

县城排水指由县城排水系统收集、输送、处理和排放县城污水（生活污水、工业废水）和雨水的方式。

县城污水处理指对县城污水通过排水系统集中于一个或几个处所，并利用污水处理设施进行净化处理，最终使处理后的污水和污泥达到规定要求后排放水体或再利用。

县城污水处理设施包括两类，一是污水处理厂，二是污水处理装置。

Brief Introduction

County seat drainage refers to the collection, delivery, treatment and discharge of wastewater (domestic wastewater and industrial wastewater) and rainwater through county seat drainage system.

County seat wastewater treatment refers to purifying centralized wastewater through wastewater treatment facilities to make wastewater and sludge meet discharge or recycling standards.

County seat wastewater treatment facilities include wastewater treatment plants and wastewater treatment devices.

10 全国历年县城排水和污水处理情况(2000-2021)
National County Seat Drainage and Wastewater Treatment in Past Years(2000-2021)

年份 Year	排水管道长度 (万公里) Length of Drainage Pipelines (10,000 km)	污水年排放量 (亿立方米) Annual Quantity of Wastewater Discharged (100 Million m^3)	污水处理厂 Wastewater Treatment Plant 座数 (座) Number (unit)	污水处理厂 Wastewater Treatment Plant 处理能力 (万立方米/日) Treatment Capacity (10,000m^3/day)	污水年处理量 (亿立方米) Annual Treatment Capacity (100 Million m^3)	污水处理率 (%) Wastewater Treatment Rate (%)
2000	4.00	43.20	54	55	3.26	7.55
2001	4.40	40.14	54	455	3.31	8.24
2002	4.44	43.58	97	310	3.18	11.02
2003	5.32	41.87	93	426	4.14	9.88
2004	6.01	46.33	117	273	5.20	11.23
2005	6.04	47.40	158	357	6.75	14.23
2006	6.86	54.63	204	496	6.00	13.63
2007	7.68	60.10	322	725	14.10	23.38
2008	8.39	62.29	427	961	19.70	31.58
2009	9.63	65.70	664	1412	27.36	41.64
2010	10.89	72.02	1052	2040	43.30	60.12
2011	12.18	79.52	1303	2409	55.99	70.41
2012	13.67	85.28	1416	2623	62.18	75.24
2013	14.88	88.09	1504	2691	69.13	78.47
2014	16.03	90.47	1555	2882	74.29	82.12
2015	16.79	92.65	1599	2999	78.95	85.22
2016	17.19	92.72	1513	3036	81.02	87.38
2017	18.98	95.07	1572	3218	85.77	90.21
2018	19.98	99.43	1598	3367	90.64	91.16
2019	21.34	102.30	1669	3587	95.71	93.55
2020	22.39	103.76	1708	3770	98.62	95.05
2021	23.84	109.31	1765	3979	105.06	96.11

10-1 2021年按省分列的县城排水和污水处理

地区名称 Name of Regions	污水排放量（万立方米） Annual Quantity of Wastewater Discharged ($10,000\ m^3$)	排水管道长度（公里） Length of Drainage Pipelines (km)					污水处理厂 Wastewater Treatment Plant			
			污水管道 Sewers	雨水管道 Rainwater Drainage Pipeline	雨污合流管道 Combined Drainage Pipeline	建成区 in Built District	座数（座） Number (unit)	二、三级处理 Secondary and Tertiary Treated	处理能力（万立方米/日） Treatment Capacity ($10,000\ m^3$/day)	二、三级处理 Secondary and Tertiary Treated
全　国	**1093091**	**238371**	**111921**	**85652**	**40799**	**212531**	**1765**	**1486**	**3978.6**	**3432.6**
河　北	68423	14488	7798	6640	49	13937	108	96	353.9	319.2
山　西	36081	8449	4208	2746	1495	7629	88	76	138.0	121.1
内蒙古	29936	9306	4612	3187	1507	8588	69	59	108.4	94.5
辽　宁	22334	2616	993	839	783	2423	30	14	80.9	37.4
吉　林	14241	2383	1109	1007	267	2364	20	10	49.5	27.0
黑龙江	21616	4015	1539	865	1611	3811	50	50	83.1	83.1
江　苏	46012	9971	3705	5043	1222	9030	32	30	137.0	133.5
浙　江	57820	12747	7555	4533	659	10233	46	46	180.9	180.9
安　徽	74055	18580	8279	8492	1810	15624	65	63	242.0	240.0
福　建	40691	8339	4082	3599	658	7680	46	41	148.5	139.0
江　西	52979	15923	7301	5799	2823	14557	78	50	162.5	100.7
山　东	83033	17584	7900	8626	1058	15822	83	83	381.0	381.0
河　南	99799	19547	8346	6747	4454	17667	131	92	437.5	322.7
湖　北	37888	5811	2553	1583	1675	5402	42	37	120.0	100.7
湖　南	90843	14324	6140	4491	3693	12956	87	61	285.5	218.0
广　东	37913	5048	1959	1343	1746	4380	42	37	111.3	99.6
广　西	38797	8670	3873	2542	2255	8344	66	66	118.2	118.2
海　南	10159	1142	664	324	154	837	14	8	32.8	26.6
重　庆	14220	3125	1747	1166	212	2989	24	19	52.1	36.1
四　川	67407	14117	6507	5134	2476	12562	142	108	214.7	170.8
贵　州	28877	8133	4917	2403	813	5456	103	103	101.2	101.2
云　南	33858	11592	6402	3870	1320	10279	101	98	117.1	112.9
西　藏	4103	1469	417	265	787	1162	45	25	13.8	6.8
陕　西	28773	6219	2802	1702	1715	5469	73	69	108.8	105.1
甘　肃	16898	5505	3035	1761	709	4825	65	62	63.4	58.2
青　海	5612	1973	927	650	397	1860	36	36	22.7	22.7
宁　夏	8273	1870	168	285	1418	1708	14	13	30.5	29.5
新　疆	22449	5425	2385	8	3032	4940	65	34	83.5	46.2

County Seat Drainage and Wastewater Treatment by Province(2021)

污水处理厂 Wastewater Treatment Plant				其他污水处理设施 Other Wastewater Treatment Facilities		污水处理总量	市政再生水 Recycled Water			地区名称 Name of Regions
处理量（万立方米） Quantity of Wastewater Treated (10,000 m³)	二、三级处理 Secondary and Tertiary Treated	干污泥产生量（吨） Quantity of Dry Sludge Produced (ton)	干污泥处置量（吨） Quantity of Dry Sludge Treated (ton)	处理能力（万立方米/日） Treatment Capacity (10,000 m³/day)	处理量（万立方米） Quantity of Wastewater Treated (10,000 m³)	（万立方米） Total Quantity of Wastewater Treated (10,000 m³)	生产能力（万立方米/日） Recycled Water Production Capacity (10,000 m³/day)	利用量（万立方米） Annual Quantity of Wastewater Recycled and Reused (10,000 m³)	管道长度（公里） Length of Pipelines (km)	
1045280	**902398**	**1988885**	**1895565**	**92.1**	**5294**	**1050574**	**996.3**	**150772**	**6179**	**全　国**
67353	61895	118963	109936			67353	199.5	29914	533	河　北
35560	31523	101486	100885			35560	63.1	8434	300	山　西
28885	25443	114266	113865			28885	70.7	11377	1444	内蒙古
21988	11122	41566	39950	0.2	11	21998	8.2	862	21	辽　宁
13787	7921	15908	15908	2.0	1	13787	8.0	414	34	吉　林
20893	20893	26574	24566	0.3	0	20893	6.7	171	28	黑龙江
42613	41995	81563	80266	3.0	50	42663	67.1	8884	142	江　苏
56400	56400	86444	86443	7.2	80	56480	43.9	8402	122	浙　江
70805	70333	88538	81899	3.8	290	71095	38.8	8469	160	安　徽
39298	37290	69278	68519			39298	3.0	47	2	福　建
49006	31054	76134	73655	2.5	462	49467	4.4	383		江　西
81409	81409	183989	183988			81409	208.0	36517	367	山　东
97449	68680	218607	199067	7.0	11	97459	68.1	11168	199	河　南
36306	29478	47719	45195	3.0		36306	19.5	2668	6	湖　北
87923	67452	138027	135669	16.8	213	88135	11.9	194	5	湖　南
34672	30902	60332	57985			34672	17.7	2343		广　东
35383	35383	26107	25838	14.4	2385	37768				广　西
9653	7453	55735	54453	4.5	258	9911	6.8	159	20	海　南
14155	9964	21018	2843			14155	3.8	208	10	重　庆
61612	49666	103732	103051	13.3	1470	63082	26.3	5170	928	四　川
27127	27127	33513	29642	1.9	10	27137	8.5	1560	30	贵　州
32750	31280	41729	39145	6.3	42	32793	4.0	106	62	云　南
1700	996	1842	1016	0.7	7	1707	0.1	50		西　藏
27164	26483	102510	95446	0.7	1	27166	21.1	1127	10	陕　西
16252	14752	51605	51600			16252	18.3	1996	215	甘　肃
5113	5113	7343	6699			5113	1.0	541	41	青　海
8177	7845	20581	14459			8177	7.1	803	79	宁　夏
21846	12545	53775	53577	4.5	4	21851	61.0	8805	1419	新　疆

10-2 2021年按县分列的县城排水和污水处理

县名称 Name of Counties	污水排放量（万立方米） Annual Quantity of Wastewater Discharged (10,000 m^3)	排水管道长度（公里） Length of Drainage Pipelines (km)	污水管道 Sewers	雨水管道 Rainwater Drainage Pipeline	雨污合流管道 Combined Drainage Pipeline	建成区 in Built District	污水处理厂 Wastewater Treatment Plant 座数（座） Number (unit)	二、三级处理 Secondary and Tertiary Treated	处理能力（万立方米/日） Treatment Capacity (10,000 m^3/day)	二、三级处理 Secondary and Tertiary Treated
全　国	**1093091**	**238371.4**	**111920.8**	**85651.8**	**40798.8**	**212531.2**	**1765**	**1486**	**3978.6**	**3432.6**
河　北	**68423**	**14488.0**	**7798.1**	**6640.5**	**49.5**	**13936.7**	**108**	**96**	**353.9**	**319.2**
井陉县	355	127.8	96.1	31.7		127.8	1	1	2.0	2.0
正定县	1670	404.9	191.4	213.5		404.9	1	1	10.0	10.0
行唐县	710	95.1	50.5	44.6		95.1	1	1	3.0	3.0
灵寿县	446	87.6	51.5	36.1		87.6	1	1	4.0	4.0
高邑县	283	105.1	50.7	54.4		102.1	1	1	2.0	2.0
深泽县	704	54.8	27.4	27.4		54.8	1	1	4.0	4.0
赞皇县	514	46.8	42.5	4.3		46.8	1	1	2.0	2.0
无极县	892	108.2	54.1	54.1		108.2	1	1	8.0	8.0
平山县	652	148.1	73.4	74.7		148.1	1	1	3.0	3.0
元氏县	380	106.5	57.9	48.6		106.5	1		4.0	
赵　县	430	131.1	65.6	65.6		131.1	1	1	5.0	5.0
滦南县	1319	141.3	79.0	62.3		137.9	1	1	4.0	4.0
乐亭县	1178	143.4	64.3	79.1		143.4	1	1	4.0	4.0
迁西县	555	121.7	64.9	56.8		121.3	1	1	3.0	3.0
玉田县	1485	90.7	47.5	43.2		90.7	1	1	4.0	4.0
曹妃甸区	1713	294.2	156.0	138.3		294.2	1	1	5.0	5.0
青龙满族自治县	419	93.5	50.0	43.5		93.5	1	1	2.0	2.0
昌黎县	1248	153.9	96.1	57.8		153.9	1	1	6.0	6.0
卢龙县	295	86.4	41.2	45.3		86.4	1		2.0	
临漳县	729	208.8	114.6	94.2		208.8	1	1	3.0	3.0
成安县	362	189.8	101.6	88.2		11.2	1	1	3.0	3.0
大名县	667	165.0	81.6	83.4		165.0	1	1	2.0	2.0
涉　县	743	687.0	370.9	316.1		686.8	1	1	2.5	2.5
磁　县	1143	208.2	107.7	100.5		208.2	2	2	6.0	6.0
邱　县	760	239.5	126.0	113.5		229.5	1	1	3.0	3.0
鸡泽县	608	162.7	86.5	76.1		162.7	1	1	2.5	2.5
广平县	460	179.8	81.1	98.8		179.8	1	1	3.0	3.0
馆陶县	768	200.7	97.7	103.1		200.7	1	1	3.0	3.0
魏　县	1464	217.5	106.7	110.8		217.5	2	2	4.5	4.5
曲周县	479	175.7	94.8	80.9		175.7	1	1	3.0	3.0
临城县	272	92.1	66.4	25.8		92.1	1	1	1.0	1.0
内丘县	331	82.1	43.4	38.7		82.1	1	1	1.5	1.5
柏乡县	265	81.0	49.0	32.0		81.0	1	1	2.0	2.0
隆尧县	382	174.8	81.9	92.9		174.8	1		2.5	
宁晋县	1007	262.7	163.5	99.2		262.7	1		3.5	

County Seat Drainage and Wastewater Treatment by County(2021)

污水处理厂 Wastewater Treatment Plant				其他污水处理设施 Other Wastewater Treatment Facilities		污水处理总量	再生水 Recycled Water			
处理量（万立方米） Quantity of Wastewater Treated (10,000 m^3)	二、三级处理 Secondary and Tertiary Treated	干污泥产生量（吨） Quantity of Dry Sludge Produced (ton)	干污泥处置量（吨） Quantity of Dry Sludge Treated (ton)	处理能力（万立方米/日） Treatment Capacity (10,000 m^3/day)	处理量（万立方米） Quantity of Wastewater Treated (10,000 m^3)	（万立方米） Total Quantity of Wastewater Treated (10,000 m^3)	生产能力（万立方米/日） Recycled Water Production Capacity (10,000 m^3/day)	利用量（万立方米） Annual Quantity of Wastewater Recycled and Reused (10,000 m^3)	管道长度（公里） Length of Pipelines (km)	县名称 Name of Counties
1045280	**902398**	**1988885**	**1895565**	**92.1**	**5294**	**1050574**	**996.3**	**150772**	**6179.1**	**全　国**
67353	**61895**	**118963**	**109936**			**67353**	**199.5**	**29914**	**532.8**	**河　北**
354	354	316	316			354	2.0	347	7.5	井陉县
1650	1650	5663	5663			1650	2.2	250	1.0	正定县
687	687	2096	2096			687	1.6	217		行唐县
445	445	1300	1300			445	1.0	338	6.0	灵寿县
283	283	832	832			283		152		高邑县
698	698	2184	2184			698				深泽县
504	504	1468	280			504	1.0	173	8.0	赞皇县
872	872	2867	2867			872		872		无极县
638	638	1752	1752			638	2.0	638	10.0	平山县
375		889	889			375	4.0	223	10.5	元氏县
425	425	1231	1231			425	5.0	2	15.0	赵　县
1318	1318	2805				1318	4.0	850	17.0	滦南县
1176	1176	2781				1176	3.8	346	14.4	乐亭县
554	554	602	602			554	2.6	240	0.5	迁西县
1471	1471	1633	1633			1471	3.2	510	18.3	玉田县
1711	1711	1267	1267			1711	2.0	510	0.0	曹妃甸区
413	413	720	720			413				青龙满族自治县
1248	1248	1435	1435			1248	6.0	437		昌黎县
295		1782	1782			295		10		卢龙县
727	727	973	973			727	2.8	593	2.0	临漳县
362	362	958	958			362	2.0	312		成安县
666	666	788	788			666	2.0	343		大名县
741	741	592	592			741	2.4	727	16.1	涉　县
1143	1143	1340	1340			1143	5.0	963	15.0	磁　县
703	703	553	553			703	2.0	252	3.5	邱　县
608	608	630	630			608	2.5	598	25.0	鸡泽县
460	460	546	546			460	1.0	182	3.5	广平县
767	767	487	487			767	1.0	310	16.0	馆陶县
1449	1449	1273	1273			1449		86		魏　县
479	479	649	649			479	2.4	479	0.3	曲周县
253	253	696				253	0.3	72	1.8	临城县
329	329	462	462			329	1.2	121	5.0	内丘县
256	256	165	165			256	0.7	163	10.0	柏乡县
377		551	551			377	0.9	226	20.0	隆尧县
984		363	363			984	2.4	480	71.0	宁晋县

10-2 续表 1

县名称 Name of Counties	污水排放量（万立方米） Annual Quantity of Wastewater Discharged (10,000 m^3)	排水管道长度（公里） Length of Drainage Pipelines (km)	污水管道 Sewers	雨水管道 Rainwater Drainage Pipeline	雨污合流管道 Combined Drainage Pipeline	建成区 in Built District	污水处理厂 Wastewater Treatment Plant 座数（座） Number (unit)	二、三级处理 Secondary and Tertiary Treated	处理能力（万立方米/日） Treatment Capacity (10,000 m^3/day)	二、三级处理 Secondary and Tertiary Treated
巨鹿县	555	278.2	140.1	138.1		278.2	1	1	2.0	2.0
新河县	350	107.6	53.8	53.8		107.6	1	1	2.0	2.0
广宗县	306	110.0	55.0	55.0		110.0	1	1	2.0	2.0
平乡县	571	250.0	130.8	119.3		239.0	1	1	3.0	3.0
威　县	704	322.9	156.7	166.2		299.8	1		5.0	
清河县	1027	306.2	140.7	165.5		306.2	2		6.2	
临西县	659	239.1	114.7	124.5		239.1	1	1	2.0	2.0
博野县	760	103.5	52.1	51.5		103.5	1	1	4.0	4.0
涞水县	785	124.3	72.9	51.4		124.3	1	1	4.0	4.0
阜平县	236	108.0	66.2	41.8		107.0	1		1.6	
白沟新城	1422	123.0	108.0	15.0		123.0	1	1	6.5	6.5
定兴县	1402	161.3	88.3	73.1		161.3	2	2	4.6	4.6
唐　县	516	103.5	47.4	56.2		76.7	1	1	2.0	2.0
高阳县	711	152.1	86.8	65.3		152.1	1	1	26.0	26.0
涞源县	351	111.9	83.6	28.3		111.9	1	1	2.5	2.5
望都县	664	105.6	55.7	50.0		105.6	1	1	3.0	3.0
易　县	945	82.0	51.6	30.4		30.1	2	2	5.0	5.0
曲阳县	701	113.1	82.3	30.7		82.3	1	1	5.0	5.0
蠡　县	838	82.4	38.2	44.2		82.0	1	1	3.0	3.0
顺平县	409	117.3	62.5	54.8		113.4	1	1	4.0	4.0
张北县	1018	134.3	60.6	73.7		134.3	1	1	3.0	3.0
康保县	191	37.1	18.0	19.1		37.1	1		1.6	
沽源县	346	49.6	32.6	17.1		49.6	1	1	1.0	1.0
尚义县	147	59.7	40.9	18.8		59.7	1	1	0.8	0.8
蔚　县	447	132.0	99.5	32.5		114.2	1	1	1.5	1.5
阳原县	287	100.4	71.5	28.8		100.4	1	1	2.0	2.0
怀安县	382	124.0	81.6	42.4		124.0	1		1.8	
怀来县	650	181.8	94.6	87.2		181.8	1	1	3.0	3.0
涿鹿县	410	150.1	57.8	42.8	49.5	70.4	1	1	3.0	3.0
赤城县	223	74.2	40.7	33.5		69.4	1	1	2.0	2.0
承德县	725	86.5	43.3	43.3		86.5	1	1	3.0	3.0
兴隆县	395	88.7	47.2	41.5		57.4	1	1	2.5	2.5
滦平县	624	116.1	88.4	27.7		116.1	1	1	6.0	6.0
隆化县	616	113.1	64.9	48.2		113.1	1	1	2.0	2.0
丰宁满族自治县	1172	85.0	52.1	32.9		75.9	1	1	3.5	3.5
宽城满族自治县	1475	104.2	56.3	47.9		101.3	1	1	4.0	4.0
围场满族蒙古族自治县	558	147.5	72.5	75.0		147.5	1		5.0	

continued

污水处理厂 Wastewater Treatment Plant				其他污水处理设施 Other Wastewater Treatment Facilities		污水处理总量	再生水 Recycled Water			县名称
处理量(万立方米) Quantity of Wastewater Treated (10,000 m^3)	二、三级处理 Secondary and Tertiary Treated	干污泥产生量(吨) Quantity of Dry Sludge Produced (ton)	干污泥处置量(吨) Quantity of Dry Sludge Treated (ton)	处理能力(万立方米/日) Treatment Capacity (10,000 m^3/day)	处理量(万立方米) Quantity of Wastewater Treated (10,000 m^3)	(万立方米) Total Quantity of Wastewater Treated (10,000 m^3)	生产能力(万立方米/日) Recycled Water Production Capacity (10,000 m^3/day)	利用量(万立方米) Annual Quantity of Wastewater Recycled and Reused (10,000 m^3)	管道长度(公里) Length of Pipelines (km)	Name of Counties
552	552	357	357			552	1.9	331	2.0	巨鹿县
338	338	155	155			338	0.4	145	10.0	新河县
293	293	1271	1271			293	1.0	161		广宗县
568	568	984	984			568	3.0	568	0.3	平乡县
665		1634	1634			665	3.0	665	48.1	威　县
1006		2986	2986			1006	2.2	729	4.2	清河县
636	636	1604	1604			636	2.0	588		临西县
750	750	436	436			750	4.0	300	0.1	博野县
780	780	724	724			780	2.0	285	2.0	涞水县
236		202	202			236				阜平县
1410	1410	1751	1751			1410	5.9	646		白沟新城
1393	1393	4101	4101			1393	1.8	618		定兴县
505	505	1505	1505			505	1.8	62	1.0	唐　县
711	711	1643	1643			711	6.0	538	5.5	高阳县
349	349	998	998			349	0.3	123		涞源县
651	651	1461	1461			651	3.0	193	3.7	望都县
945	945	2734	2734			945				易　县
694	694	1713	1713			694	4.1	536		曲阳县
837	837	1906	1906			837	3.0	264	10.0	蠡　县
408	408	950	950			408	0.9	327		顺平县
941	941	3335	3335			941				张北县
179		484	484			179	1.6	179	8.8	康保县
327	327	352	352			327				沽源县
145	145	308	308			145	0.8	126	5.6	尚义县
412	412	1022	1022			412	1.0	81	12.0	蔚　县
276	276	325	325			276				阳原县
368		338	338			368	1.0	126	3.5	怀安县
646	646	2006	2006			646	2.4	12	4.9	怀来县
406	406	1221	1221			406	0.6	192		涿鹿县
218	218	533	533			218				赤城县
700	700	1300	1300			700				承德县
394	394	775	775			394	2.3	260	0.5	兴隆县
615	615	1323	1323			615				滦平县
585	585	335	335			585				隆化县
1090	1090	1307	1307			1090	3.3	140	9.0	丰宁满族自治县
1459	1459	927	927			1459	1.8	192		宽城满族自治县
508		1350	1350			508				围场满族蒙古族自治县

10-2 续表 2

县名称 Name of Counties	污水排放量（万立方米） Annual Quantity of Wastewater Discharged ($10,000\ m^3$)	排水管道长度（公里） Length of Drainage Pipelines (km)	污水管道 Sewers	雨水管道 Rainwater Drainage Pipeline	雨污合流管道 Combined Drainage Pipeline	建成区 in Built District	污水处理厂 Wastewater Treatment Plant 座数（座） Number (unit)	二、三级处理 Secondary and Tertiary Treated	处理能力（万立方米/日） Treatment Capacity ($10,000\ m^3$/day)	二、三级处理 Secondary and Tertiary Treated
青　县	1125	199.1	98.7	100.4		199.1	2	2	4.0	4.0
东光县	398	115.3	35.0	80.3		115.3	1	1	3.0	3.0
海兴县	173	99.5	50.5	49.0		99.5	1	1	2.0	2.0
盐山县	637	158.7	77.8	81.0		158.7	1	1	3.0	3.0
肃宁县	654	203.5	102.9	100.6		203.5	1	1	2.0	2.0
南皮县	362	135.5	69.9	65.6		135.5	1	1	3.0	3.0
吴桥县	257	243.9	148.3	95.6		243.9	1	1	3.0	3.0
献　县	1169	188.0	69.2	118.8		187.3	1	1	4.5	4.5
孟村回族自治县	225	91.3	53.5	37.8		91.3	1	1	2.0	2.0
固安县	2759	120.4	55.5	64.9		120.4	2	2	12.6	12.6
永清县	472	71.9	35.7	36.2		71.9	1		1.5	
香河县	1267	109.3	62.9	46.4		109.3	1	1	4.0	4.0
大城县	372	91.8	47.1	44.6		91.8	1	1	4.0	4.0
文安县	563	82.5	42.9	39.6		82.5	1	1	2.0	2.0
大厂回族自治县	366	178.6	83.7	94.9		178.6	2	2	2.7	2.7
枣强县	510	224.3	99.5	124.8		224.3	2	2	4.5	4.5
武邑县	612	142.8	80.1	62.7		142.8	1	1	3.0	3.0
武强县	629	63.1	32.3	30.8		59.5	1	1	2.0	2.0
饶阳县	560	80.0	44.3	35.7		78.1	2	2	3.0	3.0
安平县	934	337.1	222.7	114.4		337.1	1	1	5.0	5.0
故城县	990	225.4	110.9	114.5		201.2	1	1	3.0	3.0
景　县	1240	219.3	111.2	108.1		219.3	1	1	4.0	4.0
阜城县	525	161.0	89.2	71.8		133.0	1	1	2.0	2.0
容城县	1100	85.2	65.0	20.1		85.2	1	1	4.0	4.0
雄　县	813	49.3	24.0	25.3		49.3	1	1	4.0	4.0
安新县	450	56.6	42.7	13.9		53.8	1	1	4.0	4.0
山　西	**36081**	**8449.4**	**4208.4**	**2745.7**	**1495.3**	**7629.3**	**88**	**76**	**138.0**	**121.1**
清徐县	760	140.7	61.5	79.3		140.7	1	1	3.0	3.0
阳曲县	603	84.1	42.9	32.5	8.8	74.1	1	1	2.0	2.0
娄烦县	224	185.8	93.5	89.4	2.9	185.8	1	1	0.8	0.8
阳高县	633	138.7	105.0	15.6	18.1	109.9	1	1	2.5	2.5
天镇县	408	82.0			82.0	82.0	1	1	1.5	1.5
广灵县	545	180.0	142.0	28.0	10.0	32.0	1	1	1.0	1.0
灵丘县	602	88.0	86.0	2.0		88.0	1	1	2.0	2.0
浑源县	580	152.5	32.5	24.3	95.7	152.5	1	1	4.0	4.0
左云县	157	118.7	59.8	48.9	9.9	98.9	1	1	0.4	0.4
云州区	189	65.6	35.1	13.5	17.0	65.6	1	1	0.5	0.5
平定县	925	108.6	71.3	15.3	22.0	108.6	1	1	3.0	3.0

continued

污水处理厂 Wastewater Treatment Plant				其他污水处理设施 Other Wastewater Treatment Facilities		污水处理总量	再生水 Recycled Water			
处理量 (万立方米) Quantity of Wastewater Treated (10,000 m^3)	二、三级处理 Secondary and Tertiary Treated	干污泥产生量 (吨) Quantity of Dry Sludge Produced (ton)	干污泥处置量 (吨) Quantity of Dry Sludge Treated (ton)	处理能力 (万立方米/日) Treatment Capacity (10,000 m^3/day)	处理量 (万立方米) Quantity of Wastewater Treated (10,000 m^3)	(万立方米) Total Quantity of Wastewater Treated (10,000 m^3)	生产能力 (万立方米/日) Recycled Water Production Capacity (10,000 m^3/day)	利用量 (万立方米) Annual Quantity of Wastewater Recycled and Reused (10,000 m^3)	管道长度 (公里) Length of Pipelines (km)	县名称 Name of Counties
1119	1119	1819	1819			1119	4.0	387	1.0	青　县
395	395	600	600			395	2.0	258	15.5	东光县
172	172	511	511			172	0.3	109	5.0	海兴县
631	631	625	625			631	1.2	343	14.5	盐山县
638	638	1250	1250			638	2.0	232	0.3	肃宁县
352	352	309	309			352	1.0	159	7.0	南皮县
247	247	136	136			247	2.5	111	4.0	吴桥县
1168	1168	1834	1834			1168	2.0	593	10.6	献　县
221	221	485	485			221	1.0	70	0.5	孟村回族自治县
2748	2748	4726	4726			2748	12.6	1070	8.0	固安县
466		771	771			466				永清县
1254	1254	1327	1327			1254	4.0	1254		香河县
370	370	1055	1055			370	4.0	157	0.5	大城县
552	552	867	867			552	2.0	212	0.5	文安县
358	358	600	600			358	2.7	112	0.3	大厂回族自治县
506	506	737	737			506	1.5	221	0.1	枣强县
600	600	547	547			600	2.5	194	0.6	武邑县
625	625	382	382			625	0.8	268		武强县
558	558	473	473			558	1.4	174	3.0	饶阳县
934	934	1195	1195			934	5.0	363	10.0	安平县
989	989	1283	1283			989	1.1	301	1.0	故城县
1235	1235	2180	2180			1235	4.0	462	10.1	景　县
510	510	409	409			510	0.7	244	0.5	阜城县
1049	1049	1557				1049	4.0	1009	6.7	容城县
796	796	1607	1607			796	3.8	790	3.0	雄　县
448	448	672	672			448	3.4	416	1.5	安新县
35560	**31523**	**101486**	**100885**			**35560**	**63.1**	**8434**	**299.9**	**山　西**
755	755	3371	3371			755		22		清徐县
603	603	1689	1689			603				阳曲县
223	223	533	533			223	0.8	201	34.0	娄烦县
620	620	537	537			620				阳高县
408	408	404	404			408				天镇县
332	332	679	679			332		36		广灵县
585	585	1887	1887			585	1.5			灵丘县
570	570	684	684			570				浑源县
142	142	180	180			142				左云县
137	137	192	192			137				云州区
925	925	2758	2758			925	3.0	209	12.6	平定县

10-2 续表 3

县名称 Name of Counties	污水排放量（万立方米） Annual Quantity of Wastewater Discharged (10,000 m³)	排水管道长度（公里） Length of Drainage Pipelines (km)	污水管道 Sewers	雨水管道 Rainwater Drainage Pipeline	雨污合流管道 Combined Drainage Pipeline	建成区 in Built District	污水处理厂 Wastewater Treatment Plant 座数（座） Number (unit)	二、三级处理 Secondary and Tertiary Treated	处理能力（万立方米/日） Treatment Capacity (10,000 m³/day)	二、三级处理 Secondary and Tertiary Treated
盂　县	505	78.5	35.6	25.7	17.2	78.5	1		1.5	
襄垣县	581	60.6	16.2	21.2	23.2	60.6	1	1	1.5	1.5
平顺县	199	62.0	28.7	12.7	20.6	62.0	1	1	1.0	1.0
黎城县	343	122.6	101.3	5.3	16.0	101.3	1	1	0.9	0.9
壶关县	420	71.7	32.6	17.4	21.7	71.7	1	1	2.5	2.5
长子县	540	71.5	26.3	32.4	12.9	71.5	1	1	3.0	3.0
武乡县	293	47.9	12.7	4.1	31.2	47.4	1	1	0.8	0.8
沁　县	211	39.8	16.8	9.5	13.6	39.8	1	1	0.8	0.8
沁源县	395	44.6	18.5	7.1	19.0	4.6	1	1	1.0	1.0
沁水县	347	86.6	48.7	37.9		30.8	1	1	1.0	1.0
阳城县	923	111.7	37.2	61.3	13.2	111.4	1	1	2.2	2.2
陵川县	144	125.6	92.0	20.1	13.6	125.6	1		0.6	
山阴县	295	155.7	64.4	47.6	43.7	155.7	1		1.5	
应　县	746	140.7	71.5	23.0	46.2	140.7	1	1	2.0	2.0
右玉县	439	101.6	16.5	21.0	64.1	82.4	2		2.0	
榆社县	326	126.7	49.3	30.0	47.5	126.7	1	1	1.5	1.5
左权县	312	122.0	65.0	51.0	6.0	122.0	1	1	1.5	1.5
和顺县	197	96.9	57.9	23.4	15.6	96.9	1		1.0	
昔阳县	221	131.8	77.7	30.3	23.8	110.8	1	1	1.5	1.5
寿阳县	567	181.7	90.3	84.9	6.5	181.7	1		2.0	
太谷区	725	249.5	93.5	148.1	8.0	249.5	2		3.8	
祁　县	665	157.0	105.8	44.9	6.2	157.0	1		2.0	
平遥县	870	99.0	41.6	42.1	15.3		1	1	3.0	3.0
灵石县	773	101.6	53.3	33.1	15.2	98.5	2	2	2.0	2.0
临猗县	1288	116.2	34.7	69.8	11.7	116.2	1	1	4.0	4.0
万荣县	502	145.8	68.3	55.6	21.8	145.8	2	2	2.3	2.3
闻喜县	590	96.6	48.2	35.3	13.2	96.6	1	1	3.0	3.0
稷山县	594	87.9	33.3	29.6	25.0	87.9	1	1	3.0	3.0
新绛县	270	103.5	58.5	34.1	10.8	103.5	1	1	1.4	1.4
绛　县	421	106.4	55.5	34.6	16.4	106.4	1	1	1.5	1.5
垣曲县	645	215.6	75.0	127.9	12.8	165.6	1	1	2.0	2.0
夏　县	268	96.8	43.5	41.5	11.7	94.3	1	1	1.3	1.3
平陆县	608	133.2	39.0	71.2	23.1	133.2	2	2	2.3	2.3
芮城县	443	139.6	65.6	62.3	11.7	139.6	1	1	2.5	2.5
定襄县	562	104.9	82.3	17.6	5.0	97.8	1	1	2.0	2.0
五台县	462	109.3	73.9	35.5		109.3	1	1	2.5	2.5
代　县	397	89.5	45.0	34.1	10.3	80.5	1	1	1.0	1.0
繁峙县	613	117.1	55.3	35.0	26.8	117.1	1	1	1.5	1.5

continued

污水处理厂 Wastewater Treatment Plant				其他污水处理设施 Other Wastewater Treatment Facilities		污水处理总量	再生水 Recycled Water			县名称
处理量(万立方米) Quantity of Wastewater Treated (10,000 m^3)	二、三级处理 Secondary and Tertiary Treated	干污泥产生量(吨) Quantity of Dry Sludge Produced (ton)	干污泥处置量(吨) Quantity of Dry Sludge Treated (ton)	处理能力(万立方米/日) Treatment Capacity (10,000 m^3/day)	处理量(万立方米) Quantity of Wastewater Treated (10,000 m^3)	(万立方米) Total Quantity of Wastewater Treated (10,000 m^3)	生产能力(万立方米/日) Recycled Water Production Capacity (10,000 m^3/day)	利用量(万立方米) Annual Quantity of Wastewater Recycled and Reused (10,000 m^3)	管道长度(公里) Length of Pipelines (km)	Name of Counties
505		4444	4444			505		243		盂　县
555	555	1056	1056			555	1.5	555	3.8	襄垣县
186	186	183	183			186	0.8	41	4.0	平顺县
317	317	343				317	0.6		6.8	黎城县
394	394	452	452			394	1.5	138		壶关县
520	520	735	735			520	0.9	137	5.1	长子县
282	282	692	692			282	0.8	156		武乡县
206	206	223	223			206	0.4	97	6.1	沁　县
378	378	479	479			378	0.8	83	6.0	沁源县
347	347	322	322			347	0.8	72	5.0	沁水县
923	923	1627	1627			923	2.2	119	2.5	阳城县
144		300	300			144		60	3.0	陵川县
291		572	572			291	1.5	263	18.0	山阴县
746	746	1865	1865			746	1.6	160	21.6	应　县
426		913	913			426	0.8	83	20.0	右玉县
318	318	1130	1130			318	1.5	318	5.2	榆社县
302	302	440	440			302	0.9	55	4.0	左权县
197		453	453			197		61		和顺县
213	213	491	245			213	1.2	38	4.0	昔阳县
548		4208	4208			548		127		寿阳县
694		2053	2053			694	1.6	173	9.0	太谷区
665		1503	1503			665	2.0	665	12.0	祁　县
821	821	3651	3651			821	2.2	202	17.8	平遥县
742	742	1068	1068			742	1.7	182		灵石县
1224	1224	2130	2130			1224	0.3	101	3.0	临猗县
494	494	783	783			494	1.1	201	15.0	万荣县
587	587	1653	1653			587	3.0	152		闻喜县
594	594	1785	1785			594				稷山县
262	262	583	583			262	0.9	171	5.0	新绛县
387	387	470	470			387	0.3	91	1.0	绛　县
606	606	691	691			606	1.5	382	1.1	垣曲县
268	268	287	287			268	0.6	72	7.8	夏　县
608	608	738	738			608	0.8	53	0.4	平陆县
443	443	427	427			443	1.3	97	7.0	芮城县
521	521	195	195			521	0.6	115	0.0	定襄县
455	455	502	502			455	2.5	114	0.2	五台县
389	389	1050	1050			389	1.0	73	1.0	代　县
599	599	784	784			599	0.6	184	0.4	繁峙县

10-2 续表 4

县名称 Name of Counties	污水排放量(万立方米) Annual Quantity of Wastewater Discharged (10,000 m³)	排水管道长度(公里) Length of Drainage Pipelines (km)	污水管道 Sewers	雨水管道 Rainwater Drainage Pipeline	雨污合流管道 Combined Drainage Pipeline	建成区 in Built District	污水处理厂 Wastewater Treatment Plant 座数(座) Number (unit)	二、三级处理 Secondary and Tertiary Treated	处理能力(万立方米/日) Treatment Capacity (10,000 m³/day)	二、三级处理 Secondary and Tertiary Treated
宁武县	450	102.6	62.3	27.5	12.9	99.6	1	1	1.2	1.2
静乐县	300	82.0	53.6	15.3	13.1	54.1	1	1	0.8	0.8
神池县	220	99.8	32.7	38.1	29.0	99.8	1	1	0.8	0.8
五寨县	286	111.9	49.6	17.2	45.2	111.9	1	1	1.2	1.2
岢岚县	180	111.1	57.0	29.9	24.3	111.1	1	1	0.6	0.6
河曲县	262	141.1	85.5	55.1	0.5	141.1	1	1	1.0	1.0
保德县	330	90.2	57.5	17.7	14.9		1	1	1.5	1.5
偏关县	143	56.3	38.6	17.1	0.6	56.3	1	1	0.8	0.8
曲沃县	490	119.0	66.2	44.0	8.8	108.2	1	1	1.6	1.6
翼城县	637	150.6	78.4	63.6	8.7	150.6	1	1	2.0	2.0
襄汾县	393	108.0	53.6	46.5	7.9	108.0	1	1	2.0	2.0
洪洞县	1493	109.8	30.7	21.0	58.1	109.8	2	2	6.0	6.0
古　县	282	51.1	22.0	22.0	7.0	51.1	1	1	1.0	1.0
安泽县	153	41.2	18.5	7.3	15.4	41.2	1	1	0.6	0.6
浮山县	166	48.3	3.5	3.0	41.9	48.3	1		1.0	
吉　县	258	52.2	39.0	9.9	3.3	52.0	1	1	0.7	0.7
乡宁县	437	115.2	81.6	26.7	6.9	115.2	1	1	1.0	1.0
大宁县	95	57.7	31.9	19.4	6.5	57.5	1	1	0.3	0.3
隰　县	230	121.4	58.7	59.5	3.2	121.4	1	1	1.0	1.0
永和县	115	42.8	23.6	19.2		42.8	1	1	0.5	0.5
蒲　县	199	106.0	63.0	35.0	8.0	106.0	1	1	1.0	1.0
汾西县	169	113.3	56.7	49.4	7.3	113.3	1	1	1.0	1.0
文水县	693	107.9	56.9	25.6	25.5	106.2	1	1	3.0	3.0
交城县	640	101.8	53.4	16.7	31.7	101.8	1	1	2.0	2.0
兴　县	403	89.9	15.2		74.7	89.9	1		1.5	
临　县	390	132.3	80.8	39.7	11.9	82.6	1	1	1.5	1.5
柳林县	714	116.9	75.8	26.6	14.5	113.6	1	1	2.8	2.8
石楼县	243	63.7	9.5	36.7	17.5	46.2	1	1	1.0	1.0
岚　县	560	55.6	18.0	23.7	13.9		1	1	2.0	2.0
方山县	179	56.1	29.4	24.3	2.4	56.1	1	1	0.6	0.6
中阳县	523	24.6	12.3	2.9	9.5		2	2	4.0	4.0
交口县	120	74.6	32.5	38.6	3.5	74.6	1	1	0.6	0.6
内蒙古	**29936**	**9306.1**	**4611.5**	**3187.2**	**1507.4**	**8587.7**	**69**	**59**	**108.4**	**94.5**
土左旗	270	146.0	58.0	52.0	36.0	146.0	1	1	1.0	1.0
托　县	135	111.0	55.0	56.0			1	1	1.0	1.0
和林县	146						1	1	1.0	1.0
清水河县	154	57.1	36.8	20.2		57.1	1		1.0	
武川县	272	124.2	51.1	68.3	4.8	124.2	1	1	1.0	1.0

continued

污水处理厂 Wastewater Treatment Plant 处理量（万立方米） Quantity of Wastewater Treated (10,000 m³)	二、三级处理 Secondary and Tertiary Treated	干污泥产生量（吨） Quantity of Dry Sludge Produced (ton)	干污泥处置量（吨） Quantity of Dry Sludge Treated (ton)	其他污水处理设施 Other Wastewater Treatment Facilities 处理能力（万立方米/日） Treatment Capacity (10,000 m³/day)	处理量（万立方米） Quantity of Wastewater Treated (10,000 m³)	污水处理总量（万立方米） Total Quantity of Wastewater Treated (10,000 m³)	再生水 Recycled Water 生产能力（万立方米/日） Recycled Water Production Capacity (10,000 m³/day)	利用量（万立方米） Annual Quantity of Wastewater Recycled and Reused (10,000 m³)	管道长度（公里） Length of Pipelines (km)	县名称 Name of Counties
429	429	525	525			429	0.1	39	1.4	宁武县
283	283	1531	1531			283	0.8	84		静乐县
219	219	220	220			219	0.6	153	2.5	神池县
281	281	373	361			281	0.6	77	0.8	五寨县
178	178	338	338			178	0.5	53	0.0	岢岚县
241	241	262	262			241	0.7	60	5.0	河曲县
325	325	405	405			325				保德县
138	138	168	168			138	0.4	32	1.2	偏关县
490	490	967	967			490	1.2	355	12.5	曲沃县
614	614	1792	1792			614				翼城县
393	393	850	850			393				襄汾县
1493	1493	2842	2842			1493	0.5	183	3.0	洪洞县
282	282	500	500			282				古　县
153	153	227	227			153				安泽县
166		435	435			166				浮山县
258	258	642	642			258				吉　县
437	437	821	821			437	0.8	285	16.3	乡宁县
84	84	91	91			84				大宁县
230	230	271	271			230	0.6	53	2.0	隰　县
115	115	483	483			115				永和县
184	184	235	235			184	0.5	0	3.0	蒲　县
169	169	648	648			169	0.8	5		汾西县
693	693	2596	2596			693	1.0	140	8.0	文水县
625	625	5750	5750			625	1.0			交城县
402		857	857			402	1.0	20		兴　县
380	380	1737	1737			380	1.0			临　县
697	697	2297	2297			697	2.8	543		柳林县
243	243	4732	4732			243				石楼县
560	560	4926	4926			560	2.0	34	0.0	岚　县
179	179	272	272			179				方山县
1046	1046	9372	9372			1046	1.0			中阳县
114	114	126	126			114	0.3	17	1.7	交口县
28885	**25443**	**114266**	**113865**			**28885**	**70.7**	**11377**	**1443.7**	**内蒙古**
245	245	541	541			245	1.0	118	19.0	土左旗
135	135	400				135				托　县
142	142	146	146			142		11		和林县
144		290	290			144	0.4	3		清水河县
201	201	463	463			201	1.0	108		武川县

10-2 续表 5

县名称 Name of Counties	污水排放量(万立方米) Annual Quantity of Wastewater Discharged (10,000 m^3)	排水管道长度(公里) Length of Drainage Pipelines (km)	污水管道 Sewers	雨水管道 Rainwater Drainage Pipeline	雨污合流管道 Combined Drainage Pipeline	建成区 in Built District	污水处理厂 Wastewater Treatment Plant 座数(座) Number (unit)	二、三级处理 Secondary and Tertiary Treated	处理能力(万立方米/日) Treatment Capacity (10,000 m^3/day)	二、三级处理 Secondary and Tertiary Treated
土右旗	325	175.4	80.0	95.4		175.4	1	1	2.0	2.0
固阳县	203	108.7	51.0	45.7	12.1	108.7	1	1	0.6	0.6
达尔罕茂明安联合旗	155	67.0	44.0	23.0		67.0	1	1	0.6	0.6
阿鲁科尔沁旗	640	196.4	42.5	38.8	115.1	196.4	1	1	2.0	2.0
巴林左旗	1058	105.7	64.1	21.7	19.9	105.7	1	1	3.5	3.5
巴林右旗	899	85.1	22.7	29.4	32.9	85.1	1	1	3.0	3.0
林西县	505	69.8	9.8	19.5	40.5	68.6	1	1	3.0	3.0
克什克腾旗	487	71.9	34.0	37.9		64.1	1	1	1.5	1.5
翁牛特旗	960	176.9	68.9	35.7	72.3		1	1	3.0	3.0
喀喇沁旗	978	69.6	28.7	20.6	20.3	69.6	1	1	2.0	2.0
宁城县	1285	81.0	15.0	17.0	49.0	81.0	1	1	4.0	4.0
敖汉旗	992	137.4	78.7	23.0	35.7	136.4	1	1	3.0	3.0
科左中旗	189	142.0	51.1	88.8	2.1	133.4	1	1	0.8	0.8
科左后旗	491	279.7	123.0	156.7		194.3	1	1	2.0	2.0
开鲁县	1035	202.6	82.3	120.4		202.6	1	1	4.0	4.0
库伦旗	158	99.1	69.7	29.4		94.6	1	1	0.4	0.4
奈曼旗	318	113.2	71.8	41.5		113.2	1	1	1.5	1.5
扎鲁特旗	821	131.8	79.4	52.4		131.8	1	1	3.0	3.0
达拉特旗	724	175.5	102.5	53.9	19.1	175.5	1	1	3.0	3.0
准格尔旗	914	358.5	204.7	144.9	8.9	172.4	1	1	4.0	4.0
鄂托克前旗	134	141.5	67.6	56.6	17.3	128.7	1	1	0.4	0.4
鄂托克旗	140	146.3	84.7	61.7		146.3	1	1	0.5	0.5
杭锦旗	233	118.0	82.0	36.0		118.0	1	1	0.7	0.7
乌审旗	252	250.9	138.8	112.0		250.9	1		1.5	
伊金霍洛旗	821	579.4	260.7	318.7		579.4	1		2.6	
阿荣旗	587	138.8	130.0	8.8		130.0	1	1	2.0	2.0
莫　旗	650	134.6	78.6	56.1		134.6	1	1	2.0	2.0
鄂伦春旗	356	45.9	30.6	15.3		45.9	1	1	1.2	1.2
鄂温克旗	325	198.1	84.7	113.4		198.1				
陈巴尔虎旗	106	62.6	28.1	34.5		62.6	1	1	0.4	0.4
新左旗	66	36.0	25.0	11.0		36.0	1	1	0.3	0.3
新右旗	129	67.6	38.1	29.6		62.6	1	1	0.5	0.5
五原县	909	171.6	17.1	3.5	151.0	171.6	1	1	4.4	4.4
磴口县	489	79.7			79.7	58.0	1	1	2.0	2.0
乌拉特前旗	632	190.3	97.8	6.5	86.0	186.5	1	1	2.0	2.0
乌拉特中旗	316	107.3			107.3	91.2	1		1.0	
乌拉特后旗	186	86.0	22.9	36.9	26.2	78.8	1	1	0.6	0.6

continued

污水处理厂 Wastewater Treatment Plant 处理量（万立方米） Quantity of Wastewater Treated (10,000 m^3)	二、三级处理 Secondary and Tertiary Treated	干污泥产生量（吨） Quantity of Dry Sludge Produced (ton)	干污泥处置量（吨） Quantity of Dry Sludge Treated (ton)	其他污水处理设施 Other Wastewater Treatment Facilities 处理能力（万立方米/日） Treatment Capacity (10,000 m^3/day)	处理量（万立方米） Quantity of Wastewater Treated (10,000 m^3)	污水处理总量（万立方米） Total Quantity of Wastewater Treated (10,000 m^3)	再生水 Recycled Water 生产能力（万立方米/日） Recycled Water Production Capacity (10,000 m^3/day)	利用量（万立方米） Annual Quantity of Wastewater Recycled and Reused (10,000 m^3)	管道长度（公里） Length of Pipelines (km)	县名称 Name of Counties
304	304	2428	2428			304				土右旗
187	187	1089	1089			187	0.6	176	22.3	固阳县
147	147	203	203			147	0.6			达尔罕茂明安联合旗
603	603	4080	4080			603	1.0	122	6.5	阿鲁科尔沁旗
1018	1018	1222	1222			1018	3.5	226	47.1	巴林左旗
851	851	893	893			851	2.0	10		巴林右旗
495	495	732	732			495	1.0	27	23.0	林西县
473	473	800	800			473				克什克腾旗
809	809	5788	5788			809	2.0	109	16.2	翁牛特旗
900	900	900	900			900	2.0	243	0.5	喀喇沁旗
1278	1278	2029	2029			1278	2.0	8	14.0	宁城县
927	927	1666	1666			927	1.0	187	36.9	敖汉旗
182	182	798	798			182				科左中旗
483	483	1092	1092			483	1.0		11.0	科左后旗
1006	1006	1705	1705			1006	1.8	228	14.1	开鲁县
150	150	3273	3273			150	0.4	120	1.0	库伦旗
315	315	392	392			315				奈曼旗
812	812	917	917			812	3.0	263	9.6	扎鲁特旗
690	690	489	489			690	2.9	567	32.0	达拉特旗
914	914	14580	14580			914	4.0	684		准格尔旗
134	134	711	711			134		119	25.7	鄂托克前旗
131	131	588	588			131	0.5	119	11.6	鄂托克旗
233	233	2285	2285			233	0.7	165	51.3	杭锦旗
241		952	952			241	0.8	222	101.5	乌审旗
815		7864	7864			815	2.6	757	391.0	伊金霍洛旗
569	569	3390	3390			569	1.9	50	10.0	阿荣旗
631	631	689	689			631	2.0	1	9.4	莫　旗
347	347	612	612			347				鄂伦春旗
312	312					312				鄂温克旗
104	104	127	127			104		55	22.2	陈巴尔虎旗
66	66	326	326			66	0.3	66	5.6	新左旗
126	126	1514	1514			126	0.5	126	2.0	新右旗
909	909	10596	10596			909	3.0	871	17.0	五原县
489	489	826	826			489	2.0	201	39.3	磴口县
632	632	1836	1836			632	1.7	595	33.0	乌拉特前旗
316		758	758			316	1.0	271	59.0	乌拉特中旗
186	186	769	769			186	0.6	175	40.2	乌拉特后旗

10-2 续表 6

县名称 Name of Counties	污水排放量(万立方米) Annual Quantity of Wastewater Discharged (10,000 m^3)	排水管道长度(公里) Length of Drainage Pipelines (km)	污水管道 Sewers	雨水管道 Rainwater Drainage Pipeline	雨污合流管道 Combined Drainage Pipeline	建成区 in Built District	污水处理厂 Wastewater Treatment Plant 座数(座) Number (unit)	二、三级处理 Secondary and Tertiary Treated	处理能力(万立方米/日) Treatment Capacity (10,000 m^3/day)	二、三级处理 Secondary and Tertiary Treated
杭锦后旗	864	273.6	98.1	98.9	76.6	273.6	1	1	4.0	4.0
卓资县	240	53.9	41.6	12.3		53.9	1	1	1.2	1.2
化德县	262	81.8	64.0	10.0	7.8	81.8	1	1	1.0	1.0
商都县	561	143.1	39.0	30.8	73.3	143.1	1	1	1.5	1.5
兴和县	330	152.8	113.3	38.5	1.0	151.8	1	1	1.0	1.0
凉城县	280	125.4	93.3	32.1		125.4	1	1	1.0	1.0
察右前旗	223	65.8	43.2	22.6		44.7	1	1	1.0	1.0
察右中旗	265	81.4	4.9	24.4	52.1	81.4	1	1	1.0	1.0
察右后旗	177	62.0	48.0	14.0		59.0	1	1	1.0	1.0
四子王旗	336	171.3	90.9	80.4		171.3	1	1	1.0	1.0
科尔沁右翼前旗	473	242.8	117.6	125.2		242.8	1	1	1.5	1.5
科右中旗	775	89.7	43.5	46.1		89.7	1	1	2.0	2.0
扎赉特旗	461	208.2	123.0	85.2		192.1	1	1	1.5	1.5
突泉县	331	102.7	39.2	58.1	5.5	102.7	1	1	1.5	1.5
阿巴嘎旗	147	65.3	38.5	6.8	20.0	65.3	1		0.5	
苏尼特左旗	102	45.7			45.7	45.7	1	1	0.3	0.3
苏尼特右旗	322	62.0	24.6	3.0	34.4	59.0	1		1.0	
东乌珠穆沁旗	304	131.3	60.1	68.8	2.5	131.3	1	1	1.0	1.0
西乌珠穆沁旗	338	146.4	109.4	37.0		146.4	1	1	1.0	1.0
太仆寺旗	260	111.0	36.4	45.1	29.5	111.0	1	1	1.0	1.0
镶黄旗	127	70.4	13.8		56.6	68.2	1	1	0.5	0.5
正镶白旗	118	63.5	50.5	13.0		54.1	1	1	0.3	0.3
正蓝旗	298	143.9	131.5	6.4	6.0	143.9	1	1	1.2	1.2
多伦县	358	207.1	92.6	112.9	1.5	207.1	1	1	1.3	1.3
阿拉善左旗	1227	328.2	175.4	21.9	130.9	327.6	2		5.0	
阿拉善右旗	100	52.0	33.0	1.0	18.0	48.0	1		0.3	
额济纳旗	216	185.0	175.0		10.0	185.0	1		1.0	
辽　宁	**22334**	**2616.4**	**993.4**	**839.5**	**783.5**	**2423.3**	**30**	**14**	**80.9**	**37.4**
康平县	915	150.0	50.8	62.7	36.5	150.0	2		4.0	
法库县	1453	128.9	32.8	49.6	46.5	128.9	1	1	5.0	5.0
长海县	56	23.5	10.6	12.9		23.5	1		0.4	
台安县	1552	132.6	46.1	61.5	25.1	116.8	3	1	7.5	2.0
岫岩满族自治县	1754	74.4	20.1	6.5	47.8	74.4	1		4.0	
抚顺县										
新宾满族自治县	472	51.9	34.5	17.4		51.9	1		1.5	
清原满族自治县	703	37.3	0.5		36.8	37.3	1		2.0	
本溪满族自治县	730	78.2	26.8	24.8	26.7	78.2	1	1	4.0	4.0
桓仁满族自治县	1357	190.0	96.0	59.0	35.0	147.0	1	1	4.0	4.0

continued

污水处理厂 Wastewater Treatment Plant 处理量(万立方米) Quantity of Wastewater Treated (10,000 m³)	二、三级处理 Secondary and Tertiary Treated	干污泥产生量(吨) Quantity of Dry Sludge Produced (ton)	干污泥处置量(吨) Quantity of Dry Sludge Treated (ton)	其他污水处理设施 Other Wastewater Treatment Facilities 处理能力(万立方米/日) Treatment Capacity (10,000 m³/day)	处理量(万立方米) Quantity of Wastewater Treated (10,000 m³)	污水处理总量(万立方米) Total Quantity of Wastewater Treated (10,000 m³)	再生水 Recycled Water 生产能力(万立方米/日) Recycled Water Production Capacity (10,000 m³/day)	利用量(万立方米) Annual Quantity of Wastewater Recycled and Reused (10,000 m³)	管道长度(公里) Length of Pipelines (km)	县名称 Name of Counties
855	855	1605	1605			855	2.0	813	15.0	杭锦后旗
239	239	400	400			239	1.2	155	40.8	卓资县
262	262	575	575			262	1.0	255	28.2	化德县
542	542	1514	1514			542	1.5	435	77.0	商都县
321	321	410	410			321	0.9	2	6.5	兴和县
273	273	1042	1042			273	0.9	210	24.0	凉城县
214	214	489	489			214	0.5	1	29.0	察右前旗
265	265	592	592			265	1.0	12	7.5	察右中旗
173	173	251	251			173	1.0	117	2.4	察右后旗
332	332	886	886			332	1.0	204	31.0	四子王旗
473	473	1075	1075			473	1.5			科尔沁右翼前旗
737	737	207	207			737				科右中旗
455	455	3440	3440			455				扎赉特旗
320	320	300	300			320				突泉县
145		416	416			145	0.5	102		阿巴嘎旗
94	94	865	865			94				苏尼特左旗
321		122	122			321	1.0	277	9.3	苏尼特右旗
294	294	652	652			294	1.0	204	6.4	东乌珠穆沁旗
330	330	482	482			330	1.0	117	17.6	西乌珠穆沁旗
256	256	449	449			256				太仆寺旗
125	125	592	592			125				镶黄旗
112	112	1730	1730			112		67		正镶白旗
290	290	2002	2002			290	1.2	151	7.4	正蓝旗
344	344	809	809			344	0.8	119	8.0	多伦县
1146		12262	12262			1146	3.6	879	54.8	阿拉善左旗
96		177	177			96		40	1.8	阿拉善右旗
216		162	162			216	0.5	216	5.0	额济纳旗
21988	**11122**	**41566**	**39950**	**0.2**	**11**	**21998**	**8.2**	**862**	**21.1**	**辽　宁**
915		2926	1310			915				康平县
1453	1453	2703	2703			1453				法库县
56		1088	1088			56				长海县
1506	650	4377	4377			1506				台安县
1754		2046	2046			1754				岫岩满族自治县
										抚顺县
472		2023	2023			472				新宾满族自治县
703		639	639			703				清原满族自治县
730	730	1160	1160			730				本溪满族自治县
1357	1357	193	193			1357	1.0	210	0.4	桓仁满族自治县

10-2 续表 7

县名称 Name of Counties	污水排放量（万立方米） Annual Quantity of Wastewater Discharged ($10,000\ m^3$)	排水管道长度（公里） Length of Drainage Pipelines (km)	污水管道 Sewers	雨水管道 Rainwater Drainage Pipeline	雨污合流管道 Combined Drainage Pipeline	建成区 in Built District	污水处理厂 Wastewater Treatment Plant 座数（座） Number (unit)	二、三级处理 Secondary and Tertiary Treated	处理能力（万立方米/日） Treatment Capacity ($10,000\ m^3$/day)	二、三级处理 Secondary and Tertiary Treated
宽甸满族自治县	1210	88.7	28.8	14.0	45.9	88.7	1	1	3.0	3.0
黑山县	1033	156.2	17.2	50.0	89.1	155.2	1		3.0	
义　县	686	112.9	46.0	31.1	35.8	112.9	1	1	2.0	2.0
阜新蒙古族自治县	1000	91.5	12.9	19.8	58.9	79.9	1	1	5.0	5.0
彰武县	781	84.0	73.1	3.9	7.0	83.7	1	1	2.0	2.0
辽阳县	1440	246.6	97.4	117.2	32.0	214.6	1	1	3.5	3.5
盘山县	473	208.3	88.9	119.3		143.9	4	2	3.3	0.7
铁岭县										
西丰县	821	55.4	6.9	6.9	41.6	55.4	2		3.5	
昌图县	1259	189.6	166.2		23.5	186.6	1		8.0	
朝阳县	38	57.6	27.3	30.2		57.6	1	1	0.3	0.3
建平县	1062	106.1	18.0	36.5	51.6	96.6	1	1	3.0	3.0
喀喇沁左翼蒙古族自治县	545	105.6	36.2	39.2	30.3	105.6	1		3.0	
绥中县	1864	89.0	17.2	10.0	61.9	89.0	1		6.0	
建昌县	1131	158.3	39.3	67.1	51.8	145.9	1	1	3.0	3.0
吉　林	**14241**	**2382.9**	**1108.9**	**1007.3**	**266.7**	**2363.7**	**20**	**10**	**49.5**	**27.0**
农安县	1129	125.7	49.0	49.0	27.7	125.7	3		4.5	
永吉县	770	173.6	72.7	99.9	1.0	171.6	1		3.0	
梨树县	745	230.9	99.1	108.8	23.1	230.9	1	1	3.0	3.0
伊通满族自治县	793	93.6	51.3	36.2	6.1	93.6	1		3.0	
东丰县	432	145.1	67.4	65.2	12.5	145.1	1		2.0	
东辽县	455	88.4	46.3	42.1		88.4	1	1	2.0	2.0
通化县	535	64.9	43.9	21.0		64.9	1		1.5	
辉南县	1138	112.3	53.4	52.7	6.2	112.3	1	1	5.0	5.0
柳河县	780	118.9	53.5	60.5	5.0	118.9	1		3.0	
抚松县	881	71.7	22.4	33.1	16.3	71.7	1	1	2.0	2.0
靖宇县	922	124.7	69.3	50.2	5.2	117.7	1		2.5	
长白朝鲜族自治县	506	64.2	28.9	31.2	4.1	62.8	1	1	2.0	2.0
前郭县	940	100.1	40.8	59.2		96.9				
长岭县	867	222.8	146.0	58.7	18.1	222.8	1	1	3.0	3.0
乾安县	528	166.2	75.3	66.6	24.4	166.2	1	1	3.0	3.0
镇赉县	737	147.5	33.7	43.1	70.8	141.9	1	1	3.0	3.0
通榆县	718	159.6	66.2	53.9	39.5	159.6	1		3.0	
汪清县	880	122.3	65.0	57.2		122.3	1	1	2.5	2.5
安图县	486	50.6	25.0	18.7	6.9	50.6	1	1	1.5	1.5

continued

污水处理厂 Wastewater Treatment Plant				其他污水处理设施 Other Wastewater Treatment Facilities		污水处理总量	再生水 Recycled Water			县名称
处理量(万立方米) Quantity of Wastewater Treated (10,000 m^3)	二、三级处理 Secondary and Tertiary Treated	干污泥产生量(吨) Quantity of Dry Sludge Produced (ton)	干污泥处置量(吨) Quantity of Dry Sludge Treated (ton)	处理能力(万立方米/日) Treatment Capacity (10,000 m^3/day)	处理量(万立方米) Quantity of Wastewater Treated (10,000 m^3)	(万立方米) Total Quantity of Wastewater Treated (10,000 m^3)	生产能力(万立方米/日) Recycled Water Production Capacity (10,000 m^3/day)	利用量(万立方米) Annual Quantity of Wastewater Recycled and Reused (10,000 m^3)	管道长度(公里) Length of Pipelines (km)	Name of Counties
1104	1104	502	502			1104				宽甸满族自治县
1033		1992	1992			1033		33	5.0	黑山县
686	686	766	766			686				义　县
1000	1000	2487	2487			1000	3.0	224	2.0	阜新蒙古族自治县
781	781	1130	1130			781				彰武县
1229	1229	1684	1684			1229	2.4	53	7.3	辽阳县
407	16	2044	2044	0.1	5	412				盘山县
										铁岭县
1297		2275	2275			1297				西丰县
1259		3607	3607			1259				昌图县
32	32	15	15	0.1	6	38	0.3			朝阳县
1062	1062	2465	2465			1062	1.5	343	6.4	建平县
545		964	964			545				喀喇沁左翼蒙古族自治县
1584		1560	1560			1584				绥中县
1022	1022	2920	2920			1022				建昌县
13787	**7921**	**15908**	**15908**	**2.0**	**1**	**13787**	**8.0**	**414**	**33.9**	**吉　林**
1119		2813	2813			1119				农安县
702		295	295			702				永吉县
745	745	1905	1905			745		101	8.6	梨树县
793		1593	1593			793	3.0	238		伊通满族自治县
405		220	220			405				东丰县
455	455	364	364	2.0	1	456				东辽县
521		268	268			521				通化县
1058	1058	1967	1967			1058				辉南县
780		1035	1035			780				柳河县
825	825	388	388			825	2.0		0.0	抚松县
876		430	430			876				靖宇县
481	481	1082	1082			481				长白朝鲜族自治县
940	940					940				前郭县
867	867	745	745			867			15.0	长岭县
528	528	229	229			528				乾安县
716	716	957	957			716	1.0	70	8.3	镇赉县
670		401	401			670	2.0	4	2.0	通榆县
819	819	548	548			819				汪清县
486	486	669	669			486				安图县

10-2 续表 8

县名称 Name of Counties	污水排放量(万立方米) Annual Quantity of Wastewater Discharged ($10,000\ m^3$)	排水管道长度(公里) Length of Drainage Pipelines (km)	污水管道 Sewers	雨水管道 Rainwater Drainage Pipeline	雨污合流管道 Combined Drainage Pipeline	建成区 in Built District	污水处理厂 Wastewater Treatment Plant 座数(座) Number (unit)	二、三级处理 Secondary and Tertiary Treated	处理能力(万立方米/日) Treatment Capacity ($10,000\ m^3$/day)	二、三级处理 Secondary and Tertiary Treated
黑龙江	**21616**	**4015.0**	**1538.6**	**865.4**	**1611.0**	**3811.3**	**50**	**50**	**83.1**	**83.1**
依兰县	671	117.9			117.9	117.9	1	1	2.0	2.0
方正县	457	90.6	30.6	16.5	43.4	90.6	1	1	1.6	1.6
宾　县	542	72.0	33.7	7.8	30.5	72.0	1	1	2.0	2.0
巴彦县	522	86.7	20.1	13.0	53.6	62.0	1	1	2.5	2.5
木兰县	345	85.8	25.7	8.1	52.0	26.4	1	1	1.0	1.0
通河县	282	74.9	38.0	1.9	35.0	74.9	1	1	1.0	1.0
延寿县	769	75.7	42.4	32.0	1.4	75.7	1	1	2.0	2.0
龙江县	508	138.6	55.7	82.9		138.6	1	1	2.0	2.0
依安县	646	63.1	34.7	28.4		63.1	1	1	2.0	2.0
泰来县	384	69.2	39.2	30.0		51.9	1	1	2.0	2.0
甘南县	346	79.1	18.6	3.0	57.5	76.1	1	1	1.0	1.0
富裕县	188	134.5	55.6	78.9		131.9	1	1	2.0	2.0
克山县	450	80.8	14.1	3.6	63.1	80.3	1	1	2.2	2.2
克东县	406	54.4	5.9	11.3	37.3	54.4	1	1	2.0	2.0
拜泉县	298	77.2	22.0		55.2	77.2	1	1	2.0	2.0
鸡东县	560	57.6	17.6		40.0	57.6	1	1	3.0	3.0
萝北县	288	78.3	22.8	28.4	27.1	74.6	1	1	1.0	1.0
绥滨县	215	47.0	10.7	2.9	33.4	47.0	1	1	1.5	1.5
集贤县	445	93.6	44.3	28.4	20.9	93.6				
友谊县	265	48.1	13.9	34.2		44.0	1	1	1.0	1.0
宝清县	706	185.9	79.0	82.0	24.9	185.9	1	1	4.0	4.0
饶河县	311	53.4	21.0	1.5	30.9	53.4	1	1	1.0	1.0
肇州县	345	50.4			50.4	50.4	1	1	2.0	2.0
肇源县	527	81.2	7.4		73.9	81.2	1	1	2.0	2.0
林甸县	295	67.1	1.5		65.6	67.1	1	1	2.0	2.0
杜尔伯特蒙古族自治县	332	104.0	82.5	21.5		104.0	1	1	2.0	2.0
嘉荫县	120	47.6	33.7	5.7	8.2	47.3	1	1	0.6	0.6
汤旺县	254	62.6	23.6	6.4	32.6	62.6	2	2	1.1	1.1
丰林县	250	106.0	28.5	33.4	44.0	103.3	3	3	0.9	0.9
大箐山县	100	23.4	7.7	5.6	10.1	23.4	1	1	0.5	0.5
南岔县	275	30.0	18.4	1.6	10.0	30.0	1	1	1.0	1.0
桦南县	1073	115.0	15.6	28.8	70.7	115.0	2	2	3.0	3.0
桦川县	695	93.4	9.5	20.9	63.0	93.4	1	1	2.0	2.0
汤原县	254	85.2	40.0	1.0	44.2	76.3	1	1	1.0	1.0
勃利县	1045	103.3	40.6	24.8	38.0	103.3	1	1	3.0	3.0
林口县	463	148.7	96.3	43.8	8.5	148.7	1	1	2.0	2.0

continued

污水处理厂 Wastewater Treatment Plant				其他污水处理设施 Other Wastewater Treatment Facilities		污水处理总量	再生水 Recycled Water			
处理量（万立方米） Quantity of Wastewater Treated (10,000 m^3)	二、三级处理 Secondary and Tertiary Treated	干污泥产生量（吨） Quantity of Dry Sludge Produced (ton)	干污泥处置量（吨） Quantity of Dry Sludge Treated (ton)	处理能力（万立方米/日） Treatment Capacity (10,000 m^3/day)	处理量（万立方米） Quantity of Wastewater Treated (10,000 m^3)	（万立方米） Total Quantity of Wastewater Treated (10,000 m^3)	生产能力（万立方米/日） Recycled Water Production Capacity (10,000 m^3/day)	利用量（万立方米） Annual Quantity of Wastewater Recycled and Reused (10,000 m^3)	管道长度（公里） Length of Pipelines (km)	县名称 Name of Counties
20893	**20893**	**26574**	**24566**	**0.3**	**0**	**20893**	**6.7**	**171**	**28.1**	**黑龙江**
671	671	1204	1204			671				依兰县
438	438	889	889			438	0.4	0	4.4	方正县
522	522	348	348			522				宾　县
522	522	2258	2258			522				巴彦县
329	329	647	647			329				木兰县
282	282	196	196			282				通河县
692	692	618	618			692				延寿县
382	382	417	417			382				龙江县
587	587	405	405			587				依安县
367	367	290	290			367				泰来县
313	313	486	486			313				甘南县
144	144	271	271			144	1.5		2.5	富裕县
450	450	1164	1164			450				克山县
394	394	442	442			394				克东县
269	269	368	368			269				拜泉县
560	560	495	495			560				鸡东县
288	288	118	118			288				萝北县
204	204	242	242			204				绥滨县
427	427					427				集贤县
252	252	187	187			252				友谊县
696	696	418	418			696				宝清县
311	311	164	164			311				饶河县
345	345	173				345				肇州县
500	500	203	203			500				肇源县
285	285	170	168			285				林甸县
325	325	489	489			325				杜尔伯特蒙古族自治县
115	115	283	283			115				嘉荫县
250	250	239	239	0.3	0	250				汤旺县
250	250	287	54			250				丰林县
99	99	59	59			99				大箐山县
272	272	498	498			272				南岔县
1044	1044	2055	2055			1044				桦南县
694	694	1349	1349			694				桦川县
228	228	167	167			228				汤原县
993	993	1325	1325			993	3.0	143	7.4	勃利县
463	463	403	403			463	1.0		3.8	林口县

10-2 续表 9

县名称 Name of Counties	污水排放量（万立方米） Annual Quantity of Wastewater Discharged (10,000 m^3)	排水管道长度（公里） Length of Drainage Pipelines (km)	污水管道 Sewers	雨水管道 Rainwater Drainage Pipeline	雨污合流管道 Combined Drainage Pipeline	建成区 in Built District	污水处理厂 Wastewater Treatment Plant 座数（座） Number (unit)	二、三级处理 Secondary and Tertiary Treated	处理能力（万立方米/日） Treatment Capacity (10,000 m^3/day)	二、三级处理 Secondary and Tertiary Treated
逊克县	259	48.1	10.0	20.3	17.8	48.1	1	1	1.0	1.0
孙吴县	274	49.1	6.3	0.3	42.5	49.1	1	1	1.0	1.0
望奎县	464	94.1	15.1	5.1	74.0	79.5	1	1	2.0	2.0
兰西县	621	96.1	19.5	19.5	57.0	83.1	1	1	2.0	2.0
青冈县	803	133.1	76.0	3.0	54.1	133.1	1	1	3.0	3.0
庆安县	1354	186.0	96.2	17.4	72.4	186.0	1	1	4.0	4.0
明水县	376	95.0	45.0	20.0	30.0	95.0	1	1	2.5	2.5
绥棱县	650	92.8	72.8		20.1	92.8	1	1	2.0	2.0
呼玛县	106	55.5	35.4	20.1		55.5	1	1	0.5	0.5
塔河县	91	44.0	44.0			44.0	1	1	0.3	0.3
加格达奇区	989	139.1	67.8	71.3		90.1	1	1	3.0	3.0
江　苏	**46012**	**9970.7**	**3705.5**	**5043.1**	**1222.2**	**9029.7**	**32**	**30**	**137.0**	**133.5**
丰　县	2482	432.0	154.0	246.7	31.3	261.7	1	1	6.0	6.0
沛　县	3510	840.4	141.1	474.3	224.9	620.0	2	2	8.0	8.0
睢宁县	2536	343.5	106.5	191.0	46.0	239.4	3	3	8.3	8.3
如东县	3257	797.7	281.0	480.0	36.7	768.4	2	2	9.5	9.5
东海县	1599	477.3	178.3	233.3	65.7	324.3	2	2	4.0	4.0
灌云县	2346	352.4	125.6	38.3	188.5	270.3	1	1	8.0	8.0
灌南县	727	350.0	49.9	93.9	206.2	350.0	2		3.5	
涟水县	2564	478.0	165.1	297.8	15.0	436.1	2	2	8.0	8.0
盱眙县	2188	379.4	142.2	230.8	6.4	379.4	2	2	6.0	6.0
金湖县	2383	425.0	208.0	176.1	40.9	425.0	1	1	6.0	6.0
响水县	1200	282.0	89.0	178.0	15.0	282.0	1	1	3.0	3.0
滨海县	1405	652.7	231.2	384.5	37.0	652.7	1	1	4.5	4.5
阜宁县	2451	598.7	243.1	158.0	197.6	565.5	1	1	8.0	8.0
射阳县	1736	363.0	138.7	224.4		346.5	1	1	5.0	5.0
建湖县	2048	759.3	411.0	348.3		692.5	3	3	7.5	7.5
宝应县	2538	393.8	165.0	162.9	66.0	393.8	1	1	8.0	8.0
沭阳县	4348	890.0	450.0	440.0		890.0	2	2	12.0	12.0
泗阳县	3985	442.6	219.6	193.9	29.1	419.0	2	2	13.5	13.5
泗洪县	2709	713.2	206.2	491.0	16.0	713.2	2	2	8.3	8.3
浙　江	**57820**	**12746.5**	**7554.8**	**4532.9**	**658.9**	**10232.6**	**46**	**46**	**180.9**	**180.9**
桐庐县	2257	403.2	241.7	158.1	3.5	397.9	1	1	6.0	6.0
淳安县	951	305.5	154.7	150.8		302.8	3	3	3.0	3.0
象山县	3193	496.3	238.0	220.3	38.0	493.0	2	2	9.2	9.2
宁海县	3793	2109.9	1261.2	500.4	348.2	1022.8	2	2	10.5	10.5
永嘉县	454	147.5	106.1	40.7	0.7	87.6	1	1	1.5	1.5
平阳县	1473	112.5	81.5	31.0		42.2	1	1	6.0	6.0

continued

污水处理厂 Wastewater Treatment Plant				其他污水处理设施 Other Wastewater Treatment Facilities		污水处理总量	再生水 Recycled Water			
处理量(万立方米) Quantity of Wastewater Treated (10,000 m^3)	二、三级处理 Secondary and Tertiary Treated	干污泥产生量(吨) Quantity of Dry Sludge Produced (ton)	干污泥处置量(吨) Quantity of Dry Sludge Treated (ton)	处理能力(万立方米/日) Treatment Capacity (10,000 m^3/day)	处理量(万立方米) Quantity of Wastewater Treated (10,000 m^3)	(万立方米) Total Quantity of Wastewater Treated (10,000 m^3)	生产能力(万立方米/日) Recycled Water Production Capacity (10,000 m^3/day)	利用量(万立方米) Annual Quantity of Wastewater Recycled and Reused (10,000 m^3)	管道长度(公里) Length of Pipelines (km)	县名称 Name of Counties
246	246	225	225			246				逊克县
254	254	948	948			254				孙吴县
464	464	472	472			464				望奎县
620	620	726	726			620				兰西县
803	803	802				803	0.8	27	10.0	青冈县
1352	1352	1498	1498			1352				庆安县
376	376	759	759			376				明水县
636	636	762				636				绥棱县
106	106	53	53			106				呼玛县
83	83	80	44			83				塔河县
989	989	924	924			989				加格达奇区
42613	**41995**	**81563**	**80266**	**3.0**	**50**	**42663**	**67.1**	**8884**	**141.8**	**江　苏**
2328	2328	2543	2543			2328	6.0	466	11.0	丰　县
3209	3209	2841	2841			3209	3.0	710	20.0	沛　县
2334	2334	9686	9270			2334	4.0	585	3.0	睢宁县
2950	2950	4327	4327			2950	9.5	592		如东县
1514	1514	1325	1325			1514	4.0	288		东海县
2297	2297	1281	1281			2297	1.3	395	12.5	灌云县
618		1269	1269			618	3.5	155		灌南县
2257	2257	2511	2511			2257	1.4	502	0.0	涟水县
1942	1942	2550	2550			1942	6.0	446		盱眙县
2192	2192	9043	9043			2192	5.7	455		金湖县
1036	1036	720	215	3.0	50	1086	0.5	160		响水县
1269	1269	1289	1039			1269	0.7	256		滨海县
2213	2213	3700	3700			2213		1		阜宁县
1528	1528	4312	4186			1528	1.0	229	15.0	射阳县
1885	1885	16264	16264			1885	7.5	576		建湖县
2382	2382	3240	3240			2382				宝应县
4175	4175	4672	4672			4175	5.0	990	67.0	沭阳县
3870	3870	5715	5715			3870	5.0	975	10.0	泗阳县
2613	2613	4274	4274			2613	3.0	1103	3.3	泗洪县
56400	**56400**	**86444**	**86443**	**7.2**	**80**	**56480**	**43.9**	**8402**	**122.3**	**浙　江**
2145	2145	2517	2517			2145	6.0	348		桐庐县
924	924	1318	1318			924	0.4	268	28.0	淳安县
3138	3138	3110	3110			3138	4.5	1020	47.0	象山县
3755	3755	4009	4009			3755	3.6	1284	3.9	宁海县
418	418	774	774	0.7	19	437	0.5	82	4.2	永嘉县
1431	1431	3354	3354			1431				平阳县

10-2 续表 10

县名称 Name of Counties	污水排放量（万立方米） Annual Quantity of Wastewater Discharged (10,000 m³)	排水管道长度（公里） Length of Drainage Pipelines (km)	污水管道 Sewers	雨水管道 Rainwater Drainage Pipeline	雨污合流管道 Combined Drainage Pipeline	建成区 in Built District	污水处理厂 Wastewater Treatment Plant 座数（座） Number (unit)	二、三级处理 Secondary and Tertiary Treated	处理能力（万立方米/日） Treatment Capacity (10,000 m³/day)	二、三级处理 Secondary and Tertiary Treated
苍南县	3259	304.9	85.6	119.3	100.0	83.8	1	1	9.0	9.0
文成县	374	88.1	52.0	31.1	5.0	80.5	1	1	1.0	1.0
泰顺县	672	111.6	65.9	32.1	13.7	103.0	1	1	2.0	2.0
嘉善县	2221	515.6	303.1	212.5		464.4	1	1	5.0	5.0
海盐县	3910	465.7	320.6	145.1		272.3	1	1	10.0	10.0
德清县	2937	535.5	267.2	268.3		530.9	3	3	9.5	9.5
长兴县	3521	778.9	443.0	307.6	28.2	778.9	3	3	12.0	12.0
安吉县	4226	538.4	347.8	190.6		471.3	2	2	14.8	14.8
新昌县	2935	613.8	253.8	355.5	4.5	560.5				
武义县	2063	576.3	426.3	140.7	9.3	436.2	2	2	8.0	8.0
浦江县	3248	734.3	468.1	266.2		480.9	1	1	11.0	11.0
磐安县	409	133.5	83.0	50.5		133.5	1	1	3.0	3.0
常山县	1418	359.5	202.1	151.6	5.8	351.2	1	1	6.0	6.0
开化县	603	291.6	186.4	88.3	16.9	263.4	1	1	2.5	2.5
龙游县	1306	376.2	307.5	68.7		376.2	1	1	4.0	4.0
岱山县	388	141.5	91.3	48.2	2.0	123.6	1	1	1.0	1.0
嵊泗县	227	55.0	42.8	12.3		54.4	1	1	0.7	0.7
三门县	1190	318.5	176.8	105.2	36.4	279.2	1	1	8.0	8.0
天台县	2598	323.0	213.8	104.3	4.9	323.0	1	1	8.0	8.0
仙居县	1959	539.1	333.2	205.9		500.6	2	2	8.0	8.0
青田县	1127	227.7	152.6	60.0	15.1	171.8	2	2	4.0	4.0
缙云县	971	172.6	95.8	68.1	8.6	172.6	1	1	4.0	4.0
遂昌县	856	246.6	135.9	103.7	7.0	176.0	1	1	2.5	2.5
松阳县	1148	228.5	116.3	106.9	5.4	203.6	1	1	4.5	4.5
云和县	688	127.2	86.0	37.0	4.2	127.2	1	1	2.0	2.0
庆元县	919	196.4	118.1	77.6	0.7	195.7	3	3	2.7	2.7
景宁县	525	171.9	96.8	74.4	0.8	171.9	1	1	1.5	1.5
安　徽	**74055**	**18580.0**	**8278.6**	**8491.7**	**1809.7**	**15623.6**	**65**	**63**	**242.0**	**240.0**
长丰县	726	644.9	329.8	292.4	22.6	301.4	1	1	2.0	2.0
肥西县	1960	567.2	252.9	195.5	118.9	506.1	1	1	5.0	5.0
肥东县	3169	423.0	206.7	216.4		423.0	1	1	10.0	10.0
庐江县	2341	500.3	206.0	294.4		500.3	2	2	6.0	6.0
南陵县	1374	282.7	148.6	126.0	8.1	282.6	1	1	4.0	4.0
怀远县	2358	274.1	126.4	99.7	48.0	274.1	2	2	8.0	8.0
五河县	1642	315.7	127.2	160.2	28.4	310.9	1	1	5.0	5.0
固镇县	885	373.2	186.0	146.4	40.8	364.1	1	1	5.0	5.0
凤台县	2270	138.7	46.6	74.8	17.3	54.1	1	1	5.0	5.0
寿　县	1400	344.9	153.6	160.2	31.0	123.4	1	1	4.0	4.0

continued

污水处理厂 Wastewater Treatment Plant				其他污水处理设施 Other Wastewater Treatment Facilities		污水处理总量	再生水 Recycled Water			
处理量（万立方米） Quantity of Wastewater Treated (10,000 m^3)	二、三级处理 Secondary and Tertiary Treated	干污泥产生量（吨） Quantity of Dry Sludge Produced (ton)	干污泥处置量（吨） Quantity of Dry Sludge Treated (ton)	处理能力（万立方米/日） Treatment Capacity (10,000 m^3/day)	处理量（万立方米） Quantity of Wastewater Treated (10,000 m^3)	（万立方米） Total Quantity of Wastewater Treated (10,000 m^3)	生产能力（万立方米/日） Recycled Water Production Capacity (10,000 m^3/day)	利用量（万立方米） Annual Quantity of Wastewater Recycled and Reused (10,000 m^3)	管道长度（公里） Length of Pipelines (km)	县名称 Name of Counties
3157	3157	17160	17160			3157				苍南县
359	359	573	573			359				文成县
646	646	569	569			646	1.5	103		泰顺县
2172	2172	1201	1201			2172				嘉善县
3821	3821	6664	6664			3821				海盐县
2896	2896	3223	3223			2896	4.0	470	10.0	德清县
3477	3477	2051	2051			3477	6.0	1470	2.7	长兴县
4148	4148	5847	5847			4148	2.0	623	7.5	安吉县
2837	2837					2837		445		新昌县
2003	2003	4540	4539			2003	0.9	431	13.0	武义县
3165	3165	4170	4170			3165	8.7	682		浦江县
402	402	304	304			402	1.8	171	1.0	磐安县
1391	1391	1758	1758	6.0		1391	0.6	229		常山县
583	583	1158	1158			583		159		开化县
1276	1276	860	860			1276				龙游县
334	334	944	944	0.1	27	361				岱山县
210	210	223	223			210				嵊泗县
1170	1170	2188	2188			1170				三门县
2569	2569	4010	4010			2569	1.5	414	2.0	天台县
1892	1892	2329	2329			1892	0.8	1	3.0	仙居县
1106	1106	1040	1040			1106				青田县
951	951	1127	1127			951				缙云县
805	805	1209	1209	0.4	34	839	0.5	122		遂昌县
1124	1124	5792	5792			1124				松阳县
676	676	1189	1189			676				云和县
899	899	496	496			899				庆元县
518	518	738	738			518	0.5	78		景宁县
70805	**70333**	**88538**	**81899**	**3.8**	**290**	**71095**	**38.8**	**8469**	**160.5**	**安　徽**
714	714	446	446			714	0.5	182	23.0	长丰县
1899	1899	1899	1899			1899				肥西县
3075	3075	6001	6001			3075				肥东县
2245	2245	4112	4112			2245		45	8.0	庐江县
1305	1305	1552	1552			1305				南陵县
2242	2242	2575	2575			2242				怀远县
1597	1597	1604	1604	0.3	15	1612				五河县
854	854	752	752			854				固镇县
2233	2233	1348				2233	2.5	330	2.6	凤台县
1361	1361	633	633			1361				寿　县

10-2 续表 11

县名称 Name of Counties	污水排放量(万立方米) Annual Quantity of Wastewater Discharged (10,000 m^3)	排水管道长度(公里) Length of Drainage Pipelines (km)	污水管道 Sewers	雨水管道 Rainwater Drainage Pipeline	雨污合流管道 Combined Drainage Pipeline	建成区 in Built District	污水处理厂 Wastewater Treatment Plant 座数(座) Number (unit)	二、三级处理 Secondary and Tertiary Treated	处理能力(万立方米/日) Treatment Capacity (10,000 m^3/day)	二、三级处理 Secondary and Tertiary Treated
当涂县	1435	345.0	133.0	197.2	14.8	345.0	1	1	4.5	4.5
含山县	1550	209.9	107.7	92.2	10.0	134.9	1	1	4.0	4.0
和　县	967	229.6	53.9	83.2	92.5	213.4	1	1	2.5	2.5
濉溪县	2430	246.9	99.2	147.7		246.9	2	2	11.0	11.0
枞阳县	615	260.9	102.0	152.6	6.3	102.0	1	1	1.5	1.5
怀宁县	1201	240.2	130.1	110.0		219.2	1	1	3.0	3.0
太湖县	782	198.9	58.5	125.8	14.7	198.9	1	1	2.0	2.0
宿松县	1168	222.0	72.0	87.0	63.0	210.0	1	1	4.0	4.0
望江县	949	233.0	126.2	89.0	17.8	221.9	1	1	7.0	7.0
岳西县	425	126.5	58.8	47.8	20.0	101.0	1	1	2.5	2.5
歙　县	1189	175.7	70.0	105.0	0.7	167.4	1	1	6.0	6.0
休宁县	596	114.9	58.7	51.1	5.0	114.9				
黟　县	344	74.8	35.6	39.2		74.8	1	1	1.0	1.0
祁门县	322	95.3	42.5	40.8	12.1	95.3	1		1.0	
来安县	3315	622.0	287.1	258.8	76.1	613.0	2	2	8.5	8.5
全椒县	1737	467.5	253.1	205.2	9.2	467.5	1	1	5.0	5.0
定远县	1932	825.7	381.8	391.9	52.0	650.7	1	1	5.0	5.0
凤阳县	1279	753.5	358.6	365.4	29.5	716.2	1	1	5.0	5.0
临泉县	1925	509.3	217.7	181.6	110.0	473.7	1	1	7.0	7.0
太和县	2725	954.4	373.8	397.7	182.9	802.2	2	2	8.0	8.0
阜南县	2347	488.8	189.8	185.1	113.9	444.4	2	2	7.0	7.0
颍上县	2873	826.2	224.5	415.3	186.4	606.9	3	3	9.0	9.0
砀山县	1772	417.0	180.2	190.3	46.5	416.9	2	2	6.0	6.0
萧　县	1370	338.4	163.7	142.2	32.6	148.0	1	1	6.0	6.0
灵璧县	1360	472.1	217.4	168.5	86.2	242.0	1	1	5.0	5.0
泗　县	1388	540.8	271.3	257.1	12.4	360.7	1	1	4.0	4.0
霍邱县	1262	373.5	134.3	200.1	39.2	258.4	1	1	4.0	4.0
舒城县	1214	427.2	218.4	191.2	17.6	368.7	2	1	5.2	4.2
金寨县	1169	473.0	253.0	208.0	12.0	378.1	3	3	6.0	6.0
霍山县	1545	366.9	209.9	145.6	11.3	366.9	2	2	6.0	6.0
涡阳县	2770	487.1	197.0	272.9	17.3	389.9	2	2	8.0	8.0
蒙城县	3576	605.9	279.9	307.0	19.0	605.0	3	3	9.3	9.3
利辛县	2067	535.6	266.7	256.9	12.0	381.0	1	1	8.0	8.0
东至县	657	221.9	123.7	61.2	37.0	186.4	1	1	2.0	2.0
石台县	141	78.2	45.7	28.6	3.9	78.2	1	1	1.0	1.0
青阳县	701	239.3	103.4	108.8	27.1	239.3	1	1	2.0	2.0
郎溪县	804	347.8	132.6	209.7	5.6	347.8	1	1	4.0	4.0
泾　县	1234	225.6	83.7	76.9	65.0	215.1	1	1	4.0	4.0
绩溪县	474	220.3	124.1	79.2	17.1	192.3	1	1	1.5	1.5
旌德县	321	123.8	55.5	52.1	16.2	88.5	1	1	1.5	1.5

continued

污水处理厂 Wastewater Treatment Plant				其他污水处理设施 Other Wastewater Treatment Facilities		污水处理总量	再生水 Recycled Water			
处理量(万立方米) Quantity of Wastewater Treated (10,000 m^3)	二、三级处理 Secondary and Tertiary Treated	干污泥产生量(吨) Quantity of Dry Sludge Produced (ton)	干污泥处置量(吨) Quantity of Dry Sludge Treated (ton)	处理能力(万立方米/日) Treatment Capacity (10,000 m^3/day)	处理量(万立方米) Quantity of Wastewater Treated (10,000 m^3)	(万立方米) Total Quantity of Wastewater Treated (10,000 m^3)	生产能力(万立方米/日) Recycled Water Production Capacity (10,000 m^3/day)	利用量(万立方米) Annual Quantity of Wastewater Recycled and Reused (10,000 m^3)	管道长度(公里) Length of Pipelines (km)	县名称 Name of Counties
1399	1399	807	807			1399				当涂县
1463	1463	1391	1391			1463				含山县
938	938	2473	2473			938				和　县
2183	2183	2549	2549	2.0	82	2265	2.5	1169	12.0	濉溪县
595	595	498	498			595				枞阳县
1181	1181	1174				1181				怀宁县
753	753	640	640			753				太湖县
1111	1111	928	928			1111				宿松县
913	913	515	515			913				望江县
334	334	355	355			334				岳西县
1131	1131	1829	1829			1131				歙　县
569	569					569				休宁县
327	327	388				327				黟　县
306		228	228	0.0	3	309				祁门县
2982	2982	1871		1.5	187	3169	7.0	769	17.0	来安县
1710	1710	2208	752			1710	5.0	1710	15.0	全椒县
1835	1835	2350	2350	0.0	3	1838				定远县
1248	1248	760	760			1248				凤阳县
1810	1810	4930	4930			1810	4.0	1554	1.0	临泉县
2618	2618	2899	2899			2618				太和县
2237	2237	2694	2694			2237	3.3	469	26.0	阜南县
2779	2779	3399	3381			2779	2.0	730	9.7	颍上县
1696	1696	4782	4782			1696	4.0	1277	2.2	砀山县
1305	1305	2356	2356			1305				萧　县
1343	1343	476	476			1343				灵璧县
1360	1360	1404	1404			1360				泗　县
1203	1203	998	998			1203				霍邱县
1163	998	2777	2723			1163				舒城县
1122	1122	5164	4864			1122				金寨县
1474	1474	1145	1145			1474				霍山县
2635	2635	5151	5151			2635	1.5			涡阳县
3404	3404	1642	1642			3404	2.5	4	36.0	蒙城县
1964	1964	2357	2357			1964	4.0	230	8.0	利辛县
630	630	370	370			630				东至县
127	127	323	323			127				石台县
688	688	1183	1183			688				青阳县
794	794	765	765			794				郎溪县
1192	1192	1059	1059			1192				泾　县
452	452	401	401			452				绩溪县
305	305	379	348			305				旌德县

10-2 续表 12

县名称 Name of Counties	污水排放量（万立方米） Annual Quantity of Wastewater Discharged ($10,000\ m^3$)	排水管道长度（公里） Length of Drainage Pipelines (km)	污水管道 Sewers	雨水管道 Rainwater Drainage Pipeline	雨污合流管道 Combined Drainage Pipeline	建成区 in Built District	污水处理厂 Wastewater Treatment Plant 座数（座） Number (unit)	二、三级处理 Secondary and Tertiary Treated	处理能力（万立方米/日） Treatment Capacity ($10,000\ m^3$/day)	二、三级处理 Secondary and Tertiary Treated
福　建	**40691**	**8339.1**	**4081.7**	**3599.4**	**658.0**	**7679.5**	**46**	**41**	**148.5**	**139.0**
闽侯县	1861	206.6	79.1	124.3	3.2	185.9	2	2	8.0	8.0
连江县	2110	346.5	150.7	190.3	5.5	346.5	1	1	8.0	8.0
罗源县	1079	86.6	34.1	42.5	10.0	86.6	1	1	3.0	3.0
闽清县	473	84.2	42.6	27.9	13.6	80.2	1	1	1.0	1.0
永泰县	492	169.0	79.4	78.6	11.0	165.0	1	1	2.0	2.0
仙游县	1871	472.4	212.6	233.1	26.7	410.6	1	1	5.0	5.0
明溪县	241	123.8	63.5	54.8	5.5	123.6	1	1	1.0	1.0
清流县	224	110.1	74.3	35.8		110.1	1	1	1.0	1.0
宁化县	715	272.9	150.7	117.2	5.0	220.7	1		4.0	
大田县	496	117.0	71.0	25.0	21.0	97.0	1	1	2.5	2.5
尤溪县	857	113.4	66.2	23.9	23.3	97.3	1	1	4.0	4.0
将乐县	379	184.5	85.2	66.2	33.1	184.5	1	1	1.0	1.0
泰宁县	523	129.9	90.6	35.3	4.0	129.9	1	1	2.0	2.0
建宁县	601	161.2	100.4	57.8	3.0	161.2	1		2.5	
惠安县	1945	175.4	102.7	72.7		175.4	1	1	7.0	7.0
安溪县	2000	216.8	82.5	78.3	56.0	201.5	1	1	6.0	6.0
永春县	2062	353.9	229.0	98.9	26.0	349.3	1	1	6.0	6.0
德化县	1863	473.2	228.2	229.0	16.0	473.2	1	1	6.0	6.0
云霄县	1904	466.1	237.1	171.0	58.0	390.6	2	2	6.0	6.0
漳浦县	2180	350.6	176.7	173.3	0.6	350.6	2	1	7.0	6.0
诏安县	961	215.4	73.6	119.5	22.3	215.4	1	1	4.0	4.0
东山县	827	332.5	83.5	231.0	18.0	133.7	1	1	3.0	3.0
南靖县	563	185.8	90.6	93.5	1.6	159.1	1	1	2.0	2.0
平和县	1200	204.0	105.0	62.0	37.0	162.0	1	1	4.0	4.0
华安县	47	71.1	40.3	30.8		69.8	1	1	0.5	0.5
顺昌县	439	106.4	37.8	54.4	14.2	47.0	1	1	2.0	2.0
浦城县	889	145.3	60.5	54.5	30.2	145.3	1	1	3.0	3.0
光泽县	379	103.6	48.0	20.6	35.0	103.6	1	1	3.0	3.0
松溪县	350	158.8	76.0	75.0	7.8	158.8	1		1.0	
政和县	399	90.5	49.5	26.0	15.0	90.5	1	1	1.0	1.0
长汀县	1484	137.5	86.7	27.7	23.2	128.8	1	1	4.0	4.0
上杭县	1413	235.1	94.9	130.4	9.8	235.1	1	1	6.0	6.0
武平县	1086	191.8	91.2	92.6	8.0	190.1	1	1	4.0	4.0
连城县	947	183.3	95.9	62.8	24.5	183.3	1	1	4.0	4.0
霞浦县	1161	196.1	93.0	72.1	31.0	185.7	1	1	4.0	4.0

continued

污水处理厂 Wastewater Treatment Plant: 处理量(万立方米) Quantity of Wastewater Treated (10,000 m^3)	二、三级处理 Secondary and Tertiary Treated	干污泥产生量(吨) Quantity of Dry Sludge Produced (ton)	干污泥处置量(吨) Quantity of Dry Sludge Treated (ton)	其他污水处理设施 Other Wastewater Treatment Facilities: 处理能力(万立方米/日) Treatment Capacity (10,000 m^3/day)	处理量(万立方米) Quantity of Wastewater Treated (10,000 m^3)	污水处理总量(万立方米) Total Quantity of Wastewater Treated (10,000 m^3)	再生水 Recycled Water: 生产能力(万立方米/日) Recycled Water Production Capacity (10,000 m^3/day)	利用量(万立方米) Annual Quantity of Wastewater Recycled and Reused (10,000 m^3)	管道长度(公里) Length of Pipelines (km)	县名称 Name of Counties
39298	**37290**	**69278**	**68519**			**39298**	**3.0**	**47**	**1.8**	**福　建**
1816	1816	4767	4767			1816				闽侯县
2025	2025	4417	4417			2025	0.0	0		连江县
1056	1056	791	791			1056	3.0	0		罗源县
431	431	265	265			431		22		闽清县
473	473	852	852			473		23		永泰县
1792	1792	1895	1895			1792				仙游县
229	229	476	476			229				明溪县
215	215	54	54			215				清流县
679		1166	1166			679				宁化县
473	473	413	413			473				大田县
815	815	2325	2325			815				尤溪县
372	372	1038	1038			372				将乐县
508	508	586	586			508				泰宁县
584		522	522			584				建宁县
1888	1888	3340	3340			1888				惠安县
1940	1940	3410	3410			1940				安溪县
2000	2000	2058	2058			2000				永春县
1733	1733	3082	3082			1733				德化县
1801	1801	3598	3598			1801				云霄县
2094	1961	2585	2585			2094	0.0	3	1.8	漳浦县
922	922	2008	2008			922				诏安县
773	773	1256	1256			773				东山县
547	547	448				547				南靖县
1190	1190	1338	1338			1190				平和县
44	44	40	40			44				华安县
432	432	581	581			432				顺昌县
862	862	638	638			862				浦城县
372	372	812	812			372				光泽县
343		475	475			343				松溪县
387	387	863	863			387				政和县
1439	1439	2000	2000			1439				长汀县
1373	1373	2423	2423			1373				上杭县
1055	1055	1193	1193			1055				武平县
920	920	1455	1455			920				连城县
1127	1127	3878	3878			1127				霞浦县

10-2 续表 13

县名称 Name of Counties	污水排放量（万立方米） Annual Quantity of Wastewater Discharged (10,000 m^3)	排水管道长度（公里） Length of Drainage Pipelines (km)	污水管道 Sewers	雨水管道 Rainwater Drainage Pipeline	雨污合流管道 Combined Drainage Pipeline	建成区 in Built District	污水处理厂 Wastewater Treatment Plant 座数（座） Number (unit)	二、三级处理 Secondary and Tertiary Treated	处理能力（万立方米/日） Treatment Capacity (10,000 m^3/day)	二、三级处理 Secondary and Tertiary Treated
古田县	1377	160.5	72.8	65.8	21.9	160.5	1	1	4.0	4.0
屏南县	356	90.5	51.0	29.5	10.0	90.5	1	1	1.0	1.0
寿宁县	369	88.6	57.0	23.0	8.6	86.5	1	1	1.0	1.0
周宁县	343	172.8	92.2	76.1	4.5	172.8	1	1	1.0	1.0
柘荣县	274	126.1	70.5	55.6		126.1	1		1.0	
平潭县	1953	529.6	255.0	260.5	14.0	495.4	3	3	12.0	12.0
江　西	**52979**	**15923.1**	**7301.2**	**5798.8**	**2823.1**	**14556.5**	**78**	**50**	**162.5**	**100.7**
南昌县	4970	1010.0	321.0	479.0	210.0	1010.0	2	2	13.5	13.5
安义县	1270	204.3	77.6	126.0	0.7	162.9	2		3.5	
进贤县	1678	424.0	226.0	176.0	22.0	381.6	1	1	4.0	4.0
浮梁县	526	156.9	74.1	53.8	29.0	114.0	1	1	1.5	1.5
莲花县	509	111.5	54.6	37.1	19.8	98.2	1		1.5	
上栗县	487	256.9	90.3	86.3	80.3	221.1	1	1	1.5	1.5
芦溪县	534	138.2	74.8	60.4	3.0	136.8	1	1	1.5	1.5
武宁县	825	184.5	74.9	88.1	21.5	146.8	2	2	4.0	4.0
修水县	1076	289.6	131.8	35.2	122.6	288.0	1	1	3.0	3.0
永修县	903	217.0	86.0	125.0	6.0	217.0	1	1	2.0	2.0
德安县	891	297.6	92.1	74.2	131.2	236.4	1	1	1.5	1.5
都昌县	830	199.9	69.5	50.3	80.1	153.1	1	1	2.1	2.1
湖口县	754	146.2	100.8	30.8	14.6	146.2	2	2	3.0	3.0
彭泽县	698	173.2	62.0	105.0	6.2	102.0	1		2.3	
分宜县	992	140.1	110.1	27.0	3.0	135.0	1	1	3.0	3.0
信丰县	2217	642.7	331.4	306.2	5.1	525.0	2	1	7.5	6.0
大余县	686	220.6	138.5	78.3	3.8	182.8	1	1	2.0	2.0
上犹县	632	241.9	109.9	102.5	29.6	241.9	2	2	2.5	2.5
崇义县	402	141.4	87.8	11.2	42.4	134.8	1	1	1.0	1.0
安远县	380	296.2	149.6	94.4	52.3	296.2	2	2	1.2	1.2
定南县	773	350.7	213.8	131.4	5.5	235.9	3	1	3.0	1.8
全南县	430	193.8	80.7	51.0	62.1	179.2	2	2	1.5	1.5
宁都县	1321	401.9	203.4	114.5	84.0	401.9	1		4.8	
于都县	1468	419.4	151.4	132.0	136.0	419.4	2		6.0	
兴国县	1367	461.0	162.0	130.0	169.0	392.0	2	2	5.0	5.0
会昌县	992	231.0	89.6	119.2	22.2	221.7	1	1	2.5	2.5
寻乌县	890	202.6	124.0	40.8	37.8	202.6	2	2	3.0	3.0
石城县	610	222.8	100.6	119.0	3.2	222.8	1	1	1.5	1.5
吉安县	1085	390.2	187.1	201.3	1.8	361.2	1		2.5	
吉水县	960	375.7	236.1	74.2	65.3	350.2	3	3	3.5	3.5
峡江县	295	123.8	61.7	23.8	38.3	116.8	2	2	0.9	0.9

continued

污水处理厂 Wastewater Treatment Plant				其他污水处理设施 Other Wastewater Treatment Facilities		污水处理总量	再生水 Recycled Water			县名称
处理量（万立方米） Quantity of Wastewater Treated (10,000 m^3)	二、三级处理 Secondary and Tertiary Treated	干污泥产生量（吨） Quantity of Dry Sludge Produced (ton)	干污泥处置量（吨） Quantity of Dry Sludge Treated (ton)	处理能力（万立方米/日） Treatment Capacity (10,000 m^3/day)	处理量（万立方米） Quantity of Wastewater Treated (10,000 m^3)	（万立方米） Total Quantity of Wastewater Treated (10,000 m^3)	生产能力（万立方米/日） Recycled Water Production Capacity (10,000 m^3/day)	利用量（万立方米） Annual Quantity of Wastewater Recycled and Reused (10,000 m^3)	管道长度（公里） Length of Pipelines (km)	Name of Counties
1338	1338	1675	1675			1338				古田县
346	346	1103	1103			346				屏南县
358	358	820	820			358				寿宁县
336	336	1749	1749			336				周宁县
268		311				268				柘荣县
1940	1940	6574	6574			1940				平潭县
49006	**31054**	**76134**	**73655**	**2.5**	**462**	**49467**	**4.4**	**383**		**江　西**
4722	4722	12029	12029			4722				南昌县
1189		7378	7378			1189				安义县
1525	1525	3633	3633			1525				进贤县
497	497	749	749			497				浮梁县
484		1611	1161			484				莲花县
468	468	480	480			468				上栗县
509	509	690	690			509	1.0	364		芦溪县
715	715	578	578			715				武宁县
977	977	1143				977				修水县
832	832	1103	1103			832				永修县
507	507	472	472		315	822				德安县
733	733	633	633			733				都昌县
723	723	908	908			723		8		湖口县
630		1516	1516			630				彭泽县
934	934	1043	1043			934				分宜县
2090	1677	1764	1764			2090				信丰县
635	635	1008	1008			635				大余县
589	589	993	993			589				上犹县
375	375	429	429			375				崇义县
352	352	612	610			352				安远县
750	657	546	546			750				定南县
395	395	296	296	0.1	6	401				全南县
1201		958	958			1201				宁都县
1359		1564	1564			1359				于都县
1284	1284	2082	2082			1284				兴国县
921	921	440	440			921	2.5	11		会昌县
841	841	3653	3650			841				寻乌县
577	577	911	911	0.6	18	596				石城县
1005		518	518			1005				吉安县
858	858	751	751	0.0	14	872				吉水县
262	262	390	390			262				峡江县

10-2 续表 14

县名称 Name of Counties	污水排放量（万立方米） Annual Quantity of Wastewater Discharged ($10,000\ m^3$)	排水管道长度（公里） Length of Drainage Pipelines (km)	污水管道 Sewers	雨水管道 Rainwater Drainage Pipeline	雨污合流管道 Combined Drainage Pipeline	建成区 in Built District	污水处理厂 Wastewater Treatment Plant 座数（座） Number (unit)	二、三级处理 Secondary and Tertiary Treated	处理能力（万立方米/日） Treatment Capacity ($10,000\ m^3$/day)	二、三级处理 Secondary and Tertiary Treated
新干县	690	288.9	186.2	70.6	32.1	288.9	1		2.0	
永丰县	640	266.3	105.0	109.8	51.5	266.3	2	2	2.0	2.0
泰和县	995	271.7	142.0	80.2	49.5	261.2	1		3.0	
遂川县	488	189.8	94.1	88.9	6.8	189.8	1	1	1.5	1.5
万安县	452	171.1	102.2	68.9		125.5	1		1.0	
安福县	424	180.0	90.0	60.0	30.0	170.0	1	1	1.0	1.0
永新县	750	192.1	95.8	76.1	20.2	190.8	1	1	2.0	2.0
奉新县	773	336.1	70.9	172.0	93.2	310.6	1		4.0	
万载县	1025	306.0	150.1	86.0	70.0	283.5	1	1	3.0	3.0
上高县	1241	399.3	117.5	44.0	237.8	399.3	1		4.5	
宜丰县	710	163.8	80.4	26.7	56.7	163.8	1	1	2.3	2.3
靖安县	416	195.3	94.0	83.0	18.3	188.1	1		1.0	
铜鼓县	303	164.7	112.5	52.2		164.7	1	1	1.0	1.0
南城县	1629	223.0	90.0	82.0	51.0	223.0	1		4.0	
黎川县	491	223.2	99.8	93.6	29.8	223.2	1		1.5	
南丰县	816	182.1	66.0	53.0	63.1	102.6	1		3.0	
崇仁县	778	327.3	84.0	100.0	143.3	268.5	1		2.0	
乐安县	790	166.2	66.7	59.5	40.0	165.0	1		2.0	
宜黄县	369	173.2	83.5	71.2	18.5	173.2	1		1.5	
金溪县	528	314.9	48.4	160.0	106.5	157.5	1		1.5	
资溪县	325	66.5	36.5	5.5	24.5	60.8	1		1.0	
广昌县	799	164.7	106.7	36.3	21.7	155.6	1		3.0	
玉山县	758	279.6	141.5	91.4	46.7	257.3	1	1	2.0	2.0
铅山县	417	305.9	221.5	67.1	17.3	233.0	1		1.5	
横峰县	412	213.7	84.7	129.0		213.7	1	1	1.0	1.0
弋阳县	753	387.9	181.7	172.9	33.3	387.9	1	1	2.0	2.0
余干县	710	224.4	99.4	125.0		224.4	1	1	2.0	2.0
鄱阳县	1264	189.6	71.3	73.3	45.0	189.6	1	1	4.0	4.0
万年县	935	267.8	179.7	88.1		267.8	1	1	4.0	4.0
婺源县	847	223.1	126.0	88.5	8.6	217.6	1		2.0	
山　东	**83033**	**17583.7**	**7899.6**	**8625.8**	**1058.3**	**15822.2**	**83**	**83**	**381.0**	**381.0**
平阴县	1264	151.2	95.2	39.5	16.5	151.2	1	1	4.0	4.0
商河县	692	218.4	64.1	122.3	32.0	218.4	1	1	4.0	4.0
桓台县	1550	218.1	77.9	126.6	13.6	207.0	1	1	5.0	5.0
高青县	588	261.7	137.2	115.0	9.5	260.7	1	1	8.0	8.0
沂源县	1215	301.5	149.8	137.9	13.8	301.5	2	2	8.0	8.0
利津县	2044	357.1	207.7	127.0	22.3	238.3	1	1	6.0	6.0
广饶县	1519	347.0	86.2	260.8		302.0	1	1	7.5	7.5

continued

污水处理厂 Wastewater Treatment Plant				其他污水处理设施 Other Wastewater Treatment Facilities		污水处理总量	再生水 Recycled Water			县名称
处理量(万立方米) Quantity of Wastewater Treated (10,000 m^3)	二、三级处理 Secondary and Tertiary Treated	干污泥产生量(吨) Quantity of Dry Sludge Produced (ton)	干污泥处置量(吨) Quantity of Dry Sludge Treated (ton)	处理能力(万立方米/日) Treatment Capacity (10,000 m^3/day)	处理量(万立方米) Quantity of Wastewater Treated (10,000 m^3)	(万立方米) Total Quantity of Wastewater Treated (10,000 m^3)	生产能力(万立方米/日) Recycled Water Production Capacity (10,000 m^3/day)	利用量(万立方米) Annual Quantity of Wastewater Recycled and Reused (10,000 m^3)	管道长度(公里) Length of Pipelines (km)	Name of Counties
662		539	539			662				新干县
597	597	435	435			597				永丰县
941		1132	1132			941				泰和县
405	405	487	487	0.5	64	469				遂川县
414		414	414	0.2	29	443				万安县
398	398	390	390			398				安福县
730	730	783	783			730				永新县
692		2501	2501			692				奉新县
889	889	1104	1104			889				万载县
1241		1356	1356			1241				上高县
688	688	606	606			688				宜丰县
381		961	961	1.0	16	397	0.9			靖安县
300	300	350	350			300				铜鼓县
1558		1724	1724			1558				南城县
455		549	549			455				黎川县
784		1180	1180			784				南丰县
700		630	630			700				崇仁县
752		932	932			752				乐安县
346		291	291			346				宜黄县
489		852	852			489				金溪县
312		256	256			312				资溪县
765		1112	1112			765				广昌县
728	728	1071	1071			728				玉山县
366		789	789			366				铅山县
372	372	511	511			372				横峰县
667	667	285	285			667				弋阳县
682	682	936	936			682				余干县
1142	1142	1980	1980			1142				鄱阳县
888	888	736				888				万年县
720		361	215			720				婺源县
81409	**81409**	**183989**	**183988**			**81409**	**208.0**	**36517**	**367.0**	**山　东**
1239	1239	2052	2052			1239	4.0	471	1.0	平阴县
682	682	1427	1427			682	4.0	457		商河县
1524	1524	2798	2798			1524	2.3	600	8.5	桓台县
578	578	1598	1598			578	4.0	275	0.1	高青县
1195	1195	4509	4509			1195	4.0	656	5.5	沂源县
2000	2000	1017	1017			2000	6.0	1000	1.8	利津县
1489	1489	3308	3308			1489	7.5	759		广饶县

10-2 续表 15

县名称 Name of Counties	污水排放量（万立方米） Annual Quantity of Wastewater Discharged ($10,000\ m^3$)	排水管道长度（公里） Length of Drainage Pipelines (km)	污水管道 Sewers	雨水管道 Rainwater Drainage Pipeline	雨污合流管道 Combined Drainage Pipeline	建成区 in Built District	污水处理厂 Wastewater Treatment Plant 座数（座） Number (unit)	二、三级处理 Secondary and Tertiary Treated	处理能力（万立方米/日） Treatment Capacity ($10,000\ m^3$/day)	二、三级处理 Secondary and Tertiary Treated
临朐县	4519	500.6	281.6	125.5	93.5	348.3	2	2	16.0	16.0
昌乐县	4336	587.1	259.3	327.9		336.8	3	3	13.0	13.0
微山县	1092	358.4	134.8	221.6	2.0	253.7	1	1	6.0	6.0
鱼台县	1040	122.9	52.2	63.1	7.6	122.3	2	2	5.0	5.0
金乡县	1570	352.8	141.1	205.1	6.6	350.6	3	3	9.0	9.0
嘉祥县	1510	309.5	157.2	140.9	11.5	309.5	1	1	8.0	8.0
汶上县	1377	249.8	158.1	79.7	12.0	249.8	2	2	7.0	7.0
泗水县	1275	368.9	127.2	229.9	11.8	334.6	2	2	10.0	10.0
梁山县	1060	389.6	165.8	218.9	4.9	377.1	1	1	5.0	5.0
宁阳县	2200	288.7	145.0	130.7	13.0	288.7	1	1	6.0	6.0
东平县	2085	340.2	140.0	157.2	43.0	299.6	2	2	7.0	7.0
五莲县	1083	472.2	195.8	262.0	14.4	464.8	2	2	5.0	5.0
莒　县	3766	510.0	203.0	304.0	3.0	498.2	4	4	16.0	16.0
沂南县	1800	450.0	189.3	260.7		435.7	2	2	6.0	6.0
郯城县	1863	301.7	161.8	88.7	51.2	280.1	2	2	6.0	6.0
沂水县	4171	611.2	247.6	314.7	48.9	475.0	2	2	16.0	16.0
兰陵县	2941	256.0	106.0	121.0	29.0	256.0	3	3	12.0	12.0
费　县	1155	245.5	105.7	101.8	38.0	240.1	1	1	4.0	4.0
平邑县	2040	401.0	172.7	178.3	50.0	401.0	1	1	6.0	6.0
莒南县	3174	540.8	245.5	281.6	13.7	318.2	3	3	11.0	11.0
蒙阴县	1288	205.5	81.3	107.5	16.7	205.5	1	1	7.0	7.0
临沭县	1866	429.6	138.5	230.0	61.1	316.8	1	1	7.0	7.0
宁津县	655	268.6	127.4	127.7	13.5	268.6	2	2	7.0	7.0
庆云县	584	255.0	135.0	120.0		255.0	2	2	6.0	6.0
临邑县	1554	209.1	90.4	64.9	53.8	209.1	1	1	8.0	8.0
齐河县	1153	371.3	146.6	198.2	26.5	312.5	3	3	7.0	7.0
平原县	1251	334.8	158.0	158.0	18.8	334.8	1	1	6.0	6.0
夏津县	882	176.6	84.9	49.8	41.9	176.6	2	2	6.0	6.0
武城县	796	261.0	97.9	132.1	31.0	261.0	1	1	6.0	6.0
阳谷县	2130	261.0	110.3	109.8	41.0	261.0	1	1	8.0	8.0
莘　县	981	232.0	95.7	106.2	30.1	232.0	1	1	7.0	7.0
东阿县	427	261.4	118.7	116.8	25.9	261.4	1	1	4.0	4.0
冠　县	824	362.7	136.2	210.3	16.2	309.2	1	1	8.0	8.0
高唐县	1146	358.2	145.5	197.2	15.6	331.1	1	1	8.0	8.0
惠民县	695	278.4	135.1	143.2		278.4	2	2	6.0	6.0
阳信县	727	231.7	126.7	105.0		231.7	1	1	7.5	7.5
无棣县	860	288.8	120.8	168.1		288.8	1	1	6.0	6.0
博兴县	688	270.8	139.5	131.3		199.2	1	1	8.0	8.0

continued

污水处理厂 Wastewater Treatment Plant 处理量(万立方米) Quantity of Wastewater Treated (10,000 m^3)	二、三级处理 Secondary and Tertiary Treated	干污泥产生量(吨) Quantity of Dry Sludge Produced (ton)	干污泥处置量(吨) Quantity of Dry Sludge Treated (ton)	其他污水处理设施 Other Wastewater Treatment Facilities 处理能力(万立方米/日) Treatment Capacity (10,000 m^3/day)	处理量(万立方米) Quantity of Wastewater Treated (10,000 m^3)	污水处理总量(万立方米) Total Quantity of Wastewater Treated (10,000 m^3)	再生水 Recycled Water 生产能力(万立方米/日) Recycled Water Production Capacity (10,000 m^3/day)	利用量(万立方米) Annual Quantity of Wastewater Recycled and Reused (10,000 m^3)	管道长度(公里) Length of Pipelines (km)	县名称 Name of Counties
4450	4450	25847	25847			4450	10.0	2172	2.0	临朐县
4271	4271	14455	14455			4271	8.0	2276	11.3	昌乐县
1070	1070	1187	1187			1070	6.0	530	8.5	微山县
1021	1021	1464	1464			1021	2.0	405	8.5	鱼台县
1539	1539	2402	2402			1539	5.6	652	5.0	金乡县
1480	1480	3089	3089			1480	6.0	882	2.0	嘉祥县
1350	1350	3068	3068			1350	5.5	720	15.0	汶上县
1249	1249	3049	3049			1249	6.0	365	5.0	泗水县
1036	1036	1580	1580			1036	5.0	600	60.0	梁山县
2147	2147	2200	2200			2147	5.0	753	29.1	宁阳县
2039	2039	2286	2286			2039	3.5	1019		东平县
1067	1067	2689	2689			1067	2.5	499	5.0	五莲县
3683	3683	6631	6631			3683	4.6	647	12.3	莒　县
1762	1762	2227	2227			1762	3.0	530	4.5	沂南县
1818	1818	3467	3467			1818	1.0	255	8.0	郯城县
4109	4109	10103	10103			4109	10.0	2056	10.0	沂水县
2894	2894	2044	2044			2894	3.0	752	2.0	兰陵县
1131	1131	769	769			1131				费　县
2006	2006	1735	1735			2006	6.0	1645	2.0	平邑县
3111	3111	5287	5287			3111	4.0	732	5.0	莒南县
1259	1259	1657	1657			1259	7.0	825		蒙阴县
1835	1835	1177	1177			1835	4.0	999	7.0	临沭县
642	642	3171	3171			642	2.0	331	4.4	宁津县
575	575	1207	1207			575	1.6	389	1.0	庆云县
1527	1527	5154	5154			1527	2.0	631	7.9	临邑县
1132	1132	2348	2348			1132	3.5	579	4.9	齐河县
1232	1232	3751	3751			1232	2.0	548	20.7	平原县
867	867	3223	3223			867	2.0	480	11.0	夏津县
781	781	3695	3695			781	4.5	411	2.8	武城县
2092	2092	3746	3746			2092	4.0	1046	1.4	阳谷县
963	963	4252	4252			963	3.0	658		莘　县
419	419	1131	1131			419	4.0	418	9.0	东阿县
809	809	1664	1664			809	4.0	611	13.9	冠　县
1124	1124	5965	5965			1124	6.0	902	6.0	高唐县
683	683	1399	1399			683	2.4	474		惠民县
714	714	531	531			714	4.5	357		阳信县
844	844	1949	1949			844	3.0	401	3.9	无棣县
676	676	1746	1746			676	1.0		6.1	博兴县

10-2 续表 16

县名称 Name of Counties	污水排放量（万立方米） Annual Quantity of Wastewater Discharged ($10,000 m^3$)	排水管道长度（公里） Length of Drainage Pipelines (km)	污水管道 Sewers	雨水管道 Rainwater Drainage Pipeline	雨污合流管道 Combined Drainage Pipeline	建成区 in Built District	污水处理厂 Wastewater Treatment Plant 座数（座） Number (unit)	二、三级处理 Secondary and Tertiary Treated	处理能力（万立方米/日） Treatment Capacity ($10,000 m^3$/day)	二、三级处理 Secondary and Tertiary Treated
曹　县	2239	480.5	224.1	247.8	8.6	443.0	2	2	8.0	8.0
单　县	2798	585.9	338.7	231.7	15.5	585.9	2	2	8.0	8.0
成武县	528	230.5	114.2	106.3	10.0	220.6	2	2	6.0	6.0
巨野县	1012	396.2	157.5	226.9	11.8	345.4	2	2	6.0	6.0
郓城县	1459	575.7	245.2	302.5	28.0	575.7	1	1	4.0	4.0
鄄城县	1390	466.6	283.0	174.6	9.0	348.7	1	1	4.0	4.0
东明县	2170	280.2	141.1	117.6	21.5	251.2	1	1	6.0	6.0
河　南	**99799**	**19546.6**	**8345.9**	**6747.1**	**4453.6**	**17667.1**	**131**	**92**	**437.5**	**322.7**
中牟县	926	328.4	133.5	134.7	60.2	288.8				
杞　县	530	216.7	94.7	76.0	46.0	172.6	1	1	2.5	2.5
通许县	829	200.2	88.6	53.0	58.5	198.1	1	1	2.5	2.5
尉氏县	779	290.8	92.0	92.4	106.4	287.1	1		2.5	
兰考县	1397	511.3	245.6	192.5	73.2	463.3	3		12.5	
新安县	1015	98.2	48.3	42.0	8.0	85.3	1	1	3.0	3.0
栾川县	785	96.5	60.5	22.0	14.0	82.0	2	2	6.0	6.0
嵩　县	711	120.4	72.1	47.3	1.0	106.0	1	1	3.0	3.0
汝阳县	730	74.2	51.6	20.5	2.0	65.4	1		2.0	
宜阳县	1603	101.3	71.2	30.1		101.3	3	3	5.0	5.0
洛宁县	702	77.2	40.8	36.3		67.0	1	1	3.0	3.0
伊川县	900	250.0	163.5	86.5		230.0	1	1	4.0	4.0
宝丰县	1040	157.8	85.6	46.0	26.3	130.2	1	1	4.0	4.0
叶　县	1480	193.1	71.9	50.1	71.1	175.8	1		4.0	
鲁山县	1223	128.9	65.4	37.8	25.8	93.6	1	1	6.0	6.0
郏　县	941	309.1	154.6	154.6		274.5	2	2	5.0	5.0
安阳县	420	236.0	89.0	147.0		236.0	1	1	2.0	2.0
汤阴县	2373	395.0	195.8	114.5	84.7	395.0	4	4	7.5	7.5
滑　县	1279	390.3	155.8	182.9	51.7	390.3	1		3.0	
内黄县	1178	221.5	71.7	77.8	72.0	220.0	1	1	5.0	5.0
浚　县	1314	179.0	82.8	62.2	34.0	176.2	3		4.3	
淇　县	1997	150.4	53.6	14.3	82.5	150.4	3	3	9.0	9.0
新乡县	510	84.8	52.2	16.6	16.0	81.1				
获嘉县	1220	130.4	55.0	12.3	63.0	127.2	1	1	6.0	6.0
原阳县	1828	259.6	105.7	153.9		207.2	1		5.0	
延津县	1143	215.9	64.9	31.0	120.0	215.9	1	1	5.0	5.0
封丘县	1339	164.1	82.0	67.9	14.2	161.4	2	1	5.0	2.0
修武县	1051	250.4	111.3	131.1	8.0	250.4	1	1	4.0	4.0
博爱县	1920	180.2	78.6	81.6	20.0	177.0	1	1	7.0	7.0
武陟县	1654	272.4	178.2	89.2	5.0	229.0	2	2	6.0	6.0

continued

污水处理厂 Wastewater Treatment Plant				其他污水处理设施 Other Wastewater Treatment Facilities		污水处理总量	再生水 Recycled Water			县名称
处理量(万立方米) Quantity of Wastewater Treated (10,000 m^3)	二、三级处理 Secondary and Tertiary Treated	干污泥产生量(吨) Quantity of Dry Sludge Produced (ton)	干污泥处置量(吨) Quantity of Dry Sludge Treated (ton)	处理能力(万立方米/日) Treatment Capacity (10,000 m^3/day)	处理量(万立方米) Quantity of Wastewater Treated (10,000 m^3)	(万立方米) Total Quantity of Wastewater Treated (10,000 m^3)	生产能力(万立方米/日) Recycled Water Production Capacity (10,000 m^3/day)	利用量(万立方米) Annual Quantity of Wastewater Recycled and Reused (10,000 m^3)	管道长度(公里) Length of Pipelines (km)	Name of Counties
2183	2183	3620	3620			2183	3.0	875	3.5	曹　县
2727	2727	9055	9055			2727	4.0	1086	31.0	单　县
510	510	2369	2369			510	1.0	241	3.6	成武县
986	986	2886	2886			986	3.0	576	8.0	巨野县
1413	1413	1635	1635			1413	2.0	565	2.0	郓城县
1363	1363	1815	1815			1363	2.0	546	2.0	鄄城县
2116	2116	2559	2559			2116	4.0	860	4.9	东明县
97449	**68680**	**218607**	**199067**	**7.0**	**11**	**97459**	**68.1**	**11168**	**199.4**	**河　南**
918	918					918				中牟县
480	480	584				480				杞　县
765	765	3011	1875			765		230		通许县
744		1551	1551			744		149		尉氏县
1338		4233	4233			1338	0.3	100	15.3	兰考县
1013	1013	3529	3529			1013				新安县
772	772	3796	3796			772				栾川县
711	711	1405	1405			711				嵩　县
728		1181				728	0.7	59	6.0	汝阳县
1539	1539	2017	2017			1539				宜阳县
685	685	2400	2400			685				洛宁县
900	900	5081	5081			900				伊川县
1040	1040	1418	1418			1040				宝丰县
1421		4437				1421				叶　县
1221	1221	2661	2661			1221	3.0	37	5.0	鲁山县
931	931	1738	1738			931	0.5			郏　县
272	272	809	809	0.0	11	283				安阳县
2263	2263	8649	8649			2263				汤阴县
1244		2088	2088			1244	2.5	1067	1.0	滑　县
1178	1178	3788				1178				内黄县
1314		2615	2615			1314	2.8	33	2.8	浚　县
1997	1997	5315	5315			1997	3.0			淇　县
495						495				新乡县
1200	1200	3000	3000			1200				获嘉县
1820		1099	1099			1820				原阳县
1128	1128	3199				1128	3.0	576	5.0	延津县
1303	476	2176	2176			1303				封丘县
998	998	1817	1817			998	3.0	280	10.6	修武县
1860	1860	9143	9143			1860				博爱县
1615	1615	2980	2980			1615				武陟县

10-2 续表 17

县名称 Name of Counties	污水排放量(万立方米) Annual Quantity of Wastewater Discharged (10,000 m^3)	排水管道长度(公里) Length of Drainage Pipelines (km)	污水管道 Sewers	雨水管道 Rainwater Drainage Pipeline	雨污合流管道 Combined Drainage Pipeline	建成区 in Built District	污水处理厂 Wastewater Treatment Plant 座数(座) Number (unit)	二、三级处理 Secondary and Tertiary Treated	处理能力(万立方米/日) Treatment Capacity (10,000 m^3/day)	二、三级处理 Secondary and Tertiary Treated
温　县	2167	207.1	38.6	16.5	152.0	203.7	2	1	7.0	3.0
清丰县	890	176.7	97.2	58.3	21.1	176.7	2	2	5.0	5.0
南乐县	1072	159.1	52.9	64.2	42.0	156.2	1	1	8.0	8.0
范　县	832	191.4	86.2	91.4	13.8	158.1	1	1	2.5	2.5
台前县	718	238.7	101.6	92.1	45.0	225.0	1	1	5.2	5.2
濮阳县	1797	431.4	122.3	191.1	118.0	341.0	2	2	10.0	10.0
鄢陵县	577	237.8	95.6	142.2		237.8	2	2	5.0	5.0
襄城县	476	164.7	59.9	38.4	66.3	164.7	1	1	5.0	5.0
舞阳县	1067	170.7	51.2	36.4	83.0	148.3	2	2	4.0	4.0
临颍县	1532	267.2	95.0	76.1	96.1	236.9	2	2	12.0	12.0
渑池县	597	88.6	34.9	34.0	19.7	57.2	2		5.0	
卢氏县	548	130.8	72.5	52.4	6.0	96.6	1		1.5	
南召县	925	399.3	211.5	182.0	5.9	398.6	1	1	5.0	5.0
方城县	1342	518.9	283.7	207.1	28.0	518.9	2		5.5	
西峡县	1393	313.3	162.7	28.9	121.6	313.3	1	1	5.0	5.0
镇平县	1349	336.4	178.1	107.0	51.3	328.9	1		4.5	
内乡县	1555	249.0	89.5	71.8	87.8	207.2	3	3	7.0	7.0
淅川县	1283	189.3	72.6	44.6	72.0	189.3	1	1	6.5	6.5
社旗县	905	298.2	114.1	84.2	99.9	296.0	1	1	3.5	3.5
唐河县	1716	361.1	109.4	177.2	74.6	361.1	1	1	13.5	13.5
新野县	1297	276.1	127.1	79.0	70.0	271.7	2		5.0	
桐柏县	867	214.3	100.8	73.5	40.0	181.6	1	1	4.0	4.0
民权县	1130	258.7	167.2	91.5		251.7	1	1	7.5	7.5
睢　县	1994	82.6	27.5	14.1	41.0	82.6	3	3	8.0	8.0
宁陵县	720	114.6	63.7	21.0	30.0	107.6	3	2	6.0	4.0
柘城县	1530	216.0	26.9	20.1	169.0	216.0	2		6.0	
虞城县	2800	241.2	107.2	89.0	45.0	241.2	3	3	10.0	10.0
夏邑县	1884	107.1	34.0	21.1	52.0	80.0	2		7.0	
罗山县	1160	122.0	43.3	11.8	66.9	91.7	1		5.0	
光山县	1495	199.9	85.9	45.0	69.0	175.3	2	2	5.5	5.5
新　县	974	229.3	138.3	16.0	75.0	154.5	1	1	2.5	2.5
商城县	880	110.2	43.9	24.4	42.0	94.3	1	1	3.0	3.0
固始县	2232	435.8	166.8	157.1	112.0	405.3	2	2	7.5	7.5
潢川县	1529	268.1	196.4	71.8		192.5	3		7.0	
淮滨县	645	242.8	85.5	86.3	71.0	237.5	2	2	7.0	7.0
息　县	1483	305.8	122.7	134.4	48.7	238.1	2	2	4.0	4.0
扶沟县	567	102.5	26.2	30.3	46.0	99.4	1	1	2.5	2.5
西华县	839	273.3	80.2	64.1	129.0	253.8	2	2	4.0	4.0

continued

污水处理厂 Wastewater Treatment Plant 处理量(万立方米) Quantity of Wastewater Treated (10,000 m³)	二、三级处理 Secondary and Tertiary Treated	干污泥产生量(吨) Quantity of Dry Sludge Produced (ton)	干污泥处置量(吨) Quantity of Dry Sludge Treated (ton)	其他污水处理设施 Other Wastewater Treatment Facilities 处理能力(万立方米/日) Treatment Capacity (10,000 m³/day)	处理量(万立方米) Quantity of Wastewater Treated (10,000 m³)	污水处理总量(万立方米) Total Quantity of Wastewater Treated (10,000 m³)	再生水 Recycled Water 生产能力(万立方米/日) Recycled Water Production Capacity (10,000 m³/day)	利用量(万立方米) Annual Quantity of Wastewater Recycled and Reused (10,000 m³)	管道长度(公里) Length of Pipelines (km)	县名称 Name of Counties
2166	784	8114	8114			2166				温　县
872	872	2065	2065			872	2.0	552	2.0	清丰县
1055	1055	2957	2957			1055				南乐县
816	816	930	930			816				范　县
718	718	720	720			718	2.5			台前县
1777	1777	1614	1614			1777	10.0	1650	4.4	濮阳县
573	573	1635	1635			573	3.0	490	20.1	鄢陵县
467	467	2125	2125			467				襄城县
1067	1067	1200	1200			1067				舞阳县
1531	1531	6607	6607			1531	2.9	1036	14.6	临颍县
580		2985	2985			580	3.0	560	13.0	渑池县
548		752	752			548				卢氏县
915	915	2650				915				南召县
1316		3019	3019			1316				方城县
1381	1381	1391	1391			1381				西峡县
1327		1798	1798			1327	3.0	71	7.5	镇平县
1468	1468	1541	1491	7.0		1468	5.0	455	12.8	内乡县
1262	1262	2609	2609			1262				淅川县
843	843	1468	1468			843	1.6	489	11.0	社旗县
1659	1659	2562	2562			1659				唐河县
1274		2936	2936			1274	1.5	307	3.7	新野县
867	867	870				867				桐柏县
1118	1118	2160	2160			1118	2.0	440	40.0	民权县
1931	1931	4013	4013			1931				睢　县
710	610	1700	1700			710				宁陵县
1421		2200	2200			1421				柘城县
2766	2766	7763	7763			2766				虞城县
1883		3596	3596			1883				夏邑县
1117		1579	1579			1117				罗山县
1480	1480	949	534			1480				光山县
973	973	1447	1447			973				新　县
866	866	2900	2190			866				商城县
2185	2185	4680	4680			2185				固始县
1526		3954	3954			1526				潢川县
640	640	3975	3975			640	3.0	90		淮滨县
1480	1480	1784	1314			1480				息　县
563	563	1015	1015			563				扶沟县
822	822	2288	2288			822				西华县

10-2 续表 18

县名称 Name of Counties	污水排放量(万立方米) Annual Quantity of Wastewater Discharged (10,000 m^3)	排水管道长度(公里) Length of Drainage Pipelines (km)	污水管道 Sewers	雨水管道 Rainwater Drainage Pipeline	雨污合流管道 Combined Drainage Pipeline	建成区 in Built District	污水处理厂 Wastewater Treatment Plant 座数(座) Number (unit)	二、三级处理 Secondary and Tertiary Treated	处理能力(万立方米/日) Treatment Capacity (10,000 m^3/day)	二、三级处理 Secondary and Tertiary Treated
商水县	552	135.1	63.1	60.9	11.0	85.0	1	1	3.0	3.0
沈丘县	1780	247.2	113.0	26.8	107.4	234.9	1	1	5.0	5.0
郸城县	757	179.4	31.1	26.3	122.0	26.3	1	1	9.0	9.0
太康县	1204	291.6	86.4	77.2	128.0	228.0	2	2	8.0	8.0
鹿邑县	1482	579.3	255.3	198.0	126.0	568.4	2	1	11.0	3.0
西平县	1115	400.4	129.4	248.0	23.0	400.4	3	3	7.5	7.5
上蔡县	1094	253.3	86.8	70.8	95.6	108.7	1		4.0	
平舆县	1150	383.8	159.4	95.4	129.0	325.4	3		6.0	
正阳县	1840	156.9	68.0	55.6	33.3	147.7	2	2	5.0	5.0
确山县	1270	196.8	106.2	75.2	15.4	196.8	1	1	4.0	4.0
泌阳县	1785	258.9	86.8	77.9	94.2	205.1	2		5.0	
汝南县	1207	363.5	97.7	139.7	126.1	346.5	1	1	5.0	5.0
遂平县	1255	259.9	93.5	98.1	68.3	149.6	2		3.0	
新蔡县	1721	626.8	279.7	347.1		616.1	2	2	6.0	6.0
湖　北	**37888**	**5811.3**	**2553.2**	**1583.2**	**1674.9**	**5401.8**	**42**	**37**	**120.0**	**100.7**
阳新县	2133	177.6	108.6	61.0	8.0	163.0	2	2	7.5	7.5
郧西县	809	116.0	41.0		75.0	116.0	1	1	5.0	5.0
竹山县	694	132.1	62.4	38.5	31.3	132.1	1	1	3.0	3.0
竹溪县	1236	182.0	124.5	52.5	5.0	70.0	1	1	3.3	3.3
房　县	845	83.7	12.5	9.9	61.3	83.7	1	1	3.0	3.0
远安县	1007	154.9	62.7	18.6	73.5	154.9	1	1	3.0	3.0
兴山县	392	129.7	81.8	47.9		72.8	1		1.0	
秭归县	950	212.6	118.3	94.2		212.6	2	2	4.0	4.0
长阳土家族自治县	419	60.5	15.8	9.8	34.9	56.0	1	1	1.5	1.5
五峰土家族自治县	337	58.6	44.1		14.5	54.7	1	1	1.0	1.0
南漳县	1456	163.3	61.3	77.0	25.0	163.3	1	1	3.0	3.0
谷城县	1839	270.1	32.6	22.6	214.9	270.1	1	1	5.0	5.0
保康县	725	102.6	82.9	8.7	11.0	102.6	1	1	2.0	2.0
沙洋县	1180	272.2	140.0	132.2		231.4	1	1	3.0	3.0
孝昌县	1313	274.4	125.1	143.2	6.1	274.4	1	1	4.0	4.0
大悟县	1378	164.5	28.8	133.6	2.1	160.8	1		4.6	
云梦县	1790	106.7	13.2	13.5	80.0	100.0	1	1	5.0	5.0
公安县	2082	166.8	56.3	12.2	98.2	145.2	1		6.0	
江陵县	693	184.6	61.2	123.5		152.8	1	1	1.9	1.9
团风县	942	129.2	74.6	45.5	9.0	121.0	1	1	3.0	3.0
红安县	1858	222.1	92.0	70.1	60.0	222.1	1		4.8	

continued

污水处理厂 Wastewater Treatment Plant 处理量(万立方米) Quantity of Wastewater Treated (10,000 m³)	二、三级处理 Secondary and Tertiary Treated	干污泥产生量(吨) Quantity of Dry Sludge Produced (ton)	干污泥处置量(吨) Quantity of Dry Sludge Treated (ton)	其他污水处理设施 Other Wastewater Treatment Facilities 处理能力(万立方米/日) Treatment Capacity (10,000 m³/day)	处理量(万立方米) Quantity of Wastewater Treated (10,000 m³)	污水处理总量(万立方米) Total Quantity of Wastewater Treated (10,000 m³)	再生水 Recycled Water 生产能力(万立方米/日) Recycled Water Production Capacity (10,000 m³/day)	利用量(万立方米) Annual Quantity of Wastewater Recycled and Reused (10,000 m³)	管道长度(公里) Length of Pipelines (km)	县名称 Name of Counties
551	551	1368	1368			551				商水县
1666	1666	9128	9128			1666	0.3	0	6.5	沈丘县
530	530	754	754			530				郸城县
1204	1204	5334	5334			1204				太康县
1458	366	1961	1961			1458				鹿邑县
1104	1104	502	452			1104			3.5	西平县
1094		1640	1640			1094	3.9	1420	6.6	上蔡县
1139		2135	2135			1139		106		平舆县
1624	1624	1739	1739			1624				正阳县
1258	1258	1599	1599			1258	3.6	274	5.0	确山县
1785		2663	2663			1785				泌阳县
1205	1205	1931	1931			1205				汝南县
1253		1402	1402			1253				遂平县
1721	1721	2180	2180			1721	2.0	697	3.0	新蔡县
36306	**29478**	**47719**	**45195**	**3.0**		**36306**	**19.5**	**2668**	**6.4**	**湖　北**
2059	2059	1289	1289			2059				阳新县
765	765	480	480			765				郧西县
657	657	1015	1015			657				竹山县
1179	1179	1947	1947			1179				竹溪县
803	803	491	491	3.0		803				房　县
1007	1007	611	611			1007		1007		远安县
384		793	793			384	1.0	37		兴山县
936	936	2130	2130			936	4.0	59	4.2	秭归县
362	362	515	515			362				长阳土家族自治县
320	320	74	74			320				五峰土家族自治县
1321	1321	1231	1231			1321				南漳县
1674	1674	3051	3051			1674				谷城县
725	725	647				725				保康县
1121	1121	675	675			1121	0.5	168		沙洋县
1232	1232	1713	1713			1232	4.0			孝昌县
1378		1233	1233			1378				大悟县
1790	1790	1720				1790				云梦县
2082		9289	9289			2082	6.0	9		公安县
687	687	602	602			687	1.9	687		江陵县
942	942	4529	4529			942		113		团风县
1737		3466	3466			1737				红安县

10-2 续表 19

县名称 Name of Counties	污水排放量(万立方米) Annual Quantity of Wastewater Discharged (10,000 m^3)	排水管道长度(公里) Length of Drainage Pipelines (km)	污水管道 Sewers	雨水管道 Rainwater Drainage Pipeline	雨污合流管道 Combined Drainage Pipeline	建成区 in Built District	污水处理厂 Wastewater Treatment Plant 座数(座) Number (unit)	二、三级处理 Secondary and Tertiary Treated	处理能力(万立方米/日) Treatment Capacity (10,000 m^3/day)	二、三级处理 Secondary and Tertiary Treated
罗田县	1211	192.6	82.0	18.9	91.7	192.6	1	1	5.0	5.0
英山县	445	176.8	81.8	51.9	43.1	175.8	1	1	1.5	1.5
浠水县	1247	270.8	56.5	64.0	150.3	270.8	1		3.0	
蕲春县	1728	132.6	27.2	13.4	92.0	129.1	1	1	4.0	4.0
黄梅县	1236	168.5	21.7	1.3	145.5	162.3	1	1	3.0	3.0
嘉鱼县	1211	252.2	163.0	47.2	42.0	252.2	1	1	4.0	4.0
通城县	1090	156.5	156.5			154.5	1	1	5.0	5.0
崇阳县	1042	130.3	49.5	6.0	74.8	112.3	1	1	3.0	3.0
通山县	614	127.6	62.1	35.7	29.8	107.1	1	1	1.5	1.5
随　县	354	139.9	52.8	85.1	2.0	113.5	1	1	1.0	1.0
建始县	1154	135.9	84.9	18.3	32.7	133.1	2	2	3.5	3.5
巴东县	685	78.9	38.2	36.7	4.0	78.9	2	2	2.7	2.7
咸丰县	385	178.4	105.0	37.9	35.5	178.4	1	1	2.0	2.0
来凤县	535	115.5	34.3	6.2	75.0	115.2	1	1	1.5	1.5
鹤峰县	296	54.6	29.0	6.2	19.4	53.5	1	1	1.0	1.0
宣恩县	383	52.3	23.0	16.9	12.4	51.2	1	1	3.0	3.0
神农架林区	195	84.0	46.0	23.0	15.0	62.0	1	1	0.8	0.8
湖　南	**90843**	**14323.6**	**6139.5**	**4491.4**	**3692.6**	**12956.2**	**87**	**61**	**285.5**	**218.0**
长沙县	15443	870.7	161.6	209.0	500.0	650.0	4	4	52.0	52.0
望城区	6050	1171.0	580.0	366.0	225.0	1122.0	1	1	18.0	18.0
攸　县	1342	380.0	121.8	121.8	136.4	279.3	1		5.0	
茶陵县	1299	230.3	72.2	135.0	23.1	187.5	1	1	4.0	4.0
炎陵县	360	111.0	23.0	23.0	65.0	85.5	1		1.0	
湘潭县	2720	367.1	155.9	151.2	60.0	367.1	2	2	9.8	9.8
衡阳县	1320	229.9	96.4	22.5	111.1	229.9	1	1	4.0	4.0
衡南县	392	198.0	58.0	88.0	52.0	196.0	1	1	1.0	1.0
衡山县	1020	174.3	52.5	50.6	71.2	174.3	1	1	4.0	4.0
衡东县	1118	160.0	43.4	99.9	16.7	152.5	1	1	3.0	3.0
祁东县	1525	438.0	231.0	106.0	101.0	287.0	1		4.0	
南岳区	531	129.0	61.0	56.0	12.0	117.0	1	1	2.0	2.0
新邵县	961	97.8	65.5	21.6	10.7	48.6	1	1	3.0	3.0
邵阳县	869	88.1	29.5	25.8	32.9	88.1	2	2	4.0	4.0
隆回县	2453	248.3	67.0	90.1	91.2	142.3	1	1	7.0	7.0
洞口县	1094	183.9	81.1	57.5	45.3	177.4	1	1	3.0	3.0
绥宁县	783	68.2	54.1	10.7	3.5	64.0	1	1	1.9	1.9
新宁县	1098	255.0	124.0	120.0	11.0	244.0	1	1	3.0	3.0
城步苗族自治县	674	65.0	16.5	15.0	33.5	65.0	1	1	3.0	3.0
岳阳县	741	203.4	71.1	61.3	71.0	199.4	1		2.0	

continued

污水处理厂 Wastewater Treatment Plant				其他污水处理设施 Other Wastewater Treatment Facilities		污水处理总量	再生水 Recycled Water			县名称
处理量(万立方米) Quantity of Wastewater Treated (10,000 m^3)	二、三级处理 Secondary and Tertiary Treated	干污泥产生量(吨) Quantity of Dry Sludge Produced (ton)	干污泥处置量(吨) Quantity of Dry Sludge Treated (ton)	处理能力(万立方米/日) Treatment Capacity (10,000 m^3/day)	处理量(万立方米) Quantity of Wastewater Treated (10,000 m^3)	(万立方米) Total Quantity of Wastewater Treated (10,000 m^3)	生产能力(万立方米/日) Recycled Water Production Capacity (10,000 m^3/day)	利用量(万立方米) Annual Quantity of Wastewater Recycled and Reused (10,000 m^3)	管道长度(公里) Length of Pipelines (km)	Name of Counties
1055	1055	1559	1559			1055				罗田县
420	420	363	363			420				英山县
1247		775	775			1247				浠水县
1590	1590	157				1590				蕲春县
1217	1217	576	576			1217	0.2	1		黄梅县
1174	1174	929	929			1174		9		嘉鱼县
1061	1061	776	776			1061	1.8	454	0.2	通城县
942	942	770	770			942				崇阳县
587	587	327	327			587				通山县
351	351	798	798			351	0.0	2		随　县
1126	1126	691	691			1126				建始县
652	652	856	856			652				巴东县
368	368	250	250			368				咸丰县
515	515	295	295			515		8		来凤县
282	282	194	194			282				鹤峰县
367	367	301	301			367		96		宣恩县
192	192	600	600			192	0.2	20	2.0	神农架林区
87923	**67452**	**138027**	**135669**	**16.8**	**213**	**88135**	**11.9**	**194**	**5.0**	**湖　南**
15443	15443	21276	21276			15443	2.9	10		长沙县
6050	6050	3180	2260			6050				望城区
1317		2593	2593			1317				攸　县
1211	1211	3295	3295			1211				茶陵县
287		129	129	1.0	50	337				炎陵县
2616	2616	3943	3943			2616	1.0	20		湘潭县
1282	1282	3011	3011	4.0		1282				衡阳县
363	363	500	500	0.1	12	375				衡南县
985	985	2230	2230			985				衡山县
1069	1069	5323	5323	3.0		1069				衡东县
1399		452	452		75	1474				祁东县
515	515	1150	1150	2.0		515				南岳区
885	885	2970	2970			885				新邵县
810	810	1048	1048	0.1	24	834		37		邵阳县
2326	2326	3004	3004			2326				隆回县
1041	1041	663	663			1041				洞口县
702	702	1753	1753			702				绥宁县
1058	1058	1310	1310			1058				新宁县
657	657	2346	2346	3.0	2	659				城步苗族自治县
741		1463	1463			741				岳阳县

10-2 续表 20

县名称 Name of Counties	污水排放量（万立方米） Annual Quantity of Wastewater Discharged ($10,000\ m^3$)	排水管道长度（公里） Length of Drainage Pipelines (km)	污水管道 Sewers	雨水管道 Rainwater Drainage Pipeline	雨污合流管道 Combined Drainage Pipeline	建成区 in Built District	污水处理厂 Wastewater Treatment Plant 座数（座） Number (unit)	二、三级处理 Secondary and Tertiary Treated	处理能力（万立方米/日） Treatment Capacity ($10,000\ m^3$/day)	二、三级处理 Secondary and Tertiary Treated
华容县	1761	378.2	176.6	81.6	120.0	375.2	2		6.0	
湘阴县	1270	240.0	139.0	54.0	47.0	240.0	1		4.0	
平江县	1620	234.3	96.0	51.0	87.3	230.3	2		5.0	
安乡县	1038	202.3	77.1	45.3	79.8	202.3	1		4.0	
汉寿县	1706	185.7	86.7	79.3	19.7	185.7	1		4.0	
澧　县	1422	472.0	195.0	225.0	52.0	472.0	1	1	3.0	3.0
临澧县	1088	245.1	125.0	108.2	12.0	182.4	2	2	4.0	4.0
桃源县	1277	150.8	61.9	77.1	11.8	150.8	3	3	6.0	6.0
石门县	1103	237.8	128.9	102.1	6.8	237.8	1	1	3.0	3.0
慈利县	1027	185.0	84.0	46.0	55.0	185.0	2	2	3.0	3.0
桑植县	850	115.0	58.0	46.0	11.0	76.0	1	1	4.0	4.0
南　县	922	227.6	86.6	51.5	89.5	173.0	2	2	3.0	3.0
桃江县	990	258.0	186.0	29.0	43.0	236.0	1	1	3.0	3.0
安化县	743	188.9	125.9	53.5	9.5	188.9	1	1	2.0	2.0
大通湖区	268	92.1	36.5	11.2	44.4	58.6	1	1	1.0	1.0
桂阳县	2361	157.8	74.2	74.2	9.5	157.8	2	2	6.0	6.0
宜章县	1336	141.2	73.0	48.0	20.2	141.2	1	1	4.0	4.0
永兴县	1442	211.8	96.2	112.7	3.0	205.4	2		6.0	
嘉禾县	369	247.4	111.8	89.2	46.4	247.4	1	1	1.0	1.0
临武县	848	184.2	73.6	65.4	45.2	139.8	1		2.3	
汝城县	580	165.5	68.8	57.2	39.5	147.5	1		2.0	
桂东县	342	140.0	44.0	43.0	53.0	140.0	1		1.5	
安仁县	477	121.6	54.6	48.0	19.0	73.0	1		1.2	
东安县	1613	209.3	115.3	72.0	22.0	209.3	1	1	5.0	5.0
双牌县	360	82.6	46.8	20.8	15.0	78.1	1		1.0	
道　县	1210	356.2	121.1	74.8	160.3	316.5	1	1	4.0	4.0
江永县	549	100.7	72.0	15.0	13.7	75.0	1	1	2.0	2.0
宁远县	1777	381.7	267.7	106.3	7.7	381.7	2	2	5.0	5.0
蓝山县	691	167.0	76.0	78.0	13.0	167.0	1		3.0	
新田县	821	114.4	41.7	44.5	28.2	114.4	1	1	2.0	2.0
江华瑶族自治县	1193	116.5	27.5	37.0	52.0	116.5	2	2	3.6	3.6
中方县	1747	88.9	42.1	44.8	2.0	88.9	1	1	5.0	5.0
沅陵县	939	143.3	77.5	50.5	15.3	83.0	1	1	2.0	2.0
辰溪县	967	107.9	37.8	38.9	31.2	107.9	1	1	3.0	3.0
溆浦县	822	137.6	76.7	25.8	35.1	137.6	1	1	2.0	2.0
会同县	745	93.0	39.8	20.6	32.6	93.0	1		2.0	
麻阳苗族自治县	677	155.5	49.3	49.1	57.2	155.5	1	1	2.0	2.0
新晃侗族自治县	630	74.2	31.8	17.8	24.7	74.2	1	1	1.5	1.5

continued

污水处理厂 Wastewater Treatment Plant 处理量（万立方米） Quantity of Wastewater Treated (10,000 m^3)	二、三级处理 Secondary and Tertiary Treated	干污泥产生量（吨） Quantity of Dry Sludge Produced (ton)	干污泥处置量（吨） Quantity of Dry Sludge Treated (ton)	其他污水处理设施 Other Wastewater Treatment Facilities 处理能力（万立方米/日） Treatment Capacity (10,000 m^3/day)	处理量（万立方米） Quantity of Wastewater Treated (10,000 m^3)	污水处理总量（万立方米） Total Quantity of Wastewater Treated (10,000 m^3)	再生水 Recycled Water 生产能力（万立方米/日） Recycled Water Production Capacity (10,000 m^3/day)	利用量（万立方米） Annual Quantity of Wastewater Recycled and Reused (10,000 m^3)	管道长度（公里） Length of Pipelines (km)	县名称 Name of Counties
1755		4300	4300			1755				华容县
1207		1749	1749			1207				湘阴县
1530		4730	4730			1530				平江县
1024		795				1024				安乡县
1667		6052	6052	0.1	36	1702				汉寿县
1352	1352	780	780			1352				澧　县
1072	1072	993	993			1072				临澧县
1272	1272	2525	2525			1272				桃源县
1053	1053	1059	1059			1053				石门县
980	980	1619	1619			980		35		慈利县
810	810	500	500			810				桑植县
876	876	1941	1941			876	3.0			南　县
961	961	790	790			961				桃江县
721	721	1328	1328			721				安化县
268	268	207				268				大通湖区
2330	2330	2111	2111			2330				桂阳县
1271	1271	781	781			1271				宜章县
1353		2370	2362			1353				永兴县
356	356	129	129			356				嘉禾县
807		660	660			807				临武县
568		343	343			568				汝城县
330		124	124			330				桂东县
429		207	207			429				安仁县
1558	1558	1482	1482			1558				东安县
354		49	49			354				双牌县
1209	1209	943	943			1209				道　县
539	539	660	660			539			5.0	江永县
1775	1775	2327	2327			1775				宁远县
660		12	12			660				蓝山县
791	791	1068	1068			791				新田县
1154	1154	1268	1268			1154				江华瑶族自治县
1664	1664	9314	9314			1664		11		中方县
834	834	202	202	2.0	13	847				沅陵县
871	871	3600	3600			871				辰溪县
765	765	317	317			765				溆浦县
713		1056	1056			713				会同县
667	667	3274	3274			667				麻阳苗族自治县
581	581	1015	1015			581		80		新晃侗族自治县

10-2 续表 21

县名称 Name of Counties	污水排放量（万立方米） Annual Quantity of Waste-water Discharged (10,000 m³)	排水管道长度（公里） Length of Drainage Pipelines (km)	污水管道 Sewers	雨水管道 Rainwater Drainage Pipeline	雨污合流管道 Combined Drainage Pipeline	建成区 in Built District	污水处理厂 Wastewater Treatment Plant 座数（座） Number (unit)	二、三级处理 Secon-dary and Tertiary Treated	处理能力（万立方米/日） Treat-ment Capa-city (10,000 m³/day)	二、三级处理 Secondary and Tertiary Treated
芷江侗族自治县	463	137.8	79.3	40.0	18.5	90.5	1	1	1.2	1.2
通道县	633	50.7	23.2	14.7	12.7	50.7	1	1	2.0	2.0
靖州县	753	84.0	42.3	13.1	28.6	84.0	1	1	2.5	2.5
双峰县	1390	209.0	105.0	74.0	30.0	209.0	1		5.0	
新化县	1428	221.0	68.0	71.7	81.3	221.0	1	1	5.0	5.0
泸溪县	425	75.9	16.4	2.1	57.3	75.9	1		1.5	
凤凰县	1061	141.0	60.0	75.0	6.0	102.0	1	1	2.5	2.5
花垣县	779	112.0	56.0	22.0	34.0	112.0	1		2.0	
保靖县	363	86.6	42.8	41.6	2.2	74.3	1	1	1.0	1.0
古丈县	247	87.2	28.6		58.6	87.2	1	1	1.0	1.0
永顺县	791	98.5	65.5	7.5	25.5	98.5	1		2.0	
龙山县	1136	240.2	4.6	4.6	231.0	230.0	2		3.0	
广　东	**37913**	**5048.5**	**1958.7**	**1343.4**	**1746.4**	**4380.2**	**42**	**37**	**111.3**	**99.6**
始兴县	648	62.9	9.5	3.1	50.4	45.5	1	1	2.0	2.0
仁化县	546	99.8	31.2	6.0	62.6	99.8	1	1	2.0	2.0
翁源县	529	101.3	39.5	61.8		101.3	1	1	1.5	1.5
乳源瑶族自治县	538	96.0	48.3	12.0	35.8	96.0	1	1	1.5	1.5
新丰县	564	108.7	23.4	47.3	38.0	47.3	2	2	2.9	2.9
南澳县	439	36.0	6.4	8.1	21.6	36.0	1		1.2	
遂溪县	1091	128.2	9.3	6.3	112.5	128.2	1	1	3.0	3.0
徐闻县	1052	88.8			88.8	88.8	1	1	3.0	3.0
广宁县	838	256.5	178.5	56.0	22.0	256.5	1	1	2.5	2.5
怀集县	816	116.0	24.0	35.0	57.0	116.0	1	1	4.0	4.0
封开县	370	99.0	39.0		60.0	88.0	1	1	1.0	1.0
德庆县	1131	67.4	13.7	8.7	45.0	45.0	1	1	3.0	3.0
博罗县	3130	544.0	375.2	130.2	38.6	544.0	3	2	9.0	6.0
惠东县	2610	290.6	105.4	28.6	156.6	290.6	2	2	7.2	7.2
龙门县	386	191.2	81.4	62.1	47.7	134.6	1	1	2.0	2.0
大埔县	859	221.7	91.9	71.3	58.5	189.9	1	1	2.0	2.0
丰顺县	1255	52.1	37.8	14.3		52.1	1	1	4.0	4.0
五华县	2035	204.7	40.9	20.9	143.0	150.0	1	1	4.0	4.0
平远县	661	123.4	33.9	6.3	83.2	51.5	1	1	2.0	2.0
蕉岭县	695	97.5	52.5	5.5	39.5	50.0	1	1	2.0	2.0
海丰县	2741	231.4	74.9	93.3	63.1	231.4	1	1	8.0	8.0
陆河县	575	63.4	63.4			63.4	1	1	1.5	1.5
紫金县	913	114.0	59.0	55.0			1	1	2.5	2.5
龙川县	1118	101.0	28.6	28.6	43.8	76.0	1	1	4.0	4.0
连平县	515	17.7	17.7			17.7	1		1.5	

continued

污水处理厂 Wastewater Treatment Plant				其他污水处理设施 Other Wastewater Treatment Facilities		污水处理总量	再生水 Recycled Water			县名称
处理量（万立方米） Quantity of Wastewater Treated (10,000 m^3)	二、三级处理 Secondary and Tertiary Treated	干污泥产生量（吨） Quantity of Dry Sludge Produced (ton)	干污泥处置量（吨） Quantity of Dry Sludge Treated (ton)	处理能力（万立方米/日） Treatment Capacity (10,000 m^3/day)	处理量（万立方米） Quantity of Wastewater Treated (10,000 m^3)	（万立方米） Total Quantity of Wastewater Treated (10,000 m^3)	生产能力（万立方米/日） Recycled Water Production Capacity (10,000 m^3/day)	利用量（万立方米） Annual Quantity of Wastewater Recycled and Reused (10,000 m^3)	管道长度（公里） Length of Pipelines (km)	Name of Counties
422	422	30	6			422				芷江侗族自治县
593	593	537	537			593				通道县
716	716	1110	1110			716				靖州县
1328		1658	1658			1328		1		双峰县
1397	1397	5832	5832			1397	5.0			新化县
408		404		1.5	2	410				泸溪县
992	992	450	450			992				凤凰县
745		1320	1320			745				花垣县
350	350	248	248			350				保靖县
238	238	275	275			238				古丈县
760		1082	1082			760				永顺县
1088		763	763			1088				龙山县
34672	**30902**	**60332**	**57985**			**34672**	**17.7**	**2343**		**广 东**
634	634	19	19			634				始兴县
704	704	400	400			704				仁化县
529	529	59	59			529				翁源县
512	512	64	64			512				乳源瑶族自治县
564	564	196	167			564				新丰县
439		2032	2032			439		439		南澳县
1003	1003	2466	2466			1003				遂溪县
1022	1022	10339	10339			1022				徐闻县
792	792	474	474			792				广宁县
734	734	3606	3606			734				怀集县
337	337	1782	1782			337				封开县
1057	1057	1384	1384			1057				德庆县
2950	2093	2439	2439			2950		1087		博罗县
2427	2427	7876	7876			2427	7.2	654		惠东县
351	351	351	351			351				龙门县
709	709	2107	2107			709				大埔县
1255	1255	673	673			1255				丰顺县
883	883	625				883	2.0			五华县
650	650	489	489			650				平远县
687	687	554	554			687				蕉岭县
2621	2621	1756	1756			2621	7.3	51		海丰县
558	558	200	200			558		2		陆河县
797	797	220	220			797				紫金县
1118	1118	950	950			1118		40		龙川县
515		460				515				连平县

10-2 续表 22

县名称 Name of Counties	污水排放量（万立方米） Annual Quantity of Wastewater Discharged ($10,000 m^3$)	排水管道长度（公里） Length of Drainage Pipelines (km)	污水管道 Sewers	雨水管道 Rainwater Drainage Pipeline	雨污合流管道 Combined Drainage Pipeline	建成区 in Built District	污水处理厂 Wastewater Treatment Plant 座数（座） Number (unit)	二、三级处理 Secondary and Tertiary Treated	处理能力（万立方米/日） Treatment Capacity ($10,000 m^3$/day)	二、三级处理 Secondary and Tertiary Treated
和平县	1104	127.0	49.0	63.0	15.0	15.0	1	1	3.0	3.0
东源县	422	75.8	75.8			75.8	1	1	1.5	1.5
阳西县	1480	320.3	77.3	225.9	17.1	320.3	1	1	4.0	4.0
阳山县	803	129.8	49.7	57.5	22.6	129.8	1		2.0	
连山壮族瑶族自治县	300	50.2	16.0	4.4	29.8	50.2	1	1	1.0	1.0
连南瑶族自治县	393	65.4	33.9	10.3	21.2	65.4	1	1	1.5	1.5
佛冈县	1482	115.7	20.3	0.8	94.6	115.7	1	1	3.0	3.0
饶平县	1356	53.9	5.8	3.1	45.0	48.1	1	1	4.0	4.0
揭西县	1391	40.4	38.4	2.0		40.4	1		4.0	
惠来县	630	149.0	36.0	10.0	103.0	149.0	1	1	2.0	2.0
新兴县	1832	249.8	45.0	169.5	35.4	213.2	2	2	6.0	6.0
郁南县	665	158.2	26.3	36.6	95.3	158.0	1	1	2.0	2.0
广　西	**38797**	**8670.4**	**3872.8**	**2542.2**	**2255.3**	**8343.5**	**66**	**66**	**118.2**	**118.2**
隆安县	809	91.2	41.5	6.8	42.9	91.2	1	1	3.0	3.0
马山县	343	39.0	11.4	15.6	12.0	39.0	1	1	0.6	0.6
上林县	300	153.5	60.6	91.5	1.4	152.1	1	1	0.9	0.9
宾阳县	900	260.1	178.7	14.6	66.7	211.4	1	1	4.0	4.0
柳城县	931	43.4	7.3	13.4	22.7	40.9	1	1	4.0	4.0
鹿寨县	1511	116.0	85.7	13.1	17.2	114.2	2	2	3.0	3.0
融安县	947	101.8	9.4	0.4	92.1	101.8	1	1	3.0	3.0
融水苗族自治县	750	114.2	46.1	26.0	42.1	110.2	1	1	2.0	2.0
三江侗族自治县	506	74.2	22.0	10.6	41.6	50.4	2	2	1.4	1.4
阳朔县	853	145.8	73.4	67.5	4.9	145.8	1	1	4.0	4.0
灵川县	489	52.5	13.5	3.0	36.0	52.5	2	2	3.0	3.0
全州县	879	479.1	252.7	202.3	24.1	479.1	1	1	2.5	2.5
兴安县	583	235.0	129.7	57.2	48.0	235.0	1	1	2.5	2.5
永福县	371	136.1	75.1	55.1	6.0	136.1	1	1	1.0	1.0
灌阳县	299	144.2	57.6	46.8	39.8	144.2	1	1	1.0	1.0
龙胜各族自治县	192	44.9	28.1	9.7	7.1	44.9	1	1	0.5	0.5
资源县	239	97.0	53.0	32.0	12.0	82.3	1	1	0.7	0.7
平乐县	549	139.2	64.9	17.7	56.6	139.2	1	1	1.0	1.0
恭城瑶族自治县	277	103.0	73.6	24.4	5.0	103.0	1	1	1.0	1.0
苍梧县	70	47.4	10.7	11.9	24.8	47.4	1	1	0.3	0.3
藤　县	1760	222.2	77.3	74.9	70.0	222.2	1	1	3.0	3.0
蒙山县	482	145.7	48.6	58.4	38.7	145.7	1	1	1.0	1.0
合浦县	2102	385.5	114.9	97.9	172.7	385.5	1	1	5.0	5.0
上思县	542	122.7	65.4	32.3	25.0	120.2	1	1	1.5	1.5

continued

污水处理厂 Wastewater Treatment Plant				其他污水处理设施 Other Wastewater Treatment Facilities		污水处理总量	再生水 Recycled Water			县名称
处理量（万立方米） Quantity of Wastewater Treated (10,000 m^3)	二、三级处理 Secondary and Tertiary Treated	干污泥产生量（吨） Quantity of Dry Sludge Produced (ton)	干污泥处置量（吨） Quantity of Dry Sludge Treated (ton)	处理能力（万立方米/日） Treatment Capacity (10,000 m^3/day)	处理量（万立方米） Quantity of Wastewater Treated (10,000 m^3)	（万立方米） Total Quantity of Wastewater Treated (10,000 m^3)	生产能力（万立方米/日） Recycled Water Production Capacity (10,000 m^3/day)	利用量（万立方米） Annual Quantity of Wastewater Recycled and Reused (10,000 m^3)	管道长度（公里） Length of Pipelines (km)	Name of Counties
1016	1016	1232				1016				和平县
422	422	212	212			422	1.2	70		东源县
1480	1480	1312	1312			1480				阳西县
644		829	829			644				阳山县
265	265	498	498			265				连山壮族瑶族自治县
387	387	1				387				连南瑶族自治县
1275	1275	1667	1667			1275				佛冈县
1179	1179	830	830			1179				饶平县
1317		1294	1294			1317				揭西县
550	550	275	275			550				惠来县
1625	1625	8017	8017			1625				新兴县
665	665	2644	2644			665				郁南县
35383	**35383**	**26107**	**25838**	**14.4**	**2385**	**37768**				**广　西**
734	734	1218	1218			734				隆安县
309	309	1109	1109			309				马山县
285	285	687	687			285				上林县
865	865	618	618			865				宾阳县
912	912	276	276			912				柳城县
938	938	736	736	3.0	572	1510				鹿寨县
946	946	1459	1459			946				融安县
677	677	370	278	0.2	29	706				融水苗族自治县
498	498	367	367			498				三江侗族自治县
845	845	164	164			845				阳朔县
488	488	231	231			488				灵川县
869	869	435	435			869				全州县
581	581	153	153			581				兴安县
352	352	147	147			352				永福县
298	298	177				298				灌阳县
188	188	125	125			188				龙胜各族自治县
228	228	124	124			228				资源县
147	147	170	170	1.0	352	499				平乐县
253	253	304	304			253				恭城瑶族自治县
67	67	138	138			67				苍梧县
831	831	2029	2029	3.0	877	1709				藤　县
475	475	192	192			475				蒙山县
2000	2000	1013	1013	1.0	98	2098				合浦县
521	521	263	263			521				上思县

10-2 续表 23

县名称 Name of Counties	污水排放量（万立方米） Annual Quantity of Wastewater Discharged (10,000 m^3)	排水管道长度（公里） Length of Drainage Pipelines (km)					污水处理厂 Wastewater Treatment Plant			
			污水管道 Sewers	雨水管道 Rainwater Drainage Pipeline	雨污合流管道 Combined Drainage Pipeline	建成区 in Built District	座数（座） Number (unit)	二、三级处理 Secondary and Tertiary Treated	处理能力（万立方米/日） Treatment Capacity (10,000 m^3/day)	二、三级处理 Secondary and Tertiary Treated
灵山县	1939	456.5	211.0	161.4	84.1	456.5	1	1	5.0	5.0
浦北县	772	99.5	31.0	42.0	26.5	99.5	1	1	2.0	2.0
平南县	1905	129.6	44.5	15.1	70.0	129.6	2	2	6.0	6.0
容　县	723	248.0	42.4	88.6	117.1	236.6	1	1	3.0	3.0
陆川县	1127	256.4	98.6	33.3	124.5	256.4	2	2	5.0	5.0
博白县	1544	296.8	116.0	130.9	50.0	263.8	1	1	4.5	4.5
兴业县	606	115.1	16.7	22.5	76.0	115.1	1	1	2.0	2.0
田东县	716	272.4	136.0	107.2	29.3	248.7	1	1	2.0	2.0
德保县	592	103.1	50.9	51.9	0.3	103.1	1	1	1.5	1.5
那坡县	212	90.5	83.1	7.4		90.5	1	1	0.5	0.5
凌云县	297	136.3	64.0	66.3	6.0	136.3	1	1	1.0	1.0
乐业县	186	114.8	76.4	11.4	27.0	114.8	1	1	0.5	0.5
田林县	379	89.0	32.5	19.9	36.6	89.0	1	1	1.0	1.0
西林县	198	48.9	39.3	4.3	5.3	48.9	1	1	0.5	0.5
隆林各族自治县	411	151.5	104.6	33.3	13.6	147.7	1	1	1.0	1.0
昭平县	428	64.4	8.9	9.2	46.3	64.4	1	1	1.0	1.0
钟山县	516	240.3	124.7	97.3	18.4	240.3	1	1	3.0	3.0
富川瑶族自治县	312	156.3	58.0	37.9	60.4	137.1	1	1	1.0	1.0
南丹县	807	79.8	27.5	7.5	44.9	79.2	1	1	2.0	2.0
天峨县	318	74.1	25.4	0.7	48.0	74.1	1	1	1.0	1.0
凤山县	249	117.7	33.6	36.4	47.7	117.7	1	1	0.8	0.8
东兰县	273	53.9	28.4	24.8	0.7	53.9	1	1	0.7	0.7
罗城仫佬族自治县	691	150.7	81.4	23.6	45.7	150.7	1	1	1.5	1.5
环江毛南族自治县	475	127.3	65.5	36.0	25.8	71.0	1	1	1.5	1.5
巴马瑶族自治县	554	142.0	76.9	54.3	10.8	93.3	1	1	3.0	3.0
都安瑶族自治县	831	108.9	37.0	18.4	53.5	108.9	1	1	1.5	1.5
大化瑶族自治县	516	118.0	32.6	5.5	79.8	118.0	1	1	1.5	1.5
忻城县	435	58.7	18.9	17.7	22.1	55.7	1	1	1.0	1.0
象州县	378	88.2	28.1	24.8	35.4	88.2	1	1	1.5	1.5
武宣县	642	197.6	86.8	70.9	40.0	197.6	2	2	1.6	1.6
金秀瑶族自治县	121	18.7	14.1	1.1	3.4	18.7	1	1	0.3	0.3
扶绥县	930	329.3	162.2	158.1	9.0	326.4	1	1	4.0	4.0
宁明县	622	87.4	50.2	31.2	6.0	84.7	1	1	1.0	1.0
龙州县	659	160.3	99.4	29.7	31.2	160.3	1	1	2.0	2.0
大新县	534	80.9	18.6	37.5	24.8	73.3	1	1	1.5	1.5
天等县	216	114.3	46.8	41.5	26.1	99.8	1	1	1.5	1.5

continued

污水处理厂 Wastewater Treatment Plant				其他污水处理设施 Other Wastewater Treatment Facilities		污水处理总量	再生水 Recycled Water			
处理量（万立方米） Quantity of Wastewater Treated (10,000 m^3)	二、三级处理 Secondary and Tertiary Treated	干污泥产生量（吨） Quantity of Dry Sludge Produced (ton)	干污泥处置量（吨） Quantity of Dry Sludge Treated (ton)	处理能力（万立方米/日） Treatment Capacity (10,000 m^3/day)	处理量（万立方米） Quantity of Wastewater Treated (10,000 m^3)	（万立方米） Total Quantity of Wastewater Treated (10,000 m^3)	生产能力（万立方米/日） Recycled Water Production Capacity (10,000 m^3/day)	利用量（万立方米） Annual Quantity of Wastewater Recycled and Reused (10,000 m^3)	管道长度（公里） Length of Pipelines (km)	县名称 Name of Counties
1920	1920	1156	1156			1920				灵山县
765	765	607	607			765				浦北县
1891	1891	958	958			1891				平南县
720	720	401	401			720				容　县
1097	1097	642	642			1097				陆川县
1499	1499	903	903			1499				博白县
603	603	444	444			603				兴业县
711	711	195	195			711				田东县
592	592	151	150			592				德保县
211	211	479	479			211				那坡县
293	293	111	111			293				凌云县
181	181	38	38			181				乐业县
372	372	153	153			372				田林县
193	193	273	273			193				西林县
410	410	182	182			410				隆林各族自治县
395	395	108	108			395				昭平县
511	511	169	169			511				钟山县
303	303	112	112			303				富川瑶族自治县
795	795	397	397			795				南丹县
312	312	202	202			312				天峨县
239	239	356	356			239				凤山县
268	268	576	576			268				东兰县
649	649	1240	1240			649				罗城仫佬族自治县
473	473	270	270			473				环江毛南族自治县
547	547	345	345			547				巴马瑶族自治县
714	714	592	592			714				都安瑶族自治县
498	498	275	275			498				大化瑶族自治县
425	425	29	29			425				忻城县
377	377	71	71			377				象州县
420	420	385	385	1.5	208	628				武宣县
113	113	98	98			113				金秀瑶族自治县
868	868	521	521	2.0	58	926				扶绥县
469	469	674	674	1.0	111	579				宁明县
632	632	115	115			632				龙州县
421	421	268	268	1.4	75	496				大新县
191	191	111	111	0.4	6	197				天等县

10-2 续表 24

县名称 Name of Counties	污水排放量（万立方米） Annual Quantity of Wastewater Discharged (10,000 m^3)	排水管道长度（公里） Length of Drainage Pipelines (km)	污水管道 Sewers	雨水管道 Rainwater Drainage Pipeline	雨污合流管道 Combined Drainage Pipeline	建成区 in Built District	污水处理厂 Wastewater Treatment Plant 座数（座） Number (unit)	二、三级处理 Secondary and Tertiary Treated	处理能力（万立方米/日） Treatment Capacity (10,000 m^3/day)	二、三级处理 Secondary and Tertiary Treated
海　南	**10159**	**1142.0**	**663.7**	**324.0**	**154.4**	**836.8**	**14**	**8**	**32.8**	**26.6**
定安县	531						1	1	1.5	1.5
屯昌县	422						1		1.0	
澄迈县	795	186.0	87.0		99.1	186.0	1	1	3.0	3.0
临高县	842	118.6	85.8		32.8	118.6	1		1.5	
白沙黎族自治县	301	79.1	54.2	24.9			1		1.2	
昌江县	765	137.5	80.7	56.8		137.5	1	1	3.0	3.0
乐东县	391	95.8	32.4	55.5	7.9		1		1.0	
陵水县	451	77.3	42.0	35.0	0.3		1	1	1.5	1.5
保亭县	297	90.0	62.0	28.0		90.0	1		0.8	
琼中县	283	43.5	16.0	18.3	9.3	13.7	1		0.7	
洋浦经济开发区	5081	314.2	203.6	105.6	5.0	291.0	4	4	17.6	17.6
重　庆	**14220**	**3125.0**	**1747.3**	**1165.9**	**211.8**	**2988.7**	**24**	**19**	**52.1**	**36.1**
城口县	316	93.7	63.3	30.0	0.4	93.7	1	1	2.0	2.0
丰都县	1162	298.6	118.0	180.6		298.6	3	1	4.8	0.8
垫江县	2190	445.8	225.5	181.1	39.2	442.4	1	1	6.0	6.0
忠　县	1215	249.1	181.1	66.6	1.4	240.7	2	1	7.0	2.0
云阳县	1801	360.3	160.7	199.6		360.3	6	5	5.7	1.7
奉节县	1928	271.9	172.0	99.9		265.0	4	4	9.0	9.0
巫山县	1343	165.5	89.5	52.8	23.1	136.0	1	1	3.5	3.5
巫溪县	756	183.4	107.2	52.9	23.3	168.2	1	1	2.5	2.5
石柱土家族自治县	1030	215.1	142.6	52.0	20.6	215.1	1	1	3.0	3.0
秀山土家族苗族自治县	1144	446.7	248.2	193.4	5.0	446.7	2	1	3.3	0.3
酉阳土家族苗族自治县	727	194.8	160.8	34.0		194.8	1	1	3.0	3.0
彭水苗族土家族自治县	607	200.2	78.5	23.0	98.7	127.3	1	1	2.3	2.3
四　川	**67407**	**14116.7**	**6507.0**	**5133.7**	**2476.0**	**12562.2**	**142**	**108**	**214.7**	**170.8**
金堂县	3068	649.8	259.2	266.6	124.0	649.8	7	7	8.3	8.3
大邑县	2343	273.0	104.7	94.9	73.4	273.0	1	1	6.0	6.0
蒲江县	1108	119.0	66.4	48.6	4.0	119.0	1	1	3.0	3.0
荣　县	1255	266.6	180.5	67.8	18.2	266.6	1	1	3.5	3.5
富顺县	1935	275.0	76.0	76.0	123.0	195.0	1		5.0	
米易县	439	72.1	43.9	28.2		69.6	1	1	1.0	1.0
盐边县	161	44.7	21.0	10.6	13.1	34.1	1	1	0.7	0.7
泸　县	888	268.6	138.0	130.6		268.6				

continued

污水处理厂 Wastewater Treatment Plant				其他污水处理设施 Other Wastewater Treatment Facilities		污水处理总量	再生水 Recycled Water			
处理量（万立方米） Quantity of Wastewater Treated (10,000 m^3)	二、三级处理 Secondary and Tertiary Treated	干污泥产生量（吨） Quantity of Dry Sludge Produced (ton)	干污泥处置量（吨） Quantity of Dry Sludge Treated (ton)	处理能力（万立方米/日） Treatment Capacity (10,000 m^3/day)	处理量（万立方米） Quantity of Wastewater Treated (10,000 m^3)	（万立方米） Total Quantity of Wastewater Treated (10,000 m^3)	生产能力（万立方米/日） Recycled Water Production Capacity (10,000 m^3/day)	利用量（万立方米） Annual Quantity of Wastewater Recycled and Reused (10,000 m^3)	管道长度（公里） Length of Pipelines (km)	县名称 Name of Counties
9653	**7453**	**55735**	**54453**	**4.5**	**258**	**9911**	**6.8**	**159**	**20.3**	**海　南**
468	468	2212	2212			468				定安县
393		1299	17			393	0.1			屯昌县
795	795	3377	3377			795				澄迈县
584		1346	1346	1.5	258	842	1.2	6	3.0	临高县
301		356	356			301	0.7	5		白沙黎族自治县
658	658	884	884	3.0		658	0.1	0	0.1	昌江县
390		459	459			390	0.2	5	16.8	乐东县
451	451	821	821			451		27	0.4	陵水县
273		719	719			273	0.2	26		保亭县
258		465	465			258				琼中县
5081	5081	43798	43798			5081	4.2	90		洋浦经济开发区
14155	**9964**	**21018**	**2843**			**14155**	**3.8**	**208**	**10.4**	**重　庆**
457	457	672				457				城口县
1096	162	1915				1096	0.2	74	3.2	丰都县
2190	2190	2535	2502			2190	0.0			垫江县
1167	551	2386				1167	2.8	20	1.2	忠　县
1749	213	3021				1749				云阳县
1928	1928	2941				1928	0.1	30	3.0	奉节县
1290	1290	3240				1290	0.5	60	1.0	巫山县
726	726	758				726	0.2	24	2.0	巫溪县
1105	1105	884				1105				石柱土家族自治县
1113	8	1504				1113				秀山土家族苗族自治县
727	727	821				727				酉阳土家族苗族自治县
607	607	341	341			607				彭水苗族土家族自治县
61612	**49666**	**103732**	**103051**	**13.3**	**1470**	**63082**	**26.3**	**5170**	**928.3**	**四　川**
2241	2241	5598	5556	3.0	668	2909				金堂县
2193	2193	3438	3438			2193				大邑县
1108	1108	2634	2634			1108	2.0	163		蒲江县
1144	1144	1881	1881			1144				荣　县
1803		2514	2514			1803	1.0	285	13.0	富顺县
363	363	566	566	1.0	20	383		36		米易县
140	140	216	216			140	0.0	3		盐边县
802	802					802				泸　县

10-2 续表 25

县名称 Name of Counties	污水排放量(万立方米) Annual Quantity of Wastewater Discharged (10,000 m^3)	排水管道长度(公里) Length of Drainage Pipelines (km)	污水管道 Sewers	雨水管道 Rainwater Drainage Pipeline	雨污合流管道 Combined Drainage Pipeline	建成区 in Built District	污水处理厂 Wastewater Treatment Plant 座数(座) Number (unit)	二、三级处理 Secondary and Tertiary Treated	处理能力(万立方米/日) Treatment Capacity (10,000 m^3/day)	二、三级处理 Secondary and Tertiary Treated
合江县	1023	200.0	62.0	123.0	15.0	200.0	1	1	2.0	2.0
叙永县	1165	112.2	49.0	19.0	44.2	112.2	1	1	4.0	4.0
古蔺县	674	80.4	23.1	23.5	33.8	80.4	1	1	2.0	2.0
中江县	1568	335.5	116.8	174.5	44.2	335.5	2	2	4.0	4.0
三台县	1507	274.0	110.1	75.4	88.5	265.2	1	1	5.0	5.0
盐亭县	636	198.0	93.0	105.0		198.0	1	1	2.0	2.0
梓潼县	611	174.1	55.1	55.9	63.0	144.2	1		1.5	
北川羌族自治县	525	234.3	99.6	134.7		234.3	1	1	2.0	2.0
平武县	130	63.9	34.6	29.3		63.9	1	1	0.8	0.8
旺苍县	688	150.9	40.2	18.1	92.6	141.7	1	1	3.0	3.0
青川县	153	58.1	30.3	27.7		58.1	1	1	0.5	0.5
剑阁县	345	107.6	49.9	47.4	10.3	107.6	1	1	1.0	1.0
苍溪县	771	321.5	195.7	99.7	26.0	252.3	2	2	2.7	2.7
蓬溪县	636	206.9	89.5	85.4	32.0	195.6	2	2	2.5	2.5
大英县	1234	245.3	114.3	112.0	19.0	245.3	1	1	3.0	3.0
威远县	1342	321.3	129.4	109.9	82.0	217.2	2	2	3.0	3.0
资中县	1240	198.3	139.0	49.0	10.3	162.0	1	1	4.0	4.0
犍为县	1075	326.8	112.9	101.9	112.0	150.5	2	2	3.0	3.0
井研县	803	62.5	10.0	10.0	42.5	62.5	1		2.5	
夹江县	817	153.9	78.4	49.2	26.3	153.9	1	1	2.0	2.0
沐川县	395	54.8	32.8	10.0	12.0	49.0	1	1	1.0	1.0
峨边县	145	22.9	22.9			22.9	1	1	0.8	0.8
马边县	332	51.5	20.8	17.8	13.0	51.5	1	1	1.0	1.0
南部县	2174	525.0	217.0	234.0	74.0	352.0	1		7.0	
营山县	1696	362.1	164.5	192.6	5.0	362.1	10	10	6.8	6.8
蓬安县	986	153.8	71.4	55.4	27.0	153.8	1	1	4.5	4.5
仪陇县	910	178.0	85.0	75.0	18.0	178.0	1	1	2.6	2.6
西充县	1364	297.6	125.3	89.0	83.2	297.6	1	1	3.4	3.4
仁寿县	3127	442.0	162.0	126.0	154.0	442.0	2	2	9.0	9.0
洪雅县	433	220.0	80.0	100.0	40.0	220.0	1		1.0	
丹棱县	494	94.5	35.5	37.0	22.0	94.5	1	1	1.3	1.3
青神县	495	78.5	20.5	14.6	43.4	74.4	1	1	2.0	2.0
江安县	985	84.2	36.0	37.4	10.9	84.2	1	1	3.0	3.0
长宁县	473	89.6	14.5	24.0	51.2	80.8	1	1	1.5	1.5
高　县	506	233.7	90.9	100.1	42.8	233.7	2	2	2.3	2.3
珙　县	678	71.1	49.3	20.6	1.2	71.1	1		2.0	
筠连县	435	77.6	13.2	2.0	62.4	77.6	2	2	1.5	1.5
兴文县	668	136.9	75.4	57.5	4.0	136.8	1	1	2.0	2.0

continued

污水处理厂 Wastewater Treatment Plant 处理量（万立方米）Quantity of Wastewater Treated (10,000 m^3)	二、三级处理 Secondary and Tertiary Treated	干污泥产生量（吨）Quantity of Dry Sludge Produced (ton)	干污泥处置量（吨）Quantity of Dry Sludge Treated (ton)	其他污水处理设施 Other Wastewater Treatment Facilities 处理能力（万立方米/日）Treatment Capacity (10,000 m^3/day)	处理量（万立方米）Quantity of Wastewater Treated (10,000 m^3)	污水处理总量（万立方米）Total Quantity of Wastewater Treated (10,000 m^3)	再生水 Recycled Water 生产能力（万立方米/日）Recycled Water Production Capacity (10,000 m^3/day)	利用量（万立方米）Annual Quantity of Wastewater Recycled and Reused (10,000 m^3)	管道长度（公里）Length of Pipelines (km)	县名称 Name of Counties
766	766	1848	1847	4.0	155	921		8		合江县
1107	1107	1715	1715			1107		2		叙永县
644	644	688	688			644		4		古蔺县
1375	1375	2438	2438	1.0	138	1513				中江县
1434	1434	2477	2477			1434	0.1	11		三台县
582	582	937	937			582	1.5	87	18.5	盐亭县
544		739	739			544	1.5	97		梓潼县
470	470	1162	1162			470	2.0	79	800.0	北川羌族自治县
116	116	130	130			116	0.1	2		平武县
676	676	810	810			676		40		旺苍县
145	145	378	378			145	0.0	6	5.0	青川县
334	334	203	203			334		4		剑阁县
763	763	2290	2290			763		50		苍溪县
606	606	801	801			606		96		蓬溪县
1191	1191	1261	1261			1191		246		大英县
1076	1076	1662	1644	0.9	214	1290				威远县
1178	1178	1687	1687			1178	0.0	8	0.3	资中县
959	959	1030	1030			959	0.5	148		犍为县
769		1317	1317			769	2.5	769		井研县
743	743	888	888			743				夹江县
381	381	982	982			381				沐川县
131	131	261	261			131				峨边县
314	314	164	164			314				马边县
2120		3916	3916			2120	2.0	460	30.0	南部县
1662	1662	7129	7129			1662	3.0	440	4.9	营山县
947	947	4500	4500			947				蓬安县
910	910	1634	1634			910	1.1	70	1.0	仪陇县
1333	1333	1724	1724			1333				西充县
2971	2971	2598	2598			2971	1.4	550	38.0	仁寿县
396		358	358			396		26		洪雅县
469	469	513	513	1.3	1	470	1.0	180	6.0	丹棱县
485	485	1096	1096			485	1.0	102		青神县
915	915	1685	1685			915				江安县
453	453	275	275			453				长宁县
466	466	647	647			466				高　县
627		402	402			627	1.5	109	2.5	珙　县
405	405	240	240			405				筠连县
629	629	797	797			629				兴文县

10-2 续表 26

县名称 Name of Counties	污水排放量(万立方米) Annual Quantity of Wastewater Discharged (10,000 m^3)	排水管道长度(公里) Length of Drainage Pipelines (km)	污水管道 Sewers	雨水管道 Rainwater Drainage Pipeline	雨污合流管道 Combined Drainage Pipeline	建成区 in Built District	污水处理厂 Wastewater Treatment Plant 座数(座) Number (unit)	二、三级处理 Secondary and Tertiary Treated	处理能力(万立方米/日) Treatment Capacity (10,000 m^3/day)	二、三级处理 Secondary and Tertiary Treated
屏山县	615	130.0	65.0	65.0		74.3	1	1	1.5	1.5
岳池县	1813	322.2	189.5	96.7	36.0	304.6	2		8.0	
武胜县	1257	123.5	72.6	39.9	11.0	114.1	2	1	5.0	3.0
邻水县	1021	213.5	93.6	78.6	41.3	211.6	3	3	4.2	4.2
宣汉县	1170	316.4	169.2	147.2		256.0	1	1	5.0	5.0
开江县	528	183.5	93.3	74.7	15.6	183.5	1	1	3.0	3.0
大竹县	1321	218.6	151.2	50.3	17.0	218.6	1	1	4.0	4.0
渠　县	1535	406.0	198.0	208.0		406.0	2	2	9.0	9.0
荥经县	274	58.9	23.3	15.6	20.0	58.9	1	1	1.0	1.0
汉源县	430	86.0	38.0	38.0	10.0	70.7	1	1	1.5	1.5
石棉县	336	79.9	38.4	41.5		79.9	1	1	1.4	1.4
天全县	328	158.7	81.0	72.8	4.9	151.1	2	2	1.2	1.2
芦山县	423	62.0	31.0	26.0	5.0	62.0	1	1	1.0	1.0
宝兴县	62	47.5	33.4	14.1		15.5	1		0.3	
通江县	997	211.0	41.0	135.0	35.0	105.0	1	1	3.0	3.0
南江县	569	246.8	126.0	91.8	29.0	130.6	2		3.0	
平昌县	694	120.8	97.0	11.7	12.1	112.5	2		4.0	
安岳县	1603	283.0	104.0	139.0	40.0	283.0	1	1	4.0	4.0
乐至县	770	201.2	120.1	64.1	17.0	201.2	1	1	4.5	4.5
汶川县	167	36.6	17.6	13.0	6.0	36.6	1	1	0.5	0.5
理　县	163	32.0	12.7	16.6	2.7	31.9	1	1	0.4	0.4
茂　县	256	52.0	28.0	24.0		52.0	1	1	0.6	0.6
松潘县	104	53.0	14.0	10.0	29.0	53.0	1	1	0.4	0.4
九寨沟县	388	44.9	44.9			44.9	1	1	1.5	1.5
金川县	73	38.0	3.0		35.0	2.5	1	1	0.3	0.3
小金县	175	31.9		1.3	30.6	30.6	2	2	0.8	0.8
黑水县	48	19.0	14.0	5.0		19.0	1	1	0.2	0.2
壤塘县	98	13.5	6.0	4.2	3.3	10.0	1	1	0.2	0.2
阿坝县	122	20.2	6.6	13.2	0.4	15.0	1	1	0.4	0.4
若尔盖县	120	48.3	24.1	4.8	19.3	48.3	1		0.4	
红原县	162	27.7	16.4	11.3		27.7	1	1	0.5	0.5
泸定县	225	41.0	26.0	15.0		26.0	2	2	1.3	1.3
丹巴县	79	29.0	20.0	9.0		29.0	1	1	0.3	0.3
九龙县	83	16.0			16.0	16.0	1		0.2	
雅江县	65	47.7	38.3	4.4	5.0	37.7	1	1	0.2	0.2
道孚县	59	56.0	29.3	19.5	7.2	35.8	1	1	0.2	0.2
炉霍县	73	43.3	29.6	5.0	8.7	30.2	1		0.2	
甘孜县	390	27.4	15.7	5.0	6.7	26.4	1		0.3	

continued

污水处理厂 Wastewater Treatment Plant 处理量（万立方米） Quantity of Wastewater Treated (10,000 m^3)	二、三级处理 Secondary and Tertiary Treated	干污泥产生量（吨） Quantity of Dry Sludge Produced (ton)	干污泥处置量（吨） Quantity of Dry Sludge Treated (ton)	其他污水处理设施 Other Wastewater Treatment Facilities 处理能力（万立方米/日） Treatment Capacity (10,000 m^3/day)	处理量（万立方米） Quantity of Wastewater Treated (10,000 m^3)	污水处理总量（万立方米） Total Quantity of Wastewater Treated (10,000 m^3)	再生水 Recycled Water 生产能力（万立方米/日） Recycled Water Production Capacity (10,000 m^3/day)	利用量（万立方米） Annual Quantity of Wastewater Recycled and Reused (10,000 m^3)	管道长度（公里） Length of Pipelines (km)	县名称 Name of Counties
598	598	865	865			598				屏山县
1770		1077	1077			1770				岳池县
1228	770	1981	1981			1228				武胜县
1016	1016	2674	2669			1016				邻水县
1164	1164	2056	2056			1164		171		宣汉县
480	480	1564	1564			480		76		开江县
1209	1209	1209	1209	0.1	24	1233				大竹县
1529	1529	6825	6825			1529				渠　县
274	274	241	241			274				荥经县
400	400	924	924			400	0.1	6	0.5	汉源县
332	332	483	483			332	1.0	1		石棉县
322	322	531	531			322				天全县
402	402	542	542			402				芦山县
62		32	32	0.3		62				宝兴县
986	986	319	319			986				通江县
562		2586	2331			562	2.0	106		南江县
608		1480	1480			608				平昌县
1523	1523	2281	2281			1523				安岳县
760	760	1438	1438			760	1.0	704	8.6	乐至县
152	152	12	12			152				汶川县
139	139	12	12			139				理　县
195	195	230	230			195				茂　县
73	73	5	5			73				松潘县
377	377	11	11			377				九寨沟县
46	46	0	0			46				金川县
151	151	35	35			151				小金县
34	34	25	25			34				黑水县
60	60	1				60				壤塘县
98	98	0				98				阿坝县
99		50	50			99				若尔盖县
140	140	4	4			140				红原县
201	201	159	159			201				泸定县
67	67	17	17			67				丹巴县
74		7	7			74				九龙县
54	54	90	90	0.3	6	60				雅江县
50	50	50	50			50				道孚县
66		62	62			66	0.0	12		炉霍县
102		26	26	1.0	244	346				甘孜县

10-2 续表 27

县名称 Name of Counties	污水排放量（万立方米） Annual Quantity of Wastewater Discharged (10,000 m^3)	排水管道长度（公里） Length of Drainage Pipelines (km)	污水管道 Sewers	雨水管道 Rainwater Drainage Pipeline	雨污合流管道 Combined Drainage Pipeline	建成区 in Built District	污水处理厂 Wastewater Treatment Plant 座数（座） Number (unit)	二、三级处理 Secondary and Tertiary Treated	处理能力（万立方米/日） Treatment Capacity (10,000 m^3/day)	二、三级处理 Secondary and Tertiary Treated
新龙县	84	15.7	8.5	5.4	1.9	15.0	1	1	0.2	0.2
德格县	62	16.0	8.0	8.0		8.0	1		0.2	
白玉县	79	12.0	8.1	3.9		12.0	1		0.2	
石渠县	56	44.3	24.6	13.3	6.4	37.9	1		0.2	
色达县	63	31.4	25.5	4.8	1.1	20.0	1		0.2	
理塘县	138	46.3	28.0	10.3	8.0	46.3	1	1	0.4	0.4
巴塘县	48	14.0	7.0	7.0		14.0	1		0.3	
乡城县	76	21.9	16.3	5.6		20.6	1	1	0.2	0.2
稻城县	98	31.2	17.0	14.2		14.8	2	2	0.7	0.7
得荣县	44	30.3	29.2		1.1	8.6	1		0.2	
普格县	122	25.7	13.7	12.0		25.7	1		0.4	
木里县	136	30.4	13.0	2.0	15.4	6.5	1	1	0.5	0.5
盐源县	519	129.3	81.0	1.0	47.3	67.7	1		1.0	
德昌县	502	130.7	36.2	20.1	74.4	119.3	1	1	1.0	1.0
会东县	440	35.5	8.5	4.0	23.0	24.0	1	1	0.8	0.8
宁南县	149	90.6	73.8	13.8	3.0	34.2	1		0.5	
布拖县	121	28.0	6.0		22.0	26.5	1	1	0.4	0.4
金阳县	98	18.5	7.4	3.0	8.1	10.1	1		0.5	
昭觉县	212	20.3	17.0	2.3	1.1	15.0	1		0.6	
喜德县	150	30.9	16.0	6.5	8.4	26.2	1		0.4	
冕宁县	281	78.5	37.6	28.7	12.3	71.8	1		0.6	
越西县	158	29.6	12.3	8.3	9.0	27.3	1		0.6	
甘洛县	293	63.5	45.0	15.0	3.5	35.0	1		0.5	
美姑县	95	16.2	12.0	4.2		16.2	1	1	0.3	0.3
雷波县	350	11.2	4.0	2.4	4.8	10.2	1		0.5	
贵　州	**28877**	**8132.7**	**4917.4**	**2402.6**	**812.7**	**5456.4**	**103**	**103**	**101.2**	**101.2**
开阳县	660	75.8	59.3	16.5		40.4	1	1	1.8	1.8
息烽县	487	112.4	53.6	40.2	18.6	42.1	1	1	1.4	1.4
修文县	391	194.8	95.9	93.9	5.0	126.9	1	1	1.0	1.0
六枝特区	784	330.0	182.9	99.8	47.4	305.2	3	3	4.3	4.3
桐梓县	1191	439.0	258.6	161.4	19.0		2	2	3.8	3.8
绥阳县	748	250.8	67.9	64.6	118.3	27.6	1	1	3.5	3.5
正安县	561	35.8	29.8		6.0	29.8	1	1	2.5	2.5
道真县	605	115.2	80.2	22.0	13.0		1	1	1.5	1.5
务川县	513	127.0	71.4	55.0	0.6		1	1	1.5	1.5
凤冈县	420	111.9	57.3	54.4	0.2	78.0	2	2	1.2	1.2
湄潭县	821	263.5	115.2	125.3	23.0	263.5	2	2	3.0	3.0
余庆县	356	127.4	81.0	28.4	18.0	18.0	1	1	1.0	1.0

continued

污水处理厂 Wastewater Treatment Plant				其他污水处理设施 Other Wastewater Treatment Facilities		污水处理总量	再生水 Recycled Water			县名称
处理量(万立方米) Quantity of Wastewater Treated (10,000 m^3)	二、三级处理 Secondary and Tertiary Treated	干污泥产生量(吨) Quantity of Dry Sludge Produced (ton)	干污泥处置量(吨) Quantity of Dry Sludge Treated (ton)	处理能力(万立方米/日) Treatment Capacity (10,000 m^3/day)	处理量(万立方米) Quantity of Wastewater Treated (10,000 m^3)	(万立方米) Total Quantity of Wastewater Treated (10,000 m^3)	生产能力(万立方米/日) Recycled Water Production Capacity (10,000 m^3/day)	利用量(万立方米) Annual Quantity of Wastewater Recycled and Reused (10,000 m^3)	管道长度(公里) Length of Pipelines (km)	Name of Counties
69	69	55				69				新龙县
53		53	53			53				德格县
64		31	31			64				白玉县
54		19	19			54				石渠县
54		54	54			54				色达县
128	128	1				128				理塘县
42		40	40			42				巴塘县
66	66	2	2			66				乡城县
89	89	3	2			89				稻城县
38		6	6			38				得荣县
97		41	41			97				普格县
105	105	64	64			105		12		木里县
441		1245	1245			441				盐源县
427	427	480	480			427				德昌县
379	379	380	380			379				会东县
108		110	110			108				宁南县
101	101	14	14			101				布拖县
79		152	152			79				金阳县
169		304	304			169				昭觉县
60		12	12	0.4		60				喜德县
229		102	49			229				冕宁县
98		0				98				越西县
216		252				216				甘洛县
74	74	173	173			74				美姑县
86		7	7			86				雷波县
27127	**27127**	**33513**	**29642**	**1.9**	**10**	**27137**	**8.5**	**1560**	**29.6**	**贵　州**
650	650	345		1.8		650				开阳县
486	486	539	539			486				息烽县
379	379	1574	1574	0.1	10	388				修文县
751	751	722	656			751				六枝特区
1110	1110	1623	1623			1110				桐梓县
731	731	1590	1590			731		731		绥阳县
516	516	550	550			516				正安县
598	598	1004	1004			598				道真县
469	469	404	404			469	0.3	109		务川县
380	380	105	105			380				凤冈县
786	786	1058	1058			786				湄潭县
331	331	289	289			331	0.2	24	0.3	余庆县

10-2 续表 28

县名称 Name of Counties	污水排放量（万立方米）Annual Quantity of Wastewater Discharged (10,000 m^3)	排水管道长度（公里）Length of Drainage Pipelines (km)	污水管道 Sewers	雨水管道 Rainwater Drainage Pipeline	雨污合流管道 Combined Drainage Pipeline	建成区 in Built District	污水处理厂 Wastewater Treatment Plant 座数（座）Number (unit)	二、三级处理 Secondary and Tertiary Treated	处理能力（万立方米/日）Treatment Capacity (10,000 m^3/day)	二、三级处理 Secondary and Tertiary Treated
习水县	862	157.6	155.4		2.2	157.6	1	1	2.5	2.5
普定县	457	238.2	124.8	113.4		227.8	1	1	1.5	1.5
镇宁县	529	363.8	181.9	111.0	70.9	181.9	1	1	1.8	1.8
关岭县	238	88.9	64.3	18.2	6.5	88.9	2	2	1.4	1.4
紫云县	176	231.5	122.6	108.9		231.5	2	2	0.6	0.6
大方县	775	318.8	200.5	107.5	10.9	78.8	2	2	2.1	2.1
金沙县	809	83.9	28.8	10.0	45.1	83.9	2	2	2.7	2.7
织金县	861	35.0	35.0			35.0	1	1	2.4	2.4
纳雍县	546	116.0	116.0				3	3	1.6	1.6
威宁自治县	1265	197.9	196.2	1.7		197.9	2	2	4.0	4.0
赫章县	433	101.6	59.1		42.5	74.5	1	1	1.0	1.0
江口县	370	75.5	43.5	32.0			1	1	1.4	1.4
玉屏县	346	104.0	70.0	20.0	14.0		1	1	2.0	2.0
石阡县	281	139.4	116.7	19.0	3.7		1	1	1.0	1.0
思南县	535	134.0	58.0	56.0	20.0		2	2	1.5	1.5
印江县	420	86.0	86.0			86.0	3	3	2.2	2.2
德江县	1040	127.7	94.6	33.1		127.7	3	3	3.1	3.1
沿河县	505	106.6	55.8	13.3	37.5	106.6	1	1	1.4	1.4
松桃县	628	104.2	70.6	21.0	12.6	65.6	1	1	1.4	1.4
普安县	168	47.3	30.0	14.5	2.8	46.5	1	1	0.7	0.7
晴隆县	157	158.0	61.5	82.0	14.5		1	1	0.4	0.4
贞丰县	196	99.6	62.2	37.5		70.6	1	1	0.8	0.8
望谟县	204	30.5	20.2	7.3	3.0		2	2	1.1	1.1
册亨县	233	139.4	66.3	73.1		139.4	1	1	0.8	0.8
安龙县	405	126.0	86.0	30.0	10.0	126.0	4	4	3.4	3.4
黄平县	220	34.7	34.7			34.7	2	2	0.8	0.8
施秉县	173	43.0	27.1	15.9		43.0	1	1	0.6	0.6
三穗县	241	109.0	83.0	24.0	2.0	109.0	1	1	1.0	1.0
镇远县	219	104.3	85.5	15.8	3.0	104.3	1	1	1.0	1.0
岑巩县	300	45.2	35.2	5.0	5.0	45.2	1	1	1.0	1.0
天柱县	465	159.0	94.0	55.0	10.0	110.0	1	1	1.2	1.2
锦屏县	158	103.8	55.0	39.3	9.5	103.8	2	2	0.6	0.6
剑河县	285	90.0	55.0	35.0		90.0	4	4	1.1	1.1
台江县	117	73.0	63.0	4.0	6.0	53.0	1	1	0.8	0.8
黎平县	500	60.4	60.4			60.4	2	2	1.3	1.3
榕江县	434	111.9	66.9	30.2	14.8	111.9	3	3	2.2	2.2
从江县	217	47.0	41.3	5.7		47.0	1	1	0.8	0.8
雷山县	122	42.0	40.0	2.0		42.0	1	1	0.3	0.3

continued

污水处理厂 Wastewater Treatment Plant				其他污水处理设施 Other Wastewater Treatment Facilities		污水处理总量	再生水 Recycled Water			县名称
处理量(万立方米) Quantity of Wastewater Treated (10,000 m³)	二、三级处理 Secondary and Tertiary Treated	干污泥产生量(吨) Quantity of Dry Sludge Produced (ton)	干污泥处置量(吨) Quantity of Dry Sludge Treated (ton)	处理能力(万立方米/日) Treatment Capacity (10,000 m³/day)	处理量(万立方米) Quantity of Wastewater Treated (10,000 m³)	(万立方米) Total Quantity of Wastewater Treated (10,000 m³)	生产能力(万立方米/日) Recycled Water Production Capacity (10,000 m³/day)	利用量(万立方米) Annual Quantity of Wastewater Recycled and Reused (10,000 m³)	管道长度(公里) Length of Pipelines (km)	Name of Counties
774	774	758	758			774				习水县
432	432	263	263			432				普定县
503	503	584	584			503	0.6	45	5.0	镇宁县
221	221	93	93			221				关岭县
143	143	69	69			143				紫云县
484	484	305	305			484	1.4	20	3.1	大方县
793	793	753	748			793				金沙县
803	803	1959				803				织金县
491	491	636	636			491				纳雍县
1204	1204	2241	2241			1204	4.0	478	19.5	威宁自治县
402	402	1662	1662			402				赫章县
347	347	375	375			347				江口县
333	333	135	135			333				玉屏县
275	275	384	384			275				石阡县
508	508	562	562			508				思南县
412	412	252	252			412				印江县
1024	1024	352	352			1024				德江县
455	455	803				455				沿河县
591	591	832	832			591				松桃县
134	134	43	38			134	0.3	1		普安县
121	121	68	68			121	0.1	4		晴隆县
190	190	288				190				贞丰县
196	196	310				196				望谟县
143	143	7	7			143				册亨县
393	393	90				393		114		安龙县
214	214	112	112			214				黄平县
165	165	36	36			165	0.1	15		施秉县
229	229	174	174			229	0.0	17		三穗县
204	204	679	679			204				镇远县
287	287	1168	1168			287				岑巩县
443	443	570	570			443				天柱县
150	150	637	637			150				锦屏县
270	270	304	304			270		0		剑河县
111	111	57	57			111				台江县
470	470	1592	1592			470				黎平县
405	405	208	208			405				榕江县
208	208	81	81			208				从江县
113	113	33	32			113				雷山县

10-2 续表 29

县名称 Name of Counties	污水排放量（万立方米）Annual Quantity of Waste-water Discharged (10,000 m^3)	排水管道长度（公里）Length of Drainage Pipelines (km)	污水管道 Sewers	雨水管道 Rainwater Drainage Pipeline	雨污合流管道 Combined Drainage Pipeline	建成区 in Built District	污水处理厂 Wastewater Treatment Plant 座数（座）Number (unit)	二、三级处理 Secondary and Tertiary Treated	处理能力（万立方米/日）Treatment Capacity (10,000 m^3/day)	二、三级处理 Secondary and Tertiary Treated
麻江县	132	114.3	59.0	53.4	2.0	114.3	2	2	0.6	0.6
丹寨县	241	87.8	87.8			87.8	2	2	0.8	0.8
荔波县	427	71.0	60.0		11.0	69.0	3	3	1.5	1.5
贵定县	469	125.1	54.5	51.6	19.0	100.0	1	1	1.5	1.5
瓮安县	799	272.3	140.5	129.8	2.0	272.3	4	4	3.7	3.7
独山县	406	145.0	67.0	6.0	72.0	145.0	3	3	1.5	1.5
平塘县	259	97.3	43.6	32.1	21.6	92.3	1	1	1.0	1.0
罗甸县	609	120.0	70.0	40.0	10.0	91.0	1	1	2.0	2.0
长顺县	333	117.6	11.6	50.5	55.5	117.6	2	2	0.9	0.9
龙里县	805	181.0	129.0	48.0	4.0	172.0	2	2	2.7	2.7
惠水县	680	135.2	61.5	73.7		135.2	2	2	2.2	2.2
三都水族自治县	289	48.0	33.0	15.0		48.0	1	1	0.9	0.9
云　南	**33858**	**11592.3**	**6402.2**	**3870.0**	**1320.1**	**10279.5**	**101**	**98**	**117.1**	**112.9**
嵩明县	360	182.6	85.6	50.2	46.8	182.6	1	1	1.0	1.0
富民县	277	100.0	57.4	32.1	10.6	100.0	1		0.8	
宜良县	1054	147.4	73.4	53.8	20.2	135.0	2	2	4.0	4.0
石林彝族自治县	840	263.7	186.1	77.6		263.7	1		2.2	
禄劝彝族苗族自治县	441	66.6	27.9	20.3	18.3	64.3	1	1	1.2	1.2
寻甸县	604	195.9	129.2	66.7		195.9	1	1	2.4	2.4
昆明阳宗海风景名胜区	507	145.5	123.0	22.0	0.5	85.3	2	2	2.0	2.0
陆良县	972	243.8	102.7	38.2	102.8	233.3	2	2	3.5	3.5
师宗县	267	171.8	88.0	72.8	11.0	140.6	1	1	1.5	1.5
罗平县	798	197.4	108.4	48.2	40.9	197.4	2	2	6.5	6.5
富源县	1004	149.2	65.0	34.6	49.6	149.2	1	1	4.0	4.0
会泽县	1120	352.0	171.6	160.7	19.6	352.0	1	1	4.0	4.0
通海县	281	155.4	98.0	20.7	36.6	127.5	1	1	1.0	1.0
华宁县	373	78.7	35.1	25.4	18.3	78.7	1	1	1.0	1.0
易门县	313	125.3	58.5	37.6	29.3	48.9	1	1	1.0	1.0
峨山县	314	72.0	37.8	25.7	8.6	72.0	1	1	1.0	1.0
新平县	344	74.1	31.0	31.3	11.8	74.1	1	1	1.0	1.0
元江县	219	117.8	47.9	38.6	31.3	106.1	1	1	1.0	1.0
施甸县	556	151.1	72.3	55.8	23.0	136.1	1	1	2.0	2.0
龙陵县	310	81.4	43.5	35.9	2.0	79.4	1	1	1.0	1.0
昌宁县	362	108.1	52.7	41.8	13.7	108.1	1	1	1.0	1.0
鲁甸县	414	284.1	81.2	133.5	69.4	211.1	1	1	1.5	1.5
巧家县	342	141.2	79.3	61.9		131.0	2	2	2.0	2.0

continued

污水处理厂 Wastewater Treatment Plant				其他污水处理设施 Other Wastewater Treatment Facilities		污水处理总量	再生水 Recycled Water			
处理量(万立方米) Quantity of Wastewater Treated (10,000 m^3)	二、三级处理 Secondary and Tertiary Treated	干污泥产生量(吨) Quantity of Dry Sludge Produced (ton)	干污泥处置量(吨) Quantity of Dry Sludge Treated (ton)	处理能力(万立方米/日) Treatment Capacity (10,000 m^3/day)	处理量(万立方米) Quantity of Wastewater Treated (10,000 m^3)	(万立方米) Total Quantity of Wastewater Treated (10,000 m^3)	生产能力(万立方米/日) Recycled Water Production Capacity (10,000 m^3/day)	利用量(万立方米) Annual Quantity of Wastewater Recycled and Reused (10,000 m^3)	管道长度(公里) Length of Pipelines (km)	县名称 Name of Counties
123	123	138	138			123		1		麻江县
230	230	153	153			230				丹寨县
414	414	97	97			414				荔波县
451	451	83	83			451				贵定县
784	784	1521	1521			784				瓮安县
392	392	48	48			392				独山县
250	250	110	110			250				平塘县
596	596	842	842			596	1.5	2	1.7	罗甸县
322	322	192	192			322				长顺县
793	793	280	280			793				龙里县
663	663	642	642			663				惠水县
282	282	132	132			282				三都水族自治县
32750	**31280**	**41729**	**39145**	**6.3**	**42**	**32793**	**4.0**	**106**	**62.1**	**云　南**
325	325	353	353			325				嵩明县
266		182	182			266				富民县
1011	1011	672	672	4.0		1011				宜良县
795		640	640			795	1.8	11		石林彝族自治县
396	396	566	566			396				禄劝彝族苗族自治县
576	576	249				576				寻甸县
472	472	890	890			472				昆明阳宗海风景名胜区
972	972	1908	1908			972				陆良县
267	267	140				267				师宗县
765	765	418	418			765				罗平县
960	960	535	535			960				富源县
1120	1120	605	605			1120				会泽县
268	268	593	593			268				通海县
358	358	458	458			358				华宁县
302	302	446	446			302				易门县
289	289	238	238	1.0	1	290				峨山县
319	319	304	304			319				新平县
204	204	157	157			204				元江县
556	556	634	634			556				施甸县
310	310	1241	1241			310				龙陵县
362	362	400	400			362				昌宁县
408	408	620	620			408				鲁甸县
318	318	602				318				巧家县

10-2 续表 30

县名称 Name of Counties	污水排放量（万立方米）Annual Quantity of Wastewater Discharged ($10,000\ m^3$)	排水管道长度（公里）Length of Drainage Pipelines (km)	污水管道 Sewers	雨水管道 Rainwater Drainage Pipeline	雨污合流管道 Combined Drainage Pipeline	建成区 in Built District	污水处理厂 Wastewater Treatment Plant 座数（座）Number (unit)	二、三级处理 Secondary and Tertiary Treated	处理能力（万立方米/日）Treatment Capacity ($10,000\ m^3$/day)	二、三级处理 Secondary and Tertiary Treated
盐津县	179	48.3	38.6	0.7	9.0	48.3	2	2	0.5	0.5
大关县	105	94.6	82.7	11.9		94.6	1	1	0.4	0.4
永善县	300	92.1	57.3	30.6	4.2	92.1	1	1	1.0	1.0
绥江县	480	209.0	121.4	87.6		209.0	1	1	1.0	1.0
镇雄县	1228	203.2	99.8	103.2	0.2	200.0	1	1	2.6	2.6
彝良县	363	71.1	43.0	18.9	9.2	61.0	1	1	1.0	1.0
威信县	334	92.3	60.1	18.0	14.2	92.0	1	1	1.0	1.0
玉龙纳西族自治县	182	245.9	123.1	122.8		245.9				
永胜县	371	144.9	98.1	38.3	8.5	120.7	1	1	1.0	1.0
华坪县	296	67.8	67.8			67.8	1	1	1.4	1.4
宁蒗县	386	114.0	86.0	28.0		85.0	1	1	2.0	2.0
宁洱哈尼族彝族自治县	379	159.9	101.6	57.7	0.7	141.0	1	1	1.0	1.0
墨江哈尼族自治县	224	58.4	33.2	12.7	12.5	51.7	1	1	1.0	1.0
景东彝族自治县	339	90.9	60.2	19.2	11.5	90.9	1	1	1.0	1.0
景谷傣族彝族自治县	400	130.1	57.5	54.6	18.0	130.1	1	1	1.0	1.0
镇沅彝族哈尼族拉祜族自治县	146	73.6	45.2	27.6	0.8	62.2	1	1	0.5	0.5
江城哈尼族彝族自治县	134	65.0	57.0	2.0	6.0	65.0	1	1	0.4	0.4
孟连傣族拉祜族佤族自治县	226	85.0	53.1	21.8	10.1	71.8	1	1	0.8	0.8
澜沧拉祜族自治县	404	105.8	45.1	33.2	27.5	99.8	1	1	1.1	1.1
西盟佤族自治县	82	31.0	20.0	11.0		28.0	1	1	0.3	0.3
凤庆县	491	123.4	83.0	39.6	0.8	121.5	1	1	1.5	1.5
云　县	438	68.7	62.4	1.8	4.5	68.7	1	1	1.4	1.4
永德县	210	46.0	28.9	15.1	2.0	46.0	1	1	0.7	0.7
镇康县	294	75.2	47.2	27.9		75.2	1	1	0.8	0.8
双江县	269	57.6	28.1	6.6	22.9	46.5	1	1	1.0	1.0
耿马县	226	105.6	67.3	28.3	10.0	71.5	1	1	1.0	1.0
沧源县	225	161.3	93.4	64.5	3.4	98.2	1	1	0.8	0.8
双柏县	148	70.4	43.8	23.6	3.0	70.4	1	1	1.0	1.0
牟定县	255	142.5	71.8	62.5	8.2	127.5	1	1	1.2	1.2
南华县	361	173.1	102.1	67.5	3.6	166.3	1	1	1.5	1.5

continued

污水处理厂 Wastewater Treatment Plant				其他污水处理设施 Other Wastewater Treatment Facilities		污水处理总量	再生水 Recycled Water			县名称
处理量(万立方米) Quantity of Wastewater Treated (10,000 m^3)	二、三级处理 Secondary and Tertiary Treated	干污泥产生量(吨) Quantity of Dry Sludge Produced (ton)	干污泥处置量(吨) Quantity of Dry Sludge Treated (ton)	处理能力(万立方米/日) Treatment Capacity (10,000 m^3/day)	处理量(万立方米) Quantity of Wastewater Treated (10,000 m^3)	(万立方米) Total Quantity of Wastewater Treated (10,000 m^3)	生产能力(万立方米/日) Recycled Water Production Capacity (10,000 m^3/day)	利用量(万立方米) Annual Quantity of Wastewater Recycled and Reused (10,000 m^3)	管道长度(公里) Length of Pipelines (km)	Name of Counties
171	171	196	196			171				盐津县
105	105	192	192			105				大关县
296	296	395	395			296				永善县
472	472	460	460			472				绥江县
1214	1214	745	745			1214				镇雄县
361	361	450	450			361				彝良县
329	329	230	230			329				威信县
179	179					179				玉龙纳西族自治县
361	361	221	221			361				永胜县
289	289	199	199			289				华坪县
386	386	384	384			386	0.9			宁蒗县
379	379	324	324			379				宁洱哈尼族彝族自治县
220	220	280	20			220				墨江哈尼族自治县
336	336	420	420			336				景东彝族自治县
399	399	454	454			399				景谷傣族彝族自治县
143	143	51	51			143				镇沅彝族哈尼族拉祜族自治县
132	132	147	147			132				江城哈尼族彝族自治县
223	223	161	161			223				孟连傣族拉祜族佤族自治县
396	396	401	401			396				澜沧拉祜族自治县
80	80	104	104			80		1	0.1	西盟佤族自治县
491	491	453	453			491				凤庆县
438	438	493				438				云　县
210	210	542	542			210				永德县
294	294	640	640			294				镇康县
268	268	418	418			268				双江县
226	226	782	782			226				耿马县
225	225	664	664			225				沧源县
148	148	167	167			148				双柏县
250	250	123	123			250				牟定县
346	346	225	225			346				南华县

10-2 续表 31

县名称 Name of Counties	污水排放量（万立方米） Annual Quantity of Wastewater Discharged ($10,000\ m^3$)	排水管道长度（公里） Length of Drainage Pipelines (km)	污水管道 Sewers	雨水管道 Rainwater Drainage Pipeline	雨污合流管道 Combined Drainage Pipeline	建成区 in Built District	污水处理厂 Wastewater Treatment Plant：座数（座） Number (unit)	二、三级处理 Secondary and Tertiary Treated	处理能力（万立方米/日） Treatment Capacity ($10,000\ m^3$/day)	二、三级处理 Secondary and Tertiary Treated
姚安县	130	71.2	36.3	23.8	11.0	71.2	2	2	1.3	1.3
大姚县	313	132.2	63.1	51.3	17.8	132.2	1	1	1.0	1.0
永仁县	173	76.4	37.4	22.0	17.0	76.4	1	1	0.5	0.5
元谋县	412	124.6	86.4	38.2		102.7	1	1	1.5	1.5
武定县	322	125.5	62.5	35.0	28.0	98.0	1	1	2.0	2.0
屏边县	226	72.0	45.0	16.2	10.9	65.0	1	1	0.6	0.6
建水县	886	393.7	140.5	162.5	90.7	393.7	1	1	2.5	2.5
石屏县	707	186.0	108.0	62.0	16.0	186.0	1	1	2.0	2.0
泸西县	668	376.8	251.7	125.1		188.7	1	1	2.0	2.0
元阳县	164	59.8	36.6	11.7	11.5	59.8	1	1	0.5	0.5
红河县	114	105.1	64.0	13.0	28.1	105.1	1	1	0.5	0.5
金平县	240	94.9	63.9	26.0	5.0	81.1	1	1	0.8	0.8
绿春县	173	51.1	30.7	18.4	2.0	51.1	1	1	0.5	0.5
河口县	236	45.2	11.0	7.2	27.0	45.2	1	1	1.0	1.0
砚山县	583	183.5	83.3	92.0	8.2	83.3	1	1	1.5	1.5
西畴县	113	68.5	29.2	29.2	10.0	68.5	1	1	0.3	0.3
麻栗坡县	137	46.1	29.8	10.3	6.0	39.6	1	1	0.4	0.4
马关县	370	131.8	45.3	45.7	40.8	127.1	1	1	1.0	1.0
丘北县	384	156.1	56.9	52.1	47.2	89.1	1	1	1.6	1.6
广南县	330	208.0	110.0	98.0		208.0	1	1	0.8	0.8
富宁县	363	144.0	78.0	54.0	12.0	135.0	1	1	1.0	1.0
勐海县	333	70.7	36.4	23.8	10.5	65.0	1	1	1.0	1.0
勐腊县	436	37.9	24.0	12.9	1.0	33.3	1	1	1.0	1.0
漾濞彝族自治县	82	25.7	22.0	3.7		25.7	1	1	0.5	0.5
祥云县	570	183.3	84.1	86.9	12.2	183.3	1	1	2.0	2.0
宾川县	406	162.1	87.9	66.8	7.4	162.1	1	1	1.5	1.5
弥渡县	207	130.2	80.6	29.5	20.1	116.2	1	1	1.2	1.2
南涧彝族自治县	168	105.3	50.6	50.2	4.5	38.1	1	1	0.5	0.5
巍山彝族回族自治县	120	52.3	31.4	15.8	5.1	51.0	1	1	0.5	0.5
永平县	224	91.0	63.5	22.5	5.0	90.3	1	1	0.8	0.8
云龙县	126	87.0	57.1	3.0	27.0	57.1	1	1	0.5	0.5
洱源县	364	87.0	44.0	43.0		74.0	1	1	1.0	1.0
剑川县	182	160.0	76.0	66.0	18.0	131.2	1	1	1.0	1.0
鹤庆县	425	108.5	64.9	37.8	5.8	100.3	1		1.2	
梁河县	130	62.8	37.8	25.0		56.5	1	1	0.5	0.5
盈江县	481	147.5	77.1	42.0	28.3	92.0	1	1	1.2	1.2
陇川县	226	87.3	58.2	29.1		77.5	1	1	0.5	0.5

continued

污水处理厂 Wastewater Treatment Plant				其他污水处理设施 Other Wastewater Treatment Facilities		污水处理总量	再生水 Recycled Water			县名称
处理量（万立方米） Quantity of Wastewater Treated (10,000 m^3)	二、三级处理 Secondary and Tertiary Treated	干污泥产生量（吨） Quantity of Dry Sludge Produced (ton)	干污泥处置量（吨） Quantity of Dry Sludge Treated (ton)	处理能力（万立方米/日） Treatment Capacity (10,000 m^3/day)	处理量（万立方米） Quantity of Wastewater Treated (10,000 m^3)	（万立方米） Total Quantity of Wastewater Treated (10,000 m^3)	生产能力（万立方米/日） Recycled Water Production Capacity (10,000 m^3/day)	利用量（万立方米） Annual Quantity of Wastewater Recycled and Reused (10,000 m^3)	管道长度（公里） Length of Pipelines (km)	Name of Counties
129	129	75	75			129	0.8	85	1.0	姚安县
305	305	422	422			305		7	18.9	大姚县
158	158	226	226			158	0.4	2	14.2	永仁县
394	394	395	395			394				元谋县
304	304	271	271			304				武定县
218	218	600	600			218				屏边县
859	859	1421	1421			859				建水县
684	684	720	720			684				石屏县
659	659	3150	3150			659				泸西县
159	159	122	122			159				元阳县
111	111	96	96			111				红河县
230	230	170	170			230				金平县
167	167	210	210			167				绿春县
235	235	275	275			235				河口县
572	572	828	828			572				砚山县
109	109	116	116			109				西畴县
124	124	125	125			124				麻栗坡县
362	362	462	462			362				马关县
372	372	336	336			372	0.1		28.0	丘北县
297	297	306	306			297				广南县
356	356	358	358			356				富宁县
313	313	563	563			313				勐海县
416	416	621	621			416				勐腊县
74	74	59	59			74				漾濞彝族自治县
542	542	574	574			542				祥云县
366	366	273	273			366				宾川县
206	206	230	230			206				弥渡县
164	164	192	192			164				南涧彝族自治县
112	112	129	129			112				巍山彝族回族自治县
210	210	209	209			210				永平县
114	114	120	120	0.0	5	119				云龙县
360	360	2773	2750	1.0		360				洱源县
177	177	107	107			177				剑川县
409		355				409				鹤庆县
123	123	94	94			123				梁河县
452	452	399	385			452				盈江县
203	203	117	117			203				陇川县

10-2 续表 32

县名称 Name of Counties	污水排放量（万立方米） Annual Quantity of Waste-water Discharged (10,000 m^3)	排水管道长度（公里） Length of Drainage Pipelines (km)	污水管道 Sewers	雨水管道 Rainwater Drainage Pipeline	雨污合流管道 Combined Drainage Pipeline	建成区 in Built District	污水处理厂 Wastewater Treatment Plant 座数（座） Number (unit)	二、三级处理 Secondary and Tertiary Treated	处理能力（万立方米/日） Treatment Capacity (10,000 m^3/day)	二、三级处理 Secondary and Tertiary Treated
福贡县	149	29.4	29.4			29.4	1	1	0.3	0.3
贡山独龙族怒族自治县	80	34.1	17.8	16.3		25.6	1	1	0.3	0.3
兰坪白族普米族自治县	255	128.0	64.0	40.0	24.0	124.0	1	1	1.0	1.0
德钦县	105	42.7	29.0	13.7		24.3	1	1	0.3	0.3
维西傈僳族自治县	202	95.4	62.4	26.0	7.0	95.4	1	1	0.8	0.8
西　藏	**4103**	**1469.4**	**417.2**	**265.1**	**787.2**	**1161.9**	**45**	**25**	**13.8**	**6.8**
曲水县	40	13.0			13.0		1	1	0.2	0.2
当雄县	43	14.0			14.0	14.0				
林周县	69	10.9	2.2	2.2	6.5	10.9	1	1	0.1	0.1
墨竹工卡县	123	24.4	9.5	4.7	10.3		1		0.9	
尼木县	43	8.5	8.5			8.5	1	1	0.2	0.2
亚东县	207	27.7	19.7	6.8	1.2		1		0.5	
聂拉木县	44	9.5	2.8	2.0	4.7					
仲巴县	28	18.2			18.2	16.3				
定结县	36	20.0			20.0	20.0				
康马县	37	52.4	13.5		38.9	42.1	1	1	0.1	0.1
吉隆县	43	6.1			6.1	6.1	1	1	0.9	0.9
萨嘎县	43	30.5	7.3		23.2	23.2				
谢通门县	53	7.5	6.0	0.5	1.0	7.5	1	1	0.2	0.2
萨迦县	37	10.0			10.0	10.0	1		0.1	
岗巴县	63	12.9			12.9	10.3	1	1	0.1	0.1
拉孜县	104	42.7	15.0	14.4	13.3	29.5	1	1	0.3	0.3
江孜县	280	26.9	6.0	5.9	15.0	26.9	1	1	0.3	0.3
定日县	52	56.0	28.0		28.0	35.0				
南木林县	91	52.8	11.8		41.0	52.8	1	1	0.2	0.2
昂仁县	70	13.9	6.9	6.9			1	1	0.2	0.2
白朗县	75	21.0	3.5		17.5		1	1	1.5	1.5
仁布县	120	21.1	4.5	6.5	10.2	21.1				
左贡县	51	35.5	25.1	10.4		21.0	1		0.2	
丁青县	93	3.0			3.0	3.0	1		0.3	
八宿县	43	52.3	7.4	30.5	14.3	52.3				
江达县	65	43.4	24.5	18.9		32.3	1		0.2	
洛隆县	62	12.4	4.5	3.7	4.3	12.4	1		0.2	
察雅县	27	8.0	4.0	2.0	2.0	5.0				

continued

污水处理厂 Wastewater Treatment Plant				其他污水处理设施 Other Wastewater Treatment Facilities		污水处理总量	再生水 Recycled Water			县名称
处理量（万立方米） Quantity of Wastewater Treated (10,000 m^3)	二、三级处理 Secondary and Tertiary Treated	干污泥产生量（吨） Quantity of Dry Sludge Produced (ton)	干污泥处置量（吨） Quantity of Dry Sludge Treated (ton)	处理能力（万立方米/日） Treatment Capacity (10,000 m^3/day)	处理量（万立方米） Quantity of Wastewater Treated (10,000 m^3)	（万立方米） Total Quantity of Wastewater Treated (10,000 m^3)	生产能力（万立方米/日） Recycled Water Production Capacity (10,000 m^3/day)	利用量（万立方米） Annual Quantity of Wastewater Recycled and Reused (10,000 m^3)	管道长度（公里） Length of Pipelines (km)	Name of Counties
105	105	47		0.3	37	142				福贡县
78	78	22	22			78				贡山独龙族怒族自治县
245	245	800	400			245				兰坪白族普米族自治县
103	103	1				103				德钦县
190	190	195	195			190				维西傈僳族自治县
1700	**996**	**1842**	**1016**	**0.7**	**7**	**1707**	**0.1**	**50**		**西　藏**
40	40	20	20			40				曲水县
										当雄县
46	46	0	0			46				林周县
116		4	4			116				墨竹工卡县
43	43	1	1			43				尼木县
55		0				55				亚东县
										聂拉木县
										仲巴县
										定结县
37	37	2				37		37		康马县
21	21	151				21				吉隆县
										萨嘎县
29	29	0	0			29				谢通门县
35						35				萨迦县
3	3	0	0			3				岗巴县
73	73	25	24			73				拉孜县
0	0	0				0				江孜县
										定日县
91	91	1				91				南木林县
50	50	0				50				昂仁县
2	2	1	1			2				白朗县
										仁布县
35		16	16			35				左贡县
93		92	92			93				丁青县
										八宿县
57		10	10			57				江达县
30		41				30				洛隆县
										察雅县

10-2 续表 33

县名称 Name of Counties	污水排放量（万立方米） Annual Quantity of Wastewater Discharged (10,000 m^3)	排水管道长度（公里） Length of Drainage Pipelines (km)	污水管道 Sewers	雨水管道 Rainwater Drainage Pipeline	雨污合流管道 Combined Drainage Pipeline	建成区 in Built District	污水处理厂 Wastewater Treatment Plant 座数（座） Number (unit)	二、三级处理 Secondary and Tertiary Treated	处理能力（万立方米/日） Treatment Capacity (10,000 m^3/day)	二、三级处理 Secondary and Tertiary Treated
贡觉县	51	6.6			6.6	6.6	1	1	0.1	0.1
边坝县	43	21.6	13.0	2.6	6.0	18.1	1		0.3	
类乌齐县	62	42.3			42.3	42.3				
芒康县	75	18.4	18.4			18.4				
朗　县	41	18.4	7.5	7.4	3.4	18.4	1	1	0.2	0.2
墨脱县	33	9.3			9.3	7.8				
工布江达县	44	10.6			10.6	10.6	1	1	0.3	0.3
察隅县	38	26.9	14.5	3.3	9.0	26.9	1		0.2	
波密县	73	16.0	10.0	6.0		16.0	1	1	0.3	0.3
米林县	56	26.8	16.0	9.7	1.2	24.1	1	1	0.3	0.3
错那县	78	15.0			15.0	15.0				
浪卡子县	83	33.0			33.0	28.0				
贡嘎县	76	23.4	5.8	5.8	11.9	3.0	1		0.2	
加查县	49	8.0			8.0	8.0	1	1	0.1	0.1
桑日县	83	10.8	1.4		9.4	10.8	1		0.1	
洛扎县	85	20.5		10.5	10.0	20.5				
琼结县	52	34.0	16.5	16.5	0.9	16.9	1	1	0.2	0.2
措美县	70	24.0	24.0			24.0				
扎囊县	53	16.3			16.3		1	1	0.1	0.1
曲松县	57	44.2	15.3	14.8	14.1	15.3	1	1	0.2	0.2
隆子县	43	55.0	12.0	21.0	22.0	55.0	1		0.1	
聂荣县	64	14.1	2.2	2.2	9.7	11.2	1	1	0.2	0.2
双湖县	7	7.3			7.3	7.3				
嘉黎县	21	14.6	10.2	4.4		14.6	1		0.2	
比如县	89	35.3	16.6	18.8		35.3				
尼玛县	18	28.3			28.3	28.3	1	1	0.1	0.1
巴青县	50	39.6	12.9	12.4	14.4	26.8				
申扎县	54	22.4	6.9	6.9	8.7	22.4				
安多县	65	4.0		4.0		4.0				
索　县	81	8.8	1.5		7.3	8.8	1		3.0	
班戈县	33	6.3			6.3	6.1	1		0.3	
革吉县	25	5.1		2.6	2.6	4.0	1		0.1	
札达县	20	4.9	1.9	1.0	2.0	4.3	1		0.0	
日土县	60	18.3			18.3	18.3	1		0.1	
改则县	24	21.9			21.9	21.9	1		0.2	
葛尔县	158	60.0			60.0	60.0	1	1	0.5	0.5
普兰县	28	3.0			3.0	3.0	1		0.1	
措勤县	21	39.9			39.9	39.9	1	1	0.1	0.1

continued

污水处理厂 Wastewater Treatment Plant				其他污水处理设施 Other Wastewater Treatment Facilities		污水处理总量	再生水 Recycled Water			
处理量（万立方米） Quantity of Wastewater Treated (10,000 m^3)	二、三级处理 Secondary and Tertiary Treated	干污泥产生量（吨） Quantity of Dry Sludge Produced (ton)	干污泥处置量（吨） Quantity of Dry Sludge Treated (ton)	处理能力（万立方米/日） Treatment Capacity (10,000 m^3/day)	处理量（万立方米） Quantity of Wastewater Treated (10,000 m^3)	（万立方米） Total Quantity of Wastewater Treated (10,000 m^3)	生产能力（万立方米/日） Recycled Water Production Capacity (10,000 m^3/day)	利用量（万立方米） Annual Quantity of Wastewater Recycled and Reused (10,000 m^3)	管道长度（公里） Length of Pipelines (km)	县名称 Name of Counties
25	25	12	12			25				贡觉县
20		4				20				边坝县
										类乌齐县
										芒康县
38	38	20	3			38				朗　县
										墨脱县
38	38	38	38			38				工布江达县
31		30	30			31				察隅县
60	60	52	52			60				波密县
49	49	26	26			49				米林县
										错那县
										浪卡子县
63		18	18			63				贡嘎县
37	37	0				37				加查县
44		11	11			44				桑日县
										洛扎县
42	42	13				42				琼结县
										措美县
47	47	5				47				扎囊县
57	57	1	1			57		13		曲松县
37		11				37				隆子县
7	7	7	7	0.2	7	14				聂荣县
										双湖县
0		0	0	0.2	0	0				嘉黎县
										比如县
7	7	7	7			7				尼玛县
										巴青县
										申扎县
										安多县
30		548	8	0.2	0	30				索　县
33		2				33				班戈县
8		8		0.1		8	0.1			革吉县
9		36	12			9				札达县
3		30	30			3				日土县
2		6				2				改则县
151	151	594	594			151				葛尔县
5		0				5				普兰县
2	2	0	0	0.1		2				措勤县

10-2 续表 34

县名称 Name of Counties	污水排放量（万立方米） Annual Quantity of Wastewater Discharged ($10,000\ m^3$)	排水管道长度（公里） Length of Drainage Pipelines (km)	污水管道 Sewers	雨水管道 Rainwater Drainage Pipeline	雨污合流管道 Combined Drainage Pipeline	建成区 in Built District	污水处理厂 Wastewater Treatment Plant 座数（座） Number (unit)	二、三级处理 Secondary and Tertiary Treated	处理能力（万立方米/日） Treatment Capacity ($10,000\ m^3$/day)	二、三级处理 Secondary and Tertiary Treated
陕　西	**28773**	**6219.0**	**2802.0**	**1702.0**	**1714.9**	**5468.6**	**73**	**69**	**108.8**	**105.1**
蓝田县	553	122.7	36.1	34.3	52.3	49.7	1	1	3.0	3.0
周至县	487	74.9	45.3	21.6	8.0	50.7	1	1	2.6	2.6
宜君县	39	50.0	22.0	5.0	23.0	20.0	1	1	0.2	0.2
岐山县	380	42.1	22.9	9.2	10.0	26.1	1	1	2.0	2.0
扶风县	864	71.4	7.1	1.1	63.3	71.4	1	1	3.0	3.0
眉　县	392	131.0	35.8	27.4	67.8	120.4	1	1	1.5	1.5
陇　县	435	107.5	43.6	12.7	51.2	95.2	1	1	2.0	2.0
千阳县	279	76.1	25.9	14.6	35.7	61.9	1	1	1.0	1.0
麟游县	108	58.9	32.8	26.1		50.2	1	1	0.3	0.3
凤　县	120	39.0	22.9	11.5	4.6	36.3	1	1	0.3	0.3
太白县	146	58.9	30.4	17.0	11.5	58.9	1	1	0.4	0.4
三原县	1658	145.2	15.4	9.0	120.8	138.9	1	1	5.0	5.0
泾阳县	1162	74.4		2.6	71.7	68.4	1	1	3.5	3.5
乾　县	442	128.1	28.5	32.1	67.5	120.5	1	1	2.0	2.0
礼泉县	626	140.8	65.4	35.4	40.1	119.2	1	1	3.0	3.0
永寿县	211	58.4	20.4	9.0	29.0	55.7	1	1	1.6	1.6
长武县	337	85.3	30.2	32.0	23.1	85.3	1	1	1.2	1.2
旬邑县	121	39.9	21.7	17.6	0.7	39.9	1	1	1.0	1.0
淳化县	110	62.0	51.1	0.3	10.6	62.0	1	1	0.8	0.8
武功县	510	100.4	42.7	22.6	35.1	66.1	1	1	2.0	2.0
潼关县	263	68.9	17.1	5.7	46.1	57.9	1		1.4	
大荔县	561	106.5	31.3	27.1	48.1	99.6	1	1	3.0	3.0
合阳县	519	79.9	12.3	19.6	48.1	77.4	2	2	2.2	2.2
澄城县	413	142.6	44.2	49.4	49.0	136.0	1	1	2.5	2.5
蒲城县	677	105.1	24.4	27.8	52.9	96.3	1	1	1.8	1.8
白水县	165	64.2	39.5	9.8	15.0	54.0	1	1	0.5	0.5
富平县	878	185.8	124.8	55.2	5.8	152.7	2	2	4.0	4.0
延长县	166	50.7	41.4	9.3		30.5	1	1	0.8	0.8
延川县	279	26.9	14.9	0.2	11.9	5.0	1	1	0.8	0.8
志丹县	383	83.3	57.6	20.8	4.9	79.0	1	1	1.2	1.2
吴起县	512	68.7	29.1	30.9	8.7	68.7	1	1	1.5	1.5
甘泉县	184	33.1	26.1		7.1	33.1	1	1	0.7	0.7
富　县	338	58.7	22.4	16.5	19.8	58.7	1	1	1.0	1.0
洛川县	197	47.7	24.8	13.3	9.6	45.5	1	1	0.6	0.6
宜川县	264	41.4	18.4	4.6	18.4	23.0	1	1	1.0	1.0

continued

污水处理厂 Wastewater Treatment Plant: 处理量(万立方米) Quantity of Wastewater Treated (10,000 m^3)	污水处理厂: 二、三级处理 Secondary and Tertiary Treated	污水处理厂: 干污泥产生量(吨) Quantity of Dry Sludge Produced (ton)	污水处理厂: 干污泥处置量(吨) Quantity of Dry Sludge Treated (ton)	其他污水处理设施 Other Wastewater Treatment Facilities: 处理能力(万立方米/日) Treatment Capacity (10,000 m^3/day)	其他污水处理设施: 处理量(万立方米) Quantity of Wastewater Treated (10,000 m^3)	污水处理总量(万立方米) Total Quantity of Wastewater Treated (10,000 m^3)	再生水 Recycled Water: 生产能力(万立方米/日) Recycled Water Production Capacity (10,000 m^3/day)	再生水: 利用量(万立方米) Annual Quantity of Wastewater Recycled and Reused (10,000 m^3)	再生水: 管道长度(公里) Length of Pipelines (km)	县名称 Name of Counties
27164	**26483**	**102510**	**95446**	**0.7**	**1**	**27166**	**21.1**	**1127**	**9.8**	**陕　西**
498	498	1840	1840			498				蓝田县
430	430	2150	2150			430				周至县
35	35	20	20			35	0.1	8	0.5	宜君县
353	353	220	220			353	0.9	75	2.0	岐山县
848	848	2236	2236			848				扶风县
364	364	852	852			364				眉　县
414	414	254	253			414				陇　县
258	258	600	576			258	0.7	1		千阳县
100	100	366	366			100				麟游县
112	112	64	62			112				凤　县
130	130	192	192			130				太白县
1609	1609	7400	7400			1609				三原县
1162	1162	1833	1833			1162	3.2			泾阳县
427	427	900	900			427				乾　县
614	614	2104				614	1.0	181	2.2	礼泉县
189	189	403	403			189		42		永寿县
328	328	1568	1568			328				长武县
108	108	291	291			108				旬邑县
103	103	183	183			103				淳化县
478	478	1444	1444			478				武功县
253		135	135			253				潼关县
525	525	265	265			525				大荔县
501	501	867	867			501				合阳县
385	385	193	193			385				澄城县
638	638	318	318			638				蒲城县
150	150	86	86			150				白水县
796	796	5283	5283			796	4.0	610	2.5	富平县
148	148	227	227			148	0.8	16		延长县
251	251	2655	2655			251	0.4	0		延川县
363	363	3872	3872			363	0.2	36		志丹县
499	499	6138	6138			499	0.1	18		吴起县
163	163	3365	3365			163		15		甘泉县
301	301	2500	2500			301		43		富　县
181	181	681	681			181		10		洛川县
236	236	924	924			236	1.0	13		宜川县

10-2 续表 35

县名称 Name of Counties	污水排放量（万立方米） Annual Quantity of Wastewater Discharged ($10,000\ m^3$)	排水管道长度（公里） Length of Drainage Pipelines (km)	污水管道 Sewers	雨水管道 Rainwater Drainage Pipeline	雨污合流管道 Combined Drainage Pipeline	建成区 in Built District	污水处理厂 Wastewater Treatment Plant：座数（座） Number (unit)	二、三级处理 Secondary and Tertiary Treated	处理能力（万立方米/日） Treatment Capacity ($10,000\ m^3$/day)	二、三级处理 Secondary and Tertiary Treated
黄龙县	85	75.2	47.7	21.5	6.0	75.2	1		0.5	
黄陵县	191	118.2	66.5	49.9	1.8	80.0	1	1	0.5	0.5
城固县	1143	143.9	70.0	42.1	31.7	139.7	1	1	3.0	3.0
洋　县	829	106.2	83.1	21.1	2.0	100.9	1	1	4.0	4.0
西乡县	796	163.5	71.9	67.2	24.4	159.6	1	1	3.0	3.0
勉　县	954	112.2	38.3	40.7	33.3	104.4	1	1	3.2	3.2
宁强县	380	101.1	66.8	34.3		101.1	1	1	1.0	1.0
略阳县	303	36.0	13.0	15.0	8.0	31.0	1	1	1.2	1.2
镇巴县	238	46.4	28.7	9.4	8.3	43.6	1	1	0.8	0.8
留坝县	66	33.2	19.6	10.4	3.1	28.3	1	1	0.2	0.2
佛坪县	115	30.6	17.6	6.0	7.0	27.8	1	1	0.4	0.4
府谷县	684	73.4	64.5	5.7	3.2	73.4	1	1	3.5	3.5
靖边县	1360	402.6	179.6	185.0	38.0	375.0	1	1	3.0	3.0
定边县	664	220.1	18.4	28.2	173.5	220.1	1	1	3.0	3.0
绥德县	362	115.6	36.0	79.6		105.1	1	1	1.0	1.0
米脂县	252	158.6	91.3	47.3	20.0	155.6	1		1.0	
佳　县	29	29.7	14.0	13.0	2.7	29.0	1	1	0.3	0.3
吴堡县	76	40.5	10.9	20.6	9.0	34.7	1	1	0.5	0.5
清涧县	187	43.7	41.1	1.8	0.8	31.7	1	1	0.6	0.6
子洲县	150	37.2	20.0	14.0	3.2	36.2	1	1	0.8	0.8
汉阴县	419	125.6	45.2	34.1	46.3	124.6	1	1	1.5	1.5
石泉县	427	79.2	63.9	9.3	6.0	77.5	2	2	1.3	1.3
宁陕县	95	40.3	31.3	0.5	8.5	40.3	1	1	0.3	0.3
紫阳县	280	45.0	30.8	6.0	8.2	43.9	1	1	0.8	0.8
岚皋县	254	93.8	68.4	22.3	3.0	75.3	1	1	0.7	0.7
平利县	220	44.2	32.4	7.3	4.5	40.2	1	1	0.8	0.8
镇坪县	81	43.0	35.2	6.4	1.4	42.4	1	1	0.5	0.5
旬阳县	381	113.3	37.0	18.8	57.5	97.3	1	1	1.5	1.5
白河县	302	71.0	25.0	6.0	40.0	70.0	1	1	1.0	1.0
洛南县	531	89.9	52.3	31.6	6.0	89.9	1	1	3.0	3.0
丹凤县	503	163.9	68.9	55.0	40.0	125.8	1	1	1.3	1.3
商南县	441	95.7	56.2	39.5		95.7	1	1	1.0	1.0
山阳县	570	98.7	38.0	60.7		98.1	1	1	2.0	2.0
镇安县	501	74.2	30.5	20.5	23.2	60.2	1	1	1.5	1.5
柞水县	129	123.0	60.0	40.0	23.0	21.0	1		0.8	
甘　肃	**16898**	**5504.7**	**3034.8**	**1761.1**	**708.8**	**4824.6**	**65**	**62**	**63.4**	**58.2**
永登县	319	102.8	49.1	53.7		49.1	1	1	1.5	1.5

continued

污水处理厂 Wastewater Treatment Plant				其他污水处理设施 Other Wastewater Treatment Facilities		污水处理总量	再生水 Recycled Water			
处理量（万立方米） Quantity of Wastewater Treated (10,000 m^3)	二、三级处理 Secondary and Tertiary Treated	干污泥产生量（吨） Quantity of Dry Sludge Produced (ton)	干污泥处置量（吨） Quantity of Dry Sludge Treated (ton)	处理能力（万立方米/日） Treatment Capacity (10,000 m^3/day)	处理量（万立方米） Quantity of Wastewater Treated (10,000 m^3)	（万立方米） Total Quantity of Wastewater Treated (10,000 m^3)	生产能力（万立方米/日） Recycled Water Production Capacity (10,000 m^3/day)	利用量（万立方米） Annual Quantity of Wastewater Recycled and Reused (10,000 m^3)	管道长度（公里） Length of Pipelines (km)	县名称 Name of Counties
78		826	826	0.5		78	0.5	17		黄龙县
169	169	558	558			169		4		黄陵县
1086	1086	5108	5108			1086				城固县
813	813	1370	1370			813				洋　县
711	711	840	840			711				西乡县
936	936	1430	1430			936				勉　县
350	350	1070	1070			350				宁强县
278	278	360	360	0.2	1	279				略阳县
235	235	308	308			235				镇巴县
65	65	86	85			65				留坝县
113	113	60	60			113				佛坪县
646	646	11509	11509			646				府谷县
1290	1290	2457	2457			1290	3.0	10	0.2	靖边县
619	619	1729	1729			619	3.0			定边县
329	329	237	237			329				绥德县
227		2768	2768			227				米脂县
26	26	10				26				佳　县
68	68	277	277			68				吴堡县
182	182	673				182	0.2	20	1.5	清涧县
137	137	190	190			137				子洲县
395	395	2493	2493			395				汉阴县
384	384	2137	2137			384		6		石泉县
92	92	84	84			92				宁陕县
268	268	240	240			268				紫阳县
254	254	1349	1349			254	0.7	1		岚皋县
220	220	709	709			220				平利县
77	77	189	189			77				镇坪县
370	370	345	345			370				旬阳县
278	278	1630	1630			278	0.3		1.0	白河县
501	501	498	498			501				洛南县
480	480	1510	1510			480				丹凤县
425	425	918	918			425				商南县
547	547	4668	419			547	1.0	1		山阳县
446	446	220	220			446				镇安县
123		1230	1230			123				柞水县
16252	**14752**	**51605**	**51600**			**16252**	**18.3**	**1996**	**215.0**	**甘　肃**
319	319	792	792			319				永登县

10-2 续表 36

县名称 Name of Counties	污水排放量（万立方米） Annual Quantity of Wastewater Discharged ($10,000\ m^3$)	排水管道长度（公里） Length of Drainage Pipelines (km)					污水处理厂 Wastewater Treatment Plant			
			污水管道 Sewers	雨水管道 Rainwater Drainage Pipeline	雨污合流管道 Combined Drainage Pipeline	建成区 in Built District	座数（座） Number (unit)	二、三级处理 Secondary and Tertiary Treated	处理能力（万立方米/日） Treatment Capacity ($10,000\ m^3$/day)	二、三级处理 Secondary and Tertiary Treated
皋兰县	216	98.4	33.4	50.9	14.1	31.0	1	1	1.0	1.0
榆中县	309	149.5	74.0	65.0	10.4	145.9	1	1	1.5	1.5
永昌县	341	51.0	43.0	8.0		43.0	1	1	2.0	2.0
靖远县	396	84.5	52.1	31.7	0.6	83.9	1	1	2.0	2.0
会宁县	339	157.6	73.7	74.1	9.8	157.6	1	1	1.0	1.0
景泰县	205	68.4	39.0	17.2	12.2	59.2	1	1	0.8	0.8
清水县	464	70.8	28.0	26.0	16.8	61.7	1	1	1.5	1.5
秦安县	304	90.2	31.0	32.7	26.5	90.2	1	1	2.0	2.0
甘谷县	420	124.2	47.5	58.0	18.6	104.2	1		1.3	
武山县	409	72.0	42.0	13.6	16.5	37.9	1		1.5	
张家川回族自治县	271	36.8	14.6		22.2	34.8	1	1	0.9	0.9
民勤县	311	119.9	40.0	9.6	70.4	119.9	1	1	2.0	2.0
古浪县	178	47.9	5.9	11.4	30.5	40.9	1	1	0.8	0.8
天祝藏族自治县	272	99.7	69.7	30.1		73.9	1	1	1.2	1.2
肃南县	103	24.7	17.4	7.3		20.4	1	1	0.6	0.6
民乐县	285	71.1	24.8	24.8	21.4	70.1	1	1	1.2	1.2
临泽县	303	102.3	30.3	37.0	35.0	93.7	1	1	1.6	1.6
高台县	395	83.8	30.7	8.1	45.0	63.2	1	1	1.2	1.2
山丹县	737	161.2	74.8	31.8	54.6	103.3	1		2.4	
泾川县	438	152.5	66.9	72.0	13.6	152.5	1	1	2.0	2.0
灵台县	193	111.1	75.0	36.1		111.1	1	1	0.8	0.8
崇信县	112	68.4	57.2	7.2	4.0	68.4	1	1	0.6	0.6
庄浪县	475	99.7	64.9	17.4	17.5	99.7	1	1	1.5	1.5
静宁县	686	168.3	103.2	63.5	1.6	168.3	1	1	2.0	2.0
金塔县	261	77.6	53.2	4.0	20.4	77.6	1	1	1.0	1.0
瓜州县	234	65.1			65.1	65.1	1	1	0.8	0.8
肃北蒙古族自治县	51	36.5			36.5	36.5	1	1	0.3	0.3
阿克塞哈萨克族自治县	60	36.2	9.3		26.9	29.8	1	1	0.2	0.2
庆城县	239	79.7	50.3	29.4		76.6	1	1	1.0	1.0
环　县	520	80.9	34.8	28.3	17.9	80.9	1	1	1.4	1.4
华池县	185	91.4	47.6	42.7	1.1	91.4	1	1	0.5	0.5
合水县	121	73.4	26.9	46.5		73.4	1	1	0.6	0.6
正宁县	114	70.2	33.4	36.8		62.1	1	1	0.5	0.5
宁　县	121	67.3	37.0	30.3		53.9	1	1	0.5	0.5

continued

污水处理厂 Wastewater Treatment Plant 处理量(万立方米) Quantity of Wastewater Treated (10,000 m^3)	二、三级处理 Secondary and Tertiary Treated	干污泥产生量(吨) Quantity of Dry Sludge Produced (ton)	干污泥处置量(吨) Quantity of Dry Sludge Treated (ton)	其他污水处理设施 Other Wastewater Treatment Facilities 处理能力(万立方米/日) Treatment Capacity (10,000 m^3/day)	处理量(万立方米) Quantity of Wastewater Treated (10,000 m^3)	污水处理总量(万立方米) Total Quantity of Wastewater Treated (10,000 m^3)	再生水 Recycled Water 生产能力(万立方米/日) Recycled Water Production Capacity (10,000 m^3/day)	利用量(万立方米) Annual Quantity of Wastewater Recycled and Reused (10,000 m^3)	管道长度(公里) Length of Pipelines (km)	县名称 Name of Counties
216	216	1073	1073			216				皋兰县
303	303	1306	1306			303				榆中县
340	340	1243	1243			340	2.0	340	12.1	永昌县
377	377	740	740			377				靖远县
310	310	1494	1494			310			23.5	会宁县
184	184	502	502			184				景泰县
439	439	532	532			439	0.8	39	10.2	清水县
304	304	905	905			304	1.1	0		秦安县
420		832	832			420				甘谷县
409		980	980			409				武山县
271	271	2946	2946			271				张家川回族自治县
302	302	1100	1100			302	2.0	291	32.6	民勤县
169	169	1024	1024			169				古浪县
271	271	831	831			271				天祝藏族自治县
103	103	271	271			103	0.2	37	2.5	肃南县
279	279	610	610			279	0.6	100	2.1	民乐县
300	300	1143	1143			300	1.6	191	5.7	临泽县
380	380	1000	1000			380	1.2	254	15.0	高台县
670		2456	2456			670	2.4	171	23.9	山丹县
431	431	231	231			431	0.5	14	2.0	泾川县
188	188	417	417			188	0.8	1		灵台县
109	109	458	458			109	0.3	5	8.2	崇信县
463	463	1413	1413			463	1.0	22	3.6	庄浪县
666	666	1265	1265			666	0.8	10		静宁县
238	238	762	762			238	1.0	56	4.5	金塔县
228	228	598	598			228	0.8	224	14.0	瓜州县
51	51	17	17			51	0.2	48	1.3	肃北蒙古族自治县
60	60	180	180			60	0.2	54	12.0	阿克塞哈萨克族自治县
227	227	766	766			227				庆城县
507	507	3297	3297			507	0.5	125	16.8	环　县
179	179	2791	2791			179				华池县
110	110	1445	1445			110				合水县
111	111	472	472			111				正宁县
121	121	605	605			121				宁　县

10-2 续表 37

县名称 Name of Counties	污水排放量（万立方米） Annual Quantity of Wastewater Discharged (10,000 m^3)	排水管道长度（公里） Length of Drainage Pipelines (km)					污水处理厂 Wastewater Treatment Plant			
			污水管道 Sewers	雨水管道 Rainwater Drainage Pipeline	雨污合流管道 Combined Drainage Pipeline	建成区 in Built District	座数（座） Number (unit)	二、三级处理 Secondary and Tertiary Treated	处理能力（万立方米/日） Treatment Capacity (10,000 m^3/day)	二、三级处理 Secondary and Tertiary Treated
镇原县	133	95.1	58.8	25.3	11.0	80.4	1	1	0.7	0.7
通渭县	207	119.1	74.1	40.0	5.0	119.1	1	1	0.8	0.8
陇西县	612	210.8	152.0	56.7	2.1	210.8	1	1	2.0	2.0
渭源县	198	67.4	45.4	21.0	1.0	60.5	1	1	0.8	0.8
临洮县	539	104.5	69.9	34.6		87.8	1	1	1.8	1.8
漳　县	79	29.8	16.3	11.4	2.1	29.8	1	1	0.6	0.6
岷　县	285	66.6	42.1	24.5		66.6	1	1	0.9	0.9
成　县	491	121.6	66.6	17.5	37.5	118.6	1	1	1.3	1.3
文　县	145	73.1	57.0	16.1		73.1	1	1	0.5	0.5
宕昌县	103	123.5	84.5	36.0	3.0	83.5	1	1	0.4	0.4
康　县	118	74.3	66.2	7.7	0.4	50.0	1	1	0.3	0.3
西和县	320	105.7	78.8	26.9		105.7	1	1	0.8	0.8
礼　县	150	79.5	41.0	23.5	15.0	55.5	1	1	0.9	0.9
徽　县	228	104.0	64.1	35.6	4.2	61.2	1	1	0.7	0.7
两当县	78	35.1	19.4	15.7		34.2	1	1	0.3	0.3
临夏县	237	133.1	63.4	69.7		105.8	1	1	0.5	0.5
康乐县	198	83.6	42.2	41.3		83.6	1	1	1.0	1.0
永靖县	579	151.9	91.2	60.7		145.0	1	1	2.0	2.0
广河县	206	66.3	42.8	23.5		47.4	1	1	0.6	0.6
和政县	371	111.6	89.6	22.0		64.2	1	1	0.9	0.9
东乡县	122	31.7	17.1	14.6		23.4	1	1	0.4	0.4
积石山县	200	62.0	33.0	29.0		62.0	1	1	1.0	1.0
临潭县	246	66.8	44.8	22.0		41.1	1	1	0.4	0.4
卓尼县	77	42.8	27.3	13.2	2.3	38.8	1	1	0.4	0.4
舟曲县	201	51.7	29.7	22.0		51.7	2	2	0.7	0.7
迭部县	127	32.9	21.9	11.0		32.9	1	1	0.3	0.3
玛曲县	78	73.3	56.6	5.3	11.5	73.3	1	1	0.4	0.4
碌曲县	58	43.8	26.2	17.7		43.8	1	1	0.2	0.2
夏河县	126	48.1	32.1	11.6	4.4	43.7	1	1	0.5	0.5
青　海	**5612**	**1973.4**	**926.8**	**649.8**	**396.8**	**1859.9**	**36**	**36**	**22.7**	**22.7**
大通县	415	57.0	19.0	16.0	22.0	57.0	1	1	3.0	3.0
湟源县	225	118.9	73.9	45.0		118.9	1	1	1.2	1.2
民和县	331	89.0	55.0	34.0		81.0	1	1	1.2	1.2
互助县	1550	121.5	55.3	52.8	13.4	101.3	2	2	4.0	4.0
化隆县	248	127.1	45.0	42.1	40.0	127.1	2	2	0.8	0.8
循化县	136	60.4	19.8	4.6	36.0	59.9	1	1	1.0	1.0
门源县	230	58.5	19.5	31.1	8.0	52.1	1	1	0.5	0.5

continued

污水处理厂 Wastewater Treatment Plant				其他污水处理设施 Other Wastewater Treatment Facilities		污水处理总量	再生水 Recycled Water			
处理量（万立方米） Quantity of Wastewater Treated (10,000 m³)	二、三级处理 Secondary and Tertiary Treated	干污泥产生量（吨） Quantity of Dry Sludge Produced (ton)	干污泥处置量（吨） Quantity of Dry Sludge Treated (ton)	处理能力（万立方米/日） Treatment Capacity (10,000 m³/day)	处理量（万立方米） Quantity of Wastewater Treated (10,000 m³)	（万立方米） Total Quantity of Wastewater Treated (10,000 m³)	生产能力（万立方米/日） Recycled Water Production Capacity (10,000 m³/day)	利用量（万立方米） Annual Quantity of Wastewater Recycled and Reused (10,000 m³)	管道长度（公里） Length of Pipelines (km)	县名称 Name of Counties
128	128	187	187			128				镇原县
207	207	2400	2400			207				通渭县
591	591	4579	4579			591				陇西县
194	194	564	564			194				渭源县
539	539	406	401			539				临洮县
75	75	98	98			75				漳　县
285	285	713	713			285				岷　县
468	468	158	158			468				成　县
72	72	43	43			72				文　县
100	100	95	95			100	0.4	0	2.0	宕昌县
113	113	177	177			113				康　县
308	308	388	388			308				西和县
145	145	178	178			145				礼　县
211	211	1302	1302			211				徽　县
76	76	260	260			76	0.0	14	0.0	两当县
230	230	709	709			230				临夏县
190	190	531	531			190				康乐县
549	549	763	763			549				永靖县
194	194	111	111			194				广河县
370	370	269	269			370				和政县
116	116	93	93			116				东乡县
195	195	384	384			195				积石山县
235	235	18	18			235			22.4	临潭县
73	73	71	71			73				卓尼县
172	172	230	230			172				舟曲县
120	120	45	45			120				迭部县
70	70	55	55			70				玛曲县
49	49	74	74			49			0.5	碌曲县
123	123	210	210			123				夏河县
5113	**5113**	**7343**	**6699**			**5113**	**1.0**	**541**	**41.2**	**青　海**
384	384	1650	1650			384				大通县
208	208	94	94			208				湟源县
315	315	530				315		300		民和县
1468	1468	1948	1948			1468	1.0	200	5.0	互助县
227	227	639	639			227				化隆县
129	129	216	216			129				循化县
208	208	157	157			208				门源县

10-2 续表 38

县名称 Name of Counties	污水排放量（万立方米） Annual Quantity of Wastewater Discharged (10,000 m³)	排水管道长度（公里） Length of Drainage Pipelines (km)	污水管道 Sewers	雨水管道 Rainwater Drainage Pipeline	雨污合流管道 Combined Drainage Pipeline	建成区 in Built District	污水处理厂 Wastewater Treatment Plant 座数（座） Number (unit)	二、三级处理 Secondary and Tertiary Treated	处理能力（万立方米/日） Treatment Capacity (10,000 m³/day)	二、三级处理 Secondary and Tertiary Treated
祁连县	106	57.7	19.5	22.6	15.6	42.3	1	1	0.5	0.5
海晏县	73	35.2	17.8	7.4	10.0	30.3	1	1	0.7	0.7
刚察县	104	16.5	1.1	6.5	9.0	14.5	1	1	0.4	0.4
西海镇	81	44.8	7.6	15.2	22.0	44.8	1	1	0.5	0.5
尖扎县	99	40.4	13.0	14.4	13.0	40.4	1	1	0.4	0.4
泽库县	55	30.4	19.4	6.0	5.0	30.4	1	1	0.3	0.3
河南县	75	21.1	2.3		18.8	21.1	1	1	0.3	0.3
共和县	397	202.4	83.9	88.2	30.3	202.4	1	1	1.0	1.0
同德县	77	63.3	33.3	30.0		63.3	1	1	0.3	0.3
贵德县	196	111.1	52.5	52.5	6.2	111.1	1	1	1.7	1.7
兴海县	90	61.0	20.5	32.5	8.0	54.8	1	1	0.4	0.4
贵南县	61	68.0	40.5	8.0	19.4	68.0	1	1	0.5	0.5
班玛县	29	40.1	22.5	17.6		27.6	1	1	0.1	0.1
久治县	29	16.9	9.7	7.2		16.9	1	1	0.1	0.1
甘德县	48	68.3	43.2	25.2		68.3	1	1	0.1	0.1
玛沁县	193	59.0	40.0	19.0		59.0	1	1	0.6	0.6
达日县	31	27.1	9.8	17.4		22.1	1	1	0.2	0.2
玛多县	40	26.8	18.8	8.0		23.6	1	1	0.1	0.1
杂多县	57	3.9		2.9	1.0	3.9	1	1	0.3	0.3
称多县	56	85.2	40.8		44.3	75.2	1	1	0.2	0.2
治多县	52	60.5	46.4	7.6	6.5	60.4	1	1	0.4	0.4
囊谦县	58	36.0	21.4	12.6	2.0	36.0	1	1	0.4	0.4
曲麻莱县	40	48.2	38.4	7.3	2.5	48.2	1	1	0.1	0.1
乌兰县	81	25.0	3.2	2.2	19.6	25.0	1	1	0.6	0.6
都兰县	62	39.4	6.2	13.2	20.0	39.4	1	1	0.3	0.3
天峻县	195	39.0	18.8		20.2	20.0	1	1	0.5	0.5
大柴旦行委	92	13.6	8.6	1.0	4.0	13.6	1	1	0.2	0.2
宁　夏	**8273**	**1870.4**	**167.5**	**284.8**	**1418.1**	**1707.9**	**14**	**13**	**30.5**	**29.5**
永宁县	1435	110.9	1.2	1.2	108.5	92.3	1	1	6.5	6.5
贺兰县	1850	307.0			307.0	307.0	1	1	5.0	5.0
平罗县	796	97.3	6.2	3.3	87.9	85.5	1	1	3.0	3.0
盐池县	518	122.3	24.6	10.7	87.0	118.0	1	1	1.5	1.5
同心县	384	161.7			161.7	161.7	1	1	1.0	1.0
红寺堡区	336	236.3			236.3	236.3	1	1	1.0	1.0
西吉县	479	121.4	4.0	36.0	81.4	121.4	1	1	2.0	2.0
隆德县	221	132.5	11.2	63.5	57.9	121.8	1	1	1.0	1.0
泾源县	331	43.0		19.0	24.0	24.0	1		1.0	

continued

污水处理厂 Wastewater Treatment Plant 处理量（万立方米） Quantity of Wastewater Treated (10,000 m³)	二、三级处理 Secondary and Tertiary Treated	干污泥产生量（吨） Quantity of Dry Sludge Produced (ton)	干污泥处置量（吨） Quantity of Dry Sludge Treated (ton)	其他污水处理设施 Other Wastewater Treatment Facilities 处理能力（万立方米/日） Treatment Capacity (10,000 m³/day)	处理量（万立方米） Quantity of Wastewater Treated (10,000 m³)	污水处理总量（万立方米） Total Quantity of Wastewater Treated (10,000 m³)	再生水 Recycled Water 生产能力（万立方米/日） Recycled Water Production Capacity (10,000 m³/day)	利用量（万立方米） Annual Quantity of Wastewater Recycled and Reused (10,000 m³)	管道长度（公里） Length of Pipelines (km)	县名称 Name of Counties
98	98	19	19			98				祁连县
62	62	17	17			62				海晏县
101	101	85	85			101				刚察县
66	66	9	9			66				西海镇
86	86	49	49			86				尖扎县
48	48	24	24			48				泽库县
65	65	38	38			65				河南县
377	377	258	258			377				共和县
75	75	191	191			75				同德县
192	192	794	794			192		41	36.2	贵德县
84	84	156	156			84				兴海县
57	57	90	90			57				贵南县
26	26	20	16			26				班玛县
25	25	47	22			25				久治县
43	43	22	22			43				甘德县
168	168	45	45			168				玛沁县
29	29	84				29				达日县
36	36	16	16			36				玛多县
25	25	22	22			25				杂多县
50	50	1	0			50				称多县
20	20	6	6			20				治多县
23	23					23				囊谦县
18	18	4	4			18				曲麻莱县
77	77	70	70			77				乌兰县
58	58	26	26			58				都兰县
180	180					180				天峻县
88	88	16	16			88				大柴旦行委
8177	**7845**	**20581**	**14459**			**8177**	**7.1**	**803**	**79.4**	**宁　夏**
1433	1433	3845	3845			1433				永宁县
1850	1850	4562				1850				贺兰县
796	796	1722	1722			796	3.0	151	16.8	平罗县
469	469	1110				469		262	7.0	盐池县
351	351	1745	1745			351	1.0	59	10.4	同心县
336	336	629	629			336				红寺堡区
479	479	2457	2457			479				西吉县
221	221	491	491			221	0.6	50	0.2	隆德县
331		410	410			331				泾源县

10-2 续表 39

县名称 Name of Counties	污水排放量(万立方米) Annual Quantity of Wastewater Discharged ($10,000\ m^3$)	排水管道长度(公里) Length of Drainage Pipelines (km)	污水管道 Sewers	雨水管道 Rainwater Drainage Pipeline	雨污合流管道 Combined Drainage Pipeline	建成区 in Built District	污水处理厂 Wastewater Treatment Plant 座数(座) Number (unit)	二、三级处理 Secondary and Tertiary Treated	处理能力(万立方米/日) Treatment Capacity ($10,000\ m^3$/day)	二、三级处理 Secondary and Tertiary Treated
彭阳县	188	209.8	88.9	120.8		209.8	1	1	1.0	1.0
中宁县	1267	107.0	19.5	17.2	70.4	107.0	2	2	5.0	5.0
海原县	469	221.2	12.0	13.0	196.2	123.2	2	2	2.5	2.5
新　疆	**22449**	**5424.7**	**2384.7**	**8.4**	**3031.6**	**4939.8**	**65**	**34**	**83.5**	**46.2**
鄯善县	266	150.4	150.4			150.4	1		1.0	
托克逊县	242	72.0	72.0			72.0	1		0.8	
巴里坤哈萨克自治县	116	39.2			39.2	39.2	1	1	0.5	0.5
伊吾县	15	21.9	21.9			21.9	1	1	0.1	0.1
呼图壁县	541	152.9			152.9	125.9	1	1	1.5	1.5
玛纳斯县	295	70.3			70.3	70.3	1	1	2.0	2.0
奇台县	473	219.3			219.3	219.3	1	1	2.5	2.5
吉木萨尔县	347	79.8			79.8	79.8	1	1	1.0	1.0
木垒哈萨克自治县	171	74.6			74.6	74.6	1	1	1.0	1.0
精河县	465	67.0	67.0			67.0	1		1.5	
温泉县	97	64.6	60.2	4.4		64.6	1	1	0.5	0.5
轮台县	330	80.0	9.0	4.0	67.0	67.0	1	1	1.0	1.0
尉犁县	153	46.6			46.6	25.7	1		0.5	
若羌县	132	80.0	80.0			52.0	1	1	0.4	0.4
且末县	156	58.0	58.0			54.0	1	1	0.6	0.6
焉耆回族自治县	324	70.0	1.5		68.5	68.5	1		2.0	
和静县	588	106.2	40.0		66.2	96.3	1	1	2.0	2.0
和硕县	178	97.0	97.0			97.0	1		2.5	
博湖县	105	22.8	22.8			22.8	1		0.4	
温宿县	430	79.2			79.2	79.2				
沙雅县	674	90.7	7.4		83.3	90.7	1		4.0	
新和县	237	67.6			67.6	67.6	1		1.5	
拜城县	243	68.4			68.4	68.4	1	1	0.8	0.8
乌什县	360	45.0	45.0			45.0	1		1.2	
阿瓦提县	430	52.0			52.0	52.0	1		1.5	
柯坪县	121	28.0	28.0			28.0	1	1	0.5	0.5
阿克陶县	431	78.2			78.2	78.2	1		2.5	
阿合奇县	153	18.0			18.0	18.0	2	1	0.7	0.2
乌恰县	143	134.3			134.3	134.3	1		0.5	
疏附县	504	109.1			109.1	109.1	1	1	2.0	2.0
疏勒县	658	86.3	56.7		29.6	86.3	1	1	3.0	3.0

continued

污水处理厂 Wastewater Treatment Plant				其他污水处理设施 Other Wastewater Treatment Facilities		污水处理总量	再生水 Recycled Water			县名称
处理量(万立方米) Quantity of Wastewater Treated (10,000 m^3)	二、三级处理 Secondary and Tertiary Treated	干污泥产生量(吨) Quantity of Dry Sludge Produced (ton)	干污泥处置量(吨) Quantity of Dry Sludge Treated (ton)	处理能力(万立方米/日) Treatment Capacity (10,000 m^3/day)	处理量(万立方米) Quantity of Wastewater Treated (10,000 m^3)	(万立方米) Total Quantity of Wastewater Treated (10,000 m^3)	生产能力(万立方米/日) Recycled Water Production Capacity (10,000 m^3/day)	利用量(万立方米) Annual Quantity of Wastewater Recycled and Reused (10,000 m^3)	管道长度(公里) Length of Pipelines (km)	Name of Counties
188	188	890	890			188				彭阳县
1267	1267	413	413			1267	1.2	216	19.0	中宁县
456	456	2306	1856			456	1.3	66	26.0	海原县
21846	**12545**	**53775**	**53577**	**4.5**	**4**	**21851**	**61.0**	**8805**	**1419.4**	**新　疆**
256		316	316			256	1.0	184	15.0	鄯善县
242		112				242	0.8	170	25.0	托克逊县
114	114	56	56			114				巴里坤哈萨克自治县
14	14	4	4			14	0.1	14	1.2	伊吾县
541	541	2350	2350	1.5		541	1.5	405	25.0	呼图壁县
295	295	1419	1418			295	2.0	250	88.7	玛纳斯县
473	473	1336	1336			473	2.5	443	10.7	奇台县
347	347	1312	1312			347	1.0	275	3.8	吉木萨尔县
171	171	2010	2010			171	1.0	125	28.4	木垒哈萨克自治县
465		140	140			465		349	12.5	精河县
97	97	50	50			97		55	36.0	温泉县
326	326	5110	5110			326	0.9	245	0.3	轮台县
153		507	507			153	0.5	99	6.0	尉犁县
130	130	190	190			130	0.3	88	20.0	若羌县
156	156	624	624			156	0.6	133	3.8	且末县
320		1665	1665	2.0	4	324	1.5	320	15.0	焉耆回族自治县
582	582	2017	2017			582	2.0	510	17.9	和静县
178		708	708			178		130	11.0	和硕县
103		1072	1072			103	0.2	69	9.0	博湖县
430						430				温宿县
674		1353	1353			674	4.0	336	3.0	沙雅县
237		449	449			237	1.5	72	11.0	新和县
243	243	380	380			243	0.8	72	3.0	拜城县
330		252	252			330	1.2	132	8.0	乌什县
396		1168	1168			396	1.5	100	17.8	阿瓦提县
121	121	270	270			121	0.1	46	1.7	柯坪县
411		2077	2077			411	2.5		21.0	阿克陶县
145	25	38	38			145	0.5	110	15.0	阿合奇县
143		94	94			143	0.5	30	2.4	乌恰县
454	454	118	115			454	2.0	136	22.0	疏附县
658	658	3156	3156			658	1.8	432	23.1	疏勒县

10-2 续表 40

县名称 Name of Counties	污水排放量（万立方米） Annual Quantity of Wastewater Discharged (10,000 m^3)	排水管道长度（公里） Length of Drainage Pipelines (km)	污水管道 Sewers	雨水管道 Rainwater Drainage Pipeline	雨污合流管道 Combined Drainage Pipeline	建成区 in Built District	污水处理厂 Wastewater Treatment Plant 座数（座） Number (unit)	二、三级处理 Secondary and Tertiary Treated	处理能力（万立方米/日） Treatment Capacity (10,000 m^3/day)	二、三级处理 Secondary and Tertiary Treated
英吉沙县	562	124.1			124.1	116.1	1	1	1.5	1.5
泽普县	515	99.9	84.9		15.0	86.9	1	1	1.5	1.5
莎车县	1325	196.0			196.0	156.0	1	1	4.0	4.0
叶城县	1210	120.0			120.0	118.5	2	2	3.0	3.0
麦盖提县	455	189.9	99.9		90.0	90.0	1	1	1.5	1.5
岳普湖县	352	124.4			124.4	122.0	1	1	1.5	1.5
伽师县	551	65.0	26.7		38.3	38.3	1	1	2.5	2.5
巴楚县	540	60.6			60.6	60.6	1	1	3.0	3.0
塔什库尔干塔吉克自治县	153	73.0	46.0		27.0	41.2	1	1	0.4	0.4
和田县										
墨玉县	750	105.5	105.5			105.5	1		2.0	
皮山县	256	111.7	111.7			111.7	1		0.8	
洛浦县	381	45.7	45.7			45.7	1		1.0	
策勒县	229	106.4	106.4			81.9	1		1.0	
于田县	306	63.5	63.5			63.5	1		1.2	
民丰县	110	43.5	43.5			43.5	1		0.4	
伊宁县	246	117.2	117.2			117.2	1	1	1.0	1.0
察布查尔县	249	103.0	103.0			103.0	1	1	0.8	0.8
霍城县	274	110.0			110.0	110.0	1	1	1.6	1.6
巩留县	432	170.0	170.0			170.0	1	1	1.3	1.3
新源县	807	75.5			75.5	75.5	1	1	2.0	2.0
昭苏县	204	126.0	126.0			126.0	1	1	0.6	0.6
特克斯县	219	65.0			65.0	65.0	1	1	0.6	0.6
尼勒克县	224	127.8	22.8		105.0	105.0	1		1.2	
额敏县	985	108.0	108.0			108.0	1		3.0	
托里县	184	85.1	41.5		43.7	85.1	1		0.8	
裕民县	107	31.5	31.5			31.5	1		0.7	
和布克赛尔蒙古自治县	86	31.1	31.1			31.1	1		0.3	
布尔津县	220	49.7			49.7	30.8	1		0.6	
富蕴县	311	56.0			56.0	52.0	1		1.0	
福海县	237	96.0	48.0		48.0	27.0	1		0.7	
哈巴河县	296	57.5			57.5	49.5	1		0.8	
青河县	152	21.7			21.7	21.7	1		0.9	
吉木乃县	143	35.0	35.0			25.0	1		0.5	

continued

污水处理厂 Wastewater Treatment Plant				其他污水处理设施 Other Wastewater Treatment Facilities		污水处理总量	再生水 Recycled Water			
处理量（万立方米） Quantity of Wastewater Treated (10,000 m³)	二、三级处理 Secondary and Tertiary Treated	干污泥产生量（吨） Quantity of Dry Sludge Produced (ton)	干污泥处置量（吨） Quantity of Dry Sludge Treated (ton)	处理能力（万立方米/日） Treatment Capacity (10,000 m³/day)	处理量（万立方米） Quantity of Wastewater Treated (10,000 m³)	（万立方米） Total Quantity of Wastewater Treated (10,000 m³)	生产能力（万立方米/日） Recycled Water Production Capacity (10,000 m³/day)	利用量（万立方米） Annual Quantity of Wastewater Recycled and Reused (10,000 m³)	管道长度（公里） Length of Pipelines (km)	县名称 Name of Counties
523	523	329	329			523			50.0	英吉沙县
504	504	1825	1825			504			151.8	泽普县
1325	1325	1372	1372			1325	1.2	178	182.0	莎车县
1177	1177	2605	2605			1177	1.5	300	80.0	叶城县
455	455	898	898			455	1.5	150	40.0	麦盖提县
331	331	265	265			331	1.5	48	106.0	岳普湖县
551	551	2336	2336			551	0.8	38	49.0	伽师县
520	520	329	329			520	3.0	63	16.9	巴楚县
138	138	92	92			138				塔什库尔干塔吉克自治县
										和田县
750		750	750			750	2.0	156	39.0	墨玉县
231		160	160			231	0.8	68		皮山县
365		362	362			365	1.0	109		洛浦县
215		248	248			215	1.0	97		策勒县
281		197	197			281	1.2	74		于田县
105		148	148			105	0.4	22	12.8	民丰县
246	246	304	304			246	1.0	63	7.8	伊宁县
249	249	401	401			249	0.6	74	16.0	察布查尔县
233	233	698	698			233	0.6	110	70.0	霍城县
410	410	1320	1320			410	1.3	307	3.0	巩留县
717	717	1855	1855			717				新源县
203	203	103	103			203		68	10.0	昭苏县
216	216	2747	2747			216		85		特克斯县
213		180	180			213	1.2	65	25.5	尼勒克县
985		712	630			985	3.0	443	43.0	额敏县
170		245	245			170	0.8	120	0.5	托里县
99		129	129	0.7		99	0.7	47	2.0	裕民县
71		30	30	0.3	0	71	0.3	25	10.2	和布克赛尔蒙古自治县
220		909	909			220	0.6	155	8.6	布尔津县
311		178	178			311	0.4	220	3.5	富蕴县
237		260	260			237	0.7	111	10.0	福海县
296		1008	1008			296	0.8	136	2.3	哈巴河县
152		340	340			152	0.4	64	9.2	青河县
143		89	89			143	0.4	80	13.0	吉木乃县

十一、县城市容环境卫生

11. County Seat Environmental Sanitation

简要说明

本部分主要包括道路清扫保洁，生活垃圾、粪便的清运、处理等内容。

Brief Introduction

This section mainly includes such indicators as the cleaning and maintenance of roads, the transfer and treatment of domestic garbage, night soil, etc.

11 全国历年县城市容环境卫生情况(2000–2021)
National County Seat Environmental Sanitation in Past Years(2000-2021)

年份 Year	生活垃圾 Domestic Garbage 清运量 (万吨) Quantity of Collected and Transported (10,000 ton)	无害化处理场(厂)座数 (座) Number of Harmless Treatment Plants/ Grounds (unit)	无害化处理能力 (吨/日) Harmless Treatment Capacity (ton/day)	无害化处理量 (万吨) Quantity of Harmlessly Treated (10,000 ton)	粪便清运量 (万吨) Volume of Soil Collected and Transported (10,000 ton)	公共厕所 (座) Number of Latrine (unit)	市容环卫专用车辆设备总数 (辆) Number of Vehicles and Equipment Designated for Municipal Environmental Sanitation (unit)	每万人拥有公厕 (座) Number of Latrine per 10,000 Population (unit)
2000	5560	358	18493	782.52	1301	31309	13118	2.21
2001	7851	489	29300	1551.88	1709	31893	13472	3.54
2002	6503	460	31582	1056.61	1659	31282	13817	3.53
2003	7819	380	29546	1159.35	1699	33139	15114	3.59
2004	8182	295	26032	865.13	1256	34104	16144	3.54
2005	9535	203	23049	688.78	1312	34753	17697	3.46
2006	6266	124	15245	414.30	710	34563	17367	2.91
2007	7110	137	18785	496.56	2507	36542	19220	2.90
2008	6794	211	34983	838.69	1151	37718	20947	2.90
2009	8085	286	45430	1220.15	759	39618	22905	2.96
2010	6317	448	69310	1732.51	811	40818	25249	2.94
2011	6743	683	103583	2728.72	751	40096	28045	2.80
2012	6838	848	126747	3690.65	649	41588	31164	2.09
2013	6506	992	151615	4298.28	553	42217	35096	2.77
2014	6657	1129	168131	4766.44	532	43159	38913	2.76
2015	6655	1187	181429	5259.94	489	43480	42702	2.78
2016	6666	1273	190672	5680.47	420	43582	46278	2.82
2017	6747	1300	205417	6139.95		45808	54575	2.93
2018	6660	1324	220696	6212.38		49059	61436	3.13
2019	6871	1378	246729	6609.78		52046	69083	3.28
2020	6810	1428	358319	6691.32		55548	74722	3.51
2021	6791	1441	338012	6687.44		58674	80064	3.75

注：自2006年起，生活垃圾填埋场的统计采用新的认定标准，生活垃圾无害化处理数据与往年不可比。

Note: Since 2006, treatment of domestic garbage through sanitary landfill has adopted new certification standard, so the data of harmless treatment garbage are not comparable to the past years.

11-1 2021年按省分列的县城市容环境卫生

地区名称 Name of Regions	道路清扫保洁面积(万平方米) Surface Area of Roads Cleaned and Maintained (10,000m²)	机械化 Mechanization	生活垃圾 清运量(万吨) Collected and Transported (10,000 ton)	处理量(万吨) Volume of Treated (10,000 ton)	无害化处理厂(场)数(座) Number of Harmless Treatment Plants/Grounds (unit)	卫生填埋 Sanitary Landfill	焚烧 Incineration	其他 other	无害化处理能力(吨/日) Harmless Treatment Capacity (ton/day)	卫生填埋 Sanitary Landfill
全 国	**299478**	**228355**	**6791.35**	**6769.74**	**1441**	**1123**	**257**	**61**	**338012**	**157003**
河 北	21751	19921	402.64	402.64	98	71	24	3	37269	15979
山 西	13322	10476	320.39	320.07	73	70	2	1	10534	9374
内蒙古	14819	10467	237.49	236.67	67	66		1	7588	7478
辽 宁	4206	2773	111.58	111.58	20	18		2	3514	3505
吉 林	3438	2308	74.11	74.11	15	15			2718	2718
黑龙江	6240	4666	183.84	183.84	42	40	1	1	5109	4749
江 苏	9596	8565	227.57	227.57	27	9	16	2	15827	2910
浙 江	9861	7274	234.07	234.07	44	4	27	13	19693	840
安 徽	23521	21087	334.58	334.58	43	19	22	2	19236	3917
福 建	8191	4779	269.57	269.57	39	24	12	3	15322	4482
江 西	19317	15002	428.43	428.43	48	33	14	1	15858	7038
山 东	22286	18309	377.13	377.13	61	20	36	5	29029	4799
河 南	28305	21106	617.36	612.57	80	64	14	2	25840	15080
湖 北	8423	6078	210.79	210.79	41	30	5	6	7736	5216
湖 南	17021	13386	479.01	477.42	74	58	15	1	22291	12288
广 东	8725	4197	219.14	219.14	43	31	10	2	19991	8021
广 西	9279	4971	224.92	224.92	52	44	8		8026	5046
海 南	2001	1657	35.09	35.09	5	2	3		6070	420
重 庆	2951	2230	87.48	87.48	14	11	3		3181	2381
四 川	15369	11377	467.36	466.27	92	67	18	7	15705	5977
贵 州	10335	9674	255.34	248.70	77	60	11	6	10177	4697
云 南	11217	8257	284.60	284.42	91	78	10	3	10515	7025
西 藏	1386	240	33.88	33.41	63	63			1204	1204
陕 西	7377	5577	224.60	222.22	71	67	4		10334	7714
甘 肃	6129	4737	187.65	187.59	56	55	1		5805	5305
青 海	2073	1115	57.59	54.96	33	33			1717	1717
宁 夏	3182	2263	45.40	45.30	11	11			1258	1258
新 疆	9159	5863	159.74	159.21	61	60	1		6464	5864

County Seat Environmental Sanitation by Province(2021)

Domestic Garbage						公共厕所		市容卫生专用车辆设备总数	
		无害化处理量(万吨)				(座)	三类以上	(辆)	地区名称
焚烧 Incineration	其他 other	Volume of Harmlessly Treated (10,000 ton)	卫生填埋 Sanitary Landfill	焚烧 Incineration	其他 other	Number of Latrines (unit)	Grade Ⅲ and Above	Number of Vehicles and Equipment Designated for Municipal Environmental Sanitation (unit)	Name of Regions
171658	**9351**	**6687.44**	**3784.44**	**2772.59**	**130.41**	**58674**	**41808**	**80064**	**全 国**
19890	1400	402.64	217.04	179.37	6.23	5219	4232	6262	河 北
860	300	308.81	274.77	31.58	2.47	2064	1345	4581	山 西
	110	234.49	228.86	3.80	1.83	4525	2076	3778	内蒙古
	9	103.91	96.08	7.76	0.08	1183	448	1187	辽 宁
		74.11	45.46	28.65		633	431	1819	吉 林
200	160	183.84	146.53	32.62	4.69	1792	473	2588	黑龙江
12747	170	227.57	23.83	200.00	3.74	2162	1976	2565	江 苏
16950	1903	234.07		200.16	33.91	1709	1600	2526	浙 江
14904	415	334.58	49.43	281.29	3.86	2879	2167	3546	安 徽
10280	560	269.57	123.84	140.25	5.48	1639	1297	1915	福 建
8810	10	428.43	166.85	261.34	0.23	2954	2438	5919	江 西
23400	830	377.13	34.78	322.17	20.18	2376	2107	3669	山 东
10700	60	562.59	397.72	164.51	0.37	5362	4274	5734	河 南
1840	680	210.79	144.80	53.87	12.13	1165	881	1919	湖 北
9935	68	477.42	329.12	147.67	0.62	2443	1589	3432	湖 南
11650	320	209.45	115.50	88.99	4.96	628	522	2630	广 东
2980		224.92	171.30	53.62		832	700	2783	广 西
5650		35.09	11.72	23.37		359	304	926	海 南
800		87.48	71.53	15.40	0.55	698	624	670	重 庆
8592	1136	466.27	167.17	290.81	8.29	2848	2298	4639	四 川
5060	420	248.70	150.53	91.30	6.87	2867	2152	3741	贵 州
2690	800	284.42	217.04	54.22	13.16	4408	3566	3920	云 南
		31.88	31.88			1327	340	715	西 藏
2620		222.22	193.77	28.34	0.12	2818	1966	2932	陕 西
500		187.59	146.48	40.46	0.66	1409	877	1975	甘 肃
		54.96	54.96			682	121	742	青 海
		45.30	36.74	8.56		422	287	581	宁 夏
600		159.21	136.72	22.49		1271	717	2370	新 疆

11-2 2021年按县城分列的县城市容环境卫生

地区名称 Name of Regions	道路清扫保洁面积(万平方米) Surface Area of Roads Cleaned and Maintained ($10,000m^2$)	机械化 Mechanization	生活垃圾 清运量(万吨) Collected and Transported (10,000 ton)	处理量(万吨) Volume of Treated (10,000 ton)	无害化处理厂(场)数(座) Number of Harmless Treatment Plants/Grounds (unit)	卫生填埋 Sanitary Landfill	焚烧 Incineration	其他 other	无害化处理能力(吨/日) Harmless Treatment Capacity (ton/day)	卫生填埋 Sanitary Landfill
全　国	**299478**	**228355**	**6791.35**	**6769.74**	**1441**	**1123**	**257**	**61**	**338012**	**157003**
河　北	**21751**	**19921**	**402.64**	**402.64**	**98**	**71**	**24**	**3**	**37269**	**15979**
井陉县	177	159	3.55	3.55	1		1		1200	
正定县	780	681	7.24	7.24	1		1		1500	
行唐县	322	293	2.94	2.94	2	1	1		240	150
灵寿县	110	110	3.27	3.27	1	1			180	180
高邑县	214	213	2.27	2.27	1	1			150	150
深泽县	105	105	1.75	1.75						
赞皇县	112	109	2.41	2.41	2	1		1	420	120
无极县	133	133	2.86	2.86	2	1	1		2550	150
平山县	184	167	3.85	3.85						
元氏县	241	222	2.88	2.88	1		1		1000	
赵　县	280	255	4.27	4.27	1	1			615	615
滦南县	306	283	5.96	5.96						
乐亭县	421	350	4.17	4.17	2	1	1		700	200
迁西县	250	238	5.23	5.23	1	1			300	300
玉田县	212	211	6.25	6.25	2	1	1		800	200
曹妃甸区	461	397	5.61	5.61	2	1	1		700	200
青龙满族自治县	112	100	3.53	3.53	1	1			150	150
昌黎县	303	258	5.91	5.91	1	1			270	270
卢龙县	194	160	2.71	2.71	1	1			105	105
临漳县	324	324	5.58	5.58	1	1			150	150
成安县	217	200	4.38	4.38	1	1			200	200
大名县	381	381	5.11	5.11	2	1	1		720	220
涉　县	242	242	7.31	7.31	1		1		250	
磁　县	425	362	7.47	7.47	2	1	1		950	200
邱　县	173	163	5.23	5.23	1	1			257	257
鸡泽县	235	235	3.54	3.54	1	1			140	140
广平县	400	400	5.11	5.11	1	1			1	1
馆陶县	241	229	7.65	7.65	1		1		500	
魏　县	482	482	16.80	16.80	1		1		800	
曲周县	296	296	12.22	12.22	2	1	1		970	170
临城县	115	115	3.04	3.04	2	1	1		450	150
内丘县	162	140	3.58	3.58	1	1			98	98
柏乡县	209	198	2.10	2.10	1			1	600	
隆尧县	286	205	2.93	2.93	1	1			220	220
宁晋县	346	269	5.80	5.80	1	1			270	270
巨鹿县	325	281	4.38	4.38	1		1		2000	
新河县	203	180	2.47	2.47	1	1			150	150

County Seat Environmental Sanitation by County(2021)

		Domestic Garbage				公共厕所 (座) Number of Latrines (unit)		市容卫生专用车辆设备总数 (辆) Number of Vehicles and Equipment Designated for Municipal Environmental Sanitation (unit)	地区名称 Name of Regions
焚烧 Incinera-tion	其他 other	无害化处理量 (万吨) Volume of Harm-lessly Treated (10,000 ton)	卫生填埋 Sanitary Landfill	焚烧 Incinera-tion	其他 other		三类以上 Grade Ⅲ and Above		
171658	**9351**	**6687.44**	**3784.44**	**2772.59**	**130.41**	**58674**	**41808**	**80064**	**全　国**
19890	**1400**	**402.64**	**217.04**	**179.37**	**6.23**	**5219**	**4232**	**6262**	**河　北**
1200		3.55		3.55		53	35	68	井陉县
1500		7.24		7.24		75	70	297	正定县
90		2.94	0.93	2.02		43	43	56	行唐县
		3.27	3.27			44	44	37	灵寿县
		2.27		2.27		42	42	52	高邑县
		1.75	1.75			27	22	32	深泽县
	300	2.41	1.78		0.63	33	33	35	赞皇县
2400		2.86	0.95	1.92		65	65	51	无极县
		3.85		3.85		55	55	43	平山县
1000		2.88		2.88		72	64	48	元氏县
		4.27	4.27			79	79	151	赵　县
		5.96		5.96		38	38	47	滦南县
500		4.17	1.18	2.99		59	59	50	乐亭县
		5.23	5.23			87	87	63	迁西县
600		6.25	3.00	3.25		82	82	79	玉田县
500		5.61	3.93	1.67		110	100	93	曹妃甸区
		3.53	3.53			47	47	35	青龙满族自治县
		5.91	5.91			103	103	53	昌黎县
		2.71	2.71			34	34	41	卢龙县
		5.58	5.58			97	59	83	临漳县
		4.38	4.38			51	51	36	成安县
500		5.11	2.21	2.90		110		55	大名县
250		7.31		7.31		41	41	57	涉　县
750		7.47	6.24	1.23		38	38	38	磁　县
		5.23	3.27	1.96		22	22	36	邱　县
		3.54	3.54			48		37	鸡泽县
		5.11		5.11		77	46	56	广平县
500		7.65		7.65		64	64	41	馆陶县
800		16.80		16.80		107	98	130	魏　县
800		12.22	4.77	7.45		57	17	86	曲周县
300		3.04	1.51	1.53		35	22	117	临城县
		3.58	1.77	1.80		30	21	42	内丘县
	600	2.10			2.10	26	26	27	柏乡县
		2.93	2.93			53	53	63	隆尧县
		5.80	2.02	3.78		74	74	62	宁晋县
2000		4.38		4.38		75		68	巨鹿县
		2.47	1.23	1.23		23	4	17	新河县

11-2 续表 1

地区名称 Name of Regions	道路清扫保洁面积(万平方米) Surface Area of Roads Cleaned and Maintained (10,000m²)	机械化 Mechanization	生活垃圾							
			清运量(万吨) Collected and Transported (10,000 ton)	处理量(万吨) Volume of Treated (10,000 ton)	无害化处理厂(场)数(座) Number of Harmless Treatment Plants/Grounds (unit)	卫生填埋 Sanitary Landfill	焚烧 Incineration	其他 other	无害化处理能力(吨/日) Harmless Treatment Capacity (ton/day)	卫生填埋 Sanitary Landfill
广宗县	202	202	2.63	2.63	1	1			150	150
平乡县	210	205	3.00	3.00	1	1			280	280
威　县	220	197	7.35	7.35	1	1			300	300
清河县	676	644	6.28	6.28	1	1			380	380
临西县	217	185	2.94	2.94	1	1			150	150
博野县	127	110	2.04	2.04						
涞水县	130	104	3.29	3.29	2	1	1		1165	165
阜平县	143	132	1.65	1.65	1	1			169	169
白沟新城	188	168	3.48	3.48						
定兴县	162	162	3.64	3.64						
唐　县	116	112	3.50	3.50	1			1	500	
高阳县	283	251	3.75	3.75						
涞源县	163	143	3.52	3.52	1	1			400	400
望都县	130	123	2.72	2.72						
易　县	176	141	4.03	4.03	1	1			140	140
曲阳县	235	197	4.45	4.45						
蠡　县	141	136	2.13	2.13						
顺平县	160	154	2.12	2.12						
张北县	331	283	5.65	5.65	1	1			195	195
康保县	126	107	2.69	2.69	1	1			110	110
沽源县	154	111	2.80	2.80	1	1			110	110
尚义县	70	67	2.15	2.15	1	1			110	110
蔚　县	149	128	3.54	3.54	2	1	1		1070	270
阳原县	131	118	2.80	2.80	1	1			120	120
怀安县	177	156	2.69	2.69	1	1			115	115
怀来县	297	297	4.42	4.42	1	1			230	230
涿鹿县	305	269	4.44	4.44	1	1			100	100
赤城县	88	79	2.98	2.98	1	1			100	100
承德县	89	76	3.24	3.24						
兴隆县	67	54	3.04	3.04	1		1		400	
滦平县	155	122	3.88	3.88	1	1			120	120
隆化县	131	120	3.60	3.60	1	1			160	160
丰宁满族自治县	242	226	3.77	3.77	1	1			150	150
宽城满族自治县	194	167	3.40	3.40	1	1			120	120
围场满族蒙古族自治县	126	113	4.31	4.31	1	1			200	200
青　县	221	221	4.33	4.33	1	1			127	127
东光县	246	246	3.69	3.69	1	1			150	150
海兴县	144	143	1.89	1.89	1	1			129	129
盐山县	186	186	2.98	2.98	2	1	1		980	180

continued

		Domestic Garbage				公共厕所		市容卫生专用车辆设备总数	
焚 烧 Incineration	其 他 other	无害化处理量(万吨) Volume of Harmlessly Treated (10,000 ton)	卫 生 填 埋 Sanitary Landfill	焚 烧 Incineration	其 他 other	(座) Number of Latrines (unit)	三 类 以 上 Grade Ⅲ and Above	(辆) Number of Vehicles and Equipment Designated for Municipal Environmental Sanitation (unit)	地区名称 Name of Regions
		2.63	2.63			36	28	53	广宗县
		3.00	3.00			45	45	120	平乡县
		7.35	3.73	3.63		53	53	62	威　县
		6.28	6.28			109	109	32	清河县
		2.94	1.62	1.32		53	53	30	临西县
		2.04		2.04		25	22	22	博野县
1000		3.29	1.50	1.79		54	34	13	涞水县
		1.65	1.65			33	16	47	阜平县
		3.48		3.48		27		60	白沟新城
		3.64		3.64		68	68	43	定兴县
	500	3.50			3.50	51		55	唐　县
		3.75		3.75		64	64	85	高阳县
		3.52	3.52			63	63	48	涞源县
		2.72		2.72		52	51	29	望都县
		4.03	4.03			45		49	易　县
		4.45		4.45		20	18	51	曲阳县
		2.13		2.13		23	1	15	蠡　县
		2.12		2.12		39	19	33	顺平县
		5.65	5.65			65	52	103	张北县
		2.69	2.69			41		36	康保县
		2.80	2.80			42	32	42	沽源县
		2.15	2.15			42	42	45	尚义县
800		3.54	1.89	1.65		55	55	71	蔚　县
		2.80	2.80			43	37	41	阳原县
		2.69	2.18	0.52		49	49	55	怀安县
		4.42	4.42			90	64	440	怀来县
		4.44	4.44			36	36	255	涿鹿县
		2.98	2.98			46	46	43	赤城县
		3.24		3.24		27	23	24	承德县
400		3.04		3.04		73	47	41	兴隆县
		3.88	3.88			50	29	37	滦平县
		3.60	3.60			69	69	70	隆化县
		3.77	3.77			97	54	64	丰宁满族自治县
		3.40	3.40			33	33	29	宽城满族自治县
		4.31	4.31			69	36	73	围场满族蒙古族自治县
		4.33	4.33			84	84	73	青　县
		3.69	3.69			35	35	26	东光县
		1.89	1.89			39	39	16	海兴县
800		2.98	0.53	2.45		53	53	48	盐山县

11-2 续表 2

地区名称 Name of Regions	道路清扫保洁面积(万平方米) Surface Area of Roads Cleaned and Maintained (10,000m²)	机械化 Mechanization	生活垃圾 清运量(万吨) Collected and Transported (10,000 ton)	处理量(万吨) Volume of Treated (10,000 ton)	无害化处理厂(场)数(座) Number of Harmless Treatment Plants/Grounds (unit)	卫生填埋 Sanitary Landfill	焚烧 Incineration	其他 other	无害化处理能力(吨/日) Harmless Treatment Capacity (ton/day)	卫生填埋 Sanitary Landfill
肃宁县	116	116	4.01	4.01	1	1			350	350
南皮县	213	213	2.29	2.29	1	1			140	140
吴桥县	293	293	2.28	2.28	1	1			120	120
献　县	291	291	4.67	4.67	1	1			600	600
孟村回族自治县	71	71	1.90	1.90						
固安县	406	345	6.57	6.57	2	1	1		2200	1000
永清县	142	121	2.94	2.94	1	1			300	300
香河县	240	216	6.02	6.02	1	1			800	800
大城县	178	158	3.08	3.08	2	1	1		950	350
文安县	103	95	2.73	2.73	1	1			150	150
大厂回族自治县	248	214	3.22	3.22						
枣强县	108	107	5.60	5.60	1	1			253	253
武邑县	165	165	3.91	3.91						
武强县	120	110	2.59	2.59	1	1			120	120
饶阳县	198	188	3.17	3.17	1	1			160	160
安平县	383	329	6.53	6.53	2	1	1		940	140
故城县	251	251	5.14	5.14	2	1	1		900	300
景　县	324	324	3.58	3.58	1	1			140	140
阜城县	236	217	5.12	5.12	1	1			110	110
容城县	80	80	5.62	5.62						
雄　县	235	168	3.08	3.08	1	1			1000	1000
安新县	63	53	2.38	2.38						
山　西	**13322**	**10476**	**320.39**	**320.07**	**73**	**70**	**2**	**1**	**10534**	**9374**
清徐县	290	252	3.61	3.61						
阳曲县	225	180	3.27	3.27						
娄烦县	60	38	2.79	2.79	1	1			85	85
阳高县	149	117	3.40	3.40	1	1			130	130
天镇县	182	121	4.33	4.27	1	1			130	130
广灵县	196	157	7.52	7.52	1	1			206	206
灵丘县	234	156	4.75	4.71	1	1			130	130
浑源县	202	180	4.10	4.10	1	1			200	200
左云县	154	93	2.31	2.31	1	1			120	120
云州区	100	76	1.93	1.93						
平定县	209	188	4.93	4.93	1	1			170	170
盂　县	228	200	10.00	10.00	1	1			220	220
襄垣县	300	220	3.19	3.19						
平顺县	73	62	1.34	1.34	1	1			85	85
黎城县	71	47	1.20	1.20	1	1			32	32
壶关县	180	171	3.71	3.71	1	1			150	150
长子县	198	158	4.10	4.10	1	1			120	120

continued

Domestic Garbage						公共厕所		市容卫生专用车辆设备总数(辆)	地区名称
焚 烧 Incineration	其 他 other	无害化处理量(万吨) Volume of Harmlessly Treated (10,000 ton)	卫 生 填 埋 Sanitary Landfill	焚 烧 Incineration	其 他 other	(座) Number of Latrines (unit)	三 类 以 上 Grade Ⅲ and Above	Number of Vehicles and Equipment Designated for Municipal Environmental Sanitation (unit)	Name of Regions
		4.01	4.01			22	22	66	肃宁县
		2.29	2.29			46	34	52	南皮县
		2.28	2.28			58	42	33	吴桥县
		4.67	4.67			64	56	45	献 县
		1.90		1.90		32	32	16	孟村回族自治县
1200		6.57	4.12	2.45		68	67	140	固安县
		2.94	2.32	0.62		40	40	44	永清县
		6.02	6.02			68	64	93	香河县
600		3.08	1.73	1.35		49	34	119	大城县
		2.73	2.73			40	40	39	文安县
		3.22		3.22		50	40	118	大厂回族自治县
		5.60	3.01	2.59		63	63	69	枣强县
		3.91		3.91		59	59	32	武邑县
		2.59	2.22	0.37		35	35	20	武强县
		3.17	3.17			46	32	32	饶阳县
800		6.53	0.50	6.03		79	79	75	安平县
600		5.14	2.10	3.04		71	71	43	故城县
		3.58	2.50	1.08		46	46	43	景 县
		5.12	3.04	2.08		51	51	31	阜城县
		5.62		5.62		30		88	容城县
		3.08	3.08			18	18	57	雄 县
		2.38		2.38		10	10	146	安新县
860	**300**	**308.81**	**274.77**	**31.58**	**2.47**	**2064**	**1345**	**4581**	**山 西**
						20		93	清徐县
		3.27		3.27		45	45	35	阳曲县
		2.79	2.79			15		14	娄烦县
		3.40	3.40			28		222	阳高县
		4.27	4.27			7		64	天镇县
		7.52	7.52			12	12	46	广灵县
		4.71	4.71			4		124	灵丘县
		4.10	4.10			33	10	55	浑源县
		2.31	2.31			17	12	39	左云县
						34		18	云州区
		4.93	4.93			52	52	126	平定县
		10.00	10.00			19	19	22	盂 县
		3.19		3.19		15	15	85	襄垣县
		1.34	1.34			24	20	20	平顺县
		1.20	1.20			4	4	19	黎城县
		3.71	3.71			15	15	34	壶关县
		4.10	4.10			13	13	69	长子县

11-2 续表 3

地区名称 Name of Regions	道路清扫保洁面积(万平方米) Surface Area of Roads Cleaned and Maintained ($10,000m^2$)	机械化 Mechanization	生活垃圾 清运量(万吨) Collected and Transported (10,000 ton)	处理量(万吨) Volume of Treated (10,000 ton)	无害化处理厂(场)数(座) Number of Harmless Treatment Plants/Grounds (unit)	卫生填埋 Sanitary Landfill	焚烧 Incineration	其他 other	无害化处理能力(吨/日) Harmless Treatment Capacity (ton/day)	卫生填埋 Sanitary Landfill
武乡县	186	130	2.23	2.23	1	1			120	120
沁　县	78	60	1.61	1.61	1	1			110	110
沁源县	100	69	2.56	2.56	1	1			99	99
沁水县	150	120	3.29	3.29	1	1			68	68
阳城县	240	170	4.66	4.66	1	1			200	200
陵川县	57	42	1.65	1.65	1	1			110	110
山阴县	108	100	11.10	11.10	1	1			304	304
应　县	138	118	8.01	8.01	1	1			221	221
右玉县	208	120	2.64	2.64	1	1			80	80
榆社县	106	83	5.48	5.48	1	1			90	90
左权县	174	167	2.86	2.86	1	1			80	80
和顺县	146	131	3.82	3.82	1	1			104	104
昔阳县	93	80	3.07	3.07	1	1			110	110
寿阳县	460	424	5.72	5.72						
太谷区	459	373	10.41	10.41	1	1			285	285
祁　县	133	93	7.79	7.79						
平遥县	353	242	17.53	17.53	1	1			800	800
灵石县	312	230	8.40	8.37	1		1		500	
临猗县	262	220	3.78	3.78	1	1			130	130
万荣县	250	200	2.77	2.77	1	1			200	200
闻喜县	130	91	4.56	4.56	1	1			150	150
稷山县	179	178	2.47	2.47	1			1	300	
新绛县	184	130	5.29	5.29	1	1			180	180
绛　县	119	88	2.90	2.90	1	1			95	95
垣曲县	187	131	3.28	3.28	1	1			89	89
夏　县	90	61	1.90	1.90	1	1			200	200
平陆县	93	90	2.83	2.83	1	1			140	140
芮城县	150	130	5.36	5.36	1	1			160	160
定襄县	55	40	3.20	3.20						
五台县	136	124	4.20	4.20	1	1			95	95
代　县	134	91	3.27	3.27	1	1			110	110
繁峙县	108	76	5.93	5.93	1	1			16	16
宁武县	142	97	4.84	4.84	1	1			133	133
静乐县	81	57	3.95	3.95	1	1			80	80
神池县	131	86	1.42	1.42	1	1			73	73
五寨县	95	80	2.64	2.64	1	1			100	100
岢岚县	192	138	3.35	3.35	1	1			120	120
河曲县	181	163	2.50	2.50	1	1			110	110
保德县	182	142	3.92	3.92	1	1			107	107
偏关县	75	50	1.72	1.72	1	1			75	75

continued

焚烧 Incineration	其他 other	无害化处理量(万吨) Volume of Harmlessly Treated (10,000 ton)	卫生填埋 Sanitary Landfill	焚烧 Incineration	其他 other	公共厕所(座) Number of Latrines (unit)	三类以上 Grade Ⅲ and Above	市容卫生专用车辆设备总数(辆) Number of Vehicles and Equipment Designated for Municipal Environmental Sanitation (unit)	地区名称 Name of Regions
	Domestic Garbage								
		2.23	2.23			24	24	47	武乡县
		1.61	1.61			5	1	15	沁　县
		2.56	2.56			11		22	沁源县
		3.29	3.29			47	47	65	沁水县
		4.66	4.66			132	46	52	阳城县
		1.65	1.65			23	22	35	陵川县
		11.10	11.10			15	7	65	山阴县
		8.01	8.01			2		25	应　县
		2.64	2.64			22	16	35	右玉县
		5.48	5.48			14	14	15	榆社县
		2.86	2.86			21	21	32	左权县
		3.82	3.82			22	13	230	和顺县
		3.07	3.07			29	29	45	昔阳县
						58	16	61	寿阳县
		10.41	10.41			43	43	75	太谷区
		7.79		7.79		28	10	86	祁　县
		17.53	17.53					98	平遥县
500		8.37		8.37		83	83	94	灵石县
		3.78	3.78			27	20	55	临猗县
		2.77	2.77			20	20	5	万荣县
		4.56	4.56			28		14	闻喜县
	300	2.47			2.47	17	17	28	稷山县
		5.29	5.29			26	10	24	新绛县
		2.90	2.90			15		11	绛　县
		3.28	3.28					21	垣曲县
		1.90	1.90			15	15	13	夏　县
		2.83	2.83			32	32	14	平陆县
		5.36	5.36			20	13	17	芮城县
		3.20		3.20		21	19	79	定襄县
		4.20	4.20			26	11	55	五台县
		3.27	3.27			18	18	43	代　县
		5.93	5.93			24	13	31	繁峙县
		4.84	4.84			54	40	68	宁武县
		3.95	3.95			16		49	静乐县
		1.42	1.42			24		20	神池县
		2.64	2.64			19	2	19	五寨县
		3.35	3.35			15	2	88	岢岚县
		2.50	2.50			21	21	37	河曲县
		3.92	3.92			72		37	保德县
		1.72	1.72			69	69	69	偏关县

11-2 续表 4

地区名称 Name of Regions	道路清扫保洁面积(万平方米) Surface Area of Roads Cleaned and Maintained (10,000m²)	机械化 Mechanization	生活垃圾 清运量(万吨) Collected and Transported (10,000 ton)	处理量(万吨) Volume of Treated (10,000 ton)	无害化处理厂(场)数(座) Number of Harmless Treatment Plants/Grounds (unit)	卫生填埋 Sanitary Landfill	焚烧 Incineration	其他 other	无害化处理能力(吨/日) Harmless Treatment Capacity (ton/day)	卫生填埋 Sanitary Landfill
曲沃县	114	90	2.82	2.82	1	1			120	120
翼城县	179	165	3.74	3.74	1	1			280	280
襄汾县	148	133	3.60	3.60	1	1			165	165
洪洞县	169	113	5.74	5.74	1		1		360	
古　县	50	35	1.10	1.10	1	1			100	100
安泽县	72	53	1.31	1.31	1	1			75	75
浮山县	72	48	2.67	2.67	1	1			150	150
吉　县	36	33	1.79	1.79	1	1			75	75
乡宁县	177	159	3.04	3.04	1	1			150	150
大宁县	39	28	1.19	1.19	1	1			80	80
隰　县	90	62	1.87	1.87	1	1			95	95
永和县	36	29	1.51	1.51	1	1			55	55
蒲　县	62	42	3.91	3.91	1	1			80	80
汾西县	58	40	2.19	2.19	1	1			90	90
文水县	349	244	4.75	4.75	1	1			155	155
交城县	385	220	4.13	4.13	1	1			113	113
兴　县	252	170	6.47	6.45	1	1			174	174
临　县	140	121	4.75	4.75	1	1			100	100
柳林县	641	605	3.83	3.83						
石楼县	26	18	2.55	2.55	1	1			70	70
岚　县	153	124	4.38	4.20	1	1			120	120
方山县	70	66	2.10	2.10	1	1			57	57
中阳县	178	152	4.08	4.08	1	1			105	105
交口县	118	94	1.51	1.51	1	1			43	43
内蒙古	**14819**	**10467**	**237.49**	**236.67**	**67**	**66**		**1**	**7588**	**7478**
土左旗	130	80	4.07	4.07	1	1			150	150
托　县	158	155	4.46	4.39	1	1			120	120
和林县	147	103	3.15	3.14	1	1			80	80
清水河县	70	35	1.46	1.46	1	1			45	45
武川县	140	92	2.09	2.09	1	1			60	60
土右旗	366	124	3.80	3.80						
固阳县	188	43	3.59	3.59	1	1			98	98
达尔罕茂明安联合旗	104	65	1.77	1.77	1	1			80	80
阿鲁科尔沁旗	311	256	4.10	4.10	1	1			105	105
巴林左旗	256	166	4.38	4.38	1	1			120	120
巴林右旗	173	139	4.98	4.98	1	1			150	150
林西县	267	219	4.19	4.19	1	1			120	120
克什克腾旗	140	91	4.38	4.38	1	1			120	120
翁牛特旗	300	182	6.39	6.39	1	1			180	180

continued

Domestic Garbage 焚烧 Incineration	Domestic Garbage 其他 other	无害化处理量(万吨) Volume of Harmlessly Treated (10,000 ton)	卫生填埋 Sanitary Landfill	焚烧 Incineration	其他 other	公共厕所(座) Number of Latrines (unit)	三类以上 Grade Ⅲ and Above	市容卫生专用车辆设备总数(辆) Number of Vehicles and Equipment Designated for Municipal Environmental Sanitation (unit)	地区名称 Name of Regions
		2.82	2.82			22	22	61	曲沃县
		3.74	3.74			13	13	239	翼城县
		3.60	3.60			21	21	78	襄汾县
360		5.74		5.74		59	59	54	洪洞县
		1.10	1.10			13	13	19	古　县
		1.31	1.31			27	6	66	安泽县
		2.67	2.67			16	16	19	浮山县
		1.79	1.79			18	18	49	吉　县
		3.04	3.04			30	30	90	乡宁县
		1.19	1.19			10	7	10	大宁县
		1.87	1.87			19	19	26	隰　县
		1.51	1.51			16	11	21	永和县
		3.91	3.91			17	15	48	蒲　县
		2.19	2.19			10	10	81	汾西县
		4.75	4.75			15		46	文水县
		4.13	4.13			16	16	34	交城县
		6.45	6.45			82	69	56	兴　县
		4.75	4.75			63	32	45	临　县
		3.83	3.83					181	柳林县
		2.55	2.55			13	10	30	石楼县
		4.20	4.20			25	19	167	岚　县
		2.10	2.10			10		28	方山县
		4.08	4.08			23		119	中阳县
		1.51	1.51			11	8	35	交口县
	110	**234.49**	**228.86**	**3.80**	**1.83**	**4525**	**2076**	**3778**	**内蒙古**
		4.07	4.07			120		64	土左旗
		4.39	4.39			28		50	托　县
		3.14	3.14			47	47	39	和林县
		1.46	1.46			46	46	23	清水河县
		2.09	2.09			100		30	武川县
		3.80		3.80		98	53	34	土右旗
		3.59	3.59			105	27	112	固阳县
		1.77	1.77			31	12	16	达尔罕茂明安联合旗
		4.10	4.10			24	18	74	阿鲁科尔沁旗
		4.38	4.38			46	29	54	巴林左旗
		4.98	4.98			58	14	67	巴林右旗
		4.19	4.19			79	46	50	林西县
		4.38	4.38			46	16	16	克什克腾旗
		6.39	6.39			46	46	25	翁牛特旗

11-2 续表 5

地区名称 Name of Regions	道路清扫保洁面积(万平方米) Surface Area of Roads Cleaned and Maintained (10,000m²)	机械化 Mechanization	生活垃圾 清运量(万吨) Collected and Transported (10,000 ton)	处理量(万吨) Volume of Treated (10,000 ton)	无害化处理厂(场)数(座) Number of Harmless Treatment Plants/Grounds (unit)	卫生填埋 Sanitary Landfill	焚烧 Incineration	其他 other	无害化处理能力(吨/日) Harmless Treatment Capacity (ton/day)	卫生填埋 Sanitary Landfill
喀喇沁旗	104	81	4.08	4.08	1	1			110	110
宁城县	240	206	5.48	5.48	1	1			150	150
敖汉旗	510	347	6.57	6.57	1	1			200	200
科左中旗	222	111	4.26	4.26	1	1			86	86
科左后旗	268	102	6.02	6.02	1	1			170	170
开鲁县	283	170	4.40	4.40	1	1			120	120
库伦旗	140	67	2.20	2.20	1	1			80	80
奈曼旗	220	176	5.44	5.44	1	1			150	150
扎鲁特旗	144	94	4.38	4.38	1	1			150	150
达拉特旗	502	377	7.88	7.88	1	1			180	180
准格尔旗	361	279	11.02	11.02	1	1			302	302
鄂托克前旗	250	180	2.41	2.41	1	1			68	68
鄂托克旗	179	146	1.97	1.97	1	1			52	52
杭锦旗	232	101	2.45	2.45	1	1			67	67
乌审旗	525	513	4.38	4.38	1	1			200	200
伊金霍洛旗	1103	1038	5.48	5.48	1	1			600	600
阿荣旗	275	160	4.80	4.80	1	1			120	120
莫　旗	205	130	4.15	4.15	1	1			120	120
鄂伦春旗	65	36	2.19	2.19	1	1			60	60
鄂温克旗	271	214	2.26	2.24	1	1			100	100
陈巴尔虎旗	79	45	2.81	2.81	1	1			60	60
新左旗	55	34	1.14	1.14	1	1			40	40
新右旗	84	55	2.39	2.38	1	1			50	50
五原县	345	276	4.23	4.23	1	1			116	116
磴口县	140	98	2.93	2.93	1	1			85	85
乌拉特前旗	280	202	4.59	4.49	1	1			125	125
乌拉特中旗	274	219	2.18	2.18						
乌拉特后旗	148	113	1.85	1.85	1	1			85	85
杭锦后旗	304	182	4.20	4.16	1	1			120	120
卓资县	180	120	1.15	1.15	1	1			80	80
化德县	98	62	2.39	2.39	1	1			80	80
商都县	223	134	4.48	4.38	1	1			100	100
兴和县	158	119	2.85	2.76	1	1			140	140
凉城县	221	152	3.37	3.32	1	1			210	210
察右前旗	238	179	3.60	3.60	1	1			120	120
察右中旗	147	108	1.25	1.25	1	1			60	60
察右后旗	145	113	2.89	2.82	1	1			80	80
四子王旗	178	121	3.11	2.92	1	1			90	90
科尔沁右翼前旗	290	149	2.15	2.15	1	1			59	59
科右中旗	201	197	4.19	4.19	1	1			116	116

continued

Domestic Garbage						公共厕所		市容卫生专用车辆设备总数	
		无害化处理量(万吨) Volume of Harmlessly Treated (10,000 ton)							
焚烧 Incineration	其他 other		卫生填埋 Sanitary Landfill	焚烧 Incineration	其他 other	(座) Number of Latrines (unit)	三类以上 Grade Ⅲ and Above	(辆) Number of Vehicles and Equipment Designated for Municipal Environmental Sanitation (unit)	地区名称 Name of Regions
		4.08	4.08			46	13	20	喀喇沁旗
		5.48	5.48			87	87	46	宁城县
		6.57	6.57			53	26	52	敖汉旗
		4.26	4.26			8		26	科左中旗
		6.02	6.02			40		74	科左后旗
		4.40	4.40			38	26	35	开鲁县
		2.20	2.20			23	12	8	库伦旗
		5.44	5.44			77		30	奈曼旗
		4.38	4.38			21		23	扎鲁特旗
		7.88	7.88			204	76	71	达拉特旗
		11.02	11.02			62	62	59	准格尔旗
		2.41	2.41			168	135	45	鄂托克前旗
		1.97	1.97			125	104	46	鄂托克旗
		2.45	2.45			84	55	50	杭锦旗
		4.38	4.38			125		67	乌审旗
		5.48	5.48			196	196	125	伊金霍洛旗
		4.80	4.80			13		36	阿荣旗
		4.15	4.15			27	6	47	莫　旗
		2.19	2.19			6	6	27	鄂伦春旗
		2.24	2.24			16	16	66	鄂温克旗
		2.81	2.81			7	7	24	陈巴尔虎旗
		1.14	1.14			5		24	新左旗
		2.38	2.38			19		30	新右旗
		4.23	4.23			138		63	五原县
		2.93	2.93			100	91	21	磴口县
		4.49	4.49			140	76	39	乌拉特前旗
						101	81	332	乌拉特中旗
		1.85	1.85			28	28	61	乌拉特后旗
		4.16	4.16			107	91	42	杭锦后旗
		1.15	1.15			105		60	卓资县
		2.39	2.39			15	10	33	化德县
		4.38	4.38			91		31	商都县
		2.76	2.76			111		82	兴和县
		3.32	3.32			123	15	76	凉城县
		3.60	3.60			7	5	58	察右前旗
		1.25	1.25			67	15	42	察右中旗
		2.82	2.82			92		29	察右后旗
		2.92	2.92			96	14	60	四子王旗
		2.15	2.15			18	12	30	科尔沁右翼前旗
		4.19	4.19			21	11	172	科右中旗

11-2 续表 6

地区名称 Name of Regions	道路清扫保洁面积(万平方米) Surface Area of Roads Cleaned and Maintained (10,000m²)	机械化 Mechanization	生活垃圾 清运量(万吨) Collected and Transported (10,000 ton)	处理量(万吨) Volume of Treated (10,000 ton)	无害化处理厂(场)数(座) Number of Harmless Treatment Plants/Grounds (unit)	卫生填埋 Sanitary Landfill	焚烧 Incineration	其他 other	无害化处理能力(吨/日) Harmless Treatment Capacity (ton/day)	卫生填埋 Sanitary Landfill
扎赉特旗	237	156	3.91	3.91	1	1			180	180
突泉县	150	105	3.90	3.90	1	1			107	107
阿巴嘎旗	50	45	1.46	1.46	1	1			40	40
苏尼特左旗	49	44	1.08	1.08	1	1			40	40
苏尼特右旗	176	84	1.79	1.79	1	1			60	60
东乌珠穆沁旗	141	120	1.83	1.83	1			1	110	
西乌珠穆沁旗	179	109	3.29	3.29	1	1			90	90
太仆寺旗	130	124	3.59	3.59	1	1			120	120
镶黄旗	57	43	1.20	1.20	1	1			60	60
正镶白旗	90	50	1.31	1.31	1	1			50	50
正蓝旗	128	90	1.44	1.44	1	1			68	68
多伦县	263	200	2.93	2.93	1	1			90	90
阿拉善左旗	278	205	4.73	4.64	1	1			150	150
阿拉善右旗	69	48	1.04	1.04	1	1			50	50
额济纳旗	185	89	1.61	1.61	1	1			44	44
辽　宁	**4206**	**2773**	**111.58**	**111.58**	**20**	**18**		**2**	**3514**	**3505**
康平县	296	220	9.98	9.98	1	1			430	430
法库县	254	64	4.04	4.04	1	1			300	300
长海县	26	9	2.19	2.19	2	1		1	54	50
台安县	196	130	5.61	5.61	1	1			150	150
岫岩满族自治县	156	67	5.48	5.48	1	1			150	150
抚顺县										
新宾满族自治县	145	94	1.83	1.83						
清原满族自治县	82	27	4.00	4.00	1	1			150	150
本溪满族自治县	180	99	3.35	3.35	1	1			120	120
桓仁满族自治县	223	134	5.11	5.11	1	1			140	140
宽甸满族自治县	120	100	5.84	5.84						
黑山县	170	100	7.30	7.30	1	1			200	200
义　县	151	121	5.48	5.48	1	1			210	210
阜新蒙古族自治县	185	37	4.75	4.75						
彰武县	150	10	4.30	4.30	1	1			190	190
辽阳县	201	170	4.18	4.18						
盘山县	192	150	1.95	1.95						
铁岭县										
西丰县	46	32	2.56	2.56	2	1		1	125	120
昌图县	177	169	4.38	4.38	1	1			240	240
朝阳县	110	65	1.91	1.91	1	1			270	270
建平县	337	292	7.00	7.00	1	1			210	210
喀喇沁左翼蒙古族自治县	322	280	6.02	6.02	1	1			165	165

continued

		Domestic Garbage				公共厕所		市容卫生专用车辆设备总数(辆)	
焚 烧 Incinera-tion	其 他 other	无害化处理量(万吨) Volume of Harm-lessly Treated (10,000 ton)	卫 生 填 埋 Sanitary Landfill	焚 烧 Incinera-tion	其 他 other	(座) Number of Latrines (unit)	三 类 以 上 Grade Ⅲ and Above	Number of Vehicles and Equipment Designated for Municipal Environmental Sanitation (unit)	地区名称 Name of Regions
		3.91	3.91			19	19	18	扎赉特旗
		3.90	3.90			30		53	突泉县
		1.46	1.46			43	21	26	阿巴嘎旗
		1.08	1.08			53	25	20	苏尼特左旗
		1.79	1.79			77	16	42	苏尼特右旗
	110	1.83			1.83	70	19	42	东乌珠穆沁旗
		3.29	3.29			61	61	14	西乌珠穆沁旗
		3.59	3.59			68	21	149	太仆寺旗
		1.20	1.20			52	20	25	镶黄旗
		1.31	1.31			28	28	59	正镶白旗
		1.44	1.44			61	33	59	正蓝旗
		2.93	2.93			63	29	174	多伦县
		4.64	4.64			156	108	120	阿拉善左旗
		1.04	1.04			38	24	21	阿拉善右旗
		1.61	1.61			22	22	40	额济纳旗
	9	**103.91**	**96.08**	**7.76**	**0.08**	**1183**	**448**	**1187**	**辽 宁**
		9.98	9.98			19	15	48	康平县
		4.04	4.04			29	13	31	法库县
	4	2.19	2.14		0.05	7	7	13	长海县
		5.61	5.61			33	14	47	台安县
		5.48	5.48			106		50	岫岩满族自治县
									抚顺县
						25	10	21	新宾满族自治县
		4.00	4.00			30	6	32	清原满族自治县
		3.35	3.35			15	11	28	本溪满族自治县
		5.11	5.11			44	27	55	桓仁满族自治县
						106	42	71	宽甸满族自治县
		7.30	7.30			108		77	黑山县
		5.48	5.48			26		46	义 县
		4.75		4.75		90		41	阜新蒙古族自治县
		4.30	4.30			85	85	51	彰武县
		4.18	1.17	3.01		3		60	辽阳县
		1.95	1.95			30	21	38	盘山县
									铁岭县
	5	2.56	2.53		0.03	39	39	38	西丰县
		4.38	4.38			59	26	63	昌图县
		1.91	1.91			1		54	朝阳县
		7.00	7.00			83	36	74	建平县
		6.02	6.02			84	53	75	喀喇沁左翼蒙古族自治县

11-2 续表 7

地区名称 Name of Regions	道路清扫保洁面积(万平方米) Surface Area of Roads Cleaned and Maintained (10,000m²)	机械化 Mechanization	生活垃圾 清运量(万吨) Collected and Transported (10,000 ton)	处理量(万吨) Volume of Treated (10,000 ton)	无害化处理厂(场)数(座) Number of Harmless Treatment Plants/ Grounds (unit)	卫生填埋 Sanitary Landfill	焚烧 Incineration	其他 other	无害化处理能力(吨/日) Harmless Treatment Capacity (ton/ day)	卫生填埋 Sanitary Landfill
绥中县	248	211	9.13	9.13	1	1			250	250
建昌县	240	192	5.22	5.22	1	1			160	160
吉　林	**3438**	**2308**	**74.11**	**74.11**	**15**	**15**			**2718**	**2718**
农安县	351	230	8.18	8.18	1	1			300	300
永吉县	147	90	2.30	2.30						
梨树县	300	254	8.33	8.33	1	1			200	200
伊通满族自治县	140	133	2.71	2.71						
东丰县	213	159	5.59	5.59						
东辽县	115	90	1.01	1.01	1	1			180	180
通化县	110	105	2.61	2.61	1	1			200	200
辉南县	188	188	2.69	2.69	1	1			180	180
柳河县	210	126	4.09	4.09	1	1			180	180
抚松县	110	106	3.21	3.21	1	1			150	150
靖宇县	153	78	3.37	3.37	1	1			150	150
长白朝鲜族自治县	72	58	0.98	0.98	1	1			110	110
前郭县	283	117	4.33	4.33						
长岭县	230	104	7.09	7.09	1	1			290	290
乾安县	162		4.59	4.59	1	1			150	150
镇赉县	208	102	3.96	3.96	1	1			180	180
通榆县	224	168	3.98	3.98	1	1			108	108
汪清县	168	146	2.28	2.28	1	1			240	240
安图县	54	54	2.81	2.81	1	1			100	100
黑龙江	**6240**	**4666**	**183.84**	**183.84**	**42**	**40**	**1**	**1**	**5109**	**4749**
依兰县	255	230	9.00	9.00	1	1			120	120
方正县	114	98	3.65	3.65						
宾　县	141	115	7.69	7.69						
巴彦县	147	106	2.92	2.92	1	1			156	156
木兰县	120	90	2.92	2.92	1	1			80	80
通河县	95	90	2.65	2.65	1		1		200	
延寿县	190	120	3.57	3.57	1	1			130	130
龙江县	280	245	4.44	4.44	1	1			245	245
依安县	146	101	3.00	3.00	1	1			150	150
泰来县	151	95	3.61	3.61	1	1			120	120
甘南县	105	84	4.14	4.14	1	1			120	120
富裕县	200	150	4.49	4.49	1	1			120	120
克山县	65	39	3.80	3.80	1	1			123	123
克东县	65	49	4.75	4.75	1	1			130	130
拜泉县	68	58	4.76	4.76	1	1			144	144

continued

焚烧 Incineration	其他 other	无害化处理量(万吨) Volume of Harmlessly Treated (10,000 ton)	卫生填埋 Sanitary Landfill	焚烧 Incineration	其他 other	公共厕所(座) Number of Latrines (unit)	三类以上 Grade Ⅲ and Above	市容卫生专用车辆设备总数(辆) Number of Vehicles and Equipment Designated for Municipal Environmental Sanitation (unit)	地区名称 Name of Regions
Domestic Garbage									
		9.13	9.13			97	32	134	绥中县
		5.22	5.22			64	11	40	建昌县
		74.11	**45.46**	**28.65**		**633**	**431**	**1819**	**吉　林**
		8.18	8.18			56	42	629	农安县
		2.30		2.30		16	11	34	永吉县
		8.33	7.06	1.27		39	39	113	梨树县
		2.71		2.71		21	21	30	伊通满族自治县
		5.59		5.59		64	58	49	东丰县
		1.01		1.01		11	11	41	东辽县
		2.61	2.61			23	16	61	通化县
		2.69	2.69			56	39	102	辉南县
		4.09		4.09		33	23	104	柳河县
		3.21	3.21			17	17	52	抚松县
		3.37	3.37			8	8	35	靖宇县
		0.98	0.98			9	9	21	长白朝鲜族自治县
		4.33		4.33		25	25	84	前郭县
		7.09	7.09			32	32	78	长岭县
		4.59	1.49	3.10		19		36	乾安县
		3.96	3.96			54	54	117	镇赉县
		3.98	3.98			50	10	127	通榆县
		2.28		2.28		39	16	64	汪清县
		2.81	0.84	1.98		61		42	安图县
200	**160**	**183.84**	**146.53**	**32.62**	**4.69**	**1792**	**473**	**2588**	**黑龙江**
		9.00	9.00			68	4	72	依兰县
		3.65		3.65		19		20	方正县
		7.69		7.69		40	6	58	宾　县
		2.92	2.92			15		15	巴彦县
		2.92	2.92			13		31	木兰县
200		2.65		2.65		8	8	71	通河县
		3.57	3.57			24	6	37	延寿县
		4.44	4.44			113		59	龙江县
		3.00	3.00			53		28	依安县
		3.61	3.61			104	98	45	泰来县
		4.14	4.14			69		53	甘南县
		4.49	4.49			65		66	富裕县
		3.80	3.80			85	6	86	克山县
		4.75	4.75			53	22	51	克东县
		4.76	4.76			82	7	124	拜泉县

11-2 续表 8

地区名称 Name of Regions	道路清扫保洁面积（万平方米） Surface Area of Roads Cleaned and Maintained (10,000m²)	机械化 Mechanization	生活垃圾 清运量（万吨） Collected and Transported (10,000 ton)	处理量（万吨） Volume of Treated (10,000 ton)	无害化处理厂(场)数（座） Number of Harmless Treatment Plants/Grounds (unit)	卫生填埋 Sanitary Landfill	焚烧 Incineration	其他 other	无害化处理能力（吨／日） Harmless Treatment Capacity (ton/day)	卫生填埋 Sanitary Landfill
鸡东县	100	95	2.16	2.16						
萝北县	78	47	3.54	3.54	1	1			100	100
绥滨县	53	32	2.75	2.75	1	1			105	105
集贤县	147	106	3.75	3.75	1	1			264	264
友谊县	87	60	1.67	1.67	1	1			65	65
宝清县	160	112	5.20	5.20	1	1			18	18
饶河县	92	68	2.67	2.67	1	1			73	73
肇州县	106	85	4.38	4.38	1	1			170	170
肇源县	130	85	6.94	6.94	1	1			195	195
林甸县	180	165	3.65	3.65	1	1			100	100
杜尔伯特蒙古族自治县	140	98	3.39	3.39	1	1			140	140
嘉荫县	60	40	1.19	1.19	1	1			89	89
汤旺县	107	80	1.60	1.60	2	2			100	100
丰林县	231	154	3.99	3.99	2	2			125	125
大箐山县	14	9	1.84	1.84	1	1			50	50
南岔县	261	209	2.45	2.45	1	1			120	120
桦南县	108	90	4.41	4.41						
桦川县	105	103	2.77	2.77						
汤原县	173	121	3.05	3.05	1	1			83	83
勃利县	200	120	3.70	3.70	1	1			180	180
林口县	168	109	4.09	4.09	1	1			150	150
逊克县	85	52	1.85	1.85	1	1			63	63
孙吴县	75	70	1.82	1.82	1	1			86	86
望奎县	146	128	9.44	9.44	1			1	160	
兰西县	198	120	4.38	4.38						
青冈县	171	141	6.35	6.35	1	1			200	200
庆安县	186	130	4.15	4.15						
明水县	160	110	3.45	3.45	1	1			100	100
绥棱县	134	83	5.20	5.20	1	1			144	144
呼玛县	35	26	2.57	2.57	1	1			70	70
塔河县	78	47	2.04	2.04	1	1			100	100
加格达奇区	132	102	8.07	8.07	1	1			221	221
江　苏	**9596**	**8565**	**227.57**	**227.57**	**27**	**9**	**16**	**2**	**15827**	**2910**
丰　县	499	466	10.22	10.22	1		1		1000	
沛　县	581	531	18.52	18.52	1		1		800	
睢宁县	555	515	12.98	12.98	2	1	1		1180	480
如东县	549	466	7.02	7.02	1		1		1800	
东海县	545	500	11.66	11.66	2	1	1		1050	450
灌云县	365	317	8.30	8.30	1		1		500	

continued

Domestic Garbage						公共厕所		市容卫生专用车辆设备总数(辆)	地区名称
焚 烧 Incineration	其 他 other	无害化处理量(万吨) Volume of Harmlessly Treated (10,000 ton)	卫 生 填 埋 Sanitary Landfill	焚 烧 Incineration	其 他 other	(座) Number of Latrines (unit)	三 类 以 上 Grade Ⅲ and Above	Number of Vehicles and Equipment Designated for Municipal Environmental Sanitation (unit)	Name of Regions
		2.16		2.16		20		32	鸡东县
		3.54	3.54			3		37	萝北县
		2.75	2.75			13		30	绥滨县
		3.75	3.75			61	13	65	集贤县
		1.67	1.67			35	8	36	友谊县
		5.20	5.20			9		76	宝清县
		2.67	2.67			6	6	59	饶河县
		4.38	4.38			81	23	67	肇州县
		6.94	6.94			74	40	50	肇源县
		3.65	3.65			16		30	林甸县
		3.39	3.39			33	24	34	杜尔伯特蒙古族自治县
		1.19	1.19			23	15	53	嘉荫县
		1.60	1.60			41	11	57	汤旺县
		3.99	3.99			40	23	45	丰林县
		1.84	1.84			14	9	20	大箐山县
		2.45	2.45			39	7	17	南岔县
		4.41	1.20	3.20		21	15	114	桦南县
		2.77	2.77			22	16	120	桦川县
		3.05	3.05			30	30	85	汤原县
		3.70	3.70			62	1	52	勃利县
		4.09	4.09			48		42	林口县
		1.85	1.85			27	14	38	逊克县
		1.82	1.82			7	3	47	孙吴县
	160	9.44		4.74	4.69	24	8	112	望奎县
		4.38		4.38		21		52	兰西县
		6.35	6.35			29	21	120	青冈县
		4.15		4.15		9	9	50	庆安县
		3.45	3.45			20		74	明水县
		5.20	5.20			47	4	41	绥棱县
		2.57	2.57			27	4	21	呼玛县
		2.04	2.04			40	8	41	塔河县
		8.07	8.07			39	4	55	加格达奇区
12747	**170**	**227.57**	**23.83**	**200.00**	**3.74**	**2162**	**1976**	**2565**	**江 苏**
1000		10.22		10.22		104	104	61	丰 县
800		18.52		18.52		170	70	68	沛 县
700		12.98		12.98		191	191	122	睢宁县
1800		7.02		7.02		52	52	93	如东县
600		11.66	2.57	9.10		95	86	58	东海县
500		8.30		8.30		200	190	71	灌云县

11-2 续表 9

地区名称 Name of Regions	道路清扫保洁面积（万平方米） Surface Area of Roads Cleaned and Maintained ($10,000m^2$)	机械化 Mechanization	生活垃圾 清运量（万吨） Collected and Transported (10,000 ton)	处理量（万吨） Volume of Treated (10,000 ton)	无害化处理厂(场)数（座） Number of Harmless Treatment Plants/ Grounds (unit)	卫生填埋 Sanitary Landfill	焚烧 Incineration	其他 other	无害化处理能力（吨／日） Harmless Treatment Capacity (ton/ day)	卫生填埋 Sanitary Landfill
灌南县	550	500	8.30	8.30	1		1		718	
涟水县	737	606	8.75	8.75	1		1		800	
盱眙县	210	181	10.73	10.73	1		1		925	
金湖县	320	315	7.69	7.69						
响水县	285	255	10.54	10.54	1	1			350	350
滨海县	499	429	9.41	9.41	2	1	1		1100	300
阜宁县	442	380	10.24	10.24	2	1	1		1000	400
射阳县	470	315	10.72	10.72	1	1			30	30
建湖县	490	441	10.36	10.36	1		1		304	
宝应县	352	290	15.99	15.99	3	1	1	1	810	150
沭阳县	934	894	20.77	20.77	3	1	1	1	1810	500
泗阳县	615	589	23.48	23.48	1		1		600	
泗洪县	598	574	11.90	11.90	2	1	1		1050	250
浙　江	**9861**	**7274**	**234.07**	**234.07**	**44**	**4**	**27**	**13**	**19693**	**840**
桐庐县	325	262	9.06	9.06	1		1		500	
淳安县	236	202	7.27	7.27	1		1		300	
象山县	663	524	11.94	11.94	1		1		600	
宁海县	778	584	9.49	9.49	1		1		1000	
永嘉县	99	76	4.91	4.91	2		2		1500	
平阳县	169	110	6.10	6.10	1		1		1350	
苍南县	189	130	13.00	13.00	1		1		1400	
文成县	79	52	2.27	2.27	2	1	1		700	150
泰顺县	89	88	3.01	3.01	1		1		300	
嘉善县	346	248	14.52	14.52	1		1		1250	
海盐县	362	320	7.22	7.22	2		1	1	975	
德清县	453	385	10.27	10.27	2		1	1	700	
长兴县	671	570	23.30	23.30	3		1	2	1200	
安吉县	606	510	8.03	8.03	2		1	1	750	
新昌县	409	355	13.76	13.76	2		1	1	550	
武义县	490	201	8.50	8.50	2		1	1	975	
浦江县	473	320	6.38	6.38	1		1		800	
磐安县	120	92	1.99	1.99	1		1		300	
常山县	171	120	2.91	2.91	1		1		200	
开化县	249	140	5.94	5.94	1		1		300	
龙游县	134	114	5.53	5.53	1		1		300	
岱山县	169	81	4.71	4.71	1	1			160	160
嵊泗县	36	15	2.03	2.03	1	1			200	200
三门县	332	234	5.61	5.61	2	1	1		830	330
天台县	552	392	8.41	8.41	2		1	1	450	
仙居县	345	276	9.03	9.03	1		1		300	

continued

Domestic Garbage						公共厕所		市容卫生专用车辆设备总数(辆)	
焚 烧 Incineration	其 他 other	无害化处理量(万吨) Volume of Harmlessly Treated (10,000 ton)	卫 生 填 埋 Sanitary Landfill	焚 烧 Incineration	其 他 other	(座) Number of Latrines (unit)	三 类 以 上 Grade Ⅲ and Above	Number of Vehicles and Equipment Designated for Municipal Environmental Sanitation (unit)	地区名称 Name of Regions
718		8.30		8.30		97	97	72	灌南县
800		8.75		8.75		113	75	93	涟水县
925		10.73		10.73		58	58	66	盱眙县
		7.69		7.69		131	113	184	金湖县
		10.54	10.54			60	55	159	响水县
800		9.41		9.41		126	126	100	滨海县
600		10.24		10.24		168	168	127	阜宁县
		10.72	10.72			107	107	123	射阳县
304		10.36		10.36		69	69	142	建湖县
600	60	15.99		14.41	1.57	104	104	56	宝应县
1200	110	20.77		18.60	2.17	63	63	166	沭阳县
600		23.48		23.48		138	138	696	泗阳县
800		11.90		11.90		116	110	108	泗洪县
16950	**1903**	**234.07**		**200.16**	**33.91**	**1709**	**1600**	**2526**	**浙　江**
500		9.06		9.06		43	43	85	桐庐县
300		7.27		7.27		56	56	120	淳安县
600		11.94		11.94		68	60	158	象山县
1000		9.49		9.49		86	43	81	宁海县
1500		4.91		4.91		29	29	33	永嘉县
1350		6.10		6.10		32	31	39	平阳县
1400		13.00		13.00		26	26	69	苍南县
550		2.27		2.27		23	23	145	文成县
300		3.01		3.01		26	21	74	泰顺县
1250		14.52		14.52		63	63	97	嘉善县
800	175	7.22		3.57	3.64	81	81	75	海盐县
600	100	10.27		8.65	1.61	68	68	119	德清县
750	450	23.30		18.60	4.70	64	64	148	长兴县
550	200	8.03		6.97	1.05	65	65	74	安吉县
500	50	13.76		12.88	0.88	126	126	167	新昌县
900	75	8.50		6.74	1.76	157	142	81	武义县
800		6.38		6.38		33	33	59	浦江县
300		1.99		1.99		19	19	47	磐安县
200		2.91		2.91		36	36	24	常山县
300		5.94		5.94		54	54	74	开化县
300		5.53		5.53		32	32	15	龙游县
		4.71		4.51	0.20	42	42	66	岱山县
		2.03		1.92	0.11	23	19	55	嵊泗县
500		5.61		5.61		36	29	67	三门县
400	50	8.41		7.18	1.23	53	53	58	天台县
300		9.03		9.03		42	42	35	仙居县

11-2 续表 10

地区名称 Name of Regions	道路清扫保洁面积(万平方米) Surface Area of Roads Cleaned and Maintained ($10,000m^2$)	机械化 Mechanization	生活垃圾 清运量(万吨) Collected and Transported (10,000 ton)	处理量(万吨) Volume of Treated (10,000 ton)	无害化处理厂(场)数(座) Number of Harmless Treatment Plants/ Grounds (unit)	卫生填埋 Sanitary Landfill	焚烧 Incineration	其他 other	无害化处理能力(吨/日) Harmless Treatment Capacity (ton/day)	卫生填埋 Sanitary Landfill
青田县	198	81	6.50	6.50	1		1		500	
缙云县	86	56	3.67	3.67	1		1		500	
遂昌县	275	185	3.96	3.96	1			1	200	
松阳县	214	141	2.89	2.89	1			1	200	
云和县	228	163	4.63	4.63	1			1	153	
庆元县	177	116	4.37	4.37	1			1	150	
景宁县	140	132	2.87	2.87	1			1	100	
安　徽	**23521**	**21087**	**334.58**	**334.58**	**43**	**19**	**22**	**2**	**19236**	**3917**
长丰县	372	350	10.65	10.65	1		1		1000	
肥西县	629	555	18.41	18.41	2		1	1	2604	
肥东县	520	470	12.54	12.54						
庐江县	802	770	6.99	6.99	1		1		1000	
南陵县	592	522	5.51	5.51						
怀远县	345	277	11.00	11.00	1		1		450	
五河县	463	392	7.25	7.25	1		1		500	
固镇县	400	360	6.79	6.79						
凤台县	481	420	6.34	6.34						
寿　县	589	478	5.86	5.86	1		1		600	
当涂县	297	238	6.11	6.11	1	1			235	235
含山县	215	187	3.53	3.53	1	1			150	150
和　县	236	231	6.74	6.74	1	1			200	200
濉溪县	387	305	7.78	7.78						
枞阳县	239	206	2.72	2.72	2	1	1		580	180
怀宁县	576	520	3.71	3.71						
太湖县	354	284	8.72	8.72	1	1			174	174
宿松县	427	364	5.20	5.20	1	1			317	317
望江县	290	274	3.70	3.70						
岳西县	81	74	7.76	7.76						
歙　县	244	207	3.83	3.83						
休宁县	191	169	2.30	2.30	1			1	15	
黟　县	179	174	1.19	1.19	1	1			83	83
祁门县	100	86	2.33	2.33	1	1			110	110
来安县	675	650	5.17	5.17						
全椒县	535	467	9.51	9.51						
定远县	722	715	5.34	5.34	1		1		500	
凤阳县	810	780	10.58	10.58	1		1		450	
临泉县	787	693	10.04	10.04	1		1		600	
太和县	859	790	12.85	12.85	1		1		900	
阜南县	456	424	6.46	6.46	1		1		500	
颍上县	613	564	8.74	8.74	2	1	1		850	250

continued

Domestic Garbage						公共厕所		市容卫生专用车辆设备总数(辆) Number of Vehicles and Equipment Designated for Municipal Environmental Sanitation (unit)	地区名称 Name of Regions
焚烧 Incineration	其他 other	无害化处理量(万吨) Volume of Harmlessly Treated (10,000 ton)	卫生填埋 Sanitary Landfill	焚烧 Incineration	其他 other	(座) Number of Latrines (unit)	三类以上 Grade Ⅲ and Above		
500		6.50		6.50		68	68	84	青田县
500		3.67		3.67		68	68	59	缙云县
	200	3.96			3.96	43	43	124	遂昌县
	200	2.89			2.89	29	29	27	松阳县
	153	4.63			4.63	39	39	62	云和县
	150	4.37			4.37	40	40	29	庆元县
	100	2.87			2.87	39	13	76	景宁县
14904	**415**	**334.58**	**49.43**	**281.29**	**3.86**	**2879**	**2167**	**3546**	**安　徽**
1000		10.65		10.65		43	11	112	长丰县
2204	400	18.41		18.10	0.31	27	27	46	肥西县
		12.54		12.54		41	41	123	肥东县
1000		6.99		6.99		14	14	83	庐江县
		5.51		5.06	0.45	42	42	53	南陵县
450		11.00		11.00		122	122	45	怀远县
500		7.25		7.25		15	15	28	五河县
		6.79		6.79		42	8	26	固镇县
		6.34	4.39	1.77	0.19	25	25	143	凤台县
600		5.86		5.50	0.36	86	60	79	寿　县
		6.11	0.87	4.85	0.39	59	56	87	当涂县
		3.53	2.57	0.68	0.27	24	19	11	含山县
		6.74	6.37		0.37	29	29	18	和　县
		7.78		6.89	0.89	65		37	濉溪县
400		2.72	1.14	1.58		55	55	34	枞阳县
		3.71		3.56	0.15	20	20	280	怀宁县
		8.72	8.70	0.02		70		72	太湖县
		5.20	1.36	3.83		17	17	71	宿松县
		3.70		3.70		24	24	41	望江县
		7.76		7.76		21	5	45	岳西县
		3.83		3.83		31	31	31	歙　县
	15	2.30		1.96	0.33	76	36	14	休宁县
		1.19	1.06		0.14	23	23	16	黟　县
		2.33	2.33			20	4	32	祁门县
		5.17		5.17		50	50	78	来安县
		9.51		9.51		32	32	34	全椒县
500		5.34		5.34		79	79	62	定远县
450		10.58		10.58		49	49	50	凤阳县
600		10.04		10.04		73	73	242	临泉县
900		12.85		12.85		74	74	106	太和县
500		6.46		6.46		56	56	33	阜南县
600		8.74		8.74		154	154	84	颍上县

11-2 续表 11

地区名称 Name of Regions	道路清扫保洁面积(万平方米) Surface Area of Roads Cleaned and Maintained (10,000m²)	机械化 Mechanization	生活垃圾 清运量(万吨) Collected and Transported (10,000 ton)	处理量(万吨) Volume of Treated (10,000 ton)	无害化处理厂(场)数(座) Number of Harmless Treatment Plants/Grounds (unit)	卫生填埋 Sanitary Landfill	焚烧 Incineration	其他 other	无害化处理能力(吨/日) Harmless Treatment Capacity (ton/day)	卫生填埋 Sanitary Landfill
砀山县	637	535	7.61	7.61	1		1		400	
萧　县	616	573	5.82	5.82	1		1		800	
灵璧县	556	520	9.43	9.43	2	1	1		700	300
泗　县	709	616	6.72	6.72	1		1		600	
霍邱县	550	450	6.32	6.32	2	1	1		1035	235
舒城县	700	640	6.50	6.50						
金寨县	925	890	6.02	6.02	1		1		600	
霍山县	550	468	6.40	6.40	1		1		400	
涡阳县	830	790	9.33	9.33	1	1			600	600
蒙城县	921	902	15.33	15.33	1		1		700	
利辛县	472	395	7.70	7.70	2	1	1		733	233
东至县	192	164	3.79	3.79	1	1			200	200
石台县	53	45	0.97	0.97	1	1			102	102
青阳县	371	267	3.76	3.76	1	1			254	254
郎溪县	343	296	4.87	4.87						
泾　县	285	248	4.39	4.39	1	1			105	105
绩溪县	217	187	2.30	2.30	1	1			140	140
旌德县	127	102	1.67	1.67	1	1			49	49
福　建	**8191**	**4779**	**269.57**	**269.57**	**39**	**24**	**12**	**3**	**15322**	**4482**
闽侯县	341	274	7.36	7.36	1		1		600	
连江县	214	133	19.93	19.93	1		1		1000	
罗源县	171	93	4.03	4.03	1		1		600	
闽清县	69	53	9.38	9.38	1	1			321	321
永泰县	170	138	5.48	5.48	1		1		600	
仙游县	490	454	10.38	10.38	1		1		705	
明溪县	75	33	2.47	2.47	2	1		1	110	100
清流县	113	39	1.28	1.28	1	1			150	150
宁化县	215	77	6.90	6.90	1	1			200	200
大田县	73	33	3.52	3.52	1	1			200	200
尤溪县	203	143	2.56	2.56	1	1			130	130
将乐县	121	56	3.81	3.81	1	1			150	150
泰宁县	107		4.53	4.53	1	1			124	124
建宁县	113	80	2.82	2.82	1	1			130	130
惠安县	107	105	5.01	5.01	1		1		1200	
安溪县	320	240	26.81	26.81	1		1		1350	
永春县	250	110	10.52	10.52	1	1			290	290
德化县	476	194	7.92	7.92	1	1			230	230
云霄县	436	203	6.55	6.55	1		1		1000	
漳浦县	311	243	6.68	6.68	1		1		925	
诏安县	216	160	5.18	5.18	1			1	400	

continued

		Domestic Garbage				公共厕所		市容卫生专用车辆设备总数	
		无害化处理量(万吨)							
焚 烧 Incineration	其 他 other	Volume of Harmlessly Treated (10,000 ton)	卫生填埋 Sanitary Landfill	焚 烧 Incineration	其 他 other	(座) Number of Latrines (unit)	三类以上 Grade Ⅲ and Above	(辆) Number of Vehicles and Equipment Designated for Municipal Environmental Sanitation (unit)	地区名称 Name of Regions
400		7.61		7.61		41	41	113	砀山县
800		5.82		5.82		70	70	55	萧　县
400		9.43		9.43		65	30	86	灵璧县
600		6.72		6.72		118	69	62	泗　县
800		6.32		6.32		90	60	40	霍邱县
		6.50		6.50		46	46	82	舒城县
600		6.02		6.02		106	81	69	金寨县
400		6.40		6.40		73	33	32	霍山县
		9.33	9.33			63	35	101	涡阳县
700		15.33		15.33		258	70	92	蒙城县
500		7.70		7.70		109	109	93	利辛县
		3.79	3.79			19	19	10	东至县
		0.97	0.35	0.63		12	12	259	石台县
		3.76	3.76			36	36	24	青阳县
		4.87		4.87		70	70	36	郎溪县
		4.39		4.39		64	64	43	泾　县
		2.30	2.30			45	45	28	绩溪县
		1.67	1.09	0.58		36	26	105	旌德县
10280	**560**	**269.57**	**123.84**	**140.25**	**5.48**	**1639**	**1297**	**1915**	**福　建**
600		7.36		7.36		49	15	84	闽侯县
1000		19.93		19.93		55	4	106	连江县
600		4.03		4.03		30	30	53	罗源县
		9.38	6.80	2.58		45	45	80	闽清县
600		5.48		5.48		40	40	53	永泰县
705		10.38		10.38		73	73	95	仙游县
	10	2.47	2.36		0.11	22	22	17	明溪县
		1.28	1.28			26	26	25	清流县
		6.90	6.90			45	45	28	宁化县
		3.52	3.52			48	48	29	大田县
		2.56	2.56			61	43	23	尤溪县
		3.81	3.81			37	37	17	将乐县
		4.53	4.53			31	22	26	泰宁县
		2.82	2.82			21	21	18	建宁县
1200		5.01		5.01		47	47	74	惠安县
1350		26.81		26.81		51	15	63	安溪县
		10.52	10.52			36	6	20	永春县
		7.92	7.92			73	73	54	德化县
1000		6.55		6.55		89	85	32	云霄县
925		6.68		6.68		84	84	19	漳浦县
	400	5.18			5.18	34	34	237	诏安县

11-2 续表 12

地区名称 Name of Regions	道路清扫保洁面积(万平方米) Surface Area of Roads Cleaned and Maintained ($10,000m^2$)	机械化 Mechanization	生活垃圾 清运量(万吨) Collected and Transported (10,000 ton)	处理量(万吨) Volume of Treated (10,000 ton)	无害化处理厂(场)数(座) Number of Harmless Treatment Plants/ Grounds (unit)	卫生填埋 Sanitary Landfill	焚烧 Incineration	其他 other	无害化处理能力(吨/日) Harmless Treatment Capacity (ton/ day)	卫生填埋 Sanitary Landfill
东山县	169	80	7.87	7.87						
南靖县	190	150	2.37	2.37						
平和县	105	60	5.37	5.37						
华安县	54	42	0.65	0.65	1		1		1000	
顺昌县	123	72	4.60	4.60	1	1			120	120
浦城县	213	106	5.79	5.79	1	1			300	300
光泽县	74	20	3.33	3.33						
松溪县	132	70	3.66	3.66	1	1			120	120
政和县	192		4.40	4.40	1	1			200	200
长汀县	270	189	6.72	6.72	1	1			330	330
上杭县	216	151	4.52	4.52	1	1			200	200
武平县	187	125	6.72	6.72	1	1			200	200
连城县	238	142	6.93	6.93	1	1			150	150
霞浦县	288	151	13.40	13.40	1	1			367	367
古田县	159	110	8.37	8.37	1		1		400	
屏南县	85	64	4.99	4.99	1	1			160	160
寿宁县	49	35	2.23	2.23	1	1			110	110
周宁县	73	41	3.59	3.59	1	1			100	100
柘荣县	123	73	3.27	3.27	1	1			100	100
平潭县	659	238	17.66	17.66	2		1	1	1050	
江　西	**19317**	**15002**	**428.43**	**428.43**	**48**	**33**	**14**	**1**	**15858**	**7038**
南昌县	1149	1149	21.40	21.40						
安义县	236	210	4.73	4.73						
进贤县	352	265	13.96	13.96	1		1		1200	
浮梁县	200	197	2.63	2.63						
莲花县	204	87	3.35	3.35						
上栗县	197	179	8.19	8.19						
芦溪县	143	122	5.51	5.51						
武宁县	223	189	5.45	5.45						
修水县	496	430	13.24	13.24	1		1		600	
永修县	200	176	7.19	7.19						
德安县	446	394	4.48	4.48						
都昌县	310	270	10.59	10.59	1		1		800	
湖口县	183	167	4.87	4.87						
彭泽县	446	424	5.84	5.84						
分宜县	276	240	5.16	5.16	1	1			127	127
信丰县	773	554	11.14	11.14	1		1		800	
大余县	309	241	3.90	3.90	1	1			300	300
上犹县	317	246	4.43	4.43	1	1			200	200
崇义县	113	107	2.14	2.14	1	1			180	180

continued

		Domestic Garbage				公共厕所		市容卫生专用车辆设备总数（辆）	
焚 烧 Incineration	其 他 other	无害化处理量（万吨） Volume of Harmlessly Treated (10,000 ton)	卫 生 填 埋 Sanitary Landfill	焚 烧 Incineration	其 他 other	（座） Number of Latrines (unit)	三 类 以 上 Grade Ⅲ and Above	Number of Vehicles and Equipment Designated for Municipal Environmental Sanitation (unit)	地区名称 Name of Regions
		7.87		7.87		15		119	东山县
		2.37		2.37		34	34	30	南靖县
		5.37		5.37		48	40	24	平和县
1000		0.65		0.65		25	24	17	华安县
		4.60	4.60			29	29	26	顺昌县
		5.79	5.79			27	27	137	浦城县
		3.33		3.33		30	30	17	光泽县
		3.66	3.66			12		10	松溪县
		4.40	4.40			38	38	47	政和县
		6.72	6.72			56	56	19	长汀县
		4.52	4.52			74	74	14	上杭县
		6.72	6.72			37	37	20	武平县
		6.93	6.93			22		25	连城县
		13.40	13.40			51		73	霞浦县
400		8.37		8.37		35	35	24	古田县
		4.99	4.99			35	27	17	屏南县
		2.23	2.23			13	13	20	寿宁县
		3.59	3.59			20	13	18	周宁县
		3.27	3.27			4	4	28	柘荣县
900	150	17.66		17.46	0.20	37	1	77	平潭县
8810	**10**	**428.43**	**166.85**	**261.34**	**0.23**	**2954**	**2438**	**5919**	**江　西**
		21.40	5.02	16.37		77	77	327	南昌县
		4.73	0.29	4.44		15	7	72	安义县
1200		13.96		13.96		92	92	32	进贤县
		2.63		2.63		22		69	浮梁县
		3.35		3.35		21	20	107	莲花县
		8.19		8.19		30	14	141	上栗县
		5.51		5.51		29	29	45	芦溪县
		5.45		5.45		60	60	34	武宁县
600		13.24		13.24		66	66	100	修水县
		7.19		7.19		74	74	95	永修县
		4.48		4.48		72	53	102	德安县
800		10.59		10.59		56	56	51	都昌县
		4.87		4.87		39	39	32	湖口县
		5.84		5.84		43	30	220	彭泽县
		5.16	5.16			34		61	分宜县
800		11.14		11.14		90	90	70	信丰县
		3.90	3.90			39	34	200	大余县
		4.43	4.43			36	36	235	上犹县
		2.14	2.14			18	18	40	崇义县

11-2 续表 13

地区名称 Name of Regions	道路清扫保洁面积(万平方米) Surface Area of Roads Cleaned and Maintained ($10,000m^2$)	机械化 Mechanization	生活垃圾 清运量(万吨) Collected and Transported (10,000 ton)	处理量(万吨) Volume of Treated (10,000 ton)	无害化处理厂(场)数(座) Number of Harmless Treatment Plants/Grounds (unit)	卫生填埋 Sanitary Landfill	焚烧 Incineration	其他 other	无害化处理能力(吨/日) Harmless Treatment Capacity (ton/day)	卫生填埋 Sanitary Landfill
安远县	248	224	7.18	7.18	1	1			150	150
定南县	239	227	4.16	4.16	1	1			150	150
全南县	175	159	3.37	3.37	1	1			160	160
宁都县	584	321	9.32	9.32	1	1			180	180
于都县	567	512	8.94	8.94	1	1			260	260
兴国县	516	298	8.89	8.89	1	1			650	650
会昌县	371	356	5.49	5.49	1	1			372	372
寻乌县	214	204	4.31	4.31	1	1			150	150
石城县	205	148	4.16	4.16	1	1			190	190
吉安县	306	262	7.80	7.80	1	1			160	160
吉水县	156	148	7.23	7.23	1	1			200	200
峡江县	189	164	3.95	3.95	1	1			111	111
新干县	460	390	10.85	10.85	1	1			298	298
永丰县	360	275	7.79	7.79	1	1			160	160
泰和县	415	324	8.36	8.36						
遂川县	250	227	5.81	5.81	1		1		300	
万安县	130	100	3.92	3.92						
安福县	270	154	6.55	6.55	1	1			145	145
永新县	219	187	8.78	8.78	1	1			200	200
奉新县	284	170	7.54	7.54	1		1		600	
万载县	211	124	12.48	12.48	1		1		800	
上高县	277	214	9.66	9.66	1		1		410	
宜丰县	248	224	4.83	4.83	1	1			180	180
靖安县	134	126	2.53	2.53						
铜鼓县	131	99	2.19	2.19						
南城县	337	177	7.68	7.68	1	1			206	206
黎川县	262	125	5.12	5.12	1	1			105	105
南丰县	350	300	4.94	4.94	1	1			200	200
崇仁县	369	257	4.91	4.91	1	1			157	157
乐安县	241	125	5.25	5.25	1	1			220	220
宜黄县	103	54	2.75	2.75	1	1			120	120
金溪县	264	224	5.08	5.08						
资溪县	106	43	1.48	1.48						
广昌县	195	147	3.48	3.48	2	1		1	170	160
玉山县	487	440	9.86	9.86						
铅山县	3	2	9.25	9.25	1	1			217	217
横峰县	82	71	4.23	4.23						
弋阳县	318	275	7.03	7.03	2	1	1		720	120
余干县	414	364	16.06	16.06	2	1	1		1100	500
鄱阳县	383	345	21.83	21.83	2	1	1		990	390
万年县	1120	300	8.95	8.95	2		2		1000	
婺源县	550	470	6.25	6.25	2	1	1		620	120

continued

Domestic Garbage						公共厕所		市容卫生专用车辆设备总数	地区名称
焚烧 Incineration	其他 other	无害化处理量(万吨) Volume of Harmlessly Treated (10,000 ton)	卫生填埋 Sanitary Landfill	焚烧 Incineration	其他 other	(座) Number of Latrines (unit)	三类以上 Grade III and Above	(辆) Number of Vehicles and Equipment Designated for Municipal Environmental Sanitation (unit)	Name of Regions
		7.18	7.18			38	38	53	安远县
		4.16	4.16			34	34	38	定南县
		3.37	3.37			22	22	196	全南县
		9.32	9.32			71	71	109	宁都县
		8.94	8.94			92	92	324	于都县
		8.89	8.89			60	60	107	兴国县
		5.49	5.49			36	26	54	会昌县
		4.31	4.31			44	44	40	寻乌县
		4.16	4.16			45	45	101	石城县
		7.80	7.80			32	32	51	吉安县
		7.23		7.23		35	16	62	吉水县
		3.95	3.95			21	21	29	峡江县
		10.85	10.85			40	40	52	新干县
		7.79	7.79			95	95	80	永丰县
		8.36		8.36		25	25	214	泰和县
300		5.81		5.81		33	33	109	遂川县
		3.92		3.92		34	34	45	万安县
		6.55	6.55			41	41	31	安福县
		8.78	8.78			42	42	23	永新县
600		7.54		7.54		43	43	123	奉新县
800		12.48		12.48		32	32	30	万载县
410		9.66		9.66		42	42	62	上高县
		4.83		4.83		17	17	51	宜丰县
		2.53		2.53		69	34	39	靖安县
		2.19		2.19		21	21	24	铜鼓县
		7.68	7.68			102	52	98	南城县
		5.12	5.12			23	16	27	黎川县
		4.94	4.72	0.22		53	23	62	南丰县
		4.91	4.91			49	14	67	崇仁县
		5.25	5.25			36	36	38	乐安县
		2.75	2.75			32	28	43	宜黄县
		5.08		5.08		58	58	50	金溪县
		1.48		1.48		32	28	50	资溪县
	10	3.48	3.24		0.23	34	34	95	广昌县
		9.86		9.86		130	37	211	玉山县
		9.25	0.11	9.14		57	57	95	铅山县
		4.23		4.23		31	31	30	横峰县
600		7.03		7.03		52	52	101	弋阳县
600		16.06	3.10	12.96		73		32	余干县
600		21.83	7.46	14.36		90	52	37	鄱阳县
1000		8.95		8.95		61	61	781	万年县
500		6.25		6.25		64	64	22	婺源县

11-2 续表 14

地区名称 Name of Regions	道路清扫保洁面积(万平方米) Surface Area of Roads Cleaned and Maintained (10,000m²)	机械化 Mechanization	生活垃圾 清运量(万吨) Collected and Transported (10,000 ton)	处理量(万吨) Volume of Treated (10,000 ton)	无害化处理厂(场)数(座) Number of Harmless Treatment Plants/Grounds (unit)	卫生填埋 Sanitary Landfill	焚烧 Incineration	其他 other	无害化处理能力(吨/日) Harmless Treatment Capacity (ton/day)	卫生填埋 Sanitary Landfill
山　东	**22286**	**18309**	**377.13**	**377.13**	**61**	**20**	**36**	**5**	**29029**	**4799**
平阴县	230	168	5.60	5.60	1	1			300	300
商河县	295	270	3.73	3.73	1	1			260	260
桓台县	399	228	5.03	5.03						
高青县	328	172	4.15	4.15	1			1	200	
沂源县	288	183	4.69	4.69	1		1		400	
利津县	242	189	2.51	2.51						
广饶县	340	309	7.75	7.75	2	1	1		920	320
临朐县	783	767	9.93	9.93	1		1		600	
昌乐县	610	555	10.95	10.95	1			1	420	
微山县	425	361	5.45	5.45	1		1		600	
鱼台县	392	308	4.89	4.89	2	1	1		520	120
金乡县	667	405	8.25	8.25	1		1		800	
嘉祥县	343	313	7.69	7.69	1		1		1000	
汶上县	381	331	6.99	6.99	1		1		750	
泗水县	360	310	5.84	5.84	1		1		400	
梁山县	480	456	6.24	6.24	1		1		750	
宁阳县	378	306	4.50	4.50	1	1			150	150
东平县	472	380	7.64	7.64	2	1	1		1000	500
五莲县	424	387	5.89	5.89	1		1		300	
莒　县	571	568	9.36	9.36	3	1	1	1	910	300
沂南县	496	400	6.97	6.97	1		1		600	
郯城县	460	389	8.87	8.87	1		1		800	
沂水县	860	810	13.33	13.33	2	1	1		900	300
兰陵县	335	248	10.85	10.85	1		1		800	
费　县	350	270	6.43	6.43	1		1		600	
平邑县	446	395	6.97	6.97	2	1	1		880	280
莒南县	838	621	13.83	13.83	2	1	1		800	200
蒙阴县	310	220	5.47	5.47	2	1	1		700	200
临沭县	321	234	9.12	9.12	2	1	1		700	200
宁津县	225	173	4.75	4.75	1	1			150	150
庆云县	293	292	3.45	3.45	1	1			170	170
临邑县	360	354	6.23	6.23	2	1	1		1129	329
齐河县	695	556	13.51	13.51	1		1		500	
平原县	353	269	3.29	3.29	1	1			160	160
夏津县	359	297	6.06	6.06	1		1		600	
武城县	287	287	3.84	3.84						
阳谷县	360	360	5.18	5.18	1		1		600	

continued

Domestic Garbage						公共厕所		市容卫生专用车辆设备总数(辆) Number of Vehicles and Equipment Designated for Municipal Environmental Sanitation (unit)	地区名称 Name of Regions
		无害化处理量(万吨) Volume of Harmlessly Treated (10,000 ton)				(座) Number of Latrines (unit)	三类以上 Grade Ⅲ and Above		
焚烧 Incineration	其他 other		卫生填埋 Sanitary Landfill	焚烧 Incineration	其他 other				
23400	**830**	**377.13**	**34.78**	**322.17**	**20.18**	**2376**	**2107**	**3669**	**山　东**
		5.60	1.12	4.48		45	40	52	平阴县
		3.73	3.73			73	73	143	商河县
		5.03		4.51	0.52	52	52	116	桓台县
	200	4.15		3.78	0.37	48	48	125	高青县
400		4.69		4.14	0.55	63	63	37	沂源县
		2.51		2.37	0.14	87	87	78	利津县
600		7.75	3.15	4.38	0.22	63	63	69	广饶县
600		9.93		9.93		29	29	76	临朐县
	420	10.95			10.95	67	67	112	昌乐县
600		5.45		5.45		24	24	34	微山县
400		4.89		4.89		33	32	50	鱼台县
800		8.25		8.25		36	36	42	金乡县
1000		7.69		7.69		45	45	53	嘉祥县
750		6.99		6.99		35	35	96	汶上县
400		5.84		5.84		34	34	52	泗水县
750		6.24		6.24		19	19	70	梁山县
		4.50	4.50			65	65	53	宁阳县
500		7.64	2.62	5.01		83	80	94	东平县
300		5.89		5.74	0.15	26	26	79	五莲县
600	10	9.36	2.32	6.87	0.16	30	5	129	莒　县
600		6.97		6.97		32	32	83	沂南县
800		8.87		8.87		67	41	47	郯城县
600		13.33		13.33		159	89	149	沂水县
800		10.85		10.85		51	51	78	兰陵县
600		6.43		6.43		71	71	55	费　县
600		6.97	0.10	6.87		74	32	54	平邑县
600		13.83		13.20	0.63	69	59	119	莒南县
500		5.47	3.79	1.68		47	47	55	蒙阴县
500		9.12		9.12		69	69	77	临沭县
		4.75	2.88	1.87		41	41	51	宁津县
		3.45	0.03	3.42		39	39	37	庆云县
800		6.23		6.23		17	17	52	临邑县
500		13.51		13.51		55	55	76	齐河县
		3.29	2.79		0.50	26	26	41	平原县
600		6.06		6.06		30	23	91	夏津县
		3.84		3.28	0.56	17	17	54	武城县
600		5.18		4.23	0.95	45	45	85	阳谷县

11-2 续表 15

地区名称 Name of Regions	道路清扫保洁面积(万平方米) Surface Area of Roads Cleaned and Maintained (10,000m²)		生活垃圾							
		机械化 Mechanization	清运量(万吨) Collected and Transported (10,000 ton)	处理量(万吨) Volume of Treated (10,000 ton)	无害化处理厂(场)数(座) Number of Harmless Treatment Plants/Grounds (unit)	卫生填埋 Sanitary Landfill	焚烧 Incineration	其他 other	无害化处理能力(吨/日) Harmless Treatment Capacity (ton/day)	卫生填埋 Sanitary Landfill
莘　县	663	583	7.17	7.17						
东阿县	317	301	4.55	4.55	1	1			200	200
冠　县	573	231	7.50	7.50	3	1	1	1	900	200
高唐县	723	460	6.16	6.16	2	1	1		860	260
惠民县	247	232	6.73	6.73	1		1		600	
阳信县	318	245	2.88	2.88	1		1		500	
无棣县	401	201	5.13	5.13	1	1			200	200
博兴县	340	301	5.53	5.53						
曹　县	326	287	8.90	8.90	1		1		1200	
单　县	600	540	11.78	11.78	2		1	1	900	
成武县	310	280	5.20	5.20	1		1		300	
巨野县	421	407	11.78	11.78						
郓城县	444	305	19.55	19.55	1		1		1800	
鄄城县	433	402	8.13	8.13	1		1		600	
东明县	416	393	10.94	10.94	1		1		600	
河　南	**28305**	**21106**	**617.36**	**612.57**	**80**	**64**	**14**	**2**	**25840**	**15080**
中牟县	556	539	10.56	10.56						
杞　县	284	236	4.86	4.86	1	1			180	180
通许县	225	218	4.31	4.31	1	1			160	160
尉氏县	529	518	5.01	5.01	1	1			170	170
兰考县	730	657	8.27	8.27	1		1		600	
新安县	257	240	5.66	5.51	1	1			130	130
栾川县	188	146	6.95	5.46	1	1			190	190
嵩　县	227	153	5.50	5.50	1	1			185	185
汝阳县	128	90	3.36	3.36	1	1			120	120
宜阳县	635	255	8.40	8.40	1	1			130	130
洛宁县	327	241	4.97	4.96	1	1			110	110
伊川县	225	215	7.13	7.13	1	1			850	850
宝丰县	173	136	11.22	11.22	1		1		1200	
叶　县	340	180	7.57	7.57	1		1		1000	
鲁山县	243	231	9.01	9.01	1	1			150	150
郏　县	357	251	7.29	7.29	1	1			110	110
安阳县	305	248	4.35	4.35	1			1	20	
汤阴县	428	400	4.90	4.90	2	2			650	650
滑　县	568	390	7.85	7.85	1		1		1000	
内黄县	330	180	4.50	4.50	1	1			145	145
浚　县	340	260	7.15	7.15	1	1			130	130
淇　县	212	202	6.54	6.54	1	1			200	200
新乡县	196	150	3.69	3.69	1	1			140	140
获嘉县	254	221	6.04	6.04	2	2			480	480

continued

Domestic Garbage						公共厕所		市容卫生专用车辆设备总数（辆）	地区名称
焚 烧 Incineration	其 他 other	无害化处理量（万吨） Volume of Harmlessly Treated (10,000 ton)	卫 生 填 埋 Sanitary Landfill	焚 烧 Incineration	其 他 other	（座） Number of Latrines (unit)	三 类 以 上 Grade Ⅲ and Above	Number of Vehicles and Equipment Designated for Municipal Environmental Sanitation (unit)	Name of Regions
		7.17		6.42	0.75	37	30	66	莘 县
		4.55	4.22		0.32	15	15	37	东阿县
600	100	7.50		6.67	0.82	29	29	59	冠 县
600		6.16		5.83	0.33	40	40	119	高唐县
600		6.73		6.73		24	23	50	惠民县
500		2.88		2.88		19	19	24	阳信县
		5.13	3.50	1.63		44	44	40	无棣县
		5.53		5.53		33	33	45	博兴县
1200		8.90		8.90		24	24	113	曹 县
800	100	11.78		9.53	2.25	114	48	51	单 县
300		5.20		5.20		23	23	85	成武县
		11.78		11.78		50	50	64	巨野县
1800		19.55		19.55		25	19	55	郓城县
600		8.13		8.13		9	9	64	鄄城县
600		10.94		10.94		24	24	33	东明县
10700	**60**	**562.59**	**397.72**	**164.51**	**0.37**	**5362**	**4274**	**5734**	**河 南**
		10.56		10.56		34	32	121	中牟县
		4.86	4.86			64	18	48	杞 县
		4.31	4.31			29	29	33	通许县
		5.01	5.01			51	46	186	尉氏县
600		8.27		8.27		72	72	77	兰考县
		5.51	5.51			88	63	76	新安县
		5.46	5.46			41	35	188	栾川县
		5.50	5.50			19		55	嵩 县
		3.36	3.36			43		40	汝阳县
		8.40	8.40			107	83	76	宜阳县
		4.96	4.96			59	59	25	洛宁县
		7.13	7.13			60	60	681	伊川县
1200		11.22		11.22		56	56	71	宝丰县
1000		7.57		7.57		26	26	38	叶 县
		9.01	9.01			67	59	45	鲁山县
		7.29	4.10	3.19		53	53	43	郏 县
	20	0.81		0.45	0.35	16	16	43	安阳县
		4.90	4.90			129	52	89	汤阴县
1000		7.85		7.85		178	178	52	滑 县
		4.50	4.50			18	9	9	内黄县
		7.15	0.97	6.18		41	41	81	浚 县
		6.54	4.53	2.01		70	70	99	淇 县
		3.69	3.69			8	8	15	新乡县
		6.04	6.04			42	42	42	获嘉县

11-2 续表 16

地区名称 Name of Regions	道路清扫保洁面积(万平方米) Surface Area of Roads Cleaned and Maintained (10,000m²)	机械化 Mechanization	生活垃圾 清运量(万吨) Collected and Transported (10,000 ton)	处理量(万吨) Volume of Treated (10,000 ton)	无害化处理厂(场)数(座) Number of Harmless Treatment Plants/Grounds (unit)	卫生填埋 Sanitary Landfill	焚烧 Incineration	其他 other	无害化处理能力(吨/日) Harmless Treatment Capacity (ton/day)	卫生填埋 Sanitary Landfill
原阳县	340	308	6.01	6.01	1	1			520	520
延津县	270	185	4.42	4.42	1	1			150	150
封丘县	227	122	7.51	7.51	1	1			160	160
修武县	325	95	2.72	2.72						
博爱县	337		5.62	5.62	1	1			150	150
武陟县	280	250	4.31	4.31						
温　县	284	221	5.85	5.84	1	1			130	130
清丰县	446	274	4.76	4.76	1	1			550	550
南乐县	347	295	3.50	3.39	1	1			100	100
范　县	202	199	3.45	3.35	1	1			120	120
台前县	349	299	7.11	7.11	1	1			140	140
濮阳县	583	467	9.04	9.04	1	1			300	300
鄢陵县	281	261	5.37	5.37	1	1			300	300
襄城县	480	310	5.36	5.36						
舞阳县	275	185	4.20	4.20	1	1			130	130
临颍县	471	294	7.99	7.99	1	1			220	220
渑池县	222	174	7.19	7.19	1	1			150	150
卢氏县	140	125	3.60	3.60	1	1			120	120
南召县	153	146	4.80	4.80	1	1			300	300
方城县	389	345	19.00	19.00	1	1			145	145
西峡县	327	316	6.05	6.05	1	1			210	210
镇平县	387	382	7.48	7.48	1	1			320	320
内乡县	305	275	5.46	5.45	1	1			140	140
淅川县	201	197	8.52	8.39	1	1			190	190
社旗县	376	183	7.10	6.83	1	1			122	122
唐河县	518	415	7.27	7.13	1	1			380	380
新野县	262	250	12.25	12.25	1	1			241	241
桐柏县	263	250	4.37	4.37	1	1			178	178
民权县	426	402	5.84	5.84	1	1			385	385
睢　县	482	322	4.81	4.38	1		1		600	
宁陵县	270	22	4.21	3.73	1	1			100	100
柘城县	355	147	7.26	7.26	1		1		400	
虞城县	420		8.10	8.10	1	1			150	150
夏邑县	420	320	9.49	9.45	1	1			640	640
罗山县	368	302	7.00	7.00	1	1			210	210
光山县	165		10.16	10.16	1		1		1200	
新　县	226	170	5.46	5.46	1	1			345	345
商城县	180	103	6.00	6.00	1	1			140	140
固始县	343	335	12.37	12.37	2	1	1		1100	300
潢川县	404	388	13.37	13.37	2	1		1	440	400

continued

Domestic Garbage						公共厕所		市容卫生专用车辆设备总数(辆) Number of Vehicles and Equipment Designated for Municipal Environmental Sanitation (unit)	地区名称 Name of Regions
焚 烧 Incineration	其 他 other	无害化处理量(万吨) Volume of Harmlessly Treated (10,000 ton)	卫 生 填 埋 Sanitary Landfill	焚 烧 Incineration	其 他 other	(座) Number of Latrines (unit)	三 类 以 上 Grade Ⅲ and Above		
		6.01	6.01			56	56	58	原阳县
		4.42	4.42			30	30	37	延津县
		7.51	7.51			33	33	25	封丘县
		2.72	2.72			25	25	25	修武县
		5.62	5.62			38	38	41	博爱县
		4.31	4.31			34	34	62	武陟县
		5.84	5.84			38	32	55	温　县
		4.76	1.19	3.57		56	56	40	清丰县
		3.39	3.39			22	22	24	南乐县
		3.35	3.35			30	30	20	范　县
		7.11	7.11			29	29	19	台前县
		9.04	9.04			59	59	98	濮阳县
		5.37	5.37			26	26	39	鄢陵县
		5.36		5.36		51	51	36	襄城县
		4.20	4.20			78	78	31	舞阳县
		7.99	7.99			57	57	55	临颍县
		7.19	7.19			72	39	37	渑池县
		3.60	3.60			35	25	26	卢氏县
		4.80	4.80			63	63	44	南召县
		19.00	19.00			93	58	125	方城县
		6.05	6.05			72	72	57	西峡县
		7.48	7.48			91	76	40	镇平县
		5.45	5.45			77	77	67	内乡县
		8.39	8.39			70	70	56	淅川县
		6.83	6.83			239	69	70	社旗县
		7.13	7.13			130	95	89	唐河县
		12.25	12.25			95	78	117	新野县
		4.37	4.37			55	55	34	桐柏县
		5.84	5.84			95	95	99	民权县
600		4.38		4.38		53	53	58	睢　县
		3.73	3.73			30	3	35	宁陵县
400		7.26		7.26		79	39	130	柘城县
		8.10	8.10			91	91	56	虞城县
		9.45	9.45			28	28	35	夏邑县
		7.00	7.00			105	68	90	罗山县
1200		10.16		10.16		73	62	46	光山县
		5.46	5.46			45	20	40	新　县
		6.00	6.00			111	100	19	商城县
800		12.37	10.90	1.47		173		218	固始县
	40	13.37		13.35	0.01	150	138	185	潢川县

11-2 续表 17

地区名称 Name of Regions	道路清扫保洁面积（万平方米） Surface Area of Roads Cleaned and Maintained ($10,000m^2$)	机械化 Mechanization	生活垃圾 清运量（万吨） Collected and Transported (10,000 ton)	处理量（万吨） Volume of Treated (10,000 ton)	无害化处理厂(场)数（座） Number of Harmless Treatment Plants/Grounds (unit)	卫生填埋 Sanitary Landfill	焚烧 Incineration	其他 other	无害化处理能力（吨／日） Harmless Treatment Capacity (ton/day)	卫生填埋 Sanitary Landfill
淮滨县	380	280	6.55	6.55	1	1			304	304
息　县	270	250	13.00	13.00	1	1			130	130
扶沟县	238	152	5.28	4.99						
西华县	328	308	20.99	20.99	1		1		600	
商水县	328	327	9.65	9.65						
沈丘县	277	257	9.15	9.15	1	1			650	650
郸城县	587	251	24.00	24.00						
太康县	300	180	10.95	10.95	1		1		700	
鹿邑县	732	695	13.99	13.01	1		1		600	
西平县	435	304	8.39	8.39	1	1			500	500
上蔡县	590	540	8.55	8.55	1	1			260	260
平舆县	220	200	10.86	10.86	1		1		700	
正阳县	481	361	3.54	3.54	1		1		600	
确山县	300	269	5.48	5.48	1	1			180	180
泌阳县	450	430	7.10	7.10	2	2			410	410
汝南县	430		8.56	8.55	1	1			140	140
遂平县	202	160	6.36	6.21						
新蔡县	600	450	15.50	15.50	2	1	1		840	140
湖　北	**8423**	**6078**	**210.79**	**210.79**	**41**	**30**	**5**	**6**	**7736**	**5216**
阳新县	684	581	8.08	8.08	1	1			500	500
郧西县	98	50	3.04	3.04	1	1			160	160
竹山县	160	125	3.47	3.47	1	1			150	150
竹溪县	231	198	4.09	4.09	1	1			158	158
房　县	267	241	8.40	8.40	1	1			170	170
远安县	202	130	3.51	3.51	1	1			150	150
兴山县	80	33	1.84	1.84	1	1			115	115
秭归县	130	107	4.20	4.20	1		1		250	
长阳土家族自治县	68	46	2.92	2.92	1	1			98	98
五峰土家族自治县	92	75	1.53	1.53	1	1			58	58
南漳县	177	143	3.34	3.34	1			1	300	
谷城县	367	346	6.04	6.04	2	1		1	315	300
保康县	66	59	4.80	4.80	1	1			152	152
沙洋县	354	139	3.06	3.06	2	1	1		623	223
孝昌县	170	129	7.55	7.55	1	1			316	316
大悟县	318	243	11.32	11.32	2	2			310	310
云梦县	288	218	9.06	9.06	1	1			290	290
公安县	310	115	6.53	6.53	1		1		190	
江陵县	202	108	2.61	2.61						

continued

		Domestic Garbage				公共厕所		市容卫生专用车辆设备总数(辆)	
焚 烧 Incinera-tion	其 他 other	无害化处理量(万吨) Volume of Harm-lessly Treated (10,000 ton)	卫 生 填 埋 Sanitary Landfill	焚 烧 Incinera-tion	其 他 other	(座) Number of Latrines (unit)	三 类 以 上 Grade Ⅲ and Above	Number of Vehicles and Equipment Designated for Municipal Environmental Sanitation (unit)	地区名称 Name of Regions
		6.55	6.55			26	25	75	淮滨县
		13.00	13.00			70	37	73	息　县
						72		25	扶沟县
600		13.20		13.20		33	33	70	西华县
						65	45	42	商水县
		9.15	9.15			24	20	22	沈丘县
						54	54	15	郸城县
700		10.95		10.95		80	80	45	太康县
600		13.01		13.01		95	95	94	鹿邑县
		8.39	8.39			81	81	101	西平县
		8.55	8.55			88	88	67	上蔡县
700		10.86		10.86		106	106	38	平舆县
600		3.54		3.54		40	33	30	正阳县
		5.48	5.48			52	52	45	确山县
		7.10	7.10			101	101	91	泌阳县
		8.55	8.55			66	66	34	汝南县
		6.21	6.21			81	81	99	遂平县
700		15.50	5.40	10.10		70	40	97	新蔡县
1840	**680**	**210.79**	**144.80**	**53.87**	**12.13**	**1165**	**881**	**1919**	**湖　北**
		8.08	8.08			51		60	阳新县
		3.04	3.04			85		49	郧西县
		3.47	3.47			36	36	19	竹山县
		4.09	4.09					63	竹溪县
		8.40	8.40			41	11	52	房　县
		3.51	3.51			32	32	37	远安县
		1.84	1.84			13	12	14	兴山县
250		4.20		4.20		25	25	44	秭归县
		2.92	2.92			9	1	16	长阳土家族自治县
		1.53	1.53			15	14	37	五峰土家族自治县
	300	3.34			3.34	43	43	44	南漳县
	15	6.04	5.72		0.32	64	64	98	谷城县
		4.80	4.80			34	34	46	保康县
400		3.06	0.81	2.25		32	10	62	沙洋县
		7.55	7.55			28	28	65	孝昌县
		11.32	11.32			44	44	50	大悟县
		9.06	9.06			18	18	73	云梦县
190		6.53		6.53		30	30	72	公安县
		2.61		2.61		41	11	26	江陵县

11-2 续表 18

地区名称 Name of Regions	道路清扫保洁面积(万平方米) Surface Area of Roads Cleaned and Maintained (10,000m^2)	机械化 Mechanization	生活垃圾 清运量(万吨) Collected and Transported (10,000 ton)	处理量(万吨) Volume of Treated (10,000 ton)	无害化处理厂(场)数(座) Number of Harmless Treatment Plants/Grounds (unit)	卫生填埋 Sanitary Landfill	焚烧 Incineration	其他 other	无害化处理能力(吨/日) Harmless Treatment Capacity (ton/day)	卫生填埋 Sanitary Landfill
团风县	167	96	4.85	4.85						
红安县	246	210	13.87	13.87	1		1		800	
罗田县	375	278	4.65	4.65	1	1			135	135
英山县	235	90	4.56	4.56	1	1			125	125
浠水县	300	255	9.62	9.62	1	1			385	385
蕲春县	318	296	10.70	10.70						
黄梅县	350	200	5.70	5.70	1	1			178	178
嘉鱼县	338	303	7.92	7.92	1			1	250	
通城县	331	183	7.01	7.01						
崇阳县	341	237	11.82	11.82	1	1			300	300
通山县	227	136	7.70	7.70	1	1			235	235
随　县	146	77	6.93	6.93	1	1			113	113
建始县	136	114	4.53	4.53	2	1		1	160	110
巴东县	130	106	2.75	2.75	1		1		200	
咸丰县	135	108	2.96	2.96	2	2			150	150
来凤县	198	162	3.52	3.52	1	1			100	100
鹤峰县	68	52	2.40	2.40	2	1		1	200	150
宣恩县	58	51	2.84	2.84	2	1		1	65	50
神农架林区	60	38	1.09	1.09	1	1			35	35
湖　南	**17021**	**13386**	**479.01**	**477.42**	**74**	**58**	**15**	**1**	**22291**	**12288**
长沙县	1380	1242	41.60	41.60						
望城区	690	372	6.46	6.46	1		1		185	
攸　县	434	350	10.84	10.84	1	1			50	50
茶陵县	310	250	2.23	2.23	1	1			179	179
炎陵县	176	146	2.68	2.68	1	1			100	100
湘潭县	480	440	6.58	6.58	2	1	1		1450	250
衡阳县	500	400	7.10	7.10	1	1			300	300
衡南县	174	92	5.26	5.26	2	1	1		900	300
衡山县	96	43	6.68	6.68	1		1		300	
衡东县	302	159	8.76	8.76	1	1			180	180
祁东县	420	336	10.04	10.04	1	1			200	200
南岳区	97	78	2.38	2.38						
新邵县	203	72	4.92	4.92	1	1			300	300
邵阳县	199	159	4.40	4.40	1	1			150	150
隆回县	27	8	13.92	13.21	1	1			320	320
洞口县			5.12	5.12	1	1			400	400
绥宁县	93	10	5.75	5.66	1	1			15	15
新宁县	96		8.98	8.98	1	1			400	400
城步苗族自治县	156	128	4.57	4.45	1	1			140	140
岳阳县	260	218	4.22	4.22	1	1			250	250

continued

		Domestic Garbage				公共厕所		市容卫生专用车辆设备总数(辆)	地区名称
焚 烧	其 他	无害化处理量(万吨)	卫 生 填 埋	焚 烧	其 他	(座)	三 类 以 上		
Incineration	other	Volume of Harmlessly Treated (10,000 ton)	Sanitary Landfill	Incineration	other	Number of Latrines (unit)	Grade III and Above	Number of Vehicles and Equipment Designated for Municipal Environmental Sanitation (unit)	Name of Regions
		4.85	4.85			27	23	38	团风县
800		13.87		13.87		33	33	45	红安县
		4.65	4.65			32		35	罗田县
		4.56	4.56			16	12	38	英山县
		9.62	9.62			35	35	64	浠水县
		10.70		10.70		24	24	70	蕲春县
		5.70	5.70			47	47	80	黄梅县
	250	7.92			7.92	50	41	97	嘉鱼县
		7.01		7.01		21	21	96	通城县
		11.82	7.86	3.96		23	23	126	崇阳县
		7.70	7.70			14	14	38	通山县
		6.93	6.93			11	11	18	随　县
	50	4.53	4.43		0.09	42	42	49	建始县
200		2.75		2.75		36	36	43	巴东县
		2.96	2.96			38	38	30	咸丰县
		3.52	3.52			22	22	40	来凤县
	50	2.40	2.25		0.15	18	18	24	鹤峰县
	15	2.84	2.54		0.30	26	19	38	宣恩县
		1.09	1.09			9	9	23	神农架林区
9935	**68**	**477.42**	**329.12**	**147.67**	**0.62**	**2443**	**1589**	**3432**	**湖　南**
		41.60		41.60		124	68	223	长沙县
185		6.46		6.46		85	40	40	望城区
		10.84	10.84			71	71	51	攸　县
		2.23	2.23			33	2	24	茶陵县
		2.68	2.68			15	15	12	炎陵县
1200		6.58	6.58			37	37	60	湘潭县
		7.10	7.10			28	28	68	衡阳县
600		5.26	4.31	0.95		12	10	15	衡南县
300		6.68		6.68		18		12	衡山县
		8.76	8.76			16		41	衡东县
		10.04	10.04			40	26	62	祁东县
		2.38		2.38		13	13	46	南岳区
		4.92	4.92			35	35	40	新邵县
		4.40	4.40			17	12	35	邵阳县
		13.21	13.21			22	5	83	隆回县
		5.12	5.12			41	41	217	洞口县
		5.66	5.66			14		29	绥宁县
		8.98	8.98			13		20	新宁县
		4.45	4.45			18	6	24	城步苗族自治县
		4.22	4.22			36	36	37	岳阳县

11-2 续表 19

地区名称 Name of Regions	道路清扫保洁面积(万平方米) Surface Area of Roads Cleaned and Maintained ($10,000m^2$)	机械化 Mechanization	生活垃圾 清运量(万吨) Collected and Transported (10,000 ton)	处理量(万吨) Volume of Treated (10,000 ton)	无害化处理厂(场)数(座) Number of Harmless Treatment Plants/Grounds (unit)	卫生填埋 Sanitary Landfill	焚烧 Incineration	其他 other	无害化处理能力(吨/日) Harmless Treatment Capacity (ton/day)	卫生填埋 Sanitary Landfill
华容县	301	241	10.02	10.02	1	1			260	260
湘阴县	309	263	6.07	6.07	1		1		600	
平江县	480	460	15.97	15.97	1	1			499	499
安乡县	282	230	7.24	7.24	1	1			200	200
汉寿县	253	208	6.59	6.59						
澧　县	327	284	10.27	10.27	2	1	1		1200	400
临澧县	373	300	6.60	6.60	1	1			170	170
桃源县	180	150	7.56	7.56	2	1	1		750	400
石门县	309	262	8.09	8.09	2	1	1		820	320
慈利县	253	220	9.24	9.24	1	1			300	300
桑植县	70	66	4.60	4.60	1	1			125	125
南　县	310	255	5.27	5.27						
桃江县	347	280	5.02	5.02	1	1			180	180
安化县	120	112	7.17	7.17	1	1			450	450
大通湖区	56	45	1.71	1.71	1	1			120	120
桂阳县	588	488	9.86	9.86	1	1			200	200
宜章县	171	141	4.29	4.29	2	1	1		1460	210
永兴县	342	274	9.31	9.31	3	1	1	1	1618	300
嘉禾县	230	197	3.57	3.57						
临武县	317	256	4.09	4.09	1	1			160	160
汝城县	178	143	5.82	5.82	1	1			200	200
桂东县	84	75	2.96	2.96	1	1			80	80
安仁县	384	270	6.58	6.58	1	1			151	151
东安县	299	110	6.46	6.46						
双牌县	74	61	3.84	3.84	1	1			160	160
道　县	350	301	9.27	9.27	2	1	1		950	350
江永县	134	118	2.22	2.22	1	1			100	100
宁远县	520	428	10.17	10.17	2	1	1		860	260
蓝山县	160	128	4.75	4.75	1	1			150	150
新田县	146	92	5.81	5.81	1	1			300	300
江华瑶族自治县	185	150	5.17	5.17	1	1			360	360
中方县	145	124	2.53	2.53						
沅陵县	88	73	6.46	6.46						
辰溪县	123	102	5.20	5.20	1	1			180	180
溆浦县	165	149	6.87	6.87	2	1	1		1064	264
会同县	120	96	6.48	6.29	1	1			173	173
麻阳苗族自治县	190	155	7.69	7.69	1	1			100	100
新晃侗族自治县	85	70	2.84	2.84	1	1			120	120
芷江侗族自治县	182	150	6.33	6.23	1	1			180	180
通道县	106	85	2.59	2.59	1	1			110	110

continued

Domestic Garbage						公共厕所		市容卫生专用车辆设备总数(辆) Number of Vehicles and Equipment Designated for Municipal Environmental Sanitation (unit)	地区名称 Name of Regions
焚烧 Incineration	其他 other	无害化处理量(万吨) Volume of Harmlessly Treated (10,000 ton)	卫生填埋 Sanitary Landfill	焚烧 Incineration	其他 other	(座) Number of Latrines (unit)	三类以上 Grade Ⅲ and Above		
		10.02	10.02			48	48	37	华容县
600		6.07		6.07		36	36	65	湘阴县
		15.97	15.97			44	44	49	平江县
		7.24		7.24		29	12	32	安乡县
		6.59		6.59		37	37	62	汉寿县
800		10.27		10.27		46	36	33	澧　县
		6.60	6.39	0.21		18	18	28	临澧县
350		7.56	6.87	0.69		25	25	35	桃源县
500		8.09	1.87	6.22		49	49	77	石门县
		9.24	9.24			39	39	208	慈利县
		4.60	4.60			252		22	桑植县
		5.27		5.27		28	15	78	南　县
		5.02	5.02			24	24	47	桃江县
		7.17	7.17			34		46	安化县
		1.71	1.71			6	3	11	大通湖区
		9.86	9.86			110	110	75	桂阳县
1250		4.29		4.29		37	37	103	宜章县
1250	68	9.31		8.69	0.62	25	25	41	永兴县
		3.57		3.57		37	16	35	嘉禾县
		4.09	4.09			33	33	80	临武县
		5.82	5.82			27		47	汝城县
		2.96	2.96			9	9	15	桂东县
		6.58	6.58			25	25	23	安仁县
		6.46		6.46		35	35	59	东安县
		3.84	3.84			23	23	23	双牌县
600		9.27	8.40	0.87		57	51	104	道　县
		2.22	2.22			30	14	21	江永县
600		10.17		10.17		20	20	76	宁远县
		4.75	4.75			60	60	36	蓝山县
		5.81	5.81			57	57	40	新田县
		5.17	5.17			23	14	23	江华瑶族自治县
		2.53	2.53			6	6	8	中方县
		6.46	6.46			26	15	20	沅陵县
		5.20	5.20			31	31	32	辰溪县
800		6.87	5.27	1.60		42	42	83	溆浦县
		6.29	6.29			27		52	会同县
		7.69	7.69			32	32	21	麻阳苗族自治县
		2.84	2.84			19	19	22	新晃侗族自治县
		6.23	6.23			24	24	36	芷江侗族自治县
		2.59	2.59			12	12	24	通道县

11-2 续表 20

地区名称 Name of Regions	道路清扫保洁面积(万平方米) Surface Area of Roads Cleaned and Maintained (10,000m²)	机械化 Mechanization	生活垃圾 清运量(万吨) Collected and Transported (10,000 ton)	处理量(万吨) Volume of Treated (10,000 ton)	无害化处理厂(场)数(座) Number of Harmless Treatment Plants/ Grounds (unit)	卫生填埋 Sanitary Landfill	焚烧 Incineration	其他 other	无害化处理能力(吨/日) Harmless Treatment Capacity (ton/day)	卫生填埋 Sanitary Landfill
靖州县	175	142	4.30	4.30	1	1			122	122
双峰县	395	320	5.41	5.41	1		1		200	
新化县	210	163	20.08	20.08	2	1	1		950	250
泸溪县	218	174	3.60	3.60	1	1			70	70
凤凰县	209	170	5.37	5.37	1	1			100	100
花垣县	101	56	7.50	7.27	1	1			120	120
保靖县	82	67	3.26	3.26	1	1			100	100
古丈县	23	23	2.49	2.44	1	1			70	70
永顺县	85	68	7.10	7.10	1	1			240	240
龙山县	92	90	4.88	4.76	1	1			150	150
广　东	**8725**	**4197**	**219.14**	**219.14**	**43**	**31**	**10**	**2**	**19991**	**8021**
始兴县	149	60	3.44	3.44	1	1			188	188
仁化县	102	67	3.99	3.99	1	1			100	100
翁源县	244	70	7.00	7.00	1	1			200	200
乳源瑶族自治县	140		5.45	5.45	1	1			133	133
新丰县	279	102	10.89	10.89	2	2			290	290
南澳县	80	75	2.92	2.92	1	1			100	100
遂溪县	186	39	5.73	5.73	1	1			535	535
徐闻县	182	129	7.57	7.57	1	1			160	160
广宁县	184	84	8.97	8.97	4	2	2		4273	1273
怀集县	280	252	5.47	5.47	3	1	2		3252	252
封开县	128	64	2.14	2.14	1	1			100	100
德庆县	124	75	3.86	3.86	1		1		1500	
博罗县	810	550	16.20	16.20	2	1	1		1145	95
惠东县	960	597	11.50	11.50	1		1		1200	
龙门县	206	90	2.82	2.82	1		1		600	
大埔县	178	80	4.31	4.31	1	1			205	205
丰顺县	195	45	8.13	8.13	1	1			350	350
五华县	350	175	6.31	6.31	2	1	1		1000	300
平远县	150	80	2.18	2.18	1	1			250	250
蕉岭县	126	8	3.19	3.19	1	1			88	88
海丰县	422	246	16.48	16.48						
陆河县	169	51	5.02	5.02	2	1		1	320	300
紫金县	345		5.33	5.33						
龙川县	315	12	12.45	12.45	1	1			341	341
连平县	135	56	4.35	4.35						
和平县	209	60	4.86	4.86	1			1	300	
东源县	186	132	5.57	5.57	1	1			460	460
阳西县	393	134	6.26	6.26	1	1			400	400
阳山县	120	102	3.45	3.45	1	1			150	150

continued

Domestic Garbage						公共厕所 (座) Number of Latrines (unit)		市容卫生专用车辆设备总数(辆) Number of Vehicles and Equipment Designated for Municipal Environmental Sanitation (unit)	地区名称 Name of Regions
		无害化处理量(万吨) Volume of Harmlessly Treated (10,000 ton)							
焚 烧 Incineration	其 他 other		卫 生 填 埋 Sanitary Landfill	焚 烧 Incineration	其 他 other		三 类 以 上 Grade Ⅲ and Above		
		4.30	4.30			30	30	27	靖州县
200		5.41		5.41		43	18	48	双峰县
700		20.08	14.09	5.99		9		76	新化县
		3.60	3.60			11		19	泸溪县
		5.37	5.37			2		37	凤凰县
		7.27	7.27			46		51	花垣县
		3.26	3.26			22		22	保靖县
		2.44	2.44			6		23	古丈县
		7.10	7.10			28		34	永顺县
		4.76	4.76			16		27	龙山县
11650	**320**	**209.45**	**115.50**	**88.99**	**4.96**	**628**	**522**	**2630**	**广 东**
		3.44	3.44			19	19	13	始兴县
		3.99	3.99			10	10	50	仁化县
		7.00	7.00			37	37	49	翁源县
		5.45	5.45			16	15	27	乳源瑶族自治县
		10.89	10.89			30		50	新丰县
		2.92	1.91	1.02		22	22	180	南澳县
		5.73	5.73			4		26	遂溪县
		7.57		7.57		15	13	248	徐闻县
3000		8.97	1.84	7.13		14	13	150	广宁县
3000		5.47	1.77	3.70		13	13	36	怀集县
		2.14	2.14			24	24	17	封开县
1500		3.86		3.86		21	21	62	德庆县
1050		16.20	0.26	15.94		7		89	博罗县
1200		11.50		11.50		8	8	36	惠东县
600		2.82		2.82		11	11	36	龙门县
		4.31	3.47	0.84		8	8	44	大埔县
		8.13	8.13			28	28	68	丰顺县
700		6.31		6.31		36	36	317	五华县
		2.18	2.18			19	10	20	平远县
		3.19	3.19					17	蕉岭县
		16.48		16.48		69	69	102	海丰县
	20	5.02	1.07	3.86	0.09	14	14	61	陆河县
						12	12	20	紫金县
		12.45	12.45			17	17	52	龙川县
						4		18	连平县
	300	4.86			4.86	20	14	60	和平县
		5.57	5.57			14	14	8	东源县
		6.26	6.26			9		58	阳西县
		3.45	3.45			13	13	10	阳山县

11-2 续表 21

地区名称 Name of Regions	道路清扫保洁面积(万平方米) Surface Area of Roads Cleaned and Maintained (10,000m^2)	机械化 Mechanization	生活垃圾 清运量(万吨) Collected and Transported (10,000 ton)	处理量(万吨) Volume of Treated (10,000 ton)	无害化处理厂(场)数(座) Number of Harmless Treatment Plants/Grounds (unit)	卫生填埋 Sanitary Landfill	焚烧 Incineration	其他 other	无害化处理能力(吨/日) Harmless Treatment Capacity (ton/day)	卫生填埋 Sanitary Landfill
连山壮族瑶族自治县	84	33	0.69	0.69	1	1			100	100
连南瑶族自治县	115	18	1.31	1.31	1	1			71	71
佛冈县	255	100	4.66	4.66	1	1			247	247
饶平县	185	128	7.08	7.08	1		1		600	
揭西县	211	140	4.84	4.84	1	1			483	483
惠来县	154	152	5.20	5.20	1	1			450	450
新兴县	222	87	6.38	6.38	1	1			200	200
郁南县	152	104	3.14	3.14	1	1			200	200
广　西	**9279**	**4971**	**224.92**	**224.92**	**52**	**44**	**8**		**8026**	**5046**
隆安县	146	64	1.45	1.45	1	1			120	120
马山县	93		1.85	1.85	1	1			180	180
上林县	140	65	2.62	2.62	1	1			90	90
宾阳县	226	136	4.80	4.80	1		1		300	
柳城县	92	55	1.85	1.85	1	1			100	100
鹿寨县	233	80	4.37	4.37	1	1			130	130
融安县	172	157	4.80	4.80	1	1			100	100
融水苗族自治县	238	153	5.41	5.41	1	1			148	148
三江侗族自治县	101	27	3.29	3.29	1	1			90	90
阳朔县	138	69	2.94	2.94	2	1	1		1090	90
灵川县	383	260	5.06	5.06						
全州县	240	135	8.15	8.15	1	1			125	125
兴安县	237	81	4.75	4.75	1		1		300	
永福县	110	67	3.73	3.73	1	1			100	100
灌阳县	80	28	2.18	2.18	1	1			60	60
龙胜各族自治县	55	40	1.37	1.37						
资源县	50	25	2.20	2.20	1	1			65	65
平乐县	65	15	3.30	3.30						
恭城瑶族自治县	70		2.20	2.20	1	1			160	160
苍梧县	44	37	0.62	0.62						
藤　县	173	70	7.64	7.64	1	1			120	120
蒙山县	118	71	4.22	4.22	1	1			116	116
合浦县	361	220	8.22	8.22						
上思县	132	75	3.10	3.10	1	1			120	120
灵山县	312	189	18.00	18.00	1	1			600	600
浦北县	120	73	7.36	7.36	1	1			100	100
平南县	456	284	7.78	7.78	1	1			200	200
容　县	198	123	4.57	4.57						
陆川县	218	58	4.95	4.95	1	1			170	170
博白县	270	120	6.67	6.67	2	1	1		1000	200

continued

Domestic Garbage 焚烧 Incineration	其他 other	无害化处理量 (万吨) Volume of Harmlessly Treated (10,000 ton)	卫生填埋 Sanitary Landfill	焚烧 Incineration	其他 other	公共厕所 (座) Number of Latrines (unit)	三类以上 Grade Ⅲ and Above	市容卫生专用车辆设备总数 (辆) Number of Vehicles and Equipment Designated for Municipal Environmental Sanitation (unit)	地区名称 Name of Regions
		0.69	0.69			15	15	19	连山壮族瑶族自治县
		1.31	1.31			18	5	117	连南瑶族自治县
		4.66	3.76	0.89		11	11	35	佛冈县
600		7.08		7.08		15	15	86	饶平县
		4.84	4.84			14	3	160	揭西县
		5.20	5.20			13	13	136	惠来县
		6.38	6.38			9		88	新兴县
		3.14	3.14			19	19	65	郁南县
2980		**224.92**	**171.30**	**53.62**		**832**	**700**	**2783**	**广 西**
		1.45	1.45			5		75	隆安县
		1.85	1.85			11		10	马山县
		2.62	2.62			13	9	12	上林县
300		4.80		4.80		10	10	213	宾阳县
		1.85	1.85			6	6	11	柳城县
		4.37	4.37			8	8	91	鹿寨县
		4.80	4.80			9	9	16	融安县
		5.41	5.41			6	1	30	融水苗族自治县
		3.29	3.29			20	20	79	三江侗族自治县
1000		2.94		2.94		14	14	18	阳朔县
		5.06		5.06		14	14	45	灵川县
		8.15	8.15			30	30	22	全州县
300		4.75		4.75		7	7	21	兴安县
		3.73	3.73			7	7	15	永福县
		2.18	2.18			9	9	14	灌阳县
		1.37		1.37		19	19	25	龙胜各族自治县
		2.20	2.20			35	35	30	资源县
		3.30		3.30		9	8	14	平乐县
		2.20	2.20			11	3	23	恭城瑶族自治县
		0.62		0.62		2	2	6	苍梧县
		7.64	1.04	6.61		25	25	16	藤 县
		4.22	4.22			16	16	108	蒙山县
		8.22	8.22			44	44	53	合浦县
		3.10	3.10			5	3	189	上思县
		18.00	18.00			29	29	40	灵山县
		7.36	7.36			8	8	37	浦北县
		7.78	7.78			32	32	33	平南县
		4.57		4.57		22	22	38	容 县
		4.95	4.95			27	27	13	陆川县
800		6.67		6.67		18	9	93	博白县

11-2 续表 22

地区名称 Name of Regions	道路清扫保洁面积(万平方米) Surface Area of Roads Cleaned and Maintained (10,000m²)	机械化 Mechanization	生活垃圾 清运量(万吨) Collected and Transported (10,000 ton)	处理量(万吨) Volume of Treated (10,000 ton)	无害化处理厂(场)数(座) Number of Harmless Treatment Plants/Grounds (unit)	卫生填埋 Sanitary Landfill	焚烧 Incineration	其他 other	无害化处理能力(吨/日) Harmless Treatment Capacity (ton/day)	卫生填埋 Sanitary Landfill
兴业县	98		3.66	3.66						
田东县	320	208	5.15	5.15	1	1			200	200
德保县	98	76	3.99	3.99	1	1			115	115
那坡县	59	14	2.01	2.01	1	1			60	60
凌云县	85	30	1.50	1.50	1		1		100	
乐业县	85	51	1.81	1.81	1	1			33	33
田林县	63	35	2.42	2.42	1	1			70	70
西林县	81	16	1.38	1.38	1	1			30	30
隆林各族自治县	140	110	3.16	3.16	1	1			80	80
昭平县	107	69	2.03	2.03	1	1			60	60
钟山县	246	148	3.38	3.38	1	1			120	120
富川瑶族自治县	100	60	1.86	1.86	1	1			90	90
南丹县	189	105	4.99	4.99	1	1			182	182
天峨县	68	30	2.20	2.20	1	1			60	60
凤山县	85		2.26	2.26	1	1			65	65
东兰县	37	15	1.26	1.26	1	1			60	60
罗城仫佬族自治县	76	20	3.26	3.26	1	1			90	90
环江毛南族自治县	140	60	2.18	2.18						
巴马瑶族自治县	163	90	2.91	2.91	1	1			72	72
都安瑶族自治县	130	78	4.16	4.16	1		1		80	
大化瑶族自治县	180	50	3.48	3.48	1	1			100	100
忻城县	41	11	3.84	3.84	1	1			80	80
象州县	75	43	2.42	2.42	1	1			70	70
武宣县	280	205	2.89	2.89						
金秀瑶族自治县	23	14	0.57	0.57	1	1			50	50
扶绥县	407	331	3.26	3.26	1		1		200	
宁明县	190	33	2.94	2.94						
龙州县	162	116	5.27	5.27	1	1			95	95
大新县	136	88	3.60	3.60	1	1			80	80
天等县	143	87	1.63	1.63	1		1		200	
海 南	**2001**	**1657**	**35.09**	**35.09**	**5**	**2**	**3**		**6070**	**420**
定安县	214	192	1.09	1.09	1	1			300	300
屯昌县	159	135	3.43	3.43	1		1		600	
澄迈县	196	186	5.89	5.89	1		1		4350	
临高县	255	185	3.75	3.75						
白沙黎族自治县	136	65	1.14	1.14	1	1			120	120
昌江县	196	180	3.98	3.98						
乐东县	130	113	2.40	2.40						

continued

		Domestic Garbage				公共厕所		市容卫生专用车辆设备总数(辆)	地区名称
焚 烧 Incinera-tion	其 他 other	无害化处理量(万吨) Volume of Harm-lessly Treated (10,000 ton)	卫 生 填 埋 Sanitary Landfill	焚 烧 Incinera-tion	其 他 other	(座) Number of Latrines (unit)	三 类 以 上 Grade Ⅲ and Above	Number of Vehicles and Equipment Designated for Municipal Environmental Sanitation (unit)	Name of Regions
		3.66		3.66		16	16	66	兴业县
		5.15	5.15			22	22	26	田东县
		3.99	3.99			18		50	德保县
		2.01	2.01			6	6	29	那坡县
100		1.50		1.50		14	14	18	凌云县
		1.81	1.81			7	6	103	乐业县
		2.42	2.42			16	7	14	田林县
		1.38	1.38			10	5	21	西林县
		3.16	3.16			10	10	69	隆林各族自治县
		2.03	2.03			8	7	32	昭平县
		3.38	3.38			20	19	19	钟山县
		1.86	1.86			12		67	富川瑶族自治县
		4.99	4.99			24	24	26	南丹县
		2.20	2.20			16	7	111	天峨县
		2.26	2.26			4		86	凤山县
		1.26	1.26			5		55	东兰县
		3.26	3.26			9	9	17	罗城仫佬族自治县
		2.18	2.18			16	16	9	环江毛南族自治县
		2.91	2.91			6	6	32	巴马瑶族自治县
80		4.16	4.16			10	1	104	都安瑶族自治县
		3.48	3.48			9		14	大化瑶族自治县
		3.84	3.84			8	8	16	忻城县
		2.42	2.42			11	11	6	象州县
		2.89		2.89		23	23	13	武宣县
		0.57	0.57			11	11	9	金秀瑶族自治县
200		3.26		3.26		19	19	222	扶绥县
		2.94	2.94			9	9	25	宁明县
		5.27	5.27			10	10	18	龙州县
		3.60	3.60			6	2	24	大新县
200		1.63		1.63		6	6	92	天等县
5650		**35.09**	**11.72**	**23.37**		**359**	**304**	**926**	**海　南**
		1.09	1.09			20	20	40	定安县
600		3.43		3.43		35	35	108	屯昌县
4350		5.89		5.89		40	40	34	澄迈县
		3.75	3.75			104	101	212	临高县
		1.14	1.14			17		108	白沙黎族自治县
		3.98		3.98		27	27	179	昌江县
		2.40		2.40		20		75	乐东县

11-2 续表 23

地区名称 Name of Regions	道路清扫保洁面积(万平方米) Surface Area of Roads Cleaned and Maintained (10,000m²)	机械化 Mechanization	生活垃圾 清运量(万吨) Collected and Transported (10,000 ton)	处理量(万吨) Volume of Treated (10,000 ton)	无害化处理厂(场)数(座) Number of Harmless Treatment Plants/Grounds (unit)				无害化处理能力(吨/日) Harmless Treatment Capacity (ton/day)	
						卫生填埋 Sanitary Landfill	焚烧 Incineration	其他 other		卫生填埋 Sanitary Landfill
陵水县	212	170	6.12	6.12	1		1		700	
保亭县	108	87	2.07	2.07						
琼中县	63	57	1.54	1.54						
洋浦经济开发区	332	288	3.67	3.67						
重　庆	**2951**	**2230**	**87.48**	**87.48**	**14**	**11**	**3**		**3181**	**2381**
城口县	73	45	4.11	4.11	1	1			60	60
丰都县	296	233	8.34	8.34	1	1			262	262
垫江县	420	342	7.31	7.31	1	1			190	190
忠　县	333	298	9.63	9.63	2	1	1		404	204
云阳县	351	156	10.65	10.65	1	1			400	400
奉节县	210	189	8.03	8.03	2	1	1		720	420
巫山县	90	13	9.45	9.45	1	1			250	250
巫溪县	114	67	4.73	4.73	1	1			95	95
石柱土家族自治县	178	161	4.85	4.85	1		1		300	
秀山土家族苗族自治县	316	210	6.87	6.87	1	1			130	130
酉阳土家族苗族自治县	140	126	4.45	4.45	1	1			120	120
彭水苗族土家族自治县	430	390	9.06	9.06	1	1			250	250
四　川	**15369**	**11377**	**467.36**	**466.27**	**92**	**67**	**18**	**7**	**15705**	**5977**
金堂县	1008	739	36.08	36.08						
大邑县	202	153	9.75	9.75						
蒲江县	130	93	6.18	6.18	1			1	186	
荣　县	207	176	8.18	8.18						
富顺县	269	239	11.40	11.40						
米易县	101	91	3.63	3.63						
盐边县	34	27	1.51	1.51						
泸　县	288	230	6.52	6.52						
合江县	125	88	8.91	8.91	1	1			120	120
叙永县	99	71	7.67	7.67	1	1			150	150
古蔺县	160	125	8.86	8.86	1		1		600	
中江县	330	306	8.75	8.75	1	1			400	400
三台县	296	200	11.82	11.82	1		1		1000	
盐亭县	160	120	4.38	4.38	1	1			100	100
梓潼县	180	111	3.16	3.16	1	1			120	120
北川羌族自治县	210	165	2.31	2.31	1	1			130	130
平武县	53	49	1.46	1.46	1	1			50	50
旺苍县	157	78	4.51	4.51	1	1			125	125

continued

Domestic Garbage						公共厕所		市容卫生专用车辆设备总数(辆) Number of Vehicles and Equipment Designated for Municipal Environmental Sanitation (unit)	地区名称 Name of Regions
焚烧 Incineration	其他 other	无害化处理量(万吨) Volume of Harmlessly Treated (10,000 ton)	卫生填埋 Sanitary Landfill	焚烧 Incineration	其他 other	(座) Number of Latrines (unit)	三类以上 Grade Ⅲ and Above		
700		6.12		6.12		39	39	39	陵水县
		2.07	2.07			17	3	41	保亭县
		1.54		1.54		13	12	45	琼中县
		3.67	3.67			27	27	45	洋浦经济开发区
800		**87.48**	**71.53**	**15.40**	**0.55**	**698**	**624**	**670**	**重　庆**
		4.11	4.11			52	40	38	城口县
		8.34	8.34			39	39	41	丰都县
		7.31	7.31			51	51	36	垫江县
200		9.63	3.54	6.09		57	57	91	忠　县
		10.65	10.65			35	35	52	云阳县
300		8.03	3.57	4.46		73	61	91	奉节县
		9.45	9.45			67	67	43	巫山县
		4.73	4.73			52	52	44	巫溪县
300		4.85		4.85		49	49	77	石柱土家族自治县
		6.87	6.87			94	47	47	秀山土家族苗族自治县
		4.45	3.90		0.55	74	74	58	酉阳土家族苗族自治县
		9.06	9.06			55	52	52	彭水苗族土家族自治县
8592	**1136**	**466.27**	**167.17**	**290.81**	**8.29**	**2848**	**2298**	**4639**	**四　川**
		36.08		36.08		74	69	408	金堂县
		9.75		9.75		23	23	65	大邑县
	186	6.18		6.18		20	20	13	蒲江县
		8.18		8.18		52	52	82	荣　县
		11.40		11.40		52	32	49	富顺县
		3.63		3.28	0.35	36	36	48	米易县
		1.51		1.40	0.11	14	14	44	盐边县
		6.52		6.52		42	42	30	泸　县
		8.91	2.92	5.99		49	49	78	合江县
		7.67	1.45	6.22		37	23	67	叙永县
600		8.86		8.86		22		26	古蔺县
		8.75	8.75			53	53	97	中江县
1000		11.82		11.82		67	67	139	三台县
		4.38	4.38			25	21	28	盐亭县
		3.16	3.16			24	24	33	梓潼县
		2.31	2.31			43	43	23	北川羌族自治县
		1.46	1.46			10	10	43	平武县
		4.51	4.51			25	25	54	旺苍县

11-2 续表 24

地区名称 Name of Regions	道路清扫保洁面积(万平方米) Surface Area of Roads Cleaned and Maintained (10,000m²)	机械化 Mechanization	生活垃圾 清运量(万吨) Collected and Transported (10,000 ton)	处理量(万吨) Volume of Treated (10,000 ton)	无害化处理厂(场)数(座) Number of Harmless Treatment Plants/Grounds (unit)	卫生填埋 Sanitary Landfill	焚烧 Incineration	其他 other	无害化处理能力(吨/日) Harmless Treatment Capacity (ton/day)	卫生填埋 Sanitary Landfill
青川县	42	35	1.31	1.31	1	1			45	45
剑阁县	85	42	2.10	2.10						
苍溪县	248	149	4.93	4.93						
蓬溪县	257	206	4.63	4.63						
大英县	280	155	5.95	5.95						
威远县	340	306	6.25	6.25	1	1			388	388
资中县	262	189	9.66	9.66	1	1			200	200
犍为县	276	220	4.56	4.56	1	1			217	217
井研县	105	74	4.37	4.37						
夹江县	240	163	4.96	4.96	1	1			150	150
沐川县	116	101	2.54	2.54	1	1			80	80
峨边县	22	1	1.41	1.41	1	1			50	50
马边县	93	81	3.89	3.89						
南部县	449	372	10.24	10.24	1		1		1100	
营山县	337	300	9.66	9.66	2		1	1	950	
蓬安县	191	165	5.55	5.55						
仪陇县	345	311	8.74	8.74						
西充县	285	253	7.01	7.01						
仁寿县	700	470	13.94	13.94	1		1		650	
洪雅县	172	119	3.23	3.23	1	1			156	156
丹棱县	111	79	2.50	2.50						
青神县	151	90	3.28	3.28						
江安县	242	217	5.42	5.42						
长宁县	179	178	4.16	4.16	1			1	200	
高　县	213	171	4.66	4.66	2		1	1	2000	
珙　县	161	132	4.00	4.00						
筠连县	136	109	3.80	3.80	2	1		1	320	120
兴文县	152	142	4.33	4.33	2	1		1	379	179
屏山县	119	104	4.08	4.08	1	1			100	100
岳池县	358	293	6.24	6.24	1		1		788	
武胜县	151	120	8.60	8.60						
邻水县	211	141	12.92	12.92	2	1	1		900	300
宣汉县	259	195	8.35	8.35	1	1			350	350
开江县	264	252	6.47	6.47	1	1			150	150
大竹县	320	250	6.70	6.70						
渠　县	501	319	12.25	12.25	1		1		420	
荥经县	55	54	2.80	2.80	1	1			120	120
汉源县	66	60	1.70	1.70	1	1			130	130
石棉县	66	58	2.26	2.26	1			1	100	
天全县	163	68	1.99	1.99						

continued

Domestic Garbage						公共厕所		市容卫生专用车辆设备总数（辆）	
焚 烧 Incineration	其 他 other	无害化处理量（万吨） Volume of Harmlessly Treated (10,000 ton)	卫 生 填 埋 Sanitary Landfill	焚 烧 Incineration	其 他 other	（座） Number of Latrines (unit)	三 类 以 上 Grade Ⅲ and Above	Number of Vehicles and Equipment Designated for Municipal Environmental Sanitation (unit)	地区名称 Name of Regions
		1.31	1.31			24	20	15	青川县
		2.10		2.10		17	17	38	剑阁县
		4.93		4.93		43	43	43	苍溪县
		4.63		4.63		58	58	32	蓬溪县
		5.95		5.95		33	21	63	大英县
		6.25	6.25			42	42	64	威远县
		9.66	3.98	5.68		24	2	68	资中县
		4.56	4.56			38	38	28	犍为县
		4.37		4.37		13	6	35	井研县
		4.96	0.75	3.08	1.13	28	28	44	夹江县
		2.54	2.54			29	26	13	沐川县
		1.41	1.41			13	13	9	峨边县
		3.89	3.89			20	20	36	马边县
1100		10.24		10.24		83	83	71	南部县
900	50	9.66		8.52	1.14	72	72	41	营山县
		5.55		5.55		49	49	52	蓬安县
		8.74		8.74		55	55	104	仪陇县
		7.01		7.01		45	45	46	西充县
650		13.94		13.94		54	54	85	仁寿县
		3.23	2.76		0.47	17	17	18	洪雅县
		2.50		2.16	0.34	21	21	18	丹棱县
		3.28		2.93	0.35	51	18	83	青神县
		5.42		5.42		75	75	131	江安县
	200	4.16		3.32	0.85	50	19	155	长宁县
1800	200	4.66		4.27	0.39	73	73	43	高　县
		4.00		3.64	0.36	41	41	56	珙　县
	200	3.80	3.54		0.26	14	14	30	筠连县
	200	4.33	4.05		0.28	52	13	51	兴文县
		4.08	4.08			35	31	32	屏山县
788		6.24		6.24		34	34	42	岳池县
		8.60		8.60		44		64	武胜县
600		12.92	8.20	4.71		26		69	邻水县
		8.35	8.35			36	36	52	宣汉县
		6.47	6.47			20	20	26	开江县
		6.70		6.70		26	26	75	大竹县
420		12.25		12.25		28	28	49	渠　县
		2.80	2.80			24	20	59	荥经县
		1.70	1.70			18	10	27	汉源县
	100	2.26			2.26	28	28	38	石棉县
		1.99		1.99		18	16	57	天全县

11-2 续表 25

地区名称 Name of Regions	道路清扫保洁面积(万平方米) Surface Area of Roads Cleaned and Maintained (10,000m²)	机械化 Mechanization	生活垃圾 清运量(万吨) Collected and Transported (10,000 ton)	处理量(万吨) Volume of Treated (10,000 ton)	无害化处理厂(场)数(座) Number of Harmless Treatment Plants/Grounds (unit)	卫生填埋 Sanitary Landfill	焚烧 Incineration	其他 other	无害化处理能力(吨/日) Harmless Treatment Capacity (ton/day)	卫生填埋 Sanitary Landfill
芦山县	77	62	2.26	2.24	1	1			50	50
宝兴县	10	8	0.99	0.99	1	1			40	40
通江县	62	32	4.45	4.36	1	1			120	120
南江县	102	71	5.74	5.58	1		1		180	
平昌县	153	35	5.42	5.37						
安岳县	311	264	9.49	9.49	1	1			260	260
乐至县	462	200	4.70	4.70	1	1			220	220
汶川县	66	43	1.49	1.46	1	1			40	40
理　县	60	45	0.47	0.47						
茂　县	68	41	4.85	4.85	1		1		150	
松潘县	82	32	0.89	0.89	1	1			70	70
九寨沟县	48	29	2.12	2.12	1		1		75	
金川县	39	23	0.95	0.89	2	1	1		80	40
小金县	29	25	0.74	0.74	2	1	1		80	20
黑水县	41	32	1.63	1.63	2	1	1		77	27
壤塘县	10	8	0.63	0.63	1	1			22	22
阿坝县	60	38	1.01	0.93	1		1		50	
若尔盖县	45	29	1.40	1.30	1	1			40	40
红原县	61	58	1.24	1.18	2	1	1		40	11
泸定县	30	22	3.62	3.62	1	1			100	100
丹巴县	5	5	0.83	0.83	1	1			18	18
九龙县	9	7	0.56	0.56	1	1			20	20
雅江县	25	20	0.58	0.56	1	1			60	60
道孚县	28	24	0.60	0.59	1	1			15	15
炉霍县	17	15	1.05	1.04	1	1			30	30
甘孜县	20	17	2.19	2.10	1	1			30	30
新龙县	13	10	0.38	0.38	1	1			14	14
德格县	10	8	0.52	0.52	1	1			12	12
白玉县	23	20	1.42	1.42	1	1			10	10
石渠县	20	17	0.46	0.44	1	1			19	19
色达县	20	17	0.47	0.47	1	1			20	20
理塘县	15	13	1.64	1.64	2	1	1		130	30
巴塘县	25	23	1.53	1.43	1	1			25	25
乡城县	4	3	0.59	0.57	1	1			16	16
稻城县	18	14	0.87	0.87	1	1			40	40
得荣县	7	6	0.94	0.93	1	1			25	25
普格县	4	3	1.11	1.11	1	1			35	35
木里县	5		0.55	0.55	1	1			16	16
盐源县	82	32	3.42	3.42	1	1			70	70
德昌县	106	29	3.55	3.55						

continued

Domestic Garbage						公共厕所		市容卫生专用车辆设备总数(辆) Number of Vehicles and Equipment Designated for Municipal Environmental Sanitation (unit)	地区名称 Name of Regions
焚烧 Incineration	其他 other	无害化处理量(万吨) Volume of Harmlessly Treated (10,000 ton)	卫生填埋 Sanitary Landfill	焚烧 Incineration	其他 other	(座) Number of Latrines (unit)	三类以上 Grade Ⅲ and Above		
		2.24	2.24			24	12	30	芦山县
		0.99	0.99			4	3	13	宝兴县
		4.36	4.36			25	25	32	通江县
180		5.58		5.58		37	15	46	南江县
		5.37		5.37		23	23	39	平昌县
		9.49	9.49			30	15	319	安岳县
		4.70	4.70			41	29	51	乐至县
		1.46	1.46			16	16	17	汶川县
		0.47		0.47		10	4	7	理　县
150		4.85		4.85		45	6	22	茂　县
		0.89	0.89			16	7	17	松潘县
75		2.12		2.12		15	15	19	九寨沟县
40		0.89	0.65	0.24		9	7	13	金川县
60		0.74	0.17	0.57		5		7	小金县
50		1.63	0.69	0.94		6		11	黑水县
		0.63	0.63			13	13	4	壤塘县
50		0.93		0.93		5	5	16	阿坝县
		1.30	1.30			8		15	若尔盖县
29		1.18	0.24	0.94		14		62	红原县
		3.62	3.62			8	4	15	泸定县
		0.83	0.83			11	11	10	丹巴县
		0.56	0.56			5	5	7	九龙县
		0.56	0.56					8	雅江县
		0.59	0.59			11	11	9	道孚县
		1.04	1.04			11	11	10	炉霍县
		2.10	2.10			17	17	13	甘孜县
		0.38	0.38			6	3	16	新龙县
		0.52	0.52			13	1	12	德格县
		1.42	1.42			11		12	白玉县
		0.44	0.44			9	1	5	石渠县
		0.47	0.47			13	13	17	色达县
100		1.64	0.82	0.82		15	15	14	理塘县
		1.43	1.43			9	9	21	巴塘县
		0.57	0.57			4	1	10	乡城县
		0.87	0.87			8		9	稻城县
		0.93	0.93			4		4	得荣县
		1.11	1.11			10	1	12	普格县
		0.55	0.55			14	3	9	木里县
		3.42	3.42			20	20	23	盐源县
		3.55		3.55		16	16	30	德昌县

11-2 续表 26

地区名称 Name of Regions	道路清扫保洁面积（万平方米）Surface Area of Roads Cleaned and Maintained ($10,000m^2$)	机械化 Mechanization	生活垃圾 清运量（万吨）Collected and Transported (10,000 ton)	处理量（万吨）Volume of Treated (10,000 ton)	无害化处理厂(场)数（座）Number of Harmless Treatment Plants/Grounds (unit)	卫生填埋 Sanitary Landfill	焚烧 Incineration	其他 other	无害化处理能力（吨/日）Harmless Treatment Capacity (ton/day)	卫生填埋 Sanitary Landfill
会东县	67	40	3.00	2.92	1	1			80	80
宁南县	62	39	1.79	1.79						
布拖县	44	24	1.10	1.10	1	1			30	30
金阳县	8		1.29	1.29	1	1			15	15
昭觉县	13	12	2.70	2.70	1	1			87	87
喜德县	23	6	3.87	3.87	1	1			40	40
冕宁县	38	30	2.27	2.18	1	1			60	60
越西县	40	12	1.98	1.98	1	1			60	60
甘洛县	46	19	2.35	2.35	1	1			33	33
美姑县	4	3	1.31	1.31	1	1			36	36
雷波县	21	9	1.85	1.85	1	1			41	41
贵　州	**10335**	**9674**	**255.34**	**248.70**	**77**	**60**	**11**	**6**	**10177**	**4697**
开阳县	207	186	5.25	5.11	1	1			120	120
息烽县	125	120	2.69	2.64	1	1			90	90
修文县	128	104	3.67	3.57						
六枝特区	183	170	6.52	6.33	2	1	1		700	200
桐梓县	268	256	6.89	6.71	2	1		1	140	100
绥阳县	180	168	3.36	3.28	2	1	1		475	75
正安县	228	215	4.93	4.80	1	1			75	75
道真县	141	135	3.21	3.12	1	1			55	55
务川县	115	106	4.02	3.91	1	1			55	55
凤冈县	105	101	2.64	2.57	1	1			60	60
湄潭县	128	117	4.88	4.74	1	1			100	100
余庆县	146	135	3.65	3.55	2	1	1		166	106
习水县	341	327	6.63	6.47	4	1	2	1	850	100
普定县	236	224	3.26	3.21	1	1			70	70
镇宁县	199	190	3.68	3.55	1	1			95	95
关岭县	58	56	2.45	2.36	1	1			40	40
紫云县	120	115	5.31	5.10	1	1			45	45
大方县	191	182	5.48	5.34	1	1			90	90
金沙县	246	227	5.82	5.70	2	1	1		990	190
织金县	271	252	6.13	6.04	2	1	1		790	190
纳雍县	156	141	5.94	5.80	1	1			80	80
威宁自治县	398	378	8.45	8.25	2	1	1		980	180
赫章县	166	160	5.36	5.27	1	1			80	80
江口县	130	124	2.63	2.61	1	1			70	70
玉屏县	143	136	1.50	1.47	2	1	1		155	55
石阡县	134	126	5.61	5.48	1	1			45	45
思南县	213	210	4.22	4.10	1	1			90	90
印江县	94	89	4.15	4.04	1	1			80	80

continued

焚烧 Incineration	其他 other	Domestic Garbage 无害化处理量(万吨) Volume of Harmlessly Treated (10,000 ton)	卫生填埋 Sanitary Landfill	焚烧 Incineration	其他 other	公共厕所(座) Number of Latrines (unit)	三类以上 Grade III and Above	市容卫生专用车辆设备总数(辆) Number of Vehicles and Equipment Designated for Municipal Environmental Sanitation (unit)	地区名称 Name of Regions
		2.92	2.92			31	31	27	会东县
		1.79		1.79		21	21	31	宁南县
		1.10	1.10			19	14	8	布拖县
		1.29	1.29			5	1	16	金阳县
		2.70	2.70			7		40	昭觉县
		3.87	3.87			6	6	26	喜德县
		2.18	2.18			34	34	19	冕宁县
		1.98	1.98			5	5	28	越西县
		2.35	2.35			9	6	14	甘洛县
		1.31	1.31			7	5	29	美姑县
		1.85	1.85			4	3	6	雷波县
5060	**420**	**248.70**	**150.53**	**91.30**	**6.87**	**2867**	**2152**	**3741**	**贵 州**
		5.11	5.11			66	66	43	开阳县
		2.64	2.64			37	37	50	息烽县
		3.57	3.57			21	21	42	修文县
500		6.33	1.00	5.33		98	98	115	六枝特区
	40	6.71	5.79		0.92	94	94	162	桐梓县
400		3.28	2.15	1.12		85	85	49	绥阳县
		4.80	4.80			85	85	56	正安县
		3.12	3.12			53	53	37	道真县
		3.91	3.91			35	35	41	务川县
		2.57		2.57		68	68	120	凤冈县
		4.74	4.74			70	37	45	湄潭县
60		3.55	2.55	1.00		45	45	61	余庆县
700	50	6.47		6.20	0.27	88	88	80	习水县
		3.21		3.21		45	45	85	普定县
		3.55		3.55		40		73	镇宁县
		2.36		2.36		25	19	48	关岭县
		5.10		5.10		35	35	51	紫云县
		5.34	5.34			89	32	78	大方县
800		5.70	3.88	1.83		98	98	69	金沙县
600		6.04	0.94	5.11		115	115	74	织金县
		5.80	5.80			75	75	71	纳雍县
800		8.25		8.25		139	99	77	威宁自治县
		5.27	5.27			44	28	50	赫章县
		2.61		2.61		10	6	34	江口县
100		1.47		1.47		18	18	75	玉屏县
		5.48	5.48			23	19	39	石阡县
		4.10	4.10			28	28	32	思南县
		4.04	4.04			30	30	27	印江县

11-2 续表 27

地区名称 Name of Regions	道路清扫保洁面积(万平方米) Surface Area of Roads Cleaned and Maintained ($10,000m^2$)	机械化 Mechanization	生活垃圾 清运量(万吨) Collected and Transported (10,000 ton)	处理量(万吨) Volume of Treated (10,000 ton)	无害化处理厂(场)数(座) Number of Harmless Treatment Plants/ Grounds (unit)	卫生填埋 Sanitary Landfill	焚烧 Incineration	其他 other	无害化处理能力(吨/日) Harmless Treatment Capacity (ton/ day)	卫生填埋 Sanitary Landfill
德江县	377	360	10.17	10.01	2	1	1		605	105
沿河县	130	124	3.63	3.54	1	1			100	100
松桃县	208	202	6.93	6.74	1	1			80	80
普安县	75	68	1.53	1.46	1	1			35	35
晴隆县	102	92	5.12	4.98	1	1			40	40
贞丰县	165	152	4.85	4.61	1	1			60	60
望谟县	132	120	3.08	2.92	1	1			70	70
册亨县	98	90	2.91	2.75	1	1			40	40
安龙县	405	385	4.60	4.42	1	1			80	80
黄平县	228	200	3.86	3.75	1	1			70	70
施秉县	150	140	1.83	1.78	1	1			60	60
三穗县	110	99	3.18	3.09	2	1	1		670	70
镇远县	89	85	4.16	4.10	1	1			105	105
岑巩县	126	111	2.99	2.96	1	1			80	80
天柱县	190	170	3.92	3.88	1	1			80	80
锦屏县	47	41	1.71	1.68	1	1			48	48
剑河县	72	62	2.31	2.24	1	1			40	40
台江县	57	49	1.82	1.80	1	1			40	40
黎平县	62	60	4.09	3.98	1	1			85	85
榕江县	130	117	4.66	4.59	1	1			80	80
从江县	87	83	2.30	2.26	1	1			40	40
雷山县	66	57	2.46	2.41	1	1			35	35
麻江县	92	83	1.88	1.83	1	1			40	40
丹寨县	68	57	2.51	2.44	1	1			28	28
荔波县	121	99	3.08	2.99	2	1		1	95	45
贵定县	178	157	4.06	4.00	2			2	260	
瓮安县	296	282	9.94	9.70	2	1		1	100	80
独山县	260	250	2.58	2.46	1	1			85	85
平塘县	91	83	1.83	1.76	1	1			55	55
罗甸县	156	150	3.60	3.40	1	1			65	65
长顺县	111	106	2.97	2.91	1	1			45	45
龙里县	396	392	4.67	4.64	1	1			80	80
惠水县	255	249	4.20	4.10	1	1			105	105
三都水族自治县	156	150	3.57	3.40	1	1			90	90
云　南	**11217**	**8257**	**284.60**	**284.42**	**91**	**78**	**10**	**3**	**10515**	**7025**
嵩明县	163	123	8.91	8.91	2	1	1		485	85
富民县	75	56	2.46	2.46						
宜良县	192	135	4.89	4.89	1			1	300	
石林彝族自治县	214	110	4.14	4.14	1	1			99	99
禄劝彝族苗族自治县	152	98	3.56	3.56	1	1			9	9

continued

		Domestic Garbage				公共厕所		市容卫生专用车辆设备总数	
焚 烧 Incineration	其 他 other	无害化处理量（万吨） Volume of Harmlessly Treated (10,000 ton)	卫 生 填 埋 Sanitary Landfill	焚 烧 Incineration	其 他 other	（座） Number of Latrines (unit)	三 类 以 上 Grade Ⅲ and Above	（辆） Number of Vehicles and Equipment Designated for Municipal Environmental Sanitation (unit)	地区名称 Name of Regions
500		10.01		10.01		42		45	德江县
		3.54	3.54			46	46	45	沿河县
		6.74	6.74			20	20	60	松桃县
		1.46		1.46		18	18	39	普安县
		4.98	4.98			29	29	9	晴隆县
		4.61		4.61		29	29	34	贞丰县
		2.92	2.92			22	21		望谟县
		2.75	1.88	0.87		41		36	册亨县
		4.42	2.47	1.94		58		433	安龙县
		3.75	3.75			29	29	220	黄平县
		1.78	1.78			13	12	26	施秉县
600		3.09		3.09		120	13	45	三穗县
		4.10		4.10		27	7	62	镇远县
		2.96	2.96			15	15	50	岑巩县
		3.88	3.88			23		31	天柱县
		1.68	1.68			18	18	13	锦屏县
		2.24	2.24			10	10	19	剑河县
		1.80	1.80			17	1	33	台江县
		3.98	3.98			72	72	58	黎平县
		4.59	4.59			27		43	榕江县
		2.26	2.26			37	35	25	从江县
		2.41	2.41			13	5	21	雷山县
		1.83		1.83		15		63	麻江县
		2.44	2.44			12		17	丹寨县
	50	2.99	1.55		1.44	27	9	38	荔波县
	260	4.00			4.00	36	18	69	贵定县
	20	9.70		9.46	0.24	80	80	118	瓮安县
		2.46		2.46		38	38	36	独山县
		1.76		1.76		14	14	57	平塘县
		3.40	3.40			36	36	40	罗甸县
		2.91	2.91			41	11	58	长顺县
		4.64	4.64			95	79	36	龙里县
		4.10	4.10			60		50	惠水县
		3.40	3.40			28	28	28	三都水族自治县
2690	**800**	**284.42**	**217.04**	**54.22**	**13.16**	**4408**	**3566**	**3920**	**云 南**
400		8.91	0.79	8.12		22	22	61	嵩明县
		2.46		2.46		56	56	26	富民县
	300	4.89			4.89	146	127	136	宜良县
		4.14	4.14			109	109	41	石林彝族自治县
		3.56	3.56			67	65	24	禄劝彝族苗族自治县

11-2 续表 28

地区名称 Name of Regions	道路清扫保洁面积(万平方米) Surface Area of Roads Cleaned and Maintained (10,000m²)		生活垃圾							
		机械化 Mechanization	清运量(万吨) Collected and Transported (10,000 ton)	处理量(万吨) Volume of Treated (10,000 ton)	无害化处理厂(场)数(座) Number of Harmless Treatment Plants/ Grounds (unit)	卫生填埋 Sanitary Landfill	焚烧 Incineration	其他 other	无害化处理能力(吨/日) Harmless Treatment Capacity (ton/ day)	卫生填埋 Sanitary Landfill
寻甸县	85	54	3.25	3.25	1	1			89	89
昆明阳宗海风景名胜区	82	78	2.58	2.58						
陆良县	344	241	5.37	5.37	1	1			250	250
师宗县	213	179	3.48	3.48	1	1			140	140
罗平县	439	307	4.45	4.45	2	1	1		500	200
富源县	218	130	4.89	4.89	1	1			70	70
会泽县	360	306	7.11	7.11	1	1			200	200
通海县	114	82	2.30	2.30	1	1			165	165
华宁县	98	72	3.60	3.60	1	1			99	99
易门县	183	130	2.94	2.94	1	1			100	100
峨山县	69	49	2.15	2.15	1	1			59	59
新平县	104	79	2.74	2.74	1	1			80	80
元江县	152	117	3.43	3.43						
施甸县	79	57	2.68	2.68	1	1			60	60
龙陵县	58		1.94	1.94	1	1			80	80
昌宁县	83	79	4.52	4.52	1	1			92	92
鲁甸县	137	97	4.50	4.50	1	1			60	60
巧家县	120	84	3.46	3.46	1	1			80	80
盐津县	35	26	2.13	2.13	1	1			70	70
大关县	28	22	1.70	1.70	1	1			50	50
永善县	73	51	3.73	3.73	1	1			80	80
绥江县	69	57	1.44	1.44	1	1			90	90
镇雄县	196	164	9.00	9.00	1	1			200	200
彝良县	37	31	3.12	3.12	1	1			100	100
威信县	65	40	2.89	2.89	1	1			150	150
玉龙纳西族自治县	223	190	1.00	1.00						
永胜县	109	86	1.80	1.80	1	1			78	78
华坪县	105	78	2.35	2.35	1	1			50	50
宁蒗县	132	112	2.94	2.94	1	1			90	90
宁洱哈尼族彝族自治县	95	72	4.42	4.42	1	1			75	75
墨江哈尼族自治县	59	42	2.42	2.42	1	1			90	90
景东彝族自治县	110	74	2.56	2.56	1	1			70	70
景谷傣族彝族自治县	103	70	2.70	2.70	1	1			80	80

continued

Domestic Garbage						公共厕所		市容卫生专用车辆设备总数（辆）	地区名称
焚 烧	其 他	无害化处理量（万吨）	卫 生 填 埋	焚 烧	其 他	（座）	三 类 以 上	Number of Vehicles and Equipment Designated for Municipal Environmental Sanitation (unit)	Name of Regions
Incineration	other	Volume of Harmlessly Treated (10,000 ton)	Sanitary Landfill	Incineration	other	Number of Latrines (unit)	Grade Ⅲ and Above		
		3.25	3.25			60	45	84	寻甸县
		2.58		2.58		192	57	61	昆明阳宗海风景名胜区
		5.37	5.37			89	89	32	陆良县
		3.48	3.48			70		53	师宗县
300		4.45		4.45		98	98	97	罗平县
		4.89	4.89			81		69	富源县
		7.11	7.11			94	94	230	会泽县
		2.30	2.30			45	37	33	通海县
		3.60	3.60			49	49	37	华宁县
		2.94	2.94			29	29	13	易门县
		2.15	2.15			21	21	9	峨山县
		2.74	2.74			24	24	95	新平县
		3.43		3.43		28	24	27	元江县
		2.68	2.04	0.63		42	42	20	施甸县
		1.94	1.94			41	41	14	龙陵县
		4.52	4.52			59	59	30	昌宁县
		4.50	3.69	0.81		50	50	50	鲁甸县
		3.46	1.61	1.85		43	43	115	巧家县
		2.13	2.13			29	29	39	盐津县
		1.70	1.35	0.35		30		42	大关县
		3.73	3.73			41	41	68	永善县
		1.44	1.44			37	37	37	绥江县
		9.00	9.00			105		78	镇雄县
		3.12	2.56	0.56		33	33	41	彝良县
		2.89	2.89			18	18	53	威信县
		1.00	1.00			35	35	25	玉龙纳西族自治县
		1.80	1.80			35	16	19	永胜县
		2.35	2.35			37	37	44	华坪县
		2.94	2.94			47	47	42	宁蒗县
		4.42	4.42			43	40	42	宁洱哈尼族彝族自治县
		2.42	2.42			33	33	30	墨江哈尼族自治县
		2.56	2.56			39	39	37	景东彝族自治县
		2.70	2.70			67	67	19	景谷傣族彝族自治县

11-2 续表 29

地区名称 Name of Regions	道路清扫保洁面积(万平方米) Surface Area of Roads Cleaned and Maintained ($10,000m^2$)	机械化 Mechanization	生活垃圾 清运量(万吨) Collected and Transported (10,000 ton)	处理量(万吨) Volume of Treated (10,000 ton)	无害化处理厂(场)数(座) Number of Harmless Treatment Plants/ Grounds (unit)	卫生填埋 Sanitary Landfill	焚烧 Incineration	其他 other	无害化处理能力(吨/日) Harmless Treatment Capacity (ton/ day)	卫生填埋 Sanitary Landfill
镇沅彝族哈尼族拉祜族自治县	37	34	1.63	1.63	1	1			65	65
江城哈尼族彝族自治县	47	39	1.66	1.66	1		1		50	
孟连傣族拉祜族佤族自治县	85	63	1.86	1.86	1	1			47	47
澜沧拉祜族自治县	83	61	3.79	3.79	1	1			103	103
西盟佤族自治县	13	10	0.90	0.90	1	1			30	30
凤庆县	108	82	2.56	2.56	1	1			50	50
云　县	87	61	3.50	3.50	1	1			100	100
永德县	64		3.93	3.93	1	1			109	109
镇康县	116	83	2.25	2.25	1	1			80	80
双江县	120	94	3.08	3.08	1	1			100	100
耿马县	60	47	3.89	3.89	1	1			100	100
沧源县	107	72	1.79	1.79	1	1			49	49
双柏县	57	57	1.26	1.26	1	1			45	45
牟定县	120	102	2.04	2.04	1	1			65	65
南华县	80	58	2.48	2.48						
姚安县	73	65	1.60	1.60	1	1			90	90
大姚县	123	105	2.07	2.07	1	1			70	70
永仁县	69	54	1.39	1.39	1	1			45	45
元谋县	127	104	2.40	2.40						
武定县	129	82	2.33	2.33	1	1			101	101
屏边县	53	37	1.66	1.66	1	1			35	35
建水县	305	214	6.46	6.46	1			1	200	
石屏县	138	117	4.38	4.38	1	1			100	100
泸西县	295	200	7.67	7.67	2	1	1		400	100
元阳县	61	43	1.85	1.85	1	1			80	80
红河县	95	83	2.12	2.12	1	1			55	55
金平县	83	48	1.70	1.70	1	1			50	50
绿春县	22	8	2.04	2.04	1	1			25	25
河口县	88	64	2.50	2.50	1	1			50	50
砚山县	250	203	4.97	4.97	1		1		300	
西畴县	57	43	1.19	1.19						
麻栗坡县	62	44	2.40	2.40	1	1			44	44
马关县	174	70	2.56	2.56						
丘北县	335	281	7.06	7.06	1	1			150	150
广南县	207	158	5.31	5.31	1	1			145	145

continued

Domestic Garbage						公共厕所		市容卫生专用车辆设备总数(辆) Number of Vehicles and Equipment Designated for Municipal Environmental Sanitation (unit)	地区名称 Name of Regions
焚烧 Incineration	其他 other	无害化处理量(万吨) Volume of Harmlessly Treated (10,000 ton)	卫生填埋 Sanitary Landfill	焚烧 Incineration	其他 other	(座) Number of Latrines (unit)	三类以上 Grade Ⅲ and Above		
		1.63	1.63			30	30	36	镇沅彝族哈尼族拉祜族自治县
50		1.66		1.66		21	21	35	江城哈尼族彝族自治县
		1.86	1.86			30	30	52	孟连傣族拉祜族佤族自治县
		3.79	3.79			38	3	55	澜沧拉祜族自治县
		0.90	0.90			9	9	15	西盟佤族自治县
		2.56	2.56			45	45	28	凤庆县
		3.50	3.50			60	60	25	云　县
		3.93	3.93			38	38	30	永德县
		2.25	2.25			27	27	23	镇康县
		3.08	3.08			25	6	57	双江县
		3.89	3.89			44	44	39	耿马县
		1.79	1.79			28		18	沧源县
		1.26	1.26			36	36	5	双柏县
		2.04	2.04			38	38	41	牟定县
		2.48		2.48		43	43	38	南华县
		1.60	1.60			32	26	15	姚安县
		2.07	2.07			40	40	18	大姚县
		1.39	1.39			34	34	13	永仁县
		2.40		2.40		54	54	55	元谋县
		2.33	2.33			45	45	17	武定县
		1.66	1.66			31	31	19	屏边县
	200	6.46			6.46	125	125	41	建水县
		4.38	4.38			43	43	40	石屏县
300		7.67		7.67		59	33	36	泸西县
		1.85	1.85			18	18	49	元阳县
		2.12	2.12			51	51	20	红河县
		1.70	1.70			40	40	32	金平县
		2.04	2.04			35	35	10	绿春县
		2.50	2.50			28		16	河口县
300		4.97		4.97		66	66	43	砚山县
		1.19		1.19		17	17	61	西畴县
		2.40	2.40			44	44	26	麻栗坡县
		2.56		2.56		49	49	33	马关县
		7.06	7.06			69	69	80	丘北县
		5.31	5.31			38	38	28	广南县

11-2 续表 30

地区名称 Name of Regions	道路清扫保洁面积(万平方米) Surface Area of Roads Cleaned and Maintained ($10,000m^2$)	机械化 Mechanization	生活垃圾 清运量(万吨) Collected and Transported (10,000 ton)	处理量(万吨) Volume of Treated (10,000 ton)	无害化处理厂(场)数(座) Number of Harmless Treatment Plants/Grounds (unit)	卫生填埋 Sanitary Landfill	焚烧 Incineration	其他 other	无害化处理能力(吨/日) Harmless Treatment Capacity (ton/day)	卫生填埋 Sanitary Landfill
富宁县	104	65	5.48	5.48	1	1			150	150
勐海县	83	73	3.82	3.82	1	1			105	105
勐腊县	100	72	3.44	3.44	1	1			90	90
漾濞彝族自治县	27	23	2.31	2.31	1	1			60	60
祥云县	277	208	3.69	3.69	2		2		1000	
宾川县	168	118	3.11	3.11	1	1			200	200
弥渡县	121	93	1.81	1.81	1			1	300	
南涧彝族自治县	71	54	1.23	1.23	1	1			90	90
巍山彝族回族自治县	81	71	1.78	1.78	1	1			110	110
永平县	109	77	1.95	1.95	1	1			75	75
云龙县	38	30	0.86	0.86	1	1			80	80
洱源县	86	82	1.34	1.34	1	1			85	85
剑川县	75	75	1.14	1.14	1		1		250	
鹤庆县	131	112	1.94	1.94	1	1			135	135
梁河县	65	50	1.97	1.94	1	1			53	53
盈江县	219	150	7.28	7.14	1	1			200	200
陇川县	138	106	1.95	1.95	1	1			50	50
福贡县	11		0.11	0.11	1		1		70	
贡山独龙族怒族自治县	18		0.56	0.56	1		1		20	
兰坪白族普米族自治县	75	54	2.18	2.18	1	1			90	90
德钦县	24	2	1.07	1.07	1	1			30	30
维西傈僳族自治县	92	79	1.81	1.81	1	1			50	50
西　藏	**1386**	**240**	**33.88**	**33.41**	**63**	**63**			**1204**	**1204**
曲水县	17		0.48	0.48						
当雄县	20		0.42	0.42	1	1			21	21
林周县	16	6	0.60	0.60	1	1			37	37
墨竹工卡县	80		0.81	0.80	1	1			13	13
尼木县	12		0.63	0.62	1	1			23	23
亚东县	18		0.38	0.38	1	1			15	15
聂拉木县	6		0.48	0.48	1	1			18	18
仲巴县	7		0.23	0.23	1	1			10	10
定结县	19		0.29	0.26	1	1			10	10
康马县	12	4	0.22	0.22	1	1			6	6
吉隆县	7		0.65	0.65	1	1			15	15
萨嘎县	6		0.22	0.22	1	1			12	12

continued

		Domestic Garbage				公共厕所		市容卫生专用车辆设备总数 (辆)	
焚 烧 Incineration	其 他 other	无害化处理量 (万吨) Volume of Harmlessly Treated (10,000 ton)	卫 生 填 埋 Sanitary Landfill	焚 烧 Incineration	其 他 other	(座) Number of Latrines (unit)	三 类 以 上 Grade Ⅲ and Above	Number of Vehicles and Equipment Designated for Municipal Environmental Sanitation (unit)	地区名称 Name of Regions
		5.48	5.48			41	41	55	富宁县
		3.82	3.82			40	40	94	勐海县
		3.44	3.44			31	31	55	勐腊县
		2.31	1.76	0.56		22		19	漾濞彝族自治县
1000		3.69		3.69		59	59	69	祥云县
		3.11	3.11			34	34	48	宾川县
	300	1.81			1.81	36		30	弥渡县
		1.23	1.23			45	45	33	南涧彝族自治县
		1.78	1.78			42	42	33	巍山彝族回族自治县
		1.95	1.95			33	33	22	永平县
		0.86	0.86			22	22	11	云龙县
		1.34	1.34			16	16	28	洱源县
250		1.14		1.14		38	38	20	剑川县
		1.94	1.94			35	35	26	鹤庆县
		1.94	1.94			77	77	26	梁河县
		7.14	7.14			50		95	盈江县
		1.95	1.95			70		30	陇川县
70		0.11		0.11		9	9	6	福贡县
20		0.56		0.56		31		13	贡山独龙族怒族自治县
		2.18	2.18			23	23	17	兰坪白族普米族自治县
		1.07	1.07			20	20	18	德钦县
		1.81	1.81			60	60	50	维西傈僳族自治县
		31.88	**31.88**			**1327**	**340**	**715**	**西　藏**
		0.48	0.48			7		8	曲水县
		0.42	0.42			7	7	3	当雄县
		0.60	0.60			75	75	51	林周县
		0.80	0.80			6		2	墨竹工卡县
		0.62	0.62			17		6	尼木县
		0.38	0.38			13	12	17	亚东县
		0.48	0.48			12		3	聂拉木县
		0.23	0.23			22		5	仲巴县
		0.26	0.26			22		6	定结县
		0.22	0.22			32		4	康马县
		0.65	0.65			11	11	2	吉隆县
		0.22	0.22			17		2	萨嘎县

11-2 续表 31

地区名称 Name of Regions	道路清扫保洁面积(万平方米) Surface Area of Roads Cleaned and Maintained (10,000m²)	机械化 Mechanization	生活垃圾 清运量(万吨) Collected and Transported (10,000 ton)	处理量(万吨) Volume of Treated (10,000 ton)	无害化处理厂(场)数(座) Number of Harmless Treatment Plants/Grounds (unit)	卫生填埋 Sanitary Landfill	焚烧 Incineration	其他 other	无害化处理能力(吨/日) Harmless Treatment Capacity (ton/day)	卫生填埋 Sanitary Landfill
谢通门县	10	7	0.70	0.65	1	1			18	18
萨迦县	16		0.44	0.44	1	1			13	13
岗巴县	13		0.25	0.25	1	1			8	8
拉孜县	23		0.92	0.92	1	1			25	25
江孜县	55	12	1.53	1.53	1	1			42	42
定日县	22		0.57	0.57						
南木林县	30		0.67	0.67	1	1			23	23
昂仁县	8		0.70	0.70	1	1			19	19
白朗县	288	120	0.55	0.55	1	1			30	30
仁布县	9		0.41	0.41	1	1			20	20
左贡县	7		0.22	0.21	1	1			10	10
丁青县	5		1.24	1.24	1	1			22	22
八宿县	17		0.52	0.52	1	1			14	14
江达县	16		0.66	0.66	1	1			20	20
洛隆县	3		0.79	0.78	1	1			34	34
察雅县	14	8	0.29	0.27	1	1			12	12
贡觉县	8		0.42	0.42	1	1			20	20
边坝县	6		0.26	0.26	1	1			7	7
类乌齐县	11		0.37	0.37	1	1			10	10
芒康县	16	6	1.18	1.10	1	1			20	20
朗　县	3		0.22	0.22	1	1			6	6
墨脱县	5	3	0.34	0.34	1	1			10	10
工布江达县	55		0.31	0.30	1	1			11	11
察隅县	7		0.30	0.30	1	1			10	10
波密县	13		0.68	0.65	1	1			28	28
米林县	8	1	0.45	0.44	1	1			11	11
错那县	22		0.11	0.10	1	1			16	16
浪卡子县	18		0.46	0.44	1	1			12	12
贡嘎县	19		0.93	0.93	1	1			45	45
加查县	15		0.27	0.25	1	1			11	11
桑日县	23		0.47	0.47	1	1			13	13
洛扎县	11		0.37	0.37	1	1			10	10
琼结县	19		0.38	0.37	1	1			27	27
措美县	10		0.44	0.43	1	1			8	8
扎囊县	84		0.42	0.38	1	1			16	16
曲松县	22		0.10	0.10	1	1			7	7
隆子县	11		0.37	0.37	1	1			10	10
聂荣县	12	1	0.45	0.45	1	1			12	12
双湖县	6		0.07	0.07	1	1			7	7

continued

Domestic Garbage						公共厕所		市容卫生专用车辆设备总数(辆)	地区名称
焚烧 Incineration	其他 other	无害化处理量(万吨) Volume of Harmlessly Treated (10,000 ton)	卫生填埋 Sanitary Landfill	焚烧 Incineration	其他 other	(座) Number of Latrines (unit)	三类以上 Grade Ⅲ and Above	Number of Vehicles and Equipment Designated for Municipal Environmental Sanitation (unit)	Name of Regions
		0.65	0.65			21		3	谢通门县
		0.44	0.44			21		3	萨迦县
		0.25	0.25			18		20	岗巴县
		0.92	0.92			15	10	22	拉孜县
		1.53	1.53			26		12	江孜县
		0.57	0.57			19		21	定日县
		0.67	0.67			21		24	南木林县
		0.70	0.70			16		15	昂仁县
		0.55	0.55			22		11	白朗县
		0.41	0.41			35		4	仁布县
		0.21	0.21			8		3	左贡县
		1.24	1.24			10		8	丁青县
		0.52	0.52			11	9	33	八宿县
		0.66	0.66			10	10	5	江达县
		0.78	0.78					3	洛隆县
		0.27	0.27			6	2	10	察雅县
		0.42	0.42			12		6	贡觉县
		0.26	0.26			29		5	边坝县
		0.37	0.37			11		8	类乌齐县
		1.10	1.10					8	芒康县
		0.22	0.22			11		4	朗　县
		0.34	0.34			9	7	6	墨脱县
		0.30	0.30			12	5	7	工布江达县
		0.30	0.30			8		6	察隅县
		0.65	0.65			3		6	波密县
		0.44	0.44			8		21	米林县
		0.10	0.10			18		10	错那县
		0.44	0.44					6	浪卡子县
		0.93	0.93			5	5	3	贡嘎县
		0.25	0.25			9	5	9	加查县
		0.47	0.47			6		9	桑日县
		0.37	0.37			10	10	15	洛扎县
		0.37	0.37			8		5	琼结县
		0.43	0.43			6		2	措美县
		0.38	0.38			9		15	扎囊县
		0.10	0.10			18		13	曲松县
		0.37	0.37			113	113	3	隆子县
		0.45	0.45			40	40	13	聂荣县
		0.07	0.07			35		2	双湖县

11-2 续表 32

地区名称 Name of Regions	道路清扫保洁面积（万平方米） Surface Area of Roads Cleaned and Maintained ($10,000m^2$)		生活垃圾							
		机械化 Mechanization	清运量（万吨） Collected and Transported (10,000 ton)	处理量（万吨） Volume of Treated (10,000 ton)	无害化处理厂（场）数（座） Number of Harmless Treatment Plants/ Grounds (unit)	卫生填埋 Sanitary Landfill	焚烧 Incineration	其他 other	无害化处理能力（吨／日） Harmless Treatment Capacity (ton/ day)	卫生填埋 Sanitary Landfill
嘉黎县	10		0.19	0.19	1	1			10	10
比如县	9		1.53	1.53						
尼玛县	7		0.24	0.24	1	1			10	10
巴青县	15	9	0.35	0.30	1	1			15	15
申扎县	1		0.35	0.34	1	1			10	10
安多县	7		0.28	0.28	1	1			6	6
索　县	8		0.52	0.51						
班戈县	9		0.48	0.47	1	1			12	12
革吉县	2	1	0.21	0.21	1	1			8	8
札达县	10		0.29	0.29	1	1			20	20
日土县	13		0.20	0.19	1	1			9	9
改则县	8		0.37	0.36	1	1			14	14
葛尔县	110	61	2.90	2.90	2	2			190	190
普兰县	9		0.34	0.34	1	1			70	70
措勤县	10		0.44	0.44	1	1			12	12
陕　西	**7377**	**5577**	**224.60**	**222.22**	**71**	**67**	**4**		**10334**	**7714**
蓝田县	194	161	3.84	3.76						
周至县	120	118	3.45	3.45	1	1			200	200
宜君县	31	21	0.87	0.87	1	1			120	120
岐山县	109	82	2.26	2.26	1	1			300	300
扶风县	148	126	3.04	3.04	2	2			194	194
眉　县	88	58	3.86	3.84	1	1			100	100
陇　县	110	66	3.58	3.57	1	1			100	100
千阳县	47	38	1.95	1.95	1	1			150	150
麟游县	47	29	2.22	2.21	1	1			50	50
凤　县	41	32	1.62	1.62	1	1			50	50
太白县	39	35	0.58	0.58	1	1			31	31
三原县	136	110	9.86	9.85	1	1			270	270
泾阳县	209	156	2.88	2.88	1	1			140	140
乾　县	189	157	5.08	5.05	1	1			200	200
礼泉县	180	90	5.80	5.79	2	1	1		1501	1
永寿县	138	128	2.32	2.32	1	1			80	80
长武县	91	63	2.29	2.18	1	1			100	100
旬邑县	41	35	1.54	1.51	1	1			60	60
淳化县	48	34	1.45	1.43	1	1			100	100
武功县	125	118	3.83	3.79	1	1			150	150
潼关县	96	83	2.65	2.65	1	1			65	65
大荔县	255	230	4.48	4.48	1		1		220	
合阳县	117	78	1.86	1.86	1	1			165	165

continued

Domestic Garbage						公共厕所		市容卫生专用车辆设备总数	地区名称
焚烧 Incineration	其他 other	无害化处理量(万吨) Volume of Harmlessly Treated (10,000 ton)	卫生填埋 Sanitary Landfill	焚烧 Incineration	其他 other	(座) Number of Latrines (unit)	三类以上 Grade III and Above	(辆) Number of Vehicles and Equipment Designated for Municipal Environmental Sanitation (unit)	Name of Regions
		0.19	0.19			14		40	嘉黎县
						12		8	比如县
		0.24	0.24			42		18	尼玛县
		0.30	0.30			24		10	巴青县
		0.34	0.34			24		9	申扎县
		0.28	0.28			12		11	安多县
		0.51	0.51			19	19	3	索　县
		0.47	0.47			38		9	班戈县
		0.21	0.21			15		5	革吉县
		0.29	0.29			19		33	札达县
		0.19	0.19			19		9	日土县
		0.36	0.36			50		8	改则县
		2.90	2.90			56		51	葛尔县
		0.34	0.34			64		4	普兰县
		0.44	0.44			39		9	措勤县
2620		**222.22**	**193.77**	**28.34**	**0.12**	**2818**	**1966**	**2932**	**陕　西**
		3.76		3.76		273	75	30	蓝田县
		3.45	3.45			21	21	23	周至县
		0.87	0.75		0.12	7	7	11	宜君县
		2.26	2.26			21		25	岐山县
		3.04	3.04			29	29	24	扶风县
		3.84	3.84			36	23	33	眉　县
		3.57	3.57			36	8	28	陇　县
		1.95	1.95			25	20	8	千阳县
		2.21	2.21			15	7	13	麟游县
		1.62	1.62			18	17	12	凤　县
		0.58	0.58			17		15	太白县
		9.85	9.85			68	68	122	三原县
		2.88	2.88			30		36	泾阳县
		5.05	5.05			75	64	58	乾　县
1500		5.79		5.79		51	51	338	礼泉县
		2.32	2.32			19	19	18	永寿县
		2.18	2.18			19	19	20	长武县
		1.51	1.51			18		12	旬邑县
		1.43	1.43			17	8	13	淳化县
		3.79	3.79			47	45	100	武功县
		2.65	2.65			42	42	40	潼关县
220		4.48		4.48		88	27	131	大荔县
		1.86	1.86			36	30	49	合阳县

11-2 续表 33

地区名称 Name of Regions	道路清扫保洁面积（万平方米） Surface Area of Roads Cleaned and Maintained ($10,000m^2$)	机械化 Mechanization	生活垃圾 清运量（万吨） Collected and Transported (10,000 ton)	处理量（万吨） Volume of Treated (10,000 ton)	无害化处理厂（场）数（座） Number of Harmless Treatment Plants/Grounds (unit)	卫生填埋 Sanitary Landfill	焚烧 Incineration	其他 other	无害化处理能力（吨／日） Harmless Treatment Capacity (ton/day)	卫生填埋 Sanitary Landfill
澄城县	244	210	5.23	5.23	1	1			150	150
蒲城县	346	245	5.02	5.02	1	1			300	300
白水县	121	116	2.03	2.03	1	1			90	90
富平县	320	291	4.77	4.77	1		1		600	
延长县	31	26	2.41	2.35	1	1			85	85
延川县	36	22	2.65	2.58	1	1			110	110
志丹县	117	80	3.53	3.44	1	1			65	65
吴起县	95	86	3.27	3.26	1	1			100	100
甘泉县	42	26	1.97	1.91	1	1			78	78
富　县	46	31	2.13	2.08	1	1			60	60
洛川县	68	53	3.52	3.46	1	1			100	100
宜川县	35	24	2.45	2.41	1	1			66	66
黄龙县	48	30	0.82	0.80	1	1			43	43
黄陵县	107	70	1.98	1.94	1	1			56	56
城固县	163	138	6.51	6.51	1	1			230	230
洋　县	103	92	4.09	4.09	1		1		300	
西乡县	112	66	4.66	4.66	1	1			140	140
勉　县	186	146	5.59	5.59	1	1			175	175
宁强县	110	90	2.10	2.10	1	1			130	130
略阳县	26	22	2.67	2.67	1	1			80	80
镇巴县	35	30	1.62	1.62	1	1			70	70
留坝县	19	18	0.68	0.68	1	1			30	30
佛坪县	22	19	0.33	0.33	1	1			75	75
府谷县	80	48	7.21	6.32	1	1			180	180
靖边县	298	180	10.93	10.82	1	1			300	300
定边县	364	297	6.65	6.65	1	1			309	309
绥德县	137	75	4.97	4.95	1	1			196	196
米脂县	101	62	2.26	2.15	1	1			80	80
佳　县	42	26	1.07	1.04	1	1			40	40
吴堡县	64	41	2.65	2.65	1	1			72	72
清涧县	57	37	1.99	1.99	1	1			53	53
子洲县	45	17	1.54	1.54	1	1			65	65
汉阴县	145	116	5.10	5.10	1	1			180	180
石泉县	75	71	2.88	2.88	1	1			100	100
宁陕县	15	10	0.96	0.95	1	1			100	100
紫阳县	76	20	2.18	2.18	1	1			100	100
岚皋县	63	43	2.15	2.15	1	1			72	72
平利县	34	28	2.22	2.21	1	1			60	60
镇坪县	19	17	0.66	0.66	1	1			30	30

continued

Domestic Garbage						公共厕所		市容卫生专用车辆设备总数	
焚烧 Incineration	其他 other	无害化处理量(万吨) Volume of Harmlessly Treated (10,000 ton)	卫生填埋 Sanitary Landfill	焚烧 Incineration	其他 other	(座) Number of Latrines (unit)	三类以上 Grade Ⅲ and Above	(辆) Number of Vehicles and Equipment Designated for Municipal Environmental Sanitation (unit)	地区名称 Name of Regions
		5.23	5.23			31	14	53	澄城县
		5.02	5.02			63	63	60	蒲城县
		2.03	2.03			19	19	28	白水县
600		4.77		4.77		59	59	93	富平县
		2.35	2.35			32	32	18	延长县
		2.58	2.58			40	22	19	延川县
		3.44	3.44			42	42	29	志丹县
		3.26	3.26			35	35	49	吴起县
		1.91	1.91			18	18	8	甘泉县
		2.08	2.08			31	30	19	富　县
		3.46	3.46			22	22	41	洛川县
		2.41	2.41			32	25	43	宜川县
		0.80	0.80			24	24	31	黄龙县
		1.94	1.94			30	24	27	黄陵县
		6.51	1.07	5.44		71	33	53	城固县
300		4.09		4.09		44	44	30	洋　县
		4.66	4.66			40	40	31	西乡县
		5.59	5.59			50	40	29	勉　县
		2.10	2.10			35	21	33	宁强县
		2.67	2.67			42	37	27	略阳县
		1.62	1.62			22	22	19	镇巴县
		0.68	0.68			14	11	51	留坝县
		0.33	0.33			17	8	14	佛坪县
		6.32	6.32			116		74	府谷县
		10.82	10.82			73	58	123	靖边县
		6.65	6.65			82	82	199	定边县
		4.95	4.95			46	46	67	绥德县
		2.15	2.15			16	12	6	米脂县
		1.04	1.04			32	32	14	佳　县
		2.65	2.65			31		24	吴堡县
		1.99	1.99			55	44	13	清涧县
		1.54	1.54			26	24	23	子洲县
		5.10	5.10			42	42	32	汉阴县
		2.88	2.88			45	45	14	石泉县
		0.95	0.95			23	23	113	宁陕县
		2.18	2.18			37	13	14	紫阳县
		2.15	2.15			27		15	岚皋县
		2.21	2.21			43		20	平利县
		0.66	0.66			6	6	13	镇坪县

11-2 续表 34

地区名称 Name of Regions	道路清扫保洁面积(万平方米) Surface Area of Roads Cleaned and Maintained (10,000m²)	机械化 Mechanization	生活垃圾 清运量(万吨) Collected and Transported (10,000 ton)	处理量(万吨) Volume of Treated (10,000 ton)	无害化处理厂(场)数(座) Number of Harmless Treatment Plants/Grounds (unit)	卫生填埋 Sanitary Landfill	焚烧 Incineration	其他 other	无害化处理能力(吨/日) Harmless Treatment Capacity (ton/day)	卫生填埋 Sanitary Landfill
旬阳县	91	70	5.66	5.66	1	1			150	150
白河县	45	17	1.79	1.79	1	1			90	90
洛南县	96	67	5.49	5.35	1	1			140	140
丹凤县	86	52	3.31	3.31	1	1			95	95
商南县	175	150	3.28	3.28	1	1			128	128
山阳县	136	80	4.19	3.99	1	1			120	120
镇安县	50	31	3.00	3.00	1	1			95	95
柞水县	56	47	1.16	1.16	1	1			100	100
甘　肃	**6129**	**4737**	**187.65**	**187.59**	**56**	**55**	**1**		**5805**	**5305**
永登县	100	86	4.60	4.60	1	1			300	300
皋兰县	60	48	2.00	2.00	1	1			400	400
榆中县	208	167	5.30	5.30	1	1			180	180
永昌县	102	100	4.02	4.02	1	1			235	235
靖远县	80	60	4.14	4.14						
会宁县	314	210	6.12	6.12	1	1			170	170
景泰县	109	82	3.57	3.57						
清水县	96	58	2.21	2.21	1	1			48	48
秦安县	170	144	5.84	5.84	1	1			160	160
甘谷县	225	150	5.49	5.49	1	1			115	115
武山县	86	75	4.90	4.90	1	1			85	85
张家川回族自治县	46	42	1.20	1.20	1	1			100	100
民勤县	148	140	2.59	2.59	1	1			84	84
古浪县	79	73	2.00	2.00	1	1			80	80
天祝藏族自治县	142	128	3.18	3.18	1	1			94	94
肃南县	17	13	0.46	0.46	1	1			21	21
民乐县	106	82	1.90	1.90						
临泽县	68	48	2.40	2.40	1	1			42	42
高台县	57	46	2.63	2.63	1	1			80	80
山丹县	104	78	2.17	2.17						
泾川县	84	55	3.02	3.02	1	1			132	132
灵台县	76	59	1.62	1.62	1	1			61	61
崇信县	67	60	1.90	1.90	1	1			55	55
庄浪县	109	92	2.17	2.17	1	1			135	135
静宁县	180	145	3.10	3.10	1	1			140	140
金塔县	195	154	3.53	3.53	1	1			96	96
瓜州县	175	133	2.41	2.41	1	1			70	70
肃北蒙古族自治县	41	34	0.39	0.39	1	1			20	20

continued

Domestic Garbage 焚 烧 Incinera-tion	其 他 other	无害化处理量(万吨) Volume of Harm-lessly Treated (10,000 ton)	卫 生 填 埋 Sanitary Landfill	焚 烧 Incinera-tion	其 他 other	公共厕所(座) Number of Latrines (unit)	三 类 以 上 Grade Ⅲ and Above	市容卫生专用车辆设备总数(辆) Number of Vehicles and Equipment Designated for Municipal Environmental Sanitation (unit)	地区名称 Name of Regions
		5.66	5.66			63	57	24	旬阳县
		1.79	1.79			22	22	12	白河县
		5.35	5.35			37	37	41	洛南县
		3.31	3.31			28	28	21	丹凤县
		3.28	3.28			18	18	31	商南县
		3.99	3.99			52	52	27	山阳县
		3.00	3.00			45	40	25	镇安县
		1.16	1.16			32	20	23	柞水县
500		**187.59**	**146.48**	**40.46**	**0.66**	**1409**	**877**	**1975**	**甘　肃**
		4.60	4.60			10	3	19	永登县
		2.00	2.00			11		23	皋兰县
		5.30	5.30			20	20	78	榆中县
		4.02	4.02			45	45	18	永昌县
		4.14		3.48	0.66	25	25	40	靖远县
		6.12	6.12			15	15	57	会宁县
		3.57		3.57		44	23	62	景泰县
		2.21	2.21			33	25	35	清水县
		5.84	5.84			24	8	39	秦安县
		5.49	4.11	1.38		19		48	甘谷县
		4.90	4.90			17		19	武山县
		1.20	1.20			18	6	18	张家川回族自治县
		2.59	2.59			18	18	49	民勤县
		2.00	2.00			28	28	55	古浪县
		3.18	3.18			25		31	天祝藏族自治县
		0.46	0.46			18	18	6	肃南县
		1.90		1.90		31	7	42	民乐县
		2.40	0.39	2.01		38	38	24	临泽县
		2.63	2.63			37	37	15	高台县
		2.17		2.17		35	27	24	山丹县
		3.02	3.02			18	13	22	泾川县
		1.62	1.62			19	19	40	灵台县
		1.90	1.90			16	16	17	崇信县
		2.17	2.17			18		37	庄浪县
		3.10	3.10			34	26	46	静宁县
		3.53	3.53			24	7	100	金塔县
		2.41	2.41			48	48	11	瓜州县
		0.39	0.39			15	15	92	肃北蒙古族自治县

11-2 续表 35

地区名称 Name of Regions	道路清扫保洁面积(万平方米) Surface Area of Roads Cleaned and Maintained ($10,000m^2$)		生活垃圾							
		机械化 Mechanization	清运量(万吨) Collected and Transported (10,000 ton)	处理量(万吨) Volume of Treated (10,000 ton)	无害化处理厂(场)数(座) Number of Harmless Treatment Plants/ Grounds (unit)	卫生填埋 Sanitary Landfill	焚烧 Incineration	其他 other	无害化处理能力(吨/日) Harmless Treatment Capacity (ton/ day)	卫生填埋 Sanitary Landfill
阿克塞哈萨克族自治县	75	60	1.08	1.08	1	1			30	30
庆城县	61	60	4.17	4.17						
环　县	140	130	5.29	5.29	1	1			123	123
华池县	58	41	1.20	1.20	1	1			85	85
合水县	103	71	1.67	1.67						
正宁县	91	67	1.54	1.54						
宁　县	53	46	3.77	3.77						
镇原县	95	81	5.11	5.11						
通渭县	130	87	2.34	2.34	1	1			105	105
陇西县	252	222	10.12	10.12	1	1			280	280
渭源县	118	71	1.83	1.83	1	1			51	51
临洮县	243	170	5.92	5.92	2	1	1		640	140
漳　县	34	23	1.83	1.83	1	1			55	55
岷　县	85	60	3.97	3.97	1	1			150	150
成　县	102	71	4.02	4.02	1	1			110	110
文　县	22	14	1.43	1.43	1	1			40	40
宕昌县	45	31	1.53	1.53	1	1			44	44
康　县	28	18	1.65	1.65	1	1			45	45
西和县	126	79	4.81	4.81	1	1			100	100
礼　县	110	75	2.80	2.80	1	1			48	48
徽　县	78	70	4.75	4.75	1	1			75	75
两当县	59	41	0.60	0.60	1	1			42	42
临夏县	92	78	1.31	1.31	1	1			108	108
康乐县	89	64	4.93	4.93						
永靖县	172	121	3.88	3.88	1	1			150	150
广河县	76	50	2.07	2.07	1	1			49	49
和政县	71	65	1.93	1.93	1	1			41	41
东乡县	17	11	1.41	1.41	1	1			40	40
积石山县	43	38	3.66	3.66	1	1			80	80
临潭县	9	5	3.53	3.53	1	1			97	97
卓尼县	63	51	1.46	1.46	1	1			40	40
舟曲县	52	38	1.49	1.49	2	2			60	60
迭部县	17	14	1.71	1.71	1	1			47	47
玛曲县	48	31	1.07	1.05	1	1			75	75
碌曲县	13	11	0.57	0.57	1	1			28	28
夏河县	18	13	2.34	2.31	1	1			65	65
青　海	**2073**	**1115**	**57.59**	**54.96**	**33**	**33**			**1717**	**1717**
大通县	49	45	11.28	10.68	1	1			320	320

continued

Domestic Garbage						公共厕所		市容卫生专用车辆设备总数(辆) Number of Vehicles and Equipment Designated for Municipal Environmental Sanitation (unit)	地区名称 Name of Regions
焚烧 Incineration	其他 other	无害化处理量(万吨) Volume of Harmlessly Treated (10,000 ton)	卫生填埋 Sanitary Landfill	焚烧 Incineration	其他 other	(座) Number of Latrines (unit)	三类以上 Grade Ⅲ and Above		
		1.08	1.08			13	13	17	阿克塞哈萨克族自治县
		4.17		4.17		32	15	17	庆城县
		5.29	5.25	0.04		41	37	33	环　县
		1.20	1.20			38	23	26	华池县
		1.67		1.67		20	15	18	合水县
		1.54		1.54		13	12	17	正宁县
		3.77		3.77		15	2	11	宁　县
		5.11		5.11		18	18	20	镇原县
		2.34	2.34			18	10	25	通渭县
		10.12	10.12			22	17	106	陇西县
		1.83	1.83			17		34	渭源县
500		5.92	1.20	4.72		31	11	76	临洮县
		1.83	1.83			10	10	7	漳　县
		3.97	3.97			30	5	35	岷　县
		4.02	4.02			34		34	成　县
		1.43	1.43			12	4	5	文　县
		1.53	1.53			20	20	24	宕昌县
		1.65	1.65			21		8	康　县
		4.81	4.81			16	14	41	西和县
		2.80	2.80			42	30	24	礼　县
		4.75	4.75			21	21	27	徽　县
		0.60	0.60			13	13	16	两当县
		1.31	1.31			34		43	临夏县
		4.93		4.93		25		24	康乐县
		3.88	3.88			38	38	29	永靖县
		2.07	2.07			14	14	34	广河县
		1.93	1.93			9	7	19	和政县
		1.41	1.41			14		11	东乡县
		3.66	3.66			6		5	积石山县
		3.53	3.53			11	7	15	临潭县
		1.46	1.46			10		14	卓尼县
		1.49	1.49			13	13	15	舟曲县
		1.71	1.71			10	10	5	迭部县
		1.05	1.05			6		28	玛曲县
		0.57	0.57			4		10	碌曲县
		2.31	2.31			15	11	35	夏河县
		54.96	**54.96**			**682**	**121**	**742**	**青　海**
		10.68	10.68			30	30	34	大通县

11-2 续表 36

地区名称 Name of Regions	道路清扫保洁面积（万平方米） Surface Area of Roads Cleaned and Maintained (10,000m²)	机械化 Mechanization	生活垃圾 清运量（万吨） Collected and Transported (10,000 ton)	处理量（万吨） Volume of Treated (10,000 ton)	无害化处理厂(场)数（座） Number of Harmless Treatment Plants/ Grounds (unit)	卫生填埋 Sanitary Landfill	焚烧 Incineration	其他 other	无害化处理能力（吨／日） Harmless Treatment Capacity (ton/ day)	卫生填埋 Sanitary Landfill
湟源县	71	36	3.33	3.13	1	1			120	120
民和县	200	171	5.76	5.53	1	1			170	170
互助县	212	161	4.90	4.72	1	1			150	150
化隆县	76	11	0.95	0.90	1	1			25	25
循化县	55	53	2.39	2.33	1	1			82	82
门源县	45	9								
祁连县	67	22	1.55	1.50	1	1			47	47
海晏县	14	5	0.77	0.74	1	1			20	20
刚察县	18		0.61	0.60	1	1			22	22
西海镇	40	18	0.71	0.69	1	1			29	29
尖扎县	14	2	0.87	0.86	1	1			40	40
泽库县	17	8	0.50	0.48	1	1			25	25
河南县	19	8	0.66	0.65	1	1			20	20
共和县	219	144	2.23	2.15	1	1			74	74
同德县	50	32	2.70	2.63	1	1			68	68
贵德县	107	70	4.21	4.02	1	1			100	100
兴海县	38	32	1.47	1.33	1	1			12	12
贵南县	63	38	1.50	1.42	1	1			23	23
班玛县	14	12	0.37	0.33	1	1			11	11
久治县	40	11	0.24	0.21	1	1			10	10
甘德县	34	22	0.20	0.18	1	1			12	12
玛沁县	204	65	2.38	2.14	1	1			65	65
达日县	12	6	0.33	0.31	1	1			30	30
玛多县	12		0.23	0.20	1	1			8	8
杂多县	15		1.19	1.16	1	1			26	26
称多县	5		0.79	0.78	1	1			25	25
治多县	19		1.10	1.05	1	1			35	35
囊谦县	30		1.48	1.46	1	1			25	25
曲麻莱县	9	8	0.85	0.84	1	1			25	25
乌兰县	20				1	1			20	20
都兰县	155	59	0.82	0.81	1	1			20	20
天峻县	102	47	0.71	0.65	1	1			15	15
大柴旦行委	27	20	0.49	0.49	1	1			44	44
宁　夏	**3182**	**2263**	**45.40**	**45.30**	**11**	**11**			**1258**	**1258**
永宁县	220	192	2.55	2.55						
贺兰县	365	350	4.27	4.27						
平罗县	454	304	5.82	5.82	1	1			150	150
盐池县	328	269	3.12	3.12	1	1			83	83
同心县	262	174	4.22	4.22	1	1			116	116

continued

Domestic Garbage						公共厕所		市容卫生专用车辆设备总数(辆)	
		无害化处理量(万吨)							
焚烧 Incineration	其他 other	Volume of Harmlessly Treated (10,000 ton)	卫生填埋 Sanitary Landfill	焚烧 Incineration	其他 other	(座) Number of Latrines (unit)	三类以上 Grade Ⅲ and Above	Number of Vehicles and Equipment Designated for Municipal Environmental Sanitation (unit)	地区名称 Name of Regions
		3.13	3.13			30		61	湟源县
		5.53	5.53			20		39	民和县
		4.72	4.72			40	27	32	互助县
		0.90	0.90			18		27	化隆县
		2.33	2.33			12		20	循化县
						33	20	15	门源县
		1.50	1.50			17		21	祁连县
		0.74	0.74			9		12	海晏县
		0.60	0.60			32	1	5	刚察县
		0.69	0.69			9	4	6	西海镇
		0.86	0.86			5		14	尖扎县
		0.48	0.48			17		12	泽库县
		0.65	0.65			16		21	河南县
		2.15	2.15			31		35	共和县
		2.63	2.63			22	22	13	同德县
		4.02	4.02			53		38	贵德县
		1.33	1.33			18		12	兴海县
		1.42	1.42			19		9	贵南县
		0.33	0.33			13		35	班玛县
		0.21	0.21			11		10	久治县
		0.18	0.18			9		43	甘德县
		2.14	2.14			30		43	玛沁县
		0.31	0.31			27		44	达日县
		0.20	0.20			8	3	17	玛多县
		1.16	1.16			2		3	杂多县
		0.78	0.78			7		6	称多县
		1.05	1.05			89		15	治多县
		1.46	1.46			2	2	5	囊谦县
		0.84	0.84			5	5	7	曲麻莱县
						11		10	乌兰县
		0.81	0.81			14		5	都兰县
		0.65	0.65			9		15	天峻县
		0.49	0.49			14	7	58	大柴旦行委
		45.30	**36.74**	**8.56**		**422**	**287**	**581**	**宁　夏**
		2.55		2.55		36	36	77	永宁县
		4.27		4.27		40	40	53	贺兰县
		5.82	5.82			55	55	46	平罗县
		3.12	3.12			56	55	48	盐池县
		4.22	4.22			26		102	同心县

11-2 续表 37

地区名称 Name of Regions	道路清扫保洁面积(万平方米) Surface Area of Roads Cleaned and Maintained (10,000m²)	机械化 Mechanization	生活垃圾 清运量(万吨) Collected and Transported (10,000 ton)	处理量(万吨) Volume of Treated (10,000 ton)	无害化处理厂(场)数(座) Number of Harmless Treatment Plants/Grounds (unit)	卫生填埋 Sanitary Landfill	焚烧 Incineration	其他 other	无害化处理能力(吨/日) Harmless Treatment Capacity (ton/day)	卫生填埋 Sanitary Landfill
红寺堡区	196	158	1.74	1.74						
西吉县	188	102	5.48	5.48	1	1			120	120
隆德县	79	73	1.94	1.94	1	1			60	60
泾源县	68	44	1.28	1.28	1	1			44	44
彭阳县	325	189	2.90	2.90	1	1			70	70
中宁县	268	233	7.28	7.28	2	2			435	435
海原县	430	175	4.82	4.71	2	2			181	181
新　疆	**9159**	**5863**	**159.74**	**159.21**	**61**	**60**	**1**		**6464**	**5864**
鄯善县	175	170	3.10	3.10	1	1			100	100
托克逊县	172	138	2.03	2.03	1	1			115	115
巴里坤哈萨克自治县	65	42	0.82	0.82	1	1			25	25
伊吾县	51	32	0.37	0.37	1	1			15	15
呼图壁县	216	157	2.12	2.12	1	1			130	130
玛纳斯县	240	196	2.67	2.67	1	1			110	110
奇台县	267	214	4.55	4.55	1	1			140	140
吉木萨尔县	106	74	3.02	3.02	1	1			100	100
木垒哈萨克自治县	152	83	0.76	0.76	1	1			54	54
精河县	130	95	2.58	2.58	1	1			290	290
温泉县	5	4	0.39	0.39						
轮台县	102	61	3.12	3.06	1	1			90	90
尉犁县	86	75	1.98	1.98	1	1			45	45
若羌县	115	93	1.21	1.19	1	1			80	80
且末县	64		1.16	1.16	1	1			70	70
焉耆回族自治县	167	35	1.81	1.81	1	1			100	100
和静县	201	64	2.45	2.42	1	1			67	67
和硕县	92	69	1.35	1.35	1	1			35	35
博湖县	32	22	0.63	0.62						
温宿县	292	94	2.68	2.27	1	1			150	150
沙雅县	251	120	3.96	3.96	1	1			100	100
新和县	121	42	3.32	3.32	1	1			100	100
拜城县	165	157	3.26	3.26	1	1			90	90
乌什县	139	83	1.52	1.52	1	1			50	50
阿瓦提县	130	30	3.12	3.12	1	1			110	110
柯坪县	19		1.57	1.57	1	1			25	25
阿克陶县	71	63	2.63	2.63	1	1			60	60
阿合奇县	63	6	1.17	1.17	1	1			30	30
乌恰县	35	24	0.91	0.91	1	1			43	43

continued

Domestic Garbage						公共厕所		市容卫生专用车辆设备总数(辆) Number of Vehicles and Equipment Designated for Municipal Environmental Sanitation (unit)	地区名称 Name of Regions
焚烧 Incineration	其他 other	无害化处理量(万吨) Volume of Harmlessly Treated (10,000 ton)	卫生填埋 Sanitary Landfill	焚烧 Incineration	其他 other	(座) Number of Latrines (unit)	三类以上 Grade Ⅲ and Above		
		1.74		1.74		23		33	红寺堡区
		5.48	5.48			25		53	西吉县
		1.94	1.94			22	22	33	隆德县
		1.28	1.28			23	13	27	泾源县
		2.90	2.90			39	39	49	彭阳县
		7.28	7.28			27	27	35	中宁县
		4.71	4.71			50		25	海原县
600		**159.21**	**136.72**	**22.49**		**1271**	**717**	**2370**	**新　疆**
		3.10	3.10			43	12	37	鄯善县
		2.03	2.03			27		31	托克逊县
		0.82	0.82			11	7	28	巴里坤哈萨克自治县
		0.37	0.37			12	12	13	伊吾县
		2.12	2.12			42	42	70	呼图壁县
		2.67	2.67			44	44	70	玛纳斯县
		4.55	4.55			32	32	100	奇台县
		3.02	3.02			40	40	95	吉木萨尔县
		0.76	0.76			15		46	木垒哈萨克自治县
		2.58	2.58			22		35	精河县
		0.39	0.39			20	8	27	温泉县
		3.06	3.06			33	29	29	轮台县
		1.98	1.98			15		31	尉犁县
		1.19	1.19			8	1	20	若羌县
		1.16	1.16			8		28	且末县
		1.81	1.81			15	15	23	焉耆回族自治县
		2.42	2.42			21	21	41	和静县
		1.35	1.35			19	19	21	和硕县
		0.62		0.62		13	13	36	博湖县
		2.27	2.27			24	15	126	温宿县
		3.96	3.96			43	34	15	沙雅县
		3.32	3.32			20	17	12	新和县
		3.26	3.26			48	48	38	拜城县
		1.52	1.52			15		7	乌什县
		3.12	3.12			24		35	阿瓦提县
		1.57	1.57			12	1	6	柯坪县
		2.63	2.63			16	16	54	阿克陶县
		1.17	1.17			18	10	22	阿合奇县
		0.91	0.91			42		14	乌恰县

11-2 续表 38

地区名称 Name of Regions	道路清扫保洁面积（万平方米） Surface Area of Roads Cleaned and Maintained (10,000m^2)	机械化 Mechanization	生活垃圾 清运量（万吨） Collected and Transported (10,000 ton)	处理量（万吨） Volume of Treated (10,000 ton)	无害化处理厂（场）数（座） Number of Harmless Treatment Plants/ Grounds (unit)	卫生填埋 Sanitary Landfill	焚烧 Incineration	其他 other	无害化处理能力（吨／日） Harmless Treatment Capacity (ton/ day)	卫生填埋 Sanitary Landfill
疏附县	79	15	2.73	2.73	1	1			150	150
疏勒县	152	95	3.73	3.73	1	1			150	150
英吉沙县	200	120	2.34	2.34	1	1			90	90
泽普县	133	82	2.25	2.25	1	1			100	100
莎车县	681	400	8.56	8.56	2	1	1		995	395
叶城县	255	160	5.21	5.21	1	1			196	196
麦盖提县	214	150	3.45	3.45	1	1			220	220
岳普湖县	180	117	3.33	3.33	1	1			200	200
伽师县	101	60	4.37	4.37	1	1			198	198
巴楚县	270	164	2.91	2.91	1	1			125	125
塔什库尔干塔吉克自治县	66	40	0.98	0.98	1	1			40	40
和田县										
墨玉县	220	198	5.80	5.80						
皮山县	96	58	1.60	1.60	1	1			80	80
洛浦县	50	34	1.73	1.73						
策勒县	43	33	3.10	3.10	1	1			58	58
于田县	60	43	2.89	2.89	1	1			100	100
民丰县	60	31	0.95	0.95	1	1			50	50
伊宁县	578	347	2.94	2.94	1	1			100	100
察布查尔县	276	193	2.65	2.65	1	1			60	60
霍城县	278	136	4.28	4.28	1	1			115	115
巩留县	125	84	4.20	4.20	1	1			100	100
新源县	182	115	4.60	4.60	1	1			136	136
昭苏县	75	65	2.30	2.30	1	1			80	80
特克斯县	100	95	2.36	2.36	1	1			90	90
尼勒克县	136	91	3.17	3.17	1	1			100	100
额敏县	230	215	2.40	2.40	1	1			88	88
托里县	110	80	2.37	2.37	1	1			65	65
裕民县	66	40	2.10	2.10	1	1			50	50
和布克赛尔蒙古自治县	42	30	0.80	0.80	1	1			22	22
布尔津县	58	50	1.57	1.57	1	1			110	110
富蕴县	70	65	1.88	1.88	1	1			65	65
福海县	74	48	1.53	1.53	1	1			60	60
哈巴河县	72	68	1.56	1.56	1	1			55	55
青河县	39	32	1.47	1.47	1	1			42	42
吉木乃县	69	68	1.37	1.37	1	1			50	50

continued

Domestic Garbage						公共厕所		市容卫生专用车辆设备总数	地区名称
		无害化处理量					三类以上		
焚烧 Incineration	其他 other	无害化处理量（万吨）Volume of Harmlessly Treated (10,000 ton)	卫生填埋 Sanitary Landfill	焚烧 Incineration	其他 other	（座）Number of Latrines (unit)	三类以上 Grade Ⅲ and Above	（辆）Number of Vehicles and Equipment Designated for Municipal Environmental Sanitation (unit)	Name of Regions
		2.73	2.73			16	16	23	疏附县
		3.73	3.73			13	8	11	疏勒县
		2.34	2.34			18	10	11	英吉沙县
		2.25	1.68	0.57		22	22	36	泽普县
600		8.56	0.14	8.42		13	2	28	莎车县
		5.21	0.26	4.95		34	34	52	叶城县
		3.45	3.05	0.39		8	8	20	麦盖提县
		3.33	3.33			10	1	33	岳普湖县
		4.37	4.37			31	19	17	伽师县
		2.91	2.91			18		53	巴楚县
		0.98	0.98			24	24	26	塔什库尔干塔吉克自治县
									和田县
		5.80		5.80		30	23	37	墨玉县
		1.60	1.60			7		12	皮山县
		1.73		1.73		15		22	洛浦县
		3.10	3.10			15		15	策勒县
		2.89	2.89			7	3	14	于田县
		0.95	0.95			7		34	民丰县
		2.94	2.94			8		54	伊宁县
		2.65	2.65			14	14	38	察布查尔县
		4.28	4.28			20	12	54	霍城县
		4.20	4.20			39		55	巩留县
		4.60	4.60			37	15	30	新源县
		2.30	2.30			5		19	昭苏县
		2.36	2.36			11		25	特克斯县
		3.17	3.17			10		57	尼勒克县
		2.40	2.40			18		18	额敏县
		2.37	2.37					70	托里县
		2.10	2.10			6		67	裕民县
		0.80	0.80			8	8	30	和布克赛尔蒙古自治县
		1.57	1.57			26	26	67	布尔津县
		1.88	1.88			19		98	富蕴县
		1.53	1.53			21		20	福海县
		1.56	1.56			22	22	61	哈巴河县
		1.47	1.47			9	9	37	青河县
		1.37	1.37			8	5	16	吉木乃县

绿色生态数据

Data by Green Ecology

十二、县城园林绿化

12. County Seat Landscaping

简要说明

县城绿地指以自然植被和人工植被为主要存在形态的城市用地。它包含两个层次的内容：一是城市建设用地范围内用于绿化的土地；二是城市建设用地之外，对城市生态、景观和居民休闲生活具有积极作用、绿化环境较好的区域。

本部分主要反映县城的园林绿化情况，如绿化覆盖面积、园林绿地面积、公园面积等。

从 2006 年起，根据最新的《城市绿地分类标准》，不再统计公共绿地面积指标，改为公园绿地面积，比原公共绿地面积范围略大。

Brief Introduction

County seat green land refers to urban useable land covered by natural or planted vegetation. It has two implications: one refers to urban construction land specifically designated for landscaping, the other refers to green areas, which are non-construction land and play an active role in protecting urban ecology, and landscape and provide comfortable environment for the people.

This section includes main indicators such as green coverage area, area of green space, and area of park, etc.

Since 2006, according to the latest Standard on Category of Urban Green Space, area of public recreational green space instead of area of public green space is included in statistics.

12 全国历年县城园林绿化情况(2000-2021)
National County Seat Landscaping in Past Years(2000-2021)

计量单位：公顷 Measurement Unit: Hectare

年份 Year	建成区绿化覆盖面积 Built District Green Coverage Area	建成区绿地面积 Built District Area of Green Space	公园绿地面积 Area of Public Recreational Green Space	公园面积 Park Area	人均公园绿地面积(平方米) Public Recreational Green Space Per Capita (m^2)	建成区绿化覆盖率(%) Green Coverage Rate of Built District (%)	建成区绿地率(%) Green Space Rate of Built District (%)
2000	142667	85452	31807	15736	5.71	10.86	6.51
2001	138338	94803	35082	69829	3.88	13.24	9.08
2002	148214	102684	38378	73612	4.32	14.12	9.78
2003	169737	119884	44628	28930	4.83	15.27	10.79
2004	193274	137170	50997	33678	5.29	16.42	11.65
2005	210393	151859	56869	32830	5.67	16.99	12.26
2006	247318	185389	59244	39422	4.98	18.70	14.01
2007	288085	219780	70849	54488	5.63	20.20	15.41
2008	317981	249748	79773	51510	6.12	21.52	16.90
2009	365354	285850	92236	56015	6.89	23.48	18.37
2010	412730	330318	106872	67325	7.70	24.89	19.92
2011	465885	385636	121300	80850	8.46	26.81	22.19
2012	519812	436926	134057	85272	8.99	27.74	23.32
2013	566706	482823	144644	96630	9.47	29.06	24.76
2014	599348	520483	155083	105680	9.91	29.80	25.88
2015	617022	542249	163526	114093	10.47	30.78	27.05
2016	633304	559476	170700	122103	11.05	32.53	28.74
2017	686922	610268	185320	138776	11.86	34.60	30.74
2018	711680	631559	191699	146656	12.21	35.17	31.21
2019	757497	672684	207897	158584	13.10	36.64	32.54
2020	784249	700180	213017	167699	13.44	37.58	33.55
2021	805418	722931	219322	174292	14.01	38.30	34.38

注：1.自2006年起，“公共绿地”统计为“公园绿地”。
2.自2006年起，“人均公共绿地面积”统计为以县城人口和县城暂住人口合计为分母计算的“人均公园绿地面积”，括号内数

Note: 1.Since 2006,Public Green Space is changed to Public Recreational Green Space.
2.Since 2006,Public recreational green space per capita has been calculated based on denominator which combines both permanent and temporary residents in county seat areas, and the data in brackets are the same index but calculated by the method of past years.

12-1 2021年按省分列的县城园林绿化
County Seat Landscaping by Province(2021)

计量单位：公顷　　　　Measurement Unit: Hectare

地区名称 Name of Regions	绿化覆盖面积 Green Coverage Area	建成区 Built District	绿地面积 Area of Green Space	建成区 Built District	公园绿地面积 Area of Public Recreational Green Space	公园个数（个） Number of Parks (unit)	门票免费 Free Parks	公园面积 Park Area
全　国	**1006409**	**805418**	**866360**	**722931**	**219322**	**10333**	**9860**	**174292**
河　北	71366	58576	59766	52858	14373	1145	1099	12613
山　西	33104	28903	28126	25624	7497	412	375	7165
内蒙古	48563	36887	44429	34097	10684	469	461	9700
辽　宁	8876	8708	7461	7182	2775	80	77	2051
吉　林	13328	8665	11456	7738	2568	81	80	1980
黑龙江	19033	16861	16130	14686	4880	222	196	3585
江　苏	51368	30624	42850	28596	7866	261	261	5204
浙　江	36719	27439	32503	24876	7167	502	500	4805
安　徽	77282	51504	63522	45979	13881	595	584	10826
福　建	28990	23811	26163	22019	7435	466	443	5712
江　西	54177	46792	46774	42402	13718	754	699	12238
山　东	81583	64088	68789	57434	17278	471	468	12643
河　南	78891	71353	68924	62759	18132	489	459	11980
湖　北	30627	23515	25942	20847	6002	292	277	5407
湖　南	56544	51139	49303	45591	13297	489	483	11660
广　东	31224	23055	25288	20900	7237	386	367	6696
广　西	31833	26098	26849	23017	6762	321	293	5622
海　南	6247	6052	4754	4634	460	53	47	445
重　庆	12659	7974	11176	7269	3057	143	141	2228
四　川	55091	49646	49544	44841	16783	541	525	12168
贵　州	48981	33154	45226	31029	9586	357	341	9804
云　南	32334	29217	28410	26115	7598	807	764	6349
西　藏	1192	1094	717	671	118	60	54	132
陕　西	30724	23040	25430	20402	5683	268	232	3222
甘　肃	18940	15240	15704	13516	5128	233	211	3317
青　海	6111	5470	5077	4739	913	47	39	298
宁　夏	8983	7672	7932	7044	2062	97	97	2006
新　疆	31643	28842	28115	26067	6381	292	287	4435

12-2 2021年按县分列的县城园林绿化
County Seat Landscaping by County(2021)

计量单位：公顷 Measurement Unit: Hectare

县名称 Name of Counties	绿化覆盖面积 Green Coverage Area	建成区 Built District	绿地面积 Area of Green Space	建成区 Built District	公园绿地面积 Area of Public Recreational Green Space	公园个数(个) Number of Parks (unit)	门票免费 Free Parks	公园面积 Park Area
全 国	**1006409**	**805418**	**866360**	**722931**	**219322**	**10333**	**9860**	**174292**
河 北	**71366**	**58576**	**59766**	**52858**	**14373**	**1145**	**1099**	**12613**
井陉县	636	459	427	427	155	13	13	155
正定县	1269	1109	1063	1022	458	16	16	382
行唐县	719	395	579	352	118	19	19	94
灵寿县	444	436	400	400	140	22	22	138
高邑县	475	378	376	351	77	4	4	35
深泽县	439	439	362	362	122	5	5	88
赞皇县	444	293	291	264	88	5	5	71
无极县	573	470	470	432	145	19	19	133
平山县	767	434	434	397	166	5	5	166
元氏县	511	511	458	458	88	28	28	88
赵 县	656	656	578	578	160	24	24	160
滦南县	1236	955	910	847	199	9	9	135
乐亭县	1060	821	755	743	224	11	11	224
迁西县	750	750	675	675	228	4	4	244
玉田县	1276	861	889	787	154	6	6	154
曹妃甸区	1403	1222	1186	1131	358	17	15	536
青龙满族自治县	418	418	382	382	116	11	11	116
昌黎县	682	634	564	564	107	9	9	94
卢龙县	527	450	477	406	85	4	4	85
临漳县	962	962	861	861	186	7	7	115
成安县	774	774	716	709	164	9	9	164
大名县	1575	1255	1337	1157	402	5	5	266
涉 县	1653	1653	1504	1504	504	9	9	406
磁 县	1278	1147	1032	1032	323	15	15	166
邱 县	911	773	771	720	175	16	16	175
鸡泽县	625	625	584	562	187	5	5	130
广平县	672	597	572	528	179	25	25	187
馆陶县	996	714	796	646	163	45	45	155
魏 县	1608	1241	1154	1115	492	17	17	492
曲周县	691	664	601	599	178	3	3	114
临城县	442	325	380	286	69	4	4	73
内丘县	598	335	400	304	94	8	8	71
柏乡县	664	414	375	375	75	8	8	74
隆尧县	610	548	496	492	99	4	4	42
宁晋县	974	974	875	875	302	45	45	302
巨鹿县	1047	673	860	608	169	34	34	169
新河县	361	331	306	287	82	15	15	78
广宗县	622	341	459	304	71	24	24	71
平乡县	968	628	909	549	106	8	8	106

12-2 续表 1 continued

计量单位：公顷 Measurement Unit: Hectare

县名称 Name of Counties	绿化覆盖面积 Green Coverage Area	建成区 Built District	绿地面积 Area of Green Space	建成区 Built District	公园绿地面积 Area of Public Recreational Green Space	公园个数（个） Number of Parks (unit)	门票免费 Free Parks	公园面积 Park Area
威　县	898	763	829	703	255	26		255
清河县	1469	1127	1402	1047	348	45	45	348
临西县	696	477	633	433	87	3	3	83
博野县	791	365	707	333	75	3	3	53
涞水县	618	539	535	495	92	6	6	51
阜平县	425	308	270	270	127	2	2	81
白沟新城	1167	802	975	719	106	5	5	106
定兴县	535	528	475	469	136	4	4	62
唐　县	555	443	403	403	106	7	7	93
高阳县	692	658	621	587	111	3	3	69
涞源县	663	646	606	578	142	6	6	71
望都县	558	534	486	485	102	10	10	86
易　县	510	510	497	454	123	3	3	121
曲阳县	958	692	805	640	130	3	3	128
蠡　县	470	444	426	405	107	3	3	40
顺平县	985	366	892	321	105	11	11	88
张北县	884	854	774	774	151	3	3	145
康保县	484	473	420	420	74	12	12	74
沽源县	375	317	282	282	77	13	13	75
尚义县	403	403	373	373	80	20	20	73
蔚　县	593	593	521	521	96	21	21	94
阳原县	563	385	351	351	74	19	19	74
怀安县	533	351	461	317	71	25	25	71
怀来县	731	702	651	628	121	5	5	97
涿鹿县	580	404	508	359	128	10	10	114
赤城县	258	258	225	225	80	13	13	61
承德县	426	379	345	345	90	4	4	81
兴隆县	443	359	342	329	67	15	15	62
滦平县	420	381	351	351	108	3	3	108
隆化县	513	396	395	355	96	13	13	96
丰宁满族自治县	486	404	416	356	126	10	10	126
宽城满族自治县	548	479	442	433	101	10	10	86
围场满族蒙古族自治县	353	303	278	278	86	4	4	86
青　县	813	813	736	736	201	4	4	78
东光县	691	687	599	598	139	4	4	84
海兴县	383	337	337	312	76	3	3	47
盐山县	731	678	626	612	125	7	7	125
肃宁县	669	657	584	580	110	4	4	68
南皮县	593	562	526	499	86	5	5	86
吴桥县	531	531	470	470	91	9	9	91
献　县	729	595	542	542	164	12	12	164

12-2 续表 2 continued

计量单位：公顷 Measurement Unit: Hectare

县名称 Name of Counties	绿化覆盖面积 Green Coverage Area	建成区 Built District	绿地面积 Area of Green Space	建成区 Built District	公园绿地面积 Area of Public Recreational Green Space	公园个数（个） Number of Parks (unit)	门票免费 Free Parks	公园面积 Park Area
孟村回族自治县	442	374	409	344	45	1	1	38
固安县	1167	1167	1074	1074	282	18	18	308
永清县	428	370	357	337	60	4	4	24
香河县	995	995	887	887	135	8		135
大城县	392	333	308	292	88	11	11	73
文安县	401	330	332	301	64	6	6	54
大厂回族自治县	1360	756	1198	679	103	4	4	63
枣强县	794	673	683	598	191	19	19	185
武邑县	1231	563	1090	504	151	5	5	160
武强县	428	387	359	359	115	9	9	106
饶阳县	738	464	466	411	105	33	33	88
安平县	755	725	670	639	185	10		176
故城县	1173	675	1037	602	259	16	16	205
景　县	698	698	630	630	150	36	36	150
阜城县	959	650	726	586	147	9	9	95
容城县	421	409	375	375	152	20	20	126
雄　县	534	451	434	411	88	5	5	94
安新县	413	390	356	350	78	6	6	78
山　西	**33104**	**28903**	**28126**	**25624**	**7497**	**412**	**375**	**7165**
清徐县	369	369	328	328	105	14		105
阳曲县	241	241	170	168	68	2		68
娄烦县	227	208	199	199	56	5	5	56
阳高县	318	318	289	289	77	5	5	46
天镇县	369	307	321	312	78	2	2	13
广灵县	365	345	338	316	78	9		72
灵丘县	483	483	429	429	74	4	4	85
浑源县	532	532	458	458	283	10	10	286
左云县	301	301	267	266	99	4	4	98
云州区	246	241	215	215	81	1	1	39
平定县	480	382	417	333	67	3	3	67
盂　县	777	777	639	605	154	4	4	165
襄垣县	906	826	756	756	116	4	4	236
平顺县	288	162	254	146	63	2	2	30
黎城县	310	280	279	246	97	3	3	84
壶关县	671	671	542	542	179	2	2	135
长子县	378	378	341	341	103	4	4	103
武乡县	731	452	682	403	108	2	2	43
沁　县	648	277	438	247	80	1	1	8
沁源县	255	255	245	245	59	11	11	59
沁水县	324	278	293	256	101	5	5	101
阳城县	757	751	674	668	164	6	6	164
陵川县	238	238	210	210	67	5	5	67

12-2 续表 3 continued

计量单位：公顷　　Measurement Unit: Hectare

县名称 Name of Counties	绛化覆盖面积 Green Coverage Area	建成区 Built District	绿地面积 Area of Green Space	建成区 Built District	公园绿地面积 Area of Public Recreational Green Space	公园个数（个） Number of Parks (unit)	门票免费 Free Parks	公园面积 Park Area
山阴县	635	611	538	538	96	4		824
应　县	495	495	445	445	113	14	14	113
右玉县	405	350	363	324	61	2	2	45
榆社县	277	259	208	208	44	5	5	44
左权县	279	260	262	243	91	8	8	124
和顺县	383	308	363	273	66	14	14	11
昔阳县	290	281	257	257	95	4	4	62
寿阳县	446	446	429	429	95	5	5	95
太谷区	677	644	605	575	128	3	3	39
祁　县	593	593	521	521	101	3	3	76
平遥县	725	725	627	627	137	7	7	46
灵石县	579	573	532	526	167	2	2	158
临猗县	845	668	597	592	186	3	3	116
万荣县	700	500	502	436	96	6	6	96
闻喜县	676	669	492	492	103	4	4	85
稷山县	353	353	299	299	64	3	3	41
新绛县	378	378	343	343	58	9	9	72
绛　县	232	232	197	197	45			
垣曲县	431	431	368	368	133	5	5	133
夏　县	264	264	221	221	34	10	10	43
平陆县	309	221	294	204	48	7	7	50
芮城县	632	465	421	421	101	8	8	101
定襄县	283	246	236	224	85	8	8	31
五台县	259	209	199	198	88	11	11	82
代　县	263	231	214	214	88	4	4	72
繁峙县	628	429	584	373	275	6	6	88
宁武县	363	356	347	336	72	3	3	48
静乐县	306	245	303	234	89	15	15	89
神池县	191	176	150	150	38	2	2	49
五寨县	334	334	325	325	149	14	14	62
岢岚县	213	213	201	201	69	4	4	39
河曲县	372	372	348	348	93	4	4	92
保德县	411	362	326	315	91	3	3	80
偏关县	613	125	348	115	115	3	3	192
曲沃县	424	424	372	372	68	5	5	68
翼城县	593	593	535	535	35	4	4	18
襄汾县	1211	484	957	417	207	3	3	197
洪洞县	809	606	670	584	218	7	6	169
古　县	147	147	131	131	55	1	1	55
安泽县	177	170	141	141	45	5	5	13
浮山县	171	164	144	144	30	6	6	34
吉　县	190	182	160	158	61	3	3	1

12-2 续表 4 continued

计量单位：公顷 Measurement Unit: Hectare

县名称 Name of Counties	绿化覆盖面积 Green Coverage Area	建成区 Built District	绿地面积 Area of Green Space	建成区 Built District	公园绿地面积 Area of Public Recreational Green Space	公园个数（个） Number of Parks (unit)	门票免费 Free Parks	公园面积 Park Area
乡宁县	340	308	279	279	57	2	2	56
大宁县	105	105	99	99	12	4		7
隰　县	305	305	279	279	70	4	4	60
永和县	205	204	196	196	36	1	1	28
蒲　县	171	171	112	111	68	11	11	53
汾西县	91	91	77	77	31	6	6	31
文水县	398	398	378	378	62	3	3	233
交城县	314	314	282	282	41	3		41
兴　县	378	324	367	313	135	6	6	166
临　县	290	275	268	245	99	4	4	99
柳林县	398	398	356	356	125	4	4	112
石楼县	208	208	173	173	25	3	3	22
岚　县	379	269	336	240	83	9	9	83
方山县	250	240	219	219	71	3	3	30
中阳县	303	241	185	184	135	2	2	113
交口县	192	184	161	161	54	2	2	48
内蒙古	**48563**	**36887**	**44429**	**34097**	**10684**	**469**	**461**	**9700**
土左旗	427	427	390	390	39	4	4	45
托　县	476	476	427	427	84	10	10	83
和林县	1107	859	798	733	134	3	2	106
清水河县	289	217	280	217	70	13	13	164
武川县	546	502	514	469	117	8	8	104
土右旗	910	717	751	751	215	2	2	102
固阳县	701	378	667	352	83	6	6	86
达尔罕茂明安联合旗	656	207	609	181	60	8	8	60
阿鲁科尔沁旗	621	621	598	598	239	6	5	147
巴林左旗	821	821	770	770	152	5	5	151
巴林右旗	527	527	506	506	90	10	10	87
林西县	530	530	509	509	125	16	16	113
克什克腾旗	527	527	479	479	112	8	8	111
翁牛特旗	647	647	519	519	363	9	9	353
喀喇沁旗	324	324	295	295	94	9	9	94
宁城县	699	699	619	619	170	5	5	136
敖汉旗	815	649	601	577	193	3	3	168
科左中旗	518	509	515	476	165	5	5	136
科左后旗	1627	781	1415	679	145	4	4	145
开鲁县	465	462	455	451	107	7	7	95
库伦旗	380	357	376	341	122	4	4	21
奈曼旗	683	678	614	601	216	4	4	197
扎鲁特旗	701	600	641	569	227	3	3	227
达拉特旗	1674	1393	1375	1212	313	12	11	393

12-2 续表 5 continued

计量单位：公顷 Measurement Unit: Hectare

县名称 Name of Counties	绿化覆盖面积 Green Coverage Area	建成区 Built District	绿地面积 Area of Green Space	建成区 Built District	公园绿地面积 Area of Public Recreational Green Space	公园个数（个） Number of Parks (unit)	门票免费 Free Parks	公园面积 Park Area
准格尔旗	1177	1177	1132	1132	396	13	13	203
鄂托克前旗	446	355	398	317	103	7	7	101
鄂托克旗	769	461	766	413	208	17	17	208
杭锦旗	462	462	418	418	178	31	31	178
乌审旗	914	909	862	862	167	6	6	142
伊金霍洛旗	3827	2610	3879	2534	936	13	13	1043
阿荣旗	714	610	678	560	124	10	10	92
莫　旗	571	466	447	436	144	2	2	32
鄂伦春旗	572	519	481	481	57	1		8
鄂温克旗	665	665	612	612	76	12	12	76
陈巴尔虎旗	442	217	375	194	29	2	2	19
新左旗	187	186	168	166	34	1	1	28
新右旗	210	189	185	164	53	1	1	53
五原县	957	622	870	565	279	37	37	233
磴口县	452	447	434	407	95	5	5	95
乌拉特前旗	779	748	727	677	216	3	3	210
乌拉特中旗	639	383	462	357	73	10	10	73
乌拉特后旗	325	325	308	308	78	8	8	84
杭锦后旗	1835	624	1680	583	241	3	3	208
卓资县	255	255	224	224	148	6	6	148
化德县	943	499	909	454	317	5	5	295
商都县	734	734	677	677	176	5	5	173
兴和县	876	704	776	624	185	6	6	176
凉城县	780	390	723	362	124	4	4	107
察右前旗	255	236	250	231	57	5	5	57
察右中旗	709	489	707	438	128	15	15	128
察右后旗	628	466	600	449	118	8	8	144
四子王旗	563	554	517	508	98	9	9	98
科尔沁右翼前旗	468	468	446	446	177	5	5	154
科右中旗	546	480	502	502	280			40
扎赉特旗	553	503	575	452	151	2	2	141
突泉县	258	258	224	224	66	6	6	54
阿巴嘎旗	152	117	131	40	29	1	1	29
苏尼特左旗	100	85	96	84	20	2	2	20
苏尼特右旗	292	292	262	262	51	2	2	47
东乌珠穆沁旗	296	296	296	296	78	6	6	78
西乌珠穆沁旗	699	513	637	493	134	4	4	127
太仆寺旗	312	311	311	310	79	1	1	19
镶黄旗	184	182	173	172	52	4		32
正镶白旗	118	95	96	90	25	1	1	12
正蓝旗	522	521	522	517	343	5	5	310
多伦县	241	241	236	236	112	4	4	135

12-2 续表 6 continued

计量单位：公顷 Measurement Unit: Hectare

县名称 Name of Counties	绿化覆盖面积 Green Coverage Area	建成区 Built District	绿地面积 Area of Green Space	建成区 Built District	公园绿地面积 Area of Public Recreational Green Space	公园个数(个) Number of Parks (unit)	门票免费 Free Parks	公园面积 Park Area
阿拉善左旗	4742	1666	4260	1497	436	12	12	436
阿拉善右旗	240	206	235	174	75	2	2	66
额济纳旗	487	447	442	426	100	3	3	263
辽　宁	**8876**	**8708**	**7461**	**7182**	**2775**	**80**	**77**	**2051**
康平县	390	390	390	390	85	2		25
法库县	573	551	571	458	286	5	5	141
长海县	30	18	30	18	30	2	2	16
台安县	174	174	151	151	95	1	1	14
岫岩满族自治县	189	181	186	182	50	2	2	50
抚顺县								
新宾满族自治县	94	94	52	52	23	4	4	23
清原满族自治县	242	242	225	225	124	5	5	66
本溪满族自治县	522	509	493	463	143	8	8	138
桓仁满族自治县	593	562	519	484	177	3	3	94
宽甸满族自治县	495	495	495	495	106	2	1	94
黑山县	256	256	226	225	131	4	4	67
义　县	200	200	200	200	84	1	1	2
阜新蒙古族自治县	140	140	133	126	52	2	2	45
彰武县	170	158	133	129	50	3	3	14
辽阳县	218	218	215	215	67	2	2	43
盘山县	494	480	473	455	137	8	8	149
铁岭县								
西丰县	349	349	301	301	245	3	3	186
昌图县	948	948	948	948	178	3	3	178
朝阳县	469	469	402	402	152	2	2	273
建平县	1145	1145	340	340	248	10	10	235
喀喇沁左翼蒙古族自治县	651	651	578	578	91	3	3	60
绥中县	252	201	185	130	85	4	4	84
建昌县	282	277	216	216	140	1	1	56
吉　林	**13328**	**8665**	**11456**	**7738**	**2568**	**81**	**80**	**1980**
农安县	1386	1281	1266	1160	418	3	3	296
永吉县	460	460	410	410	141	1	1	45
梨树县	733	396	517	339	60	3	3	16
伊通满族自治县	654	583	577	558	88	3	3	89
东丰县	709	709	658	658	209	3	3	72
东辽县	260	260	220	220	132	3	3	125
通化县	249	226	228	220	141	2	2	105
辉南县	979	498	859	439	197	6	6	197
柳河县	441	375	428	348	147	5	5	48
抚松县	1199	252	1057	220	78	3	3	82
靖宇县	562	440	419	400	108	6	6	101

12-2 续表 7 continued

计量单位：公顷 Measurement Unit: Hectare

县名称 Name of Counties	绿化覆盖面积 Green Coverage Area	建成区 Built District	绿地面积 Area of Green Space	建成区 Built District	公园绿地面积 Area of Public Recreational Green Space	公园个数（个） Number of Parks (unit)	门票免费 Free Parks	公园面积 Park Area
长白朝鲜族自治县	1144	156	996	139	68	6	6	70
前郭县	356	263	229	228	64	7	7	43
长岭县	798	638	585	568	187	3	3	106
乾安县	746	249	707	211	80	2	2	40
镇赉县	1545	788	1356	709	173	3	3	334
通榆县	295	290	212	193	37	9	8	31
汪清县	484	472	423	410	94	3	3	50
安图县	329	329	308	308	145	10	10	131
黑龙江	**19033**	**16861**	**16130**	**14686**	**4880**	**222**	**196**	**3585**
依兰县	259	232	217	217	82	4	4	81
方正县	310	310	295	295	160	2	2	160
宾　县	419	419	378	378	59	4	4	59
巴彦县	274	273	246	244	98	6		61
木兰县	86	86	86	86	26	1		26
通河县	366	366	363	363	79	4		79
延寿县	385	355	356	326	93	5	5	55
龙江县	675	674	529	528	147	1	1	9
依安县	550	362	414	307	158	3	3	121
泰来县	647	548	525	466	110	1	1	87
甘南县	346	346	298	298	97	4	4	15
富裕县	671	521	586	486	109	2	2	29
克山县	546	439	429	331	130	4	4	130
克东县	191	153	134	129	44	1		20
拜泉县	290	200	144	114	54	2	1	51
鸡东县	234	181	154	149	54	2		5
萝北县	196	166	139	128	40	11	11	33
绥滨县	263	249	224	219	72	3	3	45
集贤县	249	239	213	203	13	2	2	13
友谊县	324	310	274	262	45	3	3	45
宝清县	600	373	503	314	142	9	9	65
饶河县	197	196	164	164	73	5	5	68
肇州县	403	174	246	125	139	1	1	7
肇源县	399	399	376	376	254	2	2	229
林甸县	182	182	167	167	85	1		3
杜尔伯特蒙古族自治县	377	301	200	200	126	4	4	121
嘉荫县	209	209	198	198	76	6	6	71
汤旺县	636	597	592	592	77	3	3	78
丰林县	791	791	774	774	299	3		271
大箐山县	127	127	105	105	21	5	5	15
南岔县	810	810	751	751	22	2	2	18
桦南县	632	610	621	598	137	14	14	137

12-2 续表 8 continued

计量单位：公顷 Measurement Unit: Hectare

县名称 Name of Counties	绿化覆盖面积 Green Coverage Area	建成区 Built District	绿地面积 Area of Green Space	建成区 Built District	公园绿地面积 Area of Public Recreational Green Space	公园个数（个） Number of Parks (unit)	门票免费 Free Parks	公园面积 Park Area
桦川县	328	328	280	280	120	4	4	94
汤原县	269	266	227	227	81	9	9	96
勃利县	727	710	650	633	144	9	9	110
林口县	572	506	472	326	214	3	3	126
逊克县	377	310	346	263	51	7		94
孙吴县	216	197	153	150	80	5	5	101
望奎县	493	403	432	355	91	6	6	55
兰西县	293	293	249	249	133	5	5	11
青冈县	391	336	273	253	131	30	30	86
庆安县	307	294	246	246	98	1	1	27
明水县	214	207	179	177	78	2	2	80
绥棱县	544	544	503	503	100	6	6	100
呼玛县	205	205	184	184	100	2	2	100
塔河县	898	567	796	517	106	7	7	106
加格达奇区	555	501	440	432	233	6	6	196
江　苏	**51368**	**30624**	**42850**	**28596**	**7866**	**261**	**261**	**5204**
丰　县	1850	1445	1660	1332	407	12	12	321
沛　县	2442	2218	2361	2141	595	7	7	425
睢宁县	2286	1490	1912	1390	484	8	8	176
如东县	1773	1339	1451	1241	310	3	3	52
东海县	1770	1420	1599	1338	424	3	3	213
灌云县	2060	1205	1685	1106	359	6	6	202
灌南县	1365	1290	1219	1179	335	42	42	335
涟水县	2868	1570	2523	1483	403	3	3	151
盱眙县	2513	1718	1913	1644	344	9	9	224
金湖县	1676	1401	1492	1301	257	11	11	154
响水县	1133	953	922	861	188	17	17	193
滨海县	2723	1554	2384	1420	379	7	7	163
阜宁县	3560	2009	2988	1910	525	17	17	249
射阳县	1715	1199	1421	1141	475	10	10	319
建湖县	1643	1209	1457	1121	379	10	10	227
宝应县	2206	1610	1534	1488	332	6	6	68
沭阳县	4490	3148	3430	2942	594	33	33	740
泗阳县	6748	2052	5815	1872	588	30	30	515
泗洪县	6547	1794	5084	1685	486	27	27	477
浙　江	**36719**	**27439**	**32503**	**24876**	**7167**	**502**	**500**	**4805**
桐庐县	931	926	888	881	305	33	33	153
淳安县	1283	863	1193	802	155	21	21	68
象山县	1738	1334	1576	1229	336	15	15	215
宁海县	1863	1843	1722	1712	359	29	29	316
永嘉县	655	452	452	419	168	13	13	133
平阳县	572	461	484	408	193	16	16	80

12-2 续表 9 continued

计量单位：公顷 Measurement Unit: Hectare

县名称 Name of Counties	绿化覆盖面积 Green Coverage Area	建成区 Built District	绿地面积 Area of Green Space	建成区 Built District	公园绿地面积 Area of Public Recreational Green Space	公园个数（个） Number of Parks (unit)	门票免费 Free Parks	公园面积 Park Area
苍南县	754	715	712	682	262	10	10	119
文成县	1173	224	710	203	91	3	3	82
泰顺县	627	575	522	513	124	15	15	113
嘉善县	1968	1942	1741	1712	362	24	24	152
海盐县	1113	1100	994	972	294	13	12	109
德清县	2528	1873	2298	1713	290	23	23	242
长兴县	2393	2291	2159	2096	460	13	13	177
安吉县	1910	1796	1801	1641	471	35	35	372
新昌县	2598	1469	2172	1372	361	27	27	311
武义县	1777	940	1814	819	294	14	14	235
浦江县	4207	1069	3701	940	384	13	13	185
磐安县	395	244	339	207	97	11	11	53
常山县	825	803	745	730	148	6	6	102
开化县	666	666	642	637	175	10	10	106
龙游县	771	698	625	625	177	8	8	77
岱山县	415	365	382	336	128	7	7	128
嵊泗县	96	96	89	89	70	3	3	59
三门县	614	572	543	512	166	29	29	166
天台县	1032	911	887	810	248	15	14	196
仙居县	735	714	652	631	244	14	14	208
青田县	290	277	258	248	149	11	11	146
缙云县	644	501	541	433	124	21	21	103
遂昌县	346	337	305	300	103	10	10	73
松阳县	668	439	562	379	123	9	9	63
云和县	408	291	365	262	97	9	9	79
庆元县	479	445	412	381	109	14	14	87
景宁县	244	207	213	180	102	8	8	96
安　徽	**77282**	**51504**	**63522**	**45979**	**13881**	**595**	**584**	**10826**
长丰县	1990	1782	1675	1572	361	3	3	190
肥西县	2830	2252	2712	2086	419	5	5	170
肥东县	1884	1740	1655	1614	381	11	11	186
庐江县	1807	1709	1460	1360	290	36	36	318
南陵县	1307	1246	1150	1094	216	13	13	113
怀远县	1737	1308	1165	1137	345	8	8	236
五河县	1492	1047	1201	924	304	9	9	304
固镇县	1317	843	913	781	239	8	8	149
凤台县	1133	1070	1055	981	190	10	9	182
寿　县	1252	938	819	817	302	3	3	524
当涂县	1423	1245	1245	1116	254	6	6	181
含山县	901	666	833	591	155	10	10	119
和　县	877	780	712	676	234	6	6	249
濉溪县	1460	1455	1258	1251	206	2	2	127

12-2 续表 10 continued

计量单位：公顷 Measurement Unit: Hectare

县名称 Name of Counties	绿化覆盖面积 Green Coverage Area	建成区 Built District	绿地面积 Area of Green Space	建成区 Built District	公园绿地面积 Area of Public Recreational Green Space	公园个数(个) Number of Parks (unit)	门票免费 Free Parks	公园面积 Park Area
枞阳县	1451	754	1254	704	201	3	3	176
怀宁县	595	591	550	547	123	6	6	97
太湖县	712	473	755	409	205	8	6	256
宿松县	1152	719	659	624	129	6	6	47
望江县	1751	708	1478	613	63	2	2	30
岳西县	798	419	457	342	126	8	8	92
歙　县	613	612	603	600	147	14	14	50
休宁县	386	378	346	335	87	4	4	58
黟　县	262	227	218	213	75	4	4	10
祁门县	8298	208	7610	184	83	2	2	28
来安县	3193	1176	1084	1047	230	20	20	193
全椒县	1185	1124	1091	1077	314	22	22	314
定远县	1396	1345	1247	1184	237	20	20	237
凤阳县	1503	1480	1497	1478	506	29	29	348
临泉县	1659	1625	1479	1467	560	32	32	555
太和县	1990	1653	1599	1515	432	11	11	517
阜南县	1231	1051	913	874	254	8	8	48
颍上县	1911	1691	1608	1532	829	14	12	559
砀山县	1629	1388	1290	1217	317	18	18	284
萧　县	1761	1606	1564	1453	355	50	50	355
灵璧县	2124	1224	1353	986	319	9	4	319
泗　县	6428	1187	5444	1057	356	13	12	318
霍邱县	725	673	530	526	357	8	8	633
舒城县	1379	1236	1059	1056	381	1	1	12
金寨县	1130	1058	999	950	368	9	9	140
霍山县	1176	910	1025	793	266	4	4	266
涡阳县	1467	1158	1221	1036	566	26	26	459
蒙城县	2458	2265	2249	2108	806	8	8	429
利辛县	1828	1129	1199	1034	353	26	26	179
东至县	451	423	384	372	178	7	7	96
石台县	147	137	132	126	53	3	3	47
青阳县	528	496	469	437	128	18	18	128
郎溪县	825	800	752	729	246	31	31	221
泾　县	801	690	704	620	174	12	12	177
绩溪县	623	511	562	459	95	6	6	67
旌德县	310	300	286	275	72	3	3	35
福　建	**28990**	**23811**	**26163**	**22019**	**7435**	**466**	**443**	**5712**
闽侯县	1253	669	1180	622	443	36	36	438
连江县	920	787	876	722	366	21	21	361
罗源县	401	401	365	365	106	10	10	95
闽清县	511	435	457	403	108	9	9	103
永泰县	513	466	457	438	191	20	20	191

12-2 续表 11 continued

计量单位：公顷 Measurement Unit: Hectare

县名称 Name of Counties	绿化覆盖面积 Green Coverage Area	建成区 Built District	绿地面积 Area of Green Space	建成区 Built District	公园绿地面积 Area of Public Recreational Green Space	公园个数（个） Number of Parks (unit)	门票免费 Free Parks	公园面积 Park Area
仙游县	1426	1424	1281	1275	449	9	9	220
明溪县	281	270	261	250	63	12	12	40
清流县	262	262	236	236	67	12	12	47
宁化县	637	637	615	615	196	12	12	40
大田县	450	363	336	325	145	3	3	89
尤溪县	388	388	390	390	99	11	11	98
将乐县	326	322	296	296	108	7	7	73
泰宁县	315	313	312	312	95	22	22	53
建宁县	306	303	267	266	93	11	11	41
惠安县	1262	1156	1118	1079	222	11	11	214
安溪县	1352	1352	1237	1237	383	23	23	275
永春县	4409	1072	3679	967	346	13	13	243
德化县	1361	1361	1228	1228	336	16	16	242
云霄县	1128	1045	984	972	334	19	19	272
漳浦县	999	869	884	781	304	11	11	181
诏安县	779	731	723	709	159	9	9	98
东山县	285	254	267	235	110	3	3	32
南靖县	393	390	393	366	124	11	11	122
平和县	409	390	366	360	145	8	8	109
华安县	208	191	194	181	43	7	7	50
顺昌县	543	349	441	328	108	8	8	87
浦城县	713	708	672	670	189	5	5	93
光泽县	302	294	276	272	89	9	9	69
松溪县	363	357	315	315	76	7	7	73
政和县	312	258	242	233	122	6	6	91
长汀县	1168	1047	1168	1015	223	16	15	221
上杭县	700	694	625	625	217	19	19	215
武平县	443	414	414	387	160	13	13	160
连城县	461	461	450	450	115	7	7	82
霞浦县	736	722	674	661	299	5	5	142
古田县	378	372	344	320	140	9	9	68
屏南县	278	276	262	252	93	9		87
寿宁县	180	168	173	160	116	3	3	110
周宁县	344	343	304	303	92	11		88
柘荣县	309	309	269	268	75	2		12
平潭县	1186	1186	1131	1131	286	11	11	385
江　西	**54177**	**46792**	**46774**	**42402**	**13718**	**754**	**699**	**12238**
南昌县	2708	2640	2480	2401	443	14	14	565
安义县	662	643	651	599	241	11	11	107
进贤县	1348	1216	1087	1068	292	3	3	152
浮梁县	461	311	408	272	64	14	14	64
莲花县	352	330	317	317	106	11	11	72

12-2 续表 12 continued

计量单位：公顷 Measurement Unit: Hectare

县名称 Name of Counties	绿化覆盖面积 Green Coverage Area	建成区 Built District	绿地面积 Area of Green Space	建成区 Built District	公园绿地面积 Area of Public Recreational Green Space	公园个数（个） Number of Parks (unit)	门票免费 Free Parks	公园面积 Park Area
上栗县	452	452	386	386	138	5	5	44
芦溪县	390	390	341	341	122	9	9	122
武宁县	951	848	839	731	223	18	18	237
修水县	1629	1282	1194	1194	341	18	9	225
永修县	705	658	580	580	291	11	11	260
德安县	756	686	653	600	132	14	14	121
都昌县	1768	1768	1486	1484	228	11	11	368
湖口县	623	485	557	438	149	17	17	132
彭泽县	448	358	410	347	137	13	13	95
分宜县	705	652	609	608	182	18	18	107
信丰县	1595	1548	1442	1341	518	22	22	499
大余县	797	655	676	617	143	6	6	173
上犹县	900	635	842	593	270	21	21	147
崇义县	389	330	325	294	83	4	4	88
安远县	664	582	536	526	173	17	17	210
定南县	758	542	674	510	167	20	20	160
全南县	535	480	491	425	138	18	18	131
宁都县	1767	1198	1354	1118	375	13	13	376
于都县	1467	1311	1213	1195	350	13	13	300
兴国县	1282	1205	1125	1035	350	22	22	320
会昌县	881	696	778	614	236	17	17	234
寻乌县	701	561	644	519	182	13	13	141
石城县	616	549	546	497	203	21	20	203
吉安县	688	652	637	604	243	8	8	211
吉水县	1077	914	1025	825	563	23	23	204
峡江县	433	355	361	315	78	6	6	43
新干县	724	724	647	647	183	12	12	183
永丰县	973	760	875	782	242	12	12	246
泰和县	1617	1110	1261	961	380	25	25	275
遂川县	923	688	707	620	230	6	6	182
万安县	778	672	566	561	246	10	10	174
安福县	604	604	558	558	162	9	9	162
永新县	913	852	731	695	194	7	7	274
奉新县	921	865	843	811	220	20	20	210
万载县	809	768	692	689	222	6	6	205
上高县	1001	996	938	923	367	14	14	275
宜丰县	725	648	679	603	170	8	8	145
靖安县	485	432	441	393	135	5	5	124
铜鼓县	315	315	284	284	49	7	7	59
南城县	920	920	845	845	302	8	8	290
黎川县	859	744	790	633	193	15	15	194
南丰县	734	709	663	656	181	17	17	191

12-2 续表 13 continued

计量单位：公顷 Measurement Unit: Hectare

县名称 Name of Counties	绿化覆盖面积 Green Coverage Area	建成区 Built District	绿地面积 Area of Green Space	建成区 Built District	公园绿地面积 Area of Public Recreational Green Space	公园个数(个) Number of Parks (unit)	门票免费 Free Parks	公园面积 Park Area
崇仁县	891	844	859	810	202	15	15	389
乐安县	584	562	538	514	210	9	9	214
宜黄县	715	341	667	313	94	9	9	87
金溪县	1258	670	696	628	176	12	12	176
资溪县	268	268	246	245	53	5	5	56
广昌县	684	511	609	472	140	12	12	131
玉山县	966	966	890	890	332	11		431
铅山县	872	763	724	666	242	14	14	145
横峰县	779	539	546	517	190	6	6	174
弋阳县	773	773	694	694	192	11	1	192
余干县	865	808	783	741	318	3	3	261
鄱阳县	1555	1296	1392	1160	380	11	11	226
万年县	1294	852	1152	911	382	12		265
婺源县	860	860	789	789	169	12		198
山　东	**81583**	**64088**	**68789**	**57434**	**17278**	**471**	**468**	**12643**
平阴县	1091	974	985	913	191	15	15	163
商河县	995	995	905	905	259	9	9	232
桓台县	1386	855	1109	769	354	5	5	202
高青县	1242	828	944	742	216	2	2	113
沂源县	1556	1274	1377	1120	306	6	6	288
利津县	1253	665	1158	612	213	6	6	122
广饶县	3072	1036	2784	936	284	13	13	293
临朐县	1979	1641	1968	1496	595	8	8	161
昌乐县	1799	1346	1415	1241	432	8	8	277
微山县	1657	1081	1062	933	268	23	23	161
鱼台县	1027	703	914	621	152	7	7	132
金乡县	1716	1119	1580	1033	351	9	9	411
嘉祥县	1597	1083	1277	979	280	11	11	292
汶上县	1309	1070	1158	947	348	4	2	268
泗水县	1296	928	880	815	341	19	18	319
梁山县	1383	946	1258	861	467	7	7	263
宁阳县	1047	945	950	850	215	23	23	214
东平县	1642	1526	1578	1473	407	16	16	370
五莲县	1121	986	1001	880	267	7	7	118
莒　县	2066	1881	1742	1723	464	8	8	462
沂南县	2549	1596	2025	1436	320	3	3	385
郯城县	1389	1235	1239	1037	403	6	6	92
沂水县	2556	2138	2120	1926	587	6	6	484
兰陵县	1951	1951	1828	1828	693	8	8	351
费　县	1695	1538	1457	1323	405	17	17	404
平邑县	1686	1452	1488	1281	392	8	8	326
莒南县	1967	1526	1766	1404	549	4	4	155

12-2 续表 14 continued

计量单位：公顷 Measurement Unit: Hectare

县名称 Name of Counties	绿化覆盖面积 Green Coverage Area	建成区 Built District	绿地面积 Area of Green Space	建成区 Built District	公园绿地面积 Area of Public Recreational Green Space	公园个数（个） Number of Parks (unit)	门票免费 Free Parks	公园面积 Park Area
蒙阴县	1043	944	925	873	283	3	3	230
临沭县	1149	1136	1053	1034	311	10	10	159
宁津县	1115	961	921	873	239	5	5	212
庆云县	1205	1175	1039	1019	232	3	3	57
临邑县	1227	1227	1062	1062	342	2	2	25
齐河县	2225	2108	1986	1868	338	33	33	408
平原县	1300	1279	1128	1105	265	5	5	132
夏津县	1168	1116	1025	979	253	30	30	253
武城县	1004	904	872	788	191	10	10	184
阳谷县	1336	1026	933	911	253	6	6	211
莘　县	1271	939	890	840	267	3	3	200
东阿县	1291	929	919	801	169	3	3	121
冠　县	2545	1222	1567	1058	265	4	4	296
高唐县	2805	1593	2093	1323	239	3	3	134
惠民县	1428	1301	1266	1248	279	10	10	279
阳信县	842	842	743	743	133	6	6	111
无棣县	1086	1085	959	957	188	1	1	90
博兴县	1637	1479	1414	1374	242	5	5	169
曹　县	2049	1660	1609	1472	562	5	5	259
单　县	1807	1267	1738	1227	440	17	17	410
成武县	955	577	541	499	245	9	9	248
巨野县	1566	1380	1327	1220	403	9	9	478
郓城县	2396	2120	2082	1876	631	19	19	594
鄄城县	1417	1326	1195	1148	327	6	6	120
东明县	1688	1173	1538	1051	424	6	6	207
河　南	**78891**	**71353**	**68924**	**62759**	**18132**	**489**	**459**	**11980**
中牟县	1048	966	915	886	229	7	7	155
杞　县	420	405	364	362	70	4	4	14
通许县	818	807	1451	693	223	10	10	314
尉氏县	945	925	779	759	169	11	11	75
兰考县	2188	1836	2010	1697	429	15	15	144
新安县	1130	1117	937	906	221	8	7	164
栾川县	550	524	446	443	161	16	16	146
嵩　县	642	459	580	389	141	8		157
汝阳县	462	383	389	317	109	6	6	87
宜阳县	1396	1332	1289	1162	309	15	15	236
洛宁县	703	691	647	616	227	5	5	212
伊川县	849	829	802	756	343	5	5	287
宝丰县	914	908	885	875	241	16	16	160
叶　县	735	725	640	640	132	1	1	14
鲁山县	767	743	665	664	230	4	4	76
郏　县	776	770	638	633	146	5	5	118

12-2 续表 15 continued

计量单位：公顷 Measurement Unit: Hectare

县名称 Name of Counties	绿化覆盖面积 Green Coverage Area	建成区 Built District	绿地面积 Area of Green Space	建成区 Built District	公园绿地面积 Area of Public Recreational Green Space	公园个数（个） Number of Parks (unit)	门票免费 Free Parks	公园面积 Park Area
安阳县	1164	498	875	405	30	2	2	40
汤阴县	545	526	489	486	152	3	3	109
滑　县	1378	1377	1357	1334	335	9	9	335
内黄县	715	661	595	568	127	2	2	51
浚　县	894	733	751	659	212	6		223
淇　县	690	652	638	552	148	9	8	150
新乡县	352	342	282	272	69	2	2	47
获嘉县	566	553	488	477	122	3	3	25
原阳县	954	931	780	776	140	10	10	27
延津县	557	551	393	390	64	3	3	32
封丘县	827	734	719	668	111	5	5	50
修武县	459	442	404	397	131	4	4	88
博爱县	1430	1130	1124	968	171	4	4	101
武陟县	1092	1022	920	896	250	5	5	199
温　县	646	633	603	562	203	8	8	203
清丰县	804	786	703	695	150	5	5	111
南乐县	591	577	514	508	104	7	7	145
范　县	348	335	302	299	80	4	4	22
台前县	474	469	433	425	131	2	2	52
濮阳县	918	811	754	684	200	8	8	211
鄢陵县	1320	1182	1191	1035	198	4	4	177
襄城县	967	860	767	714	140	2	2	78
舞阳县	711	691	611	585	138	2	2	94
临颍县	1026	982	1018	993	194	6	3	64
渑池县	610	575	510	498	162	13	13	162
卢氏县	502	452	416	404	94	1	1	17
南召县	856	846	787	785	196	8	8	154
方城县	1044	1025	924	908	324	3	3	59
西峡县	927	862	779	769	319	2	2	198
镇平县	1571	867	1302	772	224	3	3	207
内乡县	1078	916	913	805	229	3	3	81
淅川县	951	868	765	764	553	5	5	475
社旗县	1000	945	880	839	257	4	4	145
唐河县	1264	1220	1142	1104	308	7	7	219
新野县	1174	1069	978	944	247	5	5	109
桐柏县	1412	683	1329	623	173	8	8	156
民权县	1317	1299	1168	1155	240	2	2	29
睢　县	1207	1113	1107	1045	292	9	9	298
宁陵县	178	172	134	118	91	5		54
柘城县	1114	1024	994	916	259	8	6	165
虞城县	1087	1047	973	904	283	15	15	278
夏邑县	1799	1570	1446	1347	296	4	4	258

12-2 续表 16 continued

计量单位：公顷 Measurement Unit: Hectare

县名称 Name of Counties	绿化覆盖面积 Green Coverage Area	建成区 Built District	绿地面积 Area of Green Space	建成区 Built District	公园绿地面积 Area of Public Recreational Green Space	公园个数（个） Number of Parks (unit)	门票免费 Free Parks	公园面积 Park Area
罗山县	893	893	790	789	108	4	4	23
光山县	896	110	439	62	268	6	6	241
新　县	760	742	698	652	142	5	4	89
商城县	167	141	118	81	40	3	3	29
固始县	2056	1958	1766	1736	537	6	6	274
潢川县	1525	1525	1365	1365	56	1	1	8
淮滨县	937	813	777	709	157	4	4	123
息　县	1054	1035	913	896	248	2	2	134
扶沟县	929	875	808	759	115	1	1	36
西华县	127	126	88	88	29	4	4	12
商水县	185	181	162	156	99	2	2	75
沈丘县	691	646	528	510	232	3		172
郸城县	1460	1246	1302	1099	366	2	2	68
太康县	1104	1051	1049	993	445	5	5	258
鹿邑县	1937	1937	1677	1675	418	7	7	118
西平县	1480	1449	1323	1294	349	10	10	380
上蔡县	1156	1068	1041	981	299	11	11	238
平舆县	1084	1051	943	910	423	12	12	175
正阳县	1124	1102	934	925	215	3	3	126
确山县	1008	978	816	804	218	5	5	169
泌阳县	1123	1110	981	971	359	14	14	292
汝南县	1188	1144	1123	1074	530	6	6	168
遂平县	1359	1151	1145	1002	358	4	4	111
新蔡县	1785	1571	1444	1384	601	13	13	599
湖　北	**30627**	**23515**	**25942**	**20847**	**6002**	**292**	**277**	**5407**
阳新县	3649	1177	3244	1064	230	18	18	501
郧西县	386	288	308	261	122	11	11	122
竹山县	710	521	648	469	134	2	2	110
竹溪县	428	427	414	412	143	17	17	143
房　县	1904	809	1608	683	161	13	13	266
远安县	768	459	533	404	73	6	5	73
兴山县	194	187	174	168	63	4	4	29
秭归县	533	533	483	483	170	8	8	89
长阳土家族自治县	500	398	458	357	107	4	4	83
五峰土家族自治县	237	237	232	232	48	7	7	48
南漳县	786	784	689	682	246	2	2	8
谷城县	930	930	834	834	205	4	4	130
保康县	332	324	284	284	103	4	4	36
沙洋县	962	780	799	724	146	2	2	177
孝昌县	754	745	658	650	148	5	5	148
大悟县	1297	936	944	722	165	6	6	143
云梦县	665	660	692	653	172	12		199

12-2 续表 17 continued

计量单位：公顷 Measurement Unit: Hectare

县名称 Name of Counties	绿化覆盖面积 Green Coverage Area	建成区 Built District	绿地面积 Area of Green Space	建成区 Built District	公园绿地面积 Area of Public Recreational Green Space	公园个数(个) Number of Parks (unit)	门票免费 Free Parks	公园面积 Park Area
公安县	1056	1055	1028	1003	279	14	14	307
江陵县	378	378	330	330	113	4	4	54
团风县	687	398	356	356	79	4	4	87
红安县	851	754	518	497	172	2		86
罗田县	743	574	551	483	186	30	30	188
英山县	557	555	481	472	189	10	10	56
浠水县	1592	1223	1329	1049	298	8	8	566
蕲春县	1296	1296	1265	1265	298	3	3	218
黄梅县	965	909	823	785	119	4	4	121
嘉鱼县	1149	906	927	769	238	18	18	145
通城县	920	732	905	714	330	13	13	266
崇阳县	875	787	729	693	156	4	4	110
通山县	820	745	725	659	167	3	3	294
随　县	277	277	236	236	79	2	2	29
建始县	679	504	473	467	147	3	3	57
巴东县	426	362	365	321	148	13	13	97
咸丰县	777	469	554	416	181	7	7	133
来凤县	674	674	584	584	140	10	10	140
鹤峰县	346	298	296	277	131	5	5	56
宣恩县	363	275	319	254	104	5	5	79
神农架林区	160	149	147	136	13	5	5	12
湖　南	**56544**	**51139**	**49303**	**45591**	**13297**	**489**	**483**	**11660**
长沙县	3771	3601	3627	3499	968	39	39	495
望城区	7375	7325	6206	6123	816	17	16	312
攸　县	1230	901	876	815	261	2	2	82
茶陵县	1366	629	946	557	284	5	4	382
炎陵县	282	275	289	270	95	1	1	95
湘潭县	1003	1003	915	915	229	15	15	224
衡阳县	799	769	693	683	162	4	4	110
衡南县	394	362	335	330	87	11	11	89
衡山县	851	714	810	659	323	2	2	172
衡东县	575	575	488	488	153	4	4	304
祁东县	1195	1084	1009	716	235	10	10	334
南岳区	260	260	217	217	54	2	2	50
新邵县	592	571	484	477	163	2	2	50
邵阳县	682	500	569	386	121	6	6	121
隆回县	977	905	1009	1009	351	5	5	91
洞口县	1219	882	1205	868	197	4	4	196
绥宁县	312	295	228	225	127	2	2	98
新宁县	724	633	445	393	230	3	3	288
城步苗族自治县	822	355	477	298	116	2	2	59
岳阳县	555	555	493	493	116	2	2	120

12-2 续表 18 continued

计量单位：公顷　　Measurement Unit: Hectare

县名称 Name of Counties	绿化覆盖面积 Green Coverage Area	建成区 Built District	绿地面积 Area of Green Space	建成区 Built District	公园绿地面积 Area of Public Recreational Green Space	公园个数（个） Number of Parks (unit)	门票免费 Free Parks	公园面积 Park Area
华容县	1057	1057	979	979	186	3	3	190
湘阴县	674	674	613	613	147	7	7	155
平江县	737	737	692	692	220	12	12	381
安乡县	817	805	670	658	198	13	13	284
汉寿县	688	645	513	479	131	3	3	49
澧　县	1314	1314	1123	1123	240	5	5	67
临澧县	749	679	648	593	129	3	3	79
桃源县	1003	1003	964	964	170	5	5	105
石门县	683	678	668	664	177	2	2	482
慈利县	567	567	463	463	181	4	4	181
桑植县	695	447	445	412	92	7	7	78
南　县	812	774	825	764	189	10	10	159
桃江县	730	689	656	624	176	1		15
安化县	613	426	400	387	166	6	6	76
大通湖区	186	178	174	165	62	1	1	30
桂阳县	1351	1351	1254	1254	491	5	5	637
宜章县	750	620	725	540	140	9	9	207
永兴县	555	553	550	550	149	5	5	125
嘉禾县	416	415	374	368	171	33	33	166
临武县	450	402	507	383	266	14	14	196
汝城县	570	441	495	395	131	21	21	160
桂东县	341	333	338	328	73	1	1	53
安仁县	688	688	611	597	146	6	6	121
东安县	726	726	645	645	248	5	5	224
双牌县	452	366	368	320	120	4	4	60
道　县	1036	1036	996	996	250	8	8	250
江永县	377	315	336	283	62	2	2	62
宁远县	947	869	908	847	378	13	13	446
蓝山县	758	731	696	668	191	5	5	170
新田县	572	530	526	466	196	6	6	122
江华瑶族自治县	745	671	645	597	135	16	16	135
中方县	585	320	422	293	116	8	8	118
沅陵县	438	428	349	348	153	3	3	156
辰溪县	425	422	400	366	186	4	4	155
溆浦县	673	673	553	553	185	5	5	230
会同县	369	348	338	338	167	3	3	167
麻阳苗族自治县	516	482	457	422	183	2	2	209
新晃侗族自治县	306	301	292	275	98	3	3	78
芷江侗族自治县	550	513	508	508	108	3	3	54
通道县	393	257	356	225	66	3	3	160
靖州县	446	395	369	344	119	25	25	119

12-2 续表 19 continued

计量单位：公顷 Measurement Unit: Hectare

县名称 Name of Counties	绿化覆盖面积 Green Coverage Area	建成区 Built District	绿地面积 Area of Green Space	建成区 Built District	公园绿地面积 Area of Public Recreational Green Space	公园个数(个) Number of Parks (unit)	门票免费 Free Parks	公园面积 Park Area
双峰县	779	637	744	555	142	11	11	98
新化县	1185	912	980	897	331	4	4	318
泸溪县	198	198	182	182	72	6	6	37
凤凰县	424	424	406	406	71	6	6	73
花垣县	559	559	488	475	100	3	3	49
保靖县	363	363	320	320	93	6	6	6
古丈县	141	141	118	118	112	9	9	64
永顺县	340	315	306	258	130	7	6	309
龙山县	815	537	587	470	168	5	3	126
广　东	**31224**	**23055**	**25288**	**20900**	**7237**	**386**	**367**	**6696**
始兴县	532	455	460	431	155	14	14	150
仁化县	489	324	291	284	89	12	12	80
翁源县	551	551	517	517	336	11	1	196
乳源瑶族自治县	498	498	462	462	98	13	13	98
新丰县	3758	450	3759	451	106	7	7	158
南澳县	193	193	220	220	42	2	2	26
遂溪县	583	583	532	532	241	3	3	198
徐闻县	971	771	735	624	150	10	10	182
广宁县	554	513	456	438	206	9	5	49
怀集县	829	785	735	705	272	8	8	273
封开县	546	271	295	237	107	10	10	102
德庆县	835	617	542	542	90	12	11	79
博罗县	1804	1804	1785	1785	500	11	11	218
惠东县	1869	1869	1757	1756	370	29	29	591
龙门县	441	441	438	438	105	14	14	231
大埔县	376	376	322	322	234	8	8	234
丰顺县	470	470	469	469	309	8	8	337
五华县	828	825	772	769	483	10	10	483
平远县	573	573	533	533	200	6	6	118
蕉岭县	362	362	335	183	176	19	19	179
海丰县	1037	1037	938	938	268	21	21	268
陆河县	494	494	442	442	106	15	15	106
紫金县	787	507	718	373	460	2	2	460
龙川县	591	591	478	478	198	9	9	180
连平县	418	356	272	224	110	4		91
和平县	792	653	421	398	216	4	4	196
东源县	123	123	121	121	21	8	8	31
阳西县	1499	860	790	783	155	9	9	155
阳山县	597	573	587	563	193	29	29	193
连山壮族瑶族自治县	150	150	146	146	24	10	10	24

12-2 续表 20 continued

计量单位：公顷　　　　Measurement Unit: Hectare

县名称 Name of Counties	绿化覆盖面积 Green Coverage Area	建成区 Built District	绿地面积 Area of Green Space	建成区 Built District	公园绿地面积 Area of Public Recreational Green Space	公园个数（个） Number of Parks (unit)	门票免费 Free Parks	公园面积 Park Area
连南瑶族自治县	201	201	181	181	52	15	15	52
佛冈县	693	693	644	644	130	14	14	130
饶平县	767	767	737	737	247	12	12	158
揭西县	3302	815	840	653	98	3	3	21
惠来县	1465	1465	1632	1632	360	6	6	480
新兴县	953	744	673	635	172	9	9	169
郁南县	295	295	253	253	160			
广　西	**31833**	**26098**	**26849**	**23017**	**6762**	**321**	**293**	**5622**
隆安县	310	253	284	226	64	5	5	55
马山县	255	252	215	215	69	3	3	69
上林县	520	307	428	239	64	11	11	64
宾阳县	916	835	793	728	230	11	11	207
柳城县	300	300	263	263	75	7	7	75
鹿寨县	851	775	639	639	177	3	2	170
融安县	643	558	596	496	171	1	1	170
融水苗族自治县	469	389	357	357	77	4	2	77
三江侗族自治县	313	241	216	208	56	4	4	41
阳朔县	359	359	329	329	74	13	10	74
灵川县	362	362	330	330	193	3	3	193
全州县	928	928	764	764	204	4	3	139
兴安县	706	666	603	563	208	4	2	208
永福县	190	166	145	145	51	5	5	51
灌阳县	287	287	261	261	79	4	4	67
龙胜各族自治县	149	129	119	119	41	3	2	1
资源县	319	319	290	290	91	4	4	31
平乐县	352	352	319	319	142	3	3	142
恭城瑶族自治县	322	282	264	256	42	1	1	5
苍梧县	112	90	60	42	14	3	3	43
藤　县	874	874	783	783	165	4	4	165
蒙山县	421	248	390	218	102	8	8	102
合浦县	1527	1489	1327	1290	228	6	6	197
上思县	304	171	181	145	71	4	3	50
灵山县	967	842	925	807	295	19	18	295
浦北县	547	458	482	412	105	10	10	98
平南县	1126	1126	1012	1012	214	7	7	235
容　县	795	786	695	690	242	10	2	92
陆川县	680	663	622	572	189	6	5	72
博白县	1426	1347	1307	1196	441	7	7	71
兴业县	857	454	412	412	126	5	5	68
田东县	637	561	496	496	145	6	6	151
德保县	282	282	242	242	64	9	8	61

12-2 续表 21 continued

计量单位：公顷 Measurement Unit: Hectare

县名称 Name of Counties	绿化覆盖面积 Green Coverage Area	建成区 Built District	绿地面积 Area of Green Space	建成区 Built District	公园绿地面积 Area of Public Recreational Green Space	公园个数(个) Number of Parks (unit)	门票免费 Free Parks	公园面积 Park Area
那坡县	163	132	126	125	63	3	3	37
凌云县	165	165	144	144	58	4	4	52
乐业县	143	141	125	123	51	3	3	51
田林县	203	203	177	177	70	1	1	70
西林县	223	184	187	167	32	4	4	19
隆林各族自治县	477	477	420	420	78	4	4	50
昭平县	304	304	256	256	134	3	3	77
钟山县	874	750	787	664	172	8	8	169
富川瑶族自治县	567	550	523	509	78	4	4	78
南丹县	373	371	331	329	109	6	6	99
天峨县	522	177	323	151	51	3	3	41
凤山县	251	220	195	195	42	7	4	40
东兰县	135	92	84	84	40	1	1	20
罗城仫佬族自治县	262	262	208	208	106	3	3	165
环江毛南族自治县	539	425	379	372	82	4	4	89
巴马瑶族自治县	356	295	309	266	66	2	2	66
都安瑶族自治县	762	368	332	332	160	5	5	160
大化瑶族自治县	574	547	522	497	107	3	3	107
忻城县	304	276	274	249	82	3	3	54
象州县	1557	290	1511	244	65	6	6	65
武宣县	619	504	528	431	86	7	7	86
金秀瑶族自治县	60	58	53	53	11	12	12	11
扶绥县	620	610	591	582	124	9	9	124
宁明县	604	343	432	293	38	5	4	37
龙州县	506	449	433	381	138	7	5	129
大新县	410	410	380	380	82	3	3	62
天等县	1156	347	1068	319	125	4	4	125
海　南	**6247**	**6052**	**4754**	**4634**	**460**	**53**	**47**	**445**
定安县	512	505	480	456	79	5	4	65
屯昌县	358	355	357	350	16	7	7	17
澄迈县	263	263	219	219	23	2	2	23
临高县	414	414	369	369	59	3	3	22
白沙黎族自治县	314	314	302	302	23	11	11	58
昌江县	546	540	486	486	60	5	5	103
乐东县	237	211	189	189	17	4	4	17
陵水县	424	424	404	404	58	5		58
保亭县	547	547	441	441	43	4	4	5
琼中县	243	243	197	197	36	4	4	30
洋浦经济开发区	2389	2235	1311	1222	46	3	3	46
重　庆	**12659**	**7974**	**11176**	**7269**	**3057**	**143**	**141**	**2228**
城口县	135	135	125	125	66	5	5	74

12-2 续表 22 continued

计量单位：公顷 Measurement Unit: Hectare

县名称 Name of Counties	绿化覆盖面积 Green Coverage Area	建成区 Built District	绿地面积 Area of Green Space	建成区 Built District	公园绿地面积 Area of Public Recreational Green Space	公园个数（个） Number of Parks (unit)	门票免费 Free Parks	公园面积 Park Area
丰都县	1156	766	652	599	224	8	8	172
垫江县	4875	1272	4499	1172	311	10	10	208
忠　县	1017	827	841	748	296	10	10	149
云阳县	1335	1290	1215	1215	659	27	26	519
奉节县	744	596	729	591	281	14	14	240
巫山县	353	340	329	319	169	5	5	143
巫溪县	462	365	430	330	118	16	16	86
石柱土家族自治县	426	398	387	367	180	18	18	83
秀山土家族苗族自治县	997	915	917	849	330	10	10	227
酉阳土家族苗族自治县	654	566	620	523	205	10	9	142
彭水苗族土家族自治县	505	505	433	433	218	10	10	184
四　川	**55091**	**49646**	**49544**	**44841**	**16783**	**541**	**525**	**12168**
金堂县	3270	3270	2890	2890	748	25	25	592
大邑县	1117	1117	980	980	193	3	3	45
蒲江县	388	388	362	362	132			
荣　县	694	650	615	615	256	5	4	41
富顺县	1222	1131	1222	1132	370	10	10	320
米易县	360	283	309	263	116	11	11	109
盐边县	175	175	136	136	57	3	3	57
泸　县	768	763	686	685	264	5	5	264
合江县	933	922	880	847	311	5	5	309
叙永县	642	642	566	566	221	5	5	163
古蔺县	419	394	360	345	183	2	2	77
中江县	1122	1122	983	983	371	13	13	158
三台县	1010	1010	936	936	409	3	3	100
盐亭县	856	856	832	832	167	2	2	89
梓潼县	339	339	313	313	89	3	3	43
北川羌族自治县	382	382	343	343	102	9	9	102
平武县	149	141	133	126	43	1	1	43
旺苍县	699	699	681	681	177	3	3	50
青川县	138	118	121	113	54	4	4	29
剑阁县	348	331	307	307	80	2	1	64
苍溪县	840	840	795	795	318	6	6	293
蓬溪县	767	767	673	673	184	15	15	215
大英县	761	761	740	740	188	6	6	145
威远县	902	883	870	795	277	5	5	54
资中县	1053	1017	1040	977	306	12	12	36
犍为县	478	478	445	445	186	8	7	205

12-2 续表 23 continued

计量单位：公顷 Measurement Unit: Hectare

县名称 Name of Counties	绿化覆盖面积 Green Coverage Area	建成区 Built District	绿地面积 Area of Green Space	建成区 Built District	公园绿地面积 Area of Public Recreational Green Space	公园个数（个） Number of Parks (unit)	门票免费 Free Parks	公园面积 Park Area
井研县	398	317	353	320	98	13	13	98
夹江县	418	399	377	366	134	19	18	125
沐川县	265	265	220	220	65	5	5	55
峨边县	143	143	142	142	62	3	3	40
马边县	230	230	204	204	49	14	14	57
南部县	1558	1458	1381	1276	461	9	8	368
营山县	995	922	888	821	293	9	9	218
蓬安县	816	807	713	710	300	6	6	300
仪陇县	808	759	720	715	233	7	7	217
西充县	925	865	790	730	223	8	8	179
仁寿县	1792	1792	1489	1489	808	13	13	808
洪雅县	434	434	383	383	119	9	9	49
丹棱县	400	395	333	328	102	7	7	49
青神县	331	295	302	269	104	14	14	121
江安县	1054	814	873	673	288	7	7	282
长宁县	774	555	712	510	175	5	5	23
高　县	778	747	684	657	231	4	4	97
珙　县	827	463	796	422	195	10	10	170
筠连县	852	590	747	530	150	10	10	27
兴文县	726	579	741	521	187	6	6	45
屏山县	586	330	496	276	86	1	1	42
岳池县	1289	1289	1143	1143	418	13	13	189
武胜县	763	763	702	702	239	6	6	219
邻水县	1310	1140	1299	1025	375	5	5	74
宣汉县	972	972	968	968	488	6	6	515
开江县	758	503	705	450	133	2	2	133
大竹县	1123	1123	1066	1066	375	4	4	162
渠　县	1453	1453	1211	1211	428	7	7	631
荥经县	339	276	247	242	111	5	5	64
汉源县	190	164	169	162	82	16	16	86
石棉县	243	185	222	161	58	6	6	49
天全县	352	304	346	300	64	6	6	43
芦山县	324	190	235	182	62	10	10	11
宝兴县	89	86	95	74	22	3	3	5
通江县	721	640	625	625	415	3	3	444
南江县	935	930	857	857	268	10	10	278
平昌县	835	665	801	641	420	4	4	315
安岳县	1314	1223	1167	1083	461	11	10	461
乐至县	2450	940	1102	839	270	16	16	307
汶川县	179	176	185	176	55			
理　县	46	40	39	39	20	1	1	20

12-2 续表 24 continued

计量单位：公顷 Measurement Unit: Hectare

县名称 Name of Counties	绿化覆盖面积 Green Coverage Area	建成区 Built District	绿地面积 Area of Green Space	建成区 Built District	公园绿地面积 Area of Public Recreational Green Space	公园个数（个） Number of Parks (unit)	门票免费 Free Parks	公园面积 Park Area
茂　县	205	190	150	150	55	1	1	45
松潘县	91	91	85	85	20	4	4	3
九寨沟县	189	175	187	163	58			
金川县	17	17	15	15	7			
小金县	21	17	17	17	11			
黑水县	101	101	101	101	21			
壤塘县	5	5	9	5	5			
阿坝县	21	21	21	21	20			
若尔盖县	158	158	93	93	93	5	5	112
红原县	118	89	101	100	13	2	2	59
泸定县	73	73	66	65	46	3	2	48
丹巴县	51	46	39	37	35	1	1	35
九龙县	73	65	101	40	35	1	1	20
雅江县	30	29	26	26	25			
道孚县	189	183	193	180	30	2	1	22
炉霍县	65	65	59	59	29			
甘孜县	200	142	115	100	80	3		140
新龙县	33	33	36	29	12			
德格县	26	21	21	20	20	1	1	21
白玉县	76	67	1055	66	25			
石渠县	120	85	121	71	15	2		72
色达县	59	49	32	32	20			
理塘县	201	196	188	188	46	4	4	46
巴塘县	40	38	38	35	28			
乡城县	76	67	70	66	20			
稻城县	29	29	29	28	19	2	2	3
得荣县	27	20	14	14	11			
普格县	50	50	26	26	25	1		60
木里县	38	28	28	25	6	1	1	2
盐源县	160	160	140	140	85	6	6	20
德昌县	528	293	323	234	86	3	3	23
会东县	85	82	58	57	52	5	5	8
宁南县	23	23	19	19	13	5	5	14
布拖县	71	71	41	41	21			
金阳县	63	63	68	42	44			10
昭觉县	165	145	141	131	60			40
喜德县	80	75	71	54	25	2	2	25
冕宁县	530	520	465	460	358	2	2	320
越西县	212	212	292	292	208	1	1	35
甘洛县	67	66	66	58	28	3	3	2
美姑县	25	25	18	18	6			
雷波县	75	63	63	54	36	2		2

12-2 续表 25 continued

计量单位：公顷　　Measurement Unit: Hectare

县名称 Name of Counties	绿化覆盖面积 Green Coverage Area	建成区 Built District	绿地面积 Area of Green Space	建成区 Built District	公园绿地面积 Area of Public Recreational Green Space	公园个数(个) Number of Parks (unit)	门票免费 Free Parks	公园面积 Park Area
贵　州	**48981**	**33154**	**45226**	**31029**	**9586**	**357**	**341**	**9804**
开阳县	1813	715	1758	694	215	5	5	327
息烽县	549	401	442	243	245	5		57
修文县	493	493	420	420	176	4	3	111
六枝特区	851	851	773	773	211	12	12	204
桐梓县	803	803	751	751	260	9	7	431
绥阳县	904	856	854	809	224	7	7	224
正安县	809	809	795	795	204	7	7	204
道真县	535	495	524	478	211	3	3	211
务川县	492	492	481	481	134	4	3	252
凤冈县	559	559	525	525	157	7	7	158
湄潭县	689	689	646	646	260	8	6	252
余庆县	416	416	408	408	124	5	5	124
习水县	851	833	831	778	255	7	7	1280
普定县	3495	491	3342	465	195	12	12	258
镇宁县	2377	346	2268	309	79	5	5	69
关岭县	471	343	462	310	97	8	8	76
紫云县	3584	322	3355	283	83	5	5	44
大方县	901	901	894	839	216	19	19	400
金沙县	795	794	721	721	214	6	6	214
织金县	1330	897	887	887	183	18	18	178
纳雍县	1097	667	672	540	154	8	8	154
威宁自治县	800	751	700	651	255	6	6	255
赫章县	474	473	463	461	89	7	7	107
江口县	417	340	355	323	154	3	3	154
玉屏县	506	482	449	449	200	2	2	105
石阡县	633	506	629	503	126	4	4	126
思南县	939	881	906	876	154	7	7	520
印江县	503	457	426	423	132	15	15	118
德江县	804	804	782	782	379	7	7	379
沿河县	628	586	583	547	168	6	6	121
松桃县	1462	710	1339	725	310	6	6	55
普安县	247	247	233	233	62	6	6	53
晴隆县	254	254	268	244	99	2	2	48
贞丰县	513	513	484	484	109	4	4	64
望谟县	451	402	439	387	123	3	3	83
册亨县	652	310	338	305	130	5	5	41
安龙县	831	642	769	606	182	3	3	169
黄平县	305	305	303	302	123	1	1	118
施秉县	190	178	170	170	92	2	2	45

12-2 续表 26 continued

计量单位：公顷 Measurement Unit: Hectare

县名称 Name of Counties	绿化覆盖面积 Green Coverage Area	建成区 Built District	绿地面积 Area of Green Space	建成区 Built District	公园绿地面积 Area of Public Recreational Green Space	公园个数（个） Number of Parks (unit)	门票免费 Free Parks	公园面积 Park Area
三穗县	2140	450	2039	406	82	1	1	78
镇远县	522	522	462	462	108	5	5	6
岑巩县	422	284	427	275	62	6	6	62
天柱县	607	558	578	498	201	4	4	37
锦屏县	320	301	297	265	56	2	2	4
剑河县	312	312	291	291	97	11	11	94
台江县	215	215	185	185	42	3	3	42
黎平县	713	508	463	463	136	2	2	83
榕江县	422	422	402	402	179	4	4	56
从江县	548	548	519	519	91	5	5	51
雷山县	160	160	147	147	48	2	2	48
麻江县	288	201	189	189	76	4	4	18
丹寨县	396	396	351	351	82	3	3	110
荔波县	438	307	393	292	96	2	2	79
贵定县	576	437	517	428	118	7	7	99
瓮安县	1170	1170	1108	1108	246	8	8	246
独山县	813	813	785	785	166	6	2	175
平塘县	376	376	353	353	125	4	4	185
罗甸县	413	413	364	364	145	4	4	145
长顺县	569	420	576	381	125	6	5	112
龙里县	1966	1278	2236	1216	197	11	11	142
惠水县	707	699	709	707	186	3	3	131
三都水族自治县	471	350	392	316	139	1	1	12
云　南	**32334**	**29217**	**28410**	**26115**	**7598**	**807**	**764**	**6349**
嵩明县	396	378	342	329	81	23	23	80
富民县	273	253	242	226	69	15	15	69
宜良县	884	581	754	542	177	12	11	177
石林彝族自治县	628	621	570	568	145	21	21	144
禄劝彝族苗族自治县	326	293	288	266	85			
寻甸县	374	294	284	258	83	4	4	62
昆明阳宗海风景名胜区	254	254	200	200	37	4	4	36
陆良县	732	715	670	629	192	11	11	158
师宗县	567	481	523	446	143	8	8	124
罗平县	1045	946	926	869	192	10	10	202
富源县	539	494	498	431	107	4	4	55
会泽县	928	888	820	780	310	13	13	157
通海县	298	285	255	247	72	3	2	72
华宁县	350	209	331	190	57	9	9	42
易门县	306	213	301	202	59	8	8	58

12-2 续表 27 continued

计量单位：公顷　　　　Measurement Unit: Hectare

县名称 Name of Counties	绿化覆盖面积 Green Coverage Area	建成区 Built District	绿地面积 Area of Green Space	建成区 Built District	公园绿地面积 Area of Public Recreational Green Space	公园个数(个) Number of Parks (unit)	门票免费 Free Parks	公园面积 Park Area
峨山县	201	177	185	157	50	4	4	37
新平县	261	259	233	229	80	10	10	80
元江县	194	194	163	160	46	9	9	46
施甸县	360	355	325	321	85	8	8	71
龙陵县	333	248	282	224	65	9	9	65
昌宁县	590	550	531	488	145	17	17	105
鲁甸县	350	343	305	305	132	11	11	128
巧家县	295	294	272	257	63	3	3	13
盐津县	179	161	132	127	41	1		5
大关县	251	245	216	211	50	1	1	10
永善县	250	247	211	210	133	2	2	1
绥江县	290	290	269	269	78	20	20	78
镇雄县	1055	1002	952	926	363	6	6	156
彝良县	363	301	303	281	94	1	1	3
威信县	194	194	176	170	63	14	14	67
玉龙纳西族自治县	379	350	378	331	67	14	14	72
永胜县	277	266	251	242	60	13	13	60
华坪县	237	226	197	190	49	6	6	51
宁蒗县	292	283	265	261	54	22	22	65
宁洱哈尼族彝族自治县	382	356	366	342	83	16	16	103
墨江哈尼族自治县	276	275	254	254	72	5	5	10
景东彝族自治县	243	235	246	217	45	3	3	45
景谷傣族彝族自治县	392	392	368	368	83	13		70
镇沅彝族哈尼族拉祜族自治县	132	131	122	114	39	13	13	20
江城哈尼族彝族自治县	219	195	190	178	42	2	2	24
孟连傣族拉祜族佤族自治县	242	170	212	145	15	3	3	14
澜沧拉祜族自治县	335	272	266	266	56	8	8	56
西盟佤族自治县	145	84	140	77	15	1		76
凤庆县	559	555	514	475	130	18	18	147
云　县	481	481	415	415	107	5	5	40
永德县	221	205	193	193	68	4	4	54
镇康县	169	169	145	145	49	10	10	53
双江县	306	290	238	238	62	9	9	62
耿马县	248	239	225	225	73	3	3	53
沧源县	240	233	221	197	43	6	6	46
双柏县	191	186	175	174	54	6	6	65

12-2 续表 28 continued

计量单位：公顷 Measurement Unit: Hectare

县名称 Name of Counties	绿化覆盖面积 Green Coverage Area	建成区 Built District	绿地面积 Area of Green Space	建成区 Built District	公园绿地面积 Area of Public Recreational Green Space	公园个数（个） Number of Parks (unit)	门票免费 Free Parks	公园面积 Park Area
牟定县	375	205	325	183	64	5	5	163
南华县	332	321	285	285	80	4	4	69
姚安县	199	158	140	138	38	8	8	40
大姚县	398	344	337	299	89	9	9	77
永仁县	230	168	176	146	33	16	16	52
元谋县	406	395	370	359	84	2	2	70
武定县	461	232	291	197	56	5	5	50
屏边县	200	189	175	174	51	11	11	27
建水县	843	843	768	768	222	15	13	271
石屏县	314	310	279	275	77	9	9	67
泸西县	590	590	508	508	170	4	4	361
元阳县	142	142	135	135	51	6	6	117
红河县	204	180	188	165	59	6	6	59
金平县	183	175	168	150	63	8		63
绿春县	136	85	123	78	49	4	4	44
河口县	240	219	229	204	73	6	6	64
砚山县	547	469	494	408	105	25	24	105
西畴县	139	125	127	115	27	4	4	22
麻栗坡县	224	224	200	200	82	5	5	36
马关县	359	329	287	285	48	10	10	29
丘北县	598	500	436	430	153	3	3	136
广南县	461	461	401	401	93	21	21	93
富宁县	418	416	383	381	73	7	7	30
勐海县	348	348	353	340	140	3		5
勐腊县	238	236	209	209	68	9		68
漾濞彝族自治县	137	137	117	117	34	5	5	34
祥云县	702	702	617	617	110	3	3	10
宾川县	359	262	303	240	64	10	10	64
弥渡县	229	229	209	209	54	15	15	54
南涧彝族自治县	140	128	130	124	38	10	10	41
巍山彝族回族自治县	221	221	192	192	45	36	36	45
永平县	263	235	228	203	92	4	4	72
云龙县	100	100	96	93	16	7	7	16
洱源县	211	211	183	183	47	7	7	47
剑川县	153	148	138	133	33	12	12	31
鹤庆县	274	239	216	209	61	5	5	61
梁河县	159	159	146	146	23	6	6	11
盈江县	390	390	342	342	123	5	4	123
陇川县	557	300	450	265	63	2	2	52
福贡县	85	69	78	63	14	2	2	1

12-2 续表 29 continued

计量单位：公顷 Measurement Unit: Hectare

县名称 Name of Counties	绿化覆盖面积 Green Coverage Area	建成区 Built District	绿地面积 Area of Green Space	建成区 Built District	公园绿地面积 Area of Public Recreational Green Space	公园个数（个） Number of Parks (unit)	门票免费 Free Parks	公园面积 Park Area
贡山独龙族怒族自治县	88	76	72	57	15	2		10
兰坪白族普米族自治县	310	295	279	253	80	4	4	9
德钦县	65	52	46	46	10	4	4	5
维西傈僳族自治县	277	240	235	220	66	22	22	57
西　藏	**1192**	**1094**	**717**	**671**	**118**	**60**	**54**	**132**
曲水县	35	35	22	22	6	1	1	6
当雄县	26	26	12	12	1	1	1	2
林周县	72	70	43	43	1	2	2	1
墨竹工卡县	65	65	38	38	2	3	3	2
尼木县	68	68	12	12	1	2	2	1
亚东县	10	10	9	9				
聂拉木县	5	5	4	4	1	1	1	1
仲巴县	1	1	1	1				
定结县	1	1	1	1				
康马县	19	10	6	6				
吉隆县	5	5	5	5				
萨嘎县	3	3	1	1				
谢通门县	21	21	12	12				
萨迦县	25	25	39	39	16	1		16
岗巴县	9	9	9	9	1	1	1	1
拉孜县	11	11	9	7	3	1	1	3
江孜县	19	19	19	19	4	2		3
定日县	5	4	10	10	4	2	2	2
南木林县	11	11	11	11				
昂仁县	2	2	2	2	1	1	1	1
白朗县	7	7	7	7				
仁布县	13	9	12	10	3	3	3	3
左贡县	16	16	10	10				
丁青县	10	10	4	4	2	2	2	2
八宿县	31	31	12	12	12	2	2	12
江达县	15	15	9	9				
洛隆县	17	17	9	9				
察雅县	26	10	13	4				
贡觉县	15	15	11	11	3	2	2	3
边坝县	7	7	3	3				
类乌齐县	36	36	21	21	3	1		3
芒康县	21	21	10	10	1	1	1	1
朗　县	10	10	6	6	2	6	6	2
墨脱县	42	19	19	10	2	1	1	2

12-2 续表 30 continued

计量单位：公顷　　Measurement Unit: Hectare

县名称 Name of Counties	绿化覆盖面积 Green Coverage Area	建成区 Built District	绿地面积 Area of Green Space	建成区 Built District	公园绿地面积 Area of Public Recreational Green Space	公园个数（个） Number of Parks (unit)	门票免费 Free Parks	公园面积 Park Area
工布江达县	11	11	6	6	2	1	1	2
察隅县	29	21	15	11	1	1	1	3
波密县	38	38	25	25	1	3	3	2
米林县	27	27	15	15	5	1	1	2
错那县	8	8	6	6	4	1	1	3
浪卡子县	10	10	6	6	3			
贡嘎县	19	19	9	9	3	1	1	3
加查县	12	12	7	7	1	1	1	2
桑日县	13	13	11	11	4	1	1	4
洛扎县	12	11	7	7	3	3	3	1
琼结县	13	0	5	5	2	1	1	26
措美县	9	9	8	8	2	2	2	2
扎囊县	9	9	5	5	2	1	1	2
曲松县	11	11	4	4	1	2	2	1
隆子县	30	15	8	8	1	1	1	1
聂荣县	10	7	3	3				
双湖县								
嘉黎县	6	6	3	3				
比如县	20	20	11	11	3	1	1	4
尼玛县	12	10	4	2	2			
巴青县	4	4	0	0	0			
申扎县	0	0	0	0				
安多县	4	4	6	6				
索　县	14	14	6	6				
班戈县	2	2	8	8	2			
革吉县	18	18	29	29	1			
札达县	7	7	3	3				
日土县	19	19	15	15	0			
改则县	13	13	7	7				
葛尔县	89	89	50	50	7	2		7
普兰县	36	36	21	3	3	1	1	4
措勤县	9	9	5	5				
陕　西	**30724**	**23040**	**25430**	**20402**	**5683**	**268**	**232**	**3222**
蓝田县	503	460	409	401	80	4	4	82
周至县	292	252	207	170	82	1	1	20
宜君县	216	173	172	149	22	3	3	22
岐山县	261	231	212	202	59	2	2	53
扶风县	356	283	271	256	102	3	3	105
眉　县	382	353	338	315	87	5		81
陇　县	409	346	333	301	131	4	4	57
千阳县	233	194	201	180	61	5	5	32

12-2 续表 31 continued

计量单位：公顷 Measurement Unit: Hectare

县名称 Name of Counties	绿化覆盖面积 Green Coverage Area	建成区 Built District	绿地面积 Area of Green Space	建成区 Built District	公园绿地面积 Area of Public Recreational Green Space	公园个数（个） Number of Parks (unit)	门票免费 Free Parks	公园面积 Park Area
麟游县	185	145	150	133	56	5	5	55
凤　县	196	156	179	143	73	3	3	45
太白县	147	103	113	96	32	2	2	14
三原县	670	641	589	564	147	1	1	58
泾阳县	397	397	350	350	6	1	1	6
乾　县	740	669	651	585	147	1	1	22
礼泉县	448	370	362	297	146	3	3	9
永寿县	226	201	174	170	45	2	2	6
长武县	302	262	267	235	72	1	1	32
旬邑县	258	244	234	224	48	5	5	47
淳化县	241	227	212	199	47	1	1	25
武功县	347	304	299	265	64	9		5
潼关县	286	262	246	240	71	1		3
大荔县	815	684	665	600	152			
合阳县	421	359	327	313	90	5		30
澄城县	641	586	541	497	145	9	9	69
蒲城县	781	647	622	588	127	1	1	22
白水县	409	379	356	341	72	2	2	3
富平县	973	709	736	648	164	3	3	154
延长县	240	187	198	168	76	2	2	44
延川县	360	297	320	270	53	3	3	3
志丹县	436	273	343	252	113	3	3	58
吴起县	409	278	312	250	116	8	8	30
甘泉县	247	178	199	151	36	1	1	5
富　县	372	370	331	329	75	2	2	71
洛川县	339	298	272	260	68	2	2	42
宜川县	405	129	318	113	61	1	1	14
黄龙县	227	184	201	165	29	1		23
黄陵县	219	196	178	178	51	1	1	1
城固县	828	811	722	687	161	7	6	28
洋　县	416	358	306	300	46	4	4	34
西乡县	670	478	462	439	125	7	7	138
勉　县	1604	652	1397	552	188	7	5	175
宁强县	335	306	280	261	103	17	17	76
略阳县	282	224	210	200	81	6	6	62
镇巴县	210	194	178	173	59	7	7	56
留坝县	119	52	75	47	24	4	4	6
佛坪县	79	46	65	42	21	2		13
府谷县	575	465	506	406	161	2	2	121
靖边县	1436	1078	1056	988	175	3	3	194
定边县	475	435	398	378	64	3	3	51

12-2 续表 32 continued

计量单位：公顷 Measurement Unit: Hectare

县名称 Name of Counties	绿化覆盖面积 Green Coverage Area	建成区 Built District	绿地面积 Area of Green Space	建成区 Built District	公园绿地面积 Area of Public Recreational Green Space	公园个数(个) Number of Parks (unit)	门票免费 Free Parks	公园面积 Park Area
绥德县	512	427	449	374	81	8	8	67
米脂县	656	549	476	470	66	3	3	15
佳　县	240	151	143	132	27	3	3	23
吴堡县	122	108	104	98	33	4	4	4
清涧县	134	134	110	110	39	6	6	31
子洲县	284	176	259	157	75	4	4	75
汉阴县	486	368	397	329	130	9	9	131
石泉县	348	336	307	305	74	4	4	53
宁陕县	310	145	288	128	26	2	2	2
紫阳县	288	241	247	207	58	3	3	61
岚皋县	238	187	174	174	47	1	1	29
平利县	557	290	466	266	72	2		30
镇坪县	181	68	142	66	20	4	4	17
旬阳县	2265	484	2005	450	119	3	3	90
白河县	277	174	235	154	33	2	2	29
洛南县	697	590	650	600	140	7	6	24
丹凤县	256	222	176	159	94	4	3	16
商南县	447	429	396	392	89	4	4	62
山阳县	430	360	340	305	123	6	6	33
镇安县	296	256	259	250	86	8	8	87
柞水县	281	219	264	206	40	6		40
甘　肃	**18940**	**15240**	**15704**	**13516**	**5128**	**233**	**211**	**3317**
永登县	375	375	358	358	120	4	4	124
皋兰县	271	271	250	250	81	3	3	95
榆中县	226	226	117	111	47	3	3	46
永昌县	323	323	272	272	53	2	2	54
靖远县	356	315	290	277	144	4	4	13
会宁县	638	625	552	536	130	6	6	130
景泰县	282	275	271	256	133	7	7	105
清水县	582	330	440	293	142	5	5	124
秦安县	168	160	108	108	66	6	6	16
甘谷县	369	216	187	171	49	5	5	41
武山县	230	225	222	221	18	1	1	22
张家川回族自治县	93	91	49	46	30	1	1	11
民勤县	317	317	258	258	78	7	7	110
古浪县	155	155	137	137	41	3	3	26
天祝藏族自治县	247	190	175	174	57	2	2	46
肃南县	98	87	78	78	24	2	2	15
民乐县	465	401	432	376	268	6	6	102
临泽县	758	254	683	224	76	4	4	72
高台县	372	372	329	329	181	7	7	206

12-2 续表 33 continued

计量单位：公顷　　Measurement Unit: Hectare

县名称 Name of Counties	绿化覆盖面积 Green Coverage Area	建成区 Built District	绿地面积 Area of Green Space	建成区 Built District	公园绿地面积 Area of Public Recreational Green Space	公园个数（个） Number of Parks (unit)	门票免费 Free Parks	公园面积 Park Area
山丹县	558	462	482	399	88	6	6	29
泾川县	431	300	375	266	103	9	9	83
灵台县	230	230	199	198	58	2	2	17
崇信县	405	359	347	331	51	3	3	43
庄浪县	481	471	437	427	69	8	8	59
静宁县	508	474	428	428	127	5	5	121
金塔县	666	312	620	288	143	3	3	154
瓜州县	456	282	387	240	70	3	3	58
肃北蒙古族自治县	132	132	122	122	42	4	4	33
阿克塞哈萨克族自治县	150	150	132	132	22	3	2	11
庆城县	197	195	186	186	82	2		29
环　县	250	207	227	199	127	3	3	141
华池县	226	197	190	180	58	3	3	30
合水县	142	101	92	79	59	1		32
正宁县	120	112	90	83	24	1		25
宁　县	321	314	290	281	79	11	11	79
镇原县	142	139	113	112	41	3	3	20
通渭县	152	151	130	130	56	4	4	28
陇西县	1073	957	874	871	417	14	14	100
渭源县	275	205	190	179	46	5	5	15
临洮县	579	570	526	461	249			
漳　县	175	144	128	125	84	1	1	3
岷　县	284	225	184	179	63	4	4	21
成　县	544	443	433	433	370	8	8	380
文　县	81	70	65	56	22	3	3	14
宕昌县	283	121	243	98	49	4	3	29
康　县	610	98	99	96	59	1	1	62
西和县	176	168	133	129	53	2	2	30
礼　县	200	180	181	181	82	8		30
徽　县	197	135	156	131	61	3	3	15
两当县	86	86	72	72	35	4		39
临夏县	143	137	130	124	17			
康乐县	445	267	433	267	77	8	8	81
永靖县	500	365	462	370	137	4	4	20
广河县	242	186	205	161	15	1	1	7
和政县	259	250	290	288	51	1	1	51
东乡县	75	74	73	70	23	1	1	8
积石山县	360	322	400	305	75	1	1	16
临潭县	122	122	119	119	28	1		2
卓尼县	72	72	62	62	15	3		5

12-2 续表 34 continued

计量单位：公顷　　　　Measurement Unit: Hectare

县名称 Name of Counties	绿化覆盖面积 Green Coverage Area	建成区 Built District	绿地面积 Area of Green Space	建成区 Built District	公园绿地面积 Area of Public Recreational Green Space	公园个数(个) Number of Parks (unit)	门票免费 Free Parks	公园面积 Park Area
舟曲县	60	58	54	51	18	1	1	2
迭部县	59	59	52	52	18	1	1	22
玛曲县	66	60	40	39	4			
碌曲县	42	37	28	26	21	2	2	14
夏河县	41	35	19	19	3			
青　海	**6111**	**5470**	**5077**	**4739**	**913**	**47**	**39**	**298**
大通县	866	811	743	711	118	5	1	33
湟源县	425	390	381	342	82	4		44
民和县	320	320	238	238	134	3	3	17
互助县	456	456	413	413	85	4	4	64
化隆县	88	79	81	66	24	3	3	16
循化县	209	190	166	166	35			
门源县	454	255	276	225	20	1	1	6
祁连县	192	188	161	161	59			
海晏县	122	110	89	85	7			
刚察县	143	143	122	122	68	2	2	4
西海镇	227	150	136	132	30	2	2	4
尖扎县	35	23	25	21	8	1	1	1
泽库县	8	7	6	5	3			
河南县	6	3	5	2	2			
共和县	442	435	363	359	61	2	2	57
同德县	32	31	25	25	4	2	2	3
贵德县	243	239	218	218	25	3	3	30
兴海县	134	126	134	124	3	1	1	3
贵南县	61	60	53	53	14	10	10	4
班玛县	21	21	5	5	5			
久治县	6	6	5	5				
甘德县	52	52	40	40	3	1	1	2
玛沁县	544	409	485	348	72			
达日县								
玛多县								
杂多县	15	15	10	10	7			
称多县	23	23	12	12	0			
治多县	10	10	2	2				
囊谦县	17	13	9	4	2			
曲麻莱县	5	5	1	1	1			
乌兰县	225	170	176	149	11			
都兰县	313	312	301	300	15	1	1	2
天峻县	183	183	175	175				
大柴旦行委	236	235	221	220	13	2	2	9

12-2 续表 35 continued

计量单位：公顷 Measurement Unit: Hectare

县名称 Name of Counties	绿化覆盖面积 Green Coverage Area	建成区 Built District	绿地面积 Area of Green Space	建成区 Built District	公园绿地面积 Area of Public Recreational Green Space	公园个数(个) Number of Parks (unit)	门票免费 Free Parks	公园面积 Park Area
宁 夏	**8983**	**7672**	**7932**	**7044**	**2062**	**97**	**97**	**2006**
永宁县	836	480	770	422	136	6	6	170
贺兰县	1439	1336	1246	1246	252	22	22	252
平罗县	785	758	734	718	146	4	4	95
盐池县	677	598	624	551	127	10	10	127
同心县	760	696	635	630	158	10	10	334
红寺堡区	630	548	540	500	75	2	2	84
西吉县	586	440	446	405	153	3	3	62
隆德县	387	263	348	236	266	7	7	165
泾源县	329	262	302	238	103	10	10	101
彭阳县	486	386	431	364	222	3	3	241
中宁县	862	759	779	711	196	6	6	148
海原县	1206	1146	1077	1023	228	14	14	227
新 疆	**31643**	**28842**	**28115**	**26067**	**6381**	**292**	**287**	**4435**
鄯善县	1261	1203	1192	1135	109	3	2	59
托克逊县	645	520	556	461	146	13	13	170
巴里坤哈萨克自治县	247	164	214	141	26	5	5	22
伊吾县	217	194	192	182	14	3	3	12
呼图壁县	655	615	605	555	73	7	7	95
玛纳斯县	673	673	614	614	142	7	7	146
奇台县	870	782	827	700	177	3	3	66
吉木萨尔县	597	555	545	515	71	4	4	60
木垒哈萨克自治县	356	356	324	324	80	4	4	100
精河县	371	357	331	322	57	3	3	78
温泉县	182	167	167	150	19	1	1	19
轮台县	520	318	444	291	173	2	2	23
尉犁县	214	148	186	134	44	3	3	27
若羌县	296	295	278	270	40	8	8	27
且末县	267	191	232	172	36	6	6	28
焉耆回族自治县	580	401	407	373	119	4	4	197
和静县	608	608	537	537	98	5	5	77
和硕县	400	400	367	367	104	4	4	126
博湖县	150	150	137	137	57	1	1	29
温宿县	498	498	451	451	111	8	8	277
沙雅县	1496	1496	1301	1301	186	2	2	125
新和县	497	389	434	338	185	1	1	21
拜城县	338	338	271	271	186	7	7	127
乌什县	956	890	859	801	399	2	1	60
阿瓦提县	641	641	620	620	182	5	5	48
柯坪县	168	168	160	160	35	2	2	15
阿克陶县	355	283	300	245	90	4	4	112

12-2　续表 36　continued

计量单位：公顷　　　　Measurement Unit: Hectare

县名称 Name of Counties	绿化覆盖面积 Green Coverage Area	建成区 Built District	绿地面积 Area of Green Space	建成区 Built District	公园绿地面积 Area of Public Recreational Green Space	公园个数(个) Number of Parks (unit)	门票免费 Free Parks	公园面积 Park Area
阿合奇县	292	170	266	147	15	1	1	15
乌恰县	310	266	255	247	20	5	5	46
疏附县	571	571	483	483	127	2	2	8
疏勒县	770	616	625	529	140	2	2	144
英吉沙县	454	451	423	420	94	13	13	123
泽普县	446	435	379	367	109	5	5	89
莎车县	1500	1414	1395	1293	370	6	6	360
叶城县	1071	1018	1009	974	203	17	16	157
麦盖提县	571	571	548	548	115	2	2	63
岳普湖县	475	372	391	328	51	6	6	51
伽师县	476	476	433	433	150	5	5	150
巴楚县	1047	988	1063	893	226	6	6	22
塔什库尔干塔吉克自治县	249	238	248	224	55	1	1	40
和田县								
墨玉县	392	392	274	274	12	1	1	4
皮山县	151	103	88	88	24	5	5	26
洛浦县	227	179	172	172	18	3	3	18
策勒县	237	237	163	163	10	1	1	10
于田县	174	124	108	108	11	1	1	7
民丰县	63	57	50	40	8			
伊宁县	691	675	677	616	149	4	4	121
察布查尔县	754	502	536	458	153	6	6	132
霍城县	570	462	518	449	107	4	4	57
巩留县	826	826	803	803	271	26	26	72
新源县	680	580	563	542	152	6	6	69
昭苏县	409	409	368	368	78	2	2	12
特克斯县	450	450	398	398	99	8	8	96
尼勒克县	495	489	459	451	76	2	2	45
额敏县	814	814	814	720	69	2	2	6
托里县	318	307	302	264	44	2		44
裕民县	268	186	161	158	110	4	4	21
和布克赛尔蒙古自治县	193	193	214	207	66	5	5	56
布尔津县	328	301	297	279	62	6	6	68
富蕴县	320	282	272	272	102	3	3	67
福海县	287	245	220	218	27	1	1	23
哈巴河县	266	256	237	237	33	7	7	20
青河县	203	178	176	156	34	3	3	31
吉木乃县	237	211	178	171	34	2	2	16

主要指标解释

Explanatory Notes on Main Indicators

主要指标解释

人口密度

指城区内的人口疏密程度。计算公式：

$$人口密度=\frac{城区人口+城区暂住人口}{城区面积}$$

人均日生活用水量

指每一用水人口平均每天的生活用水量。计算公式:

$$人均日生活用水量=\frac{居民家庭用水量+公共服务用水量+免费供水量中的生活用水量}{用水人口}\div 报告期日历天数\times 1000升$$

供水普及率

指报告期末城区内用水人口与总人口的比率。计算公式: $人口密度=\frac{城区人口+城区暂住人口}{城区面积}$

$$供水普及率=\frac{城区用水人口（含暂住人口）}{城区人口+城区暂住人口}\times 100\%$$

$$公共供水普及率=\frac{城区公共用水人口（含暂住人口）}{城区人口+城区暂住人口}\times 100\%$$

燃气普及率

指报告期末城区内使用燃气的人口与总人口的比率。计算公式：

$$燃气普及率=\frac{城区用气人口（含暂住人口）}{城区人口+城区暂住人口}\times 100\%$$

人均城市道路面积

指报告期末城区内平均每人拥有的道路面积。计算公式：

$$人均道路面积=\frac{城区道路面积}{城区人口+城区暂住人口}$$

建成区路网密度

指报告期末建成区内道路分布的稀疏程度。计算公式：

$$建成区路网密度=\frac{建成区道路长度}{建成区面积}$$

建成区排水管道密度

指报告期末建成区排水管道分布的疏密程度。计算公式：

$$建成区排水管道密度=\frac{建成区排水管道长度}{建成区面积}$$

污水处理率

指报告期内污水处理总量与污水排放总量的比率。计算公式：

$$污水处理率=\frac{污水处理总量}{污水排放总量}\times 100\%$$

污水处理厂集中处理率

指报告期内通过污水处理厂处理的污水量与污水排放总量的比率。计算公式：

$$污水处理厂集中处理率=\frac{污水处理厂处理的污水量}{污水排放总量}\times 100\%$$

人均公园绿地面积

指报告期末城区内平均每人拥有的公园绿地面积。计算公式：

$$人均公园绿地面积=\frac{城区公园绿地面积}{城区人口+城区暂住人口}$$

建成区绿化覆盖率

指报告期末建成区内绿化覆盖面积与区域面积的比率。计算公式：

$$建成区绿化覆盖率=\frac{建成区绿化覆盖面积}{建成区面积}\times 100\%$$

建成区绿地率

指报告期末建成区内绿地面积与建成区面积的比率。计算公式：

$$建成区绿地率=\frac{建成区绿地面积}{建成区面积}\times 100\%$$

生活垃圾处理率

指报告期内生活垃圾处理量与生活垃圾产生量的比率。计算公式：

$$生活垃圾处理率=\frac{生活垃圾处理量}{生活垃圾产生量}\times 100\%$$

生活垃圾无害化处理率

指报告期内生活垃圾无害化处理量与生活垃圾产生量的比率。计算公式：

$$生活垃圾无害化处理率=\frac{生活垃圾无害化处理量}{生活垃圾产生量}\times 100\%$$

在统计时，由于生活垃圾产生量不易取得，可用清运量代替。“垃圾清运量”在审核时要与总人口（包括暂住人口）对应，一般城市人均日产生垃圾为1kg左右。

市区（县）面积

指城市（县）行政区域内的全部土地面积(包括水域面积)。地级以上城市行政区不包括市辖县(市)。按国务院批准的行政区划面积为准填报。

城区（县城）面积

指城市的城区和县城的面积。

设市城市城区包括：市本级(1)街道办事处所辖地域；(2)城市公共设施、居住设施和市政公用设施等连接到的其他镇（乡）地域；(3）常住人口在3000人以上独立的工矿区、开发区、科研单位、大专院校等特殊区域。

县城包括：(1)县政府驻地的镇（城关镇）或街道办事处地域；(2)县城公共设施、居住设施和市政设施等连接到的其他镇（乡）地域；(3）县域内常住人口在3000人以上独立的工矿区、开发区、科研单位、大专院校等特殊区域。

连接是指两个区域间可观察到的已建成或在建的公共设施、居住设施、市政设施和其他设施相连，中间没有被水域、农业用地、园地、林地、牧草地等非建设用地隔断。

对于组团式和散点式的城市，城区由多个分散的区域组成，或有个别区域远离主城区，应将这些分散的区域相加作为城区。

在统计时，以镇（乡）一级为最小统计划分单位，原则上不要打破镇（乡）的行政区划。

城区（县城）人口

指划定的城区（县城）范围的户籍人口数。按公安部门的统计为准填报。

暂住人口

指离开常住户口地的市区或乡、镇，到本市居住半年以上的人员。按市区、县和城区、县城分别统计，一般按公安部门的暂住人口统计为准填报。

建成区面积

指城区（县城）内实际已成片开发建设、市政公用设施和公共设施基本具备的区域。对核心城市，它包括集中连片的部分以及分散的若干个已经成片建设起来，市政公用设施和公共设施基本具备的地区；对一城多镇来说，它包括由几个连片开发建设起来的，市政公用设施和公共设施基本具备的地区组成。因此建成区范围，一般是指建成区外轮廓线所能包括的地区，也就是这个城市实际建设用地所达到的范围。

城市建设用地面积

指城市内的居住用地、公共管理与公共服务用地、商业服务业设施用地、工业用地、物流仓储用地、道路与交通设施用地、公用设施用地、绿地与广场用地。分别统计规划建设用地和现状建设用地。

规划建设用地面积指截至报告期末对应有关城市、县人民政府所在地镇的最新版依法批准的城市总体规划确定的城市（镇）用地面积。

现状建设用地面积指报告期末对应有关城市、县人民政府所在地镇的城市建设用地实际情况的面积。

城市维护建设资金

指用于城市维护和建设的资金，资金来源包括城市维护建设税、公用事业附加、中央和地方财政拨款、国内贷款、债券收入、利用外资、土地出让转让收入、资产置换收入、市政公用企事业单位自筹资金、国家和省规定收取的用于城市维护建设的行政事业性收费、集资收入以及其他收入。资金支出包括固定资产投资支出、维护支出和其他支出。

本年鉴中仅统计了用于城市维护和建设的财政性资金。

城市维护建设税

指依据《中华人民共和国城市维护建设税暂行条例》开征的一种地方性税种。现行的征收办法是以纳税人实际缴纳的增值税、消费税、营业税税额为计税依据，与增值税、消费税、营业税同时缴纳。根据纳税人所在地不同执行不同的纳税率：市区的税率为百分之七；县城、镇的税率为百分之五；不在市区、县城或镇的税率为百分之一。

城市公用事业附加

指在部分公用事业产品（服务）价外征收的用于城市维护建设的附加收入。包括工业用电、工业用水附加，公共汽车、电车、民用自来水、民用照明用电、电话、煤气、轮渡等附加。

固定资产投资

指建造和购置市政公用设施的经济活动，即市政公用设施固定资产再生产活动。市政公用设施固定资产再生产过程包括固定资产更新（局部更新和全部更新）、改建、扩建、新建等活动。新的企业财务会计制度规定，固定资产局部更新的大修理作为日常生产活动的一部分，发生的大修理费用直接在成本费用中列支。按照现行投资管理体制及有关部门的规定，凡属于养护、维护性质的工程，不纳入固定资产投资统计。对新建和对现有市政公用设施改造工程，应纳入固定资产统计。

本年新增固定资产

指在报告期已经完成建造和购置过程，并交付生产或使用单位的固定资产价值。包括已经建成投入生产或交付使用的工程投资和达到固定资产标准的设备、工具、器具的投资及有关应摊入的费用。属于增加固定资产价值的其他建设费用，应随同交付使用的工程一并计入新增固定资产。

新增生产能力(或效益)

指通过固定资产投资活动而增加的设计能力。计算新增生产能力(或效益)是以能独立发挥生产能力(或效益)的工程为对象。当工程建成，经有关部门验收鉴定合格，正式移交投入生产，即应计算新增生产能力(或效益)。

综合生产能力

指按供水设施取水、净化、送水、出厂输水干管等环节设计能力计算的综合生产能力。包括在原设计能力的基础上，经挖、革、改增加的生产能力。计算时，以四个环节中最薄弱的环节为主确定能力。对于经过更新改造，按更新改造后新的设计能力填报。

供水管道长度

指从送水泵至各类用户引入管之间所有市政管道的长度。不包括新安装尚未使用、水厂内以及用户建筑物内的管道。在同一条街道埋设两条或两条以上管道时，应按每条管道的长度计算。

供水总量

指报告期供水企业（单位）供出的全部水量。包括有效供水量和漏损水量。

有效供水量指水厂将水供出厂外后，各类用户实际使用到的水量。包括售水量和免费供水量。

漏损水量

指在供水工程中由于管道及附属设施破损而造成的漏失水量，以及计量损失量和其他损失水量。计量损失量包括居民用户总分表差损失水量、非居用户表具误差损失水量；其他损失水量是指未注册用户用水和用户拒查等管理因素导致的损失水量。

新水取用量

指取自任何水源被第一次利用的水量，包括自来水、地下水、地表水。新水量就一个城市来说，包括城市供水企业新水量和社会各单位的新水量。

其中：**工业新水取用量**指为使工业生产正常进行，保证生产过程对水的需要，而实际从各种水源引取的、为任何目的所用的新鲜水量，包括间接冷却水新水量、工艺水新水量、锅炉新水量及其他新水量。

用水重复利用量

指各用水单位在生产和生活中，循环利用的水量和直接或经过处理后回收再利用的水量之和。

其中：**工业用水重复利用量**指工业企业内部生活及生产用水中，循环利用的水量和直接或经过处理后回收再利用的水量之和。

节约用水量

指报告期新节水量，通过采用各项节水措施(如改进生产工艺、技术、生产设备、用水方式、换装节水器具、加强管理等)后，用水量和用水效益产生效果，而节约的水量。

人工煤气生产能力

指报告期末燃气生产厂制气、净化、输送等环节的综合生产能力，不包括备用设备能力。一般按设计能力计算，如果实际生产能力大于设计能力时，应按实际测定的生产能力计算。测定时应以制气、净化、输送三个环节中最薄弱的环节为主。

供气管道长度

指报告期末从气源厂压缩机的出口或门站出口至各类用户引入管之间的全部已经通气投入使用的管道长度。不包括煤气生产厂、输配站、液化气储存站、灌瓶站、储配站、气化站、混气站、供应站等厂（站）内，以及用户建筑物内的管道。

供气总量

指报告期燃气企业（单位）向用户供应的燃气数量。包括销售量和损失量。

汽车加气站

指专门为燃气机动车（船舶）提供压缩天然气、液化石油气等燃料加气服务的站点。应按不同气种分别统计。

供热能力

指供热企业（单位）向城市热用户输送热能的设计能力。

供热总量

指在报告期供热企业（单位）向城市热用户输送全部蒸汽和热水的总热量。

供热管道长度

指从各类热源到热用户建筑物接入口之间的全部蒸汽和热水的管道长度。不包括各类热源厂内部的管道长度。

其中：一级管网指由热源至热力站间的供热管道，**二级管网**指热力站至用户之间的供热管道。

城市道路

指城市供车辆、行人通行的，具备一定技术条件的道路、桥梁、隧道及其附属设施。城市道路由车行道和人行道等组成。在统计时只统计路面宽度在 3.5 米（含 3.5 米）以上的各种铺装道路，包括开放型工业区和住宅区道路在内。

道路长度

指道路长度和与道路相通的桥梁、隧道的长度，按车行道中心线计算。

道路面积

指道路面积和与道路相通的广场、桥梁、隧道的铺装面积（统计时，将车行道面积、人行道面积分别统计）。

人行道面积按道路两侧面积相加计算，包括步行街和广场，不含人车混行的道路。

桥梁

指为跨越天然或人工障碍物而修建的构筑物。包括跨河桥、立交桥、人行天桥以及人行地下通道等。

道路照明灯盏数

指在城市道路设置的各种照明用灯。一根电杆上有几盏即计算几盏。统计时，仅统计功能照明灯，不统计景观照明灯。

防洪堤长度

指实际修筑的防洪堤长度。统计时应按河道两岸的防洪堤相加计算长度，但如河岸一侧有数道防洪堤时，只计算最长一道的长度。

污水排放总量

指生活污水、工业废水的排放总量，包括从排水管道和排水沟（渠）排出的污水量。

（1）可按每条管道、沟（渠）排放口的实际观测的日平均流量与报告期日历日数的乘积计算。

（2）有排水测量设备的，可按实际测量值计算。

（3）如无观测值，也可按当地供水总量乘以污水排放系数确定。

城市分类污水排放系数

城市污水分类	污水排放系数
城市污水	0.7～0.8
城市综合生活污水	0.8～0.9
城市工业废水	0.7～0.9

排水管道长度

指所有市政排水总管、干管、支管、检查井及连接井进出口等长度之和。计算时应按单管计算，即在同一条街道上如有两条或两条以上并排的排水管道时，应按每条排水管道的长度相加计算。

其中：**污水管道**指专门排放污水的排水管道。

雨水管道指专门排放雨水的排水管道。

雨污合流管道指雨水、污水同时进入同一管道进行排水的排水管道。

污水处理量

指污水处理厂（或污水处理装置）实际处理的污水量。包括物理处理量、生物处理量和化学处理量。

其中**处理本城区（县城）外**，指污水处理厂作为区域设施，不仅处理本城区（县城）的污水，还处理本市（县）以外其他市、县或本市（县）其他乡村等的污水。这部分污水处理量单独统计，并在计算本市（县）的污水处理率时扣除。

干污泥年产生量

指全年污水处理厂在污水处理过程中干污泥的最终产生量。干污泥是指以干固体质量计的污泥量，含水率为0。如果产生的湿污泥的含水率为n%，那么干污泥产生量=湿污泥产生量×（1-n%）。

干污泥处置量

指报告期内将污泥达标处理处置的干污泥量。统计时按土地利用、建材利用、焚烧、填埋和其他分别填写。其中：

污泥土地利用　指处理达标后的污泥产物用于园林绿化、土地改良、林地、农用等场合的处置方式。

污泥建筑材料利用　指将污泥处理达标后的产物作为制砖、水泥熟料等建筑材料部分原料的处置方式。

污泥焚烧　指利用焚烧炉将污泥完全矿化为少量灰烬的处理处置方式，包括单独焚烧，以及与生活垃圾、热电厂等工业窑炉的协同焚烧。

污泥填埋　指采取工程措施将处理达标后的污泥产物进行堆、填、埋，置于受控制场地内的处置方式。

绿化覆盖面积

指城市中乔木、灌木、草坪等所有植被的垂直投影面积。包括城市各类绿地绿化种植垂直投影面积、屋顶绿化植物的垂直投影面积以及零星树木的垂直投影面积，乔木树冠下的灌木和草本植物以及灌木树冠下的草本植物垂直投影面积均不能重复计算。

绿地面积

指报告期末用作园林和绿化的各种绿地面积。包括公园绿地、防护绿地、广场用地、附属绿地和位于建成区范围内的区域绿地面积。

其中：**公园绿地**指向公众开放，以游憩为主要功能，兼具生态、景观、文教和应急避险等功能，有一定游憩和服务设施的绿地。

防护绿地　指用地独立，具有卫生、隔离、安全、生态防护功能，游人不宜进入的绿地。主要包括卫生隔离防护绿地、道路及铁路防护绿地、高压走廊防护绿地、公共设施防护绿地等。

广场用地　指以游憩、纪念、集会和避险等功能为主的城市公共活动场地。

附属绿地　指附属于各类城市建设用地（除“绿地与广场用地”）的绿化用地。包括居住用地、公共管理与公共服务设施用地、商业服务业设施用地、工业用地、物流仓储用地、道路和交通设施用地、公共设施用地等用地中的绿地。

区域绿地　指位于城市建设用地之外，具有城乡生态环境及自然资源和文化资源保护、游憩健身、安全防护隔离、物种保护、园林苗木生产等功能的绿地。

公园

指常年开放的供公众游览、观赏、休憩、开展科学、文化及休闲等活动，有较完善的设施和良好的绿化环境、景观优美的公园绿地。包括综合性公园、儿童公园、文物古迹公园、纪念性公园、风景名胜公园、动物园、植物园、带状公园等。不包括居住小区及小区以下的游园。统计时只统计市级和区级的综合公园、专类公园和带状公园。

其中：**门票免费公园**指对公众免费开放，不售门票的公园。

道路清扫保洁面积

指报告期末对城市道路和公共场所（主要包括城市行车道、人行道、车行隧道、人行过街地下通道、道路附属绿地、地铁站、高架路、人行过街天桥、立交桥、广场、停车场及其他设施等）进行清扫保洁的面积。一天清扫保洁多次的，按清扫保洁面积最大的一次计算。

其中：**机械化道路清扫保洁面积**指报告期末使用扫路车（机）、冲洗车等大小型机械清扫保洁的道路面积。多种机械在一条道路上重复使用时，只按一种机械清扫保洁的面积计算，不能重复统计。

生活垃圾、建筑清运量

指报告期收集和运送到各生活垃圾、建筑垃圾厂和生活垃圾、建筑垃圾最终消纳点的生活垃圾、建筑垃圾的数量。统计时仅计算从生活垃圾、建筑垃圾源头和从生活垃圾转运站直接送到处理场和最终消纳点的清运量，对于二次中转的清运量不要重复计算。

餐厨垃圾属于生活垃圾的一部分，无论单独清运还是混合清运，都应统计在生活垃圾清运量中。

其中：**餐厨垃圾清运处置量**指单独清运，并且进行单独处置的餐厨垃圾总量，不含混在生活垃圾中清运的部分。

公共厕所

指供城市居民和流动人口使用，在道路两旁或公共场所等处设置的厕所。分为独立式、附属式和活动式三种类型。统计时只统计独立式和活动式，不统计附属式公厕。

独立式公共厕所按建筑类别应分为三类，活动式公共厕所按其结构特点和服务对象应分为组装厕所、单体厕所、汽车厕所、拖动厕所和无障碍厕所五种类别。

市容环卫专用车辆设备

指用于环境卫生作业、监察的专用车辆和设备，包括用于道路清扫、冲洗、洒水、除雪、垃圾粪便清运、市容监察以及与其配套使用的车辆和设备。如：垃圾车、扫路机（车）、洗路车、洒水车、真空吸粪车、除雪机、装载机、推土机、压实机、垃圾破碎机、垃圾筛选机、盐粉撒布机、吸泥渣车和专用船舶等。对于长期租赁的车辆及设备也统计在内。

统计时，单独统计道路清扫保洁专用车辆和生活垃圾运输专用车辆数。

Explanatory Notes on Main Indicators

Population Density

It refers to the density of population in a given zone. The calculation equation is:

$$\text{Population Density}=\frac{\text{Population in Urban Areas} + \text{Urban Temporary Population}}{\text{Urban Area}}$$

Daily Domestic Water Use Per Capita

It refers to average amount of daily water consumed by each person. The calculation equation is

Daily Domestic Water Use Per Capita= (Water Consumption by Households + Water Use for Public Service+Domestic water consumption in the free water supply) ÷Population with Access to Water Supply ÷Calendar Days in Reported Period× 1000 liters

Water Coverage Rate

It refers to proportion of urban population supplied with water to urban population. The calculation equation is:

$$\text{Water Coverage Rate}=\frac{\text{Urban Population with Access to Water Supply(Including Temporaty Population)}}{\text{Urban Permanent Population+Urban Temporary Population}}\times 100\%$$

$$\text{Public Water Coverage Rate}=\frac{\text{Urban Population with Access to Public Water Supply(Including Temporary Population)}}{\text{Urban Permanent Population +Urban Temporary Population}}\times 100\%$$

Gas Coverage Rate

It refers to the proportion of urban population supplied with gas to urban population. The calculation equation is:

$$\text{Gas Coverage Rate}=\frac{\text{Urban Population With Access to Gas(Including Temporary Population)}}{\text{Urban Permanent Population+Urban Temporary Population}}\times 100\%$$

Surface Area of Urban Roads Per Capita

It refers to the average surface area of urban roads owned by each urban resident at the end of reported period. The calculation equation is:

$$\text{Surface Area of Roads Per Capita}=\frac{\text{Surface Area of Roads in Given Urban Areas}}{\text{Urban Permanent Population} + \text{Urban Temporary Population}}$$

Density of Road Network in Built Districts

It refers to the extent which roads cover built districts at the end of reported period. The calculation equation is:

$$\text{Density of Road Network in Built Districts}=\frac{\text{Length of Roads in Built Districts}}{\text{Floor Area of Built Districts}}$$

Density of Drainage Pipelines in Built Districts

It refers to the extent which drainage pipelines cover built districts at the end of reported period. The calculation equation is:

$$\text{Density of Drainage Pipelines in Built Districts}=\frac{\text{Length of Drainage Pipelines in Built Districts}}{\text{Floor Area of Built Districts}}$$

Wastewater Treatment Rate

It refers to the proportion of the quantity of wastewater treated to the total quantity of wastewater discharged at the end of reported period. The calculation equation is:

$$\text{Wastewater Treatment Rate}=\frac{\text{Quantity of Wastewater Treated}}{\text{Quantity of Wastewater Discharged}}\times 100\%$$

Centralized Treatment Rate of Wastewater Treatment Plants

It refers to the proportion of the quantity of wastewater treated in wastewater treatment plants to the total quantity of wastewater discharged at the end of reported period. The calculation equation is:

$$\text{Centralized Treatment Rate of Wastewater Treatment Plants}=\frac{\text{Quantity of wastewater treated in wastewater treatment facility}}{\text{Quantity of wastewater discharged}}\times 100\%$$

Public Recreational Green Space Per Capita

It refers to the average public recreational green space owned by each urban dweller in given areas. The calculation equation is:

$$\text{Public Recreational Green Space Per Capita}=\frac{\text{Public green space in given urban areas}}{\text{Urban Permanent Population}+\text{Urban Temporary Population}}$$

Green Coverage Rate of Built Districts

It refers to the ratio of green coverage area of built districts to surface area of built districts at the end of reported period. The calculation equation is:

$$\text{Green Coverage Rate of Built Districts}=\frac{\text{Green Coverage Area of Built Districts}}{\text{Area of Built Districts}}\times 100\%$$

Green Space Rate of Built Districts

It refers to the ratio of area of parks and green land of built districts to the area of built up districts at the end of reported period. The calculation equation is:

$$\text{Green Space Rate of Built Districts}=\frac{\text{Area of parks and green land of built districts}}{\text{Area of Built Districts}}\times 100\%$$

Domestic Garbage Treatment Rate

It refers to the ratio of quantity of domestic garbage treated to quantity of domestic garbage produced at the end of reported period. The calculation equation is:

$$\text{Domestic Garbage Treatment Rate}=\frac{\text{Quantity of Domestic Garbage Treated}}{\text{Quantity of Domestic Garbage Produced}}\times 100\%$$

Domestic Garbage Harmless Treatment Rate

It refers to the ratio of quantity of domestic garbage treated harmlessly to quantity of domestic garbage produced at the end of reported period. The calculation equation is:

$$\text{Domestic Garbage Harmless Treatment Rate}=\frac{\text{Quantity of Domestic Garbage Treated Harmlessly}}{\text{Quantity of Domestic Garbage Produced}}\times 100\%$$

Urban (county) District Area

It refers to the total land area (including water area) under jurisdiction of cities(counties).

Urban (county) Area

It refers to the area of a city's urban and county area.

Urban area of a city includes: (1) City-level areas administered by neighborhood office; (2) other towns (villages) connected to city public facilities, residential facilities and municipal utilities; (3) Independent Industrial and Mining District, Development Zones, special areas like research institutes , universities and colleges with permanent residents of 3000 above.

County area of a city includes: (1)Town or areas administered by neighborhood office; (2) other towns (villages) connected to county public facilities, residential facilities and municipal utilities; (3) Independent Industrial and Mining District, Development Zones, special areas like research institutes , universities and colleges with permanent residents of 3000 above in county.

Towns (villages) connected to city public facilities, residential facilities and municipal utilities means that towns and urban centers are connected with public facilities, residential facilities and municipal utilities that are constructed or under construction, and not cut off by non-construction land like water area, agricultural land, parks, woodland or pasture.

As to conurbation or cities organized in scattered form, urban area should include the separated or decentralized area.

Urban (county) Permanent Population

It refers to permanent residents in urban (county) areas, which are in compliance with the number of permanent residents registered in public security authorities.

Temporary Population

Temporary population includes people who leave permanent address, and live for over half a year in a place. Counted by urban area, county, urban area and county seat,which are in compliance with the number of temporary residents registered in public security authorities.

Area of Built District

It refers to large scale developed quarters within city (county) jurisdiction with basic public facilities and utilities. For a nucleus city, the built-up district consists of large-scale developed quarters with basic public facilities and utilities, which are either centralized or decentralized. For a city with several towns, the built-up district consists of several developed quarters attached in succession with basic public facilities and utilities. Range of built-up district is the area encircled by the limits of the built-up district, i.e. the range within which the actual developed land of this city exists.

Area of Urban Land for development Purpose

It refers to area of land including land for Residential Development, Administration and Public Services, Commercial and Business Facilities, Industrial, Manufacturing, Logistics and Warehouse, Road, Street and Transportation, Municipal Utilities, Green Space and Square.Separately counted by the planned construction land and the current construction land.

The area of land used for planned construction refers to the area of land used for cities (towns) as determined by the latest version of the overall urban plans approved according to law for the towns where the relevant cities and county people's governments are located at the end of the reporting period.

The area of current land for construction purposes refers to the area corresponding to the actual situation of urban land for construction purposes in the towns where the relevant cities and county people's governments are located at the end of the reporting period.

Urban Maintenance and Construction Fund

It refers to fund used for urban construction and maintenance, including urban maintenance and construction tax, extra-charges for public utilities, financial allocation from the central government and local governments, domestic loan, securities revenue, foreign investment, revenue from land transfer and assets replacement, self-raised fund by municipal utilities, charges by administrative and institutional units for urban maintenance and construction, pooled revenue and other revenues.

Urban Maintenance and Construction Tax

It is one of local taxes imposed according to *Temporary Regulations of People's Republic of China on Urban Maintenance and Construction Tax*. It is levied based on actual value-added tax, consumption tax and business tax paid by a taxpayer. It is also paid with value-added tax, consumption tax and business tax at the same time. Different rates apply to different places. The rate comes to 7% in urban areas, 5% in counties and towns and 1% beyond these places.

Extra Charge from Urban Utilities

It is additional revenue obtained from additional fees imposed on provision of products and service of such urban utilities as power generation, water supply for the industry, operation of public bus and trolley bus, taped water supply, electricity for lightening, telephone operation, gas and ferry etc. for the purpose of urban construction and maintenance.

Investment in Fixed Assets

It is the economic activities featuring construction and purchase of fixed assets, i.e. it is an essential means for social reproduction of fixed assets. The process of reproducing fixed assets includes fixed assets renovation (part and full renovation), reconstruction, extension and new construction etc. According to the new industrial financial accounting system, cost of major repairs for part renovation of fixed assets is covered by direct cost. According to the current investment management and administrative regulations, any repair and maintenance works are not included in statistics as investment in fixed assets. Innovation projects on current municipal service facilities should be included in statistics.

Newly Added Fixed Assets

They refer to the newly increased value of fixed assets, including investment in projects completed and put into operation in the reported period, and investment in equipment, tools, vessels considered as fixed assets as well as relevant expenses should be included in. Other construction expenses that increase the value of fixed assets should be included in the newly added fixed assets along with the project delivered for use.

Newly Added Production Capacity (or Benefits)

It refers to newly added design capacity through investment in fixed assets. Newly added production capacity or benefits is calculated based on projects which can independently produce or bring benefits once projects are put into operation.

Integrated Production Capacity

It refers to a comprehensive capacity based on the designed capacity of components of the process, including water collection, purification, delivery and transmission through mains. In calculation, the capacity of weakest component is the principal determining capacity. For the updated and reformed, filling in the new design capability after the updated and reformed.

Length of Water Pipelines

It refers to the total length of all pipes from the pumping station to individual water meters. If two or more pipes line in parallel in a same street, the length of water pipelines is the length sum of each line.

Total Quantity of Water Supplied

It refers to the total quantity of water delivered by water suppliers during the reported period, including accounted water and unaccounted water.

Accounted water refers to the actual quantity of water delivered to and used by end users, including water sold and free.

Unaccounted Water

It refers to sum of water leakage due to malfunction of water meters, measurement of water loss and other loss of water. The measurement of loss includes the total water loss for residential users and the water loss with table error for non-residential users; Other loss of water refers to the loss of water caused by management factors such as unregistered users' water and users' refusal to check.

Quantity of Fresh Water Used

It refers to the quantity of water obtained from any water source for the first time, including tap water, groundwater, surface water. As for a city, it includes the quantity of fresh water used by urban water suppliers and customers in different industries and sectors.

Among which, **the amount of new industrial water taken** refers to the amount of fresh water that is actually drawn from various water sources and used for any purpose in order to ensure the normal progress of industrial production and the need for water in the production process, including the amount of indirect cooling water and process water, new boiler water volume and other new water volume.

Quantity of Recycled Water

It refers to the sum of water recycled, reclaimed and reused by customers.

Among which, **the amount of recycled industrial water** refers to the sum of the amount of recycled water used in the domestic and production water of industrial enterprises and the amount of water recovered and reused directly or after treatment.

Quantity of Water Saved

It refers to the water saved in the reported period through efficient water saving measures, e.g. improvement of production methods, technologies, equipment, water use behavior or replacement of defective and inefficient devices, or strengthening of management etc.

Integrated Gas Production Capacity

It refers to the combined capacity of components of the process such as gas production, purification and delivery with an exception of the capacity of backup facilities at the end of reported period. It is usually calculated based on the design capacity. Where the actual capacity surpluses the design capacity, integrated capacity should be calculated based on the actual capacity, mainly depending on the capacity of the weakest component.

Length of Gas Supply Pipelines

It refers to the length of pipes operated in the distance from a compressor's outlet or a gas station exit to pipes connected to individual households at the end of reported period, excluding pipes through coal gas production plant, delivery station, LPG storage station, bottled station, storage and distribution station, air mixture station, supply station and user's building.

Quantity of Gas Supplied

It refers to amount of gas supplied to end users by gas suppliers at the end of reported period. It includes sales amount and loss amount.

Gas Stations for Gas- Fueled Motor Vehicles

They are designated stations that provide fuels such as compressed natural gas, LPG to gas-fueled motor vehicles. Statistics should be based on different gas types.

Heating Capacity

It refers to the design capacity of heat delivery by heat suppliers to urban customers.

Total Quantity of Heat Supplied

It refers to the total quantity of heat obtained from steam and hot water, which is delivered to urban users by heat suppliers during the reported period.

Length of Heating Pipelines

It refers to the total length of pipes for delivery of steam and hot water from heat sources to entries of buildings, excluding lines within heat sources.

Among which, **the primary pipe network** refers to the heating pipeline from the heat source to the heating station, **the secondary pipe network** refers to the heating pipeline from the heating station to the user.

Urban roads

They refer to roads, bridges, tunnels and auxiliary facilities that are provided to vehicles and passengers for transportation. Urban roads consist of drive lanes and sidewalks. Only paved roads with width of 3.5m or above are counted, including roads in open industrial parks and residential communities.

Length of Roads

It refers to the length of roads and bridges and tunnels connected to roads. It is calculated based on the length of centerlines of traffic lanes.

Surface Area of Roads

It refers to surface area of roads and squares, bridges and tunnels connected to roads (surface area of roadway and sidewalks are calculated separately). Surface area of sidewalks is the area sum of each side of sidewalks including pedestrian streets and squares, excluding car-and-pedestrian mixed roads.

Bridges

They refer to constructed works that span natural or man-made barriers. They include bridges spanning over rivers, flyovers, overpasses and underpasses.

Number of Road Lamps

It refers to the sum of road lamps only for illumination, excluding road lamps for landscape lightening.

Length of Flood Control Dikes

It refers to actual length of constructed dikes, which sums up the length of dike on each bank of river. Where each bank has more than one dike, only the longest dike is calculated.

Quantity of Wastewater Discharged

It refers to the total quantity of domestic sewage and industrial wastewater discharged, including effluents of sewers, ditches, and canals.

(1) It is calculated by multiplying the daily average of measured discharges from sewers, ditches and canals with calendar days during the reported period.

(2) If there is a device to read actual quantity of discharge, it is calculated based on reading.

(3) If without such ad device, it is calculated by multiplying total quantity of water supply with wastewater drainage coefficient.

Category of urban wastewater	Wastewater drainage coefficient
Urban wastewater	0.7-0.8
Urban domestic wastewater	0.8-0.9
Urban industrial wastewater	0.7-0.9

Length of Drainage Pipelines

The total length of drainage pipelines is the length of mains, trunks, branches plus distance between inlet and outlet in manholes and junction wells. The calculation should be based on a single pipe, that is, if there are two or more drainage pipes side by side on the same street, the calculation should be based on the length of each drainage pipe.

Among which, **Sewage Pipe** refers to a drainage pipe dedicated to discharge sewage.

Rainwater Pipe refers to drainage pipes dedicated to draining rainwater.

Rain and Sewage Confluence Pipeline refers to the drainage pipeline where rainwater and sewage enter the same pipeline for drainage at the same time.

Quantity of Wastewater Treated

It refers to the actual quantity of wastewater treated by wastewater treatment plants and other treatment facilities in a physical, or chemical or biological way.

Among which, **the treatment outside the city (county)** refers to the sewage treatment plant as a regional facility that not only treats the sewage of the city (county), but also treats the sewage of other cities, counties, or other villages outside the city (county). This part of the sewage treatment volume is separately counted and deducted when calculating the sewage treatment rate of the city (county).

Dry Sludge Production

It refers to the final quantity of dry sludge produced in the process of wastewater treatment plants. Dry sludge refers to the amount of sludge calculated by the mass of dry solids, with a moisture content of 0. If the moisture content of the produced wet sludge is n%, then the amount of dry sludge produced = the amount of wet sludge produced × (1-n%).

Dry Sludge Disposal Volume

It refers to the amount of dry sludge to be treated and disposed according to the standard during the reporting period. Fill in the statistics according to land use, building materials use, incineration, landfill and others.

Among which, **Sludge Land Utilization** refers to the disposal of sludge products after the treatment of the standard for landscaping, land improvement, woodland, agriculture and other occasions.

The Utilization of Sludge Building Materials refers to the disposal of the products after sludge treatment reaches the standard as part of the raw materials of building materials such as bricks and cement clinker.

Sludge Incineration refers to the treatment and disposal methods that use incinerators to completely mineralize sludge into a small amount of ashes, including individual incineration, and co-incineration with industrial kilns such as domestic waste and thermal power plants.

Land Filling of Sludge refers to a disposal method in which engineering measures are taken to pile, fill, and bury the sludge products that have reached the treatment standards, and place them in a controlled site.

Green Coverage Area

It refers to the vertical shadow area of vegetation such as trees (arbors), shrubs and grasslands. It is the vertical shadow area sum of green space, roof greening and scattered trees coverage. The vertical shadow area of bushes and herbs under the shadow of trees and herbs under the shadow of shrubs should not be counted repetitively.

Area of Green Space

It refers to the area of all spaces for parks and greening at the end of reported period, which includes area of public recreational green space, shelter belt, land for squares, attached green spaces, and the area of regional green space in built district.

Among which, **Public Recreational Green Space** refers to green space with recreation and service facilities. It also serves some comprehensive functions such as improving ecology and landscape and preventing and mitigating disasters.

Shelter Belt refers to the green space that is independent of land and has the functions of hygiene, isolation, safety, and ecological protection, and is not suitable for tourists to enter. It mainly includes protective green space for health isolation, protective green space for roads and railways, protective green space for high-pressure corridors and protective green space for public facilities.

Land for Squares refer to the urban public activity space with the functions of recreation, memorial, gathering and avoiding danger.

Attached Green Spaces refer to green land attached to various types of urban construction land (except "green land and square land"). Including residential land, land for public management and public service facilities, land for commercial service facilities, industrial land, land for logistics and storage, land for roads and transportation facilities, land for public facilities and other green spaces.

Regional Green Space refers to the green land located outside the urban construction land, which has the functions of urban and rural ecological environment, natural resources and cultural resources protection, recreation and fitness, safety protection and isolation, species protection, garden seedling production and so on.

Parks

They refer to places open to the public for the purposes of tourism, appreciation, relaxation, and undertaking scientific, cultural and recreational activities. They are fully equipped and beautifully landscaped green spaces. There are different kinds of parks, including general park, Children Park, park featuring historic sites and culture relic, memorial park, scenic park, zoo, botanic garden, and belt park. Recreational space within communities is not included in statistics, while only general parks, theme parks and belt parks at city or district level are included in statistics.

Among which, **Free-ticket Parks** refer to parks that are free to the public and do not sell tickets.

Area of Roads Cleaned and Maintained

It refers to the area of urban roads and public places cleaned and maintained at the end of reported period, including drive lanes, sidewalks, drive tunnels, underpasses, green space attached to roads, metro stations, elevated roads, flyovers, overpasses, squares, parking areas and other facilities. Where a place is cleaned and maintained several times a day, only the time with maximum area cleaned is considered.

Among which, **Mechanized Road Cleaning and Cleaning Area** refers to the road area that was cleaned and cleaned with large and small machinery such as road sweepers (machines) and washing vehicles at the end of the reporting period. When multiple machines are repeatedly used on a road, only the area cleaned and cleaned by one machine is calculated, and the statistics cannot be repeated.

Quantity of Domestic Garbage and Construction Waste Transferred

It refers to the total quantity of domestic garbage and construction waste collected and transferred to treatment grounds. Only quantity collected and transferred from domestic garbage and construction waste sources or from domestic garbage transfer stations to treatment grounds is calculated with exception of quantity of domestic garbage and construction waste transferred second time.

Food waste is a part of domestic waste. Whether it is removed separately or mixed, it should be counted in the volume of domestic waste.

Among which, **the amount of food waste removal and disposal** refers to the total amount of food waste that is separately removed and disposed of separately, excluding the part that is mixed in the domestic waste.

Latrines

They are used by urban residents and flowing population, including latrines placed at both sides of a road and public place. They usually consist of detached latrine movable latrine and attached latrine. Only detached latrines rather than latrines attached to public buildings are included in the statistics.

Detached latrine is classified into three types. Moveable latrine is classified into fabricated latrine, separated latrine, motor latrine, trail latrine and barrier-free latrine.

Specific Vehicles and Equipment for Urban Environment Sanitation

They refer to vehicles and equipment specifically for environment sanitation operation and supervision, including vehicles and equipment used to clean, flush and water the roads, remove snow, clean and transfer garbage and soil, environment sanitation monitoring, as well as other vehicles and equipment supplemented, such as garbage truck, road clearing truck, road washing truck, sprinkling car, vacuum soil absorbing car, snow remover, loading machine, bulldozer, compactor, garbage crusher, garbage screening machine, salt powder sprinkling machine, sludge absorbing car and special shipping. Vehicles and equipment for long-term lease are also included in the statistics.

The number of special vehicles for road cleaning and cleaning and the special vehicles for domestic garbage transportation are separately counted.